内田博文先生古稀祝賀論文集

刑事法と歴史的価値とその交錯

編集委員
徳田靖之
石塚伸一
佐々木光明
森尾　亮

法律文化社

謹んで古稀をお祝いし
内田博文先生に捧げます

執筆者一同

内田博文先生 近影

序文

敬愛する内田博文先生が、このたび七〇歳の誕生日を迎えられた。そこで、先生に長年ご指導いただいた大学教授、弁護士らで、先生の古稀をお祝いするために、刑事法学や人権問題等の諸領域に関連する論文を寄稿し、これをまとめたのが本書である。

内田先生は、一九四六年九月に大阪府にお生まれになられた。一九六九年三月に京都大学法学部を卒業、同大学大学院法学研究科において、刑事法研究者としてのスタートを切られ、一九七一年四月に愛媛大学法文学部に着任された後、神戸学院大学法学部を経て、一九八八年四月に、九州大学法学部教授に就任されている。以後、二〇一〇年三月に、同大学大学院法学研究所を退職されるまで、二三年間にわたって、同大学法学部及び大学院において、数多くの学生・院生の指導にあたられた後、同年四月に神戸学院大学法学部教授に就任されて、今日に至っておられる。

先生のご経歴や研究業績については、巻末に収められた「内田博文先生　略歴・主要著作目録」記載のとおりであり、地方の一実務家にすぎない私には、その学問的意義について、論及することは到底なしえないところであるが、その特徴は、次の二点にあるように感じられる。

第一は、刑事法学における歴史研究の重要性を徹底して追及するということであり、その視点から、日本社会に警鐘を鳴らし続けられたということである。

先生の代表的な著作とされる『刑法学における歴史研究の意義と方法』（九州大学出版会、一九九七年）には、まさに先生のそうした問題意識が集約されている。

第二は、刑事法学という枠を超えて、現代の日本社会におけるあらゆる人権侵害の構造を分析し、被侵害者の苦難を受け止めて、その解放への道筋を明らかに示し続けられたということである。

このことは、先生のハンセン病問題に関する著作や諸活動に典型的に示されており、先生の薫陶を受けられた方々が、一致して、先生の研究の本質的特徴を「人間回復の刑事法学」と表現されるのは、まさにこの点に由来している。

私が、内田先生に最初にお出会いしたのは、先生が九州大学法学部に教授として着任されて間もなくのころであったと記憶している。

その後、私が弁護人をつとめた「みどり荘事件」に関してアドバイスをいただいたり、内田ゼミにお邪魔して、ゼミ生と意見交換する機会等を重ねることとなったりしたものの、刑事法学者と弁護士という一般的な関係を超えて、深い信頼関係に結ばれるようになったのは、やはりハンセン病問題への取組みを通じてである。

ハンセン病問題における先生のご功績を詳述することは、限られた紙面では到底なしえないところであるが、被害者代理人として実務を担ってきた私の目からあえて要約させていただければ、次の四点になるように思われる。

第一は、「らい予防法」違憲国家賠償請求訴訟の提起への糸口を与えていただいたということである。

先生が主導され、九州大学法学部と九州弁護士会連合会の共催で開催された「らい予防法」廃止後の被害回復のあり方を考えるシンポジウムこそが、この訴訟開始の狼煙となったということである。

第二は、ハンセン病問題検証会議の副座長としてハンセン病問題を歴史的に総括し、再発防止に向けての膨大な報告書作成を牽引されたということである。

この報告書こそは、ハンセン病問題の最終的解決を目指す私たちにとってのバイブルであり、先生が提唱され続けておられる「検証文化」をわが国に根付かせるための先駆けである。

第三は、いわゆる「特別法廷」問題に関して、最高裁が自ら検証を行い、不十分ながらも、その誤りを自己批判することを導き出していただいたということである。

私たちは、「特別法廷」で死刑判決を受け、死刑を執行された冤罪事件としての「菊池事件」の再審を目指して活動を続けていたが、差別と偏見の故に、遺族が再審請求を断念するという事態の中で、その作業を中断するという苦境に陥った。

そうした私たちに、先生が提起して下さったのが、憲法違反を理由とする再審請求の可能性とそうした場合における「国民的再審請求権論」である。

こうした国民的再審請求権を行使する前提として、①検事総長に対する再審請求要請書の提出と②最高裁判所に対する「特別法廷」の検証要請書の提出の必要性が明らかになったのであり、その結果として、歴史的な最高裁判所の「自己批判」を導くことになったのである。

第四は、これらの諸活動を通して、戦後日本国憲法下において、いわゆる法曹三者や（刑事）法学者が「特別法廷」の問題をはじめとする憲法違反の実態を見過ごし、あるいは見て見ぬふりをしてきたその誤ちの根源を明らかにされたということである。

本書は、各執筆者ごとに、各自が、内田先生の教えを自らの現在の問題意識に反映させながら、先生への心からの敬意と感謝を込めて、書き上げたものである。

今なお、ハンセン病問題をはじめとする人権問題の解決と死刑廃止、再審法制の整備に情熱を燃やし続けておられる先生に慎んで本書を捧げたい。

最後に、法律文化社の田靡純子社長には、本論文集の出版を快くお引き受け頂き、また同編集部の掛川直之・杉原仁美の両氏には、企画段階から出版に至るまで並々ならぬご協力・ご配慮を頂いた。この場を借りて、編集委員一同より深く感謝の意を表したい。

二〇一六年九月吉日

徳田　靖之
弁護士、
菊池事件
再審弁護団代表

目次

客観事実の犯罪論の問題

森川恭剛

Ⅰ　はじめに

正当防衛の行為者に犯意（「罪を犯す意思」）は認められない。なぜなら構成要件該当事実と違法阻却事由該当事実がそこにあり、全体としてその事実は違法ではなく、これを行為者が認識・予見しているからであると説明される(1)。それゆえ、違法阻却事由該当事実はないが、あると誤信する誤想防衛の場合に主観的に犯意は認められない。また反対に、違法阻却事由該当事実がありさえすれば、行為者がそれを認識しない偶然防衛の場合に正当防衛が客観的に成立すると論じられる。

正当防衛で違法阻却事由該当事実とは「自己又は他人の権利」に対する「急迫不正の侵害」があることをいう。この「こと」が、これに対する行為が犯罪ではないとされる根本的な理由である。行為者がこの「こと」に対して「防衛するため」「やむを得ずに」行為したならば、そこに犯意があるとは思われない。しかし刑法学では、その「こと」ではなく、前述の通り、全体として違法ではない「事実」を客観的に認識・予見して行為するから行為者に犯意はないと考えてきた。

このように客観的に認識される「事実」は、本稿で客観事実と呼ばれる。この客観事実に対してそれぞれの認識主観があり、客観的かつ主観的に同じように認識されるべき対象としてあるのが客観事実である。[2] 誤想防衛や偶然防衛は、客観事実と認識主観の内容が対応しない場合であり、理論的には例外型である。もちろん客観事実がその通りに主観的に認識された上で行為があるというのは必ずしも現実的ではないだろう。しかし、それは理論的に可能であり、また規範的にもそうであるべきであると考えられている。なぜなら構成要件論とは、客観事実（犯罪の行為と結果、その因果関係）が認識可能であり、その記述が行為規範として機能する、つまり客観事実が認識されるべきであると考える規範論であるということができるからである。本稿は、この構成要件論の問題点を指摘する。

Ⅱ　急迫不正の侵害に対する行為

大阪地判平成二四・三・一六判タ一四〇四号三五二頁は自動車運転過失致死罪に正当防衛を認めた。被告人は「やむを得ず身を守るために」「相当だと考えられる範囲」の行為をしたが、反撃の意思はなく、構成要件該当の客観事実（構成要件として類型的に記述された客観事実）を認識していなかった。それは犯意こそないが、全体として正当防衛の客観事実があり、その認識に欠けるところがあるので偶然防衛の一種として罰されないのだろうか。[3] これに対して同判決は、被告人には急迫不正の侵害を「避けようとする心理状態、すなわち、刑法上の防衛の意思があった」とし、主観的に正当防衛を認めた。その「心理状態」とは、具体的には、追いかけてくる被害者から被告人が遠ざかるためには自車を停止させておくわけにはいかないので発進・走行させようとする意思のあること、つまりそのように状況が把握されていたということである。したがってそれは単なる逃走の心的状態である。それならば被告人は、被害者から単に離れ逃れる行為をしたのであり、これは被害者に対する正当防衛の行為ではないと考えられるが、同判決は「防衛の意思」を認めた。

それは「防衛の意思」のある行為者に対しても——「防衛の意思」は犯意ではない、少なくとも犯意そのものではないから——致死傷の過失責任を問うことができるからである。実際に同判決は、被告人が被害者Ａに気付かずに自車を走行させた点に過失を認めた。その理由はこうであった。被告人は「ＡがドアノブՓ付近をつかむなどして直近を併走している状況下で、被告人車両を短時間のうちに時速約一八キロメートル、時速約三七キロメートルへと加速させ、左右に多少転把したものであって、そのような速度で進行する自動車の威力を考えると、客観的には身体や生命に対する危険性が高い」。つまり、被告人は不注意な運転行為により被害者を死亡させたと認定された。

被告人が「Ａを認識すれば」「Ａに対する危険が生じないあるいはより危険が少ない速度や方法で運転することは可能であった」。被告人がハンドルを左右に転把させたのは「自車進行方向に停止していた車両の側方を通過するため」であったとされているが、この転把がなければ右後輪がＡを轢過することはなかったと思われる。仮に、被告人がＡを認識しておれば、その運転行為は、単にＡから逃れようとしたのではなく、その前にＡを振り払おうとしたか、あるいはＡを転倒させ、傷害しようとしたものであったとみなされるかもしれない。その行為は——Ａの違法行為も同様であると断らねばならないが——それほどＡにとって危険であり、また、Ａ死亡の結果との間でいわゆる条件関係も認められる。もちろん、これは正当防衛であり、ともかく客観的に罰されないと考えるとき、認識主観をあれこれ推量する意義はない。しかし、被告人とＡを並べてみると両者は武器対等ではなく、また、Ａの轢死が積極的加害の客観事実であってもならない。客観的には、轢殺もやむを得ないといえるほどの客観事実が示されなければ、正当防衛であるといえないのではないか。

これに対して同判決は、客観事実の詳細（転把と轢死の関係など）を明らかにするのではなく、一方で被告人の他行為可能性を肯定し、他方で被告人がAらに対してあえて攻撃を加えておらず、急迫不正の侵害を避けようとしたにすぎないことを強調した。つまり被告人には反撃の意思が認められず、もっぱら「身を守るために」「やむを得ず」不注意運転をしたとしてその違法性を否定した。他行為可能性があったが不注意運転もやむを得ないとみなされたのは、被告人が間近のAを認識しなかったことが、やむを得ないとみなされたからであると思われる。というのは、「Aを認識すれば」、他行為可能性があったが、実際には、Aによりサイドミラーの効用が害されており、そうではなかったからである。

しかし、それならば、むしろ行為の有責性を否定すればよく、自動車運転過失致死罪の構成要件に該当するが、正当防衛の行為（「身を守るために」「相当だと考えられる範囲」の行為）であると論じる必要はなかったのでないか。被告人が「身を守るために」「やむを得ず」したことは不注意運転である。それは急いで逃走するためには不注意も「やむを得ない」という趣旨である（いいかえれば期待可能性がない）。被告人は自車を発進・走行させる暴行を加えてAを振り払おうとしたのではないから、不正の侵害者に対して「やむを得ない」行為（相当な防衛行為）をした、ということはできないのではないか。

被告人は傷害致死罪の疑いで訴追され、予備的訴因が自動車運転過失致死罪であった。被告人の運転行為によるAの死亡の因果関係という客観事実の有無は争われなかった。被告人の行為と法益侵害の因果関係を認めた上で正当防衛の成否が論じられた。これは当然のようであるが、ここに構成要件論の影響が認められる。一方で、被告人に対する急迫不正の侵害がある。この客観事実に対して構成要件該当の客観事実を並べて比較してきたのが正当防衛論である。前者と後者の客観事実があるならば、運転者である被告人は後者を認識すべきであり、その予見可能性がまったくなかったとはいえないだろう。他方で、同判決は「本件ではAの行動そのものが大きな原因となっている」と理解している。それゆえ、被告人は「やむを得ず身を守るために」行為したと述べて、これを不問に付すほかなかった。その趣旨は、逃げるためには不注意運転も「やむを得ない」、すなわち相当であるということであったから、不正の侵害者から単に逃走するために注意深くその者の安全を確認すべきであるとする注意義務の違反により、その者を死亡させたと認めるわけにはいかない、ということであったと思われる。客観事実に対して違法性の有無を判断するという理論枠組があり、はじめに行為と結果の因果関係が与えられたので、主観的に犯罪事実を否定する以外になかったのだろう。

しかしながら、急迫不正の侵害に直面した者が、正当防衛の行為をする。それは「防衛するため」「やむを得ずに」する行為である。このうち前者、すなわち価値保全の目的は、急迫不正の侵害と価値保全の結果から、被告人の行為にあったと了解できる。そして、そこに単なる逃走行為が含まれる。しかし、急迫不正の侵害から逃れる行為をしたか、これに向かって行為したかは、ベクトルの向きが正反対であり、むしろ主観的な問題ではない。たしかに被告人の挑発行為があったなどの特別な事情があれば、その単なる逃走行為が不正の侵害者の致死傷の結果の原因であるかを検討する余地がある。[4] しかし、違法行為の客体が逃走したから、その違法行為者が死亡した、という因果関係は一般的に認められない（客体に何を期待できるだろうか）。

したがって「やむを得ずに」する行為には反撃の意思、つまり価値侵害の認容があると考えねばならないだろう。そしてこの広い意味の「防衛の意思」のある行為は、必要かつ相当でなければならない。ただし必要性は補充性（他にとりうる方法がないこと）ではなく、また相当性は均衡性（侵害価値が保全価値を越えていないこと）ではない。したがって均衡性がない重い致死傷の結果がある場合、「防衛の意思」のある行為に対して不注意の有無を問いうる。しかし、その前に、まず、重い（過剰な）価値侵害の認容があれば、その行為について故意責任が問われる。つまり過剰防衛に故意犯と過失犯がある。次に、相当な範囲の認容、つまり価値侵害を消極的に認容する行為は、相当であり、不正ではない。この点で正当防衛の相当性は、行為の内面に関わり、単に客観的に判断できない。ただし、それは主観的に違法性を判断せざるをえないということではない。

正当防衛の行為者は急迫不正の侵害に直面している。それは、例えば、目の前の人が私に襲いかかってきたということである。私(行為者)は、その動きを知覚し、場合によっては体で痛みなどを実感しながら、その意味をつかみ、たしかに誤解の余地を残すが、それでも、何が起きており、これからどうなるかを知るがゆえに、自己の利益保全のために、正当防衛の行為に出ることができる。急迫不正の侵害とは、つねに現在進行中の未完の出来事であり、現在的かつ可能的な「こと」としてあり、必然的な客観事実としてあるのではない。また、客観事実として多くを認識・予見すれば、より正しく行為選択できるのでもない。そして過去形の客観事実として詳細に認識されたことが、行為者の経験したことよりも現実的であるとはいえない。その事実(行為者が何をしたか)は、一方で物証により明らかにされる客観事実から構成されるが、他方で具体的な行為の内面を通して、切り結ばれた意味連関を了解することによって出来事として再現できる。行為はつねに幾らかの非現実の有を先取りしてあると思われる(5)。その全てが現実化されて痕跡(物証)を残すのではない。行為の内面に映し出される可能的な「こと」、価値的に意味づけられて先取られることが、非現実の無として捨象されるならば、急迫不正の侵害は生々しさを削がれ、小さく認識される。

ところで構成要件論で、客観事実としての犯罪事実を行為者につなぎ止めるのは違法論である。その違法論は、客観事実に対する正否の価値判断を行う(客観事実としての行為または結果に対する無価値判断の理論)。そして不正の価値判断(違法性の認識)に基づく行為選択があれば犯意があり、その価値判断が可能であると認められるかぎりで行為者は責任を問われる。つまり違法な身体の動静に対して責任が降りかかる。ここでは行為論は重要ではない。

しかし、犯罪事実と責任を橋渡しするのは行為論であると思われる。責任とはつねに具体的に行為する者が問われる。人の体の動き、その時間的なあり方を価値的に行為として意味づける共通の意味の世界を生きるから、責任を問う営み（責任実践）もある。(6)つまり規範的な応答可能性として、違法な行為とともに責任がある（有責である）から、行為者は責任を問われる。犯罪事実とは、刑法的に責任の問われる「違法かつ有責な行為があること」である。したがって犯罪行為は客観事実としてあるのではなく、同様に正当防衛の行為も客観事実の中にあるのではない。

Ⅲ　出来事としての犯罪事実

最決平成二一・二・二四刑集六三巻二号一頁は、客観事実と認識主観が時間的にずれる過剰防衛の事案である。過剰防衛（「防衛の程度を越えた行為」）は違法であり、行為責任の対象である。被告人は、被害者が折りたたみ机を押し倒してきたのに対し、これを押し返した上、これにより転倒した被害者の顔面を手拳で数回殴打する暴行を加えた。被告人は「防衛の程度を超え」「傷害を負わせた」として傷害罪であるとされたが、その犯罪結果（手の負傷）の原因行為は折りたたみ机を押し返したという第一暴行であり、また、防衛の程度を超えたとされたのは顔面殴打の第二暴行であった。なお、第二暴行時の被告人が、第一暴行によって被害者の手を負傷させたことを認識していたかは言及がない。

被告人は、価値侵害を認容して第一暴行と第二暴行をした。第一暴行時に予見可能であったのは「手」に関する客観事実、すなわち暴行による手の傷害の因果関係である。また、第二暴行時に予見可能であったのは「顔」に関する客観事実、すなわち暴行による顔の傷害の因果関係である。このうち後者の客観事実の限度で犯意が認められ、また前者の限度の客観事実は違法ではない、と考えられている。なぜなら第一暴行の限度で被告人の行為は不正ではないからである。そうすると問題は「手」の傷害の客観事実を第二暴行時の認識主観に先送りするように、過剰防衛の犯罪結果が認められたことだろう。第一暴行による違法ではない客観事実が、第二暴行の犯意を理由にして違法であると評価されたようにみえる。防衛の程度を越えたのが第二暴行であるならば、単純に第二暴行の暴行罪に対して刑法三六条二項を適用すればよさそうであるが、そう考えられないのはなぜだろうか。

暴行罪を適用するならば過剰防衛ではなく、過剰防衛であるならば傷害罪を適用するほかないとされる。なぜなら構成要件論は、前述の通り、構成要件該当の客観事実から出発し、その違法性を評価するからである。正当防衛の場合は、急迫不正の侵害を含む全体としての客観事実に対して違法ではないと評価し、過剰防衛の場合は、その全体としての客観事実に対して違法であると評価する。正当防衛であれ、過剰防衛であれ、構成要件該当の客観事実は同一である。この客観事実ともう一つの客観事実(急迫不正の侵害)を並べて比較し、正当防衛と過剰防衛を区別する。被告人は、被害者に暴行を加えて結果的に傷害し、さらに暴行を加えた。これは前後に分割可能な一連の犯罪事実であり、傷害罪と暴行罪の構成要件に記述された客観事実が継起したといえる。

そこで第一の方法は、最初に一連の客観事実を前後に分割し、傷害罪と暴行罪の二つの客観事実を取り出す。つまり二つの客観事実に対して二つの責任実践を試みる。そして前者の客観事実と急迫不正の侵害の客観事実を並べて比較し、前者の限度で違法阻却する。しかし後者の客観事実は単なる暴行罪として残る。第二暴行時に急迫不正の侵害は終了していたことになるので、暴行罪の客観事実が防衛の程度を越えたかは問われない。

これに対して第二の方法は、「手」の傷害を含む一連の客観事実が防衛の程度を越えたかを問い、これを急迫不正の侵害の客観事実と並べて比較する。その結果は後者のほうが小さいので、前者の一連の客観事実は正当部分と過剰部分に分割され、一体として過剰防衛であると評価される。それは価値的に分割されるが、客観事実として一体である。その一体性の根拠は、同一の行為意思(防衛の意思)に基づく被告人の二つの行為の一連一体性であるとされる。一つの責任実践をする理由が、一つの認識主観に求められた。この行為意思（認識主観）に照らされ、一方で、構成要件該当の一連の行為と結果の因果関係の客観事実が認識され、他方で、急迫不正の侵害の客観事実が第二暴行時に終了していなかったと認識される。つまり、急迫不正の客観事実が時間的に引き延ばされ、構成要件該当の客観事実は前後に分割可能であるが一体性を保持する。これがいわゆる量的過剰防衛であるという。

しかし第二暴行時に急迫不正の侵害があったのであれば、理論的には改めて暴行罪の客観事実とこれを比較し、第二暴行は防衛の程度を越えたかを問うことができるように思われる。裁判所の認定によれば、第一暴行後に被害者の攻撃意思は失われたように見えず、また被害者が「間もなく態勢を立て直し再度の攻撃に及ぶことも客観的に可能であった」。これは被告人がそのように見て取ったことを追認したものだろう。被告人の行為の内面には、被害者が態勢を立て直し、再攻撃に出るだろうという可能的な「こと」があり、裁判所はこれを了解した。これが第二暴行時にあった急迫不正の侵害である。そうすると、被告人は第二暴行を加えたから過剰なのではなく、何度も顔面を殴打したという行為のその方法・程度が、過剰だったのだろうか。たしかに、そうであると思われる。被告人の第二暴行が被害者の身体を押さえつけたという程度であったならば不正ではないだろう。しかし、それは出来事の推移を見極めた上での総合判断であり、一般的に、攻撃意思を示してその態勢を整えようとする者に対して機先を制する暴行を加えてもよい、ということにはならない。つまり、第一暴行と第二暴行を切り離し、後者だけを見て、被告人の行為責任を問うことはできないというべきである。

したがって構成要件論では、単純に第二暴行の暴行罪に対して刑法三六条二項を適用することができない。つまり過剰防衛であるという公訴事実に対して正当防衛の成否を争うことができない。むしろ過剰防衛の適用を勝ち取るには被告人の一連の行為の一体性を述べねばならない。例えば殺人罪と遺棄致死罪、また共同正犯と従犯の区別は、同一の客観事実に対して争われる。理論上は異なる記述の客観事実があって然るべきであるが、責任実践の対象である行為をあえて客観的に区別しないからである。しかし、急迫不正の侵害に対する過剰部分の犯罪事実から出発できないのは、一つの行為責任の対象である客観事実の範囲を最初に分割できないからである。構成要件論は、価値的に中立な客観事実に対して後から価値判断する犯罪論だからである。

さて、問題はそれでよいのかということである。構成要件論の建前は客観事実からの出発であるが、量的過剰防衛では、実際には被告人の行為意思(認識主観)に照らされ、並置される急迫不正の侵害の客観事実と構成要件該当の客観事実が取り出された。それゆえ一方で、急迫不正の侵害が第二暴行時まで引き延ばされ、可能的な「こと」を含めて了解されたが、他方で、第二暴行時の犯意と第一暴行による致傷の結果が時間的にずらされて結びつき、被告人の行為は傷害罪の過剰防衛であるとされた。もしこの結論を認めるならば、一般的に裁判所の価値判断を待つべき客観事実とは、検察官の認識主観に照らされて切り取られた公訴事実であるから、検察官が犯意(または過失や「防衛の意思」)を認めるところに、その対象である構成要件該当の客観事実、すなわち被告人の行為意思に基づく犯罪の行為と結果の因果関係があるということになるだろう。

したがって、構成要件論のように、二つの客観事実を並べて比較する方法ではなく、過去の出来事を物語る常識的なやり方で「こと」の推移を再現してみる必要がある。行為者にとって犯罪事実は継起する一連の出来事であり、つねに未完の出来事の中で行為がある。ここでは、まず被害者の暴行があり、次に被告人の第一暴行があり、さらに被害者の暴行が予期されたので、被告人の第二暴行があった。被告人は二段階の反撃をして被害者をやり込めた。おそらくそれは瞬時の出来事であり、たしかに被告人は一連の行為をしたといえる。しかし被告人は、単に反撃を重ねたのではなく、有効な第一の反撃を加えられた被害者に対し、さらに第二の反撃をした。第一の反撃の有効性とは、「手」を傷害したことではなく、被害者を転倒させたことである。これによって被害者は態勢を立て直さねばならなくなり、第一暴行時にあった急迫不正の侵害が明らかに小さくなった。被告人はこの「こと」をよく知っていた。つまり被害者の再攻撃は可能であったが、直ちには不可能であり、その可能性を不可能性に転じるために被告人が被害者の顔面を何度も殴打せねばならなかった、ということではなかった。ここに第二暴行の過剰性がある。それゆえ、第一暴行と第二暴行の行為の内面は区別できる。これらは程度の異なる急迫不正の侵害に対する二つの行為であり、一方は必要かつ相当であるが、他方は過剰である。それゆえ後者だけが行為責任の対象として取り出される。

このように出来事は推移した。しかし、このような「こと」の推移は構成要件論の全体としての客観事実の中に含まれない。その推移を被告人は認識したが、理論上、それは認識されるべき客観事実ではない。なぜなら構成要件論の関心は、一方で被告人に対する急迫不正の侵害があり、他方で被告人が被害者に暴行を加え、傷害したこと（傷害罪の客観事実）、以上の二点である。それは認識を待つだけの過去形の客観事実であり、被告人に対する侵害可能性の量の減少とは、被害者に対する犯罪結果の必然性である。被告人は、この必然性の客観事実を認識・予見して第二暴行を思いとどまるべきだった。なぜなら、その客観事実は、第二暴行時の被告人によって認識・予見されるべき対象として与えられているからである。しかし、ここでは、その必然的な犯罪結果が第一暴行による「手」の傷害であることが、どうにも構成要件論には難しい。

被告人が行為時に把握したのは、被告人に対する侵害可能性の減少と被害者に対する侵害可能性の増大の相関関係である。未完の出来事の中で行為するとは、「意思の自由」が複数の可能性に対して働くことである。被告人は、侵害可能性が減少した「こと」に対し、第二の反撃を思いとどまることができた。被害者の再攻撃は可能かつ不可能であった。このとき二つの矛盾する可能性が衝突した。被害者が再攻撃をするか、被告人が再反撃をするか。そして顔面殴打の第二の反撃の行為が選択されたとき、被害者に対する侵害可能性が増大した。この「こと」、つまり行為の内面に映し出されるそのような「こと」の推移は事実として認識されない。それは客観的ではなく、主観的であるとされ、出来事としての犯罪事実から除かれていく。

正当防衛の行為者は急迫不正の侵害に対して反撃する。つまり前者があって後者があるが、構成要件論が二つの客観事実を並べて比較するとき、実にこの出来事性が捨象される。その比較の方法は、客観事実を並べたところで意味はないはずであるから、理論的には、それぞれに対する違法性の評価を価値的に比較する違法論としてある。しかし、それらは責任論のために表象されるべき二つの客観事実として、あくまで並置されねばならない。つまり犯意の有無は、それらが客観事実として、全体として認識されねば判断できない。したがって二つの客観事実を並べて違法判断をする。しかしながら、人は客観事実を表象して行為するのではなく、「こと」に対して行為する。出来事としてみれば、急迫不正の侵害が原因で被告人の行為は結果である。しかし構成要件論では、このことは事実として把握されない。客観事実から出発する犯罪論は、構成要件論の中に因果論を閉じ込めている。因果関係とは、犯罪の行為と結果の必然性の客観事実（法則性）であるとされる。したがって、「はだかの行為」論のように、因果関係論も構成要件の枠外に出なければならない。(7)

以上の考察の結果、量的過剰防衛とは、被害者の再攻撃が可能であるが、直ちに不可能であるとき、相当でない方法で追撃する行為であるといえる。この追加の反撃行為が刑の減免の対象である。いいかえれば、急迫不正の侵害に対する反撃行為が、その相互に反発する行為の過程で、途中から防衛の程度を越えたが、その過剰性の認容があった場合（または過剰性の不認識に不注意があった場合）である。このような「こと」の推移を見るには犯罪事実を出来事として物語るように再現すればよい。

Ⅳ　やむを得ずにする行為の過剰性——三重否定の価値判断の方法

急迫不正の侵害に対する防衛行為（やむを得ずにする行為）は、価値侵害を認容するが、犯意はなく、意味的には犯罪行為ではない。この行為が、同時に犯罪行為であるように見えるのは、急迫不正の侵害の事実を捨象して行為の意味を一般的に捉え返すときである。しかし、具体的には、それは刑法三六条一項の正当防衛行為類型に該当し、決して犯罪行為類型に該当しない（犯罪類型は基本的に行為の意味類型である）。同様に量的過剰防衛でも、急迫不正の侵害に対する行為は、その行為の意味において、まず正当防衛行為類型に該当する。しかしそれは防衛の程度を越えて犯罪結果（いわゆる結果無価値）を生じさせているので同条二項に該当する。それは犯罪結果を同時参照し、その行為の内面に①過剰な価値侵害の認容がある、または②過剰性の不認識に不注意があると見て取れたときであり、その行為は、もはや「やむを得ない」という二重否定の肯定的行為（不正ではない行為）における価値侵害の消極的認容ではなく、「防衛の意思」はあるが、①犯意のある、または②過失のある行為、すなわち「やむを得ずに」する行為ではないという三重否定の否定的行為であると解される。それゆえ、次に、その行為は重複的に故意犯または過失犯の行為類型に該当するが、刑の減免の対象になる。結果的加重犯の行為類型に該当するのは、同時に①②を満たす場合である。この考え方は、いわゆる質的過剰防衛にも当てはまる。

最判昭和二四・四・五刑集三巻四号四二一頁は、斧と思わず棒様のものを用いて反撃した被告人に対し、「それ相応の重量は手に感じる筈である」と指摘して過剰防衛を認めた。これは「やむを得ずに」した行為が、均衡性のない重い犯罪結果をもたらした場合であり、最高裁は「事実の認識」の中に、間接的に価値侵害（違法性）の程度の認識を取り込んだと指摘されている[8]。つまり犯罪事実は、客観事実としてではなく、反価値的な「こと」としてあるという趣旨である。被告人は重い価値侵害の出来事を認容して棒様のものを用いたのだから、故意犯（または結果的加重犯）であり、過失犯ではない。

しかし、構成要件論の立場から次の反論が加えられた。故意犯である「筈である」というのは臆断である。斧を用いるのは客観的には過剰防衛であるが、斧に関する客観事実の認識がなければ、主観的には棒様のもので反撃しているにすぎず、誤想防衛であり、犯意はなく、主観的には正当防衛と同じである、と。一般的に斧が棒よりも重いと決めつけてはならないという趣旨であれば首肯できる。仮に被告人が、棒だけの重量しかない斧（被告人にとってそうである棒様のもの）で反撃したのであれば、最高裁のようには判断できない。その場合の行為者は「棒様の斧」の矛盾を抱えて行為する。急迫不正の侵害に対して「防衛するため」「やむを得ずに」行為したが、防衛の程度を越えたので、斧の不認識につき、注意義務違反が認められるとき、同時に過失犯の行為類型に該当するだろう（過剰防衛の過失犯）。基本的に防衛行為であるが、刑法的に禁止された過失犯の行為でもあるから、それは二重に意味づけられる行為である。問題は、第一に、具体的にはどのような場合に注意義務違反が認められるか、第二に、そもそも過失犯の成否を問う前に、棒の攻撃に対する斧の反撃が直ちに相当でないといえるか、を問う必要があることである。

しかし、これは構成要件論の考え方ではない。構成要件論は二つの客観事実を並べて比較して過剰性を判断するので、棒に対する斧の違法性を疑うことが難しい。それゆえ、まず、過剰であるとされた構成要件該当の客観事実に対して過失犯の成否を問い、次に、これが否定されたならば主観的に正当防衛であるとされる。構成要件が客観的な行為類型であるならば、そう考えられる。これに対して構成要件が客観的かつ主観的な行為類型であるならば、急迫不正の侵害の客観事実と比較して故意犯や結果的加重犯（例えば傷害罪や傷害致死罪）の客観事実の過剰性が認められたとき、過剰性の不認識があるからといって、改めて過失傷害罪や過失致死罪の客観事実に対して過失犯の成否を問えるわけではない[9]。なぜなら故意犯の行為類型に記述された客観事実とは、その客観事実を認識する心的状態のある行為と結果の因果関係であり、過失犯のそれは、その客観事実に対して不注意な心的状態のある行為と結果の因果関係であるとされているはずだからである。

それゆえ消極的構成要件要素の理論は次のように考える。正当防衛の行為者は、構成要件該当の客観事実［X］と違法阻却事由（消極的構成要件）該当の客観事実［Y］を認識する。これに対し、ただの故意犯の行為者は、構成要件該当の客観事実［X］と違法阻却事由該当の客観事実の不存在の客観事実［無Y］を認識する。無Yなる「事実の不存在の事実」を認識するのがこの理論の特徴である。それゆえ両者は、そもそも異なる客観事実を記述する行為類型に該当する。客観事実［X、Y］を認識するのが犯意なき行為であり、これに対して客観事実［X、無Y］を認識するのが犯意ある行為（故意犯）である。

また誤想防衛は、構成要件該当の客観事実［X］の認識があり、違法阻却事由該当の客観事実の不存在の客観事実［無Y］の認識がない行為である。これは反X（＝Y）の不存在（＝無Y）の不認識の行為であるといえ、実に裏から始まる三重否定の（事実上四重否定の）肯定的行為である。いいかえれば「不正ではない」行為では「ない」が犯意の「ない」行為である。単なる故意犯と誤想防衛は、客観事実［X、無Y］が認められる点で同じであるが、無Yの認識の有無で区別され、後者は犯意ある行為ではない。しかし、無Yの不認識に注意義務違反の不注意があれば過失犯の行為類型に該当する。

つまり、この考え方では、客観事実［X、無Y］があってはじめて違法性の価値判断が行われる。客観事実［X］は違法性の可能性を与えるにすぎない。したがって正当防衛の客観事実［X、Y］は違法ではなく、その行為は犯罪行為類型に該当せず、「防衛の意思」があるので正当防衛行為類型に該当する。また誤想防衛の客観事実［X、無Y］は違法であり、無Yの不認識のゆえに犯意はないが、それは認識されるべき客観事実であり、その行為は——

客観的注意義務に違反するだろうから——原則的に犯罪行為類型（過失犯のそれ）に該当し、もし不注意が認められなければ例外的に犯罪ではない。

このように消極的構成要件要素の理論は、客観事実の犯罪論を展開した。客観事実［X、無Y］は、故意犯または過失犯として、行為の違法性を客観的に推定させる。しかも、それは正当防衛の行為が犯罪行為類型に該当しないとする点で、一見すると行為論優位の犯罪論である。しかし、それは行為論を構成要件論の外に出したのではなく、客観事実を記述する構成要件の中に無Yの認識主観を取り込んでいる。違法な客観事実とは、客観事実［X、無Y］を認識する、または認識すべき心的状態のある行為と結果の因果関係であると修正されるだろう。故意犯の行為には、この無Yの認識があるが、誤想防衛の行為には、それがない。

そして行為論の立場から、この「ある」とされる（つまり認識できるとされる）「不存在」とは何か、と問わねばならない。前者は、無Yを具体的に知覚して行為するのではないだろう。なぜなら、後者は、急迫不正の侵害があると誤認して行為するのであるが、その誤認が共通了解可能であるかぎりで故意犯ではない。つまり、その誤認の対象である「こと」（例えば勘違い騎士道事件では女性Aと男性Bが路上で揉み合い、Aが倉庫の鉄製シャッターにぶつかって尻もちをついたことなど）の有無が、実は単なる故意犯と誤想防衛の違いである。しかし、この理論では、後者がその「こと」を知覚し、その意味をつかんで行為する、という因果関係は目撃されない。両者は同じ客観事実［X、無Y］がある場合であるとされ、その違いは無Yを認識するか、認識すべきであるか、その認識主観にあり、それが構成要件要素としての行為の違いであるとされる。

さて、過剰防衛は、過剰性の客観事実［Z］がある場合であるが、前述の通り、この過剰性は、消極的構成要件要素の理論の採否にかかわらず、最初に二つの客観事実を並べて比較してみなければ見えてこないものである、と考えられている。それゆえ、棒に対する斧の過剰性は一目瞭然であるとしても、過剰防衛も基本的には客観事実［X、

Y」がある場合であるとされねばならない。しかし比較の結果、Xのほうに過剰性が見て取れるので、まずXは、価値的に①X－Zと②Zに二分割され、次に急迫不正の侵害の客観事実は③Yと④無Zから成ると修正される。客観事実［X、Y］は全体として犯意を否定する（つまり客観事実［X］は違法性の可能性を与えるにすぎない）ので、客観事実［無Z］がなければ、過剰防衛の行為責任は問えないのである。それは理論的に認識されねばならないから、「ある」とされる客観事実である。具体的には知覚される必要のない客観事実である。そして、その無Zの不認識があれば、過失犯の成否が問われる。

つまり、急迫不正の侵害の客観事実に対する構成要件該当の客観事実が、過剰防衛であると分かったからには、それは客観事実［X、Y、無Z］がある場合である。急迫不正の侵害は「棒様のもの」によるのであって、斧によるのではなかった。斧による攻撃ではないという点が、構成要件該当の客観事実を過剰にする。それは過剰性の違法判断の根拠として認識されるべき客観事実であり、また、認識されねば、その先の責任論に進めないので、認識される客観事実である。被告人は「棒様のもの」による攻撃であると認識しているのに、斧による攻撃ではないとは認識できなかったという。しかし、Y（棒による攻撃）＝X－Zであるから、－Z（無Z）は認識できた「筈である」。こうして、それは理論的に（「事実の不存在の事実」を認識する、いわば錬金術により）誤想防衛であり、原則として過失犯であるとされる。犯罪事実と責任をつなぐのは、責任実践をする者の認識主観である。

しかし、第一に、自分の斧の存在に気付かない者が、相手の斧の不存在を認識できるのは、はじめに斧による攻撃があったのに、例えばその刃が落ちて斧が棒になった場合、あるいははじめは斧による攻撃であると見えたが、近くで見るとそれは模造品であったような場合であると思われる。そのようなとき（つまりY＝X－Zの計算をする余裕を与えられたとき）、咄嗟に斧と思わず棒様のものを手に取って反撃した者は、改めて自分の使う「棒様のもの」に注意を払うことができるし、また、斧の不存在を認識すべきであったという責任判断の事実上の根拠も与えられる。

三重否定の価値判断の上に過失を肯定できるのは、それなりの複雑な出来事があったからである。その出来事を再現することで、斧の存在に気付いていた「筈である」との疑いを払拭した上で、気付くべきであった、といえる。しかし、このような被告人に対する侵害可能性の量の減少という「こと」の推移は、被告人が認識したとしても、構成要件論の認識すべき客観事実に含まれない。

そして第二に、過去形の必然性として二つの客観事実を並べるのではなく、出来事として振り返るならば、「棒様のもの」による急迫不正の侵害は、場合によってはその行為の内面に殺意を感じさせる攻撃であり、これに対する反撃の行為は「やむを得ない」というべきであると思われる。その反撃行為の内面に過剰な価値侵害の認容（殺意）を認めるべき証拠は示されていないが、被害者は死亡したとする。もし急迫不正の侵害の事実を捨象し、これだけを見るならば、それは傷害致死罪に該当する。そして急迫不正の侵害と並べて比較してみるならば、それは客観的にも、主観的にも、直ちに過剰であるとは思われない。しかし、構成要件論は、斧を用いた暴行による被害者の死亡の因果関係という客観事実を認識し、斧による反撃がなければ被害者は死亡しなかっただろうと考える。棒に対する斧の過剰性に目を奪われ、加重結果を過剰な犯罪結果であると認識する。殺意がないのであれば、せめて過剰性を認識し、過剰な犯罪結果を生じさせないように他行為を選択してほしかった。これは、客観事実に対して価値判断をする違法論の結論であるというより、単に構成要件論が結論を先取りしているにすぎない。殺意がないことが加重結果を過剰結果に変えるのであれば、それは結論を先取りする責任実践論であるといわねばならない。

しかし、急迫不正の侵害に直面した行為者の心的状態は、ともかく緊急時のそれであり、「棒様の斧」の矛盾が必ずしも非現実的であるとは思われない。例えば斧の刃にカバーが付いていたとする。被告人はそれを棒として用いて反撃したが、途中でカバーが外れてしまい、それが被害者に対して、突然、斧の姿で現れた。「棒様のもの」が斧になった瞬間である。被害者に対する侵害可能性の量が増大した。無我夢中で防戦していた被告人はそのことに気付かず、やがて斧の刃が被害者に当たり、死亡させてしまった。被告人が「棒様のもの」による攻撃に対し、カバーの付いた斧を棒として用いて反撃したことは「やむを得ない」と思われるし、また、防戦一方の被告人は、カバーの外れに注意すべきであったのかどうか。あるいはカバーの外れに気付いたとき、被告人はそれを手放さねばならないのか、それともどのように注意してそれを用いるべきなのか。それは被害者の攻撃がどの程度のものであったかによるだろう。これらの事実関係が明らかにされねばならないが、そのためには行為の内面を通して「こと」の推移を物語り、物証と照らし合わせ、共通了解できるように、出来事を再現するほかない。その事実（行為者が何をしたか）は、行為の前後をよく見なければ分からないのである。

違法は客観的に、責任は主観的に、という犯罪論の命題がある。しかし犯罪論は、行為責任を問うという責任実践のためにあるので、犯罪論全体が主観的に傾いていると思われる。客観的な価値判断の建前は保持されているが、実際には責任を問おうとする認識主観が優位する規範論である。それはあるがままの世界を主客に二分する認識論的な世界観に基づく方法論であったと思われる。

これに対して過去の出来事を世界の「現われ」として再現する方法があるのではないかと考えている。被告人供述の証拠能力はつねに「特信情況」を要件として認められるとせねばならない[10]。それは被告人の行為の内面に過去の出来事が映し出されるからである。

（1） 山口厚『刑法総論〔第三版〕』（有斐閣、二〇一六年）二〇九頁。
（2） 構成要件論が没価値的な事実を客観的に記述する類型論として誕生したこと、またその問題点（事実が価値関係的にあり、それゆえ謙抑的に法定されるならば、犯罪類型が人権保障機能をもちうること）について宗岡嗣郎『犯罪論と法哲学』（成文堂、二〇〇七年）九三頁以下。
（3） 高山佳奈子「違法性と責任の区別について」井田良ほか編『川端博先生古稀記念論文集（上巻）』（成文堂、二〇一四年）五〇頁以下。

(4) 過失犯の因果系列の孤立化について森川恭剛「致死傷の偶然と因果関係」琉大法学八九号(二〇一三年)二九頁以下。
(5) 九鬼周造『偶然性の問題』(岩波書店、二〇一二年)二六七頁以下。
(6) 行為が価値関係的に意味づけられることについて松永澄夫『価値・意味・秩序』(東信堂、二〇一四年)一七六頁以下、同『音の経験』(東信堂、二〇〇六年)一一〇頁以下。また「責任実践」について瀧川裕英『責任の意味と制度』(勁草書房、二〇〇三年)二頁、一二七頁以下。なお、責任実践は広義の非難(無価値判断に基づく「悲嘆」)の営みであるが、行為とともにある責任(有責性)は本質的に応答可能性であると思われる。
(7) 「はだかの行為」論について梅崎進哉、宗岡嗣郎『刑法学原論』(成文堂、一九九八年)九六頁以下。行為論と因果論の関係について松永澄夫『知覚する私・理解する私』(勁草書房、一九九三年)一七三頁以下。知覚世界が行為者に「現われ」、そして行為があることについて同『経験のエレメント』(東信堂、二〇一五年)二七三頁以下。一般的に行為の原因性は、知覚と行為の因果関係を探さないという前提から述べうるが(同書三三三頁)、ここでは知覚世界の中に現れる現在的・可能的な他者の振る舞いが行為として意味づけられ、その他者の行為が、私を行為させる(つまり私の振る舞いを同時に行為として意味づける)という意味連関の拘束性に注目し、これを因果関係論の課題であるとする。
(8) 宗岡嗣郎「誤想過剰防衛に関する一考察」久留米大学法学五六・五七合併号(二〇〇七年)二四八頁。
(9) 中義勝『誤想防衛論——消極的構成要件要素の理論』(有斐閣、一九七一年)一頁。
(10) 内田博文『自白調書の信用性』(法律文化社、二〇一四年)二〇一頁。

行為者の表象（予見・認識）と責任能力及び有責性
——刑法における主観的ないし行為者的なもの4

伊東研祐

Ⅰ　はじめに

世紀の変わり目・新たな千年紀入り《ミレニアム》に際しての期待という心理的要因も機能していたものと思われるが、「二一世紀の我が国社会の姿」(1)に対応しようとする司法制度改革が暫く前に華々しく開始された。その過程と成果とは長期的な観点からも改めて検証される必要があるが、そこで抱かれていた「二一世紀の我が国社会の姿」に——幾つかの大きな出来事を経た多くの社会構成員の現在の心象風景からすれば尚更であろうが——さほど強い違和感を覚えなかった（ように感じられる）のは何故か、という疑問を覚えることは疑いないであろう。刑事司法制度、特に刑事実体法の領域との関連においていえば、それはなお、活気に満ちた、しかし、あるいは、それが故に、積極的な防禦を要する新たな質と形態の不法ないし危険を内包する社会であり、「適正な報い（just desert）」の実現を含めた被害者の一層有効な保護・救済を志向する社会であった。そして、社会全体として、支えられる必要のある者（弱者）の数と質との止め処ない増大が支える者・支え得る者・支えるべき者の能力拡大策の効果を大きく上回り、全体システム的な破綻が多くの孤立局面において顕在化して「罪」が犯され、社会的弱者が犯罪者として底辺に既に沈殿し始めていることが気付かれるのに、あるいは、無視し得なくなるのに、時間は掛からなかった。「二一世紀の我が国社会の姿」を如何に捉えるにせよ、それを支える刑事司法制度を作り上げて巧く機能させるには、「刑事」的また「司法」的視座の制約を超えて「介護」・「福祉」（に関わる非政府組織等）の力を大きく借りた「更生」等のシステム接合・拡張によって、支えられる社会自体が一層衰退して崩壊しないようにまず弱者たる構成員を手当てする必要のあることが認識された。伝統的な制度枠・制度視座を超えた共働により共生を実現しようとするこの種の試みは、社会構成員相互の「適正な憐み（just mercy）」(2)ともいうべき視座の転換の始まりを示唆するものであるが、それを理論的に根拠づけ、更なる可能性を探ることは、現代の刑法理論学にとっての急務であろう。

刑事責任能力論は、確立した判例による刑法典解釈とそれを基本において支持してきた学説伝統の結果として、現時点では、精神医学（医療制度）的視角に基づく刑事法学（司法制度）的推論《リズニング》と評価判断との固有領域として位置付け得るが(3)、そこでも既に動きは始まっている。本小稿の被献呈者である内田博文教授は、暫く前に、以下のように述べている。

> ……期待可能性によって再構成された責任能力概念の内容とは一体どのようなものだろうか。それは「医学モデル」のように、責任能力の判断の対象を「精神の障害」によって生じる「弁識能力・制御能力」の喪失・減弱だけに限定することなく、「弁識能力・制御能力」の喪失・減弱という形で、より広く、「精神障害者」に特有の期

待可能性の問題を検討しようとするものである。……〈中略〉……「障害者権利条約」によれば、「精神の障害」があっても、「合理的な配慮」ないし「自立した生活及び地域社会へのインクルージョン」や「十分な生活水準及び社会的保護」のための「効果的かつ適切な措置」が講じられていれば、「法的能力」を十分に行使しうるとされる。再構成された責任能力概念の内容もこの点に関わる。この「効果的かつ適切な措置」が講じられていれば、「精神の障害」があっても、「弁識能力・制御能力」に欠けるところはなかったにもかかわらず、同措置が講じられていなかったために「弁識能力・制御能力」に欠けるという事態が生じてしまった場合には、そのことも責任能力の問題となるという点がそれである。(4)

本小稿は、同一の方向性を追究しつつ、刑事責任（責任非難）の根拠と効果とについて近時（疑問ないし不安に）思うところを纏めたものである。

Ⅱ　責任能力判断の方法・視座の現状と問題点

我が国の刑法（典）は、判例・学説に拠れば、「事理弁識能力」及び「行動制御能力」から成る有責行為能力としての「責任能力」の存否や程度を、端的にそれら自体として判断する方法を採らず、両能力の双方または一方の欠如あるいは著しい減退が「精神の障害」や未成熟性(5)を原因として生じたものか否かという方法で判断している（欠如が、刑法三九条一項にいう「心神喪失」の場合であり、著しい減退が、同条二項にいう「心神耗弱」の場合である）。この方法は、自己の行おうとする行為の社会的な意味・是非善悪ひいては適法性・違法性等を認識する行為者の能力の有無及び程度と当該認識に基づいて意思的・情緒的に自己の行為を制御する能力の有無及び程度とを基準に判断しようとする「心理学的方法」と、精神の障害という器質的・生物学的要素の有無及び程度を基準として判断する「生物学的方法」との両者を併せ用いるもので、「混合的方法」と呼ばれているが、心理学的方法が、独自の責任要素としての責任能力の実体を説明するところがないのみならず、特に行動制御能力の存否・程度の判断において、客観性ないし安定性に乏しい嫌いがあるのに対して、精神医学等の知見を基準として用いる生物学的方法の併用は、これを是正し得るものとして評価されている。筆者も、このような見解を基本的に妥当なものとして理解してきている。(6) しかしながら、改めて極く素朴に考えるならば、何故に「精神の障害」に起因する責任能力の欠如あるいは著しい減退の場合でなければ刑事司法的に考慮されないのか、という問いに答えることは、理論学的には、また、実際論的にも、困難なのではないであろうか。(7) 精神医学等の知見を基準として用いる生物学的方法の併用は、心理学的方法のみによる場合の責任能力判断の問題性を是正し得るものではあろうが、判断対象事例の包摂範囲ないし深度を限定する形態で用いることには独自の正統化が必要であろう。(8) 且つまた、責任能力を上述のように捉える以上は、その欠如（責任無能力）あるいは著しい減退（限定責任能力）ということをより実体的に把握する必要が、したがって、事理弁識能力及び行動制御能力の実体・関係等をより具体的に説明する必要が、一般的な前提として認められることになろう。

Ⅲ 責任能力の実体

1 責任能力と行為能力、故意・過失

「責任能力」とは、現在の判例・通説の定義を部分的に借りて改めて述べれば、自己の行おうとする行為の社会的な意味・是非善悪ひいては適法性・違法性等を認識する行為者の能力である「事理弁識能力」と、そのような事

理弁識能力により得られた認識に基づいて意思的・情緒的に自己の行為を制御する能力である「行動制御能力」とから成るものであり、「有責行為能力」を意味する。逆に、「責任無能力」とは、行為能力に基づいて行われた行為について、事理弁識能力と行動制御能力の双方または一方が欠如することに因り、「行われた行為に関する違法性の意識［の可能性］」が有ったにも拘わらず……行った」という非難の契機、および／または、「そのような行為に関して有し［得］た意識に基づく行動制御が可能であったにも拘わらず……行った」という非難の契機が欠如して「有責性（責任）」が否定される状態を指し、「限定責任能力」とは、事理弁識能力と行動制御能力の双方または一方が著しく減退している状態であることになる。また、行為能力に基づいて行為するということは、用語法による印象の差を一先ず措けば、一般に、行為者が自己の志向する目的・目標の実現・達成に向けて関連諸因果連鎖ないし因果系列の被覆決定・操縦を行うことを想定しているものと解されるから、行為能力を目的実現に向けられた積極的な推進力と捉えるとすれば、責任能力はこれに対抗的ないし消極的に機能する反推進力と捉えられることとなり、行動制御能力にいう「行動制御」とは、したがって、行為意思によって志向された行動の抑止・抑制（による結果の回避・不発生）ということで足りることになり、他行為特に適法行為の有意的な選択・実行である必要はないことになる。さらに、有責性を基礎づける上述した非難の契機（の第一のもの）は、行為意思に基づく行為（の全部または一部）が構成要件により包摂されている／禁止されていることの認識を経て初めて生じるから、責任能力を成す事理弁識能力とは異なるそれ以前の次元での認識、すなわち、構成要件要素としての故意または過失の介在が必要であることになる。(9)

2　故意犯・過失犯における行為能力と責任能力の実体

以上に述べたところを、故意犯・過失犯についてそれぞれ具体的に言い換えれば、以下のようになろう。

故意犯は、行為者が実現・達成しようとする目的・目標と構成要件的結果とが一致する（ものとして構成され得る）場合であるから、認識した違法な構成要件的結果を意図的に惹起するのに適しているが故に禁止等される関連諸因果連鎖・因果系列の被覆決定・制御を行うことにおいて非難されるが、関連諸因果連鎖・因果系列の被覆決定・制御それ自体は、犯罪体系論的にいえば、前構成要件レヴェルで行われる。すなわち、非難との関連においては、(1)構成要件要素としての故意とは異なる責任の要素として、①構成要件の客観的要素の認識から（現に採ったものと異なる表象・制御に至るのに十分な）いわゆる違法性の意識を喚起され得る能力、②喚起されたいわゆる違法性の意識から規範的障害を喚起（認識ないし感知・感得）され得る能力、そして、③これに従い得る能力とが必要とされる一方で、それらのような関連諸因果連鎖・因果系列の被覆決定・制御の規範的意味づけの前提として、(2)関連し得る諸因果連鎖・因果系列等の法則性・方向性等を（無意識的あるいは経験的にせよ）把握して推論し組合せ等して到達点を予測する能力が必要であることになる。前の三つの能力から成るものが責任能力（その内の前二者から成るものが事理弁識能力、後一者が行動制御能力）であり、最後の能力が行為能力である。

過失犯は、現に採られた関連諸因果連鎖・因果系列の被覆決定・制御が、それ自体として、表象された目的・目標とは異なる事態を惹起してしまうものであるという意味において、表象した目的・目標の達成の為には不十分・不適切であるが故に、採られるべきではなかった、ということを、非難の内容と理解する他ないと思われる。しかるときには、表象した目的・目標は、構成要件的結果には該らない適法領域に存するものであるが故に、その達成の追及が許されるのであって、その領域内に留まる為に十分で適切な関連諸因果連鎖・因果系列の被覆決定・制御が採られるべきであったにも拘わらず、（認識不足・判断の誤り等を含んだ）不適法ないし違法領域に存する事態を惹起する関連諸因果連鎖・因果系列の被覆決定・制御を採ったことが非難される、と考えるべきであろう。前構成要件レヴェルにおいては、表象した目的・目標を志向しつつも表象された目的・目標とは異なる事態を惹起する関連諸因果連鎖・因果系列の被覆決定・制御を採る（意思決定をした）ということについて、非難の契機を見出すことは困難であるが、現に採った関連因果連鎖・因果系列の被覆決定・制御は本来的に一定の構成要件的結果に至る危険であることが予見できる、それにも拘わらず行為を抑止・抑制しなかったという意味において、非難が可能であろう。そこで、過失として改めて構成要件の客観的な要素の認識の可能性、特に構成要件的結果とそれに至る因果経緯との認識（表象ないし予見）可能性とが必要になる。表象した目的・目標と因果経緯とを通じた、構成要件的結果とそれに至る因果経緯との認識（表象ないし予見）可能性とが必要になる。過失犯においては、したがって、故意犯の場合にいわば増して、⑵関連し得る諸因果連鎖・因果系列等の法則性・方向性等を（無意識的あるいは経験的にせよ）把握して推論し組合せ等して到達点を予測する能力、すなわち、行為能力が必要であることになる。責任能力も、理論的・観念的には故意の場合と並行的に捉えられるが、（構成要件の客観的要素の直接的な認識ではなく）表象した目的・目標と因果経緯とを出発点とする、いわば間接的ないわゆる違法性の意識を喚起され得る能力等となる点において、相違に注意を要する。

3　事理弁識能力の実体

責任能力を成す事理弁識能力の実体とは、このように見てくると、行為者が、表象する目的・目標およびその実現・達成に向けて被覆決定・制御する関連諸因果連鎖・因果系列の予見・認識から、構成要件を媒介として、直接または間接に（現に採ったものと異なる表象・制御に至るのに十分な）いわゆる違法性の意識を喚起され得る能力と、喚起されたいわゆる違法性の意識から規範的障害を喚起（認識ないし感知・感得）され得る能力とから成るものであることになる。[10] それらと行為能力とは、それぞれが機能する為の前提となる認識の内容としては基本的に同じものが要求される関係にあり、事理弁識能力においては評価的ないし命令的機能が加わるもののように思われるが、前構成要件レヴェルにおける関連諸因果連鎖・因果系列の被覆決定・制御においても、無意識的あるいは経験的にせよ、既に（目的達成や負担、対外的影響等との関連における）適性等に基づく評価的選択・選好は行われているのであり、両者の相違は実質的には大きなものではないように思われる。いずれにせよ、それらにおいて重要なことは、同種場面における経験の蓄積を含めた学習の積み重ねや広い意味での教育一般による前提となる認識内容の増大等によっても能力は大きく左右されるということである。ちなみに、行為者における行為時の「精神の障害」の有無に拘わらず、行為者に対して行為時までにそのような学習・教育の機会が十分に与えられなかった為に行為時における事理弁識能力の機能が法的ないし社会構成員間の期待に達しなかったといえる場合には、換言すれば、行為時までにそのような学習・教育の機会が十分に与えられていたならば行為時における事理弁識能力の機能が法的ないし社会構成員間の期待に達していたであろうといえる場合には、責任が否定されるべきであろう。何故ならば、そのような学習・教育の機会の付与を受けることは社会構成員の権利であり、また、機会の提供・保障は国家の義務として既に認められているところであって、国家の義務不履行の責任を社会構成員に転嫁することは許されないからである[11]。なお、行為者における「精神の障害」を含む身心上の疾病や障害一般は[12]、そのような学習・教育の機会の付与の前提ないし内容として、早期に発見されて適切な治療・監護等の措置・対応を受ける権利の対象であり、行為時における不十分な対応・放置は責任の存否に影響を与えるのは勿論であるし、行為後においても適切に対処されるべきものである。

4　行動制御能力の実体

先に述べたように、行為能力を目的実現に向けられた積極的な推進力と捉えるとすれば、責任能力はこれに対抗的ないし消極的に機能する反推進力と捉えられることとなり、行動制御能力にいう「行動制御」とは、したがって、行為意思によって志向された行動の抑止・抑制（による結果の回避・不発生）ということで足りることになり、他行為特に適法行為の有意的な選択・実行である必要はないことになる。すなわち、行動制御能力とは、特定の違法行為を思い止まる能力であって、他の行為ないし適法行為に出る能力ではなく、事理弁識能力によって喚起される規範的障害に従って、（当初に）表象した目的・目標および／またはその実現・達成に向けて被覆決定・制御する関連諸因果連鎖・因果系列の予見・認識を放棄・廃棄もしくは修正する能力である。行為能力・事理弁識能力が、上述のように、知（識）的な基体を中心として意思的・評価的な機能を果たすのに対し、情緒的・態度的な側面が主たるものである点で異なる。しかし、ここにおいても重要なことは、規範的障害を認識し得た場合に示すべき反応に関する能力の取得は、事理弁識能力の場合と同様にあるいはそれにも増して、同種場面における経験の蓄積を含めた学習の積み重ねや広い意味での教育一般による前提となる認識内容の増大等によって大きく左右されるということである。行為者における行為時の「精神の障害」の有無に拘わらず、行為者に対して行為時までにそのような学習・教育の機会が十分に与えられなかった場合には、責任が否定されるべきであろう、というのも同様である。また、行為者における「精神の障害」を含む身心上の疾病や障害一般は、そのような学習・教育の機会の付与の前提ないし内容として、早期に発見されて適切な治療・監護等の措置・対応を受ける権利の対象であり、行為時における不十分な対応・放置は責任の存否に影響を与えるのは勿論であるし、行為後においても適切に対処されるべきものである、というのも同様である。

Ⅳ　責任能力と犯罪と刑罰

責任能力の実体が以上のようなものであるとすれば、その殆どの部分は、日常的な社会生活の中で後天的かつ経時的・累積的に習得されてくるものであることになる。現行刑法典四一条が十四歳という責任年齢を定めているのも、少年時までの人格の可塑性を考慮した刑罰適合性判断に基づく政策的選択という側面は否定できないにせよ、社会構成員として期待されるレヴェルの責任能力を習得する上で必要な時間（場面・状況）を経験的に捉えてその標準を示しているものともいい得よう。もちろん、器質的な障害等の様々な原因により、習得の為に必要な意思疎通を行う言語能力[13]が欠如もしくは著しく減退している場合には、その習得には多大な困難が生じ得るが、障害等の適切な治療や意思疎通の為の補助手段の導入等の支援により、それらも克服することができるといい得る。責任能力の習得の程度は個々の行為者において、また各行為者の在る（対他的ないし対社会的な人格的）発展段階において異なるが、それが段階適合的に具備されている場合には、行為者は通常の状況下においては行動を制御し得るから、そこには犯罪は生じない。したがって、犯罪の無い平和な社会構成員の共生の保障が国家の目的・目標の一であり、その為の各種施策が社会構成員に対する義務であるとすれば、既に述べた通りの一般的な教育の形であるにせよ、特別な治療や支援等を通じてにせよ、行為者に対して行為時までに責任能力の習得（学習・教育）の適切な機会を十分にまた適時に与えるべきことは国家の義務であることになる（行為時までに責任能力の習得（学習・教育）の適切な機会が十分にまた適時に与えられるべきことは社会構成員の権利であることになる）。そして、それが与えられなかった為に行為時における責任能力の機能が法的ないし社会構成員間の期待に達せず、犯罪が行われたといえる場合には、換言すれば、行為時までにそのような学習・教育の機会が十分に与えられていたならば行為時における責任能力の機能が法的ないし社会構成員間の期待に達していて犯罪が行われなかったであろうといえる場合には、行為者への帰責が否定されるべきであろう。義務を果たさなかった国家に真の責任が存するからである。

責任能力が、機会の（なお）適切な付与にも拘わらず、何らかの理由で不十分にしか習得されず／機能せず、最終的に行動制御が効かなかった場合には、犯罪が生じてしまい、行為者に帰責され得る。そして、現行法上は、罪刑法定主義との関連で、生命刑・自由刑・金銭刑のいずれかの種類の刑を罰として科されることになる。しかしながら、これらの刑種が、現状のままでは（冒頭に述べた事実的な意味においても）、責任能力の（段階適合的な）習得や状況適合的な機能化にとって、換言すれば、行為者の再犯防止・再社会化にとって、適切なものとは言い難いことは改めて述べるまでもないであろう。必要であるのは、また、犯罪の無い平和な社会構成員の共生の保障という国家の義務を充足するには、行為者に対して（再）行為時までに責任能力の習得（学習・教育）の適切な機会を十分にまた適時に与えることである。それは、新たな刑種の創設としても、現在の行刑（矯正）・更生の改善・充実としても、暫定的には実現可能であろうが、財源・人材等の不足するリソースの有効利用という観点からしても、当初から司法という枠を超えてこれを包み込んだ視点からの法的強制措置として構成することが本筋であろう。責任無能力として司法領域から離脱させられるまでの社会構成員の処遇や治療を含めた権利保障の在り方も、離脱させられた後の社会構成員の行方も、みな当初から視座に入れた新たな枠組論が必要であろう。

V　おわりに

いわば古典的な刑事責任論の議論枠組から出発し、近時の知見を加味することによって刑事責任能力の実体を議論して、そこから従前の視座を乗り超えた新たな枠組を見出そうとする試みは、循環論法的で、ある意味においては矛盾に満ちている。最終的には国家刑罰権論ないし刑罰目的論に帰着せざるを得ないのであろうことも、敗戦後の我が国刑法学の歴史の既に示すところである。それにも拘わらず、何故にまた再び同様の試みを繰り返すのか、行為者としては必ずしも定かではない。その解答も、より長い歴史から学ぶほかにはないのであろう。

(1) 司法制度審議会『司法制度審議会意見書――二一世紀の日本を支える司法制度』(二〇〇一年六月一二日)四頁を参照されたい。

(2) Bryan Stevenson, *Just Mercy: A Story of Justice and Redemption*, 2014, Spiegel & Grau/USA の書名から、同書全体の内容やフレーズとして用いられているコンテクストを踏まえて、just desert の対概念として、敢えて宗教的な色彩を残して訳出してみたものである。

(3) 伊東研祐「裁判員裁判における責任能力判断と精神鑑定――刑事実体法研究者から見た今後の課題」犯罪と非行一七〇号(二〇一一年)三七～五九頁を参照されたい。

(4) 内田博文「責任能力概念の再構成について」浅田和茂ほか編『人権の刑事法学　村井敏邦先生古稀記念論文集』(日本評論社、二〇一一年)一〇三～一〇四頁。なお、障害者権利条約が「社会モデル」を採用した点を強調しつつ同旨を述べる、一〇六頁以下をも参照されたい。

(5) ここでは、(精神の)未成熟性ということで、刑法四一条に規定される「責任年齢」による責任阻却並びに平成七年法九一号で削除された刑法四〇条に規定されていた「瘖唖者《いんあしゃ》」であることを理由とする責任阻却または減軽処罰の根拠の説明方法の一つを考えている。なお、「瘖唖者《いんあしゃ》」も刑法上の概念として、学説・下級審判例により、生まれつきまたは極めて幼少のとき以来の聴覚障害に起因する言語機能障害を有する者と定義されていた。

(6) 伊東研祐『刑法講義総論』(日本評論社、二〇一〇年)二五四頁以下、伊東・前掲註(3)四二頁以下等を参照されたい。

(7) いわゆる超法規的責任阻却ないし減軽事由を認めないのであれば別論であり得るが、認める場合には、そして、責任主義の原理からすれば認めざるを得ないと思われるが、最終的にはこの問題に答える必要が生じよう。

(8) 本稿の観点からすれば、生物学的方法併用において用いられる精神鑑定は、行為者を刑事司法制度に乗せるか、それ以外の制度(医療制度、医療観察制度等)に乗せるかという制度選別機能を事実的に担うが、爾後に行為者が必要とする/受け得る治療・介護等を適正に考慮し得るものとは思われないのみならず、責任能力判断/制度選別の結果の如何に拘わらず、行為時における「精神の障害」が問題とされるような状況を示している行為者の(内容・水準は選別された制度に拠り異なり得るが)治療等の開始を鑑定に要する期間だけ遅らせ、回復不能な不利益を課する可能性を有するものでもあって、これらの点をも正当化する必要がある。

(9) 本項以下の記述については、伊東研祐「前構成要件的目的達成意思ないし行為意思と故意・過失及び責任能力――刑法における主観的ないし行為者的なもの3」井田良ほか編『浅田和茂先生古稀祝賀論文集』(成文堂、二〇一六年刊行予定)をも併せ参照されたい。

(10) いわゆる違法性の意識および規範的障害の内容として如何なる程度のものが必要とされるか、という問題については、ここでは扱わないが、一定の犯罪構成要件を媒介させた意識ないし認識であるから相当に具体的な高度のものが要求されることになろう。

(11) ここでは、事理弁識能力の養成の為に行われる特別な学習・教育を考えている訳では勿論ない。実際には青年期までに提供されるものが中心となるであろうが、嬰児期から生涯にわたり、家庭において日常生活の中で行われるものや学校教育・社会教育・職場教育等の様々なレヴェルにおける学習・情報伝達を広く考えている。

(12) ここにいう「身心上の疾病や障害一般」も、広く行為者の社会構成員としての生活に無視できない不都合・葛藤等を生じるものを考えており、人格障害・性格障害も含めている。

(13) 法令・構成要件等の内容に係わる規範的な次元の意思疎通であるので、「言語」能力が問題となるし、「日本語」能力が主体となるが、それに限られない。たとえば、責任能力の習得に直接関連するものではないが、聴覚障害（聾）と学習との関連について、斎藤通雄『手話を生きる』（みすず書房、二〇一六年）等を参照されたい。

一定の病気、症状による交通事故と刑事責任

金澤真理

Ⅰ　はじめに

二〇一三（平成二五）年六月七日、道路交通法の一部を改正する法律が第一八三回国会において成立し、同月一四日に公布された。これにより、一定の病気等がある人の免許取得に関する規定が整備され、同年一一月には、自動車の運転により人を死傷させる行為等の処罰に関する法律（以下、「自動車運転死傷行為処罰法」と言う）の改正により、自動車の運転に支障を及ぼすおそれがある病気として政令で定めるものの影響下で死傷事故を起こした場合を危険運転致死傷罪に準じて処罰する規定が設けられた。これらの改正の契機となったのは、二〇一一（平成二三）年、栃木県鹿沼市でのクレーン車による死亡事故や翌二〇一二（平成二四）年、京都市祇園で起こった暴走事故をはじめとして、てんかんの治療を受けている運転者が複数の死傷者を出したことが大きく報道された一連の自動車事故であ

る。運転者らは、法定された病気の申告を行わずに免許の更新を受けていた。重大な結果を招いた事故により、意識障害の発作を伴うてんかんの持病がある人の自動車運転に世間の注目が集まり、免許取得や更新の際の条件に関する法改正の気運が高まった。一方、法改正に対する日本てんかん協会の対応も早かった。事故に対して遺憾の意を表明し、法令遵守への一層の努力の重要性を指摘し、啓発活動の継続をまず述べた。そのうえで、法制度整備や改正にあたっては、「病名による差別は絶対にしないでください」と差別につながる法改正を拒否した点にまず注目すべきである。(1)

交通事故防止のためには、事故の危険が高い運転者に焦点を合わせて対策を施すことも重要である。従って、自動車等の安全な運転に支障を及ぼすおそれのある病気に着目することに理由はある。その一方で、同協会が指摘するように、自動車の安全な運転に支障を及ぼし得るような疾患はてんかんに限らず、ほかにもある。それ故、てんかんの疾患がある者のみを対象にするような法改正の妥当性を質すことは当然であるが、それ以上に問わなければならないのは、一定の病気や症状を抱えていることをもって不利益な処分の対象にしてよいかどうかである。固より自己の力では如何ともしがたい病気や疾患そのものを不利益な取扱いの根拠にすべきではないが、疾病故に自動車運転への影響が高い確度で見込まれるなら、そこに生ずるリスクを社会内で如何に調整すべきかは、一個の論点である。ただし、刑事処分の対象にするのであれば、一定の病気や症状と生じる危険との関係を科学的に検証したうえで、真に法的根拠があるかどうかを確認しなければならない。

刑事責任に関してまず想起されるべきなのは責任主義・責任原理である。責任主義とは、個人がその意思に基づいて統御可能な範囲に限って侵害の当人への帰責を認める原理であり、特に刑罰を正当化する基本理念の一つに数えられている。伝統的には、「責任なければ刑罰なし」という標語に表されるように、消極的責任主義が主要な内容と捉えられてきた。この責任主義を前提とするならば、本来、病気によって自己の行動を統御できない者を、それを理由に処罰することは許されない。ところが、今次の法改正では、特定の病気や疾患のために自己統御が困難な状態に陥り、自動車運転等に支障を及ぼすおそれがあることを認識している者が、その病気や疾患の影響により自己統御が困難な状態で起こした死傷事故の刑事責任を問われるという図式が採られている。このような場合にも刑事責任を認める論理構成に関しては、既に「原因において自由な行為の法理」の正当化をめぐって議論の蓄積があるが、その前提として、かかる図式の構築自体に正当性があるか、また、責任主義の本来の意義と矛盾がないかを、いま一度検証する必要がある。そこで、以下では、安全な運転に影響を及ぼす一定の病気、症状に係る交通事故に関して整備された如上の立法を素材に検討を加える。

Ⅱ　法改正の経緯

1　道路交通法改正の経緯

一定の病気等に係る運転者対策を進めるため、警察庁は二〇一二（平成二四）年六月五日、「一定の病気等に係る運転免許制度の在り方に関する有識者検討会」（以下、「有識者検討会」と言う）を発足させた。(2) 運転免許制度との関連で自動車等の運転に支障を及ぼすおそれのある一定の症状を呈する病気として掲げられているのは、統合失調症（自動車等の安全な運転に必要な認知、予測、判断又は操作のいずれかに係る能力を欠くこととなるおそれがある症状を呈しないものを除く）、てんかん（発作が再発するおそれがないもの、発作が再発しても意識障害及び運動障害がもたらされないもの並びに発作が睡眠中に限り再発するものを除く）、再発性の失神（脳全体の虚血により一過性の意識障害をもたらす病気であって、発作が再発するおそれがあるものをいう）、無自覚性の低血糖症（人為的に血糖を調節することができるものを除く）、そううつ病（そう病及びうつ病を含む、自動車等の安全な運転に必要な認知、予測、判断又は操作のいずれかに係る能力を欠くことなるおそれがある症状を呈しないものを除く）、重度の眠気の症状を有する睡眠障害、その他自動車等の安全な運転に必要な認知、予測、判断又は操作のいずれかに係る能力を欠くこととなるおそれがある症状を有する病気、認知症、及びアルコール、麻薬、大麻、あへん又は覚醒剤の中毒である。

有識者検討会は、六月から一〇月まで計六回の会合を重ねて、上記一定の症状を有する病気等に起因する事故の発生状況等を踏まえたうえで、これら症状を有する者を的確に把握するための方策、一定の症状の申告を行いやすい環境の整備方策、病状が判明するまでの間における運転免許の取扱いについて、関連団体からのヒアリングの実施結果も踏まえ、各論点について検討の結果、「一定の症状を呈する病気等に係る運転免許制度の在り方に関する提言」（以下、「『提言』」と言う）[4]にまとめた。即ち、一定の症状を有する者を的確に把握するためには、運転に支障を及ぼす症状について故意に虚偽の申告をした者に対する罰則の整備が必要であること、交通事故を起こす危険性が高いと認められる患者について、医師がその判断により任意に届け出ることができる仕組みが必要であること、一定の症状の申告を行いやすい環境整備のためには、症状を理由に免許を取り消された者が免許を再取得する場合には試験の一部を免除する等の負担軽減を図るべきであること、病状が判明するまでの間の取扱いについては、一定の症状を呈する病気等に該当する疑いが客観的事実により認められる場合には、その者の免許の効力を暫定的に停止するべきこと、である。

「提言」を受けて、「最近における道路交通をめぐる情勢に鑑み、自動車等の安全な運転に支障を及ぼすおそれがある病気にかかっている者等の的確な把握及び負担の軽減を図るため、運転免許を受けようとする者に対する質問に関する規定等の整備を行う」こと等を提案理由に第一八三回国会に提出された道路交通法の一部を改正する法律案は、参議院に二〇一三（平成二五）年三月二九日に受理され、同年五月一七日に可決、同日衆議院に送られ、同年六月七日に可決成立し、同月一四日に公布された。[5]この改正により、一定の病気等に係る者が運転免許を取得・更新する際の規定が整備された[6]。まず、公安委員会は、免許の交付、又は更新を受けようとする者に対し、自動車等の安全な運転に支障を及ぼすおそれがある一定の病気にかかっているかの判断のための質問票[7]を交付することができること（改正道路交通法（以下、「法」と言う）第八九条第二項、第一〇一条第四項及び第一〇一条の二第二項）、一定の病気等のいずれかに該当するかどうかを調査するため必要があると認めたときは、その者に対し報告を求めることができること（法第一〇一条の五及び第一〇七条の三の二）を定めたうえで、虚偽の記載、報告があった場合の罰則（法第一一七条の四第二号）を新設した。また、一定の病気等に該当する者を診察した医師による審査結果の届出に関しては、医師は、その診察を受けた者が一定の病気等のいずれかに該当すると認めた場合、その者が免許を受けた者等であると知ったときは、当該診察結果を公安委員会に届け出ることができること（法第一〇一条の六第一項）、また、その届出は秘密漏示罪の規定その他の守秘義務に関する規定にはかからないこと（法第一〇一条の六第三項）を定めた。他方、一定の病気等に該当する疑いがある者に対する免許の効力の停止に関しては、公安委員会は、三月を超えない範囲で期間を定めてその者の免許の効力を停止することができるが、一定の病気等に該当しないことが明らかになったときは、速やかに当該処分を解除しなければならない旨（法第一〇四条の二の三第一項）を定めたうえで[8]、一定の病気に該当すること等を理由として免許を取り消された者でその者の免許が取り消された日から起算して三年を経ないものについては、その者が受けていた免許に係る運転免許試験（適性試験を除く）を免除することとした（法第九七条の二第一項第五号）。

2　自動車運転死傷行為処罰法制定の経緯

一方、自動車運転死傷行為処罰法に関しては、二〇一二（平成二四）年九月七日に法務大臣からの自動車運転による交通死傷事犯の罰則整備に関する諮問第九六号を受けて、法制審議会刑事法部会は、同年一〇月二日以来、翌年二月一三日まで七回の会議を重ねて審議を行った。一定の病気、症状の影響で事故を起こした場合については、自動車の運転に支障を及ぼすおそれがある状況下で事故を起こした者に関して、以下の規定を追加する要綱案を賛成多数で議決した。

一　アルコール又は薬物の影響により、その走行中に正常な運転に支障が生じるおそれがある状態で、自動車を運転し、よって、そのアルコール又は薬物の影響により正常な運転が困難な状態に陥り、人を死傷させた者は一二年以下の懲役に処し、人を死亡させた者は一五年以下の懲役に処するものとすること。

二　自動車の運転に支障を及ぼすおそれがある病気として政令で定めるものの影響により、その走行中に正常な運転に支障が生じるおそれがある状態で、自動車を運転し、よって、その病気の影響により正常な運転が困難な状態に陥り、人を死傷させた者も、一と同様とするものとすること、である。

自動車の運転に支障を及ぼすおそれがある病気の影響で人を死傷させる事故を起こした場合に関し、要綱案とほぼ同一内容の法案[9]は、四月一二日閣議決定の後、衆議院に送られ、継続審査に付されていたが、同年一一月五日衆議院本会議において可決成立、次いで参議院においても一一月一九日に可決成立した[10]。

なお、同法上の自動車の運転に支障を及ぼすおそれがある病気として政令で定めるものとは、次のとおりである。①自動車の安全な運転に必要な認知、予測、判断又は操作のいずれかに係る能力を欠くこととなるおそれがある症状を呈する統合失調症、②意識障害又は運動障害をもたらす発作が再発するおそれがあるてんかん（発作が睡眠中に限り再発するものを除く）、③再発性の失神（脳全体の虚血により一過性の意識障害をもたらす病気であって、発作が再発するおそれがあるものをいう）、④自動車の安全な運転に必要な認知、予測、判断又は操作のいずれかに係る能力を欠くこととなるおそれがある症状を呈する低血糖症、⑤自動車の安全な運転に必要な認知、予測、判断又は操作のいずれかに係る能力を欠くこととなるおそれがある症状を呈するそう鬱病（そう病及び鬱病を含む）、⑥重度の眠気の症状を呈する睡眠障害（自動車運転死傷行為処罰法施行令第三条）。

Ⅲ　改正法の問題点と検討

1　病名による規制対象の類型化の問題

従来より、道路交通法は、過労、病気、薬物の影響その他の理由により、正常な運転ができないおそれがある状態での運転を禁止し（第六六条）、その違反を五年以下の懲役、一〇〇万円以下の罰金で処罰する（第一一七条の二第三号）と規定しており、また、特定の病気にかかっている者への免許交付の拒否、留保について定めていた（第九〇条第一項第一号）。今次の改正による変更点の第一は、免許取得・更新の際の適性検査とは別に、申請者に対して一律に自己の症状に関する質問票を交付できるようにし、かつ、医師による届出も可能にした点である。正常な運転の支障となり得る因子のうち、外見上把握しにくい症状等を本人若しくは医師のいずれかから把握し抽出することが狙いとされる。確かに質問票には病名の記載欄はなく、自動車等の安全な運転に支障を及ぼすおそれのある症状の有無に関する項目が設定されている。それ故専ら実質的な状況に則して免許の取得等の制限対象を抽出しようとしているようにも見える。しかし、政令で定められているのは病名を特定された一定の病気であり、故に自動車運転に直接の支障がない症状の患者を診断し、病名を告げる医師には、患者が被るであろう不利益を考慮すると難しい判断を迫ることとなる。

さらに、虚偽記載に関する一年以下の懲役又は三〇万円以下の罰金の新設にも問題がある。(11) 罰則規定の追加の理由として現行制度が不十分であるとの認識の下、抑止力、感銘力への期待が挙げられているが、(12) 罰則に感銘し、事故の抑止が可能な病識ある者は、不調の場合に運転を控える判断が期待できるのに対して、病識がない場合には必ずしもそうではない。それ故、少なくとも罰則の事故防止への有効性には疑問がもたれる。これに加え、行為に比較して重い罰則の存在が、一定の病気や症状をもつ人の社会参加を妨げ、かつまた、自己の症状が質問事項に該当するのではないかと危惧する者に診療、治療を躊躇させるおそれがあろう。

また、運転者に焦点を合わせた対策とはいえ、一定の病気にかかっているというだけで免許取得・更新の際に資格制限を行うのは尚早であろう。そのため、政令の規定上もそれぞれの病名ごとに制限の排除条件を列挙し、形式的な絶対的資格制限でなく、現実に則した制限を目指したものと解される(13)。一定の病気に係る免許の可否等の運用基準によれば、てんかん（道路交通法施行令第三三条の二の三第二項第号関係）に関して、以下の場合には拒否等は行わないこととされている(14)。

ア　発作が過去五年以内に起こったことがなく、医師が「今後、発作が起こるおそれがない」旨の診断を行った場合

イ　発作が過去二年以内に起こったことがなく、医師が「今後、X年程度であれば、発作が起こるおそれがない」旨の診断を行った場合

ウ　医師が、一年間の経過観察の後「発作が意識障害及び運動障害を伴わない単純部分発作に限られ、今後、症状の悪化のおそれがない」旨の診断を行った場合

エ　医師が、二年間の経過観察の後「発作が睡眠中に限って起こり、今後、症状の悪化のおそれがない」旨の診察を行った場合、である。

尤も、実質判断がなされるとしても、問題がなくなるわけではない。自動車等の安全な運転に必要な認知、予測、判断又は操作のいずれかに関する能力を欠くこととなるおそれが生じる症状を呈するか否かが問題であり、当該病気にかかっているか否かは根本的な問題ではないと立案当局も認めているにも拘らず(15)、依然として規定上は一定の

病気に該当するか否かを端的に問題にしているからである。

日本精神神経学会は、この点をとりあげ、法制審議会刑事法部会長宛に、①特定の病名に基づく免許の制限は医学的に正当性がないこと、②「一定の症状を呈する病気等に起因する交通事故」の分析に使用された数値[16]は有病率に比して少なく、交通事故発生原因の根拠としては数値の抽出に問題があること、③虚偽申告者への罰則の有効性に疑問があるうえ、差別助長、受診拒否につながるおそれがあること、④医師による届出制度の導入が医師の負担増につながるばかりでなく、医師——患者間にも問題をもたらす治療上のマイナスになること、⑤疑いの段階での制限が不適切であること、⑥現状における等を主たる内容とする、有識者検討会の「提言」に対して、傾聴に値する批判的声明を出した[17]。

同じ問題は、自動車運転死傷行為処罰法の規定にも存在する。既に法案提出段階から、日本てんかん協会のみならず、一定の病気の診断に関して関連のある学会が共同で要望書を出し、法案から一定の病気に関する条項を削除し、病気と事故等に関する科学的な検証の実施を求めていた[18]。それにも拘らず、個別の病気と事故等との相関関係を示す検証結果は必ずしも示されていない。両法の附帯決議にあるように、関係学会・医療関係団体からの意見に耳を傾け、最新の医学的知見が反映されるような見直しが必要である。

2　事故に対する刑事責任

自動車運転死傷行為処罰法制定の一つの契機となった二〇一一（平成二三）年の鹿沼市の事故に対して、検察官は、事故当時、運転者に意識がなかったことから、危険運転致死傷罪による起訴を見送り、自動車運転過失致死傷罪で起訴した。これを受けて宇都宮地裁は、医師から抗てんかん薬の投薬治療を受けていた被告人が自動車等の運転中にてんかんの発作により意識を喪失して人身事故や物損事故を起こした経験が数回あり、医師から自動車、特に重機など大型特殊自動車の運転をしないよう厳しく指導されていたこと、運転開始前には前夜に服薬を失念し、睡眠不足や疲労の蓄積から発作の予兆を感じていたことを認定したうえで、自動車の運転を差し控えるべき自動車運転上の注意義務があったにもかかわらずこれを怠り、てんかんの発作がないものと軽信してクレーンの運転を開始した被告人の過失を「極めて悪質かつ重大」と判断し、懲役七年の刑を言い渡した。(19)

尤も、ここに至るまでには判例の変遷があった。かつては、病気のために事故の瞬間に危険を予測し、回避することができなかったとして過失責任を否定した例があった。てんかんの発作をしばしば繰り返してきた被告人が、長時間の運転による過労と睡眠不足というてんかん発作を誘発しやすい条件の下で、眠気を催し、それと共にてんかん発作を起こした結果、ハンドル操作を誤り事故を起こした業務上過失傷害事件については、被告人は事故当時、意識障害のため、周囲の状況に応じて結果の発生を予見し、これを回避する行動をとることは不可能であって、心神喪失の状態にあったとして、原判決を破棄し、無罪の判決を下した事例がある。(20)

これに対して、てんかん発作のため心神喪失状態となっても、発作の起こり得ることが予見可能であり、運転をしたこと自体に過失があるとする裁判例も出されるようになった。(21) さらに、突然意識に障害を来してもうろう状態に陥るてんかん発作の持病があり、実際に過去数度にわたり発作に見舞われた被告人について、「かりそめにも道路上で自動車を運転するような行為は絶対にこれを差し控えなければならない業務上の注意義務がある」として禁錮一年の刑を言い渡した例もある。(22) てんかんによる意識喪失の発作のために事故を起こした例について、量刑は次第に厳しくなっていることも夙に指摘されている。(23)

近時の判例は、てんかん発作の病歴を認識している以上、自動車運転自体を控えるべき義務があると端的に述べているように読めるが、仔細に見ると、実際には複数回にわたり事故を起こしていたという経緯も重要視されていると判明する。特に、てんかんが自分の持病であるという事実を認識しながら自動車を運転した者には、病識があるるのに運転を開始したことのみを根拠に過失を認定するのではなく、発作の引き金になり得る過労、不眠等の症状を誘発するリスク因子の存在とその認識も同時に考慮されていることに注意しなければならない。正常な運転に必要な認知、予測、判断、又は操作の能力に重大な影響を与える因子を認識し、統御し得たにも拘らず、これを怠ったことに注意義務違反を見出したものと解される。このような判例の推移を是認するとしても、そこで認められるのはたかだか過失犯の成立である。危険運転致死傷罪に次ぐ、重い法定刑が科されるような実体があるかの検証が、重ねて求められる。殊に強調すべきであるのは、過労、不眠等は、それ自体事故発生を高め、かつ誰にでも訪れ得る一般的なリスク要因だという点である。病気の影響により事故が起こったのか、過労故に事故が起こったのか、専門家が診断する際にもその判別は困難とされているにも拘らず[24]、病気の場合にのみ類型的に処罰を要する実体を認め、また、病歴の認識を犯罪の成立要素として考慮することは妥当であろうか。

既に危険運転致死傷罪を刑法に追加した時から、その特殊な構造に鑑み、危険運転行為を明確化し、限定解釈すべきであるとの主張がなされていた[25]。この見解に立てば、正常な運転が困難になるおそれが生じる病気の影響で事故を起こした場合をも危険運転致死傷罪に準じて処罰する第三条第二項の規定（以下、「本条」と言う）の新設は、危険運転の実体部分を不明確にしたまま、事故が起こり人の死傷が生じる結果が生じれば処罰することを許す点で正当な刑罰権行使の前提を欠くのではないか、また、責任主義にもとるのではないかという重大な疑義を免れない。自動車の安全な運転に必要な、ある、同一の能力が欠けたことによって事故を起こし人を死傷させる結果を招いたが、一方が政令に定められた病気の診断を受けており、他方が偶然そうでなかった場合を想定したとき、一層その不合理性が際立つであろう。てんかんを例にとると、発作により脳の抑制系の神経細胞が働かずバランスが崩れるため、経験的に自動車の安全な運転に支障を及ぼすおそれがあることが解明され、しかも、投薬、治療により大部分がよくなることも分かってはいるが、他方でそのメカニズムや実際の発作のタイミング、有効な抑制方法については未解明な部分も少なくないと説明されている。(26) そうだとすれば、たまたま分かっているリスク因子のみを考慮し、しかもそれを主たる根拠として刑罰を科すことは不当と言うべきである。(27)

この点につき、本条を自動車運転過失致死傷の「中間」に位置する、新しい犯罪類型の新設と位置づける見方がある。(28) 正常な運転が困難な状態に陥る以前の、正常な運転が困難になるおそれが生じている状態で、かかる抽象的な危険を冒す運転を故意に行ったことにより、抽象的危険の現実化として人の死傷が生じた場合に処罰が可能になると構成するものである。(29) しかし、かかる抽象的危険と発生した事故との間に、現実化と言える程の論理的関係が認められるかは疑問である。論者が正当にも指摘するように、過労運転が処罰範囲から除外されているのに対して、殊更に一定の病気や症状に正常な運転が困難になる抽象的危険を結びつける理論構成には無理があると言わざるを得ない。(30)

それでは、本条の構造を、責任能力が問えない場合にも例外的に責任を認める、原因において自由な行為の法理を用いて説明することができるであろうか。(31) この場合に同法理を適用する前提となるのは、類型的に結果を発生する可能性がある（過失による）危険の設定、及びその危険の自招性である。自動車の運転に支障を及ぼすおそれがある自己の症状を知りつつ自動車を運転する行為にそれらを見出すことができると言うことはできても、その症状が実際に結果を発生する類型的危険がなければ処罰の前提を欠く。そのうえ、危険で悪質な運転行為を対象として、これを特に重く処罰する危険運転致死傷罪に準じて、かかる行為を処罰することが妥当かには疑問がある。自動車の運転に支障を及ぼすおそれがあるという認識を有していることで、悪質性、危険性が顕著であるとは言い難い。さらに、一定の病気ゆえに正常な運転に支障が生じるおそれがある状態で運転するだけでは、危険の自招性を認め難いからである。それは、本条が並置されている自動車運転死傷行為処罰法第三条第一項の薬物・アルコール摂取による場合と比較した場合に明らかになろう。また、本条が危険な運転をあえて行う悪質行為を類型化し、通常の過失運転行為より特に重く処罰すると言うのであれば、一定期間発作がおさまり症状が落ち着いているため、自動車の運転に支障を及ぼすおそれがあるとの認識がない場合には、もはやこの規定を適用すべきでないことは明らかであろう。[32]

3　運転者に焦点を合わせた事故対策

重罰を科する方法以外に、交通事故防止の対策はないのであろうか。立法経緯でしばしば指摘されたのは、病識をもたず、治療につながらない者への対策の必要性である。改正道路交通法の萎縮効果により、これらの者が免許の取得・更新を諦めることで問題は解決しない。道路交通に関する法制度や各人のもつリスク因子の統御の方法について、最も真剣に学ぶのは、通常、運転免許をとろうとするときであることに鑑みれば、むしろ免許の取得・更新時を自己の症状やその制御、緩和方法を顧慮する機会にすべきであろう。例えば、てんかんの場合、治療の進化により、多くの場合、投薬による発作の抑制が可能であることから、講習を利用した安全指導により、運転者対策の効果をあげることは十分考えられる。

参考とすべき指導例として以下のものがある。日本精神神経学会は、治療の過程で患者が運動能力に支障を来していると気づいた場合には、患者の医学的状態に応じて必要な治療を受けるよう進めたり、自動車の運転に関して①運転時間を短くする、②運転頻度を減らす、③混雑時間帯を避ける、④夜間は運転しない、⑤悪天候では運転しない、⑥高速道路は運転しない、⑦慣れ親しんだ自宅近辺のみを運転する、⑧家族が同乗するときのみ運転する等の制限によって危険性が低下すると考えられるのであれば、患者や家族に対してこれらを推奨するとともに、これらの制限によっても運転に伴う危険性の低下があまり期待できず、現時点では運転を中止することが必要と判断されるときには、その旨を明確に患者及び家族に明確に伝えるべきことをガイドラインに記している。[33]

Ⅳ　結びにかえて

今次の道路交通法改正及び自動車運転死傷行為処罰法制定過程においては、多様な者の社会参画を踏まえた交通安全施策を検討すべきであるとの認識から、一定の症状を呈する病気を有する者の社会参加のあり方やプライヴァシー保持と、交通安全確保との調整が考慮されていた。特定の病気や症状がある人を、それだけを理由に運転免許取得の対象から完全に排除することは適切ではない。今回導入された制度は、あるいは現時点で「最善の策」[34]と評されるかもしれない。しかし、症状に関する虚偽申告に罰則をもって臨むべきか、病歴の認識を根拠に重い刑事責任を認めるべきかについては、既に検討したように疑問の余地があった。特定の病気の症状と、その症状により自動車運転によって人を死傷させる事故を起こす危険との間に、他のリスク因子とは一線を画するような科学的に証明された明らかな関係がないにも拘らず、病名を掲げて免許取得の制限をしたり、また疾病を認識しつつ運転することを特に危険視したりすることには理論的、政策的に問題があるうえ、当該病気に対する差別を助長することにつながりかねない。この問題に身を賭して取り組んでこられた内田博文先生の学恩に小稿をもって僅かでも報いることができれば幸いである。

（1）　日本てんかん協会「警察庁『第一回一定の病気等に係る運転免許の在り方に関する有識者検討会』ヒアリング発言内容」（二〇一二年六月五日）。日本てんかん協会ウェブサイト内、以下の資料ダウンロード用サイト参照。http://www.jea-net.jp/tenkan/menkyo.html.

（2）　会議次第及び配付資料等（二〇一二年一一月付）については、警察庁ウェブサイト内の以下のＵＲＬ参照。https://www.npa.go.jp/koutsuu/index.htm.

（3）二〇〇七（平成一九）年から二〇一一（平成二三）年の五年間に、てんかん発作に起因する事故のうち当該運転者が第一当事者（原付以上）に該当するもの、及び、てんかんを除く一定の病気等を理由として、運転免許の取消し若しくは停止に係る行政処分を行ったもののうち、当該運転者が第一当事者（原付以上）に該当するものに関して照会し、各都道府県警察から有意な回答があった七〇一件を基礎データとして分析が加えられた（有識者検討会「提言」資料二「一定の症状を呈する病気等に起因する交通事故に関する調査結果」参照。

（4）https://www.npa.go.jp/koutsuu/menkyo4/7/teigen.pdf.

（5）以下の附帯決議が付されたが、その大部分が一定の病気等に係る運転免許制度の改正に関わるものであり、制度導入にあたり慎重な姿勢が窺われる。

政府は、本法の施行に当たり、次の事項について万全を期すべきである。

一　一定の病気等に係る運転免許制度について、民間団体との連携により、全国的に周知するとともに、病気を理由とした差別が生じないように十分配慮すること。

二　一定の病気等に係る質問票また医師による届出に関するガイドラインについては、国民に分かりやすい内容とするよう医師会や関係学会に対して要請すること。

三　自己申告の機会が可能な限り確保されるよう、一定の病気等に該当する者が安心して相談できる窓口の充実を図ること。

四　一定の病気等に該当する者の生活実態について十分な把握に努め、一定の病気等に該当する者が社会生活上での不利益や支障を受けないよう、医療、福祉、保健、教育、雇用などの総合的な支援策を充実させること。

五　一定の病気等に該当する者の権利利益を尊重するとともに、その侵害が生じた場合には迅速かつ効果的に救済すること。

六　国内外における一定の病気等に関する科学的な調査・研究を推進するとともに、最新の医学的知見を反映させるため、一定の病気等に係る免許の可否等の運用規準については、必要に応じ見直しを行うこと。

七　本法施行後五年を目途に、本法の施行の状況について検討を加え、必要があると認めるときは所要の措置を講じること。

八　無免許運転等の悪質・危険運転の根絶に向け、本法を始めとする関係法令の適正かつ厳格な適用に努めるとともに、広報活動の一層の拡充を図ること。

九　関係省庁等が適切に連携し、大学生等や成人に対する実施機会を拡充するなど対象者に応じた自転車安全教育を充実させるとともに、自転車道や自転車専用通行帯等の自動車や歩行者から分離された自転車通行空間の計画的な整備を図ること。

十　本法の施行を機会に、安全な自動車、交通システムの開発・充実について、政府が総合的見地から促進すること。

(6)　立法趣旨等に関する説明として、廣田耕一「『道路交通法の一部を改正する法律』の背景と今後の課題について」警論六六巻一〇号（二〇一三年）一頁以下、柳川浩介「一定の病気等に係る運転者対策の推進を図るための規定の整備」警論六六巻一〇号（二〇一三年）三一頁以下、渡辺直人「平成二五年改正道路交通法の概要」法律のひろば六七巻一〇号（二〇一四年）四頁以下。

(7)　本章末尾（五三頁）表「別記様式第十二の二」参照。

(8)　また、一定の病気等を理由に免許の取消しを受けた者で当該取消しを受けた日から起算して三年を経過する前に次の免許を受けた者に対する免許証の有効期間に関し、当該取り消された免許を受けた日から当該取消しを受けた日までの期間及び当該次の免許を受けていた期間は継続したものとみなすこととした（法第九二条の二第一項）。

(9)　法案は、改正前に刑法第二〇八条の二に規定されていた危険運転致死傷罪の規定を整理し、これに通行禁止道路を進行して死傷事故を起こした場合を追加し、いわゆるひき逃げの発覚を免れるような行為を処罰する規定を新たに設けたうえで、改正前の刑法第二一一条第二項に規定されていた自動車運転過失致死傷罪をとりこんで一つの法律に盛り込んだ。さらに、法案に規定される諸行為を無免許運転で犯した場合にその刑を加重する規定をも加えた。本法の改正経緯に関しては、塩見淳「自動車事故に関する立法の動き」法教三九五号（二〇一三年）二八頁以下、保坂和人「自動車の運転により人を死傷させる行為等の処罰に関する法律について」警論六七巻三号（二〇一四年）四三頁以下、今井猛嘉「自動車運転死傷行為等処罰法の新設」刑ジャ四一号（二〇一四年）一頁以下、杉本一敏「自動車運転死傷行為等処罰法の成立をめぐる所感」刑ジャ四一号（二〇一四年）一八頁以下、橋爪隆「危険運転致死傷罪をめぐる諸問題」法律のひろば六七巻一〇号（二〇一四年）二一頁以下、松宮孝明「自動車事故をめぐる法改正の動き」犯罪と刑罰二三号（二〇一四年）一頁以下、本庄武「自動車事故を巡る厳罰化のスパイラル」法セミ七二一号（二〇一五年）二三頁以下、古川伸彦「自動車運転死傷行為等処罰法について――新設犯罪類型の批判的検討」名古屋大学法政論集二六四号（二〇一五年）一頁以下。

(10)　なお、自動車運転死傷行為処罰法には、以下の附帯決議が付された。

政府は、本法の施行に当たり、次の事項について格段の配慮をすべきである。

一　本法により新たに処罰対象となる罪の趣旨及び内容について、その周知徹底を図ること。

二　第三条第一項の「走行中に正常な運転に支障が生じるおそれがある状態」、及びそれに対する本人の認識の程度の評価に関し、民間団体や関係学会・医療関係団体から意見を聴くなどして、その範囲が不当に拡大され、あるいは適用にばらつきが生じることのないよう留意すること。

三　第三条第二項の危険運転致死傷罪の対象となる「自動車の運転に支障を及ぼすおそれがある病気として政令で定めるもの」を定めるにあたっては、民間団体や関係学会・医療関係団体から意見を聴くなどして、病気による症状と、運転技能及び交通事故との関係について吟味・検討した上で定めるとともに、本法施行後においては、最新の医学的知見が反映されるよう必要に応じてその見直しを行うこと。また、同項の適用は、特定の病名そのものに対してではなく、その症状に着目してなされるものであることに鑑み、当該病気を有するものに対して不当な不利益が生じないよう本罪の趣旨及び内容の周知を徹底し、病気を理由とする差別を助長することがないよう努めること。

四　無免許運転が自動車運転のための最も基本的な義務に違反した極めて規範意識を欠いた行為であることを踏まえ、第六条の無免許運転による刑の加重については、その施行後の適用状況を検証し、悪質な無免許運転による死傷を危険運転致死傷罪に含めることについても検討すること。

五　悪質な無免許運転による死傷を危険運転致死傷罪に含めることとする場合には、無免許運転の態様を把握するため、警察の免許管理システムの変更等を検討すること。

六　飲酒運転後のひき逃げの防止を強化するため、第四条の過失運転致死傷アルコール等影響発覚免脱罪の施行後の適用状況の検証を行い、その法定刑等の在り方についての更なる検討を行うこと。

七　過労運転による重大な死傷事故を防止するため、その処罰の在り方や法技術的な観点も含めた総合的な検討を行うこと。

(11)　今回の改正以前も持病の申告を記載する欄はあり、「病気を原因として、又は原因は明らかではないが、意識を失ったことがある方」、「病気を原因として発作的に身体の全部又は一部のけいれん又は麻痺を起こしたことがある方」、「病気を理由として、医師から、免許の取得又は運転を控えるよう助言を受けている方」等に該当するかどうかの記載を求められていた（別記様式第一二及び別記様式第一八）。

(12)　有識者検討会「提言」（註（4））第三、一(2)（八頁）。

(13)　道路交通法が成立した一九六〇（昭和三五）年当初は、他の精神病者等とともに、てんかん病者には免許を与えないこととされ（第八八条）、病気の罹患は絶対的欠格事由であった。

(14)　「一定の病気に係る免許の可否等の運用基準」警察庁通達平成二七年八月三日丁運発第一八五号「一定の病気等に係る運転免許関係事務に関する運用上の留意事項について」別添一頁以下。

（15）衆議院法務委員会での谷垣禎一法務大臣の答弁（第一八三回国会衆議院法務委員会会議録第一九号（二〇一三（平成二七年）六月一九日）参照。

（16）有識者検討会「提言」資料二（註（3））参照。

（17）日本精神神経学会「自動車運転による死傷事犯の罰則整備に関する要望」（二〇一三年一月二三日）http://www.moj.go.jp/content/000106532.pdf.

（18）日本精神神経学会、日本てんかん学会、日本うつ病学会、日本認知症学会、日本不整脈学会、日本睡眠学会、日本神経学会の関連七学会による平成二五年九月三〇日付け衆議院法務委員長あて「『自動車の運転により人を死傷させる行為等の処罰に関する法律』に関する要望書」。上記七学会に日本脳卒中学会も加えて、同年一一月六日に参議院法務委員長あてに「『自動車の運転により人を死傷させる行為等の処罰に関する法律』に関する再要望」が出され、危険運転致死傷罪の処罰対象を「自動車の運転に死傷を及ぼすおそれがある病気として政令で定めるもの」を、「自動車の運転に死傷を及ぼすおそれがある病気の症状として政令で定めるもの」に修正するよう求めた。この点に関しては法制審議会でも第六回会議（二〇一三（平成二五）年一月二五日開催）で言及されたが、第七回会議（同年二月一三日開催）では、「道路交通法等の法令用語におきます病気といいますのは、病名とか疾病名だけではなくて、症状も含むものとして用いられているという点に加えまして、今後、政令の内容を精査して立案するに当たっての技術的な問題もあることから、要綱案におきましては病気と」する旨説明があり、原案のとおり決定された。もっとも、この指摘はその後も立案当局によって意識されており、病気が危険であるというのではなく、現れた症状が危険である場合に危険運転致死傷罪の規定が適用されるとの説明がある（二〇一三（平成二五）年五月二四日、本法律案を閣議決定した後の記者会見における谷垣法務大臣の回答）。

（19）宇都宮地判平成二三・一二・一九LEX/DB25480381。

（20）東京高判昭和四九・七・一九東高時報（刑事）二五巻七号六〇頁。

（21）仙台地判昭和五一・二・五刑裁月報八巻一＝二号四一頁等。また、最近では、広島地福山支判平成二三・八・八LEX/DB25472510等がある。

（22）東京高判昭和四三・九・五EX/DB27921598（原審は、東京高判昭和四三・四・一二）。

（23）川本哲郎『交通犯罪対策の研究』（二〇一五年）一四七頁。

（24）法制審議会第三回会議（二〇一二（平成二四）年一二月四日開催）における辻貞俊委員の説明参照。

(25) 内田博文「危険運転致死傷罪の解釈」交通法科学研究会『危険運転致死傷罪の総合的研究——重罪化立法の検証』（日本評論社、二〇〇五年）九三頁以下（九六頁）。なお、福永俊輔「飲酒運転の周辺者と危険運転致死傷罪」西南学院大学法学論集四八巻二号（二〇一五年）一頁以下（一五頁以下）も参照。

(26) 法制審議会第三回会議辻委員の説明参照。

(27) 僅かなリスクを回避するための権利制限が許容されるためには比例性が要請される。処罰を正当化するためには、さらに他の手段をもってしては目的を達し得ない補充性、謙抑性が充足されなければならない。

(28) 古川・前掲註（9）一七～一八頁、二三～二四頁。また、法制審議会第三回会議における井田良委員の意見、及び同第四回会議（二〇一二（平成二四）年一二月一八日開催）における塩見淳委員の意見も参照。

(29) 古川・前掲註（9）一八頁。

(30) 古川・前掲註（9）二四頁。

(31) なお、過失犯について、原因において自由な行為の法理は不要との主張につき、批判的に検討するものとして、杉本一敏「『過失犯において原因において自由な行為の理論は不要である』という命題について——通説的見解の批判的検討」Law & Practice No.5（二〇一一年）二五七頁以下。

(32) 法制審議会第六回会議における高見秀一委員の意見参照。

(33) 日本精神神経学会「患者の自動車運転に関する精神科医のためのガイドライン二〇一四・六・二五版」。日本精神神経学会ウェブサイト内下記URL参照。https://www.jspn.or.jp/modules/activity/index.php?content_id=74.

(34) 廣田・前掲註（6）一六頁。

別記様式第十二の二（第十八条の二の二、第二十九条の二関係）

<table>
<tr><td colspan="3">質　問　票
次の事項について、該当する□に（チェック）印を付けて回答してください。</td></tr>
<tr><td>1　過去5年以内において、病気（病気の治療に伴う症状を含みます。）を原因として、又は原因は明らかでないが、意識を失ったことがある。</td><td>□はい</td><td>□いいえ</td></tr>
<tr><td>2　過去5年以内において、病気を原因として、身体の全部又は一部が、一時的に思い通りに動かせなくなったことがある。</td><td>□はい</td><td>□いいえ</td></tr>
<tr><td>3　過去5年以内において、十分な睡眠時間を取っているにもかかわらず、日中、活動している最中に眠り込んでしまった回数が週3回以上となったことがある。</td><td>□はい</td><td>□いいえ</td></tr>
<tr><td>4　過去1年以内において、次のいずれかに該当したことがある。
・飲酒を繰り返し、絶えず体にアルコールが入っている状態を3日以上続けたことが3回以上ある。
・病気の治療のため、医師から飲酒をやめるよう助言を受けているにもかかわらず、飲酒したことが3回以上ある。</td><td>□はい</td><td>□いいえ</td></tr>
<tr><td>5　病気を理由として、医師から、運転免許の取得又は運転を控えるよう助言を受けている。</td><td>□はい</td><td>□いいえ</td></tr>
<tr><td colspan="3">公安委員会　殿　　　　　　　　　　年　　月　　日
上記のとおり回答します。　　　　回答者署名
______________________</td></tr>
<tr><td colspan="3">（注意事項）
1　各質問に対して「はい」と回答しても、直ちに運転免許を拒否若しくは保留され、又は既に受けている運転免許を取り消され若しくは停止されることはありません。（運転免許の可否は、医師の診断を参考に判断されますので、正確に記載してください。）
2　虚偽の記載をして提出した方は、1年以下の懲役又は30万円以下の罰金に処せられます。
3　提出しない場合は手続ができません。</td></tr>
</table>

備考用紙の大きさは、日本工業規格A列4番とする。

日本における過失犯論の展開

松宮孝明

Ⅰ　問題の所在――旧過失論と新過失論？

本稿の目的は、日本における過失犯論のこれまでの展開を振り返り、この半世紀の間、学界を支配してきた「旧過失論と新過失論」という対抗図式が仮象のものであることを明らかにして、これに代わる分析視角を提示しようとするものである。

現在の日本の学界では、「旧過失論」と「新過失論」の定義および分け方については様々な見解がある。筆者とほぼ同世代の学者の書いた教科書を例に取るなら、山口厚『刑法総論〔第二版〕』では、「過失を過失犯における責任要素・形式と解する」ものが「旧過失論」であり、「一定の基準行為を順守したかという客観的基準によって過失犯の成立範囲を確定すべきだ」とする見解が「新過失論」であるとされている。[1] また、井田良『講義刑法学・総論』では、旧過失論は「故意犯についての犯罪論の考え方を、そのまま過失犯にあてはめたものであり、故意犯と過失犯とを並行的に理解するところに特色をもつ」もので、新過失論は「予見可能性の要件に加え、結果回避義務違反の要件により、過失犯の成立範囲の限定をはかろうとする」ものとされており、[2] 高橋則夫『刑法総論〔第二版〕』では、旧過失論は「過失の内容を、……予見義務違反に求め、因果関係の確定によって、構成要件該当性・違法性は充足される」と解するものであり、新過失論は「過失犯と故意犯とでは行為規範の内容および実行行為の点で異な」り、「旧過失論は、責任論において予見可能性を内容とする主観的過失を問題とし、新過失論は、違法論において結果回避義務違反を内容とする客観的過失を問題とするもの」とされている。[3] さらに、松原芳博『刑法総論』では、旧過失論は「構成要件該当性および違法性は、故意犯と過失犯とで異なるところはな」く「行為者の主観的予見可能性を内容とする責任過失のみを問題とすべき」ものであり、新過失論は「さしあたり結果の惹起から切り離された行為準則違反を過失犯の不法内容とする」ものだとされている。[4]

これらの「旧過失論」と「新過失論」の分け方を大別すれば、①過失は違法要素（≒新過失論）か責任要素（≒旧過失論）かという分け方、②過失の本質的要素は結果予見可能性にある（≒旧過失論）か結果回避可能性にある（≒新過失論）か、③過失犯を故意犯との類比（Analogie）で捉える（≒旧過失論）か否（≒新過失論）か、④過失の本質を行動準則違反に求める（≒新過失論）か否（≒旧過失論）か、といったものに分けられよう。このように、多くの教科書は、過失論には二つの考え方があるとすることを強調する一方で、その分け方については、複数の考え方があるのである。

もっとも、伊東研祐『刑法講義総論』は、「問題の核心にあるのは注意義務を基礎づける『結果の予見可能性』の意味と程度である」[5] と述べており、「新過失論」と「旧過失論」の対立に過大な意義を認めていない。さらに、佐伯仁志『刑法総論の考え方・楽しみ方』は、「新過失論・旧過失論といったレッテルよりも、個別の議論との関係で理解する必要がある」[6]と述べる。

そこで、本稿では、まず、日本における「新過失論」の沿革を概観し、何が新旧過失論の分かれ目なのかを明らかにする。次いで、その分け方の中に、両説の対立を止揚する視点があることを明らかにし、さらに、近年の実務的問題から見て、新たな分析視角を提示しようと思うのである。

II 「新過失論」の萌芽

1 不破武夫による過失犯の研究

新旧過失論の分かれ目を①過失は違法要素か責任要素かという点に見るなら、その萌芽は、一九四〇年代から展開されていた不破武夫の研究に求めることができる。不破は、故意と過失に共通する責任の根拠を明らかにするという問題意識から研究に取り組み、意思決定論を基礎とした人格責任論にその根拠を求めた。しかし、その過程で、過失犯における「注意義務」の違反は、すでに違法性の問題であると指摘したのである。すなわち、不破は過失犯成立要件を、①一定内容の注意義務の不遵守（客観的要件の一）、②行為者による注意義務遵守の可能性（主観的要件の一）、③結果発生に関する行為者の予見可能性（主観的要件の二）、④因果関係（注意義務違反と結果発生との間の仮定的因果関係、客観的要件の二）に分け、このうちの①を「違法性の要素」としたのである。[7]
もっとも、ここにいう「違法性の要素」とは、構成要件・違法性・責任という三段階体系の中の違法性の要素という意味ではない。というのも、三段階体系における「違法性」は、もっぱら違法性阻却事由を扱うところであって、行為の違法性には関係するが、犯罪成立を積極的に根拠づける要素は、すでに構成要件の要素だからである。そして、不破のいう「違法性の要素」としての「注意義務の不遵守」は、犯罪成立を積極的に根拠づける要素である。[8]

2 井上正治による「新過失論」の展開

井上正治は、不破の研究を受け継いで「新過失論」を提唱した。ここでは、「注意義務」が「結果回避義務」と「結果予見義務」に分けられるとともに、「結果回避義務」は「違法性に関連する問題である」とされている。[9] それは、ドイツのカール・エンギッシュの分類に従って、「危険の発生を制止する態度」を取る義務（＝許されない危険を生み出す行為に出ない義務）、「危険な状態における用心深い態度」を取る義務（＝危険を許される程度に低減する義務）、「熟考義務」（＝法尊重義務、情報収集義務）に分けられる。[10] そして、これと並んで、責任要素としての結果予見義務が存在するとされるのである。[11]

以上のように、井上の見解は、過失犯に違法要素としての「結果回避義務」があるとする点で「新」過失論なのである。しかし、問題は、違法要素とされた三種類の「結果回避義務」が、真に過失犯に固有の要素なのか、それとも故意犯と共通の要素なのか、という点にある。

これについて井上は、一方では、「過失も――過失こそは故意と異なり――まず結果を回避すべき行為に出なかったことを非難するのである」[12]として、故意犯との相違を強調する。しかし、他方では、「危険の発生を制止する態度」を取る義務に違反して危険行為に出た場合と「危険な状態における用心深い態度」を取る義務に違反して用心深い態度を取らなかった場合とを「あたかも作為犯と不純性不作為犯の区別に対応するものであろう」[13]とする。[14] つまり、最初の二つの「結果回避義務」の違反は、故意の作為犯と不真正不作為犯の区別に対応するものだとするのである。[15]

また、井上は、第三の「結果回避義務」である熟考義務（＝法尊重義務、情報収集義務）について、「さきに考察した結果回避にむけられた作為・不作為の態度にたいし、それを相当なものたらしめる間接的な意義しか認めることができない」[16]と述べている。これは、この義務が「結果回避」義務そのものではないことを示唆するものである。というのも、「熟考」した上で結果の発生があることを予見し、かつ、「危険の発生を制止する態度」や「危険な状態における用心深い態度」を取らなかった場合には、「結果回避」義務を果たしたことにならないからである。

3 エンギッシュの見解

実は、第一の「結果回避義務」の違反が故意の作為犯と共通の要素であり、第二のそれの違反は故意の不作為犯と共通の要素で、第三のものだけが、過失犯に固有の要素であるということは、すでに、不破や井上が参照していたエンギッシュが指摘していたことであった。エンギッシュは次のように言う。「注意義務は、法尊重義務という形態においてのみ、特殊に過失概念に関係するものを意味することが明らかになった。なぜなら、必要な注意の無視は、相当性、法義務違反（＝法的作為義務違反――筆者注）という形態においては、故意犯の犯罪遂行の構成要件要素でもあるからである」[17]と。さらに、次のようにも言う。「法尊重義務で足りる場合にのみ、この注意の無視によって、故意犯の回避可能な不法と共通のものと考えることのできない、回避可能な不法が犯されたと主張できるのである。他方で、危険な行為の実行、危険状況における結果回避のための適切な外部的手段の不適用によっては、故意の犯罪的態度も実現されるのである。その限りで、時折、故意行為者も必要な注意を無視するものであることが強調されるのは正当である」[18]と。

つまり、井上の提唱した「新」過失論は、①過失は違法要素か責任要素かという分け方によるなら、たしかに、「過失は違法要素となるもの含んでいる」という意味で「新しい」過失論であった。しかし、それは、③過失犯を故意犯との類比（Analogie）で捉えるか否かという分け方によるなら、三つの「結果回避義務」のうちの少なくとも二つは故意犯との類比で捉えられるものであって、決して「新しい」過失論ではなかったのである[19]。その限りで、この二つの義務の違反は、故意犯と共通の「構成要件該当行為」を意味するものであって、過失固有の要素ではない。

また、第三の「結果回避義務」は「結果回避」義務そのものではなく、むしろ結果予見を可能にするための外部的態度を取る義務として、「結果予見義務」に分類されるべきものである。この点は、一九七〇年代に、三井誠によって指摘された。

Ⅲ 「信頼の原則」と「危惧感説」

1 森永ドライミルク事件

それにもかかわらず、一九六〇年代後半以降、日本の過失犯論は「結果回避義務」に着目する「新過失論」の華々しい展開を迎えることになる。その中心にあったのは、特に交通事故の処理に際して展開された「信頼の原則」と、とりわけ森永ドライミルク事件を契機に展開された「危惧感説」と呼ばれる過失論であった。

森永ドライミルク事件とは、一九五八年に発生したもので、主として乳幼児が飲用する粉ミルクの中に、製造過程で安定剤として用いていた第二リン酸ソーダにヒ素を多量に含む薬剤が混入したため、これを飲んだ乳幼児やその母親などの多数に死傷者が生じた事件である。この事件については、問題の粉ミルクを製造した森永乳業徳島工場の工場長と製造課長等が業務上過失致死傷罪で起訴されたが、その第一審判決[20]は、全員につき、無罪を言い渡した。その理由は、ヒ素が混入していた添加剤につき、被告人側に、「それがこれまで納入されていた正常薬剤……と同一品質のものである」という信頼感が生ずるのが当然であるといわざるを得ず、「そしてこの信頼感なるものは一定の法律的価値を備えているものであって、この信頼感を動揺させるに足りる特別の事情が存在しない限りこの信頼感に従って行動することが是認されるといわなければなるまい」というものであり、これによって納入薬品の化学検査といった情報収集義務はないとした。この判決は、日本の刑事裁判において「信頼の原則」を採用して無罪判断を導いた最初のものと言われている。

これに対し、この事件の控訴審および差戻審の判決は[21]、いわゆる「危惧感説」を採用して、製造課長については過失有りという判断を示した。それは、簡単に言えば、以下のような考え方である。すなわち、過失行為は被害を発生させないために、具体的状況の下で、必要と認められる負担を果たさなかったという意味での結果回避義務の違反であり、予見可能性は、この結果回避義務を課すことが合理的だと思わせる程度のものであればよいので、何事かは特定できないが、ある種の危険が絶無であるとして無視するわけにはゆかないという程度の危惧感であれば足りる、と。その上で、差戻審判決は、乳児も飲む粉ミルクに添加するのだから、その薬剤は、品質保証のあるものを使うか、そうでないなら品質を確かめるための化学的検査をするか、いずれかの結果回避義務があるのに、製造課長はそのいずれも怠ったがゆえに過失があるとしたのである[22]。

2　西原春夫の「信頼の原則」

「信頼の原則」とは、主に道路交通事故の分野において、自動車運転者等の過失責任を限定するための法理として展開されてきた[23]。それは、一九三〇年代後半のドイツにおいて提唱され、一九五〇年代後半に日本に紹介されたものである[24]。その定義は、この理論を日本に紹介した西原春夫によれば、「交通関与者は、他の交通関与者が交通規則その他の交通秩序を守るであろうことを信頼するのが相当な場合には、たとい他の交通関与者の不適切な行動のために結果を発生させたとしても、これに対しては責任を負わない[25]」というものである。

この考え方については、これを①結果回避義務を限定するものと捉える見解と、②具体的予見可能性を認定するための手法の一つと捉える見解に分けることができる[26]。このうち、「新過失論」ないしこれを延長した「危惧感説」を支持する論者の多くは①の見解に立つようである[27]。しかし、西原は、「信頼の原則」を「事実的自然的予見可能性の中から刑法的な予見可能性を選び出すための原理」[28]と解する。これは、要するに、「事実的自然的予見可能性」、すなわち、他の交通関与者が不適切な行動を取って事故が発生する一般的・抽象的な危険性が認識され、または認識可能であっても、このような不適切な行動が取られる具体的な契機（＝特段の事情）がなければ、結果発生について刑事責任を負わせるに値する程度の具体的な予見可能性が認められないとする考え方である。ゆえに、この考え方は、②具体的予見可能性を認定するための手法の一つと捉える見解に属すると言えよう。

この点は、二〇〇三（平成一五）年一月二四日の黄色点滅信号器交差点事件に関する最高裁判決[29]に鮮明に表れている。この判決では、徐行義務を怠って交差点に進入した被告人について、「対面信号機が黄色灯火の点滅を表示している際、交差道路から、一時停止も徐行もせず、時速約七〇キロメートルという高速で進入してくる車両があり得るとは、通常想定し難い」上に「当時は夜間であったから、たとえ相手方車両を視認したとしても、その速度を一瞬のうちに把握するのは困難であった」ことを理由に、「現実にA車の存在を確認した上、衝突の危険を察知するまでには、若干の時間を要する」とされている。そこでは、徐行を義務づける「交通整理の行われていない見通しの悪い交差点」における交差点事故の一般的な危険性と、「A車との衝突の危険」は区別されており、「A車との衝突」という具体的な結果の危険性について認識可能性が検討されており、かつ、相手方の行動が「通常想定し難い」ものであったがゆえに、「衝突の危険を察知するまでには、若干の時間を要する」とされているのである。通常そのような行動はないと信頼してよいからこそ、判断に「若干の時間を要する」とされたのだということが理解できれば、ここに「信頼の原則」が用いられていることが了解できるであろう。

同時に、この判決においては、予見可能性における「予見の対象」は「現実のA車との衝突の危険」とされている。これは、単に「見通しの悪い交差点に徐行せずに進入する場合には交差道路からやって来る車両等との衝突の危険がある」という一般的な危惧感ではないことに注意が必要である。つまり、「予見の対象」は、急制動の措置を講ずる動機となるべきような具体的な「衝突の危険」なのである。

3　藤木英雄の「危惧感説」

藤木英雄の「危惧感説」は、先に見たように、予見可能性は、結果回避義務を課すことが合理的だと思わせる程度のものであればよいので、何事かは特定できないが、ある種の危険が絶無であるとして無視するわけにはゆかないという程度の危惧感であれば足りる、とする見解である。(30) これを言い換えて、「危惧感を抱くべき状況」とも言う。(31)

そこでは、①予見可能性は結果回避義務を賦課する前提とされており、②危惧感から即座に結果防止義務が導かれるとされ、③危惧感を抱くべき状況か否かを判断する標準は一般人・通常人であり、④予見「可能性」が現実の危惧感と同視されている、という特徴がある。その結果、ここにいう「危惧感を抱くべき状況」があれば、情報収集措置ばかりでなく、端的に結果を回避すべき義務が生じる。(32)

4　平野龍一による「新過失論」批判

一九七〇年代には、「新過失論」に対する疑問ないし批判も顕在化した。たとえば平野龍一は、「新過失論」では、結果を発生させたことではなく、結果回避のための基準行為に違反したという「行為無価値」を処罰するものであり、結果は単なる処罰条件にすぎないことになるが、過失犯もやはり違法に結果を発生させたことを処罰するものであるはずだ、と批判した。ただ、その際、過失行為は「実質的で許されない危険」を持った行為でなければならず、「その危険の現実化として結果が発生したとき処罰するもの」であり、「不注意により自己の行為にこのような性質があることを認識しなかったところに、過失の責任としての実質がある」としていることに注意が必要である。(33)

このような見解は、一部で「修正旧過失論」とも呼ばれ、今日では、山口厚らの見解に受け継がれている。(34) しかし、注意すべきなのは、ここで用いられている「実質的で許されない危険」を持った行為の要求や「その危険の現実化として結果が発生した」ことの要求は、必ずしも過失犯に固有の要求ではないということである。端的に言えば、それは故意犯とも共通する「客観的帰属」の要件である。(35) そして、この点では、先に触れたように、エンギッシュの見解も同様なのである。(36)

Ⅳ　具体的予見可能性説の発展と管理・監督過失

1　三井誠による「情報収集義務論」

この間に、藤木による「危惧感説」についても、内在的な批判が現れた。一九七五年に三井誠は、藤木の「危惧感説」に対して、情報収集義務は結果回避義務ではなく、その前提となる危険を予知するためのものだと批判したのである。(37) 三井は、民事では調査・テストは予見義務に位置づけられていることを指摘し、「結果回避義務と調査義務を同一視したため、これまでは具体的予見可能性があってはじめて結果回避義務を問うことができたものが、未知の危険の場合には、調査義務は、『危惧感』程度のものを抱いたときに要請しなければその意味がなくなると考えられたのではないかと推測される」と述べている。

これは、要するに、「危惧感（を抱くべき状況）」は、結果の「予見の契機」ではあっても、「予見可能性」そのものではないということである。たとえば、薬剤師が処方箋なしに薬を処方したところ、患者が薬の副作用で死亡した場合、仮に医師に問い合わせていても副作用の危険はわからなかったというのであれば、この薬剤師にとって「危惧感を抱くべき状況」はあるが結果の具体的予見可能性はない。(38) また、先に挙げた黄色点滅信号器交差点事件最高裁判決では、見通しの悪い交差点に徐行せずに進入することは交差点事故の「危惧感を抱くべき状況」ではあるが、衝突回避可能な時間内に相手方車両との衝突の具体的な危険が認識できないなら、結果の具体的予見可能性はないのである。(39)

また、「客観的注意義務」という概念が、複数の異なった意味を持つものだということも明らかにされた。それは、まず、エンギッシュの第一の客観的注意義務の基礎となる「許されない危険」のある行為に出ない義務である。ここにいう「許されない危険」自体は、行為者の身体的能力や主観を考慮せずに決まるので、「客観的」である。第二の意味は、結果は行為者に物理的に回避可能な段階に帰属できなければならない、という要請を表現するものである。急ブレーキを踏んでも止まれない時点で結果が予見可能でも、結果は行為者に帰属できない。第三の意味は、不作為犯における作為義務という意味である。これは、危険状態において危険を許される程度にまで低減する義務である。その違反は、純然たる不作為の場合と、作為に付随する安全確保懈怠の場合の双方を含む。(40) そして、これら三つのものは、いずれも、故意犯にも共通のものなのである。

これに対して、たとえば運転者が前方を注視するなど、具体的予見に達するための情報収集措置を取る義務は、過失犯に固有のものである。付言すれば、「過失の標準」における法の期待する慎重さ・誠実さという「倫理的能力」の客観性は、反対動機となるべき事実を認識したなら行為を思いとどまるという意味では、故意犯と共通の責任判断基準である。(41) この考え方によるなら、過失犯における、可能であるべき「予見（認識）の対象」と、故意犯におけるそれとは一致することになる。

2 管理・監督過失

もっとも、この考え方にとって難問となったのは、大規模火災における防火管理責任の懈怠としての過失であった。というのも、ここで問題となる事例においては、不特定かつ多数の人々が出入りするホテル・旅館およびデパート等の大規模建築物において火災がいつ発生するかは、具体的にはわからないからである。ゆえに、最高裁は、「火災発生の危険は常に存在する」という前提で、以前から防火設備や避難訓練等に不備のある建築物について、その管理権原者や防火管理者等に、火災発生によって死傷者が出たことを条件に、（業務上）過失致死傷罪を認める運用をしてきた。(42) しかし、ここでは、過失致死傷罪が故意または過失の消防法ないし建築基準法の違反を、死傷結果の派生を条件として重く処罰するという機能を余儀なくされている。(43) これは、具体的予見可能性ではなくて、基準違反に関する故意の抽象的危険犯を、結果を処罰条件として重く処罰するものである。

他方、最近では、二〇一一年の東日本大震災と津波による原子力発電所の災害について、電力会社幹部の（業務上）過失責任を追及する動きがある。二〇一五年七月三一日、検察審査会において、福島第一原発事故につき東京電力の元幹部三名に業務上過失致死傷罪での起訴議決がなされ、二〇一六年二月二九日には指定弁護士によって同罪を理由とする起訴が行われたのである。(44) そこでは、二〇〇八年の段階で、今後三〇年間に二〇パーセント程度の確率で、一五メートルを超える大津波が福島第一原発に押し寄せ、電源を喪失して事故に至る危険性があることが、すでに東京電力元会長らに知られていたことが重視された。三〇年間と言えば、この原発が操業を続け廃炉になるまでの期間に収まってしまう期間である。その間に二〇パーセントの確率で事故が起き、人が死傷することが現に予見されていたことは、単なる予見「可能性」で収まらないのではないか、むしろ人の死傷結果についての未必の故意も考えられないか、という問題も出てくるであろう。(45)

V　過失犯の構造

以上の検討から明らかになる過失犯の構造を簡単にまとめれば、以下のようになる。

(1)　過失犯は、作為犯であれば、広義および狭義の相当因果関係ないし「許されない危険」の創出と、その結果への実現という「客観的帰属」の要件を必要とする点で、対応する故意犯と共通するものである。

(2)　同じことは、過失不作為犯にも妥当する。そこでもまた、故意犯と共通の不作為犯の要件が充足される必要がある。

(3)　ゆえに、固有の過失は「結果の予見可能性」である。その中には、「予見の契機」としての「危惧感を抱くべき状況」と、それを契機に取るべき「情報収集措置」、およびその措置を取っていれば結果の具体的予見に到達できていたという関係が含まれる。それは、すべて、「具体的予見可能性」という要件に包含されている。

(4)　したがって、故意犯と過失犯を分かつものは、前者が結果発生の「具体的予見」を要するのに対し、後者はその「具体的予見可能性」で足りるというところにある。

(5)　固有の過失がこの「具体的予見可能性」にある以上、過失論における「旧過失論」と「新過失論」の対立は幻想である。必要なのは、故意犯と過失犯に共通した「客観的帰属」要件の精密化である。

なお、本稿が献呈されるべき内田博文教授は、日本の裁判所において、「危惧感説は採用されなかったが、監督過失・管理過失を認めることによって、危惧感説に近い結論が肯定された」[46]と評価する。しかし、そのような「危惧感説」は、前述のような「予見の契機」としての「危惧感を抱くべき状況」と、それを契機に取るべき「情報収集措置」、およびその措置を取っていれば結果の具体的予見に到達できていたという関係を重視する見解とは異なる。

むしろ、これは、基準違反に関する故意の抽象的危険犯を、結果を処罰条件として重く処罰するだけのものである。それを過失結果犯と同視することに、矛盾の根源があるとみるべきであろう。

(1) 山口厚『刑法総論〔第二版〕』（有斐閣、二〇〇七年）二二五頁以下参照。
(2) 井田良『講義刑法学・総論』（有斐閣、二〇〇八年）一〇八頁以下参照。
(3) 高橋則夫『刑法総論〔第二版〕』（成文堂、二〇一三年）二一〇頁以下参照。
(4) 松原芳博『刑法総論』（日本評論社、二〇一三年）二三七頁以下参照。
(5) 伊東研祐『刑法講義総論』（日本評論社、二〇一〇年）一三九頁。
(6) 佐伯仁志『刑法総論の考え方・楽しみ方』（有斐閣、二〇一三年）二九三頁。
(7) 不破武夫『刑事責任論』（弘文堂、一九四八年）一七八頁、一八〇頁参照。
(8) 不破の弟子である井上正治は、注意義務の認識可能性および義務履行可能性は、「犯罪の成立を阻却すべき原由ではなく過失の成立要件そのものである」と明言している。井上正治『過失犯の構造』（有斐閣、一九五八年）八三頁。
(9) 井上・前掲註（8）五二頁。もちろん、それは違法性阻却事由ではなく、犯罪成立要件として違法性に関連する要素だという意味である。
(10) 井上・前掲註（8）六六頁以下参照。
(11) 井上・前掲註（8）九三頁以下参照。
(12) 井上・前掲註（8）五九頁。
(13) 「不真正不作為犯」と同じ意味である。
(14) 井上・前掲註（8）七〇頁参照。
(15) 井上の挙げる例（井上・前掲註（8）七〇頁）を用いるなら、「人に噛みつく癖のある犬を鎖から解き放すこと」は作為犯であり、「そのような癖のある犬が鎖から離れているのをみてしかもそれを再び鎖にくくるつける態度に出なかったばあい」は不真正不作為犯である。そこで、この犬の飼い主が「この犬は付近の人に噛みつくであろう」と予想してこれらの態度に出た場合には、それぞれ作為および不作為による傷害罪の故意犯が成立してもおかしくないであろう。

（16）井上・前掲註（8）七二頁。
（17）K. Engisch, Untersuchungen über Vorsatz und Fahrlässigkeit im Strafrecht, 1930, S. 347.
（18）Engisch, a.a.O., S. 348.
（19）この点は、すでに井上祐司『行為無価値と過失犯論』（成文堂、一九七三年）一一三頁において指摘されている。
（20）徳島地判一九六三（昭和三八）・一〇・二五下刑五巻九・一〇号九七七頁。
（21）控訴審判決は高松高判一九六六（昭和四一）・三・三一高刑一九巻二号一三六頁、差戻審判決は徳島地判一九七三（昭和四八）・一一・二八刑月五巻一一号一四七三頁。
（22）もっとも、その認定事実によると、納入された添加剤は、その容器の会社表示および容量に差異があり、かつ、薬剤自体が汚れていたという外観の差異もあったとのことである。これについては、すでに信頼を揺るがし化学検査を促すに足りる事実があったのではないかという指摘が、学者からはなされている。差戻後第一審判決に対する指摘であるが、内田文昭「過失犯における結果の予見可能性と監督義務違反——森永ドライミルク中毒事件差戻後第一審判決」判例タイムズ三〇九号（一九七四年）一〇六頁。
（23）もっとも、鉄道事故の分野では、古くから「危険の分配」という考え方により、結果回避の負担を被害者側も分担することで、列車運転士等の過失責任を限定することはあった。また、前述の森永ドライミルク事件第一審判決のように、特殊過失事件でもその適用はあり得る。
（24）「信頼の原則」が日本に最初に紹介されたのは、一九五九年秋季の日本刑法学会大会シンポジウム「過失と交通事犯」においてである。西原春夫「西ドイツにおける過失交通事犯」刑法雑誌一〇巻二号（一九六〇年）二二二頁以下参照。
（25）西原春夫『交通事故と信頼の原則』（成文堂、一九六九年）一四頁、同『刑法総論　改訂版〔上巻二刷〕』（成文堂、一九九四年）二〇三頁。
（26）分類方法については、内藤謙『刑法講義総論（下）Ⅰ』（有斐閣、一九九一年）一一四七頁以下参照。
（27）その代表として、藤木英雄『過失犯の理論』（有信堂、一九六九年）一七五頁以下。
（28）西原・前掲註（25）二〇頁以下参照。
（29）最判平成一五・一・二四裁時一三三二号四頁。
（30）藤木・前掲註（27）一九六頁、同「企業災害と過失犯（三・完）」ジュリスト四八〇号（一九七一年）一〇三頁参照。
（31）藤木英雄「総論」藤木編『過失犯——新旧過失論争』（学陽書房、一九七五年）三三頁以下参照。

(32) 森永ドライミルク事件を例に取れば、納入された薬剤について不安を抱くべき状況があった場合、単に化学検査をする義務ばかりでなく、端的に、この薬剤を使用せず、品質の保証された薬剤を用いるべき義務が生じる。
(33) 平野龍一『刑法総論Ⅰ』（有斐閣、一九七二年）一九三頁参照。
(34) 山口・前掲註（1）書二二五頁以下参照。
(35) 「客観的帰属」の要件が故意犯にも必要だとするのは、ドイツのクラウス・ロクシンら同理論の支持者達である。
(36) 「危険の実現」というエンギッシュの構想が「客観的帰属論」の萌芽とされていることについては、さしあたり、ベルント・シューネマン（斉藤誠二訳）「客観的な帰属をめぐって」刑法雑誌三七巻三号（一九九八年）三六頁以下を参照されたい。シューネマンは、これに加えて、ホーニッヒの「客観的な合目的性」とヴェルツェルの「社会的相当性」を、「客観的帰属論」の萌芽としている。
(37) 三井誠「予見可能性」藤木編『過失犯――新旧過失論争』一四九頁以下。
(38) ドイツの「薬剤師事件」での無罪判決（RGSt 28, 272）を例にしたものである。
(39) これを裏返して表現すれば、結果の具体的予見可能性が認められる時点では、もはや結果の回避可能性がないということである。これに対し、予見可能性を「一般人の危惧感」で足りるとする高橋・前掲註（3）二一五頁は、結果回避可能性を事前的なものと事後的なものとに分け、この判決は事後的結果回避可能性を否定したものとする。高橋・前掲一一八頁、二一八頁参照。これは、本件においては情報収集の時間を確保する手段にすぎない徐行義務を結果回避義務と位置づけた誤りに起因する。また、同じく危惧感説に好意的な井田・前掲註（2）二二〇頁は、本判決を、単純に結果回避可能性を否定したものと位置づける。しかし、これは、本件において、徐行していたなら相手の車を発見したとたんに急制動をかければ衝突を回避できたという意味での物理的回避可能性があったことを見過ごしたものである。これに対して、伊東・前掲註（5）一五三頁は、本判決を、信頼の原則の適用を通じて結果回避義務の存否として議論したものと位置づける。
(40) ゆえに、後者を不作為犯と考えない場合には、作為犯でも問題となる義務である。しかし、「中立的行為」がそうであるように、当該結果が行為者の管轄外であれば、作為犯でも結果回避義務はないのであり、その点では、作為と不作為の区別は、客観的帰属にとって重要ではない。松宮孝明編訳『ギュンター・ヤコブス著作集［第一巻］犯罪論の基礎』（成文堂、二〇一四年）六九頁以下、一〇三頁以下参照。
(41) これ以外に、行為者の生理的な能力を推認するために、行為者と同じ状況に置かれた一般人の能力を考慮するという、事実認定的な意味もある。以上の分析については、松宮孝明『刑事過失論の研究』（成文堂、一九八九年）二二七頁以下を参照されたい。

(42) たとえば、川治プリンスホテル火災事件に関する最決平成二・一一・一六刑四四巻八号七四四頁や千日デパートビル火災事件に関する最決平成二・一一・二九刑集四四巻八号八七一頁、ホテルニュージャパン火災事件に関する最決平成五・一一・二五刑四七巻九号二四二頁がある。

(43) 松宮・前掲註(41)書三〇六頁。

(44) 朝日新聞DEGITAL, http://www.asahi.com/articles/ASJ2V4TNLJ2VUTIL03N.html（二〇一六年三月八日参照）。

(45) 他方、二〇一六年二月二七日は、JR福知山線脱線事故の遺族らの「組織罰を考える勉強会」が、重大事故を起こした企業や法人の責任を問える法制度の実現を目指し、「組織罰を実現する会」（仮称）を四月に発足させる方針を明らかにした。毎日新聞、http://mainichi.jp/articles/20160228/ddn/041/040/008000c（二〇一六年三月八日参照）。しかし、本件関係の諸判決（JR西日本元鉄道本部長に対する一審判決：神戸地判平成二四・一・一一LEX/DB25480439（無罪・確定）、JR西日本歴代三社長に対する控訴審判決：大阪高判平成二七・三・二七LEX/DB25506197）によれば、原発事故と異なり、二〇〇五年四月二五日の事故当日までに脱線事故を予見して新型ATSをスポット設置するべきことを根拠づけるような「結果の予見可能性」はなかったのであるから、「組織罰」を実現してもJR西日本の過失責任が認められるわけではない。この議論には、ボタンの掛け違えがあるように思われる。

(46) 内田博文『日本刑法学のあゆみと課題』（日本評論社、二〇〇八年）一〇五頁、二六〇頁。

故意概念と違法性の意識

宗岡嗣郎

Ⅰ　はじめに

かつて、故意が責任要素であり、故意の内容が犯罪を実行する意志であることに疑問もなかった頃（以下、刑法解釈の文脈では、「意志」を法文上の文言である「意思」と表記することもあるが、本稿は両者を同じ意味で使う）、多くの論者は、故意が犯罪「事実の認識」と「違法性の認識（以下、「違法性の意識」と表記することもあるが、本稿は両者を同じ意味で使う）」から成ると考えていた（厳格故意説）。その後、常習犯・確信犯・激情犯への対応を意識して、違法性の意識までは不要だが、それでも違法性の意識の可能性は必要だとする考え方があらわれた（制限故意説）。「違法性の意識」と「違法性の意識の可能性」は現実と観念に対応する異質の概念であり、厳格故意説と制限故意説は異質の論理だが[1]、意志をベースにした故意概念と違法性の意識が関連していると捉える点で、共通の認識があったことから「故意説」と呼ばれ、故意説は通説的な見解であった。

これに対して、故意概念と違法性の意識を切り離し、犯罪事実の認識だけが故意の要素であり、違法性の意識は、その「可能性」という別の概念に置き換えられて、故意と過失に共通した責任要素とする考え方があらわれた。これが「責任説」であり、目的的行為論のように、故意を不法要素としてのみ位置づける犯罪論体系の帰結として主張された[2]。ただし、責任説にも、違法阻却事由に関する事実に錯誤がある場合の処理につき、構成要件該当事実の認識がある以上、故意は成立していると考える立場（厳格責任説）と、その場合には、犯罪事実の認識がなく、故意は成立していないと考える立場（制限責任説）がある。わが国では、平野龍一以降、結果無価値論の立場から制限責任説を採る論者が増えており、故意概念と違法性の意識を切り離すという点では、責任説は、多数説とはいえないかもしれないが、有力な考え方になりつつある。本稿はこの責任説を批判的に考察する。

もっとも、責任説の全体的な検討はできないので、本稿では、故意の概念内容から「違法性の意識」を排除し、「違法性の意識の可能性」を故意と過失に共通した責任要素としたところで、はたして故意犯と過失犯に予定されている非難の格差が了解可能なのかを考える。たとえば「人を殺した」とき、故意犯であれば最高刑は死刑だが、単純な過失致死であれば罰金刑である。この刑罰の極端な格差は故意犯と過失犯に対する「非難」の格差を反映しているとする以外にないが、如何なる要素がこの格差を基礎づけているのだろうかという問題である。

この点につき、厳格故意説は、自己の行為が惹起する犯罪事実の認識から、違法性の意識を抱き、そこから生じる反対動機を克服して犯罪行為を選択し実行したところに、故意犯の重い責任の根拠があると考えた。ここでは「違法性の意識」が起点になっている。違法性の意識から犯罪を制御する「反対動機」が生じるが、それを克服し、犯罪を志向する「行為動機」の方を「選択」して、最終的に行為動機の実現へと「決断」する意志過程にみられる能動性（Aktivität）が故意犯に対する責任非難の大きさを説明すると考えられたのである。[3] これは一定の説得力をもっていたと思う。

ところが、責任説では、「違法性の意識」が責任から切り離される。たとえば、結果無価値論から責任説を採る立場では、故意と過失を責任要素とした上で、故意の概念要素を犯罪「事実の認識」に限定して、故意から意思的要素を排除する。つまり、責任論と違法論のどちらにも、意思的要素はなくなる。しかし、意思を考慮することなしに、故意犯の強い責任非難が基礎づけられるのだろうか、それが問われる。この点、行為無価値論から責任説を採る立場では、一切の意思的要素を不法要素とし、非難の強さは故意不法の強さで説明できるので、故意犯に固有の非難の強さは簡単に説明できる。しかし、非難を基礎づける能動的な意思的要素が責任の領域にないところで、一体どのようにして責任の論理は成り立つのだろうか。それが問われなければならない。以下、このような論点を意識しながら、故意概念と違法性の意識を考え直す契機にしたい。

Ⅱ　故意の認定基準——動機説

故意の本質に関しては、古くから認識説と意思説が対立していたが、ここでは、故意の認定基準として、認識説（蓋然性説）と意思説（認容説）のどちらが有効かという問題から考察を始めたい。そこで、二つの判例を参照して、故意が認定される核心的な部分を概観しておこう。ポイントは、故意認定の局面において、「認識」と「意思」がどのような形であらわれるかという確認である。

まず多くのテキストが「認容説」として引用する「盗品有償譲受罪」の最高裁判決（最判昭和二三・三・一六刑集二・三・二二七）をみよう。この判決では、被告人が購入した衣料品を「盗品（原文：贓物）であるかもしれないと思いながら、しかも敢えてこれを買い受ける意思（いわゆる未必の故意）があれば」、盗品有償譲受罪は成立するとした。この判決は意思説に分類されるが、その根拠は「敢えてこれを買い受ける」と表記された文言にある。しかし、この文言に対応した事実関係が明確に認定されているわけではなく、判決の中には、「盗品」の買い受けを「認容」したと評価しうる事実関係の認定はない。つまり、この判決では、「対象物を買い受ける意思以上のものが認められるわけではない」し、「敢えて」という表現以外に、この判決を意思説（認容説）に分類しうる根拠が示されているわけでもない。(4) むしろ、買い受けた衣料品について、被告人が盗品の蓋然性を認識していたという事実認定から盗品関与罪の故意を認めており、認識説（蓋然性説）の観点から故意を認定しているように思われる。

同じく、一般に認容説だとされながら、認容の内容を明示していない、もう一つの判例をみよう（福岡高判昭和四五・五・一六判時六二一・一〇六）。この事件では、被告人は、昇給がわずかなことに腹を立て、行動の自由を欠く老齢者三〇数名が入院する診療所にガソリン（一八リットル入り二缶）をまいて点火し、診療所を全焼させ、二名を死亡させ、八名に傷害を与えた。ただし、放火行為に着手する前、被告人は、死傷者が出ないよう、看護婦を外に出し、また病室をまわり、「今夜は月がよいから外に出なさい」と言って、患者を外に誘導していた。また、着手後は、重度の火傷を負いながら、患者を救出しようとした。このような事実関係において、福岡高裁は、被告人の「意図するような方法で放火すれば、身体の不自由な患者らの間に死傷者が出るかも知れないことの認識のあったことは明らか」であり、「被告人は犯行前患者らを戸外に避難させようという努力を試みているものの、患者らが被告人の意図を察知せず戸外に出ようとしなかったにもかかわらず、多量のガソリンをまいて点火するという危険性の高い方法で放火しているのであるから、被告人は死傷の結果の発生を認容した」として、殺意を認めた。

この判決は明確に「認容」という言葉を使っている。しかし、殺意が認定される部分をみれば、被告人は、放火によって死傷者の出る蓋然性を認識していたことが主要な論拠になっている。実行の着手前後の行動をみても、被告人の意図は死傷者を出さないことにあり、殺人に関し、むしろ「認容」はなかったとしうるケースであった。この点、この判決にいう「認容」は、先の最高裁判決の「敢えて」と同様、意思的要素の実質を示していない。少なくとも、事実認定をみるかぎり、この言葉に意思説を明示する実質はない。

結局、どちらの判決でも、故意の認定において裁判官が重視するのは、被告人が構成要件結果発生の蓋然性をどう認識していたのかという点である。この二つの判決は、意思説の観点からではなく、認識説の観点から故意を認定していると言える余地すらある。(5) よく指摘されるように、意思的行為に関する人間心理の現実を見れば、高い結果発生の蓋然性を認識しつつ行為に出ることは、ほとんどの場合、結果発生の認容（積極的承認）を伴う。だから、どちらの考え方からでも、同じ帰結にいたることは不思議なことではなく、その意味では、判決文の「文言」をあまり重視すべきではない。

むしろ、この二つの判決から導き出せる論点があるとすれば、故意の認定に関し、意思か認識かという二者択一的な問題提起の枠組を疑うことであろう。私は、講義で故意を説明する時、ヨーロッパの倫理学で形成されてきた意志（意思）の伝統的な定義から始める。本稿の最後に概観するとおり、古くから、意志（意思）は「理性的欲求」と定義されていた。この言葉は「理性に教導された欲求」という意味である。意志は、一方で、感性に規定された「欲求」すなわち「動機」をベースに、他方で、理性に規定された「認識」をベースにしている。したがって、刑法典が故意を「罪を犯す意思」と定義している以上（刑法三八条一項）、故意の認定基準としては、犯罪結果を実現しようとする動機形成過程の中で、行為者が何を「認識」して（理性的側面）、如何なる行為を「選択」し、実行へと「決断」したのか（意思的側面）、この二つの側面をみる「動機説」が妥当だろう。

先の最高裁のケースに動機説をあてはめてみよう。まず被告人は売渡人から二度にわたり衣類一二〇点くらいを四万八千円で買い付けている。一二〇点の衣類は相当な量であり、四万八〇〇〇円という価格は当時の国家公務員

（新卒者）の年収を超える金額であることを考えれば、被告人の行為はおそらく商業的な利得を動機とした意思行為だと言えよう。ただ、最高裁が判示するように、「買受物品の性質、数量、売渡人の属性、態度等諸般の事情」から、買受物品につき「『賍物ではないか』との推量をなさしむるに足る事情」があり、「被告人がこれらの事情によって『盗んできたものではなかろうかと思った』旨供述して」いる以上、そう思った時点で、この衣料品を買受けてはいけないという「反対動機」が生じ、この反対動機と衣類を買受ようとする行為動機との間で、行為者は「選択」を迫られる。この中で、行為動機の方を選択して、「盗んで来たものではなかろうかと思った」衣類を「買受ける」ことを決断し、実行した以上、盗品有償譲受罪の故意があると言えるだろう。

また、福岡高裁のケースでは、被告人の行為は、昇給がわずかであったことに憤慨し鬱憤をはらすことを動機として、ガソリンを撒いて放火しようとした意思行為であった。その意思形成過程において、被告人は、患者の状態を熟知していたので、死者が出る蓋然性を「認識」し、反対動機を形成し、この反対動機と行為動機の間で「選択」と「決断」を迫られる。被告人は、この反対動機に即して、患者の死亡という事態を回避するための措置をとっている。しかし、それにもかかわらず、被告人の意図を察知できない患者が多く室内に残っていることを「認識」しながら、最終的に行為動機を「選択」し、木造二階建の診療所にガソリンを撒いて放火することを「決断」し、実行に出たのである。一審は、殺人の故意を否定したが、死者が出ることを「認識」しながら、行為動機の方を「選択」し、放火を「決断」して実行に出ている以上、殺人の故意があると言えるだろう。

Ⅲ　結果無価値論と責任説

この二つの判例の結論は正しい。そして、どちらの判決も動機説に分類しうるし、認識的要素と意思的要素を総合的に検討できる点、動機説は妥当な認定基準だと言える。ただし、わが国では、早い時点で動機説を展開した平野龍一の影響力もあり、動機説は認識説だと誤解されることが多い。平野によれば、「自己の行為の結果として人が死ぬであろうことを予見したときは、これを、行為を思いとどまる動機にしなければならない。それにもかかわらず、思いとどまる動機とせず、その行為をした」ところに殺意が認められる。この意味で、反対動機を生みだすことになる認識、すなわち法益を侵害する「事実の認識（予見）」が決定的であり、「認識説は動機説だといわれるのもそのためである」と記した(6)。

たしかに、意思説の要求する「認容」という心理状態の内容は意思説の論者によって必ずしも明確にされていないこと、さらには、判例にみられる「敢えて」とか「認容」という言葉の内容も、結局のところ犯罪行為の「認識」そのものでしかなく、その認識に「附け加えて何かを要求するものではない」こと等、平野による意思説批判には、説得力のある正当な指摘が多い。しかし、すでに概観したとおり、動機説は、動機形成過程の中で、行為者が何を認識して、如何なる行為を選択し、実行へと決断したのかを見ている。動機説では、行為者の認識が核心的なポイントになっているが、ただ認識だけを故意の要素としているのではない。この認識は純粋な理性のはたらきであるが、動機説に含まれた行為の「選択」とか、実行への「決断」は、実践の領域に接着しており、理性的な認識（表象）の領域をはるかに超えた能動的な要素である。意思は常に事態の変更を志向するが、認識は単に表象の有無であって、意思のような能動性はない(7)。したがって、動機説において、犯罪事実に関する行為者の認識内容が決定的な意味を持っているという指摘から、「選択」や「決断」という動機説の能動的な部分に触れることなく、故意の本質は認識だと帰結するのであれば、それは論理の飛躍である。

先に引用したが、平野は、反対動機がありながら、犯罪へと志向する行為を「思いとどまる」ことなく、犯罪「行為をした」ところに故意を認めていた(8)。この引用部には、反対動機よりも、行為動機に従って行為を「選択」し、実行へと「決断」したという意思的要素が正しく含意されている。あきらかに能動的な意思的要素が考えられている。平野理論の内容を正確にみれば、そこには、犯罪事実の「認識」を故意としながら、「選択」や「決断」といった認識のレヴェルに純化しえない要素が含まれている。しかるに平野は故意の本質を「認識」だという。これは一体どういう意味だろうか。

平野は言う、この意思的要素は、故意の要素ではなく、行為の要素であり、通説的な行為論は行為を意思に基づく身体の動静と捉えているので、意思的要素は行為概念の中に取り込まれている[9]、と。意思は行為の概念要素であるが、故意は、行為論に取り込まれた「意思の内容は何か」という問題だから、故意の中に意思的なものを含む必要はない。むしろ、「意思の内容がまた意思であることは論理的にありえない」ことであり、「結果が発生すると認識しながら、行為に出たときは、その結果を意思したことなのである」。つまり、故意とは、「犯罪事実の認識」そのものであり、その意味で、「認識説こそ、本来の意思説だということができる」と言う[10]。これは強弁に近い。

ほぼ同じ論理を山口厚も継承している。そこで、山口理論に即して、責任説へと繋がる認識説の考察を続けよう。山口によれば、「行為の違法性を基礎付ける事実を認識・予見した者は、それにより当該行為を行うことが違法であるとの認識(違法性の意識)に到達し、反対動機を形成して、当該行為にでることを思いとどまらなければならない」。行為者が違法性の意識をもつことにより、反対動機が形成されて、行為動機が制御される。これは規範意識の作用だが、この規範意識を「十分に働かせず(規範意識の不十分さのために)行為にでた場合には、それにもかかわらず行為にでないことが期待され、行為にでたことが非難される[11]」、と。つまり、犯罪を志向する行為動機が生じたとき、それを抑制し制御する反対動機もまた生じるが、その反対動機を克服して犯罪の実行を「思いとどまらなかった」こと、つまり、反対動機ではなく、行為動機に従った行為を「選択」して、実行行為へと「決断」したことに、故意行為に対する非難の核心があるという趣旨だろう。

これは「非難」に関する正当な理解である。故意犯は、犯罪的な事実を「認識」しながら、犯罪的な行為を「選択」して、実行行為へと「決断」し、犯罪結果を惹起するのであるが、山口は「選択」という能動性を正しく考慮しているからである。だからこそ、故意犯への非難は大きく、故意犯の刑罰は重い。こう考えることは、先にみた平野理論と同じであり、私にも異議はない。私が問題としたいのは、動機形成過程における「認識・選択・決断」といった諸要素の総体を掲げておりながら、山口は、故意の概念内容について、「構成要件該当事実の認識・予見」だと換言するだけで、「選択」とか「決断」という意志の能動的内容について、何も語らないことである。

山口はその理由を平野理論に求めている。すなわち「行為意思を超えた『意思的要素』は単なる情緒的要素にすぎない」のであって、故意に含まれる意思的要素は行為意思だけである、と。それ故、具体的な故意の認定において「（行為）意思に担われた行為者の心理内容が故意といえるものか否かが問題」であり、ここに意思的要素をもちだす必要はないと言う。かくて、山口は、意思的要素を含む認容説を斥け、認識説に立って、行為者の意識に浮かんだ構成要件結果の実現を肯定しつつ行為に出たのか、否定しつつ行為に出たのかによって、前者であれば未必の故意とし、後者であれば認識ある過失とする「動機説」に立脚した。[12] これは平野理論の完全な継承である。

山口は故意を「行為意思」だと言う。しかし、行為意思も「意思」である以上、「事実の認識」や「意味の認識」といった理性的認識の領域を超えて、感性に連接した欲求という情緒的なところに根拠をもっている。行為は、常に感覚的かつ情緒的な欲求と関連しており、それ故、ある目的を志向して行為を統制する意思は情緒的欲求と密接に関連している。もちろん、すべての情緒的欲求を考慮する必要はないだろうが、動機説に立脚する以上、行為動機と反対動機のどちらを選択し、どちらの実行へと決断したのかが故意の最終的な認定基準になるわけだから、その限りで、故意概念の中に行為動機が取り込まれており、「選択」や「決断」といった能動的な意思的要素も取り込まれているはずである。現に、山口は「構成要件の実現が行為者の意識ないし意思過程に、取り込まれ、」ていることを故意認定のポイントにするのだが、その「意思過程」の内容は何かと問えば、それは実行行為を形成する諸事実の「選択」と「決断」という意思的要素しかないだろう。

実際、平野理論でも山口理論でも、故意の概念要素から意思的要素を排除する説得的な理由が明示されていないし、同様に、責任の概念要素から能動的な意思的要素を排除する理由も明示されていない。しかし、意思的要素を考慮することなく、過失責任と比べて、故意責任の方が圧倒的に強い非難の格差は一体どのように説明できるのだろうか。特に、結果無価値論（法益侵害説）に立脚する場合、これは決定的な意味をもつ。結果無価値論では、故意殺と過失殺において、違法性は同じだし（同一法益の侵害）、行為の外観（身体の動静）も同じだから[13]、過失殺に対し故意殺が格段に強い非難を受ける理由は、行為論や違法論の中にはなく、責任要素に求める以外にない[14]。ところが、責任説に立脚すれば、「違法性の意識の可能性」が故意と過失に共通する責任要素として位置づけられるだけだから、故意殺に固有の要素として、故意犯への強い非難の根拠は責任要素の中にあると主張できなくなる。このことは、結果無価値論に立脚しつつ、責任説に依拠しえないことを示している。結果無価値論は厳格故意説とパラレルな関係にあり、結果無価値論は責任説に立脚しえないことを示している[15]。

Ⅳ　行為無価値論と責任説

結果無価値論は厳格故意説とパラレルな関係にある。それでは、行為無価値論は責任説とパラレルな関係にあるかと言えば、そうではなく、行為無価値論も必然的に責任説に帰着するわけではない。このことを考えるために、行為無価値論の立場から責任説を展開したウェルツェルの論理について、簡単に概観しておこう[16]。

まず、非難可能性だが、ウェルツェルによれば、故意犯における非難の対象は、犯罪事実を認識した上で、犯罪行為へと向かって、因果的諸事実を「選択」し「決断」することから成る「違法な意思形成」の全体である。ウェルツェルによれば、意思にもとづく行為のみが責任非難の対象であり、この行為意思の中に、一方で、知的要素としての故意があり、他方で、意的要素として、動機その他の情緒的要素がある。しかも、行為意思は、志向された目的（犯罪結果）に向かって、犯罪行為を構成する諸事実の一つ一つを「重層的に決定する（überdeterminiern）」基体だから、まさしく当該犯罪行為をして、行為者の決断にもとづく「仕業（Werk）」だとみなすための核心部分である。だからこそウェルツェルはこの行為意思を人的な不法要素として位置づけた。[17]

次に、故意の概念内容をみておくと、ウェルツェルは、「違法な行為意思」を形成する諸要素の内で、ただ事実の認識という「知的」要素だけを故意の概念要素とする。故意は、「行為の瞬間」において、行為者がもっている「構成要件要素についての現実的、現在的な意識」であり、その「知覚ないし表象」である、と。故意の概念内容は、純粋に知的なものに限定され、故意から意的なものが排除されるが、先にみた結果無価値論の場合とは異なり、意思を主要な概念要素とする人的不法が故意犯における非難の強さを規定するが故に、故意犯への非難が過失犯への非難よりも強いことは無理なく説明することができた。しかし、それによって、非難を基礎づける意思的要素が責任要素ではなく不法要素となり、非難は実質的に不法の問題になった。つまり、非難と責任が切り離されたのであり、ここに責任論の新たな問題が生じる。

ただし、ウェルツェルは、非難と責任が切り離されたことを積極的に認めていない。むしろ反対であり、ウェルツェルも、非難可能性は責任の問題だと明言しているし、規範に適合的な意思行為を実行しえたにもかかわらず、反規範的な意思行為を実行した点に、責任非難の根拠があると認めていた。責任の無価値判断は「適法に行為しえたのに、正しく行為しなかったという人格的非難を行為者に加える」のである、と。[18] こう考えるのであれば、犯罪行為へと自らが主体的に行為を「選択」し「決断」した行為意思に対して非難が成り立つだけではなく、そう「選択」

し「決断」した行為意思の故に、責任非難が成り立つことをウェルツェルは認めていたとも言える。[19] もっとも、ウェルツェルは、多くのところで意思を非難の対象だと論じながら、非難の根拠が意思だとは明記していない。しかし、上に引用したとおり、「適法に行為しえたのに、正しく行為しなかった」が故に非難されるのであれば、それは行為意思の故に非難されるということであろう。そして、そうだとすれば、「違法性の意識の可能性」ではなく、現実に反対動機を生みだして、行為動機（反規範的行為への動機）と反対動機（合規範的行為への動機）の現実的な「選択」と「決断」を生みだす「違法性の意識」そのものを責任要素として残すべきではなかったのか。

ウェルツェルは、何故、現実の「違法性の意識」ではなく、現実から遊離した「違法性の意識の可能性」を責任要素としたのか。この問題は消極的に厳格故意説批判として説明されているだけである。ウェルツェルによれば、厳格故意説は犯罪事実の認識と違法性の認識を故意の要素とするが、この二つの認識は同じものではない、と。「犯罪事実」の認識は「行為の瞬間」における「事実」に関する「現実的、現在的な意識」であるが、それと同様に、「行為の瞬間」における「現実的、現在的な意識」として、「違法性の意識」を求めることは無理だと、ウェルツェルは言う。すなわち、故意の概念要素として、もし自己の行為の「違法性」に対し、「これは違法である」という現実的な表象ないし知覚が要請されるならば、事実上、故意の行為はほとんど存在しなくなる、[20] と。なるほど、「存在と当為」すなわち「事実と規範」の二元論に立脚するのであれば、事実と規範は異なるという前提から、その相違に応じて、事実の認識と規範の認識は異なるということになるかもしれない。[21] しかし、ウェルツェルが立脚したオントロギーの論理では、犯罪事実の認識が「行為の瞬間」において可能であるとすれば、認識した行為が違法（反価値性・反規範性）だという違法性の認識も「行為の瞬間」において可能であり、それ故、違法性（反規範性、反価値性）に関しても、現実の意識（表象ないし知覚）を要求しうる。[22]

この点、違法性の意識が故意の要素でも責任の要素でもありえない理由について、ウェルツェルは積極的な説明をしていない。そこで、わが国において、行為無価値論から責任説を展開する伊東研祐と井田良の考え方も参照して、違法性の意識を故意もしくは責任の概念要素から「何故に外しているのか」という論点に絞って、概観しておこう。まず、伊東は、独自の刑事責任論を「実質的規範的責任論」として展開するが、刑罰論から目を離し、狭義の責任に限定すれば、その核心部分は伝統的な規範的責任論の論理と変わらない。すなわち、人間には、自らの意思に基づいて、行為に関する所与の選択肢から、どのような行為でも「選ぶことができる」能力があり、それが責任非難を基礎づける。たとえば、犯罪的な行為を実行したような場合、行為者は、「適法行為を選べたにも拘わらず、予め刑法が刑罰をもって禁止していた」行為を自己の意思に基づいて「選んだ」ところに、伊東は「法的な非難の契機」をみる。(23)

このように、意思的要素が非難を基礎づけると考える点、規範的責任論の論理が正しく取り込まれている。何よりも、人間は、行為を選択しうるし、自らが選択した行為についてのみ非難や賞賛を受けるという倫理的な事実を踏まえている点、私は全面的に賛同する。ただ、そうであるとすれば、厳格故意説のように、「自己の行為の法的非許容性ないし違法性の行為者における意識は、責任要素であるといい得るし、それは極めて自然な考え方」だと指摘しつつ、何故に、伊東はその「自然な考え方」を否定するのだろうか。(24)伊東はそれを「規範的責任論の純化」だと説明する。しかし、その「純化」の具体的な内容をみれば、ウェルツェルと同じく、非難の対象と非難の根拠の区別そのものでしかない。責任非難は「法規範による否定的価値判断」であり、「意思決定」は否定的価値判断の「対象」だから、意思決定と非難は別物である、と。(25)ここでは、あきらかに、具体的な意志決定に対する反価値性は単に「判断としての反価値性」でしかない。つまり、価値は判断者の価値判断と同視され、反価値は判断者の反価値判断と同視されることになる。しかし、この論理は、目的的行為論が掲げたオントロギーの否定であり、新カント派に代表される観念論の論理でしかない。(26)価値は、単なる判断ではなく、価値としての実質をもっている。(27)伊東によれば、非難という否定的価値判断は、この価値判断の対象たる「意思決定ないし行為」と区別されると言うが、オントロギーでは、この両者は区別されない。より正確に言えば、区別しない。反価値的な「意思決定ないし行為」があるから反規範的な「否定的価値判断(非難)」がある。この一致を認めず、両者を区別するのであれば、それは、「規範的責任論の純化」ではなく、「責任論の空洞化」である。

井田良も、人的不法論から、ほぼ同じ論理を展開する。(28) 井田によれば、責任判断は、「規範意識を働かせることにより違法行為への意思決定を制御」すべきであったのに、制御「しなかったこと」への非難を内容とする。この「制御」という言葉には、あきらかに「選択」という能動的な意思的ニュアンスが含まれている。そして、正当にも井田は言う、「意思形成の制御の可能性」に関わる点、違法性の意識は「非難可能性の判断の際に考慮される責任要素」である、と。ところが、井田は、この正当な認識を特に修正することもなく、そこから直ちに「違法性の意識の可能性の有無・程度が本質的に重要」であると記し、「違法性の意識の可能性がある限りは責任非難が可能」だと帰結する。ここでは、「違法性の意識」と「違法性の意識の可能性」の概念内容が現実と観念に対応する異質なものであることについて、ほとんど意識されていないように思われる。(29)

このように、行為無価値論は、責任論から、非難の対象であった意思を排除し、意思の核心部分である「選択」や「決断」を責任論から排除した。それと同時に、現実的な「違法性の意識」を責任の領域から排除し、観念的な「違法性の意識の可能性」だけを責任の領域に残したのであった。したがって、厳格故意説への批判として、従来から一般に指摘されている論拠もそうだが、(30) 彼らが責任要素としての「違法性の意識」を不要として、「違法性の意識の可能性」で足るとする論拠も、論理必然的なものとして展開されたわけではない。(31) なぜならば、彼らは、厳格故意説批判を超えて、規範的責任論の論理として、「選択」と「決断」、そして、選択のベースである反対動機を生みだす現実的な「違法性の意識」が刑事責任論から放逐されなければならないこと、すなわち責任説の必然性を示していないからである。つまり、責任説は、行為無価値論の必然的帰結として展開されているわけではない。

V　結びにかえて——意志の一般理論との整合性

故意概念との関連で、責任説の問題点を概観してきたが、最後に、これまで略述してきた論点を、「責任」と「意志」が一体として捉えられてきた倫理学の一般理論との関連で簡潔に検証しておこう。

第一に、「責任」についてみよう。ラインハルト・フランクが「責任とは非難可能性である」と述べたとき、刑事責任の本質的要素として浮上したのは、ヴィルヘルム・ヴィンデルバンドが一八八〇年頃から蓄積してきた「価値判断」の論理であった。ヴィンデルバンドは、カントが「当為」や「義務」の概念の下で説明していた道徳的な行為に関する判断の法則（Regel）を「規範（Norm）」概念として統合し、ある行為が倫理的に「善」と判断される場合、その行為が規範に合致しているからだと考えた。

ヴィンデルバンドによれば、人間の行為は、心理学のように自然法則の対象とみることもできれば、倫理学のように倫理的な是認（賞賛）と否認（非難）という価値判断の対象とみることもできる。この価値判断の法則が「規範」であり、それは「汝、為すべし」という「当為」に合致した動機作用を要求する「観念的規範（ideale Norm）」である。そして、この規範から、ある意志行為が否定的な価値判断を受けたとき、その行為の実行者は、彼が「別様にも行為できた」場合にのみ、責任がある。ヴィンデルバンドはそう述べて、他行為可能性と非難可能性を柱とした倫理的責任の構造を示し[32]、フランクらはそれを「規範的責任論」として刑事責任論の中に取り込んだのであった[33]。

この規範的責任論の論理は二〇世紀刑法学の金字塔だと思う。ただし、「価値」および価値法則としての「規範」の内容につき、カント・ヴィンデルバンドのような観念論的な論理は克服されなければならない。価値は、形式主義的・主観主義的な観念的規範から判断されるのではなく、価値（規範）自体に、実質的内容がある。[34] 刑法上の責任非難は、この実質的な価値すなわち法益を侵害する行為へと意志を形成した点に向けられていると捉えるべきである。実質的な価値（法益）の侵害があってこそ、その価値侵害の実行者に対して、「そうすべきではなかった」という規範的評価が成り立ち、価値侵害行為へと意志決定したことに対して非難が成り立つ。この点、価値侵害を選択した意志が、非難の対象であり、かつ非難の根拠である。つまり、行為者が、法益（価値）侵害行為を選択し、それを実行したところに非難は成り立つ。中世ドイツ語に「選択意思（Willkür）」という造語があるが、責任非難は価値侵害行為への選択（Kür）なくしてありえない。規範的責任論への立脚は、選択意思の働きを刑事責任論の基礎に据えることであり、責任論から意志を排除する責任説は規範的責任論の論理と一致しない。

第二に「意志とは何か」を責任との関連でみよう。日常用語としてみれば、意志は、特定の行為を実行し中止する「働き」としてあらわれる人間の能力のことである。たとえば食事を摂り、酒を飲むという些細な行為を採りあげても、感性に規定された身体的な欲求にまかせて食べ続け飲み続けることもあれば、適度なところで止めることもある。このように、意志が行為を「しよう・やめよう」という対抗軸の一方を選択して行為へと繋ぐ能力であることについて、ほとんど異論はない。

哲学や倫理学の領域でも同様であり、意志は特定の行為への選択と決断だと考えられてきた。[35] 人間に固有の運動形態の総体を「実践」という言葉であらわせば、意志の核心は「実践的だ」という点にある。そして、ある行為への実践的な選択を考えればわかるが、選択をおこなう「意志」は、理性に先立ち、感性的な欲求に根拠をもつ。したがって、感性がはたらかないところにも、理性がはたらかないところにも、意志という作用はない。だから、伝統的な存在論哲学では、意志は、「理性（認識）」でも「感性（欲求）」でもなく、両者が統合した独自の領域を形成すると考えられた。先に示した「理性に教導された欲求（appetitus rationalis）」という意志の伝統的定義がそのことを示す。

意志は感性と理性の融合体であり、そのことを承認する限りで、伝統的な意志論には、緩やかな一致があった。もちろんカントのような例外はある。カントによれば、意志が「理性的欲求」だとすれば、意志は、アプリオリな形式的原理（理性）とアポステリオリな実質的動機（感性）の混合形態となり、意志をベースにした道徳哲学は純粋なアプリオリ性を見失う。(36) それ故、カントは、道徳哲学にアプリオリな普遍的妥当性を与えようとして、意志から一切のアポステリオリな実質的要素を排除し、道徳的行為はただ義務にのみ基づくことを認めるべきだと主張した。こうして、カントは、義務を認識し表象する理性が意志だと強弁した。(37) 意志は理性の領域（義務「認識」の問題）に純化された。

しかし、二〇世紀になり、現象学的オントロギーの観点から、カントの形式的倫理学を全面的に批判する論考が現れた。先陣を切ったマックス・シェーラーは言う、カントは、アプリオリな倫理学が立脚すべき論理にのみ気をとられ、非現実的な「純粋意志」のごときものを捏造しながら、倫理学が成り立つ現実をみていない、と。シェーラーは、意志を理性に純化するカント的形式主義を否定し、実現しようとする目的の意欲から実行に至るまでの意思形成過程において、カントの意味での理性的な表象が作用しているのではなく、「価値物」や「財」としてあらわれる「価値態」の実現を志向した経験的事態があると主張した。(38)

この実質的価値倫理学は、ニコライ・ハルトマンに継承され、体系的に洗練された形で展開された。シェーラーと同じくハルトマンもまた、カント的形式主義を完全に否定して、現実的な意志は、その時々の感情・衝動・動機らの情緒内容に規定されたものであり、価値への賛否を決断して、現実の行為に方向性を与えるものとした。ハルトマンでは、意志とは、価値への「態度決定（Stellungsnahme）」であり、はっきりと活動性あるいは能動性をもつものとして捉えられた。(39) 同様の認識は現代の意志論にも継承されている。一例として、ポール・リクールの『意志論』をみれば、第一部が「決意すること――選択と動機」であり、第二部が「行動すること――意志的運動と諸能力」である。リクールは、現象学的オントロギーをベースにして、動機、欲求、努力、情動といった情緒的モメントが意志の本質的カテゴリーであると論じている[40]。

このように、カントのような例外を除けば、倫理学において、意志は理性と感性の融合体と捉えられていた。このことを考えれば、本稿で考察した責任説の論者たちが故意の概念内容を犯罪事実の認識（という理性作用）に限定して、「選択」や「決断」といった感性に連続する意志的要素を排除していることは、形式的アプリオリスムに立脚するカント主義者であればともかく、かなり不自然なことである。

さらに不自然なことを指摘しよう。それは、彼らが、意志的要素を故意概念から排除し、故意の概念要素は理性的要素に限定されると強調しながら、その主張とは真逆に、ある決定的な理性的要素を故意概念から排除していることである。すなわち「反対動機の否定」という理性的判断がそれである。反対動機は、「動機」と表記されているにもかかわらず、欲求とは無関係であり、本来の意味での動機ではない。むしろ、反対動機は、人が反価値的な動機を形成し、それを意識化したときに、違法性の意識と同時に、価値侵害の否定として表象されるものであり、能動性も身体性ももたない正真正銘の理性的表象である[41]。

以上を要約すれば、「責任」という概念から、意思的要素のみならず、現実的な違法性の意識まで排除するならば、責任説の論理はもはや「責任論」とは言えない。違法性の意識を違法性の意識の可能性に置き換える責任説の論理は、現実を観念に置き換える論理であり、普通人ならば違法性の意識を持ちえたと言えるのであれば、たまたま違法性の意識を持ちえなかった者に対して刑罰を賦課しても可とする「血なまぐさい（blutig）」権力主義的な科刑の論理であって、法的な責任を問う法的な論理ではないだろう[42]。

＊　敬愛する内田博文先生の古稀記念論集への寄稿を依頼され、万難を排して寄稿の努力をしたが、不摂生が昂じて数年前に

脳梗塞となり、体力も脳力も既になく、充分な論稿を準備できなかったことを悔やみつつ、本小稿を捧げます。

（1）違法性の意識の有無は現実の問題であるが、その「可能性」の有無はプロパビリティの問題であり、この問題は、結局、犯罪を「実在的なもの」とみるか否かという犯罪論の基本的な問題にかかわる。
（2）ハンス・ウェルツェル（福田平・大塚仁訳）『目的的行為論序説』（有斐閣、一九六二年）九五頁。
（3）たとえば浅田和茂『刑法総論』（成文堂、二〇〇五年）二九七頁以下参照。
（4）山口厚『刑法総論〔二版〕』（有斐閣、二〇一一年）一九九頁。
（5）浅田・前掲註（3）三〇六頁以下参照。
（6）平野龍一『刑法総論Ⅰ』（有斐閣、一九七二年）一八五頁。
（7）認識（心理的表象）の有無で責任を判断したのが心理的責任論だが、規範的責任論では、選択や決断という能動性のないところに、責任はない。
（8）平野・前掲註（6）一八五頁。
（9）平野・前掲註（6）一八五頁。この部分は後述するとおりウェルツェルの影響であるが（ウェルツェル・前掲註（2）八二頁以下参照）、「意思の内容がまた意思であることは論理的にありえない」という論理は妥当ではないだろう。
（10）平野・前掲註（6）一五九、一八四頁以下参照。
（11）山口・前掲註（4）一八六頁。
（12）山口・前掲註（4）一九八頁以下。
（13）たとえば自動車を使って故意に人を轢殺したケースと過失（事故）で人を殺してしまったケースを比べればよいだろう。前者は「人を殺すこと」を認識したうえで実行された意思行為だが、後者は、「自動車の運転」については意志行為だが、死亡結果を意識していない以上、轢殺という意志行為ではない。しかし、身体の動静としては、前者と後者は同じ外観をもつ行為である。マーガレット・アンスコムがいうように、同じ行為（自動車の運転によって人の生命を奪う行為）であっても、その行為は「ある記述」の下で意志的であり、また「ある記述」の下で非意志的でありうる。たとえば、「板を鋸で挽いている」という意志的行為も、「鋸でキーキー音をたてている」ことについては非意志的行為である。アンスコム（菅豊彦訳）『インテンション』（産業図書、一九八四年）

二一頁。

(14) 後述するとおり、ウェルツェルのように人的不法論（行為無価値論）に立てば、意思を概念要素とする人的不法が非難の強さを基礎づけているので、故意の概念内容を理性的な認識に純化しても、故意犯（故意不法）の非難の強さを説明しうる。

(15) なお、山口によれば、「違法性の意識」のような情緒的な要素を故意の内容と考えれば、それは「心情刑法」となり、疑問だとされる（山口・前掲註（4）二四八頁）。しかし、後述するとおり、「違法性の意識」は理性的な要素であり、それを心情的な要素とみるのは完全な誤解だし、「心情刑法」という批判的レッテルも妥当ではない。「心情刑法」は心情的な要素を違法要素とすること、すなわち法的正当性の基準とすることに対して提示されてきた概念であろう。私見では、"Verantwortungslehre"としての責任論ではなく、"Schuldlehre"としての責任論を考えるかぎり、情緒的・心情的な要素を含まない論理を想定することはできない。この二つの責任論の相違については、宗岡嗣郎『犯罪論と法哲学』（成文堂、二〇〇七年）二一七頁以下参照。

(16) ウェルツェル・前掲註（2）八二頁以下、八八頁以下、九四頁以下参照。

(17) ウェルツェル・前掲註（2）一頁以下、四二頁以下、六三頁以下、八三頁以下参照。

(18) ウェルツェル・前掲註（2）五六頁、六三頁以下、八二頁以下。

(19) ウェルツェル・前掲註（2）五八頁以下参照。

(20) ウェルツェル・前掲註（2）八八頁。

(21) 同じことは、ウェルツェルのいう「非難の対象」と「非難」の区別にもみられる。ウェルツェルによれば、意思は非難の対象であるが（たとえばウェルツェル・前掲註（2）六三頁）、意思は、人的不法の要素だから、責任非難の要素ではありえない。しかし、選択や決断なくして非難はない以上、選択や決断は非難の構成部分であり、意思は非難と一体である。意思（行為の選択と決断）が非難の対象であることは意思が非難の構成部分であることと矛盾するものではない。意思を非難の対象とし、非難を判断に純化するのは、典型的な観念論の論理である。ウェルツェルは、この点、オントロギーを理解していない。同じことは木村亀二にも言える。木村は、故意説批判として、「評価の対象」である故意と「対象の評価」である違法性の意識の区別を論じながら、基本的に存在と当為の観念論的二元論に平然と立脚していたのである。おどろくべき無頓着である。木村亀二『全訂・新刑法読本』（法文社、一九六七年）五頁、二三〇頁参照。

(22) この点、正当にも、古く佐伯千仭が「事実の認識」と「違法の認識」は「本来、存在論的にみて不可分的統一体である」と指摘していたことを想起すべきである。佐伯千仭『改定刑法講義（総論）』（有斐閣、一九七四年）二四九頁。なお次節の考察も参照されたい。

(23) 伊東研祐『刑法講義総論』（日本評論社、二〇一〇年）二四一頁以下。とりわけ伊東の刑罰論が犯罪への「選好（preference）」の修正という目的を目指すものである点、正当にも、責任のポイントは犯罪行為の「選択」だということになるだろう。

(24) 伊東・前掲註（23）二七四頁。なお平野も厳格責任説の論理を「たしかにいちおう説得的である」と言っている（平野龍一『刑法総論Ⅱ』（有斐閣、一九七五年）二五九頁）。

(25) 伊東・前掲註（23）二四五頁参照。これは先にみた木村亀二の観念論的二元論の論理を彷彿させる。

(26) これに対して、佐伯は言う、違法性の意識が「行為者の心中に行為に対する反省と反対動機を呼び起こし、行為を思いとどまらせるように働くという精神の動的構造」が「責任非難としての故意責任を理由づける」のである（佐伯・前掲註（22）二四九頁）、と。オントロギーという言葉を使う必要はない。重要なことは、第一に、佐伯のいう「精神の動的構造」（本稿が「選択」と「決断」という能動性としたもの）が責任の基盤であること、第二に、違法性の意識は単なる主観的な「判断」のごときものではないこと、この二点である。違法性の意識は倫理学でいう「良心（Gewissen）」のことであり、「共通・知（Ge-Wissen）」を意味する。つまり、反対動機は、違法性の意識が与える表象（理性的要素）である。伊東理論や井田理論はこの「共通・知」という理性的な性格を軽視している（後掲注（31）を参照）。

(27) オントローギッシュな価値論については、さしあたり、宗岡「法の解釈における価値と反価値（二）」久留米大学法学七三号（二〇一五年）一頁以下参照。

(28) もっとも、ウェルツェルや伊東とは異なり、井田は故意を犯罪結果の「実現意思」とする。しかし、それにもかかわらず、故意の概念要素を知的要素に限定している。井田良『講義刑法学・総論』（有斐閣、二〇〇八年）一五一頁以下、一五六頁以下参照。

(29) 井田・前掲註（28）一七二頁、二三二頁以下参照。しかし、社会防衛論の論理であればともかくも、責任論の観点からみれば、「違法性の意識」と「違法性の意識の可能性」の間には、現実と観念に対応する決定的な断絶がある。この両者を連続的に捉えることは不可能である。

(30) この部分は紙幅の関係で省略するが、常習犯や確信犯が違法性の意識を欠くという命題は一種の「思い込み」もしくは「偏見」である。私は、この命題が「真」であると明示した論考を知らない。また、行政犯や法定犯についても、違法性の意識を要請する形式を備えた構成要件の立法化は可能であろう。多くの行政犯は、違法性の意識を不要だとする法務官僚の意の下に立法化されているのであり、彼らが立法化した法規を前提にして、行政犯の処罰のために違法性の意識を要求することはできないと帰結するのは転倒した論理だと思う。

(31) 伊東理論でも井田理論でも、厳格責任論批判の論拠は同じである。すなわち、「違法性の意識」を責任非難の成立要件とすると、「自己の行為の法的意味・許容性等を含む諸属性・性質について全く無頓着でおよそ関心を有しない者は常に責任非難を免れる」ことになり、「一般通常人とは異なる規範意識をもつものを、理由なく有利に扱う」という点で不当であり、さらに「違法性の意識」という「個人の主観的な正・不正判断の結果自体を犯罪の構成要素」とし、規範の拘束力が行為者の「主観的な価値基準によって左右される」ので不当である、と。伊東・前掲註(23)二七四頁以下、井田・前掲註(28)三七六頁以下参照。しかし、どちらの論拠も、厳格故意説に解決を要請する問題点の提示ではあっても、現実的な意思が、責任の対象であり、根拠でもあるという規範的責任論の論理を全否定してまで、「違法性の意識」を「違法性の意識の可能性」に置き換えるというのであれば、それは本末転倒である。刑法三八条三項の解釈も同様である。

(32) Wilhelm Windelband, *Normen und Naturgesetze*, 1883, in: Präludien, 3Aufl. 1907, SS.284 ff. 290 ff. ders., *Über Willensfreiheit*, 3Aufl. 1918, S. 190, usw.

(33) 規範的責任論が成立する過程の学説史については、佐伯千仭『刑法に於ける期待可能性の思想』(有斐閣、一九四七年・一九四九年)に詳しい。なお、ヴィンデルバンドの責任概念については、宗岡・前掲註(15)一八六頁以下、ヴィンデルバンドの価値判断論に関しては、宗岡「法の解釈における価値と反価値(一)」久留米大学法学七一号(二〇一四年)二九頁以下を参照されたい。

(34) 価値の「実質的内容」といえば後述するマックス・シェーラーやニコライ・ハルトマンの実質的価値説を想起するかもしれないが、存在論に立脚する価値論であれば、すべての価値論が価値に何らかの実質的内容を認めている。典型は「善(価値)」と「モノ(res)」との互換性を説いたトマス・アクィナスであろう。トマスの規範説は法益侵害説と矛盾しない。

(35) 意思は、明確に人間行為との連続で捉えられており、内容的には、感性と理性の融合体として捉えられている。この意志論の大枠に関しては、アウグスティヌス(泉治典訳「自由意志」『アウヴスティヌス著作集三巻』(教文館、一九八九年))とトマス・アクィナス(大鹿一正訳『神學大全(第六冊)』(創文社、一九七四年))の間に差はなく、トマスとデカルト(桂寿一訳『哲学原理』(岩波書店、二〇一四年))の間にすら差はない。

(36) カント(波多野精一ほか訳)『実践理性批判』(岩波書店、二〇一一年)一二六頁以下参照。

(37) カント(篠田英雄訳)『道徳形而上学原理』(岩波書店、二〇一五年)三七頁、六五頁等々参照。

(38) マックス・シェーラー(吉沢伝三郎訳)『倫理学における形式主義と実質的価値倫理学(シェーラー著作集一巻)』(白水社、

二〇〇二年）二二四頁以下、二三一頁以下参照。

(39) Nicolai Hartmann, *Ethik*, 1925, SS. 621 ff., 641 ff., usw. なお、意志と「態度決定」の関連性については、ハルトマンに先立って、現象学的オントロギーの観点から、ディートリッヒ・フォン・ヒルデブラントが興味深い指摘をしている。それによれば、"Stellungnahme"は、対象世界にある「何か」に対し、志向的に自らの「立ち位置（Stellung）」であるとか「態度（Verhalten）」が決められている状態であり、その意味での「能動性（Aktivität）」が含意され、その対極に、単に「知を得た」という意味での"Kenntnisnahme"という受動的な認識の形態があると指摘している（Vgl. Dietrich von Hildebrand, *Die Idee der sittlichen Handlung, Sittlichkeit und Ethische Werterkenntnis*, 1966, SS.9-14, usw.）。

(40) ポール・リクール（滝浦静雄・箱石匡行・竹内修身・中村文郎訳）『意志的なものと非意思的なもの（Ⅰ・Ⅱ）』（紀伊國屋書店、一九九三年・一九九五年）。

(41) 前掲註（26）を参照。反対動機は理性（良心）のはたらきである。

(42) なぜならば、法は「血なまぐさい」ものであってはならないからである。宗岡「法と権力・それは血なまぐさいか――ベンヤミンとシュミットに即して」久留米大学法学六九号（二〇一三年）三九頁以下参照。

刑法の場所的適用範囲について
——二〇一五年改正自衛隊法の「国外犯処罰規定」の考察

本田　稔

Ⅰ　はじめに

君主はどのようにふるまい、どのように権力を行使すべきか。そして、いかにすれば家臣から受け入れられ、尊敬されるか。このような君主の振舞いは、古代ギリシア・ローマにおいても、中世の時代においても重要な問題であった。そのため、「君主への助言」と呼ばれる実務の分野があり、それに携わる人々がいた。それは、一六世紀中葉から一八世紀末にかけて、「統治の技法」という移行形態を経て、現在でいう「政治学」として体系化された。そこでは、君主による国家統治の問題が論ぜられる前に、自己自身の統治、魂と行動の統治、子どもたちの統治の問題が議論され、いかに自己を統治するか、いかに統治されるか、いかに他者を統治するか、人々は誰によって統治されることを受け入れるべきかが問題にされた。これが「統治の技法」の問題設定である。

ミシェル・フーコーによれば、「君主への助言」から「統治の技法」への発展の契機には、一六世紀までの君主像に対する批判があった。[1] 例えば、マキャヴェリの『君主論』で展開された君主像がそれである。[2] フーコーは、この「統治の技法」の特徴を明らかにし、その現代的な意義を考察するために、マキャヴェリの君主像の特徴を三点にまとめている。第一にマキャヴェリの君主像は自らの領土・領国に対して唯一的・外在的・超越的な関係にあること、第二に君主の領土・領国に対する外在的関係は脆弱・不安定であり、常に外敵からの脅威にさらされていること、そして第三に君主は自らの領土・領国を維持・強化・保護するために権力を行使することである。フーコーによれば、マキャヴェリの君主像は、その地位と領土・領国を征服により獲得し、また相続によって継承する。一方で自分自身は、領土・領国の一部ではなく、その外にいる。他方で家臣は領土・領国の内にいる。領国の外にいる者がその内にいる家臣とどのようにして結びつくかというと、それは伝統・文化や暴力・強制力によってである。しかし、領土・領国は、常に侵奪または奪還を企図する外敵によって脅威にさらされている。また、君主と家臣は伝統と暴力によって結びつけられているが、家臣にとって君主の権威はア・プリオリなものではなく、両者の結びつきは非常に脆弱である。さらに、君主が権力を行使して、維持・強化・保護する領土・領国は、領土と住民から成る実態的な構成体ではなく、「自ら所有するものに対して君主が取り持つ関係」であるため、君主が保護する対象は、それなしには臣民の生存を保障しえないような国家の統治機構や統治に必要な秩序ではなく、家臣の国家への帰属意識、君主に対する従属意識であり、具体的には忠誠心のような観念・規範でしかない。フーコーは、このようなマキャヴェリの君主像の限界を批判し、それを革新するのが「統治の技法」であると論じている。

「統治の技法」は、マキャヴェリの君主像どのようにして変革するのか。マキャヴェリの君主像は、領土・領国に対して外在的な存在であり、その統治方法はイデオロギーと強制力を背景にした上意下達的なものであったため、家臣との結びつきは脆弱であり、外敵からの脅威に対して不安定であった。「統治の技法」は、脆弱な結びつきを強化し、外敵の脅威に対抗するために、君主に領国に内在する存在としての位置を与え、領国内の多様な社会的位相における統治の手法を上昇的かつ下降的に連結・連動させる。それによって、合理的な支配と統治が可能になると説く。例えば、領国には自己・家族・国家の位相があり、それぞれに道徳・経済・政治という統治の手法が対応する。自己は、道徳的・道義的観念に基づいて自己を規律し安定化する。家族は、財産・領地を家政学的に管理することによって安定化する。自己も家族も、それを通じて社会的な支配と統治の秩序に包摂され、最終的に国家の支配と統治が可能になる。しかも、それは個々の社会的位相における統治手法の上昇的・下降的な連動によって構成されている。ここには、強制力を背景にした上意下達的なマキャヴェリ的君主像はない。そこにあるのは、自己や家族などの私的・非国家的位相における自治的・経済的（上昇的）な規律と公的・国家的位相における法的・行政的（下降的）な統治の効果を相乗的に管理する君主像である。家臣は、このような統合秩序のなかで、国家への帰属意識と君主に対する忠誠心を自然と抱き、外敵からの脅威に対抗し、領土と領国を防衛する任務に内発的に携わることができる。「統治の技法」は、被統治者・被支配者の自覚を覚醒し、統治と支配のメカニズムに統合する統治体系である。

現代は、「統治の技法」が前提にした「君主」の時代ではない。国家の運営と行政的管理は、普通選挙を通じて選出された代表者とそれによって構成された議会や政府が担っている。君主制の伝統がある国家においても、それは同じである。つまり、「統治の技法」は「法の支配」に置きかえられ、法制定と法執行に関する技法は、今では法学や政治学から受けており、「統治の技法」と呼ばれる実務領域は、現代では存在しない。フーコーもまた、「一八世紀に発見された統治性の時代」と法の支配の時代、法学・政治学による国家の行政的管理の時代との間に連続性と同質性があることを認めている。(3) また、現代は「統治の技法」の時代とは異なり、一国単位で統治が成立する時代ではない。軍事条約に基づいて同盟関係を形成しながら、対向的勢力からの軍事的脅威に対処するために、国家権力の複合的な機能をグローバルに展開させる時代である。ただし、軍事的な対向的勢力であっても、経済的・文化的に相互前提・相互依存の関係にあり、「外敵の脅威」の内容も複雑さを帯び、それへの対処も複雑さを増し、対称的な軍事的方法だけでは通用しなくなっている。このような時代において、「統治の技法」のように、国民が自ずと国家への帰属意識をもち、それへの忠誠心を自然と抱くための統治の方法が可能であるかは疑問である。

小論は、現代において、国家への帰属意識や忠誠心を維持・強化するために執られる法的手段の有効性と限界について、二〇一五年九月に制定された平和安全法制のなかの改正自衛隊法の国外犯処罰規定を素材に考察することを目的としている。国民の国家への帰属意識を自発的に持ち、国務や防衛に内発的に従事することを理想できた「統治の技法」あるいは近代法の時代は終わり、強力な刑罰法による武断的・強権的な新しい「君主への助言」の時代へと回帰し始めていることを指摘したいと思う。

Ⅱ　自衛隊法改正の内容

政府は、二〇一四年七月、現行憲法と集団的自衛権の関係について、従来の解釈を見直し、集団的自衛権は現行憲法下において限定的に行使することが認められるという立場を表明し、それを閣議決定した。二〇一五年九月に、それに基づいて平和安全法制が法制化された。本稿が検討する自衛隊法は、その一部をなしている。[4]

直接的な武力攻撃に対抗して自国の領土を防衛する権利を武力用いて行使するか否かは、それぞれの国の法制度に委ねられているが、そのような自衛措置を講ずることが国家に固有の権利であることは一般論として承認されている。それを個別的自衛権と呼ぶならば、集団的自衛権とは、いまだ自国が直接的な武力攻撃にさらされていない段階において、自国と密接な関係にある同盟国に対して武力攻撃がしかけられ、これによって自国の存立が脅かされ、国民の生命、自由その他の諸権利が根底から覆される明白な危険が発生した場合に、同盟国への武力攻撃を実力をもって撃破する措置のことである。同盟国への武力攻撃は、それと政治的・経済的な利害を共有している自国に対する攻撃の予兆であり、それに対抗する措置を先制的に講じておかなければ、自国に対しても攻撃が及び、自国の領土を防衛・保全することが困難になるという論理に基づいている。集団的自衛権は、いわば政治的・経済的な側面と安全保障の側面において構造的に一体的な関係にある利害関係国との軍事同盟に基づいて共同して行なわれる防衛行為であるということができる。

そのような防衛行為によって、自国への直接的な武力攻撃が未然に回避され、領土が保全されうるとしても、防衛行為の発動の契機は、同盟国への武力攻撃や周辺領域における危険という実態の希薄なものでしかない。そのため、集団的自衛のための任務遂行の必要性、国防の緊急性について、それに従事する自衛隊員の自覚が希薄化するおそれがある。それゆえ、それを鮮明にすることによって、自衛隊組織を戦闘能力のある部隊へと強化し、任務を全うできる規律ある組織にしていくことが重要な課題になる。それが自衛隊法の改正の一つの目的であった(5)。

1　自衛隊法の罰則規定の性格

自衛隊法は、「我が国の平和と独立を守り、国の安全を保つため、直接侵略及び間接侵略に対し我が国を防衛することを主たる任務とし、必要に応じ、公共の秩序の維持に当たるものとする」(自三条)と定め、自衛隊の任務を明らかにしている。この任務を全うするために、自衛隊員は様々な職務に従事するが、それへの違反には刑罰が科される(自一一八条以下)。罰則を概観すると、個々の規定の目的に基づいて、行政処分規定と(軍)刑法的規定の二つに大別される。前者は特別公務員としての自衛隊員に課された一般的な服務規定であり、後者は自衛隊本来の軍事的・防衛的目的から演繹された(軍)刑法的規定である。

自衛隊員は、「全体の奉仕者」（憲一五条）であり、特別職の公務員であり（国公二条③一六）である。そのため、上司の職務上の命令に忠実に従い（国公九八条）、秘密を守り（国公一〇〇条）、政治行為に関与せず（国公一〇二条）、職責を遂行するために全力を傾倒しなければならない。この義務への違反には刑罰が科される場合があり、それは一般の公務員の場合も同様である。自衛隊法もこのような国家公務員法の制度の上に成り立っているが、それにはない特殊性を帯びている。この特殊性は、自衛隊の任務に起因するものである。すなわち、自衛隊が外部からの武力攻撃に対して領土を防衛することを任務としているため、自衛隊組織には一般の行政組織にはない性格、すなわち「軍」類似の性格があり、それが自衛隊法の罰則の本質を規定しているのである。(6)

例えば、国家公務員法上の職務命令違反は、懲戒処分の対象になりえても、刑罰は科されない。これに対して、自衛隊法上の職務命令に多数で共同して反抗した者には三年以下の懲役または禁錮が科され（自一一九条①七）、治安出動命令を受けた者が単独で反抗した場合も同様の刑が科され（自一一九条①六）、共同して行なった場合は五年以下の懲役または禁錮が科される（自一二〇条①三）。等しく国家公務員であるにもかかわらず、このような不均衡が生ずるのは、国防という自衛隊上の固有の任務に起因しているからなのであるが、より本質的には自衛隊員には、一般の国家公務員とは異なり国士的精神性と倫理観が求められるからである。それが弛緩し、規律が乱れるならば、自衛隊組織それ自体の士気や戦闘能力の弱体化の要因になる。それゆえに、自衛隊法に対する違反行為には厳罰が科されると考えられる。

自衛隊法は、このような自衛隊組織の任務を遂行するために、自衛隊を構成する組織・機構およびそれが遂行する任務・機能の二つの側面と個々の自衛隊員に課された服務義務の側面から罰則を定めている。それは、次のように分類できる（改正自衛隊法施行前の罰則）。

・自衛隊組織の保護に関する罪

人的組織に対する罪——職務離脱罪（一一九条①五、一二〇条①二、一二二条①二）

防衛召集不応罪（一一九条①四）

物的組織に対する罪——防衛用物損傷罪（一二一条）

・自衛隊機能の保護に関する罪

行動の公正保持に対する罪——武器不正使用罪（一一八条①八）

部隊不法指揮罪（一一九条①八、一二〇条①四、一二二条①四）

命令遵守と秩序に対する罪——警戒勤務離脱罪・めいてい職務懈怠罪（一二二条①五）

上官命令反抗罪・不服従罪（一一九条①六、一二二条①三）

上官命令共同反抗罪（一一九条①七、一二〇条①三）

・自衛隊員の服務違反罪——秘密保全義務違反罪（一一八条①一）

私企業隔離違反罪（一一八条①二、一一八条①三）

政治行為禁止違反罪（一一九条①一）

団体等結成禁止違反罪（一一九条①二）

争議行為等禁止違反罪（一一九条①三、一二〇条①一、一二二条①一）

再就職者の依頼等禁止罪（一一八条①三・四・五・六・七）

2　自衛隊法の改正内容

自衛隊法は、以上のような目的と構成からなるが、平和安全法制の制定の一環として、大幅に改正された。そのなかでも重要と思われるのが、一二二条と一二三条の間に追加された一二二条の二である。それは、次のような条文である。

一二二条の二

第一項　第一一九条第一項第七号及び第八号並びに前条第一項の罪は、日本国外においてこれらの罪を犯した者にも適用する。

第二項　第一一九条第二項の罪（同条第一項第七号又は第八号に規定する行為の遂行を共謀し、教唆し、又はせん動した者に係るものに限る）及び前条第二項の罪は、刑法第二条の例に従う。

一二二条の二第一項は、一一九条一項七号および八号並びに一二二条一項の規定を「日本国外においてこれらの罪を犯した者にも適用する」と規定している。一一九条一項七号は、上官の職務上の命令に対して多数で共同して反抗する罪（上官命令共同反抗罪）であり、同項八号は、正当な理由がなくて、または上官の職務上の命令に違反して、自衛隊の部隊を指揮する罪（部隊不法指揮罪）である。そして、「前条第一項」、すなわち一二二条一項は、防衛出動命令下における争議行為等禁止違反罪（一号）、職務離脱罪（二号）、上官命令単独反抗または不服従罪（三号）、部隊不法指揮罪（四号）、警戒勤務離脱罪・めいてい職務懈怠罪（五号）である。本条によって、これらの行為を「日本国外において犯した者にも」当該罰則が適用されることになった。

一二二条の二第二項は、一一九条二項（同条第一項第七号又は第八号に規定する行為の遂行を共謀し、教唆し、又はせん動した者に係るものに限る）の罪および一二二条二項の罪は、「刑法第二条の例に従う」と規定している。一一九条二項とは、一一九条一項七号の上官命令共同反抗罪および八号の部隊不法指揮罪の共謀・教唆・せん動であり、「前条第二項の罪」、すなわち一二二条二項の罪とは、職務離脱（二号）および上官命令反抗罪・不服従罪（三号）の教唆・幇助、または争議行為等禁止違反罪（一号）および部隊不法指揮罪（四号）の共謀・教唆・せん動である。本条によって、これらの罰則規定に刑法二条が適用され、日本国外で行なわれた行為にも適用されることになった。

これまで自衛隊法には国外犯処罰規定がなかったため、日本国外において行われた違反行為については、行政上の懲戒処分（自四六条）が課されるだけであった。しかし、平和安全法制が整備されたことによって、自衛隊の日本国外における任務が拡大され、その活動の規律・統制を一層確保するために、このような国外犯処罰規定が盛り込まれることになった。日本国外における集団的自衛権の行使に伴って、刑罰規定も日本国外の違反行為に適用されるようになった。外敵の脅威から領土と国家を防衛する目線が国内から国外へと向けられ、その任務遂行の自覚が希薄化するのを防ぐために、このような規定が設けられるようになったのである。

3　改正規定の内容

(1)　一二二条の二第一項

一二二条の二第一項に関連するのは、一一九条一項七号の上官命令共同反抗罪および八号の部隊不法指揮罪と一二二条一項の争議行為等禁止違反罪（一号）、職務離脱罪（二号）、上官命令単純反抗および不服従罪（三号）、部隊不法指揮罪（四号）、警戒勤務離脱罪・めいてい職務懈怠罪（五号）である。いずれも自衛隊員を行為主体とする構成的身分犯である。

・上官命令共同反抗罪（一一九条一項七号）

上官命令共同反抗罪とは、上官の職務上の命令に対して多数共同して反抗する行為である。国家公務員法は、法令及び上司の命令に従う義務として、職務遂行にあたり、法令に従い、かつ上司の職務上の命令に忠実に従うことを定めている（国公九八条）。自衛隊法は、これと同じ義務を、法令の遵守（自五六条）と上官命令の服従（自五七条）に定めている。自衛隊員の職務は、法令に基づいて遂行され、上官も一自衛隊員であり、職務として命令を発する以上、「上官の職務上の命令」もまた法令に基づいた適法なものでなければならない。従って、違法な命令に従う義務はないので、それに反抗しても本罪を構成しない。「多数」とは、人数の多少を問わず、多数の威力を示すのに要する人数であれば足りる。「共同」とは、複数人が共通の意思を持って行なうことである。あらかじめ反抗の意思を持って集合する場合だけでなく、集合した後に反抗の意思を生じた場合も含まれる（集団犯）。「反抗」とは、上官の職務上の命令の内容と異なる一定の行動（作為）を行なうことである。命令に服従しない不服従（不作為）は、含まれない。反抗によって命令の内容が実現されなかったり、また命令の内容と異なる事態が生じたことは必要ではない（抽象的危険犯）。なお、自衛隊法七八条一項および八一条二項に基づく内閣総理大臣の治安出動命令を受けた自衛隊員が行なった場合には加重処罰される（自一二〇条①二）。

・部隊不法指揮罪（一一九条一項八号）

部隊不法指揮罪とは、正当な理由がなく、または上官の職務上の命令に違反して自衛隊の部隊を指揮する行為である。「正当な理由がなく」とは、指揮する自衛隊員に抽象的または具体的な指揮権がないことであり、「上官の職務上の命令に違反して」とは、指揮権のある自衛隊員が上官の職務上の命令に違反して指揮することである。「部隊」とは、自衛隊の組織のうち、共通する一定の意識を持って団体として行動する集団である。その規模の大小は問われない。「指揮した」とは、部隊に対して伝達すべきでない命令を伝達すること（作為）、または伝達すべき命令を伝達しないこと（不作為）である。その結果として部隊が一定の行動に出たこと、または出るべき行動に出なかったことを要しない（抽象的危険犯）。なお、治安出動命令を受け、また防衛出動命令を受けた自衛隊員が行なった場合には加重処罰される（自一二〇条①四、一二二条①四）。

・争議行為等禁止違反罪（一二二条一項一号）

防衛出動命令下の争議行為等禁止違反罪とは、自衛隊法七六条に基づく内閣総理大臣の防衛出動命令を受けた自衛隊員が、六四条二項の規定に違反して、同盟罷業、怠業その他の争議行為または政府の活動能率を低下させる怠業的行為を行なうことである。

・職務離脱罪（一二二条一項二号）

防衛出動命令下の職務離脱とは、一号と同様に、防衛出動命令を受けた自衛隊員が、正当な理由がなくて職務の場所を離れ、または職務の場所につかないことである。自衛隊員は、その任務遂行上の必要から、何時でも職務に従事できる態勢になければならず（自五四条①）、機敏に行動できるように、防衛大臣が指定する場所に居住しなければならない（自五五条）。従って、「職務の場所」とは、職場や勤務先の所在地のような意味において解されるべきではなく、自衛隊員に課された任務の具体的内容に応じて判断される。

・上官命令反抗罪・不服従罪（一二二条一項三号）

防衛出動命令下の上官命令反抗・不服従とは、防衛出動命令を受けた自衛隊員が、上官の職務上の命令に反抗し、またはこれに服従しないことである。国家公務員法では、一般の国家公務員の職務命令反抗や命令不服従を処罰する規定はないが、自衛隊法では治安出動命令を受けた自衛隊員による命令反抗・不服従には刑罰が科される（一一九条①六：三年以下の懲役または禁錮）。本罪は、防衛出動命令を受けていない自衛隊員の上官命令共同反抗罪（一一九条①七）を防衛出動命令を受けた者が行なった場合の加重類型である（七年以下の懲役または禁錮）。単独による場合が想定されているが、多数共同して行なった場合は、本罪の共同正犯が成立する。また、本罪は不服従という不作為の形態による命令違反も処罰される。

・防衛出動命令下の部隊不法指揮罪（一二二条一項四号）

防衛出動命令下の部隊不法指揮とは、防衛出動命令を受けた自衛隊員が一一九条一項八号に規定された行為を行なった場合の加重類型である。

・防衛出動命令下の警戒勤務離脱罪・めいてい職務懈怠罪（一二二条一項五号）

防衛出動命令下の警戒勤務離脱罪・めいてい職務懈怠罪とは、防衛出動命令を受けた自衛隊員が、警戒勤務中に正当な理由がなく、勤務の場所を離れること、または睡眠し、もしくはめいていして職務を怠ることである。「警戒勤務中」とは、防衛出動命令を受け、それに従って実際に警戒勤務に従事している時間帯を意味する。「警戒勤務」とは、防衛出動命令下において、相手国の軍隊と直接的に対峙する任務だけでなく、防衛出動に伴う夜間の当直勤務、移動中の上官の警護、勤務場所の巡察などを指す（陸上自衛隊服務規則四二条参照）。そのような勤務に従事している場所から離れることとは、交代命令など正当な理由がある場合を除いて認められない。「睡眠」とは、肉体的または精神的な疲労に伴って生理的に生ずる無意識状態である。「めいてい」とは、アルコールなどの作用によって生ずる無意識状態である。警戒勤務中は酒類の摂取は基本的に禁止されるので、アルコールなどを摂取し、めいてい状態に陥って、職務を怠ることは許されない。これに対して、「睡眠」は肉体的・精神的疲労に伴う生理的現象なので、「めいてい」と同じ様に扱うことには問題があり、就寝時間帯以外の睡眠などに限定すべきである。「職務を怠る」とは、職務の遂行を怠ることである。

・上記の処罰規定の日本国外における実行者への適用

一一九条一項七号および八号並びに一二二条一項の規定は、日本国外においてこれらの罪を犯した者にも適用される。

(2) 一二二条の二第二項

一二二条の二第二項に関連するのは、一一九条二項の罪（上官命令共同反抗罪および部隊不法指揮罪の共謀・教唆・せん動）と一二二条二項の罪（職務離脱罪および上官命令反抗・不服従罪の教唆・幇助と争議行為等禁止違反罪および部隊不法指揮罪の共謀・教唆・せん動）である。いずれも自衛隊員だけでなく、隊員以外の者によっても行ない得る犯罪である。国籍は問われない。

・上官命令共同反抗罪および部隊不法指揮罪の共謀・教唆・せん動（一一九条二項）

上官命令共同反抗罪および部隊不法指揮罪の共謀とは、自衛隊員が他の者と共同して上官の命令に反抗すること、または部隊を不法に指揮することを事前または現場において意思連絡することである。教唆は、自衛隊員にそれらの行為を実行する意思を生じさせることである。せん動とは、これらの行為を実行させる目的をもって、文書もしくは図画または言動により、自衛隊員に対してそれを実行する意思を生じさせ、またはすでに生じている意思を助長するよう刺激を与えることである。いずれも、正犯の実行の有無に関わらず成立する「独立共犯」である。教唆・せん動については、自衛隊員だけでなく、それ以外の者によっても行ないうると解される。

・職務離脱罪および上官命令反抗・不服従罪の教唆・幇助と争議行為等禁止違反罪および部隊不法指揮罪の共謀・教唆・せん動（一二二条二項）

本罪は、防衛出動命令を受けた自衛隊員による職務離脱罪（二号）もしくは上官命令反抗・不服従罪（三号）の教唆・幇助、または争議行為等禁止違反罪（一号）もしくは部隊不法指揮罪（四号）の共謀・教唆・せん動である。共謀、教唆、せん動は、一一九条二項のそれを同義であり、幇助は刑法六二条のそれを同義である。

・上記の処罰規定への刑法二条の適用

上記の処罰規定は、刑法二条の例に従って、日本国外において行なったすべての者に適用される。

Ⅲ　若干の考察

1　自衛隊法上の処罰規定の一般的特徴

自衛隊法上の処罰規定は、一一八条から一二六条までに定められており、自衛隊の組織に対する罪（人的組織保護・物的組織保護）、自衛隊の機能に対する罪（行動公正保持・命令順守秩序維持）、そして服務違反の罪に分類することができる。

自衛隊組織を自衛隊員という人的側面から保護するための規定として重要なのは、自衛隊員の職務離脱・招集不応の行為について、通常の職務の場合（自一一九条）の違反行為が、治安出動命令（自一二〇条）、さらには防衛出動命令（自一二二条）のもとで行なわれた場合に加重処罰され、また当該罰条の二項の規定において、それに対する共謀・教唆・幇助・せん動が、正犯である自衛隊員の行為の実行から独立して処罰できるようにされていることである。

自衛隊組織をその行動の公正と命令の順守という機能的側面から保護するための規定として重要なのは、自衛隊の部隊を指揮する権限のない者が不正に部隊を指揮し、または権限者が上級機関の命令に背いて部隊を指揮する行為であり、これも通常の職務の場合の行為が、治安出動命令、防衛出動命令のもとで行なわれた場合に加重処罰され、当該罰条の二項の規定において、それに対する共謀・教唆・幇助・せん動が、正犯である自衛隊員の行為の実行から独立して処罰できるようにされていることである。また、上官の命令に対する反抗・不服従は、通常の職務の場合に行なっても処罰されないが、治安出動命令および防衛出動命令のもとで行なった場合に処罰されるようにされている。ただし、命令に対する共同反抗は、不法指揮と同様に通常の職務の場合にも処罰され、当該罰条の二項の規定において、それに対する共謀・教唆・幇助・せん動が、正犯である自衛隊員の行為の実行から独立して処罰できるようにされている。

自衛隊員の服務違反の行為について重要なのは、団体等の結成や争議行為が禁止されていることである。団体等の結成の処罰については、通常の職務の場合と治安出動命令・防衛出動命令の場合とで区別されていないが、その団体による争議行為については、それぞれの段階に応じて加重処罰される。また、当該罰条の二項の規定において、それに対する共謀・教唆・幇助・せん動が、正犯である自衛隊員の行為の実行から独立して処罰できるようにされている。

2 単純行為犯ないし抽象的危険犯の規定形式の多用

処罰規定の特徴として、全体として指摘できるのは、単純行為犯ないし抽象的危険犯の規定形式が多用されていることである。今次の改正によって導入された一二二条の二第一項の規定は、日本国外において行なわれた一一九条一項七号（上官命令共同反抗罪）および八号（部隊不法指揮罪）、一二二条一項一号（争議行為等禁止違反罪）、二号（職務離脱罪）、三号（上官命令反抗罪・不服従罪）、四号（部隊不法指揮罪）、五号（警戒勤務離脱罪・めいてい職務懈怠罪）の行為に対しても適用されるが、いずれも一定の結果の発生を成立要件としてはいない。

これらの行為が日本国外で行なわれるのは、治安出動命令や防衛出動命令が発せられ、一定の戦略や作戦などに基づいて、自衛隊として組織的・統一的に日本国外において行動を展開する場合である。このような状況において、上記の違反行為が行なわれるならば、自衛隊の組織的・統一的な行動に否定的な影響を及ぼし、戦略や作戦の遂行に支障をきたすおそれがあることが想定されているものと思われる。しかし、その実態は国内における違反行為よりも希薄なものであることは明らかである。

3 共謀・教唆・幇助・せん動の独立処罰の網羅的規定

違反行為に対する共謀・教唆・幇助・せん動の独立処罰規定が設けられていることも特徴として挙げることができる。とりわけ改正によって導入された一二二条の二第二項では、上官命令共同反抗罪および部隊不法指揮罪の共謀・教唆・せん動と、職務離脱罪および上官命令反抗・不服従の教唆・幇助、さらには争議行為等禁止違反の共謀・教唆・せん動がそれ自体として処罰されることになったことは重大である。共謀は、上官命令共同反抗などの行為を共謀した自衛隊員が、当該行為を行なわなくても成立するだけでなく、部外者の共謀に関しても、刑法六五条一項の適用を介して、その共謀罪の成立が認められる余地がある。教唆・せん動は、自衛隊員による場合だけでなく、部外者による場合にも処罰されることは明らかである。幇助については、職務離脱・上官命令反抗・不服従に対する場合にのみ独立処罰されるが、他の違反行為については、正犯が実行された場合に刑法六二条を適用して、その幇助犯の成立が認められるだけである。

4 国外犯処罰規定の二つの形式

自衛隊法一二二条の二は、日本国外において行なわれた上記の自衛隊法違反の行為に対しても罰則を適用することを定めている。同一項では、自衛隊員による違反行為（構成的身分犯）の正犯について、「日本国外においてこれらの罪を犯した者にも適用する」と定め、第二項では、正犯に対する共謀・教唆・幇助・せん動について、「刑法第二条の例に従う」と定めている。正犯であれ、共謀・教唆・幇助・せん動であれ、その国外犯が処罰される点においては同じであるが、規定の形式が異なっている。

刑法は、その場所的適用範囲について、第一条で「日本国内において罪を犯したすべての者に適用する」として、いわゆる属地主義の原則を定めている(7)(国内犯)。日本の刑法は、日本の国家主権が及ぶ範囲において適用されるのが原則である。他国で行なわれた行為に日本の刑法を適用することは、その国の主権を侵害することになるため、例外でなければならない。刑法では、日本国外で行なわれた一定の犯罪について(国外犯)、行為者の国籍に関係なく、日本の刑法を適用することが認められている(刑二条)。さらに、日本国外において日本国民が一定の犯罪を犯した場合に、日本の刑法を適用することが認められている(刑三条)。これとは反対に、日本国外において一定の犯罪を日本国民に対して行なった日本国民以外の者に対しても日本の刑法の適用が認められている(刑三条の二)。また、日本国の公務員が日本国外で職権濫用罪や収賄罪などを行なった場合にも、日本の刑法の適用が認められている(刑四条)。これらの刑法の場所的適用範囲に関する原則は、他の法令において、その原則を適用する特別の規定が設けられている場合には、それに定められた犯罪の国外犯に対しても適用することができる(刑八条)。

刑法二条は国外犯処罰の一般規定であり、内乱罪や通貨偽造罪などの罪の国外犯に適用される。これらの罪の保護法益は、日本の国家的法益および社会的法益であり、それは国内に存在するが、国外からの侵害の可能性があるため、これらの規定は日本国外において犯した「すべての者」に適用される。それゆえ、構成的身分犯を対象にしていないと考えられるので、一二二条の二第一項に定められた上官命令共同反抗罪(自一一九条一項七号)などの構成的身分犯に対して、刑法二条を適用することができない。では、それ以外の国外犯処罰規定を適用できるかというと、それもできない。刑法三条の規定は、日本国外で一定の犯罪を行なった「日本国民」に適用する規定であるので、自衛隊員の身分によって構成された犯罪だけに適用することはできない。刑法三条の二については、自衛隊が日本国民によって組織されていることから考えて、「日本国民以外の者」の犯罪に適用されるこの規定を自衛隊員の身分犯に適用することは不可能である。自衛隊員が国家公務員法上の特別職の公務員であることを踏まえると、刑法四条を適用することができるが、そうせずに一二二条の二第一項は、「日本国外においてこれらの罪を犯した者にも適用する」と規定された。その理由は不明であるが、(8) 一二二条の二第二項の国外犯処罰規定と関連付けて考えること、一定の理由が明らかになる。

一二二条の二第二項は、一一九条第一項七号の上官命令共同反抗罪および八号の部隊不法指揮罪の共謀・教唆・せん動、一二二条一項二号の職務離脱罪および同三号の上官命令反抗・不服従罪の教唆・幇助、そして同一号の争議行為等禁止違反罪および四号の部隊不法指揮罪の共謀・教唆・せん動は「刑法第二条の例に従う」として、それらを日本国外において行った「すべての者」に適用することを定めている。これらは、基本的に自衛隊員による構成的身分犯の共謀および共犯の独立処罰規定である。これら自衛隊員による構成的身分犯の国外犯は、一二二条一項五号を除いて、一二二条の二第一項で処罰されることはすでに説明したが、自衛隊員が国家公務員であることを理由に、その国外犯に刑法四条を適用できるかというと、それは困難である。なぜならば、公務員の国外犯に対する非公務員の共犯は、学説においては一般的に不可罰とすべきであると理解されているため、そもそも一二二条の二第二項が成り立たなくなるからである。そのため、同一項の規定を「刑法四条の例に従う」とはせずに、「日本国外においてこれらの罪を犯した者にも適用する」と定めたのではないかと推測される。ただし、このような一般規定が、近代刑法の場所的適用原則に合致しているかどうかは疑わしい。

Ⅳ　おわりに

二〇一六年三月末、平和安全法制が施行された。その法制の目的は、象徴的なものである。そのことが実証される日が必ず来るであろう。平和安全法制の直接の担い手である自衛隊組織とその隊員は、来るべきその日に備えて準備をしている。そのためには国防と領土保全の気概が必要である。ただし、守るべき大切な何かは空疎なものである。例えば、南スーダンのワーウにおける「民族対立を背景にした反平和勢力」が引き起こした戦闘から逃れるために、そこの住民が国連施設に避難してきた際、首都ジュバでPKOに従事している陸上自衛隊の隊員は、ワーウの武装勢力と交戦することを決意しなければならない。日本から遠く離れたアフリカ中部の小国の民族対立が、日本の安全保障の問題に直結する事態になりうることを認識し、いざとなれば戦闘行為に従事し、大切な何かを守るために果敢に行動を起こさなければならない[9]。

家族は自衛隊員の夫を、息子を引き留めてはならない。友人は彼を呼び戻してはならない。平和運動家は、日本国内において、あるいは現地に赴いて、派兵された陸上自衛隊の部隊に対して戦線から離脱するよう訴えてはならない。ジャーナリストは、戦闘行為が日本の安全保障にとって無意味であるなどと士気を弱めるような報道をしてはならない。それは、自衛隊員をして上官の命令に反抗し、また従わないことを教唆することになるからである。休戦と和平を求める世論と運動は、戦闘妨害行為として処罰される。

このような法制度を近代の法の論理で説明することができるだろうか。マキャヴェリ的な君主像とそれへの助言のような抽象的なロジックであれば理解できるだろうか。いずれにせよ、為政者が自己の政策を実行するために、理解困難な刑罰法規を制定し始めた。これが前近代へと回帰する刑罰法規なのかはともかく、それに歯止めをかけるため、近代の刑法の意義と可能性を現代政治の歴史的連関において論じ直さなければならない。

(1) ミシェル・フーコー著(小林康夫・石田英敬・松浦寿輝編)『生政治・統治(フーコー・コレクション6)』(ちくま学芸文庫、二〇〇六年)二三八頁以下参照。

（2） マキャヴェリ（池田康訳）『君主論〔新版〕』（中央公論社、一九九五年）。

（3） フーコーが指摘した「統治性」が一九七〇年代以降のドイツ刑法の発展傾向において確認できることを指摘するものとして、Tobias Singelnstein, *Strafrecht udn neoliberales Regieren - Entwicklungstendenzen des Strafrechts als Einschreibung von Regierunsgtechniken im Sinne der Gouvernementalitat*, in: Kritische Justiz 44. Jahrgang 2011, Inhalt Heft 1, S.7ff.

（4） 我が国及び国際社会の平和及び安全の確保に資するための自衛隊法等の一部を改正する法律（平成二七年法律第七六号、平成二七年九月三〇日公布）。これに対する包括的批判として、日本弁護士連合会「安全保障法制改定案に対する意見書」（二〇一五年六月一八日）参照。

（5） 平和安全法制の整備に至った背景と経緯については、「平和安全法制の整備について（一）平和安全法制整備法の概要――我が国及び国際社会の平和及び安全の確保に資するための自衛隊法等の一部を改正する法律（平成二七年法律第七六号）」時の法令一九九五号（二〇一六年二月一五日）四頁以下参照。そこでは、「グローバルなパワーバランスの変化、大量破壊兵器や弾道ミサイルの開発及び拡散、国際テロの脅威等に見られるように、我が国を取り巻く安全保障環境は一層厳しさを増しており、脅威が世界のどの地域において発生しても、我が国の安全保障に直接的な影響を及ぼし得る状況となっている。もはやどの国も一国のみでは、自国の安全を守ることはできない」という国際情勢の認識が示されているが、それが南シナ海における中国の人工島建設、東シナ海への海洋進出、北朝鮮の核兵器と大陸間弾道ミサイルの開発実験を念頭に置いていることに間違いはない。このうち、日本に対する中国の軍事的または平和的台頭の戦略に関しては、マイケル・ピルズベリー（野中香方子訳・森本敏解説）『China 2049――秘密裏に遂行される「世界覇権一〇〇年戦略」』（日経BP社、二〇一五年）が詳細である。その解説として、中西輝政「日・米・中動乱の幕開けと中国の野望『驚愕の本質』（日米vs中国、軍事衝突のXデー）」正論二〇一五年八月号六〇頁以下参照。

（6） 自衛隊法違反の罰則規定を網羅的に注釈するものとして、大田順一『研修報告書　防衛刑法（自衛隊法違反の罪）』（一九六六年）がある。大田は、執筆当時、海上自衛隊警務隊本部一等海尉の職にあり、一九六四年度京都大学研修員として同法学部の宮内裕教授の指導を受け、防衛刑法の比較法研究に従事し、その研究成果の一つとして『研修報告書』をまとめた。そこでは、自衛隊が近代の総力戦に勝利するための近代的・合目的組織であることが指摘され、同時にその構成員である自衛隊員の「軍人」としての倫理性が強調され、自衛隊員の軍人的性格が、自衛隊法違反の罪が構成的身分犯であることの理由であると説明されている。なお、大田は自衛隊法の罰則の解釈として、自衛隊法違反の罪への部外者の加功はその共同正犯になりえないことを繰り返し述べている。

（7） 大塚仁ほか編（古田佑紀・渡辺咲子・田寺さおり執筆）『大コンメンタール刑法〔第二版〕第一巻』（青林書院、二〇〇四年）六五頁以下参照。

(8) 日弁連「意見書」一五頁では、「これまで、自衛隊法第九章の罰則規定には、国外犯処罰規定はなかったが、平和安全法制整備法案中の自衛隊法改正案において、国外での違反行為が想定される下記罰則について、国外犯処罰規定が設けられようとしている(第一二二条の二)」と指摘されているだけで、「日本国外においてこれらの罪を犯した者にも適用する」と「刑法二条の例に従う」の違いについては言及されていない。また、外交防衛委員会調査室による「平和安全法制整備法案と国際平和支援法案」立法と調査三六六号(参議院事務局規格整備室、二〇一五年七月)一七頁以下でも、「今般の平和安全法制の整備により、国外における自衛隊の任務が拡充されることとなるため、改正案では、国外における自衛隊の活動の規律・統制のより適切な確保という観点から、同法に国外犯処罰規定を整備することとしている(改正法第一二二条の二)」と記されているだけで、国外犯処罰規定の二つの形式の意味的相違に言及していない。

(9) 「しんぶん赤旗」二〇一六年六月三〇日は、南スーダン中部ワーウで続いている戦闘で、四〇人以上が死亡し、住民一万人以上がワーウの国連施設に避難したことを報じている。陸上自衛隊は、南スーダンの首都ジュバにPKO第一〇次隊約三五〇人を派遣し、政府は参議院選挙(七月一〇日)以降、第一一次隊を派遣し、「住民保護」を理由とした部隊の運用を計画している。これが現実化すれば、自衛隊は自らが攻撃を受けなくても、「住民保護」のために武装勢力と交戦することは必至である。専守防衛に徹してきた自衛隊は、海外で戦争する部隊へと変わり、殺されたくなければ、殺すための第一歩を踏み出すことになる。

近時の立法動向と罪刑法定主義の再認識

福永俊輔

Ⅰ　はじめに

かつて「ピラミッドのように沈黙[1]」していると評され、遅々として進まなかった刑事立法は、その様相を一変させ、現在では活発な刑事立法を繰り返している。例えば刑法典を例にとっても、わが国の刑法典は一九〇七年の公布以来今日までの百年余りの間に二八回の一部改正を経験してきたが、二一世紀に入った二〇〇一年以降のわずか一五年の間にその半数以上の一五回の一部改正が集中している。論者によれば、こうした活発な近時の刑事立法を取り巻く状況をして「刑事立法ラッシュ」と喩えられるが[2]、確かに、このことは、刑事立法の活性化を如実に物語る一つの事実として捉えることができよう。

こうした刑事立法ラッシュによりもたらされたものを一瞥してみると、新規立法や既存の法改正によって、従来犯罪とされていなかった行為が処罰の対象とされたり、従来から処罰の対象とされてきた行為がより重い法定刑でもって処罰されたりすることとなった。勿論、九〇年代ではあるが一九九五年の尊属重罰規定の廃止や二〇〇一年の軽微な自動車運転による業務上過失致死傷事犯の刑の裁量的免除の新設など、非犯罪化・緩刑化の方向での法改正も散見される。しかしながら、非犯罪化・緩刑化の方向での立法の数は絶対的に少なく、刑事立法ラッシュのベクトルは、犯罪化・厳罰化の方向に向いているといえる。(3) しかも、例えば二〇〇四年の有期自由刑の上限・有期刑加重の上限の引上げといった厳罰化の背景として持ち出された市民の不安感としての「体感治安」が社会の耳目を集めた重大事件のマスコミ報道により一層の悪化を招き、さらには犯罪被害者のクローズアップとともに犯罪被害者自身による活動およびそれを支援する市民運動が活発になり二〇〇一年の危険運転致死傷罪の新設といった犯罪化につながるなど、体感治安の悪化、被害者やそれを支援する市民運動が九〇年代後半から立法事実として拾い上げられるようになり、近時の刑事立法ラッシュを下支えしている。(4) いわば、近時の刑事立法ラッシュによる犯罪化・厳罰化は、市民生活の安全や被害者保護のために従来よりも積極的に刑罰を活用しようとする「刑罰積極主義」の傾向の現れであるといえるのである。

以下では、こうした傾向を呈する近時の立法動向を、近代刑法の原則とされる罪刑法定主義というフィルターで眺めることによりその持つ意味を明らかにし、翻って、こうした状況下にある今、われわれに何が求められているのかを示すことを課題とし、論を進めていこうと思う。

Ⅱ　近時の刑事立法の特徴

近時の刑事立法については、次のようにその特徴をまとめることができよう。すでに示したが、まず一つが「犯罪化」、そして、次に「厳罰化」である。犯罪化と厳罰化という特徴を示す近時の刑事立法に関しては枚挙に暇がないが、それぞれいくつか示すとすれば、犯罪化については、二〇〇一年の危険運転致死傷罪（刑法旧二〇八条の二）の新設や二〇一一年の不正指令電磁的記録に関する罪（刑法一六八条の二、一六八条の三）の新設を、厳罰化については、二〇〇四年の有期自由刑の上限・有期刑加重の上限の引き上げや二〇〇一年以降の相次ぐ道路交通法改正による酒酔い運転罪・酒気帯び運転罪の刑の引き上げをその例として挙げることができよう。

ところで、こうした犯罪化や厳罰化は、市民の不安感としての体感治安やその悪化を背景とした刑罰積極主義の傾向の現れであった。従来においては、殺人、傷害や窃盗のように、個人の生命・身体・財産といった具体的な法益侵害があって犯罪とされるのが原則であった。しかしながら、個人の不安「感」が立法事実として持ち出されることにより、具体的な法益侵害が発生する以前でも、それが侵害されるという不安がある以上それを取り除くために刑罰が活用されることとなる。それゆえ、体感治安を背景とする犯罪化は、実害が発生する以前の実害惹起に向けられた行為をかなり早い段階から処罰の対象とする内容の立法へとつながる。すなわち、「処罰の早期化」も、また、近時の刑事立法の特徴の一つとして数えることができるのである。例えば、二〇〇一年には支払用カード電磁的記録に関する罪（刑法一六三条の二以下）が新設されたが、クレジットカードを用いた詐欺のような最終的な法益侵害行為からみると「予備」に当たる不正カードの所持（刑法一六三条の三）のほかに「予備の予備」に当たるカード情報の不正取得・提供（刑法一六三条の四第一項）、さらには「予備の予備の未遂」に当たるカード情報の不正取得・

提供の未遂（刑法一六三条の五）が処罰されるとされており、まさに最終的な被害からみるとかなり時間的に遡った段階で犯罪成立が認められている。その他、二〇〇三年には特殊開錠用具の所持の禁止等に関する法律（いわゆるピッキング防止法）が制定されマイナスドライバーを隠し持つという行為が処罰の対象とされ、右に示した不正指令電磁的記録に対する罪ではいわゆるコンピュータ・ウイルスの作成、取得、保管が犯罪として処罰の対象とされている。

さらに、処罰の早期化は、「法益の抽象化」につながることとなる。それというのも、実害発生からほど遠い早期の段階での刑法の介入は、保護すべき法益を具体的に把握しえず、それゆえ保護すべき法益が抽象的なものとなるからである。例えば、右に示した支払用カード電磁的記録に関する罪につき、「支払用カードに対する社会的信頼」・「支払用カードを用いた支払システムに対する社会的信頼」に保護法益が求められたが、これに対しては「一体何であろうか」[5]との疑問がよせられるなどその抽象性が指摘されている。不正指令電磁的記録に関する罪も、「電子計算機のプログラムに対する社会一般の信頼」が保護法益とされている。「信頼とは何か」と問われると、何となくは答えることができようが、具体的・客観的な尺度でこれに答えることはなかなか困難である。

さらに、これらの特徴を下支えしている要因の一つに「国際化」があり、この「国際化」も、また、近時の刑事立法の特徴として挙げることができよう。例えば、不正指令電磁的記録に関する罪は、「犯罪化」、「処罰の早期化」、「法益の抽象化」という近時の刑事立法の特徴を余すところなく示すものであるが、これは、サイバー犯罪条約に加盟するための国内担保法として規定されたものであり、その意味で「国際化」の例ともなりうる。その他、導入が検討されている共謀罪規定も、国際組織犯罪防止条約の批准のためとされており、これもこの例となろう。

ところで、こうした近時の刑事立法の特徴は、論者によって多少の違いがあるものの概ね同様の点が指摘されており[6]、したがって、これら「犯罪化」、「厳罰化」、「処罰の早期化」、「法益の抽象化」、「国際化」は、近時の刑事立法の特徴として共通理解となっているといえるのである。

Ⅲ　近時の刑事立法と罪刑法定主義

一七八九年のフランス人権宣言は、その第八条で「法律は、厳格かつ明白に必要な刑罰のみを定めねばならず、何人も犯罪に先立って制定公布され、かつ適法に適用された法律によらなければ、処罰され得ない」(7)と規定し、犯罪と刑罰の法定を要請した。フランス人権宣言を指導理念とした一七九一年フランス刑法典においても、罪刑の法定に関する明文の規定は設けなかったものの固定刑（peine fixé）の採用により徹底した罪刑法定の形態を採用したが(8)、その後の一八一〇年フランス刑法典四条において、「いかなる違警罪、軽罪または重罪も、それらが犯される前に法律によって定められていない刑罰を科すことはできない」として、刑法典上罪刑の法定が明確に謳われた。以後、罪刑法定の要請は、大陸法系諸国の刑法典、憲法典に広がった。わが国においても、罪刑法定の要請は、戦前の一時期に争いがあったものの、フォイエルバッハによって唱えられた「法律なければ犯罪なし、法律なければ刑罰なし（Nullum crimen sine lege, nulla poena sine lege）」という定式とともに「罪刑法定主義」として広く知られ、戦後は疑いのないものとして確固たる地位を築いている。罪刑法定主義は、日本国憲法三一条、三九条、さらには七三条六号但書をその根拠として導かれる、刑法上の「原則」ないし「原理」として理解されている（罪刑法定原則、罪刑法定原理）。

もっとも、罪刑法定主義に関して、これが文字通り罪刑の成文法規定主義という形式的意味にとどまるのであれば近代刑法の原則となりえないことは、いうまでもないことである。すなわち、罪刑法定主義が一面では法の下への従属を強いるものであるため、これを形式的に「法律で規定すればよい」と捉えた場合、罪刑法定主義は支配と排除の装置に転化するのである。この点、罪刑法定主義を否定したとされるナチスにおいて、実際に否定したのは罪刑法定主義を規定した当時のドイツ刑法二条であり、ナチスの行った数々の反人道的行為は授権法に基づく政府の法律命令であったとして、形式的な意味における罪刑法定主義の精神が遵守されていたことが指摘されている。(9)

ここから、罪刑法定の要請を、その淵源として説かれる(10)ベッカリーアが置かれた時代や市民革命との脈絡においてとらえ、その本来的な意義を明らかにしようとする多くの先行研究がなされてきた。(11)

これら先行研究によれば、罪刑法定の要請は、中世絶対王政の罪刑専断という刑罰権の恣意的運用に対してこれを制限するという観点から、宗教犯罪を廃棄し、法と宗教・道徳を峻別し、人がなした外的社会侵害行為に犯罪を限定し、侵害に応じた刑罰の法定により罪刑を限定し、行動の事前予測可能性を与えることによって、市民の自由な活動を確保・拡大することにあったとされる。さらに、その場合の法定も、罪刑の法定はまさに市民の自由と密接にかかわるからこそ、社会契約を前提とした自由な市民の手による法定の要求であったとされる。すなわち、罪刑法定の要請は、歴史的文脈においてこれをみた場合、「自由主義」の獲得とそのための「民主主義」の獲得にもともとそのベクトルが向けられていたのであり、これらが歴史的に罪刑法定という現象として現れたのである。

ところで、右に示したような特徴を持つ近時の刑事立法を、こうした歴史的文脈における罪刑法定主義から照射した場合、どのように映るであろうか。まず、「国際化」については、次のような指摘がある。すなわち、国際的な法規制における処罰の間隙が生じないようにするために、日本ではあまり切実に感じられない法益の保護を日本の刑法が担うことが要求される場合があり、その場合には新立法を支える十分な立法事実が存在しないにもかかわらず処罰規定を設けることが求められることも起きてくる。(12)こうした指摘である。このように、立法事実がなく必ずしも保護すべき法益がないにもかかわらず犯罪として規定し、処罰の対象とするということは、「社会侵害行為」への犯罪の限定という点に抵触するものではなかろうか。また、「処罰の早期化」についても、実害発生以前の段階において刑法が介入することは、「外的侵害行為」への犯罪の限定という点と衝突するものであろう。そうであれば、「国際化」、「処罰の早期化」は、まさに「人がなした外的社会侵害行為への犯罪の限定」という点を揺るがすものといえよう。次に、「厳罰化」については、右にその例として酒酔い運転罪・酒気帯び運転罪の刑の引き上げを挙げたが、これにつき具体的にみてみると、酒酔い運転罪につき、二〇〇一年以前において「二年以下の懲役又は一〇万円以下の罰金」とされていたものが、二度の改正を経て現在では「五年以下の懲役又は一〇〇万円以下の罰金」とされ、酒気帯び運転罪につき、二〇〇一年以前において「三月以下の懲役又は五万円以下の罰金」とされていたものが、二度の改正を経て現在では「三年以下の懲役又は五〇万円以下の罰金」とされている。罰金については貨幣価値に増減を伴うのでこれを一先ず措くとしても、懲役に関しては、この一〇年余りで、酒酔い運転罪が二・五倍に、酒気帯び運転罪に至っては一二倍に引き上げられているのである。さらに、酒酔い運転罪に関しても、「六月以下の懲役」とする創設時の法定刑から比べると、一〇倍に引き上げられている。確かに、この間、その是非に関しては一先ず措くとしても、飲酒運転に対する評価は、飲酒運転車両による相次ぐ痛ましい重大死傷事故を契機に一変した。しかし、創設時の法定刑と比して一〇倍以上の加重を必要とするほど、とりわけ原理論的な評価の変更があったのであろうか。この点については、むしろ罰則強化による威嚇による飲酒運転の抑止に重罰化の目的があるという分析もなされており、[13]さらに、酒酔い運転罪、酒気帯び運転罪が、いずれも実害の発生という点からほど遠い犯罪であるという点を併せ考えると、[14]「侵害に応じた刑罰」という点と衝突する内容の立法であるといえよう。加えて、二〇〇四年の法定刑の改正についても、この改正を通じて刑法総則が定める有期自由刑の上限は引き上げられているものの下限は一切引き上げられていないという事実がある。このことは、刑の短期のみを定める罪に顕著であるが、直截に重罰化方向での刑の裁量の幅が広がったことを意味しよう。また、強制わいせつ罪、強姦罪、強姦致死傷罪、殺人罪、傷害罪、傷害致死罪、危険運転致死傷罪等の各罪の法定刑についてもこの改正の中で行われているが、これらはいずれも、その法定刑の長期・短期の引き上げが行われている。このことは端的に「厳罰化」を示す事実ではあるが、しかしながら、刑法総則が定める有期自由刑の上限のみを引き上げて下限は一切引き上げていないという事実と併せ考えると、これら罪における刑の裁量の幅の、とりわけ重罰化方向への拡大という点が浮き彫りになる。[15] もっとも、刑罰権の恣意的運用を制限するという観点から犯罪のみならず刑罰をも法に定めることを通じて限定するとするのが罪刑法定の要請であることからすると、明確に刑罰も規定する必要があることになる。そうすると、裁量の幅を広げるのみという一方方向での厳罰化は、「刑罰の法定」という点と衝突するものであるといえよう。とりわけ刑の裁量という点においては、これまでにも、日本の刑法典は法定刑の幅が広く、それだけ裁判官の自由裁量の幅も広いという指摘がなされてきたという事実も存する。さらに、「法益の抽象化」、「犯罪化」は、端的に市民の活動の自由と衝突するものである。すなわち、法益を抽象化することは具体的な侵害法益を把握できないことを表すが、このことは行為の対象が不明確となりうることを意味するものであり、その意味で行動の予測可能性を阻害するものであるといえるし、従来犯罪とされていなかった行為を処罰の対象とすることは、刑法の機能における人権保障機能からすると、いわば刑法の枠が外に広がり、従来刑法の枠の外に置かれ行動の自由が与えられていた行為を捕捉するものであるから、刑法の枠が外に広がった反射的作用として、自由な行動の余地が狭まるといえるからである。このように、近時の刑事立法の特徴は、いずれも自由を奪う方向にそのベクトルが向けられているといえるのであり、その意味で、罪刑法定主義の「自由主義」という側面に反するものといえるのである。

もっとも、こうした分析については、そもそもある行為を犯罪として法定することそれ自体が自由を奪うものであるという指摘もあろう。しかし、ある行為を犯罪として法定することそれ自体が自由を奪うものだからこそ、すでにみたように、罪刑法定の要請は、自由主義に加えて民主主義をも含む主張であったのである。それでは、こうした民主主義という観点から近時の刑事立法を眺めた場合、どのように映るであろうか。これについては、次のような指摘がある。すなわち、罪刑の民主的抑制という見地からすると、立法に際しては広く各界の意見を求め開かれた場において冷静・理性的な議論を慎重に重ねていく中で合意形成が図られるべきにもかかわらず、近時の刑事立法は、国際公約や突発事件のショックに便乗する形で進められ、はじめから結論ありきの拙速・密室審議により成立している。このような指摘である[16]。そうすると、近時の刑事立法は、罪刑法定主義の「民主主義」という側面にも反するものといえよう。

このように、近時の刑事立法は、歴史的文脈における罪刑法定主義に反する内容のものであるといえ、その意味において罪刑法定主義に反すると評価することが可能である。しかしながら、近時の刑事立法と罪刑法定主義との関係、さらには、罪刑法定主義の変質に関して、次のような指摘がある。すなわち、「従来の刑法の諸原則を（疑いえない）所与の前提とし、近年の法改正のすべてに対し一括して消極的評価を与えることは正しい態度とはいえないであろう。従来の刑法の諸原則や、刑法学の共通理解こそが、時代環境や社会の意識の変化に応じて変わるべきものである可能性も否定できないからである」。このような指摘である[17]。こうした指摘からすると、罪刑法定主義も時代の変化に応じて変わりうる可能性があるものであり、変質した現代的な罪刑法定主義からすると、近時の刑事立法も肯定的に評価されうることもあるということになろう。しかし、そもそもこのような罪刑法定主義の「変質」は認められるのであろうか。

Ⅳ　罪刑法定主義の「復活」と戦後罪刑法定主義研究の意義

現在のわが国において罪刑法定主義は確固たる地位を築いており、罪刑法定主義の存在意義を否定する論者は現在のわが刑法学において存在しないといっても過言ではない。しかも、「信仰にも似た賛辞を寄せている」[18]とされるように、罪刑法定主義は、わが国の戦後刑法学において、格別の尊重が払われてきた。しかしながら、罪刑法定主義は、もともと格別の尊重が払われ、確固たる地位にあり続けてきたわけではない。

戦前、大日本帝国憲法二三条は、「日本臣民ハ法律ニ依ルニ非スシテ逮捕監禁審問処罰ヲ受クルコトナシ」として、法律主義を定めていた。この規定の存在を理由として、旧刑法典には存在した罪刑法定主義に関する明文規定(旧刑法二条、三条)[19]が現行刑法典では削除されたとの説明がなされたが[20]、この時期の日本においては罪刑法定主義の基礎となる国民主権や議会制民主主義は存在しておらず[21]、その意味で、罪刑法定主義の「民主主義」的側面、ひいては「自由主義」的側面それ自体が不十分であった。そして、このことと関わって、制度上においても、①大日本帝国憲法八条一項において一定の場合に天皇が法律に代わる勅令を発することができるとする緊急勅令の規定を法律主義の例外として定める[22]、②「命令ノ條項違犯ニ關スル罰則ノ件」により命令に対する比較的軽微な罰則の包括的制定権が委任される、③「治安維持法」に代表される治安法を中心に明確性を欠く特別刑法が制定される、④「国家総動員法」のような広範な白地刑罰法規が多用される、など、罪刑法定主義が形骸化されていた。加えて、学説においても、牧野英一に代表されるような類推を許容する主張[23]がなされ多くの論者を取り込んでいき[24]、その他にも、日本法理運動において天皇制イデオロギーを基盤に日本における犯罪と刑罰は法の実体たる皇国の発展に即したものでなければならないとして日本法理における罪刑法定主義の理解が展開されるなど[25]、罪刑法定主義の否定ないし変質がなされていた。もっとも、こうした動きの中で、罪刑法定主義の擁護を唱えた論者も存在する[26]。このように、戦前のこの時期、罪刑法定主義をめぐっては必ずしも一様な理解はなされておらず、決して確固たる地位にあったものではなかったのである。

こうした状況を一変させたのが、敗戦という事実である。戦後、ポツダム宣言の受諾に伴い、日本の非軍事化・

民主化政策が連合国によりとられた。この非軍事化・民主化政策は、日本の軍事関係諸機関の解体のみならず、戦前の価値を体現した治安維持法をはじめとする法律の解体をもたらした。一九四六年には日本国憲法が公布され、日本は民主的な市民社会へと変貌を遂げた。刑法典も一九四七年に改正がなされ、皇室ニ対スル罪、姦通罪など戦前日本の価値観を体現した犯罪類型を廃止するとともに、外患援助罪などを戦時同盟国に対して適用する規定や通謀利敵罪、安寧秩序ニ対スル罪などが削除されるなど、日本国憲法の原理に沿う形での改正がなされた。こうした刑法の民主化に対応する形で罪刑法定主義が活発に考察されるようになり、戦前に対する反省から、罪刑法定主義を擁護する見解が通説的地位を得たのである(27)。

もっとも、戦後日本の非軍事化・民主化は、敗戦という事実を契機とした連合国の「政策」によるものであり、それゆえ、刑法の民主化も連合国の占領政策のあり方に絶えず関わるということを意味する。この点、連合国が占領政策を変更した占領後期では、政令二〇一号や団体等規正令など連合国の占領体制や占領政策の維持のために刑罰法規を用いるという治安法の復活を見ることとなり、サンフランシスコ講和条約発効による主権回復後においても、破壊活動防止法など占領管理治安法の国内法化という形で引き継がれ、再編されていくことになる(28)。こうした治安法の再編に対しては、占領前期の刑法の民主化をさらに前進させるという課題設定の下に、戦前の分析を踏まえた戦後治安立法の歴史的批判がなされたが(29)、罪刑法定主義も、こうした流れの中で、歴史的な検討が加えられることとなる。すなわち、戦前の価値体系の下で罪刑法定主義が形骸化され、否定され、変質されたという歴史的事実を前提に、戦後治安法の再編により再度近代刑法の保障原則が突き崩される危険を目の前にして、何故、近代刑法の保障原則が崩壊せざるを得なかったのか、その特殊日本的原因・本質的原因は何か、それを成立させるための前提条件とは何か、ということを歴史的に分析することの必要性と重要性が強調され、罪刑法定主義の歴史的文脈における確認へとつながったのである(30)。この役目を担ったものこそ、前章で示した、罪刑法定の要請をベッカリーアが置かれた時代や市民革命といった歴史的脈絡においてとらえ、その本来的な意義を明らかにしようとした諸先行研究にほかならない。そして、これもすでに示したように、これら先行研究が、罪刑法定主義が犯罪と刑罰の成文法規定主義にとどまらず、何故に罪刑法定主義が近代刑法の原則となりえたのか、その条件を本来的意義に立ち返って明らかにすることによって、罪刑法定主義が国家の支配と排除のための装置ではなく市民の自由保障のための「防塁」としての役割が担わされていることを明らかにした。これこそ、戦後罪刑法定主義研究が果たした意義であるといえよう。

V　罪刑法定主義の「変質」

法の規定や概念、あるいは解釈につき、これがひとたび世に出されると常に固定化するというわけではない。法の規定については、立法時において将来起こりうるであろう類型に向けられた文言が選択されたとしても、およそ現実に生ずる社会事象が無限の可能性を秘めたものであるし、また、科学技術の進歩等によって立法時においてはおよそ予期不能な事象も起こりうるのであるから、時代に応じた改正が必要になることが出てこよう[31]。概念や解釈も同様である。例えば、わが国では、戦後日本国憲法の制定に伴い、そのどちらが是でありどちらが非であるかという短絡的な評価は避けるものの、戦前と戦後において、枚挙に暇のないほど様々な概念において変化を経験したという事実は広く知られるところであるし、これまでにはなかった新たな事象や技術を踏まえた解釈が展開されている領域も少なくない[32]。すなわち、法の規定や概念、解釈が不変でないことはいうまでもないことであり、これらは歴史や社会の変化に応じて変わるものであるし、変わらなければならないものでもある。とりわけ制定から一〇〇年以上が経過しているという特殊な刑法状況を持つわが国においては、その意義はいっそう強まろう。そして、罪刑法定主義も、また、「概念」であるとすれば、当然にこのことが妥当する。

しかしながら、ある概念が歴史や社会の変化に応じて変わりうる可能性を持つものだとしても、それがもともと守ろうとしたものまでをも変えてしまうことは、もはや「変質」とはいえまい。そうして出来上がった概念は、元の概念の名を僭称しただけの全く「異質」な概念であり、その意味で、新たな概念の創造なのである。このことは、本稿がその対象としている罪刑法定主義も示すところである。すなわち、行動の事前予測可能性を与えて市民の自由な活動を確保・拡大するという罪刑法定主義が、市民革命によって誕生したブルジョア国家において市民の自由を保障する方向ではなく、国民を統制し管理する権力的支配の合法性を保障する方向へ向かったことは、歴史が示すとおりである。罪刑法定主義は、罪刑法定の本来的意義を捨象し、その形式的意義に力点を置いた理解をなすことによって、その理念とは真逆の、支配と排除の装置に転化しうる危険性をはらんでいるのである。まさに、罪刑法定主義は、「市民のマグナ・カルタどころか、内務警察的な行政機能の合理化を保障し、執行官吏を刑罰から守るためのマグナ・カルタともなりえたのである」[33]。しかしながら、このように真逆の装置へと変質した罪刑法定主義は、仮に「罪刑法定主義」という名で呼ばれたとしても、もはや罪刑法定主義ではあるまい。罪刑法定主義を成文法規定主義としてとらえる形式的理解に対する「罪刑法定主義を死物化させる」との批判[34]や「近代刑法の大原則でもなければ人権保障の理論でもな」いとする批判[35]は、この意味において理解することができるのである。だからこそ、罪刑法定主義が犯罪と刑罰の成文法規定主義にとどまらず市民の自由保障のための「防塁」としての役割が担わされていることを明らかにした戦後罪刑法定主義研究が、現在も、なお、一定の意義を持ち続けるのである。

それでは、翻って罪刑法定主義という「概念」が何を守ろうとしたのか。文字通り、犯罪と刑罰の法定であろう。もっとも、単なる犯罪と刑罰の法定ではなく、戦後罪刑法定主義研究が示したように、自由な市民による総意の表明である法により、人の外的社会侵害行為に犯罪を限定し、侵害に応じた刑罰を科すとすることにより中世絶対王政の刑罰権の恣意的運用を制限し、市民の自由な活動を保障するための犯罪と刑罰の法定である。その意味で、「自由主義」と「民主主義」こそ、罪刑法定主義という「概念」が守ろうとしたものであり、これこそ罪刑法定主義の理念といえるのである。したがって、いかに罪刑法定主義が時代の変化に応じて変質する可能性があるものであるとしても、罪刑法定の理念については変わるべきものではなく、この点を等閑視した変質はもはや「変質」とはいえず別の概念を「創造」するものであり、認められまい。してみると、右にみたように、近時の刑事立法が本来的な罪刑法定の理念に反する内容のものであり、罪刑法定の理念が社会や時代の変化にもかかわらず変わるべきものでない以上、近時の刑事立法は、罪刑法定主義に反するという誇りを免れないように思える。

もっとも、右に示した理解は、罪刑法定主義を「概念」としてとらえることを前提としたものであるが、この点、罪刑法定主義を単なる「概念」としてとらえることは、罪刑法定主義の正確な理解とはいえまい。罪刑の法定が現象として歴史に登場した際、罪刑の法定に、もともと「主義」――ism――や近代刑法の「原則」・「原理」――principle――としての役割が与えられていたわけではなかろう。「絶対王政の強力な行政権を制約し、新興ブルジョアジーの行動の自由を守る階級斗争の理論だったのである」[36]との分析が加えられているように、罪刑法定は、「概念」という言葉では言い表すことのできない、極めて「実践的」なものであったのである。しかし、罪刑法定に、「主義」――ism――や「原則」・「原理」――principle――の名が付加されたことにより「概念」へと転化し、これにより、主義化した罪刑法定ないし原則化・原理化した罪刑法定の「概念」的理解が全面的に打ち出されることになる。それとともに、罪刑法定の「実践的」側面は、後退することとなる。こうして、罪刑法定主義を成文法規定主義としてとらえる形式的理解に拍車がかけられたのではなかろうか。

わが国の刑法学における「無史観」傾向の広汎な浸透が指摘され、歴史に学ぶ意義が説かれている。[37]法的に概念構成された原則は、きわめて抽象的・観念的な定式化によって多かれ少なかれ歴史性を捨象しているので、歴史具体的社会構造から逆照射をあたえないかぎり、その塑像を浮き彫りにすることはできないとの指摘もある。[38] 右に見たように、罪刑法定主義には、とりわけ形式的理解に陥ることによりその理念とは真逆の装置へと転化しうる危険性が含まれているからこそ、こうした警鐘や指摘を踏まえ、罪刑法定が歴史に登場したときの「実践的」側面に留意しつつ、罪刑法定主義が守ろうとした理念に照らし、その意義を理解する必要があろう。

Ⅵ　おわりに——罪刑法定主義の再認識

以上、近時の立法動向を罪刑法定主義というフィルターで眺めその意義を見てきたが、こうした罪刑法定主義の捉え方自体にはすでに一定の理解が示されているといえ、その意味でこうした分析は特に目新しいものとはいえまい。しかしながら、刑事立法ラッシュにある今こそ、罪刑法定主義の本来的理念を見つめなおす必要があるように思われる。これは、近時の刑事立法ラッシュによる犯罪化・厳罰化が、市民の不安感としての体感治安や被害者保護を背景とした刑罰積極主義の傾向の現れであるということに起因する。

刑法である行為を犯罪と定め、それに対して刑罰を科すとすることは、まさに市民の自由と密接にかかわる。だからこそ、刑罰権の恣意的運用を制限するという観点から、民主主義にもとづき、自由な市民による総意の表明である法により、人がなした外的侵害行為に犯罪を限定しその侵害に応じた刑罰が定められることになったのである。すなわち、刑法に付与された任務は、国家の刑罰権の恣意的な運用を制限して、市民の自由な活動を確保・拡大することにある。それゆえ、刑法における本来的な対抗軸は、いうまでもなく「国家」対「市民」となる。

しかしながら、体感治安や被害者保護を背景とした刑罰積極主義は、そこでもたらされた立法が、市民に対して、誰／何に対抗する立法なのかを曖昧なものとする。それというのも、体感治安や被害者が立法事実となるということとは、秩序維持のための刑罰の活用を国家の側のみが企図するのではなく、体感治安の悪化を背景とした立法化要求や市民運動的な厳罰化要求という形で市民が支えるという構図が出てくるからである。すなわち、ここでは秩序の維持に市民も加担し、市民的安全を侵害する犯罪者や犯罪組織という「社会の敵」に対して「国家」および「市民」が共働して対抗するという刑事法における対抗軸の変化（「国家・市民」対「社会の敵」）とそれを反映した立法を見ることになるのである。[39] 近時の立法を見ると、特定の病気を持った者や特定の集団に属する者など、一定の属性の人物ないし集団に向けた「狙い撃ち立法」[40]が多くなっていることに気付かされる。

われわれは、被害者になることを想像し得ても、加害者になると想像することはない。いわば犯罪者は通常の市民とは異なる「人種」である。だからこそ、市民が被害者や遺族の声に共鳴し、犯罪者を特別視するのである。ここに、市民的安全を脅かす属性の人物ないし集団を「社会の敵」と認識し、それらに対する刑法的処罰を要請する要因がある。もっとも、こうした対抗軸の下では、刑法が支配の道具として用いられているということになろう。すでにみたように、罪刑法定主義がその本来的理念から離れて形式的に理解された場合には支配と排除の装置に転化するが、現在の刑事立法ラッシュは、罪刑法定主義、ひいては刑法が、支配と排除の装置に転化していることを表しているといえまいか。「罪刑法定主義が、国家刑罰権から市民の自由を守ることから、犯罪化と重罰化にお墨付きを与えることへ変質したかのようである」との批判[41]は、この意味で理解することができよう。しかしながら、罪刑法定の理念から見たとき、刑法は市民の自由な活動を確保・拡大するためにあるのであり、罪刑法定主義は自由保障のための「防塁」としての役割を担っているのである。こうした状況下にある今こそ、われわれにはその理念に立ち返った罪刑法定主義の再認識が求められているといえよう。

（1）松尾浩也「刑事法の課題と展望」『刑事法学の地平』（有斐閣、二〇〇六年）四八頁。

（2）内田博文『日本刑法学のあゆみと課題』（日本評論社、二〇〇八年）四三頁以下、二四一頁以下。
（3）加えて、例えば尊属重罰規定の廃止に関しては、一九七三年の最高裁尊属殺規定違憲判決（最判昭和四八年四月四日刑集二七巻三号二六五頁）以来死文化されていたものの追認に過ぎず、自動車運転による業務上過失致死傷事犯の刑の裁量的免除の新設は、従来から起訴猶予とされることの多かった軽微な人身事故について不起訴処分とすることの実定法上の根拠を付与したものであり、非犯罪化・緩刑化の方向での立法の中には、現状追認に過ぎないものもあることにも留意する必要があろう。
（4）福永俊輔・永住幸輝「戦後刑事立法史年表（四）」九大法学九六号（二〇〇八年）一九九頁以下、福永俊輔「平和安全法制と治安法」内田博文・佐々木光明編『〈市民〉と刑事法〔第四版〕』（日本評論社、二〇一六年）四四頁以下。
（5）高山佳奈子「実体法の見地から」刑法雑誌四三巻一号（二〇〇三年）二二頁。
（6）例えば、山口厚「刑法典――過去・現在とその課題」ジュリスト一三四八号（二〇〇八年）七頁では、「厳罰化」、「処罰の早期化」、「国際化」、「犯罪化」が近時の立法の特徴として挙げられ、井田良「近年における刑事立法の活性化とその評価」井田良・松原芳博編『立法学のフロンティア（三）立法実践の変革』（ナカニシヤ出版、二〇一四年）九七頁以下では、「犯罪化」、「重罰化」、「処罰の早期化」、「法益概念の抽象化」、「法のパッチワーク化」が近時の立法の特徴として挙げられている。
（7）高木八尺・末延三次・宮沢俊義『人権宣言集』（岩波書店、一九五七年）一三二頁。
（8）一七九一年フランス刑法典の特徴に関して、福永俊輔「フランス共犯規定とオルトランの共犯論」九大法学九九号（二〇〇九年）六七頁以下。また、同法典の邦語訳として、内田博文・中村義孝「資料　フランス一七九一年刑法典」立命館法学九六号（一九七一年）一七六頁以下。
（9）横山晃一郎「罪刑法定主義概念の再構成」団藤重光ほか編『犯罪と刑罰――佐伯千仭博士還暦祝賀（上）』（有斐閣、一九六九年）八三頁。
（10）ベッカリーア（風早八十二訳）『犯罪と刑罰』（刀江書院、一九二九年）二〇頁〔風早註〕一。
（11）横山晃一郎「罪刑法定主義の段階論的考察」比較法研究二九号（一九六八年）四六頁以下、澤登佳人「罪刑法定主義の歴史的意義への反省」団藤重光ほか編『犯罪と刑罰――佐伯千仭博士還暦祝賀（上）』（有斐閣、一九六九年）四六頁以下、横山・前掲註（9）「罪刑法定主義概念の再構成」八一頁以下、桜木澄和「初期市民刑法における自由と人権の諸規定――一九七一年のフランス刑法典の構造と論理」高柳信一・藤田勇編『資本主義法の形成と展開Ⅰ』（東京大学出版会、一九七二年）二四五頁以下など。
（12）井田・前掲註（6）「近年における刑事立法の活性化とその評価」一一五〜一一六頁。

(13) 例えば、米田泰邦「交通事犯対応の方向」刑事法ジャーナル八号（二〇〇七年）一三～一四頁。

(14) この点に関して、福永俊輔「飲酒運転の周辺者と危険運転致死傷罪」西南学院大学法学論集四八巻二号（二〇一五年）一七頁。

(15) なお、二〇〇四年改正では、強盗致死傷罪につき、法制審議会での意見を踏まえて、酌量減軽を加えても刑の執行猶予ができないとしてその有期自由刑の下限を七年から六年に引き下げており、これだけを見ると強盗致死傷罪につき緩刑化が図られたように見えるが、刑法総則の有期自由刑の上限が引き上げられていることから「刑の裁量の幅」という意味では広がっていることに注意が必要であろう。

(16) 内田博文「罪刑法定主義」法学セミナー五一一号（一九九七年）四五頁、同「刑事立法過程の研究について」法学博士井上正治先生追悼論集編集委員会編『刑事実体法と裁判手続——法学博士井上正治先生追悼論集』（九州大学出版会、二〇〇三年）八九～九〇頁。なお、浅田和茂『刑法総論〔補正版〕』（成文堂、二〇〇七年）四二頁も、近時の刑事立法につき「かならずしも十分な議論を経ない、性急な立法の感をなしとしない」と述べている。

(17) 井田・前掲註（6）「近年における刑事立法の活性化とその評価」九九頁。なお、括弧内ママ。

(18) 梅崎進哉・宗岡嗣郎『刑法学原論』（成文堂、一九九八年）三六頁。

(19) 旧刑法二条「法律ニ正條ナキ者ハ何等ノ所爲ト雖モ之ヲ罰スルコトヲ得ス」

旧刑法三条「法律ハ頒布以前ニ係ル犯罪ニ及ホスコトヲ得ス

若シ所犯頒布以前ニ在テ未タ判決ヲ經サル者ハ新舊ノ法ヲ比照シ輕キニ從テ処斷ス」

(20) 内田文昭・山火正則・吉井蒼生夫編著『日本立法資料全集二一 刑法〔明治四〇年〕（二）』（信山社、一九九三年）四五頁。

(21) この点につき、刑法理論研究会『現代刑法学原論〔総論〕〔第三版〕』（三省堂、一九九六年）一一〇頁。

(22) 大日本帝国憲法八条一項「天皇ハ公共ノ安全ヲ保持シ又ハ其ノ災厄ヲ避クル為緊急ノ必要ニ由リ帝国議会閉会ノ場合ニ於テ法律ニ代ルヘキ勅令ヲ発ス」。

(23) 例えば、牧野英一『罪刑法定主義と犯罪徴表説』（有斐閣、一九一八年）一八頁。

(24) 例えば、瀧川幸辰「罪刑法定主義ノ歴史的考察」法学論叢一巻六号（一九一九年）八二頁以下。

(25) 久禮田益喜『罪刑法定主義の日本法理的展開』（日本法理研究會、一九四一年）。

(26) 例えば、風早八十二「罪刑法定主義の復活」法律春秋三巻八号（一九二八年）一四頁以下、佐伯千仭「啓蒙時代と犯罪類型」法学論叢三九巻三号（一九三九年）三六九頁以下。瀧川博士も、のちに「罪刑法定主義の再認識」公法雑誌一巻四号（一九三五年）一頁

以下、「犯罪の防衛か犯人のマグナ・カルタか」『刑法雑筆』（文友堂書店、一九三七年）三五三頁以下で、罪刑法定主義の擁護を唱えるに至る。
(27) 内田博文「戦後のわが国における近代刑法史研究（二）」神戸学院法学九巻二＝三号（一九七八年）八四頁以下。
(28) 福永俊輔・永住幸輝「戦後刑事立法史年表（一）」二五〜二六頁、一〇六頁、福永・前掲註（4）「平和安全法制と治安法」四一〜四二頁。
(29) 例えば、『治安立法――その過去と現在』法律時報臨時増刊三〇巻一三号（一九五八年）、宮内裕『戦後治安立法の基本的性格』（有信堂、一九六〇年）など。
(30) 以上の点につき、内田博文「戦後のわが国における近代刑法史研究（七）」神戸学院法学一四巻四号（一九八四年）二頁以下、内田・前掲註（2）『日本刑法学のあゆみと課題』一五四頁以下。
(31) もっとも、この点、従来のわが国では刑事立法が不活発で、広汎な解釈によって補われてきたことは、すでに指摘されているところである（例えば、曽根威彦「現代の刑事立法と刑法理論」刑事法ジャーナル一号（二〇〇五年）七頁）。
(32) そのようなものとして、「脳死と人の死」を挙げることができよう。かつての刑法各論の体系書では、いわゆる人の終期について詳しく論じたものはなく、単に「心臓の鼓動の休止」をもって人の終期であると触れるにとどまり脳死それ自体に触れるものはなかったが（例えば、牧野英一『刑法各論下巻』（有斐閣、一九五一年）三四〇頁、佐伯千仭『刑法各論』（有信堂、一九六四年）九六頁、瀧川幸辰『増補刑法各論』（世界思想社、一九六八年）二四頁など）、例えば団藤重光『刑法綱要各論〔改訂版〕』（創文社、一九八五年）三六六頁が「（医療技術の発達によって――引用者註）我々は脳死か心臓死かという新たな問題に直面することとなった。……臓器移植との関連で問題が取り上げられた」として新たな事象や技術の変化に伴って脳死にも言及しており、現在では脳死説に触れられていない刑法各論の体系書はないといっても過言ではない。
(33) 梅崎・宗岡・前掲註（18）『刑法学原論』三七頁。
(34) ベッカリーア（風早八十二・五十嵐二葉訳）『犯罪と刑罰』（岩波書店、一九五九年）二一二頁風早解説。
(35) 横山・前掲註（9）「罪刑法定主義概念の再構成」八三頁。
(36) 横山・前掲註（11）「罪刑法定主義の段階論的考察」四八頁。
(37) 内田博文『刑法学における歴史研究の意義と方法』（九州大学出版会、一九九七年）一頁以下、同・前掲註（2）『日本刑法学のあゆみと課題』一四〜一五頁。

(38) 櫻木澄和「刑法」法律時報三七巻五号（一九六五年）九〇～九一頁。
(39) 福永・前掲註（4）「平和安全法制と治安法」四五～四六頁。
(40) 松原芳博「立法化の時代における刑法学」井田・松原編・前掲註（6）『立法実践の変革』一二五～一二六頁。
(41) 内田・前掲註（2）『日本刑法学のあゆみと課題』四四頁、浅田和茂ほか『現代刑法入門〔第三版補訂〕』（有斐閣、二〇一四年）三一頁〔内田執筆部分〕。

看護行為の高度化と刑事司法――北九州爪ケア事件をもとに

鈴木博康

Ⅰ　はじめに

二〇一〇年九月一六日、いわゆる爪ケア事件において、福岡高等裁判所[1]は、傷害罪で起訴され一審で有罪となった被告人看護師に対して、無罪を言い渡した（確定）。論点として、（手続法的には、捜査官からの誘導された疑いがあるとして供述調書の証拠能力が問われるという側面があったが[2]、）実体法的には、刑法三五条、看護行為の正当業務行為性が争われた事案であり、また、社会的には、事件報道の在り方とともに[3]、職能団体である日本看護協会が、本件を刑事事件としたことについて早くから強く非難し[4]、また被告人への支援を行うなど[5]、臨床医療の委縮が危惧されるといった、医療界においても大きな影響を与えた事案であった。[6] また、近年では、医療を取り巻く法制度の変化の動きも早い。例えば二〇一四年六月一八日、地域医療・介護総合確保推進法が成立し、(もちろんそれ以外にも改正内容は多岐にわたるが)医療法の改正で第三者機関が医療事故の原因究明と再発防止を図る制度(いわゆる医療事故調)が創設され、これについては二〇一五年一〇月から施行されている。本稿では、看護行為の正当性をめぐる本件爪切り(実際にはケア)事件の議論を通じ、今後ますます高度化していくであろう医療行為への、なかんずく看護行為への司法ないし他の機関の対応について若干の考察を試みる。

Ⅱ 事件の概要

北九州市内の病院に勤務する看護師である被告人は、①二〇〇七年六月一一日一〇時一五分頃、脳梗塞症等の治療のため入院していた認知症の八九歳の患者Aに対し、右第一趾(右足親指)をニッパーを使用するなどして剥離させ、加療約一〇日間を要する外的要因による爪切除および軽度出血の傷害を負わせたとして、また、②同月一五日七時四五分頃、クモ膜下出血後遺症等の治療のため同院に入院していた認知症の七〇歳の患者Bに対し、右第一趾および右第三趾(右足中指)の各爪をニッパーを使用するなどして剥離させ、全治約一〇日間を要する機械性爪甲剥離の傷害を負わせたとして(二〇〇七年七月二三日付け起訴状記載の公訴事実から)、起訴されたものである(但し、患者に対する傷害について、全治期間・加療期間一〇日とするには合理的疑いが残るなどとして、一審は、公訴事実とは異なり、判示の通り認定している)。

また、このほか触れておくべきこととして、以下のような経緯がある。

療養型医療施設と呼ばれる高齢者を対象とする一般内科病院である本院に、被告人が就職したのが一九九〇年のことであり、その後、二〇〇二年看護課長に昇進し、東四階病棟、西五階病棟の勤務を経て、二〇〇七年六月一日からは東六階病棟の看護課長に配属された。そして、被告人は、患者の爪がシーツに引っかかって取れて出血することがあるのを見た経験から、入院患者の爪を切るようになった。当初は指先から先に伸びた爪を切るだけであったが、高齢の入院患者の中には肥厚して爪床から浮くなどしてニッパーで切るとぼろぼろと切り崩れるものがあり、二〇〇三年か二〇〇四年ころからは、これらの危険を回避すべく、ニッパーを用いて、指先から伸びた部分に加えて、爪床から浮いた部分について爪甲を切除する態様の爪切りを実施しており、病棟を移ったのちにも同様であった。そうした中、異動先の病棟に以前から勤務していた同僚看護師が、疑問を抱いたことなどを発端として、当該爪切り行為が問題とされるに至った(7)。これを受け、六月二五日、病院において入院患者の爪をはがす虐待があった旨の記者会見が行われ、翌二六日には報道がなされるとともに、警察の捜査が始まった。この問題は、当初、看護師が高齢者の爪をはがした虐待事件として報じられ、七月二日には逮捕に至った。また七月二三日には、北九州市の尊厳擁護専門委員会において虐待認定がなされたほか、同日に患者Bについて、また一〇月三一日に患者Aについて起訴されるに至っている(8)。

Ⅲ　裁判所の判断

1　一審の判断（福岡地裁小倉支部二〇〇九年三月三〇日）

第一審は、被告人の動機・目的等に関する捜査段階の供述調書の信用性を肯定したうえで、懲役六月（執行猶予三年）の有罪判決を言い渡した。なお、被告人は、調書につき、「剥離」、「剥いだ」などの文言がことさらに使用されており、被告人自身の内心についても誇張した部分がみられるとして検察官が主張するような行為態様ではないことを述べ、反論している。これらについて裁判所は一定の理解を示し、すなわち、「剥離」については否定し、被告人の行為を爪の切り取り行為としている点には気を付ける必要がある（「なお、検察官が公訴事実において用いる「剥離」という用語は、その意味内容が不明確であるので、本判決においては使用しない」と示されている）。

一審の判断は概要以下のようである。

「およそ看護師が、看護の現場において看護行為の一環として患者の爪のケアをするに際し、患者の爪を指先よりも深い箇所まで切って爪床を露出させることがあったとしても、そのことをもって直ちに傷害罪の構成要件に該当するものではない」、「肥厚して爪床から浮くなどし、もろくなっている高齢者等の爪の場合、何かにひっかけるなどして無理にはがれる事故の危険性や、爪と爪床の間に垢などが溜まって不衛生になること等に鑑みれば、むしろその爪を指先よりも深い箇所まで切って除去することが健康に資することもあるというのであり、そうした考えに依拠して爪を可能な箇所まで深く切るというフットケアは望ましく、実際には看護の現場では、そうしたフットケアの例も見られるという」。「したがって、看護師が事故の危険防止や衛生上の必要から、フットケアの一環として、高齢者の肥厚した爪などを指先より深い箇所まで切って爪床を露出させることがあったとしても、その行為は、人の生理的機能を害するような違法な行為の定型には当てはまらず、傷害罪の構成要件に該当する傷害行為とはいえないと解される」。

しかし、患者Ａの右足親指については、「肥厚して黒ずみ、脆く、爪切りニッパーで切ると崩れる状態であったのであり、爪床が不全角化し、爪と爪床は健康な爪のように強く密着はしておらず、爪が爪床から浮き、また、爪と爪床が接着していても容易にはがれる状態であったと推認される」。そして被告人はそのような「爪と爪床の隙間にニッパーの刃を差し込んで少しずつ切除した」、「その結果、Ａの右足親指の爪床から出血が認められ、これが刑法上の傷害結果に該当することは明らかである」とした。また患者Ｂの爪についても、右足中指について、「被告人は、右手人差し指の腹をＢの右足中指の爪の先端に当て、親指を爪の根元付近に押し当て、そのまま親指と人差し指でばんそうこうごと爪をつまむような要領で爪を取り去った」結果、「ティッシュペーパー等を当てればそちらに付着する程度の出血が点状に見られた」。「出血を生じさせたことが刑法上の傷害結果に該当することは明らかであり」、「被告人はかかる行為を故意に行っており、傷害行為に該当する」とした。さらにＢの右足親指について「全体的に白く変色し、爪床から浮いており、爪の中央付近から先が何層にも重なったように著しく肥厚し、脆く、爪切りニッパーで切るとぼろぼろと崩れる状態であった」ところ、「爪切りニッパーで爪を切る際の圧力で爪の根元近くに幅約一ミリから二ミリ程度、長さ約一センチ足らずくらいの線状の内出血を生じさせ、また脆弱化している爪床の皮膚を損傷し、ティッシュペーパー等を当てればそちらに付着する程度の血をにじませた」。「出血を生じさせたことが刑法上の傷害結果に該当することは明らかである」としている。

そして、被告人の各行為の正当業務行為性の判断について、まず、保健師助産師看護師法五条から展開する。すなわち、「療養上の世話」、「診療の補助」が看護師の業務として規定されていることに鑑み、当該行為の「看護行為」該当性判断を先決問題とする。判示の中では、「例えば、入院患者の伸びた通常の爪を指先の長さまで切ること（普通の爪切り（＝裁判所の表現））が療養上の世話にあたることは異論のないところ」であるとしている[9]。すなわち、「看護師がその業務として行う療養上の世話の具体的な内容、方法は、看護の現場において、個々の看護師が、看護師としての専門的な知識経験などに基づき、個別の事情に応じて適切なものを選択して患者に施すものといえ、その内容方法につき個々の看護師の裁量に委ねられた分野であるといえる」[10]として、「看護師が、患者のために行うフットケアの一環として、高齢者等の爪床から浮いている肥厚した爪を指先よりも深い箇所まで切ることもまた、療養上の世話に含まれるといえるから、仮にフットケアとして爪切りを行う中で出血などの傷害を生じさせてしまった場合であっても、看護行為としてしたものであれば、正当業務行為として違法性が阻却され、傷害罪は成立しない」とした。

このように一般論としては、（普通の健康な爪に限らず本件のような爪であったとしても）爪切り行為は「看護行為」中、「療養上の世話」に該当する行為であるとして違法性阻却事由にあたることがあることを認めてはいるものの、「通常、看護師がその勤務中で行う爪切り行為は、療養上の世話すなわち看護行為として行っているものと推定が働くが、特段の事情がある場合には、その推定が働かなくなる」として、以下のような、「特段の事情」を列挙し、本件においては正当な看護行為としての推定が働かないとした。

ア　いずれの患者も認知症であり、話すことも歩くことも自由にできなかった。

イ　被告人は多少の痛みがあっても構わないとの考えのもと肥厚して伸びた爪を指先よりも深く切り込んで出血させ、また、ばんそうこうで覆われていたとれかけの爪を取り去り出血させた。Aが他の看護師に痛いから触らないでと訴えたことからして、患者らには相応の痛みがあったことがうかがわれる。

ウ　被告人は当初はフットケアのためにしていたが、本件のころは、患者の爪を切ることに熱中することで、爪切り自体に楽しみを覚え爪切り自体を目的としていた。

エ　Aの爪が深く切り取られていることにつきAの家族から説明を求められていたにもかかわらず、フットケアの説明をしないのみならず、自己の関与を否定する説明をしていた。

オ　Bの爪につき自然落下に任せるとする主治医の指示にもかかわらず、これに反してつまむようにして取り去った。Aの爪につき主治医に爪切り行為についての報告をせず、医師において家族に対応するよう任せた。

カ　上司の看護部長からフットケア行為をしないよう指示されたがその後も爪切りを続けた。その後も関与を問われたが、関与を否定する虚偽の説明をした。

キ　東六階病棟の看護師間は、被告人のような爪切りが看護師のフットケアとする共有認識はない。

以上のような「特段の事情」があることから、一般的には「看護行為」として正当化される「療養上の世話」たる爪切り行為であっても、本件においては、「被告人は、患者のケアであることを忘れて爪切り行為に熱中し、自由に体を動かすことも話すこともできない患者であるのをよいことに、痛みや出血を避けるなど患者のための配慮をすることなく、自らが楽しみとする爪切り行為を行い、患者に無用の痛みと出血を伴う傷害を負わせている。爪床が露出するほど爪を深く切り取る爪切り行為は、職場内では患者のためのケアとは理解されていない行為であり、患者の家族や上司から説明を求められても、フットケアであるとの説明をすることなく、自らの関与を否定し続けた」。「このような事情の下では、被告人は、本件の各行為を、ケア目的ではなく行ったものとみざるを得ず、看護行為として行ったものではないと認められる」として、傷害罪が成立するとした。

2　二審の判断（福岡高裁二〇一〇年九月一六日）

これに対して被告人側が控訴したところ、福岡高裁は、訴訟手続の法令違反の主張については退けたが、事実誤認および法令適用の誤りについてはこれを認めて、原判決を破棄して無罪を言い渡した。

「被告人の捜査段階の供述調書を信用することはできず、本件各公訴事実中、Aの右足中指の爪を剥離させたという点は、被告人が、経過観察のために、浮いていた爪を覆うように縦横に貼られていた絆創膏を剥がした際、爪が取れてしまったものであり、爪床と若干生着ないし接着していた爪甲が取れて爪床を露出させている以上、傷害行為には当たるが、被告人には傷害（又は暴行）の故意が認められないから、傷害罪の構成要件に該当しない」。「またBおよびAの各右足親指の爪を剥離させたという点は、被告人が爪切り用ニッパーで指先よりも深く爪を切除し、本来、爪によって保護されている爪床部分を露出させて皮膚の一部である爪床を無防備な状態にさらしたものであるから、傷害行為に当たり、傷害の故意もあるので、傷害罪の構成要件には該当するが、看護目的でなされ、看護行為として必要性があり、手段、方法も相当といえる範囲を逸脱するものとはいえないから、いずれも正当業務行為として違法性が阻却される」。

また、原審の判断に対しては、「一審の判断枠組みは、看護師が看護行為として、患者の爪を切って爪床を露出させる行為は直ちに傷害罪の構成要件に該当しないとするもので、一見すると類型的判断が可能とも考えられるが、一審判決がその「看護行為」性を検討するに当たり、被告人の主観的意図を考慮し、その他種々の非類型的な判断要素を考慮していることからも明らかな通り、形式的、類型的判断が重視されるべき構成要件該当性の判断として相当とはいえない」としているように、高裁では一審の（とくに被告人の主観的意図を重視した構成要件該当性判断をしている）判断構造を否定している。

当初「爪剥ぎ」などとして報道されていた被告人の各行為態様については、自白調書の信用性が否定されたことから、供述調書を除く関係証拠によって判断されることとなった。すなわち、高裁が認定した爪の状況は、「概ね一審判決が認定したところと同様」としつつも、各個別具体的には、Aの右足親指からの出血は、「爪の根元側からのものとみられ、被告人の爪切りによって爪床か傷つけられたことによる出血とまではと認定できず」、Aの右足中指については「絆創膏を剥がした直後には被告人も気付かない程度の、せいぜい極めて微小な出血であったにとどまる」とし、Bの右足親指鉤彎爪については、「アルコールを含んだ綿花を当てても苦痛を感じない程度の微小な出血」としている。

これらの爪の状態について、高裁は、AおよびBの各右足親指については、「本来、爪によって保護されている爪床部分を露出させて皮膚の一部である爪床を無防備な状態にさらすのであるから」傷害行為であるとし、また、Aの右足中指についても、絆創膏を剥いだ当時、その行為によって、「爪床と若干生着ないし接着していた爪甲が取れて爪床が露出させられた」ので、これも同様に「一応、傷害行為であるといえる」とした(11)。

その上で、被告人の行為が、「看護行為」として正当性を有するかどうか検討される。すなわち、「正当業務行為性の判断枠組みとしては、一般に、行為の目的だけでなく、手段・方法の相当性を含む行為の態様を考慮しつつ、全体的な見地から、当該行為の社会的相当性を決定すべきと解されるところ、これを本件のような看護師が患者の爪を切り、爪床を露出させる行為について具体化すると、当該行為が、①看護の目的でなされ、②看護行為として必要であり、手段、方法においても相当な行為であれば、正当業務行為として違法性が阻却されるというべきである（②の要件を満たす場合、特段の事情がない限り、①の要件も満たすと考えられる）」。「なお、患者本人又はその保護者の承諾または推定的承諾も必要であり、本件でもトラブル回避のためには個別的に爪ケアの必要性等を説明して承諾を得ることが望ましかったといえるが、一般に入院患者の場合は、入院時に示される入院診療計画を患者本人又は患者家族が承認することによって、爪ケアも含めて包括的に承認しているものとみることができ、本件でもその承諾があるから、本件行為についての個別的な承諾がないことをもって正当業務行為性は否定されない」とした。

なお、高裁は、このように傷害行為の構成要件該当性は肯定しつつも、正当業務行為性を認めることで、違法性阻却としたが、「医師との連携が十分とはいえなかったこと、結果的に微小ながら出血が生じていること、Bの右足親指についてはアルコールを含んだ綿花を応急処置として当てたままにして事後の観察もせず放置してしまっていたこと、事後的に患者家族に虚偽の説明をしたことなど、多少なりとも不適切さを指摘されてもやむを得ない側面もある」としていることには注意がいるように思われる。もっとも、これらの点については「これらの事情を踏まえても、被告人の行為は、看護目的でなされ、看護行為として、必要性があり、手段、方法も相当といえる範囲を逸脱するものとはいえず、正当業務行為として、違法性が阻却されるというべきである」として、正当業務性の判断には影響しないと判断している。

Ⅳ　検　討

刑法上の傷害の意義につき、身体の完全性の侵害と理解する立場、生理的機能の障害と理解する立場に大別される。しかし、「傷害の意義について、学説としては、概ね、①生理機能障害説、②身体の完全性侵害説、③折衷説（生理機能の障害又は身体の外貌への著しい変化）に分類できるところ、その違いは皮膚等を損傷することのない、毛髪、爪等の切除といった外貌の変更を傷害と認めるか否かにあるといえる」とする高裁の判断にも示されているように、これらの見解の差異が本件の判断に大きく影響はしていないようである。

また、医師の治療行為が身体への侵襲性を有することにつき、従来の学説では一般に、当該行為が刑法三五条の正当業務行為に当たる治療というための要件として、患者（側）の同意のもと、それが①治療目的でなされ、②医学的適応性があり、またその方法として③医療水準に合致していること、が挙げられる。これらについては論者により含意に若干の違いがあるものもあるが、今日の到達点として、基本的にはこれらの要件が、医師の治療行為の正当性をめぐる判断基準とみてよいであろう。

これに対して本件では、医療の実施者が、これまで正当性判断基準の議論の蓄積のあった医師ではなく、看護師によっているという点が異なる。したがって、医療行為のうち、医師による治療行為の正当性判断基準を、看護師の看護行為にも同様の判断基準を用いて及ぼしうるかということが問題となった事案である。

これについては、看護行為の正当性につき、一審は否定的立場をとったが、高裁ではこれを認めた。したがって、本件事案は下級審レベルのものではあるとは言え、医療行為については、その主体について、医師ばかりではなく看護師にも適用し、これを行為的側面においても、すなわち治療行為のみならず看護行為にも同様の判断基準・理論構成が適用されることを示した[12]。

なお、一審においては、一見すると看護行為の外形は整っているものの、被告人の目的が「自らの楽しみのため」のものであったために看護行為ではないと判断しているように、主観的目的いかんによっては、看護行為の正当性を否定する要素となりうるものであるとしている。もっともこれについては、正当性否定という一審判断のよりどころとしている主観的目的は、捜査段階における供述によって導かれている構造となっており、高裁においてこの調書が否定されていること、および高裁が客観的外形性を問題としていることからすると、看護行為の主観的な看護目的の必要性については、消極的ないし否定的に解されると考えてよいだろう。

このように、医師の治療行為については上述の通り一定の蓄積のあるなか、看護師の看護行為についても応用したものが本件であるが、医師の治療行為の判断基準の一つに被害者の承諾の問題があるので、看護行為についてもパラレルに検討する。

高裁は、推定的承諾ないしは包括的承諾で足りるとした。すなわち、「一般に入院患者の場合には、入院時に示される入院診療計画を患者本人または患者家族が承認することによって、爪ケアも含めて包括的に承認しているものとみることができ」るために、「個別的な承諾がないことをもって正当業務性は否定されない」とした。なお、本件では、入院時に示された入院計画書に基づき同意があることに着目したものであるが、意思表示の困難な認知症患者であったこと（このことはまた、本人に代わり家族の同意で可とするという余地もあり得る事例となったが）も、見過ごせないように思われる。

この点、本件弁護人でもあった高平[13]は、患者家族による包括的承諾で足るとする高裁判断を好意的にとらえ、さらに推定的承諾でも足るとしたのは、本件の患者が認知症であったという状況にも配慮したものと分析する。すなわち、個別的なケアについて本人の明示的な意思を要件とした場合には、医療の受益者自身であるはずの患者のケアが放置されるおそれが生じるというのである。[14]なるほどこの視点は、すでに少子高齢化社会と呼ばれて久しく、なおもそれが進行しつつある現代社会にあっては、至当な指摘であろう。少子高齢化のみならず、無縁社会とまで言われるようになった今日にあっては、患者に家族が存在しない場合も今後十分ありうることであり、このことはすなわち、患者の人的関係（＝資源）が、受けられる医療（の範囲）をも決定づけることとなろうからである。[15]

また、同意の必要性については、「いかなる場合でも」推定的承諾や包括的同意で足りるとみることはできないと解するべきとした、櫛による指摘もある。[16]すなわち本件がこうした同意で足りるとしたのは、爪を切るという日常的に行われる行為であり、爪の露出も比較的法益侵害の程度の小さい結果が想定されるにすぎないからであり、先進的な治療や看護行為であれば生命侵害などの危険性も大きく、より厳格な被害者の承諾が求められるはずであると論じている。[17]

療養型の病院に入院している患者にとって、本件病変爪の程度をもってして、ケアの優先順位がどれほどのものかについては自動的に決められるものではないであろうが、このような指摘は、想定される法益侵害の程度と比例して被害者の承諾の要求される基準が変わりうるだけでなく、本件看護行為の正当性判断の基準であった、看護行為の「必要性、手段、方法」にも影響を与えうるものである。そうだとすれば、この比例的な関係に立つであろう、看護行為の内容（すなわち高裁の表現でいえば、必要性、手段、方法）と、患者（側）の同意の有無ないしは程度、付与の仕方・範囲（入院時の包括的なもので十分か）は、看護行為における同意の問題のみならず、ひいては医療行為全般において、そのケアの内容との関係でもパラレルにとらえることが必要となろう。

このことは、（一定の同意は必要であるという前提に立つとき）例えば、無罪事案ではなくむしろ医療事故（すなわちしばしば刑事的には過失犯であり、[18]また民事的には損害賠償の対象となる）の認定の際にも、いわば患者側における「解決」の問題にも影響をもたらすように思われる。高平が指摘するように、[19]本件爪のケアの優先順位は必ずしも高く設定されていたわけではなかったようであるが、もっぱら患者側だけの事情を考えても、ＱＯＬという観点もありうるのであり実施する医療行為（ここでは看護行為）と同意の比例性については、なおも検討の余地を残すものである。[20]

Ⅴ　看護行為の高度化と医療事故調

1　看護行為の専門化・高度化がもたらすもの

本件には、刑事事件となったことにつき、医療機関と患者（側）との間の不信感の存在のみならず、一審が明示するように、職場内においてフットケアに対する理解が必ずしも共通認識とはなっていなかった問題がある。[21][22]本件においては、これら誤解・不信感が刑事事件の端緒としての機能も有していたとみられる。[23]医療分野（行為）が先端的なものであること考えれば共通認識の必要性はなおさらであろう。

高裁は、被告人の爪ケアの手法を標準的なものと判断したが、その高裁が最も信頼を寄せたと思われる、証人医師[24]の「日本ではフットケアに特化した専門資格の創設はなされておらず、一般の看護師の療養上の世話として位置づけられ、十分なフットケアの質が担保されにくい」とする旨の証言は、まさにこの領域が発展途上の領域であることを物語っていると言える。[25]

そうであれば、看護行為としての爪ケア、ひいては医療行為全般が高度化するにつれ、そこでの標準的な手法というものが問われ、同時に医療が常時、高度化への発展途上であるならば、流動的になることが予想される。[26]標準的手法とは何か、法的にはこの規範的概念の確定こそが求められるのであるが、標準的手法であれば、当該行為は正当な看護行為ひいては医療行為であるとして、それは正当業務行為にあたり、したがって違法性阻却されるとする論法は、医療分野にはしばしばみられる。例えば、福島大野病院事件においては、治療行為の正当性判断において、その医術的正当性すなわち医学的準則が、過失の有無の判断要素の一つであった[27]。

このことに鑑みると、医師の治療行為とパラレルに理解することが許されるものであるとすれば、看護行為における いわば看護準則ともいうべきものの基準が、どこに求められるべきかということも併せて検討される余地を残していることとなる。最先端医療現場における医学準則が、診療所のそれとは異なりうるものであることを認めるのであるとすれば、看護準則についても医療機関ごとに異なりうることは十分にありうるからである。そうであれば、単なる診療所ではない、一定規模の、それも高齢者を主な対象患者とする療養型の医療機関であるという病院の属性に鑑みたときの看護準則とはいかなるものが期待されるべきか、という問いかけになろう。

このように、看護行為の正当業務行為性についての判断基準の問題は、被告人のような爪ケアに関心を持ち、手技・手法の研究を重ねるという臨床(もっともここにはすでに看護師の裁量という法的言語があるのであるが)的な意味での看護行為の専門化・高度化という問題、すなわち、無用な誤解・不信感を回避するための医療人相互における、専門化・高度化した看護行為への共通認識の必要性を問う問題であった。しかし、今日の医療制度では、共通認識の問題はさらに複雑である。すなわち、医療行為の専門化・高度化は、看護師の(自然科学的な)臨床医療の向上という意味だけでなく、法制度的にも「専門化・高度化」を進行(あるいは助長)させる仕組みとなっているからである。これには例えば、二〇一四年の六月制定の「地域における医療及び介護の総合的な確保を促進するための関係法律の整備等に関する法律」の中で医療事故調とともに法制化された「特定行為[28]」がある。新法を受けて改正された二〇一五年一〇月一日施行の、改正保助看法三七条の二においては、一定の研修を受けた看護師については、手順書による医師の指示のもとで、診療の補助である特定行為を為すことができるものと規定されている。ここでは「診療の補助」たる看護行為が特定行為を媒介して専門化・高度化していると把握できる。ここでの看護行為の範囲の法制度的質的・量的拡大は、看護師と医師との関係の問題であるが、さらに、看護職と介護職との関係でも、業務範囲の質的・量的拡大の同様の構図がある。例えば、以前は不可能であったが、二〇一二年四月社会福祉士及び介護福祉士法の改正により、介護福祉士によっても可能となった胃ろうなど経管栄養などの措置の解禁ともパラレルに理解できるからである。ここでは医療職と福祉職の間で、業務範囲の拡大、規制緩和に伴い、法制度的にも共通認識・相互理解の必要性が問われることが予想される。もっとも、このような業務範囲の拡大という医療・福祉制度改革を、人的（＝手が足らない）・経済的（＝専門職のコストは高い）な需給のバランスの必要性からの規制緩和としてみるか、あるいは当該行為に対する技術習得など教育研修システムの向上に伴う、人的専門性の拡大とみるのかは、評価が分かれるところではあろう。

2　刑事司法との接続の必要性？

二〇一五年一〇月から、いわゆる医療事故調の制度[29]がスタートした。（今後の運用の中での積み重ねに期待せざるを得ない面もあるが、）そもそも予期しない死亡というものが具体的にはどのようなものなのか明らかでないうえ、（完全には法的責任追及とは分離されていない現実からすれば、）この概念の過失との関係など、今後問題となってくるだろう点がある。また、医療事故調の制度と医師法二一条の「異状死」概念やこの場合の警察への届出義務との関係も問われよう。今般の医療事故調制度に対する詳細な検討・評価は別の機会に譲るとしても、ここでは特に爪ケア事件から得られる示唆について考えてみたい[30]。

医療事故調制度は、既に存在する運輸安全委員会と同様に、原因究明・再発防止として意図されているシステムであるが、今般の制度においても調査情報の患者（側）への提供される情報内容の範囲や形式、その情報の使用方法などが明確でない限り、刑事司法と同様に責任追及システムとして機能する余地は依然残っている[31]。また、機関の公平性、透明性、独立性の保障のためにも、その権限や能力、人員といったことも文字通り第三者的になることの担保も求められるであろう。大野病院事件がそうであったように、調査のやり方によってはさらなる問題も生じかねず、調査結果に対する検証の必要性ということもある。これらは、爪ケア事件において、爪ケアの当事者の（端的には説明や理解、さらにはその必要性とともに同意といった点が不十分であったことに由来する）共通認識の欠如がもたらした、医療機関と患者（側）との対立的な構造、さらに、結果的には、後にも述べるように、爪ケアを一旦は誤って虐待と認定したことに対する反省、と言ってよい。[32]

近年では、医師を頂点とした医療行為ではなく、チーム医療として、（患者自身も含め、）各医療専門職がそれぞれの役割につき、水平的役割分担を持ちつつ進められている。このことは、看護行為の範囲の拡大と相まって、これまで以上に「療養上の世話」が、看護の独自の専門性を伴った機能を果たすようになることを意味する。

さらに、本件爪ケアをめぐる高裁判断が、包括的同意で足りるとし、医療行為なかんずく看護行為については、個別的同意までは要しないものとした点は、臨床における裁量にゆだねた形となっている。このことは臨床現場の高度化ではなおのこと、（刑事）責任追及システムの中では、「裁量あるところに責任もあり」、ということにつながりやすい。本件爪ケアが刑事事件になったことについて、当初から強い批判のあったことについては既に触れた通りであるが、ここで刑事事件化したことの契機となった主要因と思われる、二〇〇七年の委員会がなした、北九州市の虐待認定について触れておく。なお、既に虐待認定については取り消され、また、元被告人看護師も病院との関係でも、雇用関係につき民事的にも懲戒処分に関して和解が成立している。

北九州市高齢者支援と介護の質の向上委員会尊厳擁護分科会では、二〇一一年八月二五日に、五頁にわたる「北九州市八幡東病院における爪切り事案に関する再検証についての尊厳分科会意見のまとめ」とする検証結果を取りまとめている。これは、高齢者の尊厳保持という高齢者虐待防止法の趣旨から、「より望ましい高齢者ケアのあり方」という限られた視点での再検証をなしたものである。

虐待認定した二〇〇七年の委員会に対しては、病院内部の調査に加え、看護記録の不在や、チームケアの取り組みが不十分であったことなどから、「当時病院の関係者以外の第三者も入れた病院の調査委員会が複数の医師の医学的所見などを踏まえ、「通常の看護行為ではなく、逸脱した行為」と判断した報告書を否定することは、困難であった」としているように、二〇〇七年当時の段階では虐待認定もやむを得なかったとする。

しかし、例えば、この病院内の調査機関がどのようにして正当性を欠くものと判断したかについては、限られた資料の中では、検討するすべもないが、少なくとも報道がなされた段階ですでに刑事事件への動きが始まっていたことは、看護協会が早くから正当な看護行為であるとの見解に立ち意見表明したことと極めて対照的である。(33)

大野病院事件が、（もとより遺族に対する民事賠償を意図した性格が強いようである）事故調査の報告書に基づいたことで、検察の起訴の不当性という結果をもたらしたように、事件の刑事事件化ということで言えば、本件爪ケア事件も虐待認定の判断が同様の関係にある。さらに、二〇一〇年九月一七日付西日本新聞では、判決に対する患者家族のコメントとして「痛みを受けているのに腑に落ちない」旨が報じられている。誤った委員会の調査とそれによってなされた虐待認定とそれに基づいた起訴により、刑事事件化したことで、当事者の意識とは無関係に、チーム医療であるはずの患者と医療者が否応なしに司法の場すなわち対立構造に置かれることとなった。本件爪ケア事件は、責任追及システムたる刑事司法の判断如何によって当事者のいずれか（場合によっては双方ともということもあり得よう）にとって不満の残る結果をもたらしかねない、ということを率直に物語った事件だったのではないか。

Ⅵ　結　び

本件刑事事件は、医療行為なかんずく看護行為の専門化・高度化に伴い、爪ケアの必要性をめぐり、医療機関内部においてのみならず、患者と医療者との間においても、十分な意思疎通が図られずそうした齟齬が大きな要因となって招いた事案であった。今般制度化された医療事故調では本案のような「傷害」事案は対象外であるが、医療現場の問題の解決方法として、刑事司法では限界が多いことをより一層鮮明にしたようである。医療事故調制度については、制度設計や運用上の問題も今後出てくるであろうが、具体的な見直しも含め、これらは今後の検討とすることとして、ひとまずの結びとしたい。(34)

(1) 福岡高等裁判所二〇一〇年九月一六日第三刑事部判決、平成二一年(う)一二八号傷害被告事件(破棄自判・無罪・確定)、判タ一三四八号二四六頁。また、原審は、福岡地方裁判所小倉支部二〇〇九年三月三〇日判決(有罪・懲役六月執行猶予三年・被告人控訴)、平成一九年(わ)五〇〇号、平成一九年(わ)七五九号。

(2) これについては、中島宏「自白調書の信用性を否定し、看護師による患者の爪の切除が正当業務行為にあたるとして逆転無罪を言い渡した事例」季刊刑事弁護六五号(二〇一一年)一五三頁。

(3) 被告人と勤務先病院との間の解雇訴訟の和解を報じる、二〇一一年一一月一九日付け西日本新聞には、代理人弁護士のコメントとして、「事件の教訓として、捜査機関の誤ったストーリーの押し付けとそれによるマスコミの世論誘導の問題」が述べられる。また、秋山紘範「看護師が入院患者二名の足の爪を剥離させたとして起訴された傷害二件の事案について、捜査段階の自白の信用性を否定し、一部は傷害の故意がない、一部は正当業務行為として違法性が阻却されるとの理由により、無罪が言い渡された事例」法学新報一二〇巻三・四号(二〇一三年)の註(10)も参照。

(4) 日本看護協会は二〇〇七年一〇月四日、それまでに収集した情報をもとに、看護師の行為は「(報道されたような)「虐待」ではなく、自らの看護実践から得た経験値に基づく看護ケアであると判断」し、「看護職能団体の社会的責務として、この事件が誤った方向で審理されないよう」に裁判を見守るとの見解を発表している(北九州市「認知症高齢者の爪はがし事件」に関する日本看護協会の見解)。また、一審で有罪となったのち控訴審の判断が出る前の段階で、被告人の行為は虐待ではなく看護行為であるとするものに、大村淑美「北九州市「認知症高齢者の爪はがし事件」判決について」看護実践の科学三四巻六号(二〇〇九年)六四頁以下、とくに六五頁がある。

（5）日本看護協会「「爪のケア」に関する刑事裁判判決を受けて」二〇一〇年一二月発表。また、福井トシ子「日本看護協会の活動と見解――職能団体としての役割と支援の実際から」所収日本看護協会編『「爪のケア」に関する刑事事件――経緯と支援の実際』（二〇一一年、日本看護協会出版会）二頁（初出「特集・看護ケアとは？爪ケア事件判決を踏まえて」看護六三巻三号（二〇一一年）六六頁）では、当初から看護協会では報道が事実とは異なるものと確信しえたとしている。

（6）飯島滋明「「看護師爪ケアえん罪事件」から何を読み解くか」名古屋学院大学論集四九巻二号（二〇一二年）一〇五頁では、本件が刑事事件となったことで、現場において萎縮効果が生じていることを紹介している。すなわち、看護師が自ら爪のケアをするのではなく、皮膚科医に爪のケアをさせる例が出てきたというものであり、このことが、患者の看護を受ける環境を悪化させるとともに、皮膚科医の負担増につながり、ひいては医療費の増大につながるものだとしている。

（7）荒井俊行「「『爪のケア』に関する刑事事件」の概要」八頁（初出「特集・看護ケアとは？爪ケア事件判決を踏まえて」看護六三巻三号（二〇一一年）七〇頁）、上田國廣「看護行為を巡る法律問題――「『爪のケア』に関する刑事事件」の判決から考えること」一三頁。いずれも日本看護協会編『「爪のケア」に関する刑事事件――経緯と支援の実際』（日本看護協会出版会、二〇一一年）所収。

（8）荒井・前掲註（7）「「『爪のケア』に関する刑事事件」の概要」八頁、上田・前掲註（7）一三頁。

（9）もっとも、理論構成としては、医学的にこれが病変爪であるとすれば「治療」の余地もあり得たはずで、看護師の行為としては医師の治療行為の下での「診療の補助」というとらえ方もありえたであろうが指摘するにとどめる。

なお、「フットケア」概念については、和田攻・南裕子・小峰光博総編集『看護大事典〔二版〕』（医学書院、二〇一〇年）によれば、広義では「足関節から末端（脚の末端）部位の組織（皮膚、爪、骨、関節、腱など）に対して関心を払い正常と異常、問題点とその原因を明らかにし、問題の改善と予防を目的に、足湯、爪切り、皮膚角質の処理、肌の手入れ、マッサージなど適切な技術を施す行為」とされ、とくに糖尿病患者では、血管障害、神経障害を伴うため、潰瘍や壊疽を生じさせると完治が困難になるといわれることから、自覚症状のない場合も多いため、足病変の予防のためにも、セルフケア指導も含めたケアが求められると説明される。また、見藤隆子・小玉香津子・菱沼典子総編集『看護学事典』二版（日本看護協会出版会、二〇一一年）では、看護師がなす足病変の予防・悪化防止のためのフットケアは、状態観察のみならず、対象者のフットケアの理解や能力についての情報収集も必要であるとする。

（10）日本では、看護教育での標準的な看護とされるテキストである、ヴァージニア・ヘンダーソン（湯槇ます・小玉香津子訳）『看護の基本となるもの〔新装版〕』（日本看護協会出版会、二〇〇六年）における「看護の独自の機能」という概念を用いて、保助看法の療養上の世話を説明するのが一般的である（とくに一〇頁）。裁判所の判断はここまで明示的ではないが、看護学の立場からすれば、療養上の世話、臨床の裁量はすなわち「看護行為の独自の機能」を法的言語に翻訳したものと解してよいであろう。

(11) なお、高裁の判断の中にも現れるが、これら傷害の意義について、学説では、①生理的機能障害説、②身体の完全性侵害説、および③折衷説の対立があるところ、高裁ではどの説にくみしたかは必ずしも明らかではないものの、これらの見解の「いずれによっても傷害行為といえる」としている。

(12) 山川秀道「刑事判例研究　看護師が入院患者二名の足の爪を剥離させたとして起訴された傷害二件の事案について、捜査段階の自白の信用性を否定し、一部は傷害の故意がない、一部は正当業務行為として違法性が阻却されるとの理由により、無罪が言い渡された事例」広島法学三六巻一号（二〇一二年）四九頁によれば、行為者が医師ではない看護師の場合の事例としては初めてではないかとしている（とくに五二頁）。

(13) 高平奇恵「看護師の爪切りの正当業務行為性が争われた事案」法政研究七八巻二号（二〇一一年）二三七頁以下。とくに二四八頁。なお、高平奇恵「爪ケア事件逆転無罪」季刊刑事弁護七八巻二号（二〇一一年）一三八頁も参照。

(14) 本件は、子が親に代えての同意の如何という問題であるが、これまでの高齢化社会が問題になる前の臨床現場はむしろ逆に、親が子に代えての同意という事案が多かったであろう。親の拒否による医療ネグレクトについては、例えば、畑中綾子「同意能力のない子に対する親の治療拒否をめぐる対応――医療ネグレクトへの介入」岩田太編著『患者の権利と医療の安全――医療と法のあり方を問い直す』（ミネルヴァ書房、二〇一一年）五一頁がある。なお、池永満『新患者の権利――医療の心と人権を』（九州大学出版会、二〇一三年）一二五頁は、精神科医療の患者の場合は、認知症患者以上に「決定能力」を欠くとされ、日本の現状が国際的にも人権規範違反であると指摘する。

(15) なお、このような場合に、仮に本人の意思を他者が代行できることを承認したとして、果たしてそれが誰が可能でありまた望ましいのか、という問題が存在するのは言うまでもない。ちなみに例えばここで、民法の後見人の制度を借用して論ずるのであれば、請求できる者の範囲の一に挙げられる、公益の代表者たる検察官（民七条）の役割とは何かが問われるはずである。

(16) 槲清隆「新判例解説（第三七四回）看護師が入院中の患者の足指の爪切りを行ってその爪床を露出させた行為について、看護目的でなされ、看護行為として、必要性があり、手段、方法も相当といえる範囲を逸脱するものとはいえず、正当業務行為として、違法性が阻却されるとされた事例［福岡高裁平成二二・九・一六判決］」研修七五一号（二〇一一年）一七頁。

(17) 槲・前掲註（16）二四～二五頁。もっとも本件は健康な爪ではないのであり、これを「日常的な行為」と単純に理解してよいかは疑問である。

(18) これについて以前筆者は、産科医療事故の無罪判決に関して論じたことがある。鈴木博康「産科医療事故に関する一考察——福島県立大野病院事件を素材に」北九州市立大学法政論集（二〇一三年）四〇巻四号一四七頁、とくに一五九頁以下で、医師の過失についてではあるが、医師の注意義務の広狭が患者の「救済」の範囲にも影響するとするものである。一般には先進医療では注意義務の水準が高くなる結果、有罪認定がされやすくなり、すなわち患者への「救済」範囲が拡大する一方で、いわゆる開業医ではこれに比して低くなるものと考えられるからである。大野病院事件に関して筆者は、患者の受けられる医療の質の格差は患者救済に影響するという関心から論じたものではあるが、爪ケアの本件では、患者が受けられる看護行為の質の格差は、同意（すなわち患者自身の人的資源）によっても影響しうることを示すものとなろう。

(19) 高平・前掲註（13）二四八頁。

(20) 医療機関側からは、例えばシーツ交換などの際に、その都度、爪が引っかからないようにするなど特段に気を付けなければならない事情、というようなことが考えられる。特段の配慮を常にしなければならないのであれば、いっそ爪のケアも優先順位を上位にし早期に「解決」したほうが合理的である、ということも起こりうるだろうからである。有限資源の中、当該患者にどれを治療（ないしは看護行為も含めて）の上位とし、順位付けするか、一定程度臨床の裁量に任せなければならない事態は予想される。まして多忙極まりない現場ではなおのこと生じる問題であろう。なお、佐藤紀子「「爪ケア裁判」を通して考えたこと」看護管理二一巻二号（二〇一一年）一四六頁掲載の資料には、これまで身体の清潔ケアを実施し病棟全体のレベル向上をなしてきた経験を持つ被告人が前任病棟からの異動直後には新任病棟の状況に驚いただろうことが想像できるとした、裁判所提出書面が示されている。

(21) 共通認識の必要性を指摘するものとして、和泉澤千恵「爪ケア事件」年報医事法学二六号（二〇〇一年）二五〇頁。

(22) 川嶋みどり「高齢者の爪ケアの意味を問い直す」所収「特集・看護ケアとは？爪ケア事件判決を踏まえて」看護六三巻三号（二〇一一年）七六頁では、爪ケアは優れて全人的なケアとして高齢者のＱＯＬのためにも必要なものであるが、事件当時の看護界の意識が必ずしも高くなかった印象を述べる。

(23) 井部俊子「「『爪のケア』に関する刑事事件からの教訓」——看護管理者が認識しておくべきこと」所収・日本看護協会編『「爪のケア」に関する刑事事件——経緯と支援の実際』（日本看護協会出版会、二〇一一年）一九頁以下とくに二〇頁には、本件事件の端緒は、病院内の看護師の誰かが新聞社に患者の爪の写真を持ち込んだことであり、院内の意思統一のないまま記者会見に至り、虐待として発表した旨の記述がある。なお、神坂登世子「「『爪のケア』に関する刑事事件」における福岡県看護協会の取り組み」所収・日本看護協会編『「爪のケア」に関する刑事事件――経緯と支援の実際』（日本看護協会出版会、二〇一一年（初出「特集・看護ケアとは？爪ケア事件判決を踏まえて」看護六三巻三号（二〇一一年）八〇頁））六頁では、リスクマネジメントとして、本人への事実確認といった情報収集の必要性、スタッフが内部の問題を直接外部に提起しなくて済むシステムの構築の必要性を述べる。

(24) 長崎修二「「爪のケア」に関する刑事事件についての考察――鑑定医として」所収「特集・看護ケアとは？爪ケア事件判決を踏まえて」看護六三巻三号（二〇一一年）七八頁。

(25) 古川原明子「看護行為の正当業務行為性――福岡高裁平成二二年九月一六日判決（爪ケア事件）」現代法学二一号（二〇一一年）一三一頁。

(26) 例えば、すでに、日本看護協会では、看護職の実施する看護の質の維持・向上を図るために、現行、国家資格・制度ではないものの、専門看護師や認定看護師、認定看護管理者といった制度を置いている。看護行為のさらなる質的な向上は、受益者たる患者にとって望ましいことではあるが、同時に今後は、医療人の中でもさらなる共通認識の確保が求められることとなろう。

(27) 鈴木・前掲註（18）一五五頁。

(28) 既存の専門看護師・認定看護師制度との関係については、必ずしも明確になっていないが、さしあたり、現状ではこれらと特定行為とは二元的にとらえるよりほかはないであろう。

(29) 改正医療法においては、医療の安全確保のための措置として、すなわち原因究明・再発防止のために、第三者機関である「医療事故調査・支援センター」を置くこととなった。一定の医療事故発生の際、病院、診療所、助産所の管理者（＝病院等の管理者）は、その事故が、院内調査の必要のあるものである場合には、院内調査の実施の旨を「医療事故調査・支援センター」に報告することとなっている。また、病院等の管理者は、この報告の前にあらかじめ、遺族などの関係者に説明することも定められている。このほか、原因を明らかにするための必要な調査（医療事故調査）を行うことが病院等の管理者の義務とされ、その際に必要な支援を医学医術に関する学術団体などの団体（医療事故調査等支援団体）に対して求めることができるようになっている。

現在、厚生労働大臣により、「医療事故調査・支援センター」には、民間機関である、一般社団法人日本医療安全調査機構が指定され、また「医療事故調査等支援団体」には、日本医師会や日本歯科医師会をはじめとした職能団体や、日本病院会やその会員病院などの病院団体等、さらには、国立病院機構や日本赤十字社、国家公務員共済組合連合会などの病院事業者、および日本医学会やこれに所属する学会などの学術団体など、多くの医療関係の組織が定められている。

ここで対象となる医療事故は、当該医療機関での医療に起因しまたは起因すると疑われる死亡または死産であって、その死亡・

死産を当該医療機関の管理者が予期しなかったものとして厚生労働省令で定めるもの、ということとなっている。したがって、本制度において対象となる医療事故は、患者の死亡事故のような重大な事案とされている。本件爪ケア事件のような事例は対象外ではあるが、改正医療法の制度の見直しが二〇一七年六月までに行うことが既に定められていることもあり、触れておく。

(30)　なお、医療事故調の可能性・必要性は、鈴木博康「医療事故と刑事司法――医療事故調のための予備的考察」石塚伸一ほか編『近代刑法の現代的論点――足立昌勝先生古稀記念論文集』（社会評論社、二〇一四年）一八三頁で述べた。

(31)　厚労省ＨＰ「医療事故調査制度に関するＱ＆Ａ（二〇一五年九月二八日更新）」のＱ二四では、医師の責任追及との関係で、Ａ二四に「報告書を訴訟に使用することについて、刑事訴訟法、民事訴訟法上の規定を制限することはできません」としている。したがって、少なくとも今回の医療事故調制度の創設に当たっては、医療者に対する法的責任追及の可能性を排除するものではないこととなる。ここでの責任追及を、是とするないしは必要不可欠とする考え方もなくはないであろうが、その背景には多分に患者（側）の被害救済の問題があるからであろう。そうであれば、被害救済が、（しばしば医療機関と患者を対立構造に置くこととなる）従前の形による法的解決、すなわち刑事責任、民事賠償等によって（場合によっては、免許取り消しなどの行政処分も含め）、十分に図られ得るか（得ているのか）ということの検討の余地もあるように思われる。

(32)　制度設計としては、調査に対するセカンドオピニオンの構築の余地と言ってよいだろうか。

(33)　このこと自体もまた、原因究明機関の可能性とともに、課題をも提示したこととなる。

(34)　なお、今回は医療機関の現状（労働環境、診療報酬やスタッフの充足など）といった視点での検討はできなかった。寄添う看護を理想としつつも、そうした看護を患者に提供できない現実問題である。国民のためのユニバーサル医療のあり方である。

（二〇一六年三月二八日脱）

入札談合等関与行為防止法の処罰規定の適用について

雨宮敬博

Ⅰ　はじめに

入札談合等関与行為防止法(1)に処罰規定が新設されてから、まもなく一〇年になろうとしている。筆者は以前、新設された処罰規定について批判的に検討を加え、いくつかの疑問点や危惧される点を指摘した。この一〇年近くの間、本法違反の罪の成立が認められた事例も一定数に達したように見受けられることから、本法の処罰規定の適用状況について若干の検証を試みることとしたい。

Ⅱ　本法の処罰規定について

二〇〇六年改正によって入札談合等関与行為防止法に新設された処罰規定（八条）について筆者が指摘した疑問点等は、おおむね次のようなものであった。[2]

1　本法違反の罪の成立範囲

本法八条の罪の成立要件としては、「入札等の公正を害すべき行為」であれば足り、独禁法違反[3]は前提とされていない。本法に基づく行政的・民事的措置の対象となる「入札談合等関与行為」は、あくまでも独禁法違反行為に関与するものであることを前提としており、しかも本法二条五項一号～四号に規定の四類型に限定されている。これに対し、本法八条の罪の「入札等の公正を害すべき行為」は独禁法違反のあることを要しないとされ、しかも右のような限定も付されていない。そうすると、行政的・民事的措置の対象外の行為にまで刑罰の網がかぶせられることとなり、刑罰法規の謙抑性・補充性といった観点から疑問を禁じえない。

2　処罰範囲の拡大

従来、官製談合事件における「官」の側については、偽計・威力による競売入札妨害罪を別にすると、不当な取引制限の罪の共犯や、談合罪の共犯としての刑事責任の追及がなされてきたが、そのような行為が本法の「改正」によって正犯に「格上げ」されると、これに関与する行為が本法違反の罪の共犯とされてしまいかねない。すなわち、発注機関の職員が談合に関与する行為が本法違反の罪として重く処罰されるようになったこと自体が問題であるのに加え、この発注機関職員の談合関与行為にさらに関与する行為が本法違反の罪の共犯として処罰の対象にとりこまれるという事態がもたらされるのであれば、このことは処罰範囲の拡大を意味するものといわざるをえない。

3　本法に処罰規定を設けたこと自体の当否

発注機関側の職員が談合に関与した場合、本法への処罰規定新設以前においても、刑法の談合罪や独禁法の不当な取引制限の罪の共犯として担当職員を処罰することは可能であった。制定当初の本法は、刑罰が基本的には談合関与職員の個人責任を追及するもので、発注機関において官製談合を排除・防止するために組織的な改善措置を講ずるというものではないことから、処罰規定が設けられなかったという経緯があったはずである。それにもかかわらず、中心的な位置づけを与えられた公正取引委員会による改善措置要求が実際に機能しているかどうかの具体的な検証抜きにその僅か四年後に八条の罪が新設されたというのであれば、拙速な処罰規定導入だったといわざるをえないであろう。[4]

Ⅲ　処罰規定の適用事例

入札談合等関与行為防止法の処罰規定の適用がなされた事例（事実の概要や本法違反の罪以外の成立罪名の有無が確認できたもの）としては、本稿執筆の時点で次の五〇件が挙げられる。それぞれについて発注機関名とその職員に下された判決・略式命令の暦年を記した上で、簡潔にみていくこととする。[5]

1　千葉県浦安市（二〇〇八年）

浦安市の職員は、パソコン賃貸借等の入札に関し予定価格を事業者に漏えいしたなどとして、入札談合等関与行

為防止法違反の罪の成立が認められ、罰金五〇万円を言い渡された。(6)

2　埼玉県春日部市（二〇〇八年）

春日部市の職員は、市民文化会館建築設備管理委託業務の入札において、特定の事業者に予定価格を漏えいした上、他の指名業者の入札書等を集めさせるなどし、入札が適正に行われたように装って同事業者に受注させたなどとして、入札談合等関与行為防止法違反の罪の成立が認められ、罰金一〇〇万円を言い渡された。事業者（二名）については、競売入札妨害罪の成立が認められ、それぞれ罰金八〇万円、罰金五〇万円が言い渡された。(7)

3　奈良県天川村（二〇〇九年）

天川村の村長および職員は、簡易水道施設整備工事の入札に際し、特定の事業者が落札できるように同事業者の営業停止処分の解除後に指名業者選定日を設定し、同事業者に対し最低制限比較価格等を漏えいし、さらに村長は見返りに現金を受け取ったなどとして、村長については入札談合等関与行為防止法違反、競売入札妨害および加重収賄罪の成立が認められて懲役三年（執行猶予五年）および追徴金一〇七五万円が言い渡され、(8)職員については入札談合等関与行為防止法違反および競売入札妨害罪の成立が認められて罰金一〇〇万円が言い渡された。(9)事業者については、競売入札妨害および贈賄罪の成立が認められ、懲役二年（執行猶予三年）が言い渡された。(10)

4　国立感染症研究所（二〇一〇年）

感染症研究所の職員は、庁舎改修工事の入札に関して予定価格を特定の事業者に漏えいし、その一部の工事について別の事業者が下請け受注できるよう便宜を図ったことの見返りに現金を受け取ったなどとして、入札談合等関与行為防止法違反および収賄罪の成立が認められ、懲役二年（執行猶予三年）および追徴金二〇〇万円を言い渡された。(11)

事業者（二名）については、一名は贈賄罪の成立が認められて懲役一年（執行猶予三年）(12)、もう一名は競売入札妨害罪の成立が認められて罰金一〇〇万円を言い渡された(13)。

5　特殊法人日本年金機構（二〇一〇年）

日本年金機構の職員は、年金記録照合業務委託の入札に関し、入札予定価格が推測できる予算関係資料等を事業者に漏えいしたとして、入札談合等関与行為防止法違反の罪の成立が認められ、罰金八〇万円を言い渡された。事業者については、競売入札妨害罪の成立が認められ、罰金五〇万円が言い渡された(14)。

6　大津市（二〇一〇年）

大津市大津市民病院事務局の職員（二名）は、病院清掃管理委託業務の入札に関し、特定の事業者に有利な指名選定案を作成し、同事業者に対し指名業者や予定価格を漏えいしたとして、入札談合等関与行為防止法違反および競売入札妨害罪の成立が認められ、それぞれ罰金七〇万円、罰金五〇万円を言い渡された(15)。事業者については、競売入札妨害および談合罪の成立が認められ、懲役一年（執行猶予三年）が言い渡された(16)。

7　さいたま市（二〇一〇年）

さいたま市環境局の職員は、施設修繕工事の見積り合わせによる随意契約の締結に関し、特定の事業者に設計金額や見積り参加業者名を漏えいするなどし、その見返りに現金を受け取ったとして、入札談合等関与行為防止法違反および収賄罪の成立が認められ、懲役二年（執行猶予四年）および追徴金七五万円を言い渡された(17)。事業者については、贈賄罪の成立が認められ、懲役一年（執行猶予三年）が言い渡された(18)。

8　国土交通省（二〇一一年）

国土交通省九州地方整備局嘉瀬川ダム工事事務所の職員は、ケーブル敷設工事の入札に際し、A事業者を通じてB事業者に同工事の調査基準価格を漏えいしてB事業者に落札させ、A事業者が同工事の資材をB事業者に納入できるよう便宜を図ったことの見返りにA事業者から現金を受け取ったなどとして、入札談合等関与行為防止法違反および収賄罪の成立が認められ、懲役二年六月（執行猶予四年）および追徴金四〇〇万円を言い渡された。[19]

事業者（三名）については、競売入札妨害および贈賄罪の成立が認められた一名が懲役二年（執行猶予四年）、贈賄罪の成立が認められた一名が懲役一年六月（執行猶予三年）を言い渡され、[20] 競売入札妨害罪の成立が認められた一名が懲役一年（執行猶予三年）を言い渡された。[21]

9 広島県呉市（二〇一一年）

呉市の職員は、同市所有地の賃貸事業に関する入札に際して、事業者に対し入札保証金納付額に関する秘密事項を漏えいし、その見返りに飲食の接待を受けたなどとして、入札談合等関与行為防止法違反、競売入札妨害および加重収賄罪の成立が認められ、懲役二年（執行猶予四年）および追徴金一二万三三七〇円を言い渡された。[22]

事業者については、贈賄罪の成立が認められ、罰金三〇万円が言い渡された。[23]

10 北海道池田町（二〇一一年）

池田町の職員は、中学校改築工事の入札に関し、特定の共同企業体が落札できるよう入札参加者を選定し、同共同企業体に落札させたなどとして、入札談合等関与行為防止法違反および競売入札妨害罪の成立が認められ、罰金一〇〇万円を言い渡された。

事業者（二名）についても、入札談合等関与行為防止法違反および競売入札妨害罪の成立が認められ、それぞれ罰金一〇〇万円、罰金九〇万円が言い渡された。[24]

11 高松市（二〇一一年）

高松市の職員は、公園舗装工事の入札に際し、事業者に対し予定価格を漏えいしたなどとして、入札談合等関与行為防止法違反の罪の成立が認められ、罰金一〇〇万円を言い渡された。

事業者については、競売入札妨害罪の成立が認められ、罰金五〇万円が言い渡された。[25]

12　林野庁（二〇一二年）

林野庁近畿中国森林管理局広島森林管理署の職員（三名）は、森林整備事業等の入札に際し、本来事業者が作成して提出すべき技術提案書を特定の事業者のために作成したほか、同事業者に対し予定価格を容易に算出することが可能となる情報を漏えいし、その見返りに商品券等を受け取ったなどとして、入札談合等関与行為防止法違反、競売入札妨害および加重収賄罪の成立が認められ、それぞれ懲役二年（執行猶予四年）および追徴金二三万二〇七九円、[26]懲役二年（執行猶予四年）および追徴金二一万二三一円、[27]懲役二年六月（執行猶予四年）および追徴金七四万八〇九六円[28]を言い渡された。

事業者については、入札談合等関与行為防止法違反、競売入札妨害および贈賄罪の成立が認められ、懲役二年（執行猶予五年）が言い渡された。[29]

13　津市（二〇一二年）

津市の職員は、橋梁新設工事の入札に関し、設計金額を事業者に漏えいし、その見返りに現金を受け取ったなどとして、入札談合等関与行為防止法違反、競売入札妨害および加重収賄罪の成立が認められ、懲役二年（執行猶予三年）および追徴金一〇万円を言い渡された。

事業者については、入札談合等関与行為防止法違反、競売入札妨害および贈賄罪の成立が認められ、懲役一年六月（執行猶予三年）が言い渡された。[30]

14　京都府亀岡市（二〇一二年）

亀岡市の職員は、管路施設整備工事の入札に関し工事価格を事業者に漏えいしたとして、入札談合等関与行為防止法違反および公契約関係競売入札妨害罪の成立が認められ、懲役一年六月（執行猶予三年）を言い渡された。

事業者については、公契約関係競売入札妨害罪の成立が認められ、懲役一年（執行猶予三年）が言い渡された。[31]

15　栃木県日光市（二〇一二年）

日光市の職員は、同市発注工事の入札に関し、事業者に予定価格を漏えいし、その見返りに商品券を受け取ったとして、入札談合等関与行為防止法違反、競売入札妨害および加重収賄罪の成立が認められ、懲役二年（執行猶予四年）および追徴金一〇万円を言い渡された。

事業者については、入札談合等関与行為防止法違反、競売入札妨害および贈賄罪の成立が認められ、懲役一年六月（執行猶予三年）が言い渡された。[32]

16　長崎県南島原市（二〇一二年）

南島原市の職員は、庁舎耐震改修工事の入札に際して、直接工事費等を事業者に漏えいし、その見返りに現金を受け取ったとして、入札談合等関与行為防止法違反、競売入札妨害および加重収賄罪の成立が認められ、懲役二年六月（執行猶予四年）および追徴金六〇万円を言い渡され、その共犯者も競売入札妨害および加重収賄罪の成立が認められて懲役一年六月（執行猶予三年）および追徴金二〇万円を言い渡された。

事業者については、競売入札妨害および贈賄罪の成立が認められ、懲役一年六月（執行猶予三年）が言い渡された。[33]

17　鹿児島市（二〇一二年）

鹿児島市の職員は、街路樹維持管理業務委託の入札において、事業者が示した複数の見積金額のうち特定の金額を指差すなどして同金額が入札書比較価格の範囲内の近似した金額である旨を教えたとして、入札談合等関与行為防止法違反の罪の成立が認められ、罰金五〇万円を言い渡された。

事業者については、競売入札妨害罪の成立が認められ、罰金五〇万円が言い渡された。[34]

18　福岡県前原市[35]（二〇一二年）

前原市の職員は、下水道工事の入札に関し、最低制限価格に近い金額を事業者に漏えいしたとして、入札談合等関与行為防止法違反の罪の成立が認められ、懲役一年（執行猶予三年）を言い渡された。事業者については、競売入札妨害罪の成立が認められ、懲役一年（執行猶予三年）が言い渡された。[36]

19　群馬県明和町（二〇一二年）

明和町の職員は、下水道工事の入札に関し、特定の事業者に対し指名業者名や予定価格等を漏えいするとともに談合を唆し、その見返りに現金を受け取ったなどとして、入札談合等関与行為防止法違反および収賄罪の成立が認められ、懲役二年（執行猶予四年）および追徴金三八万四八〇〇円を言い渡された。事業者については、談合および贈賄罪の成立が認められ、懲役一年六月（執行猶予三年）が言い渡された。[37]

20　静岡県（二〇一二年）

静岡県企業局の職員は、設備点検委託業務の入札に関し、特定の事業者に対し設計価格を漏えいしたほか、別の事業者に対し修繕工事等の設計価格を漏えいするなどしたことの見返りにテレビ一台を受け取ったとして、入札談合等関与行為防止法違反、公契約関係競売入札妨害および収賄罪の成立が認められ、懲役一年六月（執行猶予三年）、テレビ一台没収および追徴金二四一五円を言い渡された。[38]事業者については、入札談合等関与行為防止法違反および公契約関係競売入札妨害罪の成立が認められ、懲役一年（執行猶予三年）が言い渡された。[39]

21　国土交通省（二〇一二年）

国土交通省九州地方整備局熊本河川国道事務所の職員は、道路照明灯維持工事等の入札に関し、調査基準価格を事業者に漏えいし、その見返りに現金やルームエアコン一式を受け取ったなどとして、入札談合等関与行為防止法違反および収賄罪の成立が認められ、懲役二年（執行猶予三年）、ルームエアコン一式没収および追徴金三一万三七〇〇円を言い渡された(40)。

事業者（二名）については、競売入札妨害および贈賄罪の成立が認められ、それぞれ懲役一年六月（執行猶予三年）、懲役一年二月（執行猶予三年）が言い渡された(41)。

22　防衛省（二〇一三年）

防衛省の職員（二名）は、次期多用途ヘリコプター開発の入札において、特定の事業者に対し仕様書案や競合する他事業者の内部資料を漏えいしたとして、両名ともに入札談合等関与行為防止法違反の罪の成立が認められ、罰金一〇〇万円を言い渡された(42)。

23　千葉県（二〇一三年）

千葉県県土整備部の職員は、交通安全対策工事等の入札に関し、特定の事業者に有利な指名業者選定案を部下に作成させるなどした上で指名業者を決定したとして、入札談合等関与行為防止法違反および公契約関係競売入札妨害罪の成立が認められ、懲役二年（執行猶予三年）を言い渡された。

事業者（二名）については、両名とも入札談合等関与行為防止法違反、公契約関係競売入札妨害および談合罪の成立が認められ、うち一名は懲役二年（執行猶予三年）、もう一名は懲役一年六月（執行猶予三年）を言い渡された(43)。

24　公立大学法人下関市立大学（二〇一三年）

下関市立大学の職員は、トイレ改修工事の入札に関し、特定の事業者に入札参加業者を選定させたとして、入札談合等関与行為防止法違反および競売入札妨害罪の成立が認められ、罰金一〇〇万円を言い渡された(44)。

事業者については、競売入札妨害罪の成立が認められ、罰金七〇万円が言い渡された(45)。

25　岩手県花巻市（二〇一三年）

花巻市の職員は、同市発注工事の入札に関し、設計価格を不正に入手して事業者に漏えいし、その見返りに現金を受け取ったなどとして、入札談合等関与行為防止法違反、公契約関係競売入札妨害、不正アクセス行為の禁止等に関する法律違反および加重収賄罪の成立が認められ、懲役二年（執行猶予三年）および追徴金一五万円を言い渡された。

事業者については、入札談合等関与行為防止法違反、公契約関係競売入札妨害および贈賄罪の成立が認められ、懲役一年六月（執行猶予三年）が言い渡された。(46)

26　鹿児島県（二〇一三年）

鹿児島県の職員は、県立病院発注工事の入札に際して、最低制限価格を事業者に漏えいしたとして、入札談合等関与行為防止法違反の罪の成立が認められ、懲役一年二月（執行猶予三年）を言い渡された。

事業者（二名）については、公契約関係競売入札妨害罪の成立が認められ、それぞれ懲役一年（執行猶予三年）、懲役一〇月（執行猶予三年）が言い渡された。(47)

27　長崎県平戸市（二〇一三年）

平戸市の職員は、同市発注の設備工事の入札において、特定の事業者に対し最低制限価格に近い価格を漏えいしその見返りに同職員の自宅の電気配線工事等について無償で提供を受けたなどとして、入札談合等関与行為防止法違反および収賄罪の成立が認められ、懲役二年（執行猶予三年）および追徴金一八九万円を言い渡された。

事業者（四名）については、公契約関係競売入札妨害および贈賄罪の成立が認められた一名が懲役一年二月（執行猶予三年）、公契約関係競売入札妨害罪の成立が認められた他の一名も懲役一年二月（執行猶予三年）、贈賄罪の成立が認められた二名がそれぞれ懲役一年六月（執行猶予三年）、懲役一年二月（執行猶予三年）を言い渡された。(48)

28　徳島県上板町（二〇一三年）

上板町の町長は、中学校屋内運動場改築工事等の入札に関し、事業者に最低制限価格を漏えいしたとして、入札談合等関与行為防止法違反の罪の成立が認められて懲役一年六月（執行猶予三年）を言い渡され、その知人である共犯者も入札談合等関与行為防止法違反の罪の成立が認められて懲役一年（執行猶予三年）および追徴金一二二六万円を言い渡された。(49)

29　兵庫県（二〇一四年）

兵庫県の職員は、斜面崩壊対策工事の入札において、事業者に対し最低制限価格を漏えいしたなどとして、入札談合等関与行為防止法違反および公契約関係競売入札妨害罪の成立が認められ、懲役一年四月（執行猶予三年）を言い渡された。

事業者については、公契約関係競売入札妨害罪の成立が認められ、懲役一年（執行猶予三年）が言い渡された。(50)

30　独立行政法人国立病院機構香川小児病院(51)（二〇一四年）

香川小児病院の職員（二名）は、病院清掃委託契約の入札に際して、特定の事業者に他の事業者の入札額を漏えいしたとして、両名ともに入札談合等関与行為防止法違反の罪が認められ、罰金八〇万円を言い渡された。(52)

31　北海道旭川市（二〇一四年）

旭川市の職員は、道路側溝整備工事の入札に関し、談合の調整役に対し、落札させるべき共同企業体の代表者として特定の事業者を指名し、その見返りに現金を受け取ったなどとして、入札談合等関与行為防止法違反、組織的な犯罪の処罰及び犯罪収益の規制等に関する法律違反および収賄罪の成立が認められ、懲役二年六月（執行猶予四年）および追徴金一三〇万円を言い渡された。(53)

事業者（二名）については、一名は贈賄罪の成立が認められて懲役一年六月（執行猶予三年）(54)、もう一名は談合罪の成立が認められて罰金五〇万円を言い渡された[55]。

32　島根県益田市（二〇一四年）

益田市の職員は、ごみ収集運搬業務委託の入札において、事業者に対し調査基準価格に近い価格を漏えいしたとして、入札談合等関与行為防止法違反の罪の成立が認められ、懲役一年（執行猶予三年）を言い渡された。事業者については、公契約関係競売入札妨害罪の成立が認められ、懲役一年（執行猶予三年）が言い渡された[56]。

33　独立行政法人鉄道建設・運輸施設整備支援機構（二〇一四年）

鉄道建設・運輸施設整備支援機構の職員（二名）は、北陸新幹線機械設備工事の入札に関し、事業者に工事予定価格の近似金額を漏えいしたなどとして、入札談合等関与行為防止法違反の罪の成立が認められ、それぞれ懲役一年二月（執行猶予三年）[57]、罰金一〇〇万円[58]を言い渡された。

事業者については、法人としての八社および担当者の八名いずれにも独禁法の不当な取引制限の罪の成立が認められ、法人には罰金一億六〇〇〇万円から一億二〇〇〇万円、担当者には懲役一年六月から一年二月（いずれも執行猶予三年）が言い渡された[59]。

34　岡山県総社市（二〇一四年）

総社市の職員（三名）は、同市発注工事の入札に関し、事業者に工事価格を漏えいしたなどとして、一人は収賄の事実も含め入札談合等関与行為防止法違反、加重収賄および単純収賄罪の成立が認められて懲役二年六月（執行猶予四年）および追徴金九万二二八七円を言い渡され[60]、他の二人は入札談合等関与行為防止法違反の罪の成立が認められてそれぞれ懲役一年一〇月（執行猶予三年）[61]、懲役一年六月（執行猶予三年）[62]を言い渡された。

事業者（四名）については、公契約関係競売入札妨害および贈賄罪の成立が認められた一名が懲役二年（執行猶予四年）を言い渡され[63]、公契約関係競売入札妨害の成立が認められた三名がそれぞれ懲役二年（執行猶予三年）[64]、罰金二〇〇万円[65]、罰金一〇〇万円[66]を言い渡された。

35　国土交通省（二〇一四年）

国土交通省四国地方整備局土佐国道事務所の副所長は、同所発注工事の入札に関し、事業者に予定価格等を漏えいしたとして、入札談合等関与行為防止法違反の罪の成立が認められ、懲役一年一〇月（執行猶予四年）を言い渡された。

同局高知河川国道事務所の副所長も、同所発注工事の入札に関し、右事業者に予定価格等を漏えいしたとして、入札談合等関与行為防止法違反の罪の成立が認められ、懲役一年六月（執行猶予四年）を言い渡された。

さらに、右事業者については、入札談合等関与行為防止法違反および（公契約関係）競売入札妨害罪の成立が認められ、懲役二年（執行猶予四年）が言い渡された[67]。

36　林野庁（二〇一四年）

林野庁近畿中国森林管理局森林整備部の職員は、同局奈良森林管理事務所発注工事の入札に関し、事業者に対して入札書比較価格に近い金額を漏えいしたとして、入札談合等関与行為防止法違反および公契約関係競売入札妨害罪の成立が認められ、懲役一年六月（執行猶予三年）を言い渡された。

事業者についても、入札談合等関与行為防止法違反および公契約関係競売入札妨害罪の成立が認められ、懲役一年六月（執行猶予三年）が言い渡された[68]。

37　大津市（二〇一四年）

大津市企業局（後に環境部に転属）の職員は、同市発注工事の入札に際し、設計金額を事業者に漏えいし、その見返りに現金を受け取ったなどとして、入札談合等関与行為防止法違反、公契約関係競売入札妨害、不正アクセス行為の禁止等に関する法律違反および加重収賄罪の成立が認められ、懲役二年（執行猶予三年）および追徴金一五万円を言い渡された。

事業者（二名）については、入札談合等関与行為防止法違反、公契約関係競売入札妨害および贈賄罪の成立が認められ、それぞれ懲役一年六月（執行猶予三年）、懲役一年（執行猶予三年）が言い渡された。(69)

38 静岡県（二〇一四年）

静岡県水産業局の職員は、同県発注工事の入札に関し、調査基準価格を事業者に漏えいし、その見返りに飲食・宿泊の接待を受けたなどとして、入札談合等関与行為防止法違反および収賄罪の成立が認められ、懲役一年六月（執行猶予三年）および追徴金二四万八一一円を言い渡された。(70)

39 宇都宮市（二〇一四年）

宇都宮市の職員は、電気設備定期点検事業の入札において、事業者に対し設計価格等を漏えいしたとして入札談合等関与行為防止法違反の罪の成立が認められ、懲役一年（執行猶予三年）を言い渡された。(71)

事業者については、公契約関係競売入札妨害罪の成立が認められ、懲役一〇月（執行猶予三年）が言い渡された。(72)

40 千葉県（二〇一四年）

千葉県水道局千葉水道事務所の職員は、同所発注工事の入札に関し、最低制限価格を事業者に漏えいし、その見返りに現金を受け取ったなどとして、入札談合等関与行為防止法違反、公契約関係競売入札妨害および加重収賄罪の成立が認められ、懲役二年六月（執行猶予三年）および追徴金二〇万円を言い渡された。(73)

事業者（四名）については、入札談合等関与行為防止法違反、公契約関係競売入札妨害および贈賄罪の成立が認められた一名が懲役二年（執行猶予三年）、贈賄罪の成立が認められた一名が懲役一年六月（執行猶予三年）を言い渡され、(74)入札談合等関与行為防止法違反および公契約関係競売入札妨害罪の成立が認められた二名がいずれも罰金五〇万円を言い渡された。(75)

41 長野県安曇野市（二〇一五年）

安曇野市の職員は、同市発注工事の入札に関し、設計価格を事業者に漏えいしたとして、入札談合等関与行為防止法違反および公契約関係競売入札妨害罪の成立が認められ、懲役二年（執行猶予三年）を言い渡された[76]。事業者（二名）については公契約関係競売入札妨害罪の成立が認められ、いずれも懲役一年（執行猶予三年）が言い渡された[77]。

42 さいたま市（二〇一五年）

さいたま市南部都市・公園管理事務所の職員は、公園遊具修繕工事の指名見積り合わせによる随意契約の締結に関し、A事業者に対し見積業者名および同事業者提示の見積金額で契約可能であることを教示したほか、同市発注の公園修繕工事等でB事業者等が受注できるよう便宜を図った見返りに自宅のカーポート等の設置工事代金の支払債務の免除を受けたなどとして、入札談合等関与行為防止法違反、虚偽有印公文書作成・同行使および収賄罪の成立が認められ、懲役二年六月（執行猶予四年）および追徴金四九万八七五〇円を言い渡された[78]。

43 長崎県南島原市（二〇一五年）

南島原市の市長およびその親戚である共犯者は、同市発注工事の入札に関し、設計価格を事業者に漏えいするなどし、その見返りに現金を受け取ったとして、入札談合等関与行為防止法違反、公契約関係競売入札妨害および加重収賄罪の成立が認められ、市長が懲役三年六月[79]、共犯者が懲役二年六月（執行猶予四年）および没収一三〇〇万円を言い渡された[80]。

事業者（三名）については、公契約関係競売入札妨害および贈賄罪の成立が認められ、それぞれ懲役二年（執行猶予五年）、懲役二年（執行猶予四年）、懲役一年六月（執行猶予四年）が言い渡された[81]。

44　兵庫県丹波市（二〇一五年）

丹波市の職員（二名）は、消防車購入をめぐる入札に際し、設計価格を事業者に漏えいしたり見積書を書き直させたりしたなどとして、入札談合等関与行為防止法違反および公契約関係競売入札妨害罪の成立が認められ、それぞれ懲役一年六月（執行猶予三年）[82]、懲役一年（執行猶予三年）[83]を言い渡された。

事業者については、公契約関係競売入札妨害罪の成立が認められ、懲役一年（執行猶予三年）が言い渡された。[84]

45　滋賀県長浜市（二〇一五年）

長浜市の職員は、道路改良工事の入札において事業者に対し予定価格を漏えいしたとして、入札談合等関与行為防止法違反および公契約関係競売入札妨害罪の成立が認められ、懲役二年（執行猶予三年）を言い渡された。

事業者については、公契約関係競売入札妨害罪の成立が認められ、懲役一年六月（執行猶予三年）が言い渡された。[85]

46　川崎市（二〇一五年）

川崎市の職員は、同市発注工事の入札に関し、工事価格を事業者に漏えいしたとして、入札談合等関与行為防止法違反の罪の成立が認められ、懲役一年六月（執行猶予三年）を言い渡された。

事業者については、公契約関係競売入札妨害罪の成立が認められ、懲役一年（執行猶予三年）が言い渡された。[86]

47　群馬県渋川市（二〇一五年）

渋川市の副市長は、電気設備工事の入札に関し、予定価格を事業者に漏えいし、その見返りに現金および商品券を受け取ったなどとして、入札談合等関与行為防止法違反、公契約関係競売入札妨害および加重収賄罪の成立が認められ、懲役二年六月（執行猶予四年）および追徴金一五万円を言い渡された。

事業者については、公契約関係競売入札妨害および贈賄罪の成立が認められ、懲役一年六月（執行猶予三年）が言い渡された。[87]

48　北海道安平町（二〇一五年）

安平町の職員は、備品購入事業の入札に関し、設計金額を事業者に漏えいし、その見返りに現金を受け取ったなどとして、入札談合等関与行為防止法違反、加重収賄および受託収賄罪の成立が認められ、懲役二年六月および追徴金六三八万円を言い渡された(88)。

事業者（二名）については、贈賄罪の成立が認められ、それぞれ懲役二年（執行猶予五年）(89)、懲役一年六月（執行猶予三年）(90)が言い渡された。

49　神戸市（二〇一五年）

神戸市の職員は、道路嵩上げ工事の入札に際し、直接工事費等の金額を事業者に漏えいしたとして、入札談合等関与行為防止法違反および公契約関係競売入札妨害罪の成立が認められ、懲役一年六月（執行猶予三年）を言い渡された(91)。

事業者（二名）については、公契約関係競売入札妨害罪の成立が認められ、いずれも懲役一年二月（執行猶予三年）が言い渡された(92)。

50　福岡県八女市（二〇一六年）

八女市の職員は、同市発注の業務委託で見積金額を事業者に事前に指示して受注させたとして、入札談合等関与行為防止法違反の罪の成立が認められ、罰金八〇万円を言い渡された。

事業者については、公契約関係競売入札妨害罪の成立が認められ、罰金八〇万円が言い渡された(93)。

Ⅳ　処罰規定の適用状況についての特徴ないし問題点

以上みてきた入札談合等関与行為防止法の処罰規定の適用事例から、次のような諸点を指摘しうるように思われる。

1　本法の処罰規定の適用対象となった事例の特徴

まず第一に、これらの五〇件のうち実に四八件が、公取による改善措置要求の対象外の事例であるという点を指摘しえよう。[94] 公取と検察当局との間で告発問題協議会が開かれ、「一定の取引分野における競争を実質的に制限する価格カルテル、……入札談合……その他の違反行為であって、国民生活に広範な影響を及ぼすと考えられる悪質かつ重大な事案」、「違反を反復して行っている事業者・業界、排除措置に従わない事業者等に係る違反行為のうち、公正取引委員会の行う行政処分によっては独占禁止法の目的が達成できないと考えられる事案」について告発がなされる独禁法違反の罪と異なり、[95] 入札談合等関与行為防止法違反行為については、公取と検察当局との連携も特にはなされずに、[96] 検察当局のみの判断で刑事訴追がなされているように見受けられる。このことは、本罪の成立要件として「入札等の公正を害すべき行為」であれば足り、独禁法違反が前提とされているわけではないことの帰結といえようか。

問題は、入札談合等関与行為防止法に基づき改善措置要求がなされた事例は多数の事業者の関与した大規模な事案がほとんどであるのに対し、[97] 本法違反の罪に問われた事例は事業者数の少ない比較的小規模な事案が大半である点にある。改善措置要求がなされた事例の中ですら、事業者について独禁法の不当な取引制限の罪で告発がなされたのはごく一部にとどまっているが、[98]このことは、独禁法違反の全てが告発の対象となるのではなく、告発問題協議会において前述のようにいわば違法性ないし有責性の観点から絞りがかけられることによるものといえるであろう。そのこと自体、一定の筋道に沿っているように思われる。しかしながら、入札談合等関与行為防止法の処罰規定の適用に当たっては、右のような意味での絞りは全く見受けられないのである。

2　法令の適用の不統一、とりわけ事業者側に本法違反の罪をも認めること等への疑問

（1）職員に（公契約関係）競売入札妨害罪の成立をも認めることについて

法令の適用についても、事例によってばらつきがみられる。入札談合等関与行為防止法の適用対象である発注機関の職員に本法違反の罪の成立が認められた五〇件のうち、半数近い二三件において刑法典の（公契約関係）競売入札妨害罪の成立もあわせて発注機関職員に認められている。たしかに、本法に処罰規定が新設された当時から、本法違反の罪と競売入札妨害罪の両罪が成立しうることは一部の論者によって指摘されていた。[99]しかし、例えば、Ⅲ41の安曇野市の事例についての判決が認定した犯罪事実として「被告人は、……偽計を用いるとともに、その職務に反し、入札等に関する秘密を教示することにより、公の入札で契約を締結するためのものの公正を害すべき行為をした」[100]と判示されているのは、同一の事実が二重評価されているとの疑念を払拭しえない。

（2）事業者に入札談合等関与行為防止法違反の罪の成立をも認めることについて

さらに、事業者側に関しては、入札の公正を害すべき行為について（公契約関係）競売入札妨害罪の成立が認められた三九件のうち、一一件において入札談合等関与行為防止法違反の罪の成立もあわせて認められている。本法の適用対象である発注機関の職員以外の者に対する本法違反の罪の共犯の成否に関しては、本法への処罰規定の新設に際して、「本罪は、職務違背性・非違性に着目して設けられる罪で、基本的に官側の責任を問うためのものであ

る」としつつ、「実際に当該入札等に加わっていない第三者が、公務員に対して、本罪の実行行為を行うように働きかけてこれを行わせた場合には、本罪の共犯となる」とする見解が主張されていた。[101] Ⅲ28の上板町の事例における町長の知人たる共犯者[102]や、Ⅲ43の南島原市の事例における市長の親戚たる共犯者[103]の場合は、「実際に当該入札等に加わっていない第三者」として本罪の共犯が認められたケースといえるように思われる。

だが、本法の処罰規定は、「官製談合の防止・排除の趣旨の徹底を図るため、入札等の公正を害すべき行為を行った公務員等の職務違背性・非違性に着目して、これをより重い刑罰で処罰する」[104]という趣旨で新設された（より重い刑罰で処罰すること自体の当否は別として）はずである。この点で、例えば、Ⅲ10の帯広簡裁略式命令が「罪となるべき事実」として、「被告人三名は、……共謀の上、……落札させ、もって偽計を用いて公の入札等の公正を害すべき行為を行ったものである」と認定するにとどまっているにもかかわらず被告人全員に本法違反の罪をも適用しているのは、些か粗雑な法令適用のようにも見える。さらに、Ⅲ15の宇都宮地裁判決が「職員でない者も併せて処罰しなければ、官製談合の防止・排除の徹底を図るという同条（入札談合等関与行為防止法八条――括弧内引用者）の目的を達することはできない」として事業者について本法の処罰規定をも適用しているのは、もはや立法趣旨を踏み越えたものといわざるをえない。これら一一件を見る限り、立法趣旨の「談合にかかわる公務員を重く処罰する」がいつの間にか「談合にかかわる者は公務員・事業者を問わず一網打尽的に全員重く処罰する」にすりかわっており、本来適用対象として想定されていなかったはずの事業者も重罰化の波に飲み込まれているのは、重大な疑問を禁じえない。

(3) 立法趣旨をふまえた法適用に向けて

これらの点をめぐっては、Ⅲ5の日本年金機構の事件処理をされた検事による論稿[105]が一定の方向性を示しているように思われる。同論稿では、本件の処理に当たって入札談合等関与行為防止法違反の罪の各要件等が丹念に検討された旨の記述がなされており、その一環として、処理罪名について、①事業者に刑法六五条により入札談合等関与行為防止法違反の罪も成立するか、②職員の罪名をどうするか（入札談合等関与行為防止法違反と競売入札妨害の両罪で行うか）が検討されている。その結果、①については、「官製談合防止法違反は、公務員の職務違背性、非違性に着目して設けられた罪であること、つまり、入札の公正を害する行為につき、公務員が関与することに対して、従前よりも重く処罰するのが目的であると解されることから、基本的に、官側の責任を問うためのもので、事業者側には、従来どおり、競売入札妨害罪で処分するのが法の趣旨であると解された[106]」として、事業者については本法違反の罪は不成立との結論が導き出されている。さらに、②については、公務員を両罪で処理したケースもあることを承知されつつも、「基本的に、両罪の目的が同じであること、競売入札妨害罪よりも官製談合防止法違反の方が法定刑が重いこと、さらに……『公務員については官製談合防止法違反で、事業者は競売入札妨害罪で』というのが法の趣旨と解されることなどから、公務員については官製談合防止法違反、事業者については競売入札妨害罪で処理するのが、一番シンプルかつ適当[107]」と結論づけられている。

Ⅲの五〇件を見る限り、各地のいくつかの検察庁と異なり、東京地検・区検においては、一貫して本法の適用対象である発注機関の職員については本法違反の罪のみ、事業者については（公契約関係）競売入札妨害罪のみといった起訴の仕方がなされている[108]。各地の検察庁においても立法趣旨をふまえた謙抑的な法適用に是正される必要があるように思われる。

3　近時における量刑

Ⅲで紹介した五〇件のうち、収賄が絡まずに職員について入札談合等関与行為防止法違反の罪（および（公契約関係）競売入札妨害罪）の成立のみが認められた事例は、一二九件となっている。これらの宣告刑を見てみると、二〇〇八年～二〇一一年の四年間においては七件すべてが罰金刑であったのに対し、二〇一二年～二〇一五年の四年間は罰金刑の言い渡されたのが五件、懲役刑の言い渡されたのが一七件にのぼっており、[109]宣告刑が罰金から懲役へとシフトしているようにも見える。限られた事例だけから断言するのはできないが、近時においては収賄を伴わないケースについても比較的重い刑罰が言い渡されるようになりつつあるのではないか。[110]この種の事案についての検察官の求刑に変化が生じているのかどうか、今後フォローしていくことを要するようにも思われる。

Ｖ　むすびにかえて

以上の考察により、入札談合等関与行為防止法の処罰規定の適用状況については、おそらく立法者が想定していなかった事態が一部生じていることを明らかにすることができたように思われる。[111]ただ、紙数の関係もあり、本稿では現状を批判的に分析するにとどまった。「本法の適用対象である発注機関の職員は本法違反の罪、事業者は公契約関係競売入札妨害罪」という立法趣旨に沿った法適用を裏打ちする理論の構築のために引き続き考察を進めていきたい。

（1）　正式な名称は、二〇〇二年の制定時が「入札談合等関与行為の排除及び防止に関する法律」で、処罰規定の新設を含む二〇〇六年改正後は「入札談合等関与行為の排除及び防止並びに職員による入札等の公正を害すべき行為の処罰に関する法律」であるが、本稿では「入札談合等関与行為防止法」という略称を用いたり、「本法」と呼んだりする。なお、「官製談合防止法」と呼ばれることもある。

（2）　本文では、雨宮敬博「入札談合等関与行為防止法の処罰規定について」森尾亮・森川恭剛・岡田行雄編著『人間回復の刑事法学』（日本評論社、二〇一〇年）一一五～一一八頁で指摘したものを簡単に紹介した。

(3) 正式には「私的独占の禁止及び公正取引の確保に関する法律」であり、「独占禁止法」と呼ばれることも多いが、本稿では原則として「独禁法」の略称を用いる。
(4) 以下では「公取」と略称する。
(5) 1～50の事例の紹介に当たっては、公正取引委員会事務総局『入札談合の防止に向けて――独占禁止法と入札談合等関与行為防止法』の平成二七年一〇月版五三～五四頁、平成二六年一〇月版五五～五六頁、平成二五年一〇月版五〇～五一頁、平成二四年一一月版五〇～五一頁をも参照した。なお、入札談合等関与行為防止法違反の罪の成立が認められた事例としては、他に札幌市の事例（札幌地判二〇一四年九月二四日公刊物未登載）、山口市の事例（山口地判二〇一五年一月二八日LEX/DB25505821など）、佐賀県唐津市の事例（佐賀地判二〇一五年四月二日LEX/DB25506250など）、沖縄県うるま市の事例（那覇地判二〇一五年六月八日公刊物未登載）、福岡県川崎町の事例（福岡地判二〇一六年三月一七日LEX/DB25542686など）があるが、職員または事業者についての成立罪名が現時点で一部未確認であるなどのため、本稿では割愛した。
(6) 千葉簡裁略式命令二〇〇八年三月二八日公刊物未登載。
(7) 職員・事業者の計三名ともにさいたま簡裁略式命令二〇〇八年一二月一日公刊物未登載。
(8) 奈良地判二〇〇九年六月一八日公刊物未登載。なお、村長と共同して現金を受け取った共犯者にも加重収賄罪の成立が認められ、懲役一年六月（執行猶予三年）が言い渡された（奈良地判二〇〇九年四月二一日公刊物未登載）。
(9) 奈良簡裁略式命令二〇〇九年二月六日公刊物未登載。
(10) 奈良地判二〇〇九年四月一日公刊物未登載。
(11) 東京地判二〇一〇年一〇月四日公刊物未登載。
(12) 東京地判二〇一〇年一〇月四日公刊物未登載。
(13) 東京簡裁略式命令二〇一〇年七月九日公刊物未登載。
(14) 職員・事業者ともに東京簡裁略式命令二〇一〇年一一月四日公刊物未登載。
(15) 二名とも大津簡裁略式命令二〇一〇年一一月二六日公刊物未登載。
(16) 大津地判二〇一一年二月二三日公刊物未登載。
(17) さいたま地判二〇一〇年一二月二日公刊物未登載。
(18) さいたま地判二〇一〇年一一月九日公刊物未登載。このほか、別の事業者が二〇一〇年一〇月二六日に贈賄罪で略式起訴されたようである（二〇一〇年一〇月二七日付埼玉新聞朝刊一八頁）。
(19) 福岡地判二〇一一年三月一八日公刊物未登載。
(20) 二名とも福岡地判二〇一一年四月一九日公刊物未登載。
(21) 福岡地判二〇一一年四月二二日公刊物未登載。
(22) 広島地判二〇一一年一〇月一三日LLI/DB06650574。
(23) 広島簡裁略式命令二〇一〇年八月六日公刊物未登載。
(24) 職員・事業者の計三名ともに帯広簡裁略式命令二〇一一年一二月一四日公刊物未登載。
(25) 職員・事業者ともに高松簡裁略式命令二〇一一年一二月二八日公刊物未登載。
(26) 広島地判二〇一二年一月二〇日公刊物未登載。
(27) 広島地判二〇一二年一月二四日公刊物未登載。
(28) 広島地判二〇一二年一月三〇日公刊物未登載。
(29) 広島地判二〇一二年二月二日公刊物未登載。
(30) 職員・事業者ともに津地判二〇一二年二月一六日LEX/DB25480444。
(31) 職員・事業者ともに京都地判二〇一二年三月五日公刊物未登載。
(32) 職員・事業者ともに宇都宮地判二〇一二年三月二八日LEX/DB25481014。
(33) 職員・共犯者・事業者ともに長崎地判二〇一二年四月一六日LEX/DB25481206。
(34) 職員・事業者ともに鹿児島簡裁略式命令二〇一二年五月一日公刊物未登載。
(35) 現在では糸島市。
(36) 職員・事業者ともに福岡地判二〇一二年五月七日公刊物未登載。
(37) 職員・事業者ともに前橋地判二〇一二年七月三日LEX/DB25482118。なお、当該事業者とともに指名競争入札に参加した別の事業者の二名に談合罪の成立が認められ、それぞれ罰金五〇万円、罰金三〇万円が言い渡された（前橋簡裁略式命令二〇一二年四月四日公刊物未登載）。
(38) 静岡地判二〇一二年九月二〇日公刊物未登載。
(39) 静岡地判二〇一二年七月三一日公刊物未登載。

(40) 福岡地判二〇一二年一〇月一〇日公刊物未登載。
(41) 福岡地判二〇一二年三月八日公刊物未登載。
(42) 東京簡裁略式命令二〇一三年一月一八日公刊物未登載。
(43) 職員・事業者の計三名ともに千葉地判二〇一三年二月一二日公刊物未登載。
(44) 山口地下関支判二〇一三年四月一八日公刊物未登載。
(45) 下関簡裁略式命令二〇一二年一〇月二日公刊物未登載。
(46) 職員・事業者ともに盛岡地判二〇一三年七月一七日公刊物未登載。
(47) 職員・事業者の計三名ともに鹿児島地判二〇一三年九月九日公刊物未登載。
(48) 職員・事業者の計五名ともに長崎地佐世保支判二〇一三年九月二六日公刊物未登載。
(49) 町長・共犯者ともに徳島地判二〇一三年一一月二九日公刊物未登載。
(50) 職員・事業者ともに神戸地判二〇一四年一月一七日公刊物未登載。
(51) 現在では、独立行政法人国立病院機構四国こどもとおとなの医療センター。
(52) 高松簡裁略式命令二〇一四年一月三一日公刊物未登載。
(53) 旭川地判二〇一四年二月二〇日LLI/DB06950063。
(54) 旭川地判二〇一四年二月二〇日LLI/DB06950063。
(55) 旭川簡裁略式命令二〇一三年一二月二〇日公刊物未登載。
(56) 職員・事業者ともに松江地判二〇一四年二月二五日公刊物未登載。
(57) 東京地判二〇一四年七月九日LEX/DB25504495。本件の評釈として、須藤純正「判批」公正取引七七七号（二〇一五年）二六～三三頁。
(58) 当該職員は二〇一四年三月四日に東京区検により略式起訴され、東京簡裁から略式命令を受けて罰金一〇〇万円を納付した（二〇一四年三月五日付読売新聞東京朝刊三八頁、五月二二日付読売新聞東京夕刊一二頁）。
(59) 東京地判二〇一四年九月三〇日LEX/DB25505127、東京地判二〇一四年一〇月二日LEX/DB25505126、東京地判二〇一四年一〇月三日裁判所ウェブ、東京地判二〇一四年一〇月六日LEX/DB25505129、東京地判二〇一四年一一月一二日裁判所ウェブ、東京地判二〇一四年一一月一三日LEX/DB25505192、東京地判二〇一四年一一月一四日裁判所ウェブ。

(60) 岡山地判二〇一四年七月二三日LEX/DB25504555。

(61) 岡山地判二〇一四年七月一一日公刊物未登載。

(62) 岡山地判二〇一四年四月一六日公刊物未登載。

(63) 岡山地判二〇一四年七月一一日公刊物未登載。

(64) 岡山地判二〇一四年四月一六日公刊物未登載。

(65) 岡山地判二〇一四年七月二三日公刊物未登載。

(66) 岡山簡裁略式命令二〇一四年三月一〇日公刊物未登載。

(67) 二名の副所長と事業者の計三名ともに高知地判二〇一四年四月二二日LLI/DB06950171。なお、新聞報道によると、本文で挙げた事業者以外の五名の事業者が、公契約関係競売入札妨害罪などに問われ、高知地判二〇一四年四月一四日によって三名が懲役一年六月（執行猶予四年）、二名が懲役一年（執行猶予四年）を言い渡された（二〇一四年四月一五日付高知新聞朝刊二五頁）。

(68) 職員・事業者ともに奈良地葛城支判二〇一四年五月二〇日LLI/DB06950250。

(69) 職員・事業者の計三名ともに大津地判二〇一四年六月九日LEX/DB25504410。

(70) 静岡地判二〇一四年八月七日LLI/DB06950342。

(71) 宇都宮地判二〇一四年九月二九日公刊物未登載。

(72) 宇都宮地判二〇一四年一〇月三日公刊物未登載。

(73) 千葉地判二〇一四年一〇月二〇日LEX/DB25504956。

(74) 二名とも千葉地判二〇一四年一〇月二〇日LEX/DB25504956。

(75) 二名とも千葉簡裁略式命令二〇一四年六月一八日公刊物未登載。

(76) 長野地松本支判二〇一五年一月一六日D1-Law28230373。

(77) 長野地松本支判二〇一四年八月一八日公刊物未登載、長野地松本支判二〇一四年九月一六日公刊物未登載。

(78) さいたま地判二〇一五年二月二六日LEX/DB25505964。

(79) 福岡高判二〇一五年九月三〇日LEX/DB25541330。その第一審（懲役四年）につき、長崎地判二〇一五年三月二三日LEX/DB25540854。

(80) 長崎地判二〇一四年一一月二六日LEX/DB25505510。

(81) 長崎地判二〇一四年一一月二六日LEX/DB25505510。

(82) 神戸地判二〇一五年三月二五日公刊物未登載。

(83) 神戸地判二〇一五年四月一六日公刊物未登載。

(84) 神戸地判二〇一五年三月二五日公刊物未登載。

(85) 職員・事業者ともに大津地判二〇一五年四月二八日公刊物未登載。

(86) 職員・事業者ともに横浜地判二〇一五年五月二一日LLI/DB07050267。

(87) 副市長・事業者ともに前橋地判二〇一五年七月七日LEX/DB25540840。

(88) 札幌地判二〇一五年七月一五日LEX/DB25541268。

(89) 札幌地判二〇一五年七月一五日LEX/DB25541268。

(90) 札幌地判二〇一五年五月二七日LEX/DB25540733。

(91) 神戸地判二〇一五年七月二二日LLI/DB07050414。

(92) 神戸地判二〇一五年七月一三日公刊物未登載、神戸地判二〇一五年八月四日公刊物未登載。

(93) 職員・事業者ともに久留米簡裁略式命令二〇一六年四月一八日公刊物未登載。

(94) Ⅲ33の鉄道建設・運輸施設整備支援機構の事例とⅢ35の国土交通省の事例の二件のみが改善措置要求の対象となった（前者は二〇一二年一〇月一七日、後者は二〇一四年三月一九日）。この二件も含め、改善措置要求がなされた事例は本稿執筆時点で一一件となっている。公正取引委員会事務総局『入札談合の防止に向けて――独占禁止法と入札談合等関与行為防止法――平成二七年一〇月版』三三～四二頁等参照。

(95) 公正取引委員会「独占禁止法違反に対する刑事告発及び犯則事件の調査に関する公正取引委員会の方針」（http://www.jftc.go.jp/dk/dk_qa.files/kokuhatsuhoushin.pdf）。

(96) 各年の公正取引委員会事務総局『入札談合の防止に向けて――独占禁止法と入札談合等関与行為防止法』で紹介されている「最近の入札談合等関与行為防止法刑事事件例」について、「報道により公正取引委員会が把握しているものを記載している」との注記がみられるのも、その証左といえよう。

(97) 改善措置要求の対象となった一一件のうち、事業者数一五九の新潟市の事例（二〇〇四年七月二八日）をはじめとして、八件が三桁ないし二桁の事業者数となっている。なお、近年の公取が小規模な談合事件の摘発に消極的になっている（逆に言えば一定規模以上の事件を重点的に摘発する）ことを示唆されるものとして、鈴木満「官製談合防止法の意義と課題――官製談合や『天下り』を根絶する方策の検討」公正取引七五八号（二〇一三年）三一～三三頁。

(98) 改善措置要求の対象となった事例のうち、告発もなされたのは、日本道路公団の事例（二〇〇五年八月に告発）と鉄道建設・運輸施設整備支援機構の事例（二〇一四年三月に告発）の二件のみである。

(99) 大内亘「官製談合の根絶に向けて　職員による入札等の妨害の罪の創設、入札談合等関与行為の類型の追加等（法令解説）」時の法令一七八一号（二〇〇七年）一三頁、大原義宏「『入札談合等関与行為の排除及び防止に関する法律の一部を改正する法律』について」警察学論集六〇巻三号五三頁など。

(100) 前掲注（76）。

(101) 大原・前掲注（99）五二～五三頁。

(102) 本件犯行を誘発させた旨の判示がなされており、事業者への最低制限価格漏えい行為の報酬として一二二六万円の現金を事業者から受け取った事実も認定されている（刑法一九条の二により追徴）。

(103) 市長と事業者をつなぐ重要かつ不可欠な役割を果たした旨の判示がなされており、市長と共同して合計一三〇〇万円の現金を事業者から受け取った事実も認定されている（加重収賄罪）。

(104) 大内・前掲注（99）一一頁、大原・前掲注（99）四九頁。

(105) 仲戸川武人「日本年金機構職員らによる官製談合防止法違反等事件の事件処理について（実例捜査セミナー）」捜査研究七一七号（二〇一一年）四四～五七頁。

(106) 仲戸川・前掲注（105）五五頁。

(107) 仲戸川・前掲注（105）五六頁。

(108) 本文で紹介した五〇件で判断する限り、福岡地検や鹿児島地検・区検などでも同様の事件処理がなされているように見受けられる。

(109) Ⅲ33の鉄道建設・運輸施設整備支援機構の事例については、懲役刑・罰金刑ともにカウントした。

(110) 楠茂樹「談合、入札不正への官側の関与と刑法」公正取引七七七号（二〇一五年）一五～一六頁。

(111) 少なくとも入札談合等関与行為防止法に処罰規定を新設するに際しての国会議事録（平成一八年三月一三日第一六四回国会参議院予算委員会会議録一〇号、同年一一月二九日第一六五回国会衆議院経済産業委員会会議録五号）等を確認する限り、「事業者にも本法違反の罪の適用を」などという議論は全く見られない。

暴力行為等処罰法の来歴——治安刑法の論理と心理

宮本弘典

Ⅰ　プロローグ

個人の尊重＝人間の尊厳の保護、基本権の保障、平和主義を基本原理とする日本国憲法の下で、果たしてニホンの刑事法制と刑事司法は、権威主義国家のファシズム暴力が猛威を揮った戦時体制下の論理と心理を超克し、それとの完全な訣別を果たし得ているだろうか。

この問いは、ニホンの刑法学における歴史研究の意義と問題意識をともに示している。刑法（解釈）学が独自の学問領域を占めるためには歴史研究が必須であり、(1)現在なお、政治的治安刑法と市民的治安刑法を両輪とする治安管理強化の理論構造と歴史を確認する意義は小さくない。前世紀九〇年代以降の「刑事立法ラッシュ」に明らかなとおり、体感治安の悪化による市民的安全要求の高まりに藉口して、国家刑罰「権」を処罰「義務」に転化することで刑罰権の拡充と強化をむしろ国家の責務と称し、その実力＝暴力に裏打ちされた権力統治の正統化が図られるからである。(2)

『刑法学における歴史研究の意義と方法』を常に自覚的に研究の通奏低音としてきた内田博文は、戦前・戦中と戦後の治安刑法に共通する特徴を次のように適示する。

「支配体制を維持し強化するという、優れて政治的な意図を持つものだという点が第一である。第二は、このような政治的な意図に照応して、「国家の敵」が国家の安全に何らかの侵害をもたらす前に、これを結社・宣伝・表現の罪などとして規制する政治的な予防主義を原則としているという点である。第三は、これらの罪においては、罪となる行為の記述は不確定な概念あるいは一般条項で行われており、思想の危険性が決定的な要素とされる結果、いわゆる心情刑法化しているという点である(3)」。

このような政治的治安刑法に加えて内田は、

「これらの動きを仮に政治的治安主義と名づけると、市民的安全の擁護という名の下に国家刑罰権を市民の日常生活の隅々にまで浸透させることを目的とし、市民的秩序の「実力的」貫徹をめざす動きを市民的治安主義と呼ぶことができる(4)」

として、近時におけるその拡大が刑罰国家ともいうべき刑事法制と刑事司法の背景をなしているという。いうまでもなく、

「しかし、「市民的治安法」のなかで刑法の基本原則が緩和された場合、この緩和が「政治的治安法」に直ちに反映されることに注意しなければならない(5)」。

しかも「刑法と治安刑法との間に乖離が生じることになった」場合、

「治安刑法に合わせるように刑法を改正するというのが国の一貫した方針であった。刑法が一般刑法というのは名目でしかなかった」[6]。

市民的治安主義が政治的治安法をさらに強化し、政治的治安法の論理が刑事法全体を併呑してゆくということである[7]。その最も典型的でグロテスクな例は、思想的総力戦体制下における刑事法制と刑事司法の再編であったろう。それは、思想司法による思想国防体制の構築であり、刑事司法の全面的政治化ともいうべきものであった。権威主義国家の刑事法制と刑事司法は、あらゆる人びとの——思想をも含めた——あらゆる活動を予防的に抑圧し、刑事裁判は、被告人を「非国民」として法的のみならず道徳的にも断罪する——荘厳ではあれ——無内容な形式的儀式と成り果てていた[8]。政治的であれ市民的であれ、治安刑法が支配する刑事法制と刑事司法とはそのようなものであった。

さて冒頭の問いに戻ろう。日本国憲法は何より権威主義国家のファシズム暴力による支配を超克し、それとの訣別を宣言するものであった。そうであれば刑事法制と刑事司法においても、思想司法の容喙を許す治安刑法の論理と心理を揚棄し、それとの全き訣別が必要だったはずである。しかし残念なことに刑事法制においても刑事司法においても、戦時体制下の残照が現在もなお市民刑法としての近代刑法原理の蹉跌となっている。ニホンの刑法と刑事司法は、いまだにプレ・モダンの相貌を残している。本稿はその歴史的例証を「暴力行為等処罰ニ関スル法律」（大正一五（一九二六）年四月一〇日法律第六〇号、以下「暴力行為等処罰法」と記す）に求めつつ、現在もなお支配的な権威主義国家の治安法の論理と心理の一端を剔抉しようとするものである[9]。

Ⅱ　治安警察法第一七条廃止と暴力行為等処罰法

刑法は、最も組織的かつ系統的な暴力の独占主体である国家の実力装置＝暴力であり、人びとの連帯に対する掣肘のための、したがってまた現存秩序への合意と忠誠を暴力的に強制する装置という原初的な性格を払拭しえない。刑法のこの原初の暴力性への回帰・頽落を最も顕著に示すのは、この国の刑事法制と刑事司法の歴史が示すとおり、いうまでもなく治安刑法である。例えば治安維持法（大正一四（一九二五）年四月二二日法律第四六号、改正法昭和一六（一九四一）年三月一〇日法律第五四号）や治安警察法（明治三三（一九〇〇）年三月一〇日法律第三六号）は固より、太政官布告による爆発物取締罰則（明治一七（一八八四）年一二月二七日太政官布告第三二号）といった典型的な政治的治安法に加えて、暴力行為等処罰法もまた周知の悪名高い治安刑法として猛威を揮った。[10]

暴力行為等処罰法が制定されたのは、治安維持法制定の翌一九二六年、第五一回帝国議会においてであった。この同じ会期に、労働争議調停法（大正一五（一九二六）年四月九日法律第五七号）の制定とともに、労働運動や農民運動それ自体を違法視してそれら団体の活動の弾圧に活用された治安警察法第一七条及び第三〇条が廃止された。治安警察法第一七条は労働組合死刑法と呼ばれるように、労働運動や農民運動、さらには水平運動の弾圧に猛威を揮ったが、暴力行為等処罰法はその後継法規として生出されたわけである。

治安警察法は、日露戦争後の資本主義の発達に伴い揺籃期を脱しつつあった大衆運動や社会運動に対し、その弾圧取締法規として最上位の地位を占めるものであった。[11] 労働運動や農民運動、さらには水平運動が階級的運動として自覚化され組織化されるに伴い、それら大衆運動に対する支配層の感受性にも変化が生じ、運動の新たな展開に即応しうる特有の治安法として治安警察法が生出されたといえようか。治安警察法は、その第一条で「政事ニ關スル結社」の「管轄警察官署」への届出を義務付けて秘密結社を禁止し、第五条では軍人や警察官や公務員、教師や学生や宗教者、さらにはすべての未成年や——後年の改正によって削除される——女子の「政事上ノ結社」への加入を禁止する等、その名称に違わぬ典型的な政治的治安法であった。

なかでもその第一七条は、行政執行法（明治三三（一九〇〇）年六月二日法律第八四号）や警察犯処罰令（明治四一（一九〇八）年九月二九日内務省令第一六号）等とともに、労働運動・農民運動・水平運動等をはじめとする大衆運動に対して苛烈な掣肘を加えるものであった。[12] 例えば、一九一四年から一九二六年の廃止までの一三年間において、第一七条による検挙数は一五四件で一一六二人となっており、治安警察法の適用による全検挙数一九四件一五九七人に対し、[13] 検挙件数で約八〇％、検挙人員においても約七三％を占めている。この期間の労働運動に伴う検挙数は約六二〇件で約六〇〇〇人であるから、治安警察法第一七条による検挙は、労働運動に伴う検挙件数と検挙人数のそれぞれ約二〇％を占めていたことになる。団体加入、同盟罷業、団体交渉に伴う暴行、脅迫、公然誹毀に加えて、同盟罷業遂行時の「誘惑若ハ煽動」を禁止する第一七条は、労働運動その他の大衆運動への参加呼びかけは固より、団体ないし多衆による個々の要求行動をも取締り弾圧する法規として、つまりは結社禁止法及び団体交渉・団体行動禁止法として活用されていたということである。

それでも労働運動、農民運動、水平運動等の大衆運動が終息することはなかった。一九一八年の第一次大戦終結前後の経済事情の劇的変化や一九一九年の国際労働機関（ＩＬＯ）の設立もあり、むしろ大衆運動は激化の様相を呈していた。そうした状況が政府・支配層に大衆運動対策方針の変更を迫り、治安警察法第一七条の廃止を政治課題とせざるを得なくなったのであろう。例えば時の内相・若槻禮次郎も、

「労働争議又は小作争議に関して此の如き特別の刑罰法規を存置するは労働者の感情に逆ひ、其の行動をして反て矯激ならしむるの虞あり」

とし、「労働者の思想を緩和し、其の行動を穏健に導かむ」ためにも、治安警察法第一七条の廃止が必要だと主張するに至っていた(14)。

こうして同条は、上述のとおり一九二六年第五一回帝国議会においてその罰則規定である第三〇条とともに廃止され、同時に労働争議調停法と暴力行為等処罰法が制定されたわけである。その前年の一九二五年には治安維持法が、さらにその前年の一九二四年には小作争議調停法（大正一三（一九二四）年七月二二日法律第一八号）が制定されていたように、治安警察法第一七条の廃止は、大衆の団結や団体行動の権利の向上ないし確立を意味していたわけではない。例えば上述の若槻もまた、「国家生活の安寧秩序を攪乱する思想又は運動を厳格に防遏制裁すること」の必要を説き、その対象は、

「非労働者の「職業的煽動者」による「同盟罷業の教唆」、「公益事業での同盟罷業」、「矯激」なる方法による運動、「暴力の行使を常用手段とする団体」、思想面では無政府主義と共産主義であるとされていた(15)」。

「思想面」の「防遏制裁」にはすでに治安維持法が準備されており、治安警察法第一七条の廃止に伴う焦眉の急はそれに替る取締法規の制定であった。現に同条廃止前年の一九二五年一二月一日の第一〇回行政調査会において(16)、同条の廃止は「已ム無シ」としても、同条規定の「暴行脅迫又ハ公然誹毀之ニ関シテハ」これらを親告罪とする刑法の「規定ガ不十分デアルカラ」別に立法を要するとして、次のようなやり取りがあった。

「治安警察法十七條ハ廢止スル、但シ暴行脅迫等ハ別、何處カデ案ゼラレテ居ツテ、別ニ法律ヲ出サルル、斯ウ云フヤウナ考ヘデ行ク積リデ出来テ居ルノデアリマスカ」（内相・若槻禮次郎）

「ソレハ一番アトノ方ノ部分ニ入レテ司法省ノ方デ……」（法制局長官・山川端夫）

「司法省デハサウ云フ御考ニナツテ居ルノデアリマスカ」（若槻）

「暴力團取締ニ関スル立法ヲシタイト思ツテ研究シテ居リマス、其中ニ適當ニ入レルコトガ出來タナラバ入レ

タイト思ツテ考ヲ練ツテ居リマス」（司法次官・林頼三郎）その成果だったのだろうか。治安警察法第一七条の「誘惑若ハ煽動」は労働争議調停法第一九条に引継がれ[17]、この文言の使用を避けながら、実際に治安警察法第一七条の正嫡として生出されたのが暴力行為等処罰法であった[18]。

Ⅲ 「血なまぐさい歴史を持った法律」

制定時の暴力行為等処罰法は全三箇条から成り、第一条は「團體若ハ多衆ノ威力ヲ示シ」、「團體若ハ多衆ヲ假裝シテ威力ヲ示シ」または「兇器ヲ示シ」若しくは「數人共同シテ」行う暴行、脅迫、器物損壊の刑法典各則の法定刑を「三年以下ノ懲役又ハ五百圓以下ノ罰金」に加重するとともに親告罪の要件を排除し、さらに第二項は「常習トシテ前項ニ掲クル刑法各條ノ罪ヲ犯シタル者ノ罰亦前項ニ同シ」という、暴行・脅迫・器物損壊の常習加重処罰規定であった[19]。このように第一条は結社罪や加入罪という形式をとらず、一定の要件下で実行せられた刑法典各則の行為を加重処罰するものであり、その規定振りは典型的な治安法というよりむしろ一般刑法のそれであった。

しかし問題は、「團體若ハ多衆」あるいは「數人共同シテ」という要件により、廃止された治安警察法第一七条に替る大衆運動・社会運動の抑圧法規として活用されうることにあった。また第二条は、「前條第一項ノ方法ニ依リ」（一項）あるいは「常習トシテ故ナク」（二項）「面會ヲ强請シ又ハ强談威迫ノ行爲ヲ爲シタル者」を「一年以下ノ懲役又ハ百圓以下ノ罰金ニ處ス」として、団体や集団性あるいは常習性を要件として警察犯処罰令違反行為を処罰するもので[20]、やはり治安警察法第一七条（三項）に替る取締法規として活用される虞を排除していなかった。さらに、第三条は「第一條第一項ノ方法ニ依」る刑法犯利用行為を幇助や教唆とは別異に処罰する規定であり[21]、団体や集団性を要件として、行為以前の共謀段階での処罰を可能とするものとなっている。

このように、暴力行為等処罰法は結社や加入それ自体を構成要件とすることなく、団体ないし集団性（の仮装）を行為要件としつつも、政治的あるいは経済的な目的ないし動機による限定を排除することで、むしろあらゆる大衆運動を弾圧し取締まりうるものとなっていた。その立法理由として主張されたのは、例外状況の創出の常套句さながら、経済状況や思想状況や政治状況の変化とそれに対する法制の不備であった。要するに、新たな形態の暴力の横溢に対する支配層の感受性の変化と、それに対する刑事法制の無力（感）である。本法の制定後間もなく著されている思想検事の解説においてもその点が強調されている。例えば、経済状況や思想状況の変化により、

「不良の徒が跋扈し暴力的行爲を逞しふすることにより良民の迫害を被ること甚大であるから、之を鎮壓し防遏することは目下の急務である、……刑罰法規を制定するが如きは其の一端に過ぎぬことは言を待たざる所である」

として暴力行為等処罰法は、

「暴力的行爲を要素となす犯罪の中、とくに不良者の慣行するところの犯罪に付て厳重なる規定を設けて當面の急に應ずるの措置を爲したるものである」

とするもの[22]、「輓近に於ける時代の特殊情勢」は「暴力的行動の洪水時代」ともいうべき「殺伐なる犯行の増加」であり、その主な主体は、

「所謂壮士、博徒、侠客、三百代言、流浪の徒、正業を顧みず法度を畏れず振舞う無頼の徒、定まれる住居もなく漂白い居るごろつき、其の他暴力的直接行動に出づる無政府主義的思想傾向者等」

だが、刑罰法規がこれらの新たな「犯罪に対する闘争の武器としての効用を発揮し得ざるの情勢」にあることから暴力行為等処罰法が制定されたとするものである[23]。

しかし、上述のとおり団体や集団の要件には何らの限定もなく、立法時の議会質疑においてもその濫用が当初か

ら懸念されていた。この点に関する司法大臣・江木翼の答弁は、暴力行為等処罰法は、労働運動・小作運動・水平運動等の――治安警察法第一七条廃止後にはもはや――正当とされる市民活動を専ら取締目的とするものではないとする一方で、その性格や目的の別なく、あらゆる団体・集団が本法の適用対象たりうると明言するものであった。[24] したがってこれに対して、

「本案規定ノ暴力行爲等ヲ檢擧スルニ當タリ當局ハ須ク其運用ニ戒心シ苟モ人權蹂躙ノ非違ナキコトヲ期スヘシ」

という付帯決議がなされようとも、暴力行為等処罰法の治安刑法としての活用を阻止することはできなかったろう。[25] 現にこうしたタテマエともいうべき立法理由の主張にもかかわらず、法案審議の委員会で司法省が提示した「暴力團取締ニ關スル一班」と題される資料中には、

「いわゆる特殊部落民に對し冷遇するの習慣があつた所水平思想の發達により團體を背景として直接にきう弾せんとする弊風を生じたること」

との記述があり、すでに水平運動が暴力発生の主要因の一つであると明示されていた。[26] また、暴力行為等処罰法の施行後七箇月間の適用状況に関する司法省の分析においても、本法の適用対象となる「團體運動」とは、「名稱として適當ではないが思想運動勞動運動水平運動の類に屬する團體的運動を指して居る」とされている。[27] 興味深いのは、司法省刑事局長・立石謙輔が法案審議過程において、政治的セレクションなしに暴力行為等処罰法を適用しうるのかという趣旨の質問に対し、次のように答弁していることであろうか。

「此點ハ司法當局ノ直接ノ問題デハゴザイマセヌガ、元ト此法案ノ出マシタノハ自由法曹、其他各種ノ法團、警視廳邊リモ此事ヲ非常ニ望ンデ居ッテ、私共ハ元來此法律ガナクテモ他ニモウ少シ方法ガアルモノト――（ママ）是ハ内務省ヲ攻撃スルヤウニナリマスガ、[28]……」

要するに司法省は、労働運動や農民運動の取締にとってこの法律の制定を喫緊の課題と考えているわけではなく、内務省等の要請に従っているに過ぎないことを窺わせているわけである。

ところがその姿勢は法制定後には一変し、「思想運動勞動運動水平運動の類に屬する團體的運動」といった広範な大衆運動も、この法律の適用対象となりうることを明らかにしたことになる。治安維持法を法的根拠とする団体・集団の弾圧取締は思想自体を弾圧取締対象とし、「人間の改造」としての思想善導＝転向政策の手段であったのに対し[29]、暴力行為等処罰法はそれを補完するものとして活用しうるものとなったわけである。周知のとおり、司法省は思想善導による思想国防体制の牽引主体をもって任じていた。恐らく、京都学連事件の一九二七年五月三〇日第一審判決において、被告人三七名全員が私有財産否認のための「協議」罪で有罪とされ結社罪が適用されなかったことに加えて、翌二八年の三・一五事件でも治安維持法の結社弾圧取締法としての限界を痛感して[30]、司法省エリートの暴力行為等処罰法に対する評価とその適用への姿勢に変化が生じたのかもしれない。

いずれにせよ歴史の事実として、暴力行為等処罰法は広範な大衆運動に対する弾圧取締法規として猛威を揮うことになった。

「この暴力行為等処罰法という名の法律は、大正一五（一九二六）年に制定・施行されてから以後、敗戦の前後を通じて現在にいたるまで労働組合運動は勿論のこと、農民組合運動・市民的大衆運動・学生運動等にたいして常に弾圧のための第一線的武器として活用されてきた、全く血なまぐさい歴史を持った法律なのである」[31]。

確かに制定後二〇日を経過した四月三〇日の施行直後から、暴力行為等処罰法は水平運動、労働運動、農民運動にその牙を剥いている。労働運動への初の適用は、施行前の四月二一日より一〇五日間に及ぶ争議となった日本楽器争議事件である[32]。水平運動についても、独立系水平社・自治正義団による施行前の四月二八日と二九日の「謝罪文の交付」等の要求が、「各相手方をして不安困惑の念を生ぜしめ、強談威迫したるものなり」として、同年六月六日（京都市）行橋区裁判所で拘留二〇日の有罪判決を受けたという。[33]

農民運動に対する適用も早く、被告人が五月一〇日に「荒キ言語ヲ以テ……農民組合ナル團體ノ威力ヲ示シ……（被害者を――引用者）脅迫シタ」という事案であった。注意すべきは、この事案が大衆運動に伴う、あるいはそれを背景とする活動に対して、暴力行為等処罰法の適用を許容する初の大審院判決となったことである。その判旨は次のとおりである。

「暴力行為等処罰ニ関スル法律ハ団体ヲ標榜シ之レヲ背景トシテ其ノ威力ヲ利用シ暴行又ハ脅迫ノ罪ヲ敢行スル者ヲ取締ル為ニ制定セラレタル法規ニシテ団体運動其ノモノハ正当ノ目的ヲ有シ常ニ暴力行為ヲ為サス又ハ団体員ニ不良ノ徒ナシトスルモ之ヲ背景トシテ其ノ威力ヲ利用シ暴行又ハ脅迫ノ罪ヲ敢行スルトキハ其ノ行為ハ該法律一条ニ該当ス」（大判大正一五・一一・二二刑集五・五三一）

立法時の司法相の答弁さながら、労働運動・農民運動・水平運動等の正当目的団体（のみ）を狙い撃ちとはしないものの、しかし公安秩序の維持のためには容赦なく適用するということであろうか。とまれ法制定の年のこの大審院判決を嚆矢として、[34] 暴力行為等処罰法は広範な大衆運動に対する取締法規として、まさに治安刑法そのものの「血なまぐさい歴史」を重ねてゆくのである。[35]

Ⅳ　思想検事の解説

暴力行為等処罰法立案の主担官庁は司法省であり、もちろんその適用を主導したのも司法省に属する検事であった。この法律がその実相において治安刑法として活用されたのも、その担い手たる検事の評価や理解によるものであったろう。それについてここで取上げるべきは、――後に――思想国防の尖兵として自他ともに思想司法の牽引主体をもって任じた思想検事のそれで、鹽野季彦『暴力行爲等處罰法釋義』(厳翠堂、一九二六年、以下塩野『釈義』と記す)[36]、池田克「暴力行爲等處罰法」(『現代法学全集 第四巻』日本評論社、一九二八年)[37]、長谷川瀏『暴力行爲等處罰法令義解』(松華堂、一九三五年、以下『義解』と記す)[38]である。

暴力行為等処罰法の立法事実に関する記述はすでに見た。本法と治安警察法第一七条の廃止との関連から始めよう。すでに治安警察法の後継治安刑法としての実績が定着していたことによるのか、施行後一〇年近くを経て刊行された長谷川『義解』には、「他の法令との關係」として治安警察法を取上げるに際しても、この点に関する格別の記述は見当たらない。もっとも他の箇所で、

「既に法律として施行せられた以上、思想運動に因る行爲たると無頼漢が利慾の爲になした行爲であらうと、苟くも本法に該當するものである限り無差別公平に之を適用處斷しなければならないことは謂う迄もない」[39]としており、次に見る塩野『釈義』と同様の見解を示している。施行直後に著された塩野『釈義』は、この法律が治安警察法に替わって「團體運動を取締るのではないかと杞憂を抱く者」の「蒙を啓く必要がある」として次のように述べ、立法時の議会における司法相の、したがってまた司法省の見解を裏打ちする。

「勞動者の爭議に付ては新たに勞動爭議調停法が制定せられ、其の同盟罷業の如きは既に公然之を權利として認むる今日に於て之を防遏するに刑罰法を以てするが如きは、時代に逆行するものであつて夢想だも許されぬことである。小作爭議に付ても同樣であり、水平運動に付ても亦然りである。本法は決して此等正當なる目的を有する團體運動を阻止せむとして制定せられたものではないのである。其の目的とする所は前に述べた通り全く無頼漢等不良の徒を鎭壓せむが爲である。然れども固より正當なる目的の運動と雖、狂暴の所業に及ぶもののあらば其の目的の正當なるの故を以て其の手段の非違を寬恕すべきものではない、其の所業にして刑法に觸るゝものは刑法を以て又本法に該るものは本法を以て之を處罰すべきである」[40]。

これに対して、池田「暴力行爲等處罰法」の見解は一見意外の感を受ける。治安警察法第一七条の廃止は労働者・農民等による団体活動の違法視を揚棄するものであり、これらに対して暴力行為等処罰法を適用すると、治安警察法第一七条（第三〇条）の法定刑よりも重い刑法典の暴行・脅迫・器物損壊の法定刑をさらに加重する法律適用となるとして、それは何としても不当だというのである。

「而かも第一七條に規定せられて居た行爲は團體員の個々の単獨犯のみならず、犯罪形態として数人共同の行爲及團體乃至多衆の行爲をも豫定していたのであるから、同條の規定した特殊の場合の特殊の行爲に關する限りに於ては、夫れが假令形式から見て暴力行爲処罰法の規定する犯罪の構成要件を具備していても同法の適用が無いのではあるまいか。若しも然らずとせば第一七條廃止の精神は没却されることになるのではあるまいか。第五一回帝國議會は前にも述べた通り、一方に於て第一七條第三十條の廢止を議決すると共に、他方に於て暴力行爲に關する處罰法の制定を議決したのであるが、國家の意思は前者に對して後者を代替せしめむものとしたのではないのであつて、私は斯の如き意味に於て暴力行爲等處罰法第一條の適用範囲が自ら制限を受くるものと考へるのである。即ち暴力行爲等處罰法は、勞働組合、農民組合の運動の抑壓、團結の破壊を目指してゐるものでもなければ、勞動争議や小作争議にビシビシと適用せられるべき「瞞し打ち的な悪法」でもないのである」[41]。

もっとも池田のこの主張は、結論において塩野『釈義』のそれと異なるものではない。「農民組合ナル團體ノ威力ヲ示シ」た場合の暴力行為等処罰法適用に関する上述の大判大正一五・一一・二二の判断について、池田は「亦當然なりと云はねばならぬ」としているからである[42]。とはいえ池田の論法によれば、治安警察法第一七条の後継法規として暴力行為等処罰法が活用されれば、それは「瞞し打ち的な悪法」ということになるはずである[43]。上述のとおり池田「暴力行爲等處罰法」の刊行時には、すでに治安刑法という暴力行為等処罰法の相貌は明らかになっていた。

塩野『釈義』のごとき強弁でないとすれば、池田の診断は歴史の事実に照らせば明らかに誤謬であったといわねばなるまい。池田の見解は、あるいは思想検事たる池田にとってのあるべき治安維持法の活用、つまりは更なる治安維持法適用の活発化と全面化の下での暴力行為等処罰法適用を念頭に置いたものだったのかもしれない。

これらの著作においてなお注目を要するのは、暴力行為等処罰法第一条「数人共同シテ」における共謀共同正犯の成否であろう。著者はいずれも戦時思想司法を牽引した思想検事であり、治安維持法違反を典型とする政治犯において、思想司法はそれでなくとも弛緩していた法規拘束性を完膚なきまでに破壊した(44)。捜査の簡便化や立証の緩和をもたらす共謀共同正犯という判例の法理は、思想司法（の論理と心理）の温存によってニホンの刑法全般の治安法化をもたらしうるものである(45)。この点につき、池田「暴力行爲等處罰法」は共謀共同正犯に関する大審院判決を惹きつつ、「總て共同正犯に關する理論を適用しても差支えない」として積極に解している(46)。これに対してやはり意外の感を受けるが、塩野『釈義』と長谷川『義解』は明確に否定する。『釈義』は、暴力行為等処罰法の「数人共同シテ」とは、「現に二人以上が被害者に對して直接威壓する場合なりと解さなくてはならぬ」として、大審院の判例に「從ふべきものではない」と明言する(47)。また『義解』も同じく、

「尤も刑法の共同正犯に關する近時の判例は反對の解釋を採る傾向があるやうであるが自分は共同暴行を單純なる暴行罪の加重犯情としてみる場合には狹く解釋して構成要件に該當する行爲を實行したるもの、みに限るのが穩當であらうといふ見解をもつてゐる(48)」

として、共謀共同正犯を明示的に否定して見せている。もっとも、証明負担の軽減とともに共謀の内実の希薄化を進めれば、当該団体若しくは多衆に関する「公知の事実」によって、団体若しくは多衆の「威力を示し」あるいは「仮装」することに関する（黙示の）共謀が認められようから、同じく第一条の適用が可能となる場合もある。『釈義』と『義解』の見解は、たんに第一条所定の行為態様の区分によるものでしかないともいえようか(49)。

ところで、塩野『釈義』と池田「暴力行為等処罰法」は、その体裁においても行論においても標準的あるいは模範的な註釈書だが、長谷川『義解』は捜査や公判を担当する思想検事のための提要ともいうべき内容を伴っている[50]。各条文の構成要件を細分化して、第一条は「特殊刑法犯及常習刑法犯」として一五節、第二条は「特殊警察犯及常習警察犯」として一〇節、第三条は「特殊刑法犯利用行爲」として四節にわたって註釈を記し、その各節毎に「檢擧の端緒」「捜査事項」「犯罪事實記載例」「判例」を掲げ、なお巻末には捜査記録の作成方法と暴力行為等処罰法違反事件の訴訟記録の一部を掲載しているのである。興味深いのは、「犯罪事實記載例」は仮想ながらも可能な限り事実に基づくものだとして、その中に労働運動や農民運動や学生団体の活動に伴うものを多く掲げていることであろうか。現に長谷川自身も次のように慨嘆している。

「本法を適用處斷した對象を通觀して最も注意を牽くのは「暴力團員の如き者の爲した職業的常習的犯罪が本法適用處斷の對象中少ないこと」である[51]」。

長谷川はこの原因を一三項目にわたって列挙しているが、その論旨は一貫しない。例えば、この現象は検察の政治的セレクションによるのではなく、「社會情勢に応じて検擧の主力を必要な特定方向へ意識的に向け」た結果、暴力団暴力よりも「思想的暴力行爲」の検挙が多くなっているに過ぎないという[52]。しかし、法施行の一九二六年からこの著作発刊の三五年までの社会的現実として、「良民」を苦しめる集団暴力の過半が「思想的暴力行爲」であったといえるだろうか。むしろ、「検擧の主力」を「思想的暴力行爲」に傾注すべき「社會情勢」であるという、その評価自体が思想検事の政治的セレクションを顕にしているというべきだろう。また、大都市における暴力行為の検挙の第一位は「勞働運動の思想的暴力行爲」で、農村地方におけるそれは「農民運動の思想的暴力行爲が殆ど其の全部である[53]」。長谷川によれば、それも政治的セレクションによるのではないという。

「全く行き當たりばつたりの検擧で、思想運動取締の結果、本法違反行爲があれば序に検擧して置く、他の犯罪の検擧を試みたが目的通り行かなかつたので止むを得ず本法を適用して置く、といふ風なものが多かつたようである」[54]。

「此の法律が無力なのではない。捜査能力に足らざるところがあつたのでもない。

克く此の法律の精神を理解し、其の欲するところに検擧の主力を集中したならば、呪ふべき暴力の跳梁跋扈は容易に之を掃討鎮滅せしむることが出来ると思ふ」[55]。

この法律の活用がいまだ不十分だというのである。暴力行為等処罰法の適用数をみる限り[56]、長谷川『義解』の述べるところとは異なって、「暴力行爲排撃の爲に用意周到且つ効果的に構成されてゐる」この法律が「比較的閑却せられてゐた」[57]とはいえまいが、長谷川は（思想）検事に対してこの法律の更なる活用を督励する。「捜査官は豫め暴力を對象とする刑罰法令に通曉して其の運用に熟練して置かなければならない」が、それは、「戦爭と同じである。開戰に先つて武器弾薬の準備は勿論、假装（ママ）敵國の研究を盡くして置くことが必要である」[58]。

さて、長谷川のいう主要「仮想敵国」は果たして暴力団暴力だったろうか。『義解』に述べられているところによるとそうとは思えない。例えば第一章第一節の「検擧の端緒」は、なるほど「不良徒輩」の出入り場所での身分を隠したうえでの「捜り込み」「引き當り」等も挙げつつ、「行政警察事務を執る者と常に密接の連絡を取」ることで犯行の予知も可能であり、「爭議などの起り易い工場其の他の職場に於て聞込みを得ることも少なくない」[59]として、政治警察たる「特高警察」との連携の必要も含めて、次のように説いているからである。

「威力暴行の検擧の端緒を得るには特に團體又は多衆に注目すべきことである。團體の存在は平素より内偵を厳にし其の團體の主義、綱領及び其の實際的行動等に注意し其の團體の實際的行動が不法なる行爲を以て行動綱領とするなれば其の團體員の日常は必ずや暴力行為の連續であらう。夫故特高警察事務に従ふものと連絡を取り既存團體の内容及び其の團體員の性行等に不斷の注意を拂ふことが肝要である。さすれば之より檢擧の端緒を摑み出すことが出來る。

多衆も亦同樣であつて、多數の人が集まるが如き場合例へば爭議、示威運動の如きものがあるときは之に臨むで此の多衆を利用して暴力行爲の行はるることなきやを注意すれば其の間にも亦犯罪檢擧の端緒が得られる[60]」。

これに続くほぼすべての節において、「檢擧の端緒」はこの第一節で「述べた處と同一である」とされる。もはや明らかであろう。長谷川にとって、暴力団暴力のみならず「思想的暴力行爲」もまた、「掃討鎮滅」の対象だったということである。

ところで一九二八年六月、司法省の主導により緊急勅令として治安維持法が改正され[61]、いわゆる「目的遂行罪」が導入されたが、一九三四年には、検察官に対する強制処分権限の付与と後に思想犯保護観察制度として結実する予防拘禁制度の創設を狙った治安維持法改正が、そして翌三五年には、予防拘禁制度の部分を削除した改正案が頓挫を見ている[62]。長谷川『義解』刊行の頃の司法省には、同法の膨張的運用のための方途を開発するとともに、その補完法として暴力行為等処罰法をより有効に活用すべきであるとの問題意識も存していたろう。思想検事の悲願は「思想」弾圧取締法たる治安維持法適用の活性化と全面化であり、暴力行為等処罰法による治安維持法の補完を必要とするという現実は、思想司法の貫徹という意味では不本意だったのかもしれない。しかし、治安維持法を中核とする思想司法の貫徹になお時日を要する段階では、それを補完する「思想的暴力行爲」取締法規たる暴力行為等処罰法適用の拡充・強化を要していたということであろうか。なお資史料の検討を要する現段階では牽強付会にすぎるかもしれないが、一九三五年刊行の『義解』の含意は案外に小さくないとも思える。

V　エピローグ

暴力行為等処罰法の適用は思想国防を担う思想検事の職掌であった。[63]思想国防の中核をなす治安維持法の補完法としての機能を隠されたモチーフとすれば、暴力行為等処罰法の権威主義国家における治安刑法としての性格は明らかであった。しかし、ポツダム勅令――「ポツダム宣言受諾ニ伴ヒ発スル命令ニ関スル件」（昭和二〇（一九四五）年九月二〇日勅令第五四二号）――にもとづく諸勅令ないし法律によって、治安維持法、国防保安法（昭和一六（一九四一）年三月七日法律第四九号）、戦時刑事特別法（昭和一七（一九四二）年二月二四日法律六四号）、治安警察法等をはじめとする数多の治安刑法が廃止されたにもかかわらず、また、ポツダム勅令の実効性を裏打ちすべく発せられた一〇月四日のGHQ「人権指令」――「自由の指令」とも称される「政治的、公民的及び宗教的自由に対する制限の除去の件（覚書）」――が、「思想、宗教、集会及言論ノ自由ニ対スル制限ヲ設定シ又ハ之ヲ維持セントスル」一切の法律等の廃止を求め、しかもその対象は「コレラニ限定セラレズ」と付記したとおり、「この覚書は、治安立法と治安機関に対する大規模な廃絶を指示するものであったばかりでなく、……治安機関・治安立法廃絶に対する占領軍の強硬な決意を表明するものであった[64]」にもかかわらず、暴力行為等処罰法が廃止されることはなかった。

上述の代表的な思想検事・池田克に倣っていえば、その契機はやはり、敗戦に伴う未曽有の社会的混乱という「時代の特殊情勢」であった。[65]治安当局たる内務省や司法省は、「終戦後共産主義者、朝鮮人、華人労働者の集会、大衆的示威運動頻々として行われ」る事態に危機感を募らせていた。それに応じて、政府は一九四五年一〇月八日「騒擾、暴行等の不法行為」に対する司法権の発動を宣言する「大衆運動の取締に関する件」を閣議決定し[66]、内務省と司法省による一〇月二六日共同発表の「越軌行為取締に関する件」として、一一月七日に刑事局長から各検事正に通牒が発せられている。[67] それによると、

「大規模ノ集會又ハ示威運動ニシテ常軌ヲ逸脱シ騒擾、暴行等ノ不法行為ヲ惹起スル場合ニ於イテハ既存ノ法律ニ依リ断乎タル取締ヲ爲シ以テ社会情勢ノ変化ニ依リ激動スル事態下ニ於ケル大衆運動ヲシテ公明且ツ秩序アラシメ治安維持ノ萬全ヲ期セラレ度」

とされているが、すでに治安維持法等の主要な治安刑法が廃止されていたこの時点では、「既存ノ法律」の主力となりうるのは暴力行為等処罰法のみであったろう。[68] こうした動きに呼応して、この法律の来歴に関説しつつなお本法を一般刑法であると強弁し、その効能と実績を誇る——思想検事に対抗した——経済検事の経歴を有する現役検事の言説も見られた。

「本法案の審議に当り、もっとも問題になったのは、右の治安警察法第一七條の廃止法案との関係上、暴力行爲等處罰に關する法律は、勞働運動、小作争議等に適用せらるるや否やの点であつた。議員は、治安警察法第一七條の廃止法案が提出され、同時に暴力行等爲處罰に關する法律案も提出されたから、後者を以て前者の代替とすることは出来ない。若し、代替の法なりとすれば、治安警察法第一七條の廃止は、全く無意味となるからである。従つて前者の廃止の精神を徹底せしむる為には、後者は合法なる勞働争議、小作争議には適用がないとすべきであると主張し、政府も亦この主張に屈し、本法は、合法的なる労働運動や小作争議を取締るものに非ずの旨を言明した。然るに、その後の本法の適用の実情は、広く労働運動や小作争議の一切に亙りこれを行つている。本法は、一般労働刑法としてとくに重要な地位にある。労働運動に伴う暴力的犯罪にして、本法の適用なきものは殆どない」[69]。

こうして暴力行為等処罰法は、爆発物取締罰則や「盗犯等ノ防止及処分ニ関スル法律」（昭和五（一九三〇）年五月

二三日法律第九号）とともに延命され、最高裁による合憲判決（最大判昭和二九（一九五四）・四・七刑集八・四一五）を経て、池田のいう「瞞し打ち的な悪法」として現在に至るまでその猛威を揮い続けている。[70] 池田がその著作において、「本法は要するに刑法規定である。単なる警察法規ではない。……殊に目下當局に於て刑法改正事業中であるから改正の暁に於ては本法の規定は總て之を刑法中に繰入るべきものであろう[71]」としていたとおり、一九七四年五月二九日法制審決定による治安主義の色彩も濃い改正刑法草案は、保安処分を導入したうえ、多くの多衆犯罪規定を設けて暴力行為等処罰法の規定をすべて包含していた。暴力行為等処罰法は、一般刑法の外装を纏った治安刑法の雛形ともいえようか。この法律が命脈を断たれるどころかいまなお活用されている現実こそが、ニホンの刑事法制と刑事司法に巣喰う権威主義的性格を物語っている。もはやいうまでもなく、そうした現実の克服こそが、「歴史的なものの理論化」という刑法学（における歴史研究）の課題である。[72]

（1）内田博文『刑法学における歴史研究の意義と方法』（九州大学出版会、一九九七年）一頁以下、同『日本刑法学のあゆみと課題』（日本評論社、二〇〇八年）一五頁参照。
（2）さしあたり宮本弘典「国営刑罰の論理と心理——国家テロルの偽装戦略」ホセ・ヨンパルトほか編『法の理論28』（成文堂、二〇〇九年）五四頁以下参照。
（3）内田・前掲註（1）『日本刑法学のあゆみと課題』五頁。
（4）内田・前掲註（1）『日本刑法学のあゆみと課題』六頁。
（5）内田博文『刑法と戦争——戦時治安法制のつくり方』（みすず書房、二〇一五年）四三頁。
（6）内田・前掲註（1）『日本刑法学のあゆみと課題』五頁。
（7）ここに所謂「市民的治安法」について、例えば中山研一『刑法総論』（成文堂、一九八二年）五頁、吉川経夫・小田中聰樹『治安と人権』（法律文化社、一九七四年）二八九頁以下は「機能的治安立法」と称している。なお治安法に関する先行研究として、宮内裕『戦後治安立法の基本的性格』（有信堂、一九六〇年）、中山研一『現代社会と治安法』（岩波書店、一九七〇年）等参照。

（8）その経緯の詳細については、内田・前掲註（5）『刑法と戦争』第一一章「儀式化する刑事裁判」二五九頁以下、さらに戦時刑事司法の平時化について二七九頁以下参照。

（9）なお近時の批判的検討としてさしあたり、暴力行為等処罰法の立法と適用について一次資料により詳細に検証する松山貞哉「「暴力行為等処罰ニ関スル法律」の立法事情と適用実態」法研論集（関東学院大学大学院法学研究科）第一四号（二〇一五年）一頁以下の他に、宮島尚史「暴力行為等処罰法の違憲無効」学習院大学法学会雑誌第三九巻二号（二〇〇四年）六三頁以下、宮本弘典「刑法のプレ・モダンの現実——暴力行為等処罰法第一条一項「数人共同シテ」の意義をめぐって」関東学院法学第二〇巻四号（二〇一一年）七五頁以下参照。

（10）暴力行為等処罰法は一九二七年七月一日より朝鮮や台湾でも施行されているが、韓国には現在もなお全一〇箇条からなる同様の法律があり、常習や集団による暴行・脅迫・住居侵入及び不退去・器物損壊等を加重処罰し、また、第二条はニホンの暴力行為等処罰法第一条と似た規定振りで、団体や多衆の威力やその仮装の規定を置いている。

（11）風早八十二『日本社會政策史』（日本評論社、一九四七年）三三九頁参照。

（12）宮島・前掲註（9）六六頁参照。

（13）内務省編『労働運動年報　大正一五年（昭和元年）』（明治文献、一九七一年）四三七頁参照。

（14）大霞会編『内務省史　第四巻』（地方財務協会、一九七一年）四五〇～四五一頁。なお、横関至「若槻礼次郎の労・農運動対策の基本的性格——「政党政治」下の労・農運動対策に関する一考察」一橋論叢第七六巻一号（一九七六年）九五頁以下参照。

（15）横関・前掲註（14）九八頁。

（16）ＪＡＣＡＲ（アジア歴史資料センター）Ref.A05021078100、各種調査会委員会文書・行政調査会書類・十三議事録（総会）第一号（国立公文書館）二二八頁～二三〇頁。

（17）労働争議調停法は第一九条で、労働争議に関して調停手続きの終結までの間、争議に関して労務提供の中止や低減、作業の進行の阻害、生産品の品質低下等の目的による「誘惑又ハ扇動」を禁じ、第二三条でその違反に三月以下の禁錮又は二〇〇円以下の罰金を科していた。もっとも、この法律による調停の性質を窺わせるものとして、調停官の多くを警察官吏が占めていたことについて、松山・前掲註（9）三六頁参照。

（18）治安警察法改正問題は、一九一八年の第四一帝国議会における第一七条の「誘惑若ハ煽動」の削除という改正提案を嚆矢とし、翌年の第四二帝国議会における第一七条の廃止提案と続き、一九二六年第五一帝国議会を迎えていた。最も取締実績をあげていた

「誘惑若ハ煽動」の削除が従来の争点とされていたことから、司法省としては暴力行為等処罰法におけるその文言の採用を避けたのであろう。なお「誘惑若ハ煽動」による弾圧取締の状況としては、治安警察法の主担たる内務省警保局による『治安警察法改正参考資料』（内務省警保局、一九二四年）（JACAR（アジア歴史資料センター）Ref.A06030072800、治安警察法改正参考資料（国立公文書館））に付された大正拾二年二月「治安警察法改正案ニ對スル参考表」中の「治安警察法第一七条違反者調」をもとに計算すると、一九一四年から二二年までの「治安警察法第一七条違反者調」の総計は一二四件八二八人だが、そのうち「誘惑」「煽動」「誘惑扇動」は八三件五三一人に上り、それぞれ約七〇％、六五％を占めている。また数は多くないものの、「誘惑扇動暴行脅迫」も四件一三人である。なお松山・前掲註（9）二〇頁参照。

(19) 第二項は一九六四年改正により第一条ノ三として別条規定となった。なお本条に規定される刑法典の各行為の本条成立当時と現行法の法定刑は、暴行罪（刑法第二〇八条二年以下の懲役若しくは三〇万円以下の罰金又は拘留若しくは科料　本条立法時の長期は一年で親告罪）、脅迫罪（刑法第二二二条二年以下の懲役又は三〇万円以下の罰金　本条立法当時の長期は一年）、器物毀棄罪（刑法第二六一条三年以下の懲役又は三〇万円以下の罰金若しくは科料で親告罪）となっており、これらを本条所定の要件により犯した者は、「三年以下の懲役又は三〇万円以下の罰金」とされるゆえ、現行刑法と比しても拘留や科料が選択刑から排除されるとともに刑が加重され、あるいは親告罪要件が除外されている。

(20) 警察犯処罰令第一条四号「故ナク面会ヲ強請シ又ハ強談威迫ノ行為ヲ為シタル者」（三〇日未満の拘留）の刑法犯への格上げである。

(21) なお、現行の暴力行為等処罰法は一九六四年の改正により、制定時の第一条二項の常習加重処罰規定が第一条ノ三として別条となり、立法時よりも大幅に法定刑を引上げられ、さらに新たに第一条ノ二の「銃砲又ハ刀剣類ヲ用ヒテ」行う加重傷害規定が設けられている。法定刑は「一年以上十年以下の懲役」で二項により未遂も同じである。

(22) 鹽野季彦『暴力行爲等處罰法釋義』（巖翠堂、一九二六年）一二頁以下。

(23) 池田克「暴力行爲等處罰法」末弘厳太郎編『現代法学全集（第四巻）』（日本評論社、一九二八年）二七六頁以下。

(24) 「玆ニ團體ト申シマスルノハ、多衆ガ協同シテ一ツノ集合體ヲ爲シテ居リマスル以上ハ、是ハ總テ團體ト見ザルヲ得ヌノデアリマス、……ソレカラ勞働ナリ、小作ナリ、其他水平運動ナドヲ、此法律ニ依ッテ取締ル意思ガアルカドウカ、是ハ全クサウ意思ヲ持ッテ居ラヌノデアリマス、……暴行或ハ器物毀棄デアルトカ……面會ヲ强要スル、强談威迫ヲ爲ストテ云フ如キ行爲ヲ取締ラントスルモノデアリマスガ故ニ、此法律ノ目的トシテ、勞働運動デアルトカ、或ハ小作運動デアルトカ若ハス水平運動デアルトカ云フガ如キモノヲ取締ルト云フ目的ハ、毛頭持ッテ居ラヌノデアリマス……」（「第五一回帝国議会衆議院議事速記録第二二号」『官報号外』（内閣官報局、一九二六年（大正一五年）三月一九日）八六九頁〜八七〇頁）。

政治的治安法ならざる特別刑法においてはむしろ団体や集団の限定要件を付す必要がないということなのだろう。この伝統は今日も変わらず、例えば三浦守・松並孝二・八澤健三郎・加藤俊治著『組織犯罪対策関連三法案の解説』（法曹会、二〇〇一年）七〇頁によると、組織犯罪処罰法第二条の「団体」についても、「本項に規定する団体は暴力団その他犯罪の実行を目的とするものに限定されない」とされる。

(25) 谷口正孝「裏切られた立法理由――暴力行為等処罰法の運用について」ジュリスト第五八号（一九五四年）三八頁は、この付帯決議を法文に反映させるための「だめ押し」を欠いたことが、その後の本法の運用における「禍根」となったと指摘する。

(26) これについては、廣畑研二「「暴力行為等処罰法」の成立とその発動」秋定嘉和・朝治武編『近代日本と水平社』（部落解放・人権研究所、二〇〇二年）一五八頁以下参照。

(27) 「「暴力行爲等處罰ニ關スル法律」實施ノ成績ト團體運動」『思想調査 第二号』（司法省刑事局、一九二七年）四四頁。

(28) 「第五十一回帝国議会衆議院 勞働爭議調停法案（政府提出）外一件（勞働組合法案（政府提出）暴力行為等処罰ニ關スル法律案（政府提出）委員会議録（速記）第九回）」（衆議院事務局、一九二六年三月二〇日）六頁以下。

(29) この点については林尚之「近代日本の思想司法――検察権と国体をめぐって」立命館大学人文科学研究所紀要第九七号（二〇一二年）六四頁以下、さらに治安維持法の刑法史的意義については、内田博文「治安維持法の成立と改正について（一）〜（三）」神戸学院法学第四四巻一号（二〇一四年）一頁以下、第四四巻二号（二〇一四年）一九九頁以下、第四四巻三・四号（二〇一五年）五五一頁以下参照。

(30) 内田・前掲註(29)「治安維持法の成立と改正について（二）」二〇〇頁や中澤俊輔『治安維持法 なぜ政党政治は「悪法」を生んだか』（中央公論新社、二〇一二年）九〇頁以下は、思想検事創出の契機となった一九二八年の三・一五事件により、共産党員以外に対しては治安維持法の結社罪が機能しえないことが露呈されたことを指摘するが、これが司法省による治安維持法の「解釈」適用拡大を生むと同時に、暴力行為等処罰法の存在意義をも高めたものといえようか。なお、荻野富士夫『思想検事』（岩波書店、二〇〇〇年）二七頁〜二八頁、三一頁以下も参照。

(31) 熊倉武「暴力行為等処罰法の一部改訂と労働組合運動」季刊労働法第四八号（一九六三年）四五頁。さらに内藤功「暴力行為等処罰法改正と労働運動」法律時報第三五巻七号（一九六三年）二六頁以下参照。

(32) 日本楽器争議については、大庭伸介『浜松・日本楽器争議の研究　一九二六・四・二六〜八・八』（五月社、一九八〇年）、森長英三郎「浜松・日本楽器争議事件――思想で対決の労働争議」法学セミナー第二二一号（一九七四年）八二頁以下等参照。

(33) 小正路淑泰「承認と逸脱をめぐる政治――全国水平社未組織農村における農民運動と水平運動」法政研究第七一巻四号（二〇〇五年）二九九頁参照。また、廣畑・前掲註(26)一六一頁以下は、和歌山県における暴力行為等処罰法初適用事件として一九二六年の水平運動に対する適用事例を詳細に検討している。

(34) 労働組合運動に対する適用に関する大審院判決としては、大判昭和八・一・三〇刑集一二・五「同法ハ所論ノ如ク単ニ暴力団、不良青年団等ヲ目標トシテ出顕シタルモノニ非スシテ労働争議又ハ小作争議ノ場合ニ於テモ其ノ適用アルモノナルコト洵ニ明カナリ」。

(35) 例えば、『思想研究資料第一四輯』（司法省刑事局、一九三一年）三七頁によると、法施行翌年の一九二七年と二八年の両年の「有罪確定思想犯罪人員」のうち暴力行為等処罰法による者は、労働運動関係一〇一名、農民運動関係一三五名、水平運動関係六名の計二四二名でこれらが全体の約二二％を占める。なお、労働争議と小作争議に関する本法適用の状況については、松山・前掲註(9)三三一〜三三三頁参照。

(36) 目次に先立って置かれた「筆者識」によると、本書は暴力行為等処罰法が制定される一九二七年四月に「予が憲兵隊練習所學生の爲に講演したる所を」出版したものだとされている。塩野は平沼騏一郎の下で思想検事に強い影響力を揮った「塩野閥」を形成した検事で、第一次共産党事件、朴列事件、シーメンス事件、三・一五事件、四・一六事件、東京市議会疑獄事件、私鉄疑獄事件等の検挙を指揮した。その後司法省行刑局長、名古屋控訴院検事長、大審院次長検事等を経て、一九三七年二月には平沼の推薦により林内閣で司法相、その後も第一次近衛内閣、平沼内閣の司法相に留任し三九年八月まで司法行政を指導し、「司法精神の作興」「司法制度刷新」のスローガンによる日本精神＝皇道精神を唱道する司法部のファッショ的統制を推進した。三九年八月に下野して小野清一郎、安平政吉、久禮田益樹らの国粋主義的な法学者や実務家を糾合して日本法理研究会を設立し戦時司法体制のイデオロギーづくりに注力した。敗戦後はA級戦犯容疑者に指名され不起訴となる四六年まで拘留され、同年に公職追放処分を受けた。以上、『二〇世紀日本人名事典』（日本アソシエーツ、二〇〇四年）、『新潮日本人名事典』（新潮社、一九九一年）、『現代日本朝日人物事典』（朝日新聞社、一九九〇年）等参照。なお本書の奥付によると、四月三〇日の暴力行為等処罰法施行直後の五月五日印刷とされ、発刊は五月である。

(37) 池田は、正規の「思想課」とはならなかったものの、一九二七年六月の司法省官制改正により創設された「思想部」と称される司法省内の思想問題専任の初代書記官に就任し、全国思想係検事会同や後の思想実務家会同を指導するなど一貫して司法省・検察の中枢を占め、司法官僚として（改正）治安維持法から戦時刑事特別法までの一連の治安立法に参画しなかったものはないといわれるエリート思想検事である。大審院検事局思想部長、司法省刑事局長、名古屋控訴院検事長等を歴任し、敗戦による最高裁創設直前の一九四六年七月には大審院次長検事に就任したが公職追放で弁護士に転身して五二年の追放解除の後、五四年一一月二日に最高裁判事に就任した（～六三年五月）。五五年の第二七回総選挙における最高裁判官国民審査では、戦後最大の四〇九万五七八票のリコール票が投じられた。以上、前掲註（36）『二〇世紀日本人名事典』、『現代日本朝日人物事典』など参照。

（38）長谷川については代表的な人名事典に記載が見られないが、東京朝日新聞一九三二年四月一三日によると、思想取締りのために海外に機関を設置すべく思想検事が出発したとの記事に続けて、「内地方面でも陣容を一新　思想検事の異動決定」との見出しの下に、

「一方内地においては四年前全国枢要地に思想検事を配置し東京、大阪、神戸、横浜、名古屋等十二地方検事局に配属せしめ各控訴院にも統括する意味で一名ずつ思想検事を置いたが、その成績すこぶるよく十二日の百九十余名に上る司法官大異動でもこの点を特に留意し適材適所主義で各控訴院検事局の思想検事を決定した、その顔ぶれをあげると東京の熊谷、宮城の藤田、長崎の江橋三検事は従来通り居すわり、大阪控訴院に末次、名古屋に原田（松）、札幌に長谷川（瀏）が新に補されている。

即ち之によって内地海外双方が緊密な連絡をとり控訴院の思想部検事は事実上管内思想事件に対しては検事長代理の如き職務を司るわけで単に共産党といわず、アナ系や、最近勃興した反動的極右団体等についても十分検察の眼を光らせるわけで経済闘争、思想的動揺が激しくなればなるだけ思想的動揺が激しくなればなるだけ思想検事は重視されてくるので将来は普通検事局と思想検事局がほとんど併立する時代がくるのではないかとさえ観られている」。

との記事が掲載されている。その後本書発刊時には東京区裁判所次席検事、一九三七年四月一日に東京地方裁判所検事に就任、一九四三年八月には思想犯保護観察法による思想善導＝転向実務の枢要をなす東京保護観察所長に就任し、保護観察所長時には「皇国必勝の思想動員　忠誠心こそ唯一の道　部署を守って謀略粉砕」なる一文を朝日新聞一面に寄せている（朝日新聞データベース聞蔵Ⅱビジュアル）。戦後は最高検検事としていくつかの最高裁判決にその名を確認でき、その著『私と検事』（評論社、一九七八年）において現役時代のエピソードも語っている。

（39）長谷川瀏『暴力行爲等處罰法令義解』（松華堂、一九三五年）二八六～二八七頁。

（40）鹽野・前掲註（22）一五頁以下。

(41) 池田・前掲註(23)二九四頁。
(42) 池田・前掲註(23)二九〇頁。
(43) 谷口・前掲註(25)三八頁は暴力行為等処罰法の適用実態を痛烈に批判するに際して、池田のこの「瞞し打ち的悪法」という用語を用いている。
(44) 内田・前掲註(5)『刑法と戦争』一三九頁以下、二一三頁以下参照。
(45) 共謀共同正犯の粗暴犯への拡大を認めた一九三六年五月二八日判決が、銀行強盗事件について治安維持法の目的遂行行為に該たるとするものであったことは象徴的であろう。この点につき、内田・前掲註(5)『刑法と戦争』一四九頁以下参照。なお戦中・戦前における共謀共同正犯の展開を跡付けるものとして、大場史朗「共謀共同正犯論考」石塚伸一ほか編『近代刑法の現代的論点――足立昌勝先生古稀記念論文集』(社会評論社、二〇一四年)一六六頁以下参照。
(46) 池田・前掲註(23)三〇六頁以下。
(47) 鹽野・前掲註(22)三七頁以下。
(48) 長谷川・前掲註(39)一〇〇頁。
(49) なお、判例は暴力行為等処罰法第一条「数人共同シテ」についても共謀共同正犯を肯定するが、その批判的検討については、宮本・前掲註(9)「刑法のプレ・モダンの現実」八五頁以下参照。
(50) 松山・前掲註(9)三九頁以下も長谷川『義解』を詳細に取上げているが、本稿とは視角とその評価を若干ながら異にする。
(51) 長谷川・前掲註(39)二八六頁。
(52) 長谷川・前掲註(39)二八七頁。
(53) 長谷川・前掲註(39)二九一頁。なお、長谷川によると第三条の刑法犯利用についてはほとんど適用がないとされている(二九四頁)。
(54) 長谷川・前掲註(39)二九五頁。
(55) 長谷川・前掲註(39)二九六頁。
(56) 労働争議・小作争議・水平運動に対する本法の適用に関して、松山・前掲註(9)三八頁には『社会運動の状況』(内務省警保局)による一九三二年～三六年の各年次の状況が示されている。それによると、暴力行為等処罰法による検挙件数及び検挙人員は、三二年は労働争議六一件八八八名、小作争議四七件五二二名、水平運動四件二四名、三三年は労働争議二〇件三二一名、小作争議

三四件四〇二名、水平運動二件一九名、三四年は労働争議一四件一一〇名、小作争議一二件九九名、水平運動九件三六名、三五年は労働争議二一件二一七名、小作争議二〇件二五四名、水平運動四件三六名、三六年は労働争議一〇件九三名、小作争議一六件二一六名、水平運動二件一七名となっている。

(57) 長谷川・前掲註（39）六～七頁。

(58) 長谷川・前掲註（39）三頁。

(59) 長谷川・前掲註（39）三二頁。

(60) 長谷川・前掲註（39）三四頁。

(61) その詳細な経緯は内田・前掲註（29）「治安維持法の成立と改正について（二）」一九九頁以下、荻野富士夫編『治安維持法関係資料集　第一巻』（新日本出版社、一九九六年）三〇六頁以下参照。

(62) 中澤・前掲註（30）一四四頁以下、なお荻野・前掲註（30）『思想検事』八頁以下、より詳細には内田・前掲註（29）「治安維持法の成立と改正について（三）」五五一頁以下、荻野富士夫編『治安維持法関係資料集　第二巻』（新日本出版社、一九九六年）三〇頁以下、二二二頁以下参照。

(63) 荻野、前掲註（30）『思想検事』三六頁以下によれば、思想検事創出に先立つ一九二八年五月末の司法省刑事局長名による「思想係検事事務分掌規準」に、「労働運動並労働争議に基く犯罪」、「農民運動並小作争議に基く犯罪」「水平運動に基づく犯罪及水平社員の犯罪」が掲げられ、さらに同一一四頁以下によれば、「思想取締りの参謀本部」たる通称「思想部」の後継である刑事局第五課と第六課の職掌が示されているが、第六課のそれには「暴力行為法違反事件（ママ）の処理」が掲げられている。

(64) 宮内・前掲註（7）二八～二九頁。

(65) 荻野・前掲註（30）『思想検事』一九三頁以下によると、戦後大審院検事局次長に就任していた池田の公職追放は一九四六年七月だったが、池田はその前月の六月二五日には「労働争議及び食糧闘争関係時間の検察方針並びに経済事犯の新取締方針に関する件」と題する通牒を発し、「日本の大衆運動乃至集団運動が単なる経済闘争にとどまらず、思想闘争であり、政治闘争であること」としてその取締りを指示し、思想検察の再生ともいうべき公安検察の先鞭をつけていた。

(66) いうまでもなく、これについてはＧＨＱの了解を得ている。これに先立つ四六年五月一九日のいわゆる食糧メーデー（飯米獲得人民大会）における人民民主政府樹立の要求等の事態に対して、翌日には「組織的な指導の下に行われつつある大衆的暴力と物理的な脅迫手段を認めない」とする、占領政策貫徹のための治安維持に向けたマッカーサーによるいわゆる「暴民声明」が出されており、激化し拡大する大衆運動はＧＨＱにとっても占領政策にかかわる治安問題であった。
(67) 萩野・前掲註（30）『思想検事』一九二頁以下によった。
(68) なおこの時期の暴力行為等処罰法の適用実態については、宇佐美俊臣「「占領期」における暴力行為等処罰に関する法律の運用実態」馬屋原教授古稀記念論文集刊行会編『刑事法学の新課題――馬屋原教授古稀記念』（八千代出版、一九七九年）一七七頁以下が詳しい。
(69) 関之『労働刑法概論』（法律新報社、一九四八年）二八頁以下。萩野・前掲註（30）『思想検事』一六一頁、二〇九頁によると、関は旧司法省経済課事務官を経て、戦後は破壊活動防止法の立案にも参画し後に公安調査庁次長も務めた。なお、労働争議に伴う行為に対する戦後の本法の適用例については、小池芳雄「労働事件と暴力行為等処罰ニ関スル法律第一条をめぐる諸問題（下）」警察学論集第三三巻二号（一九八〇年）九六頁以下参照。
(70) 二〇一四年版検察統計年表によると、暴力行為等処罰法違反による検挙人員数は、一九九九年から二〇〇九年までは多い年では三〇〇〇名を超えつつ二〇〇〇名台で推移し、二〇一〇年から一四年の間は二〇〇〇名弱となっており、なお本法の活発な適用が窺える。なお、身柄拘束をはじめとする実務が種々の市民運動の掣肘となることに着目すれば、二〇一四年の本法による検挙者数一九四八名に対し、逮捕一三四九名、うち拘留一二三六名となっており、事案の性質は不明ながらも本法が市民運動に対する弾圧取締法としてなお猛威を揮っていることが容易に推測されよう。
(71) 池田・前掲註（23）二八一頁。
(72) 内田・前掲註（5）『刑法と戦争』四一三頁参照。

クラブの営業に対する規制の背後にあるもの

村田和宏

Ⅰ　はじめに

二〇一五年に「風俗営業等の規制及び業務の適正化等に関する法律」（以下、名称の変更にかかわらず風営法とする。下位法令も同様に風営法施行令および風営法施行規則とする）が改正された（二〇一五年法律第四五号）。この二〇一五年風営法改正にあたっての大きな争点は、いわゆる「クラブ」の営業を風営法による規制の対象から除外するか否かという点にあった。これまでクラブの営業は、風営法による規制の対象とされてきた。すなわち、クラブの営業は都道府県公安委員会による許可制であり、許可を受けないでその営業をした場合、刑罰が科せられるという構造である（二〇一五年風営法改正前の風営法二条一項三号・四号、同三条一項、同四九条一項）。また、クラブの営業の許可にあたっては、営業時間についての制限（午前〇時または午前一時まで）がある（二〇一五年風営法改正前の風営法一三条一項）ほか、施設の面積や照度について条件が定められている（二〇一五年風営法改正に伴って改正される前の風営法施行規則八条）。許可を受けた者であっても、これらに違反する行為があった場合には、営業停止等の行政処分が科せられる（二〇一五年風営法改正前の風営法二六条）。実際に、クラブの営業が風営法に違反したという被疑事実により営業者が起訴され、大きな社会問題となった例もある（いわゆるNOON事件）。

二〇一五年風営法改正は、風営法により規制を受けてきたクラブの関係者等による運動を発端とし、それがクラブの利用者の間に拡がり、最終的には超党派の国会議員をも巻き込んだ結果であった。したがって、この一面からみれば、市民運動によって法改正という成果がもたらされたとする積極的評価が可能かもしれない（神庭亮介）。しかし、ダンスそのものが、国家によって利用されうる性質をもっていること（アニエス・イズリーヌ）、またクラブの営業を規制する風営法が治安法として位置づけられうること（内田博文）に鑑みれば、二〇一五年風営法改正も戦後治安法史の中に位置づけて検討してはじめて、その意味が明らかになるように思われる。

検討にあたっては、戦後治安法史の先行研究の区分（内田博文）に従った上で、警察活動の動向を踏まえつつ、主な風営法改正（下位法令を含む）を分析することとする。

また、風営法をはじめとする性に関わる法規制は、あらゆる規制の端緒になるという指摘がある（松沢呉一）。そうであるならば、二〇一五年風営法改正を検討することによって、今後の治安法の展開を見通すことも可能であろう。

Ⅱ　戦後治安法史のなかの風営法

1

戦前・戦中の天皇制警察は、次のような特徴をもっていた（村田和宏）。①内務省が警察を掌握していたことに関連して、警察は広範な行政事務（各種許認可権限、大衆運動の規制、出版・集会の規制等）を担っていた。②①に関連して、警察は裁量の大きな多くの取締り法規（治安警察法、警察犯処罰令、治安維持法、出版法、新聞紙法等）を有していた。さらに、それを執行するにあたっては、強大な権限（行政警察規則、行政執行法、違警罪即決例等）を与えられていたほか、地域にあっては派出所および駐在所を中心として、地域監視体制が徹底されていた。③警察組織は、内務省を中心とした中央集権体制がとられていた。これらは特高警察の武器として猛威を振るった。

風俗営業に関しても、警察には広範な権限が与えられていた。したがって、次々と法令を増やして対応することが可能であり、風俗営業を総体として網羅的にカバーする法律は不要であった。ダンスホールも同様に個別に規制されている。また、風俗営業の形態は地方によって異なるという理解のもとで、法律ではなく警視庁令または各府県令による取締りが行われていた。ここでの風俗営業に対する取締り方法の特徴は、「囲い込み方式」（施設を一か所に集中させ、犯罪を監視し、性病の蔓延を予防する仕組み）であった〔永井良和〕。

2　一九四五年の終戦後、占領軍は間接統治を行うにあたり、天皇制官僚機構の一部は解体・再編したものの、天皇を含めて大部分はそのまま残し、占領軍の手足として利用した。したがって、天皇制国家体制下での官僚制や保守勢力は、ほとんど打撃を受けることはなかった。

占領軍は警察改革に関して、行政警察権限を他の行政機関に委譲し、警察の任務を犯罪の捜査や犯罪の予防におき、中央集権型の警察を解体して市町村の自治体警察とするという方針を示した。日本側はこれに抵抗したものの、警察法（一九四七年）は占領軍の意向を反映したものであった。また、特高警察の武器であった、裁量の大きな多くの取締り法規（治安警察法、警察犯処罰令、治安維持法、出版法、新聞紙法等）およびそれを執行するための強大な権限（行政警察規則、行政執行法、違警罪即決例等）は廃止された。しかし、日本側は特高警察を警備公安警察として温存を図った〔村田和宏〕。

風俗関係の取締りについても、警察に集中していた権限が他の行政機関に移管された。しかし、移管されなかった業種（カフェー、待合等）については、戦前・戦中の規制のあり方（囲い込み方式）を維持することが企図されている〔永井良和〕。この方針のもとで一九四八年に風営法が制定された。そこでは、接待のある飲食業（待合、料理店、カフェー等）、ダンスをさせる営業（キャバレー、ダンスホール等）、ギャンブル（ビリヤード場、麻雀屋等）が風俗営業として規制の対象とされている。また、占領軍は公娼制度の廃止を示しており、この風営法と同時に売春等処罰法も成立する予定であったが、不成立となった。このため、一九五六年に売春防止法が成立するまでの間、自由意思による売買春が、風営法のもとで囲い込まれた区域において黙認されることになった。これにより、風俗営業の業者は、実質的に戦前・戦中の形態のままで営業できることになった。この背後には、警察による働きかけがあったとされる〔永井良和〕。

3　一九五二年にサンフランシスコ講和条約により、アメリカのよる直接統治は終了し、日本の主権は形式上回復された。しかし、同講和条約と同時に安全保障条約が調印された結果、占領中の軍事機構はそのまま残され、日本は再軍備の道を進み始めた。ここに日本国憲法との間に大きな乖離が生じた。このような動向に反応して、再軍備反対や憲法擁護を掲げる市民運動が高揚した。これに対して、占領管理法体系による市民的および政治的自由を制限する法令の立法化（破壊活動防止法、公安条例など）が行われた。

この間、警察は一九五三年に警察法改正案の成立を企図した。そこでは、共産党対策としての治安対策の確立（固有の治安法（後述）に基づく政策）の必要性が強調されている〔村田和宏〕。

翌一九五四年に新（現行）警察法が制定された。この法律の制定の意図は警備公安警察活動の強化にあった。さらに、警備公安警察活動上の必要性から、戦後手放さざるを得なかった諸権限（消防、海上警察、出入国管理、団体規制等）を再び警察が担うべきであるとの主張も見られた。ただし、審議過程においては、一九五三年の警察法改正案のように、共産党を中心とした治安政策は前面には押し出されず、日本の国情にあわせた「国民のための」警察制度づくりが強調された。ここに、諸法を市民的（機能的）治安法（後述）として運用する警察の意図を見てとることが可能であろう。しかし、この時代には、そのような運用をするだけの警察組織内部の体制が整っていなかった〔村田和宏〕。

さらにすすんで、戦前のように、幅広い許認可権限を含む広範な行政警察権限が必要だとする見解も登場した。これは後の風営法においても実現することになる。

この時期の風営法の動向を見ると、まず一九五四年の改正では、パチンコが規制の対象に追加された。そこでは、機器の性能のチェックを警察が行うことになった。この規制は、業界団体を設立させそれを実質的に警察の管理下におく構造となっていく。この構造からは、警察にとって多くの利権が生み出される〔帚木蓬生〕。

次に、一九五五年の改正では、ビリヤードが規制対象から除外された。その過程では、業界の組織化および積極的な政治的運動が展開された〔永井良和〕。この後、各業種による規制対象からの除外運動は、この手法を採っている。

そして、一九五九年の大規模な改正では、従来の三区分の風俗営業が五区分に細分化された上で、二区分（低照度飲食店、区画席飲食店）が追加された。さらに、深夜における飲食店営業が規制の対象とされた。ただし、これは風俗営業ではない。風俗営業ではない深夜における飲食店営業が規制された理由は、青少年の健全な育成と保護のためである〔青木正〕。この規制が行われた背景には、市民からの取締り要求があった〔本島百合子〕。青少年の健全な育成と保護という改正理由は、この後の風営法改正において、警察の許認可権限および取締り権限の拡大を図る上での錦の御旗となっていく。また、市民からの取締り要求→警察活動領域の拡大という構造は、市民的（機能的）

治安法（後述）にみられる典型例であり、一九七〇年代以降、この構造に基づく市民的（機能的）治安法が全面的に展開されていく。

4　一九六〇年の新日米安全保障条約により、自衛隊はアメリカ軍の極東戦略の中に位置づけられた。軍事体制の拡大が行われるにつれて、日本経済は重化学工業化への転換を迫られた。これにより高度経済成長がもたらされた反面、それに伴って公害問題等の多くのひずみが発生した。軍事体制の強化は、さらに改憲へと進む中で、六〇年安保闘争は民主主義擁護闘争と結びつき、発展していった。

大衆運動の昂揚に伴って、治安立法の役割は一段と高まった。しかし、一九五五年頃から一九六〇年代においては、護憲運動の定着と拡がりの中で、「固有の治安法」（＝現在の体制（政治秩序）そのものの保護ないし防衛に直接資するもので、反体制運動にたいする意識的適用を最初から予定したもの）の適用が困難になった結果、市民的生活秩序の維持ないし一般行政的目的の達成を立法趣旨とする刑罰法規を利用して、政治的秩序を維持することが目指された〔中山研一〕。

六〇年安保闘争が昂揚し、その警備に失敗した警察は、社会全体の状況を先取りして、社会状況に伴って生ずる市民の不満が社会運動へと発展しないような予防的措置を講じることによってはじめて、六〇年安保闘争のような大規模な「秩序」破壊を防止できるという結論を導き出した〔村田和宏〕。

このような予防的措置をとるにあたって、地域社会の再編や地域住民の監視に重要な役割を果たす外勤警察の強化が不可欠である。しかし、この時期は、専務警察（刑事・交通・警備）の強化が要求されており、外勤警察はその応援のために必要とされたことなどから、外勤警察の強化は実現されなかった。

この期の風営法の動向を見ると、その背景には、東京五輪開催（一九六四年）に伴う街の「浄化」がある〔永井良和〕。

同年の風営法改正では、一九五九年風営法改正で細分化された風俗営業の修正が行われ、実質的に規制および取締り範囲が拡大（深夜営業の喫茶等）している。本改正の理由としてあげられているのは、一九五九年風営法改正と同様、青少年の健全な育成と保護である〔楢崎健次郎〕。風営法上それら深夜営業の喫茶等の規制および取締りは、主として都道府県条例によることが想定されている。しかし、本改正の審議過程においては、それらを法律により規制した上で警察がより積極的に取り締まるべきだという強い意見が出された〔高橋喜久江〕。さらに、女性の権利の観点から、トルコ風呂とヌードスタジオが規制の対象に含まれなかったことを問いただす委員に対して、警察庁長官は、戦後警察の枠組みとして警察権限を自ら抑制しているけれども、国会議員から積極的に取締り権限を拡大するよう要請があるのであれば、やぶさかではない旨回答している〔江口俊男〕。青少年の健全な育成と保護や女性の権利の確立という観点からは、風俗営業の取締り強化が求められる傾向にある。しかし、それは警察権限の拡大に結び付けられやすい。実際、一九六六年の風営法改正では、トルコ風呂とヌードスタジオが風営法による規制の対象となった。

5

一九七〇年代に入っても、日米安全保障条約体制は運用上強化され続けた。それを正当化するために、改憲の準備が進められたほか、露骨な司法干渉等が行われた。また、高度経済成長は第一次石油危機（一九七三年）によって陰りをみせつつも、深刻な問題（公害、環境破壊、過密・過疎等）を生み出した。このような社会的混乱の発生は、新たな治安政策の展開をもたらした。

警察庁総合対策委員会は、「七〇年代の警察――激動と変化への対応」（一九七二年）を策定した。そこでは、国民意識の変化（規範意識の変化、連帯意識の欠如、参加意識の高まり）等の諸要因により、警察事務は量的な増大および質的な変化（複雑化、困難化）がもたらされると分析される。そしてそれに対応する警察の姿勢として、「国民と警察との間に暖かい血を通わせ、国民の関心を警察の関心とし、また警察の関心に国民の協力が得られるような緊密な関係を打ち立てる」ことが必要であるとされる。そのための手段として打ち出されたのが、国民の要望を把握（情報の収集）するコミュニティ・リレーションズ活動（以下、CR活動とする）である（村田和宏）。この情報収集は、警備公安警察活動に直結している点（警備CR活動）に注意を要する。CR活動の実施のためには外勤警察の強化が不可欠であるため、外勤警察体制の強化および外勤警察官の待遇改善が行われている。

「七〇年代の警察——激動と変化への対応」では、風俗営業に対する規制および取締りについて、①社会変化に対応した立法措置、②指導取締りの推進、③環境浄化対策の強化を推進するとされる。①については、新たな態様の営業として、レンタルーム、モーテル等があげられ、対策を要するとされるほか、風営法の対象となっているバー、キャバレー、トルコ風呂、遊技場等についても、現状にあわせた規制内容にする必要性が説かれている。②については、脱法営業に対する取締りの徹底、暴力団の介入する悪質事犯に対する徹底した取締り、有害な出版物・映画・広告等に対する取締りの実施があげられる。③については、犯罪の温床となりうる盛り場、歓楽街、各種ギャンブル場等の環境の浄化のため、暴力団・グレン隊専務係による徹底した取締り、パトロール等の強化、各種団体・組織と協力した施設環境の改善整備等を実施することがあげられる。

ここに象徴されるように、警察活動の遂行にあたっては、事犯の事後処理ではなく、積極的な予防に主眼がおかれていることがわかる。その効果的な予防のために、CR活動は用いられるのである。

この文書にあるとおり、一九七二年風営法改正では、モーテルの営業が規制の対象に加えられた。

6　一九八〇年代に入り、産業構造の転換、日本企業の海外進出、多国籍企業化が進むにつれ、軍事体制の強化が図られる。ただし、秘密保護法制や有事法制は、強い反対運動の結果頓挫している。さらに、「戦後政治の総決算」として、公共の撤退と民活路線が打ち出された。これらは、過疎化、孤人主義等をもたらした。これらに伴う社会の解体に対しては、元号法や靖国神社公式参拝等の復古現象による統合が目指されている。

警察庁総合検討委員会は、「八〇年代の警察」（一九八〇年）を策定した。そこでは、「七〇年代の警察――激動と変化への対応」と同様、国民の意識の変化と価値観の多様化等の諸要因により、治安は大きな影響を受けるとされる。そして、八〇年代の警察の課題の一つとしてあげられるのが、国民の要望に即応した警察運営である。そこでは、国民の要望を単に待つだけでなく、積極的に要望を探りあるいは掘り起こす必要があるとされる。さらには、国民の意識と要望の変化を先取りし、その対応策を機敏に講じていく必要性も説かれている。このことは、必然的に外勤警察部門の強化（外勤警察体制の整備、運営の改善、外勤警察官個人の生活の管理・統制）に結びつく。また、この期からは被害者対策の重要性も主張され始めている。

風俗営業に対する規制および取締りについては、「国民、特に次代を担う青少年に大きな悪影響を及ぼし、また、暴力団の不法な資金源となるおそれがあるところから、善良な風俗を保持するため」（傍点引用者）、施策を展開する必要があるとされる。

そして、実際この時期に風営法は大きな転換を見せる（渡辺治）。一九八四年風営法改正では、風俗営業にゲームセンターが追加された。さらに、風俗営業（許可制）に加えて、風俗関連営業（届出制）というカテゴリーが設けられた。従来から規制の対象であったモーテル、トルコ風呂、ストリップ劇場のほか、のぞき劇場、ラブホテル、アダルトショップ、個室マッサージなどが新たに規制対象となり、風俗関連営業とされた。風俗関連営業の遵守事項（営業禁止地域、営業時間制限、営業所への年少者の立入禁止等）に違反した場合には、営業停止が命じられる。また、従来からの深夜飲食店営業についても、遵守事項に違反した場合には、営業停止が命じられることになった。

これらの改正の理由とされたのは、一九五九年風営法改正以降つづく青少年の健全な育成と保護だけではなく、一九七〇年代以降の警察の方針でもある「国民の要望」であった〔警察庁防犯課〕。

こうして警察は、戦後の警察改革の中で手放さざるを得なかった、広範な風俗営業に関する規制および取締り権限を再び手に入れた。しかし、警察が広範な風俗営業に関する規制および取締り権限を保持すれば、そこには多くの利権が発生し、構造的な汚職発生の源となる〔大阪府警賭博ゲーム機汚職事件等〕。

このように警察活動領域が飛躍的に拡大した背後には、「警察権の限界論」の警察当局者自身による否定があった。一九八三年以降、警察権の限界論は警察内部の公式のものとしては、用いられなくなったとされる〔田村正博〕。

7　一九八〇年代終わりから一九九〇年代前半にかけて、東西冷戦の終焉と社会主義圏の崩壊、中国の市場経済への突入は、世界の政治および経済状況を一転させた。全世界規模での単一市場が出現したためである。企業のグローバル展開のためには軍事力が必要となる。アメリカは日本に対して自衛隊の海外派遣を求めた。日本はこれに応じ、PKO協力法による自衛隊派遣（一九九二年）を行った。企業のグローバル展開に向けて、国内では構造改革の名のもとで新自由主義改革が要求された。しかし、これが実行され影響が表出するのは、次の期である。

国内ではグローバル化の影響がまだ出ていなかったため、一九九〇年代前半までの警察活動は、一九八〇年代の警察活動の踏襲であった。警察活動の理念としては、国民の要望に即した警察運営、国民との連携の強化、被害者に目を向けることがこれまでに打ち出されていたが、一九九〇年代にあっては、さらに国際化および組織犯罪対策という理念が加えられている。

国際化についての政府の姿勢は、人権の保障といった「日本主義」とは相容れないものに対しての国際化には極めて消極的であり、他方で捜査機関の権限拡大といった、「日本主義」の強化のための「国際化」には極めて積極的である〔内田博文〕。また、組織犯罪対策については、一九七〇年代以降、事前規制の追求および拡大の動きにより、刑事訴訟法等の刑事基本法との溝が解釈によっては繕えないほど広げられてきたという現状を立法政策によって肯定するために、持ち出されたものである〔内田博文〕。

これらの方針に基づき、警察の権限を拡大する新たな立法が行われている。例えば、暴力団対策法（一九九一年、一九九三年改正、一九九七年改正）、麻薬特例法（一九九一年）、団体規制法（一九九九年）、組織犯罪対策法（一九九九年）などである。

さらに、規制と予防の方針を貫徹するため、一九九二年には警察庁組織令の改正により、外勤警察が地域警察へと改編されたほか、一九九四年には警察法改正により警察庁刑事局保安部が警察庁生活安全局に拡充改編され、警察は地域社会により深く入り込み、その活動を隅々にまで行きわたらせるようになっている〔佐々木光明〕。また、警察はまちづくりにまで積極的にかかわっており、地域での活動の根拠となる生活安全条例の制定を進めている〔「生活安全条例」研究会〕。

一九九九年の内閣府設置法により、警察（国家公安委員会）自体が、内閣府のもとにおかれ、準省として格付けされた。これにより、警察は新たに国家の中枢を担う機関として位置づけられた〔小田中聰樹〕。そして、これは緊急事態条項として憲法改正に直結している（読売新聞憲法改正第二次試案（二〇〇〇年）八八条）。

そして、この期には、一九九五年に発覚した一連のオウム真理教団による事件の摘発および同教団に対する破壊活動防止法の適用を通じて、警備公安警察が再び表舞台に登場し始めた〔谷川葉〕。

この間、風営法をめぐる大きな動きはない。業界の自主規制、風営法の運用、各種条例（青少年条例等）や地方自治体ごとの指導、風営法以外の法適用などが行われていた。

8　一九九三年頃からアメリカの戦略が転換し、日本は直接アメリカ軍の活動への加担を求められた。日本はこれに応え、一九九七年に新ガイドラインを締結し、周辺事態法（一九九九年）を制定してアメリカ軍の後方支援を行うことになった。さらに、二〇〇一年九月のアメリカ同時多発テロ事件を契機として、テロ対策特別措置法（二〇〇一年）、有事関連法（二〇〇三年）、イラク特別措置法（二〇〇四年）により、自衛隊の海外派遣範囲は大きく拡大した。

企業のグローバル展開のため、国内では構造改革の名のもとで新自由主義改革が実行され、貧困層の拡大などその影響が出始める。これに対して支配層は、階層の固定化を図り、下位層が反抗したり暴発しないように治安の強化を行った。この治安の強化を担うのは、警察である。

ただし、一九九〇年代後半は、それまでの警察活動の矛盾が一気に噴出した。まず、地域（外勤）警察活動を強化し、国民の要望を積極的に組み入れた結果、認知件数が増加し検挙率が大幅に低下した。また、構造改革による社会統合の解体が、認知件数の増加に拍車をかけた。このような認知件数の増加は、現場警察官の負担増をもたらし、被害届の未受理などの問題が生じた（桶川ストーカー事件、栃木リンチ殺人事件等）。これらにより、警察が誇りとしてきた安全神話が崩壊した。次に、行政警察活動権限が拡大し続けた結果、汚職をはじめとする不祥事が続発した。これにより、同じく警察が誇りとしてきた清潔神話が崩壊した（渡辺治）。

このような警察に対して、当然批判が高まった。これを受けて、二〇〇〇年に警察刷新会議が設置され、同年に「警察刷新に関する緊急提言」（以下、緊急提言とする）がまとめられた。そこでは、問題の所在として、①閉鎖性の危惧、②国民の批判や意見を受けにくい体質、③時代の変化への対応能力の不足が指摘されている。そして、刷新の方向性として、①情報公開、②苦情申出制度の創設、③監察の強化、④公安委員会の活性化、⑤住民からの相談への的確な対応、⑥責任感ある職務執行、⑦警察署評議会の設置、⑧人事・教育制度改革、⑨組織の見直し・合理化・体制強化があげられている。

この緊急提言を受けて国家公安委員会と警察庁がとりまとめたものが、「警察改革要綱」（二〇〇〇年）である。それは、次のような内容であった。①警察行政の透明性の確保と自浄機能の強化、②「国民のための警察」の確立（空き交番の解消、犯罪や事故のないまちづくりの推進、ストーカー行為・児童虐待等新たな問題への対応および少年犯罪対策の強化、民事介入暴力対策など）、③新たな時代の要請にこたえる警察の構築（暴力団その他組織犯罪との対決、サイバー犯罪等ハイテク犯罪対策の強化、広域犯罪への対応としての広域捜査体制の強化、ＩＴ化・暴走族対策等の交通警察の強化など）、④警察活動を支える人的基盤の強化（地方警察官の計画的増員など）。このうち緊急提言を反映したものは、①のみである。②～④は、緊急提言を口実に警察体制の強化を図ろうとしたものであり、なかでも③は緊急提言には全く含まれていない。

不祥事を梃子とした権限の拡大は、構造改革のもとで治安の強化が打ち出されたことにより、お墨付きを与えられた（渡辺治）。このような政治的な追い風を受けて、警察はさらに「緊急治安対策プログラム」（二〇〇三年）を策定した。これは、次のような内容であった。①犯罪抑止のための総合対策、②組織犯罪対策と来日外国人対策、③テロ対策とカウンターインテリジェンス（諜報事案対策）、④サイバー犯罪およびサイバーテロ対策、⑤新たな政府目標の達成に向けた総合的な交通事故防止対策、⑥治安基盤の確立。そこでは、事前予防活動の推進（特に①）、警察による取締り体制の拡大と強化（特に②）、監視体制の強化（特に③）、警察組織の拡大（特に⑥）をみてとることができる。とりわけ③は、次期において戦争遂行体制の確立がなされるにあたり、強化されていく（後述）。

風俗営業も構造改革やグローバル化の影響のもとにあった。一九九八年風営法改正では、その理由として、①国際化（外国人女性等による風俗事犯の増加）、②情報化（高度化した情報通信手段を利用した無店舗型の性風俗営業の増加）、③国民の要望（規制の緩和）があげられている（風俗問題研究会）。この改正では、従来の風俗関連営業は店舗型性風俗特殊営業（ソープランド、店舗型ファッションヘルス、ストリップ劇場、モーテル、ラブホテル、アダルトショップ等）とされ、これに新たに規制対象に加えられた無店舗型性風俗特殊営業（派遣型ファッションヘルス、アダルトビデオ通信販売業等）および映像送信型性風俗特殊営業（インターネットを通じたポルノ映像販売等）をあわせて、性風俗特殊営業とされた。また、風俗営業および性風俗特殊営業と並び、新たに接客業務受託営業（外国人女性を風俗店で働かせるブローカー、コンパニオンを派遣する業者等）が設けられた。

このうち、映像送信型性風俗特殊営業に対する規制の一環として、自動公衆送信装置設置者（インターネット・プロバイダーを指す。以下、プロバイダーとする）に対する努力義務が定められた。すなわち、プロバイダーは、サーバーに映像送信型性風俗特殊営業を営む者がわいせつな映像を記録したことを知ったときは、当該映像の送信を防止するために必要な措置を講じなければならないとされた。この措置が講じられない場合には、プロバイダーの事務所の所在地を管轄する公安委員会が当該プロバイダーに対して勧告を行うが、勧告に従わなかった場合の罰則はない。これは、業界の自主規制を促し、業界全体の自覚を高めるためのものであるとされる〔廣田耕一ほか〕。このような自主規制による統制は、前期から続くものであるが、それに法的根拠が与えられた。

他方で、同時期に立法化された通信傍受法と考えあわせるとき、警察による情報の統制という側面が明らかになろう〔寺澤有〕。

この改正では、社交ダンスを教えるダンススクールが規制対象から除外された。これは、ビリヤードを規制の対象から除外する運動（一九五五年風営法改正）と同様の運動が展開されたことによる。しかし、ダンスホール営業は、引き続き風営法による規制の対象となっている。これにより、警察によって「よいダンス」と「悪いダンス」が選別されることになった〔永井良和〕。

二〇〇一年風営法改正では、青少年の健全な育成と保護を目的として、テレホン・クラブ（以下、テレクラとする）の規制が行われた。テレクラの規制は、一九九五年以降条例が先行させられた。今回法律により規制された理由は、従来の店舗型の営業から無店舗型の営業へその中心が移ったためであるとされる（風俗問題研究会）。したがって、本改正ではテレクラを電話異性紹介営業とし、店舗型および無店舗型がそれぞれ規制の対象とされている（届出制）。

他方で二〇〇一年風営法改正では、いわゆる出会い系サイトの規制は見送られた。それは、出会い系サイトを利用した児童買春の検挙件数がわずかであったことによるとされる（福田正信ほか）。しかし、今後は、予め「脱法的な業態が予想されるときは、脱法を許さないような規制を先行的に併せて考えるべき時期に来ている」とされ（吉田英法）、立法事実不存在の場合であっても、事前規制を徹底する方針が打ち出されている（出会い系サイトに対する規制は、二〇〇三年に「インターネット異性紹介事業を利用して児童を誘引する行為の規制等に関する法律」として立法化された）。

二〇〇四年風営法施行規則改正では、パチンコ店に設置される遊戯機器に関する規定が改正された。改正の理由としては、①電子技術の高度化、②短時間で高い射幸性をもつ遊技機に対する規制の必要性、③遊技機不正改造事犯の悪質化、組織化があげられている（風俗問題研究会）。

遊技機器の性能のチェックを警察が行うほか、業界団体を設立させそれを実質的に警察の管理下におくことにより、そこから警察にとって多くの利権が生み出されるという構造は変わっていない。この改正では、むしろその構造が強化されたとみることができる。

二〇〇五年風営法改正では、まず、売春を強要される外国人女性への対応として、外国人従業員に対する在留資格の確認が義務付けられ、さらに人身取引を行った者を風俗営業および性風俗特殊関連営業から排除することとされた。

次に、無店舗型営業であるデリバリー・ヘルス（以下、デリヘルとする）に対する規制として、デリヘルの受付や待機場所が店舗型性風俗特殊営業に準じて営業所とみなされ、届出義務が課された。これにより、営業禁止区域、営業時間制限、客引き禁止等、店舗型性風俗特殊営業に対する規制の潜脱を防止するものとされる〔風俗問題研究会〕。

さらに、ビラの配布および客引き準備行為（立ちふさがり、つきまとい）が禁止された。後者に関しては、客引きの目的は不要であるとされ、外形的な客引き（黒服、ビラ所持等）が準備行為を行えば指導警告や任意同行を求めることによって、国民の取締りの要望に応える必要があるとされる〔屋久哲夫ほか〕。風営法による警察官職務執行法や刑事訴訟法の形骸化がもたらされていることがわかる。

また、警察は風俗営業の許可等に際し、建築行政庁や消防行政庁とも連携を図っているほか、今後はエイズや性感染症の予防対策についても関係行政機関と連携する旨が打ち出されている〔吉田英法〕。これは、戦後警察が手放さざるを得なかった権限を、そっくり取り戻すことを意味する。

二〇一〇年風営法施行令改正および同年風営法施行規則改正では、類似ラブホテル（ラブホテル等と類似する特徴を有していながら風営法の規制が及んでいないホテル）および出会い系喫茶が規制の対象とされた。

類似ラブホテルについては、施設に関する要件および設備に関する要件が設けられ、双方の要件の組み合わせによってラブホテルとして規制（届出制）を受けるかどうかが判断される。ただし、現に営業禁止区域で営まれている場合であっても、一定期間内に届出をすれば、営業禁止区域等の規制および広告宣伝規制のうち、一定のものの適用は受けないものとされている。

出会い系喫茶については、店舗型性風俗特殊営業として規制されることになった。出会い系喫茶が急増したことがその理由の一つとしてあげられている〔髙橋大作〕。しかし、利用者の数は伸びてはいないという指摘がある〔荻上チキ〕。

二〇一二年風営法施行令改正および同年風営法施行規則改正では、ダンス・スクールでダンスを教授する者に対する講習を実施する団体の要件が緩和された。そこでは、後述するクラブの営業に対する規制緩和の議論が強く意識されており、ダンスを客にさせる営業に対する風営法による規制の必要性が強調されている〔大久保忠弘〕。

Ⅲ　準戦時的治安政策と二〇一五年風営法改正

1　戦争遂行（準戦時的）体制の確立と警察

二〇一二年一二月に誕生した第二次安倍晋三政権（以下、安倍政権とする）は、「三本の矢」からなる政策（アベノミクス）を掲げた。すなわち、①量的金融緩和策、②機動的財政出動、③成長戦略である。これらの本質は、「新自由主義・構造改革に対する一定の修正を行ない、構造改革の諸結果に応急処置を施して不満や怒りを吸収し、財界の求める新自由主義・構造改革を再起動する合意を獲得しようというねらいをもった政策」とされる〔渡辺治〕。アベノミクスのうち、本稿の関心から③をみると、そこでの柱は競争力強化および規制改革である。競争力強化のためには公的規制の撤廃または緩和による制度枠組み見直し（フレーム・ポリシー）が必要ということになる。このために、再び規制改革会議が設置されている。規制改革の内実は、「企業天国」化であり、労働、教育、福祉、医療、介護等に関する規制の撤廃が行われている〔二宮厚美〕。

また、競争力強化とは、「海外生産→世界販売」および「国内生産→海外輸出」を行う多国籍企業の国際競争力の強化を意味する。このようなグローバル展開を行うにあたり、軍事力強化が不可欠である。したがって、集団的自衛権の行使の容認および安全保障関連法制（新安保法）など、軍事体制の整備が行われることになる。さらに、戦争遂行（準戦時的）体制の確立にあたり、住民基本台帳ネットワーク・システムとマイナンバーの整備による個人情報の把握、監視カメラ（顔認証システムを含む）やNシステムの整備による行動監視、特定秘密保護法による情報の秘匿、情報の漏えい等を摘発するための盗聴範囲の拡大および共謀罪の導入、メディアの統制などが不可欠である。これらの準備も着実に進められている。

このような戦争遂行（準戦時的）体制の確立は、アメリカからの世界戦略に基づく要求だけではなく、大国化を目指す安倍政権自体の願望であった〔渡辺治〕。

これらの政策は、日本国憲法に抵触する。したがって、その乖離を埋めるため、解釈改憲にとどまらず、憲法改正が進められている。

警察の方針もこれらの政策に沿ったものとなる。二〇〇一年九月のアメリカ同時多発テロ事件を契機として、テロ対策が前面に押し出され始めたのである。

有事法制としてテロ対策特別措置法（二〇〇一年）、有事関連法（二〇〇三年）、国民保護法（二〇〇四年）が制定されたのをはじめ、二〇〇三年八月には警察庁による「緊急治安対策プログラム」が策定された（前述）。そこでは、「テロ対策とカウンターインテリジェンス（諜報事案対策）」として、次のものがあげられている。①情報収集・分析機能の強化（外国治安情報機関等とのハイレベルの緊密な関係の構築等、警備情報の収集・分析能力の強化、国としての国際テロ等に係る情報収集等のあり方の明確化）、②事案対処態勢等の強化（国の治安責任の明確化等、国際テロ特別機動展開部隊（仮称）の設置等、テロ対策に資する法制の研究）。この頃から、警備公安警察による情報収集活動は、国家安全保障上の問題として位置づけられ、「インテリジェンス」と呼び変えられ始める〔小林良樹〕。

二〇〇四年四月には警察法が改正された。本改正は、主に①国家公安委員会の所掌事務の改正（重大テロ事案（爆発物の所持）に係る警察運営、国外における日本国民被害のテロ事案等への対処、外国警察行政機関等との連絡、犯罪の取締りのための情報技術の解析）、②警察庁の組織改編（刑事局組織犯罪対策部の新設（旧暴力団対策部）、警備局外事情報部の新設（旧長官官房国際部）、生活安全局情報技術犯罪対策課の新設、警備局公安課の新設（旧公安第一課および旧公安第二課の統合）等）からなる。

このうち、警備局外事情報部の新設（外事課、国際テロリズム対策課）は、国内でのテロの未然防止、対日有害活動および大量破壊兵器関連物資の不正輸入等の取締りの強化を目的とする。具体的には、外国人に係る警備犯罪の取締り、外国人またはその活動の本拠が外国に在る日本人によるテロに関する警備情報の収集である（加地正人）。これらは、あくまでも警備公安警察活動の一環であることが強調されている（五十嵐邦雄）。実際、テロ捜査への協力を要請するため、警察が接触した一般人（主として国内外のイスラム教徒）につき、警察はテロ容疑者として詳細なプライバシー情報（氏名、住所、顔写真、外見的特徴、入出国履歴、家族情報、日常行動、電話番号、本籍地、信仰、前科の有無等）を収集していることが明らかになっている（警視庁公安部資料流出事件）。

二〇〇四年八月には警察庁が「テロ対策推進要綱」を策定した。そこでは、①テロ未然防止対策の強化（水際対策の強化、テロ関連情報の収集・分析およびテロリスト容疑者の発見・取締りの強化、重要施設の警戒警備等の徹底、危機管理企画機能の強化とテロ未然防止に必要有効な法制等の整備）、②緊急事態発生時の対処能力の強化（重大テロ等の迅速的確な対処、国民の保護・被害最小化のための的確な避難誘導・救助等の実施）があげられている。

①に関連して、二〇〇四年度の三一五〇人にのぼる地方警察官の増員は、大規模テロ対策のための情報収集・分析強化に向けられたもの（警備公安警察の拡充）であることが明言されている（五十嵐邦雄）。

②では、NBCテロへの対処、特殊部隊（SAT）の拡充、関係機関（自衛隊、海上保安庁等）との連携の推進が謳われている。警察がテロ対策として武装を強化すれば、警察は軍隊化する（清水雅彦）。この背景には、有事法制がある。有事法制において緊急対処事態における攻撃は、外部からの武力攻撃ではなく大規模テロ等であり、これに対応するのは警察とされる。したがって、警察は国民の保護に関する措置（緊急対処保護措置）を武力攻撃事態等の場合と同様に実施するにとどまらず、さらに侵害排除に関する措置を行うことになる（宮沢忠孝）。他方、自衛隊はイラク派遣反対運動を行っていた人々を監視し、その個人情報を収集していたことが明らかになっている（仙台地

判二〇一二年三月二六日判時二一四九号九九頁、仙台高判二〇一六年二月二日LEX/DB25542169）。ここには軍隊（自衛隊）の（警備公安）警察化をみてとることができる。両者は「治安出動の際における治安の維持に関する協定」の改定（二〇〇〇年）、「治安出動の際における武装工作員等事案への共同対処のための指針」の作成（二〇〇四年）、都道府県警察とそれぞれ対応する陸上自衛隊の師団等との間での共同実動訓練の実施（二〇〇二年〜）などを行っている〔警察白書〕。立川自衛隊官舎ビラ配布事件（最判二〇〇八年四月一一日刑集六二巻五号一二一七頁）等も、両者の共同活動と位置づけることができようか〔大久保史郎〕。そして、二〇一三年の国家安全保障会議の設置（二〇一四年に国家安全保障局を設置）により、両者の協働は組織的にも裏付けられた。

二〇〇四年一二月には国際組織犯罪等・国際テロ対策推進本部が「テロの未然防止に関する行動計画」を策定した。そこでは、今後速やかに講ずべきテロの未然防止対策（テロリストを入国させないための対策の強化、テロリストを自由に活動させないための対策の強化、テロに使用されるおそれのある物質の管理の強化、テロ資金を封じるための対策の強化、重要施設等の安全を高めるための対策の強化、テロリスト等に関する情報収集能力の強化等）が示された。また、今後検討を継続すべきテロの未然防止対策（テロの未然防止対策に係る基本方針等に関する法制、テロリスト及びテロ団体の指定制度、テロリスト等の資産凍結の強化）も示されている。

二〇〇八年一二月には、犯罪対策閣僚会議が「犯罪に強い社会の実現のための行動計画二〇〇八」を決定した。これは、テロの未然防止に関する行動計画（二〇〇四年）において今後検討すべき課題とされたもののほか、新たな課題を盛り込んだものである。その中では、テロの脅威等への対処があげられており、官民一体となったテロ対策を推進することとされ、外国人集住コミュニティの監視等があげられている。

二〇一一年三月に発生した東日本大震災に伴う福島第一原子力発電所事故を契機として、「核セキュリティ」が強調され始めた。故意行為によって同様の事態を引き起こすことが可能であるからであるとされる〔大崎要一郎ほか〕。

ベルギーにおいて原子力施設がテロの標的となっていた可能性があることが明らかになった旨の報道（朝日新聞二〇一六年三月二六日朝刊）があり、さらには、二〇一六年四月には核保安サミットにおいて共同宣言が採択されていることから、今後さらに核セキュリティは押し進められることになろう。

二〇一三年一月のアルジェリアにおけるテロに際しては、捜査・人質交渉・鑑識の専門家等からなる国際テロリズム緊急展開班（ＴＲＴ－２）が現地に派遣されている。

二〇一三年一二月には、犯罪対策閣僚会議が「『世界一安全な日本』創造戦略」を決定した。これは、「犯罪に強い社会の実現のための行動計画二〇〇八」（二〇〇八年）の後、サイバー犯罪、テロ、組織犯罪に対処すること、および国民の不安感を解消することを目的としている（岡田祐馬）。このうちテロ対策では、二〇二〇年の東京五輪招致に際し、東京が安全な都市であることが強調されたことから、テロ対策およびカウンターインテリジェンス機能等の強化が謳われている。

二〇一五年六月には、警察庁が「国際テロ対策強化要綱」を公表した。そこでは、主としてイスラム過激派によるテロが想定されている。そのなかでは、情報収集・分析の強化が謳われ、パトロール、各種事件・事故の取扱い等の各種警察活動を通じてテロの兆候を確実に把握するため、情報収集を強化する旨が説かれている。ここに、一九七〇年代から続く警備ＣＲ活動が明記された。

このようにみてくると、テロ対策を理由として警備公安警察活動が広範囲かつ積極的に展開されてきたことがわかる。ただし、「テロ」の概念自体があいまいであることは、公安関係者自身が認めるところであり（安部川元伸）、無限定に警備公安警察活動の範囲が拡がる危険性がそもそも存在していた（清水勉）。そして、テロ対策のために、憲法改正の必要性まで主張されている（古川勝久）。また、テロ対策は、外部の敵を排除するための戦争と内部の敵を捕捉・殲滅するための治安維持活動からなる（岡本篤尚）。テロの概念があいまいであるということは、両者の区別も明確ではないということである。したがって、この期の警察活動は、（外部の敵の排除を含めた）戦争遂行（準戦時的）体制の確立という側面も有している。

2　クラブの営業に対する規制撤廃の動向

風営法によるクラブの営業に対する規制を問題視し、規制の撤廃を求める三つの大きな動向が存在した。

一つ目が、クラブの関係者を中心としたレッツダンス推進署名委員会および超党派の国会議員からなるダンス文化推進議員連盟（以下、ダンス議連とする）である。両者は協働して運動を展開した〔神庭亮介〕。このうちダンス議連は、「中間とりまとめ（提言）」（二〇一三年一一月二七日）を発表し、風営法の見直しを求めている。そこでは、「ダンス文化を成長戦略のコンセプトとしてとらえ、魅力ある街づくりの為に活用していく」ことが表明されている。これを取りまとめる過程におけるヒアリングでは、「二〇二〇年の東京オリンピックに向けた開催都市としての『おもてなし』の要素としてダンスを楽しめる場の充実を求める声も多く聞かれた」とされる。また、NOON事件の第一審（大阪地判二〇一四年四月二五日LEX/DB25503643）および控訴審（大阪高判二〇一五年一月二一日LEX/DB25505605）の無罪判決も、ここでの動向に大きな影響を与えている〔永井良和〕。

二つ目が、カジノ施設の設置である。「特定複合観光施設区域の整備の推進に関する法律案」（二〇一三年一二月国会提出、不成立）では、統合型リゾート（以下、IRとする）として、カジノ施設のほか、会議場施設、レクリエーション施設、展示施設、宿泊施設などが一体となった施設（特定複合観光施設）の整備を推進することが目指されている。カジノ施設の設置自体は、一九九九年に東京都知事がその構想を示して以来、自由民主党および民主党内で検討が進められたほか、地方自治体でも研究が行われた。その背後には、「構造改革特区」および「観光立国」を小泉純一郎政権が構想したことがあげられる〔桜田照雄〕。その後二〇一三年になってIRが法律案として具体化された背景には、東京五輪の誘致があった。東京五輪の誘致は、安倍政権が掲げる経済政策の大きな柱の一つである。そして、ＩＲは、それに不可欠なものと位置づけられ、東京五輪に続く経済政策の大きな柱でもある。

ＩＲの中核にカジノというギャンブル施設がある以上、ＩＲは風営法と無関係ではない。風営法はパチンコをはじめとするギャンブルを規制しているからである。実際、ＩＲに意欲を示しているのは、パチンコ業界である（木曽崇）。また、ＩＲとクラブは密接不可分なものと考えられている。例えば、ＩＲの非カジノ部門の採算性を改善し、安定した収益を確保するための「エンジン」としてクラブを位置づけるものがある（岡部智）。

三つ目が、規制改革である。現在の規制改革会議は、二〇一三年一月に設置された。このうち創業・ＩＴ等ワーキング・グループ（二〇一三年九月六日）は、クラブの営業の規制について検討事項とすることを決定し、ヒアリング等を行った。創業・ＩＴ等ワーキング・グループを引き継いだ規制改革会議は、最終的に「ダンス営業に係る風営法規制の見直しに関する意見」（二〇一四年五月一二日）を発表した。そこでは、次のように述べられている。「客にダンスをさせる営業は風俗営業とされ、深夜営業禁止、未成年者立入禁止など厳しく規制されている。このため、優良企業が新規参入を見合わせるなど、健全なダンス文化やダンス関連産業の発展の支障になっている」。「二〇二〇年の東京オリンピック開催が決定している中、ダンス文化を活用した魅力ある街づくりを進め、海外観光客を呼び込むためにも」、風営法の見直しが必要である。

このような三つの動向から、それぞれ風営法の見直しが主張された。これらの主張には、二つの意味が含まれている。一つは、風営法を見直してクラブの営業を規制の対象から外すということである。もう一つは、これらの主張には、警察のもつ許認可権限および取締り権限を縮小するということとは、安倍政権が掲げる政策が明確に反映されていることである。これら二つの意味するところを検討していく。

3　二〇一五年風営法改正と警察

ダンス議連および規制改革会議が示した風営法改正の提案の大枠は、おおむね共通である。そこでは、主に二〇一五年改正前の風営法二条一項について述べられている（以下、一号〜五号営業とは、二〇一五年風営法改正前の風営法二条一項各号を指す）。①ダンスの定義のあいまいさにかかる問題を避ける上でも、規定を整備し一号営業（ダンス＋飲食＋接待）は二号営業（接待＋遊興または飲食）に含めること（ダンス議連の提案では「風俗営業」）。②三号営業（ダンス＋飲食）については、風俗営業から除外した上で、深夜営業を可能とし（ダンス議連の提案では「深夜ダンス飲食店営業」（許可制）で午前九時から翌午前六時の営業）、騒音等の各種問題に対して有効に対応できる新たな規制を導入すべきこと。③四号営業（ダンス）は風俗営業から除外するとともに、三号営業のうち深夜以外の時間帯での営業に係る規制については、必要最小限とすること（ダンス議連の提案では「ダンス飲食店営業」（届出制）で午前九時から午前〇時までの営業）。この改正提案のうち、②と③がクラブの営業に関わるものである（①はキャバレー等の営業に適用）。さらにダンス議連の提案では、面積要件の変更（六六㎡以上→五㎡以上）、立地規制の変更（カラオケボックスと同程度、保護対象施設規制の不設定）、一八歳未満の一部時間帯（午後一〇時まで）の立入り容認等、より詳細な内容となっている。

このような風俗営業に関する警察の許認可権限および取締り権限を縮小する提案は、当然警察の抵抗を受ける。警察は様々な働きかけを行ったようであり〔神庭亮介〕、ダンス議連の風営法改正の提案は頓挫した。

カジノ施設の設置にあたって、当初国際観光産業振興議員連盟（以下、ＩＲ議連とする）が示していた「特定複合観光施設区域整備法案（仮称）――ＩＲ実施法案に関する基本的な考え方」（二〇一三年一一月一二日）（以下、「基本的な考え方」とする）では、カジノ施設関係者に対する規制を行うのは、内閣府に外局として設置されたカジノ管理委員会であった。また、実際の取締りにあたっては、査察官制度を設け、特別司法警察官としての権限を与えるものとされていた。

その後、ＩＲ議連が示した「基本的な考え方」の改訂版（二〇一四年一〇月一六日）では、カジノ管理委員会はそのままであったものの、査察官制度に関する記述は削除されている。この背景には、警察からの働きかけがあったことが明かされている〔萩生田光一〕。

そして、前述のＮＯＯＮ事件の第一審判決および控訴審判決は、いずれも限定解釈を行うことにより、風営法上のクラブの営業の規制そのものには、一定の合理性を認めている。

このような経緯でできあがった二〇一五年風営法改正は、当然ながらこれまでのクラブの営業に対する規制の大枠を踏襲するものとなった。クラブの営業の定義に関する主な改正は、次の通りである。①一号営業（ダンス＋飲食＋接待）と二号営業（接待＋遊興または飲食）は統合され、二〇一五年風営法改正では、新（二条一項）一号営業（接待＋遊興または飲食）となった（以下、新一号、新二号営業は、二〇一五年風営法改正後の風営法二条一項各号を指す）。②三号営業（ダンス＋飲食）のうち、営業所の照度を一〇ルクス以下として営むものは、五号営業（低照度飲食店営業）に統合されて新二号営業（低照度飲食店営業）とされた。この①および②が風俗営業とされている。したがって、これらは深夜の営業が規制（原則午前〇時以降禁止）される（二〇一五年改正後風営法一三条）。③三号営業（ダンス＋飲食）のうち、営業所内の照度を一〇ルクス超として、深夜にわたって（午前六時～翌日午前〇時以外の時間帯）、酒類を提供して営むものは、特定遊興飲食店営業（二〇一五年改正後風営法二条一一項）とされた（許可制）。④三号営業（ダンス＋飲食）のうち、営業所内の照度を一〇ルクス超として、深夜にわたらず（午前六時～翌日午前〇時の時間帯）または深夜（午前六時～翌日午前〇時以外の時間帯）は酒類を提供せずに営むものは、飲食店営業（二〇一五年改正後風営法二条一三項四号）とされた。⑤四号営業（ダンス）は、風営法の規制対象から除外された。

ここでは、二〇一五年風営法改正前の主にダンスに着目した規制から、二〇一五年風営法改正では、主に照度に着目した規制に移行していることがわかる。三号営業（ダンス＋飲食）として規制されていたクラブの営業が、結局

②の低照度飲食営業（一〇ルクス以下）として風俗営業に該当するものとされ、引き続き規制を受けることになった。一〇ルクス超であれば③の飲食店営業として規制は緩和されるが、それではクラブの演出は不可能である〔神庭亮介〕。

ただし、照度の計測場所として、ダンス（遊興）スペースと飲食スペースが分離されている場合（クラブの営業形態）には、飲食スペースで測定し、ダンス（遊興）スペースは測定対象外とされている（二〇一五年施行規則改正後の施行規則二条、風俗営業等の規制及び業務の適正化に関する法律等の解釈運用基準（二〇一五年一一月一三日付）（以下、解釈運用基準とする）第二）。なお、飲食スペースと遊興スペースが同じ場合（ショー・パブ等の営業形態）、一〇ルクスを一定時間（営業時間の半分未満）下回ることは認められた。これにより、クラブの営業は、②の低照度飲食店営業（風俗営業として規制）からは外れうる。

また、客室面積要件は六六㎡から三三㎡へ緩和されている（二〇一五年風営法改正に伴って改正される前の風営法施行規則八条、二〇一五年風営法改正に伴って改正された後の風営法施行規則七条）。

しかし、「遊興」という概念が残されている。③の特定遊興飲食店営業とは、「ナイトクラブその他設備を設けて客に遊興をさせ、かつ、客に飲食をさせる営業（客に酒類を提供して営むものに限る）で、午前六時後翌日の午前〇時前の時間においてのみ営むもの以外のもの（風俗営業に該当するものを除く）」を指す。そこにいう「遊興をさせ」るとは、「営業者側の積極的な行為によって客に遊び興じさせる場合」とされ、いくつかの例示がある（解釈運用基準第一〇）。これについて、衆議院内閣委員会において警察当局者（警察庁生活安全局長）は、遊興に該当する具体例を確認する委員の質問に対して、次のように回答している〔辻義之〕。遊興が規制されているのは「善良の風俗等を害するおそれが出てくるということでございまして、一つ一つのことを直ちに、ただ一個の、今のがどういうような形態で行われるかということによりますので、それで直ちに、では、これだと害するかというお尋ねをされましても、なかなかそれにお答えするのは困難かというふうに思います」。結局、遊興の概念があいまいであるため、クラブの営業のみならず、ライブやイベント等にまで警察による規制の対象となる危険性は否定できないだろう〔神庭亮介〕。

さらに問題なのは、制裁である。二〇一五年風営法改正前は、クラブが風営法に違反して深夜（午前〇時～日出時）に営業した場合、営業停止処分が科されていた（二〇一五年風営法改正前の風営法一三条、二六条）。ところが、二〇一五年風営法改正では、クラブが風営法に違反して深夜（午前六時～翌日午前〇時以外の時間帯）に営業した場合、特定遊興飲食店の許可を得ていないということになり、二年以下の懲役もしくは二〇〇万円以下の罰金（または併科）に処せられうる（二〇一五年風営法改正後の風営法三一条の二二、四九条）。すなわち、クラブの営業等の規制に対して、刑罰による担保がなされたことになる。

二〇一五年風営法改正にあたっては、一見クラブの営業に対する規制の緩和が行われているようにみえる。しかし、実際には、クラブの営業はこれまで通り規制され続けるだけではなく、クラブの営業以外のライブやイベント等へ規制対象が拡げられる可能性があり、しかもその規制は刑罰によって担保されていることがわかる。警察の規制および取締り権限は、さらに強固になっているのである。

これらの規制をさらに有効なものにするために、特定遊興飲食店営業については、業界団体を設立し、これを警察の管理下におくこととされている（二〇一五年風営法改正後の風営法四四条）。業界団体を設立させそれを警察の管理下におけば、警察にとって多くの利権が生み出されることは、前述したとおりである。さらに、それだけではなく、風俗営業や特定遊興飲食店営業の営業所の管理者等からなる風俗環境保全協議会が設置され、それらは個別に直接警察の管理下におかれることになった（二〇一五年風営法改正後の風営法三八条の四）。

二〇一五年風営法改正は、警察権限との関係でみれば、従来の風営法改正と同様、警察の規制および取締り権限の拡大という延長線上にあるだけではなく、刑罰のよる統制が強化されている。したがって、クラブの営業に対する規制の見直しという当初の三つの動向からはほど遠く、従来型の規制と取締りが維持される可能性がある〔永井良和〕。

4　準戦時的治安政策の確立と二〇一五年風営法改正

ダンス議連による風営法改正の提案、ＩＲの整備の推進（特にカジノ施設の設置）、規制改革会議による風営法改正の提案のいずれも、安倍政権が掲げる政策が明確に反映されている。同政権下では、前述の通り準戦時的治安政策が展開されている。

治安法の整備のほか、国家・経済・社会の戦争遂行体制への再編、治安政策の激的強化、マスコミ規制を含む徹底的な情報統制と世論誘導、厳しい思想統制など、戦争遂行体制が着々と下準備されつつある今日の状況は、一九二八年に酷似していると警告されている〔内田博文〕。

では、クラブの営業に関わって、音楽やダンスはこれらの状況と無縁であろうか。次の三点に注目しなければならない。一点目は、与党が示す改憲案では、音楽やダンスを含む表現の自由は大幅に制約されうることである〔伊藤真〕。二点目は、ダンスには人と人との結びつきを強め、社会的な統合を促す役割があるということである〔本田郁子・薫大和〕。これが共生社会の実現に寄与するか、あるいは総動員体制の確立に作用するかは、その時代の社会状況によることになろう。三点目は、音楽がかつて戦争遂行にあたって利用されただけではなく、音楽業界は自ら積極的に戦争遂行体制に身を投じたこと、また戦後もその責任は十分に明らかにされてこなかったことが指摘されていることである〔戸ノ下達也〕。

表現の自由が大幅に制約される結果、音楽やダンスが統制下におかれる。そして、戦争遂行体制へ向けた音楽やダンスの選別が行われ、それらを利用して人々の統合と動員が図られる。これらは、かつて実際に行われたことであるにもかかわらず、その責任はいまだ十分に明らかにされていない。したがって、同じことが繰り返される危険性はなお存在し続けているといわなければならない。そうであるならば、音楽とダンスが主たる要素であるクラブは、戦争遂行体制と無関係ではないだろう。

また、二〇一五年風営法改正によっても、クラブの営業は、二〇一五年風営法改正前の風俗営業と類似した形態で規制される余地が残っただけではなく、刑罰によって統制される可能性が生まれた。すなわち、クラブの関係者を容易に動員することが可能になったといえる。風俗と軍隊は密接不可分であり、かつて風俗営業の関係者が真っ先に戦争遂行体制に組み込まれたことも、すでに明らかにされているのである〔加藤正洋〕。

Ⅳ　結びにかえて

二〇一五年風営法改正は、従来の風営法改正と同様、警察の規制および取締り権限の拡大という延長線上にありながら、市民的（機能的）治安法にとどまらない固有の意味をもっていた。すなわち、安倍政権下での準戦時的治安政策の一環としての風営法改正である。

二〇一五年風営法改正を求めた中心には、誰がいたのか。「クラブでの音楽とダンスを守りたいと訴える人たちの中心は、どうやら多くが『失われた十年』に大人になった世代。彼ら彼女たちは、不況のなか、不本意な働きかたに甘んじた。そのつらさを忘れさせてくれたのが、音楽であり、ダンスだった」〔永井良和〕。彼／彼女らが求めた結果としてもたらされた二〇一五年風営法改正を、戦後治安法史のなかに位置づけてみるとき、それはこれらの人々を準戦時的体制に組み入れかねないものであった。

戦争（戦時治安刑法および戦時刑事手続による人権蹂躙も含む）が「普通の人たち」の「普段の生活」に最も大きな犠牲を強いることは、歴史に照らせば明らかである〔内田博文〕。風営法を通じた戦後治安法史の観点からは、それは着実に進行している。

＊ 紙幅の関係上、註はすべて省略し、参照した文献の著者名または座談会等の発言者名を〔 〕で本文中に記した。本稿に註を補う等の加筆を行ったものは、立正法学論集五〇巻一号（二〇一六年）および同五〇巻二号（二〇一七年）に掲載する。

戦後占領政策における「所持」概念の確立——銃砲刀剣類の規制を中心に

森尾　亮

Ⅰ　はじめに

明治維新によって近代化に踏み出した日本は、「不平分子」による銃砲、刀剣、火薬又は爆発物を用いての犯罪を防止するため、銃砲取締規則（明治五年太政官布告第二八号）、帯刀取締ニ関スル件（明治九年太政官布告第三八号）、火薬類取締規則（明治一七年太政官布告第三一号）及び爆発物取締罰則（明治一七年太政官布告第三二号）を相次いで制定した。(1) これらにより、小銃等を扱う商売をするには免許を要することとなったほか、軍用鉄砲などの所持許可制、帯刀の原則的禁止、爆発物使用などに関する重罰化などが定められた。その後、銃砲と火薬類の取締りを一本化した銃砲火薬取締法（明治三二年法律第一〇六号）が制定され（明治四三年法律第五三号により全面改正）、これが昭和二〇年の終戦までの銃砲、刀剣類に関する規制の根拠法規ともなった。そこでは、銃砲、火薬類の製造、販売の許可制

（行商、屋外販売は禁止）、火薬類所持の原則的禁止、軍用鉄砲、火薬類の譲渡、譲受の許可制、仕込刀剣等の授受、運搬、携帯の許可制などが定められていた。(2)

当時の規定には銃砲や刀剣類の所持そのものに規制はなかったため、危険物所持として処罰の対象となったのは火薬や爆発物である。(3) 例えば、大判大正六年一二月一一日(4)では、（旧）銃砲火薬類取締法施行規則（明治四四年勅令一六号）第二二条の火薬類所持罪について「所謂火薬類ノ所持トハ自己ノ為メニスルト否トヲ問ハス火薬類ヲ自己ノ支配内ニ置クノ謂ニシテ必スシモ常ニ之ヲ握持スルヲ要スルノ義ニアラス而シテ火薬類ヲ数人共同ノ支配内ニ置キタル場合ニハ何人カ現実之ヲ握持スルモ之ヲ共同者一同ノ所持ト做スニ妨ケナク該物件カ其数人ノ共有若クハ共同占有ニ属スルコトヲ要スルモノニアラス」と判示して、所持とはいう概念が物に対する事実上の支配を内容することを確認しているし、大判大正五年一一月一七日(5)では、同じく（旧）銃砲火薬類取締法施行規則第二二条の火薬類所持罪について「苟モ同上ノ規則ニヨリ火薬類ヲ所持シ得サル者カ火薬類ナルコトヲ認識シコレヲ所持スルトキハ直ニ同規則第二十二条ノ違背者トシテ處罰セラルルモノニシテ其所持ノ目的如何ハ敢テ問フノ要ナシ蓋シ火薬類ノ如キ危険物ハ其所持自体カ公安ヲ害スル虞アルニ因リ法令ニヨリ特定シタル人以外ノ者ハ之ヲ所持スルヲ得スト為スハ公安保持ノ必要上適宜ノ處措ニシテ立法ノ趣旨又茲ニ存スルモノト謂フを得ヘケレハナリ」と判示し、目的の如何は所持の成否と無関係であるとしている。

こうした「所持」概念は、戦後の連合国軍最高司令官総司令部（以下ＧＨＱと略す）による占領政策としての武装解除に伴う銃砲刀剣類の取締において、判例（司法実務）の中に受け継がれながら拡大し、戦後日本の治安法制をリードする形で「通説」的見解となっていった。本稿は、現在問題となっている所持処罰の検討へ向けた序論的考察として、「通説」的所持概念が確立されていく経緯を検討することを目的とするものである。

Ⅱ　占領政策における「所持」処罰

1　占領政策における「所持」概念の拡大

(1)　戦後日本を占領したGHQによる占領政策の目的の一つは日本を非軍事化することにあった。非軍事化は、まず帝国軍隊を解体して日本を軍事的に武装解除することで実施に移された。これは日本が非武装国家として出発する前提となり、戦後新憲法の非武装平和主義に結実することになったが、他方において、その武装解除命令は民間レベルにも及んだ。日本軍部の抗戦派や右翼の抵抗を排除するためであり、また復員兵などを通じて民間に流出した武器を回収するためであった。つまり占領軍の武装解除は、非武装平和主義にかかわる軍事面と市民の抵抗権にかかわる民間レベル面の二つの側面をもっていた。(6)

GHQは民間に保有されている一切の武器類を回収するため、GHQの指示あるときは民間所有の一切の武器を収集し、引き渡すことができるよう準備することとする命令（昭和二〇年連合国軍最高司令官一般命令）、猟銃用火器その他の例外を除き、全火器、刀剣、その他の武器等を回収して引き渡すこととする命令（昭和二〇年民間武器回収命令及び民間武器引渡命令）を発した。日本政府はこれらの命令を履行すべく、「武器引渡命令ニ対スル緊急措置ニ関スル件」と題する内務省警保局長名の通達（昭和二〇年一一月九日）を出し、武器類の警察署への提出などを行わせた。さらに、銃砲刀剣類の所持を原則として禁止し、都道府県知事の許可を受けたときだけその所持を認めることを骨子とする銃砲等所持禁止令（昭和二一年勅令第三〇〇号：六月三日公布）を制定した。(7)これらにより、銃砲や刀剣類に対する規制は大幅に強化され、全国規模で徹底した取締が行われた。内務省警保局警察統計資料によれば、一九四六（昭和二一）年三月末段階での（日本軍の武器装備を除く）民間の武器回収状況は、すでに拳銃一万一九一六、機関銃二万二九九四、小銃三九万五八九一、猟銃三八万四二一二、大砲二四三、機関砲五六〇、軍刀（指揮刀を含む）二一一万九一六〇、銃剣五八万二一〇六、日本刀八九万七七八六、槍類一四万四四〇七、火薬類九〇万七七七五キログラムなどであったとされる。(8) こうして全国一斉に武器回収が図られ、民間の武装解除は短期間のうちに驚くほどの成果を上げた。

(2) 戦後の最高裁判例において「所持」概念が確立されていくのは、占領政策として規定されたこの銃砲等所持禁止令の事案においてであった。そこにおける判例の方向性は、当然のことながら、GHQの意向を汲みつつ、徹底した取締と厳格な処罰を肯定する方向に向かった。例えば、以下のような事例にそれが見て取れる。

㋐被告人は、法令に基き職務の為にするものでなく且地方長官の許可も受けないで昭和二十二年八月五日頃から同年九月十日頃迄の間大阪市阿倍野区の自宅において九四式拳銃一挺弾倉二個及び実包十二発を所持していたという事案である。控訴審・大阪高裁は「右事実は被告人が当公廷に於てその通り供述して居るので之を認める。法律に照すと被告人の右所為は、昭和二十一年勅令第三百号銃砲等所持禁止令第一条第二条、昭和二十一年内務省令第二十八号銃砲等所持禁止令施行規則第一条に該当する」とした。これに対し、最高裁は、

「銃砲等所持禁止令は銃器刀剣の蒐集に関する連合国最高司令部信号隊メッセージ（一九四五年九月二日）の指示に基き吾国民一般に銃砲刀剣等の所持を禁止する趣旨で制定されたものである。論旨設例の様な所持の認識のない場合（かかる場合は犯意がない）及び法に特別の規定ある場合は別であるが、そうでない限り苟くも犯意があつて銃砲等を所持する者は総てこれを罰する趣旨である。而して此場合の犯意としては所論の様な使用する意思等は必要でない。所持の認識がありながら所持して居る場合ならば、それで犯意あつての所持といえるのである。所論の如く譲渡人に返還する意思、官庁に届出でる意思等があつたとしても、それは只引続き長く所持する意思がなかつたという丈けでそれによつて所持して居た間の犯意を否定することは出来ない。所論憲法

の各法条が前記の如く連合軍司令部の指示に基いて制定せられた刑罰法規に違反する行為を為した者に対し其法規所定の範囲内において裁判所が相当と認むる刑を科することを禁ずる趣旨でないことは論を待たない。而して本件の場合被告人が所持の認識があつたことは原判決挙示の証拠で明であり法に定むる例外の場合でないことも明であるから、これに対し同所定の刑を科した原審の措置は毫も違憲でない」として上告を棄却した（最大判昭和二三年七月二九日刑集二巻九号一〇七六頁以下）。（傍点は筆者）

㋑被告人は、自己の所有にかかる本件拳銃一挺及び指揮刀並びに軍刀各一振を昭和二〇年四月頃（銃砲等所持禁止令施行前）からA方に預けていたのであるが、同二一年六月一五日同令施行後も同令及び同令施行規則による正規の手続を怠り、右A方に預けたままに放置し、うち拳銃一挺は同二二年四月頃から肩書自宅に持ち帰つて、同年一〇月二六日頃まで所持していたという事案である。東京高裁は「法律に照すに被告人の判示所為は銃砲等所持禁止令第一条二条同令施行規則第一条第一号第三号に該当する」とした。これに対し、最高裁は、「銃砲等所持禁止令制定の趣旨は、要するに占領軍をはじめその他一般人に対し危害を加えるに役立つべき同令所定の物件が隠匿保存せられることを根絶せんとするにあることは、他言を要しないところである。されば、同令に所謂所持とは、かかる物件に対しこれが保管につき支配関係を開始しこれを持續する所為をいうのである。従ってそれらの物件の所有者がその保管を他人に託したとしても、その受託者を通じて間接にその物の保存につき支配関係を持續する限り、なお該物件を所持する物といわざるを得ないのである」として上告を棄却した。（最判昭和二四年五月二六日刑集三巻六号八六九頁以下）。（傍点は筆者）

㋒被告人は、(a)A外二名と共謀の上強盗の目的を以て、昭和二十一年十一月末頃午後十一時頃各自夫々匕首又は薪割を所持して大阪府守口市の魚屋某方表に立越して強盗の予備をなし、(b)法令に基き職務のためにするのでなく又地方長官の許可も受けないで昭和二十二年一月中旬頃から同年二月中旬頃迄の間刃渡り約二十糎の匕首一本を被告人の肩書住居に保管して所持していたという事案である。大阪高裁は「昭和二十一年内務省令第二十八号銃砲等所持禁止令施行規則第一条に該当する」とした。(b)部分に関する上告に対し、最高裁は、「銃砲等所持禁止令にいわゆる「所持」とは自分の支配し得べき状体に置くことをいうのである。他人から預つた物で自己の所有に属しないということは「所持」ということの妨とならない。論旨にいう様に人から預つて自宅の水屋の引出に入れて置いたという行為は其れ丈けで右「所持」に該当するのである。父と同居して居り父の家であつても自分が預つて自分で引出に入れて置いたものである以上自分で支配し得る状体にあつたといえるから「所持」というに差支えない」と判示した（最判昭和二三年九月二一日刑集二巻一〇号一二一三頁以下）。

これらの判例はいずれも、後に「所持」概念に関するリーディングケースとして引用されるものである。㋐判例と同様に、銃砲等所持禁止令が「銃器刀剣の蒐集に関する連合国最高司令部信号隊メッセージ（一九四五年九月二日）の指示に基き吾国民一般に銃砲刀剣等の所持を禁止する趣旨で制定された」との経緯から「不法所持」の犯意の内容を導き出していることが分かる。㋑判例においても㋐判例と同様に、「占領軍をはじめその他一般人に対し危害を加えるに役立つべき同令所定の物件が隠匿保存せられることを根絶せんとするにある」という銃砲等所持禁止令制定の趣旨が明確に示され、「不法所持」か否かの判断がこれを導きの糸として理解されている。㋒判例は（他の法律を含め）多くの判例・学説に引用されており、現在の「所持」に関する通説的見解とされるものであるが、これも㋐判例の延長線上において示された見解であることが見て取れる。[9]

(3)　上記のような判例の傾向は、同時期に他の法律での「所持」処罰にも及んでいる。例えば、占領政策という点では、昭和二二年政令第一六五条（連合国占領軍その将兵又はその連合国占領軍に付随し若しくは随伴する者財産の収受及び所持の禁止）一条一項・三条一項の所持罪について、「物の所持とは、人が物を保管する実力支配関係を内容とする行為である。人が物を保管する意思を以てその物に対し実力支配関係を実現する行為をすれば、それによつて物の所持は開始される、そして一旦所持が開始されれば爾後所持が存続するためには、その所持人が常にその物を所持しているということを意識している必要はないのであつて苟くもその人とその物との間にこれを保管する実力支配関係が持続されていることを客観的に表明するに足るその人の容態さえあれば所持はなお存続するのである。だから所持は人が物を保管するためその物に対して実力支配関係を開始する行為と、その実力関係の持続を客観的に表明する容態とから成り立つているというべきである」（最大判昭和二四年五月一八日刑集三巻六号七九六頁以下）、「物の所持とは人がその実力支配下に物を保管する行為をいうのであるから、人が物を保管する意思をもつてこれに適応する実力支配関係を多少の時間継続して実現する行為をすれば、それによつて物の所持は成立するのである。そして一旦成立した所持が爾後存続するためには、その所持人が常にその物を所持することを意識している必要はないのであつて、苟くもその人とその物との間にこれを保管する実力支配関係が持続されていることを客観的に示めすに足るその人の容態さえあれば、所持はなお存続するものといわなければならない」（最判昭和二五年一〇月二六日刑集四巻一〇号二一九四頁以下）などが挙げられる。

さらに、麻薬取締規則（昭和二一年厚生省令二五号）四二条・五六条一号の麻薬所持罪における所持について「麻薬取締規則にいう所持とは麻薬を自己の支配内に置くことをいうのであつて所論の如く麻薬取扱者でない者が麻薬を他へ販売、授与等何等かの危険性を伴う行為をなす意図を有することを要するものではない」とする最判昭和二六年五月一一日（最高裁判所裁判集刑事四五号六八三頁以下）や、麻薬取締法（昭和二三年法律一二三号）三条一項・五七条の麻薬所持罪について「所持罪における所持とは、社会観念上一定の人が一定の物につき事実上の支配を為し得る地位にありと認むべき関係をいうのであるが、それが二人以上の者の意思の連絡の結果に出ずる場合には、これをもつて共謀による所持ということができるのである」とする最判昭和二八年三月一三日（最高裁判所裁判集刑事七六号一四三頁以下）など、薬物取締法規に関する事案へも浸透していることが分かる。

2 占領政策における「所持」処罰の障壁

(1) このような経緯を経て、銃砲等所持禁止令（昭和二一年勅令三〇〇号）の規定に基づく「所持」取締は、まさに占領政策としてその後の日本国内における銃砲刀剣類の「不法所持」取締を方向付けた。禁止令制定から五年後には、GHQの意向による行政・司法を含めた治安政策活動が一定の成果を収めるに至ったと判断されたため、銃砲刀剣類に関する規制が全面的に日本政府に委ねることとなり、改めて銃砲刀剣類等所持取締令（昭和二五年政令第三三四号）及び銃砲刀剣類等所持取締令施行規則（昭和二五年総理府令第四五号）が制定された。

ところで、銃砲等所持禁止令（昭和二一年勅令三〇〇号）から銃砲刀剣類等所持取締令へと続く銃砲刀剣類の「不法所持」取締に関連して、その後の日本における銃砲刀剣類の「不法所持」取締を方向付けたという意味で象徴的な二つの判決がある。一つは合目的解釈による「所持」概念の拡大を退けた最判昭和三二年一〇月四日の無罪判決であり、もう一つは銃砲刀剣類等所持取締令による「所持」処罰の合憲性を認めた最判昭和三三年二月一二日である。

(2) 新たに制定された銃砲刀剣類等所持取締令では、許可を受けて銃砲または刀剣類を所持する者および登録を受けて銃砲または刀剣類を所持する者の所持の態様については何等の規制も設けられていなかった。そこで判例は、銃砲等所持禁止令（昭和二一年勅令三〇〇号）の事案でこれまで見てきたのと同様に、銃砲刀剣類等所持取締令の立法趣旨から、所持する人やその目的または所持している場所等によっては、たとえ許可登録を受けている銃砲刀剣類であっても不法所持と認められる場合には、合目的的な解釈の下に当然規制し得るものとしていた[10]。

東京高判昭和三一年一二月二五日（第一審：東京地判昭和三一年五月二四日）もそうした動向に倣い、暴力団員である被告人が銃砲刀剣類等所持取締令七条による（美術品として価値ある刀剣類として）登録を受けた日本刀を所持したという事案について、「たとえ数分間ぐらいの短時間とはいえ、日本刀をその保管場所から持ち出し、保管場所と同番地に属するとはいっても保管場所とは別個の家屋にこれを持参し、同所においてこれを携帯した所為は、その間右日本刀に対する支配関係が持続されていることが明白で銃砲刀剣類等所持取締令二条に違反する所為であること」はいうまでもなく、「被告人の日本刀所持は、場合により人を殺傷するためのもので、たとえ登録を受けた日本刀であっても、銃砲刀剣類等所持取締令二条がこれを所持することを認めた趣旨に反することは明白であり、許容されない所持と断定するのを相当とする」と判示して被告人を有罪とした。[11]

ところが、その上告審である最判昭和三二年一〇月四日は、「令七条規定による登録を受けた日本刀を所持する所為は、所持者その人の性格ないし所持の目的の如何にかかわらず、同令二条の規定に違反せず、不法所持罪を構成しない」と判示して無罪の判決を行なった。[12] 立法趣旨からすれば、控訴審判決のように、殺傷等に供するため所持したような場合はたとえ登録を受けた銃砲刀剣類等でも当然不法所持罪（銃砲刀剣類等所持二条違反）が成立するものとすべきところであろう。しかし、銃砲刀剣類等所持取締令は、七条の規定による登録を受けた銃砲刀剣類を所持することは同令二条所定の所持罪の対象から除外している上、登録を受けた人の性格ないし所持の目的によって特にその所持を禁止制限する趣旨を窺うべき規定がどこにもなかった。最高裁判所判例解説も「元来、取締令二条但書四号が、令七条の規定による登録を受けた銃砲又は刀剣類を、所持罪の対象から除外した趣旨は、この種の銃砲又は刀剣類を、文化財に準ずるものとして保護活用することを目的とするもので、かかる場合その所持者は、美術品又は骨董品としてこれを所蔵し、日常座右に置いて絶えず鑑賞愛玩するから、これにその所持を許しても公共の秩序を維持する上に危険を及ぼすが如きことは先ず絶無と認められるからに外ならない。されば喧嘩当事者の一方に応援する目的をもつて、場合によつては人を殺傷することあるべきことを認識しながら、登録済の銃砲又は刀剣類を、本来の保管場所から持ち出し、保管場所とは別個の場所に持参し、同所においてこれを携帯することは、所持者その人が登録申請者であるか或は第三者が登録申請者であるか、そのいずれの場合であるかを問わず、叙上除外の趣旨を逸脱したものといわざるを得ず、原判決及びこれと同旨の福岡高裁の判決（高裁特報一巻一三号七二三頁）の各判決理由は、この点に関する限り全く正当である。だからといつて、右の如き違法な目的のためにこれを所持する場合を直ちに令二条但書四号の除外事由に該当しないものと解して令二条違反の不法所持罪に問擬することは、法令の規定を超えて解釈により罪刑を拡張するものであり、罪刑法定主義の要請に反することになるのではなかろうか。いわんや原判決がその理由中に説示する如く、所持者が誰であるか、所持の目的が何であるか、所持の時、所の如何によつては所持が許されないものという解釈をとるとすれば、不法所持罪につき構成要件の定め方が明確を欠き、可罰行為の範囲が一定せず、具体的事案によつて左右される結果これまた罪刑法定主義の要請に反することと朋白である」として無罪判決を当然と評している。[13]

(3) しかし、なぜこうした事態が生じてしまったのであろうか。ここには占領政策としての民間保有の武器回収について既にかなりの成果をあげていたことが背景にあるように思われる。少し時間を遡って、日本政府（内務省）の対応を詳しく見てみよう。

先に見たように、GHQは一九四五（昭和二〇）年の「一般命令」に伴って民間の武器回収を日本政府に命じた（九月二日）が、これを受けた日本政府（内務省）はその意図を汲みながらも、占領軍の将兵らの間では回収した日本刀を戦利品として自国に持ち帰るという振る舞いがあると指摘されていたこと、日本軍人を中心として「家宝」ともいえる「日本刀」の回収に対して抵抗があったことなどから、GHQ側との折衝過程において、民間保有武器の回収においても「美術品」といえるような「日本刀」を取締の例外とするとの方針採用をGHQ側に要請して（九月一五日）、その了解を取りつけた（九月二二日）。[14] GHQ側は、民間所有のすべてのけん銃及び小銃を遅滞なく回収すべきこと、民間所有の刀の回収を継続し、速やかに完了すべきこと、の二点を指示するとともに、刀の収集について「美術品」と区別することを承認するが、それはその刀が事実上美術品であり、また復員軍人と区別された真実の一般市民の手にある場合にのみ適用されることを認めたとされる。[15] これを受け、内務省は重要美術品を以外の

「一般刀剣」について一層意欲を示すようになり、先に見たように膨大な数の民間保武器回収に成功している。こうして民間所有の銃砲刀剣類の回収と取締は占領初期には厳格に実施され、美術刀剣も一九四七年頃までは厳重な審査によって多くの刀剣が接収された。同年末には内務省が解体され、翌一九四八年に入ると警察法関係の主務大臣は内閣総理大臣に代り、美術刀剣の審査制度も少しずつ変化した。それまで銃砲刀剣類の所持は都道府県知事の許可を受けた場合にのみに限られていたが、警察制度の改革に伴う一九四八年三月六日の「警察法の施行に伴う関係法律の整理に関する法律」（法律第一一号）によって所持許可権者が知事から公安委員会に移された。またこの警察改革によって、銃砲火薬取締法に関しては火薬類の譲渡・授受の許可および災害届出受理の事務を従来通り警察の管掌としたが、銃砲火薬類の製造・販売などに関する事項は通産省・都道府県に移管された。一九四九年以降は刀剣審査も漸次緩和され、没収を第一とした方針から届出促進に変化した。自発的な届出者に関しては、それまでの隠匿行為を不問に付し審査合格の便宜を計るようになった。(16)

ＧＨＱが銃砲刀剣類に関する規制を全面的に日本政府に委ねることとなり、銃砲刀剣類等所持取締令（昭和二五年政令第三三四号）及び銃砲刀剣類等所持取締令施行規則（昭和二五年総理府令第四五号）が制定されたのは、こうした情勢においてであった。同取締令の主な改正点は、所持許可の基準を定めたこと（第四条）、変装銃刀および装薬銃砲以外の短銃の所持、刃渡り一五センチ未満の刃物の携帯をそれぞれ禁止したこと（第一三～一五条）、銃等の授受運搬および携帯の制限規定を設けたこと（第一六条）などであった。とくに第九条では、公安委員会が行っていた銃砲刀剣類の所持許可のうち、火縄式火器・刀剣類など美術的骨董的価値あるものについては文化財保護の名目で登録制とし事務を教育委員会に移管した。これにより、狩猟用・産業用などの銃砲刀剣類の所持は従来通り公安委員会の許可を必要とするが、美術的価値あるものは都道府県教育委員会の外郭団体である文化財保護委員会の登録を受けねばならなくなった。取締当局にとってはＧＨＱのもとでの占領政策の延長との意識であったが、最高裁は

GHQがいた占領期の無制限な合目的的解釈に一定の制限をかけ、日本国憲法との矛盾を埋めに向かったといえよう[17]。

(4) これに続き、最判昭和三三年二月一二日において銃砲刀剣類所持等取締令の「所持」処罰に対する合憲判断が示される。事案としては、被告人が、法定の除外事由がないのにかかわらず、昭和二八年四月一一日頃から同年六月一四日迄の間宇治山田市内等で十四年式拳銃一挺及同実包七発を所持したというものであった。控訴趣意は「銃砲刀剣類等務持取締令の内容をみると、銃砲又は刀剣類は所持することはできない（第二条）と一般的に規定され僅かの場合にこれが所持を認めて居るに過ぎないのであり、而もその趣旨は吾国古来からの美風であつた祖先より代々伝わる家宝としての刀剣類であつても美術品として価値がなきものは其の所持を禁じ処罰されることになつたのであるが之が為その一家に対して与える精神的打撃が甚大なることは勿論これが個人の財産権の侵害である事は明らかな事実である。……右の次第で銃砲刀剣類等所持取締令は憲法第二九条に背反し無効である」とする。

これに対し、名古屋高判昭和二九年七月一三日は、「銃砲刀剣類は、使用の如何によつては、国際間又は国内の平和をおびやかす危険な武器となり、人の生命、身体に危害を与えるものであるから、無制限にこれが所持を許すことができないことは、多言を要しないところである。従つて銃砲刀剣類の所有又は所持は、一の財産権であるが、公共の福祉に適合するように、法律で制限を設けることのできることは、憲法第二十九条第二項も明示している。而して、右取締令の内容を見るに、右の制限を逸脱した規定は存しないので、違憲法律と謂うことはできない」としてこれを棄却した。被告人はなおも「原審判決は憲法第二十九条に違背するものと信ずる。銃砲刀剣類等所持取締令は所謂ポツダム命令であり昭和二十七年三月二十八日法律第十三号により同年四月二十八日の平和条約発効後においても法律として一応効力を有する如くみられるのであるが、右取締令が規定する如き内容の法律が従来なかつた吾国に於て斯る命令が出されたのは占領という特殊な立場にあつてその目的を達成せんが為に殊更発せられたことは明らかでその占領目的に必要な限度に於てこそ意味があつたものであり且超憲法的な効力を附与せられていたものである。而して原審は銃砲等は使用の如何によつては危険な武器であり人の生命、身体に危害を与えるものであるから其の所持の制限は何等憲法第二十九条の財産権保障の規定に違背するものでない旨判示せられているが、斯る制限規定の無かつた従前に於て銃砲刀剣による犯罪が特に多かつた如き事実は認められず、斯る制限而も大巾な制限をなすことは吾国の醇風美俗である祖先崇拝の観念から来る先祖伝来の刀剣等を大切に保存する風習を打破り、個人の意思を無慙に蹂躙しその財産権を侵害するものと謂うべきである。銃砲刀剣類等所持取締令が規定する如き厳重な取締りはそれが公共の福祉の観点から規定せられているとしても行過ぎであり個人の財産権を侵害するものと思料せられるのである」として上告したが、最高裁は「銃砲刀剣類は、殺人、傷害等の用に供せられる危険物であるから、銃砲刀剣類等所持取締令は、かかる犯罪を未然に防止するため原則としてこれら物件の所持を禁止し、もつて国民の生命財産の安全を期する目的をもつて制定せられたものであり、右、所持を原則として禁止した同令二条は社会公共の福祉保持のため必要な規定と解すべきであるから、同条は何ら所論憲法二九条に違反するものではない」として、これを棄却した。

この判決において「所持」処罰の合憲性が確認されたことから、所持罪の是非を論じるにあたっては不可欠な判例であるが、当時は判決内容をめぐって論争となったことはなかった。但し、最高裁判例解説（高橋幹男）は「現在のところ、銃砲刀剣類の所持を原則的に禁止することも公共の福祉に適合するであろう。しかし本来所持は犯罪の予備段階にすぎない。銃砲火薬類取締法施行規則四〇条は、拳銃等の所持禁止を未成年者に、しかも「業務又ハ修学ノ為ニスル場合ヲ除」いて限定していた。同三九条が、これが授受、運搬又は携帯を許可にかからしめていたにすぎない。銃砲刀剣類等所持取締令も、時の変遷世相の安定に従い、その本来の目的である銃砲刀剣類の顕在化、即ち届出乃至せめて許可制による原則的所持許容の立場に赴くことであろうか。それとも平和国家に対応して個人の完全非武装の方向が是認されるべきものであろうか」[18]として、銃砲刀剣類の所持禁止が公共の福祉に適合するであろうとしながらも、それが予備的処罰という例外的な対応であること、占領政策の時期を経た当時の状況を踏まえてもその後の銃砲刀剣類の取締のあり方は必ずしも一律に決まっていた訳ではないことを示している。これまで見た銃砲刀剣類等取締令制定の経緯と合わせ考えれば、銃砲刀剣類等が「殺人、傷害等の用に供せられる危険物」であるということが所持を原則禁止する大きな理由であり、それにより「国民の生命財産の安全を期する目的」にとっては「社会公共の福祉保持のため必要な規定」として合憲性が認められているに過ぎず、これを以て所持罪一般の合憲性が示されたと解することができるのかは疑問の残るところである。

Ⅲ　銃砲刀剣類所持等取締法の制定と展開

1　銃砲刀剣類所持等取締法制定の方針

合憲判断が示された最判昭和三三年二月一二日の時点ではすでに、最判昭和三二年一〇月四日の無罪判決を契機として所持制限などをより強化した銃砲刀剣類所持等取締法（昭和三三年三月一〇日成立：同年四月一日公布）が施行へ向けて国会で法案審議がなされていた。取締当局の対応はきわめて迅速なものであったといえる[19]。同法が制定された主な理由について、法務省法務総合研究所教官・検事であった木宮高彦は次の二点を挙げる[20]。

第一は、旧令の規定は余りにも対物的な内容に偏し、対人的な内容に欠けていたということである。第二八国会における国務大臣の提案理由説明でも、改正点の第一として「許可または登録を受けた銃砲または刀剣類は、狩猟、有害鳥獣駆除、屠殺、人命救助、漁業、建設業等の用途に供するか、その他、正当な理由がある場合を除いては、これを携帯し、または運搬してはならないこととし、いわゆる暴力団等による銃砲刀剣類の悪用を防止することとしたのである」という点が指摘される。[21] 第二には、取締目的の変化に応じ、今日の実情に副うよう許可の対象を拡張する必要が生じたことである。「旧令の場合は、前記のごとく、駐留軍の意図による日本における民間武器の回収を事実上継続したもので、許可の事由も厳格に絞られていた。しかし、戦後十数年の間にこの観念は薄れ、今やその物に対する危険視からその用途に対する危険の防止へと移行した。……旧令の下においては、所持を認められなかったものについても、所持させることが社会通念上妥当と思われる場合が認められ、その場合には許可にかからしめてその所持を認めることがより合理的であると考えられるに至り、それらの規定の整備が必要となった」とされる。[22] とはいえ、各論的に見れば、上記二点のうちやはり前者が重視されていた様子が伺える。[23]

2　銃砲刀剣類所持等取締法制定時の「所持」概念

続いて、木宮高彦『特別刑法詳解（第一巻）危険物』（一九六一年）を基に銃刀法制定当時の「所持」概念を確認してみよう。木宮は基本的には判例に沿って解説書を書いているが、そこには判例との距離も見て取れる。

(1)　まず「客観的要件」として、「所持」とは「物を自己の支配し得べき状態に置くこと」とされる。[24] 木宮によれば「所持の観念を最も簡明かつ広汎に表現した定義」であり、当時の判例に示された「何らかの原由で自己の支配内に帰した銃砲等を自己の責任意思に基づき、その実力範囲内に留保すること」[25]「何らかの原由で自己の支配内に帰した銃砲等を自己の責任意思に基づき、その実力範囲内に留保すること」[26]「支配の意思で物を事実上支配する状態をいうのであって、物と接触していなくても、社会通念上支配があると考えられる状態」[27]「銃砲、刀剣類等を自己の実力支配におくこと」[28] などはいずれもこれに含まれ、これをより明らかにするものとされる。

所持の概念が「物を自己の支配し得べき状態に置くこと」である以上、いわゆる不法所持罪が一種の継続犯に属することは疑を容れない。[29] この点につき、銃刀法には一定期間所持の状態が継続することをもって犯罪の構成要件としていないことから、必ずしもその始期と終期を明示し、もって一定期間所持を継続した事実を判文上または起訴状に明確ならしめる必要はなく[30]、法のいう所持については、その実力支配が多少の時間継続の認められる限り、時間の長短は問題とならないとする[31]。また、銃刀法三条に違反して銃砲等を所持した事実の判示としては、当該銃砲等が事実上被告人の支配し得べき状態にあったことを知り得る程度に判示すれば足りるとされる[32]。

さらに共犯の場合における所持の観念について、「日本刀を携帯して強盗することを共謀し、その見張をした者は、その日本刀を嘗て手にしたことがなかったとしても、法違反の共同正犯となる。」なぜなら、たとえ日本刀を手にしたことがなかったとしても、共犯者の行為を介して、法定の除外事由がないのに拘らず、日本刀を携帯使用して他人を脅迫する意思を実現したものといい得るからである[33]。

(2) 次に「主観的要件」として、「犯意」が必要だとされる。木宮のいう「犯意」とは「物を自己の支配し得べき状態におくことの認識」であるが、「所持」の主観的要件としてこれを必要十分条件としている。

例えば、東京高判昭和三〇年八月一八日は「元来拳銃等の不法所持を罰する理由は一般人に対し危害を加えるに役立つこの種物件が隠匿保存されることを根絶しようとすることにあるのであるから、この所持とは右隠匿保存されることに何等かの関連と影響のあるものでなければならない。よつてこの所持とは勿論これを自己の実力支配関係の下に置く意味の把持がなければならず、この程度の把持のない以上たとえ携帯しても犯意のないもので、所持罪は構成しないものと解する。例えば道に落ちている拳銃を警察署に届ける為に拾つて警察署に届出る間の携帯の如きものは、これらを隠匿保存することに何等の関連性も影響力もないのであるから、未だ自己の実力支配関係の下に置く意思のある把持とは解せられず、従つて犯意のない行為というべきである。尤も届出の意思はあつたとしても直ちに届出られる状態にあつたのに、これを自宅に持ち帰えるが如き場合は最早自己の実力支配関係の下に置いているのであり、犯意ある行為というべきである。以上のとおり、右のように届出の為にする携帯は拳銃の不法所持罪を構成しないと解するのを相当とする。」として、「本件のように或者により特定場所に置かれていた拳銃が不法に持ち出された後これを知つた右の者とは全く別個の他の者……がこれを元の場所に返還しに行く為のみの携帯行為が右届出の為の携帯行為と何処が相違する点があるであろうか、同じく自己の実力支配関係の下に置く意思のある把持とは認められず、所謂不法所持とは認められない」とするのに対し、木宮は、「届出の意思はあったとしても、直ちに届け出られる状態にあったのに、これを自宅に持ち帰るが如き場合は、もはや自己の実力支配下に置いているのであり、犯意ある行為というべきである」のであれば、「元の場所に戻すという所為が、常に不法所持罪を構成しないと解することは疑聞の存するところであろう。少なくとも前記の法二三条違反に該当することは明らかである」としており、判例と間にも距離がある。[34]

また、「当初において」物を自己の支配し得べき状態におくことの認識があった以上、これが客観的に自己の事実支配を脱しない限り、依然その所持を継続しているものと解するのが通説であり、「一旦かような所持が成立すると、その所持が事実上その支配関係が終了するまで継続するのであって、その間所持者に絶えず支配意識が存することは必要でない[35]」とされる。この点については、当時の判例もかなり厳格にこう解しており[36]、現在もこれが通説として理解されている。しかし、これでは忘却犯の不処罰は基本的にあり得ないことになる[37]。

さらに①「その所有権が何人に属していたとか或はその民事上の保管責任者が何人であったかというような事情[38]」や「その所持者が所有権その他処分権を有するかどうか[39]」などは何らのかかわりもない[40]。②所持が「自己の為めにする意思を要しない[41]」し、「犯人が主観的に如何なる使用目的を有していたか[42]」を問わない。③所持するに至った事情ないし動機についても犯罪の成立を阻却しない[43]。④行政命令その他の行政上の措置や警察官と相談したという事実も所持の違法性を阻却しない[44]等の指摘もなされる。

Ⅳ　おわりに

以上、銃砲刀剣類規制の「所持」処罰で用いられる「所持」概念の多くは占領期の銃砲刀剣類規制において培われてきたことを概括的に確認した。なお不十分な点もあるが、①内務省は占領政策によって官民を挙げて行われた強制的な民間武器回収により短期間で治安回復を成し遂げ、この成功体験がその後も取締当局に受け継がれていったこと、②占領期の判例は目的論的解釈によりＧＨＱの占領政策のもとでの内務省の方針を下支えしたこと、③占領期終了後では取締当局と判例では銃砲刀剣類の「所持」処罰のあり方について一定の距離があること、④銃刀法制定以降、木宮に代表される取締当局の「通説」的見解は（他の法領域における「所持」処罰を含めて）立法によって判例との距離を埋めながらその後の「所持」処罰のあり方に影響を及ぼしてきたこと、などが確認されたのではないかと考える。近時の刑事立法で問題となっている「所持」処罰との関係については他日を期したい。

（1）　爆発物取締罰則の立法経緯については、木宮高彦『特別刑法詳解（第一巻）危険物』（一九六一年、日本評論社）二七七頁以下、古田祐紀「爆発物取締罰則」平野龍一・佐々木史郎・藤永幸治編『注解特別刑法六　危険物編Ⅲ』（青林書院、一九八六年）一頁以下、足立昌勝「爆発物取締罰則の効力」石塚伸一ほか編著『近代刑法の現代的論点——中山研一先生古稀祝賀論文集』（一九九七年、成文堂）二七三頁以下等参照。

（2）　米澤慶治「銃砲刀剣類所持等取締法」平野龍一・佐々木史郎・藤永幸治編『注解特別刑法六　危険物編Ⅰ』（青林書院、一九八六年）二頁参照。

（3）　香城敏麿「覚せい剤取締法」平野龍一・佐々木史郎・藤永幸治編『注解特別刑法五　医事・薬事編Ⅳ』（青林書院、一九八三年）一二五頁によれば、判例においてはその意義につき早くから一貫した解釈が示されてきたとされる。「所持」を構成要件とする犯罪は爆発物等の危険物規制以外にも存在し、そこでも同様の傾向を見出すができる。例えば、大判明治四二年四月九日（刑録一五輯四一〇頁）は（旧）煙草専売法（明治三七年法律一四号）第三四条の葉煙草所持譲渡製造罪にいう「所持」につき「所謂所持トハ自己ノ為メニスルト他人ノ為メニスルトヲ論セス同条所定ノ物件ヲ自己ノ監督内ニ置クノ謂ニシテ之レヲ所有ト同一意義ナリト解スルハ失當ヲ免レス故ニ原判決ノ認定スル如ク被告カ他人ノ為ニ本件ノ物件ヲ自宅ニ於テ所持シタル場合ト雖モ同条ノ所謂所持ニ該當スルヤ疑ヲ容レス」と判示して、所持が事実上の保管を意味することを明らかにしている。

（4） 刑録二三輯一五〇四頁以下。

（5） 刑録二二輯一七八五頁以下。

（6） 荒敬『日本占領研究史序説』（柏書房、一九九四年）三八頁以下。

（7） 木宮・前掲註（1）三頁以下、米澤・前掲註（2）二頁以下等参照。

（8） 荒・前掲註（6）五四頁以下によれば、府県レベルでの状況については、たとえば兵庫県警察部では、一九四六年三月までに過去四回にわたって武器の回収措置をとり、拳銃二六二、小銃二万千百六四、機関銃一四一七、その他の銃一万五四四六、擲弾筒一一〇二、機関砲三四、火砲七、軍刀六四四、指揮刀二二一七、銃剣三万四四〇、日本刀一万四六二〇の成果を挙げたとされ（『兵庫県警察史昭和編』五〇一～二頁）、「これらの統計から判断すると、この時期の日本刀の回収数は各府県平均二万本弱ということになろうか」とされている。

（9） これらの判例に見られる事案に特徴的なこととして、事件（「不法所持」行為）の発生から最高裁判決までの期間がいずれも一年乃至一年半という極めて短期間で事件処理されていることが分かる。これは、（旧）銃砲等所持禁止令（昭和二一年勅令三〇〇号）が、いわゆるポツダム勅令であり、この勅令違反は「占領目的に有害な行為からなる罪」に該当するものとして必ず公訴しなければならないことになっていたことに由来するものであるといえよう。

（10） 木宮・前掲註（1）六頁は、例として福岡高判昭和三一年一月二七日要旨集一〇巻四号二九五頁を挙げる。

（11） 高等裁判所刑事裁判特報三巻二四号一二七六頁以下。

（12） 刑集一一巻一〇号二四七四頁以下。

（13） 栗田正「登録を受けた日本刀の所持と不法所持罪の成否」最高裁判所判例解説刑事篇昭和三二年度号五一〇頁。

（14） 荒・前掲註（6）六一頁によれば、GHQに対する日本側の折衝論理は軍人らが唱える「軍刀＝家宝」論から内務省が唱える「日本刀＝美術品」論へと移行し、GHQ側の紆余曲折の折衝過程で「美術品」に「家宝」も含めるかたちで「日本刀＝美術品」論が最終的に承認された、とされる。

(15) 荒・前掲註(6)四七頁。
(16) 荒・前掲註(6)六二頁。
(17) この時期の最高裁判所と判例の特徴につき、内田博文『刑事裁判の史的展開』(法律文化社、二〇一三年)八頁以下参照。
(18) 高橋幹男「銃砲刀剣類等所持取締令第二条と憲法第二九条」最高裁判所判例解説刑事篇昭和三三年度号四九頁。
(19) 木宮・前掲註(1)五三頁は、高橋・最高裁解説を踏まえ「現行法が銃砲刀剣類の所持を原則的に禁止していることについては、問題がないわけではない。本来からいえば、銃砲刀剣類の顕在化、すなわち届出ないし許可制による原則的所持許容が理想である。しかし、現実は、法の改正の都度所持禁止厳格化の一途を辿っている。現近の世相を鑑みるとき、また止むなしというところであろうか」としている。
(20) 木宮・前掲註(1)五頁以下。
(21) 米澤・前掲註(2)四頁以下も最判昭和三二年一〇月四日による無罪判決が銃刀法創設の要因とする。なお、この最高裁判決を契機として、刑法典に凶器準備集合罪が新設された。
(22) 木宮・前掲註(1)六〜七頁。
(23) その後も折に触れ、銃刀法は規制強化のための改正を続ける。昭和三七年法律第七二号、昭和四〇年法律第四七号、昭和四一年法律第八〇号、昭和四六年法律第四八号、昭和五二年法律第五七号、昭和五三年法律第五六号、昭和五五年法律第五五号、平成三年法律第五二号、平成五年法律第六六号、平成七年法律第八九号、平成一八年法律第四一号、平成一九年法律第一二〇号、平成二〇年法律第八六号、平成二六年法律第一三一号など参照。
(24) 前記最判昭和二三年九月二一日刑集二巻一〇号一二一三頁。
(25) 東京高判昭和三一年一二月二五日東高時報七巻一二号刑四八五頁。
(26) 名古屋高金沢支判昭和二四年九月三〇日判決名高刑集四輯二四〇頁。
(27) 鰺ヶ沢簡判昭和三三年一月三〇日第一審刑集一巻一号一三七頁。
(28) 札幌高判昭和二七年一二月二七日高判集五巻一二号二三四一頁。
(29) 不法所持罪が継続犯であることは、この後、最決昭和三五年二月九日で確認される。これに対し、現状の通説的理解は単なる状態処罰であるとし、行為主義・責任主義の点から疑問を呈するものとして、松原芳博「継続犯における作為・不作為」斉藤豊治ほか編集委員『神山敏雄先生古稀祝賀論文集』(成文堂、二〇〇六年)二八七頁以下参照。また同「所持罪における「所持」概念と行為

性」西原春夫ほか編『刑事法の理論と実践――佐々木史郎先生喜寿祝賀』（第一法規、二〇〇二年）二三頁以下。仲道祐樹「状態処罰としての所持罪理解と行為主義」高橋則夫ほか編集委員会『曽根威彦先生・田口守一先生古稀祝賀論文集（上）』（成文堂、二〇一四年）九三頁以下参照。

(30) 東京高判昭和三一年一二月二五日東高時報七巻一二号四八五頁。

(31) 「仮りに数時間に過ぎなかったとしても」（最判昭和二四年一一月一〇日刑集三巻一一号一七五六頁）、「たとえ拾った短刀を護身用として、十五、六時間所持していたとしても」（仙台高判昭和二八年九月二一日判特三五号五八頁）、「いな、窮余あり合わせた日本刀を手にして約三間の距離を飛び出したもので、時間にして二、三分に過ぎないような「一時的」なものであっても」（東京高判昭和二七年一二月一六日判タ二七号六三頁）等。

(32) 最判昭和二三年七月二九日刑集二巻九号一〇七六頁。

(33) 最判昭和二三年七月二二日刑集二巻九号九九五頁。この判例につき、福田平は、旧大審院における共謀共同正犯の理論を踏襲したものであり、特に行政犯である刀剣の不法所持についてまで拡張したのは不当であるとしている（福田平「日本刀を携帯して強盗することを共謀して見張をした者の日本刀不法所持についての責任」東大判例研究二巻六号六一五頁参照）。当時の学説における共謀共同正犯への消極的姿勢が垣間見える。

(34) 木宮・前掲註（1）五七頁。この点につき、取締当局は、正当化事由の多くは銃刀法一項各号に類型化されており、特別な事情がある場合は刑法の一般理論が適用されること、限定してしまうと携帯運搬を発見した場合に警察官による提示命令や一時保管等もできないことになりかねない等の理由から、判例のような限定に依然として否定的である（辻義之監修・大塚尚著『注釈銃砲刀剣類所持等取締法』（立花書房、二〇一一年）五三頁以下）。

(35) 東京高判昭和二八年五月一九日東高刑時報三巻六号二五九頁。

(36) 病気その他の理由によって一時的若しくは相当久しい時間に亘って物に対する意識を全然喪失したような場合（大阪高判昭和二五年四月五日高判特報九号四一頁）、被告人方に刀剣の存在することを認識し、二男にその処分を命じたが、その結果について何等確かめず、同家に存在しないと信じた場合（仙台高判昭和二六年一〇月一五日高刑四巻一一号一三八八頁）、空気銃を風呂敷に包んで衣類の問に入れ、さらにその衣類包で包んだ上、これを隣人の蔵を借りてその中に置いた場合（諏訪簡判昭和三二年二月三日第一審刑判集一巻二号二〇五頁）、自らが不在の際に配達された日本刀を同居の内縁の妻が保管し、帰宅の際にその存在を告げられた場合（札幌高判昭和二七年一二月二七日高刑五巻一二号二三四一頁）などは、所持罪を否定する事情とはならない。

（37）この点につき、深町晋也「児童ポルノの単純所持について」岩瀬徹、中森喜彦、西田典之編集代表『刑事法・医事法の新たな展開（上）――町野朔先生古稀記念』（信山社、二〇一四年）四八一頁以下、園田寿・曽我部真裕『改正児童ポルノ禁止法を考える』（日本評論社、二〇一四年）一三～一四頁（園田久執筆担当）など参照。

（38）最判昭和二五年三月二八日裁判集刑一六号九二七頁。

（39）福岡高判昭和二二年一〇月六日高刑一巻二号九五頁。

（40）前記、最判昭和二三年九月二一日刑集二巻一〇号一二一三頁参照。

（41）最判昭和二七年四月二二日裁判集刑六三号四三五頁。

（42）同旨：最判昭和三一年二月九日ジュリ一〇四号七七頁、大阪高判昭和二八年五月四日高刑六巻三号三五〇頁、名古屋高判金沢支判昭和二四年九月三〇日名高刑集四輯二四〇頁。「銃砲刀剣類等を自己の実力支配下に置くという事実の認識がある以上、同違反罪の成否を左右しない」とする最判昭和二五年一〇月五日刑集四巻一〇号一八八九頁、同旨：東京高判昭和二九年五年七日東高時報五巻四号刑一五五頁。「それを職業用具として日常使用していたということは、毫もその所持を適法化するものではない」とする最判昭和二四年一〇月一五日裁判集刑事一四号二〇一頁等。

（43）他人の窮境に同情して、生活資金の援助をした抵当に入れられたものを、棄てるなり売るなりしておくといわれて、主人から渡され善処したもので、何等所持し続ける考はなく普通人のするように善良な共同生活者の一人が他の共同生活者の為にすることに過ぎないような場合（名古屋高金沢支判昭和二四年九月三〇日名高刑判集四輯二三九頁）、本件物件は、占領軍軍人であって被告人が通訳として勤務していた会社の工場監督官の軍曹から被告人に対する五千円の借金の支払確保の方法として同人の一時帰国に際し被告人が預ったものであり、同軍曹から頼まれた際本件拳銃を受け取ることを拒絶するということは被告人として実行しにくいことであったという場合（広島高判昭和二五年六月二五日要旨集五巻五号三四八頁）、畑の土中から見つけて何気なく自宅の縁側においた場合（大阪高判昭和二五年六月六日要旨集五巻一〇号六五五頁）など。

（44）最判昭和二五年七月二〇日刑集四巻八号一五〇六頁。同旨：最判昭和二三年七月二九日刑集二巻九号一〇七六頁（判例批評として、大塚仁「銃砲等の所持を処罰しない旨の一地方行政官等の掲示と刑訴四一五条」東大判例研究二巻六号六五五頁参照）。最判昭和二三年六月一二日刑集二巻七号六七一頁は、警察官等が一定の時期を限って銃砲等の提出を命じこれに応じたものはこれを不問に付する等の措置をしたことがあるとしても、これはもとより行政上の措置に過ぎないものであって法令の解釈に何ら資するところはない、最判昭和二五年五月三日要旨集四巻七号二〇一頁は、拳銃等につき親戚の警察官に相談した事実があったとしても拳銃所持の違法性は阻却されない、とする。

「可視化」の夜と霧

五十嵐二葉

Ⅰ　「新時代」の司法モデル＝今市事件

1　今市女児殺事件の「可視化」と有罪判決

(1)「取調べ映像が有罪を導いた」

二〇一六年四月八日、宇都宮地裁は、二〇〇五年に今市市（当時）で小学一年の女児が殺害された事件で、被告に無期懲役の判決を言い渡した。

事件発生から八年後に、母親が露店で売っていたブランド品のコピーを所持していた商標法違反事件として、逮捕された被告が、今市事件で殺人の取調べを受けていることがわかった時から、被疑者犯人視報道を常としてきたメディアが、珍しくそろって、この被疑者の犯人性への疑義を見え隠れさせる報道を繰り返してきた。

有罪判決報道も「危うい立証課題残す」（毎日新聞）「乏しい物証薄氷の立証」（読売新聞）「乏しい物証迫られた判断」（朝日新聞）（以上4月9日付）と何時になく裁判所の判断に懐疑的。その後は「取調べ映像が有罪を導いた」（読売新聞社説）「可視化の在り方再検討を」（地元下野新聞社説）「抜け穴だらけの可視化」（信濃毎日新聞社説）とこの判決を招いた「可視化」への批判に踏み込んでいった。

二〇一一年六月法制審新時代の刑事司法制度特別部会（以下「特別部会」）で録音・録画制度が審議対象とされて以来、この制度を肯定し、推進の旗振りもしてきたマスコミに転換機が来たか、とも見える報道ぶりだった。

(2)　「一体どうしてＤＶＤで任意性判断ができるのか」

「全事件での義務化目指せ」（南日本新聞）ほか、多くの新聞が「全可視化」を言ったのは、最初の取調べからの全ての映像を見なければ（全過程可視化）自白がほんとうに任意なのか、判断できないとの前提に立って、この事件での録音・録画（以下録画と略）は一部の取調べだけ、公判で証拠調べされた録画はさらにその一部だけだったからだ。

取調べは二つの部屋を使い、一つの部屋で警察官が、平手打ちなど暴力や脅しを含めた取調べをして、被疑者が耐えられず警察の筋書きを容認すると、録画機器を置いた部屋、あるいは検察庁に移されて、検察官がその「自白」を繰り返させる取調べ場面を録画したという。

取調べの合計時間数に判決は言及しないが、多くの冤罪事件では一日一〇時間を超える取調べがされている。仮に半分の五時間として、殺人での起訴までのみに限定して（実際には取調べはその一年後までも継続）計算するとしても七四五時間。うち検察が録画した全てだとして弁護側に開示したのは八一時間二〇分のみ。

当初公判前整理手続きでは、録画は自白の任意性立証の目的で裁判官だけが見るとのことで、検察、弁護が各自見てほしい部分を選び、それを取調べ官別、時系列に編集した七時間一三分分を二枚のＤＶＤに纏めたが判決期日が迫って時間がないという理由で、弁護人の反対を押し切って、公判廷で証拠調べとして上映したという。

裁判所が、その説明を裁判員にどのようにしたのかは不明だが、判決後の会見で裁判員らは「録音・録画されていない部分で何か問題があったという議論になるので、やるからには全部した方がいい」（読売新聞）と言いながらも「『自分がどちらの答えを出すのか最後まで分からなかった』と口をそろえた」（読売新聞）「決定的な証拠がなかったが、録音・録画で判断が決まった」（毎日新聞、各紙も同旨の談話を載せている＝以上四月九日付）（ＤＶＤを見なければ）「判決がどうなっていたかわからない」「見て印象が固まった。非常に意味はあった」「なかったら判断はできなかった。大きな部分を占めていた」（下野新聞）として裁判員法廷は有罪判決を出した。

ＤＶＤが事実として実質証拠の役割を果たしていることを示す談話だ。

証拠調べされた録画の中には、検察官の追及に被疑者が「もう無理」と数回叫んで窓に突進する場面があった。弁護人は、この場面を含めることで、取調べがいかに任意性・信用性を欠くものだったかを裁判所が理解してくれるものと期待して記録媒体の取調べを容認したのだが、そうはならなかった。傍聴した記者は「弁護側はこの場面を『自殺未遂』と主張し無理な取調べを続けたと批判した。検察側は『取調べから逃亡しようとした』と説明した。私の感想は『現実逃避をしたかったのでは』というものだ」と書いている（毎日新聞16年4月15日付）。「窓に突進」場面の映像と音声をそのまま見ても、見る者の立場によって異なる解釈をされる。

判決書はこの場面について「被告人は、本件殺人の取調べが開始された当初から精神的に不安定な面を見せていた（傍線筆者以下同）（この認定では殺人での取調べ前は精神的不安定はなかったとなることにも注意）ところから、二週間に一回程度の割合で医師の診察を受けて精神安定剤を処方されるなどしている上、大友検察官が被告人の体調を気遣いながら取調べを進めていた様子も見られている（甲二三四）（＝筆者注録画媒体）」と書くだけで理由の説明もなく「供述の強要があったとは認められない」としている（判決書二〇頁）。この事件の経験を経て弁護人は今「ＤＶＤを裁判所が見て任意性があると認めれば調書が証拠となる今のシステムだが、しかし、一体どうしてＤＶＤで任意性判断ができるというのか。録画の中の被疑者の態度は、見た者に自白が本当らしいとしか見られない。一〇〇％録画されていても、それを全部見てもそれで任意性を判断するなど不可能だ。適正な捜査が前提になければ可視化は効果がない」（日弁連刑事法制委員会によるヒアリング）と悲痛な弁護体験を語っている。

2　「可視化」論調は変わったが

「三宅伸吾君　自由民主党を代表し、議題となっている本法律案に賛成の立場から討論をいたします。

本法案は、政府が国民の一層の安全、安心を実現しようと国会提出したものです。ただ、本委員会の審議では、本法案の内容では取調べ・訴追機関の運用次第で新たな冤罪を生むとの懸念が示されました」「新たな冤罪を生む危険性について少し詳しく述べれば、例えば録音、録画の義務付けられていない任意段階の調べや被告人の取調べ（筆者注同じ被疑者だが、「起訴後の取調べ」の意味）において、供述者を不適切な手段によって精神的に参らせ、真実と異なる内容の供述に追い込む、その後において真実でない内容の供述があたかも任意でなされたかのように録音、録画され、法廷でその生々しい供述の様子が再現され、誤判につながる」

まさに本稿の一端を言っているかのような発言は、「刑事訴訟能の一部を改正する法律案」（以下刑訴改訂法）を国会に提出した政府自民党の参議院法務委員会理事だ。

この法案は、二〇一五年の第一八九国会で政府から上程され、衆議院審議では主な論争の対象は司法取引と通信傍受だった。しかし「可視化」を法案の目玉商品として「取調べをビデオ録画することで強制自白がなくなり、冤罪防止になる。今回可視化される対象事件は少ないが、これが第一歩で、今後全事件に拡げられる」と、司法取引や通信傍受への反対を押し切って衆議院を通過した。

当時はメディア論調も同じで、司法取引や通信傍受という問題点はあるが、少ないながらも「可視化」という積極面もある司法改革として推進方向の扱いだった。

そして翌一六年の第一九〇国会参議院での法案審議と重なった今市事件判決。そこでの「可視化」が多くの議員質問で取り上げられ、国会論調が変わった。メディアも五月二四日の法案成立報道ではこの法律を「可視化法」と呼び、司法取引や通信傍受とともに可視化が冤罪原因となる危険性にも触れるようになったことは上記の通りだ。

その法務委員会で五月一九日可決に際して与党理事の「賛成討論」としてされたのが、冒頭の三宅発言だ。共産党仁比聡平委員の反対討論を傍聴者は「涙ぐみながらに見えた」と言う。そればかりか最大野党民進党小川敏夫委員と政権党理事がともに実質的な反対討論をしながらも、法案を成立させる。日本の立法府は何によって動かされているのかと改めて思う幕切れだった。

こうして「可視化は良いこと」一辺倒の論調は変わったが、「100％録画されていても、それを全部見てもそれで任意性を判断するなど不可能だ」という今市事件弁護人の悲惨な体験に基づく「日本的可視化」の危険性は、国会でも、メディア上でも、弁護士の中でさえ、まだ十分理解されていない。

Ⅱ　世界の「電磁的監視手段」と日本の「可視化」は別物

1　イギリスとオーストラリアの例

「尋問の電磁的記録」本来のその目的は、成立した「改訂刑訴法」の「調書の任意性立証」とは、全く違う。具体的に、日本で可視化運動を始めた弁護士らも、それをモデルにしたイギリスとオーストラリアの例を見よう。

電磁的記録の発祥地イギリスでも、かつて被疑者尋問で自白強制に伴う人権侵害の訴えが多く、裁判所も強制自白の訴えを容れて無罪判決を出すようになり、大きな冤罪事件ごとに調査の第三者委員会が組織されて報告書を出した結果、そこから得られた法則が一九八四年警察及び刑事証拠法 Police and Criminal Evidence Act とその実務規範 Codes of Practice に纏めて制定（八六年に改訂）された。被疑者尋問は実務規範ＣとＥに、尋問のはじめから終わるまでの手続きが事細かに規定されている。録画は実務規範Ｆとして定められたが、試験的に実施した結果〇三年に義務規定は廃止され、現在は録音か録画が法令上可能とされているに止まる。他の旧英連邦の国々も同様に長期間試験的実施をしながら、録画の全面実施を法制化していない。日本では今市事件によってようやく少数の人が気づき始めた録画を証拠とすることの危険性が認識されたからだ。ただその過程で、どの国でも尋問時間や方法への改善的規制が一段と進んだ。イギリスでは、電磁的記録は、捜査・訴追側が、違法な尋問をしなかったことを、まず弁護人に、最終的には裁判官・陪審員に「見えるようにする」ための措置なのだ。

筆者も見学したが、尋問は弁護人立ち合いのもと、殺人などでも通常午前・午後に分けて二時間づつ二回だけで、イギリスの警察は、短時間の尋問で、強制せずに必要な供述を引き出すための尋問技術の訓練を重要な業務として日々行っていて、捜査官は法廷尋問のような巧妙な尋問をしていた。

オーストラリアも、警察の組織的な冤罪つくり「プロセス汚染」が問題となって第三者委員会が設置されて報告書を出し一九九五年刑訴法改訂などの立法措置によって自白を証拠とするためには、正式な尋問（被疑者の警察滞留制限時間原則四時間以内で行われる）だけでなく、逮捕現場をはじめ、正式尋問以外の全ての被疑者との会話のビデオ録画が義務づけられた。正式尋問では、録画機の位置やズームも法定され、ＶＴＲには秒単位で時刻が刻印されて改ざんを防ぐ。同時に音声テープ三本で録音されて、一本はその場で被疑者に渡される。尋問が終わると、尋問官が退室して上級官が入り、尋問に脅迫や利益誘導など違法がなかったかを被疑者に尋ねる。（以上渡辺修・山田直子『被疑者取調べ可視化のために――オーストラリアの録音・録画システムに学ぶ』（現代人文社、二〇〇五年）による）

オーストラリアは捜査官による被疑者尋問の結果を実質判断の証拠にも使う点では、日本と共通する。筆者は制度導入時に、担当の警察官が「我々の仕事は、被疑者の言うことstatementをそのまま陪審に届けることだ」と語っている現地の新聞を見た。「そのまま届け」ても尋問者が捜査官である点で、直接主義・口頭主義の公判原則に完全に違反しないか疑問が残らないわけではないが、少なくともこれだけ「そのまま」の配慮をしての記録であること、また尋問時間が限定されていることから、その全録画を法廷で上映して、陪審が見ることも可能であっても、「改訂刑訴法」の日本の可視化がいかに危険なものかを知るよすがになる。

2　国連自由権規約人権委員会が日本政府に求めている電磁的記録

日本政府は、市民的及び政治的権利に関する国際規約（自由権規約）加盟国として、国連に対して五年ごとに規約遵守状況を報告する義務を負い、その報告書を審査した規約人権委員会が、審査記録と、委員会の意見（日弁連訳では「総括所見」）を公表する。

すでに二〇〇八年の第五回審査では、日本の取り調べと可視化に対して以下のように懸念を述べている。

「委員会は、警察の内部規則において、被疑者尋問の継続時間についての制限が不十分であること、弁護人の尋問への立ち会いは、被疑者に真実を暴露させようと説き伏せる機能を減少させるとの憶測から、尋問から弁護人を排除していること、及び、尋問の継続中の電子的監視手段が散発的、選択的で、しばしば被疑者の自白を記録することに限定されていることを懸念をもって記しておく」（パラグラフ19）。

この勧告から六年を経ても、この懸念が全く解消されていないことから、次の二〇一四年の第六回審査では、委員会は日本国に対して、はっきりと立法措置を求めた。「すべての被疑者が逮捕のときから弁護人の援助を受ける権利を保障され、かつ、弁護人が取調べに立ち会うこと（パラグラフ18項(b)）取調べの継続時間の厳格な制限及び取調べの方法を規制する立法措置を講じ、その取調べは全部ビデオ録画されるべきこと（同(c)）」

当時「改訂刑訴法」案を策定中だった日本政府は、この国連による「所見」を受けながら、法案の内容をいささかも改めることなく、次章のように国連の要求と真逆の立法をした。

Ⅲ 「刑訴改訂法」の可視化とは何だったのか

1 何のために「可視化」をするのか

オーストラリアの可視化の目的は①被疑者が警察の監護下にある間にした供述を信頼できる方法で詳細に裁判所に提供する ②取調べにおける警察の行為に関する争いを解決するための客観的手段 ③取調べにおける警察の不公正な実務を防止する ④「警察が不適切・不正な行為を行った」という不公正かつ虚偽の申立を防止する ことだという（前掲渡辺・山田著「地裁裁判官の視点」一一六頁）。

刑訴改訂法の日本の「可視化」の目的がⅡの国際法や立法例とどのくらい違うのか。法案の文字面だけでは十分に認識されていなかった本質も、一九〇国会の政府答弁で明確になった。

電磁的に記録するのは何のためか。他の制度と比較してみるとよくわかる。

岩城法務大臣は「被疑者の供述の任意性等についての的確な立証を担保する」「とともに、取調べの適正な実施に資する」と答弁した（四月一四日）。「適正な実施」とは言うが、録画の最大の目的である違法取調べ防止のための改正は一切無くオーストラリアの「被疑者の供述を信頼できる方法で詳細に裁判所に提供する」のとも全く逆で「すべての供述」ではなく、捜査官が録取した有罪立証に使える自白調書を裁判所に使わせるための「任意性・信用性立証」だけが目的だ。したがって

(1) 捜査側の義務的可視化を削りに削り、大幅な例外を設けて義務範囲を最小限にする。
(2) しかし義務以外の取調べを録画するか、しても公判証拠にするかを警察・検察の自由にして、(1)の目的に役立つ場合にはいくらでも録画し、使う。
(3) 「取調べの適正な実施に資する」規定＝違法取調べができないようにする保障＝オーストラリアのような取調べと録画の方法の規定＝は一切ない。順に見ていこう。

2 自白調書を有罪証拠にする目的のみに使う

(1) サンクションは調書却下のみ

改訂刑訴法三〇一条の二は、①項で、裁判員事件と独自捜査事件のみを「対象事件」とし自白調書のみ、しかも検察官がその調書の「取調べを請求した場合において」被告・弁護側が任意性に異議を述べたときに、任意性立証するために記録媒体の取調べを請求しなければならない。それをしないことへのサンクションはその自白調書を有罪立証に使えなくなるだけだ。

しかもその記録媒体とは、「当該書面が作成された取調べまたは弁解の機会の開始から終了に至るまで」の収録で足りる。

(2) 録画しなければ　懲戒の対象か？

「自白調書をこの立証に用いないといったときには証拠調べ請求する義務は負わないわけでございますが、録音、録画の義務自体はございますので、これを履行しなければそれは違法行為でございます。もちろん懲戒の対象にもなります」一九〇国会四月一四日の法務委員会での林真琴政府参考人・法務省刑事局長の答弁は、質問者を驚かせた。なるほど④項には「次の各号のいずれかに該当する場合を除き」「記録しておかなければならない」とある。

しかしこれまで無数にあった自白強要はもとより捜査にかかわる不正に対して「士気をそぐ」ことになる懲戒を、警察・検察当局がしてきたのかを見れば、取調を録画しなかったことで懲戒になるなどということが日本で起こるとは考えられない。警察庁が二〇一六年七月に、上半期の懲戒処分一二一人の処分理由の内訳を公表したが、最多は強制わいせつなど異性関係であり、捜査業務に関するものはない。

それ以前に、以下のように条文上膨大な除外事由が用意され、それも「開かれた構成要件」になっていて、取調べ官の解釈しだいでどれにでもあてはめられ、録画しなかったことが「義務違反」になることは起こらない。

(3) 検察庁実務・最高検依命通知

二〇一五年三月三日に、この改訂法案が国会に提出される二〇日前である二月一二日、法案にぶつけるかのように、最高検は次長検事名で、各高検検事長と地検検事正に宛てて、最高検判第22号「取調べの録音・録画を行った場合の供述証拠による立証の在り方等について(依命通知)」を出している。

前書きとして「取調べの録音・録画を行うか否かにかかわらず真相解明のために必要な取り調べを十分に行うことの重要性についてはこれまでどおり何ら変わることはありません」とした上で、本文「I 検察官調書の作成の在り方」では「取調べの録音・録画を行うか否かにかかわらず真相解明のために必要な取り調べを十分に行うことを前提として、事案の内容、証拠構造、処理見込などを勘案しつつ、常にその目的を考え、作成の要否及び範囲を十分に吟味し、具体的必要性が認められる場合に置いて作成する」としている。

「取調べは十分に行う」しかし、それを録音・録画するか、また調書にして残すかとは別だ。調書にする・録音・録画をするのは、検察が後の有罪あるいは重罰主張のための立証に必要な限りでのみ行うことだ、と依命通知しているのだ。この通知に従った一線検事を、最高検が懲戒にするはずはない。

3　録画義務は〇・二七三％マイナスx x

(1)　録画対象外事件は〇・二七三％

三〇一条の二で録画対象とされるのは、裁判員事件と検察独自捜査事件のうち逮捕勾留されている事件のみ。その事件数を「全事件の二～三％」とする言い方がされているが、それは正式公判になる事件の中での％だ。今市事件の商標法違反なども含めて警察・検察で取調べが行われる全事件数の中で録画対象となる割合は二〇一四年度の統計で〇・二七％に過ぎない。

その録画対象をこれほど限定した理由について政府参考人は「全ての事件一律にこの制度の対象とすることにつきましてはその必要性また合理性に疑問があり」と言う（一九〇国会四月二一日法務委員会での林真琴法務省刑事局長答弁）どんな必要性か、合理性かは答弁に無かった。

毎日行われている九七・三％の事件で取調べは録画されない。録画されるその僅か〇・二七％から、さらに以下の「事由」で取調べは録画から除外される。

(2)　まず検察官が供述調書（またはその録画媒体）を公判の証拠としない取調べ

(3)　「被告に利益になる供述」（三〇一条の二①項本文の除外）

(4)　任意出頭、任意同行その他事実上身体拘束されていても正式に逮捕状を執行されるまでの取調べ（三〇一条の二①項本文の除外）足利事件をはじめこの段階で冤罪者が虚偽自白させられた例は多い。

この除外が重大だ。国際人権では、実質的な身体拘束の瞬間から四八時間を vulnerable hours 攻撃され易い、傷つき易い時間帯と呼んで、強制、拷問などの人権侵害、虚偽自白への警戒措置を求めている。日本でも足利事件をはじめこの時間帯での虚偽自白の実例は多い。

(5)　機器の故障その他のやむを得ない事情（三〇一条二④項一号の除外）。被疑者が記録を拒んだことその他の被疑者の言動により、記録をしたならば被疑者が十分な供述をすることができないと認めるとき（同二号の除外）。指定暴力団員による犯罪（同三号の除外）。犯罪の性質、関係者の言動等々に照らし、供述が明らかにされた場合被疑者や親族への害をおそれて記録をしたならば十分な供述をすることができないと認めるとき（同四号の除外）。(6) さらに加えて「その他やむを得ない事情により、記録媒体が存在しないとき（三〇一条の二①項但書きの除外）。これだけ用意され、実務で録画されなかったとき、これらのどれにもあたらないと言える場合はないだろう。

4 捜査側の自由録画

「他方で、一方で、この例外事由に該当する場合でありましても、これは録音・録画義務が解除されるにとどまります」（一九〇国会四月一四日法務委員会での林政府参考人答弁）。

上記3のように録画義務は削りに削るが、義務以外の取調べを録音・録画すること、したものを公判証拠にすることは、警察・検察の自由だというのだ。

警察・検察が義務以外の取調べに録画を広げることは、この法律のもととなる「審議結果（案）」をまとめた法制審議会新時代の刑事司法制度特別部会の村木敦子さんら有識者委員も、そして日弁連も「可視化の範囲が広がっていく」として、歓迎してきた。

しかしこの拡大は、対象外をなくす「全事件録画」とも、オーストラリアのように、ある一つの事件で逮捕の瞬間からの全ての取調べを録画すること、とも全く別の、むしろ逆のことだ。

上記1の(3)に書いた最高検依命通知＝有罪立証に役立つ時だけ調書も作り、録画もする、それを有罪立証、あるいは重罰化立証に役立つと判断すれば使う、役に立たなければ使わない——ことを意味しているだけだ。

他方、被疑者・弁護側には録画を拒否する自由はない。逆にこの取調べを録画してほしいと望んでも録画はされない。その権利は条文上に規定されていない上、国会でもそう答弁されている。
「被疑者が拒否した場合、これは捜査機関、取調べをする側の義務が解除されるだけでございまして、録音、録画自体が被疑者の拒否によって禁止されるわけでございません」（同上日林政府参考人答弁）
「可視化」は、警察・検察だけが自由に使える武器だったことが国会審議で一層明らかになった。

5　別件・セパレート・チャージでの本件「可視化」

(1)　別件逮捕とセパレート・チャージ

［別件逮捕］　軽い事件・罪名（例＝今市事件の商標法違反）で逮捕勾留して、その逮捕勾留期間を本件の取調べに使って、事実上、本件の取調べ期間を二三日の二倍、ときには数倍にも延長する日本で横行している捜査手法だ。

［セパレート・チャージ］　一連の犯罪行為をいくつもの罪名に分離して（例＝死体遺棄と殺人、あるいは複数人に対する殺人を被害者別に分けて逮捕・勾留を複数行う）同様に取調べ期間の延長に使う手法。日本ではあまり問題にされないが、国際的には「セパレート・チャージ」と呼ばれ非難されている。

(2)　別件勾留での本件取調べの録画義務

上記法務委員会では、そこでの「本件」が可視化対象事件であるときに取調べを録画する義務があるかで論争があった。

日弁連の見解を代表する司法調査室副室長河津博史と、法制審特別部会の委員でもあった東京大学教授大澤裕の二人の参考人は、取調べの対象が可視化対象事件であれば、三〇一条の二の録画義務に含まれていると解釈してきたと述べたが、政府参考人二人はそれを否定した。ただ議事録を精査すると二人の答えに違いがある。

林法務省刑事局長は「三百一条の二第四項におきましては、逮捕若しくは勾留されている被疑者を取り調べるときと規定しております。この場合の逮捕若しくは勾留されているという被疑者に今回の対象事件という限定が付されておりません。そのことから、今回、身柄拘束中の被疑者について余罪について調べる場合に、その余罪が今回の対象事件である場合には録音・録画義務が掛かるわけでございます」（四月一四日答弁）つまり、別件やセパレート・チャージであっても逮捕勾留（起訴前勾留に限定している）中に本件としての可視化対象事件の取調べをするときには録画が必要だとし、しかし「起訴後の勾留中の取調べ、これについては今回の取調べの録音・録画義務が課される範囲には入りません」と述べる。「三百一条の二第四項」の「勾留」という文言がなぜ起訴前だけに限られるというのかは、質問する議員がいなかったのでわからない。

林答弁は、録画義務が違う理由として、起訴の前後では勾留の目的が違うからだとして、勢いと言うべきか、その理由を「起訴後の勾留中の被告人に対する余罪の取調べ」は「法律上被告人に取調べの受忍義務というものは課せられておりません」「法的な性格からしますと在宅の被疑者の取調べ、こういった形に近く」「取調べを受けること自体、これを拒否することができる」からだとした（同上四月二一日答弁）。

起訴後勾留中の取り調べは「任意」だから可視化は不要とするのは、今市判決も同じで、長期にわたって起訴前と変わらない自白強要を続けられた今市の被告を始め、すべての冤罪被害者が聞いたら「あれが任意の取り調べか！」と怒りと無念に言葉を失うだろう。

全国の弁護士は、今後依頼人に、任意であり、録画義務もないという起訴後勾留の取り調べには、一切応じないことを教示することだ。

ただ、起訴前勾留には取調べ受忍義務があるという法的根拠はどこにもなく、学説も受忍義務はないとするのが有力説だ。今市事件のように可視化されたら助からないこれからの刑事弁護は、ここから変わらなければならない（五十嵐二葉「今市判決で見えた新たな冤罪原因＝『取調べの可視化』とどう闘うか」季刊刑事弁護87号一五九頁以下参照）。

この点について、同じ政府参考人でも警察庁刑事局長三浦正充答弁は「例えば、殺人事件及び死体遺棄事件の捜査を行っている場合など、両事件の関連性が高く、公判においても審理が併合されることが見込まれる場合には」「死体遺棄事件についての取調べについても、録音、録画を行うという運用が想定をされます」「当該死体遺棄事件の起訴後の勾留中に行われる殺人事件の取調べの多くの場合でも録音、録画が行われているというのが現在の運用でありまして、今後においても同様に考えている」とセパレート・チャージでも「審理併合見込み」のある場合は起訴後の勾留中の本件取り調べも録画すると言う（前同日）点で林答弁と違う。

ただ三浦答弁は「運用」と言い、法的義務とは言っていない。また林答弁でも、検事が立証の必要があると思えば義務範囲でなくとも録画するはずだと言う。結局、撮りたいときはいくらでも撮って有罪立証に使えるときだけ使う、という点では、政府両参考人には食い違いはないということになるのだろう。

6　新たな冤罪原因としての可視化

上記1に紹介したオーストラリアの可視化の目的を見返してほしい。

その「③取調べにおける警察の不公正な実務を防止する」が、どこの国でも電磁的記録を用いる目的であり、そのためには、①の正式尋問はもとより、逮捕現場からの全ての被疑者との会話が記録され裁判所に届けられることが前提であり、そうしてこそ警察の尋問についての争いの解決②、④にもなる。

すべての取調べを「信頼できる方法で詳細に裁判所に提供する」のとは逆に、長期間、長時間の取調べのうち、警察・検察の恣意的なつまみ食いの一部だけを録画して、自白が被疑者の自由意思でなされた真実のものだと見做す、日本的「可視化」は、これまでの「調書裁判」よりも、さらに格段に恐ろしい冤罪原因だ。上記のようにイギリスなど各国が全面録画法制としないのは、長年の試行と心理学的知見も含めたその検証によって、録画が見る人次第で違った見方をされる危ういメディアであることが認識されたからだ。一九〇国会で可視化論議を変えた今市事件がまさにその例だったのだが、日本では漠然とした危険意識を出ないまま、一部可視化以上の論点にならず法案は可決された。

Ⅳ　検察と裁判所、そして弁護士が作った日本的可視化

その新たな冤罪原因を作ったのは誰か、ほぼ時系列的に見ていこう。

1　日弁連の可視化運動

日弁連内で、イギリスやオーストラリアの尋問録画実務を知った弁護士によって「取調べを〝外部から見える〟ようにすれば、違法な取調べがなくなる」と素直に発想したことから可視化運動は始められた。中心となってミスター可視化と呼ばれる小坂井久弁護士によって大阪弁護士会で始められ、日弁連内では二〇〇三年に「取調べの可視化実現WG」が発足、一二月には取調べの全過程可視化を刑訴法一九八条の二として加える改正案を発表した。〇六年に「取調べの可視化実現本部」となる。「本部」とは会長を本部長とする日弁連で最重要な組織で、従来は「拘禁二法対策」「司法改革実現」など大きな制度について設置されるもので、刑事手続きの一部でしかない取調べの、そのまた一部である「可視化」での設置は異例だ。

そうなった理由は繰り返し発行してきた冊子のタイトル「取調べの可視化で変えよう刑事司法！」に表現されているように、日弁連が改革を求めても無視されて続けてきた日本の特異な刑事手続きが、その核である取調べを可視化すれば、実現するとの運動者の読みを日弁連幹部が疑うことなく受容したからだ。その期待を背負って、可視

化本部は最大の予算と委員を持ち「可視化族」が日弁連中枢に強大な力を持つ組織となった。二〇〇九年設置の警察庁「捜査手法、取調べの高度化を図るための研究会」、一一年に発足した法制審新時代の刑事司法制度特別部会の日弁連委員もこの組織の幹部を中心に選出された。

2　検察の試行開始

(1)　犯行再現ビデオ

可視化が日程に上るずっと以前から、日本の警察・検察は「自白する被疑者の映像のインパクト」を利用することが有罪獲得にどれほど効果的かをよく知っていた。

日本では取調べで屈服させられた被疑者に、自白の内容を身体で演じさせて、何枚かの写真に撮って、公判証拠にすることは古くから行われている。欧米諸国であれば人権上の問題になるはずだが、自白王国の日本ではほとんど問題にされることなく、横行していたのだが、録画機器の普及に伴って、写真が動画になり、一九九〇年代半ばから、客観的証拠に欠ける難事件、従って自白のウエイトが高い事件で使われるようになった。

無罪となった「土田・日石事件」を除けば、死体無き殺人といわれた「無尽蔵事件」筆者が担当した「杉並看護学生殺事件」などが続々と有罪にされて「犯行再現ビデオ」問題と言われた。（五十嵐二葉「『ビデオ時代』の刑事裁判と自白」「証拠としての犯行再現ビデオ」、同『刑事訴訟法を実践する』（日本評論社、一九九六年）三四九頁以下）。

屈服させられた被疑者は、取調べ官の筋書き通りの自白ができないと、泣いて「ヒント」を懇願するまでになる（土田日石冤罪者榎下一雄『僕は犯人じゃない』（筑摩書房、一九八三年））。命じられればその「自白」を自分の体で一心に実演してみせる。架空の「犯行」だったことが判決で明らかになった「土田・日石事件」の演技も、のちに確実なアリバイが出てくるまでは、真正な自白としか見られていなかった。

実演がいかにほんとらしく見えても、実体験と見なすことは誤りであることを理解できるのは、日本では冤罪自白事件を経験した冤罪者と弁護士だけだった。犯行再現ビデオはその後も使い続けられていて「自白場面の映像証拠化」の有用性は、検察によって取調べの可視化に引き継がれた。

(2) 取り調べの録音・録画試行

始期は明らかにされていないが、予算も潤沢で、力がある東京・大阪などの大きな地検単位で、非公式・個別的に「取り調べの録音・録画試行」として「撮りたい取調べ」を撮り始め、日弁連でWGが結成された〇六年には、法務省全体として「録音・録画の試行」を開始していたことは、五年後になって公表された。「平成18年8月、裁判員制度対象事件について、任意性の効果的・効率的な立証方策の検討の一環として、身柄拘束中の被疑者取調べの録音・録画の試行を開始」(傍線筆者平成23年8月法務省「取調べに関する国内調査結果報告書」)。同時発表の法務省「取調べの録音・録画制度等に関する国外調査結果報告書」では、この時までに、アメリカ、オーストラリアフランス、ドイツ、イタリア、オランダ、オーストラリア、韓国、香港、台湾の制度を視察した結果が記載されている。イギリス、オーストラリアでは、上記Ⅱの1に紹介した法改正後の実務を見たはずだ。

しかし「自白調書の任意性の効果的・効率的な立証方策」が検察の最初からの目的であれば、外国での視察の結果から、基本的な制度目的「取調べにおける警察の不公正な実務を防止する」が無視されたのは当然だろう。

法務省が「試行」を公表した翌年の〇七年から各地の公判で、捜査段階での自白強要・自白の任意性が争われた事件、客観的証拠が乏しい事件などで、録音・録画の記録媒体(初期にはブルーレイディスク)を、自白調書の任意性、信用性立証の目的で証拠申請する検察のアクションが全国的に開始されるのは、次項の通りだ。

3　裁判所の対応

これを受けた裁判所も、検察とともに、犯行再現写真からビデオの証拠使用の実務を歴代体験してきた間柄だ。判例をたどると、日本の裁判官らが、〇七年からたったの一〇年で、この検察の、日本独自の「可視化」を、最初は多少ためらいながら、すぐに受容し、ルーティンな事件処理方法として定着させ、一六年の今市判決にまで行き着いたことがはっきり見える。

(1)　記録媒体開示問題

当初は記録媒体を弁護人に謄写させない検察官の措置に対する開示が争点で、判例は開示命令（東京地裁07年10月19日決定、東京高裁07年11月8日決定）と不開示容認（名古屋地裁07年5月18日決定、高松高裁11年11月15日判決）と分れていた。

その後検察が証拠としたい記録媒体の開示は拒否しなくなったため、開示問題は裁判の場には登場しなくなった。現在実務では開示を求める弁護人に検察が「申出目的以外に使用しない」など地検ごとに多少違うが多項目（中には「相弁護人にも渡さない」結果にもなる）の誓約をさせる「確認書」を出さなければ開示しない運用がされている。

(2)　記録媒体が無いことを理由とした調書の任意性・信用性否定

その後検察による記録媒体の証拠申請が増えるにつけ、取り調べ状況の記録媒体が無いことに対する判断として、調書の任意性を否定した例（福岡高裁11年9月7日判決、京都地裁14年9月5日判決）故意に記録化を妨害したことで調書の信用性を否定した例（千葉地裁15年7月9日判決）などが少数だがあった。

一見、被告側に配慮した判決にも見えるが、ある特定の調書の任意性・信用性立証と（その自白に至るまでの取り調べ状況全体ではなく）当該調書を作成した取り調べの録音・録画を結合させるという、検察の作ろうとしている枠組みを、裁判所が受容していく路程の中にあること、またこうした判例が作られるのは、強制による自白の任意性を否定する判決を期待した弁護人が、調書の任意性を担保するのは当該取調べの録音・録画でよいという検察の作ろうとした枠組みに嵌っていく過程であることも、注視しなければならない。

(3) 録音記録媒体が無くとも任意性判断はできるとの判断

大阪高裁10年11月18日判決、横浜地裁11年4月18日判決がある。

「取調べを録音・録画していない場合に、被告人の供述を聞いた警察官の証言を証拠とすることは許されないというのは、弁護人独自の見解であって採用できない」とする京都地裁13年9月19日判決、同旨の福岡高裁14年11月26日判決もある。

(4) 記録媒体を取調べながら調書の任意性（信用性）を否定した例

初期には少ないながらあった。

①記録媒体証拠調べの結果任意性に疑いがあるとして調書を却下した例（ただ他の証拠で殺意を認め有罪とした）（大阪地裁07年12月27日判決、ほぼ同旨大阪地裁07年11月14日決定）。

②調書読み聞かせ部分の録画のみでは信用性を認定できないとした例（仙台地裁11年9月27日判決）

③信用性判断の証拠にならないとした例（「主に供述調書の読み聞かせ部分を録画しているにすぎず、被告人の検察官調書の信用性の裏付けとしては不充分である」仙台地裁10年9月27日判決、ほぼ同旨福岡高裁11年4月13日判決）

(5) 記録媒体によって調書の任意性（信用性）を認めた例

当然というべきかこの例が圧倒的に多く、二〇一六年二月時点での「判例秘書」で四五例を数えた。判文では任意性の認否に用いたことのみが記載されていても、実質的には信用性判断、あるいは直接事実認定（実質証拠）にも用いていることが読み取れる例も多い。

以下特徴のある認定をしている例をあげ、一部についてはその部分の判文を引用する。

①一録画で、三調書の任意性を認定（山形地裁13年10月23日判決）

②取り調べ状況の一部のみを録音・録画したＤＶＤで任意性を認めた例（「取り調べ状況の一部を（傍線筆者以下同）録音・録画したＤＶＤを見ても弁護人が主張するような任意性を疑わしめる形跡は見いだせない」千葉地裁15年7月9日判決、ほぼ同旨静岡地裁沼津支部10年10月8日判決）

③取調べ中のＤＶＤではなく取調べ終了時のＤＶＤで調書の任意性を認めた例（佐賀地裁10年2月26日判決）

④録画された検察官取調べの調書だけでなく、その前後に録取された「調書の任意性まで認めるべき証拠に当たる」とした例（東京高裁08年6月30日判決）

⑤記録媒体に写された被告人の態度を裁判所が解釈して任意性を認定した例

弁護人面会を求めたが応じられず、四日間食事をとれなかったうえでの供述を「ブルーレイディスクの記録によれば、被告人は極めて落ち着いた態度で検察官の話を聞き、素直に応答している」「食事を摂らなかったことが供述内容に影響したという具体的な形跡は認められない」として任意性を認めた（13年7月18日東京高裁判決）

⑥「精神的に追い詰められて絶望し、投げやりな気持ちで取調官が作文した自白調書に署名等したもの」という被告・弁護側の主張に対し「検察官による取調べの一部を録画したＤＶＤによれば、被告人は、検察官に対し、調書の内容が少しでも違っていれば必ず異議を申し立てていたはずである」と調書の任意性・信用性を認めた（鹿児島地裁12年3月19日判決）

⑦「警察官に脅されたと供述するが、その直後から弁護人と多数回にわたり接見しているにもかかわらず、被告人の供述に変化が見られないことなどに照らすと前記供述調書には任意性があるものと認められ」（宇都宮地裁12年3月27日判決）

(6)　判例の定着

「判例秘書」では、二〇一三年以後録音・録画に関する判例は殆ど見当たらなくなる。記録媒体で自白の任意性・信用性を認定すること自体普通のことになり、搭載するまでもなくなったのだろう。

今市判決は、上記定着した判例の延長上に、そのパターンをほぼ究極まで進化させたものだ。

4　今市判決が見せた「可視化」の新たな顔

(1)　証拠がない事件

上記の判例群も自白以外の証拠が乏しく、検察立証の自白調書への依存度が高い事件だったが、今市事件は客観証拠が皆無と言える起訴だ。

全裸で発見された被害女児の着衣、ランドセルなど所持品、凶器、殺害場所で流出したはずの血液、をはじめ、被害女児の体からは、加害者由来とされるDNA資料までが一切採取されていないとされ、（実は検出されている他人のDNA型は捜査官のものとして除外された）当然被告のDNA型は全く検出されていない。

被告逮捕の端緒は、ビデオ店でわいせつビデオを借りた者の一人として、事件から二年後に警察から三回事件当時の行動について事情聴取を受けたが、その後何事もなく過ぎてさらに六年経過した後に逮捕された。六年前の供述が相互に矛盾していたという理由だけで、弁護人は「叩いて吐かせるつもりの別件逮捕だったことが後になってわかった」と言う。弁護人が「後になって」というところに、被告の悲劇があるのだが。

(2)　「客観的証拠」との関連否定

この判決で驚かされるのは、まず「第2客観的証拠についての検討」2で、Nシステムの記録、遺体付着の獣毛が被告の猫の毛と同じグループ、遺体の損傷が被告のスタンガンでも可能、レンタルショップから拉致現場に行くことが可能、被害者に付着の粘着テープのDNA型、犯行で想定される犯人像、等々を「客観的事実」と呼び、これら「客観的事実のみから被告人の犯人性を認定することはできない」と当然の「小括」をしていることだ（一六頁）。

(3)　録画された自白に依存して「客観証拠」との「整合性」を逆認定

しかし判決は、最後の「第5結論」で、最初に自ら書いたこの「小括」を否定して「遺体や本件遺棄現場の客観的状況が本件自白供述の信用性を積極的に裏付けるものとまではいえないものの、本件自白供述におけるわいせつ行為、殺害行為、遺棄行為の内容が前記　客観的状況と矛盾するものではないといえる」と否定の否定のような自信のない言説で逆転させたあげく「関係証拠から認められる客観的事実に、その一連の経過や殺害行為の態様、場所、時間等その根幹部分において信用することができる被告人の自白供述を併せれば、被告人が被害者を殺害したことに合理的疑いを入れる余地はなく」として有罪判決に至るのだ。

(4)　映像と心証

導入部と矛盾する有罪の結論をつなぐ理由部分は、「取り調べ状況の録音・録画（甲二三四）」を一六回も持ち出して、自白調書の内容を事実認定に置き換えることに終始しているのだが、その理由付けは、各段落ごとに、非常に懐疑的・苦しげで、無理な作文であることを隠すべくもないといった文章だ。

それでも裁判官が書く判決書は、さすがに補助証拠として証拠調べした「甲二三四」（筆者注七時間一三分に編集した記録媒体）は証拠の標目にあげず、調書の任意性立証のみとして使用しているという記述スタイルを心掛けているが、弁護人によれば、録画にはあるが、標目にあげた他の証拠にはない事実を判決文では認定しているという。

生身の人間の心理として「補助証拠からは有罪の実質心証は取らない」などということはできない。

冒頭にあげたように、素人である裁判員は、証拠法則など関係なく、有罪の心証を取調べ映像からとったことを明言している。裁判官が「補助証拠」の意味について必要な説明をした形跡はうかがわれない。（もししていれば裁判官は有罪判決を書けなくなったはずだ）そして少なくとも裁判員らについては、有罪心証にもっとも効果があったのが、被告が身振り手振りで犯行を自白する場面だったと言われている。

まさに「犯行再現」の映像効果だ。

(5) 今市判決に見る「可視化」利用の深化

上記3の録画記録媒体で調書の任意性を認めた判決群は、対象となる調書の取調べ場面の記録媒体を見て、「可視化」されてはいず、見てはいない他の取調べで行われた自白の強要までを否定したものだった。

今市事件で法廷上映されたDVDには、「窓に突進場面」だけでなく、被告が取調べ官に平手打ちされるなど強制的取調べ場面も含まれていた。しかし、少なくとも会見で発言した裁判員らが、それら両様の場面からした解釈は「ほんとうは犯罪を犯した被告が、刑罰を恐れて自白をためらうのを、捜査官に叱責され、ようやく自白した」だった。「あの程度のきびしい取調」をしても「本当のことを自白させて犯罪者を罰することができた警察や検察は正しいことをした」というのが「庶民の正義感」なのだろう。

この裁判体の「構成裁判官」らが「強制された自白は、証拠に使ってはならない」という憲法・刑訴法の説示を裁判員らにしたのかは不明だが、しなかったのだろう。裁判官自ら、憲法・刑訴法の原則を守れば、出すことができない判決をしたことは事実だからだ。

今市事件の判例上の進化は、自白強要場面の記録媒体を証拠にしてすらも、自白の任意性・信用性を判断することができる、という深化した「可視化効果」、それと不可分に、上記3の判例群ではあいまいだった「自白強要」の違法性レベルを（平手打ちなど）明白な暴行でも「強制自白」ではないというところまで下げたことだった。

5　可視化裁判を放置し、法案に賛成した日弁連

検察と裁判所が歩調を合わせて、刻々と進化していく実務上の「可視化」を形にして残していく可視化判例群。日弁連可視化本部は、本部員弁護士が弁護活動で経験した「可視化事例」を集めることはしていたが、それを分析して法則性を見出し、録画媒体で有罪判決が出されていく動きの根本にたいして何ら対応することをしなかった。可視化を全事件、全過程に広げれば、全て解決するという楽観。と言えば甘い評価だろう。外国とは全く違う長期間長時間の取調べの中での録画を根本的にどうするべきかの戦略を持ちえなかったのだ。

可視化本部の活動は情宣活動に集中し「ないな、ないな可視化しかないな」のキャッチコピーを付けたウチワやトートバッグを大量に作って配布するなど、対象を弁護士に限らず、各地方自治体で「可視化決議」を取る運動などでの「成果」に熱中していた。可視化本部がそうである以上、日弁連中枢部にも、他の委員会にも、それを超える可視化対策が出ることはないまま、上記3の判例傾向の固定化、そして今市判決に至る進化の、埒外に日弁連は自ら身を置いて、どこの国にもない、被告を有罪にするための可視化制度の成立を許したのだ。

V　可視化の夜と霧

「適正な捜査が前提になければ可視化は効果がない」は今市弁護人の悲痛な弁護体験から出た至言だ。

日本の刑事システムは、ＧＨＱが、冷戦によって中途放棄し（座談会「刑事訴訟法の制定過程」ジュリスト五五一号、三〇頁以下など）、日本の旧司法省刑事局が戦前の旧刑訴法の捜査権限をほとんどそのまま残すことに成功した昭和刑訴の条文の上に、検察・警察の実務を裁判所が容認して作り上げてきた世界にも珍しい捜査優位、公判では検察の敷いた線路の上を裁判官が走る。適正手続とは程遠い、中世の暗黒の夜の中に残されたままの刑事手続きだ。

違法取調べを防止するという他国で行われている本来の可視化を不可能にし、そこに持ち込まれた電磁的記録を、逆に取調べの実相から裁判官が目を外らす非可視化に作用させるのが日本独特の可視化だ。

1　法制審特別部会のａｒｔ

「取調べや自白調書への過度の依存から脱却するための刑事司法制度改革だったが」「録音録画が捜査当局の武器にもなる」「皮肉な話だ」。「刑訴法改訂」の発端となった厚労省村木冤罪事件の中で明らかになった。検察不祥事の主役前田恒彦元検事のツイッター（二〇一六年六月四日）だ。

それを実現させたのがⅣに書いた、検察・裁判所が形成した「日本的可視化」を法律化につないだ法制審新時代の刑事司法制度特別部会の、官制第三者委員会運営の芸術とも言うべき運営だ。

七回までの自由な意見表明で一般有識者委員を中心に、国連や日弁連に近い多項目の改革意見が出されたが、第八回以降はこれと関係なく、事務局が用意する「論点整理」「進行イメージ」「審議予定」によって決める論点に従い、事務局が説明、本田部会長（日本たばこ社長）が、議論の効率化を名目に、論点ごとの議論は時間制限つきで進めることを宣言、委員は自由に発言はするが、部会長は個々の発言について「今のご意見についてご意見は？」と論点をかみ合わせることも、論点ごとの結論をまとめることもしない「言いっぱなし方式」で進行し「閉会の時間となりましたので」「本日予定しておりました事項は終了いたしました」と各「論点」を審議したことにしてしまう。

一八回で「基本構想（部会長試案）」が配布されて法律家だけの「作業分科会」になり、その作業結果を検討する部会が行われるということを繰り返して委員らは「発言すれど結果作成には関与せず」の実態に終始。二六回で「事務局試案」二九回で「新たな刑事司法制度の構築についての調査審議の結果【案】」が示され三〇回で可決。日弁連推薦の学者後藤委員は最終回自分の意見と違う所、不満な点もあるが「何もまとまらないで全く答申ができないよりは」良いので「異議は申しません」と述べ、日弁連や有識者委員は、これまで述べてきた事項については実現してほしいと要望を述べながら、その要望とはかけ離れた「結果案」への「全会一致」だった。ほとんどそのまま、これが法制審総会を通り、法案となる。

政府が他の法案を差し置いても刑訴改訂法の成立を強行することが明らかだといわれた一九〇国会で、議員らが口々に今市判決で見えた可視化の問題性を指摘し、一六の県単位弁護士会が反対声明を出す中、日弁連は早期成立を期待すると表明してそれが国会でも引用され、理由とされて刑訴改訂法は成立した。

「司法取引」「通信傍受」などはもとより九項目の「改正」がすべて検察の新しい武器である「刑訴改訂法」。こういう法律を作ればどうなるかを理解できない「一般有識者」は置くとしても、「検察の焼け肥りだ」と言い、少なくとも「司法取引」「通信傍受」には疑問を呈しながら、Ⅳの5で書いた検察と裁判所が固めてきた可視化実務への法的危険性に対応せず、法案成立に加担した日弁連の過誤はこの国の司法の歴史に許されない一ページを刻んだ。

2　日本の刑事手続の夜＝適正手続の欠如

今市弁護人は「適正な捜査が前提になければ」と言った。しかし日本で適正手続を欠いているのは捜査だけではない。公判も含めた刑事手続全体だ。紙数もないので本稿に直接関係する大きな項目だけ挙げる。

(1)　長期間・長時間取調べ時刻・継続時間、方法の規制もない取調べ

長期間＝別件逮捕勾留やセパレート・チャージで、23日のx倍の長い取調べ期間。その上（法務省刑事局長の答弁とはうらはらに）起訴後の勾留も平然と取調べに用いる。何百日にも及ぶ（今市の被告が二〇一四年一月二九日に最初に取調べを受けてから、少くとも判決が認定する最後の取調べ、起訴後の一五年五月七日まで四六一日）拘禁だけで、被疑者は捜査機関の支配に抗しえない自白になる。

長時間＝今市の取り調べ時間は報告されていないが、鹿児島県警は二〇一二年から一四年に一日八時間を超える取調べを四四一件実施し、最長は一五時間を超えていたという（南日本新聞二〇一五年三月一七日付）。何百時間・何千時間でも行われうる取調べを、もし「全過程録画」したとしても、全て法廷で上映することができない。

電磁的記録は、英米など取調べできる時間が合計で二時間から四時間どまりであってはじめて全記録と、もしそのまま法廷で使うとしてもそのまま使用が可能だ。日本の取調べの中に可視化を持ち込めばどうなるかの見本を示したのが今市事件で、一部のみの取調べを録画し、証拠とするなら逆に有罪心証のツールになる。

(2)　逮捕・勾留・保釈制度

長期間の拘禁が常態化するのは、起訴前保釈がないという非近代的な保釈制度の上に、捜査官憲からの逮捕・勾留請求にはほぼ一〇〇％従い、保釈決定には消極的な裁判官の姿勢が大きい。

(3)　「裁判官はもう一人の検察官」

たとえその法制下にあっても、捜査優位・自白偏重・調書裁判・有罪率九九・x％を続ける裁判実態は、裁判官が少なくとも刑訴法の原則に従った判決をすれば生じなかった。可視化判例だけとって見ても、無理をしても検察官の主張通りに、自白の任意性を容認する方法を探すことだけに腐心したのが裁判官の多数だ。

まれに適正手続に沿うことに努める裁判官があっても、検察官上訴は被告側上訴に比べて破棄率が格段に高いことに明らかなように、自己犠牲的に書いた刑事原則に沿う判決も上訴審で破棄されることが多い。加えて大勢の中では異端視され、人事考課で不利に扱われて、ますます少数派になっていくので、日本の裁判所では裁判官一般に実務で適正手続に忠実であることを期待するのは難しい。

(4)　弁護人の権利と姿勢

米国のように検察側の証人に会って質問する権利も、証人や証拠物を強制的に法廷に出させる権限もない日本の弁護人の権限の低さに加えて、上記日弁連の姿勢に明らかな、官への追従・遠慮が大勢の業界ムードが、少数の刑事弁護士以外の弁護士を覆っている。

上記した可視化判例は、供述の任意性・可視化を争った少数の弁護士がほとんどの事件で敗れた軌跡だ。判例になっていない事件で可視化媒体が証拠に使われなかったのではない。多数の弁護士が、調書を認める録画を証拠にすることに同意して、日本的可視化の定着に協力したのだ。

3 可視化の夜と霧

旧刑訴、旧々刑訴、そして戦後刑訴になっても続く深い夜の中にある日本の刑事手続との不毛の闘いに、弁護士会は疲れ諦めている。外国でも酷い冤罪事件はあり、しかしその反省から、尋問方法と弁護人立会を制度化した。日本でそれをしないのは、官だけなのか。

長期間・長時間、方法に規制もない日本的取調べとそれを容認し固定化する裁判所を直接変えることを回避して、先達らの闘いとは関係ない、ただ新しい良いことを加えるだけです、という枠組みである「可視化」は、検察も協調的に「試行」して、検察・警察との協調関係にも入ることが出来た。可視化運動は、日弁連のホープだった。

深い夜の中にある旅人の目を、夜の暗さを和らげるかのように覆った乳白色の霧。なぜここに霧が発生するのか、霧が覆い隠しているものは何なのか、それを洞察しなかったのは旅人だけの過誤なのか。

「取調べ、供述調書に過度に依存した捜査公判の在り方の見直し」とはうらはらの「結果案」に全員一致で賛成する法制審、本質に迫る反対演説をしながら、法案に賛成票を投じる国会、可視化の夜と霧は、日本という国の本質を見せている。

治安刑法をめぐる動向と捜査権の拡大について

春日　勉

Ⅰ　はじめに

二一世紀の社会を一言で表現しようとすれば、「得体のしれない不安」、「どこから来るともしれない敵へのおそれ」、それとも、これとは逆の「安心」や「安全」であろうか。しかし、ここでいう「安心」で「安全」な感覚とは、人々が連帯し互いに認め合う寛容の精神を持つことで醸成されるものではない。むしろ上から競争を強いられるがために、それに乗り遅れまいと必死に「自己」にしがみつき、自分とは違う異質なものを排除することで生まれる、独りよがりの「安心」とでもいおうか。だから、他人が傷ついても関係ない、いや、むしろ自己の存在を否定しかねない他人の存在に疑心暗鬼になる。そのため、こうした個人は、より強固な安心・安全を求めて同じアイデンティティを持つ者どうしで集団を形成しようとする。こうすることでより強い自己を意識し、これまで抱いていた他人より劣っているといった劣等感などは消滅してしまう。人間関係の破たんの始まりである。自己とは異なる異質なものを平気で排除し、こうなったのはおまえの責任だといわんばかりに、勝者の論理を振りかざす。「犯罪とは、弱い者が侵すものだ。わたしたちの「安心」や「安全」を侵す者たちへは、厳しい罰を与えて、自己を不安から解放しよう。刑法をそのための道具として利用しよう、刑法は僕らを守ってくれる唯一無二の手段である」。こうした感覚が二一世紀の日本社会に蔓延していないだろうか。

長年の経済不況と労働環境の悪化、少子高齢化による社会政策の見直しが叫ばれる中で社会は疲弊し、多くの市民は将来に希望を見いだせず疲れ切り、もう安心したいとやすらぎを求める。安倍政権を支えてきたのもこのような感情ではなかろうか。こうした中で、政治的にも社会的にも保守化の動きが強まっている。刑事法の世界では、犯罪の組織化、国際化、ハイテク化、大規模化といった新たな犯罪現象に対峙するための刑事法の「超近代化」を求める声が高まりつつある(1)。政界、財界、法務省・警察庁をはじめとする行政機関、さらには、学会まで呑み込んで大きなうねりになりつつある。そこで展開される主張や法の解釈は、これらの目的を達成するために、より効果的、効率的に刑事法を適用しようとする思考である。こうした思考は、これまでにはあまりみられなかった新たな犯罪現象に対応しようとするものだけに、一見、説得力を持つかにみえるが、その実態は、憲法が法律を羈束するといった立憲主義の考え方とは真逆の法創造であり、悪法でも法としてそれを正当化しようとする戦前の治安法を支えた権力的な思考を彷彿とさせる。ここにはびこるのは、戦前、政権主導で進められた限られた支配層のための国体の維持、そのための治安の強化が、市民の人権をいかように侵害してきたかという歴史的事実に目を覆う無史観であり、こうした過去の事象を検証することを捨象した非科学性である。ここには無論、権力は腐敗するといった警戒心はない。人権尊重を基本とする憲法的な思考は失われ、原理原則の観点から立法の合憲性について精緻な議論を交わすことすら蔑ろにされている。

そこで本稿の目的であるが、第一に、一連の治安法、治安刑法をめぐる最近の新たな法制が、いかなる環境のもとで議論されるようになったのか、その社会的、政治的背景を確認したい。第二に、戦後の治安法がどのように提起され、基本的人権の侵害という意味で、私たちの生活にどのような形で影を落とし、今に至っているかを整理したい。最後に、治安維持の運営主体である警察や検察、すなわち、捜査機関の権限がどのように拡大してきたのかについて、それをめぐる戦前から戦後にかけてのせめぎ合いを確認しながら、現代的問題として浮上している「事前捜査」の理論的正当性について検討したい。

Ⅱ　現代の治安立法

1　治安法の整備と戦争への序曲

二〇一三年一二月に成立した「特定秘密保護法」では、「憲法が保障する表現の自由、とりわけ報道の自由、国民の知る権利は侵されないのか、政府に都合の悪い情報だけが隠され、恣意的な運用になるのではないか」等法案に対する市民の懸念は払しょくされないまま、政権はその成立に突き進んだ。情報が隠されることにより、私たちの社会に何がおこるのだろうか。国による情報統制がもたらす悲劇は、市民に情報が隠されることによる、市民の「無知」や「無関心」である。また、「無関心」であることが当たり前になり、それに慣れすぎると、市民は権力に対する批判力を失い、政府の詭弁に簡単にだまされ、取り込まれてしまう。その結果、「無関心」によって人々は、思考を停止し、権力に迎合する。戦前の「国防保安法」や「軍機保護法」は、平時、有事の情報統制のために作成された国の機密法であった。「特定秘密保護法」は、これとまさしくオーバーラップする。戦後も、一九八五年に、「スパイ防止法」案が議員立法で国会へ提出されたが、その焼き直しがこの度の「特定秘密保護法」といわれている。

さらに、二〇一五年九月に成立したいわゆる「安全保障関連法」に対しては、「解釈改憲そのものであり、法解釈とは名ばかりの事実上の憲法改正である」、「法が独り歩きし、憲法の立憲主義をないがしろにするものである」などといった批判が憲法学をはじめとする多方面からなされた。こうした批判に真摯に向き合い、十分な議論を戦わせることなく、再び法案は、与党の賛成多数で強行採決された。大多数の市民が「集団的自衛権」が持つ曖昧さ、それをどう解釈したら憲法が謳う平和主義及び九条と調和できるのか、こうした不安、疑問に、政権は真摯に応えようとしなかった。他方で、犯罪情勢の変化、国際テロをはじめとする新たな危機に対抗するための国際協調主義、自国の防衛と自国民の生命の保護、日米安保の堅持といった紋切り型の説明に終始した。市民の声を政策に反映し立案する政党政治、議会制民主主義の本来の在り方とはかけはなれた議会運営を目の当たりにした多くの市民は、国会周辺をとりまき法案の強行採決に反対、抗議してシュプレヒコールを挙げた。このように、市民がこの法案に対して、「議論が不十分だ」と感じ、政権への怒りを行動という形で示すことができたのも、報道の役割が大きかったからだということは誰の目にも明らかだろう。ここでも改めて、情報は開かれていなければならないものだということを痛感するのである。

これらの一連の新たな治安法の立案、軍事法制への動きと歩調を合わせるように、治安刑法（軍事刑法と呼ぶこともできる）の立案作業も、これと三位一体の事柄として進められてきた。すなわち、二〇〇〇年に国連で採択された「国際組織犯罪防止条約」締結に向けて、国内法の整備が不可欠といった理由で、政権は二〇〇三年から三度にわたり「共謀罪」関連法案を国会に提出した。この法案では、重大な犯罪にあたる行為を「団体の活動」として「組織により」実行しようとすると実際に行動をおこさなくても、計画をたてる、あるいは、実行に向けて話し合うだけで罰せられるものである。犯罪は原則として他人の権利や利益を害する行為（他害行為）でなければならないといった近代刑法原則の「侵害行為原理」に反するもので、「予備」以前の「共謀（くわだて）」の段階で犯罪として処罰しようとするものであるとの強い批判が繰り返されている。これらの法案は世論や野党の反対でいずれも廃案となった。しかし、政権の長年の懸案事項となっており、二〇二〇年の東京五輪開催に向けて必要論が政権内部で再浮上する中で、いつ国会に再上程されるのか緊迫した情勢が続いている。また、すでに、前記「特定秘密保護法」二五条では、「特定秘密」をもらしたり、得たりする際に「共謀し、教唆し又は扇動した者は、五年以下の懲役に処する」と規定している。この規定は、アクセスしようとする情報が「特定秘密かもしれない」といった「未必の故意」程度の認識で、多数人が話しあうことで、共謀が認定されて処罰されるおそれを含んでいる。まさに、共謀罪を先取りした内容である。この規定は、憲法が保障する思想・良心の自由に抵触している。国家は人の内心に立ち入らないというのが、憲法の原則である。他方で、国家から見て、怪しい思想、犯罪を企てるような悪質な思考は早晩に芽を摘みとることが治安維持のためには不可決である。これを成し遂げるためには、怪しい人物の動静を常に国家が把握しておくことが求められる。監視社会の到来である。これも戦前の特別高等警察が市民の生活の中に入り込み内偵捜査によって不穏計画の事前発見につとめ、治安維持法違反等不法行為と認定するや違警罪即決例、行政検束等により、行政機関の裁量で処罰していたあの時代を彷彿とさせるのである。

この「共謀罪」関連法案が、国会で暗礁に乗り上げる事態を受けて、政権はこれとは切り離して、サイバーテロに対応する新たな法律の整備に乗り出した。日本が、二〇〇一年に署名した「サイバー犯罪条約」を批准するために、条約の内容を満たす法改正が必要だとされていた。また、政府機関や民間企業の重要インフラ基幹システムにサイバー攻撃が実施され、メールに添付された不正プログラムを開示すると機密情報などが搾取され、サイバーテロが実行されるサイバーインテリジェンスの脅威が現実のものとなりつつあるとして、その対策が急務とされていた。

そこで二〇一一年六月、いわゆる「サイバー刑法」が国会で成立した。政権はこのサイバーテロをハイテク犯罪と位置付け、国家機密を漏えいし、重要インフラを攻撃する「火のない戦争」であると強調した。これに対しては、国に効率的に情報を収集する権限を与え、「特定秘密保護法」とともに、社会や個人の情報を一元的に監視・コントロールさせる情報統制の手段に利用されるのではとの強い批判がなされた。

さらに、前記の平和安全法制をめぐる国会での混乱の最中、同時進行で粛々と進められていたのが、取り調べの録音・録画（可視化）、盗聴、司法取引などを柱とする「刑事司法改革」関連法案をめぐる動きである。この一連の法案が可決されれば、組織的な詐欺や窃盗などの一般刑法犯の捜査にも警察が傍受できる対象を拡大するほか、第三者の立会いなしに警察の施設内で傍受できることなどを盛り込んだ「通信傍受法」の見直しも含まれており、捜査機関の「焼け太り」になるのではとの批判が世論やマスコミをとおしてなされていた。特に、「通信傍受法」の見直しでは、犯罪が発生する以前の段階から、警察の捜査を可能にするだけでなく、その作用が通信の秘密を侵す強制処分でありながら、傍受の必要性の有無を実質的に警察の裁量に委ねるなど、司法的抑制を重視してきたこれまでの令状主義概念に抵触するおそれがある。また、「共謀罪」関連法案と盗聴の拡大は、一セットであることは明明白白と言っていい。不穏分子を予備以前の企ての段階から検挙するためには、犯罪が遂行されようとする以前に、具体的な計画が組織的になされたことを証明する証拠が必要となり、その証拠を確保する捜査手段がこの盗聴である。「共謀罪」関連法案では七〇〇弱の犯罪がその対象となるといわれており、警察にとってみれば、盗聴の対象犯罪もできる限りこうした罪を網羅できることが望ましいということになる。そのために、詐欺や窃盗など一般の刑法犯にもその対象を拡大し、さらに、警察にとってより効率的、効果的な盗聴が可能となる仕組みとなっているのである。(2) この「刑事司法改革」関連法案は、二〇一六年五月、衆議院本会議で可決、成立した。これら一連の法案とともに、「特定秘密保護法」や「平和安全保障関連法」の審議過程で批判された「解釈改憲であり事実上の憲法改正ある」との指摘が、同様にあてはまめられるものであろう。こうした状況を受けて、現在の日本は準戦時体制に突入した、あるいは、火がまだ無い平時の有時化であるとも評価できよう。

2 現代の治安立法と社会・政治

以上のような一連の治安立法、軍事法制に向けた動きは、どのような社会的要因・政治的背景から導かれたのだろうか。ここでいくつかのキーワードを挙げるとすれば、まず「犯罪の増加」に対する「厳罰化」である。バブルが崩壊した九〇年代前半以降、刑法犯の認知数は右肩上がりで上昇し、二〇〇二年に三六九万件とピークを迎えた。オウム真理教事件が発生した九〇年代半ばには、警察サイドから、「日本社会の「安全神話」の崩壊」、「体感治安」の悪化が度々強調されるようになり、罰則規定の強化や刑事立法の必要性が謳われ、DVやストーカー、児童虐待などの新たな犯罪への対応が急務とされた。社会でも同様に、反社会性が強い犯罪や犯罪被害者の問題がマスコミ等により大々的に取り上げられ、「治安を強化しなければならない、罪を犯す人間は厳しく処罰すべきだ」との声が高まった。同時に政府による「新自由主義」政策が市民の犯罪観に影を落とし、社会の中では、それまで見られた過ちを赦すという寛容さが失われていった。こうした中で、明らかになってきたのが、「市民」対「社会の敵」という新たな構図である。多くの市民にとって、生活を脅かし、害悪をもたらす者は、排除の対象になった。社会の迷惑者として市民としての称号を返上させ、社会の敵というレッテルを貼ることで、コミュニティーから排除し、限られた者たちのためだけに、社会の秩序を維持しようとする風潮である。(3) また、「犯罪の増加」は、市民の「不安の増大」へとつながり社会全体が「厳罰主義」への傾向を強めることになった。こうした状況の中で刑事法そのものについての見直しも進んでいく。例えば、制度面では、凶悪事件に関連して「時効制度の見直し」が行われ、一部凶悪犯罪では時効が撤廃され、真実究明型の刑事法の妥当性が強調された。また、運用面でも危険運転致死傷罪の積極的適用や無期刑の事実上の終身刑化などにみられるように厳罰化の傾向が強まった。

ここで、もう一つのキーワードを挙げるとすれば、「犯罪の組織化、国際化」それに対応する「国際協調主義」である。危険な行為や態度が示されれば、侵害結果が発生しなくてもそれだけで処罰すべきだという事前的予防主義の考え方が、「犯罪の組織化、国際化」を理由として拡大していくのもこの時期の特徴といえるであろう。(4) この流れを利用して、政府は、立法段階では、犯罪化、重罰化により、刑罰の網を広く打つとともに、捜査機関による解釈で、法の外の者まで網の中に入れようとする「日本型刑事司法」の強化・拡大を推進してきた。一九九一年一〇月に成立した麻薬特例法や一九九九年八月に成立した組織的犯罪対策三法も当然、この射程に入るだろう。

以上のような犯罪情勢を前にして、政府は、今後の犯罪対策についてその姿勢を明確にする。まず、二〇〇三年九月、政府は「犯罪対策閣僚会議」を設置する。この「犯罪対策閣僚会議」は、五年後との見直しが明記され、二〇〇八年一二月には「犯罪に強い社会の実現のための行動計画 二〇〇八」(5)、二〇一三年一二月には、安倍政権の下で、『「世界一安全な日本」創造戦略について』を決定した。(6) その基本方針では、以下のような点を強調している。すなわち、「「現下の治安状況を見ると、……近年、サイバー犯罪・サイバー攻撃、国際テロや組織犯罪の脅威の深刻化等の治安上の重大な脅威に直面しているところである。また、平成二四年七月の内閣府による調査によれば、国民の約四割は、現在の日本が「治安がよく、安全で安心して暮らせる国だとは思わない」と回答し、約八割が「ここ一〇年間で日本の治安は悪くなったと思う」と回答している。このように、かつての日本の強みであった「安全・安心」が取り戻せているとは言い難い状況にある」とした。そこで「世界最高水準のサイバー空間の構築」、「犯罪やテロに強い社会の構築」を謳い、治安基盤の強化策として、「犯罪対策、テロ対策に携わる治安関係機関の人的・物的基盤を強化するとともに、犯罪の追跡可能性を確保し、証拠収集方法を拡充するための捜査手法の高度化、新たな捜査手法の検討等を推進し、治安基盤を強化する」とした。以上のように、政府は、「国民の体感治安」の悪化を理由にして、「今、日本の治安は危険水域である」、そのための治安基盤の強化が不可欠であるとして、その手段として「新たな捜査手法」の検討を積極的に推し進めようとしていることが明らかになるのである。

Ⅲ 戦後の「治安法制」の展開と警察

1 「治安」という概念

これまでの記述の中で再三、「治安法」、「治安刑法」という用語を用いてきたが、ここで改めて定義することにしよう。「治安」とは何か、これは必ずしも人々の生命、身体、財産が保護され、個人の自由や権利が保障されている状態を指すものではない。「治安」とは国家や社会の秩序が維持され、安定することであり、その秩序とは階級闘争の中で支配層にとって都合よく国家や社会を治められる状態のことである。(7) ここでの特徴は、支配層は被支配層の人権や権利を侵害するような暴力的、強制的な手段でその目的を遂げようとする点にある。一方、近代国家の憲法は、個人の基本的人権の保障を謳い、その下で立案される諸法はそれを具体化したものであり、他人の人権を侵害しない限り個人には「自由」や「権利」が与えられる。こう考えると「治安」とは、個人の自由や権利を制約してもそれを成し遂げようとするものだから、憲法の理念とは真逆なものだということがわかる。すなわち、「治安」とは、社会を構成する大多数の個人の人権に優先して、支配層のための利益、すなわち国益とか社会の安定を重視する考え方であり、「治安法」とは政治的な支配層の権力的な維持を目的としてつくられた法であり、「治安刑法」とは、刑罰法規によって、政治的な支配層の権力的な維持を図ろうとする法ということになる。(8) ただし、支配層が「治安法」を導入しようとする場合、国家の利益や社会の安定のためになどという説明はなされない。国民が「安心」して行動でき、「安全な」社会を創るためになどという説明がなされるのである。(9) 市民には、「「治安法」の名宛人は社会に害悪を生じさせた「異端者」であり、自分には関係がない、自分は規制の対象にはならないだろう」と思い込ませることで、「治安法」に対する違和感を払しょくさせ、むしろ犯罪が増加し、凶悪化しているとする印象を植え付けることで支持を広げてきたのである。

また、「治安法」は、そのような国家の利益や社会の安定を乱す行動を規制の対象とするが、そのような危険な思想・表現を事前に取り締ることを重視するため、おのずと「保安処分」的な発想が強くなり、発生した結果よりもそのような行動をおこそうとする人間の悪質さに注目する。また、「治安法」を適用するのは、現実には、社会的侵害が発生する前の段階であるために、司法機関による制裁ではなく行政機関による処分が優先されるのである。そのため、「治安機関」には多大な権限が与えられる。

2　戦後改革後の治安立法

戦後の日本は連合国軍（ＧＨＱ）の日本占領と民主化政策により、思想警察、秘密警察は解体され、責任者は公職追放され、政治犯は釈放された。それとともに、治安維持法、治安警察法、国防保安法、軍機保護法、思想犯保護観察法、戦時刑事特別法など、おびただしい数の治安法、軍事法は廃止された。

行政機関として幅広い裁量権を認められ、濫用された行政罰は、司法審査を経由する刑罰に代えられた。これによって、警察の権限は縮小するかにみえたが、戦後は第一次捜査権を認められ、行政罰が刑罰に代えられたことで、行政法違反の捜査は警察を必ず経由することになり、権限はむしろ拡大、強化された[10]。朝鮮戦争などを経てＧＨＱによる日本民主化政策が変化すると、一九五四年六月、都道府県公安委員会と同警察と国家公安委員会と同警察庁という形の中央集権的警察へ再編された新警察法が成立した。

戦後改革として、以上のような警察組織の再編と権限強化が図られる中で、治安法、治安刑法の再整備も進められた。すなわち、警察法以外にも、職権主義的、糾問的側面を濃厚に残した新「刑事訴訟法」、「警察官職務執行法」など新たな治安法制の成立をみた。

(1) 典型的治安法

・破壊活動防止法

治安政策を推進するための刑罰法規として、典型的な治安刑法としてまず挙げられるのは、一九五二年七月成立の「破壊活動防止法」である。法律の内容は「暴力主義的破壊活動」の取り締りであるが、そのような活動を行った団体に対して、集会・デモ等の禁止、機関紙等の発行禁止、団体そのものの解散指定に及ぶ。また、「刑罰規定の補正」として、「暴力主義的破壊活動」中、単に現実の暴力主義的活動のみでなく、広くその予備・陰謀・教唆・せん動等を処罰の対象とした。法律の定義そのものがきわめて曖昧模糊としており、客観的な基準をはっきりさせることができない。反体制的な言論そのものを取り締りの対象とすることから「社会的に危険な行為」と評価されれば、規制の対象となるもので、憲法の保障する思想および良心の自由、集会・結社・言論・出版その他表現の自由をはじめとする精神の自由を著しく侵している。(11) また、団結権、団体行動権などに重大な侵害が及ぶ内容となっており、違憲性が極めて高いことは言うまでもない。法施行後、この法律が適用された事例は一九六一年に発生した三無事件(12)や一九七一年の沖縄返還に関わって起こされた渋谷暴動事件など数は限られる。最高裁も「公共の福祉」に反するような場合には、表現行為そのものが規制の対象となることはやむを得ない、「公共の安全を脅かす犯罪」をひきおこす可能性のある行為は、保護の対象に値しないなどして、法律そのものの合憲性について判断することを避けている。(13)

・公安条例

「公安の保持」を理由に、集会や集団行進、集団示威運動等を規制する条例である。これらの行動をするときには公安委員会の許可または同委員会への届出を必要とし、警察に取締権限を付与するとともに、違反者には刑罰を科するものである。公安条例は、憲法が保障する表現の自由を直接、警察の規制の対象とすることで、違憲の誹りをうける治安立法ということができる。公共の場所の秩序ある利用と公衆の安全と通行の自由を担保するものとしてその正当性を根拠とするが、実際は市民が意見や主張を主体的に表明する手段を奪うものである。一九五四年一一月の最高裁決定は、このような行動の一般的な許可制を定めてこれを事前に抑制することは憲法違反としながら、合理的かつ明白な基準のもとに許可制を定めても違憲ではない、さらに、公共の安全に対して明らかな差迫った危険をおよぼすのが予見されるときには、許可せず禁止することができる規定を設けても憲法に違反しないとした。[14] 他方で、一九六〇年七月の最高裁判決は「集団示威行動」の事前規制を許容しうるものとするための理由として、言論・出版とは異なり「予定された計画に従い、あるいは突発的に内外からの刺激、せん動によってきわめて容易に動員され得る性質の」潜在的物理的力によって支持されるものであり、「一瞬にして暴徒と化し、勢いの赴くところ実力によって法と秩序を蹂躙し、集団行動の指揮者はもちろん警察力を以てしても如何ともしえないような事態に発展する危険が存在する……」として集団暴徒化論を展開した。[15] こうした判決の現場に与えた影響は絶大で常軌を逸する規制を強行する原因となった。また、いずれの自治体条例も、文言が曖昧で憲法三一条の適正手続違反との批判が絶えない。

(2)　機能的治安法

破壊活動防止法や公安条例などは、支配的な政治体制の権力的な維持を直接の目的としてつくられた法、名実ともに固有の治安法であることから「表現の自由」など憲法の原則に抵触するおそれが著しい内容を有するものであり、適用事例も極めて少数に止まる。これに対して、一般の刑法を「治安的」に運用することで、市民による抵抗を回避し、より柔軟な適用が可能となる。これを機能的治安法と呼ぶ。[16] 通常わたしたちが生活を営む場合には、可罰的とはみなされない行為でも、政治性をおびたデモや労働運動、過激派とみなす集団などに際して行われると、治安政策的な捜査による逮捕権の濫用が行われ、懲罰的に刑法が適用されるのである。公務執行妨害罪、暴行罪、住居侵入罪、器物損壊罪、あるいは道交法違反などありとあらゆる法規が「治安的」に運用されえる性質を持っている。大抵は現行犯での検挙ということになるが、通常逮捕の場合などは、逮捕の理由、必要性が必ずしも明白でない場合も少なくなく、令状審査に際して、裁判所が一般事件の場合よりも基準をゆるやかに解することで警察の求めに応じるといった差別的な司法審査の問題が存在する。

Ⅳ　警察活動・検察活動と人権

1　一般情報収集活動

ここでは、犯罪が発生した後、その捜査のために活動する刑事警察や国民の安全や犯罪の予防のために活動する行政警察とは違って、犯罪や市民の安全には直接関係しない市民生活一般に関する情報収集、すなわち、「公安情報」のみの収集を目的として活動する警備公安警察について検討しよう。警備公安警察の責務は「公共の安全と秩序の維持」であり、それを破壊しようとする団体や組織の活動を鎮圧することである。「公共の安全と秩序の維持」とは「治安の維持」とも言いかえることができ、政治的な支配層の権力的な維持を目的とする。その対象は、右翼団体、左翼団体や大衆団体、在日朝鮮人組織等といった革命勢力とそれに同調しようとする勢力であるとされている。大衆団体には、労働組合、学生運動団体、農民団体、民主主義科学者協会、日本国民救援会、自由人権協会等民主的な組織や団体をほぼ網羅していると言われている。警備公安警察の情報収集活動は、秘密裡に計画性をもってなされる一方で、このように市民生活の全般にわたって広がっており、それだけでも一般市民の人権を著しく制約しているといえる。これだけの警察活動でありながら、警備公安警察による一般情報収集活動は、警察作用法としての根拠規定を持たない。強制処分ではなく、任意処分、例えば、「職務質問」でさえ、警察官職務執行法二条一項にその根拠規定を置く。警察の活動はそもそも市民の権利と自由を侵害し干渉するおそれを有する活動と位置付けられるので、それがたとえ任意の非権力的な活動としてなされたものであれ、その活動には具体的な作用法上の根拠が要るというのが法律の趣旨とされている。そこでこのように根拠条文が存在しない場合には、警察はこれまで組織法上の法規にあたる「警察法」の一般的条項を、法的根拠として援用してきた。すなわち、警察法二条には「警察は、個人の生命、身体及び財産の保護に任じ、犯罪の予防、鎮圧……交通の取締その他公共の安全と秩序の維持に当たることをもってその責務とする」とあり、これを根拠にして、「公安情報」の収集を行っているのである(17)。非権力的な活動であったとしても、もともと具体的な警察作用法上の根拠規定を有しないこうした活動は違法な活動であることは明らかである。この違法な活動の実態は以下のように、秘密裡に計画性をもって実行されている。視察内偵、聞き込み、張り込み、尾行、工作、面接、投入であり、そのための道具として盗聴器、電話傍聴装置、特殊録音機、隠しカメラなどの科学的器具が駆使されている。また、盗聴は、かなり広範囲になされていると言われており、共産党をはじめとする左翼政党、労働組合等に対する盗聴事件が発覚しているのは周知の事実である。盗聴は言うまでもなく、プライバシーの権利、思想・表現の自由、通信の秘密等人権を著しく侵害するものである。このような盗聴が強制処分に他ならず、現行法上、少なくとも法的な根拠なしには実行しえないものである。特に、一般市民の生活を侵害する盗聴、つまり、警備公安警察によって一般情報収集活動としてなされる盗聴はなおさらである。

2　治安警備活動

労働運動、学生運動、市民運動等の大衆事件に伴って犯罪が発生し、又は発生するおそれがある場合において、部隊活動により犯罪を未然に防止し、又は犯罪が発生した場合の違法状態を終息させる警備活動である。いわゆる犯罪が発生した場合には事態全体の解消に努め、不法行為が予想される場合にはその予防鎮圧である。治安警備活動では、犯罪を予防する手段として関係者への検問や所持品検査が度々行われる。このような警察作用は、一般情報収集活動と同様、具体的根拠規定を有しないために問題となる。警察側は、検問について、警察法二条は「組織体としての警察が担任すべき事務の範囲を明らかにすると同時に、警察官の行う警察活動の一般的な根拠を規定しているのであって、警察官が日常行っている立番、見張、警ら、巡回連絡、密行、張込、検索、検問等はまさに本条を根拠にしている」とし何ら違法ではないとする。所持品検査についても同様で、職務質問に随伴する行為であるとか、警察法二条を根拠とするとか言われるが、いずれも当該警察作用が根拠規定を有しないために既存の規定を引合いにだして正当性を主張するものである。しかし、警察法二条は警察官に対する権限付与の規定ではなく組織法であることから、この規定を根拠にすること自体できないことは明らかである。一九五八年警職法改正に向けた議論の中では、所持品検査そのものを警職法の中で警察官の権限として具体的に認めようとした理由はこの点にあるといえる。治安警備活動のうち、集団的示威行進に対する規制もあげなければならない。公安条例が制定されて以降、厳しい法的規制が加えられるようになった。許可権限は、警備公安警察が掌握しており、申請の段階で申請者は警察側との事前交渉を余儀なくされ、折衝の内容について許可申請すると許可処分がなされる。警察は、「集団行進」と「集団示威運動」を分け、特に、「集団示威運動」には秩序保持を徹底させるべく責任者には種々の条件をつける。デモ行進の実施時にも、多数の警官を動員し視察、写真撮影などの情報収集、警告、実力規制などを行い違反があれば、解散、現行犯逮捕などの実力行使がなされる。集団的示威行進の自由は、憲法が認めた基本的人権たる表現の自由を、集団行動によって民意を表現する不可欠の行動形態と位置付けられるが、これに対する過度の規制は著しい人権侵害を伴うものである。[18]

3 刑事警察活動と検察活動

ここでは刑事警察活動、検察活動という点から捜査の実態について検討したい。令状主義は刑事手続における人身の自由の事前保障の原則といえるが、戦前の刑訴法も強制処分権を予審判事に集中し、令状をもって行はしめたという限りでは令状主義は存在したといえる。ただ、予審の糾問性と予審判事の検察官従属性のためにそれは極めて形式的なものに止まった。また、予審判事による令状審査は、適法性の判断のみを行うもので、嫌疑の十分性や逮捕の必要性についての判断をしなかったために、令状審査という行為が強制処分の司法的な抑制装置になり得なかった。さらに、捜査機関による事実上の強制処分や行政検束、違警罪即決例など行政警察権が濫用されたために、人身の自由はまったくと言っていいほど保障されていなかった。特に、大正刑事訴訟法では、要急事件では捜査機関による勾引、勾留を認め、予審判事に対して被疑者勾留を請求する権限を検事に付与した（裁判上の捜査処分）。さらに、「戦時刑事特別法」や「治安維持法」などでは、捜査機関に強制処分権を大幅に付与することとなった。そこで、戦後は人身の保障が著しく侵害された戦前の反省から、令状主義の内容に対する見直しがなされた。まず、司法省は廃止され、裁判所と検事局が分離したことで司法権の独立が一応保障された。第二に、強制処分権については、新憲法制定時にその権限の帰属先を巡って再び問題化したが、歴史研究や戦後の捜査の構造論争を通じて強制処分は裁判所のみが行いうるものであることが確認された。[19] 第三に、裁判官は令状を発布するにあたって、その適法性だけでなく嫌疑の十分性、逮捕の必要性等実質的な判断をまかされた。第四に、行政権を濫用して行われていた違法逮捕は、諸制度の廃止によって禁じられた。以上のような令状主義の強化は、捜査機関側からの厳しい抵抗に晒されることとなった。すなわち、この司法的抑制という憲法原則の大枠の中で、戦前からの捜査慣行を維持するために、令状主義の例外事項を可能な限り拡大しようと努力した。その一つが、司法的抑制をなし崩し的なものに変えようとする捜査機関側の意図である。例えば、この司法的抑制を潜脱する違法な捜査方法の代表格が任意同行と別件逮捕であることは今や論をまたない。任意同行による時間的制限の潜脱、嫌疑不十分な状態での連行や事実上実力を伴う連行後取調べを行い、自白させたところで逮捕する行為。別件逮捕であれば、別件の軽微性には、逮捕の必要性判断に問題があることが多く、その逮捕自体がすでに違法性を帯びており、本件についていえば令状主義が機能していないのは明らかである。

一方、検察は戦前第一次的捜査機関として司法警察を指揮する立場にあり、一八九〇年代後半以降ころから強制捜査権限を強化し、起訴猶予の権限も手に入れた。また、予審判事より優位にたち、予審に絶大なる影響力を有した。また、特高警察と同様「国体の護持」と「安寧秩序維持」のために市民の社会運動については抑圧的、対立的な役割を果たした。特に、一九四一年の治安維持法改正では、刑罰法規のあとに、本条違反事件に関する特則で「検事に一切の強制処分権を独立して認める」ことが明記された。戦後は、戦前の検察ファッショの苦い経験から、GHQによる検察の民主化方策として検事公選制や大陪審制度の採用が検討された。しかし、日本側の強い抵抗で、検事公選制は見送られ、その代わりに検察官適格審査会が新設されたが、中央集権的官僚機構はそのまま温存された。同様に、大陪審も見送られその判断に拘束力を伴わない検察審査会が設けられたにすぎなかった。このように戦後の司法改革で検察民主化は極めて不十分、不徹底なものに終わった。その背景には、日本側に被疑者の人権擁護を拡充するためには、公判前の手続は検察官にまかせ、予審を廃止し検察権を強化して強化された検察官に強制処分権を付与するという構想が強かったためであると指摘されている(20)。そのため戦前拡大強化の一途を辿った検察官の権限は戦後も縮小することはなかったのである。むしろ予審が廃止されたことで捜査機関としての権限は事実上拡大強化されたといえるだろう。戦後は第一次捜査機関としての地位は警察に譲ったものの補充捜査や独自捜査で捜査機関としての重要性を保持した。検察官が取調べで作成した調書には、伝聞法則の例外が大幅に認められ、公判では決定的な役割を果たしうることとなった。また、公訴の段階では、準起訴手続以外で公訴権を独占したし、起訴便宜主義に基づく起訴裁量についてはその裁量権を縮小されることなく戦後もそのまま保持することに成功したのである。この起訴裁量制度は、一八九〇年代から一九〇〇年代までに検察実務として確立し、大正刑事訴訟法で明文化された。この起訴を検察官が独占し、起訴便宜主義を採用したことで、「日本型刑事司法」が確立されていく契機となった。すなわち、起訴裁量制度の導入は、検察官に情状を含めた証拠の収集を必要ならしめ、確実な嫌疑の追究により捜査の詳密化、長期化をもたらした。それは同時に、検察官に嫌疑の有無と起訴猶予すべき情状の有無を決定する第一次的裁判機関としての役割を担わせた。さらに、起訴猶予制度は、検察官に、特別予防的処遇の決定者として矯正保護官的地位まで与えることになったのである。以上のように、捜査・公訴段階については、ことさら捜査機関としての検察官の役割は大きいものがあり、刑事警察による糾問的な捜査活動とともに「検察官司法」を形作ることに成功したのである。[21]

V　捜査概念の見直しと事前捜査許容論

1　令状主義の変容と司法の機能不全

戦後の司法改革、刑事手続改革は、日本側の予審廃止、捜査機関の権限強化という戦前を引き継ぐ改悪路線とGHQによるアメリカ法を範とした刑事手続の弾劾化、すなわち当事者主義の徹底という抜本路線とのせめぎあいであった。そのため特に、刑訴法上、公判前の手続に関しては糾問的な面が多々残されたし、いかにして従来の捜査慣行を維持するかという観点から、司法的抑制という憲法原則をかいくぐるような実務の運用がなされることとなった。そして、こうした内側からの作り変えは、憲法の精神に反する違法な捜査を合憲とみなす裁判所によって完成していくことになる。そこで、適正手続保障、司法の廉潔性、あるいは捜査の前倒しという観点から問題となるいくつかのケースを挙げよう。

まず、「おとり捜査」に関する最高裁判例である。一九四一年三月の最高裁決定は「誘惑者が一私人でなく、捜査機関であるとの一事を以てその犯罪実行者の犯罪構成要件該当性又は責任性若しくは違法性を阻却し又は公訴提起の手続規定に違反し若しくは公訴権を消滅せしめるものとすることができないこと多言を要しない」として「おとり捜査」そのものの適法性を認めた。(22) また、二〇〇四年七月の最高裁決定は、ある特定の犯罪類型について一般にその捜査が困難であることを理由としてその必要性を肯定することができるという、一般的必要説にたって、捜査機関による「おとり捜査」をより柔軟に認めようとする立場をとった。(23) もう一つは、「盗聴」を「職権濫用であらず」とした一九五三年七月の東京高裁決定である。(24) これは盗聴器が部屋の外に取り付けられ、部屋の外観、音響に何ら影響を与えず家主の承諾も得ているのだから、捜査目的の範囲で行われる限り、基本権に軽度の悪影響を与えたとしても、盗聴に必然的に伴う結果であり、職権濫用ではないとしたものである。また、一九九九年一二月の最高裁決定は、通信傍受法施行以前のものではあるが、「盗聴」という捜査手段が憲法上全く許されないものではないとし、事件の重大性、嫌疑の十分性、事件関連通話の蓋然性、捜査としての補充性を条件に、侵害される利益と程度を考慮した上で、検証令状により電話傍受することが許されるとした。(25) 当該判例で注目すべきは、「傍受すべき通話に該当するかどうかが明らかでない通話」についてもその判断に必要な限度で傍受することが許されるとした点である。また、弁護人からは、本件傍受が将来の犯罪を目的として行われたいわゆる「別件盗聴」であるとの指摘もなされたが、最高裁は、本件は過去の事件の被疑事実を対象としているところ、その過去の事件の組織的犯罪を解明する必要があり、本件起訴に係る被告人に対する犯罪が、右傍受の際に犯されたものであっても、過去の被疑事件の令状対象事件との関連性、必要性が存在していた以上、そのような電話の傍受は許されるとした。

もう一つは、承諾なしになされた写真撮影とその証拠能力をめぐる一九六三年四月の東京高裁判決である。(26) この判決で問題になった事案は、「犯罪が行われる以前から犯罪の発生が予測される場所を継続的、持続的に撮影、録画」した事案であり、上の事例と同様に事前捜査の問題を含んでいる。判決は、当該現場において犯罪が発生する高度の蓋然性、証拠保全の手段、方法をとっておく必要性及び緊急性があり、撮影、録画が社会通念に照らして相当と認められる方法でなされた場合には、そのような写真撮影も許されるとした。これ以前の写真撮影の適法性に関する判例として一九六九年一二月の最高裁判決があるが、この判決では捜査方法として写真撮影が許される場合として「現に犯罪が行われもしくは行われたのち間がないと認められる場合であって、しかも証拠保全の必要性および緊急性があり、かつその撮影が一般的に許容される限度を超えない相当な方法をもって行われる」ときに許されるとしていた点と比較すると、その要件を緩和した上で、捜査機関が写真撮影を利用できる段階を事件が発生する以前の事前捜査まで拡大したとみることができ、捜査機関による監視カメラを犯罪捜査に利用することが常用的に行われることに対応して事実上判例変更したと指摘されている。(27)

もう一つは、警察がＧＰＳ（複数の人工衛星から発信される電波によって、被疑者の現在地を把握する捜査手法）を利用して、疑わしい被疑者の行動監視を行うことの是非が注目された事例である。二〇一五年一月の大阪地裁判決は、「ＧＰＳ捜査は張り込みや尾行などに比べてプライバシー侵害の程度が大きくなく、令状をとる必要はない(28)」とした一方で、同じく二〇一五年六月の大阪地裁判決はＧＰＳ捜査が「令状主義を軽視し、プライバシーを侵害する重大な違法捜査(29)」と判事したようにその任意捜査としての適法性をめぐって判断が割れている。二〇〇六年より、警察庁は「移動追跡装置運用要領」を都道府県警に通達し、「他の捜査によっては対象の追跡を行うことが困難であることなど捜査上特に必要があること」を条件に、ＧＰＳによる被疑者の行動監視を令状のいらない任意捜査として認めてきた。犯罪捜査のためには、多少のプライバシー侵害もやむを得ないという考え方の背景には、重大な犯罪や悪質な犯罪を未然に予防し、犯人を迅速に検挙しようとする警察の思惑が見て取れる。そもそも令状は、犯罪が発生し、その犯罪と密接にかかわると思われる人や物、場所に対して捜査機関が強制にわたる処分を行おうとするときに必要とされている。こうしたことから、ＧＰＳ捜査は、犯罪が発生する以前から、嫌疑がかけられた者に対して向けられ、場所の特定、期間の指定のないまま、野放図に拡大しかねないという点で令状主義を没却しかねない重大な問題を孕んでいるといえよう。

2　事前捜査許容論にみる捜査権の拡大

本稿のまとめとして、一九九九年八月の「通信傍受法」の制定を契機として盛んに議論されるようになった、いわゆる事前捜査許容論に触れておきたい。刑訴法の世界では、九〇年代半ばまで、捜査とはすでに発生した犯罪に対するものと捉えられていたために、将来の犯罪のための捜査は認めない、将来の犯罪に関しては未然防止を目的とする行政警察作用に属するとする考え方が原則とされていた。これに対して事前捜査を許容すべきと考える立場からは、以下のような主張がなされている。例えば、事前でも事後でも嫌疑の推認に差はなく、犯罪が相当程度高い蓋然性で具体的に予測できる場合、盗聴の正当化理由があり、本格捜査・訴追に備えて証拠を保全し訴追の準備をする捜査を考えうる、行政警察、司法警察区分論については、警察が第一次的捜査機関となり実際的意義が減じており、現実にも未発生捜査が行われていることなどを理由とするものがある。[30] 他には、捜査とは、本質的に行政活動であり、司法的抑制に服せしめるのが妥当な訴追準備行為と位置付けるものがある。[31] これに対しては「捜査は、司法目的（裁判）があって初めて正当化される点で予防・鎮圧という行政目的それ自体を目的とする警察活動とは本質的に違う」。また、こうした考え方が「強制処分権限の本来的行政帰属性を承認することとなる点で令状主義に適合しない」といった反対意見がある。[32] 確かに、事前捜査に対して令状の発布を許せば、捜査の名のもとに警察による犯罪の強権的な予防・鎮圧活動が可能となる。また、令状によって犯罪の日時、場所、手段等を明確にすることが捜査の範囲を限定し、適正な捜査を行わしめることにつながるが、それを徹底できなければそれはおのずと一般探索令状となり、司法的抑制の意義が失われかねない。また、GPS捜査のように、任意的に行われる事前捜査は、司法的コントロールを及ぼすことができず、捜査に関する警察の裁量権を大幅に認めることにつながり、事実上強制処分権限を警察に与えたと同視できよう。

Ⅵ　おわりに

以上みてきたように、戦前から、捜査機関による捜査は事実上、行政権を濫用する形で行われた。戦後改革では戦前の捜査機関による人権侵害を払しょくし、人権保障を拡充すべく憲法には幾多の刑事人権条項がおかれたにもかかわらず、刑事手続改革は極めて不十分なものに止まった。特に、捜査段階では糾問的職権的色彩が濃い規定が残されたばかりでなく、捜査機関は令状主義を形骸化、かいくぐることで事実上の強制権限を手中に収めた。二一世紀の日本社会は、「危険社会」と定義することができ、その「危険社会」が招く「不安」や「おそれ」から解放されるためには、その原因となっている犯罪を事前に予防することが求められた。社会矛盾を国家の政策の失敗ではなく個人の責任に転化しようとする支配層は、犯罪の国際化、複雑化、組織化等を理由に治安法あるいは治安刑法の整備を急ぐ。ここではあらかじめ危険だとみなされた個人や組織に対しては事前の検挙が許される。その役割を担う警察は、日ごろから不法な手法で情報収集活動を行うだけではなく、捜査の網を犯罪が発生する以前のものまで広げ、捜査権限を拡大している。今国会で議論されてきた犯罪捜査としての盗聴の在り方、対象犯罪の拡大等新たな捜査手法をめぐる問題は、これまでの適正手続保障と令状主義にもとづく司法的抑制の下でなされるべき捜査の枠組みを大きく変更する契機となっている。このように捜査をめぐる状況は、人権保障という観点から深刻の度を増していると評価できよう。

(1) 田宮裕「変革の中の刑事法」『変革のなかの刑事法』(有斐閣、二〇〇〇年)一九頁。
(2) 犯罪捜査の目的でなされる「司法盗聴」以外にテロの未然防止のために、市民に対する無制限の「行政盗聴」を認めさせようとする主張も根強い。
(3) 内田博文・佐々木光明編『〈市民〉と刑事法』第三版(日本評論社、二〇一二年)七頁以下。
(4) 田宮・前掲註(1)「変革の中の刑事法」一六頁、松宮孝明「刑事立法の新動向とその検討」刑法雑誌四三巻二号(二〇〇三年)八四頁以下。
(5) 犯罪対策閣僚会議『犯罪に強い社会の実現のための行動計画二〇〇八――「世界一安全な国、日本」の復活を目指して』(二〇〇八年)。
(6) 閣議決定『「世界一安全な日本」創造戦略について』(二〇一三年)。
(7) 生田勝義「日本における治安法と警察――その動向と法的課題」立命館法学二九二号五号(二〇〇四年)五八頁以下。
(8) 小田中聰樹・吉川経夫『治安と人権』(法律文化社、一九七八年)一頁以下。
(9) 生田・前掲註(7)五九頁。
(10) 同上、生田「日本における治安法と警察――その動向と法的課題」六二頁。
(11) 小田中・吉川・前掲註(8)二四八頁以下。
(12) 最高一小決昭和四五年七月二日刑集二四巻七号四一二頁。
(13) 最高二小判平成二年九月二八日刑集四四巻六号四六三頁。
(14) 最大判昭和二九年一一月二四日刑集八巻一一号一八六六頁。
(15) 最大判昭和三五年七月二〇日刑集一四巻九号一二四三頁。

(16) 小田中・吉川・前掲註（8）二八九頁以下。
(17) 生田・前掲註（7）六九頁。同上、小田中・吉川・前掲註（8）六一頁。
(18) 同上、小田中・吉川・前掲註（8）一三一頁。
(19) 横山晃一郎『憲法と刑事訴訟法の交錯』（成文堂、一九七七年）三〇九頁以下。憲法的刑事手続研究会『憲法的刑事手続』（日本評論社、一九九七年）一五七頁など。
(20) 同上、横山・前掲註（19）三一四頁。
(21) 内田博文『刑法と戦争——戦後治安法制のつくり方』（みすず書房、二〇一五年）二七九頁以下。
(22) 最大判昭和二八年三月五日刑集七巻三号四八二頁。これについては、横山・前掲註（19）三三一頁参照。
(23) 最高一小決平成一六年七月一二日刑集五八巻五号三三三頁。
(24) 東京高決昭和二八年七月一四日東京高刑時報四巻一号一七頁。
(25) 最高三小決平成一一年一二月一六日刑集五三巻九号一三二七頁。
(26) 東京高判昭和六三年四月一日東京高刑時報三九巻一～四号八頁。
(27) 最大判昭和四四年一二月二四日刑集二三巻一二号一六二五頁。内田博文『刑事判例の史的展開』（法律文化社、二〇一三年）四二五頁。
(28) 大阪地判平成二七年一月二七日判例集未搭載。羽渕雅祐「ＧＰＳ捜査の合憲性」ＴＫＣローライブラリー（二〇一五年七月一〇日掲載、文献番号 z18817009-00-011001244 参照。
(29) 大阪地判平成二七年六月五日判例集未搭載。緑大輔「ＧＰＳ端末による動静捜査によって得られた証拠を排除した事例」ＴＫＣローライブラリー（二〇一五年九月一八日掲載）文献番号 z18817009-00-081001264 参照。
(30) 井上正仁「捜査手段としての通信・会話の傍受（二）」ジュリスト一一〇五号（一九九七年）二一〇頁。
(31) 田宮裕「変容を遂げる捜査とその規制」『変革の中の刑事法』（有斐閣、二〇〇〇年）一四一頁。
(32) 小田中聰樹「「盗聴」要綱骨子の審議過程の一分析」『人身の自由の存在構造』（信山社、一九九九年）二八四頁。

接見内容の秘密性の保障——事後的・間接的探知からの保護

葛野尋之

Ⅰ　問題の所在

身体を拘束された被疑者・被告人にとって、弁護人の援助を受ける権利（以下、「弁護権」という）の憲法的保障（憲法三四条・三七条三項）を確保するために不可欠なものが、弁護人とのコミュニケーションの自由である。そして、自由なコミュニケーションのためには、その秘密性が保障されなければならない。秘密性が奪われれば、いわゆる萎縮的効果が生じ、両者のコミュニケーションは必然的に抑制されることになるからである。刑訴法三九条一項による接見内容の秘密性の保障は、このような趣旨による。

ところが、近年、捜査・取調べの必要を理由として、捜査機関が接見内容を探知するという事件が続いている。(1)そのような事件の第一類型は、捜査機関が被疑者の取調べにおいて弁護人との接見内容を聴取するというものであり、第二類型は、被疑者・被告人が弁護人との接見内容を記録したメモ、ノートなどの媒体を押収するというものである。刑訴法三九条一項が「立会人なくして接見し」と規定していることから分かるように、接見内容を探知する行為の典型として想定されるのは、接見時に立会人を置くというような同時的・直接的な探知である。これに対して、近時問題となっている探知行為は、両類型とも、事後的・間接的なものである。

接見内容の同時的・直接的探知が許されないことは、刑訴法三九条一項の規定から明らかである。接見内容の秘密性が同時的・直接的探知から絶対的に保護されるという理解に対して、これまで、疑問が呈されたことはない。他方、捜査機関による事後的・間接的探知行為の適法性が争われた下級審判例は、こぞって、接見内容の秘密性の保障が捜査・取調べの必要によって相対化されるとの立場をとっており、そのような立場から、捜査・取調べの必要性の高さ、秘密性の侵害程度などを比較衡量したうえで、探知行為を適法としたものもある。しかし、接見交通権が憲法的重要性を有し、接見内容の秘密性の保障が自由なコミュニケーションの不可欠の前提であって、この意味において接見交通権の本質をなすものであるとすれば、接見内容の秘密性は、事後的・間接的探知からも絶対的に保護されるべきではないのか。

本稿は、このような問題意識に立って、接見内容の秘密性の保障のあり方を検討し、接見内容の秘密性は、同時的・直接的探知からだけでなく、事後的・間接的探知からも、捜査・取調べの必要によって相対化されることなく、絶対的に保護されるべきことを論じる。

Ⅱ　接見内容の秘密性の保障

1　秘密性の保障の意義

一九九九年三月二四日の最高裁大法廷判決は、刑訴法三九条三項に基づく接見指定制度について、指定要件および指定方法について限定解釈をしたうえで合憲と判断するにあたり、憲法三四条の弁護権は、「被疑者に対し、弁護人を選任した上で、弁護人に相談し、その助言を受けるなど弁護人から援助を受ける機会を持つことを実質的に保障している」ものであって、刑訴法三九条一項の保障する身体を拘束された被疑者・被告人と弁護人との接見交通権は、憲法のこの「趣旨にのっとり、身体の拘束を受けている被疑者が弁護人等と相談し、その助言を受けるなど弁護人等から援助を受ける機会を確保する目的で設けられたものであり、その意味で、刑訴法の右規定は、憲法の保障に由来するものである」と判示した。(2)また、一九七八年七月一〇日の最高裁判決は、「接見交通権は、身体を拘束された被疑者が弁護人の援助を受けることができるための刑事手続上最も重要な基本的権利に属するものであるとともに、弁護人からいえばその固有権の最も重要なものの一つであることはいうまでもない」としていた。(3)このような意義を有するものであるからこそ、接見交通権と捜査・訴追権限とのあいだには、鋭い拮抗が生じうる。接見内容の事後的・間接的探知をめぐる問題も、その一場面である。

刑訴法三九条一項は、「立会人なくして接見し」と規定しており、これは、接見内容の秘密性を保障したものとして理解されている。身体を拘束された被疑者・被告人が、接見の機会を通じて、弁護人から効果的な援助を受けるうえで、接見内容の秘密性の保障が不可欠だとされてきた。それは、被疑者・被告人が弁護人から効果的援助を受けるためには、両者間の自由なコミュニケーションが保障されることが不可欠であるところ、両者間の接見機会が保障されていても、「その内容が第三者、特に捜査機関、訴追機関及び収容機関等に知られることがあっては、両者のコミュニケーションが知られることによってもたらされる影響を慮ってそれを差し控えるという萎縮効果を生じることにより、弁護人等による有効かつ適切な援助を受けることができなくなる」からである。(4) 接見内容の秘密性の保障について、富永第二事件の一審・佐賀地裁は、二〇一〇年一二月一七日の判決(5)において、「刑訴法三九条一項が被疑者等が弁護人等と立会人なくして接見することができると規定しているのは、被疑者等が弁護人等から有効かつ適切な援助を受けるためには、被疑者等が弁護人等に必要かつ十分な情報を提供し、弁護人等から被疑者等に適切な助言をするなど、被疑者等と弁護人等の間の自由な意思疎通を確保することが必要不可欠であるところ、上記意思疎通の過程が捜査機関に知られることになれば、これを慮って、被疑者等と弁護人等の自由な情報伝達が差し控えられるという萎縮的効果が生じ、被疑者等が弁護人等から有効かつ適切な援助を受けられなくなるおそれがあることから、被疑者等と弁護人等との接見内容の秘密を確保しようとしたためである」と判示している。

接見内容の探知による萎縮的効果に着目するこのような理解は、捜査機関が取調べにおいて被疑者から接見内容を聴取した事案について、二〇〇五年一月二五日の大阪高裁判決(6)、その原審である二〇〇四年三月九日の大阪地裁判決(7)などにおいても、同じく示されていたところである。富永第二事件の控訴審判決である二〇一一年七月一日の福岡高裁判決(8)は、それ自体、原審の先の判示をとくに引用はしていないものの、それに続く部分を引用しており、そのことからすると、接見内容の秘密性の保障について、原審のような理解を前提にして、その後の判断を行ったといえるであろうし、また、同判決は「捜査権の行使と秘密交通権の保障とを調整する」ことができるとの立場を前提にして、その調整「に際しては、秘密交通権の保障を最大限尊重すべきであり、被疑者等と弁護人等との自由な意思疎通ないし情報伝達に萎縮的効果を及ぼすことのないよう留意することが肝要であって、刑訴法三九条一項の趣旨を損なうことになるか否かについても、かかる観点から慎重に判断すべきもの」であると判示しており、接見内容の探知による萎縮的効果によって、接見交通権の保障の趣旨が損なわれうることを認めている。さらに、南川＝岩永事件の一審・千葉地裁は、二〇一五年九月九日の判決(9)において、検察官が被疑者から弁護人との接見内容を記録したノートの任意提出を受けたという事案について、「被疑者等と弁護人等との間の立会人のない接見がされても、その内容が事後的に捜査機関等の知るところとなるのであれば、捜査機関側に弁護側の防御方針が明らかとなり、被疑者等の防御に支障が生じ、上記規定の趣旨が損なわれることは明らかである。また、仮に、結果としてみれば、接見の内容が事後的に捜査機関等の知るところとはならずに終わったとしても、接見の時点において、その内容が事後的に捜査機関等の知るところとなる可能性が否定されていないとすれば、接見に際しては、その内容が事後的に捜査機関等の知るところとなって被疑者等の防御に支障が生じることを慮る余りの萎縮的効果として、自由かつ十分な意思疎通等が差し控えられ、ひいては被疑者等が弁護人等から援助を受ける機会の実質的保障が十分に確保されなくなるおそれが生じる」と判示している。萎縮的効果によって接見内容の秘密性の保障を基礎づける見解は、下級審レベルでは、判例上定着しつつあるといってよい。

自由なコミュニケーションに対する萎縮的効果の排除をもって接見内容の秘密性の保障の意義を理解しようとする見解は、内容を探知された具体的コミュニケーションに含まれる助言・相談などの限りにおいて有効な弁護の提供が阻害されることを問題にしているのではない。むしろ、接見内容の秘密性を保障することにより、自由なコミュニケーションを将来にわたって確保し、それによって効果的な弁護の構造的基盤を形成しようとするものである。南川＝岩永事件の千葉地裁判決が指摘したように、接見内容が実際に探知されることがなくとも、接見の時点において、捜査機関による接見内容の探知の可能性が排除されていない限り、被疑者・被告人および弁護人はその可能性を慮って、自由かつ十分なコミュニケーションを差し控えることとなり、その結果、被疑者・被告人が弁護人の効果的援助を受け、また、弁護人が被疑者・被告人に対して有効な弁護を提供するための機会が実質的に保障されないこととなるからである。

2　事後的探知からの保護

刑訴法三九条一項による接見内容の秘密性の保障は、たんなる接見時の保障だけでなく、接見終了後の保障をも含んでいると理解すべきである。接見内容の秘密性は、接見のさいに捜査官、収容施設職員などが立ち会い、内容を聴取するなど、同時的な探知から保護されるだけでなく、接見終了後、事後的に探知することからも保護されるべきなのである。富永第二事件の一審判決も、先の判示に続けて、「刑訴法三九条一項の『立会人なくして』とは、接見に際して捜査機関が立ち会ってはならないということを意味するにとどまらず、弁護人等の固有権として、接見終了後においても、接見内容を知られない権利、すなわち秘密交通権を保障したものであると解するのが相当である」としており、同事件の控訴審判決も、この判示を引用している。

これに対して、刑訴法三九条一項にいう「立会人なくして」からは、文言上、接見終了後の取調べにおいて接見内容を事後的に聴取することの禁止・制限を導くことはできず、また、供述者には供述を拒否し、供述内容を選択する自由がある以上、捜査機関に与える情報コントロールの可能性の点において、接見時の立会聴取と事後的聴取とのあいだには大きな違いがあるとして、刑訴法三九条一項による接見内容の秘密性の保障を、事後的聴取を禁止・制限することの根拠とすることはできないとする見解がある。[10]この理からすれば、取調べにおける接見内容の聴取だけでなく、接見内容を記録した媒体の押収・精査など、それ以外の方法による事後的探知も、刑訴法三九条一項の文言によれば、一般に禁止・制限されるわけではないということになろう。

しかし、萎縮的効果に着目しつつ、刑訴法三九条一項の保障する接見交通権によって、接見内容の秘密性が取調べにおける接見内容の事後的聴取から保護されるという理解は、先の諸判決もこぞってとるところであって、これまでの下級審判例において、それを否定する趣旨の判示はなされていない。また、南川＝岩永事件において、千葉地裁判決は、検察官が被疑者から弁護人との接見内容を記録したノートの任意提出を受けたことの適法性が争われた事案について、先に引用したように、接見内容の秘密性が事後的探知からも保護されるべきことを判示していた。

実質的に考えても、もし刑訴法三九条一項のもとで、接見内容の秘密性が、接見時の立会聴取およびそれと同視しうる同時的な探知からのみ保護され、接見終了後の取調べにおける聴取など、事後的探知からは保護されていないとするならば、前記諸判決が指摘するように、被疑者・被告人と弁護人とのあいだの自由なコミュニケーションに対する萎縮的効果が不可避的に生じ、被疑者・被告人側からみれば、弁護人の効果的な援助を受けることが、弁護人の側からみれば、有効な弁護を提供することが決定的に阻害されることになる。このことは、身体を拘束された被疑者・被告人に対して弁護人の援助を受ける権利を保障する憲法三四条の趣旨に反する。かくして、刑訴法三九条一項は、接見内容を同時的探知のみならず、事後的探知からも保護していると理解すべきである[11]。

このとき、事後的探知の方法としては、接見終了後の取調べにおいて捜査官が接見内容について被疑者に供述させ、それを聴取することのほか、接見内容が記録された文書その他の媒体を押収し、押収物を精査することによって、接見内容を探知するという方法もありえよう[12]。記録媒体の押収・精査という方法は、たしかに接見内容を探知する方法としては間接的なものである。しかし、接見内容の事後的探知は、当然のことながら、間接的方法によるほかはない。事後的探知の典型的方法であって、これまで具体的事件において接見内容の秘密性の侵害の適法性が争われてきた取調べにおける聴取も、立会その他の方法による同時的聴取または接見内容を直接録音した媒体の再生などの方法によって、接見時のコミュニケーションそれ自体を聴取するのではなく、被疑者に対してその記憶する接見内容を供述させることを通じて探知するものであるから、間接的方法であることに変わりはない。接見内容が同時的探知からだけでなく、事後的探知からも保護されるべきとするのであれば、間接的方法たる記録媒体の押収・精査からも保護されるべきことになる。むしろ、記録内容の固定性からすれば、記録媒体の押収・精査による接見内容の探知は、供述採取による聴取による場合よりも、より強い萎縮的効果を生じさせるものともなりえよう。

3　接見内容を記録した文書の押収に関する下級審判例

最近、被告人が弁護人との接見内容を記録した文書を捜査機関が押収した事案について、二つの下級審判決が出された。

石田事件においては、被告人が否認している強盗事件の審理中、検察官は、被告人が強盗事件の共犯者などの証言予定者に対して直接または第三者を介して口裏合わせなどの罪証隠滅工作を行っているおそれが高いとして、期日間整理手続が終了した翌日、共犯者とされる者の証人尋問の直前に、裁判所に対して、大阪拘置所内の被告人の居室などについての捜索・差押許可状の発付を求め、裁判所による令状の発付を受けて、検察事務官をして被告人居室などについて捜索・差押を行わせ、その結果、審理中の強盗事件に関する弁護人宛の手紙、弁護人が差し入れた尋問事項メモなどを差し押さえた。被告人および弁護人が原告となり、検察官による捜索・差押許可状請求行為、検察事務官による捜索・差押、その後の検察官による押収物の不還付・精査行為は、いずれも被告人・弁護人の接見交通権を侵害するとともに、被告人が刑事訴訟における主体として検察官と対等な立場で訴訟活動を行う権利、すなわち被告人の防御権を直接に侵害する違法な行為であるなどと主張して、国家賠償請求訴訟を提起した。

一審・大阪地裁は、二〇一五年三月一六日の判決[13]において、「弁護人が接見時に防御方法の打合せの一環として交付した書類、被告人が接見内容及び防御構想を書き留めたメモ類及び弁護人との面会接見の代替方法として行われた信書のやり取りは、憲法三四条に基づく被告人の接見交通権又は防御権及び弁護人の弁護権として保障されており、これらの防御方法の内容は基本的に捜査機関に秘匿されるべきである」とし、そのうえで、「防御方法の内容の秘密といえども絶対的に保障されるものではなく、捜査権の行使という国家の権能との間で合理的な調整を図る必要があり、……諸般の事情に照らし、捜索差押えの必要性と被差押者である被告人の被る不利益を考慮して、必要かつ合理的な範囲の制約に服するもの」とした。ここにいう「諸般の事情」に照らしての比較衡量としては、「犯罪の態様、軽重、差押物の証拠としての価値、重要性、差押物が隠滅毀損されるおそれの有無その他諸般の事情からうかがわれる捜索差押えの必要性と、捜索差押えによって受ける被差押者の不利益の程度等を比較衡量」することとされた。

　このような判示を踏まえて、大阪地裁判決は、具体的事実に即して、捜査の必要性と居室内において捜索・差押が行われる場合の被告人が被る不利益とを比較衡量し、検察官としては、捜索・差押許可状の請求前すでに、被告人の「防御方法の概要を把握するとともに、本件捜索差押許可状の請求時と同程度の……（被告人・引用者）による罪証隠滅工作に関する証拠を取得していたが、捜索差押えを実施するとの判断には至っていなかったこと、これに対し、本件捜索差押許可状の請求は、本件強盗事件の期日間整理手続終了後の執行を見込んで行われたものであり、この時点においては……（被告人および弁護人・引用者）としては、相当程度の防御に関する準備を整えており、その資料が……（被告人・引用者）の居室内に集積していることが十分に予測できる状況にあったといえることからすれば、本件捜索差押許可状の請求時における（被告人・引用者）が被る不利益は大きく、その不利益の性質が事後的な救済手段によって完全に回復することが困難なものであることも加味すると、このような捜索差押許可状の請求は捜査の必要性に比して被差押者の不利益が大きく、捜索差押えの必要性を欠くものといえる」とした。このようにして、検察官による捜索・差押許可状の請求を違法としたのである。

　大阪地裁判決は、このような判断に続き、領置倉庫・付属施設についての捜索・差押許可状の請求、違法な許可状に基づき実施された捜索・差押、違法な差押に基づく押収物の不還付と精査についても違法とした。

大阪地裁判決は、國學院大學映研フィルム事件の最高裁決定[14]が示した捜索・差押の「必要性」の判断という枠組みのなかで、具体的事実に即して、捜査の必要と被差押人の被る不利益とを比較衡量することにより適法性を判断しており、接見内容の秘密性の絶対的保護を認めたものではない。この点において、大きな限界があるといわざるをえない。しかし、接見内容ないし防御内容の秘密性が、それを記録した書類、メモ、信書などの媒体についても保障されるべきとしたうえで、具体的事実に即した比較衡量による「必要性」の判断において、接見内容ないし防御内容の秘密性の保障を重く評価していることは明らかである。

また、南川＝岩永事件において、一審・千葉地裁は、二〇一五年九月九日の判決[15]において、「自由かつ十分な意思疎通等が差し控えられ、ひいては被疑者等が弁護人等から援助を受ける機会の実質的保障が十分に確保されなくなるおそれ」が生じないようにするために、「刑訴法三九条一項の『立会人なくして』との定めは、被疑者等と弁護人等との間で行われる接見の内容を事後的に秘匿する利益をも保護する趣旨であると解するのが相当であ」ると判示し、検察官が被疑者と弁護人との接見の内容にわたる記載を含むノートの任意提出を受けたことは、弁護人の「固有の秘匿利益を制約する捜査活動である」とした。

もっとも、千葉地裁判決は、このように判示しつつも、「捜査機関が十分な注意を尽くし、被疑者等が自由な意思に基づく真摯な同意をして任意提出に至ったと認められる場合には」、被疑者による秘匿利益の放棄が認められるとした。そのうえで、ノートの任意提出について、「捜査の目的は正当で、必要性も肯定することができるものであり、秘匿利益を制約する意図も認識もなく行われたものであって、また、それによる秘匿利益の侵害も、そのおそれがあるというにとどまる上に、仮にそれが生じたとしても、重大な侵害に至る可能性が一般に高いとまではいい難いものであった」ことに加え、被疑者が「ノートに記載された原告らとの間の意思疎通等の内容を捜査機関に明かすことにつき、自由な意思に基づき真摯にこれに同意していると認められること」もあわせ考慮するならば、

「捜査活動としての社会通念上の相当性を欠くものではな」いとした。千葉地裁判決は、最終的にはこのようにして、検察官が接見内容を記載したノートの任意提出を受けることが国家賠償法一条一項の適用上違法とはいえないとしたものの、刑訴法三九条一項のもとで、「被疑者等と弁護人等との間で行われる接見の内容を事後的に秘匿する利益」が保護されるべきことを認めた点において、注目に値する。

これらの判決は、接見内容の秘密性の保障が絶対的なものではなく、捜査の必要によって相対化されるとする点、文書に記録された接見内容の秘密性が刑訴法三九条一項に基づく権利としてではなく、法的利益として保護されるにすぎないとする点などにおいて、たしかに重大な問題をはらんでいる。しかし、接見内容の秘密性が事後的探知からも保護されるべきとし、接見内容を事後的に秘匿する利益を保護するために、接見内容が記録された文書の押収が制限されうることを認めたことの意義は大きいといえよう。

4　第三者探知からの保護

刑訴法三九条一項により、接見内容の秘密性が同時的探知からだけでなく、事後的探知からも保護されるべきことからすれば、接見の当事者たる身体を拘束された被疑者・被告人および弁護人から探知する行為（以下、これを「当事者探知」という）だけでなく、接見内容を知ることとなった第三者を取調べ、それについての供述を採取する、接見内容が記録された第三者の所持する文書その他の媒体を押収し、押収物を精査するなど、接見の当事者以外の第三者より接見内容を探知する行為（以下、これを「第三者探知」とする）からも保護されるべきことになる。

もともと、刑訴法三九条一項により、接見内容の秘密性が保障されるのは、接見内容が探知され可能性があると、そのことを慮って自由なコミュニケーションに萎縮的効果が生じるからであった。接見内容を第三者より探知した場合でも、当事者から探知した場合と同様、自由なコミュニケーションに対する萎縮的効果が生じることになる。

たとえば、弁護人が、防御上の必要から、被疑者・被告人との接見内容を、事件関係者、証人予定者など第三者に開示したとする。このとき、捜査機関が、接見内容を知ることとなった第三者を取調べ、接見内容について質問するなどして、それを供述させ、あるいは接見内容が記録された第三者の所持する媒体を押収し、それを精査したとするならば、当該事件の被疑者・被告人および弁護人に限らず、その後において接見を行うすべての被疑者・被告人および弁護人は、そのようにして接見内容が第三者から探知されたことを知った場合、自らの行う接見の内容についても、同じように探知される可能性があることを慮って、自由なコミュニケーションを差し控えることになってしまう。これこそ、まさに萎縮的効果である。[16]

このような第三者探知がなされたことが、その後において接見を行う被疑者・被告人および弁護人に知られることがなければ、たしかに萎縮的効果は生じないであろう。しかし、第三者探知がなされたことを完全に秘匿することなど、実際上不可能であるし、もともと、当事者からの探知により萎縮的効果が生じるとすることも、そのような探知行為があったことが、その後において接見を行う別事件の被疑者・被告人および弁護人に知られうることを前提としていた。第三者探知についても、当事者探知の場合と同様、探知行為のなされたことがその後において知られることを前提としなければならない。

問題は、接見の当事者たる被疑者・被告人または弁護人が接見内容を第三者に伝達し、[17]そのようにして接見内容を知ることとなった第三者が、任意に、接見内容を捜査機関に開示した場合である。たしかに一般には、ある者が秘密とすべき事項を他者に対して伝達したときには、その事項についての秘密性の処分権限を他者に与えたことになり、その結果、他者はその事項をさらに別の他者に開示することも許されるといえよう。接見内容についても、第三者がそれを知ることとなったときには、その者が特別に守秘義務を負う立場にある者でない限り、自らその秘密性を処分し、他者に対し接見内容を開示することも、一般に許されうるであろう。

しかし、このような第三者による秘密性の処分としての接見内容の開示が許されるのは、秘密性の処分、それによる接見内容の開示が、あくまでも任意になされた場合に限られる。接見内容を知ることとなった第三者の意思に反してそれを探知する行為は、当然のこととして、第三者による秘密性の任意の処分によるものではないから、秘密性を侵害する第三者探知だということになる。たとえば、接見内容が記録された第三者の所持する媒体を押収したうえで、それを精査することは、第三者から接見内容を強制的に探知する行為であって、接見内容の秘密性を侵害する。[18] 接見内容の秘密性は、接見の当事者からの探知の場合と同様、第三者探知からも、少なくともそれが強制的手段による場合には、保護されなければならないのである。

以上のように、刑訴法三九条一項による接見交通権は、接見内容の秘密性の保障を含んでおり、身体を拘束された被疑者・被告人と弁護人とのあいだの自由なコミュニケーションに対する萎縮的効果を排除するために、接見内容の秘密性は、同時的探知からだけでなく、事後的探知からも保護され、また、接見の当事者よりの探知だけでなく、接見内容を知ることとなった第三者よりの強制的探知からも保護されなければならない。これらの接見内容の探知は、自由なコミュニケーションに対する萎縮的効果を生じさせる点において異なるところはない。刑訴法三九条一項による接見交通権は、このような接見内容の秘密性の保障を含んでいるのである。

Ⅲ　秘密性の絶対的保障

1　刑訴法三九条の規定構造と接見内容の秘密性

刑訴法三九条一項による接見内容の秘密性の保障は、絶対的なものであって、捜査・取調べの必要によって相対化されてはならない。このことは、まず、刑訴法三九条の規定構造から明らかである。

刑訴法三九条は、一項において、「身体の拘束を受けている被告人又は被疑者は、弁護人又は弁護人を選任することができる者の依頼により弁護人となろうとする者（弁護士でない者にあつては、第三一条第二項の許可があつた後に限る）と立会人なくして接見し、又は書類若しくは物の授受をすることができる」として、接見内容の秘密性を含む接見交通権を保障したうえで、二項において、「前項の接見又は授受については、法令（裁判所の規則を含む。以下同じ）で、被告人又は被疑者の逃亡、罪証の隠滅又は戒護に支障のある物の授受を防ぐため必要な措置を規定することができる」と定め、さらに三項において、「検察官、検察事務官又は司法警察職員（司法警察員及び司法巡査をいう。以下同じ）は、捜査のため必要があるときは、公訴の提起前に限り、第一項の接見又は授受に関し、その日時、場所及び時間を指定することができる。但し、その指定は、被疑者が防禦の準備をする権利を不当に制限するようなものであつてはならない」と規定している。一項において、接見内容の秘密性の保障を含む接見交通権を積極的に規定したうえで、二項および三項において、目的、要件・方法・限界を明示しつつ、一項の権利の制約について規定しているのである。

このような規定構造からすれば、刑訴法三九条一項の保障する接見交通権は、同条二項または同条三項の規定に基づいて、これらの規定に明記された目的・要件・方法・限界においてのみ、制約されうるものと理解すべきである。そのように理解しないならば、すなわち同条二項または同条三項の規定によらなくとも接見交通権を制約することができるとするならば、これらの規定が、目的・要件・方法・限界を明示しつつ、接見交通権の制約について定めたことが無意味になるからである。したがって、同条二項または同条三項によって制約されない限り、接見内容の秘密性が制約を受けることはないといわなければならない。

このとき、同条二項は、「法令」の規定に基づいて、被疑者・被告人の「逃亡、罪証の隠滅又は戒護に支障のある物の授受を防ぐ」という目的のために「必要な措置」をとることができるとしており、そもそも、捜査・取調べの必要のための制約を許容していない。また、同条三項は、「捜査のため必要があるとき」に、捜査機関が「接見又は授受に関し、その日時、場所及び時間を指定することができる」と定めており、「捜査のため（の）必要」による制約を許容するものの、その方法としては、日時・場所・時間に関する接見の指定を認めるのみである。したがって、刑訴法三九条は、二項および三項において、一項により保障する接見交通権の制約として、捜査・取調べの必要による接見内容の秘密性の制約を認めていないというべきである。

2　捜査・訴追権限との「合理的な調整」と接見内容の秘密性

被疑者取調べにおける接見内容の聴取の適法性が争われた事件において、下級審判例は、これまで押し並べて、刑訴法三九条一項により、接見内容の秘密性が事後的探知からも保護されていることを認める一方で、接見内容の秘密性の保障は、捜査・取調べの必要とのあいだでの「合理的な調整」に服し、捜査・取調べの必要により制約されうるとしてきた。たとえば、富永第二事件の控訴審判決は、刑訴法三九条一項による「秘密交通権」が憲法三四条の保障に由来するものであることを認めながら、「他方で、憲法が刑罰権の発動ないし刑罰権発動のための捜査権の行使が国家の権能であることを当然の前提としていることに照らし、被疑者等と弁護人等との接見交通権は、刑罰権ないし捜査権に絶対的に優先するような性質のものではない」としたうえで、捜査・取調べ権限の適正な行使が「秘密交通権の保障と抵触することは、事実としては承認せざるを得ないところである」とし、「被疑者等が有効かつ適切な弁護人等の援助を受ける機会を確保するという刑訴法三九条一項の趣旨を損なうことにならない限りにおいて、捜査機関が被疑者等から接見内容に係る供述を聴取したことが、直ちに国賠法上違法となると断ずることは相当でない」としている。[19]

しかし、接見内容の秘密性の保障が、捜査・取調べの必要とのあいだでの「合理的な調整」に服することはなく、捜査・取調べの必要によって相対化されることはないというべきである。[20]

第一に、「合理的な調整」を許容する下級審判例は、一九九九年三月二四日の最高最大法廷判決における「合理的な調整」の意味を誤解したうえで、この大法廷判決に依拠しつつ、接見内容の秘密性が捜査の必要によって相対化されることを認めている。[21] たしかに、最高最大法廷判決は、「憲法は、刑罰権の発動ないし刑罰権発動のための捜査権の行使が国家の権能であることを当然の前提とするものであるから、被疑者と弁護人等との接見交通権が憲法の保障に由来するからといって、これが刑罰権ないし捜査権に絶対的に優先するような性質のものということはできない。そして、捜査権を行使するためには、身体を拘束して被疑者を取り調べる必要が生ずることもあるが、憲法はこのような取調べを否定するものではないから、接見交通権の行使と捜査権の行使との間に合理的な調整を図らなければならない。憲法三四条は、身体の拘束を受けている被疑者に対して弁護人から援助を受ける機会を持つことを保障するという趣旨が実質的に損なわれない限りにおいて、法律に右の調整の規定を設けることを否定するものではない」と判示しており、「接見交通権の行使と捜査権の行使との間」の「合理的な調整」を認めていた。

しかし、最高裁大法廷判決は、あくまでも刑訴法三九条三項による接見指定の合憲性を判断したものであり、ここにいう「合理的な調整」も、接見交通権の行使と捜査・取調べ権限の発動とのあいだで一つしかない被疑者の身体の利用が競合していることを前提として、接見交通の「日時、場所及び時間」の調整を許したものでしかない。最高裁大法廷判決の趣旨が、接見交通権と刑事施設における規律・秩序の維持など対抗利益とのあいだの「合理的な調整」を一般に認めており、さらにこの「合理的な調整」として、接見の中断・一時停止・終了、接見内容の探知など「日時、場所及び時間」の調整を超える「調整」を許す趣旨であると理解することはできないのである。

第二に、接見内容の秘密性は、接見交通権の「内在的制約」として、捜査・取調べの必要により制約されるとすることもできない。たしかに、最高裁大法廷判決が、「憲法は、刑罰権の発動ないし刑罰権発動のための捜査権の行使が国家の権能であることを」予定していると述べているように、捜査・取調べの必要は、それ自体、正当かつ重要な価値というべきであろう。このことから、憲法の弁護権に由来する刑訴法三九条一項の接見交通権、その内容としての接見内容の秘密性の保障であっても、捜査・訴追の目的を達成するために必要な制約であれば、合理的な範囲において、あるいは必要最小限度において、接見交通権の「内在的制約」として許容されるべきとする立場もありえよう。

しかし、刑訴法三九条の規定構造からすれば、同条一項の保障する接見交通権の「内在的制約」は、同条二項および同条三項の規定のなかに具体化されており、それに尽きているというべきである。同条二項・三項の定める制限を超えて、さらに「内在的制約」としての制限が認められるとすることは、これらの規定が制限の目的・要件・方法、さらには限界を明示しつつ、接見交通権に対する制限を定めたことが無意味になるからである。[22]

第三に、刑訴法三九条一項の保障する接見交通権が、同条二項・三項の定める目的・要件・方法・限界を超えて、捜査・取調べの必要とのあいだでの「合理的な調整」に服しうるとの前提に立ったとしても、接見内容を探知することは、憲法による弁護権の保障の趣旨を実質的に損なうこととなるから、いかに捜査・取調べの必要があろうとも、許されないというべきである。最高裁大法廷判決は、「接見交通権の行使と捜査権の行使との間に合理的な調整を図らなければならない」としつつも、その「合理的な調整」は、憲法三四条における「身体の拘束を受けている被疑者に対して弁護人から援助を受ける機会を持つことを保障するという趣旨が実質的に損なわれない限りにおいて」のみ、しかも「法律に右の調整の規定を設けること」によってなされるべきであるとしていた。「合理的な調整」の限界および方法を明示していたのである。

捜査・訴追機関などが、同時的にせよ、事後的にせよ、接見内容を探知し、その秘密性を奪ったならば、いわゆる萎縮的効果が生じ、身体を拘束された被疑者・被告人と弁護人とのあいだの自由なコミュニケーションを決定的に阻害することになる。このことは不可避的である。最高裁大法廷判決も指摘していたように、刑訴法三九条一項が「被疑者と弁護人等との接見交通権を規定しているのは、憲法三四条の右の（『被疑者に対し、弁護人を選任した上で、弁護人に相談し、その助言を受けるなど弁護人から援助を受ける機会を持つことを実質的に保障している』という・引用者補足）趣旨にのっとり、身体の拘束を受けている被疑者が弁護人等と相談し、その助言を受けるなど弁護人等から援助を受ける機会を確保する目的で設けられたものであり、その意味で、刑訴法の右規定は、憲法の保障に由来するもの」である。接見交通権のこのような意義からすれば、接見内容が探知される可能性があることを慮って、自由なコミュニケーションに対して萎縮的効果が生じ、それが不可避的に妨げられることは、「身体の拘束を受けている被疑者に対して弁護人から援助を受ける機会を持つことを保障するという趣旨」が「実質的に損なわれ」ることにほかならず、最高裁大法廷判決が自ら明示していた接見交通権の制約の限界を超えるものだといわなければならない。接見内容の探知は、接見交通権の制約の限界を超えるものとして、許されないのである。[23]

Ⅳ　結　語

以上論じてきたように、刑訴法三九条一項による接見交通権は、接見内容の秘密性の保障を含んでおり、身体を拘束された被疑者・被告人と弁護人とのあいだの自由なコミュニケーションに対する萎縮的効果を排除するために、接見内容の秘密性は、同時的探知からだけでなく、事後的探知からも保護され、また、接見の当事者よりの探知からだけでなく、接見内容を知ることとなった第三者よりの強制的探知からも保護されなければならない。探知の方法としては、捜査機関が被疑者、被告人または接見内容を知ることとなった第三者を取り調べ、接見内容を供述させ、それを聴取する方法のほか、被疑者、被告人、弁護人または接見内容を知ることとなった第三者が所持する接見内容の記録された媒体を押収し、それを精査することによって探知するなどの方法もありうる。これらの接見内容の探知は、自由なコミュニケーションに対する萎縮的効果を生じさせる点において異なるところはない。さらに、接見内容の秘密性の保障は、捜査・取調べの必要によって相対化されることはなく、絶対的なものとされなければならない。刑訴法三九条一項における「立会人なくして接見し」という規定は、このような接見内容の秘密性の保障を含意している。

このように理解することによってこそ、身体を拘束された被疑者・被告人と弁護人とは、自らの接見内容が探知される可能性があることを慮ってコミュニケーションを差し控えるという萎縮的効果から解放され、自由なコミュニケーションを通じて防御の準備をすることが可能となる。そうであってこそ、刑訴法三九条一項による接見交通権が実質的に保障されているといえるのであって、憲法三四条・三七条三項による弁護権の保障の趣旨にも適うところである。

当事者主義構造をとる刑事手続は、当事者間の実質的対等ないし武器平等が確保されてこそ、はじめて有効に機能し、真実発見にも寄与しうる。当事者間の実質的対等を確保するうえで最も重要なものは、弁護人の効果的援助の保障である。そして、身体を拘束された被疑者・被告人が弁護人の効果的な援助を受けるためには、接見交通権の保障こそが最も重要であり、さらに、自由な接見を確保するために不可欠なのが、接見内容の秘密性の保障である。接見内容の秘密性を確保し、それを通じて接見交通権の保障を強化することによって、弁護権の保障をいっそう実質化し、もって当事者間の実質的対等を図らなければならない。

(1) 関正晴「秘密交通権と被疑者の取調べ」政経研究四九巻三号(二〇一三年)、三好幹夫「接見内容の聴取」刑事法ジャーナル四六号(二〇一五年)、渡辺直之「被疑者・被告人と刑事弁護人間の文書等の差押え」同所収、村岡啓一「最近の判例から『秘密の保護』

を考える」季刊刑事弁護八五号（二〇一六年）など参照。

(2) 最大判一九九九（平一一）・三・二四民集五三巻三号五一四頁。

(3) 最判一九七八（昭五三）・七・一〇民集三二巻五号八二〇頁。

(4) 後藤昭・白取祐司『新コンメンタール・刑事訴訟法』（日本評論社、二〇一〇年）一一一頁〔豊崎七絵〕。

(5) 佐賀地判二〇一〇（平二二）・一二・一七訟務月報五七巻一一号二四二五頁。

(6) 大阪高判二〇〇五（平一七）・一・二五訴月五二巻一〇号三〇六九頁。

(7) 大阪地判二〇〇四（平一六）・三・九判時一八五八号七九頁。

(8) 福岡高判二〇一一（平二三）・七・一判時二一二七号九頁。

(9) 千葉地判二〇一五（平二七）・九・九裁判所ウェブサイト。

(10) 加藤俊治「刑事判例研究・検察官が被疑者取調べにおいて弁護人とする接見の内容を聴取したこと等が違法と判断された事例」警察学論集六四巻一〇号（二〇一一年）一八七〜一八九頁。

(11) たしかに、接見終了後の取調べにおける接見内容の聴取についてみると、供述の自由の保障（刑訴法一九八条二項）のもと、情報コントロールの可能性においては違いがあるであろう。しかし、この相違から、事後的聴取の禁止・制限がなくてもよいとする結論を導くことは、取調べにおいて供述者、すなわち被疑者・被告人が任意に放棄した場合には、それにより弁護人の固有権でもある接見交通権における接見内容の秘密性の要保護性が消失ないし低減するという理解を前提としているといえよう。このような理解が近時台頭している（中島基至「最高裁判所判例解説・最判二〇一三（平二五）・一二・一〇民集六七巻九号一七六一頁」法曹時報六六巻八号二四九頁）しかし、このような理解には疑問がある。この点について、葛野尋之『刑事司法改革と刑事弁護』（現代人文社、二〇一六年）一九四頁参照。とりわけ逮捕・勾留された被疑者の取調べにおいては、取調べ受忍義務が肯定されるだけでなく、弁護人の立会・援助が認められず、警察留置施設に身体を拘束されつつ取調べを受けることになることなどから、被疑者は供述を迫る強い圧力にされされることとなる。そのような取調べの場において、被疑者が、弁護人の具体的援助を受けることなく単独で、弁護人の効果的援助を受けるための不可欠の前提たる接見内容の秘密性を有効に放棄しうるとすることには疑問が残る。翻って考えるならば、被疑者・被告人が弁護人の効果的援助を受ける権利を放棄していないにもかかわらず、その不可欠の条件たる接見内容の秘密性の保障を有効に放棄することができるとすることは背理というべきである。被疑者・被告人が接見内容を開示することができるのは、弁護人と十分相談したうえで、接見内容の開示自体が自己の防御権の行使として必要であると判断した場合に限られよう。

(12) 接見内容が記録された媒体の押収・精査がなされた場合、どの時点において捜査機関による接見内容の探知行為があったとされるかは、いささか複雑な問題である。押収物については、押収物についての「必要な処分」（刑訴法二二二条一項・一一一条二項）としての内容の精査が予定されていることから、手続の進捗状況、押収物の性質、押収場所などの諸事情からみて、押収時点において押収物に接見内容が記録されている相当の蓋然性が認められる場合には、押収物についての精査を待つことなく、押収の時点において探知行為があったと認めることができよう。南川＝岩永事件において千葉地裁判決が指摘したように、捜査機関が接見内容を現実的に認識することがなくとも、認識する相当程度の可能性があるならば、被疑者・被告人および弁護人はその可能性があることを慮って、萎縮的効果が生じ、自由なコミュニケーションが阻害されることになるからである。押収時点において押収物に接見内容が記録されている相当の蓋然性が認められない場合には、捜査機関が押収物を精査し、接見内容の記録が含まれていることを認識したにもかかわらず、接見内容の記録を解読した時点において、探知行為があったと認められるであろう。

(13) 大阪地判二〇一五（平二七）・三・一六LEX/DB25505941。

(14) 最決一九六九（昭四四）・三・一八刑集二三巻三号一五三頁。

(15) 同判決は、「被疑者等と弁護人等との間で発受された信書の内容及び発受予定の信書の草稿等の内容を秘匿する利益も、接見の内容を秘匿する利益に準じて保護されるものであり、この利益も、接見の内容を秘匿する利益について述べたのと同様に、被疑者等及び弁護人等の双方の利益と解するのが相当である」と判示したうえで、検察官が弁護人宛信書の草稿等の任意提出を受けたことについて、捜査目的の正当性、捜査の必要性、秘匿利益を制約する意図・認識の不存在を認めながらも、「客観的な秘匿利益の制約の態様としては、捜査機関が取調べにおいて被疑者等と弁護人等との間の接見の内容を網羅的に聴取する行為にも比肩し得る捜査活動であるといわざるを得ず、これによる秘匿利益の侵害の程度は、極めて重大であ」って、そのような重大な侵害を正当化するだけの高度の捜査の必要性は認められないとした。

(16) 富永第二事件の控訴審判決は、被告人が、報道されることを予定して、接見内容を記者に公表した場合には、その接見内容は秘密性を失い、取調べにおける聴取から保護されないものとした。このような判断には疑問も残るところではあるが、このことを前提としたときにも、弁護人が防御上の必要から接見内容を第三者に開示した場合であれば、一般的に公表した場合とは異なり、接見内容の秘密性は失われないというべきである。

(17) 一般に、弁護人としては、接見内容について、「職務上知り得た秘密」として守秘義務を負い（弁護士法二三条、弁護士職務基本規程二三条）、「正当な理由」（同基本規程二三条）なくそれに違反した場合には、違法かつ弁護士倫理違反となる。「正当な理由」にあたる場合として、接見内容を共有したうえで第三者と予定する証言内容について打合せを行い、あるいは同じく第三者の記憶を喚起し、必要な情報の提供を受けるなど、被疑者・被告人の防御のための必要から、第三者に対して接見内容を伝達する場合などが考えられよう。

（18）捜査機関が取調べにおいて第三者から接見内容を聴取した場合でも、第三者による秘密性の処分として許されうるのは、捜査機関による要求、質問、催促などの働きかけが一切なされることなく、第三者が完全に自発的に、接見内容を供述した場合だということになろう。実際の取調べにおいて、このような状況が生じうるかどうかは疑わしいが、捜査機関が秘密性を侵害していないというためには、第三者の完全に自発的な供述であることを証明しなければならない。供述の「任意性」が認められるとしても、捜査機関による取調べという意思決定に対する相当程度の圧迫が存在する場面においては、秘密性の処分の有効性が直ちに認められるわけではないというべきであろう。

（19）富永第二事件の一審判決は、「接見交通権の一内容である秘密交通権の保障は、捜査機関による取調べの内容の制限を必然的に伴うものであるから、被疑者等の取調べが……刑罰権の適正な発動のために必要不可欠であることに鑑みると、被疑者等の取調べに絶対的に優先するとまではいえない」のであって、このような「法の趣旨に鑑みると、捜査機関は、刑訴法三九条一項の趣旨を尊重し、被疑者等が有効かつ適切な弁護人等の援助を受ける機会を確保するという同項の趣旨を損なうような接見内容の聴取を控えるべき注意義務を負っている」のであり、捜査機関がこれに違反して接見内容の聴取を行った場合、それは国賠法上違法となり、「捜査機関が上記義務に違反して接見内容の聴取を行ったか否かは、聴取の目的の正当性、聴取の必要性、聴取した接見内容の範囲、聴取態様等諸般の事情を考慮して決すべき」だとしたうえで、被疑者の任意供述による秘密交通権の要保護性の低減を認める一方、自白の信用性を担保するための内容聴取の必要性を積極的に肯定したうえで、内容聴取の相当性を認め、両者の比較衡量の結果、それを適法としていた。これに対して、同事件の控訴審判決は、検察官による接見内容の聴取を一部適法としたものの、それは一審判決のような実質的な比較衡量による結果ではなく、公表事実の秘密性が消失したことおよび接見内容の聴取ではなかったことを理由にするものであった。控訴審判決は、秘密性を保護されるべき事実の聴取を適法とはしておらず、むしろ、秘密性が消失していない事実の聴取については、「自由な意思疎通ないし情報伝達に萎縮的効果を及ぼすおそれがある」として、実質的な比較衡量をすることなく、直ちに違法と断じている。このことからすると、控訴審判決のいう「原則として」内容聴取は違法だということは、聴取事実の秘密性が消失していない限りは違法だという意味において理解すべきであろう。そうであるならば、控訴審判決は、接見内容の秘密性の保障を捜査・取調べの必要によって相対化することを、実質的には認めていなかったといえよう。この点について、葛野・前掲註(11)一九七頁。

(20) 渕野貴生「防御の秘密と捜索・差押えの限界」浅田和茂ほか編『自由と安全の刑法学――生田勝義先生古稀祝賀論文集』(法律文化社、二〇一四年)五四二頁も、被疑者・被告人と弁護人とのあいだで行われた刑訴法三九条一項の接見交通について、その秘密性の保障を制限すれば、直ちにかつ不可避的に防御権に対する侵害を生じさせる関係にあるとして、秘密性が絶対的に保障されなければならないとしている。また、同論文は、被疑者・被告人の防御権としての防御内容の秘密性の保障が、有効な弁護を受ける権利、証人審問権、さらには「疑わしいときは被告人の利益に」原則を根拠にして認められるべきとする(五四七頁)。刑訴法三九条一項による接見内容の秘密性の保障の対象に包含されないような文書、たとえば被疑者・被告人が防御内容の構想を記載したノートなどの押収・精査からの保護については、このような防御内容の秘密性の保障を根拠としうるであろう。

(21) 接見にさいして、接見室内で、弁護人が被疑者・被告人の容ぼうなど接見状況を写真撮影したことの適法性が争われた事件においても、下級審判例は、最高裁大法廷判決に依拠しつつ、刑訴法三九条二項・三項の定める目的・要件・方法・限界を超えて、接見交通権を刑事施設の規律・秩序の維持の必要とのあいだで「合理的に調整」し、それによって相対化することを認めている。しかし、これらについても、捜査・取調べの必要によって接見内容の秘密性の保障を相対化する立場に対する批判が、ほぼ同様に妥当するというべきである。この点については、葛野・前掲註(11)三五〇頁、同「接見にさいしての弁護人の写真撮影をめぐる法的問題(二)」一橋法学一五巻三号(二〇一六年)頁数未定参照。

(22) 接見設備のない検察庁舎内での接見申出に対する検察官の接見拒否の適法性が争われた事案において、一九九九年一一月一七日の広島高裁判決(広島高判一九九九(平一一)・一一・一七民集五九巻六号六四一頁)は、具体的な根拠規定を欠く接見拒否を適法と認めるにあたり、それを刑訴法三九条一項の接見交通権の「内在的制約」であるとした。しかし、その上告審において、二〇〇五年四月一九日の最高裁判決(最判二〇〇五(平一七)・四・一九民集五九巻三号五六三頁)は、接見拒否を適法としたものの、それを「内在的制約」であるとは認めていない。刑訴法三九条二項にいう「法令」の具体的根拠がないにもかかわらず、接見拒否を適法としたことには疑問が残るが、あえて説明するとすれば、最高裁は、まったく根拠規定のない「内在的制約」としてではなく、同規定の掲げる拘禁目的による必要かつ合理的制限であることから、「法令」の根拠がない場合でも、同規定を直接の根拠とすることにより、接見拒否の適法性を認めたということであろう(葛野・前掲註(11)一九八頁)。

(23) ところで、刑訴法三九条二項は、同条一項の接見交通について、「法令(裁判所の規則を含む。以下同じ。)で、被告人又は被疑者の逃亡、罪証の隠滅又は戒護に支障のある物の授受を防ぐため必要な措置を規定することができる」と定めているが、かねてより、刑訴法三九条二項の「法令によっても、被疑者、被告人の本質的な権利を制限することはできない」ことが指摘されてきた。同「規定が、前項の接見について、法令により必要な措置を規定することができるとする関係から、逃亡等を防ぐためには、弁護人の接見に立会いも可能であるかのように文理上解釈可能であるが、弁護人と被疑者等の秘密交通権の重要性から考えて、立会人をおくことは許されない」というのである（河上和雄ほか編『大コンメンタール・刑事訴訟法〔第三版〕（一）』（青林書院、二〇一三年）四四七頁〔河上和雄・河村博〕）。このことは、刑訴法三九条一項の保障する接見交通権が、憲法三四条・三七条三項による弁護権に由来する、憲法的重要性を有する権利であることから導かれるといえよう。刑訴法三九条二項にいう「必要な措置」には固有の限界があり、接見交通権の「本質」に及ぶような制約は許されないのであって、収容施設職員などの立ち会いによる同時的探知に限らず、事後的探知による場合でも、接見内容の秘密性を奪うことは、接見交通権の「本質」に及ぶ制約であって、許されないというべきであろう。

〔付　記〕

石田事件控訴審において、大阪高判二〇一六（平二八）・四・二二LEXDB25542789は、一審判決と同じく、拘置所内の被告人の居室および領置倉庫・付属施設についての捜索・差押許可状の発付、違法な許可状に基づく捜索・差押の実施、違法な差押に基づく押収物の精査と不還付を違法とした。また、南川＝岩永事件控訴審において、東京高判二〇一六（平二八）・七・一四判例集未掲載は、「捜査機関が身柄拘束中の被疑者等から日記の任意提出を受ける行為は、接見の内容についての弁護人等の秘匿利益を侵害するおそれが高い行為であり、かつ、秘匿利益の重大な侵害に至るおそれがある行為というべきである」から、「捜査機関が身柄拘束中の被疑者等から日記の任意提出を受けるに当たっては、日記中に弁護人との接見の内容等に関する記載があるかどうかを被疑者等に尋ねるなど、被疑者等と弁護人等の秘匿利益を侵害することのないように適切に配慮すべき注意義務があると」判示し、検察官がこのような注意義務に違反していたことを認め、被疑者から接見内容を記載したノートの任意提出を受けた行為を違法とした。

誤捜査の国賠法上の違法性の判断基準

田淵浩二

Ⅰ　はじめに

国賠法一条一項は、「国又は公共団体の公権力の行使に当る公務員が、その職務を行うについて、故意又は過失によって違法に他人に損害を加えたときは、国又は公共団体が、これを賠償する責に任ずる」と定めている。そして、判例は本条のいう「違法」を、公権力を行使する公務員が「職務上通常尽くすべき注意義務に違反すること」と解してきた。(1) 当該見解は職務行為基準説と呼ばれている。これは「結果違法説」と対置される考え方である。(2) 後説は冤罪被害者の視点を重視し、無罪判決の確定をもって逮捕、勾留、起訴、有罪判決等は結果的に正当性を失い、国家賠償法上当然に違法との評価を受けるとする考え方であり、現在は少数説とされる。(3) 国賠法一条一項の違法概念をめぐっては、行政処分の違法性（＝取消訴訟における違法性）と一元的に理解すべきとする見解（一元的違法性説）と、行政処分の法的効果の基準となる違法と損害賠償責任を根拠付ける違法とは異なってよいとする見解（相対的違法説）の対立もある。[4] 当該分類によれば、職務行為基準説は相対的違法説に含まれる。学説の多くは、典型的な行政処分についてまで相対的違法説を採用することには批判的であるとの指摘がある。[5] さらに、職務行為の違法性を検討する上では、国賠法一条一項にいう違法を厳密な意味での法令違反とする見解（狭義説）と、そうではなく、人権尊重・権利濫用・信義誠実・公序良俗等の諸原則に照らして、そこに客観的な正当性が認められないことを意味すると解する見解（広義説）の対立もある。[6] この点、芦別国賠事件控訴審判決が、[7]「「違法に」というのは、国家の権力行使が客観的に見て、法の許容する限界を超えてなされることをいうのであって、その違法性の有無を判断するについては、単に狭義の法規違反の有無に限るべきではなく、法秩序の根本に遡り、条理、社会通念などの一般原則に照らして、権力行使が理にかなったものであるか否かを基準として判断しなければならない」と説明しているように、判例は広義説に準拠しており、違法行為を厳密な意味での法令違反行為に限定していない。

職務行為基準説に準拠すれば、嫌疑の判断を誤って行われた捜査（以下、「誤捜査」という）の国賠法上の違法性は、単にそれが結果的に誤捜査であったことが判明しただけでは認められず、誤捜査に至ったことにつき職務上の注意義務違反があるときに肯定される。そこで、誤捜査の賠償責任を問うためには捜査官の職務上の注意義務の内容が問われなければならない。一般に公務員は法令を遵守しながら職務を遂行する注意義務を負っており、このことは捜査官も例外ではない。実際、刑訴法上違法とされた職務質問・任意同行・留置き、取調べ、逮捕・勾留、捜索・差押え、接見交通権の制限等によって被処分者に対し損害を与えたときは、それが職務上の注意義務違反に当たるか否かを問題にするまでもなく、国賠法上の違法性が肯定されてきた。これに対し、例えば、捜査官が虚偽自白を見抜けなかったことが原因で誤捜査が行われたとしても、必ずしも虚偽自白が刑訴法上違法な捜査によって獲得されたものであるとは限らない。しかし、捜査が基本的人権の保障を全うしつつ事案の真相を究明することを目的に行われるものである以上、捜査官は証拠の評価に十分注意を払い、可能な限り市民に誤捜査による負担を課すことを避けつつ、真相を究明する義務を負っているといわなければならない。したがって、広義説の立場からすれば、一般的な捜査官であれば自白が虚偽であることに気付くべきであったにもかかわらず、その評価を誤ったことが原因で誤捜査が行われ、捜査対象者の身体・自由・財産等に根拠のない不利益を及ぼしたときは、たとえ当該捜査が刑訴法上の手続を履践したものであっても、国賠法上は違法とすることに特に異論はみられない。問題は、捜査官は誤捜査を回避するために、証拠評価においてどの程度の注意義務を負うかにある。

この点につき、実務では合理的理由欠如説と呼ばれる考え方に依拠して審査することで、一応の定着が見られるが、同説の意義や射程をめぐる理解はなおもあいまいさを残している。当該問題につき別稿において考察する機会があったが[8]、極めて大雑把な論証に止まった。そこで、本稿において改めて、誤捜査の国賠法上の違法性の判断基準に関する判例の流れを概略しつつ、理論的にあいまいな部分を再検討し、誤捜査の違法性の判断基準としての合理的理由欠如説の意義を明確にしたい。

Ⅱ　職務行為基準説

1　職務行為基準説の細分

職務行為基準説は、その中で注意義務違反が肯定されるレベルに応じて、①違法性限定説、②一見明白説、③合理的理由欠如説、④違法性拡大説に分類されている[9]。

①の違法性限定説は、判例において裁判が誤っていた場合の国賠法上の違法性の判断基準として用いられている[10]。

当該基準は、司法手続は当事者関与の下、攻撃・防御機会を付与したり、あるいは裁判の誤りに対する不服申立手段を保障する等の厳格な法定手続のもとで進められることから、裁判官が違法又は不当な目的をもって裁判をしたなど、裁判官がその付与された権限の趣旨に明らかに背いてこれを行使したものと認め得るような特殊な事情がある場合に限り、職務上の注意義務違を肯定しようとする考え方である。したがって、少なくとも捜査や訴追といった一方的に行われる公権力の行使の違法性の判断基準としては適していない。

②の一見明白説は、広汎な裁量性あるいは事実認定の純粋思惟作用（思惟の過程に個人差が生じることは避けられないこと）を理由に、裁量権の行使あるいは判断の誤りが違法となる場合を、経験則、論理則に照らして到底その判断の合理性を肯定できない程度に至っている場合に限定しようとする考え方である。(11)

③の合理的理由欠如説は、公訴提起の違法性の判断基準として最判昭和五三・一〇・二〇民集三二巻七号一三六七頁（芦別事件国賠上告審判決）が判示した、「公訴の提起は、検察官が裁判所に対して犯罪の成否、刑罰権の存否につき審判を求める意思表示にほかならないのであるから、起訴時あるいは公訴追行時における検察官の心証は、その性質上、判決時における裁判官の心証と異なり、起訴時あるいは公訴追行時における各種の証拠資料を総合勘案して合理的な判断過程により有罪と認められる嫌疑があれば足りるものと解するのが相当である」との基準を指しており、これに従った判断が誤捜査の違法性評価にまで広がっている。

④の違法性拡大説は、職務上の注意義務違反を、無罪の事実認定を基点・前提にして「遡及的・対照的」に判断しようとするものであり、無罪の事実認定と関連させずに、「経過的・即自的」に判断する方法と対置させた考え方である。(12)遡及的に評価すれば、無罪とされた理由の点につき公訴提起前に気付くべきだったと認定され易くなるだろうことを前提に、「違法性拡大説」と名付けられている。

これらのうち、①及び②が違法性を限定する意図から唱えられた学説であることは明らかである。これに対して③の合理的理由欠如説の意義をどこに見出すかについては、その理解は必ずしも一致していない。

2 合理的理由欠如説の意義

寶金敏明は、芦別事件国賠上告審判決の示した判断基準を合理的理由欠如説と分類しつつも、当該判決自体は職務行為基準説内部の争いについては全く意識してなかったと指摘する。[13] 寶金のいうように、芦別事件国賠上告審判決が、「起訴時あるいは公訴追行時における検察官の心証は、その性質上、判決時における裁判官の心証と異なり、……有罪と認められる嫌疑があれば足りるものと解するのが相当である」と述べている部分は、公訴提起または追行時に要求されるべき嫌疑が「有罪と認められる嫌疑」であることを前提に、行為時を基準に違法性を判断すべきことを求める趣旨に過ぎない。当該判決が「合理的理由欠如説」と呼ばれている所以は、「起訴時あるいは公訴追行時における各種の証拠資料を総合勘案して合理的な判断過程により」、有罪と認められる嫌疑があったと言えるかを判断するという審査方法に言及しているためである。

それでは、当該判例が述べる審査方法により公訴の提起ないし追行時における有罪と認められる嫌疑の有無を判断することが、いかなる意味で職務行為基準説の中の独自の基準としての意義を与えることになるのであろう。この点につき寶金は、芦別事件国賠上告審判決の審査方法を明記する裁判例の特色として、国賠担当裁判官が、自らを起訴当時の検察官の立場において証拠を洗い直し、その際の心証が有罪の蓋然性を認めるに足りるものであれば適法、足りないとするものであれば違法との評価を下している点を指摘する。そして、寶金自身は一見明白説を支持する立場から、国賠担当裁判官が「証拠判断の代置」を行うことを批判する。[14] これに対し、今村隆は、そもそも合理的理由欠如説を、証拠資料を総合勘案して判断しなければならない訴訟上の行為につき、そのような総合的判断に不可避的な判断の相対性（証拠評価について通常考えられる個人差による判断の幅があること）を考慮しても合理的証拠が欠如していると認められる場合に、当該行為を違法とする考え方であると理解する。[15] 実際に、大阪高判昭和六三・五・三一判タ六六八号一八三頁が、芦別事件国賠上告審判決の示した判断基準を引用した上で、「換言すると、検察官は右のような嫌疑が存在する場合に限って公訴を提起すべき職務上の義務があるのであって、公訴提起時を基準として事後的に審査し、検察官が当該事案の性質により当然なすべき捜査を怠り、証拠資料の収集が不十分なため、あるいはその収集は十分であっても、証拠の証明力の評価の仕方について、通常考えられる個人差を考慮に入れても、その評価、取捨選択を誤るなどし、有罪の判断が行きすぎで、経験則、論理則上からして、とうてい首肯し得ない程度に不合理な心証形成をなし、その結果、客観的にみて有罪判決を得られる見込みが十分とはいえないにもかかわらず、あえて公訴を提起した場合には、当該行為は違法であるとの評価を受けるものと解するのが相当である」と述べているように、合理的理由欠如説の判断基準によりつつ、証拠評価の個人差を考慮に入れても不合理な場合のみ違法であると述べている判例は少なくない。[16] しかし、証拠評価の個人差への配慮は本来一見明白説の特徴であることからすれば、この点に合理的理由欠如説の独自の意義があるということにはならない。

さらに、合理的理由欠如説の特徴を違法性の判断資料の点に見出す見解もある。最判平成元年六月二九日民集四三巻六号六六四頁（沖縄ゼネスト警官死亡事件国賠上告審判決）は、やはり検察官の公訴提起の違法性が争点となった事案であるところ、芦別事件国賠上告審判決を引用しつつ、「公訴の提起時において、検察官が現に収集した証拠資料及び通常要求される捜査を遂行すれば収集し得た証拠資料を総合勘案して合理的な判断過程により有罪と認められる嫌疑があれば、右公訴の提起は違法性を欠くものと解するのが相当である」と判示した。[17] 当該判決が、公訴提起時に有罪と認められる嫌疑があったと言えるか否かの判断資料に、通常要求される捜査を遂行すれば収集し得た証拠資料を書き加えている点は、それ以前より類似の表現を行っている下級審判例が見られた。[18] そして、河野信夫は、合理的理由欠如説による違法性の審査が「通常要求される捜査を遂行すれば収集し得た証拠資料」を判断の基礎に加えて行われる点に、他の説にはない、合理的理由欠如説とっての重要性を見出している。[19]

河野はその理由を説明していないが、その言わんとするところは次のように理解することができる。すなわち、公訴提起時の証拠資料を基に合理的に判断すれば有罪と認められる嫌疑が認められるかを審査するに当たっては、検察官が単純に証拠評価を誤ったといわなければならない「単純誤起訴」だけではなく、通常要求される捜査を怠らなければ、捜査過程で収集した証拠には有罪立証が見込める程の証拠価値がないことに気付くことができたはずであるという、「捜査懈怠」の有無も審査するのでなければ意味がない。というのも、公訴提起時に収集していた証拠だけから判断すれば検察官の行った証拠評価自体を一概に不合理ということはできなくても、必要な捜査を遂げることなく有罪と認められる嫌疑があると早合点することは、やはり合理的理由を欠く起訴というべきだからである。この意味において、合理的理由欠如説は単なる検察官の心証形成過程の審査に尽きるのではなく、無罪とされた理由に関して捜査時に通常要求される捜査を遂げていたかという、規範的視点を含んだ審査でなければならない。この点にこそ一見明白説にはない合理的理由欠如説固有の意義を見出すことができる。

芦別事件国賠上告審判決や沖縄ゼネスト警官死亡事件国賠上告審判決が出された後は、公訴提起の違法性が争われた事案においては当該判例を引用する裁判例が多数あり、既に確立した判断基準となっている。もっとも実際に、合理的理由欠如説に依拠する裁判所が、捜査懈怠の審査も含め、合理性が欠如していたというためにはどのレベルの注意義務を要求してきたかは、個々の事例の分析を通じて確認する必要がある。

また、芦別事件国賠上告審判決や沖縄ゼネスト警官死亡事件国賠上告審判決の示した公訴提起の違法性の判断基準は、無罪ないし不起訴となった事件において誤捜査の違法性が争われた事案においても、部分的に表現を修正しながら使用されている。そこで、合理的理由欠如説の射程を検討することも、当該基準の本質の理解に役立つと思われる。以下ではさらにこうした観点から、合理的理由欠如説の特徴を分析することにしたい。

Ⅲ　合理的理由欠如説の運用

沖縄ゼネスト警官死亡事件国賠上告審判決の示した基準に従い、無罪確定事件の公訴提起の違法性を判断するためには、第一に、無罪とされた理由を分析し、検察官の公訴提起の判断のいずれの点の合理性を問題にすべきかを設定し、第二に、無罪の理由とされた点に関し、公訴提起時までに検察官が現に収集した証拠資料を検討し、第三に、無罪の理由とされた点に関し、通常要求される捜査を遂げていれば公訴提起前に気付くことができたかを検討しなければならない。その結果、公訴提起時に収集していた証拠資料に基づき合理的に判断すれば有罪と認められる嫌疑があったとはいえない場合は、公訴提起は違法となる（単純誤起訴型）。また、通常要求される捜査を遂げていれば公訴提起前に有罪の見込みがないことに気付くことができたといえる場合も、やはり公訴提起は違法となる（捜査懈怠型）。実際の訴訟では単純誤起訴型の違法性が認められることは珍しく、多かれ少なかれ「通常要求される捜査」を遂げたといえるか否かの評価が絡むことが多い。そこで、以下では無罪確定事件につき公訴提起の違法性が争われた事件において原審の認容判決が上告審で破棄された事例を三つ取り上げ、とくに「通常要求される捜査」としてどの程度の捜査が期待されているかに注意しながら、合理的理由欠如説がどのように運用されているかを確認しておく。

1　最判平成元年六月二九日民集四三巻六号六六四頁

沖縄ゼネスト警官死亡事件最高裁判決自体、無罪確定事件の公訴提起の違法性を肯定した原判決（東京高判昭和五八・一〇・二〇東高民時報三四巻九〜一二号一二二頁）を、上告審が破棄差戻した事例である。

(1) 無罪判決の理由

公訴事実は、「被告人はかねてより警察権力に反感を抱いていたものであるが、氏名不詳の者数名の者と共謀の上、一九七一年一一月一〇日午後五時五〇分頃、浦添市勢理客一番地中央相互銀行勢理客出張所先交叉点道路上に於いて警備の任に当っていた琉球警察警備部隊第四大隊第二中隊第二小隊所属巡査部長山川（当四九年）を殺害せんと企て、同人を捕捉し角材、旗竿で殴打し、足蹴し顔面を踏みつけた上、火炎瓶を投げつけ焼く等の暴行を加え、よって右警察官を前記日時頃、前記場所に於いて、脳挫傷、蜘蛛膜下出血等により死亡させて殺害したものである。」というものであった。

第一審及び控訴審を通じて、被告人による被害者の足蹴踏みつけ行為の有無が争点となった。そして、第一審裁判所は、検察官が有罪立証の中心に位置付けていた現場写真の証明力や目撃証言の信用性を否定し、その他公判で取り調べた被告人に有利な証言等も踏まえ、被告人が、倒れた状態で火炎瓶の火が燃え移っていた被害者近辺で足を踏み下ろしていた行為は救命のための消火行為であったと認定した。そして、最終的に控訴審において、殺人の公訴事実につき犯罪の証明がないとして無罪判決が言い渡され（福岡高裁那覇支判昭和五一・四・五判タ三四五号三二一頁）、上訴されることなく確定した。

なお、被告人は、検察官が殺人の分担行為であると主張する行為（第二行為）以前に、被害者に対して暴行（第一行為）を加えたことは認定可能であったことから、刑事裁判においては、第一行為を殺人の共同実行の意図からの一連の暴行と認めることができるか否かも争点となった。検察官は審理終盤になって殺人のための一連の暴行であると主張し、殺人の実行行為を追加するめの訴因変更請求を行うが、時機的限界を理由に許可されなかった。したがって、かりに検察官が早期に訴因変更しておけば、少なくとも傷害致死罪の共同正犯の範囲で有罪となっていた可能性があった。

(2)　公訴提起の違法性の判断

本件公訴の提起に当たり、検察官は、とりわけ現場写真である平野写真及び読売写真並びに事件の目撃者である宇保供述及び前川供述に基づき、被告人に対し有罪と認められる嫌疑があるとの心証を形成した。平野写真は、仰向けに倒れている山川巡査部長の右足の方向から撮影されたものであり、山川巡査部長の右側に炎が上っているため被告人の確かな行為はわからないが、被告人は、山川巡査部長の左側に位置し、そのそばで右足を上げているところが写されていた。読売写真は新聞の掲載された二葉の写真であり、上段掲載の写真は、検察官が殺人の分担行為として主張する第二行為より前に、被告人が山川巡査部長に対して加えた暴行シーンを撮影したものであり、下段掲載の写真は、山川巡査部長に火炎びんが投げ付けられた後の状況であり、山川巡査部長の上半身寄りの左横側に位置した被告人の姿が写されているが、被告人の暴力行為の情景は写っている写真ではなかった。宇保供述は、事件当日、被告人のいたところから約一〇メートル離れたところにあるブロック塀の上で、倒れていたY巡査部長の足の方向から、被告人が、右足で、Y巡査部長の頭又は顔及び腹を、数回踏んだり蹴ったりして暴行しているのを目撃したという内容の供述であった。前川供述には、検察官が殺人の分担行為と主張する行為の前後の目撃情況しか語られておらず、宇保供述の信用性を補強する証拠としての価値しかなかった。

その他に起訴前に収集されていた被告人の犯行現場における行動を撮影した証拠として、吉川フィルムと前田写真があった。しかし、これらには被告人による暴行シーンは写っておらず、検察官により証拠価値がないものと判断された。なお、検察官は、平野写真の撮影者からは事情聴取を行ったものの（供述調書は未作成）、吉川フィルムや前田写真の撮影者から事情聴取は行わなかった。

控訴審は、

①平野写真は、検察官が証拠価値を否定した吉川フィルムと比較検討すると証拠価値は減殺されるものであり、

更に吉川フィルムの撮影者を取り調べていればその判断は確実なものとなったことが推測され、検察官が、吉川フィルムの証拠価値が検討しながら、これのみを否定し、平野写真に証拠価値があると判断したり、捜査に非協力的であったとはいえ、吉川を取り調べることなく平野写真に証拠価値があると判断したのは相当でない。

②読売写真の上段の写真は、第一行為に関するものであって、第二行為に関するものではなく、また、下段の写真は、それ自体被控訴人（原告）の暴力行為は写されていないし、吉川や前田らから事情を聴取していれば、右写真を撮影したときの状況が判明し、証拠価値がないと判断し得たのにこれを取り調べることなく、読売写真に証拠価値があると判断したのも相当でない。

等の理由により、収集した証拠について検討し、合理的に判断していれば、被控訴人の第二行為は、同検察官が訴因として特定した公訴事実では殺人罪は勿論、傷害致死罪でも起訴しうる事案ではないことが判断できたので、したがつて、有罪判決を期待する合理的理由が存したとはいえないのに、その証拠に対する評価、経験則の適用を誤ったものといわなければならないと結論付けた。

これに対し、上告審は、

①原判決は、検察官が本件公訴の提起時において、吉川フィルムの撮影者である吉川と前田写真の撮影者である前田を取り調べることなく、平野写真、読売写真及び宇保供述に証拠価値があると判断したことの違法をいうが、原審は、本件につき検察官が公訴の提起前に通常要求される捜査を遂行したものであるか否か、吉川及び前田の両名を取り調べなかったことが捜査を怠った結果であるか否かについて十分な検討を加えていない。

②原審認定の事実関係によれば、検察官は、本件公訴の提起に当たり、与儀公園の総決起大会から本件事件現場までのデモ行進と共にした被上告人の行動の経過を検討した上、収集していた警察官作成の捜査関係書類、供述調書、写真、フィルム、証拠物など多くの証拠を検討し、とりわけ平野写真、読売写真、宇保供述及び前川供述が重

要な証拠であると判断し、被上告人に対し有罪と認められる嫌疑があるとの心証を持つに至ったものであるが、原審は、検察官が右心証を持つについて右各証拠の証拠価値を具体的にどのように審査したかなど、その判断過程が合理的なものであったかどうかについて十分な検討をしていない。

と述べ、原判決を破棄し、さらにこの点につき検討を尽くさせるため差し戻した。

そして、差戻審（東京高判平成四・三・二六訟月三八巻九号一五八一頁）は、

①検察官は吉川フィルムを検討したが、フィルム自体では、被控訴人（原告）が消火をしているかどうかははっきりしないものであり、また、吉川は呼出しに応じなかったと認められるものであるから、検察官が吉川フィルムの検討を怠ったとか、あるいは公訴の提起前に吉川を取り調べなかったことが捜査を怠った結果であるとはいいがたい。

②前田写真については、警察が、捜査協力者を通じて、前田に無断で入手したものであり、警察から前田の協力が得られない旨の報告を得ていたという事情があったところ、こうした事情のある捜査状況下で検察官が前田を取り調べないこととしたことをもって、通常行うべき捜査を怠ったものとみることは相当でない。

③吉川、前田以外にも刑事公判において弁護側の証人として目撃状況を証言し、第二行為は消火行為であると証言した目撃者がいるところ、その他の目撃者についても、当時はその氏名も判明していなかったものである上、当時の沖縄の市民感情は警察に対して非協力的であり、また、報道関係者からも捜査に対する協力が得にくかったため、捜査官は個人的なつてを求めて情報の提供者を捜さざるを得なかった事情を考えると、捜査官がこれらの目撃者を捜し出して取り調べることは著しく困難であったというべきである。

等の理由から、検察官が本件公訴の提起に当たり通常要求される捜査を遂行しなかったことを認めるに足りる証拠はないとした。その上で、本件公訴提起時において検察官が現に収集した証拠資料及び通常要求される捜査を遂

行すれば収集し得た証拠資料を総合勘案すれば、公訴提起当時、第二行為について有罪と認められる嫌疑があるとした検察官の判断が合理的根拠を有しないものであったということはできないと結論付け、請求棄却の判決を言い渡した。

(3)　判決の特徴

本件刑事裁判においては、平野写真と吉川フィルムのいずれに証拠価値を見出すかが、被告人の第二行為が殺人の分担行為あるいは救助のための消火行為かを判断する重要なポイントであった。いずれの撮影者も捜査には協力的でなかったが、検察官は、平野写真の撮影者に対しては勾留満期の直前に自ら訪問して撮影状況につき事情聴取を行った一方、吉川フィルムの撮影者に対しては出頭要請を繰り返すに止まった。こうした対応の差の合理性につき、上告審は、「吉川フィルムは第二行為を直接立証するものではないが、平野写真と撮影時点が完全に一致するものではなく平野写真の証拠価値を減殺するものではないと考えた」という、起訴時の検察官と捜査時の警察官の証言があることを指摘している。このように、本件において最高裁は、「通常要求される捜査」を、捜査時に検察官が各証拠の価値をどう評価していたかを踏まえた上で、それに見合った捜査努力が行われたか否かの意味で用いたということができる。

2　最判平成五年一一月二五日訟月四〇巻一〇号二四〇一頁

本判決は、無罪が確定した有印私文書偽造、同行使被告事件の公訴提起の違法を肯定し、国賠責任を認容した原判決(大阪高判昭和六三・五・三一判タ六六八号一八三頁)を破棄差し戻したものである。本件においては、刑事記録が国賠訴訟の時点で廃棄処分されていたことから、この点の立証責任を誰が負うかが争点となった。

(1) 無罪判決の理由

公訴事実は、「被告人は淡路交通株式会社の株主であるが、昭和四二年八月頃より同社の経理状態に不審を懐き同社の株主の一部を以って株友会を組織して商法の規定に基き同社に対し同社の経理帳簿閲覧の請求をしたところ、同社幹部がこれを拒絶したため、この上は裁判所に対し右帳簿閲覧の仮処分の申請をしようと企て、同年一一月二〇日頃洲本市宇山一丁目六有限会社番所商会の事務所において、弁護士川田裕幸、同仙波安太郎、同吉田朝彦の三名に対する右仮処分申請の委任状の委任者欄に擅に事情の知らない自己の使用人谷田まさ子外七名をして同社の株主である山田枡夫外二六名の氏名を記載せしめてその各氏名下に有合印を冒捺して以て右山田枡夫外二六名の右三名の弁護士に対する帳簿閲覧仮処分申請の委任状を偽造し、之を同月二一日洲本市山下町神戸地方裁判所洲本支部において同支部係官に対し、右各委任状が真正に成立したかの如く装って提出して行使したものである」というものであった。

公判において、被告人側は「株友会設立に付いての規約」写し、「株友会規約」及び「株友会会員各位と題する書面」を証拠申請した。前二者は、検察官同意のもと取り調べられたが、最後の書面は不同意となり、その後どのような処理となったか不明とされている。「株友会設立に付いての規約」には「諸手続等についての署名押印等一切の権限は会長が行使する」こと等が定められていた。「株友会規約」には、「訴訟その他裁判上の行為」として、「業務執行組合員は、組合業務執行の方法として訴訟その他裁判上一切の行為をすることができる。但し、右行為をなすためには弁護士に委任する必要があるので、それについては業務執行組合員が組合を代表して組合の名においてその委任を為すか或いは組合員個々の名においてその委任をなす方法を採るかは業務執行組合員の自由に選ぶところとする。業務執行組合員が後者の方法を採る場合は、各組合員は、各組合員作成名義の弁護士に対する委任状が必要であるので、これを作成するにつき、業務執行組合員が所要の委任状に各組合員名義で代理して署名し、且適宜の印鑑で捺印することができるものとする。又弁護士の選任等は業務執行組合員が自由にこれを選択するものとする」ことが定められていた。裁判所は、公判審理の結果、「被告人は昭和四一年一一月頃株友会を結成し、株友会設立に付いての規約は結成当時に定められたこと、株友会規約はその後の昭和四二年六月頃改めて定められたこと、被告人はかかる規約のもとで業務執行者として株友会の活動を行って来たこと」を認定し、被告人は本件各委任状につき作成権限があったと錯誤しており、私文書偽造、同行使の故意を認定できないとして、昭和四八年三月二九日、無罪判決を言渡し、控訴されることなく確定した。

(2) 公訴提起の違法性の判断

第一審は、

①本件事案は被告会社の経理疑惑をめぐる会社側と一部の有志株主間のいわゆる民事紛争に端を発した事件で、このように特殊な紛争では、会社側の関係人らに対する強い働きかけ（切り崩し工作等）が通常予想されるところであるから、これら関係者の供述・証言のみを一方的に重視して判断すべきではなく（慎重な検討、配慮が要請される）、X（刑事事件における被告人）に文書偽造の犯意ありとして起訴するには、相当高度な合理的（客観的）根拠が必要とされる。

②特に本件の場合、「株友会」が結成されるにいたった経緯、その目的、趣旨及びその後における活動の実態等からすれば、被疑者であるXが終始一貫して「委任状作成についても任されていると思った」旨の弁解も一応無理からぬ道理であり、容易にこれを無視することはできない性質の事案であったとみるべきである。

③しかるに、担当検察官は、原告の犯意の存否につき、このように極めて重要な決め手となるべき事件の本質的な背景、事情について何ら思いを致すことなく、単に関係者らの供述だけを一方的に過信し、Xのする弁解は単なる動機の錯誤にすぎないと即断してこれに耳を傾けず、実質的な取調べは全くしないまま、漫然と本件起訴に及

んだものであるから、この点に過失があるといわざるを得ない。

等の理由から、公訴提起の違法性を認め、控訴審も基本的にこれを支持した。

これに対して上告審は、本件公訴提起時において、担当検察官が、Xの犯意に関する証拠資料としてどのようなものを収集していたのか、また、通常要求される捜査を遂行していれば、右の点についてどのような証拠資料を収集し得たのか、殊に、前記の「株友会会員各位」と題する書面や刑事判決においてXの犯意の存在を否定する判断の重要な要素となった株友会の規約がどうであったか、という点については明らかにされていないから、本件公訴提起時において、担当検察官が現に収集していた証拠資料及び通常要求される捜査を遂行すれば収集し得た証拠資料を総合勘案して合理的に判断すれば、Xを有罪と認めることができる嫌疑があったということができるかどうかについても、明確に判断することができないものといわざるを得ないとして、原判決を破棄差し戻した。

差戻審（大阪高判平成一一・七・二八訟月四六巻六号二八九八頁）は、まず、「本件公訴提起の違法は被控訴人らの主張立証責任に属するから、公訴提起時に検察官がどのような証拠を収集し、あるいは通常の捜査を行っておれば収集できたかの立証責任は原告が負うべきとした。そして、通常要求される捜査を遂行すれば、株友会設立に付いての規約、株友会規約及び株友会会員各位と題する書面は収集し得たかの争点について検討し、昭和四二年一一月二〇日ころ以前に作成された株友会設立に付いての規約、株友会規約及び株友会会員各位と題する書面が、本件公訴提起時に存在したとは認められない以上、担当検察官が捜査を遂げても、これらを収集することができなかったことは明らかであると述べ、加えて、担当検察官において、株友会設立に付いての規約、株友会規約及び株友会会員各位と題する書面の存否について捜査をすべき状況があったとは認められないとの判断を行った。

(3)　判決の特徴

本件は、刑事公判において被告人側が提出した証拠が決定的な無罪証拠となった事案であるところ、差戻審は、当該証拠が公訴提起前に存在しており、通常要求される捜査を遂行すれば入手可能であったことの立証責任を原告に負わせ、原告がその立証に成功しなければ、担当検察官が捜査を遂げても、これらを収集することができなかったものとして、公訴提起の合理性を審査すべき旨を判示した事例ということができる。[20]

3　最判平成二六年三月六日訟月六〇巻一二号二四八五頁

本判決は、無罪が確定した強制わいせつ致傷被告事件の公訴提起につき、第一審判決（大阪地判平成二二・一〇・八）は違法性を否定し原告の請求を棄却したが、控訴審判決（大阪高判平成二三・一〇・二六判時二一三七号五一頁）が第一審判決を取り消し、請求を一部認容したところ、上告審において控訴審判決が破棄され、再度原告の請求が棄却されるという経過をたどった。

(1)　無罪判決の理由

公訴事実は、「被告人は、平成二〇年三月一六日午前五時一五分ころ、大阪府高槻市ａ町×丁目×番××号付近路上において、同所を通行中のＢ（当時二二年）を認めるや、同女に強いてわいせつな行為をしようと企て、同女に対し、その背後から抱き付き、同女を路上に押し倒した上、仰向けになった同女に馬乗りになるなどの暴行を加え、着衣の上から同女の両乳房を揉むなどし、もって、強いてわいせつな行為をし、その際、前記暴行により、同女に対し、加療約五日間を要する両膝関節擦過創等の傷害を負わせた」というものであった。

刑事裁判では、被害者の犯人識別供述の信用性、検察官主張の積極的間接事実の存否（目撃証言の信用性）、アリバイ等の消極的間接事実の存否が争点となった。第一審裁判所は、

①被告人が犯人であるという被害者の犯人識別供述は、観察条件、犯人選別過程のいずれにも問題があって、識別供述としての信用性には合理的疑いが残るというべきである。

②検察官の主張する積極的間接事実については、犯行直後、犯人が目撃者の単車を追い抜いて本件駐車場に走り込んだこと、犯人が年齢、身長、体格の点で被告人と類似していることが認定できるが、犯人は本件車両西側の本件駐車場内に走り込んだが本件ライトは点灯しなかった旨の目撃者証言の信用性には疑問が残り、犯人が本件駐車場に走り込んだ際、電源プラグが意図的に抜かれていたということについては、合理的疑いが残るというべきであり、証拠上認定できる積極的間接事実を総合しても、被告人が犯人であるという点について、合理的疑いを超えて立証がされているとは認められない。

等の理由から、被告人が本件犯行の犯人であると認定するには合理的な疑いが残るとして、無罪判決が言い渡われ（大阪地判平成二一・二・一七LEX/DB25450400）、控訴されることなく確定した。

(2)　公訴提起の違法性の判断

第一審は、担当検察官による本件公訴提起の時点では、現に収集した証拠資料及び通常要求される捜査を遂行すれば収集し得た証拠資料を総合勘案して合理的な判断過程により原告を有罪と認められる嫌疑があったと評価できると、結論付けた。

これに対して控訴審は、

①被害者の供述をもってしては、控訴人（原告）が犯人であることは否定できないという限りにおいての抽象的な可能性があったに過ぎず、被害者の観察条件が良好ではないことや、写真面割りの際において、既に、記憶の変容（形成）がなされ、また、単独実面割りの際に暗示、誘導の作用が生じた可能性もあることを考慮すれば、被害者の供述によって、控訴人を本件事件の犯人とする、合理的、客観的理由はなかったと言わねばならない。

②担当検察官は、単車を追い抜いた男が本件駐車場に走り込んだ際、通常は自動的に点灯するはずの本件ライトは点灯しなかったのであり、点灯しなかったのは、事前に本件ライトの電源プラグを抜いていたからであって、そ

のような操作をしたのは、控訴人以外に存在しないとの事実を本件公訴提起の有力な間接事実と考えたものであるが、この点に関する担当検察官の取り調べは、目撃から二四日間経過した後であり、その際の、本件ライトが点灯したかどうかについての目撃者の供述は、その記憶を正確に復元することができるものかどうか、疑問を抱いてしかるべきものであった。

等の理由から、被害者の供述だけから、控訴人を犯人と判断することについては十分な客観的、合理性を認めることはできなかったのみならず、目撃者の供述に基づき、犯人が、本件事件直後、本件駐車場に逃げ込み、その際、通常であれば点灯する本件ライトが点灯しなかったことを前提とした判断には、合理性は認められないと言わねばならないとして、公訴提起の違法性を肯定した。

ところが上告審は、

①被害者の犯人の人相等に関する供述部分については、観察条件が必ずしも良好ではなかった面があり、また、本件写真面割り及び本件単独実面割りの際に記憶の変容ないし誘導、暗示の作用が生じた可能性は一般的には否定できないが、被害者は、被害を受けた直後に自ら警察に通報し、捜査段階を通じて犯人識別の点を含めて被害状況を詳細かつ具体的に供述していたこと、被害者は複数回にわたって至近距離から犯人を目視したものであり、犯人の容貌等に関する被害者の供述が被害後比較的早い段階にされていること等に照らせば、被上告人が犯人であるとする被害者の供述部分に信用性が認められるとした担当検察官の判断が、合理性を欠くとまでいうことは困難である。

②本件ライトに関する目撃者の上記供述は、本件犯行から二四日後にされたものではあるが、目撃者は、本件犯行の日の翌日頃以降、複数回にわたって事情聴取を受け、目撃状況について記憶を喚起する機会を得ていた上、捜査段階における本件ライトの検証の方法等には特段の問題点もうかがわれないというべきであるから、本件犯行か

ら僅か一箇月程度の短期間で本件ライトの点灯に関する目撃者の記憶が変容するとは考え難く、本件ライトの点灯に関する目撃者の供述に信用性が認められ、本件ライトが点灯しなかった事実は被上告人が犯人であることの有力な根拠となるとした担当検察官の判断は、相応の合理性を有するというべきである。

等の理由から、本件起訴時において、担当検察官が現に収集した証拠資料を総合勘案して合理的な判断過程により被上告人を有罪と認めることができる嫌疑があったというべきであるとして、原判決を破棄し、請求を棄却した。

(3) 判決の特徴

本件控訴審は、被害者の犯人識別供述や目撃者供述の信用性に疑問を抱くべきであったのに、それを怠ったことを理由に検察官の判断の合理性を否定したのに対し、上告審は、検察官がこれらの供述を信用できると判断した理由が経験則上一応成り立つものであれば、これを前提に有罪と認められる嫌疑があると判断しても、合理性を欠くものということはできないという考え方を示したものということができる。

4 小 括

合理的理由欠如説に準拠しながらも公訴提起の違法性につき控訴審と上告審で判断の分かれた以上の三つの事例からは、合理的理由欠如説の機能につき捜査懈怠型の違法性が争われたケースにおいては、検察官が公訴提起時に収集していた証拠をどう評価していたかを前提に、通常要求される捜査が遂行されたか否かを判断する姿勢がうかがえる。また、公訴提起時に現に収集した証拠資料の評価につき、刑事公判においては供述の信用性が争われ否定されるに至ったとしても、検察官による公訴提起時に信用性判断が経験則上成り立つ一応の説明がつけば合理性を肯定している。これらの判例をみる限り、合理的理由欠如説に依っても証拠評価の個人差を考慮した審査が行われていることが分かる。結局、公訴提起時の検察官の証拠評価が経験則上一応説明のつくものであれば、それを前提に捜査懈怠の有無の審査が行われているということができ、冤罪被害者の視点からすれば、ここに合理的理由欠如説の限界が見えてくる。もっとも、合理的理由欠如説が実際の訴訟においてどのように運用されているかは、さらに認容判決が確定した事例の分析も重ねてみる必要があり、本稿において断定的な結論を引き出すことは控えたい。

Ⅳ 合理的理由欠如説の射程

1 合理的理由欠如説の応用・修正

芦別事件国賠上告審判決は公訴提起の違法性の判断基準を示したものであった。しかしその後、合理的理由欠如説に依拠した判断は誤捜査の違法性が争われた事案にも応用されている。例えば、東京高判平成一・九・四判タ七一〇号一四七頁は、差し押え物件がいずれも被疑事実と関連のないものであることが判明し全て原告に還付されたことから、捜索差押令状の請求の違法性が争われた事案において、沖縄ゼネスト警官死亡事件国賠上告審判決の判断基準を引用し、令状請求の場合についても右の法理を類推すべきとした上で、「令状請求時の司法警察職員の心証は、右請求時における各種の証拠資料を総合勘案して合理的な判断過程により、第三者宅に対する捜索令状請求の必要があり、かつ、そこに捜索すべき物の存在を認めるに足りる状況があるということになれば、それで足りるというべきである。また、右の判断をするための資料は、請求時までに通常要求される捜査によって収集した証拠資料に基づくことを要し、かつそれで足りるというべきである。そして、請求時までに行うべき捜査の程度は、具体的な場合に個々的に判断することになるが、その際、犯罪捜査において本質的に要求される密行性と迅速性による制約を考慮しなければならないことは当然である」と判示している。(21)

また、合理的理由欠如説を捜査の違法性の判断にも応用する判例の中には、芦別事件国賠上告審判決や沖縄ゼネスト事件国賠最高裁判決の示した判断基準を修正しているものもある。とりわけ重要な判例として、最判平成八年三月八日民集五〇巻三号四〇八頁（京都市屋外広告物条例事件損賠最高裁判決）がある。本件は、被疑者が京都市屋外広告物条例違反を理由に警察官に現行犯逮捕され、検察官送致後、検察官がすぐに釈放したことから、逮捕留置は必要のない違法なものであったとして、京都府に対して損害賠償請求が行われた事案である。本件において法廷意見は、「司法警察員による被疑者の留置については、司法警察員が、留置時において、捜査により収集した証拠資料を総合勘案して刑訴法二〇三条一項所定の留置の必要性を判断する上において、合理的根拠が客観的に欠如していることが明らかであるにもかかわらず、あえて留置したと認め得るような事情がある場合に限り、右の留置について国家賠償法一条一項の適用上違法の評価を受けるものと解するのが相当である」という判断基準を示した上で、逮捕留置の違法性を肯定した原判決を破棄した。そこで、法廷意見が、違法性の判断基準として芦別事件国賠上告審判決の示した判断基準に客観的な明白性の文言を書き加えた意図が問題となる。

この点につき、(a)今村隆は、本判決の評釈においては、法廷意見が、「明らかであるにもかかわらず、あえて……」と述べた点は、総合的判断に不可避的な判断の相対性（証拠評価について通常考えられる個人差による判断の幅があること）を考慮しても合理的理由が欠如していると認められることを意味していると解している。[22] これに対し、(b)大野重國は、刑訴法二〇三条一項所定の留置の必要性の要件を、刑訴法一九九条二項但書が「明らかに逮捕の必要性がない」ことを逮捕の消極的要件として定めていることに対応させているのではないかと解している。[23]

今村の理解に基づけば、公訴提起の違法性についても、合理的根拠の欠如が客観的に明白である場合に限り違法と判断すべきことになろう。[24] 確かに、先に分析したように、合理的理由欠如説に依っても証拠評価の個人差に配慮した運用が行われている。しかし、もし今村のように解釈するのであれば、本判決が芦別事件国賠上告審判決や沖縄ゼネスト事件国賠最高裁判決を参照判例に掲げて然るべきと思われるがそうなっていない。また、今村は、大野解説に対し、当該判決が、刑訴法二〇三条一項にいう「「留置の必要性」は、犯罪の嫌疑のほか、「逃亡のおそれ」又は「罪証隠滅のおそれ」等から成るものである」と述べていることを挙げ、留置の必要性に嫌疑の存在も含めているところからみて、逮捕の理由（罪を犯したと疑う相当な理由）を含めない逮捕の必要性の要件を定めた一九九条二項但書に対応させる趣旨と解釈することは困難であると批判する。[25] しかし、本件は現行犯逮捕の事案であって犯罪の嫌疑の判断の合理性は争点になっていないところ、判決文中の指摘の箇所は、逮捕留置の要件のうちの犯罪の嫌疑は括弧書きにせず、「逃亡のおそれ」又は「罪証隠滅のおそれ」にのみ括弧をつけ強調しているのであるから、むしろ、それ以降の判示内容も、「逃亡のおそれ」又は「罪証隠滅のおそれ」の判断の合理性に関する審査基準を説明したものと読むべきであろう。それゆえ、大野解説のように、留置の必要性要件を逮捕の必要性要件に対応させ、合理的理由欠如説に基づく判断基準を修正した結果、客観的明白性の要件が付け加わったと理解することも十分可能である。

京都市屋外広告物条例事件損賠最高裁判決が出されて以降の下級審判例は、①逮捕や勾留請求の違法性が争われた事件において、嫌疑の判断と逮捕や勾留の必要性の判断とで区別することなく、京都市屋外広告物条例事件損賠最高裁判決の示した判断基準を芦別事件国賠上告審判決や沖縄ゼネスト事件国賠最高裁判決と同旨のものとして使用しているもの、[26] ②逮捕や勾留請求の適法性が争点となった事案においても、京都市屋外広告物条例事件損賠最高裁判決に言及せず、芦別事件国賠上告審判決や沖縄ゼネスト事件国賠最高裁判決の判示に従うもの、[27] ③逮捕留置の違法性判断と、勾留請求の違法性判断で基準を使い分けているもの、[28] 等に分かれており、統一性を欠いている。考えるに、嫌疑の判断と捜査の必用性の判断とを比較した場合、前者は文字通り証拠から事実を推認することの合理性の問題であるのに対し、後者は犯罪の重大性、必要性の程度、被疑者に与える不利益の程度等の様々な事情を考慮した上で当該捜査方法を選択する必要があるかという比例原則に従った判断である点で、性質に違いがある。このような判断の性質の違いを無視して、単に「個人差への配慮」という理由から、合理的理由欠如説を、合理的理由の欠如が客観的に明白である場合に違法性を肯定する考え方であると説明することは、少し強引に過ぎよう。したがって、京都市屋外広告物条例事件損賠最高裁判決については、あくまで逮捕後、留置の必要性が消滅し釈放された事案における留置の違法性に関する判断基準として合理的理由欠如説を修正の上で用いた判例であると理解しておくべきである。(29)

2　法令違反行為と合理的理由欠如説

さらに、合理的理由欠如説の射程を考える上では、京都市屋外広告物条例事件損賠最高裁判決の多数意見と反対意見の対立を理解しておくことも重要に思われる。反対意見を書いた河合裁判官は、「留置は基本的人権たる身体の自由を直接かつ現実に侵害するものであるから、留置を担当する捜査機関は不必要にこれを継続することのないよう常に注意すべきことが求められる。したがって、留置の必要性が消滅し、かつ、逮捕後の留置についての前示の事情を考慮してもなお、捜査機関においてその消滅を認識し得たし、認識すべきであったと認められる場合は、国家賠償法一条一項に該当すると解するのが相当である。そして、本件の事実関係においては、捜査機関は、原審が猶予した右時間内には原田の留置の必要性が消滅していることを認識し得たし、認識すべきであったと認められるから、右猶予時間を超えて捜査機関が原田を釈放しなかったことを国家賠償法一条一項における違法と評価するか、あるいは故意・過失の問題として処理するかはともかく、いずれにしても、右午後五時ころ以降の原田の留置につき上告人の国家賠償責任を認めた原審の判断は、正当として是認することができる。多数意見がその三項一で判示する基準は、裁判所に対して審判を求める意思表示たる検察官の公訴提起については妥当するとしても、そのような特質を有しない逮捕後の留置には妥当しないと考える」との理由から、多数意見を批判している。三項一で判示する基準とは、「司法警察員による被疑者の留置については、司法警察員が、留置時において、捜査により収集した証拠資料を総合勘案して刑訴法二〇三条一項所定の留置の必要性を判断する上において、合理的根拠が客観的に欠如していることが明らかであるにもかかわらず、あえて留置したと認め得るような事情がある場合に限り、右の留置について国家賠償法一条一項の適用上違法の評価を受けるものと解するのが相当である」との判示部分をさすことから、河合裁判官は、合理的理由欠如説を、逮捕留置の必要性についての判断を誤った場合の国賠法上の違法性の判断基準として応用すべきでないと考えていることは明らかである。

もともと芦別事件国賠上告審判決は、無罪確定事件において結果違法説に立ち公訴提起を違法とする考え方を否定するために、職務行為基準説の立場から最高裁が妥当と考える公訴提起の違法性の判断基準を示したものである。合理的理由欠如説のメリットは、ある公権力の行使が直接法令に違反していなくても、その判断の合理性を欠くときに国賠法上の違法性を問うことが可能になる点にある。実際、逮捕や勾留は令状を得て行われた場合であっても、無罪確定事件や不起訴事件につき、逮捕状請求や勾留請求したことの違法性が認められる場合がある。こうした場合は、合理的理由欠如説に依拠して逮捕状請求や勾留請求の違法性を判断するのに適している。これに対し、ある捜査上の行為が刑事訴訟法に違反し違法であるならば、それだけで国賠法上の責任を問うことが可能であり、これに加えて行為時の判断の合理性を問うことは、京都市屋外広告物条例事件損賠最高裁判決の多数意見がそうであるように、違法性の成立範囲を限定する方向にしか機能しない。それが本来、合理的理由欠如説が想定していた用いられ方であるかは疑問である。

最初に述べたように、職務質問・任意同行・留置き、取調べ、逮捕・勾留、捜索・差押え、接見交通権の制限等が刑事訴訟法上違法であったと評価された場合、そのことが職務上の注意義務に違反していたか否かを問題にするまでもなく、国賠法上の違法性も肯定している判例は多い。例えば、任意捜査の限界を超えており違法とされたケースにおいて、捜査官が任意捜査の限界を超えていないと判断したことの合理性を問うた上で、国賠法上の違法性が判断されているわけではない。また、要件を満たさない現行犯逮捕であり違法とされた場合、さらに捜査官が現行犯逮捕の要件を満たしていると判断したことの合理性を問うた上で国賠法上の違法性が判断されてきたわけでもない。逮捕留置の違法性に関するものも同様である。例えば、浦和地判平成二・一・二四判タ七一七号一一九頁は、現行犯逮捕に引き続く留置の必要性がなかったのに留置したことは違法であるとして、賠償責任を認容した事例であるところ、第一審は、「刑事訴訟法二〇三条一項が「留置の必要がないと思料するときは直ちにこれを釈放し」なければならない旨を規定し、犯罪捜査規範二一六条が交通法令違反事件に関して、「交通法令違反事件の捜査を行うに当っては、事案の特性にかんがみ、犯罪事実を現認した場合であっても、逃亡その他の特別の事情がある場合のほか、被疑者の逮捕を行わないようにしなければならない。」と規定していることにかんがみると、極めて軽微な交通法令違反事件であってかつ行為者の身元が判明しており、逃走のおそれがないと認められる場合には、特段の事情が認められない以上、現行犯を留置する必要はないというべきである」と述べた上で、「右事実及び原告の被疑事実の罪質が極めて軽微であったことなどにかんがみると、原告に対する弁解録取が終了した時点においては、原告には逃走のおそれがなく、原告を留置する必要性はなかったというべきである」と認定し、「したがって、A警部補らは、右の時点において原告を釈放すべきであったのであり、それにもかかわらず、原告の留置を継続したことは違法というべきである」と結論付けている。当該判決は、刑訴法違法な捜査であれば国賠法上も違法であることを前提としているということができる。こうした立場にたった上で、捜査官が違法であることを認識できる可能性がなかったようなケースについては、捜査官の過失を否定する形で調整を図ることは可能であろう。(30)

V　おわりに

以上、なおも十分とは言い難いが、嫌疑の判断を誤った捜査や訴追の国賠法上の違法性の判断基準としての合理的理由欠如説の意義と機能及び射程について考察を重ねることで、一応たどり着いた結論をまとめるならば次のようになる。

職務行為基準説の中における合理的理由欠如説の固有の意義は、それが単なる検察官の心証形成過程の審査に尽きるのではなく、無罪とされた理由に関して捜査時に通常要求される捜査を遂げていたかという、規範的視点を含んだ審査である点に見出すことができる。合理的理由欠如説に依っても証拠評価の個人差を考慮した審査が行われており、冤罪被害者の視点からすれば、ここに合理的理由欠如説の限界を認めざるを得ない。合理的理由欠如説に依拠した判断は、誤捜査の違法性が争われた事案においても応用されている。また、嫌疑の判断以外の捜査上の要件の判断の違法性の評価にも、判断基準を部分的に修正しながら応用されている。しかし、法令に違反する違法捜査については刑訴法上の違法であれば国賠法上も違法と評価すべきであって、さらに違法性の評価において行為者の判断の合理性を問うべきではない（もっとも、警職法二条一項のように、合理的判断であること自体が職務質問の適法性の要件に盛り込まれている場合は、例外ということになる）。

最後に、合理的理由欠如説は、嫌疑の判断を誤って行われた捜査の開始・継続自体の違法性の判断基準としても用いられている。(31) この場合、行為毎に注意義務違反を問題にするだけでは不十分である。というのも、捜査の過程は個々の判断の積み重ねによって進行するため、誤捜査の原因をひとつの証拠評価の誤りに見出せないことも考えられるからである。また、捜査の途中で誤って判断が介在したことにより無駄な捜査が行われたが、全体としては嫌疑に関する判断を誤ったとは言えないとき、部分的な違法性を問えるのか、途中までは嫌疑に関する判断は不合理であったが、捜査を継続した結果、新たに嫌疑を裏付ける証拠が発見された場合は、途中の段階の誤捜査の責任を問えるのか、違法捜査によって獲得された証拠も嫌疑の判断の合理性の判断資料に加えて行ってよいかといった、特別の問題を伴う。こうした誤った捜査の継続の国賠法上の違法性の判断対象の問題については、本稿において全く取り上げる余裕がなかったので、別の機会に考察することとしたい。

（1）最判平成五・三・一一民集四七巻四号二八六三頁、最判平成一一・一・二一判時一六七五号四八頁、最判平成一五・六・二六金融法務一六八五号五三頁、最判平成一八・四・二〇裁時一四一〇号八頁、最判平成二二・六・三民集六四巻四号一〇一〇頁、最判平成二五・三・二六日裁時一五七六号八頁他。

（2）職務行為基準説は、原田尚彦・昭和四五年重要判例解説二八頁において、検察官の公訴提起の違法性の判断基準につき、松川国賠事件控訴審判決（東京高判昭和四五・八・一下民集二一巻七・八号一〇九九頁）の採った判断基準に対して付けられたネーミングである。

（3）寶金敏明「逮捕・勾留・起訴・有罪判決」村重慶一編『裁判実務大系一八・国家賠償訴訟法』（青林書院、一九八七年）三三七頁。

（4）参照、西埜章『国家賠償法コンメンタール』（勁草書房、二〇一四年）一五三頁以下、宇賀克也『行政法概説Ⅱ行政救済法〔第三版〕』（有斐閣、二〇一一年）四〇五頁以下。

（5）北村和生「15　国家補償」宇賀克也・交告尚史・山本隆司編『行政法判例百選Ⅱ〔第六版〕』（有斐閣、二〇一二年）四六七頁。

（6）狭義説と広義説の他に、不当な裁量行為も国賠法上一条一項の違法に含めるべきとする見解（最広義説）もある。参照、西埜・前掲註（4）一三六頁以下。

（7）札幌高判昭和四八・八・一〇民集三二巻七号一四六七頁。

（8）田淵浩二「冤罪原因行為の違法性――氷見国賠判決の理論的省察」判時二二六一号（二〇一五年）三三頁。

（9）寶金敏明「逮捕・勾留・起訴・有罪判決」村重慶一編『裁判実務大系一八・国家賠償訴訟法』（青林書院、一九八七年）三四一頁以下、西埜・前掲註（4）二三六〇頁。

(10) 例えば、最判昭和五七・三・一二民集三六巻三号三二九頁、最判平成二・七・二〇民集四四巻五号九三八頁（弘前事件国賠最高裁判決）。
(11) 寶金・前掲註（9）三四三頁以下。
(12) 長井圓「無罪判決の確定と公訴の提起・追行の違法」法律のひろば三七巻一〇号（一九八四年）一二頁。
(13) 寶金・前掲註（9）三四六頁。当該判決の調査官解説においても、結果違法説と職務行為基準説の対立にしか言及していない（篠田省二・最高裁判例解説民事篇昭和五三年度四七四頁以下）。
(14) 寶金・前掲註（9）三四四頁以下。
(15) 今村隆・警察学論集四九巻七号（一九九七年）一九〇頁。
(16) その他にも、熊本地判平成二・九・二七判時一三八九号一一五頁、福岡高判平成六・一一・二八訟月四一巻六号一三五四頁、浦和地判平成七・六・二一判時一五七三号四八頁、大阪地判平成七・九・八判タ九〇七号一六七頁、仙台高判平成八・一〇・九判時一六〇七号六二頁、山形地判平成一四・一・二九判時一八〇三号六〇頁、東京高判平成一四・三・一三判時一八〇五号六二頁など多数みられる。
(17) 同旨の判例として、最判平成五・一一・二五訟月四〇巻一〇号二四〇一頁、最判平成二六・三・六訟月六〇巻一二号二四八五頁他。
(18) 例えば、東京高判昭和四五・八・一下民集二一巻七・八号一〇九九頁、東京地判昭和五三・一二・二五判タ三八一号八一頁、横浜地裁川崎支判昭和五六・五・二八訟月二七巻九号一六四四頁。
(19) 河野信夫・最高裁判例解説民事篇平成元年度二三五頁。
(20) 通常要求される捜査を遂行すれば入手可能であったことの立証責任は原告が負うとする見解として、河野・前掲註（19）二三五頁、井上繁規・最高裁判例解説民事篇平成八年度（上）一六〇頁。
(21) その他にも、大分地判平成四・三・三一判例地方自治一〇一号八八頁（逮捕・送検の違法性）、東京地判平成五・一一・九判タ八七一号一九一頁（捜索差押許可状請求の違法性）、福岡高裁宮崎支判平成一一・五・二八判例地方自治一九七号七八頁（勾留請求の違法性）、東京地判平成一三・五・二九判時一七九六号一〇八頁（捜索差押許可状請求の違法性）、東京高判平成一七・一〇・二七判時一九二九号四五頁（逮捕状請求の違法性）、名古屋高判平成二三・四・一四訟月五八巻一号三五頁（逮捕状請求の違法性）、静岡地判平成二六・七・四 LEX/DB25504380（逮捕・勾留・勾留期間延長の違法性）等がある。

(22) 今村・前掲註(15)一九〇頁。井上・前掲註(20)一六五頁も、同旨の理解に立つものと思われる。
(23) 大野重國・研修五八三号（一九九七年）二九頁。
(24) 公訴提起の違法性の判断基準としても、そのような表現を用いている判例として、仙台高判平成八・一〇・九判時一六〇七号六二頁がある。
(25) 今村・前掲註(15)一九〇頁。
(26) 大阪地判平成一〇・二・二六判時一六五八号一三〇頁、仙台地判平成一〇・五・一九判時一六六二号一二一頁、東京地判平成一一・一一・二六判タ一二七七号四〇頁、奈良地判平成一九・四・一八判時一九八九号七七頁、静岡地判平成二六・七・四LEX/DB25504380、神戸地判平成二七・一〇・二九LEX/DB25541720。
(27) 福岡高判平成一一・五・二八判例地方自治一九七号七八頁、福島地判平成一七・六・一四判時一九二三号八五頁、東京地判平成二一・一〇・六判タ一三二九号九二頁、名古屋地判平成二二年二月五日判タ一三二五号九七頁、京都地判平成二六・一〇・九LEX/DB25505064。
(28) 岐阜地判平成二一・一・一五LEX/DB25450405。
(29) なお、京都市屋外広告物条例事件損賠最高裁判決の示した判断基準が、逮捕後の制圧行為の継続の違法性が争われた事案において応用された事例として、津地判平成二一・一一・一八LEX/DB25442869がある。
(30) この点、京都市屋外広告物条例事件損賠訴訟控訴審判決（大阪高判平成三・九・二七判時一四二七号六七頁）を参照されたい。
(31) 最近の事例として、富山地判平成二七・三・九日判時二二六一号四七頁、鹿児島地裁平成二七・五・一五判時二二六三号一八九頁、鹿児島地裁平成二七・五・一五判時二二六四号一二三二頁。

縮小認定と刑事補償

渕野貴生

Ⅰ 本稿の課題と検討対象

1 刑事補償法の解釈論的検討

憲法四〇条は、未決拘禁による負担に関して、被疑者・被告人が無罪であった場合には、刑事補償法にしたがって金銭的補償を行う制度を設けている。逆に、被疑者・被告人が有罪であった場合には、刑事訴訟法四九五条による法定通算と刑法二一条による本刑算入によって、身体拘束日数を相殺する制度が設けられている。しかし、現行法のもとでは、未決拘禁による負担の全部が清算されない場合がある。第一に、刑法二一条は、未決勾留日数の「全部又は一部」を本刑に算入することができると定めており、判例実務においても、一部参入によることが慣例化している。第二に、未決拘禁期間よりも言い渡された刑の方が短く、未決拘禁期間を満つるまで本刑に算入しても算入しきれない部分が残る場合も、残りの期間について金銭で補償がなされるわけではない。また、刑事補償法による補償にも、除外事由が設けられている（刑事補償法三条一号）。

私は別稿において、未決拘禁による負担を最終的に被告人であった者に転嫁することを認める現在の制度に対して、手続的理念の観点から検討し、身体拘束によって被告人が負う負担は、何事かを理由に清算を反故にしてよいほど軽い負担ではなく、未決拘禁として被疑者・被告人が負った負担は、いかなる理由があっても、その全てが確実に被疑者・被告人であった者のもとに回収されなければならない旨、主張した。(1) その主張は、現行法の解釈論の枠を超える部分を含み、別稿の意図も、必ずしも解釈論的解決を目指すところにはなかった。しかし、他方で、現在、未決拘禁による負担の清算を取りこぼしている部分のなかには、現行法の解釈論の枠内でもその回収にこぎつけることが十分に可能な場合も存するように思われる。本稿は、その一場面として、別稿では十分に論じることができなかった論点の一つである、単純一罪の構成要件事実につきその一部を認定した、いわゆる縮小認定の場合にも刑事補償および費用補償が認められるべきか否かについて、現行法の解釈論として検討を行うこととしたい。

ところで、この問題を論じるきっかけとなったのは、現実にこの点が問題となった事案を知ったことによる（以下、「本件」という）。その事案は、傷害致死被告事件（本案事件）について、傷害致死罪の成立を認めた第一審に対して被告人が控訴し、控訴審が、被告人が被害者にとって致命傷となった損傷を故意に生じさせたことまでは認められないことを理由として、第一審判決を破棄し、改めて暴行罪の成立を認めた刑事事件判決に対して、被告人であった者が刑事補償および費用補償請求を行ったところ、請求が棄却され、さらに異議審においても異議申立てが棄却されたという事案であった。本稿は、異議審決定に対して最高裁に特別抗告を行うに際して提出した意見書をもとにしている。[2]

なお、刑事補償と費用補償とは、費用補償の請求について刑事訴訟法一八八条の七が原則として刑事補償法の例によると規定しているところからも明らかなように、性質を同じくするところが少なくない。そこで、本稿では、刑事補償と費用補償との共通性を意識しつつ、主として、刑事補償が認められるかどうかを検討の中心とし、費用補償の点については、刑事補償で検討したところを前提に、必要な限りで補足的に論じることとする。

2　大阪高決平成二七年一〇月三〇日に至る経緯と決定の論理

解釈論的検討に先立って、本稿での検討のきっかけとなった本件事案について、裁判所の行った解釈・判断を確認しておこう。本件事案に対する裁判所の規範適用を含めて、裁判所の判断内容を具体的に把握することが、本稿で論じようとしている問題の所在を正確に理解することに資すると思われるからである。

本件の本案事件に対して、刑事事件第一審は、被告人両名において、A（被害者）に対し、代わる代わる平手でその顔面等を多数回殴り付けた上、体をつかんで揺さぶって家具等に押し付け、さらに前胸部に何らかの方法で強い力を作用させるなどの暴行を加え、よって同人に全身にわたる多発外傷等の傷害を負わせ、その傷害により死亡させた旨の事実を認定して、被告人らに対して、傷害致死罪の成立を認め、懲役八年の刑を言い渡した。[3]しかし、刑事事件控訴審は、第一審の行った事実認定を種々検討した結果、「原判示の事実のうち、被告人両名が、Aに対し、それぞれ平手で顔面を何回か叩いた上、体をつかんで揺さぶり家具等に押し付けるなどの暴行を加えたとの事実は認められるが、故意にAの前胸部に何らかの方法で強い力を作用させる暴行を加えた旨の事実を認定した点については、原判決には事実の誤認があるというほかなく、その暴行がなければAが死に至ったとは認められないというべきであるから、その誤認が判決に影響を及ぼすことは明らかである」と判示して、原判決を破棄した。そして、改めて「被告人両名に対して傷害結果までその責任を問うことはできない」と確認したうえで、暴行罪の限度で罪責を認定し、罰金二〇万円を言い渡した。ただし、罰金については、第一審判決後の未決勾留が刑訴法四九五条により法定通算され、罰金額に満つるまで未決勾留日数が通算された(4)。

しかし、被告人であった両名の身体拘束期間は一〇八二日にも及んでいたことから、両名は、傷害致死に対する〝無罪〟に対する刑事補償および費用補償を求めて、補償請求を行った。これに対して、請求審は、請求棄却決定をしたため(5)、請求人は、異議申立てを行ったが、異議審は、「補償の要否の判断に当たり、起訴および審理の実情に照らし、実質に則して考察する必要性は必ずしも否定されるものではないが、本案の確定判決は、単純一罪の構成要件事実につきその一部を認定し、これにつき有罪の言い渡しをしたものであって、確定判決の主文のみならず、判決理由中においても無罪である旨の判示をされていない請求人について『無罪の裁判を受けた者』に該当すると解することはできず」と述べて、異議申立てを棄却した(6)。なお本件は、その後、最高裁によって、特別抗告も棄却された(7)。

Ⅱ　刑事補償の理念と解釈指針

被疑者・被告人という立場で刑事手続へ関与することを迫られた市民は、被疑者・被告人という立場に起因する様々な精神的・肉体的・経済的負担を強いられることを余儀なくされる。まず、手続そのものに伴う負担が大きい。日本の刑事手続は、徐々に転換しつつあるとはいっても、まだまだ供述証拠に相当程度依拠した立証が行われているのが現実であるから、被疑者・被告人は捜査段階から長時間、繰り返し取調べに応じることを求められる。とくに、逮捕・勾留されている被疑者の場合は、実務上、取調べ受忍義務が否定されていないことと相まって、非常に長時間に及ぶ取調べを受け続けなければならない現実がある。身体拘束されていない場合であっても、被疑者・被告人の立場で取調べを受けること自体が、非常な精神的負担であるし、取調べに応じている間は、通常の市民生活は中断せざるを得ないから、そのことによって行動の自由や経済的自由の面でも負担が追加される。また、身体拘束自体が行動の自由に対する非常に強い制約であるから、逮捕・勾留に伴う肉体的・精神的・物質的負担は、極めて大きいといわなければならない。

さらに、法的には無罪が推定されるとはいっても、社会的には、とりわけ身体拘束がなされた以降は、社会から犯人ではないかとの疑いをかけられ、名誉を傷つけられる。また、犯人ではないかとの疑いに基づいて、これまで築いてきた人間関係の断絶を迫られる。典型的には、勤めていた職場を本意ではない形で失い、友人や場合によっては家族からも信用を失い、社会的に孤立させられてしまう。これらの社会的反応によって生じる負担も無視しえない大きさを持っている。

しかし、これらのさまざまな負担を本来、すべて被疑者・被告人が背負わなければならないものなのかは疑問のあるところである。とりわけ、被疑者・被告人がのちに無罪となった場合には、結果的にみれば、被疑者・被告人の立場に起因して生じたこれらの負担は、本来、原則としてすべて負う必要がなかったものといわなければならない。もちろん、刑事手続過程においては、手続の進展に応じて事実が徐々に解明されていくから、刑事手続のある段階において捜査・訴追機関あるいは裁判所が入手できていた限りの情報に基づけば、一定の嫌疑を持つことがその時点では不合理とはいえなかったと評価すべき場合もある。したがって、結果的に無罪となったからといって、そこに至る刑事手続が直ちにすべて違法になるわけではない。しかし、そうであっても、そのような手続の結果生じた負担を一身に背負わされたのは被疑者・被告人であり、被疑者・被告人が被った損失を補償すべきであることに変わりはないといえよう。刑事手続への関与を強いるという形でこれらの負担を生じさせた国家に対して、被疑者・被告人であった者は、国家機関による行為が違法であった場合であれ、適法であった場合であれ、自らが被った損害について一定の範囲で補償を請求する権利を有するのは当然のことといえよう。

いかなる範囲で補償請求権を認めるべきかについては、理論的には様々な議論がある。たとえば、身体拘束以外の不利益は、公権力の行使に伴って通常生ずべき不利益の範囲に属するとして、補償に否定的な見解がある一方で[8]、拘禁によって生じる精神上の苦痛のみならず名誉侵害による精神上の苦痛を織り込んで補償すべきという意見[9]や、被疑者とされてから無罪になるまでの社会的に「犯罪者」としての苦痛を味合わされた期間について、その長さに応じた補償額を考えるべきといった意見[10]もある。実際、非拘禁補償について、かつて、国会で本格的に議論されたこともある[11]。社会的反応に伴って生じた負担の回復の在り方についても、検討すべき点が少なくない。しかし、少なくとも、被疑者・被告人が刑事手続に関与させられたことによって負う直接的な手続負担が補償の対象になりうることは明らかである。そして、直接的な手続負担のうち、最も大きく中心的な負担が、身体拘束に伴う負担であることは疑うべくもない。憲法四〇条が「何人も、抑留又は拘禁された後、無罪の裁判を受けたときは、法律の定めるところにより、国にその補償を求めることができる」と定めたのも、被疑者・被告人の身体拘束に伴う甚大な損失を直視し、その補償の必要を正面から認めたゆえにほかならない。

以上にみてきたように、刑事補償の理念は、被疑者・被告人が、結果的にみれば負う必要のなかった身体拘束による負担を負わされたことによって生じた損失を補償し、社会的公平・正義の実現を図るというところにある[12]。刑事補償法の各条文の解釈に当たっても、この理念を踏まえて、適切な解釈および結論を導く必要がある。このことは、本稿で論じようとしている憲法四〇条および刑事補償法一条にいう「無罪の裁判」の解釈に当たっても同様であり、縮小認定された被疑者・被告人が抑留・拘禁によって被った負担を最終的に、被疑者・被告人であった者に負担させたままにすることに正当な理由があるか否かという観点から、検討する必要がある。

Ⅲ　刑事補償の範囲〔1〕——対象事実の観点から

1　裁判例の進展

「無罪の裁判」を受けた者が、「未決の抑留又は拘禁」を受けた場合の意味について、裁判例では、無罪事実と有罪事実との区別という観点と、その区別を前提としてさらに無罪事実と身体拘束事実との関係という観点から論じられ、判例理論として徐々に発展してきている。本事案との関係でまず問題となるのは、前者の無罪事実と有罪事実との区別の点であるから、以下では、前者に関する判例および学説の検討から始めることとする。

裁判例では、早くも京都地決昭和三二年五月一〇日[13]が、「主文において無罪の言渡をしないが、判決の理由中において無罪である旨の判断を示す場合をも含む」との判断を示している。京都地決昭和三二年は、路上での喧嘩が発端となって、被告人が被害者を殴打暴行したうえ、刃物で刺し、死に至らしめたとされた事案であるが、京都地決昭和三二年の本案判決は、殴打暴行の点については、暴力行為等処罰に関する法律違反で有罪の判決を言い渡し、傷害致死罪については犯罪の証明がないが、暴力行為等処罰に関する法律違反と単純一罪の関係にあると認め主文で無罪の言渡しをせずに理由中にその旨を判示したというものである。

また、大阪高決昭和四四年二月三日[14]は、騒擾罪と威力業務妨害罪との科刑上一罪の場合について、「『無罪の裁判』とは必ずしも判決主文において無罪の言渡をした場合に限らず、判決の理由中で科刑上一罪の一部について無罪の判断を示した場合をも含む」と判断している。しかも、この判断は、無罪となった「右騒擾の性質、事案の内容等に照らすと、〔有罪となった〕威力業務妨害その他の事実も、その法律面はともかく、具体的社会的事実の面ではほとんど騒擾の組成事実中に含まれているのであって、法律面を離れた具体的社会的事実の面では騒擾のほかにとくに問題となる点はきわめて少なく」という事実認識を前提としてなされている。つまり、法律上、科刑上一罪の関係と位置付けられるのか、単純一罪の縮小認定と位置付けられるのかは補償すべきかどうかを決める決定打になるわけではなく、具体的社会的事実として有罪を認定することのできない事実の存否が重要であることが示唆されている。

さらに、刑事補償法二五条は、免訴又は公訴棄却の判決の場合であっても、無罪の裁判を受けるべきものと認められるべき充分な理由があるときは、刑事補償の対象とすることを規定している。つまり、法律自体が、「無罪」という言葉が判決文中に存在するか否かという点にこだわってはおらず、実質的に無罪とすべき事実の存否を探索し、無罪とすべき事実が認定できれば補償可能であることを予定しているのである。そして、実際に、いわゆる横浜事件では、刑事補償法二五条を適用して免訴判決に対して刑事補償を認める決定が出された[15]。

確かに他方で、東京高決平成一五年八月四日は[16]、「『無罪の裁判』とは、判決主文において無罪の言渡しがなされた場合に限らず、判決理由中において科刑上の一罪及び包括一罪の一部の事実について無罪である旨判示された場合も含むが、単純一罪の構成要件事実につきその一部を認定しこれにつき有罪の言渡しがなされたいわゆる縮小認定の場合や本件のように窃盗が主位的訴因で盗品等無償譲受けが予備的訴因であり、前者が認められず、後者が認められて有罪とされた場合は含まれない」と判示している。しかし、縮小認定の場合と東京高決平成一五年の事案のような予備的訴因の場合とを同列に論じることは妥当ではないように思われる。なぜなら、東京高決平成一五年の事案は、ある犯罪を組成する事実の一部を取り出して有罪と無罪とに区別したというよりも、社会的に見れば、「一緒に現金等を盗んで分け合った」という一個の事実全体を対象にして、法的評価を変えたにすぎず、具体的社会的事実として無罪にすべき事実が存在したとはいえないような事案だからである。

以上のような判例の傾向は次のようにまとめることができるだろう。第一に、単純一罪の縮小認定の場合も、刑事補償の対象とすることが一律に否定されるわけではない。第二に、形式的に判決文中のどこかに「無罪」という言葉が存在するか否かは補償の可否を決する決定的要素とは言えない。第三に、補償の可否を決するにあたってより重要な要素は、むしろ具体的社会的事実として有罪を認定することのできない事実の存否の点にある。

2 学説の分析

ところで、一般に、学説は縮小認定の場合には刑事補償の対象にはならないと解している、と理解されている。[17] しかし、学説をよく見ると、大半は、縮小認定の場合については直接言及していないか、縮小認定の場合の刑事補償を否定した裁判例を紹介するにとどまっている。[18]

逆に、縮小認定の場合が刑事補償の対象にならないことを積極的に支持するものは、わずかな文献にとどまるが、そのうち、縮小認定に対する補償不要説の実質的論拠を示しているものとして岡部信也論文が挙げられる。[19] 岡部論文は、少年補償事件に関する事案について検討したものであるが、あとで検討するように、刑事補償法三条二号のもとでも、裁判例上は、「当該身体の自由の拘束がなされなかったとしたら他の審判事由を理由として身体の自由を拘束する必要があった」かどうかの実質判断を行うものがあるから、少年補償法三条二号と刑事補償法三条二号とは実質的に同趣旨の条文であるといえ、岡部論文の論旨は、刑事補償の場合にも同様に及ぶといえる。そこで、岡部論文の論旨を追うと、同論文において、縮小認定の場合に補償が認められない実質的理由として述べられているのは、「〔少年補償〕法三条二号により補償の要否や程度を決する際の裁量判断の基準が、著しく不明確で不安定なものとなるおそれの存することも、考慮しなければならない」という点に尽きる。要するに、岡部が指摘するところは、無罪部分の事実と有罪部分の事実との区別が明確でないから、裁量判断の基準が不明確、不安定なものになるという趣旨であろう。しかし、縮小認定事案において、本当に、無罪部分の事実と有罪部分の事実との区別は補償を認める不都合はないといえるように思われる。
困難なのであろうか。仮に、両者の区別がそれほど困難でないのであれば、逆に、縮小認定の場合であっても刑事

3　本件への応用

以上の判例および学説の整理を踏まえて、本件について刑事補償の対象とすることの可否について検討する。

確かに、本件の本案判決では、判決文中で「無罪」という言葉は使われておらず、京都地決昭和三二年五月一〇日の本案判決では、「無罪」という言葉が使われているようである。しかし、この違いは、偶然的事情によるところが大きい。本件の本案判決では、「故意にAの前胸部に何らかの方法で強い力を作用させる暴行を加えた旨の事実を認定した点について、原判決には事実の誤認があるというほかなく、その暴行がなければAが死に至ったとは認められないというべきであるから、その誤認が判決に影響を及ぼすことは明らかである」と述べられている。最後のフレーズが「その誤認が判決に影響を及ぼすことが明らかである」という表現になったのは、言うまでもなく、第一審判決について事後審的な審査をするという控訴審の構造と、それを反映した刑事訴訟法三八二条の文言に原因がある。もし、本案事件で第一審判決が、控訴審判決と同様の事実認定をしたならば、最後のフレーズは「傷害致死罪についてはは刑事責任を問うことはできない」という表現になったはずである。そしてこのような表現であれば、「刑事責任を問うことはできない」は限りなく「無罪」と同義であることを否定する者はいないであろう。[20]一方、京都地決昭和三二年の本案判決は、結果的に見れば単純一罪であった事実を検察官が誤って二罪として起訴してしまったがゆえに、訴因に掲げられていた傷害致死罪について犯罪が成立しないことを明確にするために、訴因に対する応答として無罪であることを宣言する必要があったのであろう。京都地決昭和三二年の事案で、仮に検察官が、暴力行為等処罰に関する法律違反と傷害致死罪との二罪に分けずに、傷害致死罪だけで起訴していたら、京都地決

昭和三二年の事案の本案判決も、「暴力行為の限度で有罪とすることはできるが、傷害致死罪については刑事責任を問うことはできない」という表現になっていても全く不思議ではない。つまり、「無罪」という言葉が使われるか、それとも「刑事責任を問うことはできない」という言葉が使われるかの選択は、最終的に確定した事実認定を行った裁判所が、第一審か控訴審かという事情および、確定した事実認定に照らして回顧的に見たときに当初の検察官の訴因が確定事実認定の罪数判断と一致していたか否かという事情に左右されるのである。しかし、これらの事情はいずれも偶然的事情であり、被告人がコントロールできる事情ではない。そのような偶然的事情で、刑事補償の可否が左右されるのはいかにも不合理であるといわざるを得ない。

そうすると、刑事補償の可否は、具体的社会的事実として有罪を認定することのできない事実があるか否か、そして、その事実が有罪を認定できる事実と明確に区別可能か否か、によって決められるのが合理的といえよう。この二つの観点から評価するとき、本件の場合、刑事補償を肯定することに不都合がないことは明らかである。なぜなら第一に、本件本案判決が認定するように、致死に至らしめる暴行の存在について合理的疑いを超える証明はなされておらず、傷害致死の点で、有罪を認定することのできない事実が存在するからである。第二に、罪となるべき事実として認定された「平手で顔面を何回か叩いた」等の事実と罪となるべき事実として認定できなかった「前胸部を何らかの方法で強い力を作用させる暴行を加えて」被害者を死に至らしめたという事実とは明確に区分可能であるからである。後者の点は、未決拘禁期間全体のうちどの範囲の抑留・拘禁が刑事補償の対象となるかを判断するうえで重要な意味を持つので、以下では、さらにこの点に焦点を当てて、判例・学説の検討を行うこととする。

Ⅳ　刑事補償の範囲〔2〕――身体拘束の利用関係から

1　実質的利用関係の判断基準

一個の裁判中に有罪あるいは不起訴の事実と無罪の事実とが含まれている場合に、当該裁判に対応する身体拘束期間中のどの範囲が無罪の事実に基づく抑留・拘禁として刑事補償の対象になるのかが問題となる。この点、逮捕・勾留が事件単位で行われることから逮捕・勾留の根拠となった被疑事実や公訴事実を基準に判断し、形式的に無罪の被疑事実・公訴事実に基づく逮捕・勾留部分のみを補償の対象にするという考え方は、判例上も早い段階で放棄されている。すなわち、まず未決勾留の本刑算入について最判昭和三〇年一二月二六日が[21]、次いで、刑事補償についても、最決昭和三一年一二月二四日が[22]、形式的に当該抑留又は拘禁の基礎とされた事実が何であれ、実質的に無罪となった事件のために利用された抑留又は拘禁であれば、補償の対象になるという考え方を取ることを明らかにした。すなわち、刑事補償について、最決昭和三一年は、「憲法四〇条にいう『抑留又は拘禁』中には、無罪となった公訴事実に基く抑留または拘禁はもとより、たとえ不起訴となった事実に基く抑留または拘禁であっても、そのうちに実質上は、無罪となった事実についての抑留または拘禁であると認められるものがあるときは、その部分の抑留及び拘禁もまたこれを包含するものと解するを相当とする」と判示し、実質的利用関係に基づいて判断することを明示したのである[23]。そして、実質的利用関係に基づいて判断するという判例の考え方は、学説上も、広く支持されている。たとえば、熊谷弘は、未決勾留日数の本刑算入や刑事補償の関係で、被勾留事実の取調べのために事実上利用された別事実の勾留をどういう風に取り扱うかというのは、既に発生した既成事実の事後処理の問題であり、勾留自体の将来的処理の問題を取り扱う勾留の要件や権利保釈の条件などと別意に取り扱っても理論的矛盾とは言えないと整理したうえで、既に別件勾留を利用して取調べが行われてしまった以上は、形式的に事件単位原則を貫き、未決算入を認めなかったり、刑事補償を拒否すれば、かえって被告人の利益を害すると指摘する。[24]また、鈴木義男も、形式的に処理しようとすれば、多数の事実について審理・捜査が行われる場合に、いかなる事実を基礎として勾留が行われるかという主として偶然に左右される事情によって、未決勾留日数の通算や刑事補償の可否が決するという不合理、不公平を避けることができないとして、判例の実質的思考方法を支持する。[25]

そうすると、次に、実質的利用関係の有無をいかなる要素・基準を用いて判断するかという点が問題となる。最決昭和三一年は、「無罪となった事実についての取調が、右不起訴となった事実に対する逮捕勾留を利用してなされたものと認められる場合においては、これを実質的に考察するときは、各事実につき各別に逮捕勾留して取り調べた場合と何ら区別すべき理由がない」と判示して、さしあたり、当該抑留拘禁中に無罪となった事実の取調べが行われていたかどうかを判断の基準とした。学説上も、「無罪となった事実の取調に利用されている限り」で刑事補償の対象になると解するものがある。[26]

しかし、実質的利用関係が認められるのは当該逮捕勾留が、無罪となった事実の被疑者取調べに利用されている場合に限られるかについては、異論もあり得る。実際、最決昭和六一年一二月一九日に付された林藤之輔裁判官の補足意見では、無罪とされた事実関係についての「核心に迫る捜査」が行われていることが必要とされた。[27]林裁判官は、核心に迫る捜査の意味をさらに敷衍して、「一般に被疑者を逮捕、勾留した場合に当該被疑事実について行われるようなものであって、右事件につき、できる限り早く起訴、不起訴等の処分を決するために必要とする捜査でなければならないと考える。被疑者取調べが行われていれば、原則的にこのような捜査であるといってよいが、被疑者取調べがなくても、共犯者、目撃者、被害者等の取調べが右のような目的のもとに行われている場合も同様に解してよい」と判示し、被疑者取調べ以外の捜査であっても実質的利用関係が認められる余地があることを示唆した。学説でも、追及材料が整い次第、無罪となった本件取調べの再開を見込んで別件勾留を続けており、別件についての取調べに対する弁解による情報が本件捜査の手掛かりになっていたといった程度の別件と本件との捜査の一体性があれば、本件（無罪）事件の取調べが現実に行われていなくても、実質的利用関係を認めてよい[28]、乙事実の捜査が無罪となった甲事実の解明のためであったという両罪の密接な関係に着目し全体的に考察すると、乙事件の拘禁中に甲事件について何らかの捜査が行われていれば足りる[29]、両事実が密接に関連する事案では、乙事実の勾留中に乙事実について実施された捜索の際に押収された証拠物が無罪となった甲事実の解明に利用される可能性がなかったわけではないことを考慮すると、乙事実による勾留日数を含める余地がある[30]、必ずしも被疑者取調べが行われたことを要せず、一般に被疑者を逮捕・勾留した場合に当該被疑事件について行われるような密度の濃い捜査がなされていれば足りるなど[31]、無罪事件のための抑留拘禁の利用を被疑者取調べがあった場合に限定しない考え方が主流であるといってよい[32]。

2 無罪事実と有罪事実との利用の競合

ところで、実質的利用関係の判断について、実質的に見てもっぱら無罪事件のための抑留・拘禁である場合には、全部補償することについて争いはないが、ある身体拘束期間について、無罪事件の利用と有罪事件の利用とが競合している場合に、どのように判断するかという問題が生じる。そして、この場合については、裁判例は二通りの解釈に分かれているとされる。一連の裁判例を検討した松代剛枝の分析によれば[33]、一つは、当該未決の抑留又は拘禁が有罪事件にも利用されている限りは一切補償の対象外とする解釈である。たとえば、東京高決昭和五四年四月二三日は[34]、「捜査官は請求人に対し本件第一事実により逮捕勾留中、その捜査と併行して本件第二事実についても捜査を行い、請求人を取り調べたうえ、両事実を併せて一個の起訴状により公訴を提起し、起訴後、両事実は併合審理されており、かつ、本件第二事実は、その罪質、規模、態様、関係証拠等からみて実質的に勾留の要件を備えており、当初から本件第一事実についての身柄拘束がなければ当然、本件第二事実によって逮捕、勾留が行われていた関係にあったことが認められる。してみると、本件未決の抑留又は拘禁は、全期間を通じて有罪となった本件第二事実のための身柄拘束に役立っているものであり」、全部補償しないのが相当であると結論付けている。

これに対して、もう一つの解釈は、競合期間の日数を有罪・無罪事件各々に利用された割合に応じて按分し、無罪部分に利用された分について補償を行うとする。たとえば、東京高決昭和五九年一一月二〇日[35]は、「本件器物損壊の事実は、殺人未遂の事実と比較して格段に軽微なものということができる。しかしながら、それだからといって、本件殺人未遂の被疑事実がなく、器物損壊の被疑事実のみであったならば、請求人に対する抑留、拘禁がされなかったであろうと即断することはできない。……本件器物損壊の事実についても、逮捕、勾留の要件はあったものと認めるのが相当である。そこで、本件器物損壊の事実についても適法な抑留、拘禁がなされたものとして、第一審の審理に要したとみられる日数を算出すると、右事実に関する証拠書類、証人及び被告人の取調べに要する日時等を考慮すれば、少くとも六〇日は必要であったものというべきであり、従って、残りの抑留、拘禁日数は、すべて無罪とされた殺人未遂の事実の審理に必要な日数であったものというべきである」と判示している。このうち、実質的利用関係に基づいて判断するという判例の趣旨に沿うのは、明らかに後者の解釈であろう。松代が指摘するように、前者の解釈では、「実質に即した補償という考えの本来意味する処からは、外れることになりかねない[36]」のである。

3　本件への応用

以上の判例および学説の整理を踏まえて、本件についていかなる範囲の抑留拘禁期間につき、刑事補償の対象とするべきか、検討する。

本件の場合、有罪とされた暴行の態様が、無罪とされた傷害致死に至る暴行の態様に比べて著しく軽微であることや、量刑が罰金二〇万円であり、傷害致死罪の成立を認めた第一審判決の懲役八年と比べて著しく軽いことを考慮すると、本件の逮捕・勾留は取調べも含めてもっぱら無罪事件の捜査のために利用されていたと解する余地も相当程度高いといえよう。実際、有罪となった暴行行為の点だけにしか及んでいない取調べがあったとは容易に想像しがたい。また、有罪となった暴行行為だけであれば、そもそも逮捕・勾留の要件を充たさなかった可能性もあり、仮にそうだとすれば、ますます本件における抑留拘禁はその全期間が無罪となった事実のために利用されたと評価されるべきことになろう。

しかし他方で、本案控訴審判決は、罰金二〇万円につき、罰金額に満つるまでとして、五〇日分、未決勾留日数の本刑算入を行っている。このような対応は、本案控訴審が、少なくとも本刑算入を行った部分については、有罪とされた事実のために本件抑留・拘禁が利用されたとの評価をしていることを前提にしないと説明がつかない。そうすると、なるほど本件は、社会的事実としては傷害致死部分の割合が非常に高いが、有罪となった暴行行為の捜査も傷害致死事件の捜査の一環として、割合的にはごく少ないであろうが、全く行われていないわけではない（だからこそ、その事実を主張・立証できたといえる）。また、本件は、同居の親族内の犯罪であるので、暴行行為自体は軽微とはいえども、罪証隠滅を疑うに足りる相当の理由の存在を認める判断が全く不合理とまでは言えず、有罪になった事実のみでも逮捕・勾留された可能性があったことを前提に実質的利用関係を判断することもぎりぎり許される場合であったといえよう。それゆえ、本案控訴審判決が、全体の抑留拘禁期間から見れば非常に少ない有罪の事実に利用された割合について、本刑算入によって清算したと解釈することも可能である。そうすると、本刑算入によって清算されていない部分の抑留拘禁期間はすべて無罪事実に利用された抑留拘禁期間と見るべきことになり、一〇八二日から五〇日分を減じた一〇三二日分が補償されるべき日数となる。

V 費用補償

費用補償は、無罪の判決が確定したときに、国が被告人であった者に対して裁判に要した費用を補償する制度である。従来、無罪となった者の訴訟費用のうち、第一に、訴訟の過程で裁判所が負担した部分に関しては、刑事訴訟法第一編第一五章の規定により、原則として被告人であった者に負担させないこととしている。また、被告人であった者が訴訟の過程で負わされていたさまざまな負担のうち、身体拘束に対する補償は、これまで論じてきた刑事補償法によってなされる。しかし、それだけでは、被告人であった者が自ら支出した費用はカバーされない。たとえば、被告人は、客観的には無罪であっても、公判期日への出頭を義務付けられるだけでなく、効果的な防御活動を行うには弁護人を選任してその援助を受ける必要が生じるが、そのためには相当額の費用を要する。そこで、被告人であった者が応訴を余儀なくされたことによってこうむった財産上の損害については、国がこれを補償するのが衡平の精神に合致するとされ、刑事訴訟法一八八条の二以下において、費用補償の制度が設けられている。(37)

このように、被疑者・被告人が結果的にみれば負う必要のなかった負担を負わされたことによって生じた損失について補償するという理念において、刑事補償と費用補償とは共通の理念・目的を有している。したがって、費用補償の具体的な在り方を考えるに当たっても、基本的な考え方は、刑事補償について論じてきたことと変わらないし、変える必要はないことになる。

そうすると、縮小認定の場合も、有罪部分の事実と無罪部分の事実に区分し、無罪部分に要した費用が補償されると考えればよい。科刑上一罪などの場合を想定してではあるが、従来、一般に、無罪となった事実の審理に要した費用が他の部分と可分できるときは区別して補償し、無罪の審理に要した費用が他の部分と混在して区別できないときは、無罪部分の審理の具体的状況を勘案して、割合部分を補償するという方法が取られてきたので、[38]この手法を本件でも応用すれば足りる。割合の算出の点では、本件本案判決が未決勾留日数の本刑算入で用いた割合（無罪部分一〇三二：有罪部分五〇）が参考になるだろう。

Ⅵ　本稿の到達点と残された課題

本稿での検討の結果、縮小認定のうち、少なくとも、傷害致死罪と暴行罪のように起訴された罪名と有罪を認定された罪名とが異なる類型の場合には、一部無罪部分について、刑事補償を認めることが、刑事補償法の解釈論として可能であり、かつ正当であることが明らかになったものといえる。罪名が異なるということは、各犯罪を構成する構成要件のうち、どの部分の構成要件事実が認定でき、どの部分の構成要件事実を認定できなかったのかを明確に区別することができることを意味するからである。すなわち、起訴罪名と罪責認定罪名とが異なる場合には、無罪となった事実を明確に画定することに困難はなく、したがってまた、刑事補償をすべき範囲を確定することにも困難はないのである。無罪となった事実が存在し、その存在を明確に浮き彫りにできるにもかかわらず、その部分に対する刑事補償を行わなくてよいとする理由は何ら存在しないと言わなければならない。

他方で、現行の刑事補償法の解釈では解決しがたい問題が残ることもまた明らかになったと言えよう。たとえば、本事案が、当初から暴行罪で起訴されたうえ、長期にわたる未決勾留がなされたとした場合、無罪と評価すべき事実が存在しないから、未決算入で清算しきれなかった未決勾留期間について、現行法上は補償する手段が存在しない。[39]

また、罪名をまたがない縮小認定の場合に、刑事補償が及ぶかどうかは、罪名をまたぐ縮小認定の場合ほどには明らかではない。たとえば、被害者を三〇日間監禁したという監禁罪で起訴されたが、判決ではそのうちの三日分しか認定されなかった場合や、傷害罪で起訴されて傷害罪の成立が認定されたが、そのうちの一部の行為については認定されなかった場合にも、理論的には、罪責認定できない事実部分が存在するのは確かであるが、罪責認定できる事実とできない事実との区別は、構成要件で区別できないことから、罪名をまたぐ縮小認定の場合ほどには明確ではないかもしれない。さらに、罪責認定できなった事実の捜査・裁判に利用された勾留部分と罪責認定できた事実の捜査・裁判に利用された勾留部分とを分けることができるのか、という問題も残る。

これらの問題を抜本的に解決するためにはやはり、別稿で論じたように、被疑者・被告人が負った手続的負担のうち最も重大・深刻な負担である人身の自由に対する法益侵害は、裁判の結果がどのようなものであれ、被疑者・被告人であった者に最終的に転嫁することは正当化されず、未決拘禁に対する負担は完全に清算されなければならないという理念に基づき、刑事補償法および未決算入制度について法改正を行うことが必要である。

(1) 渕野貴生「未決拘禁の清算」『浅田和茂先生古稀記念論文集』(成文堂、二〇一六年刊行予定)。
(2) 刑事補償および費用補償請求に対する決定、異議審決定、特別抗告審決定は、松森美穂弁護士より提供を受けた。貴重な資料を提供していただいたことに対して、感謝の意を表したい。
(3) 大阪地判平成二六年二月二〇日LEX/DB25503200。
(4) 大阪高判平成二七年三月一一日LEX/DB25506217。
(5) 大阪高決平成二七年七月一六日判例集未搭載。
(6) 大阪高決平成二七年一〇月三〇日判例集未搭載。
(7) 最決平成二八年一月二二日判例集未搭載。
(8) 山本和昭「刑事訴訟法の一部を改正する法律の解説(一)」法曹時報二八巻七号(一九七六年)四〇頁以下。

（9）参照、横山晃一郎『誤判の構造――日本型刑事裁判の光と影』（日本評論社、一九八五年）一九三頁。なお、諸澤英道「刑事補償――身柄拘束事件だけに限定は疑問」法学セミナー四二七号（一九九〇年）五六頁も、拘禁されない者も、捜査の対象となり、時にはマスコミで扱われ、人々の噂の的になり、引っ越しを余儀なくされ、職場・学校を追われることになるのであって、「被疑者または被告人として扱われた者の受ける精神的・肉体的ダメッジは、抑留や拘束の有無によって、それ程大きな差があるわけではない」と論じ、補償の範囲を身体拘束に限定しない考え方を取る。ただし、諸澤は一方で、無罪であっても、嫌疑が全面的に解消しない場合にも補償することは疑問とする。

（10）福島至「再審無罪者に対する十分な補償・序説」龍谷法学二七巻四号（一九九五年）三九頁以下。

（11）国会での議論の経過については、参照、鴫谷潤「これからの冤罪補償を考える」立法と調査二七〇号（二〇〇七年）七四頁以下。

（12）渡辺修「別件逮捕・勾留と刑事補償――最高裁二小決定昭和六一年一二月一九日・判時一二三九号一四五頁によせて」神戸学院法学一九巻一号（一九八八年）八八頁、横山・前掲注（9）二〇〇頁。

（13）京都地決昭和三二年五月一〇日判時一一四号四三頁。

（14）大阪高決昭和四四年二月三日刑月一巻二号一二五頁。

（15）横浜地決平成二二年二月四日LEX/DB25462561。同決定の意義については、参照、佐藤博史「画期的な、横浜事件・刑事補償決定」世界八〇三号（二〇一〇年）二九頁以下、高倉新喜「免訴判決を受けた場合の刑事補償の適否（横浜事件）」法学セミナー増刊『速報判例解説』七号（二〇一〇年）二〇一頁以下。

（16）東京高決平成一五年八月四日東高刑時報五四巻一～一二号五九頁。

（17）古い文献に多い。たとえば、参照、最高裁判所事務総局『新刑事補償法逐條解説』（一九五〇年）三頁、高田卓爾『刑事補償法』（有斐閣、一九六三年）五七頁、横井大三『新刑事補償法大意』（立花書房、一九五〇年）五二頁以下。

（18）松尾剛行「実務家のための判例中心刑事補償法の基礎（上）」季刊刑事弁護七〇号（二〇一二年）一六五頁、龍岡資晃「執行猶予付の本刑に算入された未決勾留と刑事補償」『最高裁判所判例解説刑事編（昭和五五年度）』（法曹会、一九八九年）三七九頁注六。

（19）岡部信也「犯罪事実の一部が認められない場合と『一部の審判事由の不存在』」田宮裕編『少年法判例百選』（有斐閣、一九九八年）二〇一頁。

（20）本事案を検討した松宮孝明も「その誤認が判決に影響を及ぼすことが明らかである」という部分が、刑事補償法一条一項にいう「無罪の裁判」に当たると解釈し、刑事補償の請求を認めるべきと論じている。参照、松宮孝明「単純一罪の一部に対する刑事補償について」立命館法学三六三＝三六四号下巻（二〇一六年）八五一頁。
(21) 最判昭和三〇年一二月二六日刑集九巻一四号二九九六頁。
(22) 最決昭和三一年一二月二四日刑集一〇巻一二号一六九二頁。
(23) その後、実質的利用関係の有無に従って判断した裁判例として、東京高決昭和六〇年七月一〇日東高刑時報三六巻六＝七号五一頁、東京地決昭和四六年一一月一八日刑裁月報三巻一一号一五八六頁、東京地決昭和四五年九月三〇日刑裁月報二巻九号一〇二〇頁、東京高決昭和三五年七月一三日高刑一三巻五号四一九頁、東京地決昭和四八年七月一二日刑月五巻七号一一六二頁、広島高決昭和四八年二月一四日判時六九四号一二一頁。
(24) 熊谷弘「刑事補償法第一条第一項に所謂『未決の抑留又は拘禁』には不起訴事実に基づく抑留、拘禁を含むか？」判例タイムズ一五一号（一九六三年）六九頁。
(25) 鈴木義男「勾留の効力の及ぶ犯罪事実の範囲」法学セミナー一三号（一九五七年）七一頁。
(26) 熊谷・前掲注（24）六八頁。三井明「憲法四〇条の『抑留又は拘禁』及び刑事補償法第一条一項の『未決の抑留又は拘禁』の意義」『最高裁判所判例解説刑事篇　昭和三一年度』（法曹会、一九五七年）四一九頁は、少なくとも無罪事実の取調べがなされた期間中の勾留に対しては補償がなされるべきとする。
(27) 最決昭和六一年一二月一九日判時一二三九号一四五頁。
(28) 渡辺・前掲注（12）八四頁以下。
(29) 田口守一「刑事補償の対象となる未決の拘禁の意義」法学セミナー三九七号（一九八八年）一〇七頁。
(30) 福井厚「刑事補償と余罪」ジュリスト増刊『昭和六二年度重要判例解説』（有斐閣、一九八八年）一九七頁。
(31) 安廣文夫「一　併合罪の各一部につき、第一審、控訴審及び上告審において順次無罪の判決があった場合の刑事補償請求の期間　二　併合罪の各一部につき第一審、控訴審及び上告審において順次無罪の判決があった場合の刑事補償の管轄裁判所」『最高裁判所判例解説刑事篇（昭和五九年度）』（法曹会、一九八八年）四九四頁。
(32) 柳川重規「不起訴になった事実に基づく逮捕・勾留が実質上も無罪となった事実による抑留・拘禁とは認められないとされた事例」法学新報九六巻一＝二号（一九八九年）四八五頁は、事情を総合して判断するしかない、という。
(33) 松代剛枝「未決勾留日数のうち本刑算入部分は刑事補償の対象外になることに鑑み、刑事補償請求上不利益な扱いを受ける部分から順次算入した事例」判例評論五〇〇号（二〇〇〇年）二四〇頁。

(34) 東京高決昭和五四年四月二三日判時九六三号一二〇頁。同様の考え方を取るものとして、東京高決昭和五八年六月一四日高刑集三六巻二号八〇頁。福岡高決昭和四七年三月二一日刑月四巻三号四八四頁、東京高決昭和三四年五月二六日高刑一二巻五号五三九頁、広島家裁福山支決平成六年四月一一日家月四六巻七号一一三頁など。学説でこの立場を支持するものとして、田口直樹「非行なしとされた事実と身柄拘束の関連性」田宮裕編『少年法判例百選』(有斐閣、一九九八年)二〇三頁。

(35) 東京高決昭和五九年一一月二〇日判時一一六〇号一六五頁。同様の考え方を取るものとして、東京高決昭和五八年六月一五日高刑三六巻一号六〇頁、広島高決昭和三一年六月三〇日高刑九巻六号六三八頁、東京地決昭和四八年一〇月一三日刑月五巻一〇号一四一七頁、大分地決昭和四六年一二月二七日刑裁月報三巻一二号一七六一頁。京都地決平成一一年六月一八日判時一六七九号一七一頁もこちらの考え方を取る。

(36) 松代・前掲注(33)二四〇頁。松代はさらに徹底して、「刑事補償と表裏一体の関係に立つ未決勾留日数算入にも刑事補償の場合と同様の『割合』計算を適用し、以て補償日数を最大化することも、あり得る選択肢ではなかったか」(二四一頁)と問題提起している。

(37) 山本・前掲注(8)三七頁以下。高橋省吾「勾留されていた被告人であった者についても、公判期日等に出頭することに伴う積極的損失(いわゆる出頭諸雑費)は費用補償の対象となるとされた事例」刑事法ジャーナル四〇号(二〇一四年)一二七頁。

(38) 最決昭和五八年一一月七日刑集三七巻九号一三五三頁、京都地決昭和五三年一月二五日判時八九八号一二九頁、東京高決昭和五七年九月一六日高刑三五巻二号一八二頁など。

(39) 松宮・前掲注(20)八五四頁も、この問題を指摘している。

評議の秘密に対するアクセス可能性
――公正な裁判を受ける権利からのアプローチ

松本英俊

Ⅰ　はじめに

イギリス(1)において、これまで陪審評議の秘密はコモン・ローおよび制定法上、厳格に守られなければならない規範であった。しかし、近時のインターネットの普及、ソーシャル・ネットワーク・サービス利用者の爆発的な増加を背景に陪審員の周辺的環境も大きく変化してきた。そうした中で、陪審員によるインターネット検索を利用した独自調査とその内容の同僚陪審員への伝達、訴訟関係者へのアクセス、さらには評議内容等の公表といった事例が明らかとなり、法廷侮辱罪に問われることになるなど、このような事態への対応も余儀なくされてきた。また、陪審評議の内容は厳格にその秘密を保持されてきたが故に、時には「ブラック・ボックス」と評され、(有罪・無罪も含めて)事実認定の適切さに対する漠然とした疑念が常につきまとってきたと言える。さらには、被告人の公正な裁判を受ける権利の主張とともに、誤判防止や陪審制度の改善のための学術調査の必要性も主張されてきた。このような背景のもと、法律委員会（Law Commission）による諮問書の公表、各方面からの様々な回答の検討を経て最終報告書が公表されたのち[(2)]、その勧告を踏まえた法案が議会で審議され、評議内容の開示を認める規定を含む「二〇一五年刑事司法および裁判所法」[(3)]（以下、二〇一五年法という）が成立し、二〇一五年二月一二日に国王（女王）の裁可を得て同年四月一三日に施行された。

その結果、イギリス陪審制度における守秘義務が制定法により緩和されることになったが、このことはイギリス陪審史上、画期的なトピックといえるだろう。他方、わが国の裁判員の参加する刑事裁判に関する法律（以下、裁判員法という）では、第九条第二項、第七〇条第一項、第一〇八条で厳格な守秘義務が規定されているが、イギリスと同等かそれ以上に厳格な内容である。日本においても裁判員の守秘義務の緩和が主張されているところ、日本が非常に厳格な守秘義務規定を維持することの意味を再検討するためにも、イギリスの守秘義務緩和から学ぶことは少なくないと思われる。

二〇一五年法は後述のようにその内容は多岐にわたっている。陪審評議の秘密に対するアクセス可能性という本稿の関心に関連する部分について検討し、裁判員制度において同様の問題を検討する際の視点を探りたい。

Ⅱ　二〇一五年法の制定

1　背　景[(4)]

イギリスにおいては、陪審評議は秘密性が守られなければならず、古くから評議の秘密に反する行為はコモン・ロー上の法廷侮辱に当たると考えられてきただけでなく、一九八一年法廷侮辱罪法（以下、法廷侮辱罪法という）第八条では秘密漏示罪が規定されている。評議の秘密に対するこのような二元的規制は評議室の厳格な秘密保持という従来からの歴史とその性質を強力に示している一方で、実体法および手続法を複雑なものにしていた。また、ヨーロッパ人権条約との関係では、公正な裁判を受ける権利および表現の自由と守秘義務との整合性に対する疑念も示されてきた。さらに、最も大きな影響はインターネット環境の普及であった。インターネットを利用した大量の情報収集および発信の容易さにより、陪審員が法廷侮辱罪に該当する可能性のある行為を容易に実行しうるのに対して、このような状況への対応の不備を是正する必要性に迫られていたのである。

こうした背景のもと、改革のためのプロジェクトが立ち上げられることになり、二〇一二年一一月二九日には法律委員会による諮問書が公表され、報告書が二〇一三年一二月九日および二〇一四年三月二六日にそれぞれ公表された（最後の報告書は本稿執筆時で、プロジェクトが休止中のため未公表）。その後、法律委員会報告書の勧告を受けて幾つかの内容が二〇一五年法により実現することになったのである。以下では、本稿の検討対象である、陪審評議の開示について規定した二〇一五年法第七四条の内容を中心に検討する。

2　二〇一五年法第七四条の内容

(1)　二〇一五年法の概観

二〇一五年法は五つのパートに分かれており、九八か条と一六の附則から構成されている。全体を簡単に概観すると、[5]第一部「刑事司法」は、量刑や釈放および撤回、釈放された犯罪者の電子的監視、刑務所における薬物検査、警告などを規定している。第二部「少年犯罪者」は、少年犯罪者の身体拘束、警告などについて規定している。第三部「裁判所および法廷」は、治安判事裁判所の刑事訴訟における新たな手続、少年の刑事法廷への付託、刑事裁判費用の有罪者負担、損害賠償に関する民事訴訟、陪審、報道規制などについて規定している。第四部は「司法審査」について、第五部は「最終規定」について規定している。このように二〇一五年法は大部でその対象は広範囲にわたっている。本稿の関心である第三部「裁判所および法廷」は、さらに一一の小パートに分かれた三八か条により構成されている。小パート「陪審及び軍事法廷の構成員」では、陪審員の非違行為について四つの新たな犯罪（陪審員による情報調査、他の陪審員への調査情報の伝達、その他の禁止行為、陪審評議の開示）を創設しており、これらの規定は誤判を減少することに寄与し、陪審員の非違行為の処置について整備し、さらには陪審員の権利保障にも資するものと考えられている。[6] 評議の秘密に関する規定は同パートの第七四条「陪審評議の開示」（および附則第一三、一四条）に規定されている。そして、同条第一項により、陪審員の犯罪について規定している一九七四年陪審法（以下、陪審法という）の一部を改正することで、同法第二〇条に陪審評議の開示罪とその例外規定がおかれることになった。さらに、二〇一五年法第七四条第二項により、法廷侮辱罪法第八条（陪審評議の秘密）は廃止されることになったのである。

(2) 陪審評議の開示罪[7]

陪審法第二〇条Dは陪審評議の開示罪を規定しており、同条D(1)では簡潔に評議内容にかかる情報（陪審員による陳述、意見、議論もしくは投票）を開示することおよびその情報を要請しまたは獲得することを「犯罪」としている。その内容は法廷侮辱罪法第八条第一項とほぼ同様である。そして、開示罪の訴追および審理手続と法定刑が陪審法第二〇条D(2)およびD(3)で規定され、本罪は法務総裁が手続を開始する正式起訴により審理されること、法定刑は二年以下の拘禁または罰金もしくはその併科とされた。

(3) 例外規定

陪審法第二〇条EないしGでは、開示罪の例外を規定している。評議内容を開示する可能性のある者として、主に裁判官と私人を規定しているが、私人として想定されるのは基本的には陪審員であるが、それ以外の者も含まれうる。私人による開示罪の例外規定の内容は、第二〇条Ｅ(1)では通常の手続過程における陪審による情報の開示を、第二〇条Ｆ(1)では被開示者と陪審員による開示段階を限定した上での開示行為を例外としている。前者の規定は法廷侮辱罪法第八条(2)(a)とほぼ同内容であり、後者の規定が新たな例外として創設されたものである。

そこで新規定である後者の例外規定についてみると、まず、開示段階は陪審の解散後でなければならない（第二〇条Ｆ(1)(a)）。任務中の開示罪の例外は第二〇条Ｅ(1)に規定する場合のみということになる。次に、開示行為については、同僚陪審員の犯罪や違法行為と思われる行為の存在または同僚陪審員による行為が上訴の根拠を提供しうると合理的に信じて情報を開示することを例外としている（第二〇条Ｆ(1)(b)）。なお、法定被開示者は、警察官や裁判官などである（第二〇条Ｆ(2)）。

さらに、評議内容に係る情報を要請することおよび獲得することも犯罪とされているが、第二〇条Ｇではこれらの行為に対する例外が規定されている。その内容は、同条ＥおよびＦで例外とされた情報の要請および獲得は犯罪とならないというものである。

Ⅲ　二〇一五年法第七四条の検討

評議内容の開示罪の例外は、二〇一五年法で新たに創設されたその他の三類型の犯罪と密接に関わっている。背景でも述べたように、インターネット環境の急速な発展により、陪審員が容易に法廷侮辱等の行為を犯してしまう危険が増大してきた。このような行為は陪審制度の信頼を損ない、被告人の公正な裁判を受ける権利をも侵害しうるものなので、このような行為の防止策を求めることは自然なことであった。もっとも、犯罪化するかどうかということはまた別の問題であり、刑事実務における陪審員に対する指示の徹底や教育など実務上の処理により対応が可能であれば、犯罪化して処罰の対象とする必要はなかったはずである。犯罪化することなく問題への対応が可能であれば、開示罪の例外を検討する必要性もそれほど高くはなかったかもしれない。それでも、法廷侮辱等の行為の危険に対応するために採用された手段は行為の「犯罪化」であり、このような行為の調査のために評議の秘密へのアクセスを例外的にでも認めるということであった。本来、評議の秘密はコモン・ロー上も厳格に守られてきた重要な要素であり、その秘密へのアクセス可能性の議論は慎重に進められてきたが、評議の秘密に踏み込んだ背景には刑事司法への信頼確保やヨーロッパ人権条約上の公正な裁判を受ける権利に関する見解も影響していたようである。そこで、以下では、最初に開示罪の例外の検討に必要な範囲で、開示罪以外の新たな三つの犯罪類型の内容とその特徴を概観し、公正な裁判を受ける権利という観点から開示罪の例外との関係について確認する。その後に、評議の秘密について検討する。

1　新たな犯罪類型

(1)　第一類型：陪審員による情報調査

陪審法第二〇条Ａ(1)では、「審理中の陪審員が審理期間内に事件に関する調査をすることは犯罪となる」と規定し、意図的に情報を探索すること（第二〇条Ａ(2)(a)および(b)）が犯罪であるとしている。情報調査方法はインターネット検索のほか、質問すること、特定の場所や対象を訪問しまたは詳細に調査すること、実験すること、他者に情報を探索するよう依頼すること（第二〇条Ａ(3)）である。そして、探索してはならない情報とは審理判事、弁護士や証人など審理に関与する人物、事件および手続に関する証拠法についての情報である（第二〇条Ａ(4)）。

(2)　第二類型：他の陪審員への調査情報の伝達

陪審法第二〇条Ｂ(1)では、同条Ａに反し、かつ、当該情報が裁判所により提供されていない場合に、調査内容を他の陪審員に伝えることが犯罪となる。

(3) 第三類型：その他の禁止行為

陪審法第二〇条C(1)では、上記二つの犯罪の他に禁止される行為を陪審員が意図的に実行することを犯罪として規定している。「禁止行為」とは、「当該手続において提出される証拠に明らかに先入観をもって事案を審理しようとしていると合理的に判断できるような行為（第二〇条C(2)）」を言う。この場合、陪審員は当該行為が禁止行為であることを知っているかどうかにかかわらず犯罪として成立する（第二〇条C(3)）。

(4) 新犯罪類型の特徴

これら、新たに創設された三つの犯罪類型はいずれも開示罪と同様に正式起訴犯罪とされ、法定刑も同一である。また、陪審員による情報調査の罪と情報伝達の罪はそれぞれ成立しうるが、その他の禁止行為は前二条に該当しない場合にのみ成立する。

第一類型の犯罪はまさに、二〇一五年法が成立する背景にあったインターネットの普及の結果示されてきた懸念やそれへの対処の必要性から制定された内容と言える。しかしながら、同法によってカバーされるのは、インターネット検索に限らず、広範囲にわたる検索方法および検索対象であり、徹底した検索の禁止を規定している。しかも、二〇一五年法では第六九条および第七〇条（第六九条により陪審法第一五条Aが、第七〇条により二〇〇三年裁判所法第五四条Aが追加された）で電子通信機器を制限する裁判所の権限についても規定しているので、情報調査の規制はより一層徹底した内容になっている。陪審任務という負担に加えて、更にこのように厳格な禁止規定を置いたのは、公正な裁判を受ける権利の保障という価値を維持することを重視したからのようであるが、犯罪としての同法の謙抑的・例外的な適用と陪審員への教育的指導の重要性も主張されているところである(8)。

第二類型の犯罪は法律委員会の勧告から直接起草されたものではなかったが、情報調査の罪から論理的に導き出される罪であると解されているので、第一類型の規制と同様の意義があるものと理解できる。また、実際にも、陪審員がインターネットで検索した情報を同僚に伝えたことが明らかになったことから、法廷侮辱罪に問われ有罪とされた事件と同様の事案への対応も必要であったと考えられる。[9]

最後の第三類型の犯罪は、直接的にも間接的にも法律委員会の報告書からの発想ではなかったが、実際の事案への対応の必要性が制定の要因になったと考えられている。[11] しかし、禁止される行為が抽象的であり、禁止行為の不知も処罰対象になることから、法案審議の際には法制史上も著名なBushell事件を例に挙げて、同条文は陪審員と政府を対立させ、陪審員の行為を評価する際に抑圧的に働きうると批判されていた。[12] それに対して、新たな犯罪創設について、「政府の意図は明白である。公正に審理しないであろうことを示唆するような行為を陪審員が行う場合に、適切な刑事制裁および手続を確実に適用したい。こうした行為は陪審制度の評価を損ない、不公正な審理という評判や審理の許容しがたい瓦解を招くことになる」[13]と説明された。この説明からは、少なくとも公正な裁判を実現しうる陪審制度の価値を僅かなりとも損なうことのないように徹底した準備を整えておくという意図があるように思われる。

このように厳格な規定を置くことにより、陪審制度はかえって国民からの評判の低下を招かないのだろうか。これらの規定により、陪審員に日常生活とはかけ離れた過剰な負担を課し、陪審員はいつの間にか処罰の対象となる行為を犯してしまうのではないかという脅威にさらされることになりそうである。今般の立法は過剰な負担を国民に課すことによる陪審制度自体の人気低下を暗に意図しているわけではないであろう。そうすると、審理過程やその結果に向けられる公正な裁判への不信感を可能な限り払拭し、陪審制度自体の価値を高めてその高評価を堅持するために、公正な裁判を受ける権利への過剰ともいえる保護を求めているかのようにも思われる。そのことはむしろ、陪審制度および陪審員への不信の表れであると評されるかもしれない。しかし、立法当時の政府が二〇一〇年に連立政権として政権を獲得した時の公約の一つは「陪審審理という守護により歴史的自由を保護する」[14]ということであった。それ故、新たな犯罪類型を起草する時にこのことは念頭におかれていたはずであり、被告人の権利保障の充実が陪審制度の価値を高めうると考えていたと思われる。そこには、公正な裁判を受ける権利は非常に繊細で慎重に保護しなければならない対象なのであるという認識があり、陪審員の負担と公正な裁判を受ける権利とは互いに対立する利益ではないが、より容易に侵害されてしまう被告人の権利の保障を何よりも重視すべきであるという理解が司法制度の底流にあると解することができるのではないだろうか。

2　評議の秘密とその例外

評議室の秘密は陪審制度に対する信頼を維持する上でも重要な要素であった。そのため、閉ざされたドアの向こう側に第三者が立ち入ることは長年の間いかなる形であってもほぼ禁じられてきた。しかしながら、インターネット利用の大流行が刑事司法手続、とりわけ陪審制度の廉潔性への公衆の信頼を損なうという現実的危険が生じており、司法は現行法の制限内で対応してきたのだが、十分な対応が困難になってきていたことから、陪審制度の信頼を維持するために評議の秘密へのアクセス可能性を探ってきたのである。その結果、二〇一五年法により陪審制度の信頼を損ないうる四つの犯罪（前述の三類型および開示罪）を新設した。さらに同法により導入された情報開示の例外は新たな三つの犯罪類型を明らかにすることも含まれるので、例外的な開示によってこれらの調査が可能になることで陪審制度の信頼の維持を図っていると考えられる。このように、三つの犯罪は評議室内で明らかになることが主に想定できるので、評議室内の情報が開示されなければそもそも犯罪として認知することは困難にならざるをえない。その意味で、これら三犯罪類型と開示罪の例外は密接に関わっており、三犯罪類型創設の意義と開示罪例外の意義は合致する。すなわち、開示罪の例外規定も公正な裁判を受ける権利の保障を目的としていると推定される。もちろん、三犯罪類型は陪審員に対する新たな負担とともに導入されたものであるから同罪の犯罪該当性と開示罪の例外該当性は慎重に検討されなければならない。こうしてみると、三類型の犯罪該当性、開示罪該当性、開示罪例外該当性はそれぞれが関連して、互いに均衡を保つべく導入されているようであり、陪審員の利益と公正な裁判を受ける権利とのバランスが図られているようでもある。このような観点から、開示罪および例外規定を次に見ていくこととする。

(1) 開示罪

陪審法第二〇条Dで導入された開示罪はすでに述べたように、法廷侮辱罪法第八条第一項とほぼ同内容の規定であるが、ここで注目すべきは同罪が正式起訴犯罪とされたことである。すなわち、新たな「犯罪」を創設し、開示罪を犯したとされる者（元陪審員）は陪審員により審理されることになったということである。

従来、法廷侮辱罪法第八条に違反して情報を開示する陪審員を扱う手続は民事訴訟規則（Civil Procedure Rules）パート八一に規定され、通常は高等法院の略式手続で審理される。そのため、民事の証拠法則等が適用されるほか、法律扶助や民事訴訟手続における身体拘束に対する保釈適用の有無などについては不明確なままであった。[15] 今般の法改正によって、従来は民事手続で処理されていたのと同様の行為が陪審評議の開示罪という新たな刑法犯として犯罪化されたことは、一見すると重罰化への転換のようにも思われる。しかし、民事訴訟規則に規定するのは広範囲にわたるさまざまな法廷侮辱行為であり、そうした様々な「犯罪的な」行為の中から開示罪を取り出して犯罪化するということは、具体的な「犯罪」としての行為を明示し、いわゆる「被告人」に適用されるべき手続などを明確化することによって、むしろ「被告人」すなわち元陪審員の権利保障に資すると考えられたのである。もちろん、アメリカのように陪審員経験者が比較的自由に経験を語るという方向性を選択することも考えられるし、陪審員の表現の自由を保障し評議の秘密保持という負担からの解放を目指すことが妥当という見解もありうるが、少なくとも本法律による新たな犯罪としての開示罪創設は手続の明確化と権利保障という文脈で理解されなければならない。

次に、法律委員会の議論では、正式起訴により審理する場合には、従来とは異なり、すでに現行法で確立している刑事証拠規則や刑事手続が利用可能である一方で、陪審員が陪審任務の過程で違法行為を犯した同胞に対して有罪認定することに躊躇するかもしれないという懸念があった。[16] そのため法律委員会は、正式起訴によるべきであるとしても、裁判官のみによる審理という方向性も同時に模索していた。しかし、諮問書に対する回答を踏まえて、法律委員会は、上記の懸念は単なる推測に過ぎず、諮問書への回答者はそのような懸念を共有してはいなかったと考えたが、開示罪を正式起訴犯罪と規定しただけでなく、簡潔な開示罪規定に比して詳細な例外規定を置いたという立法上の意味も考えられないだろうか。すなわち、例外規定の解釈と例外該当性の認定を陪審員に委ねるということは、無罪という評決が出たとしてもそれは有罪認定に対する躊躇ではなく、同胞による正当な判断と考えるべきだということである。今回の法改正によって従来の裁判官による略式手続を採用しないという選択には、歴史的に「自由の砦」と称されてきた陪審制度のもとで、陪審員による行為の違法性は最終的には同胞である陪審員が判断するべきだという認識が背景にあるように思われるというのは読み込みすぎであろうか。[17]

ところで、評議の秘密を開示するという行為の性質に関して、このような行為は本来的にコモン・ロー上の法廷侮辱にあたる行為であり、それは法廷侮辱罪法制定後も同様であった。それ故、評議の秘密に反する行為はコモン・ロー上の性質と法廷侮辱罪法という制定法上の性質が並存していたことから手続法および実体法上、複雑な問題があったことが指摘されていた。[18] 今般の二〇一五年法の制定により、法廷侮辱罪法から開示罪（第八条）は廃止されたが、コモン・ローから制定法上の性質に完全に転換したという訳ではないようである。そのため、依然として性質上、複数の犯罪行為と重複する性質を持ち得ることによる混乱の可能性も懸念されている。[19]

(2) 例外規定

(a) 意　義

評議の秘密へのアクセス可能性に関しては、陪審法第二〇条が定める例外の内容が重要である。陪審法第二〇条E(1)は法廷侮辱罪法第八条(2)(a)とほぼ同じ内容の規定である。法廷侮辱罪法第八条(2)は評議内容等に対する審理判事の調査権限を規定しており、以前は審理判事による調査目的であっても原則として評議の秘密を犯しえなかったことからすれば、例外規定の意義・目的の重要性は際立つであろう。陪審法第二〇条EないしGの開示罪の例外規定は陪審員による犯罪等の行為を適切に調査することができるよう規定されたと説明されているが[20]、とりわけ第二〇条F(1)(b)(ii)は誤判防止を正面から目的とした規定である。このような見解は法律委員会の議論の中でも一貫して念頭におかれていたことでもあり、実際に法律委員会の勧告では「誤判を明らかにするために必要であると真摯に信じて」評議内容を開示することを法廷侮辱罪の例外とするよう求めていた[21]。そして、第二〇条F(1)(b)(ii)では、「有罪に対する上訴の根拠」というように片面的な構成になっており、陪審制度のもとでは無罪方向の上訴は禁止さるので当然の規定内容ではあるが、開示の意義や目的をふまえて日本における評議の開示を考える上で、参考になる規定であろう。

第二〇条F(1)について、その意義をもう少し詳しく見てみると、同条F(1)(b)(i)は、法廷侮辱行為や他の犯罪に関わる行為が陪審員により実行されたことを真摯に信じて評議内容を開示することを開示罪の例外としている。陪審員によるこのような行為は評議のひいては審理手続の公正さを疑わせる事情であることから、三つの犯罪類型との関係でも論じたように、被告人の公正な裁判を受ける権利の保障を目的とした規定であると考えられる。また同条F(1)(b)(ii)は、被告人の有罪に対する上訴の根拠を提供するための評議内容の開示を開示罪の例外としており、前述のように誤判防止を目的とした規定である。このように、同条(1)(b)は全体として、誤判の防止に向けた、被告人の公正な裁判を受ける権利を保障することをその目的としており、三つの犯罪類型の新設と合わせて考えると、開示罪の例外規定全体の意義もこのような内容のものと考えることが妥当である。

なお、第二〇条Gは、誤判を是正する目的で、陪審評議の内容に関する情報を要請または獲得することを開示罪の例外としており、上述の例外規定の意義と一致している。

(b) 法定被開示者

次に、第二〇条Fの特徴的なこととしては、法定被開示者に弁護士や刑事再審事件委員会(Criminal Cases Review Commission)(以下、CCRCという)が含まれていないということである。法律委員会の勧告では、法定被開示者を廷吏、警察もしくはCCRCとしており、[22] 情報開示の窓口をある程度提供することは、誤判可能性に関する情報を提供する陪審員を保護し、誤判発見を回避する危険を防止することになると考えていた。よって、法律委員会では、法定被開示者以外への開示にまで犯罪の定義を拡大することを求めないが、陪審員に利用しやすい範囲にできるだけ限定するということからこのような範囲で勧告していた。それに対して、二〇一五年法で規定された法定被開示者は、警察、裁判官、法廷のスタッフであった。

そもそも、弁護士(ソリシタ)は法律委員会の諮問書および報告書の中でも被開示者に含まれてはいなかったが、弁護士への開示についても検討は行っていた。しかしながら、弁護士への開示は妥当ではないということから法定被開示者から除外された。というのも、上訴の根拠を発見するために陪審員から積極的に情報を得ようとする被告人側弁護士が現れるかもしれず、そのことが陪審員に負担をかけることになり、陪審員の匿名性をも損ないうることが懸念されたからである。[23] ただし、陪審員が事案に言及せずに弁護士から何らかの法的助言を受ける場合には開示罪の対象にはならないと考えられる。

二〇一五年法では、その他の法定被開示者は法律委員会の勧告よりも詳細に規定されてはいるが、CCRCは諮問書および報告書の勧告にも提案されていたにもかかわらず、除外されているのはどういうことであろうか。そもそも、ＣＣＲＣに評議内容を開示することは違法にならない場合があるという見解も従来からあったが、法律委員会は、そのような状況が立法によってより明確になるだけでなく、ＣＣＲＣは誤判事件の調査に関する最も専門的な機関であり、陪審員に対する調査経験もあることから法定被開示者としてふさわしいと考えていた。また、ＣＣＲＣ自身も法律委員会の提案には基本的に賛同していた。しかしながら、二〇一四年二月五日に開催された庶民院での二〇一五年法案第一読会に提出された政府提出法案（Government Bill 169）では、すでにＣＣＲＣは被開示者ではなく調査主体として規定されていた。さらに、政府回答でも、ＣＣＲＣへの開示罪に関する法律委員会の勧告を採用しないことが表明された。(24) 同法案提出前の草案段階でどのような議論が政府内で行われていたのかは知れないが、(25) 法定被開示者からＣＣＲＣが除外された背景には、ＣＣＲＣの性格があったのかもしれない。すなわち、ＣＣＲＣはその立場として、「完全に独立した機関である。裁判所や警察、訴追機関もしくは事件の再調査を訴える人々のために業務を行うわけではない。誤判と思われる事案を公正に調査することができるよう、すべての立場からの独立を維持している」としている。(26) また、「刑事事件で有罪とされたすべての人がＣＣＲＣに申立てることができる」というのであるから、ＣＣＲＣの独立性の維持のためには誤判を訴える個人以外（陪審員など）から直接の申立て（情報開示）を認めるべきではないということであったのかもしれない。さらに、ＣＣＲＣは「警察、公訴局、ソーシャルサービス、地方自治体および国民保健サービス（ＮＨＳ）のような公共機関から情報を得る特別な法的権限を有している」ので、ＣＣＲＣが自ら被開示者になるのではなく、法定被開示者から情報を得て調査するという本来の性格を制定法に明示すれば足りるという認識があったと思われる。このように陪審評議における情報開示に関しては、二〇一五年法でＣＣＲＣは法定被開示者から除外されたが、正式な調査者として規定されることで、本来の性格および機能が明確にされたとも考えられるが、陪審員による情報提供のしやすさという点では法律委員会の勧告からの後退という評価にも理由があるように思われる[27]。

(c) 調査手続

二〇一五年法の内容ではないが、同法の制定を受けて、二〇一五年六月一六日に新たな法廷実務指示(修正第四)が発せられた[28]。新実務指示により二〇一三年法廷実務指示(刑事手続)は修正され、陪審員の非違行為に関する新実務指示の規定は二〇一五年七月一六日に施行された。新実務指示では、二〇一五年法により創設された犯罪を含む法廷侮辱行為などの陪審員による非違行為が疑われる場合に取るべき手続について、履行すべき七つの段階などの詳細な規定が置かれている。そこでは、同法における開示罪に関する事案については十分に注意して対応すべきことが規定されており、処罰の対象になりうる陪審員の利益に対する十分な配慮を要求している。新たな犯罪の創設だけでなく、こうした慎重な対応を要請する規定を置くことで陪審員の利益と被告人の権利の双方を考慮した姿勢が感じられるが、調査対象となった陪審員に対する具体的手続についてはさらに慎重な検討ないし対応が求められる必要があろう[29]。

(3) 学術調査

法律委員会の報告書における勧告の中でも学術調査は大きな改正点として注目されていた。法律委員会の諮問書に対する回答の多くも学術調査の導入に賛同し、それを受けた勧告書でも学術調査の導入について、匿名性の保障などの安全策とともに詳細な勧告をしていた[30]。模擬陪審のような限定的な調査では十分に認識できない改善方法が明らかになる可能性および学術調査の必要性やその意義について多くの賛同があったにもかかわらず、政府回答は、当面、学術調査に関する勧告を採用するつもりはないというものであった[31]。この勧告を不採用とした理由は明確にされてはいないが、学術調査に関する議論を法案制定後に先延ばしするという政府回答もあり、今後も議論が続けられることと思われる[32]。

3 小　括

二〇一五年法で追加された三つの犯罪類型は、インターネット環境の変化により生じた陪審制度の信頼性への懸念や実際に問題となった事案への対応の必要があったのだが、こうした急進的な対応に対しては、制定法の趣旨や目的への理解がある一方で幾つかの懸念も示されているところである。例えば、陪審制度の正統性を基礎付ける内容の一つである社会の広範な感覚の反映および厳格な法適用に対する緩和傾向と陪審員による情報調査の徹底した規制の矛盾、近年の裁判官のみによる裁判の増加傾向に対する逆行[33]、その他の禁止行為の規定が明確ではなく、陪審員の良心を試すことになりうることへの懸念などである[34]。また、これら規定の効果についての疑問も示されている。例えば、犯罪化により期待される効果とされる陪審員の偏見の排除は、とりわけ、情報を単に受け取っているだけのインターネットの消極的・受動的な利用者に対してはあまり効果がなく、このような陪審員は処罰対象にならないにもかかわらず、積極的な利用者と同様に公正な裁判を受ける権利を損ないうるというのである。すなわち、新たな犯罪化により、陪審員により多くの負担を課すにもかかわらず、偏見を排除する効果はあまり期待できないという指摘がある[35]。

しかし、陪審員の行為に対する犯罪化や厳罰化はもちろん慎重に評価されなければならないが、二〇一五年法が目指した重要な意義について評価すべきところも少なくはない。今のところ、二〇一五年法対する評価が出揃っているという状況では全くないが、法律委員会の報告書やその勧告をめぐる議論を踏まえて、新たな三つの犯罪類型および開示罪とその例外規定を理解するための視点は、すでに何度も言及した通り「公正な裁判を受ける権利」である[36]。

このような視点から、図式的ではあるが、各関連規定の関係を見てみると次のようになろう。三つの新犯罪類型は陪審審理の公正・公平さを疑わせるような行為を犯罪として規定していることから、公正な裁判の維持をその目的としている。そして、開示罪の例外規定は主にこのような行為の調査を実効的に行うことが可能になるよう制定されたものであり、公正な裁判を損なう行為の摘発行為は公正な裁判の保持を目的としていると解される。よってこれらの規定は、公正な裁判を維持し、同時に陪審制度の信頼を守ることにつながるといえる。他方、開示罪は、新三類型に該当する行為が存在しないかまたは真摯な摘発行為にあたらない評議内容の開示を処罰対象とすることで評議の秘密を守り、さらにはそのことにより陪審制度の信頼を守ることを目的としている。このように、これら規定の方向性は一致している。すなわち、「真摯な陪審員を保護しつつ、公正な裁判と陪審制度の信頼を守る」ということである。

また、公正な裁判の内容は多義的であるが、二〇一五年法が重視したことは誤判の防止である。誤判の防止という場合の「誤判」の意義も複数ありうるが、陪審法第二〇条F(b)(ii)は「有罪に対する上訴の根拠」を提供するための情報開示を開示罪例外としており、その文言から同規定の意義および誤判の内容は明白である。無罪上訴が認められていないことからも、同法が重視する誤判の防止は誤った有罪の防止を意味しており、開示罪の例外該当性の一つはこのような意味での誤判の可能性を示しうる情報の開示ということになる。以上から、二〇一五年法では、誤った有罪判決を避けることを主眼に公正な裁判を維持することがその理念として導かれよう。

Ⅳ　むすびにかえて

二〇一五年法により導入された注目すべき内容は、陪審員に対する新たな犯罪の創設と評議の秘密を例外的に開示することを認めたということである。前者について、開示罪の例外が規定された一方で、陪審員に対しては新たなそして厳しい負担をも課そうとしているということになる。この新たな負担について、電子通信機器を制限する裁判官の権限の明確化に加えて、陪審員による情報調査等を新たに犯罪化しているのは、陪審員に対する教育的指示・指導という実務上の対応を大きく超えるものである。実際に問題となった複数の事案が念頭におかれて制定されたと考えられるが、処罰対象や範囲を広げることの問題に加えて、このような犯罪化の効果に対する疑問も指摘されているのは前述のとおりである。

後者の開示罪例外は、コモン・ロー上の違法行為であり、法廷侮辱罪法第八条でも禁止されていた法廷侮辱罪の修正を意味している。これまで厳格に守られてきた評議の秘密にアクセスする可能性を制定法において認めたものであり、法政史上も特筆すべき改革であったといえよう。部分的とはいえ、陪審評議の秘密に対する例外が制定法上認められたということは、イギリスの陪審制度の歴史において大きな一歩を踏み出したことは疑いなく、このことの実務への影響や効果については今後注視していきたい。

このように、今般の法改正に対しては様々な疑問や懸念も示されているところであるが、陪審による犯罪や不法行為を適切に調査するという意義については理解されており、この目的自体への批判は見当たらない。犯罪化のもたらす実際の効果は今後の運用を見なければならないが、すでに述べたような開示罪例外も含めた関連規定全体の意義や目的から日本の裁判員制度への示唆を考えたい。

1　犯罪化

裁判員法では、裁判員の違法ないし不適切な行為に関連しては、裁判員の解任等に関する規定（裁判員法第四一条ないし第四八条）や裁判員等による秘密漏示罪（裁判員法第一〇八条）の規定がおかれているが、処罰対象になるのは秘密漏示行為である。ここで、イギリス二〇一五年法のように裁判員による様々な不適切行為を新たに犯罪化する必要はない。同法で制定された犯罪類型そのものに着目するのではなく、新犯罪類型の制定と開示罪の例外規定の意義に鑑みると、公正な裁判を受ける権利という視点から検討すべきである。そうすると、犯罪化の効果への疑問も指摘されているところであるが、裁判員への新たな重い負担を課すべき事実が顕在化しておらず、実務上の指示や指導で対応が十分に可能であると考えられるだけでなく、仮に不適切な行為が明らかになれば、それは解任等の裁判員への処罰以外の対応を取ることで問題のほとんどは解決できると思われる。新たな犯罪化によらなくとも公正な裁判を受ける権利という効果が実現されることが重要であり、この効果の実現については、秘密漏示罪の例外がむしろ重要な課題となろう。

2　評議の秘密

裁判員法において、裁判員に課されている評議の秘密を保持する義務の厳格さはイギリスと同等であるか、明確に処罰の対象として規定していることではそれ以上であったともいえる。以前、筆者は、二〇一五年法の内容に多くの影響を及ぼした法律委員会の報告書およびその勧告の検討から陪審員の守秘義務免除（もしくは例外）の可能性について検討した際、イギリスの議論の背景には「誤判の発見を遮断する危険を防止する」という認識があることを示唆した。[37]この危険防止は公正な裁判を受ける権利と裁判制度に対する国民の信頼の維持を根拠としているが後者は前者が十分に保障されることによって獲得されるものであることから、前者の権利がより重要な根拠となる。二〇一五年法は法律委員会の多くの勧告を採用しており、法律委員会が有していたこのような認識を引き継いで制定法として実現したと考えられることから、被告人の権利を侵害しうる危険を排除すること、その中でも最重要の誤判の防止が同法の主要な目的であるといえる。

こうした検討は、公正な裁判を受ける権利を根拠にすなわち被告人の権利として評議の秘密へのアクセス可能性を検討することが可能であることを示唆している。それは、裁判員制度における裁判員の秘密漏示罪に関しては、裁判員の側から見た守秘義務免除というアプローチに加えて、被告人の権利からのアプローチの可能性を示唆している。前稿で筆者は裁判員の負担軽減に向けた守秘義務免除という方向性にどちらかといえば重きを置いていたが、両側面からアプローチすることで評議の秘密へのアクセスの意義をより一層、明らかにすることにつながるであろう。

また、二〇一五年法では採用されなかったが、学術調査の必要性に関する議論が今後深まることも期待される。学術調査は司法制度の改善や信頼の維持・向上につながるものであり、被告人の権利からのアプローチと同じ方向性を有することから、裁判員制度に対する学術調査の可能性についても検討されなければならないだろう。

本稿は、二〇一五年法により制定された三つの新たな犯罪類型および開示罪の例外規定の意義および目的である公正な裁判を受ける権利という視点から、裁判員法における守秘義務の例外を検討する試みであるが、公正な裁判を受ける権利の具体的内容およびイギリス法に多くの影響を与えているヨーロッパ人権条約の内容を踏まえた検討は今後の課題としたい。[38]

（1）本稿では、イングランドおよびウェールズの意味で用いる。
（2）*Contempt of Court A Consultation Paper CP No 209; Contempt of Court (1): Juror Misconduct and Internet Publications* (2013) *Law Com No 340; Contempt of Court (2): Court Reporting* (2014) *Law Com No 344.*
（3）Criminal Justice and Courts Act 2015 (c.2).
（4）二〇一五年法制定以前の背景については、松本英俊「イギリスにおける評議の秘密」駒澤法曹一一号（二〇一五年）二三〜四四頁を参照。
（5）*Criminal Justice and Courts Act 2015 (c.2) EXPLANATORY NOTES.*
（6）*Criminal Justice and Courts Act 2015 (c.2) fact sheet,* para5.12.
（7）情報の要請または獲得の罪を含む。以下同じ。

二〇一五年法第七四条第一項のうち、本稿と特に関連する部分を以下に訳出する。なお、本文では、混乱を避けるため、特に断らない限り、二〇一五年法ではなく陪審法の条文数のみを記載する。

第七四条　陪審評議の開示

(1)　一九七四年陪審法の第二〇条C（二〇一五年法第七一条ないし第七三条により、一九七四年陪審法に第二〇条Aないし同Cが追加された。筆者補則）以下に次の条文を追加する。

「第二〇条D　犯罪：陪審評議の開示罪

(1)　次の各号に該当する意図的な行為は犯罪となる

(a)　公判手続における評議の過程で陪審の構成員によりなされた陳述、意見、議論もしくは投票に関する情報を開示すること、または

(b)　このような情報を要請もしくは獲得すること

ただし、第二〇条Eないし第二〇条Gに該当する場合はこの限りでない

(2)　本条の罪で有罪となる者は、正式起訴に基づく有罪宣告により、二年を超えない期間の拘禁または罰金（もしくはその併科）に処せられる

(3)　本条の罪に関する手続は法務総裁によってまたはその同意によってのみ開始される

第二〇条E　陪審評議の開示罪：最初の例外（initial exception）

(1)　第二〇条D(1)に規定する手続において、人が陪審評決に達することを可能にする目的でまたは当該評決の言い渡しに関連して情報を開示することは第二〇条Dの罪とはならない。

(2)-(7)　略

第二〇条F　陪審評議の開示罪：さらなる例外

(1)　次の各号に該当する場合、本条(2)に規定する者に情報を開示することは、第二〇条Dの罪とはならない。

(a)　第二〇条D(1)に規定する手続において、陪審が解散された後に当該開示がなされる場合、かつ

(b)　当該開示を行う者が次に規定することを合理的に信じている場合

(i)　犯罪または法廷侮辱罪が当該手続に関わる陪審員によりまたは陪審員に関係して実行されたか実行されたかもしれないということ、または

(ii) 当該手続に関わる陪審員の行為が有罪または宣告刑に対する上訴の根拠を提供しうること

(2) 被開示者は次の各号に該当する者をいう

(a) 警察の構成員

(b) 控訴院（Court of Appeal）の判事

(c) 控訴院刑事部補助裁判官（the registrar of criminal appeals）

(d) 第二〇条D(1)に規定する手続を主催する法廷の判事

(e) (b)ないし(d)に規定する者にのみ情報を開示することが合理的に期待される法廷スタッフ

(3)–(12) 略

第二〇条G　陪審評議の開示罪：開示の要請または情報の獲得に対する例外

(1) 第二〇条E(1)ないし(4)もしくは第二〇条F(1)ないし(9)に規定する開示を要請することは第二〇条Dの罪とはならない

(2) 次の各号のいずれかに該当する場合、情報の獲得は第二〇条Dの罪とはならない

(a) 第二〇条E(1)ないし(4)または第二〇条F(1)ないし(9)に規定する開示による獲得、または

(b) 公衆もしくはその一部に利用可能な書面からの獲得」

（8） A.T.H. Smith, *Repositioning the law of contempt: the Criminal Justice and Courts Act 2015*, Crim L.R. 845 (2015), pp.847-848; *Hansard, House of Commons Public Bill Committee: Criminal Justice and Courts Bill, col.403* (March 25, 2014).

（9） *Hansard, House of Commons Public Bill Committee: Criminal Justice and Courts Bill, col.402* (March 25, 2014).

（10） A-G v Dallas (2012) EWHC 156 (Admin); (2012) 1 W.L.R. 991; (2012) 1 Cr. App. R. 32.

（11） A-G v Davey (2013) EWHC 2317 (Admin); (2014) 1 Cr. App. R. 1.

（12） *Hansard, House of Commons Public Bill Committee: Criminal Justice and Courts Bill, col.405* (March 25, 2014).

（13） *Hansard, House of Commons Public Bill Committee: Criminal Justice and Courts Bill, col.406* (March 25, 2014).

（14） *The Coalition*: our programme for government (2010), p.11.

（15） *Law Com No 340, supra* note (2), para4.9 and 4.61.

（16） *Ibid.*, para4.63-4.64.

（17） 刑事法院での犯罪は刑事法院で審理すべきという見解について、Smith, *supra* note (10) p.849.

(18) 松本・前掲註(4)二五～二六頁。
(19) Smith, *supra* note (8), p.849.
(20) *Explanatory Notes, supra* note (5) ,para551.
(21) *Law Com No 340, supra* note (2), para4.27.
(22) *Ibid.,* para4.27, 4.30.
(23) *Ibid.,* note38.
(24) *Hansard, col. WS149* (July 30, 2014).
(25) イギリスにおける政府提出法案の立法手続について、例えば、憲法調査研究会「Watch英国議会政治(五)英国流『闇法』のつくり方」時の法令一八六五号(二〇一〇年)六〇～六二頁を参照。
(26) http://www.ccrc.gov.uk
(27) Smith, *supra* note (8), p.843.
(28) *Practice Direction* (*CA* (*Crim Div*): *Criminal Practice Directions: Amendment No.4*) (2015) EWCA Crim 1253; (2015) 1W.L.R. 3582.
(29) 非違行為について審理判事から質問される陪審員には黙秘権等の告知がなされるのか、といった疑問も示されている。Alex Bailin QC, *Contempt and reporting restrictions in criminal case*; the new legislation, https://inforrm.wordpress.com/ (Accessed Appril 19, 2016).
(30) *Law Com No 340, supra* note (2), para4.50.
(31) *Hansard, col. WS149* (July 30, 2014).
(32) 学術調査が開示罪の例外として立法されなかったことに対する批判的な指摘として、例えば、John Spencer QC, *Contempt of Court and misbehaving jurors*, Crim L.R. 245 (2014), p.246.
(33) *Id.*
(34) Smith, *supra* note (8),p.851.
(35) Jessica Roberts and Chaynee Hodgetts, *Courting contempt: untangling the web of jurors' internet use under section 8 of the Contempt of Court Act 1981*, Communications Law 20-3 (2015), pp.87-88.

（36）例えば、Andrew Ashworth, *Contempt of court: juror misconduct and internet publication*, Crim L.R. 169 (2014), p.169.

（37）松本・前掲註（4）四二頁。

（38）内容をさらに整理して詰めなければならないが、二〇一五年法の規定内容からの示唆として、さしあたり、次のような内容が考えられる。公正な裁判は、抽象的な公平・公正さだけではなく、裁判体ごとの個別具体的な公平・公正さを意味し、それを追求することが公正な裁判を受ける権利である。そしてそこには、不公正な裁判の危険を排除する権利とその実現のために危険を調査する権利という内容が含まれる。

「合理的疑いを超える証明」に関する一考察

吉弘光男

Ⅰ　はじめに

二〇〇九年五月二一日から実施された裁判員制度も七年が経過した。すでに安定期に入っていると言えるかもしれない。例えば、二〇一二年一二月に最高裁判所事務総局がまとめた『裁判員裁判実施状況の検証報告書』(1)は、「この三年間裁判員制度は、比較的順調に運営されてき」ており、「裁判の結果は、総体としてみれば……これまでの裁判と極端に異なっているわけではない(2)」と評価している。評議についても、同報告書は、実態を正確に把握することは容易ではないとしながらも、「裁判員の多くがその経験を貴重なものとして高く評価し、参加したことに充実感、満足感を抱いていることを考慮すると、一般的には充実した評議が行われていることがうかがわれる(3)」と述べている。

しかし、裁判員制度導入の際には、「現在の犯罪報道のあり様や社会の処罰感情の下で、無罪推定原則や無辜の不処罰の理念、あるいは黙秘権等の防御権の意義は国民の中で必ずしも正しく理解されていない[4]」などの懸念が表明されていた。また、「多様な知識・経験・価値観を有する裁判員は、裁判官が『不合理』として排斥してしまう『疑い』について、合理性を見出す可能性がある」と裁判員への期待を表明した論者が、同時に、いわゆる木谷・石井論争との連続において、実体的真実主義を強調して「『疑いの合理性』を『無辜の不処罰』と『真犯人処罰』との分け目にある『本来広狭はない』ものと説明したとき、『合理的疑いを容れない程度の証明』という証明基準は、『真犯人』と『無実の者』との区別に極めて近似することになる。そうすると、『真犯人である可能性の方が高い』という印象が残る限り『疑い』は『不合理』として排斥されがちになり、『合理的疑いを超えた証明』という証明基準を設定した意義が没却されてしまうのではないかという懸念が生ずる」ことを指摘していた[5]。そうだとすれば、多様な知識等を有する裁判員が「無辜の不処罰」と「真犯人の処罰」の両立を追求する立場に立たない保障はなかろう。さらに、裁判員は「疑わしきは罰せずということをいくら説明しても、結局は、自白しているからなどの理由で、疑わしきを罰するという結論を内部に形成する恐れは否定でき[6]」ないから、「合議においても、米国の陪審制度でみられる合理的疑いを超える立証についての裁判官の説示のようなものが必要ではないかと思われる[7]」との提言もなされていた。このように、裁判員裁判において、「合理的疑いを超える証明」に関する説示の意義及びその内容を確認することが重要であったし、安定期ともいえる現在においてもその必要性は否定されないだろう。

この問題意識のもと、本稿は、「合理的疑いを超える証明」の母国であるアメリカの判例を検討する。このテーマについては、すでに貴重な業績[8]が残されているが、現時点においても、「合理的疑いを超える証明」について、憲法との関係を確認し、その説示のあり方を探ることにもそれなりの意義があると思われる。この作業の前提として、まず、証明基準に関するわが国の判例を簡単に整理しておく。

Ⅱ　日本の判例における「合理的疑いを超える証明」原則

最判昭和四八・一二・一三判時七二五号一〇四頁（昭和四八年判決）は、疑わしきは被告人の利益に原則が刑事裁判における鉄則であることを確認しつつ、「事実認定の困難な問題の解決について、決断力を欠き安易な懐疑に逃避するようなことがあれば、それは、この原則の濫用であるといわなければならない。そして、このことは、情況証拠によって要証事実を推断する場合でも、なんら異なるところがない。けだし、情況証拠によって要証事実を推断する場合に、いささか疑惑が残るとして犯罪の証明がないとするならば、情況証拠による犯罪事実の認定は、およそ、不可能といわなければならないからである」と判示した。そのうえで、「刑事裁判において『犯罪の証明がある』ということは『高度の蓋然性』が認められる場合をいうものと解される。しかし、『蓋然性』は、反対事実の存在の可能性を否定するものではないのであるから、思考上の単なる蓋然性に安住するならば、思わぬ誤判におちいる危険のあることに戒心しなければならない。したがって、右にいう『高度の蓋然性』とは、反対事実の存在の可能性を許さないほどの確実性を志向したうえでの『犯罪の証明は十分』であるという確信的な判断に基づくものでなければならない」とし、刑事裁判における証明基準を示した。有罪認定には「反対事実の可能性」を排除する程度に犯罪事実の存在を確信している状態が要求され、これが「高度の蓋然性」だとされたのである(9)。

本判決は、この基準によって原判決の認定を検討し、「原判決が挙示するもろもろの間接事実は、……これを総合しても被告人の犯罪事実を認定するには、なお、相当程度の疑問の余地が残されているのである。換言すれば、被告人が争わない前記間接事実をそのままうけいれるとしても、証明力が薄いかまたは十分でない情況証拠を量的に積み重ねるだけであって、それによってその証明力が質的に増大するものではないのであるから、起訴にかかる犯罪事実と被告人との結びつきは、いまだ十分であるとすることはできず、被告人を本件放火の犯人と断定する推断の過程には合理性を欠くものがある」と評価し、「被告人を本件放火の犯人と断定することについては合理的な疑いが残る」との結論を示した。原判決が有罪の根拠とした間接事実は有罪への推認力が弱く、それらを「総合判断」しても、被告人の有罪について「合理的疑い」が残ると判断したのである。個々の情況証拠あるいは間接事実の「質」が問題となることが確認されたと言えよう。

昭和四八年判決は有罪認定に「合理的疑いを超える証明」を要求し、その判断基準を示していたが、「合理的疑い」の存否について「健全な社会常識」を判断基準とすべきだとしたのが、最判平成一九・一〇・一六刑集六一巻七号六七七頁（平成一九年判決）であった。すなわち、「合理的な疑いを差し挟む余地がないというのは、反対事実が存在する疑いを全く残さない場合をいうものではなく、抽象的な可能性としては反対事実が存在するとの疑いをいれる余地があっても、健全な社会常識に照らして、その疑いに合理性がないと一般的に判断される場合には、有罪認定を可能とする趣旨である」とされたのである。

そして、最判平成二二・四・二七刑集六四巻三号二三三頁（平成二二年判決）が、「刑事裁判における有罪の認定に当たっては、合理的な疑いを差し挟む余地のない程度の立証が必要であるところ、情況証拠によって事実認定をすべき場合であっても、直接証拠によって事実認定をする場合と比べて立証の程度に差があるわけではないが……直接証拠がないのであるから、情況証拠によって認められる間接事実中に、被告人が犯人でないとしたならば合理的に説明することができない（あるいは、少なくとも説明が極めて困難である）事実関係が含まれていることを要するものというべきである」と判示した。

補足意見を書いた藤田宙靖は、この説示の理論的基礎について、「本件において認定されている各事実は……いずれも、被告人が犯人である可能性があることを示すものであって、仮に被告人が犯人であると想定すれば、その多くが矛盾無く説明されるという関係にあることは否定できない。しかし一般に、一定の原因事実を想定すれば様々な事実が矛盾無く説明できるという理由のみによりその原因事実が存在したと断定することが、極めて危険であるということは、改めて指摘するまでもないところであって、そこで得られるのは、本来、その原因事実の存在が仮説として成立し得るというだけのことであって、自然科学における真実の発見と刑事裁判における事実認定との間における性質の違いを前提としたとしても、少なくともこの理論上の基本的枠組みは、後者にあっても充分に尊重されるのでなければならない。これを本件について見るならば、被告人を犯人と断定するためには、『被告人が犯人であることを前提とすれば矛盾無く説明できる事実関係』に加えて更に、『被告人が犯人でないとしたならば合理的に説明できない（あるいは、少なくとも説明が極めて困難である）事実関係』の存在が立証されることが不可欠であるというべきである」と説明した。

また、藤田補足意見は、平成一九年判決の「健全な社会常識」の危険性を指摘し、「むしろこの判例の趣旨が、個別に見れば証明力の薄い幾つかの間接証拠の積み重ねの上に、『被告人が犯人であるとすればその全てが矛盾無く説明できるが故に被告人が犯人である』とする『総合判断』を広く是認する方向へ徒らに拡大解釈されることは、厳に戒められなければならないと考える」と述べた。このような総合評価への警戒は、堀籠幸夫反対意見に対する藤田補足意見の中にも見出される。すなわち、「私は、『被告人が犯人であることを前提とすれば全ての事実が矛盾なく説明できる』こと（以下『事実①』と称する）のみで被告人を犯人と断定することは甚だ危険であり、有罪の認定に当たっては、これと同時に『被告人が犯人でないとしたならば合理的に説明できない（あるいは、少なくとも説明が極めて困難である）事実関係』の存在（以下『事実②』と称する）が認定されなければならないと考えている。その場合、有罪認定の証拠とされる間接事実群のうちいずれかの個別事実のみをもって既に上記『事実②』が認められるならば、それ以上の『総合評価』は必要としないということは反対意見の指摘するとおりであるが、本件の場合は、そのような事実関係にはなく、正に『総合判断』が必要とされるケースなのであるから、ここでいう『事実②』の必要とは、更に進んで、総合判断の『あり方』に関しても問題とされるものである」とされたのである。

「総合評価」と裁判員裁判との関係に関しても、「裁判員裁判は、多様な経験を有する国民の健全な良識を刑事裁判に反映させようとするものであるから、裁判官がこれまで形成した事実認定の手法を裁判員がそのまま受入れるよう求めることは、避けなければなら」ず、多数意見のような考え方が「合理的疑いを容れない程度の立証とは何かを説明するためのものであるとしても、先に述べたような趣旨で裁判員裁判が実施された現時点においては、相当ではないと考える」とする堀籠反対意見に対し、藤田補足意見は、「それ自体一般国民にとって必ずしも容易に理解できる概念とは言い難い『合理的疑いを容れない程度の立証』とはそもそもどういうことであるかについての手掛かりを全く与えることなく、手放しで『国民の健全な良識』を求めることが、果たして裁判員制度の本旨に沿うものであるかは疑問である」と述べ、「合理的疑いを容れない程度の立証」の意義や事実認定上の経験則を裁判員に対して明らかにすることの必要性を確認している。

本判決の説示の意義については、「自由心証主義のもとで事実認定者（裁判所）が事実上注意すれば足るポイント（注意則）に止まらず、事実認定者が護らねばならぬ採証法則であると解しうる[10]」や、本説示は、「合理的疑いを超える証明」の原則から論理的に導き出されるものではないけれども、「冤罪発生の防止という政策的観点から、間接事実の証明に制限をかけた[11]」などのように、積極的意義を認めるものが存する。他方、「『合理的な疑いを差し挟む余地のない程度』の立証と異なる立証を要求するものと考えるまでの必要はない[12]」や「有罪の立証レベルや判断方法の基準として新たなものを打ち出そうとしたものではないと理解すべき[13]」という評価もある。本来、「合理的疑いを超える証明」が刑事裁判の鉄則であり、これ以上の立証を要求することはできないということを前提にすれば、本説示が有罪立証のレベルを「合理的疑い」よりも高く設定したと考える必要はなく、昭和四八年判決が示した「反

対事実の可能性」の排除のための基準を新たに示したものと言うべきであろう。(14)

いずれにせよ、平成二二年判決およびその藤田補足意見において、「合理的疑い」の基準を明らかにする必要性が確認された。このことを前提として、アメリカの判例を簡単に概観していきたい。

Ⅲ アメリカにおける「合理的疑いを超える証明」の意義

1 「合理的疑いを超える証明」の憲法上の位置づけ

連邦最高裁判所は、一九五八年のSpeiser v. Randall事件において、「訴訟においては、常に誤りの可能性(margin)が存在する。事実認定の誤りがその代表だが、両当事者はこの誤りの可能性を考慮しなければならない。一方当事者の相当程度に大きい価値をもつ利益――刑事事件の場合には当該当事者の自由――が危険にさらされるとき、第一に充分な証明を行い、審理の終わりにあたって、彼の有罪につき合理的疑いを超えて事実認定者を説得する責任を反対当事者に負わせる手続によって、この誤りの可能性は当該当事者について減らされる。デュー・プロセスは、政府が証拠を提出し有罪について事実認定者を説得しない限り、誰もその自由を失わないということを命じている」(15)と判示した。このことが出発点に置かれなければならない。立証責任が裁判の誤りの可能性に由来するという前提であり、その誤りによって受ける当事者の権利・利益の大きさが立証の程度の基準となるということである。したがって、両当事者の利益との関係において証拠の優越(preponderance of the evidence)で足りる民事裁判とは異なり、刑事裁判においては立証責任が高く設定されるのは当然となる。合理的疑いを超える証明は誤った有罪判決の可能性を最大限に減らすための原理なのである。また、刑事裁判においては、訴追者が被告人の有罪について証拠を提出する義務を負い、合理的疑いを超えて事実認定者を説得する義務を負うこともデュー・プロセスの要請だとされていることも重要であろう。

この事件などで示された見解を引用しつつ、「合理的疑い」原則を合衆国憲法修正一四条のデュー・プロセスの要請だとして位置づけたのが、一九七〇年のウィンシップ事件連邦最高裁判所判決[16]であった。ウィンシップ事件は、少年審判の審判官が、ニューヨーク家庭裁判所法七四四条(b)の「（少年が）行った一つの又は複数の行為についての（審判官の）審問終結後の決定は、証拠の優越に基づかなければならない」との規定に従って、成人が行った場合に犯罪となる行為を行った少年について、当該事件の証明が合理的疑いを超えて有罪を確証していないことを認識しつつ、非行を認定したというものであった。すでに、ゴールト事件判決[17]が、「デュー・プロセス条項は、審判官の審問に『デュー・プロセス及び公正な取り扱いの本質部分』を適用することを求めている」と判断していた。ウィンシップ事件では、合理的疑いを超える証明がデュー・プロセスの本質的部分なのかが問題となった。

ブレナン判事が執筆した法廷意見は、まず、「合理的疑い基準はアメリカの刑事手続機構において欠くことのできない役割を果たしている。合理的疑い基準は事実の誤りに基づく有罪判決の危険を減らす主要な道具である。その基準は無罪推定の具体的内容を提供している——根底となる『自明で基本的な』原理であり、それを『実施することが私たちの刑事法の執行の基礎に存する』」と述べ、合理的疑い基準が無罪推定原則の具体的内容であることを確認する。そのうえで、「合理的疑いを超える証明の要求は、……私たちの刑事手続において欠くことのできない役割を果たしている。刑事訴追を受けている被告人は、有罪判決によって彼の自由を失う可能性があり、有罪判決によってスティグマを受けるのは確実であるから、きわめて重要な権利が危険にさらされている。したがって、すべての個人の名声や自由に価値を置く社会は、ある人の有罪について合理的疑いが存在する場合、犯罪を行った者として彼を非難すべきではない」とする。「デュー・プロセスは、政府が証拠を提出し、有罪について事実認定者を説得しない限り、誰もその自由を失わないということを命じ」ており、これを実現するために合理的疑い基準は絶対に不可欠だと位置づけられた。そして、最終的に、「合理的疑い基準の憲法上の位置づけに関して何らかの疑いが残らないようにするため、私たちは、デュー・プロセスが、被告人を問責する理由となっている犯罪を構成するのに必要なすべての要素が合理的疑いを超えて立証された場合を除いて、有罪認定されることから被告人を保護している、と明瞭に判示する[18]」との結論が導かれた。これに基づいて、法廷意見は、少年も、刑事法違反によって問責を受けた場合は、成人と同様に、合理的疑いを超える証明が憲法上保障されていると判断したのである。

その後、第一級謀殺事件の有罪判決に対する人身保護令状（habeas corpus）請求手続において示された、一九七九年のジャクソン事件連邦最高裁判所判決[19]は、「ウィンシップドクトリンは単なる審理の儀式書（a trial ritual）以上のものを求めている。憲法上の実体的な基盤を根本的に確立したドクトリンは、事実認定者がこの基準を証拠における事実に対して理性的に適用することをも要求しているに違いない。『合理的疑い』は最小限度では『理由』に基づく疑いである。しかし、理性的な事実認定者であれば合理的疑いを超えて有罪と認定できないと言えるような場合でも、適切に説示を受けた陪審が有罪宣告をすることも時には起こりうるし、同じことが事実審裁判官についても言うことができる。合理的疑いを超える証明を修正一四条のデュー・プロセスの本質として確立したウィンシップ事件判決のもとでは、州の裁判所においてそのような有罪宣告が生じた場合、それは憲法的に許されないということになる[20]」ことを確認している。

アメリカにおいては、「合理的疑いを超える証明」基準をどのように陪審に伝えるのかが特に問題となる。合理的疑いについての説示がウィンシップ事件で示された内容と一致するのかどうかが問題とされることになる。

2　陪審への説示におけるmoral certainty

一八五〇年のウェブスター事件[21]におけるマサチューセッツ州最高裁判所のショー首席判事の説示が、合理的な疑い基準が近代的な形で刑事事件に適用され始めた時期の代表的なものであったとされている。その説示は、「それでは合理的疑いとは何でしょうか……それは単なる可能な疑いではありません。なぜなら、人が処理すべき事柄に関わり、moral evidence に依存するあらゆる物事は、何らかの可能な疑い又は想像上の疑いに開かれているからです。合理的疑いというのは、全ての証拠を完全に比較し考察した後に、陪審員の心を、彼らが問責の真実性について揺るぎない確信（abiding conviction）を to a moral certainty に感じているとは言えないという状態にしているような事件の状態（state of the case）なのです……問責された事実が反対事実よりも真実らしいという可能性の理論から生じる蓋然性が強いものだとしても、蓋然性を確立することでは充分でなく、証拠は事実の真実性を、合理的で moral な確実性、つまり理解力に確信を与え指示し、それに基づいて良心的に行動する人の理性や判断力を満足させるような確実性まで確証しなければならないからです。私たちはこれを合理的疑いを超える証明として捉えています」[22]というものであった。この説示が、陪審に対する説示として基本的に受け継がれていく。[23]バーバラ・シャピオによれば、「合理的」という修飾語を説明することが難しいという認識から、合理的疑いをどのように陪審に伝えるのかが問題とされ、多くの管轄区では、訴追者は「合理的疑いを超えて、つまり moral certainty まで」被告人の有罪を立証しなければならないとの説示が採用されていた。[24]シャピオは、ショー首席判事の時代の用語法では、moral は very という意味合いを持っていたことを指摘するが、現在では、「合理的疑い」に付け加えられても、「僅かな意味しかもたらしていないし、私たちの全体的な疑問をさらに悪化させてしまっている」[25]と評価する。

シャピオによれば、陪審が自ら情報を提供し、自らの知識を評決に組み入れることを予定されていた機関から、証人等を評価することによって事実を発見する機関へと変化する転機は、一五六三年に立法が証人の出廷を強制し、その偽証を犯罪にした時点に求められる。その時以来、陪審は証人の評価のための基準を必要とするようになり、その基準が、当時の知的背景から採り入れられたとする。当時の知的背景は、一方で「知識」または「科学」と「蓋然性」

とを区別しており、知識について三つのサブカテゴリーが認められていた。そして、それぞれが、直接的な経験所与（sense data）から引き出される物理的な確実性、幾何学における証明のような論理的な論証によって確立される論理的な確実性、そして、証言や経験所与の二次的報告に基づくmoralな確実性という確実性を有していた。歴史や多くの種類の自然科学にとって最も重要であったものが、moral certaintyであり、それは、「同意を命じる証拠に基づいてはいないけれども、非常に明白で、『その判断力が予断から自由である』すべての人が『それに同意する。そして、そのような物事がそのようなものであり、他の形では起こり得ないといった自然的な必然性はないけれども……それでも、それらに関する何らかの合理的疑いを許さない程度に確実でありうる』[26]」ものであった。それとの関係で、刑事裁判において陪審に伝えられるべきものとして、二つの考えが中心に置かれ続けたことが確認される。すなわち、「第一の考えは、人間の知識には二つの領域が存するということである。ある領域では、私たちが直角三角形の斜辺の二乗は他の二辺の二乗の和に等しいと語るときのように、数学的論証のような絶対的確実性を得ることができる。もう一つの領域、つまりできごとの経験的領域では、この種の絶対的確実性は不可能である。第二の考えは、このできごとの経験的領域において、絶対的確実性が不可能であるからといって、私たちは全てのことを単なる憶測や意見の問題として扱うべきではない、ということである。そうではなく、この領域には確実性のレベルがあり、私たちが利用できる証拠の量と質とが増大するにつれて、より高いレベルの確実性に到達できるということである」として、この二つの考え方は現在の陪審にも伝える価値を有していると論じる。この文脈において、「いかなる絶対的確実性も可能ではないこの領域での最高レベルの確実性が伝統的にmoral certaintyと呼ばれてきた[27]」としてmoral certaintyの歴史的意義が明らかにされている。そして、シャピオは、moral certaintyが、現在においてこの二つの考えを伝えないということは明らかであり、「この言葉が導入されたときに伝えようと意図されていたものを、今の陪審員に対して伝えていない[28]」と結論付けた。

3　連邦最高裁判例における陪審説示の判断

moral certaintyという言葉の使用は、連邦最高裁判所において否定的評価を受けることになる。陪審に対する合理的疑いについての説示が修正一四条のデュー・プロセスに違反すると判断された事案としてケージ事件[29]がある。その事件の説示は、「証拠が有罪の蓋然性を証明している場合でも、証拠が、そのような有罪を、合理的疑いを超えるまで確証していないならば、あなた方は被告人を無罪にしなければなりません。しかしながら、この疑いは合理的なものでなければなりません。それは現実の明白な（tangible）、substantialな基礎に基づくもので、単なる気まぐれや推測に基づくものではありません。それは証拠の不満足な性格や証拠の欠如という理由からあなた方の心の中に引き起こされた重大な不確実性を引き起こすような疑いでなければなりません。合理的疑いは単なる可能性な疑いではありません。それは現実の、substantialな疑いです。それは合理的な人が真摯に抱きうる疑いです。求められているものは、絶対的または数学的確実性ではなく、'moral certainty'です」というものであった。

法廷意見は、「説示を解釈する際に、私たちは、合理的な陪審員が説明を全体としてどのように理解することができたのかということを考察する」とする。そのうえで、「当該説明が……、合理的疑いを『重大な不確実性』および'substantial doubt'と同視し、求められているものは被告人が有罪であることの'moral certainty'であると述べた」ことを指摘する。その後、「'substantial'や『重大な』という言葉が、その通常の理解によれば、合理的疑い基準のもとでの無罪にとって必要な疑いよりも高い程度の疑いを示唆していることは、私たちには明らかである。これらの言明が、証拠上の確実性というよりも、その直後の'moral certainty'への参照とともに考察されるとき、合理的な陪審員がその説示はデュー・プロセス条項によって要求される証明の程度よりも低い程度の証明に基づく有罪評決が許されると解釈しえたということは明らかである[30]」と論じ、全員一致で、このような説示が修正一四条に違反すると判断した。説示を全体として考察するという判断方法および普通の理解によって判断するという基準が示されたのである。

ケージ事件で示された基準によってmoral certaintyを検討した事件として、ヴィクター事件及びサンドーバル事件がある。[31] 両事件は、併合されて連邦最高裁判所に係属したが、サンドーバル事件の説示は、「合理的疑いは次のように定義されます。それは単なる可能な疑いではありません。なぜなら、人が処理すべき事柄にかかわり、moral evidenceに依拠するあらゆる物事は、何らかの可能なまたは想像上の疑いに開かれているからです。合理的疑いとは、すべての証拠を比較し考察した後に、陪審員の心を、問責の真実性に関して揺るぎない確信をmoral certaintyに至るまで、感じたと言うことができないという状態である事件の状態です[32]」というものであった。また、ヴィクター事件の説示は、「『合理的疑い』は、合理的で分別のある人が、人生のより重大でより重要な取引(transaction)の一つを行う際に、示された事実を真実であると判断し、それに依拠して行動する前に、立ち止まり、躊躇する原因となるような疑いです。合理的疑いは、あなた方に対して、全ての証拠の完全で公正で中立な考察の後に、被告人の有罪について、揺るぎない確信を、moral certaintyにまで持つことを許さないような疑いなのです。同時に、絶対的な確実性や数学的な確実性は求められていません。あなた方は、事実の真実性を、合理的疑いを超えて確信することもできますが、それでも、あなた方が間違いを犯しうるということを充分に承知しておいて下さい。あなた方は、事件の高度の蓋然性(strong probability)に基づいて、もちろん、そのような蓋然性が被告人の有罪についての合理的な何らかの疑いを排除するほど充分に強いという条件のもとにおいてですが、被告人の有罪を認定することができます。合理的疑いは、証拠、証拠によって示された事実もしくは状況または州の側の証拠の欠如から合理的に生じる現実的でsubstantialな疑いです。そして、それは単なる可能性、あからさまな想像または空想的な憶測から生じる疑いと区別されるようなものです[33]」というものであった。

オコナー判事が執筆した法廷意見は、まずサンドーバル事件を検討する。moral evidenceおよびmoral certainty

という言葉がその中心に置かれたが、法廷意見は、これらの言葉がウェブスター事件のショー首席判事の説示に由来するということから、これらの言葉を歴史的な文脈の中で検討する。そして、「ショー首席判事がウェブスター事件の説示を執筆した時、moral certaintyはあるできごとまたは事件に関する主観的な確実性の状態を意味していた」けれども、現代において、「'moral certainty'が、それだけを取り出させば、陪審によって『合理的疑いを超える証明』の同義語として理解されないかもしれない」ということを認める。

そこで、moral certaintyが現代の辞書では蓋然性の言葉で定義されており、それによって、陪審が「合理的疑いを超える」よりも低い証明基準を意味すると理解するのではないのかが問題とされた。法廷意見は、「この点において、moral certaintyは、抽象的には曖昧である」と認めたが、「裁判官は人が処理すべき事柄に関わる問題はmoral evidenceによって証明されるということを陪審に告げていた。説示のこの部分においてmoralという言葉に同じ意味を与えているから、moral certaintyは、人が処理すべき事柄に関わる確実性を意味しうるにすぎない。それゆえに、この説示において用いられているように、moral certaintyへの参照が、揺るぎない確信という言葉と結びつくことで、私たちは『事実認定者に対して被告人の有罪についてほぼ確実だ（near certitude）という程度の主観的状態に到達する必要性を銘記させている』ことを確信する」と判断した。もう一つの争点は、「陪審員は政府が被告人の有罪を合理的疑いを超えるまで証明できなかったときでも、被告人の有罪をmoral certaintyに至るまで確信するかもしれない」というサンドーバルの主張であった。法廷意見は、moral certaintyについて「現実の証拠というよりも、強くありそうなこと、又は確固たる信念に基づいていること」と定義する現在の辞書を参照して、この主張の説得力を否定できないとする。しかし、「moral certaintyという言葉は、その前後の言葉から切り離されることはできない。ケージ事件では、陪審員は、彼らは被告人の有罪についてmoral certaintyを持たなければならないとだけ説示されたにすぎなかった。……しかし、本件ではそうではない。サンドーバル事件の陪審は、合理的疑いとは、『すべての証拠を比較し考察した後に、陪審員の心を、問責の真実性に関して揺るぎない確信をmoral certaintyに至るまで、感じたと言うことができないという状態にしている事件の状態です』と説示されていた。この説示は陪審員に対して、彼らの結論は事件の証拠に基づかなければならないということを明確に述べて」おり、「陪審は、『審理で受け容れられた証拠から事件の事実を決定すべきで、他の何らかの源から決定すべきではない』と述べられていた」と論じる。このことを根拠に、「陪審がmoral certaintyを事件の証拠から切り離して理解したという合理的な可能性は全く存在しない」と判断した。

最終的に、法廷意見は、moral certaintyについて、「私たちはこの文言の使用を許容することはない」と論じたが、当該説示を全体として考察した結果、「陪審が'moral certainty'という言葉をデュー・プロセスが要求しているものよりも低い証明基準を示唆しているとか、あるいは政府の証明以外の要素に基づく有罪宣告を許容しているなどと理解したことが合理的に考えてありそうであったとは考えない」[34]として、サンドーバルの請求を却下した。つまり、法廷意見は、ケージ事件で示された、説示を全体として考察するという判断方法を用い、「陪審が、デュー・プロセスが要求する証明基準よりも低い証明基準で有罪宣告ができると理解したか否か」を基準として判断し、サンドーバル事件の説示はその可能性はないとしたのである。

ヴィクター事件の説示では、サンドーバル事件と同様にウェブスター事件の説示に由来する部分と「合理的な人が行動することを躊躇することを引き起こすであろう現実的な疑い」という用語が用いられている部分とが問題となった。これについて、法廷意見はサンドーバル事件の説示と同様の判断方法で検討を加える。

合理的疑いをsubstantial doubtと同視することが、無罪に必要とされる疑いの程度を高く述べることになるのではないのかについて検討される。法廷意見は、現在の辞書を参照し、substantialには「相当程度に明瞭に」という意味があり、この場合には、「ウィンシップ事件判決のもとで無罪に必要とされる疑いよりも大きな疑いを意味しうる」として、substantialが曖昧であることを認める。しかし、この曖昧さは、その直後の「それは単なる可能性、あからさまな想像または空想的な憶測から生じる疑いと区別される」という文脈の中で取り除かれ、「'substantial'が疑いの大きさというよりも疑いの存在という意味で使われていることは明らか」(35)であり、この点でケージ事件とは異なると結論付けた。

「合理的な人が行動することを躊躇する原因となる疑い」という定義については、「これは私たちが繰り返し是認してきた公式」であることを確認した。

moral certaintyについても、法廷意見は、ケージ事件とヴィクター事件との違いを強調し、「ケージ事件での問題は、説示の残りの部分がこの文言に意味を授ける充分な文脈を提供していないこと」であり、「ネブラスカ州の説示には類似の不十分さはない」とする。つまり、「陪審員に対して、被告人の有罪につき揺るぎない確信を持たなければならないと説示することが、'moral certainty'という文言が抽象的に誤解されるかもしれないという懸念をかなり軽減する。説示は、moral certaintyを阻むのに充分な疑いを合理的な人が行動することを躊躇する原因となる疑いと同視した。換言すれば、ある事実についてmorallyに確実だと考える陪審員は、それに依拠することを躊躇しないだろうし、そのような事実は合理的疑いを超えて証明されたと言っても不当ではない。陪審員は、『すべての証拠を充分、公正かつ中立に考察した後に』ヴィクターの有罪を確信しなければならないと語られていた。裁判官はまた陪審員に対して『あなた方は、本件で提示された事実問題について決定する際には、ただあなた方の前に提出された証拠にのみ支配されるべきです。あなた方は、証拠に支えられない思索、憶測または推測にふけるべきではありません』と述べている。従って、moral certaintyへの言及をウィンシップ基準を充足するのに充分ではない基準に基づく有罪宣告を許容したり、または政府の証拠以外の要素に基づく有罪宣告を許容したりしていると理解する合理的な可能性は存しない。私たちは、moral certaintyという言葉の使用を許容しないということを繰り返すけれども、'moral certainty' という文言が含まれているということで、ヴィクター事件で与えられた説示が違憲となるわけではない[36]」とする。

「高度の蓋然性」についても、ヴィクターは「高度の蓋然性」が政府の責任を低く述べており、憲法に違反すると主張したが、法廷意見は「同じ文章の中で、本件説示は、陪審に対して蓋然性は被告人の有罪を合理的疑いを超えて証明するのに充分な程度に強くなければならないと告げられている[37]」ことを理由に、問題とならないと述べた。

法廷意見は、「デュー・プロセス条項は、政府が、被告人の有罪を、合理的疑いを超えて証明することを要求しており、事実審裁判所は、陪審をデュー・プロセスが求めているものよりも低い証明（showing）に基づいて有罪宣告させることになるような合理的疑いの定義を避けなければならない」という前提を確認し、「これらの二件において、私たちは『全体として観察するならば』二件の説示は陪審に対して合理的疑いの概念を正確に伝えていると結論付ける[38]」として、サンドーバル及びヴィクターの請求を却下した。

法廷意見、とりわけヴィクター事件説示に関する法廷意見に対するブラックマン判事の反対意見が重要である。ブラックマン判事は、「合理的疑いの基準が意味のある安全装置であるためには、その基準はそれを適用することを求められている人によって理解可能となる明確な意味を持たなければなら」ず、説示の判断にとって、「重要な問題は、説示によって陪審が誤導され、混乱し、それゆえ、憲法違反の態様でそれを適用した『合理的な可能性』があるのか否かである。無罪のための不当に高い程度の疑い、または有罪のための不当に低い程度の確実性を示唆するような『合理的疑い』を定義する説示は憲法に違反する[39]」ことを確認し、ヴィクター事件の説示はケージ事件の説示と同じ危険性を有していると論じる。即ち、「双方の説示とも 'substantial doubt' を合理的疑いと同視しており、『証拠上の確実性』というよりも 'moral certainty' を参照させている。……その説示は、陪審に対して事件の『高度の蓋然性』に基づいて有罪を宣告するような誘惑および陪審が『彼らが間違いうる可能性を完全に意識している』

ときに、無罪を宣告しないように彼らを思いとどまらせようとする公然たる努力を含みつつ、誤解を与えような、同等の可能性を秘めた言葉を含んでいる」と指摘する。「行動を躊躇する原因となる疑い」という定義も、「被告人を有罪にするか無罪にするかの決定を、人々が日々の人生で行わなければならない、しばしばハイリスクな個人的決定と類似させることで、実際に事態を悪化させる」[40]とされた。「高度の蓋然性」という言葉の持つ有害な効果も指摘される。すなわち、「当該説示を全体として考察するならば、『高度の蓋然性』という言葉によって、陪審が'substantial doubt'は『相当程度の疑い』を意味すると解釈する可能性が高かったことは非常に明白であるように思われる。実際、陪審は被告人の有罪につき合理的疑いを抱いたが、『強い蓋然性』が有罪に有利に働いていると判断しえたかもしれない」し、「陪審は被告人の有罪について合理的な疑いを抱いたけれども、被告人は彼が問責されている犯罪を行った『かもしれない（可能性がある）』と確信しつつ、『事件の高度の蓋然性』に基づいて被告人の有罪を宣告したかもしれない」[41]と論じる。最後に、ケージ事件判決のポイントは、moral certaintyよって、「陪審員が、証拠上の基準に加えて、あるいはそれに代えて、道徳的基準や情緒に基づいて有罪の決定を下すことができると合理的に信じるようになる現実的可能性が存在する」ことにあり、「陪審員が'moral certainty'を部分的にせよ被告人の態度に関する価値的判断に基づく有罪宣告を正当と認めるものだと理解する危険性は、被告人が不快な犯罪や粗暴な犯罪を行ったと主張されているような事件で特に高くなる」[42]ことであったと論じられる。そして、ブラックマン判事はヴィクター事件でもmoral certaintyの文言が同様の危険性を有していると評価する。以上のような論拠で、ブラックマン判事は法廷意見に反対した。

法廷意見は、ケージ事件とヴィクター事件との違いを強調したが、ブラックマン判事の反対意見は両者の共通性を指摘した。個々の論点について、詳細に検討する必要はあるが、紙幅の関係もあり、それは別の機会に委ねたい[43]。

しかし、いずれの立場も、説示によって、陪審が、「合理的疑いを超えた証明」を、ウィンシップ判決が示したデュー・プロセス条項が要求する基準よりも高い「疑い」として解釈した場合には、その説示は憲法違反となり、有罪判決が破棄されるという点では共通していることは確認される必要があろう。

Ⅳ　おわりに

アメリカの主要な判例を簡単に概観した。合理的疑いを超える証明は、「法廷に現れた証拠を充分に比較し、考察した後に、被告人が有罪であるということを確信する」という主観的状態だと考えられていたことが確認された。証拠の充分な比較検討後に心に残った疑いが、「合理的疑い」ということもできるだろう。[44] 次に、「合理的疑い」がデュー・プロセスの直接的要請であり、不法な有罪判決に対する安全装置と位置づけられているということである。このことは、日本においても否定する理由はないだろう。また、陪審への説示は、合理的疑いを安全装置として機能させるためには、陪審員に対して理解可能な明確な意味を持たなければならないということである。それゆえ、「合理的疑い」よりも高い疑いが要求されているように誤解させる説示は憲法違反になる。このことに関連して、訴追者が被告人の有罪について、事実認定者を証拠によって説得しなければならないということも確認されなければならない。事実認定者は、提出された証拠のみを充分に比較・検討した結果、被告人の有罪について疑いが残る場合には、有罪判断を下してはならないのである。

とすれば、日本においても、裁判官や裁判員の任務は、検察官が被告人の有罪の立証に成功したか否かを批判的に検討することに求められなければならない。かつて横山晃一郎は、「法に定められた刑罰権の実現過程は、他の法の執行過程と、その論理構造において別段異なるものではない。しかし、それが他の法執行と異なる制度のもとに行なわれるのは、ひとえに、そのもたらす法律効果＝刑罰の重大な侵害性の故である。法執行機関の認定の上に、これと全く独立した裁判所の裁判手続がなお重ねられているのは、法執行機関の法執行、認定に誤りなきを期すため、にほかならない。近代国家の裁判所、刑事裁判所の任務は、したがって、法執行機関の行為の適法性、事実認定の当、不当を厳格に審査し、チェックするところにある。そしてそこにしかない。なぜなら、もし裁判所が、法執行の適法性、認定の誤りをチェックしないなら、法執行機関のほかに、これから独立した機関を設置する必要は全くないからである。近代国家の刑事手続が、ほとんど例外なく、訴追者（私人または国家機関）の訴えをまって裁判の開始を認め（弾劾形式、不告不理）、裁判所は、被告人の言い分を聞いて、訴追者の主張を審査、吟味する、という形（当事者主義）をとるのは、それが裁判所の任務達成に相応しい形式、と考えられるからであろう（傍点原文）[45]」と書いたが、まさに裁判所の存在意義はこのことに尽きるだろう。したがって、裁判所が、検察官の立証の不備をその想像力などで補うことは許されない。このような事態は、検察官が事実認定者を説得できないことを意味しており、それ自体が「合理的疑い」基準に反するとも言えるからである。このこととの連続で、平成二二年判決の判断基準を捉える必要がある。この基準は、検察官の立証を批判的に検討するための指針をも示したと言える。つまり、検察官が、犯人でないとすれば合理的に説明できない（あるいは困難な）事実関係が存在しないことを示すことができない場合、検察官は事実認定者の「合理的疑い」を払拭することができず、立証が失敗したとの評価を受けることになるのである。

アメリカに限定しても、「合理的疑い」に関して検討すべき判例や学説が多々存在しており、本稿では充分に検討できなかった。また、そもそも「合理的疑い」とは何かについての原理的な考究をおこなうことはできなかった。これらについては今後の課題として、この拙い論稿を、事実認定に対しても常に批判的な検討を加えてこられた内田博文先生[46]に捧げることにしたい。

(1) 最高裁判所事務総局『裁判員裁判実施状況の検証結果報告書』(http://www.saibanin.courts.go.jp/vcms_lf/hyousi_honbun.pdf)。
(2) 最高裁判所事務総局・前掲注(1)一四二~四三頁。
(3) 最高裁判所事務総局・前掲注(1)一二二頁。
(4) 川崎英明「裁判員制度の課題」法時七九巻一二号(二〇〇七年)三六頁。
(5) 河津博史「裁判員制度と事実認定」法時七七巻(二〇〇五年)一一号五一頁。
(6) 原田國男「裁判員制度における事実認定——木谷・石井論争を素材として」法時七七巻一一号(二〇〇五年)三六頁。
(7) 原田・前掲注(6)三八頁。
(8) 高田昭正「情況証拠と合理的疑いを超える証明——アメリカ法を中心として」法学雑誌四〇巻四号(一九九四年)二五四頁以下、中川孝博『合理的疑いを超えた証明 刑事裁判における証明基準の機能』(現代人文社、二〇〇三年)、内山安夫「第二六講 事実認定論——その二 証明の方法」村井敏邦・川崎英明・白取祐司編『刑事司法改革と刑事訴訟 下巻』(日本評論社、二〇〇七年)七三一頁以下など。
(9) この判示が、有罪証明の水準または心証形成の結果だけでなく、心証形成のプロセスを明らかにしたと評価するものとして、高田・前掲注(8)六二七頁。
(10) 豊崎七絵「情況証拠と採証法則」法セミ六六七号(二〇一〇年)一二四頁、
(11) 中川孝博「間接事実の総合評価に関し、一定の外在的ルールを定めた事例」速報判例解説編集委員会編『速報判例解説 vol.8』(日本評論社、二〇一一年)二一一頁以下。
(12) 片山真人「〈新判例解説〉」研修七四五巻(二〇一〇年)三一頁。
(13) 鹿野伸二「殺人、現住建造物等放火の公訴事実について間接事実を総合して被告人を有罪とした第一審判決及びその事実認定を是認した原判決に、審理不尽の違法、事実認定の疑いがあるとされた事例」法曹時報六五巻六号(二〇一三年)一九七頁。ただし、「ややもすれば、『被告人が犯人であるとすればこれらの情況証拠が合理的に説明できる』ということのみで有罪の心証を固めてしまうおそれがあることに対し、……警鐘を鳴らそうとした」(一九六頁以下)という意義は認められている。
(14) 中川・前掲註(12)二一一頁参照。なお、この点に関して、田中輝和「間接証拠による事実認定の『準則』・覚書——最高裁平成二二(二〇一〇)年四月二七日判決を機縁として」東北学院法学七一号(二〇一一年)四七四頁以下は、「昭和四八年の『準則』は、要証事実の認定にむかっていくときに留意すべき『準則』であり、平成二二年判決の『準則』は、いったんその認定に到達した後に、それをテストするときの『準則』である」（四四九頁）としており、両者を別次元のものと位置づけている。この点については、今後の検討課題としたい。

（15） Speiser v. Randall 357 U.S. 513 (1958) at525-526.

（16） In re Winship, 397 U.S.358 (1970).

（17） In re Gault, 387 U.S. 1 (1967) at 30.

（18） Supra note 18 at 363-364.

（19） Jackson v. Virginia 443 U.S. 307 (1979).

（20） Id., at 316-317.

（21） Commonwealth v. Webster, 59 Mass. (5Cush.) 295 (1850).

（22） Id., at 320.

（23） See Barbara J. Shapio, "*To A Moral Certainty*": Theories Of Knowledge And Anglo-American Jury 1600-1850,38.Hasting L. Journal 153 (1986) at153.

なお、Jon O. Newman; Beyond "*Reasonable Doubt*", 68 N.Y.U.L.Rev. 979 (1993) at 982によれば、「とりわけ、（被告側）に弁護人が賛同する一つの公式が、証拠は有罪について陪審を 'moral certainty' まで説得しなければならないというものである」と評価されている。

（24） Shapio, supra note 26 at 153.

（25） Shapio, "*To A Moral Certainty*": at153. この moral certainty について、日本では、「『道徳的な確実さ』（moral certainty）すなわち、裁判官が、良心に従って、まちがいないと信じたとき」（平野隆一『刑事訴訟法』一八九頁）であるとか「自らのモラル（内心の道徳）に鑑みてやましさや恥じるところがない」（高田・前掲注（8）二六〇頁）のように、道徳性が強調されている。

（26） Id., at 158. なお、「合理的疑い」概念の歴史的展開については、see Barbara J. Shapio, *Beyond Reasonable Doubt and Probable Cause*, Historical Perspective on the Anglo-American Law of Evidence, 1997（本書の邦訳として、庭山英雄・融裕子訳『「合理的疑いを超える」証明とはなにか——英米証明理論の史的展開』（日本評論社、二〇〇三年）。

（27） Id., at 192-193.

（28） Shapio, supra note 26 at153.

(29) Cage v. Louisiana 498 U.S. 39 (1996) at 41.

(30) Id., at 41.

(31) Victor v. Nebraska and Sandoval v. California 114S.Ct. (1994) at 1239.

(32) Id., at 1244.

(33) Id., at 1249.

(34) Id., at 1248-1249.

(35) Id., at 1250.

(36) Id., at 1250-1251.

(37) Id., at 1251.

(38) Id., at 1251.

(39) Id., at 1254.

(40) Id., at 1256.

(41) Id., at 1258.

(42) Id., at 1258.

(43) たとえば、Shelagh Kenney; *Fifth Amendment——Upholding The Constitutional Merit Of Misleading Reasonable Doubt Jury Instructions*, 85 J. Crim. L & Criminology 989 (1995). at 1025は、「ヴィクター事件及びサンドーバル事件の多数意見において、連邦最高裁は、請求人の主張をケージ事件の判断の光の中に適切に位置づけることはできなかった」し、「説示の合憲性を分析するために、一八世紀及び一九世紀の特定の事件やテキストに焦点を当てる際に、最高裁は説示の常識的な理解に対して充分な注意を向けることがなかった」と批判している。

(44) 中川・前掲注(8)三一六頁参照。

(45) 横山晃一郎『誤判の構造——日本型刑事裁判の光と影』(日本評論社、一九八五年)一九頁。

(46) 最近のものとして、たとえば、内田博文「自白の信用性について(一)」神戸学院法学四一巻一号(二〇一一年)六〇頁以下など。

控訴審における事実誤認審査

古賀康紀

Ⅰ　事実認定に関する直接主義・口頭主義の原則

犯罪事実の認定は、直接主義・口頭主義の下でなければ行うことができない。これは、事実認定に関する刑訴法の基本原則である（この原則を、以下「事実認定に関する直接主義・口頭主義の原則」という)。

直接主義・口頭主義による審理が予定されているのは第一審である。チョコレート缶事件上告審判決(1)は、「第一審において、直接主義・口頭主義の原則が採られ、争点に関する証人を直接調べ、その際の証言態度等も踏まえて供述の信用性が判断され、それらを総合して事実認定が行われる」と判示している。

事実認定に関する直接主義・口頭主義の原則は、憲法が被告人に対し保障した権利である。これは判例も認めている。最高裁昭和三一年七月一八日大法廷判決[2]は、「被告人等は、憲法三一条、三七条等の保障する権利は有しており、……被告人等は公開の法廷において、その面前で、適法な証拠調の手続が行われ、被告人等がこれに対する意見弁解を述べる機会を与えた上でなければ、犯罪事実を確定され有罪の判決を言渡されることのない権利を保有する」と判示している。

那須弘平最高裁裁判官（当時）は、防大教授痴漢冤罪事件上告審判決[3]に付した補足意見で、「冤罪で国民を処罰するのは国家による人権侵害の最たるもの」と指摘している。これに異論を唱える人はいないと思われる。国家から冤罪で処罰されないことは、憲法が国民に対し保障した基本的人権の中でも、最も重要な権利の一つである。国民が冤罪で処罰されないためには、刑事裁判の事実認定が正確でなければならない。

事実認定は、供述証拠に依拠するところが大きい。供述証拠の信用性は、供述内容の合理性だけではなく、供述の際の供述者の態度や表情、供述ぶりなどを含めて総合的に評価される。それが分かるのは供述を直接に見聞きした裁判官であり、他の裁判官が供述録取書面を読んでも、それは分からない。実質的直接主義は、裁判所に対しオリジナルな証拠に直接に接することを要求し、他の証拠の代用を禁止することによって、事実認定の正確性を担保している。

このように、事実認定に関する直接主義・口頭主義の原則は、憲法に由来する。そうであれば、第一審における事実認定と控訴審における事実誤認審査は、その原則を踏まえたものでなければならない。

ところが、これまでの刑事裁判実務では、直接主義・口頭主義の原則が著しく形骸化していた。そのことは、控訴審が書面で犯罪事実を認定することを正当化する根拠となっていた。

しかし、第一審では直接主義・口頭主義の原則は形骸化しているので、控訴審が書面で犯罪事実を認定しても構わないというのは、発想が逆立ちしている。

刑訴法の基本原則に立ち帰らなければならない。第一審の審理は、直接主義・口頭主義の原則が徹底されるべきである。控訴審における事実誤認審査のあり方は、徹頭徹尾、事実認定に関する直接主義・口頭主義の原則を踏まえ再検討されるべきである。

以下、これについて述べる。(4)

Ⅱ　刑訴法が控訴審を事後審とした理由

1　続審と事後審の違い

チョコレート缶事件上告審判決は、控訴審における事実誤認審査に関する解釈を導くにあたり、控訴審の性格につき、「刑訴法は控訴審の性格を原則として事後審としており、控訴審は、第一審と同じ立場で事件そのものを審理するのではなく、当事者の訴訟活動を基礎として形成された第一審判決を対象とし、これに事後的な審査を加えるべきものである」と判示している。

平野龍一博士は、「控訴審は、事後審査を行う審級であるから、事後審査審と呼ばれる。略して審査審ともいう（事後審と呼ぶのは妥当でない）」と述べている。(5)鈴木茂嗣教授は、平野龍一博士の上記論述を受けて、「『審判対象』如何の観点からは、検察官の提示した訴因（正確には検察官の主張する具体的『公訴犯罪事実』）について直接判断する構造と、原判決の当否について判断する構造とを基本的に区別することができよう。後者を平野博士にならって『審査審』と呼ぶとすれば、前者は、さしあたり『実体審』とでも呼ぶのが相当であろう」と述べている。(6)

これらは、続審と事後審の違いを分かりやすく説明している。「第一審と同じ立場で事件そのものを審理する」

のが続審であり、続審は鈴木茂嗣教授のいう実体審である。「第一審判決を対象とし、これに事後的な審査を加える」のが事後審であり、事後審は、平野龍一博士のいう審査審である。

続審と事後審を区別する本質的メルクマールは、審判対象の違いにある。

2　続審の本質

続審は、原審の終局判決直前の段階から審理手続を引き継ぐので、控訴審が行う実体判断に、原審記録等をそのまま用いることができる。[7] 続審では、原審で取り調べられた証人を調べ直す必要はない。

続審という文言からは、続審の本質は、控訴審において証拠調べが続行されることにあるような印象を受ける。しかし、続審だからといって、必ず証拠調べが行われるわけではない。当事者は証拠調べ請求をすることができるが、裁判所は、不必要と判断すればその請求をすべて却下できる。

控訴審で新たな証拠調べが全く行われないときは、控訴審は、原審記録等のみで実体判断を行うので、完全な「書面主義による実体審」となる。

控訴審で証拠調べが行われると、控訴審は、原審で取り調べられた証拠と控訴審で調べた証拠によって実体判断を行う。この場合も、控訴審が検討する証拠の大部分は原審で調べられた証拠であり、控訴審はそれを書面で検討するにとどまるので、控訴審が書面主義を基本とすることに変わりはない。

続審の本質は、「書面主義を基本とする実体審」である。

3　刑訴法が控訴審を事後審とした理由

刑訴法が控訴審を事後審としたことについて、控訴審の負担軽減を図るためと説明されることが多い。

刑訴法が証人尋問をやり直す方式の覆審を採用しなかったのは、控訴審の負担軽減のためといえる。刑訴法は、第一審の審理につき直接主義・口頭主義を徹底させている。控訴審がこれと同じ証人尋問のやり直しを行うのは、控訴審の負担が過重となる。

しかし、覆審には、証人尋問をやり直すか、原審で作成された供述録取書面を取り調べるかを、裁判所の裁量に委ねる方式もある。(8) この方式の覆審であれば控訴審の負担をそれほど考慮する必要はないので、刑訴法がこの方式の覆審を採用しなかったことは、控訴審の負担軽減では説明できない。

刑訴法が控訴審を続審としなかったことも、控訴審の負担軽減では説明できない。しかし、続審でも原審記録等を審理資料として用いることができる。いずれも、原審で取り調べられた証人を控訴審で調べ直す必要はない。そこに控訴審の負担の違いはない。

続審の当事者は、第一審と同様に証拠調べの請求ができる。しかし、控訴審を事後審として規定する刑訴法でも、当事者は事実取調べの請求ができる。裁判所が不必要と判断すればその請求を却下できることも、両者に違いはない。この点に関する控訴審の負担も、続審か事後審かで大きな違いはない。

しかし、刑訴法は、それでも、控訴審を続審としなかったし、原審で作成された供述録取書面の取調べを控訴審の裁量とする方式の覆審にもしなかった。

その理由は、そうすれば、控訴審は、多かれ少なかれ、書面を用いて事件に対する実体判断を行うことになるからである。それは、事実認定に関する直接主義・口頭主義の原則と矛盾する。刑訴法が控訴審を事後審とした最も大きな理由は、事実認定に関する直接主義・口頭主義の原則にある。

その理由が控訴審の負担軽減で説明されるのは、事実認定に関する直接主義・口頭主義の原則が軽視されてきたことと無関係ではない。

Ⅲ　控訴審における心証形成

1　控訴審がどのような方法で原判決の認定の当否を審査するかは、立法の仕方による

控訴審における事実誤認審査のあり方について、論理則・経験則違反説と心証比較説の対立がある。通説は、論理則・経験則違反説を支持している。論理則・経験則違反説を支持すべき理由として、控訴審の事後審性が挙げられている。

しかし、控訴審が事後審であることから導かれるのは、控訴審は第一審と同じ立場で事件そのものを審理するのではなく、原判決の認定の当否を審査するということに尽きる。その審査の方法は、控訴審の立法の仕方による。控訴審は事後審であるということから、その審査方法が論理必然的に導かれるわけではない。原判決の認定の当否を審査するためには、原審記録等を検討することが不可欠であるように思える。しかしそうでないことはドイツの立法例を見ればよく分かる。

ドイツ控訴審は覆審であるので、審理のやり直しが行われる。原判決の当否が審査されるのは上告審においてである。ドイツ刑訴法三三七条が上告理由として定めているのは法令違反のみである(9)。しかし、論理則・経験則に違反した認定は法令違反にあたり、破棄理由となると解されている。その限りで、ドイツ上告審でも原判決の認定の当否が審査の対象となる。

中川孝博教授は、ドイツ上告審が原判決の認定の当否を審査する方法につき、①直接主義が徹底したドイツでは、上告審が原審記録を用いることを原則として禁止している、②上告審が審査資料とするのは原判決の判決理由であ

る、③上告審の審査を可能とするために、事実審裁判官に対し、判決理由中に証拠評価の過程を詳細に記述することを義務付けている、ということを紹介している。[10]

ドイツ上告審は原審記録等を用いることができないので、事件に対する心証を形成することはできない。しかし、原判決の判決理由中に認定過程が詳細に記述されているので、その認定過程に論理則・経験則違反があるかどうかを審査できる。

これに対し、日本の控訴審は原審記録等を用いることができる。控訴審が原審記録等を検討すれば、心証を形成するのは不可避である。論理則・経験則違反説を支持する人は、控訴審が原審記録等を検討しても心証は形成しないというかもしれないが、それは無理というものであり、フィクションである。控訴審が心証を形成することは、原審記録等を審査資料として用いることを認めている刑訴法が、予定していることというほかはない。

他方、刑訴法三三五条及び三三六条は、第一審裁判官に対し、判決理由中に証拠評価の過程を詳細に記述することを義務付けてはいない。

このように、ドイツ上告審と日本の控訴審は、審査方法が全く異なる。これは、立法の違いによる。

2　書面により形成する心証と直接主義・口頭主義の下で形成される心証は、質的に異なる、しかし、これまであまり区別されていなかった

控訴審が原審記録等で形成した心証を、石井一正判事は「一応の心証」と呼び[11]、船田三雄判事は「事実の見方」と呼んでいる。[12]その意味は、心証といえば普通には実体判断を行うものを指すが、書面で形成した心証は、そのような一人前の心証ではないというものである。事実認定に関する直接主義・口頭主義の原則に照らせば、これは当然のことである。

しかし、これまでは、その違いがあまり区別されていなかった。

伝統的事後審論は、控訴審は自ら心証を形成せずに原判決の認定の当否を審査するとし、それが事後審の本質的特徴であると説いてきた。今日でもそのように説明する人がいる(13)。

しかし、事後審で否定されるのは、第一審と同じ立場で事件そのものを審理し、事件に対し実体判断を行うことである。実体判断を行うことと、事実誤認審査のために心証を形成することは意味が異なる。前者が否定されても、後者が否定される理由はない。伝統的事後審論は、これを同じものとする誤りを犯している。

これと裏返しの誤りは、実務家の論文に見られる。金谷暁判事は、「事実誤認又は量刑不当を理由として破棄する場合は、原審において実体判断の基礎となる適法な証拠調べがなされているはずであり、直接主義・口頭主義の要請を満たすために控訴審において新たな事実の取調べを必要とするかどうかはともかく、自判は可能である」と述べている(14)。

しかし、原審で適法な証拠調べが行われているので控訴審は自判が可能というのは、事実認定に関する直接主義・口頭主義の原則を無視した暴論というほかはない。

原審で適法な証拠調べが行われていても、控訴審は、原審の証拠を直接に取り調べてはいない。控訴審で事実取調べが行われても、原審で取り調べられた証拠が、控訴審によって直接に取り調べられた証拠となるわけではない。事実認定に関する直接主義・口頭主義の原則により、裁判所は、自ら直接に取り調べた証拠でなければ判決の基礎とすることができない。これでは、「自判は可能である」といえるはずはない。

近藤和義判事は、「刑訴法は、……差戻、移送、自判の分別は、裁判所の裁量に任せている（刑訴法四〇〇条)。問題は、どのような態度において、この裁量をするかということであるが、この問題が、審級の利益と訴訟経済・訴訟促進の要請とのかねあいの問題である以上、原判決の瑕疵、破棄理由との関係において、いずれの要請が強いかによって個別的に決して行くほかないものであろう」と論述している。[15]この論述は、段ボール覚せい剤輸入事件上告審決定[16]に対する楡井秀夫調査官の解説に引用され、同調査官解説も、自判と差戻しの振り分けを審級の利益と訴訟経済の利益考量で説明している。[17]近藤和義判事や楡井秀夫調査官にも、書面で犯罪事実の認定ができるという前提がある。

書面で心証を形成しているので実体判断ができるというのは、伝統的事後審論とは逆の意味で、書面によって形成した心証と、直接主義・口頭主義の下で形成した心証を混同する誤りを犯している。書面によって形成した心証と、直接主義・口頭主義の下で形成した心証が質的に異なるのは、刑事裁判の事実認定には、直接主義・口頭主義の原則があるからである。直接主義・口頭主義の原則が形骸化すれば、その違いは無視される。そうすると、控訴審が原無罪判決を破棄するときは、原審記録等ですでに有罪心証を形成しているということで、刑訴法四〇〇条但書にいう「直ちに判決をすることができる」（刑訴法四〇〇条但書）状態に達していると考えられてしまう。実務において刑訴法四〇〇条の原則と例外が実務で完全に逆転しているのは、そのためである。実務における控訴審は、「書面主義を基本とする実体審」、つまり続審と化している。

Ⅳ　原有罪判決に対する事実誤認審査について

1　事実誤認審査の対象は、原判決の「認定結果の当否」なのか、「認定過程の当否」なのか

事実誤認審査の対象は、有罪か無罪かという原判決の「認定結果の当否」なのか、それとも、そこに至る「認定過程の当否」なのかという問題がある。

刑訴法が事実誤認審査の資料として原審記録等を用いることを認めている以上、控訴審が心証を形成することは

不可避である。心証は結果である。そうであれば、控訴審の審査対象は、認定結果の当否となる。これが控訴審における事実誤認審査の基本となる。

原無罪判決に対する事実誤認審査では、認定結果の当否を審査対象とすることに問題はないと考える。但し、これには条件がある。私は、①原無罪判決を破棄するときは、必ず事件を原審に差し戻すべきで、自判して有罪を言い渡すことはできない、②控訴審の有罪心証は、書面によって形成された、石井一正判事のいう「一応の心証」に過ぎないので、破棄判決に示された事実判断に拘束力を認めることはできないと考えている。問題はないというのは、これを前提としている。

これに対し、原有罪判決に対する事実誤認審査では、審査対象を原判決の認定結果の当否とすることには問題があると考える。

控訴審が原有罪判決とは別の理由で有罪心証を形成し、控訴審は、原判決の認定結果を是認できるということで原判決を維持できるとすれば、控訴審の有罪心証の当否を争う機会が被告人に保障されないまま、有罪が確定してしまうからである。

原有罪判決に対する事実誤認審査については、次のとおり考える。

①控訴審は、自らの心証と、有罪であるという原判決の認定結果とが一致しないときは、それを理由に原判決を破棄できる。

②控訴審は、自らの心証と原判決の認定結果が一致し、かつ、原判決の判決理由を是認できるときは、控訴を棄却できる。

③控訴審は、自らの心証と原判決の認定結果が一致しても、原判決の判決理由を是認できないときは控訴を棄却できず、この場合は、事件を原審に差し戻さなければならない。

上記①では、原判決の認定結果の当否の審査となる。しかし、上記②、③では、原判決の認定過程の当否まで検討しなければならないので、認定結果の当否に加え、認定過程の当否も審査対象となる。

2　控訴審が、原有罪判決が判示する理由と別の理由で原有罪判決を維持するのは、不意打ち認定となる

次のような事例を考える。

①原判決は犯行目撃者Ａの供述の信用性を認め、これを理由に被告人の犯人性を認定し、有罪を言い渡した。

②控訴審はＡ供述の信用性を否定した。しかし、控訴審は、間接事実を総合すると被告人の犯人性を認定できるという心証を形成した。

実務では、このような場合、控訴審は原有罪判決を維持して控訴を棄却できると解されている。これは、控訴審判決が原有罪判決の認定理由を非難しながら、被告人は有罪であると認定できる別の理由を示した上で、「原判決の認定は、結果において是認できる」旨を判示して原有罪判決を維持することがあることからも確認できる。

しかし、原判決が有罪としたのは、Ａ供述は信用できることを理由とする。弁護人の控訴趣意書は、当然に、その判断は誤りであるということに集中する。

これに対し、控訴審が原審記録等を検討して、Ａ供述は信用できるとする原判決の判断が誤りであることは認めながら、間接事実を総合すれば被告人の犯人性を認定でき、被告人は有罪という原判決の認定結果に誤りはないという理由で原判決を維持すれば、それは、控訴審の不意打ち認定となる。

不意打ち認定を許すべきでないことは、これまで、木谷明弁護士によって強く訴えられてきたところである[18]。木谷明弁護士は、控訴審の不意打ち認定は被告人の防御権を侵害し、その裏返しとして、実体的真実から乖離した事実認定を惹起する危険を孕んでいる旨を指摘している。まことにそのとおりというべきである。

原無罪判決に対する事実誤認審査において、控訴審が、原審では主要な争点とならなかった事項を書面で検討し、それによって得られた有罪心証で原無罪判決を破棄し、自判して有罪を言い渡せば、これも不意打ち認定となる。しかし、私は、控訴審が書面で形成した有罪心証によって自判有罪の判決を言い渡すこと自体が許されないと考えている。その前提に立てば、原無罪判決に対する事実誤認審査では、上記のような不意打ち認定が生じることはないと考える。

3　何をもって不意打ち認定と考えるか

原判決が全く判示していなかったことを控訴審が新たに判示し、それを理由に原判決の認定結果を是認するという、絵に描いたような「認定の入れ換え」であれば、それが不意打ち認定にあたるのは明らかである。しかし、原判決には、控訴審の有罪心証の理由となる事実ないし証拠も判示されている場合もある。実際には、このような有罪判決が殆どと思われる。前記の例でいえば、原有罪判決に、A供述の信用性を肯定する判断だけではなく、被告人の犯人性を推認させる間接事実についても判示されている場合において、控訴審が、A供述は信用できないが、間接事実を総合すると被告人を犯人と認定できるという理由で控訴を棄却したという場合である。

このような場合は、不意打ち認定といえるのかどうかについて微妙な問題が生じる。

それが不意打ち認定にあたるかどうかは、原判決が有罪認定の主柱としている判断は何かによって評価されるべきである。

それを検討するのが証拠構造分析であるが、判決によっては、証拠構造分析の作業が困難な場合もある。同じ判決に対する証拠構造分析が、人によって異なることもある。

それを承知の上であえていうと、上記の例で、原判決が有罪認定の主柱としている判断は、A供述は信用できるという判断であって、原判決が判示する間接事実は、その信用性判断を補強するものとして位置付けられるような場合には、控訴審が上記の理由で控訴を棄却するのは、不意打ち認定にあたる。

逆に、A供述は信用できるというのは、原有罪判決ではむしろ従たる判断であり、間接事実により被告人を犯人と推認できるという判断が有罪認定の主柱である場合には、控訴審が上記の理由で控訴を棄却しても、不意打ち認定にはあたらない。

原有罪判決において、A供述は信用できるという判断と間接事実を総合すると被告人を犯人と認定できるという判断が、並列的に判示されているときは、どちらが原判決の有罪認定の上での主柱たる判断かで評価するほかはない。二つの判断が対等といえる場合には、不意打ち認定とはいえないのではないかと思われる。

4　不意打ち認定による原有罪判決の維持は、控訴審が新たに犯罪事実を認定して有罪を言い渡すに等しい

川崎英明教授は、再審請求審における証拠構造の組み替えや証拠のかさ上げにつき、「証拠構造の組み替えは、有罪認定の枠組みが崩れたことを意味しており、そのこと自体が確定判決の有罪認定に対する合理的疑いとなること、また、このような組み替えやかさ上げは新たな有罪認定に他ならず、そのような新たな有罪認定を行うことは、確定判決の有罪認定への合理的疑いの有無を判断すべき再審請求審の性格と矛盾すること」を指摘している。[19]

川崎英明教授が述べているのは、再審請求審についてである。しかし、それは、控訴審における不意打ち認定の問題にも基本的に通じると考える。

前記の例で、原判決で有罪認定の主柱とされていたA供述の信用性を控訴審が否定すれば、原判決の有罪認定の枠組みは崩れる。控訴審が、間接事実を総合すると被告人の犯人性を認定できるという理由で原有罪判決を維持するのは、形の上では控訴棄却判決であるが、それは、実質的には、控訴審が新たに犯罪事実を認定し、新たに有

罪判決を言い渡すのと同じである。

これでは、控訴審は、第一審と同じ立場で事件そのものを審理する実体審となってしまう。しかも、それは、直接主義・口頭主義の下ではなく、書面主義を基本とした審理によるものであるから、事実認定に関する直接主義・口頭主義の原則にも反する。

刑訴法は、控訴審に対し原審記録等を用いることを認めている。しかし、それは控訴審が原判決の認定の当否を審査するためであって、新たに犯罪事実を認定し、実質的に新たな有罪判決に等しい控訴棄却判決を言い渡すためではない。控訴審の原審記録等の利用は、自ずから、事後審という控訴審の性格から導かれる制約がある。

5　控訴審が原判決と別の理由で有罪心証を形成した場合の控訴審の採るべき措置

控訴審が原判決と別の理由での有罪心証を形成すること自体は、否定されるわけではない。控訴審に対し原審記録等の検討を許す以上は、これは止めようがない。

否定されるのは、その有罪心証によって、事実上審理を閉ざすことになる控訴棄却判決を言い渡すことである。

控訴審が原審記録等によって原判決と別の理由による有罪心証を形成したときの、控訴審の採るべき措置には、①控訴審が上記心証に基づき争点を顕在化させた上で、控訴審においてその争点につき審理を尽くす。②控訴審は、原判決が判示した理由で有罪を認定したのは是認できないことを理由に原判決を破棄した上で、事件を原審に差し戻し、差戻審に上記争点につき審理を尽くさせる。

という二通りが考えられる。どちらであっても、被告人は、控訴審か差戻審のいずれかで、控訴審の有罪心証の当否を争う機会が保障される。

手続は、上記①の方が簡便である。控訴審を実体審として運用することに問題を感じなければ、上記①が支持されると思われる。

しかし、私は、控訴審を実体審として運用することに賛同することはできない。

上記①の措置が採られると、控訴審で有罪か無罪かを見極めるための証拠調べが実施され、その証拠調べの結果により、実質的に有罪判決に等しい控訴棄却判決か、破棄自判無罪判決のいずれかが言い渡される。これでは、控訴審が実体審と化す。

しかも、控訴審が有罪判決と実質的に等しい控訴棄却判決を言い渡す場合には、その判決の基礎とする証拠は、控訴審が取り調べた証拠だけではなく、原審が取り調べた証拠も当然に含まれる。後者の証拠については、控訴審は書面で検討したに過ぎない。したがって、いかに控訴審で証拠調べを行っても、書面上の証拠を基礎とする判決となることは避けられない。これは、事実認定に関する直接主義・口頭主義の原則に反する。

したがって、私は、上記②の措置が採られるべきと考える。

V　チョコレート缶事件上告審判決について

1　論理則・経験則違反説に対する疑問

論理則・経験則違反が生じるのは、事実認定の過程においてである。したがって、論理則・経験則違反説では、原判決の認定過程の当否が審査対象となるはずである。

同説の代表的な論者の一人である船田三雄判事は、「控訴審における事実審査は、第一審判決の事実認定過程における、経験法則、論理法則違背の審査である」と述べている。[20] 井戸俊一判事も、「控訴審は第一審の事実認定の過程を審査すべきとするものである」と述べている。[21] 司法研究書第六一輯第二号「裁判員裁判における第一審の判決書及び控訴審の在り方」九四頁に、「個々の証拠の評価ないしそこからの推認によって原判決の認定を導くことに論理則違反や経験則違反はないかを審査するものである」と記述されているのも、同じ趣旨である。

しかし、刑訴法は、控訴審に対し、事実誤認審査のために原審記録等を用いることを認めている。そうすると、控訴審が事件に対する心証を形成することは避けられない。控訴審の心証が原判決の認定結果と食い違っているときは、控訴審は、それを理由に、原判決の認定は誤りだと判断するはずである。控訴審が、その上に、原判決を破棄すべきかどうかを判断するために、原判決の判断過程に論理則・経験則違反があるかどうかを点検するとは思えない。これを点検することがあっても、それは破棄判決を起案するためであり、そのときはすでに原判決破棄という結論は出ている。

実務家の多くは論理則・経験則違反説を支持している。にもかかわらず、実務では、控訴審は原判決の認定結果の当否を審査対象としている。実務の現実は、論理則・経験則違反説から乖離している。

そもそも、事実誤認審査のために原審記録等を用いることを認めている刑訴法の下で、原判決の認定過程の当否を審査するという意味の論理則・経験則違反説が成り立つのだろうか。原判決の認定結果の当否を審査対象とするような論理則・経験則違反説は、果たしてあり得るのだろうか。私は、そのような疑問を禁じることができない。

最近では、論理則・経験則違反説を支持する実務家の多くが、心証形成を認めている。原田國男判事は、「ここで注意しておくべきことは、論理則・経験則違反説でも心証の形成を前提としていることである。高裁の裁判官を経験すれば、すぐ分かることであるが、心証を形成しないで有罪・無罪の判断はできない。論理則・経験則違反だけでは、有罪・無罪の結論を得ることはできない」と述べ[22]、「論理則・経験則違反説では、心証自体の形成も許さないというような理解があるとすれば、それは誤っていよう」とまで述べている[23]。石井一正判事や樋上慎二判事も、論理則・経験則違反説を支持しながら、控訴審が心証形成することを認めている[24]。

これらの論者の理解する論理則・経験則違反説とは、どのようなものなのであろうか。

2　チョコレート缶事件上告審判決が判示しているのは、破棄基準についてである

控訴審は、原審記録等で心証を形成して、原判決の認定結果の当否を審査してきた。それは、心証比較説による事実誤認審査である。これまでの控訴審が心証比較説による事実誤認審査を行ってきたことは、チョコレート缶事件上告審判決に補足意見を付した白木勇裁判官も認めている[25]。

最高裁が上記上告審判決を言い渡したのは、そのような控訴審実務に対し、変更を求めるためであった。

チョコレート缶事件上告審判決は、論理則・経験則違反説を基本的に採用したものと一般に理解されている[26]。しかし、そうであっても、刑訴法が控訴審に対し原審記録等を用いることを認めている以上、控訴審が心証を形成することや、事実誤認審査の対象が基本的に原判決の認定結果の当否となることは、変わりようがないことではなかろうか。

そうだとすれば、最高裁は、上記上告審判決を言い渡すことによって、控訴審実務に対し、どのような変更を求めたというのだろうか。

それは、控訴審における破棄基準についてであるとしか私には思えない。

心証比較説では、原判決の認定結果が控訴審の心証と食い違っているときは、控訴審は自らの心証を優先させ、原判決を破棄する。心証比較説では、原判決の認定結果が控訴審の心証と食い違っているかどうかが、破棄基準となる。

これに対し、上記上告審判決は、原判決の認定結果が控訴審の心証と食い違っているだけでは原判決を破棄できず、控訴審が原判決を破棄できるのは、原判決の認定結果が論理則・経験則違反といえる程度に不合理といえる場

合に限られると判示しているように思える。だとすれば、それは、破棄基準について判示していることになる。

この理解によれば、「論理則・経験則等に照らして不合理」という文言の意味は、「原判決の認定結果の誤りが著しい」ということとなる。

上記上告審判決が言い渡されたのは裁判員制度の導入を契機とする。裁判員裁判については、国民の意見の反映した第一審判決を尊重すべきだということがいわれた。上記の理解は、そのことに符合する。

「論理則・経験則違反」とせず、「論理則・経験則等に照らして不合理」としたのも、そう理解すれば納得できる。

上記の理解は、前掲の段ボール覚せい剤輸入事件上告審決定に付された寺田逸郎最高裁裁判官の補足意見からも裏付けられる。同補足意見は、論理則・経験則等に照らして不合理というために定式化された経験則を掲げるのを求めるのは厳格に過ぎ、相当ではないとした上で、「控訴審としては、事実誤認を説明するに当たって、事案に応じ、第一審判決の判断の誤りが看過できないレベルにあるとする理由を客観的な立場にある人にも納得のいく程度に示すことで足りると解するのが相当ではないかと考える」と述べている。[27]

これによれば、原判決の認定が論理則・経験則等に照らして不合理であるとは、原判決の認定結果の誤りの程度が看過できないレベルにあるということを意味し、これを具体的に示すとは、そのことを第三者に分かるように示すという意味となる。

論理則・経験則違反が生じるのは事実認定の過程においてであることを考えると、これは、本来の論理則・経験則違反説からは相当に隔たっている。

チョコレート缶事件上告審判決が採用したとされる論理則・経験則違反説は、審査方法が心証比較であることを前提とした上で、破棄基準について、「論理則・経験則等に照らして不合理」という文言で絞りをかけたものと考えるべきである。

3　書面審査を原則とする控訴審は、謙抑であることが求められている

問題は、それが破棄基準の絞りとして十分に機能するかにある。

原判決と控訴審が有罪か無罪かで対立したときは、控訴審からみれば、原判決は、有罪とすべきところを無罪としたことになる。

控訴審が、そのこと自体で、原判決の認定の誤りの程度は看過できないレベルにあると評価すれば、「被告人の自白は信用できない」という理由で無罪を言い渡した原判決に対し、控訴審は、「自白が信用できることは明らかであり、これを否定した原判決の認定は、論理則・経験則等に照らして不合理である」と判示して、原判決を破棄することになる。原判決の認定が論理則・経験則等に照らして不合理であることは具体的に指摘するには、破棄の理由として、自白の信用性を認める根拠となる証拠を示し、その証拠評価を相応に示せば足りる。

このような控訴審判決は、チョコレート缶事件上告審判決が言い渡された後も、よく見受けられる。

そこには、控訴審が書面主義を基本とすることによる謙抑性が認められない。

チョコレート缶事件上告審判決が控訴審に求めているのは、その謙抑性であるように思える。「論理則・経験則等に照らして不合理」という文言が破棄基準の絞りとなるには、控訴審が謙抑であることが不可欠である。

Ⅵ　控訴審における破棄と自判

1　控訴審は、事実取調べを行うことなく原判決を破棄することができる

刑訴法は、控訴審に対し原判決の認定の当否を審査する権能を付与し、その審査の資料として、控訴審が原審記録等を用いることを認めている。刑訴法は、刑訴法三八二条の二の疎明があったものにつき、判決に影響を及ぼす

べき事実の誤認を証明するために不可欠である場合に限り、控訴審に対し事実取調べを義務付けているが、それを除いては、事実取調べを行うかどうかを裁判所の裁量に委ねている。

刑訴法がこのように規定している以上、控訴審は、原審記録等を検討して形成した心証が原判決の認定と異なるときは、そのことを理由に、控訴審で事実取調べを行うことなく、原判決を破棄することができると解すべきであろう。

判例は、控訴審が原無罪判決を破棄した上で自判して有罪を言い渡すためには、事件の核心について事実取調べを行うことが必要であると解しているが、原無罪判決を破棄するだけであれば、事実取調べを必要とは解していない。

後藤昭教授及び田宮裕博士は、上記判例を批判し、事件の核心についての事実取調べを、自判有罪の要件ではなく、原無罪判決破棄の要件とすべきと説いている。(28)

そこには、判例が破棄判決の事実判断には拘束力があると解していることに対する配慮がある。(29) 書面審査のみで原無罪判決を破棄できることを認めると、控訴審の書面による有罪判断が差戻審を拘束するので、書面によって犯罪事実を認定するに等しいことになるという配慮である。

しかし、破棄判決に示された事実判断は書面によって形成されたものに過ぎず、それは、事実誤認審査のための「一応の心証」にとどまる。そのような「一応の心証」に基づく破棄判決の事実判断に拘束力を認める判例こそが、批判されるべきである。

控訴審において厳格な取調べを前提とした事実取調べが行われると、控訴審の実体審化を招くように思える。

2　控訴審は、事実取調べをしなくても自判して無罪を言い渡すことができる

問題はその先にある。控訴審は、どのような場合に、刑訴法四〇〇条但書に基づき自判することができるかという問題である。

私は、

①控訴審が原有罪判決を破棄するときは、事実取調べをしなくても、自判して無罪を言い渡すことができる。

②控訴審が原無罪判決を破棄するときは、事件の核心について事実取調べをしていても、自判して有罪を言い渡すことはできず、必ず原審に事件を差し戻さなければならない。

と考える。

上記①について考える。

有罪判断は、被告人が犯人であることにつき合理的疑いを超えた証明がなされたという積極的な判断である。これに対し、無罪判断は、被告人が犯人であることにつき合理的疑いを超えた証明がなされたとはいえないという消極的な判断にとどまる。

原有罪判決を破棄した控訴審の判断は、被告人が犯人であることにつき合理的疑いを超えた証明がなされたとする原判決の判断は是認できないというものである。その判断は、被告人が犯人であることにつき合理的疑いを超えた証明がなされているとはいえないという判断と異ならない。

控訴審は、そこで審理を打ち切ることができる。その場合は、上記の控訴審の判断があるだけの状態であるから、控訴審は、その判断に基づいて、自判して無罪を言い渡すことができる。

上告審は書面審査に限られているが、上告審が原有罪判決を破棄するとき、事件を差し戻すことなく自判して無罪を言い渡し、事件を終局させることがある。それが可能であるのは、このような理由による。

3　原有罪判決を破棄した場合において、事件を原審に差し戻すことには問題がある

控訴審が原有罪判決を破棄する場合の控訴審の判断は、原審記録等を検討した限りではというものである。したがって、原有罪判決を破棄した上で事件を原審に差し戻し、原審に対しさらに調べ直せと命じるのは、論理的にはあり得る選択肢である。

しかし、そうすることには問題がある。それは、原審で有罪立証に失敗した検察官に対し、再度の有罪立証のチャンスを与えるものだからである。八海事件第一次上告審判決[30]が原有罪判決を破棄した上で事件を控訴審に差し戻したことについて、平野龍一博士と田宮裕博士は、口を揃えて、現行法の理念にそぐわない強度の職権主義であると厳しく批判している[31]。そのとおりと考える。

原審記録等ではA供述に信用性を認めることができないが、本当に信用性を否定できるかさらに審理を尽くせという理由で事件を差し戻すのは、原審で有罪立証に失敗した検察官に対し、再度の有罪立証の機会を与えるものにほかならず、このような破棄差戻は否定されるべきである。

但し、第四で述べた問題がある。原判決はA供述の信用性を認め、これを理由に被告人の犯人性を認定して有罪を言い渡したのに対し、控訴審はA供述の信用性を否定したが、間接事実を総合すると被告人の犯人性を認定できる可能性があると判断したような場合には、控訴審は、本当にそのような認定が可能かどうかを確かめさせるために、原審に事件を差し戻すことができるというべきであろう。

4　控訴審は、事件の核心について事実取調べをしても自判して有罪を言い渡すことはできない

前記②について考える。

判例は、控訴審において事件の核心について事実取調べを実施すれば、自判して有罪を言い渡すことができると

解している。しかし、私には、この判例理論に賛同することはできない。

控訴審が事実取調べを行ったからといって、原審で取り調べられた証拠が、控訴審にとって直接主義・口頭主義の下で取り調べた証拠となるわけではない。控訴審は、それを書面で検討したに過ぎない。

刑訴法は、控訴審が原審記録等を用いることにつき、公判手続の更新も規定していない。刑訴法には、民訴法二九六条二項のような原審記録等を控訴審に上程するための手続の規定もない。

控訴審で事実取調べがなされても、原審で取り調べられた証拠との関係では形式的直接主義すら満たされない。実質的直接主義は当然に満たされない。そのような証拠を基礎とし、自判して有罪を言い渡すのは、事実認定に関する直接主義・口頭主義の原則に明らかに反する。刑訴法が控訴審を事後審として規定したこととも矛盾する。控訴審は、続審、つまり「書面主義を基本とする実体審」となってしまう。上記判例理論は、否定されるべきである。

上記判例理論は、その基礎となる最高裁昭和三一年七月一八日大法廷判決とも整合しない。後藤昭教授が指摘するように、同判決が判示する「直接審理主義」とは、人の供述を証拠とするには、判決する裁判官の面前で供述させなければならないという証拠法的な原則を意味すると理解すべきだからである[32]。

刑訴法四〇〇条但書の条文の文言は、控訴審で事実取調べが行われていなくても、控訴審が訴訟記録と原審で取り調べた証拠によって直ちに判決をすることができると認めるときは、自判して有罪を言い渡すことが可能であるように読める。最高裁昭和三一年七月一八日大法廷判決が言い渡される以前の判例では、そのように解されていた。

しかし、上記大法廷判決をリーディングケースとして形成された判例理論は、控訴審が自判して有罪を言い渡すためには、控訴審において事件の核心についての事実取調べが行われることが必要であると解するようになった。これは、憲法が被告人に対し保障する直接主義・口頭主義についての権利を踏まえ、上記条文の文言による解釈を限定したものといえる。

しかし、被告人に対し保障された上記の権利に照らすと、その判例理論は、あまりに不十分といわざるを得ない。事実認定に関する直接主義・口頭主義の原則に照らせば、書面審査を原則とする控訴審は、たとえ事件の核心について事実取調べをしても、自判して有罪を言い渡すことはできないと解釈されるべきである。その理由は、これまでに述べたとおりである。

5 控訴審における事実取調べの対象は、控訴審で争点となった事項に限られる

控訴審が自判して有罪を言い渡すことに関しては、控訴審の事実取調べで取り調べられる証拠の証明対象は控訴審で争点となった事項に限られ、公訴事実全体が証明対象とはならないという問題もある。

光藤景皎教授は、

①原有罪判決では、公訴事実を構成するすべての事実について合理的疑いを超える心証が得られている。しかし、原無罪判決では、公訴事実を構成する一つの事実について合理的疑いが存するだけで無罪判決が言い渡されるので、その他の事実は、仮に判断がなされていても一応の認定にとどまる。

②控訴審が原無罪判決を破棄して自判し有罪を言い渡すには、公訴事実を構成するすべての事実について合理的疑いを超える心証を得なければならないが、その心証は原無罪判決からは得られない。

③控訴審が一、二の証拠を直接取り調べたからといって、公訴事実を構成するすべての事実について合理的疑いを超える心証が得られる保障はない。

④原無罪判決の認定に被告人に不利益な事実が含まれていても、被告人にはこれを争う手段がなく、検察官の控訴申立に対する答弁書で反論する機会はあるにしても、一度無罪判決を受けた被告人には、無罪判決が破られるかもしれない個々の点に注意を払い、これに対する反証を十分になすことは期待できない。

旨を指摘している。[33] 平場安治博士も、これと同旨のことを指摘している。[34] まことにそのとおりだと考える。

もし、控訴審における証明対象を公訴事実全体とし、それについて直接主義・口頭主義の原則に従った厳格な証拠調べをすることを求めると、控訴審は、証人を調べ直す方式の覆審となってしまう。それは、控訴審の負担軽減を図った刑訴法の趣旨に反する。

しかし、犯罪事実を認定するためには、公訴事実全体に対する厳格な証拠調べが不可欠である。控訴審で争点とならなかった事項は、書面で検討すればよいというものではない。

唯一の解決策は、事件を原審に差し戻し、そのような証拠調べを差戻審に委ねることである。

Ⅶ　控訴審における事実取調べについて

1　控訴審は、誤判から無辜の被告人を救済する使命を負っている

控訴審における事実取調べのあり方は、原有罪判決に対する審査と原無罪判決に対する審査で異なる。

控訴審が原審記録等を検討したところ、原有罪判決は是認できないという結論に達すれば、原有罪判決を破棄した上で自判して無罪を言い渡すべきである。これは、前述したとおりである。

しかし、原審記録等を検討したところ、そこまでの判断には至らないが原有罪判決の認定にいささかの疑問が残るという場合や、原審記録等を検討した限りでは原有罪判決が誤りであるとは思えないが、被告人の控訴趣意書や事実取調べ請求の内容を検討すると、控訴審において被告人が請求する事実取調べを行えば、原有罪判決は是認できないという結論に達する可能性があるという場合もある。

このような場合には、控訴審は、原有罪判決は本当に正しいのか、誤って無辜の被告人に有罪を認定していない

のかを確かめるための事実取調べを、積極的に行うべきである。

冤罪で処罰されないことは、憲法が国民に対して保障した基本的人権の中でも最たる権利であり、最後の事実審である控訴審は、誤った原有罪判決から無辜の被告人を救済すべき責務を負っているからである。

被告人が取調べ請求をした証拠が取調べられていれば、原有罪判決の誤りは明らかとなっていたのに、控訴審がそれを調べなかったために、原有罪判決を誤って維持し、有罪が確定するというのは、耐えがたい不正義である。原有罪判決の認定の当否を審査するために控訴審が積極的に事実取調べを行うのは、控訴審の事後審性と矛盾しないかという問題がある。

控訴審を事後審とするとき、控訴審は原審記録等の検討のみを行い、控訴審では新たな証拠調べをしないというのも、立法論としてはあると思う。

しかし、刑訴法はそのような立法を採っていない。刑訴法三九三条は、一定の要件の下で控訴審に対し取調べを義務付けた上、控訴趣意書に包含された事項を調査するため、もしくは刑訴法が控訴理由として規定する事由につき裁判所が職権で調査するために、裁判所は裁量で事実取調べを行うことができると定めている。

無辜の不処罰は憲法が要請することであるから、その裁量は、誤った原有罪判決から無辜の被告人を救済するためにこそ行使されるべきである。刑訴法は、控訴審に対し、原有罪判決の当否を審査するために積極的に事実取調べを行うことを求め、それは、控訴審の事後審性とは矛盾しないと考えているというべきである。

2　検察官上訴合憲論を前提としても、控訴審は、検察官に対し、控訴審での有罪立証の機会を与える必要はない
検察官上訴は憲法三九条に違反しないというのは、確立した判例である。検察官上訴が憲法三九条に違反しない理由として、判決が確定するまで危険が継続するということがいわれる。

しかし、第一審で無罪判決が言い渡されても判決が確定せずに危険が継続するのは、検察官上訴を許容しているからであって、検察官上訴を禁止すれば、第一審で無罪が言い渡されると危険は除去される。判決が確定するまで危険が継続するのは検察官上訴を許容した結果であって、それを理由に検察官上訴を許容するというのは、トートロジーである。

検察官上訴を許容するには、そのようなトートロジーではなく、それを許容すべき実質的理由は何かということを考えなければならない。それは、「誤った無罪判決の是正の必要性」以外には考えられない。

それでは、「誤った無罪判決」とは何か。それは、検察官は原審において有罪立証に成功し、原審で取り調べられた証拠を正しく評価すれば有罪を言い渡すべきであったのに、原審裁判所が証拠評価を誤ったために無罪を言い渡したというものである。

検察官控訴が、このような「誤った無罪判決」の是正を求めたものであれば、控訴審は、原審記録等を検討して原無罪判決を是認できるかを審査すれば足り、控訴審で事実取調べを行う必要は全くない。

そうすると、刑訴法三九三条が裁判所に取調べを義務付けているものはやむを得ないとしても、それに該当しない事実取調べを、裁判所が裁量で採用する必要は全くなく、そうすべきでもない。

控訴審が原審記録等を検討したところ、原判決は「誤った無罪判決」ではないという判断に達したときは、直ちに検察官控訴を棄却すべきである。

控訴審がそのような判断に達したにもかかわらず、事実取調べを行えば原無罪判決は是認できないという判断に達するかもしれないといった理由で、検察官の請求する事実取調べを採用すべきではない。それを採用するのは、裁判所自身があくなき有罪追求を行っているに等しい。それは現行刑訴法の精神に反することであり、否定されるべきである。

3　原審で有罪立証に失敗した検察官に対し、控訴審での再度の有罪立証を認めてはならない

検察官が原審で有罪立証に失敗した場合には、原審記録等から有罪を認定することはできない。原無罪判決は、それを正当に判断しただけであるから、それは「誤った無罪判決」ではない。その場合には、「誤った無罪判決の是正の必要性」を観念する余地はない。

この場合の検察官控訴は、原審で有罪立証に失敗したので、控訴審でもう一度有罪立証のチャンスを与えてほしいというものに過ぎない。

しかし、検察官には、第一審で有罪立証を尽くすことが十分に保障されている。捜査機関には、有罪証拠を蒐集するために十分な捜査員と捜査費用が与えられている。その上に、刑訴法は、検察官が原審で十分な有罪立証を尽くせるよう、捜査機関に対し、有罪立証に必要な証拠を蒐集するための強制権限を付与している。検察官は、原審で取調べ請求をした証拠によって有罪が認定されることは間違いないと確信して、起訴したはずである。

それにもかかわらず検察官が第一審で有罪立証に失敗したのであれば、検察官に対し、控訴審で再度の有罪立証をするチャンスを与える全く必要はなく、このような検察官控訴は、認められるべきではない。

検察官上訴を許容する実質的理由が、原審で有罪立証に失敗した検察官に対し、控訴審での再度の有罪立証のチャンスを与えることにあるとは到底思えない。

（1）　最高裁平成二四年二月一三日判決・判例時報二一四五号九頁。
（2）　判例時報八二号三頁。
（3）　最高裁平成二一年四月一四日判決・判例時報二〇五二号一五一頁。
（4）　本稿を作成するにあたり、木谷明先生から多くの貴重なご指摘とご助言を頂いた。深く感謝申し上げる。
（5）　平野龍一『刑事訴訟法』（有斐閣、一九五八年）三〇三頁。

(6) 鈴木茂嗣「刑事控訴審の構造」守屋克彦・光藤景皎編集代表『刑事裁判の復興――石松竹雄退官記念論文集』（勁草書房、一九九〇年）三六八頁。
(7) 民訴法二九六条二項は、原審記録等を控訴審に上程するための手続を定めている。
(8) 後藤昭『刑事控訴立法史の研究』（成文堂、一九八七年）二四八頁以下は、旧刑訴法の控訴審はこのような方式の覆審であったことを紹介している。
(9) 法務省大臣官房司法法制部編『ドイツ刑事訴訟法典』（法曹会、二〇〇一年）一三七頁。
(10) 中川孝博『合理的疑いを超えた証明』（現代人文社、二〇〇三年）一一七頁以下。
(11) 石井一正『刑事控訴審の理論と実務』（判例タイムズ社、二〇一〇年）三五七頁。
(12) 船田三雄「刑事控訴審における事実審査」判例時報一三一一号（一九八九年）二〇頁。
(13) 小林充『刑事控訴審の手続及び判決書の実際』（法曹会、二〇〇〇年）三頁、司法研究書第六一輯第二号「裁判員裁判における第一審の判決書及び控訴審の在り方」（二〇〇九年）九四頁。
(14) 金谷暁「控訴審が原判決を破棄した場合の問題点」安廣文夫編著『裁判員裁判時代の刑事裁判』（成文堂、二〇一五年）三二七頁。
(15) 近藤正義「刑事控訴審の研究第九回」判例タイムズ三五九号（一九七八年）六九頁。
(16) 最高裁平成二五年四月一六日決定・判例時報二一九二号一四〇頁。
(17) 楡井秀夫調査官調査官解説・法曹時報六七巻一四八八頁。
(18) 木谷明「刑事裁判の心――事実認定の適正化の方策」三六頁、同「事実認定の適正化――続・刑事裁判の心」一二九頁、同「不意打ち認定と訴因――昭和六三年判例への疑問」『刑事裁判論集――小林充先生佐藤文哉先生古希祝賀（下巻）』一一一頁。
(19) 川崎英明「再審請求と証拠構造論の展開」『光藤景皎先生古稀祝賀論文集』（成文堂、二〇〇一年）一九頁。
(20) 船田・前掲註（12）二一頁。
(21) 井戸俊一「刑事控訴審における事実誤認の審査方法について」判例タイムズ一三五九号（二〇一二年）六三頁。
(22) 原田國男「事実誤認の意義」刑事法ジャーナル三三号（二〇一二年）三九頁。
(23) 原田・前掲註（22）三九頁。
(24) 石井・前掲註（11）三五六頁、樋上慎二「事実誤認における合理性審査」刑事法ジャーナル三六号（二〇一三年）八四頁。
(25) 判例時報二一四五号一六頁。

(26) チョコレート缶事件上告審判決に対する上岡哲夫調査官解説・法曹時報六七巻二号五五七頁。
(27) 判例時報二一九二号一四六頁。
(28) 田宮裕『刑事訴訟とデュー・プロセス』（有斐閣、一九七二年）三六六頁、後藤昭「控訴審における破棄と事実の取調べ」守屋克彦・光藤景皎編集代表『刑事裁判の復興——石松竹雄退官記念』（勁草書房、一九九〇年）四〇三頁。
(29) 八海事件第三次上告審判決（最高裁昭和四三年一〇月二五日判決・判例時報五三三号一四頁）。
(30) 最高裁昭和三一年一〇月一五日判決・判例時報一二七号三頁。
(31) 平野龍一『裁判と上訴』（有斐閣、一九八二年）一九二頁、田宮・前掲註（28）三八六頁。
(32) 後藤・前掲註（8）三九七頁。
(33) 光藤景皎「無罪判決破棄自判の問題性」広瀬健二・多田辰也編『田宮裕追悼論文集〔上巻〕』（信山社出版、二〇〇一年）二三一頁。
(34) 平場安治「控訴審の逆転死刑判決と再審」ジュリスト九九七号（一九九二年）五二頁。

冤罪と雪冤

八尋光秀

Ⅰ　はじめに

私は刑事法の研究者ではない。実務経験といってもささやかである。論文というより雑感に近いもの。まずこの点を詫びてはじめたい。

社会正義の貫徹は、個人の尊厳と基本的人権を保障し、人類相互の自由と平等と平和を維持し回復させる。人類社会の安定的な発展のためのひとつの重要な基礎となる。

冤罪は社会が正義の衣を着て犯す最大級の過ちである。法と裁判の名のもとに、人間の命と人生を損なわせ、尊厳を侵し、基本的人権を蹂躙する。冤罪は人間を辱め、差別と偏見に苛ませ、自由と権利を剥奪し、家族をふくむ人間関係を破壊し、すべての人間に与えられたいちどきりの人生のありとあらゆる人生機会を根こそぎ絶ってしまう。

それは社会が不可避的に繰り返さざるを得ない過ちである。裁判は真実性において、歴史的証明で足りるとする制度的な限界をもつ。裁判で確定できる事実は、その時その場に収集提出された証拠によって、描くことのできる確からしさにとどまるという限界である。司法は裁判によって社会正義の実現を担うが、冤罪という過ちを作り続けるシステムである。

雪冤は冤罪を探索し、是正し続けることである。時と場をこえて永遠に求め続けることによって、はじめて達成しうるものである。それは人間の基本的人権を回復するものとして、また社会正義を回復するための不可欠の要請として、整備すべき社会システムのひとつである。

雪冤のための社会システムは、基本的人権を保障し、社会正義を貫徹することによって、人類社会の適正化を図るものである。日々の裁判とともにこれに拮抗するものとして、実効的であり機能的でなければならない。

本稿では、基本的人権保障システムのひとつであるとともに、社会正義の維持・回復、貫徹のための制度として、冤罪防止及び再審制度にかかわる社会システムとしての雪冤の意味づけについて述べる。

Ⅱ　冤罪被害

冤罪事件にかかわり、そこで冤罪被害にふれた。一九八四年に弁護士登録してすぐのことである。(1)(2)

刑事冤罪事件として鹿児島の夫婦殺し事件とよばれ、国家賠償請求事件として鹿屋夫婦殺し事件とよばれた。い

わゆる冤罪高隈事件である。(3)

一九六九年一月のこと、大隅半島の付け根にある山村で二人暮らしの夫婦が自宅で殺害された。県警捜査本部は四月一二日知人の武志（仮名、以下、関係者はいずれも仮名）を逮捕した。容疑はちいさなつけ買いの滞納を準詐欺・詐欺などに仕立てた別件逮捕。新聞はこぞって「うわさの男逮捕」などと書きたてた。

別件による逮捕・勾留、起訴後勾留を利用した身柄拘束は八〇日をこえた。捜査本部はその身柄拘束を利用した取調べで殺人本件に関する自白を獲得した。さらに本件逮捕勾留による身柄拘束を利用し、殺人容疑を追及し続けた。武志はまさに心臓破れんばかりの痛苦を強いられて、心臓病を患った。

その後最高裁が保釈する一九八〇年一二月五日まで、一一年八か月間拘置し続けられた。この間、妻紗知代は冤罪に貶められたその土地にとどまって、血を吐く日々を送った。武志逮捕当時、一二歳朝子、一一歳倫子、六歳知美、四歳美奈子と生後四五日の乳呑児であった弘志を抱えて育てあげた。

雪冤を果たしても苦しみは続いた。「ほんとうはやったんだろう」、「うまいことしやがって」、「（国賠）裁判やめろ」など脅迫の手紙や電話が繰り返された。子どもたちはみなふるさとを去らざるをえなかった。

国賠一審勝訴後、自宅を不審火に焼かれた。武志は驚愕と火焔の中、飼い犬の命を救うために走った。つないだ首のひもを断とうとしたそのとき、心臓発作を起こしそのまま息を引き取った。沙知代はなおこの地にとどまり、静かに生きた。わたしたちはなにも悪いことはしていないと。

武志の身柄拘束が続いた一一年八か月間、家族とやりとりした手紙は二七〇〇通余り。拘置所で許される枠上限の受発信数であった。

手紙の一部を抜粋する。

「前日は父親も面会に来てくださいまして、まあかなり安心いたしましたが、まだお母様、紗知代、子供と会えず本当に残念に思って居り、私も毎日といろいろと取調にて、いやな日々を送って居りますが、自分でないことはいつか必ずやってくると自分も一生県命（ママ）にやってゆくつもりですのでよろしく紗知代一同様にも身体には気をつけて働き、菜種取りや麦取りにまた甘藷の植付け、陸穂と忙しき様子ですが、朝子、倫子とたいへん手伝っているとのことで安心いたして居ります。また弘志ちゃんも大変大きくなったことでしょうね。どうですか、見たいです。また知美ちゃんも毎日学校に行っていますか。みんな揃って一生県命に勉強に学んでくださいね」（一九六九年六月一二日武志）。

「紗知代にはその後身体の調子が悪いこととてね。かなりつらい毎日を過ごしている様子にて、身体に十分気を付けて下さいませ。君が働くことができなくなったら、おさない子供が可愛そうだから、無理をなくして自分の体は自分で可愛がって子供のために良く家を守ってゆくよう御願いしますね。私も血圧が高く、心臓まで悪くて、毎日苦しい日がな一日を過ごして、書きたいことは山々ありますが、思うように書くこともできません」（一九六九年八月二五日武志）。

「お父さん、お手紙どうも有りがとうございました。お父さんからだのぐあいはどうですか。今度の裁判で一生けん命頑張って下さい。それを祈っております。おじいさん、おばあさんも今は元気でお父さんの事をいったりしますよ。また私たちの遠足も近づいてきます。一一月七日ですよ。この手紙はあとになると思いますが、どうもすみません。私も早く帰った日は手伝いをします。お父さんも身体に気をつけて頑張ってください。私たちもがんばります。又便よりします（朝子）。

お父さんお便より有りがとう。お父さんを見てとっても残念だと思いました。お父さんさいごまでがんばって下さい。お父さん、知美ちゃんたちの遠足は一一月六日にかわりました。いく場所は大黒小です。私たちは、また高隈山です。きをつけていきますので、お父さん私たちのことは心配はしないで下さい。（倫子）

おとうさん、おたよりありがとうございました。おとうさん、びょうきでくるしいですね。おとうさん、はやくびょうきを（ママ）なおることをねがっております。そしてわたしたちのえんそくは一一月六日の日です。ゆくさきは大ぐろ小学校までいきます。きをつけていきます。そしてべんきょうのほうも人にまけないようにがんばりますひろしちゃんもいろいろなことばをおぼえます。もうはしることもできます。それではおとうさんもからだにきをつけてください。またよりください（知美）」（一九七〇年一一月一日朝子、倫子、知美）。

「私が拘置所に来て早一ヶ年となり、その間に病気やいろいろと苦しい日、ここで泣いたこと、残念な事を言われたことは裁判上必ず私が発言し私が無実で泣かされたことはどこまでも戦うつもりです。

美奈子ちゃん、前日は大変だったことでしょうね。御母様と一緒に遠出でしたが、お父様とも会えず残念なことね。お父様と会えるのもそう遠くない事ですので弘志ちゃんと仲良く遊んでやってね。姉様達が学校から帰ったらまた少し文字のけいこをしてね。お父様も一生県命に頑張っているのでね。一日も早く帰られるように考えていますので、姉妹仲良くやってね。朝子ほかみんな身体に気をつけて、そして少しでも手伝ってやってね。倫子、わかったね」（一九七〇年一一月二〇日武志）。

「その後お父様には身体の調子はどうですか。月日のたつのも早いもので美奈子ちゃんが入学して約二週間近くになりますが、学校には元気で通って居ります。学校に行くのは楽しいと言って居ります。又、友達と仲良く遊ぶそうです。四月一ぱい給食はありませんので一人で早く帰ってきます。私達が四人学校に行けば弘志ちゃんはお母さんにとりついてあんまり仕事もできないそうです。私達が早く帰ったら手伝いをします。美奈子ちゃんも午後は良く子のもりをしてくれるそうです。そして、おじいさん、おばあさんも今ぼつぼつと働いております。安心下さいませ。それではお父様も身体に気をつけて頑張って下さい。ではまた便りします」（一九七一年四月一二日朝子）。

手紙のむこう側にあるひとりひとりの涙と嘆きはどれほどであったか。その悲しみや苦しみに底というものはなかった。

「自分でないことはいつか必ずやってくると自分も一生県命にやってゆくつもりです」と手紙で妻に誓った武志は、その前日に殺人の動機にかかわる不利益供述をとられ、二〇日後には殺人の自白供述を強いられた。

「お父さん私たちのことは心配はしないで下さい」と気丈に手紙を書いた二女倫子は、学校で「お前の父ちゃん人殺し。人殺しのこども」と罵られて不登校となり、みずからの手でタオルを首に巻いてしめた夜もあった。

国賠訴訟判決では、武志本人に慰謝料を認めたほか、紗知代にも固有の慰謝料を認めた。

「原告紗知代は、昭和四四年五月二四日に始まり昭和五五年一二月五日までの原告武志に加えられた右一連の違法な身柄拘束の期間にわたって、夫と隔絶されたため、人生の重要な時期に、長期間にわたり、その意義を全うすることを阻まれ、原告武志が死亡した場合に比して著しく劣らない程度の重大な精神的苦痛を被ったと推認できる。そこで、原告紗知代に対し、その固有の法益を侵害されたものとして、独自の損害賠償請求権を認めるべきである」（一審判決）。

被告国及び鹿児島県は控訴した。控訴審判決はより踏み込んだ判断を示した。

「控訴人らは、被控訴人紗知代が、武志の長期の勾留、有罪判決の宣告に伴い、社会生活において数々の不利益を受け、そのため多大の精神的苦痛を被ったとしても、これらの精神的苦痛は、通常、公訴の提起、追行、有罪判決の宣告等に必然的に伴うものであるから、その精神的苦痛は、武志の無罪が確定し、同人の精神的苦痛が慰藉されることにより当然慰藉される範囲内にある旨主張するが、被控訴人紗知代は夫武志と長期間隔絶されたのみならず、その無罪が確定するまでの間、殺人者の妻として世間から有形、無形の非難にさらされる中で、それに耐えながら五人の子どもを養育してきたもので、その精神的苦痛は、武志の無罪が確定し、同人の精神的苦痛が慰謝されることにより当然慰謝されたものとみられず、この点に関する控訴人らの主張は採用できない」（二審判決）。

私たちは冤罪被害者の被害を知らない。ほんとうにはこれからも知ることはないだろう。だがそれを知ろうとすることなくして雪冤は成し遂げえない。雪冤活動は冤罪被害を知ろうとすることに始まり、終わることのない営みだと思う。

Ⅲ　冤罪の構図

冤罪は誤った刑事裁判ではあるが、いつも法と正義と権威とで神々しくも剛直な外観を保っている。

冤罪高隈事件は誤判原因のデパートと呼ばれた。いわゆる柔構造で雪冤を果たした事案では、共通してこの様相を呈する。逆にいえばデパートのごとくある誤判原因をことごとく明らかにすることなくして雪冤はかなわないというのが現実である。

高隈事件から導かれる誤判原因のうちでもっとも直接的なものは、捜査段階で獲得された虚偽の不利益供述ないし自白であり、これら虚偽供述に対する司法的評価の機能不全である。

捜査本部は代用監獄での別件逮捕勾留を自白獲得に利用した。長期の身柄拘束、長時間連日続けた過酷な取調べ、数人の捜査官による取り囲み、警察署取調室以外の場所（例えば、所長官舎の和室等畳部屋の使用等）での取調べ、片手錠したうえでの取調べ、うそ発見器の不適切な利用などによって虚偽の不利益供述、自白（以下、これらを含めて「虚偽自白」という。）を獲得した。この様な捜査を許したのは、裁判所による形式的な令状発布と警察及び検察による違法捜査である。そこには弁護活動の不在もあった。

自白であり不利益供述の虚偽を地高裁の裁判官は見抜くことができなかった。幾多の矛盾証拠とともに供述の不自然な変遷が存在したにもかかわらず、捜査段階の虚偽自白及びこれを引きずってなされた公判初期の虚偽自白に任意性も信用性も認めてしまった。

捜査本部による客観証拠のすりかえ。無罪方向証拠の留め置き、隠匿、改竄。鑑定書等の非科学的な作成と濫用。関連捜査資料の非開示。不適切な周辺聞き込み捜査による風評形成とアリバイ崩し。加えて秘密の暴露の捏造などが虚偽自白を厚く化粧した。

検察官も裁判官も弁護人も誂えられた虚偽を見抜けなかった。弁護人によるターンオーバーは上告審まで待たなければならなかった。

これらの冤罪の構図は、柔構造型に限られない。真犯人が現れて晴れて雪冤を果した事例や新たな鑑定で真犯人を特定でき被告人の無実を明らかとした事例でも、基本的に同じである。ただこのような真犯人やＤＮＡ新鑑定を決め手とする冤罪では、その事件特有の冤罪原因や他の冤罪と共通する構図を掘り起こすとは限らない。その解明は無罪判決に続けて取り組まれる国賠訴訟を待つことになる。

冤罪の原因や構図を解明したほとんどの事例において、虚偽自白が冤罪原因の柱となっている。虚偽自白を強いた捜査の影響は公判廷であっても変わらない。本人、共犯者、共犯者に準じる者あるいは被害者らの公判廷における虚偽自白の存在がその証左である。刑事裁判の実務では、それら虚偽自白に対する任意性・信用性の判断は機能不全のままだ。

雪冤は誤った捜査や裁判の、重厚で鉄壁な堀であり壁であり石垣を、乗り越えなければ成すことができない。雪冤のための社会システムは、それをよく可能にするものでなければならない。

しかし私たちはその足らざるを知らず、その知らざるを知らない。

Ⅳ　虚偽自白の研究

冤罪の構図は雪冤を果した事案から見ることができる。刑確定者であり被告人であったものに、ＤＮＡ新鑑定がなされ、あるいは真犯人が現れて、無実が明らかとなった四事件を対象に、虚偽自白を研究した。四事件とは足利事件、富山氷見事件、宇都宮事件、宇和島事件である。

二〇〇八年夏に構想して、二〇〇九年三月から二〇一一年三月までの二年間に二〇回の会議を重ねた。刑事法研究者から内田博文、宮本弘典、大場史郎、長住幸輝、供述心理学研究者から浜田寿美男、大橋靖史、高木光太郎、奥田雄一郎、弁護士から鴨志田祐美、泉武臣そして私が参加した。研究成果を「雪冤プロジェクト」というサイトに掲載し『転落自白』を出版した(4)。

この研究によって虚偽自白が冤罪原因の頂点に立つことをあらためて知った。研究では供述心理学的に、また手続法的に虚偽自白の生成過程を解析した。このことによって虚偽自白は、供述者以外の誰もが虚偽であることに気づかないまま作りあげ、信じて疑わないことを知った。

捜査本部は見込みの形成とともに供述の獲得に邁進する。自らの見立てにそって、被疑者に自白を強い、被害者に目撃供述を強い、証拠を選択して揃える。その見込みや方針が、証拠なきあるいは不十分で不合理で非科学的な証拠に依拠したものであるとき、捜査本部は虚偽自白を強いてしまう。強いてしまうとは、虚偽を真実であると信じ強いることを余儀なくされる、という意味である。そうして虚偽自白の獲得を成果であると評価し、公判を通じて維持することに躍起となり、完結させようと力を尽くす。

検察もまたこれに追随する。捜査本部は見立てにそって選択し整理した証拠群と、これによって組み立てた内容の虚偽自白とを構成して、検察官の手元に送る。これらの証拠は相互によく一致するだろう。検察官は証拠間の整合性に磨きをかけ不足する証拠の収集を促し、起訴に持ち込む。

裁判官はどうであろうか。足利事件では有罪とされた人が、DNA新鑑定によって犯人ではないと証明された。富山氷見、宇都宮、宇和島の三事件では、真犯人が確実な証拠をもって現れた。このような決め手となるDNA新鑑定や真犯人が現れるという偶然がなかったならば、どうだったろう。一〇〇人の裁判官うち幾人が冤罪であることを見破れただろうか。

これら四事件ではいずれも捜査段階で虚偽自白が作られた。これが公判廷においてもその初期あるいは全体を通じて維持された。裁判官は公判廷供述の任意性及び信用性に疑いをもつことができなかった。それゆえ、元となる捜査段階の虚偽自白を疑うすべなく信用した。

だから裁判官はDNA新鑑定や真犯人が現れて、それらの供述が虚偽であることを知って、刑確定者や被告人が無実であることを知った後もなお、虚偽自白の任意性を認め、虚偽自白それだけでは信用性を疑うことができないなどと言及する。それが裁判官の常識だからだ。

この様なことは奇態と感ぜざるを得ない現象だが、現在の刑事裁判の実務では当然のこととされる。警察の手元での長期の身柄拘束及び長時間連続した取調べを無制限に許し、捜査の全面可視化を保障せず、証拠の全開示も取調べ拒否も弁護人の立会いも認めない今の刑事司法である。捜査本部と検察が調整した有罪証拠群が支え、公判廷供述と一致する捜査段階の自白ならば、虚偽であっても任意性及び信用性に疑義を差し挟むことは困難であり、裁判官ならだれしも同じように間違いを犯したはずだ、ということになる。

そうであるから私たちは、今の刑事司法のシステムとして、これからも同じ誤りを繰り返し、冤罪を作り続けることになる。

これら四事件は日本型の冤罪として特別な構図や原因をもつものではない。被疑者・被告人に知的な障がいが認められること。弁護活動が不全であったこと。証拠が開示されないこと。代用監獄での長期間身柄拘束が安易になされていること。長時間連日の取調べが許容されていること。取調べを拒否することも弁護人の立会も許されていないこと。捜査手続の可視化がなされないこと。これら四事件には、日本型冤罪のすべての原因があり、虚偽自白をその柱とする冤罪の構図が認められる。

それらはいずれも現行刑事裁判がシステムとして持つ欠陥によるものである。このように冤罪問題とは、裁判官個人の資質や間違いのレベルをこえて、今の刑事裁判実務において不可避的に生じるシステムエラーとしての課題である。

繰り返しになるが、この研究から虚偽自白は今でも冤罪における証拠の王であることが分かった。

そうあってはならないと、およそ一〇〇年近く前から、裁判官はもちろん検察官も捜査本部も弁護人も、当然のこととして職務に励んできた。しかしいかに精励してもなお是正することができないシステムの中にあることを知らなかった。虚偽と知らずに虚偽自白を強い、虚偽を見分ける手段を持たないことを知らずに見分けようとしてきた。これら知らないことをも知らなかった。そうやって私たちは刑事裁判において、自白が虚偽であることを被告人以外の誰も知ることができないまま、真実だと信じて冤罪を作り続けてきたのだ。

冤罪のうちで雪冤を果たせるのはどのくらいの割合になるのか、私たちは知らない。無罪を証明する客観的証拠や科学的証拠が得られた。真犯人が動かし難い証拠をもって現れた。そんな僥倖が舞い降りてくる可能性はいかばかりか。いわゆる柔構造事案の雪冤率をこれに加えたものが全体の雪冤率となる。現在の実務で柔構造事案の雪冤率はさらに希少と言っていい。

例えば、雪冤率が一〇パーセントに及ぶとすれば、雪冤果たせぬ冤罪はその九倍の数を残している。一パーセントの僥倖にとどまるとするならば、それは九九倍の件数を数えることになる。

研究対象とした四事件のうち、再審無罪事件として著名な足利事件及び富山氷見事件に関する研究の一部を紹介する。私たちの刑事司法がどのようにして過ちを犯してきたのか、垣間見ることができる。

V　虚偽自白の生成過程——足利事件

ごめんなさいや謝罪文は真実の証では決してない。

多くの冤罪事件で取調捜査官の前で被疑者が涙を流して謝罪した、自ら謝罪文を作成したとし、そのことが虚偽の物語に彩をほどこし、捜査官と被疑者との信頼関係を強調して、捜査段階の自白の信用性に厚みを増すとされる。いまどき判決文にそのことの直接的な言及こそないが、裁判官にそれなりのインパクトを与え続けている。だからこそ今でも用いられる手法である。とりわけ公判廷で否認されそうな自白、つまりは虚偽自白のおそれの高い事案について多用されている。

ごめんなさいや謝罪は捜査官に強いられる苦しさへの屈服であり、そのときに流す涙は屈服や繰り返された侮辱に対する悔し涙である。

そのことを端的に示す取調べテープがある。足利事件において開示されたものの一部である。(5)

Sさん　それでなんか、いいですか。
検事　うん。
Sさん　鑑定ですか。
検事　うん。
Sさん　自分にはよくわかんないですけど、何鑑定って言いましたっけ。
検事　DNA鑑定。
Sさん　そんなこと聞いたんですけど、でも自分じゃそれ全然覚えてないんです。
検事　だけど、DNA鑑定で、君とね、君の体液と一致する体液があるんだよ。
Sさん　全然それ、わかんないんですよ。本当に。
検事　（沈黙・約五秒）え。
Sさん　絶対、違うんです。
検事　違うんですって言ったってさ、君と同じ体液持っている人が何人いると思ってんの。
Sさん　（沈黙・約五秒）

このような問答が何度となく続いた後。(6)

検事　なんで僕の目を見て言わないの、そういうこと。さっきから君は、僕の目を一度も見てないよ。
Sさん　（沈黙・約二〇秒。その後、涙声で）ごめんなさい。すいません。
検事　うそだったの。

Sさん　（沈黙・約五秒。すすり泣くような声）

検事　そうだね。

Sさん　（涙声で）　ごめんなさい。勘弁してください。勘弁してくださいよう。

検事　いいから。

Sさん　（おえつの後）　勘弁してくださいよう。

検事　うん。

Sさん　（泣き声。その後涙声で）　すいません。

検事　僕はね、本当のことを聞きたいっていう言葉を何回も言うよ。

Sさん　（涙声で）はい。

検事　わかんないこともいっぱいあるから。

Sさん　（涙声で）はい、すいません。

検事　それは言う。言うけどね、うそをつけっていうことじゃないんだよ、僕は。

Sさん　はい。（はなをすする音）

検事　僕はね、別にうそをついたから怒るとかさ、そういうことじゃないけども、何と言うかな、人をあやめたんだったら、ね。本当に反省してもらいたいと思うわけ。

Sさん　はい。

検事　ね。殺めていないんだったらさ、認める必要はないわけで。

Sさん　（沈黙・約三秒）

検事　こんな草むらに置かれて死んでっちゃったMちゃんかわいそうだと僕は思うしね。

Sさん　自分も思います。
検事　君が本当に違うんだったら、Mちゃんだって浮かばれないし。
Sさん　はい。
検事　かと言って、本当に罪を犯しているのに罪を免れるんだったらそれこそかわいそうで仕方ない。だから、僕は本当のことを言ってもらいたいと思っている。ね。
Sさん　（沈黙・約一〇秒）
検事　それで、話しているわけでね。
Sさん　（約一五秒沈黙後、涙まじりの声で）すいません……。
検事　間違いないんだな？　Mちゃんの事件は間違いないんだね。
Sさん　はい。
検事　やったの？
Sさん　あとは知りませんけども。
検事　Mちゃんのは間違いない。
Sさん　はい。すいません。

今の刑事実務は取調べを拒否することも、弁護人の立会いを求めることも許さない。被疑者には供述拒否権が認められ、弁護人選任権があり選任した弁護人の有効な弁護を受ける権利があり、自己に不利益な供述は強要されず拷問は禁止される。これらは憲法条項による保障である。にもかかわらず被疑者に取調受忍義務を負わせ、弁護人立会権を認めない。これらは憲法条項に違反する。

このような取調べでは捜査官と被疑者との間に圧倒的な支配関係が成立する。警察の留置場を勾留の場所として許すことで、その支配関係は身柄拘束の全体にも及ぶ。身柄拘束が長期間続き、さらには取調べ時間が連続して長時間に及ぶことで、取調室での支配関係は絶対的となる。

被疑者の心理状態は長期間・長時間の、出口の見えない追及を受けて精も根も尽き果て、病的な状態に陥る。何度も何度もやっていないと繰り返すものの、みずから無罪であることの証明や決め手を示すことはできない。

捜査官は証拠なき確信をもって、否認を嘘だと信じて切り込んでくる。人間の行動の中で、圧倒的な力を誇る者が正義と信じてする過ちほど怖いものはない。

被疑者は平穏な日常から、線を引いて身ぐるみ剥がされるようにして切り離される。罪を犯した者と決めつけられ、侮辱され、人間性を否定される。すべてから隔絶され、頼れる人も技術もない。堪えがたく終わりのない痛苦に馴れるために屈服してゆく。屈服以外の選択肢を発想できないところまで追い込まれていく。

そうやって被疑者は捜査官を前に、咎なく「ごめんなさい。すいません」、「ごめんなさい。勘弁してください」、「すいません」と謝罪する。

そのような被疑者の心理状態は被疑者段階において変転することがあるが、変転しながら強固なものとなっていく。中立公平であるとする裁判官を前にした公判廷においても、頑迷に維持することが少なからずある。弁護人によるリカバリーやターンオーバーはそうそう期待できるものではない。捜査の影響を払拭し、平素と同等の落ち着きを取り戻すことのできる状況の確保はもっと後のことになる。

Sさんもまた公判廷における一時期までこの異常な心理状態を持続させて、悲しい嘘を維持せざるを得なかった。誤った刑事司法システムの中で、捜査本部も、検察官も、裁判官も、弁護人も、この悲しい嘘を暴くきっかけさえ見いだすことは容易ではない。

Ⅵ　虚偽自白の生成過程――富山氷見事件

富山氷見事件では、捜査段階で成立した虚偽自白は、公判手続のすべてを通じて一度も撤回されることがなかった。きわめて強固な虚偽自白が成立したといえる。しかしその生成過程においては、否認と自白の交錯が幾度となく繰り返されている。

富山氷見事件では、虚偽自白に関する供述心理学的特徴のすべてが揃ったとされる。

①日常生活からの隔離

ある日突然まったく身に覚えのない事件で逮捕勾留される。それは手錠をはめられ引き回しをされながら日常生活から身ぐるみを剥がされ監禁されることである。身の毛もよだつはじめての体験である。期限のない隔離と絶望のはじまりである。

②他者による支配と自己コントロールの喪失

自由もプライバシーも名誉も尊厳も踏みにじられる。「お前はうそつきだ」、「家族もお前がやったと思っている」などと言われ、絶対的な孤立へと突き落とされる。

③証拠なき確信による長時間にわたる精神的屈辱

連日一〇時間をこえる取調べでなにを言っても「お前がやったんだ」と徹底して決めつけられ、まったく知らない重大事件の犯人として扱われ、侮辱し続けられる。

④事件に無関係な捜査と人格の否定

取調べでは事件と無関係であっても個人的な弱点を見つけ執拗に突かれ続ける。このことにより自己尊重心を踏みにじられる。

⑤まったく聞き入れられない弁明

どんなに事件への関与を否定してもその否定こそがウソと決めつけられ、まったく聞き入れられない。真実を訴えて関与を否定することに何らの意味も見いだせなくなる。

⑥未来への展望の喪失

驚愕し恐怖し不安に満ち苦痛にまみれる時間が、いつまで続くか分からない。出口を見いだせない孤立と絶望が続く中で、未来への展望をはぎとられる。

⑦否認することの不利益の強調

今の苦痛は否認していることが原因であり、否認し続けることが取り返しのつかない不利益をまねくと信じ込まされる。精神的にも肉体的にも極度の苦痛の中でこれから遁れるためには自白以外にないと強いられる。ウソでも自白したほうが何よりも利益であると感じさせられる。

⑧取調官との「自白的関係」

このような支配的な関係が続く中で取調官との「親密性」が生まれてくる。収集証拠とできるだけ矛盾しない自白供述を共働して創作していく関係が出来上がる。

富山氷見事件では、取調べ段階で獲得された虚偽自白が公判廷でも維持され続けた。冤罪事件では公判廷のはじめにあるいはその途中で否認に転じることが少なからずある。否認に転じたとしても、裁判官は強要や誘導や暗示が行われることがないとして公判廷での自白に高い信用性を見いだす。それは裁判官が目の前で展開しないこと以外を見ないからである。取調べ段階で成立した自白的関係が公判廷においても維持されているのが通常であるが、裁判官がそれを見ることは容易ではない。

その自白的関係は次のように説明される。

「一般の人々からすれば自分がえん罪で捕まり、その取調官との間に緊密な人間関係が生まれるなど、想像もできないかもしれません。しかし実際の取調べのなかでは、取調官は被疑者にとって自分を不当に扱う圧倒的な敵であると同時に、それでも話をする相手であり、時には情を通わせる、ある種の仲間でもあるのです。驚くべきことにまったくの冤罪であるにもかかわらず、裁判において取調官に良くしてもらったと感謝を述べる被疑者さえいます。そうした独特の『自白的関係』と呼ばれる人間関係の中で、いまさら自白を撤回するのは取調官への裏切りだと不安を感じ、裁判においても取調官が傍聴席に来ているのではないかと心配する。そういった通常一般の人々には想像できない心理状態が続いてしまいます[7]」。

虚偽自白の背景にある孤立と絶望は私たちの知り得ない根深さをもつ。法廷にあっても誰も自分の無実を信じる者はいないとあきらめる。とともに、リアリティーを持って自分が有罪となることをイメージできない。また傍聴席の捜査官を恐れ「本当はやっていない」と言えない。私たちはそのような虚偽自白を継続させる背景について配慮をしてこなかった。

このような知識も理解も欠いていたのは被疑者でも被告人でもなく、私たち裁判官、検察官、弁護人のほうであった。

虚偽自白を嗅ぎ分けるために必要な能力も知識も準備も欠いた訴訟関係人。可視化もなく、証拠の開示も不十分で、必須のシステムも手段も準備しない法廷。このような場は、被告人を虚偽自白を撤回しえない心理状態に据え置き、被告人に無実を主張する勇気を与えない。

被告人が無実を訴えたとしてなんになろう。冤罪防止機能の全般に障害をもつ法廷は、そのことに気が付きもしない訴訟関係人に、虚偽自白を強いられた被告人を救うことはできない。ＤＮＡ新鑑定が舞い降り、真犯人が有罪証拠をぶら下げて現れる以外には。

この事件では冤罪国賠が行われた。富山地裁平成二七年三月九日国賠判決は、被告人が虚偽自白を撤回できなかった孤立と絶望を強いた背景事情を詳細に認定するとともに、県警が誤認逮捕・誤起訴・誤判決であると発表した平成一九年一月一九日の直後である同月二三日以降、検察官が冤罪被害者からとった供述調書の内容を引用している。(8)(9)

そこには「すべての取調を通じて、刑事から暴力を振るわれたり脅されたりしたことは一度もありません」(同月二三日付)、「検察官に対しては、刑事さんに認めたとおり話しただけですので、恨みに思っているような気持ちは全くありませんし、とくになにも思っていないというのが正直な気持ちです」(同月二四日付)、「警察についてはわざとやったことではないことは分かりますので、恨みなどはありませんし、検察官や、裁判官、弁護士についても恨みはありません」(同月二六日付)などと、検察官が冤罪被害者から聞き取った内容が記録される。

冤罪を作った真犯人は罰せられることがない。加害者が加害者のまま被害者を被害者のままにして、傍若無人の振る舞いで罪を隠蔽する姿をここに見てしまう。

ちなみに同判決は以下のとおり冤罪被害を認定した。

「原告は、平成一四年四月八日以降、本件警察官らにより強い心理的圧迫を伴う取調を受け、犯行態様の主要な部分について漫然と『確認的』取り調べ方法を行うという違法な誘導により虚偽自白を余儀なくされ、これに基づき、無実の罪で約二年一カ月間服役することとなった。原告は、家族からも、未成年の女性に対する連続強姦及び強姦未遂事件の犯人と認識され、刑務所での服役中は面会に訪れる者もなく、仮出獄後も家族に身元引受人を断られ、更生保護施設での生活を余儀なくされた。また、原告は、刑の執行後も、家族や周囲から『強姦犯人として逮捕され、服役した者』として排斥されて事実上自宅に住めなくなり、運転代行業、ホテルや不燃ごみの仕分け作業などにより収入を得ることはあったものの、十分な労働の機会は得られなかった。さらに、再審無罪判決が確定し、性犯罪者ではないことが公になった後も、平成一四年の有罪判決及び服役の影響が完全に消失しなかったことから、原告は、周囲からの好奇の眼により富山県内に居づらくなり東京に転居し、現在もＰＴＳＤ症状とみられる、突発的な希死念慮、侵入性想起、回避症状などを訴えている」としてＰＴＳＤとの因果関係を認定した。(10)

Ⅶ　おわりに

人間の社会では真実であると信じられてきたことが必ずしも真実ではないことがある。健全な社会常識とされてきたことが予断と偏見に基づく不健全な社会常識であり、さらに、それが法制化され規範化されてしまっていたという誤りもある。誤った真実や誤った社会常識であったことを明らかにする。そのことによって、私たちははじめて人類の歴史を適正化することができる。

死刑判決を含む刑事裁判もそうだ。有罪判決は限られた証拠とその時代の「健全な社会常識」によって形成した確信にすぎない。どこまでも仮説にとどまるものだ。手段や時間をこえてこれを是正することは、人類の欠かすことのできない営みであり、それを社会システムに取り込むことこそ、人類の発展に不可欠なことである。

ハンセン病差別による冤罪死刑事件として著明な菊池事件もそうだ。

一審の死刑判決の判決書はたったの六枚。そこに有罪とし、また死刑判決を選択せざるを得なかった判断過程に関する具体的な理由の記述はない。二審の判決書は二枚で実質的な理由は三行。上告審の判決書は三枚で「原判決が所論のごとく偏見と予断により事実を認定したと認むべき資料も存しない」と上告棄却の理由を記述して死刑判決を確定させた。

その捜査は、凶器をもたない被疑者を追いつめたあげくに拳銃で撃ち抜くという違法な逮捕にはじまった。傷が痛み、痛み止めを何度も打ち続けなければならない状況下で自白調書を作成した。通常であればかえりみることのない嫌疑をとりあげて関係者の虚偽自白を獲得した。凶器の発見場所に関する現場検証調書を捏造した。推測のうえに推測を重ねてあり得ない犯罪事実を構築した。

その法廷は「らい療養所」菊池恵楓園内及び「らい患者」のための刑務支所内に設置した特別法廷で開いた。そこは世間からもっとも隔絶した場所であった。証拠品を箸で取り上げ、被告人に近寄らず、消毒を徹底した。「らい病」は感染症であっても激烈な伝染病でないことは明治の時代から明らかなことであった。その外貌を忌み嫌い恐れた偏見に凝り固まった偏見と差別によるものであった。

死刑は第三次再審請求に対する一審の請求棄却決定の翌日に執行したが、死刑執行許諾印は棄却決定の二日前に段取りよく押されていた。

裁判官も、検察官も、法務大臣も、被告人の声に耳を傾けなかった。身を寄せることもなかったし、心を通わせることもなかった。

判決書の良し悪しはもとより分量ではない。しかしこれだけの捜査及び証拠に疑問点があり、被告人が一貫して無実を主張しており、被害者は一人であった。そのような事案で死刑判決を選択した判決書として許されることではない。

最高裁は「原判決が所論のごとく偏見と予断により事実を認定したと認むべき資料も存しない」として上告を棄却したが、最高裁裁判官会議は、平成二八年四月二五日、特別法廷の設置は偏見と差別と予断にまみれたものであったことを認め、謝罪した。(11)

捜査に始まる司法手続き全般においても、裁判の設置や証拠評価においても、死刑判決及び判決書においても、そして死刑執行においても、「らい患者」という類別を施したうえでの差別と偏見と予断によるものであった。冤罪は今も、これまでと同じように作り続けられている。それは私たちの刑事司法全体の見直しなくして克服できる課題ではない。

冤罪問題は個々の法律関係者の個々の事件の問題ではない。冤罪を作り出した欠陥のある刑事司法制度が、それとわかっていながら未だに改められていないという統治のシステムの根幹にかかわる問題である。

それは侵害された人間の基本的人権を速やかに回復させるために必要な機能を有する制度として、また刑事司法のリスクを管理し社会正義を遅滞なく回復させるために有効な機能を具有する手続保障制度として、また、国民が主権者であるというこの社会の核心を示す制度的保障として、権限と組織と人と資金をどのように配分するかが考えられなければならない喫緊の課題である。

（1）刑事冤罪鹿児島の夫婦殺し事件として最判昭和五七・一・二八判時一〇二九号二七頁、同一二〇一号三頁。
（2）国賠鹿屋夫婦殺し事件として前掲註（1）一六一〇号四五頁、同一四六八号三九頁。
（3）いわゆる冤罪高隈事件として宮下正昭『予断――えん罪高隈事件』（筑摩書房、一九八八年）。
（4）内田博文・八尋光秀・鴨志田祐美編著『転落自白――「日本型えん罪」は、なぜうまれるのか』（日本評論社、二〇一二年）。
（5）問答部分について内田・八尋・鴨志田・前掲註（4）四一～四二頁から引用。
（6）問答部分について内田・八尋・鴨志田・前掲註（4）四三～四四頁から引用。
（7）内田・八尋・鴨志田・前掲註（4）六六頁。
（8）富山地判平成二七・三・九判時二二六一号四七頁以下。
（9）前掲註（8）九八頁。
（10）前掲註（8）一一八頁以下。
（11）最高裁判所調査報告書及び最高裁裁判官会議談話。

少年法における価値

岡田行雄

Ⅰ　はじめに

少年司法の実務においては、一般に、重大事件を除けば、初回の家裁係属事件は審判不開始ないし不処分で終局し、この事件の少年が非行を重ねた場合に、保護観察、少年院送致、少年院仮退院中の再非行であれば、再度の少年院送致ないし刑事処分というように、非行が重なるたびに処分が厳しくなっていく段階処遇が採られていると言われる。(1)

ところで、近時、犯罪や非行を繰り返した過去を持つ者から聴き取りを行うことなどを通して、犯罪や非行から離脱し、立ち直るには何が重要かということを実証的に明らかにしようとする研究が注目されるようになった。(2)これは、従来の少年院における処遇などに反省を迫るものと言うだけでなく、そうであるがゆえに、とりわけ非行を重ねてきた少年の立ち直りに向けた保護ないし教育の本質を検討する際に貴重な素材となるものとも考えられる。[3]

そこで、本稿では、まず、これらの離脱研究の成果を概観した上で、それに照らして、非行を繰り返す少年に対する、従来の日本の少年司法における保護の在り方と非行からの離脱との相関性が実証されていないことの論証に取り組む。次に、離脱研究の成果が示唆する、非行を繰り返す少年たちへの保護の本質、すなわち、少年法における価値を明らかにするとともに、この価値が日本国憲法などに上位規範に照らして妥当なものか否かについても検討を加える。最後に、この少年法における価値が、近時発見されたに過ぎないものなのか、それとも、そもそも少年法が生まれる段階で既に発見されていたものなのかについても検討を加える。

こうした作業を通して、少年法において、非行を繰り返す少年に対しても、刑事裁判や刑罰よりも優先されるべき保護ないし教育の本質とは何かを解明する手がかりを得ることが本稿の目的である。

Ⅱ　犯罪・非行からの離脱研究の成果

1　犯罪・非行からの離脱研究

前述したように、近時、犯罪・非行に走った者が、犯罪・非行から離脱したと評価される場合に、その者へのインタビューなどを通して、その離脱にとって何が重要であったのかを解明しようとする研究に注目が集まるようになった。

従来の犯罪・非行に関する研究の多くは、人はなぜ犯罪・非行に走るのかという問題意識に立って、その原因を追究するものであったと言えよう。しかし、それらは、その原因を犯罪者・非行少年の資質や性格に求めた場合、再犯ないし再非行の防止を大義名分として、犯罪者や非行少年の人権を大きく制約する処遇をも正当化する役割をも果たしてきたことは否定できないように思われる。

他方、犯罪や非行からの離脱研究は、たとえ、非行少年が、再犯や再非行へのリスク要因を抱えていたとしても、その後の支援や社会資源を適切に活用することで、再犯ないし再非行をしなくてもすむようになる可能性を提示することにつながりうる。(4) 厳罰化要求が声高に叫ばれる中で、犯罪・非行からの離脱研究が注目されている理由は、ここにあると言えよう。

そこで、外国における犯罪からの離脱研究と、日本における非行からの離脱研究を、それぞれ概観した上で、それらから析出される、犯罪・非行からの離脱にとって重要な事実を確認することにする。

2 マルナによる研究

まず、外国における犯罪からの離脱研究(5)の中で、犯罪を続けている犯罪者と犯罪をやめている犯罪者を対象とし、犯罪からの離脱とは何かを探求した、リヴァプール離脱研究（Liverpool Desistance Study）の成果報告である、マルナ（Shadd Maruna）による研究を概観してみよう。なぜなら、これは、「通常の社会生活を送っている犯罪者たちから直接話を聞いている」(6)ことに基づくだけでなく、これらの犯罪者群が、犯罪のキャリアから離脱していないか、それから離脱したかという点でのみ大きく異なっていることを担保し、この両群からの聴き取りの質を担保するための様々な注意が払われた上で、必要に応じ、統計的検定を用いて、両群の差を検討しているなどの点で、説得性が高いと評されているからである。(7)

この研究の対象は、無作為に選ばれた、常習犯罪者(8)のキャリアを持つ、五五人の男性と一〇人の女性である。これらの研究対象者が、犯罪のキャリアから離脱した者、犯罪のキャリアを継続している者、そのどちらにも属さない者に分類されている。

犯罪のキャリアからの離脱について、マルナは、明確な定義が存在しないとした上で[9]、この研究においては、犯罪のキャリアから離脱した者を、インタビューの時点で、過去一年以上にわたり犯罪をしていないと報告し、将来も犯罪をするつもりはないと話した者と定義している[10]。そして、犯罪のキャリアを継続している者を、インタビューの時点で、犯罪行動を続けていることを認めた者と定義し、そのどちらにも属さない者というのは、インタビューの時点で、最近犯罪をしたが将来はしないつもりだと話した者と定義している[11]。

この定義に基づいて、研究対象者の六五名のうち、三〇名が犯罪のキャリアから離脱した者、二〇名が犯罪のキャリアを継続している者、残る一五名はどちらにも属さない者に位置づけられた。そして、マルナ自身が、一人ひとりの対象者に、あたかも自伝を書いているかのように自分の人生を話してくれるように求めて、インタビューを行い、これを録音したテープから書き起こす手法で記録化した[12]。そして、マルナは、このインタビューデータを、帰納的・演繹的に分析して、各グループの対象者が自らの人生を解釈し定義する方法のパターンを見出し、犯罪からの離脱が、どのように経験され理解されているかに関する共通点に焦点を当てている。さらには、こうした質的分析によって得られた、犯罪キャリアを離脱したグループに属する者のナラティブと犯罪キャリアを継続しているグループに属する者のナラティブには違いがあるという仮説を確認するために、対象者の識別に関する情報を一切知らされていない二名による量的分析も行われている[13]。

こうした手法が採られた研究から、マルナは、犯罪から離脱したグループに属する者は、本人の「真の自己」を形作る中核的な信念の形成、自己の運命に対する自己の支配という楽観的な認識、生産的でありたい、そして社会、とりわけ次の世代にお返しをしたいという気持ちの三点で、犯罪のキャリアを継続しているグループに属する者と根本的に異なっていると結論付けている[14]。つまり、常習的な犯罪から離脱した者のナラティブは、奥底にある「真の自己」は善い人であると信じ[15]、未来の計画を持ち、それを実現させることについて楽観し[16]、創造的で生産的な活動に新たな喜びを見出し、特定の地域やグループなどへの特別な愛情や義務感を表明するという特徴が[17]、共通しているというのである。逆に、マルナは、本研究の対象とされた犯罪のキャリアを継続している者は、「恥を欠いている以上に希望や自己効力感を欠いていることが明らかであるように思われる[18]」と帰結する。

3　非行克服支援センター[19]による研究

日本においては、マルナが実施したものと同じレベルの離脱研究がなされているとは言えない状況にあるが、その理由は、プライバシーや物理的・時間的コストの問題などに阻まれて、非行少年や犯罪者を継続的に追跡する研究が難しいことに求められる[20]。そのような日本において、非行から立ち直った者へのインタビュー調査を実施した研究が、近時公表された。非行克服支援センターによるものがそれである。そこで、次に、この研究を概観してみよう。

このセンターは、わが子の非行に悩む親と、非行に走った少年の立ち直りを支援する活動を続けており、この研究において、非行少年やその親を取り巻く現状認識が次のようにまとめられる。すなわち、非行に走る子の「親の問題」が自己責任論を基調にしながら取り上げられることが多く、地域社会での理解や支援は少なく、問題を抱えた少年を学校や地域が排除する傾向も強まっているというものがそれである[21]。そこで、わが子の非行で悩んだ経験を持つ親に、非行の原因・親としての関わり方、家族を取り巻く人間関係や支援の体制に関するアンケート調査を行うだけでなく、既に非行から立ち直った当事者に対して、非行の原因や立ち直りの契機、その環境状況等を含めたインタビュー調査と分析を行い、その結果を資料として提示することを通して、非行少年やその親への支援制度などの改善に向けた提言を行うことをこの研究の目的としている[22]。

非行からの離脱という点で、この研究において注目される、非行から立ち直った当事者へのインタビュー調査は、非行克服支援センターが事件の相談などを受けて出会った、あるいは、各地の非行少年の親の会や当事者支援の団体から紹介を受けた、元非行当事者の計四二名に対して行われた。[23]この中には、逮捕歴が複数回以上ある者が二二名含まれており、マルナによる研究と同様に、一定の期間、犯罪を継続した者も対象とされている。[24]インタビュー項目は、非行内容、非行に走ったきっかけ、立ち直りへの道筋、立ち直る上での困難、支援者に求めることなど多岐にわたっている。それに基いてこのインタビューは原則として二名態勢で行われ、本人の同意を前提に録音されたものが文字化された上で、当事者が立ち直りに至る背景や影響が分析されている。[25]

この研究による、非行からの離脱に関する成果として、当事者が立ち直るにあたって持っている重要な事実が三点挙げられよう。[26]第一が、幼少期から育つあらゆる環境の中で、「生まれてよかった」と思えるような、「人から認められる」実感である。第二が、「社会との適切なつながりの構築」、「精神的な成長」、「自分の失敗や弱さを認めながら諦めずにチャレンジしていく姿勢」である。第三が、少年たちに、気づきをもたらしてくれたり、支えてくれたりするさまざまな人の出会いである。

逆に、当事者インタビューからは、体罰の実態が驚くほど多く語られており、[27]親からのアンケートも含めると、少年たちが学校から排除されてきたことも示されている。そこから、人を人として見ないような扱いは、「非行を一層深める方向へ追いやる場合」が多いとも指摘されている。[28]従って、この研究においては、少年たちが周囲の人々から人として尊重されることが、本人が「生まれてよかった」と思う経験となり、非行からの離脱に大きく相関している可能性が示唆されているのである。

4　犯罪・非行からの離脱に伴う重要な事実

右の離脱研究が非行からの離脱にあたって重要な事実を実証していると言うには、それぞれの研究に内在する限界もある。例えば、マルナによる研究の場合、必ずしも多くないサンプルを基にしながら、その証明の程度を高めるための工夫はなされているものの、そのサンプルの中心は、労働者階級に属する若い常習の街頭犯罪者とされており、少年時代に非行があったか否かは必ずしも明らかにされてはいない[29]。他方、非行克服支援センターによる研究の場合、まず、インタビューの対象となった、「非行から立ち直った当事者」という概念定義がなされていない上に、マルナによる研究において設定された、調査対象における統制群も設定されてはいない[30]。その意味で、少年を非行に追い立てるもののみならず、非行から離脱するために重要なものも明らかにしようという目的でなされた研究であるにもかかわらず、その証明の程度は必ずしも高いものであるとは言えない。

しかし、両研究においては、繰り返されてきた非行ないし犯罪からの離脱にあたって、本人に生じる重要な変化が、共通して見出されているように見受けられる。その重要な変化とは、自らが社会の中で意義のある存在であることへの自信が欠如していた非行を重ねてきた少年が、自らが社会の中で意義のある存在であり、自らが社会の中で意義のあることを行うことができると自らを信頼できるようになることである。換言すれば、少年が非行から立ち直れると自らを信頼するようになること、すなわち、非行からの立ち直りについて自信を持つようになることである。

このように、非行ないし犯罪からの離脱に伴って確認されている共通の事実は、次のような両研究の成果によって裏付けられる。まず、マルナの研究によれば、離脱した者のナラティブが、過去の罪を犯した「私」は、本来の「私」ではなく[31]、本来は善い人である自分は、計画を持ち、それを実現させることについて楽観的であったのに対し[32]、犯罪のキャリアを継続している者のそれは、自らに自信を持つことができず、「『よい人生』の明確な写真はわかっているのに、自分の意志だけではそれを実現する力がないと感じてい」た[33]。このことは、犯罪を続けている者は、自らの力を信頼できないままであるが、犯罪のキャリアから離脱した者は、犯罪からの立ち直りに自信を持つように変化したことを裏づけていると言えよう。そして、非行克服支援センターの研究においても、既に見たように、「非行から立ち直った当事者」には、「人から認められる」実感に加えて、「精神的な成長」や「自分の失敗や弱さを認めながら諦めずにチャレンジしていく姿勢」があることが指摘されている。他方、同研究においては、こうした元非行少年たちが「幼い時期から思春期・青年期の成長期を通して、個人の尊厳を蹂躙されたり、暖かい配慮を受けてこなかったために、自己肯定感を育てられなかった[34]」事実も指摘されている。ということは、非行を重ねていた間は、自らが社会の中で意義のある存在であると感じることができなかった少年たちが、「非行から立ち直った」ときには、精神的に成長し、チャレンジする姿勢に客観的に現れている自信を持つようになっていると考えられるのである。

Ⅲ　少年法における価値とその妥当性

1　従来の少年司法実務に対する疑問

それでは、従来の少年司法実務における保護の在り方は、右で見たような、非行少年の非行からの離脱に伴う重要な変化を生み出すものなのであろうか。

確かに、少年法二二条第一項に基づいて、少年審判は「懇切を旨とし和やかに行う」こととされており、また、保護処分の一つである少年院送致決定によって非行少年が収容される少年院は、少年院法三条に基づき、そこに収容される非行少年に対して、「矯正教育その他の必要な処遇を行う」施設と位置づけられている。このため、一見すると、少年司法における保護を通して、非行少年が、自らを社会において価値がある者と捉え直し、非行からの立ち直りに自信を得ることも十分に可能なように思われる。

しかし、少年審判の実務への影響が大きいと思われる少年法の注釈書においては、審判に臨む態度・心構えの悪い者を注意して改めさせ、少年の非行・生活態度などについて、その受けるべき非難の大きさなどを指摘して、自覚・反省を促すことなどを通して、更生の意欲を喚起することが少年審判を適正に行うに不可欠な事柄の一つとして掲げられている[35]。また、少年院法二三条一項は、少年院における矯正教育を、在院者の犯罪的傾向を矯正するものと規定している[36]。さらには、少年院出院者の中では規範意識に欠ける者ほど再非行の可能性が高いと、従来から考えられており、その再非行の防止には、非行少年に処分の重さを十分理解させ、感銘力を一層強化する働きかけが求められると説かれてきたのである[37]。本稿の冒頭で紹介した段階処遇も、こうした言説と相まって、日本の少年司法に根付いてきたと言ってよいであろう。

従って、非行を繰り返したとして少年審判にかけられ、さらには少年院に送致された非行少年に対しては、少年審判においては強い非難が向けられ、少年院においても、犯罪的傾向が強い者として、より強力な矯正教育が行われる可能性が一般に高いと言うべきであろう。

このような、少年審判における強い非難や少年院における強力な矯正教育を通して、非行を繰り返す段階では、自らが立ち直り、非行から離脱することに自信を持てないでいると考えられる当該少年が非行からの立ち直りについて自信を持つようになるのであろうか。先に概観した離脱研究のもう一つの成果によれば、そうしたものが、非行からの立ち直りについての自信を当該少年に必ずしも生じさせるわけではないことは、次に見るように、明らかであると言わざるをえないのである。

2　離脱研究が示唆する少年法における価値

既に見た両研究においては、非行の離脱に際して生じる重要な変化が何を契機に生じるのかについても次のような興味深い指摘がなされている。

まず、マルナによる研究は、犯罪から離脱した者に見られる、罪を犯した自分とは異なる真の自己の発見の過程は、外部からのエンパワメントとして記述されることが多いとした上で[38]、さらに、犯罪を継続している者のナラティブとの決定的な違いを提示する。すなわち、離脱している者のナラティブは、犯罪を継続している者のナラティブの五倍も多く、本人が、「自分より大きく力強いものとのつながりを通じて、大きく強くなり、力にあふれ、高められ、作りあげられ、よくなる」場面を描写しているというのである。そして、このつながりの契機となるのは、誰かが元犯罪者を信じてくれ、この元犯罪者に、本当は、自分には自分なりの価値があると気づかせてくれることであると指摘している[39]。マルナによれば、「この外部からの『証明』を受けて初めて、……人は、自分自身の価値を内面化し、自分の運命を選べることを自覚する[40]」のである。

また、非行克服支援センターによる研究においても、自らが必要とされる仕事や、打ち込みたいものに出会った元非行少年が、生き生きと現在を語ったこと[41]、そして、「立ち直りのきっかけとして語られたものの多くは、気づきをもたらしてくれたり、支えてくれたりするさまざまな人との出会い[42]」であり、「多くの事例で、自分自身が、社会や他の人……との関係で役に立つ機会を得るということが、立ち直りのプロセスの中で重要になっていた[43]」ことが指摘されている。

つまり、非行からの離脱にあたって重要な変化を生じさせる契機として、両研究において共通に指摘されていることは、非行少年が適切な他者と出会い、社会における自らの存在意義、あるいは、その能力ないしスキルなどが認められることなのである。

他方で、少年審判の場で強く非難し、あるいは、非行少年や犯罪者に対する処分の重さを本人たちに感じさせるといった、日本の少年司法実務において、非行を繰り返す少年に対して採られていると考えられる保護の在り方は、非行からの離脱に伴う重要な変化を生じさせる契機として両研究のいずれにおいても挙げられていないことが注目されねばならない。むしろ、マルナの研究は、犯罪のキャリアを継続していると評価される者の多くが、犯罪にも、刑務所にも、自分の人生の位置にもつくづく嫌気がさしていると話しており、その何人かは、法を守って生きたいと長々と話すが、彼らは、犯罪を離脱した者も有している様々な負因のために、自分の行動を変える力が自分にはないと感じていると述べたことを明らかにしているのである。(44)

こうした犯罪のキャリアを継続している者たちも、刑事手続や刑務所を体験している以上、強い非難を受け、あるいは処分の重さを感じさせられたに違いない。(45)そうであるがゆえに、犯罪に嫌気がさし、法を順守したいという意味での規範意識は生じていると見るべきであろう。しかし、そのことと犯罪からの離脱との相関性は実証されてはいないのである。加えて、非行克服支援センターによる研究も、当事者インタビューにおいて、罰があるから非行・犯罪をしなくなったということはほとんど語られていない旨を指摘している。(46)先に、離脱研究の成果から、少年審判における強い非難や少年院における強力な矯正教育が、非行からの離脱に伴う変化、すなわち、非行からの立ち直りについての自信を非行少年に必ずしも生じさせることが実証されるわけではないと指摘した理由はここにある。

このような離脱研究の成果による限り、保護の名の下に、従来取り組まれてきた、非行少年への強い非難や処分の重さを感じさせる強力な矯正教育は、必ずしも、非行を繰り返してきた少年が、自らが社会において意義ある存在であると感じ、非行から離脱できる力があると自らを信頼することをもたらすわけではないことが明らかであるように思われる。

さらには、この両研究の成果は、非行を重ねてきた少年の健全育成、換言すれば、非行を重ねてきた少年の立ち直りないし成長発達を目的とし、そのために刑事手続・処分よりも、保護手続・処分を優先している少年法において、最も重視されるべきもの、すなわち少年法における価値を示唆しているとも言える。その価値とは、少年法が、非行を重ねてきた少年に対しても、刑事手続・処分を通した非難がなされることに代えて、保護手続・処分を通して、当該少年が社会における自身の存在意義などに気づくことができるように関わる適切な他者と出会い、実際にそうした他者によって少年の社会における存在意義などが承認される機会を提供することにある。一般に、刑事手続において有罪が宣告される際には、被告人は非難を受ける。刑罰が犯罪者に対する非難であることも一般に承認されている。しかし、両研究は、非行を繰り返す少年を非難するだけでは、必ずしも少年が非行から離脱できるわけではないことを示している。このことは、形式上は保護と位置づけられている少年審判手続や少年院送致にも当然妥当するはずである。つまり、形式的な保護手続・処分において、非行を重ねた少年に対して、強い非難を向ける、あるいは、処分の重さを感じさせる強力な矯正教育を行うことは、必ずしも少年法の目的を達成することにはつながらない。むしろ、両研究のもう一つの成果からは、少年法の目的を達するための保護の本質は、非行を繰り返してきた少年に対しても、社会における自身の存在意義などに気づくことができるように関わる適切な他者と出会い、実際にそうした他者によって少年の社会における存在意義などが承認される機会を提供することにあると言うべきであろう。

3　上位規範に照らした妥当性

もちろん、両研究が示唆する、少年法における保護の本質、すなわち、少年法における価値は、少年法の上位規範に照らして妥当なものであるかが検討されねばならない。

この点に関連して、日本国憲法や子どもの権利条約などに照らして、少年司法による保護の在り方を再検討した葛野尋之は、少年の成長発達権の保障に向けた主体的非行克服の援助として構成される教育機能と、少年司法のあらゆる局面において少年の手続参加が確保されるという意味での少年の適正手続とが、少年司法には求められると指摘した。(47)

そこで、右の見解に照らして検討を加えると、少年法における価値が、非行を繰り返してきた少年に対しても、なお、社会における自身の存在意義などに気づくことができるように関わる適切な他者と出会い、そうした他者によって少年の社会における存在意義などが承認される機会を提供することにあると解することは、右のような上位規範に基づく少年司法による保護の在り方とも整合すると言える。なぜなら、適切な他者との出会いやその他者によって少年の社会における存在意義が承認される機会を提供するという形を取る保護は、少年に服従を強いるものではなく、当該少年の主体的非行克服をまさに援助するものであり、同時に、少年の社会における存在意義のなど承認を通して、少年司法のあらゆる局面における少年の手続参加をより容易なものとしうるからである。

なお、非行を繰り返す少年の中には、障がいを有する者もいる。そこで、日本も近時批准した障がい者の権利条約に照らして、少年法における価値を検討することも必要不可欠である。(48)この障がい者の権利条約の特徴は、障がいをいわゆる社会モデルで捉え、その意味における障がいによる差別を禁止し、障がい者に対する合理的配慮に向けた適当な措置を採ることを締約国に義務付けている点にある。こうした特徴を持つ障がい者の権利条約に照らしても、非行を繰り返した、障がいのある少年に対して、適切な他者との出会いや、当該他者によって少年の社会における存在意義などが承認される機会を提供するという形での保護は、当該少年に対する合理的配慮を実現する適切な措置と言うことができ、妥当なものと評価されよう。

従って、こうした上位規範に基づく検討からも、二つの離脱研究から導かれる少年法の価値は妥当なものであることが帰結されるのである。

Ⅳ　少年裁判所の設立における価値

1　少年裁判所の設立史検討の意義

ところで、近時の離脱研究から導出された少年法における価値とは、これまでに全く発見されていなかったものなのであろうか。それとも、少年法の意義は少年に対して刑事手続・処分に代えて保護手続・処分で臨むことにあるという形式的な理解、さらにはその中に織り込まれた、非行を繰り返す少年に対する強い非難ないし強力な矯正教育によって埋没させられていたが、近時の実証研究を通して、改めて発見されたものなのであろうか。

仮に、少年法が生まれる段階で、既に、非行を繰り返す少年に対しても、社会における自身の存在意義などに気づくことができるように関わる適切な他者と出会い、実際にそうした他者によって少年の社会における存在意義などが承認される機会を提供することが非行からの離脱をもたらすことが発見されていたにもかかわらず、その価値が、刑事手続・処分に代わる保護ないし教育に関する形式的な理解に織り込まれた少年に対する非難ないし強力な矯正教育の要素によって埋没させられてきたことが確証されるのであれば、そうした保護ないし教育こそ批判され、克服されねばならないものと言えよう。右の問いの重要性はここにある。

もっとも、本稿では、紙幅の制約もあり、まずは、「世界の少年保護法制の先駆をなし、我が国の現行法及び旧少年法制定の大きな契機となっている」[49]と評されるアメリカの少年司法が生成した画期として名高い、シカゴの少年裁判所が設立される前後の状況を改めて検討することを通して、当時においても、非行を繰り返す少年に対して、強い非難や強力な矯正教育に代えて、適切な他者との出会いを提供することの価値が発見されていたのかを検討することにしたい。

2　アメリカにおける少年裁判所設立の経緯

まず、少年裁判所が開設される以前の一九世紀初頭におけるアメリカにおいては、例えば、一八一三年に一三歳から一六歳の三名の少年が侵入盗を犯したとして、チャールズタウン州立刑務所で五年の重労働を科せられたことなど[50]に基いて、罪を犯したとされた少年たちは依然として成人と同様の刑罰を受けていたと指摘されている。[51]そして、こうした少年たちが刑務所において成人犯罪者と接触することによって害されると考えられ、刑務所は新たな悪人を生む託児所ないし犯罪の達人を完成させるための大学とならざるをえないと結論されることとなった。[52]そこで、こうした刑務所内で少年を部分的に成人と区別して収容する試みもなされることになったが、いずれも不十分なものであったと評されている。[53]

このため、当時の裁判所は、有罪と確信している場合にさえ、口実を見出して刑務所収容を回避しようとしたが、今度は、罪を犯したにもかかわらず刑務所収容をしないで放免するとなると、結局、その少年の犯罪を助長するだけになるとの批判も受けることになる。[54]このように、強制労働を中心とする自由刑がかえって犯罪少年の犯罪性を育み、それを避けようとすると、放任となり、少年にさらに犯罪を重ねさせることになるというジレンマの中で、子どものための刑務所、救貧院、学校という三つの要素を併せ持った少年保護院（House of Refuge）が一八二五年にニューヨークに設立され、浮浪者として保護された少年のみならず、罪を犯した少年をも不定期に収容できることとされた。[55]

しかし、この少年保護院は、既存の刑務所のような懲罰の場ではなく、教育のための学校をめざすべきであるという[56]、その設立者たちの意図とは異なるものとなった。すなわち、少年保護院の職員たちが、分刻みのスケジュールを少年たちに強制し、その悪癖の矯正のために、むち打ちや足かせなどの懲罰も用いるなど、ミニ刑務所と評されるようになったのである。[57] そこで、後に非行少年と位置づけられる者を収容する施設は多様化していくが、[58] 収容された少年が処遇困難であれば刑務所へ移送したり、[59] 過剰収容に陥ったりするなど、[60] こうした施設の限界が露呈するとともに、ここでも悪風感染の弊害が指摘されるようになったのである。[61]

このように、罪を犯した少年たちを刑務所に収容することがかえって少年たちを強固な犯罪者にしてしまうこと、そして、それを防ぐために、少年保護院などの罪を犯した少年たちのための教育などに向けた特別の施設が設立されたけれども、それも刑務所と同じ問題を引き起こしてしまうことが既に少年裁判所が設立される以前のアメリカにおいて明らかになっていたのである。もちろん、このような状況はシカゴにも当てはまる。少年裁判所が設立される以前のシカゴにおいても、刑務所に犯罪少年などを収容することだけでなく、少年向けの様々な特別の施設に収容することにも、小型の刑務所に収容することと同じ厳しい処遇や過剰収容など様々な問題があることが明らかになっていたからである。[62]

そこで、シカゴで少年裁判所を設立しようと活動していた担い手の間では、罪を犯した少年をこうした施設に収容するのではなく、マサチューセッツ州における、裁判所による最終処分決定を留保して、犯罪者を適切な者による観察に付し、その間の働きかけの成果によって刑務所収容を回避するというプロベーションに付すことが注目された。[63] このプロベーションはそれまでのシカゴにはない制度であった。[64] シカゴの少年裁判所の根拠となった少年裁判所法は、裁判所が人格高潔な者をプロベーションオフィサーに任命し、このプロベーションオフィサーが、少年裁判所の求めに応じて少年を調査し、少年の利益を代弁するために少年裁判所における審判に立ち会い、審判後も少年を指導監督することを定めた。[65] そして、少年裁判所の手続は、非公開の小部屋において、裁判官とプロベーションオフィサーだけが少年や関係者を囲んだ和やかな雰囲気の中で進められ、少年の更生にとって最良の方策が模索される場と位置づけられたのである。[66]

3　少年裁判所設立の意義

右で見たような、シカゴにおける少年裁判所設立の経緯に照らせば、少年裁判所が設立されるまでに既に存在していた、作業などを強制する様々な施設に、少年裁判所が非行少年を強制的に収容できるようにしたことが、少年裁判所という制度をそれまでの制度と決定的な異なるものにしたとは言えないように思われる。

確かに、少年裁判所の設立に関与した者たちの中には、非行少年を、より長期に施設に収容し、その中で少年たちを長時間働かせ、軍隊的規律の下、下層階級の技能訓練を行わせることに、少年の改善・更生の可能性を向上させる意義を見出す者もいたことは否定できない。[67] しかし、少年保護院における刑務所と同様の懲罰的な処遇とその問題点は少年裁判所の設立までには知れ渡っており、[68] それに代わる施設の多くも強制と拘束をその特徴としていただけでなく、[69] 施設内での懲罰が少年を改善させるものではなく、むしろ少年の自尊感情などを傷つけることを指摘する者も既に存在していたのである。[70]

従って、プロベーションという、それまでのシカゴにはなかった制度を少年裁判所が利用できるようにしたことこそ、それまでの制度と決定的に異なる点と言うべきであろう。徳岡秀雄は、少年裁判所が、施設収容に代わる新しい処遇方法としてのプロベーションを密接不可分の条件として成立したことが、プロベーションの法規定の後に少年裁判所が設立されるという前後関係が多くのアメリカの州で見られることから十分にうかがわれると指摘している。[71] 少年裁判所が設立される以前のシカゴでは、後に非行少年と位置づけられる者の多くは、親から放任されあるいは虐待されるなどしており、そうした親に養育を任せるわけにはいかず、さりとて、施設に収容されると、たとえ成人犯罪者と分離されるにしても、過剰収容も少なくない状況の下で、刑務所におけると同様の扱いを受けるか、様々な強制や懲罰が行われる状況にあった。このような状況下で、そのどちらをも避けつつ、非行を繰り返した少年たちの改善を可能にするプロベーションが導入されたことにこそ、少年裁判所設立の意義があったと言うべきであろう。さらに、少年裁判所における手続が、和やかな雰囲気の中で進められ、少年の更生にとって最良の方策が模索される場と位置づけられたことも、プロベーションの導入と無関係ではなく、むしろ密接不可分であったと捉えられるべきように思われる。

4　少年裁判所制度における価値

右のように、少年裁判所設立の画期的意義が非行少年にプロベーションを活用することにあったとするならば、そのプロベーションの本質が問われなければならない。

ところで、プロベーションの取組みを始めた者として名高い、オーガスタス（John Augustus）のプロベーションは、量刑の言渡しなどを猶予された対象者に対して、住居を探したり、仕事を確保したり、家庭問題調整のためのカウンセリングをしたり、資金を援助したりするという方法をとっていた(72)。そして、少年裁判所制度の下では、様々な事情を有する非行少年の特殊性に見合った、その改善・更生に向けた処遇を、プロベーションオフィサーが試行錯誤しながら見つける必要があるために、右のようなプロベーションが「圧倒的な地歩を占める(73)」ことになったのである。

もともと、オーガスタスは、改善の見込みがあると考えられる者を可能な限りプロベーションの対象にしようとしたと言われている(74)。また、シカゴの少年裁判所設立の段階で、既に、非行少年を収容する様々な施設において、厳しい懲罰が行われ、非行少年を矯正するための様々な強制的な教育が施されていたことは知られていた。そのような先駆例を踏まえて、非行少年に対する厳しい非難と強力な矯正教育が支配的であった施設への収容を避けるためにプロベーションが多用されていたとすれば、少年裁判所の手続が和やかに進められ、それが少年の更生にとって最良の方策が模索されるものと位置づけられていた以上、その手続において、非行を繰り返した少年に対しても、強い非難ばかりが加えられたとは考えられない。むしろ、プロベーションオフィサーが施設収容を避けようとしたのであれば、非行を繰り返した少年の社会内での更生の可能性、すなわち、当該少年の社会における存在意義、及び隠れた能力ないしスキルを発見しようと努めたと考えられるべきであろう。そして、プロベーション開始後も、人格高潔なプロベーションオフィサーは(75)、そうした少年に強力な強制力を加えるのではなく、オーガスタスが行ったように様々な援助を提供しながら、同様に、当該少年の社会における存在意義などを発見しようと努めたと考えられるべきであろう。そこで、例えば、職をあてがわれた非行少年が、その職場における適切な仲間と出会い、その少年が一生懸命にその職を遂行しようとしている姿が仲間によって高く評価されることもあったはずである。

もちろん、何度も非行を繰り返す少年に対するプロベーションに際して、刑務所への収容を威嚇に使うことで、少年が改善されると考える者が当時も存在していたことは否定できない(76)。しかし、少年裁判所における手続及びプロベーションの過程において、社会における自身の存在意義などに気づくことができるように関わる適切な他者と出会い、実際にそうした他者によって少年の社会における存在意義などが承認される機会を提供することを通して、非行を繰り返した少年が非行から離脱するという事実を発見した者がいたであろうことは、既に見たようなシカゴでの少年裁判所設立の経緯とその意義に照らせば、否定され得ないように思われる。換言すれば、少年裁判所が設立された当時においても、少年裁判所、すなわち少年法における価値は、単に非行少年に対して刑事手続・処分に代えて少年裁判所の手続や少年向けの処遇施設を用いることにあったのではなく、非行を繰り返す少年に対しても、強い非難や強力な矯正教育の代わりに、当該少年が社会における自身の存在意義などに気づくことができるように関わる適切な他者と出会い、実際にそうした他者によって少年の社会における存在意義などが承認される機会を提供することにあったことは既に発見されていたと言うべきなのである。

V　むすびにかえて

本稿において明らかとなったことをまとめると次のようになる。

第一に、近時の実証的な犯罪・非行からの離脱研究の成果は、日本の少年司法において支配的である、非行を繰り返す少年に対する強い非難や強力な矯正教育と非行からの離脱との相関性を実証しておらず、むしろ、非行を繰り返す少年に対しても、少年法が、刑事手続・処分に代えて、保護手続・処分を通して、当該少年が社会における自身の存在意義などに気づくことができるように関わる適切な他者と出会い、実際にそうした他者によって少年の社会における存在意義などが承認される機会を提供することに、その価値があることを示唆していること。

第二に、近時の離脱研究が示唆する右のような少年法における価値は、日本国憲法、子どもの権利条約、及び障がい者の権利条約といった上位規範に照らして妥当なものであること。

第三に、近時の離脱研究が示唆する少年法における価値は、アメリカにおける少年裁判所の経緯に照らすと、少年裁判所設立の画期的意義が非行少年に対してプロベーションを行えるようにしたことにある以上、当時のアメリカにおいても既に発見されていたと言うべきであること。

もっとも、紙幅と資料の制約のために、右の諸点の論証が必ずしも十分でない可能性は残されている。その十分性を補うことが今後の課題の一つである。

さらに、近時の離脱研究が、非行からの離脱との相関性を実証していない、段階処遇とその背景となる言説が、なぜ日本の少年司法にかくも根付いてしまったのかを解明する作業に取り組むことも、残された大きな課題の一つである。とりわけ、この作業は、「比較歴史法」[77]の観点から、日本の少年司法の特殊性ないし諸外国のそれとの異質性を解明するために重要な意義を有すると思われる。今後、これらの諸課題に取り組むことを約して筆を擱くことにする。

(1) 廣田邦義「処遇論からのアプローチ」岡田行雄・廣田邦義・安西敦編『再非行少年を見捨てるな』(現代人文社、二〇一一年)七九頁参照。
(2) 武内謙治『少年法講義』(日本評論社、二〇一五年)六七頁参照。
(3) 少年院において非行少年の処遇に携わる法務教官でもあった津富宏は、犯罪からの離脱研究の成果を踏まえて、「言い訳や正当化を許さないという処遇は、少年院在院者の社会適応を妨げている可能性がある」と指摘し、「少年院の教官として、私のやってきたことは間違っていた」と述懐している。津富宏「監訳者はしがき」マルナ(津富宏・河野荘子監訳)『犯罪からの離脱と「人生のやり直し」』(明石書店、二〇一三年)vi頁参照。
(4) 河野荘子の指摘がこのことを示唆している。河野荘子「非行からの離脱とレジリエンス　心理面接過程をベースとした離脱にいたるプロセスモデルの提案」日本犯罪社会学会編『犯罪者の立ち直りと犯罪者処遇のパラダイムシフト』(現代人文社、二〇一一年)四一頁参照。
(5) 諸外国における離脱研究については、明石史子「犯罪者はどのように生活を変容させるのか――犯罪からの離脱(デシスタンス)とアイデンティティの変容」罪と罰五二巻四号(二〇一五年)五三頁以下参照。
(6) 河野荘子「監訳者あとがき」マルナ・前掲注(3)二五二頁。
(7) 津富宏「監訳者はしがき」マルナ・前掲注(3)vi頁参照。
(8) 但し、その犯罪歴は、侵入盗、薬物取引といった犯罪が中心であり、強姦や殺人といった、より重大な犯罪であることは滅多になく、企業犯罪や政治犯罪といったはるかに金になる犯罪でもないサンプルが選ばれている。その理由は、侵入盗などを繰り返す者ほど、社会の人々によって永遠で本質的な逸脱性という汚名を背負わされるこの影響を最も受けやすい人々である点に求められている。Cf. Marna. S. *Making good: how ex-convicts reform and rebuild their lives.* American Psychological Assosiation 2001, p. 13. マルナ・前掲注(3)二七頁参照。

（9） Cf. Marna, supra note 8., p.22. マルナ・前掲注（3）三七頁参照。
（10） マルナは、受刑者の釈放後の長期間追跡研究が、公的に把握される再犯の大半が出所後一年以内に起きていることを示しており、本研究の対象者が、そう遠くない過去に常習的に犯罪を行っていたと報告していたにもかかわらず、そうした者が、一年もの間、犯罪もせず、逮捕もされない行動をとることが、検討に値する重要な人生の変容であると、この定義づけの根拠を示している。Cf. Marna, supra note 8., p.47-48. マルナ・前掲注（3）七〇頁参照。
（11） Cf. Marna, supra note 8., p.47. マルナ・前掲注（3）六九頁参照。
（12） このインタビューデータは、リヴァプール地域にある様々な更生・社会復帰プログラムにおける一八か月間にわたるフィールドワークによって補強されている。Cf. Marna, supra note 8., p.50. マルナ・前掲注（3）七三頁参照。
（13） この量的分析においては、どちらにも属さない一五名のデータは除かれている。Cf. Marna, supra note 8., p.48, p.51. マルナ・前掲注（3）七一頁及び七五頁参照。
（14） Cf. Marna, supra note 8., p.88. マルナ・前掲注（3）一二三頁参照。
（15） Cf. Marna, supra note 8., p.88-90. マルナ・前掲注（3）一二三～一二六頁参照。
（16） Cf. Marna, supra note 8., p.147. マルナ・前掲注（3）二〇四頁参照。
（17） Cf. Marna, supra note 8., p.100. マルナ・前掲注（3）一四一頁参照。
（18） Marna, supra note 8., p.155. マルナ・前掲注（3）二一五頁。
（19） 非行克服支援センターは、教育関係者、元家庭裁判所調査官、弁護士、及び非行少年の親達によって二〇〇三年に設立されたNPO法人である。非行克服支援センター『何が非行に追い立て、何が立ち直る力となるか』（新科学出版社、二〇一四年）三頁参照。
（20） 河野荘子は、元非行少年だった者が、大人になってから出版した自叙伝を分析した研究や、少年院退院後の少年の足跡を追った研究はいくつかあるが、前者は出版物が分析対象なので、データに歪みが生じている可能性が否定できず、後者は生活状況を調べただけなので、一面的データに過ぎないと、その限界を指摘している。マルナ・前掲注（3）二五二頁参照。
（21） 非行克服支援センター・前掲注（19）一一頁参照。
（22） 非行克服支援センター・前掲注（19）一一～一二頁参照。
（23） 四二人のうち、男性は三二人、女性は一〇人であり、インタビューの時点での年齢層は、一〇代から三〇代までに及び、一〇代は四人、二〇代が二三人、三〇代が一五人であり、逮捕歴がある者が三九人で、家裁送致されたことがある者が四〇人であり、うち少年院送致決定を受けたことがある者は二五名であった。非行克服支援センター・前掲注（19）八八～九〇頁参照。

(24) 少年鑑別所に収容される観護措置が複数回以上採られたと思われる者が一六名、少年院送致決定を受けた者が二五名で、うち少年院送致決定を複数回以上受けた者が四名含まれている。非行克服支援センター・前掲注(19)八九～九〇頁参照。
(25) 非行克服支援センター・前掲注(19)一二頁参照。
(26) 非行克服支援センター・前掲注(19)二四八頁、二五五頁、二五七頁参照。
(27) 非行克服支援センター・前掲注(19)一〇八～一一〇頁、二四九頁参照。
(28) 非行克服支援センター・前掲注(19)二五〇頁参照。
(29) Cf. Marna, supra note 8., p.13. マルナ・前掲注(3)二七頁参照。
(30) インタビュー対象者の内訳は明らかになっているが、「立ち直った」と評価する根拠は提示されておらず、この中に、インタビュー時点でも非行ないし犯罪を続ける者がいるか否かを尋ねる質問項目も設定されてはいない。非行克服支援センター・前掲注(19)八八頁参照。
(31) Cf. Marna, supra note 8., p.131. マルナ・前掲注(3)一八二頁参照。
(32) Cf. Marna, supra note 8., p.147. マルナ・前掲注(3)二〇四頁参照。
(33) Marna, supra note 8., p.83. マルナ・前掲注(3)一一八頁。
(34) 非行克服支援センター・前掲注(19)二五七～二五八頁。
(35) 田宮裕・廣瀬健二編『注釈少年法〔第三版〕』(有斐閣、二〇〇九年)二三三頁参照。
(36) 二〇一五年六月一日に施行された少年院法における矯正教育については、法務省矯正局編『新しい少年院法と少年鑑別所法』(矯正協会、二〇一四年)六六～九二頁参照。
(37) 法務省法務総合研修所『平成二三年版犯罪白書』(日経印刷、二〇一一年)三三〇頁参照。
(38) Cf. Marna, supra note 8., p.95. マルナ・前掲注(3)一三四頁参照。
(39) なお、元犯罪者を信じてくれ、本人の価値に気づかせてくれる誰かとは、多くの場合、パートナーや社会的組織であるとも指摘されている。Cf. Marna, supra note 8., p.96. マルナ・前掲注(3)一三五頁参照。
(40) Marna, supra note 8., p.96. マルナ・前掲注(3)一三五頁。
(41) 非行克服支援センター・前掲注(19)二〇二頁参照。
(42) 非行克服支援センター・前掲注(19)二五七頁。

(43) 非行克服支援センター・前掲注（19）二五七頁。

(44) Cf. Marna, supra note 8., p.74. マルナ・前掲注（3）一〇五頁参照。

(45) マルナの研究の対象者は、常習犯罪者としてのキャリアがあり、相当な期間を刑務所で過ごし、ほとんど全てが社会内処遇を受けた経験がある。Cf. Marna, supra note 8., p.62. マルナ・前掲注（3）八八頁参照。

(46) 非行克服支援センター・前掲注（19）二五七頁参照。なお、不定期刑の一般予防効果及び特別予防効果が必ずしも実証されていないことについては、岡田行雄「少年に対する有期自由刑の拡大について」熊本法学一三〇号（二〇一四年）四六九～四八一頁及び当該頁に掲げてある参考文献参照。

(47) 葛野尋之『少年司法の再構築』（日本評論社、二〇〇三年）六九～七五頁参照。

(48) 障がい者の権利条約に照らした、虐待被害を受けた少年に対する少年司法の在り方については、岡田行雄「少年司法における虐待被害」熊本法学一三三号（二〇一五年）六一～六六頁参照。

(49) 田宮・廣瀬・前掲注（35）六頁。

(50) Cf. Sanders, Wiley B., *Juvenile Offenders for a Thousand Years*, The Univ. of North Carolina Press 1970, p. 328.

(51) 徳岡秀雄『少年司法政策の社会学』（東京大学出版会、一九九三年）六二頁参照。

(52) Cf. Peirce, Bradford Kinney, *A Half Century with Juvenile Delinquents*, *Montclair*, N.J.: Patterson Smith 1969, p.40.

(53) 徳岡・前掲注（51）六二頁参照。

(54) 徳岡・前掲注（51）六三頁参照。Cf. Pickett, R., *House of Refuge*, Syracuse Univ. Press 1969, p.37-38.

(55) 徳岡・前掲注（51）六一～六九頁参照。

(56) Cf. Mennel, R., et al, *Juvenile Delinquents in the United States, 1825-1940*, The University Press of New England 1973, p.4～11.

(57) 徳岡・前掲注（51）八四頁参照。なお、ドイツにおいて刑罰に代わる教護処分の一種として、犯罪少年を収容する施設においても、同様な処遇がなされていたことについては、岡田行雄「ドイツの非行少年処遇における『教育』の意義について——一九二〇年代末期の教育施設収容処分改革提案の検討を通じて」九大法学七八号（一九九九年）二九五～二九六頁参照。

(58) 小舎制の施設など、非行少年を対象とした多様な施設が一九世紀のアメリカには設立された。徳岡・前掲注（51）八五～九一頁参照。

(59) Cf. Mennel, R., et al. supra note 56., p.49.

(60) 徳岡・前掲注（51）八九頁参照。

(61) Cf. Mennel, R., et al. supra note 56., p.111.

(62) Cf. Platt, A. M., *The Child Savers: The Invention of Delinquency 2 ed.*, The University of Chicago 1977, p. 100. プラット（藤本哲也・河合清子訳）『児童救済運動――少年裁判所の起源』（中央大学出版部、一九八九年）一〇一～一〇二頁参照。

(63) 徳岡・前掲注（51）一〇九頁参照。

(64) 一八九九年に少年裁判所法が成立するまでは、シカゴが属するイリノイ州にはプロベーション制度がなかったと指摘されている。ティマシェフ（高橋正已訳）『プロベイション百年史』（前野書店、一九七〇年）七六頁参照。

(65) 徳岡・前掲注（51）一〇九頁参照。

(66) 徳岡・前掲注（51）一〇四頁参照。

(67) Cf. Platt, A. M., supra note 62, p.100. プラット・前掲注（62）五一頁参照。

(68) チャンドラシリ・フェルナンド「少年裁判所の起源について（二・完）」警察研究五五巻六号（一九八四年）五九頁参照。

(69) Cf. Platt, A. M., supra note 62, p.100. プラット・前掲注（62）六九頁参照。

(70) 一八九三年にシカゴがあるイリノイ州の州知事となり、子ども救済運動に大きな影響を与えたと評されるアルトゲルトの発言に見られる。プラット・前掲注（62）一二一頁参照。なお、虐待が自尊感情の低下などを引き起こすことは近時改めて指摘されている。家庭裁判所調査官研修所編『児童虐待が問題となる家庭事件の実証的研究』（司法協会、二〇〇三年）五二頁参照。

(71) 徳岡・前掲注（51）一一一頁参照。

(72) 岡本美紀「オーガスタスから進歩主義者へ」比較法雑誌二八巻二号（一九九四年）九〇頁参照。

(73) ティマシェフ・前掲注（64）七四頁。なお、少年裁判所に送致された少年のほとんどはプロベーションオフィサーによってインフォーマルに処理されていたとの指摘もある。Cf. Schultz, L., *The cycle of juvenile court history*, Crime and Delinquency 194, 1973, p. 466.

(74) ティマシェフ・前掲注（64）一四～一六頁参照。

(75) 当初は無給であったプロベーションオフィサーにも一九〇五年には給与が支払われ、専門の者が採用されるようになった。Cf. Platt, A. M., supra note 62, p.100. プラット・前掲注（62）一四一～一四二頁参照。

(76) Cf. Platt. A. M., supra note 62, p.100. プラット・前掲注（62）一四五頁参照。

(77) 内田博文『刑法学における歴史研究の意義と方法』（九州大学出版会、一九九七年）v頁。

「新たな秩序（治安）」の基層とその射程
――「安心・安全」政策と少年法改正の論理から

佐々木光明

Ⅰ　はじめに――「厳罰化」によって生み出されたもの

（1）　深く静かに進行しているのは、権利の希薄化、自治意識の希薄化ではなかろうか。人は何かに、誰かに依存していくとき、その存在の社会性を見失いがちである。自らの主体性の確認の機会を気づかずに見過ごす。権利の希薄化は社会的に「保護の客体」とされる場面で進行する。また、解決すべき課題を力（権威や権力）に依存するとき、その述を学び考える機会を見失いがちである。共同による智恵を見失う。自治の希薄化は「力による解決」に依存、求めるとき進行する。

いま、「世界一の安心安全」を目指す治安政策のもとでは、市民は危険や不安感から「保護すべき対象」であり、それを守るために社会的危難の解消に向けた積極的介入（警察力）による体制の構築をはかるとしている。

刑事基本法のすべてが改正・新規立法化され、いわゆる「厳罰化」が進行する二〇〇〇年以降の刑事立法の時代は、刑事法原則等への影響のみならず社会的な意識等の変化が起きた時期でもある。その特徴は簡潔に次のように示すことができる。

①人間への関心の喪失（犯罪の背景への無関心＝個人責任の追及）

②支援の担い手の衰退（更生、社会復帰への等閑視）

③人間評価の二分化（善人か悪人かの二分法＝「わかりやすさ」の重視）

④問題解決のお上（権力）への依存、である。

なかでも特異な一つは、社会的に問題解決の「お上（権力）への依存」的意識を生み出したことである。刑事立法にあっては、重罰化、犯罪化による「刑罰」での社会的解決の姿勢を示し、悪事は逃さないといった必罰化の政策メッセージとあいまっていわゆる「厳罰化」の動きが加速した。そこには、警察力や行政機関、司法的機能を背景とした力による解決という意味がある。力の行使の根拠とされるのが遵法意識の喪失に対する「規範意識の覚醒」である。この動きを主導してきたのは少年法改正論であり、その背景にあった「罰も教育である」という論理である。刑罰による社会的規律要求は強まるばかりで、二〇〇〇年の少年法改正の以降、立法による重罰化と社会的危うさへの監視強化論に結びついていく。立法及び立法過程は、「安心・安全」を旗印に必然的に政治課題化し、機能的な法運用が重視され刑事人権保障や原則は後衛に退くことになる。このことはその後、世界一の「安心・安全」政策のなかで打ち出される「再犯防止」の用語法によって促進されることになる。この用語は、特別予防的な色彩を持ちつつも、他方で社会的に危うさ（因子）への注意を向けることになり、それは刑余者の社会復帰支援を契機にした監視的な意識の醸成にもなっているように思われる。

こうしたことは、主体的な自治意識の希薄化も招いた。身近な治安への不安が強調され市民的ニーズを引き出しながら展開される「安心・安全」のメッセージによって、不安な社会的要因（青少年や外国人等の行動や問題を抱えた人々）への忌避ないし排除が進行する。防犯や環境規制を中心にした生活安全条例などにより、警察への通報や情報提供が規定化されることによって、市民の疑心暗鬼と相互監視的な意識は、地域で暮らすことや協力しあいつつ地域をつくる主体であることを失念させがちである。地域の防犯体制も動員にちかい地域住民のボランティアなど、市民が自ら監視役にもなる。進行する「市民的治安主義」を導く構図でもある。

(2)　こうした文脈のなかで、二つのことが大きな意味を持っている。一つは、地域生活のなかでの市民の通報を積極的に推奨する条例の策定、制定が始まっていることである。[1]市民の自治、問題解決への主体性とそれに対する自治体等の連携、支援という地域作りに不可欠な方策ではなく、力による規制・介入型がとられることの意味は今後の社会のあり方と密接であろう。もう一つは、少年法改正のなかで着実に制度的存在性を明確にしつつある検察である。司法の領域で少年手続にあっては、検察はその司法制度の外側に置かれた。したがって少年法制定後すぐから検察官の関与する制度提案を繰り返してきたが、四度に渡る改正の結果検察官が関与し、抗告による審判チェックを可能とする制度が生まれた。少年法適用年齢引き下げの議論を機に若年成人の処遇への影響力も増し、司法の領域で「検察」の刑事政策における裁量性は広がることになる。

警察・検察の法的意義はそれぞれ明らかではあるが、何が「治安」を危殆化させるかの判断と捜査、地域警察活動に関する権限はいっそう拡大するのである。さらにその裁量性の指標となる枠組み（憲法）が大きく揺らごうとしている現在、その意味は大きい。「治安の構造転換」が静かに進んでいるといっていい。

暮らしや社会的な市民生活・活動の安全をはかる、いわゆる治安の主たる担い手は警察、検察である。いわば司法の担い手でもある。いまと未来を守る「治安の担い手の道標」は、憲法とその基本理念・原則である。いわば「治安の目的」は、本来、現行憲法と法が保障する基本的な権利、生命、自由、財産の保護である。市民を守ることだ。しかし、いまそれが大きく変容しつつある。NSC（国家安全保障会議）、秘密保護法制、集団的安全保障を一体のものとして構想する危機管理「国家」と「自由民主党日本国憲法改正草案」がしめす「新たな秩序」のもとでは、優先すべきは国家と「公共の利益」ないし「公益」であり、それらは国民が遵守するべきものとなる。さらに、その「治安の危機」の判断と介入判断は、捜査機関の裁量に委ねられることになる。畢竟、警察・検察にとっては、新たな社会的な危機管理のための盗聴等の新たな捜査手法（刑訴法改正）は不可欠一体のものとして構想されることになる。

人々の「身近な安心」は遠のいたのだろうか。本来、安心は、人間的、社会的な関係の形成の過程で生まれるものだろう。本来、子どもを尊重し信頼関係を作ることから生きやすい地域社会づくりが始まる。安心の契機と政策について人権と権利保障、憲法の理念が従前と異なる視点を提起するだろう。

Ⅱ　非行防止施策からみえる「安心・安全」政策の骨格——「保護の客体化」の象徴

(1)　子どもの非行問題の低層には、近年注目されている「子どもの貧困」、そして「子どもの格差」がある。[2] 学校や生活そして地域のなかで居場所を失った子どもは、同様の環境・境遇の仲間との「閉じられた関係」のなかで不安の裏返しのように仲間の絆の確認を求め、ときにそれは暴力的にもなりがちである。二〇一五年の川崎市中一殺害事件のように悲惨な結果を時に生み出しやすい。[3]

こうした子どもや若者の生活、感覚世界の実情に対して、現在の「青少年健全育成」政策は、青少年育成大綱（二〇〇三、二〇〇八）を軸にして、規範覚醒と威嚇による非行防止を中心とした健全育成政策と次世代育成支援を総合化した方向性を示してきた。もっとも、地域社会における近年の青少年育成施策等子どもに関わる行政政策の動向は、九〇年代の政治、経済の構造改革の総合的一体的構想の下で示された「二一世紀日本」の社会像、国家像と密接に関わり、子どもや若者はその担い手として、いかなる存在であることが望ましいかという文脈で積極的に取り上げられてきている。

またその一方で、政府は、日本の成長と未来を脅かす危機（存在）として、規範意識を失った少年、外国人犯罪をあげ、犯罪の凶悪化、増加、低年齢化を契機にした国家の積極的介入と教育改革を提起し（犯罪対策閣僚会議『犯罪に強い社会の実現のための行動計画』二〇〇三）、治安政策としての青少年対策を強調してもきた。治安の危機論と連動させつつ、「責任の自覚」を促すなど規範主義的な装いの中で「青少年健全育成」施策の具体化が模索されてきた。「犯罪に強い社会の実現のための行動計画二〇〇八」（二〇〇八年一二月・犯罪対策閣僚会議）は、二〇〇三年の旧計画にを引き継ぐもので、「いっそうの犯罪減少に向け、国民の治安への不安解消、真の治安再生の実現へ向けた政府の施策をとりまとめたもの」として策定されている。なかでも、少年非行対策にかかわっては、犯罪情勢に即した重点課題として七つ挙げられた対策の大枠の第二に（行動計画：序、三）「犯罪者を生まない社会の構築」がある。対策指針のそれぞれには基本的考え方が述べられ、人々の私事化によって個人と社会のつながりが希薄化する傾向を示し、社会的に弱い立場にいる人々の孤立化を防止し、「社会と人の失われた絆の再構築」する必要が説かれている。またそれとともに、「市民意識を涵養させる仕組み」を作ることが、犯罪を防止する有効な対策となるとして、青少年育成推進本部の成果をふまえて次のような二つの課題を提起している。「一、少年の健全育成と孤立した若者等の社会参加の促進」と「二、刑務所出所者等の再犯防止」であり、具体的に「少年の規範意識の向上」、「孤立した者の社会参加の促進」などを挙げている。これらは、社会形成の基盤として「相互信頼」を挙げ、その「醸成を目的として各種施策の総合推進で、安全安心の向上を図ることとしたもの」とされている。(4) 翌年の警察白書二〇〇九でも「国民が相互に信頼しあえる社会」の醸成は警察の責務としている。

(2) こうした近年の非行防止政策の動向から、二つの基本的な政策軸が浮かぶ。一つは「少年の規範意識の形成」であり、社会的連帯（信頼）の前提として、従前にましてその重要性が強調されている。もう一つは、セーフコミュニティ活動としての「地域形成」にむけた積極的指針策定である。

第一点の、社会における「信頼の醸成」と「社会性の自覚」を引き出す施策として、「規範的意識の形成」は、従前から一連の治安対策の基本的の中で形成されてきた施策、[5]いわゆる威嚇と制裁を実質とした刑罰機能の強化（厳罰化）と連動するものでもある。そこには、「治安」と「規範意識」が一体不可分のものと想定されている。本来、規範意識は「子どもの主体性の尊重と参加」を通じた社会的な関係の中で創出され、一人の人間の社会的成長と密接であることを子どもの権利条約ならびに国際準則が示すところである。[6]少年の主体性を尊重した保護的思想が、結果的には非行の社会的克服と安全を担保することを示している。

なお、近時の刑罰論は少年非行防止政策の論理と連動し、積極的な行為への帰責をもとにした秩序形成論が規範意識強化へ収斂し、厳罰化の進行を促進しているようにも思われる。

第二点の「地域形成」にむけた積極的指針策定については、行政の主導による地域組織の連携が説かれるように、安全安心なコミュニティの制度化が官製のニーズのもとで進みつつある。[7]

「安全・安心」と警察業務に関わっては、「被害の未然防止（予防安全対策）と体感治安の改善（安心対策）」を挙げ、従前の「縦割り行政での区ごとのしきり、顔合わせだけの会議、連携程度の協力では処理しきれない事案が多い」と振り返り、自助安全活力（本人・家族）、近隣安全共助活力（コミュニティ）、公序安全活力（警察・行政）の総合性を説く。その具体的手法として、ＷＨＯとカロリンスカ大学（スウェーデン）が共同設置した「地域の安全向上のための（セーフコミュニティ）協同センター」が推進する認証制度とその指標の展開を提唱する。[8]

セーフティコミュニティを、「危険不安の実像をコミュニティの皆で共有し、共に安全と安心のあり方を学びつつ、これを分かち合うことでコミュニティの質を高め、一人ひとりの市民の生活充実感を高めていく手法」の社会開発プログラムだとする。[9]

なお、警察の担う役割について、「犯罪予防、交通安全、災害警備等であるがこれらの諸施策は従前から警察の最重要業務として取り組んでいる。セーフコミュニティ活動が導入されたからといって、必ずしもあたらしい施策をはじめる必要はない」[10]というように、従前の地域形成への指針の基本的姿勢と異なるところがないことを示してもいる。

コミュニティのあり方への関心は、治安政策のみならず、医療、福祉等々含めて複合的な領域で関心は高い。ただ、「安全安心」のためとする官製ニーズは、ひいては地域から主体性を奪いかねないと懸念する。さらには、こうした状況の中で、生活安全条例により住民には地域の不安要因や事象等についての積極的な通報や事業者の協力を確保する施策が各地で進められている。地域監視についての力による統制、換言すれば「力への依存」はいっそう強くなる。

(3)　先に示した非行防止政策の展開の中で、青少年育成施策大綱を廃して二〇〇九年に「子ども・若者育成支援法（二〇一〇・四・一施行）」が制定され、二〇一〇年にはその具体化に向けた実施要綱（「子ども若者ビジョン」）が策定された。「子ども・若者が新しい社会を作る能動的な形成者になってもらうことを支援」し、従来の保護の客体、社会への適応を促す対象としての子ども、といった観点から脱する大きな変化の端緒でもあった。具体的にも「社会形成、社会参加に関する教育、シティズンシップ教育の推進」、「子ども・若者の意見表明機会の確保」など子どもの主体性への支援施策の方向性が示された。しかし、政権交代後、二〇一四年「青少年健全育成基本法」として議員立法による全面改正が参議院に提案され、審議未了による廃案後も再提出が見込まれている。[11]

この法案では、推進法の目的規定（一条）の「日本国憲法及び児童の権利に関する条約の理念にのっとり」という文言を削除。さらに連動して、理念規定（二条二項）の「個人としての尊厳、差別的扱い、意見の尊重と、最前の利益の追求」の項目を完全削除。また理念条項の「教育、福祉、保護、医療、矯正、更生保護、雇用その他の関連分野における知見を総合して行うこと」（六項）「困難を有する就学と就業に携わっていない子ども・若者への支援」（七項）といった多様な視点への留意条項が削除されている。この点に対応する改正法案の理念条項では「家庭及び学校が青少年を健全に育成する機能を十分に発揮する」よう配慮する（二条四項）と変えられている。また、二〇一四青少年健全育成基本法案では、あらたに、理念にのっとった健全育成に努める「国民の責務」（六条）と地方公共団体等の施策へ協力する「事業者の責務」（七条）を新設している。

青少年育成政策は、社会的な訓育・指導対象から、子どもの権利保障を理念とした総合的な施策体系としての意味を持ちかけたが、一転して、子どもや若者と社会（大人）との関わりを「保護、指導、訓育の対象」とする基本理解に立ち返ろうとしている。

青少年育成政策の基本的枠組みと論理は、子どもの規範覚醒を促しつつ、家族と地域を各種施策の連携・協力の基盤と位置づけ、遵法意識の強化を主導する。必然的に各種の市民ボランティアは施策推進の重要な意味を持つことになる。しかし本来、「社会が求める子どもの育成」より、子どもの権利、存在を尊重する姿勢の充実・確保を構想すること、かつ、その担い手づくりを推し進めることが、国際的理解にかなない今後の方向を示すものであろう。

非行防止政策の基本的構図が、安全・安心な地域社会形成の不安定変数として子どもを徹底して社会的「保護の客体」とし、その社会的危険性の克服にとって「規範意識の育成（教育）」への官民挙げた地域ボランティア等の動員と推進体制の構築により組み立てられていることがわかる。青少年健全育成基本法案は、それを実体化する法案である。推進されている「安全安心」の構造は、実は子どもを契機としつつも規範意識の覚醒を不断に求める極めて権力的な構造のもとで地域形成が推し進められているといっていい。そのより効率的な社会形成は、市民を「依らしめ」かつ市民による相互監視の制度形成なのかもしれない。それは進行しつつある。

Ⅲ　警察政策の動向と焦点――市民的治安主義と警察調査権

1　生活安全条例の実質――通報と規範育成によるコミュニティー形成

(1)　近時、いわゆる「生活安全条例」[12]が「地域安全条例」「安全・安心まちづくり条例」「安全で快適な生活環境の整備条例」等、種々の名称で制定されている。「防犯推進条例」「治安回復推進条例」といった治安目的を明示するものもある。いずれにおいても「安心・安全」を得ることが目的される。他面からすれば、治安の悪化・治安の回復のいずれにあっても「市民の不安感は強い」ということが条例の必要性の根拠とされている。おしなべて、警察・自治体・事業者・住民が協働して「安全・安心まちづくり」を進める必要性が説かれ、具体的には地方自治体の責務、事業者・住民の「防犯」に関する責務規定があり、警察・自治体・地域団体などを含めた推進体制が盛り込まれる。「防犯が住民の責務か、犯罪防止が地方自治体の重点課題か」[13]といった指摘は、「安心・安全」が医療、福祉年金等々防犯に限られない広がりのあるものであり、自然な疑問でもある。また、条例の有効性等の検証の必要性もあろう。[14]

なお、こうしたいわば「防犯・環境規制」条例の性格を持つ条例に近年盛り込まれるのが、「通報」制度である。一方でまちづくり「推進体制」施策によって市民が安全監視ボランティアとして積極的な協力要請と組織化のなかで、同地域内の市民相互の通報は、市民自らが相互監視の推進役にまわることにもなる。安全安心の空間形成に地域での監視カメラの設置を警察も推奨し（東京都二〇〇九条例改正）、防犯ボランティアの組織数も急増していく時期である。他方で、国会には有事法制、秘密保護法制、教育基本法改正等が提起され、治安のあり方や市民の意識の変動期でもあった。

東京都の条例は、そうした動きの中で「地域づくり」の先導的役割の地位を担っている。

(2)　東京都は、二〇二〇年のオリンピックの開催を控え、目指す「世界一の都市・東京」にふさわしい安全安心を実現するとして二〇一五（平二七）年一月に「安全安心ＴＯＫＹＯ戦略」策定した。[15]「戦略」では、二〇〇二年当時の刑法犯認知件数を引き合いに戦後最悪の治安情勢とされた時期から統計上「治安は回復した」としつつ、治安の現状として弱者の被害は多発しており、都民の治安対策要求は高く「不安感は解消していない」と緊急対応の一〇年を位置づけた。そして、今後については、犯罪取締りだけでなく「漠然とした不安」抱えている人々を視野に、公共空間での「不快や不安を感じるルール・マナー違反」や迷惑行為等の犯罪に至らない秩序違反行為に対応し、「地域に重点を置いた地域の安全安心の強化」のために三つの取組課題をあげる。一つは「規範意識の向上」。モラル・マナーの向上推進、子どもの規範意識育成と幅広い世代を念頭に置く。二つめは「地域力の強化」。安全安心環境整備、弱者対策の強化、安心安全活動の担い手づくりを掲げる。三つめが「分担と連携の強化」。安心安全の情報発信と共有の仕組みづくり、地域巡回事業者との協定等をあげる。

そしてこの「戦略」をうけて踏まえて、制定の「誰もが安全で安心して暮らせる社会の形成に向け、安全安心まちづくりを推進する体制を強化するとともに、喫緊の課題への対応を図るため、都、都民、事業者その他の関係者の責務を明らかにし、関係者が講じるべき措置等を定めるもの」として「東京都安全安心まちづくり条例」（二〇〇三・六）の一部改正を行った（二〇一五（平二七）年七月一日公布、同年九月一日施行）。[16] 青少年・治安対策本部が主管となる。改正の概要は、(1)「東京都安全安心まちづくり条例」に改める。[17] (2)安全安心まちづくりの推進体制の強化として、ア　地域の力の強化、イ　児童等に対する規範意識の醸成。(3)喫緊の課題への対応として、ア　通学路等における児童等の安全確保、イ　危険薬物・特殊詐欺の根絶に向けた取組の推進、としている。

改正された「安全安心まちづくり条例」は、実質的には防犯条例といってもいいが、①「行政、警察への信頼（連携強化）」、②「都民の規範意識の向上」、③「地域の連帯・絆の強化」を基盤とする「安全・安心まちづくり」を標榜している。

しかしその内容には疑問が解消されないままのところが見受けられる。市民と「行政・警察との連携強化」については、条例中で特殊詐欺、危険薬物に限定して防犯対象にしているが、特殊詐欺は都の問題に限らない国内上の問題であり、高齢者保護の必要性であれば福祉や啓蒙等の総合政策による特別条例が政策合理性があろう。危険薬物も薬物乱用防止条例があり、必要に応じたその改正・運用が本来の方法である。関連法がありそのうち二つだけを取り出し、「まちづくり」のなかで特別に規定する趣旨は明確ではない。さらに重要な問題は、これらにかかる「情報を知った場合」は「警察官に通報」、「都に当該情報を提供」する義務を課したことである。[18] 刑訴法でも関連職務を行う公務員に告発義務を課すが、一般市民に義務はない。都への情報提供といっても、警視庁は都の機関である。市民の通報先の受け止め方は変わらないだろう。個人的な不安感や情報に基づく通報制度は、住民の疑心暗鬼と地域の相互監視の意識を生み出し、差別と排除の芽を生む契機になるのではと危惧する。さらに、通学路等での子どもの危難についての警察官への通報、必要な措置要求（二七条）は、一方で場合によっては、保護責任の刑事責任の範囲を広げるものにもなろう。規定されることによって生起する問題は残る。

努力義務とされている通報制度だが、市民にとっては義務とかわらず、その運用は積極的活用を求めることになる。特殊詐欺や薬物といった市民にとって身近な危険に対する関心を契機にして通報制度を規定し、官製の組織化と密接なまちづくり推進体制のもつ課題は、自治や権利保障、といった多様な観点から検討する必要があるだろう。

「青少年の規範意識の育成」については、「都民一人一人が規範意識をもち、安全で安心して暮らせる社会を形成するために」自治体、学校、家庭と地域社会が連携して、「児童等の規範意識の醸成及び社会の一員としての意識のかん養に努める」としている。規範意識の内容が明確ではないが、教育基本法の改正にともなう道徳教育や都の「心のノート」の活用といったことが想定される。ただ、この条文からは、大人の安心社会のために子どもの規範意識を醸成し、かん養することが示されているように読める。近時の青少年の行動による「将来の不安感へ対処する」ために、規範意思の覚醒を促す教育に取り組もうというのである。子どもは社会的な不安要因であり、保護の客体そのものとされている。子どもの権利論や国際的な潮流の中で、こうした社会的、教育的位置づけはその趨勢と異なるものといえよう。[19]

規範意識や社会性の育成は本来、子どもがその存在を受け止められ（主体性の尊重）、他者との関係の構築の過程（信頼）や生活上の失敗や振り返りの中で初めて自己意識化されていくものだろう。いわば子どもの権利保障が基礎となるが、犯罪予備軍として子どもを捉えるそこには望むべくもない。

条例の持つ実質的な問題は、地域社会の形成の行政・警察の基本認識が地域市民を「保護の対象」とし、地域は、安全安心形成のために導く「指導対象」と認識している点である。これは換言すれば、「権利性の自覚」の機会、「自治」の契機を失っていく過程にも思われる。地域生活のなかで疑心暗鬼を膨らませ、条例・法や執行機関の力による問題解決に全面的に生活をゆだねることは、一人ひとりの地域生活や暮らしの共同空間の生活技術や意識を育む機会を失うことでもあろう。

(3)　市民による「通報」、「情報提供」を求める基本的な方針と方策は種々の領域に及んでいる。近時の「中立要請」を掲げたメディアや教育現場への積極的介入とともに、「中立性に関わる事態の発見」について通報が求められている。

公職選挙法改正（二〇一五）により選挙権年齢が「一八歳以上」に引き下げられ、主権者教育、政治教育等のあり方が関心を集める一方、将来的な人材育成の基礎として政府、与党が積極的に「教育改革」提起と「指導」を強化している領域が教育である。

二〇一六年、政府与党の自由民主党は党の公式ホームページで「学校教育における政治的中立性についての実態調査」と銘打ち情報提供を呼びかけている。「政治的中立を逸脱するような不適切な事例」をもとめ、「いつ、どこで、誰が、何を、どのように」行ったかを明らかにして入力をする形式である。文科相も実態把握の方法の一つとして理解を示したという（二〇一六年七月一三日・朝日新聞）。今後については、「政治的中立性」を文部行政の枠組みではなく（文科省への通告）形式的な法令違反として、警察への情報提供・通報を検討する姿勢を見せることが予想される。そこには、「中立性」を脱価値的なものとし、形式的な法令違反として警察に通報することが社会的要請、法令の趣旨にかなうのだとの意図がみえる。[20] 元来、政治的中立性という用語法は、権力的関係（秩序）を構築する側が批判を封じる手法として用いがちなものである。

市民的治安主義のもとでの「通報」は、権力（者）に対するいわゆる「密告」と言った意識は薄いように思われる。「通報」という制度的奨励の意味は、既存の制度がもっている一定の意義や機能が強調されるなかで、それに対する「逸脱」がその本来のよき機能を阻害する、といったイメージを強化する方法が採られる。また、その秩序の維持を監督的地位にある者ではなく、一般市民が相互的に「公平性を監督する担い手」としての意識を働かせることに特徴を持つ。実態としては、いわば「違法性や公平性等の確認要請を架装した権力的是正要求」と言ってもいいだろう。通報が違法の確認といった合理性をまといつつ、市民の相互的な「逸脱への警鐘」確認ともいえる。

安全安心条例の焦点は、市民の相互監視と通報、規律訓育的な遵法精神のかん養、それらの担い手の実質は「警察」である。治安の情報の集積のあり方について、「通報制度」が都民の「責務」として規定されることの意味は大きい。[21] そしてまた、警察による「社会的な危険・不安要因」に関する「調査」は、憲法と刑訴法のもとで規制されながらも、これまでにも「生活安全」領域、少年の健全育成の文脈の中で実質的に地歩を得てきている。

2　警察の行政「調査権」——「補導」をめぐる少年警察政策

警察は、「調査権」に対する関心をこれまでも強く示してきた。少年法第二次改正（二〇〇七）の検討（要項、法案）の過程で、警察はぐ犯少年、触法少年の警察官による「調査」権限、「送致」権を新たに提案した。[22] つまり、ぐ犯事由があるか否かに関する調査権を警察が広く持ち、一四歳以上のぐ犯少年については家裁への「送致」制度を新設する提案である。警察の行政「調査」権の拡大と主体的権限の強化につながるものである。行政調査の核心は、社会的危険性の判断（「不安」要因）とそれに対する対応の裁量権を持つことである。その運用の曖昧性等から批判を受け法案審議過程で削られたが、他方で警察の補導に法的根拠を与える少年非行防止法案が準備され、提案の機会がはかられている。

警察は、少年法上の「非行少年」には該当しないが、飲酒、喫煙、深夜徘徊、その他自己または他人の特性を害する行為をしている少年を「不良行為少年」として街頭補導の対象とし、「注意、助言」等の補導措置を行っている（少年警察活動規則二条六号）。補導活動は、警察の責務としての犯罪予防（警察法二条）や少年警察活動規則を根拠にしている。その補導人員の推移は、近年減少してはいるが、補導については、少年警察活動の方針や政策力点等の影響を受け、数値の変動がある。補導票をカウントすることから延べ人数ではあるが、補導を繰り返される少年の多さは、その補導の内容が深夜徘徊と喫煙で八〇％を超えることからも想像できる。それゆえに、補導の現場実情からすれば、手段に応じて補導しやすい根拠法を望むことになる。

二〇〇四年一二月に、警察庁が設けた外部委員を交えた研究会が「少年非行防止法制のあり方について（提言）」を公表した。提言として、①少年補導に関する手続きの明確化、②不良行為少年の法令上の定義化、③警察職員等による具体的な補導措置の法定化、④少年補導員等ボランティアへの支援、教育の必要性と「地域少年非行防止協議会」の組織化である。

①については、補導の根拠としてきた警察法、警察官職務執行法の不明確さを、直接法令化するとともに、効果のある継続的な立ち直り支援を「継続補導」として、司法手続きとも児童福祉法上の手続きとも異なる法体系として整備すべきことが盛られている。従前の「補導」という用語についても犯罪少年の検挙、触法少年の補導と混同がないように用語の見直しも挙げている。少年司法・児童福祉のもとでの警察の保護・教育機能は、手続き等の検証性が一定程度確保されるが、警察権限独自のそれには難しくなる。②不良行為少年（少年警察活動規則）の新たな定義化は、非行概念の拡張であり、初期非行への福祉的・教育的アプローチを求める従来の少年法運用の趣旨に反するだろう。③補導措置、すなわち補導時にとる警察官の措置内容は、質問、必要な指導助言、必要な場所への同行、所持物品の一時預かり、警察での一時保護であり、これらは現場警察官の裁量性と強制性が高まる懸念がある。④非行防止の地域組織化は、コミュニティーの形成と密接で、従来からの警察主導の方法自体が検討される必要があろう。「子ども若者育成支援推進法」二〇〇九は、警察機関主導とは異なる地域の支援機関の構築を提起している。

なお、警察庁の提言は、前年の二〇〇三年一二月に「犯罪に強い社会の実現のための行動計画」（犯罪対策閣僚会議）が、少年補導センターなどの関係機関や家庭との連携をはかり、少年補導の強化とそれに必要な民間ボランティアの活性化、補導の法的根拠の整備を掲げていること受けたものである。また、同年「青少年育成施策大綱」（二〇〇八年改訂）では、やはり非行対策の総合化をうたいつつ、補導活動の条例等の法令化による明確化を促進し、街頭補導の強化、継続的な補導で少年の早期の立ち直り支援を行うとしている。ちなみに、同時期二〇〇二年には、文科省が「心のノート」の道徳教育での活用を促し、子どもの規範教育の重要性を強調している。いわば、「補導」による規範意識の覚醒と強化が社会政策的に推進された時期でもある。なお、先の「不良行為」少年に関して、補導対象を広げ、同行、任意ながら保護として身柄拘束の可能性を認める「奈良県少年補導に関する条例」が二〇〇六年に制定されている。

さらに、二〇〇七年には少年法改正（警察による触法少年の調査等）の施行にあわせ、ぐ犯少年に対する警察の任意「調査権」を明記した少年警察活動規則の改正を公表した。改正経緯や内容から結果として改正に至らなかったが、ぐ犯少年であるか否かの調査、すなわち「ぐ犯性の確認を理由にした広範な警察調査」を容認することになり、その対象と裁量性の拡大は、憲法の適正手続保障に反するものと批判を受けた。保護的措置を理由にした権力的介入につながり、権利、自由の侵害の危険をもっていた。

少年法に基づく保護手続としての警察による「非行少年の発見活動」は、いま転換期の中にあるといっていい。すなわち、少年「司法」の枠組みと統制のもとでの補導活動、児童福祉の要請のもとでの行政手続きの執行機関から、警察独自の権限と裁量（基準）に基づく健全育成活動のあらたな領域設定に動き始めている。これは、近年の地域・まちづくりと連動した新たな治安基盤の形成をはかる警察政策と密接な所でもある。

非行少年の発見活動、非行予防の中心的担い手が警察であることは多くが認めるところである。先の状況の中で少年法の理念に基づく保護的活動の端緒を担う警察活動の意義を認めつつも、補導活動に対する人権保障の確保のために、最低限の規制原理を確認することが不可欠であり、それが行政及び地域市民の非行防止施策への指針になるだろう。その検証の指標となるのは、子どもの権利条約をはじめとした国際準則の基本的理念の枠組みである。

Ⅳ　少年司法における検察司法の静かな拡大——裁量的治安監視

1　第四次少年法改正の意味

(1)　二〇一四年、少年法改正案が提起され国会で成立した。少年法第四次改正にあたるその内容は、①少年審判に検察官と国選付添人が立ち会える対象を、窃盗や傷害にも拡大する。②無期刑を減刑して有期刑とする場合、その上限を一五年から二〇年に引き上げる。③不定期刑の上限を引き上げる。短期は最長五年から一〇年に、長期は最長一〇年から一五年にする、というものである。

もっとも、大きな課題のない法案として政府与党の法務部会を通過し、閣議決定（二月七日）後、即日上程された法案であり、衆・参議院で合わせても短期間の審議で成立した。国選付添人制度拡充を掲げてきた日本弁護士連合会が、付添人の範囲が拡大するときは検察官関与も同じ範囲とし一対であるべきとのバランス論として法務省に土俵を引き直され、その提起に最終的に賛成したことも背景にある。

しかし、審判への検察官関与が可能な対象事件が広がり、少年の有期刑の引き上げなどの重罰化は、少年司法における刑罰の最終手段性を求める国際人権保障の動きや少年法の理念とも深く関わるものだが、それだけに限らない。少年司法全体、家裁のあり方・存在意義と密接な問題である。

他方で、日本の刑事・少年司法では、規範意識の覚醒要求を内実とする機能主義的な刑罰論が広がり、また安心要求や不安感を下地にした事前探知・規制型の社会防衛的な捜査手法の導入等の議論が政策的に進められ、二〇一六年には盗聴の拡大、司法取引の導入等を規定した刑事訴訟法の改正（二〇一六年五月二四日・公布同年六月三日）が行われている。人権保障と刑法の謙抑性といった刑事法の原則は後退するばかりである[23]。さらに、特定秘密保護法の制定や安全保障法制の成立、憲法改正論等、日本社会の「国家」「公益」論が押し出されてくる新たな秩序形成の大きな動きのなかで、第四次少年法改正、とりわけ「検察官関与の拡大」が持つ意味を再確認しておかねばならない。

立法は、近未来社会を創る。日常生活のあり方をはじめ、社会的意識やひいては法の運用の担い手の意識をも変えていくことにもなる。

したがって「法改正」は、社会的な事態の変化や状況に応じた市民的権利保障や法的安定性の確保、新たな政策の制度的担保等々、要因は多様だがいずれにしても、現在の実情を踏まえた課題のもとで提起され、かつ必然的に次代の社会のあり方を示すものとなる。何よりも、憲法原理と連動する少年法であることを忘れてはならない。立法事実および当該法の理念は、立法過程の検証、説明責任の点からも重要となる。

(2) 二〇一四年の第四次改正では「検察官関与」、「刑罰の引き上げ」のいずれについても通常の一般少年事件と異なり、特異な事例が想定されているゆえに懸念に当たらないとする議論が見受けられたが、制度上位置づけられることの負の意味は大きい。すなわち、検察官関与の必要性につき、裁判所が判断するとされているが、事件・審判の社会的影響等の帰趨を考慮した最終的な関与の要否を検察官が判断しうる制度枠組みという点で、検察官にとって改正案の意義は大きい。いわば検察官が、少年審判のあり方の全体を見通し最終判断者としての位置付けをもつ制度となっている。

改正案の検察官関与の拡大及び刑罰の引き上げは、少年法の基本的な理念・構造を浸食するだけでなく、あらたに少年法のあり方の議論を導く初動ともいえよう。

2 二〇一四年改正過程と検察、付添人バランス論

二〇一四年改正は、法制審議会の答申に基づくものであるが、二〇一三年少年法部会第四回会議(一月二八日)で、部会採決終了後に法務省特別顧問として松尾浩也氏は、以下のような趣旨の総括的な発言をしている。戦後の少年法を比喩的に「年末年始の飾りを鏡餅からクリスマスケーキにしたようなもの」と表現し、さらに二〇〇〇年以降の改正については、「クリスマスケーキのトッピングに字を書き加える程度のもので、書き加えられた字は『検察官関与』であったり『事実認定の適正化』であったりしたわけですけれども、しかし、それはケーキ自体を変質させるものでは全くありませんでした。」さらに、重罰化については、適用は特殊な事例に適用されるものであり、

一般事件とは関係がなく「一種の切り分けが行われていく」「運用よろしければ」心配するにはあたらないという。少年法の理念にふれることなく、その時期に応じた対応だったということなのだろう。しかし、こうした「改正」の動きへの評価は、実情を踏まえたものとは思えない。二〇〇〇年改正以降、「非行事実の重視」が、犯した犯罪への「応分の責任論」に転化し、非行の背景への関心は後退するばかりであり、少年の刑事裁判においてそれはいっそう顕著だ。不定期刑受刑者の刑の執行率は、年々高くなるばかりである。仮釈放率は顕著に低くなっている。特殊な事案を想定した刑の上限の引き上げというが、それによる影響をうかがい知ることができるだろう。

二〇〇〇年改正で導入された検察官関与について、二〇一二年の一八〇回国会法務委員会で「国選付添人選任事件の増加によって、バランスが崩れ事実認定に問題が起きているのか」と井上議員が質問している。最高裁長官代理は、弁護士付添人が選任される一方で検察官の関与がないという事件について「これまでのところ、事件の関係者等から審理のバランスを欠いているといった批判があったというふうには承知致しておりません」と答弁している。検察官関与拡充についての立法事実を確認する質問である。

導入時は一定の重大事件に限られ、国選付添人対象犯罪と必ずしも相関しているわけではない。当初は今回の法案と同様、「長期三年を超える罪に関与する」案であったが、審議の過程で限定された経緯がある。弁・検のバランス論、事実認定の適正化の論理は、およそ説得的なものではなかった。

二〇〇〇年以降の改正の歴史とそれがもたらした実務の変容は、少年法の理念の希薄化を促進したのではなかろうか。少年司法は人が支える制度でもある。改正の歴史は、少年司法の担い手の意欲と誇りを徐々に奪いつつあるように思えてならない。それは子どもがおかれた実情への関心と対応力の希薄化を意味する。

3 「公益及び公の秩序」違反と検察

現在、政府与党による憲法改正の積極提起がなされ、自民党「憲法改正草案」が公表されている。なかでも草案第一二条(国民の責務)「この憲法が国民に保障する自由及び権利は、国民の不断の努力により、保持されなければならない。国民はこれを濫用してはならず、自由及び権利には義務が伴うことを自覚し、常に公益及び公の秩序に反してはならない。」とする。「公共の福祉」の用語が「公益及び公の秩序」に置き換えられている。人権の衝突に限らず「公の秩序、社会秩序」によって、権利の制約があることを示すものだ。問題は、この秩序違反の判断者が検察となる点である。検察官の職務義務については、検察庁法が「裁判の執行監督」、「公益の代表者」として役割を果たすことを規定している(四条)。

なお、教育基本法は二〇〇六年に、「真理と正義を希求し、公共の精神を尊び、豊かな人間性と創造性を備えた人間の育成を期」すとし、平和を正義に置き換え、公共の精神を入れた改正をしている。

さらに、二〇一三年末に騒然としたなかで成立した特定秘密保護法は憲法改正と一体のものであり、政府与党の憲法改正の動きに連なるものである。国の安全保障に関わる「特定秘密」を行政機関の長が指定し、情報を漏らした公務員や民間業者に最長で懲役一〇年を科す特定秘密保護法だが、その秘密の範囲は、防衛、外交、特定有害活動の防止、テロリズム防止の四分野にわたり、その拡大解釈の懸念も指摘されている。二〇一四年一二月に施行されたが、運用の場面に関しても強く懸念が示されている。やはりここでも、本法の運用・解釈は、捜査機関の「検察」が担うことになる。実体法上の解釈指針が不明確なまま、その判断指針は見えにくい。

法解釈の場面においても、検察は積極的な役割を果たそうとしてきた。二〇〇六年、長男の放火により家族三人が死亡した奈良医師宅放火殺人事件で、少年を鑑定した医師がジャーナリストに職務上知り得た秘密を漏示した疑いで起訴された。秘密漏示罪は当該職務に関わる者が犯罪主体となる身分犯であるが、この捜査の過程で検察官は、ジャーナリストが「身分なき共犯」にあたる可能性があるとした。この捜査で示した検察の姿勢は、裁判員裁判の導入を前にして事件報道のあり方が検討されるなか、調査報道等ジャーナリズムに対する心理強制的な側面を持つこととなった。また、裁判員が手にする証拠のあり方をめぐり、供述証拠の重要性を再確認させる機会ともなった。検察官は、刑事政策の主体である。身分犯である秘密漏示罪につき、特定秘密保護法には、情報を漏らすよう働きかけた民間人らにも最長で五年の罰則が創設された。検察の当時の主張は、今回の法の中に盛り込まれていることになる。

4　少年法「適用年齢論」と検察

(1)　少年法適用年齢引き下げ論の契機と問題の焦点

二〇一五年六月一九日に公布された「公職選挙法等の一部を改正する法律」（法律第四三号）は、附則一一条において「国は、国民投票……の投票権を有する者の年齢及び選挙権を有する者の年齢が満十八年以上とされたことを踏まえ……民法……、少年法その他の法令の規定について検討を加え、必要な法制上の措置を講ずるものとする」との規定を置いた。

それをうけて、自由民主党が設置した「成年年齢に関する特命委員会」（二〇一五年四月）は、二〇一五年九月二五日に次のような「提言」を首相に提出した。

①民法の成年年齢については、国法の統一性から一八歳への引き下げについてすみやかに法制上の措置を講ずること。

②二〇歳以上・未満を要件とする法についての基本的考え方については、「国法上の統一性、将来の我が国を活力あるものとし、その決意を力強くするためにも」一八歳をもって大人とする。少年法については、国法上の統一性、

わかりやすさから、引き下げるのが適当。なお、当該年齢の若年者に要保護性のある場合には、保護的措置ができるように検討の必要性がある、というものである。なお、その判断者は検察官となろう。

(2) 少年法改正論の歴史と年齢

今次の少年法の適用年齢引き下げ論は、少年法の年齢に関する初めての議論ではない。実は、少年法をめぐる改正論には、いつでも年齢が関わってきた。概観しておく。

一九二二(大一一) 大正少年法/対象少年一八歳未満、検察官先議、少年審判所(行政機関)
一九四八(昭二三) 少年法公布 四九・一・一施行 一八歳→二〇歳引き上げ、家庭裁判所先議
一九五一(昭二六) 法務省、年長少年に対する検察官先議の提起
一九五六(昭三一) 検事総長、少年法適用年齢引き下げ・年長少年の検察官先議提起
一九五六(昭三一)~一九六六(昭四一) 「少年法改正に関する構想」説明書
一九六六(昭四一) 少年法改正構想:一八歳未満を少年、一八歳以上~二三歳未満程度を青年、青年は原則刑事手続き/家裁の一部機能を統合し少年・青年の資質・環境の総合調査機関の設置
一九七〇(昭四五) 法務大臣「少年法改正要綱」を法制審に諮問:青年層一八歳以上~二三歳未満の設置と刑事手続き化の提起、警察員に不送致・微罪処分権の付与、手続き的保護強化
一九七六(昭五一) 法制審議会少年法部会、法制審会長に「中間報告」一一月二二日
一九七七(昭五二) 法制審議会、法務大臣に「中間答申」六月二九日
二〇〇〇(平一二) 第一次改正:「処分の多様化」(厳罰化)、刑事処分可能年齢の引下げ(一六歳以上→一四歳以上)・原則逆送制度の導入(一六歳以上の少年が故意の犯罪行為で被害者を死亡させた場合に原則として検察官送致、検察官の抗告受理申立制度創設)

二〇〇七（平一九） 第二次改正：一四歳未満の非行少年（触法少年）に対する警察調査権拡大、少年院収容の下限年齢の撤廃（一四歳以上→「おおむね一二歳以上」へ）
二〇〇八（平二〇） 第三次改正：被害者の審判傍聴制度、家裁の被害者への審判状況の説明制度の創設
二〇一四（平二六） 第四次改正：一八歳未満の少年に対し、無期懲役に代わって言い渡せる有期懲役の上限を、一五年から二〇年に、不定期刑も「五年〜一〇年」を「一〇年〜一五年」に引き上げ、検察官関与と国選付添人制度の拡大

主に年齢に注目しつつ戦後の少年法改正提案及び改正の経緯をみてみると、種々の個別の年齢下限制度がすでに引き下げられてきたことがわかる。また、年齢引き下げは重罰化・刑罰化に連動し、かつて提案された青年層論の地ならしの感もある。さらにそれは、検察官の位置づけの強化とも連動している点に注意を要するだろう。現行少年法の基本的構造として、憲法の基本的人権保障のもとで戦後、家庭裁判所を設置（一九四九年）し家庭や少年非行問題の専門機関と位置づけ、少年手続きでは刑罰権行使の主宰者である検察官の先議とせず家庭裁判所先議の原則をたてた。青年層構想は検察官先議と連動し、少年法の基本理念と深く関わる問題であり、家裁のあり方とも無縁ではない。少年法の制度理念は、一八、一九歳への死刑適用の容認、検察官送致年齢の引き下げ、原則逆送制度の創設、検察官関与の拡大、少年への刑罰の重罰化等々、個別的な領域で進む刑事司法化のなかで危機にあるともいえよう。

かつて同様の適用年齢の引き下げや青年層構想が提起された少年法改正論のおりに、最高裁事務総局が積極的に少年法の理念と実情を踏まえた批判を展開したように[24]、司法運営と少年矯正の実情の中から、本来検討すべき課題を探ることが必要であろう。また家庭裁判所が社会適応に向けた少年の課題（要保護性）の発見と教育の確保の重要性を指摘・敷衍したことは、実質的に子どもの権利の観点からの制度運営の重要性の確認ととらえることができる。

国連子どもの権利委員会への第一回政府報告書で展開した論理と同旨である。

(3)「青年層」のもつ意味と少年法・家庭裁判所

歴史から知る「青年層」構想　先の年表からわかるように、法務省は一九六六（昭和四一）年に「少年法改正に関する構想（一）」別案（二）を発表し、一八歳未満を少年、一八歳以上二三歳未満程度を青年、二三歳以上を成人とする案と一八歳以上二〇歳未満を青年、二〇歳以上を成人とする二案を提案している。なお、一八歳以上の青年は原則として刑事訴訟法の手続き、すなわち成人と同等の手続きによるとした。さらに家庭裁判所の調査機構、鑑別所の鑑別機能を統合し、新たな少年・青年の資質・環境調査を行う新たな機関を提案している。さらに、少年審判への検察官の意見及び抗告権も認めている。注意すべき点は、制度改正の趣旨である。構想説明書では、非行少年への対応は更生保護や再犯防止にとどまるものでなく、公共の安全や国家の将来に影響をもたらすがゆえに家裁に一任する「現行法制に甘んじてよいものでない」として、検察官の関与を必須のものとしている。この構想には、批判が強く検討は棚上げにされた経緯がある。

その後、一九七〇（昭和四五）年に法務大臣は「少年法改正要綱」を法制審議会に諮問した。少年法への否定的評価は表面上は消えたが、基本的には構想を超えるものではなかった。この時期、少年法特別部会の内外にわたる激しい議論の末に一九七七年六月に法制審議会は「中間報告」としてまとめ、翌七七年に大臣に答申している。青年層設置については、最高裁判所、日本弁護士連合会ともに反対し、激しい論議が交わされている。中間報告が、現行少年法の基本的構造の範囲内で、少年の権利保護強化と保護処分の多様化・弾力化を図るという一定の方向性を示したこと、全件送致主義が維持されることなどが評価されたが、検察官関与の幅広い導入に関して、教育主義を変質させるものだとして批判されている。

この後、八〇年代にいたり、中間答申の一部は、運用の中で先取りされていくことになる。九〇年代半ばからの改正論議は、少年手続きの制度論の中で進むことになる。今回の適用年齢引き下げ論は、これを大きな歴史的文脈の中に位置づけつつ、未来への展望の中で考えることが必須と思われる

「青年層」のもつ意味

少年法適用年齢の引き下げ論議は、非行少年への処遇を通じた教育的機能や司法機関の運用状況を社会的に再確認する機会になり、慎重な考慮を引き出す機会になるやもしれない。ただ、一方で選挙権の引き下げと成年年齢の引き下げが連動することによって、「成人（大人）」としての「責任」が問われるように、大人の刑事手続きと同様に少年も同じ刑事責任を求められるのは当然だと受け止められるだろう。もちろん先に述べたように、成人と成年年齢と必ずしも連動するものではないのだが、「わかりやすい」話ではある。そうした中で生まれがちな議論が、段階的な制度変更論で、一八歳以上にいくつか年齢を区分しつつ、事案によって成人と同様の手続きと少年手続きを選択できる方法である。引き合いに出されやすいのが、ドイツの少年刑法のもとでの行為時一八歳以上二一歳未満を青年として扱う制度である。青年の人格や行為が少年のそれと同視できるとき少年に対する規定が準用される。

法務省は、二〇一五年に「若年者に対する刑事法制のあり方に関する勉強会」設置を設置し、急ピッチで会合を開催している（第一回一一月二日以降二〇一六年七月まで一〇回に渡りヒアリング・意見交換を実施）。その名称は、少年期、青年期を通じた刑事法制全体の見直しを念頭においたもので、先行きの議論を伺わせもする。

一見合理的なようだが、現行少年法制に基本的な変更を促すものとなるだろう。第一に、ドイツの運用実態からは、重大事件での少年規定準用事例が多い一方で、交通犯罪等の比較的軽微な犯罪で成人同様の罰金等の処分が行われ、それも州によって異なり、その多くが刑罰に回っている運用状況の落差の問題も指摘されている[(25)]。歴史的には、青年に対する少年裁判所法の全面適用が有力に主張されてきた問題である。先に示したように、この世代の非行への教育的関与の機会を失いかねず、刑事政策的な課題も大きい。

第二には、基本的には成人の刑法と同様の思考と論理を持つことから、成人と同様の責任論が理論的に基盤となるだろう。少年規定の準用は、手続きと処遇での特別な取り扱いという位置づけになり、その選定の判断は検察官が行うことになる。

刑事責任をベースにしながら少年として扱うための判断資料の収集を行い、それとともに刑事政策的（治安政策）判断を行うというその裁量性は、子どもの事件の専門性から家裁先議主義としてきた原則を変えることになるだろう。

若年層の設置の基礎には、「少年法改正構想」説明にうかがえるように、公共の安全を担う「司法」の領域に検察空白域を残さないという強い姿勢がある。検察官による若年層への成人としての規範覚醒の促しは、秩序の基盤としての「規範意識」の再確認を社会に向けて発することにもなるのだろう。若年層における刑事責任一元論は、「保護的措置」という裁量的刑罰でもある。また、少年法を換骨奪胎（刑事法化）するもので、権利基盤型少年手続きと社会復帰支援を通じた相互扶助の秩序観を静かに浸食するものだろう。

ところで、改正公職選挙法の附則五条では、連座制が適用される犯罪に及んだ一八歳以上二〇歳未満の者について、その罪責が選挙の公正の確保に重大な支障を及ぼすと認める場合、少年法二一条第一項の決定を検定をしなければならないとして、いわゆる連座制に絡んだ少年について、原則的に検察官に送致する（逆送）ことを求めている。少年の連座制関与があり得るか想像しにくいが、少年事件で逆送される事案との対比で、取り扱いの落差はいかにも大きい。近年、憲法改正の論議とともに、自由民主党の憲法改正案では「公共の利益」、「公益」の観点からのあらたな社会秩序の構想が示されているが、本条項違反事案は公益に反する罪として厳罰化の対象としたのだろうか。

少年法適用年齢の引き下げ、この提案、いったい何を解決しようとするものなのか。国法上の統一論は積極的意義を見つけられず、刑罰で何を実現しようとしてるのだろうか。若年層の刑事司法化を通じた社会的な秩序意識（規範意識の覚醒）の再構築の意図なのか。しかし、社会的再編のために問題を抱えた一定年齢の子どもを利用することがあってはならない。選挙権（権利）をあらたに認め、主権者教育に取り組もうという社会が、一方で、問題を抱え教育と立ち直りを必要とする少年から、社会のなかで自分をあらためて見つめ直す機会、教育の機会を奪うことに他ならない。少年の自己責任の強調し、もう大人だと言い放つことは、いわば切り捨てご免、棄民ともいえよう。刑罰化、それは絶望の早期化、低年齢化であってはならない。

少年期から青年期への橋渡しについて、社会性を育むために多様な教育の機会を保障する社会のほうが、だれもが生きやすい活力ある社会を生むだろう。国連子どもの権利条約や少年司法ガイドラインは、年齢についてその社会に応じた制度を尊重している。子ども自身が成長の過程で人や社会との関わりから、主体的に権利や他者の尊重を自覚していくプロセスを保障することが、まさに国際的付託にこたえることではないだろうか。

V　むすびに——憲法原理と「治安」の構造転換

(1)　警察は国の総合治安政策もあって、積極的に新たな警察像をたてるべく地域形成政策を進め、市民の依存的、相互注視的環境下での権威的警察力の強化をしてきた。さらに、規範育成の指導的役割も果たすことになる。

検察関連では、二〇〇〇年から続く少年法改正で少しずつ積み重ねてきた少年手続きにおける検察官の関与と抗告申立権を二〇一四年の改正で実質的に手にした。検察は少年司法手続きにおける「監督」機能を得たといっていい。家裁も司法機関であり検察が関与しない司法を認めないとしてきた法務省は、事案選別的に関与できる制度を手にしたのである。また、障害をもった被疑者、受刑者への支援（入口・出口支援）が新たに行われているが、被疑者の防御権や刑事原則との関わりはいまだ十分検討されているとはいえない。

また、治安強化戦略のなかで、捜査、調査権限の拡大・法案化のきっかけとして「改革の場」を積極的に活用した。検察・警察は、盗聴の拡大、司法取引の導入、部分的な取調可視化等、裁量性が高く濫用やえん罪を生みやすい「新たな捜査手法」を規定した「刑事訴訟法等改正」を検証が不十分なまま強引に成立させた。いっそう検察・警察の捜査や調査の実質は見えにくくなる。

裁量性の高い福祉の領域における検察、地域生活・教育の領域における警察、捜査機関の非司法領域における新たな政策展開は、従前の「刑事法原則の下の捜査機関のあり方」と異なった意味を持つことになる。

こうした捜査機関の実情の中で、それを規律してきた憲法と刑訴法の改正であるが、自民党憲法改正草案の登場により、従来の「治安」の構造は、大きく転換することになる。

(2) 自民党憲法改正草案の基本的人権の二つの一般規定から、「治安の構造転換」の契機が読み取れる。自民案一二条「この憲法が国民に保障する自由及び権利は、国民の不断の努力により、保持されなければならない。国民は、これを濫用してはならず、自由及び権利には責任及び義務が伴うことを自覚し、常に公益及び公の秩序に反してはならない。」として義務の自覚が求められ、公益と公の秩序が優先されることが示される。権利の制約は権利の衝突の場面だけではなくなる。草案一三条は「すべて国民は人として尊重される。生命、自由、及び幸福追求に対する国民の権利については、公益及び公の秩序に反しない限り、立法その他の国政の上で最大限に尊重されなければならない」とする。かつ、第十章最高法規の章にあった九七条「この憲法が日本国民に保障する基本的人権は、人類の多年にわたる自由獲得の努力の成果であつて、これらの権利は、過去幾多の試錬に堪へ、現在及び将来の国民に対し、侵すことのできない永久の権利として信託されたものである。」は削除されている。この人権の不可侵性の条文の削除と相まって、「個人」として尊重されることなく、人として一般化、相対化され、「公益、公の秩序」による制約は合理的化される。前文では、基本的人権を守るのは国ではなく、「日本国民」だという。「新たな秩序」

の実質がうかがえる。

基本的人権については、大日本帝国憲法下の「臣民の権利」と同様に、国が「義務の自覚」を促し「公益及び公の秩序」の保護により権利制約を行うことが可能である。

歴史的には、戦前までの近代警察の組織改編と展開の中で警察は、社会的統制と密接で高等警察の政治警察化が必然的なものだった。警察主体の治安政策は「政治的治安主義」とでもいうことができる。一方、これまで、市民を巻き込みつつの差異化と排除による治安政策、いわゆる平時の「市民的治安主義」が浸透していた。しかし、現在にあっては、秘密保護法制と集団的自衛権の解釈改憲による軍事的安全保障体制の構築、社会的監視と通報制度の拡大、それらを支える警察・検察のあらたな捜査及び調査権限の拡大、そしてその裁量性の拡大と不透明さを特徴とする「準戦時治安主義」という状況にある。

警察主導のコミュニティ形成政策に基づく地域住民の訓育的「保護の客体化」と相互監視、そして検察裁量による刑事政策的司法運営、それらは憲法改正論と連動し、治安の構造転換をおし進める基層となっている。国防保安法、治安維持法下の歴史が投影する。「戦前に学んだ設計図が存在するようだ[26]」。

（1） 日本の近代警察の体制確立期にはすでに、「国民の保護」と「治安の負担は地域住民」という発想があり、地方で警察予算を立てるあり方は今も大きく異なるものではない。組織的に国事警察という名称を高等警察に換え、警視庁にその監督庁があったために特別な地位を持つことになったが、「政治警察」の性格は戦後も残った。「政治的治安主義」の下地である。松尾庄一「開化警察」現代警察一四二号（二〇一四年）八二頁～八四頁。

（2） ユニセフ「子どもたちのための公平性：先進諸国における子どもたちの幸福度の格差に関する順位表」二〇一六（http://www.unicef.or.jp/library/pdf/labo_rc13j.pdf）。

（3） 川崎市「中学生死亡事件に関わる教育委員会事務局検証委員会報告書」（http://www.city.kawasaki.jp/880/cmsfiles/contents/

000066/66812/houkokusho.pdf）では、不登校の子どもの実情の把握の必要性や家庭や地域とでの子どもの見えにくさ等を課題としつつ再発防止の観点から検証。

（4）この基本的考え方の下地として、有識者ヒアリングで行われた土井真一氏（京都大学）の「憲法と安全」の講演を引証しつつ、山岸俊雄『安心社会から信頼社会へ——日本型システムの行方』（中公新書、一九九九年）もあわせて共通認識とする。河合潔「『犯罪に強い社会の実現のための行動計画二〇〇八』を読む（その二）」現代警察一二六号（二〇〇九年）三七頁。池内久晃「『犯罪に強い社会の実現のための行動計画二〇〇八』について」警察学論集六二巻六号（二〇〇九年）。

（5）佐々木光明「少年警察活動の展開とその射程——『地域創造』による市民的治安主義」澤登俊雄先生古希記念祝賀集『少年法の展望』（現代人文社、二〇〇〇年）一四五頁以下、一五九頁。「特集　信頼される警察のあり方」季刊現代警察一二〇号（二〇〇八年）。

（6）服部朗・佐々木光明『ハンドブック少年法』（明石書店、二〇〇〇年）四五三頁。

（7）尾嵜亮太「非行少年を生まない社会づくり」警察公論二〇一〇年四月。コミュニティ形成の基本的指向性については、名和田是彦「『コミュニティ・ニーズ』充足のための『コミュニティの制度化』」『地域社会の法社会学』法社会学会七四号（二〇一一年）一頁以下が日本の問題点を提起している。

（8）セーフコミュニティは、もともと、事故やケガの事前予防を可能とするまちづくりを念頭に置いたものである。日本の警察は、地域形成の汎用性に注目したとしている。石附弘「新時代の要請『安全・安心』問題と『セーフコミュニティ』の魅力——似て非なる『セーフコミュニティ』と日本版『安心安全なまち』づくり」季刊現代警察一二六号（二〇〇九年）四頁以下。

（9）石附・前掲註（8）一〇頁。

（10）村上巧「セーフコミュニティと警察の役割」季刊現代警察一二六号（二〇〇九年）一六頁。小木曽綾「犯罪予防政策と行政警察」警察学論集六二巻五号（二〇〇九年）。

（11）子ども・若者育成支援推進法の一部を改正する法律案：参議院（http://www.sangiin.go.jp/japanese/joho1/kousei/gian/186/meisai/m18607186016.htm・中曽根弘文議員外四名の議員発議法案）、法律案新旧対照表については、「http://houseikyoku.sangiin.go.jp/sanhouichiran/sanhoudata/186/186-016sk.pdf」。

（12）「生活安全条例」研究会編『生活安全条例とは何か——監視社会の先にあるもの』（現代人文社、二〇〇五年二月）。地域コミュニティとグローバリズムとの構造的問題に関して、ガルトゥング・J（高柳先男・塩谷保・酒井由美子訳）『構造的暴力と平和』（中央大学出版部、一九九一年）、デランティ・J（山之内靖・伊藤茂訳）『コミュニティ——グローバル化と社会理論の変容』（NTT出版、二〇〇六年）。

(13) 片平冽彦「『安全・安心』な福祉社会形成のあり方」福祉社会開発研究二号（二〇〇九年三月）東洋大学、八頁。

(14) 片平・前掲註（13）六五～六九頁。「この制度を策定し運用したことにより、実績・成果が上っているか？改善すべき点はないか？特に「犯罪防止」は、続発する犯罪を事後的に取り締まるだけでなく、その原因を究明し、犯罪発生を防止し（予防原則）、さらには犯罪そのものをなくすような対策が必要なのではないか？」

(15) 概要は「http://www.seisyounen-chian.metro.tokyo.jp/about/tyousa-keikaku/strategy/」。

(16) 条例の改正概要、内容については「警視庁／http://www.keishicho.metro.tokyo.jp/about_mpd/keiyaku_horei_kohyo/horei_jorei/anzen.html」及び「東京都／http://www.metro.tokyo.jp/INET/OSHIRASE/2015/06/20p62101.htm」で確認できる。

(17) 条例名の「安全・安心」の中黒が削除されているが詳しい説明はされていない。安全と安心を一体のものとする趣旨と思われるが、本来それぞれの概念の基本的構成要素があり、検証に際しては重要な指針となるものだ。それが一体的になることにより、先の点が曖昧になりやすく心証的なイメージ性が強まるようにも思われる。

(18) 改正、「第三二条　都民等の責務　⑴都民等は、特殊詐欺に関する知識・理解を深めるとともに、都の施策に協力する（努力義務）⑵都民等は、特殊詐欺に係る情報を知った場合は、速やかに警察官に通報する（努力義務）⑶事業者は、商品等の流通及び役務の提供に際し、特殊詐欺の手段に利用されないよう、適切な措置を実施する（努力義務）」、「第二九条　都民等の責務　⑴都民等は、危険薬物の販売等に係る情報を知った場合は都に情報提供する（努力義務）」。

(19) 「道徳」は現在「教科外の活動」とされているが、小学校で二〇一八年度から、中学で一九年度から「教科」として授業時間割にも位置づけられ、「成績」評価、教科書も導入される。もともと、「道徳」は二〇〇七年「教育再生会議」（安倍政権）が提案したものだが成立せず、二〇一一年大津市でのいじめ自殺事件を機に二〇一二年「教育再生実行会議」（第二次安倍政権）が再提案し、文科省の審議会も二〇一四年に記述式評価をする「特別の教科」に決定した。教科書については、二〇一六年五月に出版社が文科省に小学校分を申請をしている。学習指導要領が求める「正直、誠実」「国や郷土を愛する態度」など評価の難しい項目もある（二〇一六年七月二三日・朝日新聞）。

(20) 政府自民党は、同時期に公立学校の教職員の政治活動を禁じる教育公務員特例法を改正し、に罰則規定を設ける方針を打ち出している。同法は「政党または政治目的のために、政治的行為をしてはならない」とする国家公務員法を準用する規定を定めているが罰則はない。改正案では「政治的行為の制限」に反したとき、「三年以下の懲役、一〇〇万円以下の罰金」程度の罰金を科すことを想定している。私立学校に対しても、政治的中立性は不変だとして私立学校教職員への規制も検討するという。「私立でも政治的中立性は厳格に守られなければならない」とし、小中学校でも政治活動をした教職員に罰則を適用することも検討されている。教員組合の収支報告を義務づける地方公務員法の改正もあせて検討するという（二〇一六年五月一〇日・産経新聞）。なお、この動きの相応するように文科省は「教職員の選挙運動の禁止について」（二〇一六年六月一日）を通知し、教職員の政治活動・選挙運動を強く規制する内容となっている。通知では、学校の内外を問わず教員が「その地位を利用して特定の政治的立場に立って児童生徒に接することなど」が地方公務員法三三条の信用失墜行為にあたる可能性があるとし行わないよう求めている。しかし上記「接すること」の規制は曖昧かつ広範囲であり、主権者教育等の政治的教養教育も萎縮しかねず、教育の自由をも侵害しかねないものである。

(21) 戦前の防諜法、治安維持法の構造に相似的である。内田博文『刑法と戦争——戦時治安法の作り方』（みすず書房、二〇一五年）とりわけ第九章一九七頁以下等参照。

(22) 第二次改正の経緯・要綱・法案の問題については、齋藤豊治「少年警察活動と少年法の第二次改正」『民主主義法学・刑事法学の展望〔上巻〕』（日本評論社、二〇〇五年）四八五頁以下。

(23) 村井敏邦「刑事法における理念の喪失現象」法セミ七〇〇号（二〇一三年）。

(24) 最高裁判所事務総局家庭局『最近の少年非行とその対策について——少年法改正をめぐる諸問題』（一九六五（昭四〇）年一二月）、家庭裁判所事務総局「少年法改正に関する意見」家庭裁判月報一八巻一〇号（一九六六年）。

(25) 武内謙治「青年は成人か？」刑政一二七巻一号（二〇一六年）五四〜五五頁。

(26) 内田博文『刑法と戦争——戦時治安法制のつくり方』（みすず書房、二〇一五年）。

少年矯正法の系譜と新法の課題

武内謙治

Ⅰ　はじめに

二〇一四年の六月四日に成立し、同月一一日に公布された少年院法（平成二六年六月一一日法律第五八号）と少年鑑別所法（同法律第五八号）が、二〇一五年六月一日に施行された。前者は、一九二二年制定の矯正院法を実質的に承継した一九四八年制定の少年院法を同名の法律により全面的に改正するものである。後者は、歴史上初めて独立法として「少年鑑別所法」の名を冠した法律となる。

新しい少年矯正法の特徴や内容の紹介は[1]、すでに多くなされている[2]。しかし、今般の少年矯正法をそれまでの立法の動きの中でとらえ、その意義と課題を確認する作業の掘り下げは、なお十分でないように見受けられる。議論の補助線を引きながら本稿の問題意識を述べれば、次のようである。今般の少年矯正改革――殊に少年院法の立法――は、直近の立法作業の端緒からして「刑事施設及び被収容者等の処遇に関する法律の一部を改正する法律」（以下、「刑事施設処遇法」）と形式を同じくしている部分が多い。しかし、今般の少年矯正法は、当然のことながら、戦前から綿々と続く少年矯正の歴史の上に成り立っており、今般の少年矯正改革の意義と課題も過去の立法作業との関係でもとらえられるべきである。そのことが、成人矯正法とは別個の法制度である少年矯正法の独自性を確認することにもつながるのではないか。

以下、本稿では、まず、少年矯正法をめぐる戦後の立法の動きを概観する（Ⅱ）。それ踏まえて、今般の少年矯正法の特徴を浮き彫りにした上で（Ⅲ）、そこで積み残された問題を確認するとともに（Ⅳ）、少年矯正法の独自性を担保するために鍵となる総論的な課題を検討する（Ⅴ）。

Ⅱ　少年院法改正、少年鑑別所法制定の歴史の概観

1　第一期

立法の動きに着目した場合、少年院法の改正と少年鑑別所法の制定に向けた戦後の動きは、四つの期に分けることができる[(3)]。少年院法が制定された一九四八年から一九六五年頃までを第一期、おおむね一九六五年から一九七七年頃までを第二期、一九七七年あたりから二〇〇〇年頃までを第三期、そして二〇〇〇年頃から現在に至るまでを第四期として、各々の特徴を確認する。

第一期の特徴は、大きく三つある。第一に、戦後改革により誕生した少年院法の骨格を再調整する法改正が重ねら

れたことである。一九二二年に制定された矯正院法は、戦後改革を経て少年院法に姿を変えた。しかし、施行直後から、一九四九年（一四歳未満の児童を少年院収容の対象として除外したことなど）、一九五〇年（少年観護所と少年鑑別所の統合、特別少年院の収容対象年齢の引下げ、退院・退所者への旅費・衣類の支給など）、一九五一年（二〇歳近くで収容される者の在院期間の長期化など）、一九五五年（在院者が死傷した場合の手当て金給付、逃走者の連戻し、手錠の使用、領置手続の簡素化など）と改正を重ねた。この骨格の修正は、少年法適用年齢の引上げへの対応と、戦後の混乱期における在所者の爆発的増加、そして貧弱な人的・物的環境を背景としており、保安や施設の規律秩序維持を重視するものであった。

一九六〇年代に入ると、それまでの法運用の経験を整理した上で、法改正の必要性が指摘されるようになる。これが第二の特徴である。この時期すでに、国と少年施設在所者との間にある「法律関係の明確化」と「矯正教育の促進」という観点から、少年院の種別、入院、領置、処遇、処遇段階、保安、賞与、懲戒、収容継続、退院といった事項が立法課題として体系的をもって整理されていたことは[4]、注目に値する。

第三の特徴として、単独法としての「少年鑑別所法」の制定を求める動きも、すでにみられた。少年観護所と少年鑑別所を統合する形で「少年保護鑑別所」が誕生したのは、一九五〇年の少年院法改正によってである[5]。少年鑑別所に関する規定が少年院法中三条しかなかったこともあり、この少年院法改正と並行する形で、一九五〇年の矯正科学審議部会において「少年保護鑑別所第一次草案」が、一九五二年に「少年鑑別所法第二草案」が審議されている[6]。一九五〇年改正で設けられた他機関からの依頼による資質鑑別規定（旧少院一六条の二）は、少年司法の外の世界と少年鑑別所とをつなぐことになり、一九五六年頃から顕在化した少年鑑別所を「鑑別センター」に拡大発展すべきとする主張へと連なって行った[7]。単独法としての少年法鑑別所法構想は、その必要性に関する少年矯正内部における論争を経由しながらも[8]、第二期における少年法改正や刑法改正論議の際に現れた治療処分や判決前調査制度の構想とも波長を合わせながら[9]、伏流として戦後の歴史に一貫して存在し続け、遂には今般の新法につながった。

2 第二期

第二期の特徴は、少年法の改正と連動して立法による形で少年矯正改革が構想されたことにある。一九六六年の少年法改正構想は、「保護処分の多様化・弾力化」の一環として少年院を「短期補導院」と「少年補導院」に再編するとともに、[10]家庭裁判所調査官制度と少年鑑別所とを統合・再編して、独立した総合的調査機関を設けることを唱えた。一九七〇年の少年法改正要綱は、これを継承して、「短期訓練所」、「短期青少年院」、「青少年院」への再編成とともに、判決前調査制度の導入を謳った。

一連の立法構想が少年矯正実務の問題意識をどれだけ事前に汲み上げたものであったかには、疑問がある。[11]しかし、処遇の部分に限定すれば、少年矯正の側が全面的に牽引されるままであったとは、考えがたい。第一期の保安的風潮への消極的評価をも土台とした施設収容回避の思潮を背景に、当時の少年矯正が収容者数の減少に直面していたこと、そして、総合的調査機構制度や判決前調査制度が単独法としての少年鑑別所構想の内容と符合しえたことを考えれば、少年矯正が少年法改正の動きに呼応する要素は、十分に存在した。少年矯正内の動きとしても、一九五七年頃から萌芽的形態がみられた短期処遇が、交通短期の併設を含めて、一九六〇年代終わりには全国的に実施されるようになっていた。また、一九六二年に法務省矯正局内で作成され、対象者と処遇重点を各少年院で区分した「少年法特殊化試案」は、一九七一年の個別処遇強化を目的とする「少年院における教育訓練要領案」へと至っていた。これが、第三期の一九七七年の「運営改善」通達へと連なった。

3 第三期

少年法改正の動きは、一九七七年の法制審議会による「中間答申」で区切りがつけられ、棚上げされた。しかし、一連の少年法改正論議は、通達を用いた実務による少年矯正改革を呼び起こした。「保護処分の多様化・弾力化」

という政策主張は、収容者の減少に喘いでいた少年矯正に自己改革をうながさせる事実上の圧力として作用し[12]、処遇については必ずしも法改正によらなくともよいとの理屈を生み出させた。その実務による実質的な少年院法改正が重ねられたのが、第三期の特徴である。

その基点となったのは、矯正局長依命通達「少年院運営の改善について」（一九七六年）と「少年院の運営について」（一九七七年）である。短期と長期への処遇の大別、家庭裁判所の意向の処遇への反映、保護観察との一貫性の保持、処遇の個別化・期間の短縮化、弾力化、処遇の特色化、関係機関との連絡協調という骨子は、まさに「中間報告の意向を受け[13]」たものであった。法制審議会少年法部会における「施設収容処分の構想の方向に沿って、法改正によらずとも運用上実施可能な方法[14]」として実施されたこの「少年院発足以来最大の制度改革[15]」は、爾後の少年矯正実務の骨格を形づくった。

この改革手法には、暗黙の前提があった。「現行の保護処分制度は法的には大わくのみが定められていることから、この無限定で包括的とも言える処分の内容および少年院の権限を少年院自らの側から行政運用面で規制し、限定するならば[16]」法改正を待たなくてよい、という理解が、その前提である。つまり、この改革手法は、少年矯正の側がいわば自分の権限を限定する方向で枠づけ、その意味で、自由権的権利保障の観点から少年の不利益にはなるものでないがゆえに、許容されると理解された。

しかし、この政策基調は、一九九七年の神戸事件を契機として発された通達（「『少年院の運営について』の一部改正について」矯教第二二一四号（一九九七年九月九日付））により生活訓練課程（G三）が新設され、長期処遇のあり方の見直されたことにより、転換される[17]。この転換は、少年矯正実務が、形式的にみれば、立法によらない少年院法改革をさらに進行させたことを、実質的にみれば、一九七〇年代後半の時点で存在した通達による改革を正当化するための暗黙の前提を自ら覆したことを意味する。一九九〇年代、少年法院法制定五〇周年を前に法務省矯正局内部にあった少年院法改正の検討を行う動きは、二〇〇一年の名古屋刑務所事件を受けて監獄法改正が法務省矯正局の優先課題として浮上したことで、具体化しなかったといわれる[18]。その状況で、一九九七年の転換により、実務による改革が、その正当化という点でも、手詰まりの状態に陥ったことは否定できない。もっとも、それが通達による改革という手法の問題なのか、それともトップダウン型の改革の問題なのかは、吟味を要する事柄である[19]。

4　第四期

第四期の特徴は、少年法改正や監獄法を全面的に改めた成人矯正改革（二〇〇五年）、そして、犯罪者予防更生法と執行猶予者保護観察法を整理・統合した更生保護改革（二〇〇七年）といった法制度の大変革が行われる流れの中で、立法により少年矯正改革が行われた点にある。一方で、少年法の二〇〇〇年改正と二〇〇七年改正に歩調を合わせて、少年院収容受刑者制度の創設、保護者に対する措置の創設（旧少院一二条の二）、少年院収容対象者の下限年齢の引下げ（一四歳からおおむね一二歳）が行われた。他方、二〇〇七年改正では、「少年院における処遇は、個々の在院者の年齢及び心身の発達程度を考慮し、その特性に応じて、これを行わなければならない」との表現で、個別処遇原則を確認する規定が創設された（旧少院一条の二）。その趣旨は、「一九年改正法による改正により、従来は対象とされてこなかった年齢層の少年が新たに処遇の対象となり、個々の在院者の年齢や心身の発達程度を考慮しその特性に応じた処遇を行うことが一層強く求められることから、このような処遇の基本原則を定める規則を法律に設け[20]」たことにあった。少年院収容対象者の下限年齢の引下げを意識したものであれ、処遇の原則を明文で確認したことは、今般の新法とのつながりでも重要な意味をもっている。

今般の少年矯正法に結実した立法の動きは、二系統からなる。一つは、広島少年院における不適切処遇事件（二〇〇九年三月）を発端とする。この流れは、少年の不服申立てに訓令で対応する措置にとどまらずに、法務省「少年矯正を考える有識者会議」（二〇一〇年一月から一二月まで全一五回）の設置と「提言」の公表（二〇一〇年一二月）へと至った。しかし、より重要なのは、それに先行して存在したもう一つの潮流である。刑事施設処遇法が成立した際に当時の矯正局長から矯正局少年課の職員に対してなされた少年院法の見直しの指示をきっかけとして、法務省矯正局少年矯正課と総務課法規係の職員を構成員とする「少年院法の現状と課題等に関する勉強会」が、二〇〇八年二月から二〇〇九年一月までに全一八回法務省矯正局内で開催されている。そこでは、①被収容者の権利・義務や職員の権限等に関する規定の整備、②矯正教育、資質鑑別等の内容・方法に関する規定の整備、③現在の社会情勢や行政需要の変化に対応した規定の整備（被収容者の権利救済、施設運営の透明性の確保、不服申立制度等）が検討事項にあげられており、包括的で立ち入った検討が行われていたことが窺われる。[21] 今般の少年矯正法の土台となり、有識者会議提言を踏まえて作成された形式をとっている「少年院法改正要綱素案」（二〇一一年一一月）には、ここでの議論が大いに反映している可能性が高い。

Ⅲ　少年矯正改革の特徴

1　立法による改革の意味

以上にみた立法の動きの概観を踏まえて、改革手法、立法形態、条文構成に焦点をあて、今般の少年矯正改革の特徴を素描してみたい。

今般の少年矯正改革は——一九四八年の旧少年院法制定以来の——大規模かつ全面的な立法によっていることを特徴とする。もっとも、それは、立法により全く新規に何かを創出するといった性格のものではなく、第三期の通達を用いた実務による改革の成果物・定着物に法の姿を与える性格のものといえそうである。このことは、今般の立法の柱とされる関係機関との連携や社会復帰支援といった事項についてもあてはまる。ただ、手法という点で、今般の立法が、第三期からの改革の妥当性を問い返すものであることは間違いない。

今般の少年矯正法が必要となった事情に関する代表的な説明は、「旧院法は……主には法律の改正によることなく、省令、訓令、通達等をもって対応してきたため、法律の条項をみても……いかなる処遇が行われているのか定かではない」、「旧院法を法規範としてみた場合には、少年院の矯正教育、少年鑑別所の鑑別、在院者及び在院者の権利義務関係、職員の権限等は不明確であり、今日では不十分と言わざるを得ない(22)」、というものである。しかし、先の通達による改革は、「法改正によらずとも運用上実施可能」との理解の上で行われていたはずである。当初立法によらなくてもよいことの正当化のために用いられていた自己規制論が後に暗黙裡に放棄、ないし大幅に修正されたことをも含めれば、先の実務による改革は、実は、通達で可能な範囲を超えていた可能性がある。今般の立法による改革は、この疑念を強く引き起こさせる。本来であれば、手法も含めて、先の改革の検証が必要である。むろん、法律でしか規律できない、先の改革で空白となっていた部分に手をつけたであるとか、時代の変遷によりその概念に変化が生じたために「権利義務」関係の規律が不十分となった箇所に手当てをしたであるとかを強調すれば、先の改革の手法を誤りとせずに今般の立法による改革を意義づけることは可能である。この場合、いったい何を法律で規律すべきであり、また、今日の水準から十分な「権利義務」の中身とは何かが、まさに問題となる。これは、条文構成の問題と密接に関連することになる。

2　単独法としての少年鑑別所法

少年院法を全面的に改めただけでなく少年鑑別所法を単独法として制定したという立法形態の点にも、今般の少年矯正改革は、特徴をもつ。これにより、戦後第一期から存在した構想が、ついに実現したことになる。しかし、新しい法律には、少年司法における調査機構のあり方を大きく変え、場合によっては鑑別機能を少年司法・少年矯正から離脱させる契機が、含まれている。注目したいのは、「鑑別」概念の広がりと地域援助規定の創設である。

少年鑑別所法は、鑑別を求める機関を拡大したり（少鑑一七条一項柱書）、刑事施設の長からの求めに応じて行う鑑別の対象を拡大したりしただけでなく（少鑑一七条一項三号）、旧少年院法上「少年鑑別所は……少年の資質の鑑別を行う施設とする」とされていた表現を「鑑別においては……非行又は犯罪に影響を及ぼした資質上及び環境上問題となる事情を明らかに」する（少鑑一六条一項）と改めた。「資質鑑別」の語を用いることをやめ、「資質上及び環境上問題となる事情」まで「鑑別」の概念に含めた措置については、現行の運用と変わりがなく、家庭裁判所調査官による調査との関係にも特段の変更は生じないことが指摘されている。[23]しかし、「少年鑑別所として社会調査ができるような体制にしてほしい」[24]という希望は、遅くとも第二期には少年矯正関係者から具体的かつ明示的に語られていた事柄であった。旧少年院法下で少年鑑別所法が「社会調査にほとんど無力であること」は、一方で、鑑別実施のための各種資料の収集権や家庭裁判所の諸資料の閲覧権を規定すべきであるという立法論と結びつき、[25]他方で、行動観察の強化という実務的対応を導いたのであった。[26]

「鑑別」概念の刷新と密接に結びついているのが、今般の少年鑑別所法で少年鑑別所の本来業務とされ、鑑別、観護処遇とならぶ新たな柱とされた地域援助（少鑑一三一条）である。この規定の背景には、少子高齢化による収容者の減少や一般鑑別や地域社会への貢献活動の蓄積をみとることができる。[27]しかし、十分な注意を向けておきたいのは、遅くとも第二期までには相当な体系性をもって語られていた「鑑別センター」構想とのつながりである。それは次のようなものである。「鑑別の対象範囲を、家裁の少年保護事件中心の現状から、家裁係属前の警察、検察の段階の少年ならびに保護処分、刑事処分執行中の少年に至るまで拡大し、さらに、一般からの依頼鑑別をも、鑑別所本来の業務に確定することにより、青少年健全育成の広い視野のもとで、名実ともに、鑑別所が診断センターとしての重要な役割をにない、拡充強化された機能を発揮しうるように、その法的地位を明確化するための立法措置を講ずる必要がある」[28]。「それに伴い、検察官が公訴を提起するさい考慮される被疑者の性格の判定などに鑑別所の関与が実現し、いわゆる判決前調査制度の確立へ向う道が固められる」[29]と述べられたように、この構想は、少年法改正構想や要綱に盛り込まれた独立総合調査機構や判決前調査制度の構想へと発展させることを睨んだものでもあった。この文脈からすれば、少年鑑別所の地域援助として「入口支援」時における検察庁との連携が現在進められていることも[30]、むしろ自然な成行きであるように映る。

しかし、対象を少年に限定しないこの制度は、鑑別機構を少年司法内にとどめず、むしろそこから引き剥がす強い引力ともなりうる。調査機構のあり方が問題となる政策的な局面——例えば少年法適用年齢引下げ問題における年長少年の扱い——に直面した場合、これが果たしてどのような主張に結びつくことになるのか。中央の強力なトップダウンによって推進してきた従前の改革の構造や頻繁な職員の異動など、この制度を真に「地域援助」たらしめるために必要となる事項とともに、検討すべき問題は多い。

3　刑事施設処遇法との類似性

最後に、条文構成上の特徴である。殊に少年院法は、引き写しとも思えるほどに、法の骨格や条文構成・内容において刑事施設処遇法と類似している[31]。今次の法整備の特徴が権利義務の明確化と施設運営の透明化にあると説明されていることも、この類似性と共通性を裏づける[32]。というのも、刑事施設処遇法制定の際にも、ほぼ同様の説明がなされていたからである[33]。この類似性・共通性が第四期における法を取り巻く環境と立法作業そのものの性格を反映したものであることは、疑いえない。しかし、成人矯正法をモデルとして少年矯正法のあり方を模索することが、少年矯正法をめぐる歴史においてむしろ稀であったことには、留意しておく必要がある。第二期から第三期にかけて展開された「収容少年の人権」をめぐる議論[34]が、監獄法改正論議を横目でみながらも自覚的に成人矯正と少年矯正とを対置させたことに、このことは象徴されている。

この点は、第一の改革手法の問題とつながりをもつ。今般の立法による改革が必要であったとして、果たして明確化が必要となった権利義務関係とはどのような内容のものなのか。問題の核心にあるのは、成人と共通する自由権的権利をめぐるものなのか、それとも少年特有のものなのか、である。想起しておくに値するのは、少年矯正法を改革する際に「法律関係の明確化」と「矯正教育の促進」の双方が課題となること、そして、この二つが相矛盾しかねない要請でもあることが戦後第一期から自覚されてきたことであろう[35]。「矯正教育の促進」のためには柔軟な対応が必要であり、そこに法定に馴染まない側面があることは、確かに、否定できない。しかし、その結果として、体裁の類似性が思考の短絡を導き、少年矯正と成人矯正を同一視するような運用に結びつくのであれば、大きな問題である。私見によれば、後述するように、少年院法上処遇の原則とされている「最善の利益」原則の理解が、この構造の中で少年矯正の独自性を担保しようとする際の基点として、重要である。ただ、いずれにしても、今般の立法が、法のつくりや外観という点で少年矯正法の独自性をみえにくくしていることは、否定できない。

以上を踏まえてさらに確認しておくべきは次の二点である。一つは、立法政策として、「法律関係の明確化」の側面で、今般の少年矯正改革がどの領域に手をつけなかったのか、そしてまた、どの領域が徹底されていないのか、である。もう一つは、今後の法運用として、「法律関係の明確化」と「矯正教育の促進」の各々において少年矯正の独自性がどのように担保されうるかである。章を改めて、これを論じる。

Ⅳ　少年矯正法改革の積み残し

1　少年行刑

手がつけられていない領域というのは、少年行刑である。もっとも、これは今般の、というよりも戦後の少年矯正改革――あるいは成人領域を含めた矯正改革全体――の中で一貫して、そうである。

少年に対する刑事手続中の未決勾留や自由刑が確定した後の少年行刑にかかわる収容関係の権利義務関係は、刑事施設処遇法で規律されている。しかし、少年の特性への配慮は、この法律に一切規定がなく、専ら通達や訓令によっている。[36] しかしながら、改めて考えてみるに、今般の少年矯正改革の必要性は、まさに、「旧院法は……法律の条項をみても……いかなる処遇が行われているのか定かではない」[37]ことに求められていたのであった。少年行刑は、今日なお、「法律の条項をみても……いかなる処遇が行われているのか定かではない」状態のままである。訓令や通達頼りの状態は、「法規範としてみた場合には……今日では不十分と言わざるを得ない」のである。

少年行刑の問題が過去の少年院法改正論議のみならず矯正改革全体の中でも等閑視されてきたことの背景には、形式にかかわる事柄として、少年行刑が法務省矯正局の少年矯正課ではなく成人矯正課の所掌事務とされていることがあろう。また、実質にかかわる事情として、戦後の刑事政策において少年に対する施設内処遇の主力が少年行刑から少年矯正に移行してきたことがあるといえよう。[38] しかし、殊に二〇〇〇年の少年法改正以降、少なくとも質的側面において、少年行刑は、重要性を増している。形式的な所掌事務の問題から等閑視したままでよい領域でも、決してない。今般の少年矯正改革は、成人矯正改革でも少年矯正改革でも未着手となっている狭間の存在を浮かび上がらせている。

2 観護措置と鑑別・観護

不徹底である領域というのは、手続法（少年法）と施設法（少年院法および少年鑑別所法）の交錯領域における「法律関係の明確化」である。今般の少年矯正改革も、手続法と施設法が交錯する問題領域で「法律関係の明確化」を図る姿勢をみせていないわけではない。例えば、少年院法上の二三歳を超える収容継続の要件は、「公共の福祉のため少年院から退院させるに不適当であると認めるとき」（旧少院一一条五条）という消極的・抽象的表現から、「医療に関する専門的知識及び技術を踏まえて矯正教育を継続して行うことが特に必要であるため……その収容を継続することが相当であると認めるとき」（少院一三九条）という積極的・具体的表現に改められている。収容継続の法的な規律が第一期から立法による改善を要する問題とされてきたことを考えれば[39]、この領域で「法律関係の明確化」が図られたことには、必然性があった。

しかし、この態度は、少年鑑別所送致の観護措置決定と鑑別、観護の関係では、徹底されていないようにみえる。具体的には、観護措置決定の際の鑑別依頼をめぐる家庭裁判所と少年鑑別所の法的関係、そして鑑別や観護を行う際の少年鑑別所と在所者との法的関係、である。

観護措置の際の鑑別依頼をめぐる家庭裁判所と少年鑑別所の法的関係について、これまで、観護措置決定があれば当然に心身の鑑別をも求める趣旨であるとの一般的な了解があることなどから、観護措置決定とは別に鑑別請求の手続をとらない申合せが各地の家庭裁判所と少年鑑別所の間でなされているといわれてきた[40]。しかし、新制度下では、手続法である少年法の側において観護措置決定（一七条一項）が自動的に鑑別請求を含むと理解する同時に、施設法である少年鑑別所法において少年鑑別所法一七条一条に基づく家庭裁判所からの鑑別の求めが黙示的なものでよいと解釈しない限り、こうした運用は正当化できない[41]。鑑別と観護が別物であることは、沿革にとどまらず、今般の少年鑑別所法が観護処遇を鑑別とは別の章で規定したことで、明らかになっているからである[42]。

ここから浮かんでくるのは、歴史上初めて法律上規定された「観護処遇」の概念も、必ずしも明確なものではないのではないか、そして――一九四八年制定の少年法のみならず――今般の少年鑑別所法も、心身に分け入られる側から「権利義務関係」をとらえているわけではないのではないか、という疑念である。観護の概念は、当初、生活管理や保安と同義に理解されていたものの、次第に「鑑別の構成要素であり（狭義の）それに重要な資料を提供する」行動観察の技法を得たことで動態的なものとなり、治療的処遇や探索処遇をも取り込むことになったといわれている。[43] 他方、今般の少年鑑別所法上の「観護（処遇）」の概念は、「在所者に対するあらゆる処遇のうち、鑑別を除いたもの」であり、「外部交通や医療も含む広い概念」[44]であると説明されており――後述のように少年院法上、刑事施設処遇法上の「処遇」概念と同様に――極めて広範である。果たして「鑑別を除」くというのは、観護が「鑑別の構成要素」でもあるという伝統的な理解の放棄を意味しているのか。法律上別々の章に規定されていながらも、概念の幅広さゆえに、観護と鑑別の関係は、なお明確ではない。

例として、採血やエックス線撮影などの侵襲性の高い医学的措置の扱いを考えてみる。少年鑑別所法上、これらの措置が観護処遇の一要素としての「健康診断」として行われる場合、在院者は、これを拒むことができない（少鑑三五条二項）。[45] 他方、仮にこれらの医学的措置が鑑別（一六条）として行われた場合、在所者がこれを拒むことができるのか、法は沈黙している。果たして拒むことができないものとされる健康診断の結果が、実質的に鑑別に流用されるおそれはないであろうか。

少年鑑別所法における採血やエックス線撮影といった医学的措置の結果が鑑別結果通知書に記載され、[46] それを通して家庭裁判所による審判と処分決定に反映される仕組みがとられていることを考えれば、その枠組みが鑑別か観護かを論じることは、実益を欠くものなのかもしれない。しかし、その過程が強制によるものか否かは、心身に分け入られる側からすれば、それ自体として大きな問題であるはずである。結局、この問題に関する現行法の理解としては、刑事施設処遇法（六一条二項）や少年院法（五三条二項）と全く同じ文言がとられていることを重くみて、少年鑑別所法の健康診断の規定は感染症防止をはじめとする保健衛生上の措置を念頭に置いており、医学的措置を拒否できないのもその限度においてであると考えるほかないであろう。少年法との関係で特殊性が生じる「身体状況」を判断するための医学的措置を強制することはできない。当該措置をとるにあたっては、在所者と親権者の双方につき、事前告知をはじめとする権利保障を尽くす必要がある。

V　少年矯正法の独自性の担保

1　処遇の原則

少年矯正法が独自性を保持するために法運用上重要になる問題として、ここでは、処遇の原則と規律秩序の維持を取り上げる。

少年院法は、その目的を「在院者の人権を尊重しつつ、その特性に応じた適切な矯正教育その他の在院者の健全な育成に資する処遇を行うことにより、在院者の改善更生及び円滑な社会復帰を図ること」（一条。強調傍点引用者）と規定している。これは、「刑事収容施設……の適正な管理運営を図るとともに、被収容者、被留置者……の人権を尊重しつつ、これらの者の状況に応じた適切な処遇を行うこと」（一条。強調傍点引用者）という刑事施設処遇法の目的と異なっており、二〇〇七年の少年院改正で新設された目的規定を継承する形で、個別処遇原則を明らかにしていると考えられる。

重要なのは、この目的を具体化する方法である。大きな意味をもつのは、少年院法上明文規定が置かれた処遇の原則である。少年院法一五条二項は、「在院者の処遇に当たっては……個々の在院者の性格、年齢、経歴、心身の状況及び発達の程度、非行の状況、家庭環境、交友関係その他の事情を踏まえ、その者の最善の利益を考慮して、その者に対する処遇がその特性に応じたものとなるようにしなければならない」（強調傍点引用者）と規定し、「最善の利益」原則を掲げている。この原則は、子どもの権利条約三条に由来している。[47]「その特性に応じた」ものとなるよう、との表現が少年院法一条の目的規定と同じであることを考えれば、この規定は、少年矯正をも含めた少年司法で確認、蓄積されてきた個別処遇原則と子どもの権利に関する国際人権法とを架橋し、両者の接合を試みたものともいえる。[48]

もっとも、「最善の利益」が、どのように、そしてどこまで及ぶのかは、法律上必ずしも明確でない。どのように、というのは、国際人権法上の「最善の利益」原則が意見表明権の保障（子どもの権利条約一二条、北京ルールズ一四・二、一般的意見一〇号 Para. 46）と結びついていることから問題になる。典型的には、少年院法三四条三条が個人別矯正教育計画の策定にあたり在院者本人の意向の参酌と在院者との面接を行うことを予定しているような形で、具体化されるものと思われる。[49]その場合、「できる限り」という文言は、子どもの権利条約と同様、「第一次的な考慮事項（a primary consideration）」と同義と理解されるべきであろう。

どこまで、というのは、一方で、子どもの権利条約上子どもの最善の利益の考慮が「子どもにかかわるすべての活動（in all actions concerning children）」について求められており、他方で、何が少年院法でいう「処遇」にあたるのか、外縁が明確でないために、問題になる。少年院法は、少年鑑別所法や刑事施設処遇法と同様、特に定義しないまま「処遇」の語を広く用いており、広義の「処遇」概念をとっていると考えられる。[50]この最広義の「処遇」概念は、現実的な作用として保安と結びつけられやすく、社会復帰のための処遇も秩序維持や管理運営のもとに服従せしめられる危険性をもっている。[51]しかし、翻って考えてみれば、少年院法上の処遇概念が広いということは、それだけ広範囲に処遇の原則である最善の利益原則が適用され、それを手続的に担保する意見表明権が保障されなければならないということでもある。広義の処遇概念の曖昧さが保安と結合しやすいのであれば、なおさら、この原則と権利保障は、実際上も在院少年の人権保障にとって極めて重要な意味をもつ。

2　規律秩序の維持

権利義務関係の明確化にあたって現実的に重要となるのは、施設の規律秩序の維持の問題である。規律秩序維持のあり方は、行刑法の分野において、古くて新しい問題である。加えて、それは、今般の少年矯正法においても権利制限を正当化する事由とされているだけでなく、遵守事項ともされ（少院八四条二項一〇号、少鑑七三条二項九号）、それへの違反は、懲戒の理由ともなる（少院一〇三条一項）[52]。

少年院法や少年鑑別所法における「規律秩序の維持」（少院八三条一項、少鑑七二条一項）は、同じ言葉であっても、刑事施設処遇法上のものと異なっている。刑事施設処遇法は、「刑事施設の規律及び秩序は、適正に維持されなければならない」（七三条一項）として「規律秩序の維持」を自己目的的に表現している。それに対して、少年院法は、「在院者の処遇の適切な実施を確保し、並びにその改善更生及び円滑な社会復帰を図るのにふさわしい安全かつ平穏な共同生活を保持することができるよう」、少年院の規律および秩序が適正に維持されなければならないと規定している（八三条一項）。少年鑑別所法も、同様に、「在所者の観護処遇及び鑑別の適切な実施を確保し、並びにその健全な育成を図るのにふさわしい安全かつ平穏な環境を保持することができるよう」、規律および秩序が適正に維持されなければならないと規定している（七二条一項）。つまり、少年矯正法は、規律秩序の維持を自己目的化せずに、処遇や鑑別のための前提ないし手段としてとらえている。これはまさしく、「少年院においては、単に収容が確保されることをもって少年院の目的が達成されるものではなく、収容は矯正教育その他の処遇の前提であり、手段であることに鑑みて」のことである[53]。

少年院法についてみれば、その目的は、先に確認した通り、「少年院の適正な管理運営を図る」こととともに、

「在院者の人権を尊重しつつ、その特性に応じた適切な矯正教育その他の在院者の健全な育成に資する処遇を行うことにより、在院者の改善更生及び円滑な社会復帰を図ること」にある。しかし、この両者は単純に並列されるべきものでない。「前段の目的（少年院の適正な管理運営）は、後段の目的（在院者の改善更生及び円滑な社会復帰）の達成するための基盤」であり、「後段の目的を明記したことに重要な意義があり、これが院法の最終的な目的である」。[54] 前段と後段の関係については、刑事施設処遇法に関しても同様の説明自体がなされている。[55] しかし、その構造を「規律秩序の維持」規定にまで忠実に反映しているのは、少年矯正法の方である。規律秩序の維持と処遇、鑑別・観護処遇の関係も、この構造を踏まえて、吟味される必要がある。

そうであるとするならば、この「規律秩序の維持」は、いわば裸のままで少年の権利を制限するために用いることができる性質のものではないことになる。少年院の場合、それは、あくまで、処遇の適正な実施の確保や、改善更生・円滑な社会復帰を図るのにふさわしい「安全かつ平穏な共同生活」の保持との、そして少年鑑別所の場合には、観護処遇・鑑別の適切な実施の確保や、健全な育成を図るのにふさわしい安全かつ平穏な環境の保持との関連でのみ、意味をもつものである。例えば、「少年の規律及び秩序を維持するために必要な事項」に関する遵守事項（少院八四条二項一〇号）や職員による指示（少院八四条三項）への違反を理由とする懲戒（少院一一三条）の場合には、それがどのように「安全かつ平穏な共同生活／環境」の保持を害しているのか、明確で具体的な説明が必要になる。[56] 外部交通の禁止、差し止め、制限に代表される権利制限措置をとるにあたっても、同様である。

VI　むすびにかえて

本稿では、少年矯正法をめぐる戦後の立法の動きを確認し、今般の少年矯正改革の特徴と立法上・運用上の課題をその中で理解することを試みた。

少年矯正領域では、第三期に実務による大規模な改革が行われており、新しい少年院法は、その改革の定着物・成果物を立法に汲み上げる部分が多い。その意味で、今般の法律の内容は成熟している。もっとも、その体裁は刑事施設処遇法と共通する部分が多く、仕組みの上で、少年矯正の独自性を読み取りがたい箇所が少なくない。少年鑑別所法も、第一期から存在した独立法構想の系譜に連なっている。そうであるがゆえに、鑑別概念の刷新と地域援助規定は少年司法の姿を変える可能性をもつだけでなく、鑑別機構を少年司法の枠外に出す遠心力としても作用しうる。今後の運用に注視する必要がある。

少年矯正法の独自性は、どの点でどのように発揮されるべきか。本稿では、総論的な鍵となる処遇の原則と規律秩序の維持の問題を取り上げた。むろん、その詳細は、各論的な検討を通して確認していく必要がある。また、少年矯正の独自性は、戦前期まで遡った歴史的地盤の確認を通して考える必要がある。これらの点についての検討は、他日を期したい。

（1）本稿では、少年院法と少年鑑別所法により形づくられる法制度のことを「少年矯正法」と記する。また、本稿において法律条文の参照を指示する場合、「少院」は少年院法を、「少鑑」は少年鑑別所法を、「少」は少年法を指すものとする。

（2）法案段階のものとして、松村憲一「少年院法の全面改正について」刑政一二三巻九号（二〇一二年）一二頁、前川直樹「少年矯正制度の更なる充実に向けて」立法と調査三三七号（二〇一二年）一三頁。成立後の整理として、内藤晋太郎・橋口英明「少年院法・少年鑑別所法等の概要」法律のひろば六七巻八号（二〇一四年ａ）一一頁、同「新しい少年院法・少年鑑別所法について」刑事法ジャーナル四一号（二〇一四年ｂ）一二五頁、柿崎伸二「少年院法・少年鑑別所法の成立の経緯」法律のひろば六七巻八号（二〇一四年）四頁、同「基調講演 少年矯正の現状」教誨四九号（二〇一五年）六頁、小山定明・古橋徹也「新少年院法・少年鑑別所法における今後の処遇」法律のひろば六七巻八号（二〇一四年）二一頁、木村敦「新しい少年院法・少年鑑別所法が施行されるに当たって」刑政一二六巻六号（二〇一五年ａ）二八頁、同「新少年院法・少年鑑別所法と今後の少年矯正」罪と罰五二巻四号

（二〇一五年ｂ）五頁、同「社会に開かれ、信頼の輪に支えられる少年院・少年鑑別所を目指して」家庭の裁判と法三号（二〇一五年）二二頁、岩浪健「新少年院法の施行と少年院における処遇の現状」法学教室四二三号（二〇一五年）一五～一九頁、荘雅行「少年院法 少年鑑別所法 少年院法及び少年鑑別所法の施行に伴う関係法律の整備等に関する法律」法令解説資料総覧三九六号（二〇一五年）一七頁。「少年院法改正要綱素案」との比較を試みたものとして大貝葵「少年院法改正について」金沢法学五七巻二号（二〇一五年）六五頁。

（3） 少年矯正法の戦後の動きを処遇技法の展開や施設設備の整備といった実務的観点から整理した数多く存在する先行業績を代表するものとして、『日本の矯正と保護 第二巻 少年編』（有斐閣、一九八一年）所収の土持三郎「少年院の沿革と教育理念」（一七頁）と来栖宗孝「少年鑑別所の沿革と思想」（三九頁）を特に参照のこと。

（4） 特に来栖宗孝「二つの課題」刑政七四巻三号（一九六三年）二八頁［再録：同『刑事政策の諸問題』（「刑事政策の諸問題」刊行委員会、一九八〇年）四七二頁］を参照のこと。この視点が、全国少年院長会同などを通して当時の矯正実務家に共有されていた可能性が高いことについては、坂口範夫「少年院法改正に望む」刑政八三巻三号（一九七二年）二三頁を参照。

（5） 鑑別所の職員が少数であることから両機関を統合することが合理的であるというのが、当時の理由づけであった。第七回国会衆議院法務委員会議録第一二号（昭和二五年三月六日）六頁［牧野寛索説明］。なお、「少年鑑別所」という名称への変更は、一九五二年の法務省設置法等の一部改正によるものである。

（6） 佐伯克「少年鑑別所三十年」刑政九〇巻九号（一九七九年）二一～二二頁および『少年矯正の近代的展開』（矯正協会、一九八四）所収の年表一〇八頁、一一七頁を参照。高村賢一郎「少年鑑別所法の制定に望む」刑政七三巻一二号（一九六二年）三三頁は、「単独法については昭和二十七年に部内限りの仮条をえている様子である」と表現している。藤井薫「誕生しなかった少年鑑別所法」刑政七七巻一二号（一九六六年）四八頁も参照。

（7） 山根清道「少年関係法の発展のために」刑政七四巻三号（一九六三年）二六頁を参照。なお、山根は、単独法としての少年鑑別所法の制定を求める声は一九五一年頃から存在していたと指摘しているが、この動きがもっと早期からみられたことは本稿で指摘した通りである。この時期の少年矯正法の課題については、「［座談会］少年院法改正への期待」刑政七四巻三号（一九六三年）四四頁も参照のこと。

（8） 単独法としての少年鑑別所法を制定による法律による枠づけが却って少年鑑別所の活動を制約することにつながることをこの時期に指摘したものとして、長谷川宜志「少年鑑別所法は必要か？」刑政八〇巻三号（一九六九年）四七頁を参照。

（9）単独法としての少年鑑別所構想の動きは、間違いなく、日本における判決前調査制度をめぐる議論の水脈の一つである。しかし、このことは、少なくとも学理上、今日まで忘却されてきた。
（10）いわゆる「青少年法」構想では、さらに「青年補導院」送致制度の創設も盛り込まれた。
（11）例えば、少年法改正構想が出される直前の時期における菊池省三「少年法改正問題論議」刑政七四巻三号（一九六三年）一二頁、そして刑政八三巻三号（一九七二年）四八頁以下における「少年院法改正　現場からの発言」にみられる少年法改正要綱に対する矯正実務からの評価を参照のこと。ここには、法務省内において刑事局マターとされる少年法改正に揺り動かされる少年矯正からのやや冷ややかな視点も窺われる。なお、この時期における少年院法改正をめぐる少年矯正領域の議論として、副島和穂「少年院法改正によせて」刑政八三巻三号（一九七二年）一四頁「［座談会］少年院法改正を考える」刑政八三巻三号（一九七二年）三二頁も参照のこと。
（12）少年院の処遇を「場末の大衆食堂」に擬えた当時の矯正局長の発言がこの時期の少年矯正改革に大きな影響を与えたことについては、上野友靖「少年院法の改正検討作業から振り返る運営改善施策について」刑政一二四巻三号（二〇一三年）七九頁を参照。それが廃庁による予算のやりくりを含めて少年矯正自らの身を切るものでもあったと認識されていることについては、「［座談会］少年院・少年鑑別所五〇年のあゆみ」刑政一一〇巻一号（一九九九年）四九～五〇頁［土持三郎発言］を特に参照。
（13）土持三郎「少年院の運営について」刑政一二一巻五号（二〇一〇年）一九頁。
（14）土持三郎「少年院運営の一〇年を振り返って」家庭裁判月報四〇巻三号（一九八八年）六～七頁
（15）橘偉仁「少年院運営四半世紀の歩み」犯罪と非行一〇〇号（一九九四年）二六一頁。
（16）小野義秀「少年院運営の改善について」刑政八八巻六号（一九七七年）一四頁。
（17）土井政和「少年院・教護院と保護・更生」法学セミナー五一七号（一九九八年）五四頁。菱田律子「少年院長会同協議事項に見る少年矯正の現状と課題」矯正講座三三号（二〇一三年）三～六頁は「通達……が法律を制約しているとの見方」の上でこの通達が発されたものと少年矯正の現場で受け止められたことを指摘している。
（18）柿崎・前掲註（2）（二〇一四）五頁。
（19）第三期の改革が中央の強力な指導監督によるものであったことについては、「［座談会］少年院・少年鑑別所五〇年のあゆみ」刑政一一〇巻一号（一九九九年）五〇頁［末永清発言］、佐橋静男「少年院三十年」刑政九〇巻九号（一九七九年）一七頁を参照。
（20）久木元伸ほか「少年法等の一部を改正する法律の解説」『少年法等の一部を改正する法律の解説（平成一九年法律第六八号　平成

二〇年法律第七一号）及び少年審判規則等の一部を改正する規則の改正』（法曹会、二〇一一年）一四〇頁。

(21) 柿崎・前掲註（2）論文（二〇一四）五～六頁、柿崎・前掲註（2）論文（二〇一五）八－九頁、大口泰郎「矯正局における少年院法勉強会の活動について」刑政一二〇巻一二号（二〇〇九年）一五頁。同論文二一頁に表として掲げられた「少年院法に関する勉強会の経緯と検討内容」にも注目のこと。

(22) 内藤・橋口・前掲註（2）（二〇一四a）一一頁。

(23) 小山・古橋・前掲註（2）二六頁［古橋徹也］。

(24) 「［座談会］少年院法改正を考える」刑政八三巻三号（一九七二年）四五頁［大住猛雄発言］。

(25) 来栖宗孝「少年鑑別所の当面する諸問題」『刑事政策の現代的課題』（有斐閣、一九七七年）五一三頁［来栖・前掲註（4）四〇三頁］は、これを「少年鑑別所の悲願」であると述べている。

(26) 来栖・前掲註（3）五〇頁を特に参照。

(27) 山口雅敏「少年鑑別所による地域援助在り方について」罪と罰五二巻四号（二〇一五年）三〇頁を特に参照。

(28) 平尾靖「少年鑑別所の諸問題」小川太郎編『矯正論集』（矯正協会、一九六八年）六三七頁。

(29) 平尾・前掲註（28）論文六三七頁を特に参照。大津正雄「少年鑑別所の歩みとその将来」刑政六二巻一〇号（一九六五年）一六～一七頁も参照のこと。

(30) 大浦明美「軽微な罪を犯したホームレスへの社会内更生支援に向けて」更生保護六六巻一一号（二〇一五年）三八頁、法務省矯正局『少年矯正ＮＯＷ』（二〇一五年）三六頁。なお、髙岡志津代・三角健「少年鑑別所法第一三一条を踏まえた長崎少年鑑別所の活動例」九州矯正六九巻一号（二〇一五年）五〇頁も参照のこと。

(31) 太田達也「新・少年院法の制定と少年矯正の課題」刑事法ジャーナル四一号（二〇一四年）一三三頁、後藤弘子「少年法一部改正法・少年院法・少年鑑別所法」法学教室四一二号（二〇一五年）七三頁。これに先立つ指摘として、武内謙治「少年をめぐる法改正の動向」犯罪社会学研究三八号（二〇一三年）一九〇頁を参照のこと。

(32) 松村・前掲註（2）一二頁、前川・前掲註（2）一三頁を特に参照。

(33) 例えば、北村篤「刑事施設及び受刑者の処遇等に関する法律の成立」ジュリスト一二九八号（二〇〇五年）七頁を参照。

(34) 来栖宗孝「収容少年の人権について」犯罪と非行二四号（一九七五年）四七頁［来栖・前掲註（4）三一〇頁］。

(35) 来栖・前掲註（4）二八頁［来栖・前掲註（4）四七二頁］。

(36)「少年受刑者等の処遇の充実について」（平一八・五・二三矯成第三三五二号矯正局長通達）は、個別担任制や個別面接の処遇を少年行刑でも行うよう求めている。しかし、こうした措置も極めて限定された時間の枠内における措置にとどまる（「受刑者の処遇要領に関する訓令」（平一八・五・二三矯成訓第三三一〇号法務大臣訓令）。

(37) 内藤・橋口・前掲註（2）論文（二〇一四ａ）一一頁。

(38) 大芝靖郎「少年行刑における教育・訓令」平尾靖編『非行』（有斐閣、一九七四年）一八九〜一八八頁［再録：同『行刑法の諸問題』（行刑法の諸問題刊行会、一九八八年）一八五〜一八六頁］も参照。

(39) 来栖・前掲註（4）論文三四頁［来栖・前掲註（4）四八二〜四八三頁］を特に参照。

(40) 最高裁判所事務総局『少年事件における書記官事務の研究』（訟廷執務資料六七号、家庭裁判資料一六九号、一九九六年）六二頁。

(41) 旧少年院法一六条および一六条の二と少年鑑別所一七条との条文形式の違いを考慮しても、現行法下でこうした法解釈を行うことは旧法下以上に困難である。

(42) 来栖宗孝「少年鑑別所運営における制度上の諸問題」刑政八九巻一〇号（一九七八年）一七頁［来栖・前掲註（4）四四〇頁］が指摘するように司法上の枠としての「観護措置」と行政的な「観護処遇」を分けて考えることを前提としても、この問題は残る。他方、観護措置決定時に家庭裁判所が鑑別の必要の有無を併せて判断しチェックボックスに印を記す方式による場合、この問題は形式上生じない。しかし、この場合でも鑑別に関する判断を実質的に判断していないのではないかという問題は残る。なお、少年審判規則一一条四項は、「少年を少年鑑別所に送致するときは、少年鑑別所に対し、なるべく、観護鑑別上の注意その他参考となる事項を示さなければならない」ことを求めている。

(43) 来栖・前掲註（3）四九頁。大熊佳周「観護をめぐる諸問題について」刑政七六巻一〇号（一九六五年）二六頁、安香宏「鑑別を巡る諸問題」刑政八九巻一〇号（一九七八年）二二頁も参照のこと。

(44) 小山・古橋・前掲註（2）二七頁。実際、少年鑑別所法の「第三章　在所者の観護処遇」の各節、通則／入所／観護処遇の態様等／健全な育成のための支援／保健衛生及び医療／物品の貸与等及び自弁／金品の取扱い／書籍等の閲覧等／宗教上の行為等／規律及び秩序の維持／外部交通／救済の申出等、となっており、その範囲は極めて広い。

(45) 少年鑑別所処遇規則二〇条は一定の場合に健康診断を省略できることを定めているものの、それは医学的判断に基づくものである。

(46) 鑑別結果通知書は、判定、医療措置、精神状況、身体状況、行動観察、総合所見の各欄から構成されている。「家庭裁判所等の求めによる鑑別の実施に関する訓令の運用について」(平二七・五・二七矯少一四〇矯正局長依命通達)を参照。
(47) 木村・前掲註(2)(二〇一五a)三〇頁、木村・前掲註(2)(二〇一五b)六頁。
(48) この点からいえば、少年院法一五条は、子どもの権利条約三条の趣旨が少年院における処遇にも当然に妥当することを確認した規定である。もっとも、少年鑑別所法において「最善の利益」原則が明文で確認されていないことを考えれば、この規定は、子どもの権利条約三条に、既決段階に特有の何らかの考慮を加味しているといえそうである。しかし、それが何かは、法文から読みとることができない。
(49) 第三期のものであるが、国際人権法を視野に入れて少年矯正における懲戒制度のあり方を論じたものとして、髭右近竜紀「非行少年の取扱いに関する国際準則から見た懲戒制度」矯正研修所紀要八号(一九九三年)一一四頁を参照のこと。
(50) 「処遇」概念が、①被収容者を対象として施設側から働きかけられるすべての措置あるいは取り扱い(広義)、②被収容者の危険性を除去するための治療あるいは社会化の措置(狭義)、③その中間に位置する、釈放後の生活再建を目指した社会内援助、に区別できることは、土井政和「行刑改革会議提言の意義」刑事立法研究会編『刑務所改革のゆくえ』(現代人文社、二〇〇五年)一一～一二頁を特に参照のこと。
(51) ②狭義の処遇概念は人格改善による再犯防止や社会防衛が強調されやすいこと、一九七〇年代の監獄法改正作業では①広義の処遇概念から②狭義の処遇概念への転換が、一九八〇年代後半以降の世界的潮流では②狭義の処遇概念から③社会的援助への転換が進んでいることも、土井・前掲註(50)一一頁を参照のこと。
(52) なお、少年院法とは異なり少年鑑別所法には懲戒が規定されていない。
(53) 法務省矯正局編『新しい少年院法と少年鑑別所法』(矯正協会、二〇一四年)一二七頁。
(54) 内藤・橋口・前掲註(2)(二〇一四a)一二頁。
(55) 林眞琴ほか著『逐条解説 刑事収容施設法［改訂版］』(有斐閣、二〇一三年)九頁。
(56) その説明自体が、教育的な過程であることも忘れられるべきでない。

刑事法におけるビッグデータの活用

大場史朗

Ⅰ　はじめに――ビッグデータ革命の到来

総務省『平成二六年版情報通信白書』は、特集「ＩＣＴがもたらす世界規模でのパラダイムシフト」の中で、「データが切り拓く未来社会」と題して、次のように述べ、「様々な価値を生み出すビッグデータ」に注目している(1)。「ここ数年のＩＣＴ分野における大きな潮流として『ビッグデータの活用』が挙げられる。データをビジネスに生かす取組は以前にも存在していたが、ネットワーク・デバイス両面におけるＩＣＴの急速な進化が多種多様で膨大なデジタルデータの生成・流通・蓄積を促し、そのデータをビジネス資源として有効に活用することで、新たな価値の創造や社会的課題の解決につなげる取組は活発化している」。

「ビッグデータ」(big data)は、現在、様々に定義され、共通の定義はないように見受けられる。もっとも、『平成二四年版情報通信白書』によれば、ビッグデータは、量的側面だけではなく、①ビッグデータを構成するデータの出所が多様であること（データの多様性）[2]、②利用目的からビッグデータの対象が画定できること（利用目的によるデータの価値の発見）[3]など、質的側面においても従来のシステムと違いがあるとされる[4]（さしあたり、本稿ではこのような特徴をもったデータを「ビッグデータ」という）。

様々な価値を生み出すとされるビッグデータの活用によって、利用者個々のニーズに即したサービスの提供、業務運営の効率化や新産業の創出等が期待されているが、産業革命にも例えられるビッグデータ革命の到来は、必然的に法領域のさまざまな面で大きなインパクトをもたらしている。なぜなら、ビッグデータ（とりわけ蓄積された個人の生活の履歴：ライフログ）の中には、個人の人格や属性、行動パターン（それらは本人さえ知りえない場合も多い）を直接又は間接的に推認しうるセンシティブな情報が含まれており、それゆえ、個人に関する情報（たとえば犯罪歴や病歴など）を基に差別的な取扱いがなされる可能性があり、その結果、尊厳に満ちた個人の主体的で自律的な人格が単なる分析対象として客体化されうる危険性があるからである。

たとえば、すでに、プライバシー保護と情報の自由な流通を調整するために「データ保護指令」[5]（個人データの取扱いに係る個人の保護及び当該データの自由な移動に関する一九九五年一〇月二四日の欧州議会及び理事会の九五／四六／EC指令）を整備していたEUは、内容を大幅に整備し、「指令」から「規則」へと格上げした「データ保護規則案」[6]（個人データの取扱いに係る個人の保護及び当該データの自由な移動に関する欧州議会及び理事会の規則提案）を二〇一二年に作成、二〇一五年一二月に欧州議会、閣僚理事会及び欧州委員会の三者で修正案につき合意が成立し、二〇一六年四月に同修正案が欧州議会で可決された（二〇一八年施行予定）。

アメリカでも、二〇一二年にオバマ大統領が「消費者データプライバシー」[7]（ネットワーク社会における消費者データプライバシー：グローバル化したデジタル経済において、プライバシーを保護しイノベーションを促進するための枠組み）に署名し、二〇一三年には連邦取引委員会（ＦＴＣ）が「急変する時代の消費者プライバシー保護」[8]を発表、二〇一四年には、国家安全保障局（ＮＳＡ）による通話・通信記録に関する諜報活動の改革案と同時に、大統領行政府が「ビッグデータ：機会を捉え価値を維持する」[9]という報告書を公表するなどして、ビッグデータ時代のプライバシーに関する議論が豊富化されてきている。[10]

他方、日本国内でも「個人情報」概念を変更し、「要配慮個人情報」及び「匿名加工情報」の定義を新設等した二〇一五（平成二七）年の個人情報保護法改正や「特定個人情報」という概念をもうけた「行政手続における特定の個人を識別するための番号の利用等に関する法律」（いわゆるマイナンバー法）の制定、施行という動きが起きている。学界に目を転じても、遺伝情報保護に関する憲法学的分析、[11]刑訴法学の立場からのプライバシー概念の再構成、[12]位置情報記録を利用した捜査手法に伴う強制処分性の再考[13]などの議論が台頭してきている。もっとも、刑事法の領域では、実務を追走する形で、特定の分野に関してようやく議論がはじまった段階であるように見受けられ、議論をさらに発展、深化させる必要性は高い。

非身体化された人間のデータが氾濫する時代に刑事法学はどのように立ち向かうべきか。また、内心の不処罰、差別的取扱いの禁止など国家との対抗関係のなかで醸成、錬磨されてきた刑事法学の歴史的価値と近年のビッグデータ革命はどのように調和しうるのか。本稿は、以上のような問題意識のもと、現在の刑事法におけるビッグデータの活用方法を整理した上で、その見直しの方向性を批判的に検討しつつ、いくつかの総論的な問題を素描しようとするものである。

Ⅱ　刑事法におけるビッグデータ活用の現状

では現在、刑事法の領域において、どのようなビッグデータがどのような形で活用され、また、活用されようとしているのだろうか。論を進めるにあたり、一般的な整理をしておこう。

1　警察によるビッグデータの活用

周知のように、現在、刑事法の領域において、ビッグデータの活用が積極的に行われているのは警察活動である。最も歴史のあるビッグデータは「万人不同」、「終生不変」の特徴をもつとされる指掌紋データであろう。一九一一（明治四四）年四月一日、警視庁刑事課に日本の警察で初めて指紋に関する事務を取り扱う鑑識係が新設されて以来の歴史をもち、現在、警察では、被疑者から採取した指掌紋と犯人が犯罪現場等に遺留したと認められる指掌紋をデータベースに登録して自動照合を行う指掌紋自動識別システムを運用している。(14) 指掌紋の収集はそれらが遺留された場合のほか、任意処分や刑訴法二一八条三項によって行われている。指掌紋の収集、管理及び運用等（以下、単に収集等という）については、「指掌紋取扱規則」（平成九年一二月二五日国家公安委員会規則第一三号）などによって規律されている。(15)

「無形の遺留」と呼ばれる犯罪の手口に関する資料（犯罪手口資料）の記録は、一九三六（昭和一一）年に確立し、現在、その収集等については「犯罪手口資料取扱規則」（昭和五七年二月一八日国家公安委員会規則第一号）などで規律されている。(16)

筆跡データについては、一九七七（昭和五二）年に採取された「筆跡標本」（新聞記事の中で使用頻度の高い五〇〇字体が対象）のほか、「新筆跡標本」（常用漢字全体が対象）、年賀状の差出人名を利用して数十人の筆跡を一〇年間にわたって追跡した「経年筆跡標本」、鑑定資料として提示された文書の中から二十数年間にわたって収集された「誤字・誤用・異体字筆跡標本」（特異字筆跡標本）などがあり、これらすべてがデジタル化されて日常の鑑定に利用されている。[17]

音声データについては、逆探知、秘密録音、通信傍受などによって収集され、声紋鑑定や通常の捜査などに利用されている。

画像データのうち、写真については、任意処分等で収集され、その収集等については国家公安委員会規則「被疑者写真の管理及び運用に関する規則」（平成二年一一月六日国家公安委員会規則第九号）が規律しており、とくに少年被疑者については、少年事件の特性にかんがみ、「少年警察活動推進上の留意事項について（依命通達）」[18]（平成一九年一〇月三一日警察庁乙生発第七号）によって指掌紋とあわせて規律されている。

動画については、ほとんどの場合、いわゆる監視カメラで収集される。一般に、その収集は任意処分と解され、収集されたデータの収集等に関する規律は、各都道府県の「公安委員会規程」および「街頭防犯カメラシステム運用要綱」で規律されている。[19]

公道における画像データの収集には、周知のように、自動車ナンバー自動読取システム（Nシステム）、自動速度違反取締装置（オービス）、旅行時間計測システム（Tシステム）などがある。その詳細な運用実態は不明であるが、NシステムがオービスおよびTシステムに接続されている可能性が示唆されており、「自動車ナンバー自動読取照合業務実施要領」の存在も明らかになっている。[20]

科学技術の発展によって、生体情報の収集も重要になっている。尿や血液については、従来から任意処分や強制処分によって収集されてきた。また、ＤＮＡデータの収集等の規律については「ＤＮＡ型記録取扱規則」（平成一七年八月二六日国家公安委員会規則第一五号）などで規律されている。[21] 警察は、被疑者DNA型記録と遺留DNA型記録をデータベースに登録し、犯人の割り出しや余罪の確認等に活用している。

他方、警察が直接的に情報を収集するのではなく、第三者を介して情報を取得する場合も多い（むしろビッグデータ時代への移行に伴ってこのような情報収集手段の重要性はますます高くなっている）。行政機関個人情報保護法八条一項及び二項三号並びに個人情報保護法二三条一項一号及び四号などでは法令行為等の場合には、利用目的以外の目的のために情報を提供できるとしているため、警察は刑訴法一九七条二項にもとづく捜査関係事項照会書によって、戸籍謄本、住民票、預金口座、各種クレジットカード、交通系のICカードのデータなど官公庁や民間企業等に保存・蓄積されているデータを容易に収集することができる。

このような一般的整理に加えて、近年では注目すべきデータの収集方法が登場している。

一つ目は、GPSの活用による位置情報の収集等である。これは警察官がみずからGPS端末を被疑者等の所有物（典型的には自動車）に設置して位置情報を収集等する場合（装着型）と、すでに被疑者等が所有している携帯電話等のGPS機能を利用して位置情報を収集等する場合（非装着型）に大別される。

前者の場合については、警察庁刑事局刑事企画課長通達「移動追跡装置運用要領」（警視庁丁刑企発第一八四号・平成一八年六月三〇日）によって運用されている。[22] 後者については、従前より、裁判所の令状と利用者本人への通知があれば位置情報を取得できたが、二〇一五年六月二四日のガイドライン改正によって、利用者本人への通知なしに位置情報を得られるようになった[23]（もっとも、その場合、本人に知られずに遠隔操作するために特殊なアプリケーションを端末に組み込む必要がある）。

二つ目は、コンピューターのIPアドレス・ログなどの利用履歴の収集等である。平成二三年の「情報処理の高度化等に対処するための刑法等の一部を改正する法律」により、サイバー関係の法整備が行われた。不正電磁的記録作成・供用罪等の新設に加えて、刑事手続の整備などが行われた。実体法における罰則の整備によって、捜査機関の捜査権限が飛躍的に拡大するとともに、手続法の整備によって、通信履歴などのビッグデータの取得が容易になったといえよう。

2　マイナンバー法との関係

二〇一五年五月三一日に公布され、同年一〇月五日に施行されたマイナンバー法は、周知のように、国民一人ひとりに数字のみで構成される唯一無二の一二桁の番号を割り当て、個人を識別しようとするものである。マイナンバーは、年金、雇用保険、福祉、医療、税金などの分野で活用され、今後も利用範囲が拡大される。二〇一五年九月には、すでにみた個人情報保護法の改正とあわせて、マイナンバー法も改正された。これにより、預貯金口座への付番、特定健診・保健指導に関する事務における利用や予防接種に関する事務における接種履歴との連携等が図られることになった。

このマイナンバー法では「特定個人情報」という概念が設けられた（同法二条八項）。そして、この「特定個人情報」を利用できるのは行政機関等のみであり、企業は行政機関等に対して提供義務があっても利用することはできず、利用目的の設定や第三者利用も許されない（もっとも、逆にいえば、行政機関等はマイナンバーを以て、国民の詳細な情報を簡単に知得、管理できる）。また、「特定個人情報」の無断提供や番号盗用などについては罰則が用意されている（同法四八条～五七条参照）。

しかし、注意しなければならないのは、比較的厳重に保護されている「特定個人情報」といえども、「調査、訴訟手続その他の裁判所における手続、裁判の執行、刑事事件の捜査……その他政令で定める公益上の必要があるとき」（同法一九条一三号参照）は、「特定個人情報」の提供が許されるということである。また、前記の刑事事件等の場合は、「特定個人情報」の収集・保管も許される（同法二〇条）。さらに、「特定個人情報」の提供を受けた捜査機関等はその「その提供を受けた目的を達成するために必要な限度で個人番号を利用することができる」（同法九条五項）とされているように、利用目的と利用範囲を自由に設定できる。

3　小　括

以上のように、現在、警察活動では任意処分又は強制処分によって、さまざまなビッグデータが収集されており、判例もこれを後押ししてきた。しかし、収集された個人データ（ここではさしあたり、データ主体に関するすべての情報という意味で用いる）の保管・利用方法等についてはもっぱら警察内部のルールに委ねられているのが実情であり、事実上、警察の自由裁量といってよい。[24] さらに、警察は他の官公庁や民間企業等に保存・蓄積されている詳細な個人データも簡単に収集することができる。

また、警察が情報公開をしていないため、詳細が不明な部分も多い。それゆえ、上記のビッグデータの中には単なる司法警察活動だけでなく、行政警察活動の拡充・強化や公安警察活動にも利用されているものがありうる。[25]

さらに、純粋に個人データそのものを利用するだけでなく、通常の取調べにおける自白獲得の材料として個人データ（又はその分析結果）が「活用」されうることも指摘しておかなくてはならない。

そして、上記の手段によって獲得された個人データは、従来から運用されてきた前科記録とあいまって、[26] 検察官の起訴・不起訴の判断材料とされることになる（刑訴法二四八条参照）。

Ⅲ　ビッグデータ活用の意義と方法

これまで、警察活動を中心とした現在のビッグデータの活用方法についてみてきた。そこでは、事実上、多くの部分で警察の自由裁量によって運用されていることを整理できた。このような現状は、現在の刑事政策を警察が主導していることを如実に示しており、警察による「監視社会」が到来しているといっても過言ではない。

そして、「監視社会」化に伴い、国家が個人の人格（とりわけ内心）やセンシティブな情報を容易に知り得ることによって、国家による差別的な取扱いがなされる可能性があり、その結果、個人が「権利の主体」ではなく「保護の客体」に転落する危険がある。そのような危惧を背景として、判例実務及び学説でも「プライバシー」概念の再考や強制処分性についての見直しの動きが活発になっている。

以下では両者の論点を中心に、刑事法におけるビッグデータの活用について論じていこう。

1　「プライバシー」概念の見直しについて

ビッグデータ時代の市民生活を考えるうえで、重要となるのは「プライバシー」という概念である。そこでは、ビッグデータ活用に伴う「プライバシー」の侵害をどのように考えるべきかという問題設定がなされることが多い。

周知のように、「プライバシー」は時代の発展に伴ってさまざまな意味付けが与えられ、現在では、①私生活における自己の行為等を決定する権利である「私生活上の自由」あるいは自己決定権、②私生活を営む空間を侵されない自由、③個人の情報の取扱いに関する「情報プライバシー権」などに整理できるとされる。(27)

また、近年、刑訴法学から、科学技術の発展に伴う「プライバシー」侵害の懸念、そして裁判所の「プライバシー」

理解の「混乱」を背景として、次のような主張が説かれている。[28]

刑事手続においてどのようにプライバシーを保護するべきかどうかという問題は、どのような制度設計を行えば個人のプライバシー保護と捜査の必要性との最適なバランスを実現できるかという国家刑罰権の統制構造にかかわる問題である。プライバシーという概念は、権利意識の変化や科学技術の発展に伴って刻々とその外延を変化させてしまう厄介な性質を有しているため、動態的視座からその概念内容を把握する必要がある。その的確・妥当な判断のためには膨大な情報を収集・分析する必要があるが、裁判所には、個別具体的訴訟の提起を待って、当事者からもたらされる限られた情報を基にして、限られた人員で、限られた時間内に判断を行わなければならないという制度的な制約（制度論的問題）[29]が課せられている。したがって、裁判所が「正しい」プライバシー概念に到達すること自体困難であり、かりにある時点で妥当な結論をもたらす「正しい」プライバシー概念に到達できたとしても、他の時点では「誤り」でありうるそのプライバシー概念にしばられてしまう可能性は否定できない。このような「制度論的問題」を克服するためには、従来のような裁判所による捜査機関統制を重視する考え方から、国会による捜査機関統制こそ重視しなければならない。すなわち、大量の情報を収集し、それを基に多様な構成員が時間制限なく議論できるという制度的基盤を有する国会こそが、時宜に応じた多種多様な立法によって捜査機関を十分に統制することができるのである。したがって、裁判所が「正しい」と認めるプライバシー権という概念を解釈指針とするのではなく、むしろ情報の取得・保存・利用のあり方の最終解決を民主主義的熟議に委ね、裁判所は民主主義を促進する謙抑的な法解釈と民主主義に対する現実の危険を除去するための解釈を行っていくべきである。それぞれの国家機関がそれぞれの立場からそれぞれの方法で、価値判断ないし政策的判断を直截に行い、民主主義的な熟議を行っていく中ではじめて、情報の取得・保存・利用のあり方を適正にコントロールするために国民に付与されるべき法的地位や、各国家機関に割り振られる権限などの具体的な法的スキームが姿を現すはずである。

このように「プライバシー」をそれ自体は内容空疎な概念と規定し、その内容は「熟議」の過程を通じて「主権者」が自ら決定すべきという立場[30]、換言すれば、「質の民主主義」は「量の民主主義」（多数決主義）のサポート役に徹するという立場は大きな支持を得つつある[31]。

しかし、選挙制度上の問題により国会が「主権者」の意思を必ずしも反映しないということ、利害対立等により妥協的な結論しか導き出され得ない可能性があることなどの「制度論的問題」に加え、特に注意しなければならないことは、多数決主義によって憲法違反の法令も制定されうることである（このことは、近年いみじくも憲法学者の九〇％以上が違憲と判断する安保法制の成立によっても実証された）。憲法違反の法令が少数者の人権を脅かし、著しい人生被害をもたらしたことは歴史が示すとおりである[32]。

加えて、従来のプライバシー論が前提としてきた「自由な個人」という前提が自明のものかは疑っておく必要がある。すでにみたように、現在の社会は国家（とりわけ捜査機関）が国民をいつでも監視・検索可能な社会であるということができる。そして、時代の進展にともなって、（われわれが便利な生活を手放すという選択をしない限り）さらにこの傾向は強まることであろう。したがって、問題となるのは、国家によって容易に監視・検索可能な社会の中でどのようにして一線を引き、「人間の尊厳[33]」を確保するかということであるように思われる。

ＥＵでは、ナチス・ドイツがユダヤ人などの「ナチス国家の敵」に対し、カード・カタログにより個人データをパンチカードに記録し、管理を行ったという悲劇的な教訓を背景として、個人情報の保護、とくにプライバシー権を基本的人権のひとつと捉えている[34]。わが国も戦前・戦中は警察権限が肥大し、「監視社会」の様相を呈していたことに鑑みれば、わが国の「プライバシー」保護は、ファシズムの防止という役割も担っているといえよう。[35]

歴史的価値の裏付けのない概念は容易に相対化されやすい。しかし、「人類の過ち」を踏まえて歴史的に形成されてきた「人間の尊厳」概念であれば、情報科学技術の発展によっても、「人間の尊厳」概念に新たな意味づけがされ、同じく「人類の過ち」を踏まえて歴史的に形成されてきた刑事法の原理・原則とあいまって、その意味内容を弁証法的に実質化、豊富化することが期待できるように思われる。裁判所も憲法と法律にのみ拘束されることによって、「人間の尊厳」の問題に正面から挑むことができる。まさにこのことこそが司法の役割であろう。

2　情報取得時の強制処分性について

警察の情報実務には、ⓐデータの収集・取得、それに引き続くⓑデータの保存・集積、さらにはⓒ利用・加工・分析という一連の流れが含まれるところ、従来の判例・刑訴法学説はもっぱらデータの取得時に焦点を当ててきた結果、その後のデータの保存・集積や利用等に法的規制の及ばない「聖域」が形成されてきたとの指摘が近年有力に主張されている。[36] たしかに、前記の一般的整理に鑑みれば、このような「取得時中心主義」との指摘は正鵠を射ているといえよう。[37] 憲法学から指摘された知的怠慢を刑事法学は深く反省する必要がある。もっとも、このような指摘は、データの収集・取得後の保存・集積、そして利用等のあり方を明確かつ具体的に規律する法律を制定することで、情報プライバシーに対する懸念を低減し、ⓐの段階のデータ収集・取得のハードルを下げることを狙いとしていることに注意する必要がある（論者はこれを「インセンティブアプローチ（取引的アプローチ）」と表現する）。[38]

しかし、ⓐの段階は「監視社会」の中で一線を引き、「人間の尊厳」を守るために重要なステージである。戦前・戦中の警察等による人権蹂躙の歴史に鑑みれば、これまで刑事法学がⓐの段階に焦点を当ててきたのは理由のないことではない。そして、ⓐの段階では、㋐情報収集・取得時の権利侵害だけでなく、その論理的前提となる㋑情報収集・取得の潜在力（ポテンシャル）も問題となることに注意しなければならない。

たとえば、ＧＰＳの位置情報記録を用いた捜査の場合、㋐被疑者の位置情報を取得した（端末のスイッチを押し位置情報を取得した）という情報取得の問題と、㋑日本全国、いつでも、どこでも被疑者の位置情報をほぼ正確に探知できるという情報収集力の問題は分けて考える必要がある。[39][40]

また、㋑とⓑの段階は相関関係にあるが（たとえば、一月上限二〇〇回まで被疑者の位置情報をほぼ正確に探知可能であれば、必然的に、保存・集積しうる位置情報も上限二〇〇回分となる）、同じ問題ではないことに注意しなければならない。それは、捜査機関が位置情報を保存、蓄積しなければ、特定人の行動を常時監視してよいのかと問うてみれば明らかであろう。[41] この問題は、行政警察作用としての「捜査」を考えるうえで特に重要となる。

したがって、ⓐの段階の「人間の尊厳」の侵害に関しては、㋐の取得した情報の性質だけでなく、㋑の情報収集・取得の潜在力の問題も考慮しなければならない。なぜなら、かりにデータ収集・取得の潜在力が無限であれば、国家が個人のデータを無限に収集可能となるからである（もっとも、データ収集の上限はそのデータの量や性質にも依る。たとえば、特定人の位置情報はその者が生存している限り常時収集可能であるのに対し、特定の宅配物のエックス線撮影の対象はその宅配物の総数が上限となる）。国家によって常時監視可能である（その気になれば情報収集・取得というインパクトを加えることができる）という事実は、民主主義を脅かし、言論・表現の自由を委縮させてしまうように思われる。[42]

このような情報の収集・取得時における情報収集・取得の潜在力への考慮は（明示的ではないものの）すでに判例にも表れていたように思われる。

たとえば、捜査官が写真撮影した事例である最大判昭和四四年一二月二四日刑集二三巻一二号一六二五頁（京都府学連事件）は、捜査官が撮影機器をもち、デモが行われている時間及び場所で写真撮影したものであった。換言すれば、一定の人的・時間的・場所的制限のもと、写真撮影したものであった。また、ほぼ同様の事例である最決平成二〇年四月一五日刑集六二巻五号一三九八頁は、捜査官によって、異同識別の範囲で撮影がなされ、かつ、情報収集は公共の場所でのみなされた事案であった。ここでは場所的制限が大きな重要性をもっている。

東京高判昭和六三年四月一日判時一二七八号一五二頁（山谷テレビカメラ監視事件）は、機器による自動撮影及び録画の事案であったが（したがって時間的には無制約）、定点撮影であるため、撮影範囲に空間的制限があった。[43]

最決平成一一年一二月一六日刑集五三巻九号一三二七頁（旭川覚せい剤密売事件）は、電話傍受に際して検証令状を取得していた事案であるが、令状において傍受すべき通話、傍受の対象となる電話回線、傍受実施の方法及び場所、傍受可能な期間が明示されており、人為的な制限がかかっていた。

他方、捜査官が運送過程下にある荷物を荷送人及び荷受人の承諾を得ることなくエックス線撮影した行為を強制処分と判断した最判平成二一年九月二八日刑集六三巻七号八六八頁の事案では、捜査官がエックス線撮影を任意処分として行ったため、事実上、高精細な射影データの収集・取得には制限が付されていなかった。換言すれば、その制約は捜査官の自己裁量に任せられており、捜査官はその気になれば特定の荷送人及び荷受人の荷物すべてをエックス線撮影して射影データを集めることが可能であったのである。[44]

たしかに、従来、取得された情報を別の情報と連結させ、ビッグデータを用いて分析・解析する技術が存在しなかった又は相当のコストを伴うものであったという事実上の制約に着目し、これらの判例が情報の保存・利用等の観点を等閑視してきたとの批判[45]も説得的ではあるが、上記の事実上の制約は情報収集・取得の潜在力にもかけられていたことを忘れてはならないように思われる。

情報の保存・利用等に法的規律を及ぼすこと（立法の促進）について異論はない。むしろ喫緊の課題であろう。しかし、同時に情報収集・取得の論理的前提となる潜在力についても規律を及ぼし、強制処分性を判断していかなければならない。[46] 上記ⓐ～ⓒの各段階で「人間の尊厳」への侵害を指針として立法を促進することが今後の課題となろう。

3　データの保存・利用等と削除

すでに述べたように、情報の保存・利用等に法的規律を及ぼす必要性はきわめて高い。刑事法におけるデータの保存・利用等と削除は、一般に、①捜査における場合、②公判における場合、③広い意味の刑事政策における場合で問題となる（③については節を改めて後述する）。

①捜査における場合

すでにみたように、捜査におけるデータの活用については、警察を中心として従前より多くの局面でなされてきた。捜査において、まさに「情報は当該事件のために使いきられるのではなく、使い回される」[47]（圏点原文）のである。データの保存・利用等ならびに削除という点を考えた場合、忘れてはならないのは、無辜の不処罰などの刑事法学が歴史的に形成してきた価値（原理や原則）である。歴史的価値を基礎としてビッグデータを活用することの重要性はいくら強調してもしたりない。

そこで、ビッグデータ時代の捜査を考えるうえでまず注意しなければならないのは、人間が符号化されることに伴う「なりすまし」の危険性である。今後、ビッグデータを利用した捜査においては常に「なりすまし」の危険性を考慮して臨む必要があろう。捜査の手法が、網羅的に集積した情報の解析といったインテリジェンス活動にウエイトを置くものに変わる可能性も指摘されているが[48]、伝統的な捜査手法――代表的なものとして自白の獲得――も依然として有力な地位を保ち続けると思われる。現に「なりすまし」をきっかけとした虚偽自白による誤判事件も発生しているところである[49]。

また、膨大なビッグデータを集積、解析して被疑者を割り出すなどする場合、データを統合するいわゆる「名寄せ」が行われうるが、その場合誤ったプロファイルが混入する可能性があり、全く無関係の第三者が被疑者とされてしまうおそれも払拭できない[50]。

警察が、その他の行政機関および民間に蓄積・保存されている個人データを容易に収集しうることはすでにみたが、これらの規律については、刑事手続法だけではなく、視野を広げて、一般のプライバシー保護法制を前提として考えることが重要になろう。

すでに日本には行政機関個人情報保護法や個人情報保護法があるが、国民の「プライバシー」に関するコンセンサス抜きにOECDガイドラインを模範にして作った「輸入した法律」という性格が強いため、これらは形式的な「個人情報」の保護法ではあっても「プライバシー」保護法という側面は弱いことが指摘されている[51]。しかし、すでにみたように、EUではプライバシーを基本的人権のひとつと考えており、統一的なデータ保護指令や同規則などの法制度が目指されている（オムニバス方式）[52]。他方、アメリカでは、民間部門は自主規制を基本とし、機密性が高い情報を扱う分野においては、数多くの個別法が制定され（セクトラル方式）、その違反についてはFTCが強力な制裁を行うことになっている。他方、従来、アメリカは、EUとの間でセーフハーバー協定を結んでいたが、スノーデン事件や国家安全保障局（NSA）によるプリズム計画が発表されるという事態をうけて、二〇一五年九月に、欧州司法裁判所がセーフハーバー無効の決定を下し、関連企業に大きな衝撃を与えた[53]。このように、人権としてのプライバシーは一国の問題だけではなく普遍的価値になりつつある。したがって、これからは企業もプライバシーという人権を保護していく必要に迫られ、それが企業の価値や利益に直結することになろう[54]。

②公判における場合

次に、捜査で集めたデータの究極の「利用目的」ともいえる公判における活用である。捜査におけるビッグデータの活用は、必然的に、公判に顕出される証拠の証明力（とりわけ間接証拠の証明力）を変質させうる。すなわち、従来、現場に遺留された物などから要証事実を推認していたことが、ビッグデータの解析結果である行動記録等（たとえば何時何分に駅の改札を通過したなど）が公判に顕出されることで、事件当日等の被告人の行動が反証しにくい形で再現されうるからである（もっともこれらのデータをそのまま信用することの危険性についてはすでに述べたとおりである）。そのような中で、ここでも重要となるのが無辜の不処罰という歴史的価値である。

したがって、公判（そしてのちの再審）に関して、何よりまして保存すべきは「被告人に有利なデータ」（無実の発見に資する証拠）ということになろう。注意しなければならないことは、ここにいう「被告人に有利なデータ」とは「無罪方向の証拠」だけでなく「有罪方向の証拠」も含むということである。なぜなら、科学技術の発展により、「有罪方向の証拠」が「無罪方向の証拠」に変化することがありうるからである（たとえば、足利事件のＤＮＡ型鑑定など参照）。したがって、「被告人に有利なデータ」とは、基本的に、すべての個人データとなる。とくにデジタル化不可能な原資料は厳重に保存する必要があろう[55]。

また、自己情報の開示請求権という観点から、個人データの保存・集積や利用・分析の状況（前記ⓑ及びⓒ）を被告人に必要的に全て証拠開示する制度も考慮に値しよう。さらに、適正な証拠開示が可能となるように、警察が収集・取得した個人データはすべて検察庁に送るなどの法的規律も不可欠であろう。こうして、捜査の段階でデータの収集等を事前に法定しつつ、さらに公判の段階で証拠開示として事後的に当該データの蓄積・利用等をチェックすることが可能となる。

他方、無罪判決が確定した場合、当然、当該被告人の個人データは警察内部のデータベースからもすべて削除しなければならないということになろう。犯罪者として疑われ続けるということは最も深刻な冤罪被害の一つであるからである（たとえば、ＥＵデータ保護規則一七条の「忘れられる権利」など参照）。

さらに、データの蓄積・保存および削除という点で考えなければならないのは、社会に残された逮捕歴・犯歴であろう。これらの記録はとくにインターネット社会で問題となる。これらの記録が存在しているがゆえに、被疑者等は刑罰の正統化根拠を欠いた「私刑罰」を生涯受け続けるということになる。したがって、これらの記録についてもデータの削除が望まれる。もっとも、情報通信が発達した現代にあっては一旦拡散されたデータは削除がほぼ不能となることから、そもそも事前に拡散させないという手だてが不可避である。ビッグデータ時代にあっては、実名・顔写真報道を法的に禁止するという方向性も真剣に検討すべきであろう。

4 新しいビッグデータの創出

ビッグデータは刑事政策においても活用されつつある。たとえば、過去の犯罪の日時、場所、手口などの犯罪発生データをもとに、犯罪が発生しやすい場所をリアルタイムに確認し、当該場所を重点的に警戒することで警察の人的資源を有効に投資できるということも可能になりつつある[56]。

冒頭で確認したように、ビッグデータの特徴として、構成するデータの出所が多様である点があげられるが、言うまでもなく、これはビッグデータの万能性を意味するものではない。むしろ、ビッグデータは限定的なものであり、それゆえ偏面的である。また、利用目的によってデータの分析に一定のバイアスがかけられる恐れも多分に秘めている。したがって、刑事政策においてビッグデータの活用を考える際、①データが偏在している場合には、新たなビッグデータを創出する仕組みを整備すること、②複数の多面的なビッグデータを組み合わせて新たな分析結果を生むことが求められる[57]。

たとえば、犯罪統計もビッグデータの一種の分析結果であるといいうるが、その利用目的は、数量的に社会の治安を測り、犯罪の特徴や動向を把握し、警察活動の効率性を解明することにある[58]。そして、犯罪統計を活用して、犯罪の発生予測や個々の捜査・防犯計画に役立てることが目指されている。

このように、犯罪統計の作成においては、捜査機関の立場からみた「利用目的」、すなわちもっぱら治安対策の目的にそって当該データが収集され、分析されているといえよう。

しかし、今後、新しいビッグデータを創出し、複数のビッグデータをかけあわせて分析すれば、犯罪原因に焦点を当てた異なる犯罪統計が生まれる可能性がある。その結果、たとえば、貧困と犯罪との相関関係などの分析結果がでれば、国家の資源を特定の人的層に集中的に投下して犯罪の発生を効率よく防ぐことができるように思われる。(59)

心理的責任論から規範的責任論への発展にみられるように、刑事法学は犯罪を「個人の責任」だけではなく「社会の責任」としてもとらえる方向へと発展してきた。刑事法においてビッグデータは一部の者のためだけに活用されるのではなく、犯罪者（潜在的犯罪者）のためにこそ活用されなければならない。いうまでもなく、潜在的犯罪者を減らすことは、潜在的な被害者を減らすことでもあり、その意味で犯罪対策でもある。

Ⅳ　おわりに

これまでビッグデータと刑事法のかかわりについて論じてきた。もっとも、本稿が提示しえたものは一般的な整理といくつかの総論的な問題点に過ぎず、歴史的考察、比較法的考察など多くの検討課題が残されている。

ビッグデータ時代の到来は、刑事実体法の領域にも大きな影響を与えうる。個人が警察によって監視されるのではなく、社会（サイバー空間を含む）そのものが警察による「監視の場」となれば、私的空間が公的空間へと変容し、それに即応して、従来、個人的法益としてとらえられてきた（とらえられるべき）法益が、社会的法益ないし国家的法益へと昇華することもありえよう。これらの議論は、従来、交通犯罪や経済犯罪などの領域で現れてきたように思われるが、ビッグデータの普及に伴ってますます重要な論点となるように思われる。(60) それと同時に、社会的ないし国家的法益に対する「危険」のあり方も問題となってこよう。[61] さらに、共謀罪の導入も脅威となる。すでにみたように、今後、刑事法におけるビッグデータの活用は不可避であり、「監視社会」への大きなリスクを伴う。他方で重要な潜在可能性を秘めており、その活用に際しては、犯罪対策だけではなく、犯罪原因の分析や無辜の不処罰のためにこそ活用されなければならない。情緒的な市民的治安主義による厳罰化の効果をビッグデータによって測定すれば、研究者は、みずからが研究対象としてきた刑罰が社会矛盾の是正のためにいかに無力かという事実を突きつけられるかもしれない。

歴史はいうまでもなく客観的な存在であるが、データそのものではない。むしろ、歴史は人間の痛みや苦しみといった人間の「データ化できないもの」の結晶ともいいうる。その意味で、逆説的ではあるが、ビッグデータ時代の刑事法学に必要なものは、人間の「データ化できないもの」を指針としつつ、ビッグデータを適切に運用し、「最大多数の最大幸福[62]」を図っていくことのように思われる。

（1） 総務省『平成二六年版情報通信白書』一〇〇頁。ビッグデータの一つである「蓄積された個人の生活の履歴」（ライフログ）の包括的な概説書として、安岡寛道編『ビックデータ時代のライフログ』（東洋経済新報社、二〇一二年）参照。

（2） たとえば、ソーシャルメディアデータ（ソーシャルメディアにおいて参加者が書き込むプロフィール、コメント等）、マルチメディアデータ（ウェブ上の配信サイトから提供等される音声、動画等）、ウェブサイトデータ（ECサイトやブログ等において蓄積等される購入履歴、ブログエントリー等）、センサーデータ（GPS、ICカードやRFID等において検知等される位置、乗車履歴、温度、加速度等）、オペレーションデータ（販売管理等の業務システムにおいて生成等されるPOSデータ、取引明細データ等）、ログデータ（ウェブサーバー等において自動的に生成等されるアクセスログ、エラーログ等）、オフィスデータ（オフィスのパソコン等において作成等されるオフィス文書、Eメール等）、カスタマーデータ（CRMシステムにおいて管理等されるDM等販促データ、会員カードデータ等）などがそれである。総務省『平成二四年版情報通信白書』一五三頁以下参照。

（3） もっとも、当然ながら、この利用目的によるビッグデータの特徴は、利用する立場によって視点が異なる。同右参照。

（4）なお、安岡・前掲註（1）二頁以下によれば、①人にまつわるライフログ、②モノ（マシン）にまつわるセンシングログ、③その他データ（天候などの周辺環境など）を含めて「ビッグデータ」というとされる。

（5）Directive 95/46/EC of the European Parliament and of the Council of 24 October 1995 on the Protection of Individuals with Regard to the Processing of Personal Data and on the Free Movement of Such Data (O.J. 1995 L 281, p. 31).

（6）Proposal for a Regulation of European Parliament and of the Council on the Protection of Individuals with Regard to the Processing of Personal Data and on the Free Movement of Such Data (General Data Protection Regulation), COM(2012)11 final (Jan. 25, 2012).

（7）white house, *CONSUMER DATA PRIVACY IN A NETWORKED WORLD: A FRAMEWORK FOR PROTECTING PRIVACY AND PROMOTING INNOVATION IN THE GLOBAL DIGITAL ECONOMY* (2012), available at https://www.whitehouse.gov/sites/default/files/privacy-final.pdf.

（8）fed. trade comm'n, *PROTECTING CONSUMER PRIVACY IN AN ERA OF RAPID CHANGE: RECOMMENDATIONS FOR BUSINESSES AND POLICYMAKERS* (2012), available at https://www.ftc.gov/sites/default/files/documents/reports/federal-trade-commission-report-protecting-consumer-privacy-era-rapid-change-recommendations/120326privacyreport.pdf.

（9）executive office of the president, *BIG DATA: SEIZING OPPORTUNITIES PRESERVING VALUES* (2014), available at https://www.whitehouse.gov/sites/default/files/docs/big_data_privacy_report_may_1_2014.pdf.

（10）ＥＵについては、高崎晴夫「個人情報保護にかかわる法制度をめぐるＥＵの状況」情報処理五五巻一二号（二〇一四年）一三三七頁以下、アメリカについては、石井夏生利「アメリカのプライバシー保護に関する動向」同一三四六頁以下など参照。また、石井夏生利『個人情報保護法の現在と未来――世界的潮流と日本の将来像』（勁草書房、二〇一四年）、山本龍彦「インターネット時代の個人情報保護――個人情報の『定義』とプロファイリングを中心に」松井茂記・長谷部恭男・渡辺康行編『自由の法理――阪本昌成先生古稀記念論文集』（成文堂、二〇一五年）五三九頁以下、中川裕志『プライバシー保護入門』（勁草書房、二〇一六年）五九頁以下も参照。

（11）山本龍彦『遺伝情報の法理論――憲法的視座の構築と応用』（尚学社、二〇〇八年）参照。

（12）稲谷龍彦「刑事手続におけるプライバシー保護――熟議による適正手続の実現を目指して（一）～（八）・完」法学論叢一六九巻一号（二〇一一年）一頁以下～一七三巻六号（二〇一三年）一頁以下。

(13) たとえば、指宿信「GPSと犯罪捜査」法セミ六一九号（二〇〇六年）四頁以下、同「ハイテク機器を利用した追尾監視型捜査——ビデオ監視とGPSモニタリングを例に」三井誠ほか編『鈴木茂嗣先生古稀祝賀論文集下巻』（成文堂、二〇〇七年）一六五頁以下、同「GPS利用捜査とその法的性質」法時八七巻一〇号（二〇一五年）五八頁以下、滝沢誠「GPSを用いた被疑者の所在場所の検索について」川端博・椎橋隆幸・甲斐克則編『立石二六先生古稀祝賀論文集』（成文堂、二〇一〇年）七三三頁以下、清水真「自動車の位置情報把握による捜査手法についての考察」法学新報一一七号七・八号（二〇一一年）四四三頁以下、大野正博「GPSを用いた被疑者等の位置情報探索」高橋則夫ほか編『曽根威彦先生・田口守一先生古稀祝賀論文集下巻』（成文堂、二〇一四年）四八五頁以下、「小特集　強制・任意・プライヴァシー」法時八七巻五号（二〇一五年）五八頁以下（笹倉宏紀「総説」「捜査法の思考と情報プライヴァシー権」、山本龍彦「監視捜査における情報取得行為の意味」、緑大輔「監視型捜査における情報取得時の法的規律」所収）など参照。

(14) 警察庁『平成二三年版警察白書』八二頁参照。

(15) そのほか、「指掌紋取扱細則」（警察庁訓令第一五号平成一八年一二月二六日）並びに各都道府県警察の本部訓令の「指掌紋取扱規程」、たとえば「大阪府警察指掌紋取扱規程」（平成一〇年一二月一日本部訓令第二九号）など参照。

(16) そのほか、「犯罪手口資料取扱細則」（平成一五年一〇月三一日警察庁訓令第一一号）並びに各都道府県警察の本部訓令「犯罪手口資料取扱規程」、たとえば、「大阪府警察犯罪手口資料取扱規程」（平成一六年三月五日本部訓令第七号、但し詳細は不明で概要のみ公表）など参照。

(17) 吉田公一「知っておきたい文書鑑定の基礎知識・第二〇回／知る人が少ない数々の筆跡標本とその分析データ」捜査研究七七八号（二〇一五年）九一頁以下参照。

(18) 同通達の「第五犯罪少年事件の捜査」「六指紋の採取等」参照。

(19) たとえば、大阪府公安委員会規程及び大阪府警察街頭防犯カメラシステム運用要綱など参照。その詳細は不明であるが、その内容については警察庁「街頭防犯カメラ整備・運用の手引き（案）」などが参考になろう。公開している自治体もある。

(20) たとえば、今井亮一「Nシステムの実態を探る——警察権力による国民監視」都市問題一〇四巻七号（二〇一三年）一四頁以下など参照。

(21) そのほか、「DNA型記録取扱細則」（平成一七年警察庁訓令第八号）並びに「DNA型鑑定の運用に関する指針」および各都道府県警察の「DNA型鑑定の運用要綱」も参照。

(22) 現在、下級審ではその強制処分性について判断が分かれており、今後の学説・判例の集積が待たれる。福岡地判平成二六年三月五日公刊判例集未登載、大阪地判平成二七年三月六日公刊物未登載（大阪地決平成二七年一月二七日公刊物未登載）、大阪地判平成二七年七月一〇日公刊物未登載（大阪地決平成二七年六月五日公刊物未登載）など参照。

(23) 総務省「電気通信事業における個人情報保護に関するガイドライン」（平成二七年六月二四日版）参照。

(24) 山本龍彦「警察による情報保管・データベース化の『法律』的統制について」大沢秀介・佐久間修・荻野徹編『社会の安全と法』（立花書房、二〇一三年）二六六頁以下は、このような「警察情報例外主義」に着目する。

(25) たとえば、今井・前掲註(20)一五頁は、原子力発電所や自衛隊の基地の周辺などにNシステムが多く配置されていると指摘する。

(26) 犯歴事務規程（平成二五年三月一九日法務省刑総訓第五号）参照。なお、前科にかかる事務については、冨永康雄『前科登録と犯歴事務〔第四版〕』（日本加除出版、二〇一一年）が詳しい。

(27) たとえば、土井真一「国家による個人の把握と憲法理論」公法研究七五号（二〇一三年）一頁以下など参照。

(28) 稲谷・前掲註(12)参照。なお、山本龍彦「アメリカにおけるテロ対策とプライバシー――議会による『監視の監視』システム」都市問題一〇四巻七号（二〇一三年）二四頁以下も同趣旨か。山本によれば「『テロリズム』を予防するため、国家が、何を、どこまでできるのか、また何をどこまでなすべきなのかは、憲法典の中に書いてあるわけでも、憲法上の法理として明確化されているわけでもない。国家が、これから起こりうる大惨事の予防に一定の責任を負っていると考える以上、テロを起こすどの程度の危険ないし可能性があればある者を監視の対象としてよいのか……、言いかえれば、この国家は一体どこまで予防国家化、監視国家化されるべきなのかが決まっていなければならない。しかし、その具体的な決定を、憲法の文言や歴史などの中に見出すことは困難なのである。こうした状況下で、裁判所にその判断を求めるのは酷である」と説かれる（同二六頁）。

(29) 松尾陽「法解釈方法論における制度論的展開（一）」民商法雑誌一四〇巻一号（二〇〇九年）参照。

(30) 笹倉・前掲註(13)七三頁参照。

(31) 「量の民主主義」と「質の民主主義」については、内田博文『日本刑法学のあゆみと課題』（日本評論社、二〇〇八年）八頁以下参照。そこでは「立法府が依拠するのは多数決主義（量の民主主義）であるのに対して、司法を支配するのは質の民主主義である。司法がこの質の民主主義を守っているかどうかの評価については、立法府にも増して、専門家たる研究者の役割が大きい」と説かれる。

(32) 内田博文『ハンセン病検証会議の記録――検証文化の定着を求めて』（明石書店、二〇〇六年）、無らい県運動研究会編『ハンセン病絶対隔離政策と日本社会――無らい県運動の研究』（六花出版、二〇一四年）など参照。

(33) ここでいう「人間の尊厳」については、「人間の過ち」の積み重ねによって形成されてきた普遍的（歴史的）価値であり、本人の同意によっても放棄が許されないものとさしあたり定義しておく。内田博文『刑法と戦争——戦時治安法制のつくり方』（みすず書房、二〇一五年）四〇一頁以下も参照。

(34) 高崎・前掲註（10）一三三七頁。なお、IBM社とそのホレリス・システム、ホロコーストの関係を丹念に調査した労作として、エドウィン・ブラック（小川京子訳、宇京頼三監修）『IBMとホロコースト——ナチスと手を結んだ大企業』（柏書房、二〇〇一年）。

(35) 内田・前掲註（33）は、最近の日本の現状を「昭和三年」（準戦時体制への導入期）と似ているとし、「過去の過ち」に学びつつ、日本国憲法を「武器」として自由と民主主義のために闘うことを説く。

(36) 山本龍彦「警察による情報の収集・保存と憲法」警察学論集六三巻八号（二〇一〇年）一一一頁以下、同・前掲註（13）六〇頁以下など参照。

(37) 緑・前掲註（13）六五頁も同旨。

(38) 山本・前掲註（13）六三頁参照。

(39) 実際は、民間業者とGPS端末の契約を締結した場合には、一月上限二〇〇回までなどという制限が付されることになる。

(40) 指宿・前掲註（13）「GPS利用捜査とその法的性質」六二頁以下は、ビッグデータ時代においては「私的空間＝プライバシー保護あり、公的空間＝プライバシー保護減少」（いわゆる公私二分論）といったパラダイムそのものが見直しを迫られているとして、公共空間におけるプライバシー保護の意義を説く。本稿の趣旨も基本的には同様の問題意識に基づいている。

(41) 前掲註（22）・大阪地決平成二七年一月二七日は、「捜査官らは、自動車で外出した被告人らを尾行するための補助手段として上記位置情報を使用していたにすぎず、その位置情報を一時的に捜査メモに残すことはあっても、これを記録として蓄積していたわけではない」ことを一つの根拠として、尾行等とGPS捜査を同一視し、GPS捜査を任意処分と解する。

(42) 山本龍彦「データベース社会におけるプライバシーと個人情報保護」公法研究七五号（二〇一三年）九〇頁以下によれば、情報収集・取得時のインパクト（激痛）に対して、情報収集・取得後の「鈍痛」が強調されるが、本稿はそれに加え、情報収集・取得前の「鈍痛」にも着目する必要があると考えている。場合により、両者の「鈍痛」は連動してその「痛み」を増大させる可能性があるからである。

(43) 大阪地判平成六年四月二七日判時一五一五号一一六頁（西成テレビカメラ事件）なども参照。

(44) もっとも、周知のように、同最高裁判決は、宅配便業者の承諾を得ていたこと、検査の対象を限定する配慮をしていたことをもって、違法であるが「重大な違法」ではないとした。なお、大場史朗「捜査過程におけるエックス線検査」久留米大学法学六五号（二〇一一年）八一頁以下は、先行の判例評釈に引きずられ視野狭窄的であった。「荷物のX線検査」という点だけでなく、「運送過程下にある荷物を収集した」という点にも十分注意しなければならない。

(45) 山本・前掲註(13)六一頁など参照。

(46) この情報収集・取得の潜在力という問題は、違法収集証拠排除（とりわけ違法捜査の抑制）にもかかわる。情報収集・取得の潜在力が高まれば高まるほど（監視社会化がすすめばすすむほど）、証拠排除における「重大な違法」の判断の余地は広がることとなろう。

(47) 山本・前掲註(13)六二頁。

(48) 同右。

(49) たとえば、二〇一二年に発生したいわゆるパソコン遠隔操作事件において、虚偽自白により無実の者らが保護処分等を受けたことなどを想起せよ。

(50) 中川・前掲註(10)一七頁など参照。

(51) たとえば、中川・前掲註(10)七五頁は「日本における個人情報保護法はプライバシー保護法ではないことを念頭におかないと全体像がみえにくい」とする。この点、鈴木正朝・高木浩光・山本一郎著『ニッポンの個人情報――「個人を特定する情報が個人情報である」と信じているすべての方へ』（翔泳社、二〇一五年）も参照。

(52) なお、EUにおいても一般のプライバシー保護と犯罪捜査等におけるプライバシー保護は別様に扱われている（たとえば、「データ保護規則案」と同時に提案された「監督官庁による犯罪の予防、捜査、勾留、訴追又は刑罰の執行の目的での個人データの取扱いに係る個人の保護及び当該データの自由な移動に関する欧州議会及び理事会の指令提案」Proposal for a Directive of the European Parliament and of the Council on the Protection of Individuals with Regard to the Processing of Personal Data by Competent Authorities for the Purposes of Prevention, Investigation, Detection or Prosecution of Criminal Offences or the Execution of Criminal Penalties, and the Free Movement of Such Data, COM (2012) 10 final (Jan. 25, 2012) など参照）。しかし、あくまでも堅牢な一般のプライバシー保護法制を前提として、例外的に犯罪捜査等について緩やかな規律をするものであり、一般のプライバシー保護が緩やかで、かつ、犯罪捜査等においてもほぼ警察の自由裁量である日本の状況とは異なる。一般のプライバシー保護と犯罪捜査等におけるプライバシー保護の緩和はあくまで「取引的」であるべきである。

(53) See, Court of Justice of the European Union, The Court of Justice declares that the Commission's US Safe Harbour Decision is invalid (PRESS RELEASE No117/2015), available at, http://curia.europa.eu/jcms/upload/docs/application/pdf/2015-10/cp150117en.pdf

(54) この点、「(耕論)アップル対FBI(マイケル・ズウェイバック・板倉陽一郎・高木浩光)」朝日新聞朝刊二〇一六年四月二〇日も参照。

(55) この問題は、いわゆる飯塚事件のDNA鑑定で先鋭化した。飯塚事件については、大場史朗「飯塚事件と死刑再審」大阪経済法科大学法学論集七五号(二〇一六年)一九五頁以下参照。

(56) 山本龍彦「予測的ポリシングと憲法――警察によるビッグデータ利用とデータマイニング」慶応法学三一号(二〇一五年)三二一頁以下など参照。

(57) したがって、今後、刑事法における利用目的に沿ったビッグデータに求められるべきは、データの「多量性」に加えて、「高解像」、「多源性」、「多種別」などであるようにおもわれる。この点については総務省・前掲註(2)参照。

(58) たとえば、犯罪統計規則(昭和四〇年九月一六日国家公安委員会規則第四号)、犯罪統計細則(昭和四六年一〇月六日警察庁訓令第一六号)、鈴木定光「犯罪統計規則の一部改正」警察公論五九巻二号(二〇〇四年)二八頁以下など参照。

(59) なお、毎日新聞二〇一五年一二月七日によれば、二〇一〇～一四年の五年間に、首都圏一都三県(東京、神奈川、埼玉、千葉)と近畿二府四県(大阪、京都、兵庫、滋賀、奈良、和歌山)で起きた介護殺人のうち、裁判記録を確認できたり、関係者を取材できたりした四四件について調査したところ、半数近い二〇件で加害者が昼夜を問わない過酷な介護生活を強いられていたことが分かったとされる。このような事案を、ビッグデータを用いて分析すればさらに詳細な情報が得られることは間違いない。

(60) 内田博文「『超個人的法益』に対する罪の一考察」西原春夫先生古希祝賀論文集編集委員会『西原春夫先生古希祝賀論文集〔第三巻〕』(成文堂、一九九八年)なども参照。

(61) この点、山口厚『危険犯の研究』(東京大学出版会、一九八二年)も参照。同書が提唱する「危険犯」概念が「危険」の水増しになるとの指摘として、内田博文「危険の概念」西田典之・山口厚編『刑法の争点〔第三版〕』(有斐閣、二〇〇〇年)参照。

(62) 内田博文「ベンサム刑法理論について」『刑法学における歴史研究の意義と方法』(九州大学出版会、一九九七年)三七九頁以下など参照。

一九九〇年代におけるフランスの薬物政策の転換
——抑止からハーム・リダクションへ

大藪志保子

Ⅰ　はじめに

二〇一三年一二月に発表された犯罪対策閣僚会議の「『世界一安全な日本』創造戦略において、サイバー犯罪や組織犯罪、テロへの対策とともに再犯防止対策の推進が柱に掲げられた。その前年に犯罪対策閣僚会議が発表した『再犯防止に向けた総合対策』は、犯罪白書のデータを基に、「約三割の再犯者によって、約六割の犯罪が行われている」、「平成二二年における一般刑法犯検挙人員に占める再犯者の比率は四三％、刑務所への入所受刑者人員に占める再入者の比率は五六％であり、いずれも近年において上昇傾向が続いている」、「検挙された再犯者のうち、前に検挙されたものと同じ罪名で再び検挙された者の比率が高い順に見ると、覚せい剤取締法違反の六〇％、傷害の二〇%、窃盗の一九%等となっている」とし、「再犯防止対策は、『世界一安全な国、日本』復活の礎ともいうべき重要な政策課題」とする。再犯率の高い薬物事犯に対しては、特に「再使用の危険性が最も高いとされる刑務所等からの出所等後間もない時期については、密度の高い指導及び支援を実施した上、引き続き医療機関、薬物依存症に係る自助団体等と緊密に連携しつつ薬物依存に対する継続的・長期的な指導・支援の充実を図る」と宣言している。

こうした流れの中、薬物事犯者に施設内処遇後に十分な社会内処遇を実施して再犯防止を推進するための制度として、二〇一三年に薬物使用等の罪を犯した者に対する刑の一部の執行猶予に関する法律が公布された。ところが、現状は薬物事犯者の社会内での支援の要である医療機関が非常に未整備であり、担当機関である保護観察所が連携できる機関が極めて少ない。(1) 二〇一四年に保護観察所と関係機関(精神保健福祉センター等、医療機関、民間支援団体)との間で薬物事犯者本人に対する処遇上の連携が図られた例は三七一人で、これは本来の対象者(三〇〇〇人強)からみてごく一部にすぎない。二〇一六年に刑の一部執行猶予が施行されれば、薬物依存のある保護観察対象者が数千人規模で増加し、しかもその観察期間も長期化することが見込まれている。いくら医療機関や関係団体との連携による支援を宣言しても、現実に受け入れ先がなければ絵に描いた餅である。

一方、二〇一三年に政府が発表した第四次薬物乱用防止五か年戦略でも、目標二において薬物乱用者に対する治療・社会復帰の支援を掲げ、民間団体や関係機関(医療機関、取締機関、行政機関等)との連携がうたわれている。しかし、医療機関と行政機関との連携が機能不全であり、目標三において末端乱用者に対する取締りの徹底を掲げている取締機関が出所後の継続的かつ長期的な「支援」を担うとすれば、それは「監視」に他ならないといえよう。であれば、刑の一部執行猶予は行為責任の枠を超えた負担を行為者に強いるものといえる。

そもそも、薬物依存症により何度も「再犯」を繰り返す薬物自己使用者に対し、なぜ刑務所での処遇を先行し、出所した後も長期の監視を続ける必要があるのであろうか。薬物自己使用を犯罪として処罰することで、根本にある薬物依存症が治療に結びつかず、問題が顕在化しないまま深化・進行してしまうことが指摘されており、[2] 国連犯罪・薬物事務所も薬物依存を刑事司法による処罰ではなくヘルスケアを通して取り扱う健康志向アプローチ(health-oriented approach)を提唱している。[3]

改めて薬物自己使用をなぜ処罰する必要があるのかを問い直し、非刑罰化ひいては非犯罪化を考えるための手がかりとして、フランスの薬物自己使用対策をとりあげる。フランスは西欧のなかでは数少ない薬物自己使用を犯罪とする法制度を有しているが、一九七〇年の薬物基本法により医療的対応による刑罰代替原則が確立され、薬物自己使用罪の非刑罰化が試みられている。[4] そのフランスでは社会情勢の変化とともに薬物問題の再考を促す状況が登場したことにより、九〇年代に薬物中毒との闘争を根本的に転換せざるをえなかった。それが、一九九三年及び一九九五年の薬物中毒との闘争に関する政府の活動計画に表されるハーム・リダクション政策である。[5] ここでは、フランスの九〇年代の抑止政策から厚生政策への転換の背景と中身を明らかにする。

Ⅱ　一九九〇年代の薬物政策の転換の背景事情

1　ヨーロッパ統合

一九五七年のローマ条約に基づく当初のヨーロッパ共同体において、薬物中毒との闘争の領域における共同体の最初のイニシアティヴは、一九八四年に出現した。一九八四年から一九八六年には、この問題はヨーロッパ共同体加盟国の厚生大臣によっても取り上げられることとなり、薬物中毒との闘争は、公衆衛生の領域においてヨーロッパ共同体の優先事項の一つとなった。一九八六年にヨーロッパ委員会は、薬物問題の総合的、共同体的アプローチに関する通告を、ヨーロッパ評議会およびヨーロッパ議会に伝達し、ヨーロッパ評議会および各国の厚生大臣は、次第に、様々な領域においてヨーロッパ委員会が加盟各国に主張する一連の結論、すなわち、検診、エイズの予防、衛生面での情報収集、情報交換、刑事施設に収容されている薬物中毒者の社会復帰などを採用するに至った。このように、徐々にヨーロッパ共同体内部において薬物問題への取り組みのメカニズムが構築されつつあった。(6)

一九八九年には、薬物との闘争の様々な領域における一貫した活動とヨーロッパ内の調整を図ることを目的として、ヨーロッパ委員会および加盟各国の代表者によって構成されるアンチ・ドラッグ闘争のヨーロッパ委員会（CELAD）が形成された。「共同体体系の外部に位置する政治的グループ」として設けられたこのアンチ・ドラッグ闘争のヨーロッパ委員会は、その帰結として決定力を有していないという限界性を持っていたが、この機関の働きにより薬物問題に関するヨーロッパ共同体の加盟各国の間で一定のコンセンサスが発展することとなった。最初の「薬物との闘争に関するヨーロッパ計画」は、このアンチ・ドラッグ闘争のヨーロッパ委員会によって作成され、一九九〇年に採択された。その内容は、五つの局面からなる。すなわち、①薬物の需要の低減を目的とした活動、これは、広報および教育による予防、社会的―衛生的処遇、薬物中毒者の社会復帰および職業復帰、資格者の養成教育などが中心となる。②薬物現象に関するヨーロッパ観測所（OEDT）の創設。③加盟各国のレベルでの調整活動。④違法取引の処罰を目的とした活動、これは、国境地帯における監視の強化、麻薬の違法取引の収益に対する手段の強化などである。⑤国際的レベルでの活動、これは国連条約の実施の勧告、主要な麻薬の生産国および通過国との共働などが中心となる。

このように、一九九三年一一月のヨーロッパ統合条約の発効以前に、薬物中毒の発展との闘争のための政治的、法的手段が存在していた。しかし、ヨーロッパ共同体の基本条約である一九五七年のローマ条約にも一九八七年のヨーロッパ協定にも、薬物に関する規定は含まれていなかった。条文上で初めて共同体の活動領域としての薬物と

の闘争が明言されたのは、一九九三年のヨーロッパ統合条約が最初である。(7)

一九九三年のヨーロッパ統合条約においては、薬物問題は公衆衛生の優先事項に位置づけられ、薬物中毒の予防が共同体の活動領域における優先事項とされた。ヨーロッパ統合条約第一二九条によると、「共同体は、加盟各国間の調整を奨励し、必要であればその活動を奨励することにより、より高いレベルでの人の健康の保護の保証に務める。共同体の活動は、病気の予防、とりわけ薬物中毒を含む大災厄の予防を、その原因および伝播の研究ならびに健康に関する広報活動および教育を助成することによって、行われる」。

このように一九九三年のヨーロッパ統合条約においては、明確に薬物中毒問題が公衆衛生上の重要関心事とされ、その対策手段として研究、広報活動、教育による予防の措置が挙げられている。その背景には、薬物中毒者間におけるエイズなどの重大感染症の拡大とその公衆衛生に及ぼす危機が、ヨーロッパ共同体のなかでひろく認識されるに至ったという事情がある。

2　エイズその他の重大感染症の拡大

では次に、エイズや肝炎の感染者数の増加など、当時のフランスにおける薬物中毒者の置かれていた衛生状態の悪化要因について見てみることにする。薬物中毒者の置かれている衛生状態の悪化要因として、まず第一に、薬物の過量摂取による死亡者の増大と、第二に、注射を手段とした薬物摂取による肝炎およびＨＩＶ感染者の増大が挙げられる。特にこの第二の問題は、薬物中毒者自身の健康の悪化のみならず、一般の公衆衛生に対する新しい危険として当局の関心事となった。

まず、第一の薬物の過量摂取による死亡者の増大であるが、その原因としては、消費している製品の性質やその出所に関する薬物中毒者の無知や、任意又は強制的禁絶の後の薬物使用の再開、が挙げられている。過量摂取による死亡は一九七〇年以降常に増加を続け、一九八〇年代半ばから倍増している。明らかに薬物の過量摂取による死亡と認められたものだけで、一九七〇年には五件であったものが、一九八六年には一八九件、一九八七年には二二八件、一九八九年には三一八件、一九九〇年には三五〇件、一九九一年には四一一件、一九九二年には四九九件、一九九三年には四五三件と増大した。(8)

第二に、薬物中毒者間での肝炎およびＨＩＶ感染者の増大は、特に注射によるヘロインの使用とその注射器の共有の慣行と関連している。注射器を共有する慣行の理由は、注射器の流通が規制されていることの他に、注射器の所持の事実が薬物使用の疑いによる警察官質問の対象となるために、薬物中毒者が自分専用の注射器を所持しないためであると指摘されている。(9) 以下、順に薬物中毒者におけるエイズ感染、肝炎感染の問題について述べる。

まず、フランスにおけるＨＩＶに感染した薬物中毒者の人口について、刑事施設内に収容されている薬物中毒者を見てみると、一九九三年に総計五万二二二〇人の被収容者のうち、ＨＩＶテストで陽性となった者は全刑事施設内人口の四％にあたり、その九〇％が静脈注射を行っている薬物中毒者であると見積もられている。ヨーロッパエイズ伝染監視センターの一九九三年の資料によれば、一九九三年三月までには五八一七件の薬物注射によるエイズ感染の事例があり、これはフランス全国の二万三七七四例のエイズ感染者の二四％にあたる。地域によって一五〜四五％のばらつきがあるが、注射を行っている薬物使用者の間のＨＩＶ感染率は三〇％であると見積もられた。(10)

また、一九九三年七月のモンタニエ教授によるエイズ研究の報告書によれば、全人口中のＨＩＶ感染率が〇・八％であるのに対し、薬物中毒者におけるＨＩＶ感染率は約三五％である。また、エイズを宣告された事例の二八・五％を薬物使用者が占めている。感染経路は、注射器の共有および性的関係である。薬物中毒者は仲間の間で注射器を共有するのみならず、薬物入手のためのお金を稼ぐ手段として売春を行うこともあるため、薬物中毒者を通して社会全体へとエイズが発展する危険があるとされている。[11]
もう一つは、薬物中毒者内でのB型肝炎およびC型肝炎の蔓延の問題である。アンリオン報告書によれば、「六〇％から八〇％の薬物中毒者がB型肝炎に感染しており、うち五％から一〇％が、肝硬変あるいは肝臓ガンへと進行する可能性のある活性の慢性肝炎に発展する疑いのある慢性の保有者である」とされ、これに対しては、「有効なワクチンの存在のおかげで、今後はB型肝炎のウィルス感染の減少を期待できよう」と述べられている。また「注射を手段とする薬物中毒者の七〇％から八〇％がC型肝炎のウィルスに感染しており、これに対してはワクチンは存在しない。感染者の五〇％が、肝硬変あるいは肝臓ガンに進行する可能性のある非活性の慢性肝炎に発展する疑いのある慢性の保有者であり、C型肝炎の感染は、B型肝炎よりも重大となっている」と指摘されている。[12]

Ⅲ　政府の薬物中毒者政策の転換

1　一九九三年の政府の「薬物との闘争」計画

一九九三年三月の国民議会総選挙での圧勝を受けて約五年ぶりに政権についた保守政党RPRのバラデュール率いる保守政権は、一九八六年の同じくRPRのシラク内閣でシャランドン司法大臣が薬物自己使用の重罰化と治療の強制に向けた法改正提案を行ったの[13]とは一転して、薬物中毒者に対してハームリダクション政策のアプローチをとった。一九八七年までは、薬物の消費に関連する有害な効果を最小限に抑えるためにあらゆる個人的および集団的、医療的および社会的活動をとるハームリダクション戦術は、薬物中毒の根絶の追求という支配的価値とはまるで正反対であった。しかし、エイズの流行は、一九八四年以来、国全体に衝撃を与え、政府に衛生政策の修正を迫ったのである。薬物の注射による使用に直接関連したエイズ事例は、一九八四年以前には厚生省の公式な認定がない。しかしながらその感染様式は、一九八一年以来知られていた。一九八五年までは、政府は何の判断も行わない立場を選んだが、薬物中毒者におけるＨＩＶ感染の重大性が、次第に公権力、健康に関わる専門家、薬物使用者、および一般大衆に自覚されるようになり、一九八七年に、ＲＰＲのシラク政府は「ＨＩＶに感染した薬物中毒者の問題の管理」を決定した。この問題が政治的項目に位置づけられたのである。こうして一九八七年には、注射器の販売の自由化を試験的に試みるバルザック（Barzach）デクレが制定された。

ハームリダクション政策の実施は、薬物中毒の根絶・禁制の命令から薬物中毒の管理・統率へと優先順位の変更を伴う。したがって、政府はこの新しい目的を満たすために新しい制度を展開する必要に迫られ、一九九三年九月二一日の、および一九九五年九月一四日の薬物との闘争の政府計画、ならびに一九九三年五月一三日のエイズとの闘争計画が策定された[14]。

一九九三年九月二一日の薬物との闘争に関する政府計画は、「特に若者における薬物の消費の増大、薬物取引の発展、過量摂取による死亡者数の増加、および薬物中毒者の間でのＨＩＶ陽性者の懸念すべき拡大に直面して、政府は次の五つのテーマに関し、緊急の手段および中期的手段を含む第一次活動計画を採用した」と述べて、①国際的活動、②取引との闘争、③治療命令、④保健衛生システムの改善、⑤予防の各分野における緊急手段および中期的手段を宣言した。

①の国際的活動については、緊急手段として、署名した国際的約定の早急な実施―国内法の必要な修正手続の後に、犯罪の収益のローンダリング、捜査、押収および没収に関するヨーロッパ評議会の条約の批准―外洋での取引の処罰を認めるウィーン条約第一七条の実施などが挙げられている。

②の麻薬取引および公道域における販売との闘争については、緊急手段として、記録手続（p.v.）の利用による薬物使用に関する犯罪調書の早急な簡略化――特に弱点的国境地帯において、警察、憲兵隊および税関による麻薬の

取引の監視の共働・強化。また、中期的手段として、薬物中毒者あるいは他の売人と日常的に関係を持つ取引人で、その生活に見合った収入を正当化できない者を制裁する特別の軽罪の新設――未成年者の労力を利用する売人を制裁するための特別な軽罪の新設―薬物中毒者の親の会に、薬物の売人に対する民事訴訟の当事者を構成する権利を認めること――処方せんの虚偽の利用を不可能にするための手段を、健康の分野の専門家との連絡のなかで検討することが挙げられている。

③の治療命令の発展については、社会問題、健康及び都市問題省および司法省によって県の社会及び衛生問題局あて及び検察局あてに指令を出し、治療命令の有意義な発展に必要な手段を実効に移すことが挙げられている。

④の衛生システムの改善については、緊急手段として、病院サービスによる薬物中毒者の受け持ちのさらなる増加――各施設による薬物中毒者の禁絶治療のための三～五の病床の確保、および関係する看護人が専門の養成教育を受けること――薬物中毒者に対する治療の特別体制の強化――現在七〇〇床以下である禁絶の後の宿泊付受け持ち収容施設の三年間での倍増、また周辺的存在となった薬物中毒者のための受け入れ及び看護の場の多様化――自由業の医師の参加、養成教育及び再グループ化の助成――看護センター、社会サービス及び団体とともに、様々なパートナーの嘱託的参加に基礎を置く「市―病院―薬物中毒」ネットワークの形成――収容された薬物中毒者の看護へのアクセスの改善――現在一六を数える拘置所内薬物中毒支局の枠内に、刑務所の出所及び看護と支援体制に向けられたオリエンテーションを準備するための枠組みの発展が挙げられている。また、中期的手段として、地方共同体との連携により、緊急センターの設立によって、大都市において、最も周辺的存在となった薬物中毒者人口の一部の宿泊あるいは受け入れの保証――エイズ及びその他の感染病に結び付く危険の制限に関しては、看護人と薬物中毒者の接触の枠内における注射針の交換プログラムを発展させるために、多様な行政規則による対応の試み――医学学習の課程の中での薬物中毒問題に対応する医師の養成教育の発展――進行中の代替物プログラムの評価

が利益に適うものであれば、コントロールの上でのさらなるプログラムの展開――代替物プログラムに、患者の正確な追跡および最終的には依存のない生活を目指した総括的管理を可能にするため、健康省に認可されたセンター内でのメタドン服用の局地化を含むこと、が挙げられている。

⑤の予防については、緊急手段として、薬物問題に関するキャンペーンの国内大会を一九九四年に少年およびその家族に向けて開催――この大会の機会に、学校施設による特にカンナビスの危険に関する少年および教員への広報活動の発展――中級生徒に向けられた健康教育の幅広いプログラムの中に二時間の薬物の特別広報を組み込むことが挙げられている。また、中期的手段として、学校施設の下での社会環境委員会の体制の拡大――学校システム外で篤志的なあるいは職業的な枠内で実施され、適応した養成教育の利益を受ける地方予防活動の強化――地方共同体との合意により県の保安計画の枠内で、少年に薬物の危険性を広報し、また薬物中毒者の看護システムとの接触の便宜を図る目的で、少年の集まる場所に一時的な宿泊および受入の場所の開設――予防に携わる人員の養成教育が挙げられている。

以上の活動計画の予算として、とりわけ三年間のうちに倍増されるアフターケア体制の充実や行政と病院のネットワーク機能の改善に対する他、メタドンによる代替物プログラム、宿泊センターの試み、人員の養成教育や広報キャンペーンなど、保健衛生システムの改善や予防活動といった需要削減対策を中心に、一九九三年の補正予算に三五〇〇万フラン、一九九四年予算に五〇〇〇万フラン、一九九五年に一億五〇五〇フラン、一九九六年に二億三五〇〇万フランの支給が宣言されている。

2　一九九五年の政府の「薬物との闘争」計画

一九九五年九月一四日の薬物および薬物中毒との闘争に関する省庁間委員会計画においては、厚生政策として、アヘン剤に依存する薬物中毒者の代替物治療へのアクセスの改善が引き続き最優先事項であるとされ、次のように述べられている。すなわち、一九九五年一月以来、薬物中毒者に対する特別ケアセンターはすべて、メタドンの処方および交付を許可されている。特別ケアセンターにおける患者の第一段階での継続的治療の後、一般医を治療に参加させることが可能となったが、このアフターケア体制は、自由業の医師と薬局の薬剤師に向けられた固有の養成教育を必要とする。アヘン剤に依存する四万五〇〇〇人の薬物中毒者が、彼らの主治医による継続を伴った代替物治療の利益に与ると見積もられる。一人の医師および一人の薬剤師は、平均して一〇人以上の薬物中毒者を継続的に見ることはできないであろうから、四五〇〇人の医師と四五〇〇人の薬剤師がこの治療の処方および診療に向けて養成されなければならない。一九九五年には、二〇〇〇人の医師と二〇〇〇人の薬剤師がこのタイプの養成教育を受けている。一九九五年には二九のセンターが十分な数の医師及び看護婦の人員確保のために、および好条件でこの治療の継続を実現するために、補充的資力を与えられた。現在四一の県をカバーする七五のセンターがこの対象となっている。センターのない五七の県をカバーするため、十分な資力があてられよう。加えて、二五〇〇人の医師と二五〇〇人の薬剤師が養成教育を受けることができなければならない。

薬物犯罪の処罰に関しては、国際的な処罰の相互扶助の手続を確立し、組織犯罪の収益のローンダリングを罰すること—取引人あるいは複数の麻薬使用者と日常的に関係を持つ人間が、その生活を合法的な収入によって正当化できない事実を罰すること—取引人が取引を幇助させるために未成年者を利用した場合の刑の重罰化—麻薬運搬の疑いのある船に外洋上で介入する可能性—薬物及び薬物中毒との闘争に関わる団体に民事訴訟の当事者を構成する可能性を付与すること、を内容とする取引に対する刑事制裁の強化に向けられた二つの法案の、秋の国会の優先的議事日程への登録が述べられている(15)。

また、薬物中毒及び麻薬取引の発展に対する闘争に適応するために、滞在禁止及び領内立入禁止という付加刑言い渡しの法的条件を検察に喚起し、これらの付加刑をよりシステマティックに求刑し、さらに他の介入機関（行刑機関、知事など）との連携により、遅滞なくこれらの付加刑を効果的に実行するよう検察に促すことを狙いとした通達を近いうちに出すことが挙げられている。

他には、規制手段の強化について、人的及び物的手段を共有し、さらに調整した戦術によって増強した協力体制がますます必要であるとの認識のもとに、国家警察の内部では、公的安全班と司法警察が、一定の場面で、通りおよびアパルトマンでの麻薬取引との闘争をより円滑にするために混成班を組織すること―領土内全域で、県知事および共和国検事の共同主宰の下に税関、国家憲兵隊および国家警察を集合させた県の安全委員会が決定機関を構成すること―その内部において、関係サービスの活動が調整され、特に困難であるとみなされている場面における作業体制の実施のための事前の情報や資料の交換が保証されることなどが宣言されている。

以上のように一九九三年および一九九五年の政府計画には、麻薬取引犯罪に対する処罰強化の路線の継続の一方で、薬物中毒者に対しては、代替物処方を根幹としたハームリダクションの発想に基づく、代替物処方を根幹とした政策の変更が採用されている。

3　アンリオン報告書

この新しい厚生政策の実施には、この問題に関して重要な役割を果たした諮問機関の影響がはたらいた。アンリオンが長を務めた、薬物および薬物中毒に関する考察委員会である。(16) この委員会の特徴は、専門家委員会ではなく、門外漢も含めたいわゆる賢人委員会であることである。座長のアンリオンは、国立医学アカデミー会員である医学部教授であり、計一七名で構成される委員会委員は医師、管区警視正、共和国検事、控訴院裁判長、ジャーナリスト、中学校長、社会施設長、社会学者などによって構成され、法学者や弁護士はメンバーに入っていない。

このアンリオン委員会は、薬物基本法である一九七〇年一二月三一日の法律の今日性を、処罰的、衛生的、社会的の三つの面において、検証するために、社会問題、厚生および都市問題大臣であるシモーヌ・ヴェイユによって一九九四年三月に任命され、一九九五年二月に報告書を提出した。その報告書の序文によれば、「大臣からの委任が、暗に薬物製品の販売および支給の禁止の維持の仮定を前提とするものである」ことから、「その要求から外れないように基本的な考察を行う」ものである。[17]

報告の内容は、まず一部において、二〇年経過した後の一九七〇年法の適用状況やその結果を考察したうえで、二部において、提案および勧告を行っている。その項目は、実施される政策の有効性の改善、予防に重点を移した薬物中毒との闘争、薬物中毒者の排除の打開、法律の修正、取引の処罰の改善の可能性、の五つである。また、三部において、代案政策に関する議論を開くことと題して、一方で禁止の効果に対する批判、他方で管理された薬物支給の限界と困難性に関する留意を扱っている。

アンリオン委員会は、大臣の依託に基づき、ソフトドラッグ・ハードドラッグの区別の問題や、違法な物質の単純消費者に科せられる刑事制裁の廃止の是非について検討を行っているが、数カ月の熟考の後に結局、意見の一致には到達し得なかった。しかしながら、重要なことは、カンナビスの使用罪及びその少量所持罪の廃止が一票差で（一七人中九人）過半数を得たことである。「少なくとも法律の条文中で、ハシッシュを機会的に吸う若者と日に何度も注射を打つヘロイン中毒者とを一つにまとめるのは困難である」と委員会のメンバーは述べている。[18]

ヴェイユによって提起されたソフトドラッグとハードドラッグとの区別を採用すべきか否かの問題については、委員会は「危険性の高い薬物と危険性の低い薬物をシンプルに考慮することができる」と判断し、カンナビスおよびその派生物（マリファナ、ハシッシュ、オイル）は最も危険性の低い薬物に分類された。フランスにおけるカンナビスおよびその派生物（マリファナ、ハシッシュ、オイル）の機会的消費者は、フランス保健教育委員会によれば一〇〇万人から三〇〇万人、フランス世論調査会（SOFRES）によれば四〇〇万人から五〇〇万人いると見積もられている。報告書によれば、カンナビスの単純使用者を訴追しないよう検察に命じている一九七八年のペルフィット通達およびそれを補完した一九八四年九月のバダンテール通達によって、カンナビスの使用は事実上非刑罰化されている。

カンナビスの使用及び少量所持罪の刑罰化の廃止に賛同する九人の意見によると、実務上もはや適用されていない刑事制裁を残すことは、滑稽であり、若者の目にとって司法の信用を失墜させることになる。そこで、現行の刑罰化に代えて、「引き起こされうるやる気の喪失と反社会化を理由とした」一六歳未満の吸煙の禁止、および公の場でのカンナビスの消費の禁止、すなわち「公道域でのカンナビス酩酊の処罰」、「カンナビスの影響下での運転の罪の新設」「なかんづく航空管制官、パイロット、TGVの運転手のような安全に関わる職業におけるその使用の禁止」を規定する規則を提案している。「二年以内に状況の悪化が全くなければ、国の厳格な管理下での流通による統制が志向されよう」と非刑罰化の賛同者達は見積もっている。

反対に、現行の刑罰化を擁護する八人が主張するのは、カンナビスの濫用と結びついた潜在的衛生上のリスクの懸念、「重大な薬物中毒者の大半はカンナビスによってその道に入っていった」とするハードドラッグへの「エスカレーション理論」、カンナビスの濫用が、たとえ「それ自体は十分な原因」ではないとしても精神分裂病の発症の一因となること、効き目の強い物質含有量が特に高められたカンナビスの温室での製造の告発である。しかしながら彼らも、「禁止を回避することなくカンナビスの特性を考慮に入れた条文の展開」には反対していない。彼らは「本人の利益に適う拘束的行為を実行する」ことが可能となるような一九七〇年の法律の修正を提案している。「代替刑（日数罰金、権利剥奪、公益奉仕労働）」および「刑の個別化」の利用が志向されている。

いわゆるソフトドラッグであるカンナビスの場合とは反対に、ヘロイン、コカイン、クラックなどの「危険な」

薬物については、委員会の内部で一票差で（九対八）引き出された過半数は、刑罰化の維持を支持した。「最終的に採用される解決法が何であれ、委員会のメンバーは、評価手続と十分な衛生的手段および司法的手段が実行される前に介入すべきではないということを主張する」とアンリオン報告書は前もって通告している。

一七人の委員が同意した点は、第一に、「疫学的監督の強化」の要求である。第二は、化学的および臨床的神経生物学、人間科学の三つの領域での「研究の促進」の必要性である。これらの研究を統括するため、一九八七年法で予定されつつ未だ実現していない研究機関の設置が勧告されている。[19] 第三は、予防と看護である。病院での薬物中毒者の受入れの改善のプログラムも提案されている。委員会は、「急患状態に達したすべての薬物中毒者が、養成教育を受けた資格を有する医師によって診察され得る」ことを要求し、一九九四年時点で九つ存在する病人である薬物使用者にたいする介入および調整チーム（ＥＣＩＭＵＤ）に発想を得た「薬物中毒者の恒常的受入部」を病院内に設立することを計画している。

さらには、注射針、避妊具および代替薬品の交付ならびに一般医のネットワークに基づいたいわゆる（過量摂取、肝炎、エイズ、周縁化、犯罪の）ハームリダクション政策が早急に進められること、無一文となった薬物使用者の受入場所である「ブティック」の数および巡回予防バスの数を「顕著に増加」させること、他の一般法上の罪によって収容されている薬物使用者（五万四〇〇〇人近くの被収容者のうち約一万人）に対する「真の治療の継続を組織するために試みられる努力の続行」の必要性、フランスではほとんど実施されていない医師と患者の共同生活による地域治療の奨励・展開などが報告書に述べられている。[20]

ヴェイユは、二月三日のルモンドとの会談の中で、委員会はすばらしい仕事をなしたと評価し、アンリオン報告書は、政策の方向性の変化が適切であったことと、この二年政府が行っている努力の加速を強調していると述べた。しかしながら、フランスがヨーロッパの中でルクセンブルグとポルトガルとともに薬物使用の刑罰化を維持している少数国であるという特異性、およびフランスの世論における非刑罰化問題の今後の進展の可能性についての質問に対しヴェイユは、「問題を極端に単純化してはならない。非刑罰化の方法を選択した諸外国は、常に肯定的結果を引き出しているわけではない」、「私としては、世論から決定されてはならず、客観的な科学的所与から決定されなければならないと考えている。アンリオン報告書が確認しているように、十分な判断材料の欠如および予防活動の弱さのために、今日結論を出すのは不可能である」として、薬物使用の非刑罰化を回避した。しかしながら、今後法律の修正に際して十分な材料を得て意見を述べることが可能となるように、近いうちに、評価、予防、養成教育、臨床的基礎的社会学的研究の活動を指導する任務を負った研究機関の創設の提案を行うようにアンリオン教授に要請することが述べられている。

その他、カンナビスの使用と小量所持の訴追を行わないことを命ずる一九七八年及び一九八四年の二つの通達が地域による適用の不統一を生じていることに対して、地域的不均等の改善のために治療命令に関する実務を一致させる通達への署名と一九九五年に二二五〇万フランの予算化、一九九五年の薬物中毒に関する調査研究予算の五〇%の増加、病院局長のもとに薬物中毒問題に従事するオーガナイザーの任命、最も社会化されていない薬物中毒者を受け入れる場所であるブティックの数の倍増、代替薬品を扱う医師の養成教育に対する四〇〇万フランの充当、行政―病院ネットワークの倍増、地域治療の発展・奨励も宣言している。[21]

アンリオン報告書の提案したカンナビスの自己使用の刑罰化の否定は、以上の通り政府によって却下されたが、運用上は、一九七八年のペルフィット通達および一九八四年のバダンテール通達の二つの通達によって、カンナビスの自己使用を訴追しないことによる非刑罰化が図られている。このように一九九三年九月および一九九五年九月の薬物との闘争計画においては、薬物中毒者対策として処罰（秩序維持）よりも予防（公衆衛生の保護）に重点を置く方向性がとられている。

Ⅳ　増加する中毒者への新たな対応の試み

1　注射器の流通の自由化

一九九〇年代の政策転換によるリスク・リダクション政策は、具体的には注射器の流通の自由化および代替薬物による薬物中毒治療による薬物中毒者の感染症防止として実施された。注射器の販売の自由化は、一九八〇年代後半から問題となっていたが、当時の支配的価値である薬物中毒の根絶とは相反するため、その実現には時間が必要となった。また、その実現には、医者を中心としたＮＧＯによる薬物中毒者への注射器の配付運動も影響を与えた。[22]

一九八五年には、薬物中毒者を襲うエイズの惨劇を理解する医者が注射器の自由な販売を実現するために健康省に働きかけていた。一九八五年八月三〇日に、記者会見の中でエルベ厚生大臣は、注射器の販売自由化の真剣な可能性を発表した。当時の社会党政権のファビウス首相は、麻薬に関する専門家諮問委員会にこの問題を扱うことを要請した。しかしながら、これらの専門家達の大半はそのような手段に反対した。同委員会の委員であるデュガランは、「注射器に関するこのような立法が、薬物中毒者によってさらされるリスクを変えるだろうと考えるのは、ジャーナリスト界や医療界の幻想である」と述べている。これを受けて、世論における注射器販売自由化の不人気を恐れて、当時の政府は結局何の決定も行わなかった。[23]

一九八七年に、ＲＰＲのシラク政権はＨＩＶに感染した薬物中毒者の問題の管理を決定し、この問題を政治的項目に位置づけた。このシラク政権下で最初の注射器の販売の自由化に関する立法が行われたが、その成立には政府内での省庁間の対立があった。注射器の販売の自由化を行う厚生大臣バルザック（Barzach）のデクレに対し、内務大臣および大蔵大臣が、彼らにとって好ましくない処分の適用を遅延させるために、政府内部で手段を講じたのである。一九八七年一月二八日に、内務大臣は署名のためのデクレを受理したが、署名しなかった。内務省および大蔵省の沈黙を受けて、一九八七年四月一日にバルザックは署名のための新しいデクレ法文の見本をこの二つの省に送っている。彼は同時に、省庁間の衝突の裁定のために、この二つの省に圧力をかけることを首相に働きかけた。こうして四カ月の遅延の末に、デクレは署名された。

以来、一九八七年のバルザック・デクレによる試験的な注射器の販売の自由化は、一九八八年に継続延長され、一九八九年に正式決定された。政府がハームリダクションへと政策転換した後の一九九五年には、注射器の交換プログラムの発展の他、関係する職業従事者の養成教育および広報活動、任意の検診へのアクセスおよび医療的管理へとその適用範囲が拡大されている。

2　代替物処方プログラム

まず、代替物処方を行わない幅広いネットワークに関しては、一九七〇年代及び一九八〇年代に発展している。一九九二年までに、一六の特別専門医センター、一三〇の専門医相談センター、三七のリハビリテーションセンター、その他にも中毒問題サービスに関わる公衆衛生及び精神科病院設備の大きなネットワークが作られている。関係する公衆衛生及び精神保健施設の総数は四六二であった。その他にも三五二の社会的サービス施設があり、すべての施設を合計すると九九七となった。これらのサービスは、個人へのアプローチと家族へのアプローチとを組み合わせた一連の介入を行っている。(24)

代替薬物処方を行うサービスの発展については、一九七〇年代初頭に、代替物処方の利益についての議論があり、国の認可を受けたセンターが設立されることとなった。それは、Ferdinand Vidalセンター、St Anna及び

Monmartreセンターの三つのみであった。このように一九七〇年代には数少ないサービスしかなかったが、大半の精神科医や精神分析的技能を有する医療スタッフは、アヘン剤中毒の管理において代替物処方を用いることに活発な反対をみせていた。代替物処方は三つの専門医センターにしか許可されていなかったので、患者である中毒者と関わっていた一般開業医達はコデインやブプレノフィンのような他の製品を使っていた。一般開業医の中には、患者である中毒者のための代替物サービスの拡大のロビー運動のネットワークを発展させた者もいた。

一九九三年になるまではフランスには三つのセンターしか存在しなかったが、それ以降は厚生省自身が、一九九四年末までに一〇〇〇の場所を設立する計画でメタドンプログラムの急速な拡大に向けて動き出した。刑務所の中には多数の薬物中毒者のための特別センターが存在し、いくつかの公衆衛生施設と刑事施設とをリンクさせることとなった。また、裁判所の治療命令は人々を刑務所からコミュニティサービスへとダイヴァートすることができる。

一九九三年の時点で実施されているすべてのサービスのアクセスポイントからの報告によると、一九九二年には合計三万七二三六人の薬物中毒者がサービスにアクセス（うち一万八一九一人が初めての専門システムへのアクセス）した。そのうち六二％がヘロイン若しくは他のアヘン剤使用者であり、一九％はカンナビス若しくはその派生物を使用していた。全体の二・三％がコカイン中毒者であり、二・六％がブプレノフィン中毒者、そして五・四％がコデイン中毒者であると報告されている。しかしながら、中毒者の六〇％以上が複合薬物使用者であり、五〇％以上がアルコールの消費にも関係していた。一九九二年には、ヘロイン中毒でヘルプセンターに現れた者の三五％がＨＩＶ陽性であった。

供給される一連のサービスは解毒、リハビリテーション、濫用への医学的処遇、心理学的サポート、社会的サービス及び教育、そして精神医療的健康診断である。サービスの約九〇％が処方によらないものである。アヘン剤の薬学的解毒は、主に抗不安・睡眠薬（ベンゾジアゼピン）や精神安定剤（ニューロレプティック）によって行われ、解毒にはいかなる種類のアヘン剤薬剤の使用も禁止されている。解毒手続に対する広範な検討はなく、一般開業医の間で代替薬物の処方に対する意見や実務にかなりの差異があることを調査は示している。

国の立法については、医師の処方を規制する規則は公衆衛生法典に含まれており、通達によって医師が固守しなければならない実務が定められている。その通達は、メタドンの処方箋綴りが認可されたセンターの医師によってしか使用されてはならないことを定めている。一般開業医はメタドンを処方する認可は得ておらず、ブプレノフィン、コデイン、パルフィウムを処方している。

厚生省は、厚生局長が主催し一連の専門家を含む専門家委員会を設立している。この委員会はメタドンサービスに関わるセンターの認可を行い、設立したセンターへの監督及び助言を行う。同委員会は、初期治療実務について検討し、初期治療実務に対する規制を設置するために、ブプレノフィンやモルヒネ硫酸塩のようなその他の代替製品の監視の任務を負っている。アヘン剤代替物は医療的目的のために処方されうるが、医療的目的と非医療的目的との境界は定義しがたいため、処方実務のために収監される医師もいる。

一九九四年三月にメタドンプログラムの運営のための議定書が公表された。この議定書は一般原則を概観し、とりわけその狙いはメタドンの維持ではなく断薬を達成することであると述べている。又、一つのセンターにつき参加する人数は最大限五〇人とし、これらのセンターで処方されることのできる薬はメタドンのみであるとする。定期的な尿の監視には批判的である。患者の条件は、五カ月以上アヘン剤の中毒状態にあり、先行する解毒治療の試みが失敗したことである。メタドンは施設内において監督下で消費されねばならず、服用される量は、公衆衛生の医療管理官の特定の許可がない限り、一〇〇㎎を超えてはならない。経口のメタドンのみが認められ、注射可能な状態のものは認められない。サービスへの入会時、定期的に三カ月おきに、そして接触の終了時に、基礎的なデータ書式が作成され、それによってサービスの評価が行われる。これらの書式はすべて国立衛生医学研究所（I.N.S.E.R.M.）に回送される。メタドンは、薬品が構外で消費されることもある週末を除いては、すべて施設内で投与されていたが、一九九五年三月に薬剤師達は週末に薬局サービスでの投与を始めた。

メタドンの処方と管理についてのヨーロッパ委員会へのフランスの一九九六年のレポートによると、基金については、薬物サービスはすべて厚生省から基金を得ており、精神医療サービスについては中央に基金が設立されている。直接的な専門医薬物サービスの全体の費用は四億一三〇〇万フランと、それに加えて特別に三〇〇〇万フランである。また、六一〇〇万フランの解毒のための特定基金がある。臨時の政府計画が一九九四年、一九九五年、一九九六年にそれぞれ五〇〇〇万フランを支給している。この臨時の政府基金は特に代替物処方サービスの発展のために用いられることが狙いとされている。代替物処方のサービスの提供は急速に拡大したが、医療専門家たちのなかでは、代替物処方への態度は二極分化したままである。代替物処方は少数派の活動にとどまっているが、進展する傾向にある。フランスの状況はヨーロッパの他の国と比べて、急激に変化した一例である。多様な製品を使用する代替プログラムが将来発展する可能性がある。[25]

V　おわりに

以上、一九九〇年代におけるフランスの新しい薬物政策の展開を検討した。そこでは、薬物中毒者間の重大な感染症の拡大およびそれへの対策の緊急的必要性がヨーロッパ共同体全体に認識されるとともに、フランスにおいても薬物中毒者に対する政府の関心事が、処罰又は禁絶からその健康と公衆衛生の保護へと変化したことが明らかとなった。また、政府の諮問機関として薬物および薬物中毒に関する考察を行ったアンリオン委員会において、構成委員には法学者や弁護士はおらず、取締当局から数名が加わっていたにも関わらず、過半数がカンナビス（ソフトドラッグ）の犯罪化維持を否定したことも特筆すべきであろう。

日本では初めに述べたように諸機関の連携による支援が打ち出されていても、受け入れ機関の整備がないため機能できていない現状があるが、フランスでは予測される数値に基づいて医療的サービスの充実やそれを支える人員養成などについて現実化のための予算化が細かく図られている点、客観的な事実に基づいた政策の提言を可能とする薬物中毒問題に関する学際的な国立の研究機関が要請されている点が、彼我の違いとして挙げられよう。

フランスでは医療的対応の原則で非刑罰化を図り、抑止政策から厚生政策への大きな転換を果たしつつも、あくまで薬物自己使用に対する刑法上の禁止は維持されている。なぜだろうか。一方で、薬物に対する禁止主義とも完全自由化主義とも一線を画し、薬物の使用の権利は、他人あるいは社会を害してはならないという侵害原理による制限のみを受けると考える立場からの法改正提案の主張もある。薬物自己使用の「侵害」性、非犯罪化の議論については別の機会に論じたい。

（1） 押切久遠・赤木寛隆「更生保護における薬物事犯者施策の概要」（特集：危険ドラッグの規制と薬物事犯者への処遇・支援）法律のひろば六八巻八号（二〇一五年）二九頁以下、および大薮志保子「薬物依存と刑罰」内田博文・佐々木光明編『「市民」と刑事法〔第四版〕』（日本評論社、二〇一六年）一〇六頁参照。

（2） 例えば、近藤恒夫『ほんとうの「ドラッグ」』（講談社、二〇一二年）三四頁以下、一四五頁以下参照。

（3） From coercion to cohesion: Treating drug dependence through health care, not punishment, UNODC, 2010.

（4） WHOの定義に従えば薬物「依存」の用語を用いるべきであるが、ここではフランスで用いられている薬物「中毒」の用語を便宜上用いることにする。この用語の問題点について、大薮「フランスにおける薬物中毒者対策法制——一九七〇年一二月三一日の法律」九大法学第七七号（一九九九年）二五〇頁を参照のこと。

（5） オランダ、スイス、ドイツを中心とした薬物使用に対するハームリダクション政策を紹介するものとして、本田宏治『ドラッグと刑罰なき統制——不可視化する犯罪の社会学』（生活書院、二〇一一年）、ドイツの薬物に対する容認政策の問題を刑法理論的に検討するものとして、金尚均『ドラッグの刑事規制——薬物問題への新たな法的アプローチ』（日本評論社、二〇〇九年）参照。また、日本でのハーム・リダクション政策への転換を探求するものとして、石塚伸一編著『薬物政策への新たなる挑戦——日本版ドラッグ・コートを越えて』（日本評論社、二〇一三年）参照。

（6） V. S. Hercule, *Nouvelles orientations en matiere de lutte contre la toxicomanie* (1993-1995), Paris, L.G.D.J., 1997, pp.44-45.

（7） V. S. Hercule, op. cit., pp.50 et s.

（8） V. S. Hercule, op. cit., pp.66 et s.; France, in The National Addiction Centre-London: European Commission, *Drug prevention: A review of the legislation, regulation and delivery of methadone in 12 Member States of the European Union: final report*, Luxembourg: Office for Official Publications of the European Communities, 1996, p.40.

（9） P. Aeberhard, *Les nouvelles frontieres de l'assistance humanitaire*, in M. Bettati: Association francaise pour les Nations Unies, *L'ONU et la drogue*, Paris, Editions A. Pedone, 1995, p.80.

（10） See France, loc. cit.

（11） 薬物中毒者が薬物入手のための資金を稼ぐ主要な手段として、物乞い、売春、盗み、薬物の転売、の四つが指摘されている。V. S. Hercule, op. cit., pp.62 et 69.

（12） V. S. Hercule, op. cit., p.69.

（13） この法改正提案は、医師や司法官などとりわけ薬物中毒者問題の実務に携わる人々からの痛烈な批判を受け、頓挫した。大藪「フランスの薬物政策——薬物自己使用罪の非刑罰化をめぐって」森尾亮・森川恭剛・岡田行雄編『人間回復の刑事法学』（日本評論社、二〇一〇年）二八九頁以下を参照のこと。

（14） 政府によるエイズ問題の管理の進展について、v. S. Hercule, op. cit., p.70. 一九九三年および一九九五年の政府の薬物との闘争計画については、v. S. Hercule, op. cit., pp.167-172, annexe 2 et annexe 3.

（15） 実際、一九九〇年に締結されたマネー・ローンダリング条約批准のための国内法整備作業として定められた一九九六年五月一三日の「麻薬取引およびマネー・ローンダリングに対する闘争ならびに犯罪の収益の差押え及び没収の分野での国際協力に対する法律」によって刑法典中に、①麻薬取引にかかるマネー・ローンダリング罪の重罰化、②麻薬取引の推定規定の新設および③未成年者に対する麻薬取引の教唆罪の新設などが行われた。③はこれまでの未成年者保護の視点が麻薬取引の対象とされることからの保護であったのに対し、麻薬取引の手段とされることからの少年の保護を図ったものである。詳しくは、Loi no 96-392 du 13 mai 1996, J.O. 14 mai 1996; J.C.P., 1996, III, 67970 及び大藪・前掲注（13）三〇一頁以下の注51を参照のこと。

（16）薬物および薬物中毒に関する考察委員会としてのアンリオン委員会の他に、薬物中毒の代替物治療について、一九九四年三月七日の社会問題、厚生および都市問題大臣シモーヌ・ヴェイユのアレテによって、諮問委員会が設置、任命されている。

（17）その制定過程と内容については、大藪・前掲注（1）参照のこと。

（18）Le Monde, 4 fevrier 1995; S. Hercule, op. cit., p.178-180, annexe 7.

（19）一九八七年法および薬物中毒に関する国立研究所設置の経緯については、大藪・前掲注（13）二九三頁以下を参照のこと。

（20）Le Monde, 4 fevrier 1995; S. Hercule, op. cit., p.178-180, annexe 7.

（21）Le Monde, 5-6 fevrier 1995; S. Hercule, op. cit., p.180-181, annexe 8.

（22）一九八六年に開始された世界の医師団（Medecins du Monde）によるエイズ患者である薬物中毒者への治療や、注射器、避妊具の配付活動について、v. P. Aeberhard, op. cit., pp.77 et s.

（23）注射器の販売の自由化の政策の変遷については、v. S. Hercule, op. cit., p.71, pp.92 et s.

（24）フランスの代替物処方プログラムにつて、See France, op. cit. (note 4), pp.41 et s.

（25）V. Ibid.

刑の一部猶予制度の運用のあり方について
——犯罪をした人の社会復帰の観点から

森久智江

Ⅰ　はじめに

二〇一六年六月、刑の一部執行猶予制度（以下、一部猶予）の運用が開始された。二〇一三年六月に、同制度の導入を含む「刑法等の一部を改正する法律」及び「薬物使用等の罪を犯した者に対する刑の一部の執行猶予に関する法律（以下、薬物法）」が成立して以来、施行まで三年を要したこと自体[1]、この制度が従来の社会内処遇制度に対して、実質的に様々な「変化」を迫るものであったことは確かであろう。

一方で、一部猶予の導入は、刑事司法制度そのものに対する「変化」を迫るものであったのであろうか。確かに、一部猶予により、従来であれば実刑を科されるのみであった人の中から、若干早期に被拘禁状態を脱する人が現れるのであって、その点では、「刑事司法制度が新たな選択肢を得た」ことにはなる。

しかし、筆者が導入以前の議論において既に指摘した通り(2)、刑事司法自身が得たその選択肢の中に、犯罪行為者自身の自律的な社会復帰を真に支え、また、本人自身がその中で自ら生きる契機がなければ、一部猶予が目指す「再び犯罪をすることを防ぐ」ことは困難なのではないか。

本稿は、主に一部猶予導入から施行に至るまでの、実務における施行のための準備と「受け止め」、学界における議論状況について整理した上で、今後の一部猶予の運用のあり方につき、犯罪行為者自身の社会復帰の観点から、若干の方向性を示すことを試みるものである。

Ⅱ　一部猶予の適用状況

二〇一六年六月二日に千葉地裁で適用第一例の判決が出されて以来、(二〇一六年七月七日)現在までの間に、新聞等の報道により一部猶予の適用が確認できる事案は全部で一九例である。

その内訳として、まず罪種をみると、うち一七例は覚せい剤取締法違反(自己使用)罪(もしくは同罪を含む数罪)で有罪判決を受けたものであり、それ以外の二例は、一つが強姦未遂罪、もう一つが現住建造物等放火罪である。ほとんどが覚せい剤の自己使用罪に対する適用であることが判る。

被告人の属性について、男性が一三名、女性が六名、年齢別では、二〇代が四名、三〇代が七名、四〇代が五名、六〇代が二名、不明が一名である。六〇代の被告人の事案のうち一件は現住建造物等放火の事案であることから、薬物事犯については、比較的若い年齢層に対する適用がなされているといえる。

検察官による求刑が明らかとなっている一八件のうち、一二件は「二年以上三年未満」の懲役刑求刑であり、六件が「三年以上」である。強姦未遂事案の「四年」と、現住建造物等放火事案の「五年」を除けば、すべて求刑三年以内の事案であり、いずれも検察官求刑の段階で一部猶予の適用が視野に入る事案であったといえよう。

宣告刑期は「一年六か月以下」の懲役刑が七件、「一年六か月〜二年六か月以下」が一〇件、「三年以下」が二件であった。一部猶予の期間については、「三か月を二年間猶予するもの」が一件、「四か月を二年間猶予するもの」が八件、「六か月を二年猶予するもの」が八件、「一〇か月を三年猶予するもの」が一件、「六か月を三年猶予するもの」が一件であり、概ね四か月から六か月の実刑期間を二年間猶予するものが多く、六か月以上の実刑を猶予する場合に、現状では最長で三年間の執行猶予期間が設けられていることとなる。また、薬物事犯にも、非薬物事犯についても、すべての判決において、執行猶予期間中の保護観察が付されている。つまり、前述の執行猶予期間は、原則、保護観察が行われることとなる。

なお、各事案において、本判決以前に「薬物事犯で有罪判決を受けたこと」が明白である事案は四件、過去にも「何らかの薬物使用歴があった」とされている事案は二件、「薬物以外の別罪で有罪判決を受けて服役し、今回は薬物事犯で有罪判決を受けた」事案が一件、「前件及び本件いずれも性犯罪で有罪判決を受けた」事案が一件、「不明」が一一件であった。但し、本判決以前の状況等について、判決理由の中で、薬物に対する「常習性」や「親和性」、「依存性」を指摘されているものが五件、何らかの薬物に関する「依存症回復支援団体」への参加や「精神科」への通院歴が示されているものが一件あった。このような状況からは、一部猶予が、必ずしも薬物事犯等の再犯に適用されていると断じることはできないが、「不明」のものの中に薬物との「親和性」、「依存性」の高さを指摘されているものも散見されることから、多くの事案において、薬物の継続的な使用があったことは前提となろう。この点は、一部猶予を選択する上での、主に「必要性」を裏付ける事情であるといえる。

この点に加えて、いわゆる一般情状として「地元の人間関係の問題性」を指摘するものが一件、本人の「断薬意志」、

には一部猶予の「相当性」を裏付けているものと思われる。

また、本来であれば「実刑に処すべき」事案である旨の指摘が三件、ことさら「悪質性」を指摘するものが二件あり、これらは主に刑事責任との関係から、前者は本来であれば全部実刑であるところの確認、後者は現住建造物等放火の事案と、施設内及び社会内双方で「刑事責任を果たす」旨を強調しており、いずれも一部猶予を選択することとの「相当性」を裏付けているものと思われる。

なお、刑法二七条の二における（一部猶予が）「必要」かつ「相当」との文言に沿って、最終的に「（施設内に引き続き）社会内において保護観察による監督のもとで再乱用防止プログラムを受けることが必要かつ相当」と結論付けるものが一四件あった。また、現住建造物等放火の事案についてのみ「再犯防止には保護観察所の公的な支援が必要」とした。つまり判決において、社会内で予定されている処遇とは、原則、保護観察所で行われているプログラム（や支援）なのであろう。

以上、施行からわずか一か月間の適用状況であり、また、報道等によるきわめて限定的な情報のみによる分類のため、これによって十分な適用の現状が測れる訳ではない。とりわけ、各事案において、いかなる弁護活動が展開され、裁判所がどのような検討を行った上で、一部猶予の選択に至ったのかは、個別の事案を詳細にみることが不可欠である。

しかし、一定明らかな傾向として、以下の点を指摘できよう。①継続的な薬物自己使用が認められる被告人に対する適用可能性が高いこと、②宣告刑期の三分の二は実刑が科され、執行猶予期間はおよそ三分の一程度であること、③非薬物事犯であっても原則保護観察に付されること（＝社会内において予定されている有用な処遇とは基本的には保護観察を指すこと）、④予定されている保護観察期間（執行猶予期間）は最低でも二年以上であることである。

このような一部猶予の適用状況は、施行までのどのような議論と準備のもとにあらわれたのか、ここに至るまでの議論と準備状況について検討したい。

Ⅲ　一部猶予の運用に向けての実践における動向と検討

1　法務省保護局の動向

法務省保護局においては、一部猶予の施行により、保護観察対象者、とりわけ薬物事犯者の増加と、保護観察期間の長期化は避けがたいとの認識のもと、施行に向けた様々な課題への取り組みがなされてきた。(3) 主たる課題は、①薬物依存からの回復支援のための関係機関・団体の連携強化、②①の前提としての薬物依存者に対する医療・保健・福祉の充実、③保護観察官の増員や処遇プログラムの充実を含む保護観察体制の強化である。

前記の課題のうち、①②を目的とするものとして、法務省と厚労省との共同により、二〇一五（平成二七）年一一月に「薬物依存のある刑務所出所者等の支援に関する地域連携ガイドライン」(4)（以下、地域連携ガイドライン）が策定・発出された。施設内処遇の段階から、保護観察終了後も継続する多職種連携（保護観察所と、医療機関、精神保健福祉センター等、民間回復支援施設（ダルク等）との連携）を行い、その連携内容として、保護観察対象者に対し、「医療機関への入院・通院」、「精神保健福祉センター等で実施する回復プログラムの受講」、「民間回復支援施設への入所・通所の働きかけ」を行うことや、多職種による「ケア会議」の実施、保護観察所による「プログラム実施への協力」、「引受人・家族会への協力」の依頼等を予定している。

この地域連携ガイドラインに至るまでに、法務省保護局は二〇一一（平成二三）年より「地域支援ガイドライン（案）」に基づく多職種連携を試行してきた。(5) その上で、二〇一四年九月に法務省内の薬物地域支援研究会による提言「薬物依存のある刑務所出所者等の支援に関する当面の対策」[6]が示された。当該提言は「薬物使用等の罪を犯した者等を対象とした刑の一部の執行猶予制度が平成二八年六月までに施行される一方、薬物依存者に対する治療・支援体制が極めてぜい弱」との認識から検討されたものである。地域連携ガイドラインは、同提言による「薬物事犯者の再犯（再使用）の防止は、刑事司法機関の取組のみでは不十分」であって、「地域の医療・保健・福祉機関及び民間支援団体との有効かつ緊密な連携体制の構築」の実現を目指して策定されたものである。

③の一環として、保護観察所で実施される、薬物事犯者対象の処遇プログラムが一新された。[7]保護観察所においては、二〇〇八（平成二〇）年より、覚せい剤を使用し、保護観察期間が六か月以上ある仮釈放者及び保護観察付執行猶予者を対象に、教育課程と簡易薬物検出検査により構成される「覚せい剤事犯者処遇プログラム」が実施されていた。この全面改訂が二〇一二（平成二四）年に行われ、「地域の医療・保健・福祉機関」で実施のもの同様、「薬物再乱用防止プログラム」という名称となった。新しいプログラムはフォローアッププログラムを含む、保護観察の長期化に耐えうるものとなり、また、覚せい剤以外の薬物事犯者や少年の薬物事犯者に対して、プログラム中の教育課程を、生活行動指針として実施することとされた。二〇一四（平成二六）年中に、一二七〇名の仮釈放者・保護観察執行猶予者に対し、特別遵守事項として当該プログラムが実施された。このような積み重ねに基づき、ワークブックの作成やグループ形式による実施の積極化等の課題をかかえつつも、一部猶予施行後の対象者の増加、プログラム実施期間の長期化についても、一定対応できる目途がつけられてきたようである。

このプログラムの一環として義務付けられる簡易薬物検出検査[8]は、プログラム外や、プログラム終了後に本人の「自発的意思に基づく簡易薬物検出検査」と同様、本人の「断薬に向けた努力を評価し、引き続き、陰性の結果を出し続けるよう励ます」ことで、本人のモチベーション、家族との信頼関係を維持するという効果を期待するものとされる。現状では、規制薬物等以外の物質に対する検出検査が可能な検査キット整備が課題とされており、今後も検出検査の実施は拡大していくものと思われる。

2　地方委員会による社会内移行調査の実施

二〇一三（平成二五）年より、地方更生保護委員会（以下、地方委員会）における「薬物事犯者に対するアセスメント機能の強化」を企図し、「薬物事犯者特有の問題性を調査しその問題性に応じた円滑な社会内処遇への移行」を目的とする「社会内移行調査」が実施されている。(9) この調査は、対象となる本人に必要な社会内での指導・支援につなげるため、生活環境調整上の課題を解決し、仮釈放または適切な帰住先の確保を目指すものとされる。

具体的な流れとして、まず、調査対象者（覚せい剤自己使用者で帰住先がない、もしくは確保されていても特に地方委員会が調査必要性を認めた者）につき、書面によるスクリーニングが行われ、調査必要性が認められた者につき、面接調査によるアセスメントが行われる。その上で、調査結果を保護観察所と共有し、生活環境調整を実施するという。なお、この流れの中で、面接に精神科医等の調査協力者が同席したり、ケースカンファレンスでの助言を行ったりもしている。(10)

この調査結果と本人の希望を踏まえ、①医療機関、②自立更生促進センター、③薬物重点更生保護施設（以下、重点施設）、④回復支援施設（ダルク等）、⑤薬物重点施設外の更生保護施設や自立準備ホーム、⑥家族等のもと等のうち、適切と見立てられる帰住先を、実際の環境調整において優先的に検討することとなる。しかし、これにより前記③や④への帰住が、必ずしも増加する訳ではなく、むしろ丁寧な生活環境調整が、本人や家族等の落ち着いた受け入れや帰住をもたらすとされ、調査が一種の家族支援としても機能しているという。

このようなアセスメントの場面においても、地域連携ガイドラインを指針としつつ、他機関との連携事例の蓄積が期待されている。

3　自立更生促進センターにおける取り組み

国が運営する更生保護施設として設置された自立更生促進センターにおいては、「薬物依存回復訓練[11]」が実施されている。[12] 同訓練は、主に入所二～七週目に、生活行動指針のもと実施されており、特別遵守事項として義務付けられているわけではない。本人自身に、強制的に回復訓練をさせられているとの意識があると、「意欲の維持が困難」で、その効果が上がりにくいことが指摘されており、まさに薬物依存からの「回復」においては、本人に対する他律的な対応が、必ずしも功を奏さないことを示しているといえよう。

地域支援ガイドライン事業時から、「他機関連携モデル[13]」と称する同訓練モデル事業を実施していた北九州自立更生促進センターでは、北九州ダルクのミーティング（一回当たりの参加人数に上限を設け、一般のダルク利用者とのバランスが取られている）への参加、北九州精神保健福祉センターにおける薬物再乱用防止プログラムの受講、簡易薬物検出検査の実施がなされている。加えて、必要に応じ保護観察官の実施する薬物再乱用防止プログラムの受講、NA北九州での自助グループミーティングにも取り組ませるという。

ただ、同センターでは同訓練中の就労が認められていないため、センター退所後の自立のための準備との間でジレンマがあるとされる。一般的な更生保護施設の役割のひとつとして、退所後の自立的な生活へ向けた準備が期待されることを考慮すると、「薬物」という視点以外の本人の生活上の「不安」に対応できない点には、やはり問題があるように思われる。[14]

4　更生保護施設における取り組み

更生保護施設における薬物事犯者処遇の充実強化として、二〇一五年度、全国一五施設（重点施設）で、薬物事犯者に対する重点的処遇が実施された。[15] 重点施設には、心理職や看護職等の専門スタッフ（薬物専門職員）が配置され、入所後三か月間程度の認知行動療法による回復プログラムや、ダルクや親元等の帰住先への退所先調整を、本人の状況に応じて集中的に行っているとされる。この重点施設は、二〇一六年にさらに一〇施設が追加され、現在、二五施設となっている。[16]

更生保護施設の中には、もともとダルク職員をファシリテーターとしたダルクミーティング等を自主的に実施してきた施設もあるが、現在は専門職員のもと、ＳＭＡＲＰＰ（物質使用障害治療プログラム）、ダルクミーティング、ＮＡミーティング等が実施されている。[17] これらのプログラムへの参加も、自立更生促進センターにおける取り組み同様、生活行動指針により実施されている。また、退所後を考慮して各地のＮＡを紹介したり、退所後も本人に交通費を一部支給して、通所でのプログラム参加を可能としたりしているが、後者は今のところそれほど多くないともされる。専門職員による粘り強い働きかけと、受容的な雰囲気を重視し、ダルク・ＮＡミーティングの参加率は八割以上を維持しているという。その理由として、当事者の話を聴くことには前向きである参加者が多いことが挙げられている。

更生保護施設におけるこのような実践の問題点として、本人のプログラム参加に対する動機付けのためには、刑事施設収容中から、面接や書信により関係性を築くことが重要である一方、そのような丁寧な働きかけを行うためには、専門職員の負担が大きくならざるを得ず、まずもって増員が必要であることが指摘されている。また、退所後の受け入れ先や、連携できる地域の医療機関を増やす必要性はここでも課題とされている。

5　ダルク等の回復支援施設における取り組み

回復支援施設における一部猶予者受け入れにつき、各ダルクの対応は多様であるが、ここでは、栃木ダルクの場合[18]を紹介する。栃木ダルクは、自立準備ホーム、薬物回復訓練委託先として四施設を保護観察所に登録しており、ここ三年あまりの間に四六名を受け入れたとされる。個別ケースでの引き受けは、保護観察所の依頼を受けて、本人からダルク利用（最低一年間のプログラム専念）の誓約書提出を得て行われる。保護観察終了時に、改めてダルク利用の意思を確認するが、全体の半数程度残るとされる。

このようなダルクの保護観察対象者による利用につき、一般の利用者と比較した場合のメリットとして、回復支援を受けたことがない人が対象になること、保護観察において得られた情報が本人のプロフィール把握に役立つこと、保護観察官の指導や支援が受けられること（ダルクでうまくいかなかった際の次の受け入れ先をともに考える等）が指摘されている。刑務所出所者は、刑事施設での規則正しい生活が身についているため、集団生活に馴染みやすいこと、また、最後に薬物を使用してから一定の時間が経過しており、比較的身体的に健康であることもメリットであるという。

一方、デメリットとして、保護観察所からの委託費には医療費が含まれておらず、別途医療扶助の申請が必要であること、委託終了後のダルク利用にあたっては生活保護が必要であること、帰住先がなく回復への動機づけがないままダルクに帰住してしまうと、他の利用者に悪影響を及ぼすこと、回復支援施設によって実施しているプログラムが異なること等が挙げられている。なお、薬物の再使用があった場合の通報について、ダルクでは「正直さ」がプログラムの前提にあり、その前提を破壊しないため、また、「断薬」よりも「プログラムから離れないこと」を重要と考えるため、通報の判断は一定程度施設に委ねてほしい旨主張したとされる（但し、保護観察所との事前の入念な打ち合わせは必要）。また、刑務所出所後、その時点で身体的に健康であることは確かにメリットではあるが、本人にとって、薬物による悪い影響を受けたことが過去となってしまい、現時点でのプログラムに対する動機づけが困難であるとされる。

回復支援施設におけるプログラム参加につき、保護観察対象者自身が「刑罰の延長線上」ではなく「回復の途上」

にあるものとしてとらえられるためには、ダルクの一般利用者との交流が望ましいため、参加者中に保護観察対象者の占める割合を一～二割程度に抑えているという。利用者のこのような認識の変化は、まさにダルクの強みであるセルフヘルプのスタイルの効果として生じ得るものである。[19] 一部猶予導入以前から危惧されていた、ダルクのセルフヘルプ性の混乱を回避し、ダルク自体の自律性を維持するために、人数制限や通告義務についての制約は不可欠であり、現状では、一定その制約は堅持されているものといえよう。

6　保護局による一部猶予「明確化」の試みと実践知の再確証

一部猶予導入にともない、保護観察対象者の増加と保護観察期間の長期化という、喫緊かつ深刻な現実的課題を受け止めるべき立場に置かれた法務省保護局を中心として、まず、一部猶予対象者とはどのような人々であるのか（もしくは「どのような人々が現実的に対象であるべきなのか」）、また、その人々に対する社会内処遇のあり方はどのようなものであるべきであるのか、それを可能とする体制とはどのようなものなのかが模索されてきたといえる。

保護局観察課長である今福章二は、一部猶予における保護観察の対象者につき、「保護観察の効果が期待でき」、かつ「保護観察所の有限な資源を投入することが刑事政策上高い意義を有する者」について積極的に一部猶予を適用すべきであるとする。[20] すなわち、①この間、保護局がその「充実を図ることを検討」してきた、「薬物依存がある者」に対する専門的処遇プログラムの実施対象となりうるような、薬物自己使用者が中心的な対象者であること、しかし一方で、②薬物依存があっても、同時に精神疾患や知的障がい、認知症等のある者は、保護観察によるプログラム適用や保護観察実施そのものが困難な場合があることが、具体的事例を挙げて説明されている。さらに、③ホワイトカラー犯罪や過失事案のような、犯罪傾向の進んでいない者、社会環境が整っている者は、自力更生が期待できるため保護観察の必要性は低いこと、④高齢・障がい等の福祉サービスにつながれば、長期の保護観察不要と思われる者に「念のために必要」とした保護観察をつけるべきではないことが明言されている。

つまり保護局は、一部猶予の対象者を、まずは法文上明らかなターゲットとして特定された薬物自己使用者に絞り（前記①）、従来の保護観察における経験に照らし、一部猶予適用の条文上の要件である「再犯防止（特別予防）」のための「必要性」・「相当性」の判断枠組みを、保護観察の視点から具体化したもの（前記②〜④）といえる。

今福はさらに、一部猶予に保護観察を付す際の判決内容のあり方につき、「保護観察の前提となる社会復帰後の帰住先や処遇を実施するうえで不可欠な事項」（プログラム受講、引受人の事業所における就労、指導を受ける等の法廷における誓約等）が、「量刑理由に出来る限り具体的に明記される運用」がなされることで、対象者に「高い感銘力を長期に渡って維持・想起」でき、これにより、「円滑な保護観察への移行」が図られることへの期待を述べる。

かような判決内容を書き込むことを可能にするためには、この時点で、被告人に対する相当程度のアセスメントと見立て、その前提となる支援者との一定の信頼関係、さらには環境調整による具体的な社会内の支援体制構築が必要とされることは明らかであろう。このことは、社会内処遇の実施主体である保護局の観点からすれば、それほどの「前提」なく社会内において実効性ある支援を行うことなどできない、ということを端的に表しているように思われる。

少年に対する家庭裁判所調査官の調査や、審判における少年本人との懇切丁寧なコミュニケーションといった、「手段」をもたない日本の刑事裁判において、このような「前提」が生じ得る可能性がきわめて低いことは言を俟たない。やはり保護観察官である幸島聡が、一部猶予導入にかかる議論の中で[21]、そもそも保護観察所が担当する保護観察対象者のうち、一号観察少年が、戦後とりわけ昭和三〇年代以降、かなりの割合を占めてきたことで、「家庭裁判所、少年保護のスキームのなかでそれが全て保護観察に適している」かということが裁判段階から一貫して引き継がれてきていたことを指摘しており、幸島自身のキャリアにおいて、一部猶予導入を含め、徐々に保護観察所と司法機関の付き合いが（かつては家庭裁判所中心であったものが刑事裁判所へとウェイトが）変わってきている、という実感を語っている。同時に、幸島は現行の保護観察付執行猶予（対象者）の再犯率の高さに言及しながら、一部猶予判決を受けた本人が社会内処遇に至るその前に、「何かを言える場面だとか、何かがもう少し必要だというのは切実に感じて」いるとする。[22] 四号観察、つまり、刑事裁判の判決によりその実施が確定される従来の社会内処遇においても、実効性をもって行われるために必要なものがやはり欠けていて、保護観察所としては、その「欠落」に気付きながらも、現行の制度内で採りうる手段を講じつつ対応してくるほかなかったということであろう。そのことは、今回の一部猶予導入にあたって「受け皿」を整備する過程の中にも表れているように思われる。

一部猶予の主たる対象をまずは薬物事犯に限定したことで、保護局としてはその連携協力の相手方として、ダルクを中心とする民間の回復支援主体と、より強固な連携関係を築くことは不可避であった。もちろん、これまでも薬物の問題をかかえる保護観察対象者への支援において一定の協力関係は存在していたが、一部猶予の導入後にこれまでのケースよりも量的には増加し、質的には対応困難なケースが生じる可能性を見据えたとき、薬物依存に対応できるプログラムを行う医療機関や公共の精神衛生機関がきわめて限定的な現状にあって、従来行われてきた「先駆的な取組を参考」としつつ、「全ての地域での連携方策の検討を行うことが重要」[23]であった。前述の制度的「欠落」を事後的にでも埋めていくためには、既に薬物依存からの回復において実効性の見られる取組に、改めて広く学ぶ必要があったのである。

その結果として、前述のような連携強化が行われた。まず、実刑段階の地方委員会による社会内移行調査においては、前述の精神科医等の面接協力の中で、ダルクによる協力・助言も行われている。三重ダルクの市川岳仁は、このような場面での個別の対応を「ダルクの人間というよりかは」異なる立場で「その人を見て答えている」という。[24] 単にその「薬物の問題を抱えている人」を、「自身のダルクで受けるかどうか」ではなく、「生活上の課題」や、「持っているハンディ、障害」といった特性を見ながら、自身の実践知に照らして、医療の必要性や今後生じ得る課題等に言及している。これは、東京ダルクの幸田実も、東京ダルクにやってきた人々を全て受けるのではなく、個人をみて「半数くらい」は「地方のダルクに紹介する」と述べており、各ダルクの多様なあり方を知っているからこそ可能となる、つまり、一般的な薬物事犯者に関する専門的知識のみによるコーディネートでは足りず、同時に、地域資源としてのダルクの強みを理解しているからこそできるコーディネートが行われていることを示している。[25] 初期段階のコーディネートの「欠落」は、ここで一定補われているともいえる。

保護観察所で実施される改訂後のプログラムについても、従来の保護観察官による個別実施から、集団実施、さらに精神保健福祉センター職員やダルク等のスタッフが、実施補助者として同席するようになっている。[26] この実施補助者としてのダルクスタッフ等が、「うまくリードしながら対象者の発言を引き出すことができていること」、対象者のダルクに対する敷居の高さや、相談機関の職員への抵抗感を低減することができているとされる。

また、前述の通り、ダルクでの引き受けにあたって、全体の人数における割合に関する制約や、通報義務に対するダルク側の自律的姿勢は、その独立性を保持する上では不可欠であり、その点において、少なくとも現時点では保護局との間で明らかな対立があるようには見受けられない。そもそも、保護観察所主体によるプログラム受講を除いて、ダルクや更生保護施設等で支援を受けることは、特別遵守事項によって義務付けられるものではなく、生活行動指針によるもの（更生保護法六五条の三Ⅱ）であり、一方で、それらを受けることで、特別遵守事項によって受けなければならない保護観察所でのプログラムを重ねて受ける必要はなくなる（更生保護法六五条の三Ⅳ）、という関係にある。[27] ゆえに、まずは本人が自律的にダルクで回復を目指し、またダルクもそれを従来からの取り組みの中で支援し、薬物使用から離れた生活に至ることができるようにしていくこと、そのような運用が規定上も適切な方向性であるといえる。

つまり、ダルクの実践知によって保護観察所側が支えられるとともに、そのダルクの実践の独立性に踏み込むことの無い連携を追求すべきであることは、この枠組みにおける支援の実効性、すなわち、一部猶予の対象となった人が、薬物使用に再び至らない状況を適切に志向するのであれば、そうならざるを得ないものといえる。「先駆的な取組」に学んだ結果として、また、保護観察所自身も更生保護に携わってきた主体として、本来的に、本人自身による生活再建と自律的な社会復帰の結果の先に「再犯に至らない生活」、持続可能な「再犯防止」があることを知っているはずだからである。

このような一部猶予施行に向けた、社会内処遇の場における動向がある一方、果たして理論的にはどのような議論・整理がなされてきたのか。とりわけ、一部猶予判決のあり方に関する議論をもとに、次章において検討する。

Ⅳ　一部猶予の運用に向けての理論的検討

一部猶予につき、「犯情の軽重及び犯人の境遇その他の情状を考慮して、再び犯罪をすることを防ぐために必要であり、かつ、相当であると認められるとき（刑法二七条の二）」にいう「必要性」・「相当性」をいかに具体的に判断するのか、また、「薬物使用等の罪を犯した者が再び犯罪をすることを防ぐため、刑事施設における処遇に引き続き社会内においてその者の特性に応じた処遇を実施することにより規制薬物等に対する依存を改善することが有用であること（薬物法三条による読替え後の刑法二七条の二）」にいう、施設内処遇とそれに引き続く社会内処遇による「有用性」のある制度運用のあり方とはいかなるものであるのかという点は、法文上明らかではなかった。筆者は、一部猶予施行前の二〇一四年、保護観察官やダルクの登壇者を交えたシンポジウムの場において、課題とされた同制度の「運用可能性」につき、以下の通り指摘した。(28)

a.一部猶予の対象として想定されるべきは、従来「全部実刑」が言い渡されていたものであり、少なくとも従来「全部執行猶予」が言い渡されていたような類型は対象とすべきでない。

b.「必要性」・「相当性」判断について：

ア　刑罰の謙抑性・補充性の観点から、制度上、「再犯防止」という目的が考慮されるとしても、刑罰を重くすることは正当化できない。また、より権利制約性の少ない方法によって再犯に至る状況を遠ざけ得るのであれば、そのような方法がまずもって考慮されるべきである。（＝実刑期間・猶予期間の最小化）

イ　個人の尊厳に反せず、処遇の効果を最大化しうる方法が科学的に模索されるべきである。

ウ　（判決前調査を想定した）十分なアセスメントに基づく判断が必要である。

エ　本制度適用にかかる本人の同意と納得のために、処遇への本人の自律的な関与が追求されるべきである。

オ　薬物事犯はじめ、従来の実践知を踏まえた「トライ・アンド・エラー」を許容すべきである。

そもそも本制度は、「本来であれば全部実刑の一部の執行を猶予する」制度であり、その本質は飽くまでも実刑であるという点には、現状、争いはないものと思われる。(29) ゆえに、従来の全部執行猶予にあたって考慮される「要罰性の不存在」が、そもそも考慮されるに値しないような事案において、本来実刑を科すべきことは前提としつつ、(30) 再犯に至る状況を可能な限り回避するために本制度の適用が考慮されることとなる。

問題は、①施設拘禁以外の手段がどの程度「有用」かつ「必要」であるのか、また②「有用」かつ「必要」であるとして、用いることが（用いる程度も含め）「相当」とされるかについての判断である。すなわち、裁判所が「必要性・相当性」をどう判断し、判決において、実刑期間、猶予期間の長さ、保護観察の有無等にどのように反映させ、具体化するのであろうか。

1　一部猶予適用時の検討手順に関する議論

小池信太郎は、一部猶予の適用に際して、以下のような三つのステップを経るべきであるとする。[31] ①一部猶予が再犯防止のための制度であるという観点から、被告人に再犯のおそれがあるか、②仮釈放では困難な期間[32]を確保して行う有用な社会内処遇方法が想定できるか、また当該処遇方法自体がどの程度有用であるのか、③②で想定された有用な社会内処遇方法を、被告の更生意欲・環境等に鑑みて、どの程度実効的に実施できるのか、という三段階である。

小池が主張する三段階の検討過程については、一部猶予の運用についての議論において、実務家含め、概ね合意がなされているように思われる。[33] 実際の運用における判決内容（Ⅱ参照）からしても、このような検討過程を経ていることが窺われる。

筆者自身も、裁判所がこのような判断枠組みを用いるであろうことそのものには異論はない。但し、そこで検討される中身のあり方、とりわけ被告人本人の目線から、一部猶予の適用がどのような意味を持ちうるのかについては検討の余地がある。社会内処遇実務における動向と、その背景にある犯罪行為者の社会復帰と「再犯防止」の観点から、その意味内容を明確にしたい。

2　「再犯のおそれ」と「再犯防止」

今井猛嘉は、一部猶予が「社会内（即ち、刑事施設外）で実施される」、「犯罪者の社会復帰を目指した、その改善更生を図る措置」であることは疑いないものの、一方で「犯罪者は、その再犯防止が十分に図られた後でなければ、社会に（終局的に）復帰すべきではない。この意味において、犯罪者の再犯防止は、その社会復帰の前提条件」であり、その制度趣旨から「犯罪者の再犯防止という視点を欠落させることはできない」とする。[34] 無論（一部猶予の実刑部分たる）拘禁そのもののみによって「再犯防止」が果たされ、その後の（猶予部分における）社会内処遇に、その拘禁によって得られた「再犯防止」効果を持続させる、という趣旨でこのような見解が述べられている訳ではないと推測されるが、しかしなお、一部猶予に関する一連の議論において、その目的とされる「再犯防止」が、一体どのようにして果たされ得るものなのか、また、どのように果たされるべきものであるのかという視点なく、「再犯のおそれ」や「再犯防止の必要性」が検討されるべきではない。

浜井浩一は、「被収容者人員適正化方策に関する部会」において、一部猶予により「最初に刑事施設内で改善更生処遇を施した上で、社会内処遇でその効果を維持することで改善更生を図ることができるといった議論」が、あたかも妥当であるかのように評価されていることに対し、刑務所は飽くまで刑罰執行機関であり、実刑は改善更生や再犯防止のために科されるのでないこと、また、改善更生のための指導は、懲役刑執行の限度内で行われるに過ぎないこと、そもそも改善更生・再犯防止のみを目的とするのであれば、一部でも実刑を科すこと自体が就業・家族関係維持等に有害なのであって、前記の「議論」を正当化するには、刑務所のあり方が少年院と並ぶ程度に改善更生を目指すための施設となることが前提と指摘する。[35] この点は、刑事施設内においてプログラムが実施されている薬物自己使用者についても同様であるとする。刑事施設内でのプログラムとして、キャンベル共同計画のレビューを参照すれば、その再犯防止効果が確認されているのは、「薬物依存症者を対象とした刑務所内での生活全般を構造化した働きかけ」として行われる「治療共同体（Therapeutic Community: TC）」である。このような実効性が見込まれるプログラムを現実的に実施可能な体制を組む等、「矯正側の抜本改革」なくして、刑事施設拘禁によって生じる維持すべき「再犯防止」の効果は、そもそもきわめて限定的である。

そうであるとすれば、一部猶予における「再犯防止」は、何によって、どのように果たされ得る可能性があるのか。前述の通り（Ⅲ）、飽くまでも犯罪行為者本人の「対応されるべきニーズへの対応」と、それを支えるセルフヘルプの枠組みを、他機関地域連携の中でさらに外側から支えていくことが、結果的に「再犯に至ることのない生活」につながる。

ゆえに、一部猶予適用に際して考慮されるべき「再犯のおそれ」とは、刑期全部を実刑によって執行することで、却って本人の自律的な社会復帰を阻害し、結果的に再犯を助長しうる、つまり、拘禁刑の執行が本人の社会復帰の妨げになる場合に、拘禁刑の期間を最小化し、その悪影響を少しでも低減しなければならない状況があることと解釈すべきである。そこでは、刑罰の謙抑性・補充性が前提とされるべきであり、より権利制約性の少ない方法によって再犯に至る状況を遠ざけ得るのであれば、そのような方法がまずもって考慮されなければならない。刑事責任に対応する刑期全体がまず措定されているのであれば、その範囲内において実刑期間を殊更長く設定する必然性はないというべきである。

3　本人の人権保障の観点から想定すべき社会内処遇

一部猶予において想定される社会内処遇は、個人の尊厳に反せず、その効果を最大化しうる方法が模索されるべきである。一九九二年の欧州評議会の非拘禁的措置に関する欧州規則（European Rules on Community Sanctions and Measures）及びそれを基にした、二〇一〇年の保護観察規則（Council of Europe Rules & Recommendations on probation）は、対象者への処遇が監視としてではなく、対象者の主体的な社会復帰の援助として機能するために、非拘禁的措置の内容が常に対象者のニーズに沿ったものであり、非拘禁的措置そのものが社会復帰に有効であることを保障する仕組みが必要で（非拘禁的措置欧州規則五五）、本人のニーズ把握のためのアセスメントの重要性（保護観察規則六六－七一）、それに沿った計画策定（同規則七二－七五）、評価と再計画（同規則八一－八五）が要請されている。[36]

日本において、社会内処遇はもちろん、法的制裁として、量刑時に何を適切であると判断すべきであるのか、そのための本人の人権保障を前提とした原則が何ら存在しないことは、一部猶予の導入により、より深刻な問題として受け止められなければならない。

現状、一部猶予で想定されているのは保護観察所により実施される保護観察及びその枠内で行われるプログラムである。一部猶予適用の段階で「必要性・相当性」を判断している以上、判決において、単に刑責に応じた刑罰として、処遇を行うことを義務付けるのみでは足りず、被告人のニーズを把握し、アセスメントを経た上で、一定の効果が望める処遇のあり方が模索されなければならない。裁判所はより実質的な処遇のあり方について考慮したことを説明する義務を負っているものと解するべきである。

さらに裁判所の判断の根拠として、十分なアセスメントが必要となる。前述のとおり、従来に比して、裁判所には「必要性・相当性」判断にかかり、一部猶予を用いることに対するより明確かつ客観的な説明責任が生じる。ゆえに、その根拠となりうる本人の状況や今後の見通しを把握するためのアセスメントが不可欠である。これらは本来、判決前調査制度を前提に実現されるべきものであると思われるが、ひとまず現状ただちに可能であることは、対人援助専門職による関与である。

藤原正範は、その関与モデルとして「被告人の人格を科学的に明らかにし、犯罪との関係を説明し、予後を推定するという科学・査定・包括関与モデル」から、「被告人がどのような人とネットワークを形成してきたか、あるいは形成できなかったか。そのネットワークと犯罪との関係はどのようであるか。犯罪のない生活のための新しいネットワークを構築することができるか。そのために被告人本人のなすべきことは何か。被告人の周囲の者がなすべきことは何か。対人援助専門職は、そのような点について客観的査定よりも、支援しつつ事実を明らかにする姿勢を保つ」べきであるとする。[37] すなわち、社会福祉学の領域での前者が医学モデル的関与であり、後者は社会モデル的な関与であるといえよう。

このような対人援助専門職による知見の提供のあり方について、本人の人権保障の観点から処遇を提案するにあたっては、原則的には弁護人[38]を通じてなされるべきであろう。判決前調査制度の不在を、更生緊急保護事前調整モデルによって埋めようとする動き[39]もあるが、諸外国において判決前調査報告書と別個に、別の公的機関によるものや、弁護人・被告人本人依頼による調査報告書が提出された上で判断がなされる傾向[40]に照らせば、複数の専門家意見を慎重に吟味することを前提に、裁判所は広い視野に立って判断を行うべきであるといえる。

4　被告人による同意と自律性

一部猶予適用にあたっては、規定にはないものの、原則、本人の同意と納得を要すると解すべきであろう。刑罰である以上、その賦課にあたっての本人の同意は要件ではない。しかし、処遇効果や制度の意義を最大限活かすことを企図した場合、一部猶予における処遇に、本人が自律的に関与することが、再犯に至る状況を遠ざけうる可能性を高めることは確かであり、その点に本人が納得できる手続のあり方を原則追求すべきである。すなわち、仮に被告人が、一部猶予よりも実刑を望んだ場合には、一部猶予を適用すべきではない事案もありうるであろう[41]。

判決時のみならず、処遇段階においても同様、遵守事項の設定において（特に仮釈放なく保護観察に移行するような場合には）、あるいは生活行動指針の設定についても、本人の同意と納得が重要視されるべきであろう。一部猶予による保護観察に対して、本人がその趣旨に十分に同意・納得することがなければ、実際のプログラムへの取組等において、実効性を確保することは困難である。

また、前述の通り、従来、薬物からの離脱や回復のプロセスとして積み上げられてきた理論知・実践知に照らして、その過程における「トライ・アンド・エラー」を刑事司法が許容していく必要がある。そうでなければ、ダルクの独立性を害しかねないと同時に、本人にとっても他律的監視による薬物の使用停止状態を脱却できないからである。薬物からの自律的な離脱・回復の過程が直線的なものでないことを踏まえ、形式的な遵守事項違反による保護観察の取消は、これまで以上に行われるべきではない。この点は、一部猶予規定における取消時の（保護観察付執行猶予で必要とされる）遵守事項違反の「情状が重いとき」という要件が無いこと（刑法二七条の五②）が、顕著にその問題として表れる点でもある。[42] 少なくとも、薬物法による一部猶予における保護観察においては、その制度趣旨に照らして、薬物からの離脱という効果を真に追求するのであれば、この要件を置かないことは、一部猶予に期待されるものと本質的に矛盾するものといえる。今後、立法によって解決すべき点である。

5 運用モデル

実際の運用例として、現状考慮されていないものの、本人の社会復帰を促進し、その結果として再犯防止を果たし得るような一部猶予のあり方には、どのような具体化がありうるであろうか。

たとえば、①刑期三年、六月実刑（アセスメント期間）、残刑二年六月の執行を三年間猶予するといったモデルが考えられる。実刑期間を六月と最小化し、施設内におけるアセスメント及び動機づけを行うための期間として実刑期間を位置づけ、その後の猶予期間における本人の自律的な処遇への関与を模索しようとするものである。

あるいは、②刑期三年、二年実刑、残刑一年の執行を二年間猶予するといったモデルも考えられる。この場合、さらに実刑を一年（刑期の三分の二）執行後に仮釈放して、一年間を仮釈放期間とし、その後に二年間を猶予期間とする。例①のような動機づけやアセスメントに、やや時間を要することが予測される場合（判決段階における本人の同意と納得が十分に得られない場合等）に、実刑期間をやや長めに設定し、実刑時の状況に応じて、仮釈放を活用して、社会内処遇へスムーズに移行することを企図するようなケースを想定している。

また、仮釈放の積極的活用は既に提言されているところであるが、さらに、保護観察の仮解除（薬物法四条Ⅱ、刑法二七条の三Ⅱ・Ⅲ）も活用していくべきである。既に引受先が確定し、その引受先と本人の状況がいずれも安定している等、施設内処遇時の状況によって、早期に社会内処遇に移行すべき場合はありうる。また、本人自身が回復支援施設等でむしろ自律的に運営に関与する立場になる等、長い社会内処遇中にもはや保護観察は必要ない場合もありうる。一部猶予言渡し時の将来予測の限界と、社会内処遇期間を本人の状況に即して柔軟に設定するという趣旨から、また、本人の成長や変化を持続可能なかたちで支援する意味からも、保護観察を長く「念のため」付したままの運用は厳に慎まれるべきであろう。

Ⅴ　おわりに——刑罰による「再犯防止」の「失敗」

一部猶予が目的とする「再犯防止」を、一体、誰がどのようにして、何のために実現しうるのか。一部猶予の運用にあたっては、従来、薬物依存等の領域において、当事者をはじめとした人々が蓄積してきた実践知・理論知に対する敬意と尊重を前提に、その独立性・自律性や多様性を害することなく、そこに学び、協働する姿勢をもってその運用に臨むべきである。そうでなければ、一部猶予が導入された本質的意義として、本人自らが再犯に至る状況を可能な限り遠ざけるという結果を得ることは困難であろう。

そのために、刑事司法はその価値観につき、一定の変容を迫られている。弁護士である大杉光子は、一部猶予を含めた二〇〇〇年代以降の刑事立法において、厳罰化の一方で「再犯防止」政策が法に書き込まれては強調されることに強い危機感を表明する。(43) 大杉は、社会防衛や治安維持を企図した「再犯防止」の強調のみならず、福祉や医療等の支援を必要とする犯罪行為者が、「本人のため」と称した「再犯防止」を強制されてはならないと主張する。裁判所、検察、刑務所はもちろん、社会内処遇の担い手である保護観察官や、被疑者・被告人の法的支援を行う弁護人、さらには民間の福祉職や医療職ですら、パターナリスティックに本人の望まない支援を「本人のため」であると単に強制するのみであれば、それは本人の生きる権利を損ない、自律的な社会復帰を阻害し、長期的には再犯に至る可能性をも高めてしまいかねない。

刑事司法は、犯罪を契機として人に関わることの自らの権力性と、従来、強制的に行ってきた刑罰という自らの問題解決方法が「失敗」してきた領域が存在することに自覚的であるべきである。その上で、「再犯防止」を真に達成しうるのは、本人が生きることを真に保障され、その生活が犯罪になど至る必要がないときであることを、具体的な方策において実現していくべきであろう。

（1）刑法等の一部を改正する法律附則第一条「この法律は、公布の日から起算して三年を超えない範囲内において政令で定める日から施行する」との規定による。

（2）森久智江「刑の一部執行猶予制度に関する一考察」（赤澤史朗教授上田寛教授退職記念論文集）立命館法学三四五・三四六号（二〇一二年）八四四〜八七〇頁。

（3）押切久遠・山下麻実・栗坪千明・角谷奏子・山口範之・和田清・稲葉保「大会企画セッション（四）薬物事犯者の処遇——帰住先の確保とそこにおける指導・支援を中心に」更生保護学研究八号（二〇一六年）九四頁。

（4）法務省「薬物依存のある刑務所出所者等の支援に関する地域連携ガイドライン」（二〇一五年一一月一九日）http://www.moj.go.jp/content/001164749.pdf（最終閲覧日二〇一六年七月七日）。

（5）押切ほか・前掲註（3）九七頁。

（6）法務省薬物地域支援研究会提言「薬物依存のある刑務所出所者等の支援に関する当面の対策」http://www.moj.go.jp/content/001127900.pdf（最終閲覧日二〇一六年七月七日）。

（7）押切久遠・山下麻実「更生保護における薬物事犯者施策について」犯罪と非行一八一号（二〇一六年）一七五〜一七七頁。

（8）二〇一四（平成二六）年中に実施された同検査は、三一二三名に対して、延べ八二八一回であったとされ、ほとんどの者が陰性であったとされる。押切・山下・前掲註（7）一七七頁。

（9）西崎勝則「制度導入に向けた更生保護における実施態勢の整備の取組」法律のひろば六六巻一一号（二〇一三年）三一頁。
（10）押切ほか・前掲註（3）九八〜九九頁。
（11）「薬物依存回復訓練」は、「規制薬物等の使用経験のある者のグループミーティングにおいて、自らの経験を発言したり他者の体験を聴くこと等によって、当該依存に至った自己の問題性について理解を深めるとともに、規制薬物等に対する依存の影響を受けた生活習慣等を改善する訓練」とされる。二〇一二（平成二四）年より、保護観察所があらかじめ薬物依存症リハビリテーション施設を登録・委託するという方法で実施されていた。西崎・前掲註（9）三〇頁。
（12）押切ほか・前掲註（3）九九〜一〇〇頁。
（13）西崎・前掲註（9）三二頁。
（14）一般に、ダルク等でお話を伺うと、本稿で言及している各種プログラム等への参加のために、対象となる人が、平日仕事を休まざるを得ない場合や、そもそも固定的な曜日にしか休日が取れないような仕事を選ばざるを得ない場合もあるとされる。
（15）今福章二「更生保護と刑の一部の執行猶予」更生保護学研究三号（二〇一三年）三一〜三二頁。
（16）日本経済新聞二〇一六年六月三〇日朝刊。
（17）押切ほか・前掲註（3）一〇一〜一〇二頁。
（18）押切ほか・前掲註（3）一〇二〜一〇三頁。また、栃木ダルクの概要については、NPO法人栃木DARCのウェブサイト(http://www.t-darc.com/)を参照（最終閲覧日二〇一六年七月七日）。
（19）丸山泰弘「薬物使用者に対する刑の一部の執行猶予制度——刑の個別化と一部猶予」立正法学論集四六巻一・二号（二〇一三年）一一二〜一一四頁。
（20）今福章二「保護観察の実情と対象者像の検討——刑の一部猶予制度施行を目前に控えて」判例時報二二八二号（二〇一六年）一〇〜一五頁。
（21）幸島聡「保護観察所の立場から」石塚伸一・市川岳仁・幸島聡・幸田実・尾田真言・丸山泰弘・森久智江「薬物依存とシームレスな支援——刑の一部猶予制度導入の意味とその影響について」更生保護学研究七号（二〇一五年）一〇〇頁。
（22）幸島・前掲註（21）一〇八頁。
（23）西崎勝則「刑の一部の執行猶予制度等の概要及びその導入に向けた更生保護における取組」罪と罰五一巻二号（二〇一四）五八頁。
（24）市川岳仁・前掲註（21）一二二〜一二三頁。

(25) ダルクの目的は純粋に「薬物をやめたい仲間の手助けをすることだけ」であり、当事者間で、まさに今から薬物から回復しようとする当事者Aを、すでにある程度の回復経験を有してサポートする当事者Bが、当事者性を有したソーシャルワーカーとしてサポートすることの意義について詳述したものとして、市川岳仁「薬物依存からの回復における当事者性の意義と課題――NPOとしてのダルクの活動を素材に」龍谷大学大学院法学研究一二号（二〇一〇年）二九～五〇頁。

(26) 西崎・前掲註（23）五七頁。

(27) 今福・前掲註（15）三〇頁。

(28) 日本更生保護学会第三回大会・大会企画シンポジウム「薬物依存とシームレスな支援――刑の一部猶予制度導入の意味と影響について」二〇一四年一二月七日（於：龍谷大学）。同シンポジウムの概要については、森久智江・前掲註（21）九九～一二五頁参照。

(29) 立法当初あったいわゆる「中間的刑責」論がもはや妥当しないこと、その必要性もないことについては、その後、複数の論者によって言及されている。小池信太郎「刑の一部猶予と量刑判断に関する覚書――施行を一年後に控えて」慶應法学三三号（二〇一五年）二六五～二九一頁、樋口亮介「刑の一部の執行猶予の選択要件と宣告内容―制度理解を基礎にして」論究ジュリスト一七号（二〇一六年）二一七～二二五頁、詳細な検討として、高橋有紀「刑の一部の執行猶予判断における刑事責任の位置づけに関する考察」一橋法学一四巻一号（二〇一五年）二一一～二三七頁等。

(30) 一部猶予導入による実刑の増加を回避すべきことを前提として確認するものとして、樋口・前掲註（29）二二九頁。

(31) 小池・前掲註（29）二七一～二七八頁等。

(32) ②の要件における「仮釈放では困難な期間」を積極的に検討するのではなく、刑法二七条の二の文言から、最低一年の社会内処遇期間を要するか否かのみを検討すれば足りる、とするものとして、樋口・前掲註（29）二二〇頁。

(33) 例えば、今福章二・園原敏彦・川出敏裕・水野英樹・小池信太郎・山口貴亮「特別企画／座談会刑の一部猶予制度の施行とその課題」論究ジュリスト一七号（二〇一六年）一九四～二一六頁においても、この判断枠組みを基礎に議論がなされているが、少なくとも裁判所の判断のあり方としては、理解を示されている。

(34) 今井猛嘉「刑の一部の執行猶予と社会貢献活動――その意義と展望」罪と罰五一巻二号（二〇一四年）二一～二二頁。

(35) 浜井浩一「刑の一部猶予と社会貢献活動」季刊刑事弁護七六号（二〇一三年）一七二～一七三頁。

(36) 大貝葵「非拘禁的措置をめぐるヨーロッパ評議会準則」刑事立法研究会編『非拘禁的措置と社会内処遇の課題と展望』（現代人文社、二〇一二年）一二五頁。

(37) 藤原正範「量刑判断に対人援助専門職は寄与できるか」罪と罰五〇巻四号（二〇一三年）一〇九～一一〇頁。

(38) 宮村啓太「一部執行猶予制度下での弁護活動」自由と正義六七巻四号（二〇一六年）二二頁が（ここでは薬物自己使用以外の、現状の日本において刑事司法制度におけるプログラムが確立されていない行為類型についてであるが）指摘するように、弁護人は、一般的にも適宜さまざまな専門職と連携しつつ、本人を中心におきつつ、多様な観点から関与できるような弁護活動を進めることが求められるであろう。また、裁判所としても、「必要な材料は当事者から出していただきたい」との意思表明がなされている。今福ほか・前掲註（33）二一一頁〔園原発言〕。

(39) 今福・前掲註（15）二四頁。今福は、判決前調査制度導入には問題点が多いことを指摘しつつ、検察による起訴権限行使に際して用いられている更生緊急保護事前調整モデルの成果活用に言及するが、判決前調査導入の問題点は、これにより解消され得るとは思われない。

(40) 例えば、オーストラリアにおいて、社会内処遇局による判決前調査は一般的に行われているが、被告人が障がいや薬物依存や精神疾患などを有している場合、それとは別個に、対人援助省所属のソーシャルワーカーによる報告書と支援計画書、あるいは、独立開業型の臨床心理士によるアセスメント報告書等が提出される。詳細は森久智江「障害のある犯罪行為者（Justice Client）に対する刑事司法手続についての一考察」立命館法学三二七・三二八号（二〇一〇年）九二八～九五五頁。

(41) この点、オーストラリアにおいては、社会内処遇命令（community treatment order）を科すにあたり、本人の同意を前提にしている。命令は制裁であると同時に、むしろそれを果たそうということに尽力することが、犯罪に再び至らないために重要であると捉えられているからである。森久智江「オーストラリアの社会内処遇」龍谷法学四三巻一号（二〇一〇年）二五三～二七九頁。

(42) この点につき、今福は、むしろ再犯事件に至ってはじめて取り消しを行う現状に問題があり、改善更生の視点を明確に「不遵守の事実に加えて保護観察を継続しても本人の改善更生を望み得ないような情状がある場合はこの『その情状が重いとき』に該当すると解釈した上での運用が必要との認識から、「薬物処遇プログラムを正当な理由なく受講拒否し、再犯防止に必要な依存の改善のために施設内処遇に転換することが必要な事例」を取り消すことが想定されているようである。今福・前掲註（15）二八～二九頁。しかし、このような判断に至るまでのプロセスにおいては、実際に本人の生活を間近で見ている連携先であるダルクをはじめとした民間の回復支援施設等との協議・検討がこれまで以上に慎重になされるべきであろう。前述の幸田実の発言にもある「継続性」を重視した視点は重要である。

(43) 大杉光子「『司法と福祉の連携』における弁護士の立ち位置と目的は、再犯防止ではなく、社会における生活再建である」季刊刑

事弁護八五号（二〇一六年）七二～七七頁。

アムステルダムの奇跡の『神話』——自由刑における「懲治（しつけ）」と労働

石塚伸一

Ⅰ　はじめに

「近代の自由刑の起源はどこか」と尋ねられれば、ほとんどの刑事法学者は「一六世紀末のアムステルダム懲治場」であると答える。アムステルダム起源説が有力になったのは、瀧川幸辰が、一六世紀末のアムステルダム懲治場では、囚人が人道的に処遇され、刑法は「人間の倫理的本性の上に成り立つものであり、ここでの新たな刑罰は人道的かつ効果的なものであること」(1)を証明したと述べたからである。

通説化したアムステルダム説ではあるが、この刑法を本当に人道的と断言してよいのだろうか。歴史は、常にアンビヴァレンツ（Ambivalenz）である。人道的といわれた制度や施設が、実は残虐な拷問や体罰の温床であったことを私たちは知っている。

本稿は、アムステルダム初期懲治場が人道的刑事政策の起源であったという説を疑うことからはじめる。まず、日本における初期懲治場研究を整理し、日本の刑罰・行刑思想とアムステルダム説の関係を検討する。つぎに、瀧川論文が紹介したロベルト・フォン・ヒッペル（Robert von Hippel）の論稿[2]を検討し、その宗教的背景について考察する。最後に、これらの検討を踏まえて、近代市民社会の成立と初期懲治場の意義について考察し、自由刑と労働の強制について、私見を述べることにする。

Ⅱ　日本における初期懲治場研究の現状

1　瀧川幸辰「近代自由刑の起源」（一九三〇年）

前述のように、アムステルダムの奇跡を初めて日本に紹介したのは、瀧川幸辰である。彼は、一九三〇年、京都大学の『法学論叢』に「近代自由刑の起源」という論稿を寄稿し、「古代、中世の応報的、威嚇的、排害的な自由刑に対し、近代的自由刑は、『秩序と労働への教育』を眼目とする点に特色がある。昔の自由刑は漸次に新しい自由刑に変化したのではない。まったく別の思想から生まれたところの新しいものが、古いものと戦って、その地位を奪った[3]」と述べている。新しい自由刑が自由を剥奪するのは、「被拘禁者を肉体的、精神的に苦しめるためではなく、秩序正しい生活を強制することによって、労働の習慣を植えつけるためである。強制的秩序の形式をとる自由剥奪は、被拘禁者にとって、たしかに苦痛である。この苦痛は刑罰の応報的要求・威嚇的効果を充たし、併せて犯罪的傾向の最も強い期間内、犯人に対する排害の目的をも達することが出来るのである[4]」として、その画期的意義を評価した。これによって、アムステルダムの奇跡が日本の刑法学会の通説になった。

2　日本における初期懲治場研究

日本の初期懲治場の研究は、三つの系譜に位置づけることができる。

まず、いわゆる「近代自由刑の起源」をアムステルダムの初期懲治場に求め、犯罪をおかした者に労働と秩序ある生活を身につけさせ、社会にとって無害な人間にすることを人道主義的刑事政策の潮流の起源と位置づける正統派の系譜である。一九七四年五月、法制審議会総会で『刑法改正草案』が決定される前後には、山中敬一「ドイツにおける受刑者の法的地位の展開」[5]、小野坂弘「近代的自由刑の発生と展開——ヒッペル説をめぐる学説史的展望」[6]などが発表されている。これに対し、吉岡一男は、刑罰のもつ犯罪という減少の事後処理機能に着目し、刑罰から労働や改善の強制の要素を排除する「自由刑純化」論[7]を展開し、アムステルダム懲治場におけるを自由刑の起源とし、その人道的側面を強調する考え方を批判している。

一九七四年には、長谷川平蔵の建議によって、将軍徳川吉宗が作らせたといわれる石川島人足寄場の研究が公刊された[8]。そこには、澤登俊雄「『近代的自由刑』の起源」[9]）のほか、団藤重光、重松一義、長島敦などの論稿[10]は、江戸時代の人足寄場が、人道的な刑罰執行施設の起源といえるのか、それとも、都市に流入する貧困者から社会を守るための救貧施設あるいは保安施設であったのか、という刑法改正における保安処分の問題への意識を看取することができる[11]。

その前年の一九七三年に『東邦彦の行刑思想』が刊行されている[12]。東邦彦は、一九三六年五月に横浜刑務所の開所時の所長で、その落成式に記念品として、銅製文鎮を配布した。文鎮には、一六世紀末のアムステルダム懲治場表門に獅子の鉄鎖が図案化され、表門に掲げられた一文が刻まれていた。時を経て、一九七三年一月、行刑実務家の専門誌である『刑政』の表紙の右下に、件の文鎮の一文が書き込まれ、日本行刑の理念を示す言葉となった。裏表紙には、「アムステルダム懲治場は、それまでの応報的な身体刑・生命刑に替えて、自由の拘束と労働をもって犯罪者の改善更生をはかろうとする近代的自由刑の起源とされている」と記されている。[13]

3　初期懲治場と日本行刑

横浜刑務所は、大戦中、海軍の要請でトラック島やテニアン島・ウオジェ島に囚人を受刑者部隊「赤誠隊」とラック島図南「報国隊」として送り出した。[14]

東自身も、司法部行刑課長兼保護課長として、ジャワ島に在任し、刑務所官署の最高責任者となった。敗戦後、復員したが、戦争犯罪人との嫌疑で逮捕され、ジャカルタのオランダ軍事裁判で死刑を求刑されたが、現地の関係者の減刑運動によって、業績が再調査され、重懲役一五年の判決を言い渡され、巣鴨プリズンに移送され、一九五四年に釈放され、矯正実務家として復権した。[15] 裁判では、彼の人道的行刑論の一端を示す証拠として、「昭和拾壱年六月横浜刑務所落成記念文鎮」が提出され、死刑が回避されたと言われる。そこには、瀧川の論稿から引用したヒッペル論文の一文が引用されてた。[16]

“Schrik niet ik wreek geen quaat maar dwing tot goet
Straf is myn hant maar lieflyk myn gemoet.”

瀧川は、これを「怖るるなかれ！余は汝の悪行に対し復讐せんとするものにあらず、却って汝を善に導かんとするものなり。余の手は厳格なりと雖も、余の心は親心なり」と訳している。[17]

『刑政』の表紙には、「私の手は厳しいけれども、私の心は愛に満ちている」と訳されている。[18]

4　小　括

このようにして、ヒッペルによって発見されたアムステルダム懲治場の奇跡は、一九三〇年、瀧川幸辰によって、日本に紹介にはじまり、その後の京都学派の一連の研究によって学界の通説となった。また、一九三六年、東邦彦によって横浜刑務所開設記念の文鎮に刻印されたアムステルダム女子懲治場の銘文が、行刑実務家必携の『刑政』誌の表紙の題字となったことから、学理においても、実務においても、人道的な刑政思潮と近代自由刑の起源として、日本の刑事政策の「神話」となったのである。

問題は、この「神話」が史実なのかどうか、そして、何故、神話になったのかである。次章では、ドイツにおけるヒッペルの「近代自由刑の起源」についての研究について検討する。

Ⅲ　ヒッペルの「幸運な発見」――〝聖ラスピニ復活の奇跡（Miracula San Raspini Redivivi）〟

1　アムステルダム初期懲治場――「のこぎりの家」と「糸紡ぎの家」

一六世紀末葉、アムステルダムには、男子懲治場である「のこぎりの家（Rasphuis）[19]」と女子懲治場である「糸紡ぎの家（Spinhuis）[20]」が解説された。

男子懲治場の「ラスピ（Rasp）」とは、オランダ語で「のこぎり」や「やすり」のことであり、フイス（Huis）は「家」であるから、ラスピウス（Rasphuis）は「のこぎりの家」という意味になる。ブラジルウッド（brazilwood）と呼ばれる固い材木を八ないし一二の歯の大きな鋸でヤスリ掛けし、大鋸屑（おがくず）状にして、水を混ぜて煮て、赤い染料を作り、タイルの染色に用いた。男子懲治場は、一五九六年に開設され、その後、救貧院に改築されたが、一八一五年には閉鎖され、建物はスイミングプールなどに改築され、現在は、門の跡だけが残っている。現在残っている門跡は、創設当時のものではなく、一六六二年に改装されたもので、ハイリゲン（Heiligen）通りのショッピングセンターの裏口になっている。門のレリーフは、二人の頑健な男性が、後ろ手に鎖で繋がれ、女性に嗜（たしな）められている。

女子懲治場の「スピン（Spin）」とは、「糸紡ぎ（紡績）」、フイスは「家」であるから、スピンフイス（Spinhuis）は「糸紡ぎの家」という意味になる。女子のための懲治場として、一五九七年に聖ウルズラ修道院（Sint-Ursulaklooster）の一部を改築して開設された。女性たちは、大部屋に収容され、紡績や縫製に従事させられた。一六四三年、火事で建物は焼失したが、一六四五年、同じ敷地に新たな「糸紡ぎの家」が再建され、現在も「スピンフイス通り（Spinhuispoort）」のレストランの前にある。門のレリーフには、救世主が二人の女性を鞭打つ様子を描いたレリーフが刻まれ、P・C・ホーフト（Pieter Corneliszoon Hooft: 1581-1647）の言葉が刻まれている。

この初期懲治場の刑法史における位置づけについて、画期的な意義をもつとされる業績がヒッペルの「自由刑の歴史への寄与」である。

2　自由刑の歴史への寄与

ヒッペルの「寄与」は、いまもなお、ドイツ刑法学において最も注目される歴史研究のひとつである。同論稿は、一八九八年、彼の師F・フォン・リスト（Franz von. Liszt）が編集する『全刑法雑誌』に発表された。「寄与」は、一六世紀から一七世紀におけるイングランド、オランダおよび北ドイツのハンザ諸都市における懲治場の起源とその発展を扱った論文である。この研究は、単なる歴史研究を越えて、ヒッペルの刑事学および刑法解釈学の理論的基盤となっている。その主たるテーマは、「自由剥奪を伴う刑罰の意味と犯罪者の処遇」である。「寄せて」が一九世紀と二〇世紀の転換期に発表されたということは、この時代の刑事法学における刑法史の知識と共通認識の水準を引き上げ、宗教改革の時代の北西ヨーロッパの文化史全体にも新たな視点を加えるものとなった。(21)

3 一九世紀末ドイツ刑事政策学

一九世紀末のドイツの刑事政策は、フランツ・フォン・リストの理論と彼によって創設された「近代学派」の強い影響を受けていた。(22) リストは、一八八二年、マールブルク大学学長就任演説「刑法における目的思想」(23)、いわゆる「マールブルグ綱領」において、つぎのように述べた。

「刑罰体系における発展はすべて、良かれ、悪しかれ、近代刑事司法における特徴的な指標である、自由刑の発展とその失敗の複合である、相対主義刑罰論による絶対主義刑罰論に対する闘争と関連し、両刑罰論を対抗的に捉えるか、あるいは、刑罰目的の一部を強調することによって、新たな発展を可能とし、これを指導し、さらには、現実しようとするものになろう」(24)。さらには、「帝国刑法の改正は、統一行刑法の制定なくしては、その改正作業に着手することはできない」として、刑罰論の発展と行刑法典の制定が焦眉の課題であることを宣言した。(25)

一八七一年、統一されたドイツ帝国の第一号の法律として『帝国刑法典』が制定施行されたが、統一行刑法典については、刑法典の適正な執行のためには行刑法典が不可欠であるとの認識は共有されていたが、諸州の意見がまとまらず、各州の州法や服務規定によって規律されていた。フォン・リストの警告にもかかわらず、統一行刑法典の制定は、帝国統一から一〇〇年以上を経た一九七六年、その施行は一九七七年であった。

4　刑事学研究者の誕生

ヒッペルは、みずからの生涯について、つぎのように述べている。[26]「一八八七／一八八八年の冬学期、フォン・リストの教えを受けるためマールブルク大学へ赴き、監獄学等の講義を受講して、刑事学の学究の徒となることを決意した。[27]当時、師リストや学友たちは、一面的な応報刑論同様、一面的な特別予防論も正しくないとして「統合説（Vereinigungstheorie）」を唱えていた。[28]」

ヒッペルは、リストから与えられた「矯正目的の事後拘禁（korrektionelle Nachhaft）」を博士論文のテーマに選び、[29]刑事学の研究者として、自覚的な研究活動を開始した。

ヒッペルは、一八九一年、キール大学において教授資格を取得し、一八九二年にはストラスブール大学に招聘された。そこで彼は、監獄学の講義のため図書館で準備をしている最中に、ひとつの「幸運な発見」をする。[30]

5　幸運な発見

ヒッペルは、ストラスブールの図書館で一六一七年発行の「聖ラスピニの復活の奇跡（Miracula San Raspini Redivivi）[31]」と題する小冊子を発見した。そこには、つぎのような記述があった。

「素晴らしい奇跡あるいは驚愕すべき偉業の歴史的記述。それは、商業・貿易都市として広く知られるアムステルダムの聖なる道の上に置かれた。それは、人のためになるようにという意味を込めて懲治（Zucht）と名づけられた。そこには多くの人がやって来た。そして、いまも、毎日、誰かがやって来る。この素晴らしい奇跡の解説書によって、聖なる正義の女神ユスティカ（Justicia）が現れた。いまや、新たなこれに続く者として、自由都市ブレーメンが加わったことによって、新たな懲治場が増えた[32]」。

ヒッペルは、当初、監獄学の講義に確実な歴史的裏付けをする目的で調査を始めた。しかし、その成果は、刑事法学の研究者にとっても興味深いものであったことから、「寄与」を公表することにした。[33]

ヒッペルは、一八九九年、ゲッティンゲン大学からの招聘を受諾し、刑事法の教育と監獄の研究を中心に定年まで勤めた。[34] 一九三二年に刊行されたアムステルダム懲治場の研究にブレーメン懲治場についての補論を付けた新版の題名は、「近代自由刑の起源と教育行刑」であった。[35]

Ⅳ　近代自由刑の起源と意義――なぜ、それは重要なのか。

1　ハンザ諸都市の初期懲治場

アムステルダム初期懲治場を範として、ハンザ諸都市では、ブレーメンとハンブルク（いずれも一六二〇年頃）を嚆矢として、リューベック（一六一三年）、カッセル（一六一七年）、ダンツィッヒ（一六二九年）に懲治場が建設された。一七世紀後半になると建設の機運は高まり、ブレスラウ（一六七八年）、ウイーン（一六七八年）、ライプツィッヒ（一六七一年）、リューネブルク（一六七六年）、ブランウシュバイク（一六七八年）、フランクフルト・アム・マイン（一六七九年）、ミュンヘン（一六八二年）、シュパンダウ（一六八七年）、マグデブルグ（一六八七年）、ケーニスベルグ（一六九一年）などに懲治場が開設された。一八世紀になると全ドイツ語圏につぎつぎと懲治場が建設されていった。[36]

それぞれの施設ごとに経緯は異なるが、アムステルダム初期懲治場を範に建設された懲政場は、徐々に犯罪者の収容に「監獄（懲役監）」へと変わっていった。[37] 一九世紀になると、ドイツの監獄は、そこで暮らす人のすべて、施設の隅々まで、信仰の息吹をあたかも空気のように、日常の生活の当然のものと感じられるような「福音の場」であることが求められるようになっていた。

2　ヒッペルの一一命題

クレブスは、「寄与」を一一の命題に分けて分析している。

〔第一命題〕　イングランドの懲治場は、一六世紀半ば以来のイングランド救貧法と有機的な関連をもっており、脅威となっていた増大する浮浪者層との闘争の手段として生まれた。(38)

〔第二命題〕　ブライドウエルは、無為徒食の民を強制的に労働させることにより、単に威嚇だけではなく、改善的な効果を及ぼすことも期待していた。それゆえ、この最も古いイングランドの懲治場が、原則として、近代自由刑一般特徴を備えた刑罰執行の形態であると認められてきた。そして、ここでの自由刑は、中世の刑罰の執行とは峻別されるものであった。労働による内的な教育と改善の強制が、単なる外的で野蛮な威嚇と無害化に取って代わることになった。(39)

〔第三命題〕　アムステルダム懲治場の創設は、外観だけを見れば、完全に独立して、外国のモデルに依拠せず創造されたものである。加えて、ムステルダム懲治場は、その後の諸都市の懲治場建設のモデルとなったことが文献によって裏付けられた。それ故、イングランドではなく、アムステルダムにおいてはじめて、今日、われわれが自由刑の執行と考えているものと本質的に同じ、近代自由刑に特徴的な刑罰執行形態を見ることができる。(40)

〔第四命題〕　アムステルダム男子懲治場は、それまでの野蛮な刑罰体系への反感が新設の原因となっている。(41)

〔第五命題〕　アムステルダム懲治場規則第二編は、囚人の日常生活を微に入り、詳に入り几帳面に規律している。(42)

〔第六命題〕　初期懲治場、とりわけ、アムステルダム懲治場の意義は、その刑罰執行の形態にある。(43)

〔第七命題〕　アムステルダム懲治場において、われわれは、ハンザ諸都市の諸施設、それゆえ、それに続く、ドイツにおける自由刑の拡大のモデルをみることができる。このことは、かねてより文献では主張されていた視点であったが、こまで確実な証拠を欠いていた。ヒッペルは、この事実を証明したという確信を得ていた。[44]

〔第八命題〕　懲治場創設の外的な契機は、一方で、それ以前の刑罰体系の残虐さへの反感であり、他方で、そのような方法の無益さへの洞察の増大であった。特に、旧い刑罰体系は、ますます脅威になっていた物乞いや無為徒食の輩の大群との闘争には全く役に立たない。第一の要因は、アムステルダム男子懲治場の設立に際して、特に明瞭に働いた。第二の要因は、イングランド、オランダおよびドイツにおいて、同様の現象であり、これとの闘争のために、威嚇と無害化という従来の刑罰目的に、新たに改善という目的が付け加わった。[45]

〔第九命題〕　この新たな刑罰論は、懲治場の創設が当時の貧困と慈善への配慮と密接な関係を有することは明らかである。[46]

〔第一〇命題〕　従来の刑法が威嚇と無害化という兆表の下にあった時代に、このような新たな理念が創出され、技術的にも卓抜した運営が行われたということは、アムステルダム懲治場に対して、時代を超えて、刑罰目的と監獄学の歴史において優越的な地位を保証する画期的な事実である。[47]

〔第一一命題〕　刑罰体系の領域における、数世紀間の最も大きな進歩、すなわち、身体刑と生命刑を自由刑によって代替するという進歩は、かつては予想できなかったほど、特別予防目的を強く奨励することになった。さらにそれは、特別予防目的と一般予防目的とを統合する学説（統合説）の登場によって、目的刑論の勝利を特徴付けるものとなった。同時に、この歴史的事実は、将来の刑事政策的綱領を特徴付けるものとなった。（説明する）ことができる。[48]

3　ヒッペルの一一命題の検討——「寄与」とはなにか？

クレブスは、上記の一一の命題のそれぞれに検討を加えている。

〔第一命題〕および〔第二命題〕については、懲治場の創設期において、時代的には、アムステルダムに先立ち、一五五三年にロンドンでブライドウエル懲治場が開設された。一四世紀から一五世紀にかけてのイングランドは、「囲い込み」に象徴される社会的諸関係の激しい変化の中で、「貧困と犯罪」という新たな社会問題に対する解決策を求めていた。それは、援助を必要とする人たちの保護と押し寄せる物乞いや無為徒食の輩との闘争のための手段であった。

国王エドワード六世は、一五五三年、浮浪者、売春婦、労働嫌忌者などを収容するため、ブライドウエル宮殿をロンドンに寄贈した。ここでは、無為徒食の民が強制的に働かされ、労働による威嚇と改善が強制された[49]。次第に、この種の施設は、すべて「ブライドウエル」と呼ばれ、そこで教育を受けた元収容者は、「ブライドウエルの少年たち（Bridewellboys）」と呼ばれるようになった[50]。その後、ブライドウエルは、より教育的なボースタル（Bostal）に取って代わられ、存続・継承されることはなかった。また、それにも増して重要なことは、これらの施策が、王権の主導の下で実施されたことである。

〔第三命題〕および〔第四命題〕は、最も重要なアムステルダム懲治場の創設の経緯とそこで実施されていた行刑に関する調査研究とその検討である。

時代的背景は、商業都市アムステルダムの「黄金の時代」であり、「アルバの恐怖政治[51]」が終焉し（一五七二年）、スペイン支配から抜け出して、宗教改革を邪魔するものがなくなり、プロテスタント・ニーダーランド連合国の基礎が北部地域で固まった時代であった。

社会的諸関係は、ロンドンとは異なり、市民階層が市政の主導権を握っていた。救貧政策も盛んに行われていた。刑事司法は、当初は、威嚇と無害化（廃外）によって犯罪者と闘おうとしたが、その戦果は芳しくなかった。

「懲治場（tuchthuis）」導入の契機となったのは、一五八九年に起きた一六歳の少年の住居侵入窃盗事件において、市長と議会と交渉し、その少年を長期間労働させ、健全な生活へと改善・教育することを命ずる判決が言い渡された。[52] この判決を執行するため、懲治場の設置が決定し、一五九六年、クラリス修道院(Klarissenkloster)を改修した施設に最初の一二人の囚人が収容された。[53]
「のこぎりの家」の創設は、オランダ矯正思想の象徴であった。これまで「犯罪者は、処罰すべきである」と信じられてきた。ところが、懲治場に収容された若い男たちは、「秩序と義務」の意味を教え込まれ、社会に戻るための努力を命じられた。表門には「いかに野蛮な猛獣でも必ず手懐けられる(Wilde beesten moet men temmen: Wild beasts must be tamed)」と刻まれていた。[54]
数年で、「のこぎりの家」は、低廉労働力の供給源と収容者の社会復帰を目的とするプラントへとして成長していった。収容者のほとんどは、頑健な成人であったが、手の付けられない少年や精神に問題のある人たちを、その家族の負担で拘禁する「秘密部屋」の制度も設けられていた。[55]
「のこぎりの家」は、ブラジルウッドのヤスリ掛けを独占する工場であったり、一六〇一年に水車が開発された後も、その影響を被ることなく、独占状態を維持していたが、他の素材との競争に破れ、ナポレオンによる占領時代(一八〇六〜一八一〇年)には独占権を失い、一八一五年に閉鎖された。
〔第五命題〕および〔第六命題〕は、ヒッペルの幸運、すなわち、アムステルダム懲治場規則の発見についてである。[56] 文書は、ダンツィッヒの市立図書館から送られてきた。[57] この勅令とその他の文献資料に基づいて、三つの懲治場の施設の生成と成果が明らかになった。
一五九六年、男子懲治場「のこぎりの家」が開設された。参審員が、犯罪をおかした浮浪者、無為徒食者などを、ある体刑の一種として、収容することが相当と判断した場合に、拘禁し、労働を強制する施設であった。[58] 一五九七年、女子懲治場「糸紡ぎの家」が開設された。ここは、物乞いと無為徒食が身についてしまった若い少女や女性を羊毛の紡績に従事させながら養育する施設であった。[59]一六〇三年、出自のいい市民層の子どもたちのための分離または秘密懲治場が開設された。ここは、裁判所の決定に基づき、悪い仲間（悪人）や職業犯罪人（悪党）から、良家の師弟を隔離するための施設であった。[60]

懲治場の日常生活のついては、成人の場合、特に作業中は、厳正な秩序による支配が徹底していた。所定の作業ノルマを達成すれば、それだけで「改善」したと評価された。しかし、ノルマを達成できなければ、あらゆる手段を用いて、必要であれば暴力を用いても、それを達成させた。短い自由時間も厳正に監視され、施設内の教会での礼拝や学校での授業が義務付けられた。夜間の成人舎房は、四ないし八人、ときには一二人の雑居房であった。

重要なことは、これらの懲治場に拘禁されたということが名誉剥奪（不名誉）とは看做されなかったということである。[61]とりわけ、秘密懲治場は、近代における少年行刑の起源とみなされている。ここには、素行の悪い良家の子弟たちが親類縁者によってあずけられていた。[62]親の意志に基づいて、特別の配慮教育を提供し、それぞれの少年が抱える問題を解決するためには、安全な場所と相当の期間が確保されなければならない。ただし、秘密懲治場については、その作業の種類や課題が明らかになっておらず、作業や職業教育が実施されていたという明確な証拠はない。[63]

〔第七命題〕は、アムステルダムの独自性とハンザ同盟諸都市への影響である。懲治場の建設は、アムステルダムの市民が主導権を握り、市民自らが財政的責任を負担したということは確かである。しかし、ハンザ同盟諸都市への影響については確実な証拠がない。

ただ、オランダ以外では、ブレーメン懲治場が最も早かった。[64]『聖ラスピニの回復の奇跡』（一六一七年）の発見によって、アムステルダムとブレーメンの紐帯は明らかになった。[65]その後、ブレーメンが他のドイツ諸都市の懲治場の範型になっていった。[66]しかし、その伝播を示す確実な証拠があるとまではいいきれない。[67]

〔第八命題〕および〔第九命題〕において、アムステルダム懲治場の創設が救貧・慈善支援の刷新と時代に即した刑事司法という二つの流れを結びつけた。[68] ヒッペルは、「アムステルダムにおいて刑法は、人間の倫理的本性の上に成り立つものであり、ここでの新たな刑罰は人道的かつ効果的なものであることが明らかになった」と述べる。[69] しかし、アムステルダムを「人道主義的刑法」の創出と位置づけていいのかどうかは疑問である。

〔第一〇命題〕および〔第一一命題〕は、研究成果の総括である。アムステルダム懲治場を近代刑法の人道主義と複数の刑罰目的(一般予防と特別予防)の統合の起源と評価してよいのかどうかについては、議論の余地がある。すくなくとも、一八九八年の段階では、仮説のレベルを出ていなかった。[70]

強制労働による改善教育と苛酷な苦役の賦課は、はたして両立しうるのであろうか。たしかに、労働による改善教育の人道的側面に見ることも可能であろう。しかし、G・ラートブルッフ(Gustav Radbruch)は、労働の強制や懲治による教育を戒めると同時に、独善の恐ろしさとその暴力性を批判している。

次章においては、その宗教的背景について検討する。

V 初期懲治場の宗教的背景[71]

1 カルヴィニズムの三つの思想

初期懲治場の背景には、労働と節制を重んじるプロテンスタンティズムの倫理と重商主義、さらには台頭する資本主義の影響があった。[72] ラートブルッフは、当時のカルヴィニズムの三つの思想を指摘する。

その第一は、ルターの「天職(Beruf)」の概念である。人間は神によって、その人が従事する労働の場に呼び出された。労働は、「宗教的荘厳さの反映」である。しかし、喜捨は慈善ではなく、その宗教的な意味は薄い。貧困は、喜捨によって贖われるべきではなく、労働に対する報酬によって贖われるべきである。場合によっては、労働の強制も厭われない。

第二は、「天職」概念の深化である。天職としての労働は、利益のためになされるのではない。個人の業績のためになされるのでもなければ、同胞に認められたいからなすのでもない。中世においては、禁欲は、修道僧の隠遁生活の中で求められるものであったが、いまや禁欲は、世俗世界の日常生活や仕事の中に入り込み、天職としての労働が「内的世界の禁欲」として捉え返された。いまや、労働それ自体が自己目的化し、節約の義務が労働の義務へと転化した。

第三は、これまで、宗教的世界では卑下されてきた利益（利潤や利子）に肯定的意味を与えた。利益は、成功した経営者が「（神に）選ばれし者」であることの「あかし（証し）」である。人は、つねに不安を抱えながら、自分が選ばれた者であることの「あかし」を求めて生きている。現世にあって、その「あかし」は、それぞれの人が労働を与えられているという祝福の中に見出される。この「予定説」によって、利益を求める衝動は、抑えられるべき汚らわしいものでなく、奨励されるべき企業活動の欲求へと転化した。[73]

2　放蕩息子の帰宅と懲治場

M・ヴェーバー（Max Weber）は、カルヴィン派の予定説における神の超越性についてつぎのように述べている。「新約聖書では、一枚の銀貨を見つけた女のように罪人の帰還をよろこび給う、人間的に理解しやすい『天の父』である神が、ここでは、永遠の昔から究めがたい決断によって各人の運命を決定し、宇宙のもっとも微細なものにいたるまでにすでにその処理を終え給うた人間の理解を絶する超越的存在となってしまった[74]」。

ヴェーバーにおいて「一枚の銀貨を見つけた女」とは『新約聖書』の「ルカによる福音書」第一五章の失くした一

枚の銀貨を探す女のことであり、「罪人の帰還をよろこび給う天の父」とは「放蕩息子の帰宅」を喜ぶ父である。「ルカによる福音書」第一五章は、「この人は、罪人たちを歓迎して一緒に食事をする」と厳格なユダヤ教の律法を守れない人たちを蔑むファリサイ派の律法学者に、キリストが反論する形で描かれている。そこでは、三つの例え話がなされている。

第一は、羊飼いは見失った羊が戻ってくるという話、第二は、老女が無くした銀貨を見つける話、そして、最後は、放蕩の限りを尽くした息子が落ちぶれて帰ってきたという話である。イエスは、三つの話を通じて、無くなったと思ったもの（家畜や物や人）が、戻ってくるということは、それだけで喜ばしいことである。「たとえ罪人であったとしても、悔い改めて、わたしたちのもとに戻ってきたら」それだけで、喜ぶべきことなのではないか。罪人だからといって、排外してしまってはならないということを示唆している。

むしろ、放蕩の限りを尽くして落ちぶれて帰ってきた弟のような者こそ、救いが必要である、という視点は、死刑でも、身体刑でも、財産刑でもなく、自由刑を刑罰体系の中核に置く近代刑法の核というべき思想である。ところが、ルカによる福音書では、あれほど慈愛に身に満ちていた人びとが、カルヴィニズムにおいては、残酷にも、「選ばれし者」なのかどうか「あかし」を労働に求めよと命じ、ときに苦役を強制する。

アムステルダムの初期懲治場の支柱であったカルヴィン派の予定説は、聖職者に伴われて「悔い改めて信仰により神に依り頼むときに必ず恩恵が与えられる謙虚な罪人（つみびと）」という「教誨と改心」の関係とは無縁のものであった。その者が神の元へ召されることが予定されていれば、辛い労働の中で、そのことが証明される。そのためには、誰の援助も必要ではない。裕福であるということは、労働の成果であると同時に、救済の約束である。怠惰や無責任は、神の教えからの離反の兆表であり、闘争の対象である。行刑は、この犯罪原因との闘争のために設えられた手段となった。[75]

もし、近代自由刑が人道的であるのなら、「労働による改善」ではなく、放蕩を尽くしたとしても、息子が帰ってきたことを喜び、息子を受け容れる父親にその起源を求めるべきではないか。死刑でも、流刑でも、身体刑でも、財産刑でもなく、自由刑を刑罰体系の中核に置く近代刑法の思想的背景は、「罪人も、われわれと同じ同胞である」という「連帯（Solidaritaet）」の精神なのではないか。(76) 日本の刑法学に即していえば、刑法は「仁愛」あるいは「愛」であるべきなのではないのかということになる。(77)

3 「懲治（しつけ）」の諸形態——懲治、規律と秩序、紀律

「懲治（しつけ）Zucht」の語源は、古代および中世の高ドイツ語の"zuht"で、その人がその影響下で植物を栽培し、あるいは家畜を飼育・世話することを意味した。近代になると、指導（Unterweisung）や教育（Erziehung）(78)、特に、子どもに知識や知恵、礼儀（Anstand）や行儀（Sittsamkeit）を教え込むことを指すようになった。教えに逆らうと懲罰がともなうことも多かったから、懲治場（Zuchthaus）、懲戒（Zuchtmittel）、懲罰（Züchtigung）などの派生語も生まれた。現在は、①飼育、養殖、栽培、培養、品種改良、②動植物の品種、飼育、③しつけ（躾、仕付け）、訓育、規律などの意味で用いられている。(79)

「規律秩序（Zucht und Ordnung）」は、「紀律（Disziplin）(80)」と同義である。

規律秩序は、宗教改革以来、家族、修道院、学校、共同体、国家および軍隊のような社会的諸制度で妥当する、あるいは妥当すべき秩序立った関係のことを示すようになった。当初、この語用法はキリスト教と結び付いていたが、一八世紀になると世俗化した。

ドイツでは、一五世紀にはすで、「キリストの規律と秩序（christliche Zucht und Ordnung）」という言葉の使用が確認されている。ルターによる聖書のドイツ語訳「パウロ（Paulus）のコリント信徒への手紙」第一四章四〇節におい

て「みなさん、尊敬すべき、そして秩序をもって、おこないなさい。(Lasset alles ehrbar und ordentlich zugehen.)」という一節がある。T・フォン・ケンペン(Thomas von Kempen)やJ・カルビン(Johannes Calvin)は、「規律と秩序」という決まり文句としてしばしば用いた。ただし、これは、ルターのテキストにはなかった言葉である。

第三代プロイセン王・フリードリヒ二世(Frederic II: 1712~1786)の治世に世俗化が生じた「規律と秩序」という言葉が非宗教的施設でも用いられるようになった。まず、軍隊で頻繁に用いられ、さらにはプロイセン改革(一八〇六年)の以降は教育施設でも用いられた。

ナチズムの時代、「懲治(Zucht)」という言葉は、人為的な影響による成長という本来の意味以外に、国家社会主義的イデオロギーの教育という側面が新たに付け加えられた。

第二次大戦後は、一九六〇年代から七〇年代の反権威主義運動によって「規律と秩序」は闘うべき概念のひとつとされ、伝統的な授業や教育の方法に批判者によって、権威や規律への従属の強制を意味する言葉で、国家社会主義の残滓であると批判した。

このように「懲治(しつけ)」とは、人間社会・集団の規範、規律や礼儀作法など慣習に合った立ち振る舞いができるように教え込むことである。規範の内面化と言ってもいい。アムステルダムにおける「懲治(Zucht)」から、プロイセンの「規律と秩序(Zucht und Ordnung)」すなわち「紀律(Disziplin)」に至るまで、「しつけ」とは、ヒトを働くことによって、生産に寄与するものに改良していくという人為選択だったということになる。(81)

VI　近代自由刑の起源と初期懲治場研究

1　近代市民社会における初期懲治場の役割

近代市民社会が成立するためには、独立・平等・自由な法人格の創出（主体）、物に対する抽象的・絶対的・排他的な関係である私有財産制度の確立（客体）および法主体の自由な意志の尊重の確保、これを近代私法の位相で表現すれば、それぞれ、法「人格独立の原則」「所有権絶対の原則」および「私的自治の原則（契約自由と過失責任の原則として現象する）」が横の社会関係として貫徹し、その違反行為（犯罪）に対しては、暴力的権力を有する正統的国家が、これを正当化された暴力（刑罰）を行使することによって、これを排除するという縦の権力関係が成立していなければならない。

アムステルダムの初期懲治場は、疲弊する農村から逃げ出してきた、市民の資格要件である「財産と教養」をもたない流入民を独立した個人にするための「急誂え（きゅうあつらえ）」のプラントとして、「奇跡的な成果」をもたらした。

彼らは、労働を強制され、秩序を重んじ、約束を守るようになることによって、市民としての資格を獲得する可能性をもつようになる。その際、絶対者の前で誠実であることを求める宗教教誨や読み・書き・計算等の生活の術（すべ）と節制と勤勉を重んじる生活訓は、現実の生活の中で富と安心をもたらす教養であった。しかしながら、彼らには、所有すべき財産がなかった。そこで、自らの労働力を商品とし、これを売ることで、その対価を得て財産とするという、無産者にとって不可欠の財産創りがはじまった。これが、「のこぎりの家」における肉体労働であり、「糸紡ぎの家」における紡績・縫製だった。初期懲治場の出所者は、お金のために、節制をもって、勤勉に働く人

──生活訓でいえばあのＢ・フランクリン（Benjamin Franklin）の「時は金也（Time is money.）」──として重用された。

しかし、大量──後に、聖職者、法律家、市民と並ぶ、新たな階級を形成するほど沢山──の働く人たち産出するためには、初等教育のための定常的かつ普遍的なプラントが必要とされた。初期懲治場の「急誂え」で考案された様々な「懲治（しつけ）」の術（すべ）が、「教育（Erziehung）」という技術と方法に彫琢（ちょうたく）されていった。移動と労働の自由を奪うことによって全人格を彫琢するシステム（制度）としての懲役刑（Zuchtstrafe）がここに完成した。

懲治場として、犯罪者と並んで、精神病者、貧困者、非行少年、女性などを収容していたツェレ監獄から、病者、貧困者、非行少年、女性などがつぎつぎと別の施設に移されていき、最後に「ここに犯罪者を収容する」と宣言することによって、近代監獄であることを宣言したプロセスは、初期懲治場から近代監獄へと移行していく過程をよく物語っている。

2　アムステルダム懲治場と近代自由刑の歴史研究

上述のような観点から、アムステルダムの初期懲治場を見直してみると、イングランドにおいて王権によって開設され、救貧院に吸収されていったブライドウエルとは異なり、台頭する市民層主導で創出されていったこと、男子・女子・少年（ただし、隔離・秘密懲治場の場合は問題がある）の懲治場が「労働の強制による改善」という理念で貫徹していたこと、ハンザ同盟諸都市に拡がっていったことについては、「急誂え」の労働者創出プラントとしての役割を十分果たしていたと評価できる。

労働力商品の売り買いが、商品交換関係の貫徹する労働市場（Arbeitmarkt; labor market）を通じて行われるようになると、労働力が払底したときには、高い価格で労働力が売れるので、受刑者の処遇も「人道的」になる。しかし、不況や恐慌によって労働力が余ると受刑者の処遇は、有用労働であることの意味が減退・喪失して、規律や秩序、すなわち「しつけ」の側面が強調され、処遇は苛酷になっていく。大量に生み出された労働者層を大量に処理するために考案された「パノプティコン」は、「しつけ」、すなわち、「監視と紀律」によって、労働者として生きるための規範を内面化するための新たな大規模プラントであった。一九世紀には、刑務所は巨大化し、施設内労働の生産性は減退し、刑務所に入ったことがあるというだけで、出所者はその社会的地位を降格化（Verschlechterung; less eligibility）させられる。

アムステルダム懲治場において、カルヴィニズム影響の下で形成された「額に汗して働け、されば汝パンを食すべし」との思想は、北ドイツから全ドイツに広まっていった。裕福は救済の約束であり成果である。怠惰や無責任は、神の定めからの離反を兆表であるから、根絶すべき敵、すなわち犯罪の原因と看做された。

アムステルダム初期懲治場が、救貧と慈善の刷新と近代的な刑法の確立という二つの流れを結びつけた「人道主義的刑罰改革」であり、「刑法は、人間の倫理的本性の上に成り立つものであり、ここでの新たな刑罰は人道的かつ効果的なものであることが明らかになった」[82]とするヒッペルがいう評価は、あまりにも、一面的である。労働の強制による改善は、労働市場で労働力が過剰になれば、苛酷な拷問と化す。「のこぎりの家」は、ブラジルウッドの大鋸屑作りを独占している限りにおいて存続し得た。生産の実態のない規律は、服従だけを強要する。ナチスドイツの『労働改善法』が「アウシュビッツ」ビルケナウ強制収容所（Das Konzentrationslager Auschwitz-Birkenau）」に転化する要素を内在している。[83]

アムステルダム懲治場を近代刑法の人道主義と複数の刑罰目的（一般予防と特別予防）の統合の起源と評価するということは、労働による改善を刑罰の目的とすることを意味する。一九世紀から二〇世紀への変わり目において、労働による改善を刑罰の内容とするということは、ドイツ帝国の現状を踏まえれば、懲役（Zuchtstrafe）を刑罰の中心に据えて、行為者の責任に対しては応報として刑罰を科し、その枠組みの中で、一般予防の目的を達成し、同時に、行為者の無害化（隔離）と改善教育によって特別予防の目的を達成するというリストの統合主義の刑罰理論の正統性の根拠を初期懲治場に求めることになる。当時の帝国監獄の軍隊流の厳正な規律の維持を労働の強制の名によって正当化することを意味した。一八九八年の「寄与」による歴史研究は、リスト刑法学の下支えであってといえる。一九二八年、ヒッペルは「自由刑の歴史的発展」[84]という論文をものしている。歴史研究は、つねに新たな役割を担って登場するものである。

Ⅶ　むすびにかえて

一九六〇代後半から七〇年代にかけて、ドイツでも、日本でも、「近代自由刑の起源」をめぐる議論が勢いを得た。それは、おそらく、刑法改正という立法問題に直面して、自由刑をどう捉えるか、という自由刑論争だった。ドイツは、刑法改正によって、懲役刑（Zuchtstrafe）から強制労働を外し、自由刑（Freiheitsstrafe）にした。日本は、刑法改正をせず、「定役」を「所定の作業」と呼び代えて懲役刑を維持している。しかし、そこには、労働による改善の強制という意味は込められていない。労働の収奪は、もはや苦痛以外の何ものでもない。刑罰は、移動の自由に純化すべきである。日本の刑法に即して言えば、懲役刑を廃止し、禁錮刑に一元化すべきである。なお、拘留刑を含む六月未満の短期自由刑は、その自由拘束にともなう弊害の故に廃止すべきである。受刑者の意志に反する改善教育は、憲法の禁止する苦役の強制であり、強制ないしは義務付けることはできない。

「労働の強制によって、人間を解放する（Arbeit macht frei）」のではない。「人間の労働は、自由である（Arbeit ist frei)！」。

＊　内田博文先生に最初にお会いしたのは、大学院時代の研究会合宿だった。初対面の感想は、カミソリのように鋭く、「寄らば切るぞ」の面持ちであった。しかし、中央大学で故櫻木澄和先生の教えを受けているということで、親しくご厚誼いただくようになった。一九八七年秋、北九州大学に赴任し、翌一九八八年春に先生が九州大学に赴任され、研究会等で毎週のように小倉から博多にうかがい、本当に親身にご指導いただいた。毎回、禅問答のような宿題を持ち帰り、つぎにお会いするときに答えると、また、つぎの宿題をいただく。そんな関係を一九九八年、わたしが京都の龍谷大学に赴任するまで続いた。最後にいただいたのが「石塚さん。刑法と宗教をやりなさい。」という宿題だった。それから二〇年近くになる。ここ数年、少しずつ刑法と罪業について考えるようになった。未だ答えは見つかっていない。

先生の古稀をお祝いして、拙い論文ではあるが、本稿を献呈させていただきたい。

二〇一六年二月二九日　ゲッティンゲンにて

（1）瀧川幸辰「近代的自由刑の起源」（『法学論叢』第二四巻、一九三〇年〔初出〕）は、同『刑法史の或る断層面』（政経書院、一九三三年）一三七〜一五九頁に所収され、同『刑法史の断面』（大雅堂、一九四八年）四八〜六七頁（以下「起源」と略す）に再録されて、日本にアムステルダム懲治場の名を知らしめることになった。

（2）v. Hippel, R., Beiträge der Freiheitsstrafe, ZStW. Bd.18,1898, S.419-494 u.S.608-666. 以下、日本語では「寄与」、原文では"Beiträge"と略す。

（3）瀧川・前掲註（1）「起源」一三九〜一四〇頁。

（4）瀧川・前掲註（1）「起源」一四〇頁。

（5）山中敬一「ドイツにおける受刑者の法的地位の展開――一九三三年以前の行刑における行刑目的と法的規制（一）（二完）」法学論叢第九五巻五号（一九七四年）五〇〜九一頁、同第九六巻一号（一九七四年）四六〜八六頁。同論文では、日本資本主義の発達史において、重商主義の時代である懲治場の起源を、石川島人足寄場に求めるのか、明治政府によるフランス刑法の制定と西欧流の集治獄の創設に求めるかという問題提起がなされている。瀧川・前掲註（1）「起源」五四～五六頁参照。

（6） 小野坂弘「近代的自由刑の発生と展開――政党はヒッペル説をめぐる学説史的展望（一）」法政理論第一巻二号（一九六九年）五〇～一一四頁は、その後の新潟大学グループのミシェル・フーコー『監獄の誕生』（田村俶訳『監獄の誕生――監視と処罰』新潮社、一九七七年）に関する一連の近代自由刑研究の出発点となった。

（7） 吉岡一男「犯罪の研究と刑罰制度」法学論叢第九三巻六号（一九七三年）一～二〇頁および同「監獄法の改正と処遇理念」法学論叢第九五巻五号（一九七四年）一～二二頁は、吉岡「自由刑純化論」の出発点である。

（8） 人足寄場顕彰会編『人足寄場史――我が国自由刑・保安処分の源流』（創文社、一九七四年）。

（9） 澤登俊雄「『近代的自由刑』の起源」上掲書、五二九～五五三頁所収。澤登は、処遇理念の近代化とは「保安主義から改善主義への重点の変遷を意味する」（同書五三四頁）とする。

（10） 上掲書には、団藤重光「人足寄場の性格と特徴――刑法学者の立場から」（五七～八一頁）、重松一義「人足寄場と石川島監獄」（三一三～三七八頁）、長島敦「犯罪人処遇の国際的動向――人足寄場を回想しつつ」（五五五～五七四頁）などの論稿が所収されている。

（11） これらの研究が発表されたのは、刑法改正が俎上に載り、刑法改正草案が発表されようとしている時期であった。改正論議の中で、理論的にも、政治的にも、最も精鋭に対立している論点のひとつが「保安処分」をめぐる論争であっただけに、人足寄場を刑罰執行施設とみるか、保安施設とみるかは、日本行刑近代化のルーツを日本固有の「仁愛」に求めるのか、明治以降に継受した人道的自由刑に求めるのか、という刑罰をめぐる理論と政策の基底にかかわるものであった。

（12） 東邦彦著・重松一義編『東邦彦の行刑思想』（プレス東京、一九七三年）。東邦彦は、兵庫県姫路市で軍医の家庭に生まれ、東京帝国大学卒業後、司法官と行政官の両方の高等文官試験に合格し、自ら望んで行刑の分野に入った。旧制松山高等学校在学中に、囚人が手足に鎖を付けられて農耕作業をさせられている場面に遭遇し、その後、典獄・有馬四郎助などの書物を読み、人情・慈悲を基調とした教化・遷善の指導をめざすことになったという。

（13） 『刑政』第八四巻一号〔通巻六九八号〕、一九七三（昭和四八）年一月から、アムステルダム女子刑務所門頭刻字が掲載されることになった。

（14） 矯正協会編『戦時行刑実録』（矯正協会、一九六六年）参照。

（15） 東は、帰国後、巣鴨プリズンに再収監され、一九四八年四月に戦争犯罪の嫌疑で逮捕されたが、一九五四年九月、五三歳のときに仮釈放され、法務事務官に復帰した。一九六〇年二月、名古屋矯正管区長・中部矯正研究所長を最後に五九歳で退職した。

（16）Beiträge, S.

（17）原典はヒッペル。訳文は、瀧川幸辰編『刑事法学事典（初版）』（有斐閣、一九五七年）一一三頁の「アムステルダム懲治場」の項参照。オランダ古文字の校閲には、オランダ大使館文化部の芦田隆氏が協力した。

（18）現在も残る女子懲治場の門には、つぎの二行が刻まれている。

"SCHRIK NIET IK WREEK GEEN QUAET MAAR DWING TOT GOET STRAF IS MYN HAND MAAR LIEFLYK MYN GEMOET"

二〇一五年八月、筆者は、アムステルダムを訪問し、これを確認した。

（19）https://en.wikipedia.org/wiki/Rasphuis（二〇一六年二月二九日参照）。

（20）https://en.wikipedia.org/wiki/Spinhuis（二〇一六年二月二九日参照）。

（21）A・クレプス（Albert Krebs）は、R・フォン・ヒッペルの生誕一〇〇年を記念するとともに、友人である息子F・フォン・ヒッペル（Fritz Richard Ferdinand von Hippel）の七〇歳の誕生日を記念して、「近代自由刑の発展とそのドイツ監獄学への意義についてのロベルト・フォン・ヒッペルの研究」（Krebs, A., "Die Forschungen Robert von Hippels über die Entwicklung der modernen Freiheitsstrafe und ihre Bedeutung für das deutsche Gefängniswesen", ZStW, Bd.79, 1967, S.1-27.）と題する論稿を『全刑法雑誌』誌上に献呈した。

（22）Schmidt, Eb., Einführung in die Geschichte der Deutschen Strafrechtspflege, III. Aufl., Göttingen, 1965, S.359.

（23）von Liszt, Franz, Der Zweckgedanke im Strafrecht. In: Strafrechtiche Aufsätze und Vorträge, Bd.I, 1905, S.126-179.

（24）ibid., S.127.

（25）ibid., S.179.

（26）von Hippel, R., Selbstdarstellung. In: Die Rechtswissenschaft der Gegenwart in Selbstdarstellungen. Bd.II, 1924, S.123-151. 以下"Selbstdarstellung"と略する。

（27）Selbstdarstellung S.126; R.von Hippel, Franz von Liszt, in: ZStW Bd. 40, 1919, S.529/534. なお、龍谷大学には、「ルドルフ・フォン・ヒッペル蔵書文庫」が所蔵されており、ヒッペル自身が日常的に使っていたであろう蔵書のすべてが収蔵されている。

（28）Selbstdarstellung S.133.

（29）ibid., S.128.

（30）ibid., S.137.

（31）ミュンヘン大学図書館所蔵の原典は、下記のサイトで見ることができる。http://reader.digitale-sammlungen.de/de/fs1/object/display/bsb10224615_00006.html.

（32）Beiträge, S.480. この文書の初版は、六一三年出版されたが、その編者と出版地は判っていない。原典はブレーメン市公文書P.i.s.22 C.I.であるという（披見せず）。

（33）Selbstdarstellung S.137. 彼は、この「幸運な発見」について、「この発見についてわたし研究者としての功績があるとすれば、それは勤勉と方法である。しかし、十分な歴史的資料が得られるかどうかは運の問題である」ときわめて控えめに述べている。

（34）ibid.,S.137.

（35）von Hippel, R., Die Entstehung der modernen Freiheitsstrafe und des Eeziehung-Strafvollzugs. Jena, 1931.

（36）Beiträge. S.420-421.; Schmidt, Eb., a.a.O., [Fn.24]. S. 190.; ウォルフガング・ゼラート（石塚伸一訳）「ドイツ刑事司法史における自由刑の起源と展開について」北九州大学法政論集第一八巻二号（一九九〇年）一三三～一四八頁などを参照。

（37）詳しくは、石塚伸一「ドイツの宗教教誨」赤池一将・石塚伸一編著『世界の宗教教誨』日本評論社（二〇一一年）一二三～一四七頁および同「宗教教誨における一宗派・強制主義について――プロイセン監獄学の日本監獄学への影響史の一断面」浅田和茂ほか編『人権の刑事法学――村井敏邦先生古稀記念論文集』（日本評論社、二〇一一年）八七一～八九五頁所収参照。

（38）Beiträge, S.423.

（39）ibid., S.425-426.

（40）ibid., S.429.

（41）ibid., S.441.

（42）ibid., S.464.

（43）ibid., S.655.

（44）ibid., S.649-650.

（45）ibid., S.651. u. ibid., S.662.

（46）ibid., S.662.

(47) ibid., S.662.

(48) ibid., S.662.

(49) ibid., S.424 und 425.

(50) ibid., S.425.: von Dolsperg, D., Die Entstehung der Freiheitsstrafe mit besonderer Berücksichtigung des Auftretens moderner Freiheitsstrafe in England, 1928, S.117.

(51) スペインの将軍F・アルバレス（Fernando Álvarez）は、プロテスタント勢力打倒を目指すカール五世・フィリッペ二世に仕え一五六七年から属領であったネーデルランドの総督となり、「血の審判所」によって多くの新教徒を処刑した。しかし、北部ネーデルラントの市民階級の反抗により、一五七三年に更迭され、スペインに帰国した。

(52) Beiträge, S.440.; Sellin,Th., Pioneering in penology: The Amsterdam houses of correction in the sixteenth and seventeenth centuries, University of Pennsylvania Press, 1944, p.25.

(53) Beiträge, S.441.

(54) 「のこぎりの家」には「水の家（Waterhuis）」と呼ばれる「水の地下牢（water dungeon: water dungeon）」があったという説もある。そこでは、囚人が労働を拒むと、独房に放り込まれ、水門が開けられると房内が水で一杯になる。彼らには桶が渡され、懸命に、手を休めることなく水を汲み出し続ければ、自らの力で溺れるのを防ぐことができる。ただし、このような部屋と懲罰が存在したという説の真偽は明らかではない。

(55) 通常の収容者にはエンドウ豆と精白玉麦（大麦）の一般食が与えられていたが、特別の収容者たちには、これに加えて、干し魚、塩漬け肉、ベーコンなどが与えられていた。また、有料の見学制度があり、素行に問題のある子どもを抱える市民たちが、息子の入所を検討するため見学することができた。

(56) Beiträge, S.472.

(57) 一六二九年に設立されたダンツィッヒ懲治場の設立文書には、モデルがアムステルダムであることへの言及がある。Beitraege S.474(3). およびPietsch, G., Das Zuchthauswesen Alt-Danzig, Göttingen Jur.Diss. v.1931, S.22.

(58) Beiträge, S.440.

(59) ibid., S.443.

(60) ibid., S.444.

（61） ibid., S.441.

（62） ibid.,S.471-472(269).

（63） T・セリンは、「少年たちに職業訓練が行われていたという確実な証拠は、認められない」（Sellin, a.a.O., p.85.）と述べている。

（64） 一六〇九年一月二六日付の懲治場規則によれば、同懲治場の状況は、アムステルダムと多くの点で比較すべき状況にあった。Vgl. Beiträge, S.614.

（65） ibid., S.480.

（66） ibid., S.612.

（67） ibid., S.429.; Sellin, a.a.O., p.21-22 and 37.

（68） von Hippel. R., Die geschichtliche Entwicklung der Freiheitsstrafeg. In: E. Bumke[Hrsg.], Deutsches Gefängniswesen. 1928, S.11.

（69） ibid., S.11.

（70） 一八九八年の「寄与」における仮説は、一九二八年の「自由刑の歴史的発展」という論文で検証されることになる。

（71） Radbruch, G., Die ersten Zuchthäuser und ihr geistesgeschichtlicher Hintergrund, In: Ders., Elegantiae Juris criminalis, II. Aufl., 1950, S.116-129.（初出：ZfStVo, 1952(3), S.162-174.)

（72） Radbruch, a.a.O., S.126-127.

（73） ibid., S.127.

（74） マックス・ヴェーバー著（大塚久雄訳）『プロテスタンティズムの倫理と資本主義の精神』（岩波文庫、一九六九年）一五三～一五四頁。

（75） Böhem, Alexander, Kirche im Strafvollzug: Gefängnisseelsorge im Wandel der Zeit, ZfStraVol., 1995, S.3～13.

（76） ラートブルッフは、この論文の最後をレンブラント・ハルメンス・ファン・レイン（Rembrandt Harmensz. van Rijn: 1606～1669年）の『放蕩息子の帰還』（一六六六年－一六六八年：エルミタージュ美術館所蔵）という晩年の聖書画の「父の手」を暗喩する言葉で結んでいる。ラートブルッフは、そこに受刑者との「連帯 Solidarität」の起源を見たのであろう。Radbruch, a.a.O., S.140.

（77） 佐伯千仭佐「死刑制度のゆくえ」法律時報、第六九巻一〇号（一九九七年）二八～三二頁。宮本英脩教授の講義で「愛の刑法学」とそれにもとづく死刑否定の理論に心酔し、当時の思想運動に死刑をもって臨むのは無謀であるとする文章を新聞に投書したことがある。

（78） ドイツ語の「教育（Erziehung）」は、「引っ張る」という意味で、語源はラテン語educo（〔英〕education）（eは「〜から（out）」、duco「引っぱる（draw）」）である。educationはその人のもっているものを「引き出す」ことで、知識や知恵を教え込むinstructionとは対立する言葉でもあった。

（79） 生物学的には、進化の過程には、自然選択（natural selection）と人為選択（Selective breeding）がある。厳しい自然環境が、生物の突然変異を選別し、生物の進化に方向性を与え、環境に適合しないものは淘汰され、適合するものが残っていくのが自然選択という。これは進化論の基盤である自然淘汰説につながる。これに対して、人間が生物の形質を一定方向に変化させるため、人為的に選択して経代を続け、その変化を望む方向に誘導する行為、またはその結果を人為選択という。家畜や農作物の場合には品種改良という。https://de.wikipedia.org/wiki/Zucht（二〇一六年二月二九日参照）。

（80） 「規律（Disziplin）」は、ラテンのdisciplinaに由来し、教え（Lehre）、仕付け（Zucht）、指導（Schule）を意味する。https://de.wikipedia.org/wiki/Disziplin（二〇一六年二月二九日参照）。

（81） ドイツにおける宗教教誨の歴史については、Böhem, A., Kirche im Strafvollzug. Gefängnisseelsorge im Wandel der Zeit, ZfStraVol.1995, S.3-13. 参照。

（82） Hippel. R. 前掲註（68）。

（83） ソヴィエト・ロシアの労働改善法については、正木亮「労働改善法の基礎概念」同『行刑上の諸問題〔初版〕』（有斐閣、一九二九年）九〜四六頁、ナチスの刑事立法については、木村亀二『ナチスの法律』（日本評論社、一九三四年）二三一〜二八三頁を参照。

（84） Hippel. R. 前掲註（68）。

国際刑事学協会（ＩＫＶ）ロシア・グループの実像

上田　寛

Ⅰ　はしがき

新派刑法学の影響力の退潮もあってか、わが国においては国際刑事学協会（独 Internationale Kriminalistische Vereinigung 略称ＩＫＶ）への関心自体さほど高いとは言えないが、一九世紀末から二〇世紀初めにかけてのその華々しい活動が、当時のヨーロッパのみならず中南米諸国などを含めた世界各国の刑事立法と矯正実務に決定的な影響を及ぼしたのみならず、その熱烈な刑事政策の世界標準化への志向は二次の世界大戦を経た後に世界的な準則として確立を見た「被収容者処遇最低基準規則」の制定や国連犯罪防止会議の活動へと繋がっており、その歴史的意義は決して小さくない。

この問題についての研究は、現代ロシアにおいてもむしろ例外的な研究テーマである。一つには、ソビエト時代の刑法学において社会学派を中心とした新派刑法学に対する厳しい評価が固定されていたことから、あえてそれに関連する研究課題を設定しようとする研究者が少なかったことが遠因となっていよう。それはそれで、後述するイサーエフが一九〇四年にドイツで発表した論文による「支配階級の利益の擁護者としての社会学派」という決めつけが、ロシア革命後も権威を持ち続けたことによるところが大きいのであろうが、現代ロシアにおいても状況は基本的に変わっていない。しかし事実を委細に見てみると、一九世紀後半から二〇世紀初頭にかけて、帝政ロシアの刑法学者の中に社会学的な立場を鮮明にする一連の研究者が存在し、彼らと西ヨーロッパの刑法学者との連携した活動が展開されていたことが知られる。ドイツのリストやベルギーのプリンスなどを中心として、イタリア学派に属するフェリーやガロファロを含め、社会学派の著作の多くがロシア語に翻訳・紹介され、それらを受け止め、正面から議論する多数の刑法学者の存在とその研究の展開を確認することができるのである(1)。

本稿は一九世紀末から二〇世紀初めにかけてのロシア刑法学の黄金期におけるその一側面を研究対象としている。この時期のロシアは、農奴制を廃止して近代化を図り、古典的な農業経済に鉄道と工業を結合して国力の増強を図ることで、予想される帝政の終末を遅らせようとあがいていたのであるが、わが国とも一九〇四年の日露戦争という手荒い接触を含めて直接的な交流の局面をも多く生み出し、経済的・文化的な相互関係も生じつつあった。しかし、我われにおいて時として忘れそうになるのは、ロシアと西ヨーロッパの諸国との関係の深さである。

ピョートル大帝(一六七二―一七二五)の事績にも明らかな、西ヨーロッパへの渇望は近代以降のロシアにおいても抗いがたい衝動として、とりわけ知識人・文化人の階層の行動に影響しているかのようである。ここで取り扱う一九世紀末のロシアにおいても、多くの実業家や政治家だけでなく、芸術家、作家、思想家、研究者、学生その他が、さまざまな理由と目的で西ヨーロッパの都市を訪問し、その社会意識と文化を吸収して、それをロシアに持ち帰った。何よりもヨーロッパ鉄道網の発達が彼我の距離を縮めた。一九世紀末のロシアでは、パリとサンクト・ペテルブルクを結ぶ定期路線・北急行（Nord Express－一八九六年運行開始）の以前から、鉄道を用いれば容易にベルリンやパリに移動することが可能であり、人々は頻繁に国境を越えて交流していた。我われの関心の領域でも、ロンブローゾもリストもサンクト・ペテルブルクやモスクワに現れていたし、フォイニツキーは再々にわたってベルリンやリスボンで開かれる国際刑事学協会の中央委員会に出席している。そして、何よりも、ロシアの多くの刑法学者は主としてドイツの大学に学生・研修員・共同研究者として滞在した経歴を持っていた。逆に、たとえばリストはロシア刑法典草案の審議に参加しており、草案の総則についての彼の評釈が一八八三年の『民法・刑法雑誌』に掲載されている。まとまった業績としてリストの犯罪学に関する著作『フランツ・フォン・リストの刑事政策の課題』がロシアで一八九五年に出版され、一八九七年にリストはペテルブルグ大学の栄誉教授として選ばれ（この選任は一九一四年に、ロシアの対ドイツ宣戦布告を背景に、教授たちの愛国主義行動の一環として取り消されることとなる）、一九〇二年には国際刑事学協会の大会がサンクト・ペテルブルクで開催され、多くの国々の研究者とともにリストも来訪している。

本稿では帝政末期のロシアにおける刑法・犯罪学研究の特異な一面、刑法学者を中心に犯罪現象を研究しその克服に向けた取り組みに関わる研究者や実務家の多数が、時には生物学的・人類学的な関心からの犯罪学研究者すらをも含めて、一時期、国際刑事学協会に参加し、そのロシア・グループを形成して研究活動と対社会的な発言を行なった事実を紹介し、検討したい(2)。それは、最近に筆者が発表した、同時期のロシア刑事人類学派の活動の検討から欠落していた問題側面を補おうとするものでもある。

Ⅱ　帝政末期ロシアにおける刑法学および犯罪学研究

ロシアにおける大学法学部として例外的に長い歴史を有するのはモスクワ大学法学部（一七五五年創立）であるが、一八〇四年創立のカザン大学法学部、一八一九年創立のペテルブルグ大学法学部、一八三四年設立のキエフ大学法学部など、一九世紀の前半には法学教育の体制が整えられ、多数の官僚や法曹だけでなく、政治家、文化人を輩出し始めた。その法学教育における刑法学の内容についても、すでに一九世紀の初めには体系的な刑法理論がロシアに持ち込まれ、その教育と研究が大学法学部において行われ始めていたとされる。そして、農奴制の廃止に象徴されるロシア社会の近代化に並行して法学教育の普及が要請され、法律学の重要性が広く認識された一九世紀の後半に至って、刑事法学もまた一大黄金期を迎える。

一八六〇年代以降、刑事法の領域で著名な大学教授として、キスチャコフスキー（Кистяковский А.Ф.1833-1885）、タガンツェフ（Таганцев Н.С. 1843-1923）、セルギエフスキー（Сергеевский Н.Д. 1849-1908）、ドゥホフスコイ（Духовской М. В. 1849-1903）らの名前が挙げられるが、彼らの活躍によってロシアの刑法学は一挙にその時期の世界最先端の理論平面にまで到達した。(3) 彼らは例外なくドイツ、フランス、イタリアなどへの留学経験をもち、たとえばタガンツェフはペテルブルグ大学法学部においてベルナー（Berner A. F. 1818-1907）の教科書を下敷きにしたスパソヴィチ教授（Спасович, В. Д. 1829-1906）の刑法講義を聴き、研修のために派遣されたドイツで直接にベルナーやミッテルマイヤー（Mittermaier C. J. A. 1787-1867）の講義や演習に参加してその直接の影響を受けている。当然に、彼らの刑法理論は基本的に古典学派の体系にしたがったものであった。

一方、刑法学における社会学的な視座と研究方法の展開は、旧来の刑法学の観念的・形而上学的な教義に対する反発から始まり、旧来の刑法理論学の枠を超えた、犯罪現象の科学的な認識とそれへの対応を目的とする科学、犯罪学の成立をもたらすこととなる。ロシアの場合、犯罪学研究は多くの社会科学分野がそうであったように、一九世紀の前半を通じたナポレオンのロシア侵攻（一八一二年）、クリミア戦争（一八五三－五六年）、ロシア・トルコ戦争（一八七七－七八年）などでその後進性を露呈したロシア国家の改革をめざす全社会的な動き、農奴制の廃止、科学技術の導入による工業化、政治諸制度の近代化、司法制度改革などの施策の推進といった状況を背景に、開始され、活発化した。それはまさに、一足早く国民経済の工業化に着手し社会制度の近代化へと進みつつあった西ヨーロッパにおいて進行した、古典主義的な刑法理論による犯罪との対抗を見限り、より合理的、効果的な対応を発見しようとする動きに刺激され、それに追いつこうとする取り組みであった。

当時西ヨーロッパでは、統計に表れた犯罪現象の変動と社会経済的諸要素との相関に注目するゲリー（Guerri, A.M. 1804-1866）やケトレ（Quetelet, L.A.J. 1796-1874）の流れを受けて、社会的な環境要因を重視しようとする犯罪学者達と、ロンブローゾを起点として急激に流行を見た、犯罪者個人の生物学的あるいは人類学な特徴に注目する犯罪学派との対立構造が形成され、とりわけ一九世紀末に近づくと、前者に属するタルド（Tarde, J.G. 1843-1904）やラカッサーニュ（Lacassagne, A. 1843-1924）とロンブローゾ派との華々しい論争が繰り広げられ、大きな社会的関心を呼んでいた。

ロシアでも同様の対立構造が形作られることとなる。ロシアにおける犯罪現象の経験的な研究の最初の試みとしては、一八二三年のアカデミー会員ゲルマン（Герман, К.Ф. 1767-1838）の犯罪統計についての研究[4]が挙げられることが普通である。ゲルマンは統計学者であったが、その後の犯罪学的研究はむしろ刑法学の枠を広げる試みとして、一九世紀後半、主としてドゥホフスコイ（Духовской, М.В. 1849-1903）やフォイニツキー（Фойницкий, И.Я. 1847-1913）といった刑法学者によってその展開が担われることとなった。[5] たとえば、モスクワ大学法学部教授であったドゥホフスコイは次のように言う。つまり、古典的な刑法理論によれば犯罪の唯一の原因は人間の自由な意思にある。しかし、そうであればなぜ、犯罪の各種の統計が示すように、毎年同じような数の犯罪が記録されることになるのか、と彼は問い、「犯罪は偶然の現象ではなく一つの自由な意思の結果なのだが、それ以外に明らかに不変の原因に依存」しており、そのような原因を明らかにできるのは、統計研究および「人間の身体、その生活している諸条件」の研究、そして社会体制の研究を通じてである、と書く。その上で、ロシアの各地方の犯罪数を比較し、犯罪率と死亡率の相関、犯罪と教育との相関などについての統計研究を自ら行い、すでに一八七二年（ドゥホフスコイは未だ二三歳のはずである）の著作で、「劣悪な政治体制、社会倫理の劣悪な状態、社会経済の劣悪な状態および劣悪な教育」こそが犯罪の最も基本的な原因であるとの確信に至っている。[6] その公表後間もなく、当時既に刑事法学者として著名であったペテルブルグ大学助教授フォイニツキーの論文「犯罪の分布に対する時候の影響」および「刑法、その対象、その課題」が登場した。その中でフォイニツキーは、「犯罪は、それが自然と社会の諸条件の産物だという限りで、特定の人格の産物である」、と述べ、刑罰は言われるような犯罪予防の手段という意味を持たないことが明らかだと結論する。[7] 犯罪との闘争を合理的に進めるためには、刑罰ではなく、人々の生活条件と福祉が発展するような施策こそが必要だ、としたのである。

彼らの主張が、これら論文の公表に前後しての彼らの西ヨーロッパ留学（ドゥホフスコイはハイデルベルグ大学およびハレ大学で学び、フォイニツキーはベルリン大学、ライプチヒ大学などに滞在している）の間に触れた西ヨーロッパの刑法学の動向に触発されてのものであることは確実であるように思われるが、要約すれば、①犯罪統計は、犯罪の原因が犯罪者の人格にだけでなく、社会に根ざしていることを示している、②刑法の古典学派のように、犯罪原因は個人の自由意思だというような立場にとどまることはできない、③刑罰は犯罪との闘争における唯一の手段ではない、④そのような闘争の別の手段を探すべきであり、そのためにも真の犯罪原因を解明せねばならない、⑤刑法学の枠を広げ、それが真の科学としての生きいきとした存在の基礎を獲得するようにせねばならない、といった内容は、ロシアにおける刑法の社会学派の成立を示すものである。(8)

このような新たな潮流の登場は、農奴制の桎梏から抜け出し近代化を進めようとする社会的雰囲気に適合するものであり、権威的で恣意的な刑事法制と司法の領域に社会問題を直視する風穴を開けるものとして、一般的には、広範な知識人や進歩的な思想家、政治家から歓迎されたと言えよう。(9) しかし、経済分野の近代化に向けてはまず鉄道建設と軍需産業を中心とする国内での工業生産の拡大に重点が置かれ、農奴制の解体による農村社会の構造変化にともなう農民層の都市への移動と労働者化をもたらし、フランスを中心とした西欧列強からの資金導入による工業化の強行はロシアにおける資本主義経済の発展と国民の激しい階層分化、都市問題の激化を、したがって社会意識の対立の尖鋭化をも招来した。市民的な自由権の拡大の構想も、近代的な法典編纂や司法改革も、ときに国内の熱狂的な支持を集めつつ、帝室と大貴族の意を受けた勢力の妨害によって竜頭蛇尾に終わることが繰り返されて、ロシア社会は一九世紀末にさしかかったのである。

Ⅲ　国際刑事学協会ロシア・グループの成立と活動

ドイツのリスト（Franz v. Liszt）、ベルギーのプリンス（A. Prins）およびオランダのハメル（G. A. v. Hamel）によって一八八九年に国際刑事学協会（独 Internationale Kriminalistische Vereinigung 略称ＩＫＶ）が設立された。(10) これにともない、ロシアの刑法学者の間でもそのような動きに同調し、また先行して活発化していた人類学派に対抗すべく、社会学派の結集が必要だとする声が高まった。

フォイニツキーらの準備により作成され、一八九七年六月五日に教育大臣の承認を得た「サンクト・ペテルブルグ帝国大学付設法律協会付属国際刑法協会ロシア・グループ」の規約では、グループの活動目的として「協会の検討する諸問題についての資料を収集し、学術的に検討された刑法規定を出版、公開講義、懇談会などにより普及させ、国際協会の大会に向けロシアからの報告を準備し、協会からグループの検討にゆだねられた問題およびグループ自身が提起する問題を解決すること」を挙げていた。また規約には、国際協会のロシア人メンバーとして刑法学者であるタガンツェフ、フォイニツキー、ピオントコフスキーらをはじめ、司法大臣ムラヴィエフ、刑事破棄院主任検察官スルチェフスキー、そしてドリーリなど二一名を記載したリストが添えられていた(11)。

一八九七年一一月二三日に帝国司法省の建物の一室で開催された国際刑事学協会ロシア・グループの結成会議では、冒頭に、発起人であり国際刑事学協会の中央委員会の代表であるフォイニツキーが演説し、この会議の目的を次のように説明した。「ロシアのクリミナリストは本日、法律的および社会学的な現象である犯罪の研究をその課題とする国際協会と組織的に一体となる。この協会は一八八八年に、諸国のクリミナリストに相互の意見交換と研究活動上の助力を提供する目的で結成されたものであるが、この一般的な目的とは別に、協会の結成には特別の目的もあった――つまり、ロンブローゾの学派によって作り出され、全刑法制度を根底から否定する学説に反撃を加えることである。協会は人類学的な視点を認めた上で、その極端な主張に反対し、社会学的な視点と法律的な視点をそれに付け加えることを要求したのである」。そして「協会は完全に自由な、一切の形式主義を排した、法学的・社会学的な現象であると理解された犯罪およびそれとの闘争手段、とりわけ刑罰に関する諸問題の、科学的な研究に関心を持つ人々の集まりであり」、それによってこれまでに推進されてきた研究活動に、ロシアの研究者はその研究範囲を広げることで貢献可能であるが、他方、ロシアは広範な研究成果と経験をそこから得ることができる。「国際協会ロシア・グループはあくまでもロシアの法律学ならびにロシアの生活の利益と必要を踏まえて創設されるのである(12)」。

フォイニツキーのこのような開会演説に続いて、会議はタガンツェフを議長として議事に入り、グループのメンバーとして新たに二九名の参加を国際協会の委員会に提案することを決め、また議長にフォイニツキー、副議長ムロムツェフを選んだほか、ドリーリを含む委員三人とその補佐三人を選出して、グループの組織体制を確認した。(13) 最後に、グループが近い将来に取り組むべき研究課題を提示した方がよいのではないかとの意見に対して、フォイニツキーが早急に研究されるべきであると列挙したのは、①執行猶予の問題、②刑期満了前の条件付き釈放、③初犯者のための教育施設（Elmira system）、④受刑後も矯正されない者に対する保安処分、⑤刑余者のための保証人制度、⑥犯罪実行のおそれがある者に対する農民その他の社会組織の援助と監督の方法、の六点である。会議は格別の議論をすることなくこの提案を了承し、その具体的な取り扱いについては委員会にゆだねて、終了した。

国際刑事学協会ロシア・グループの第一回大会は一八九九年一月四日および五日にペテルブルグで開催された。(14) そこでの中心的な議題として設定されたのは、司法制度としての執行猶予の妥当性とロシアへの導入の可能性という問題であった。

大会において執行猶予についての報告を最初に行なったのはピオントコフスキーであった。ピオントコフスキーはこの制度が、一八八七年に国際刑事学協会がその採用を呼びかける以前には、北アメリカおよびオーストラリアにおいてのみ実施されていたものであるが、それが近年、イギリス、ベルギー、フランス、ノルウエイ、ポルトガルなどで相次いで立法化され、オーストリアとドイツでもその採用へと進みつつあることを紹介し、それにもかかわらずロシアの刑事立法はこの制度に否定的であるとして、それは正しいか、と問いかける。この制度は、知られているように、いわゆる「機会犯人」に対する刑罰制度であり、刑事責任に符合する刑期ということから生じる短期自由刑の多用を抑制するための手段であるが、すでにこの制度を導入している国々の報告では、再犯率の抑制において明確に示されるとおり、きわめて有効であることが実証されている。ロシアでの具体的なあり方としては、以前に故意犯罪を犯したことのない者を対象として、一年以下の拘禁刑の場合その執行を猶予し、保証人の監督の下に置くことを可能とする制度の構想を紹介した上で、結論的に彼は言う。執行猶予の適用にはいかなる阻害要因もなく、またその適用によっていかなる有害結果も生じない。むしろ逆に、わが国の生活の現状はこの制度の適用にとって好ましい条件をそなえている――執行猶予制度は我われにとって他人事ではない。その人道的な性格において平和愛好的なわが国民性に合致するものである、と。

次いでチュトリューモフ(15)が演壇に立ち、ロシアにとって望ましい、そして実現可能な執行猶予制度について長大な報告を行なった。彼の指摘するところでは、この執行猶予制度は今や世界中を駆け巡り、年を追うごとに西ヨーロッパの国々に新たな発展をもたらしつつあるのに、ただロシアだけがこのような立法の動きの外に置かれているのである。彼は、諸外国において施行されている執行猶予制度のいくつかの類型を紹介し、またロシアの刑事司法の状況を検討した上で、ロシア刑法においてはこれを、刑罰の執行を延期しうる裁判所の権限として構成し、訴訟法的な制度として取り入れることが望ましく、またそれは可能である、と結論付ける。その際、法律で厳格に規定すべきは、刑の執行を猶予する「試験期間」は一律に三年、裁判所は、前科のないことを条件として、監獄拘禁一年以下の短期自由刑の判決を下す場合に、ただし教育・矯正施設に収容される未成年者については除外して、また人身犯罪については被害者の了承することを条件として、また職業犯罪者や退廃して自由な状態では矯正の見込めない者を除外して、これを適用できるとすることである。試験期間中に犯罪を実行したときは刑罰の全部が執行に移されること、逆に問題なく試験期間を終えた者は予定された刑罰の執行を終えた者と見なされることが提唱されていた。

この二報告に対する質疑と討論に、大会の第二日があてられた。討議に参加した者のうち一一名が意見表明に立ったが、目立ったのは執行猶予制度のロシアへの導入に対する消極的な意見である。[16]

最初に発言したプルジェヴァリスキー（Пржевальский В. В.）に続いて、ボロヴィチノフ（Боровитинов, М.М.）、エヴァングロフ（Евангулов, Г.Г.）が、またペトラジツキーやシチェグロヴィトフ（Щегловитов, И.Г.）も、さまざまな理由を上げつつ口をそろえて執行猶予制度の導入自体に疑問を表明した。たとえばペトラジツキーは執行猶予制度を「不処罰猶予制度」だと揶揄し、それが影響しうるのはごく一部の犯罪者だけであって、多くの犯罪者にメリットがあるというのは単なる推論に過ぎないと批判した。既に報告書によって意見表明をしていたゴーゲリは、討議において、ロシアに刑罰の執行を延期する法律を導入することが必要だとしても、それが適用されえない犯罪について明確に列挙しなければ、制度に対する社会的な信頼を得られないと述べ、さらに、裁判記録が整備されていないロシアの現状で、過去の犯罪歴を踏まえなくてはならない（さもなくば再犯者にもこの制度が適用されてしまう）この制度の実施には無理がある、とも指摘したし、さらにシチェグロヴィトフはより率直に、執行猶予制度の導入は刑事抑圧の軟弱化につながるために好ましくないとし、そもそもロシアのように検挙率が低いところではその効用を論じても非現実的だ、と指摘した。これらに対して、執行猶予制度の導入を求めるジジレンコやドリーリ、あるいはフォイニツキーたちの意見は、明らかに受け身的であった。

大会は、それでも結局は、多数をもって執行猶予制度の早期の導入が必要であるとの決議を採択したのであるが、上のような多くの慎重論を抱えたグループの決議であり、その影響力も最初から限られていたと言わなくてはならない。[17]

ロシア・グループはこれ以降も、司法省の発行する雑誌あるいは単独の冊子などを通じて、条件的な刑期満了前釈放の制度の導入、機会犯人の概念とそれの処遇、保護引受人制度の具体化、年少者の貧困、孤児、浮浪児などの収容と保護の問題、さらには、犯罪行為に関与した精神障害者の収容条件などといった問題について、問題点を整理し、ロシアの立法と司法制度がいかなる対応を取るべきかについてのメンバーの報告書を継続して公表している。それらの多くは、問題の所在についてロシア・グループの委員会において議論となり、その意義が認められたものについて、委員会がメンバーのうちの適当な者に依頼して執筆されたものであったり、大会での討論のために報告の準備を依頼された者が執筆したものであったりした。

グループの第二回大会は、一九〇〇年二月一七－一九日、①特別の犯罪現象としての機会犯人およびそれとの闘争方法について、②条件的な刑期満了前釈放の制度をロシアに導入することの望ましさと可能性について、③子供の権利をより完全に守るために必要な現行のロシアの法律の改正について、を議題として、同じくサンクト・ペテルブルグにおいて開催された。[18] 会場は今回も司法省の建物であった。各テーマについて報告を行ったのは、機会犯人についてブリッフェルト、[19] 条件的な刑期満了前釈放についてドゥホフスコイ、そして立法による子供の保護についてはチュトリューモフであり、それぞれ報告をめぐって活発な論議が交わされた。

第三回大会は一九〇一年四月四－七日にモスクワで開催された。モスクワ大学のホールで開催された大会初日には、司法大臣ムラヴィヨフ、モスクワ大学長チホミーロフ、モスクワ市長ゴーリツイン公爵などの列席の下、グループのメンバー八九名が出席し、傍聴者は三〇〇名を超えた。[20] 冒頭、挨拶に立ったフォイニツキーは多数の聴衆に向かって、多くの国々で犯罪問題の深刻化が見られ、それに対する単純に法律的な対応だけでは限界があることが認識されるに伴い、犯罪と犯罪者をとりまく多くの条件についての具体的な研究が求められるようになっていることを述べ、これに取り組む研究者の国際的な共同体として国際刑事学協会が組織され、ロシアでは一八九七年にそのロシア・グループが結成されたという経過を説明した。また、彼は現在の国際刑事学協会のメンバー八二二名中、ロシアはドイツの二〇三名に次ぐ規模の組織に拡大していることも紹介し、翌年にサンクト・ペテルブルグで協会の国際大会が開催される予定であることを公表した。

この大会において行われた研究報告等は、①社会活動家ルカヴィシニコフの生涯と活動（ナボコフ）および監獄医ガースの思い出（タラーソフ）についての二つの講演[21]、②成人受刑者に対する強制教育の理念の適用について（ドリーリ）、③ロシアにおける保護引受人制度の発展の促進方法について（ゴーゲリ）、④刑事裁判についての心理学的研究（ウラジーミロフ）[22]、⑤条件的な刑期満了前釈放制度について（ピオントコフスキー）、の四報告、そして⑥当座の用に供するために少額の物品を公然と窃取する行為について（アストロフ）[23]および⑦被拘禁者に対する道徳的な作用の条件について（フージェリ）[24]の講演、という内容であった。この大会の開催の形態を考慮しての構成であることがうかがわれるが、報告をめぐってメンバー間で激しく意見が交わされたのは③と⑤であり、それらこそがこの時期のロシア・グループの中心的な関心課題であったことが示されている。なお、大会の閉会に際して議長フォイニツキーが、以降の大会で取り上げられるべきと委員会が判断したテーマとして、①執行猶予制度の詳細、②被害者への補償、③監獄職員の水準向上の方策、④流刑の廃止により必要となる累犯者に対する方策、⑤成人犯罪者に対するエルミラ制（Elmira system）の適用、を列挙していることも興味深い。

翌一九〇二年には、九月に国際大会がサンクト・ペテルブルグで開催されたこととの関係で開催されなかったが、ロシア・グループの大会はその後も一九〇三年一月の第四回以降、継続して開催され、それぞれその時々の重要テーマに関する講演と研究報告が行われ、参加メンバー間で論議がなされた。その平穏な開会の継続が破綻するのは一九〇五年のことである。

Ⅳ　内部分裂、政治抑圧、終焉

先に触れたいくつかのエピソードが伝えるとおり、この国際刑事学協会ロシア・グループの内実はきわめて多様な研究者・実務家の集合体であり、メンバーに政治家や高級官僚も含まれていたことからも判断される通り、何らかの組織的統制機構などを持つものではなかった。内部での刑法学・犯罪学理論に関する論争はありふれたものであったが、帝政末期に至り、社会情勢の緊迫とともに、グループの中にも政治的、イデオロギー的な対立が目立つようになった。

そしてついに一九〇五年一月にキエフで開催されたグループの集会が大きな転換点となった。この集会では、参加者の多数派が法律的な扶助に関する特別決議において、政府に対して言論・出版の自由を求め、死刑の廃止、社会の全階層から選出された立法議会の召集などを要求するという事件が発生した。「今日のロシアの体制の基本的な構造である圧政と恣意という条件の下では、いかなる法律的扶助も存在しえず、それについて語ることもできない」と決議は述べ、人身の自由と言論の自由の必要性をアピールしたのである。だがこの局面で、フォイニツキーがその保守主義者・帝政擁護者という本質を露わにし、議長として先の決議を採択することに反対し、大会が合法性の限度を超えたとしてその閉会を宣言し、少数派グループを引き連れて会場をあとにし、さらに、警察当局に要請して会場を閉鎖させた。当然のこと、大会参加者の間にフォイニツキーへの不信と怒りが広がり、キエフ集会に参加していたロシア・グループのメンバー一一五名中の七四人が大手の法律雑誌にあてた公開状に名を連ねてフォイニツキーを非難した。「フォイニツキーの行動に強く憤慨する我われ下記署名者は、以後彼が議長であると称することはできないと考えるだけでなく、自己の道徳的な尊厳と社会的な義務にかけて今後彼とは交際せず、またフォィニツキーが地方行政当局と一緒になって国際刑事学協会ロシア・グループのキエフ大会に加えた野蛮な暴力に対し抗議するものである」、と。彼が自分の信念に従って行動することは勝手だが、今後は国際刑事学協会ロシア・グループの議長であるとは認めない旨を宣言したのである。(25)

この経過が示すのは、刑法学および犯罪学の領域でも、帝政の社会的な施策との関わりでの政治化が進み、左右の対立が尖鋭化していたことである。首都サンクト・ペテルブルクで行われた労働者・市民による平和的な皇帝への請願行進に対し、政府当局に動員された軍隊が発砲し、多数の死傷者が出た「血の日曜日」事件が起きたのは、大会が一月六日に終わった直後、一月九日のことである。(26)

「血の日曜日」事件に続くロシア第一革命（「一九〇五年革命」）のプロセスと並行して、社会意識の昂揚と政治対立の表面化は否応なく進行することとなり、社会学的な犯罪学研究に関わる研究者・実務家の間でも、左右の対立は尖鋭となり、勢いを増す左翼的・急進的なグループに対して、明確に帝政を支持する反動的メンバーだけでなく、ナボコフやチュビンスキーなど旧来の自由主義者たちもまた保守化し、反動的なブロックを形成することとなっていく。(27)

一九〇九年一月に開催された国際刑事学協会ロシア・グループの総会では、モスクワ大学助教授ポリャンスキーの「国家犯罪について」の報告が行われたが、その中ではロシアではこの種類の犯罪がイギリス、フランス、ドイツなどに比べ一〇倍も多いことが指摘され、それが民衆の政治的諸権利の制限から生じていることから、それら権利の拡大と刑罰の緩和、また死刑制度の廃止などが求められていた。同じ総会ではゲルネットも「犯罪社会学の領域での新しい研究について」の研究報告に立ち、「犯罪現象は現在の政治体制の自然な産物」であると断定した。これに対してチュビンスキーやナボコフらの発言には、とめどもなく増大する犯罪現象（とりわけ「政治犯罪」の）への不安が示されており、「社会を守るために」取締りと刑罰を強化することの必要性が強調されていた。(28)全般的な政治状況の緊迫はこの種の集会すら公開での開催を禁じられるまでになっていたが、それとともに、グループ内での左右の対立も徐々に緊迫の度を強めていることがうかがわれるのである。

そして、一九一〇年四月にモスクワで開催されたロシア・グループの第八回総会については、事前にモスクワ市行政長官から、これを公開で行うことは許さず、新聞等への公表も公開とみなすと通告されていた。議長ナボコフらは総会組織委員会において対応を協議した結果、総会そのものを閉会とすることはせず、問題があるとされたもの以外の報告を聞き討論を行うこととした。行政長官から現下の「非常警戒状態」を理由に「公共の平穏と安全を脅かす可能性がある」として報告を禁じられたのは、とくにオルドゥインスキーの「軍事法廷における手続きについて」の報告であったが、これについては閉鎖的な会員のみの会で報告を聴くことで対応を図ろうとしたのである。しかし、結局は、総会の会場に警察官が現れ、モスクワ市行政長官の命令により閉会とされるに至った。総会の報告書には以上の経過を示す委員会の報告書とともに、このオルドゥインスキーの報告だけでなく、予定されていたジジレンコやポリャンスキーなどの報告もその原稿が掲載されている。[29]

この会員総会以降、ロシア・グループの年次総会などが開かれた記録としては、一九一二年の三月に第九回総会が開催されたことが知られるが、その報告書を現時点では入手しえず、またそれに触れた研究も参照できないため、[30]その詳細を確認することができない。その後の歴史的経過としては、第一次世界大戦の開戦に伴って、西ヨーロッパにおける国際刑事学協会の分裂・解消と軌を一にして、ロシアにおいてもそのロシア・グループは一九一四年をもって存在を止める。ロシア・グループは、西ヨーロッパの新しい刑法思潮を紹介し、ロシアの刑法学に社会的な現実への接近を促すという、その役割を終えたのである。それ以降、刑法・犯罪学研究の政治的志向性はより明確になり、この時期に登場するチャルィホフ[31]やイサーエフ[32]をも含めて、若い世代の研究者の旺盛な活動とともに、ロシアにおける社会学的な刑法・犯罪学研究は全体として反政府的な性格を強めて行く。
だが、その詳細な紹介と検討は本稿の枠を超えるものである。

V ソビエト時代へと残したもの――むすびにかえて

これまでに見たとおり、国際刑事学協会ロシア・グループに結集した研究者・実務家の研究方法は厳密に社会学的なものに限定されてはいなかった。もちろん、当時のロシアには犯罪生物学的な方法を掲げる活発な動きがあったことから、それへの方法的な対抗はグループ結成の重要な目的であり、実際に結集したメンバーの傾向も明らかに社会学的な方法を志向していたことは明らかである。だが、グループの研究活動において実際に優位を占めたのはいわゆる「多元因子論」であった[33]。たとえばフォイニツキーは、身体的、社会的および人格的という、三つの犯罪要因を区分していたし、ピオントコフスキーは犯罪を、生理学的、社会的および個人的な多様な作用要因の複雑な結果であるとし、ジジレンコは犯罪要因を①自然環境、②個人的な人格特性、および③社会環境的条件に区分していた。さらに、そもそもロシア・グループの指導的なメンバーであり、当初から委員会を構成していたドリーリ自身、ロシアにおけるロンブローゾ主義者の代表的存在と目されることが多いのである[34]。そのような多様な研究者・実務家を抱えた組織が、一六年余にわたって存続し、活動を続けたことに、まずは注目したい。この時期、ロシア社会の急激な近代化に伴う変化への期待の昂まりと帝政の存続への危機感の増大とが交錯し、当初は多様な研究方法の展開を促進したのである。それが、やがては厳しい政治的な対抗の表出を覆いきれなくなって行く過程を、本稿はたどったことになる。

これ以降、第一次世界大戦最中の一九一七年、二段階の革命を経て成立したソビエト権力の下で、ロシアの刑法・犯罪学研究は再出発することとなる。社会的な激動・混乱、さらには国内戦の継続という条件に伴う犯罪現象の爆発に、未経験な革命政府の諸機関がいかに対処するか、一般的な社会理論を携えたのみで困難な具体的課題に直面させられた革命の担い手たちが、犯罪と犯罪者をどう取り扱うかについての示唆を求める先は、結局、革命の側に残った刑法・犯罪学研究者でしかありえない。犯罪に対するソビエト権力の施策として最も早くに表れるのは一九一八年二月「分類委員会の組織に関する」訓令であるが、この訓令では自由剥奪諸施設（革命時の混乱にもかかわらず帝政時代の刑事施設は存続していた）に対して同委員会の設置を指示し、正しい受刑者の分類のために受刑者を研究することをこの委員会の任務に数え上げていたし、その後の一連の法令によっても、正しい個別化のためには受刑者の人格を研究する必要がある、とされていた。ゲルネット、タルノフスキーなどをはじめとするクリミナリスト達の新たな活動領域が開かれたのである。

ただし、固有の刑法領域では、かなり慎重な対応が見られた。その背景としては、ソビエト政権の担い手の多くにとって忌まわしい抑圧の記憶を伴う刑事立法と刑事裁判、監獄システムといったものの再構築へは意欲が向かわなかったばかりか、マルクスの著名な「法と国家の死滅」論との結節点をどう見出すかに苦しんだことがここには影響している。実務的な要請に対応すべく本格的な刑法典の編纂作業が始まったのは、一九二〇年の秋に至って国内戦の終結が成り、ソビエト経済の立て直しのため政策的に選択された、社会主義的諸原則からの一歩後退、個人所有と市場経済の許容——一九二一年春に開始された新経済政策（「ネップ」）の条件下においてである。ロシア共和国一九二二年刑法典の編纂が画期となり、ここに至ってはじめて、それまでほとんど無視されていた伝統的な刑法学との関連が再開され、刑法学の教育と研究も再出発する。大学における法学部の廃止と社会科学部への改組、また法学部の復活など、さまざまな混乱を経ながら細々と続けられていた、タガンツェフ、ジジレンコ、ポリャンスキー、イサーエフらによる刑法学の教育と研究も再び活発化した。

知られるように、ソビエト時代には社会学派を含む新派刑法学との継受・影響関係は真っ向から否定され、その具体的な関係のありようについて辿るすべもなかった。一九二二年刑法典から一九二六年刑法典へと、わずか四年間での性急な刑法改正作業には、その内容において新派刑法学の色濃い影響を想定せざるをえず、したがって当時のソビエト政権と刑法学界とにおける社会学派を含む新派刑法学との親近性を推測せねばならないにもかかわらず、である。(35) ここには、おそらくは社会学派の研究方法が表面的・形式的な社会関係の理解に寄りかかっており、権力の問題を抜きにした機械的唯物論に基づくものだという方法論上の批判があり、またその果たした役割においても結局は真の犯罪原因である資本主義的経済体制を捉えきれず、支配階級を免罪しているとの、根源的な批判があるのであろう。正統派としての権威に基づくコム・アカデミーからの批判がそれを決定づけたのである。(36)

全体として、結局は未完に終わったソビエト刑法であるが、その生成と終焉との間に残された問題点はなお多く、ソビエト刑法とは何であったのか、という問いかけに答えようとする検討作業は今しばらく続けざるをえないようである。

（1）ロシア国内においても、わが国を含め外国からも、帝政時代以降のロシア法に関する研究条件は、近年大きく変化した。何よりも、ロシアの国立図書館や大学図書館がその所蔵する文献資料のかなりをデジタル情報化してインターネット上に公開し、またgoogle, amazonなどの企業が無料で、あるいはきわめて廉価で提供してくれている多数の文献を参照することができるようになっている。かつては必要な文献資料の無いことに嘆いたものであるが、現在は逆に、個人では処理しきれないほどのデジタル資料に呆然としている観さえある。なお、インターネット・ウェブ上の文献資料を引用する場合には、当該のサイトを参照した日時を個々に示すことが広く認められたde facto standardであるが、本稿においては、とくに断らない限り、引用のサイトには全て二〇一五年一〇月以降に直接に確認していることから、個別の表示を省略した。

（2）「国際刑事学協会」という訳語はわが国において定着したものと言えようが、その一方で、ここに含まれている「刑事学」という語がわが国においてかなり広い範囲で犯罪学（独 Kriminologie、英 Criminology）を意味する術語として使用されていることから、一定の混乱を生じうる。だが、以下の説明にも明らかなとおり、リストやプリンスらもフォイニツキーらロシアの研究者も実務家も、協会が法律的および社会的現象である犯罪を研究する刑法学者および社会学者、関係する各領域の実務家らの総体を糾合する団体となることを必要と考えていた。したがって、この協会は単に刑法学者の団体ではなく、また狭義の犯罪学者（当時はまだその分化も進んでいない）を集めるものでもない。本稿では、とりあえず、必要な場合には「刑事法学者」あるいは「クリミナリスト」という語を用いることとしたい。

（3）このような記述が独りよがりの思い込みでないことは、近年になって復刊されているタガンツェフの浩瀚な刑法教科書などを参照することで明らかとなろう。См. напр. Таганцев Н.С., Русское уголовное право. Лекции. Часть общая, том 1-2, СПб., 1902 (М., 1994).

（4）統計学から歴史学、経済学に至る広範囲の学識で知られたアカデミー会員ゲルマンは一八二三年一二月のアカデミーの会議において、「ロシアにおける一八一九年と一八二〇年の自殺と殺人の数についての研究」という報告を行った。そこでは、各地域ごとの自殺と殺人の数が比較され、それらとその地域の社会的な諸条件（飲酒、経済状態、戦争など）との相関が検討されていた。Иванов Л.О. и Ильина Л.В., Пути и судьбы отечественной криминологии, М., 1991, стр. 5. ゲルマンのこの論文は政治的に危険と見なされて公表を禁止され、九年後にフランス語で発表されている。

（5）Гилинский Я.И., Криминология, С.-Петербург, 2002, стр. 144.

（6）Духовской М. В., Задача науки уголовного права, Ярославль, 1872. ヤロスラブリのデミードフ法律学校の助教授としての開講講演である。

（7）Фойницкий И.Я. На досуге. Сборник юридических статей и исследований. Том 1, С.-Петербург, 1898, стр. 370, 371 // цит. по: Иванов Л.О. и Ильина Л.В., Пути и судьбы отечественной криминологии, М., 1991, стр. 15.

（8）Указ. соч., стр. 15.

（9）См. Иванов Л.О. и Ильина Л.В., Пути и судьбы отечественной криминологии, М., 1991, стр. 16.

　しかし、もちろんここには、刑事責任の問題に収斂する周知の矛盾が内包されているが、そのことについても当時すでに気付かれていた。ロシアにおいて当時このことを正面から指摘したのは、著名な刑法学者セルギエフスキーである。彼の指摘するとおり、研究によって犯罪現象の背後に貧困や失業、浮浪などの社会矛盾が存することはおそらく明らかとなろうが、そのとき、具体的な犯罪者はむしろそのような社会矛盾の犠牲者として扱い、処罰などの対象ではないとすべきなのか、つまり、「刑法学の枠を広げ」ることは同時に刑法学の基礎を侵蝕することに他ならないのではないか。刑法学の課題は刑事裁判において指針を与え、個別的な犯罪者の行為を法律に一般化された類型へと当てはめ、適用される的確な制裁量を判定することにあるのに対して、社会学的な研究の目的は犯罪をその他多くの社会現象の中に位置づけ、その意義を明らかにすることにあるにすぎない。両者を安易に統合することはできないのだ、というのである。См. Сергеевский, Н.Д., Преступление и наказание как предмет юридической науки, «Юридический Вестник» 1879, No. 11, стр. 886 и сл. 刑法学の立場からは当然の、この鋭い問題提起に対して、しかし、ドゥホフスコイらからの格別の反論はなく、公然の論争とはならなかったが、ここに示されているとおり、既にフェリーおよびリストによる新派刑法学の確立以前に、問題の基本的な枠組みは認識されていたのである。

(10) 結成宣言によれば、この組織の運営方針は旧来の形而上学的な自由意思論にかわって、犯罪原因論に関する社会学的研究の必要性を強調し、また刑法のマグナカルタ的機能だけでなくその社会的機能も重視することであった。一八八九年にブリュッセルで第一回会議を開いた後、一九一三年の第一二回会議まで続いた活動は第一次世界大戦により中断され、その後新派刑法学の色彩が強くなる中で旧派に属する研究者が脱退する動きもあり、実質的にはドイツ部会として活動していた協会は一九三七年にナチス政権により解散させられた。フランス・ベルギー系の研究者は一九二四年創設の国際刑法学会(仏 Association Internationale de Droit Pénal)に吸収された。

(11) Международный союз криминалистов. Русская группа, С-Пб. 1902, стр. 3-5. この第一次規約では自身の名称を「国際刑法協会ロシア・グループ」としており、また一一月二三日の「結成会議」で冒頭に趣旨説明をしたフォイニツキーも、短い演説の中で数回、協会を「国際刑法協会」と呼び、明らかに両概念が区別することなく用いられている。あるいは意図的であったかもしれぬこのような混乱は、結成会議直後の委員会報告以降の文書には見られなくなるが、しかし明確に訂正ないし修正されたとの記録も見当たらない。

名簿を見ると、メンバーには大学関係者が多いが、実務家もおり、ペテルブルグだけでなく、モスクワやオデッサ、ワルシャワなどからの参加者も、含まれている。なお、名前の出てくるピオントコフスキー(Пионтковский, Андрей Антонович 1862-1915)はソビエト時代の主導的な刑法学者ピオントコフスキーの父、当時はデミードフ貴族学校の教授、一八九九年にはカザン大学法学部教授となる。彼もまた、ドイツに留学中、マールブルグ大学においてリストの指導を受けたことがある。

(12) グループの会議や集会については、その都度に議事録（протокол）が作成されているが、この議事録および各大会での講演の内容などは司法省の発行する«Журнал Министерства юстиции»に掲載されることが通例であった。後にまとめられて何度か刊行されている。См., напр., Международный союз криминалистов. Русская группа, С-Пб. 1902. これらによってグループの活動経過はかなり詳細にたどることが可能になる。

(13) この会議においてグループのメンバーに加えられた二九名の中には、教育大臣であるデリャノフ、元老院議員コーニ、モスクワ大学教授ドゥホフスコイ、ペテルブルグ大学教授セルギエフスキー、同助教授ペトラジツキー（Петражицкий, Л. И. 1867-1931）、帝国法律学校教授ナボコフ（Набоков, В. Д. 1869-1922）らとともに、当時まだ博士候補生であったジジレンコの名前も見える。ジジレンコ（Жижиленко, А. А. 1873-1930以降）はペテルブルグ大学法学部卒業に博士候補生となり、一時ドイツでリストに師事、帰国後にアレクサンドロフスク貴族学校、ペテルブルグ大学法学部等で刑法および犯罪学を教授、一九一七年の二月革命後に臨時政府の監獄総局長官を兼任したこともあったが、一〇月革命後もペテルブルグ（ペトログラード、レニングラード）大学で教鞭をとった。

　副議長となったムロムツェフ（Муромцев, С. А. 1850-1910）は元モスクワ大学法学部のローマ法担当教授、副学長も務めたが学生運動への手ぬるい対応をとがめられ解任された後、この当時はアレクサンドロフスク貴族学校の民法など担当の教授。立憲民主党の創立に参加し、一九〇六年初めての国会議員選挙においてモスクワから選出され、短期間ではあるがその議長を務めた。また、ドリーリ（Дриль, Д. А. 1846-1910）はモスクワ大学出身。名簿に記載のところでは、当時は司法省法律顧問であった。彼の経歴や研究内容などについては、参照：上田寛「ロシアにおける刑事人類学派の軌跡」『浅田和茂先生古稀祝賀論文集』（成文堂、二〇一六年）所収。

(14) この種の大会は一八七五年モスクワで開催されたロシア法律家大会以来のものであり一大事件であったことから、司法省のホールで開かれた大会にはグループのメンバー以外にも、刑法学者、検察官、弁護士などが多く出席したと紹介されている。Тульская, С.А., Московское Юридическое Общество (1865–1899 гг.). Из истории развития права и правовой науки в России второй половины XIX века, M., 2011, стр. 81. 大会冒頭でのフォイニツキーの報告では、この時点でのグループのメンバーは七一名、第一日の報告を聞いたのはそのうち三一名であった（大会の報告書に名簿が付されている）。

(15) チュトリューモフ（Тютрюмов, И. М. 1855-1943）はペテルブルグ大学出身の法律家で、この当時はクルスク管区裁判所副所長であった。後にペテルブルグ大学法学部助教授（民法講座）、控訴院検事長、元老院議員などを勤めた後、革命後はエストニアに亡命、政治活動の傍らタルト大学教授として民法を講義した。

なお、ロシア刑法における執行猶予制度についての基本的な研究書であるタラーソフの上掲書（Тарасов А. Н. Указ. соч.）が、大会におけるチュトリューモフの報告のみならず、彼の存在それ自体をも完全に無視していることには困惑させられる。

(16) 総会第二日の出席者は二三名と報告されており、発言者以外ではドゥホフスコイ、ムロムツェフ、チュトリューモフ、フークス（Фукс Э. Я. 1834-1909、裁判官、当時はペテルブルグ法律協会議長）などの名前が見える。

(17) Указ. соч.: Международный союз криминалистов. Русская группа, стр. 136. 決議は、執行猶予制度の導入に反対があることを踏まえて、その適用の条件をいっそう明確に法律で定めることおよびこの制度を適用する単独判事の判決に対する裁判所の監督を保障すること、を付け加えていた。それでも、賛成一六に対して反対三、決議を行うこと自体に反対が二、棄権一というような票数であった。

(18) 初日の会議は一七日の夜八時二〇分開会、終了は夜中の午前〇時一〇分、出席メンバー二八名に加えて、救貧・養護施設関係者の代表四名、オブザーバー一名と記録されている。

(19) ブリッフェルト（Вульферт, А. К. 1843-1910?）は、モスクワ大学出身、裁判実務に携わった後にモスクワ大学法学部助教授などを経て、この当時は軍事法律アカデミー教授であった。

(20) 大会においてゴーゲリの行なった会務報告によると、一九〇一年一月一日現在のロシア・グループのメンバー数は一二一名に達していた。一九〇〇年一二月の委員会報告書に名簿が添えられている。

(21) ルカヴィシニコフ（Рукавишников, Н. В. 1845-1875）はモスクワ大学物理・数学学部を卒業、家業である鉱山業に従事する傍ら社会活動に取り組み、モスクワの矯正児童施設の所長を務めた。またガース（Гааз, Ф. П. 1780-1853）はイエナおよびゲッティンゲンの大学で医学を学んだ後、ロシア政府の招請によりモスクワへ。モスクワ刑務所の医長を勤めた。ドイツ名Friedrich-Joseph Haass。

(22) ウラジーミロフ（Владимиров, Л. Е. 1845-1917）はハリコフ大学法学部教授、刑事手続法が専門で著名事件において弁護士を務めたことで知られる。この大会での彼の報告は短いもので、一般的に心理学的な研究によって責任能力の存否や内容についてより多くのことを知りうる可能性がある、と述べたにとどまる。

(23) アストロフ（Астров, П. И. 1866-1919?）はモスクワ大学法学部出身、裁判官などを勤めた。

(24) フージェリ（Фудель, И. И. 1864-1918）は高名な聖職者で、モスクワのニコライ・チュドトボーレツ教会の長司祭である傍ら、ブトゥイルカ監獄において教戒師を務めていた。

(25) Остроумов С.С., Левая группа русских криминалистов (из истории русского уголовного права), «Правоведение» 1962, No. 4, стр. 147 и сл. その後同年四月に開かれた定例総会もフォイニツキーを非難し、ロシア・グループからの脱退を求める決議を挙げたことから、それ以降フォイニツキーはグループの活動に参加しなかった（一九一三年の逝去まで）。

(26) 当時の社会状況などにつき、参照：高田和夫「一九〇五年革命」田中陽児・倉持俊一・和田春樹編『世界史体系・ロシア史2』（山川出版社、一九九四年）三四五頁以下。

(27) チュビンスキー（Чубинский М.П. 1871-1943）やナボコフ（Набоков В.Д. 1869-1922）の演説には、犯罪、とくに政治犯罪の一貫した増大に対する不安が示されており、「社会」防衛のための抑圧の強化が主張されていた。См. Остроумов С.С., Преступность и ее причины в дореволюционной России, М., 1980, стр. 197-198.

(28) См. Остроумов, указ. соч., там же. 先のチュビンスキーやナボコフの主張とポリャンスキー（Полянский Н.Н. 1878-1961）やゲルネット（Ге́рнет М.Н. 1874-1953）の主張の対極性は顕著である。後の歴史的な事実として、前二者とも一九一七年の革命後は国外に亡命することとなるのに対して、後二者が共にソビエト時代の代表的な刑事訴訟法学者、犯罪統計学者として活躍した点でも、この対立は象徴的である。なお、ロシア・グループの年次集会がこの時期以降、「大会」でなく「総会」と呼ばれていることの経過はさしあたって不明である。

(29) オルドゥインスキー（Ордынский С.П.）については、グループの名簿にモスクワ在住の弁護士と記されているのみで、生没年等も不明。彼の報告 "Производство в военныхъ судахъ" など総会で実施予定であった報告についてはこの総会の報告書（Общее собрание Группы в Москве 21-23 апреля 1910 года - Рус. группа Междунар. союза криминалистовиналистов, С-Пб., 19011.）により参照可能である。なお、報告書に掲載されている名簿によると、総会の時点におけるロシア・グループの成員数は三一六名に達している。

(30) Протоколы 9-го собрания группы, 28-31 марта 1912г., СПб., 1912. オストロウーモフによれば、この総会ではとくに「危険状態」論が議論となり、ロシアの刑事立法にこの観念を導入し、それを根拠として犯罪行為の予防のために「保安処分」を適用することを可能にしようとするナボコフ、チュビンスキー、ゴーゲリ、ゲッセン（Гессен, Иосиф Владимирович 1865-1943）などに対して、グループ内の左派を代表するポリャンスキー、トライニン、ゲルネットの、それは「刑法の基礎を破壊し、刑罰適用の領域に恣意を持ち込むことになる」との論陣が張られた、としている。См. Остроумов С.С., Указ. Статья в «Правоведение» 1962, No. 4, стр. 147 и сл.

（31）「この時期のロシア犯罪社会学の左派グループの中にひときわ目立つ論者はチャルィホフである」（オストロウーモフ）。彼がモスクワ大学法学部の最終学年の学生でありながら公表した論文（Чарыхов Х.М. Учение о факторах преступности. Социологическая школа в науке уголовного права. М., 1910）は、その高い水準によって人々を驚愕させたといわれる。

（32）イサーエフ（Исаев, М.М. 1880-1950）はペテルブルグ大学法学部卒業後、学位論文の準備過程でしばしばベルリンを訪れ、リストの研究室にも参加しており、一九〇四年に«Die Neue Zeit»誌に公表した論文「支配階級の利益の擁護者としての刑事社会学派」（Sursky, M., Die kriminal-soziologische Schule als Kämpferin für die Interessen der herrschenden Klassen, «Die neue Zeit: Wochenschrift der deutschen Sozialdemokratie», 22.1903-1904, 2. Bd.（1904）, Nr. 47, S. 641-648）に対しては、それに反論するリストの手紙が残されている。このとき以降M. Surskyの筆名で多くの論説を公表し、西ヨーロッパにおいて著名であった。ソビエト時代には代表的な刑法学者・矯正労働法学者の一人であり、ソ連邦最高裁判所判事も歴任した。Рашковская Ш. С., Михаил Михайлович Исаев, 1880-1950. «Правоведение», 1981 No. 1, стр. 80-85.

（33）とくにその点を指摘するものとして、см. Гилинский Я. И., Криминология. Курс лекций, С.-Пб., 2002, стр. 146 и сл.

（34）実際にドリーリの研究がどのようなものであったかについては、参照：上田寛「ロシアにおける刑事人類学派の軌跡」『浅田和茂先生古稀祝賀論文集』（成文堂、二〇一六年）所収。

（35）参照、上田寛『ソビエト犯罪学史研究』（成文堂、一九八五年）。

（36）コム・アカデミーはマルクス主義理論の研究と宣伝のセンターとして一九一八年に全ロシア中央執行委員会により設置されたもので、当初正式には社会主義社会科学アカデミーと呼ばれ、総裁は歴史学者ポクロフスキーであったが、一九二四年以降は共産主義アカデミー（コム・アカデミーと略称される）と改称されていた。その著書『法の一般理論とマルクス主義』によって世界的な名声を有するパシュカーニスはその法部門の中心的なメンバーであった。

一九〇八年タイ刑法の成立について

平井佐和子

Ⅰ　はじめに

明治維新の年、一八六八年に一五歳で王位に就いたチュラロンコン王（ラーマ五世・在位一八六八－一九一〇）は、タイの近代化をすすめた国王として知られている。(1) ミュージカル映画『王様と私』（米・一九五六年制作）は、チュラロンコンの父モンクット王（ラーマ四世・在位一八五一－一八六八）が子どもたちの家庭教師として王宮に雇ったイギリス人女性が見たタイを描いた作品である。(2) この家庭教師がタイに滞在したのは一八六二年三月から一八六七年七月までの五年四ヶ月であるから、チュラロンコンが一〇代前半の頃のことである。モンクットは二〇歳から王位を継ぐ四七歳までの二七年間の僧院生活を送り、政治の舞台から離れ、各国の知識人との交友を通じて、世界の趨勢を学び、西欧で発達した科学知識を身につけた。(3) 彼は、子どもたちに幼少期から西欧の考え方に触れさせたいと考えたのであろう。

一九世紀から二〇世紀初頭にかけて、アジア諸国は西欧列強の植民地化の渦に巻き込まれることとなった。東南アジアで唯一植民地化を免れたタイも例外ではなかった。「開国派」のモンクットは、即位して四年後の一八五五年、イギリスとの間に修好通商条約（バウリング条約）を締結した。(4) この条約はそれまでの王室が独占してきた貿易の完全自由化をもたらす一方で、在留英人の治外法権を認める不平等条約の側面をもっていた。(5) このころ、一八五三年のペリー来航以降、開国を迫られていた日本も、タイと似た状況にあった。しかし、「脱亜入欧」を目指した日本は、一八八七年の日タイ修好通商宣言を結んだことを契機として、一八九六年に在タイ公使館を開設、次いで一八九八年二月に通商航海条約を締結する。西欧諸国との不平等条約撤廃に向けて法典整備を進めていた日本は、タイに対しては不平等条約を押しつけるのである。交渉の結果、「司法改革ノ完了セラルル迄即チ刑法、刑事訴訟法、民法、民事訴訟法及裁判所構成法ノ実施ニ至ル迄日本国領事館ニ於テ在暹羅国日本国民ニ対シ裁判権ヲ執行スルコトヲ承認ス」とされ、(6) 刑法、刑事訴訟法、民法、民事訴訟法、裁判所法の各法が公布施行され、司法改革が完成した暁に、日本は領事裁判権の放棄を約束する。この日本との協定は、西欧列強諸国との治外法権を撤廃するために、タイの司法改革を急速に進めるきっかけとなった。

一八九七年にヨーロッパから帰国したチュラロンコンは、西欧法を継受した日本の司法改革をモデルとすることとし、日本人法律顧問を雇用することにした。彼が政尾藤吉である。(7) 本稿では、政尾がタイの司法改革に果たした役割を追いつつ、一九〇八年に成立することとなるタイ刑法の制定過程とその特徴を紹介することとしたい。(8)

Ⅱ　タイ刑法の制定過程

1　立法作業

一八九七年に、タイで初めてのロースクール（法律学校）が設立された。ロースクールでは、西欧の、特にイギリス法の教育が行われたので、タイの司法は比較的イギリス法の影響が強いといわれている。西欧教育の導入は新たな近代的エリート層を生み出すとともに、西欧の政治制度の導入が検討され、その結果、政治面では国王を中心とする中央集権化が図られ、官僚が政治の担い手となった。

それまでタイで適用していた法律は、インドのマヌ法典の影響を受けたタイの古代法を元に制定された「三印法典」（Kotmai Tra Sam Duang. 一八〇五年ラーマ一世により編纂）であり、判例の積み重ねによって対応してきたが、近代国家としてはそれでは不十分であることが指摘されていた。(9)法典編纂にあたっては、民法典より先に刑法典の編纂にあたることとなった。チュラロンコンは、刑法規定から成り立つ「三印法典」の規定を準用すれば、刑法のほうがより迅速に起草できると考えたのである。また、「三印法典」は犯罪行為とそれに対する刑罰を規定してはいたが、特に過酷な刑罰と残虐な刑罰の方法など、人権の観点からも早急に見直される必要があった。(10)

2　第一次編纂委員会（一八九八―一九〇二年）

一八九八年二月に設置された編纂委員会には、三人のタイ人、二人のベルギー人、そして日本人の政尾藤吉の六名が指名され、その後一九〇一年にベルギー人一名が加わった。(11)

・**ラビ親王**（Prince Rajburidirekrit, 一八七四－一九二〇）チュラロンコン王の息子。一八八四年から一八九四年までイギリスで学び、オックスフォード大学を卒業。タイに帰国後、タイ法をルアン・プラヤ・クライシー[12]に、外国法をロラン・ジャックマンに学ぶ。一八九七年に三代目の司法省長官となり、ロースクールを設立。「タイ法の創始者」と称される。

・**ピシット親王**（Prince Bijit, Prichakara, 一八五五－一九〇九）モンクット王の息子。一八七四年枢密院評議員、一八七六年最高裁初代長官に就任。一八七四年奴隷制廃止法を制定。

・**プラヤ・プラチャキット・ゴラチャック**（Phraya Prachakit Gorachak, 一八六四－一九〇七）最高裁判所調査官を長く勤め、一八九六年民事裁判所長官、一九〇三年に控訴院および最高裁の裁判官に就任。

・**グスタフ・ロラン・ジャックマン**（Gustave Rolin-Jacquemyns, 一八三五－一九〇二）ベルギー人。一八九二年タイ総務顧問就任。一八九七年のロースクール設立に尽力。多くのベルギー人を法律顧問として雇用した。

・**ロバート・J・カークパトリック**（Robert J. Kirkpatrick, 一八六五－一九〇一）ベルギー人。タイ初の外国人法律顧問で、一八九四年に法律顧問就任。

・**政尾藤吉**（一八七〇－一九二一）一八九七年タイ外務省書記官に就任、日タイ通商条約の交渉にあたる。その後一八九八年ジャックマン総務顧問の補佐、一九〇一年法律顧問、一九〇二年に最高裁裁判官に就任。

・**コーネイル・シュレッサー**（Corneille Schlesser, 一八六七－一九五二）ベルギー人。ジャックマンの要請で一八九六年来タイ後、刑事裁判所の裁判官に就任。一八九九年最高裁判所裁判官。

第一次編纂委員会の議論は、タイ法の編纂に当たって、英米法系と大陸法系のどちらを参照するか、ということであったが、委員長のラビがイギリスの経験が長かったこと、ロースクールに英国法を導入しており、裁判官にもなじみがあるという理由で、当初は英国法を起源とする一八六〇年インド刑法を参照することとなった。[13]

起案を一任された政尾は、日本刑法とインド刑法を参考にして、起案をすすめた。日本の法典編纂作業をモデルにすることが期待されたからである。特に当時の日本の刑法は、ボアソナードが一八一〇年ナポレオン刑法典にならって起草したもので、比較的リベラルな考えに基づく刑法といわれ、罪刑法定主義、責任主義を採用していた。こうして第一次編纂委員会は、いったん第一次草案（一八九八年）を作成するが、その後の立法評議会は頓挫する。

そうした中で、政尾は日本で新しい刑法が制定されようとしている動きを知る。[14] 日本の（旧）刑法は、一八八二（明治一五）年の施行後まもなく改正の必要性が議論されていた。[15] 一八八六（明治一九）年にはボアソナード自身による改正案が提案され、一八八七（明治二〇）年に法律取調委員会が設置され、宮城浩蔵、河津祐之、亀山貞義によってこのボアソナード改正案を修正したものが、一八九一（明治二四）年第一回帝国議会に提出された。[16] 一九〇一年の第一五回帝国議会に提出された刑法改正第二次草案の資料を政尾は入手して、これをタイの刑法に導入することを考えたのである。ここで、「フランス刑法の拘束を脱して、一八七〇年のドイツ刑法をより多く参照し[17]」た日本の刑法（改正案）と、カークパトリックの後任として赴任したシュレッサーが推すイタリア刑法とが参照され、第二次草案（一九〇一年）が作成された。

3 第二次編纂委員会（一九〇五－一九〇八年）

一九〇四年に締結されたフランスとの条約によって、初めてフランス人が雇用された。当時、西欧列強諸国の中でタイ政府に顧問を派遣していないのはフランスのみであった。タイに居住する中国人をフランス保護民として登録し、治外法権を拡大するフランス公使館とタイ外務省との関係が悪化していた。フランスは、保護民登録の制限と引き替えに、司法省の顧問職をタイ政府に要求したのであった。タイは、政尾が就いていた法律顧問と競合しないように、立法顧問の職を設けて、これに応じた。一九〇五年にこの職に就いたのが、ジョルジュ・パドゥーである。[18] タイ政府はパドゥーに一九〇一年草案を再検討することを命じ、一九〇五年からパドゥーを委員長として草案作成作業が再開された。[19]

第二次編纂委員会はフランス人、スリランカ人、タイ人二名の四人で構成された。[20]

・**ジョルジュ・パドゥー**（Georges Padoux, 一八六七–一九六二）フランス人。一九〇四年控訴院裁判官、一九〇五年立法顧問、一九〇八年最高裁の裁判官に就任。

・**ウィリアム・アルフレッド・G・ティルケ**（William Alfred G. Tilleke, 一八六〇–一九一七）スリランカ人。一八九〇年にタイで法律事務所を開設。一八九七年検察局長官。一九〇二年控訴院裁判官。

・**プラ・アタカン・プラシディ**（Phra Athakarn Prasidhi, 一八六七–一九三四）一八九〇年弁護士登録。一八九二年司法官、一八九三年警察裁判所長官、一八九七年外交裁判所裁判官。

・**ルアン・サコーン・サタヤトーン**（Luang Sakon Satayathon, 一八七一–没年不詳）一八九六年司法官、一九〇二年弁護士。一九〇三年民事裁判所裁判官。

パドゥーは、「すでに作成された法典草案は十分に完成されたもので、注意深く考究され最新の刑法理論を取り入れられているので、これをもとに編纂作業は進められるべきである」と報告している。[21] 一方で、パドゥーは、法典を時代にあわせたものにすることが必要であると考えた。犯罪の種類、刑罰の種類、刑罰の軽重に焦点をおき、特に、以下の三点に配慮するように委員に指示をした。[22] 一つは、刑の改良と刑罰を科す裁判所の権限について、二つめは拘禁施設における受刑者あるいは被疑者の処遇と拘禁施設の種別、三つめは罰金刑と罰金代替刑としての拘禁についてである。第二次編纂委員会は、各国の刑法典とその後の立法改正を比較することとし、一八一〇年フランス刑法（一八三二年から一九〇五年までの一九回の改正）、一八六〇年インド刑法（一八七〇年、一八八二年、一八八六年の改正）、一八八一年オランダ刑法、一八八九年イタリア刑法、一九〇三年日本の刑法改正法案[23]、一九〇四年のエジプト改正刑法、一八七〇年ドイツ刑法、一八六六年デンマーク刑法、一八七八年と一八七九年のハンガリー刑法をはじめ、その他の刑事立法を参考にしながら[24]、三〇回の審議を行い、ようやく最終案が完成し、一九〇六年八月八日に司法省に提出された（一九〇六年草案）。

4　高等会議（一九〇七年）

第二次編纂委員会の案を決済するために、政尾とパドゥーは協議して、立法評議会の上部機構となる刑法高等会議を設置することを政府に提案した。ここを通過すれば国王の裁可で法律として公布することができるからである[25]。高等会議は国の高官たちで構成された[26]。

・ダムロン親王[27]（Prince Damrong, 一八六二－一九四三）内務省大臣
・デワヲン親王（Prince Devawongse, 一八五八－一九二三）外務省大臣
・ナレット親王（Prince Nares, 一八五五－一九二五）警察省大臣
・ラビ親王　司法省大臣

高等会議と時を同じくして、フランスとの条約が改正されることとなった。一八九八年の日本との条約と同じく、刑法、刑事訴訟法、民商法典、民事訴訟法、裁判所構成法の公布施行後一年経過後、フランス保護民の領事裁判権

を放棄する旨の条約である。もはや刑法を制定することに躊躇することはない。条約改正が成立した日の一九〇七年三月二三日、草案は最終的な修正を加えられた上で、高等会議を通過した。チュラロンコン王はこのときヨーロッパに外遊中であったので、帰国後に裁可を仰ぐことになり、正式な公布日は一九〇八年六月一日と決定された。

Ⅲ　一九〇八年タイ刑法の概要——一九〇七年日本刑法との比較

1　タイ刑法の構造

タイ刑法典は一九〇八年六月一日公布、九月二二日のチュラロンコン王の誕生日に施行された。これはタイでの最初の近代的立法と言われている。(28)以下、タイ刑法の条文と日本刑法の条文を比較してみよう。

一九〇八年暹羅国刑法	一九〇七年日本国刑法
凡例（一‐四条）	
第一編　総則	第一編　総則
第一章　定義（五‐六条）	第一章　法例（一‐八条）
第二章　刑法の適用（七‐一一条）	第二章　刑（九‐二一条）
第三章　刑罰（一二‐四二条）	第三章　期間計算（二二‐二四条）
第四章　刑事責任を除斥又は減軽する原因（四三‐五九条）	第四章　刑ノ執行猶豫（二五‐二七条）
第五章　未遂罪（六〇‐六二条）	第五章　仮出獄（二八‐三〇条）
第六章　数人共犯（六三‐六九条）	第六章　時効（三一‐三四条）
第七章　数罪倶発（七〇‐七一条）	第七章　犯罪ノ不成立及ヒ刑ノ減免（三五‐四二条）
第八章　累犯（七二‐七六条）	第八章　未遂罪（四三‐四四条）
第九章　訴追時効及び刑の消滅（七七‐八六条）	第九章　併合罪（四五‐五五条）
第一〇章　損害賠償請求（八七‐九六条）	第一〇章　累犯（五六‐五九条）
	第一一章　共犯（六〇‐六五条）

第二編　罪
第一部　国王及び国家に対する罪
第一章　王室に対する罪（九七－一〇〇条）
第二章　内乱に関する罪（一〇一－一〇四条）
第三章　外患に関する罪（一〇五－一一一条）
第四章　国交に関する罪（一一二－一一五条）
第二部　行政に対する罪
第一章　官吏に対する罪（一一六－一二八条）
第二章　職権濫用の罪（一二九－一四六条）
第三部　司法に関する罪
第一章　司法に対する罪（一四七－一五四条）
第二章　虚偽告訴及び偽証の罪（一五五条－一六二条）
第三章　逃走の罪（一六三－一七一条）
第四部　宗教に対する罪（一七二－一七三条）
第五部　治安に対する罪
第一章　煽動の罪（一七四－一七六条）
第二章　秘密組織及び犯罪組織を結社する罪（一七七－一八二条）
第三章　騒乱の罪（一八三－一八四条）
第四章　公衆の安全、交通の往来及び公衆衛生に対する罪
（一八五－二〇一条）
第五章　通貨偽造の罪（二〇二－二一〇条）
第六章　封印、印紙及び切符偽造の罪（二一一－二二一条）
第七章　文書偽造の罪（二二二－二三一条）
第八章　商取引に関する罪（二三二－二三九条）
第六部　道徳に対する罪
第一章　公共の道徳に対する罪（二四〇－二四二条）

第一二章　酌量減軽（六六－六七条）
第一三章　加減例（六八－七二条）
第二編　罪
第一章　皇室ニ對スル罪（七三－七六条）
第二章　内乱ニ関スル罪（七七－八〇条）
第三章　外患ニ関スル罪（八一－八九条）
第四章　国交ニ関スル罪（九〇－九四条）
第五章　公務ノ執行ヲ妨害スル罪（九五－九六条）
第六章　逃走ノ罪（九七－一〇二条）
第七章　犯人蔵匿及ヒ証憑湮滅ノ罪（一〇三－一〇五条）
第八章　騒擾ノ罪（一〇六－一〇七条）
第九章　放火及ヒ失火ノ罪（一〇八－一一八条）
第一〇章　溢水及ヒ水利ニ関スル罪（一一九－一二三条）
第一一章　往来ヲ妨害スル罪（一二四－一二九条）
第一二章　住居ヲ侵ス罪（一三〇－一三二条）
第一三章　秘密ヲ侵ス罪（一三三－一三五条）
第一四章　阿片煙ニ関スル罪（一三六－一四一条）
第一五章　飲料水ニ関スル罪（一四二－一四七条）
第一六章　通貨偽造ノ罪（一四八－一五三条）
第一七章　文書偽造ノ罪（一五四－一六一条）
第一八章　有価証券偽造ノ罪（一六二－一六三条）
第一九章　印章偽造ノ罪（一六四－一六八条）
第二〇章　偽証ノ罪（一六九－一七一条）
第二一章　誣告ノ罪（一七二－一七三条）
第二二章　猥褻、姦淫及ヒ重婚ノ罪（一七四－一八四条）
第二三章　賭博及ヒ富籤ニ関スル罪（一八五－一八七条）

第二章　強姦の罪（二四三－二四八条）
第七部　生命・身体に対する罪
第一章　殺人の罪（二四九－二五三条）
第二章　傷害の罪（二五四－二五九条）
第三章　堕胎の罪（二六〇－二六四条）
第四章　幼者・老疾者を遺棄する罪（二六五－二六七条）
第八部　自由・名誉に対する罪
第一章　自由を侵す罪（二六八－二七八条）
第二章　秘密を侵す罪（二七九－二八一条）
第三章　名誉棄損の罪（二八二－二八七条）
第九部　財産に対する罪
第一章　窃盗の罪（二八八－二九六条）
第二章　ひったくり、強奪、略奪、海賊の罪（二九七－三〇二条）
第三章　追いはぎの罪（三〇三条）
第四章　詐取の罪（三〇四－三一三条）
第五章　横領の罪（三一四－三二〇条）
第六章　盗品収受の罪（三二一－三二三条）
第七章　財産毀損の罪（三二四－三二六条）
第八章　不法侵入の罪（三二七－三三一条）
第一〇部　軽犯罪（三三二－三四〇条）

第二四章　礼拝所及ヒ墳墓ニ関スル罪（一八八－一九二条）
第二五章　瀆職ノ罪（一九三－一九八条）
第二六章　殺人ノ罪（一九九－二〇三条）
第二七章　傷害ノ罪（二〇四－二〇八条）
第二八章　過失傷害ノ罪（二〇九－二一一条）
第二九章　堕胎ノ罪（二一二－二一六条）
第三〇章　遺棄ノ罪（二一七－二一九条）
第三一章　逮捕及ヒ監禁ノ罪（二二〇－二二一条）
第三二章　脅迫ノ罪（二二二－二二三条）
第三三章　略取及ヒ誘拐ノ罪（二二四－二二九条）
第三四章　名誉ニ對スル罪（二三〇－二三二条）
第三五章　信用及ヒ業務ニ對スル罪（二三三－二三四条）
第三六章　窃盗及ヒ強盗ノ罪（二三五－二四五条）
第三七章　詐欺及ヒ恐喝ノ罪（二四六－二五一条）
第三八章　横領ノ罪（二五二－二五五条）
第三九章　贓物ニ関スル罪（二五六－二五七条）
第四〇章　毀棄及ヒ隠匿ノ罪（二五八－二六四条）

2　タイ刑法の特徴

日本の刑法との比較において、この特徴をあげれば、以下のとおりである。

(1)　犯罪の区分

一八八〇年の日本旧刑法で採用された犯罪の区分[29]を採用していないが、第二編第一〇部で軽犯罪（petty offence）

の規定を設け、四段階の罰則を定めている。(30) もともと日本では、旧刑法制定と同年に公布された「治罪法」で違警罪を管轄する裁判所として治安裁判所を設置するはずであったが、その後「違警罪即決例」（一八八五年太政官布告三一号）によって警察署長により即決処分が可能となった。タイでは、別の裁判所を設置する必要がなく、三区分をとるメリットがなかったためとされている。なお、四条で特別裁判所として、王室裁判所、宗教裁判所、陸海軍裁判所があげられている。

（2）　刑罰の種類

日本の旧刑法では、重罪の刑罰として「死刑、無期徒刑、有期徒刑、無期流刑、有期流刑、重懲役、軽懲役、重禁獄、軽禁獄」、軽罪の刑罰として「重禁錮、軽禁錮、罰金」、違警罪の刑罰として「拘留、科料」、附加刑として「剥奪公権、停止公権、禁治産、監視、罰金、没収」という二〇種類もの刑罰があったが、一九〇七年現行刑法では七種類となったところ、タイ刑法は、身体刑を廃止し(31)、刑罰として死刑、禁固、罰金、住居制限、財産没収、善行誓約の六種を定めた（一二条）(32)。刑罰の簡素化は、日本の刑法改正の影響をみることができる。

（3）　刑の執行猶予

日本の旧刑法には刑の執行猶予制度の規定はなかったため、一八九八年の第一次草案にも規定されなかったが、日本の刑法改正案を参照して第二次草案段階で導入された(33)。「一年以下の禁固刑の言い渡しを受けたときは、裁判所は、条件付でその執行を猶予する判決を言い渡すことができる」（四一条）(34)というのがその規定である。日本の刑法が「二年以下」（制定当時）のところが「一年以下」とされ、また執行猶予の期間についての規定は設けられていない。ただし、「執行猶予判決が確定した後五年以内に再び罪を犯さなければ刑は免除される」（四二条）。

（4）　数罪倶発

いわゆる併合罪規定であるが、日本は旧刑法での吸収主義を変更して、加重主義（一・五倍）をとる。タイ刑法は各犯罪について処断刑を求める併科主義をとる。ただし、有期禁固の場合は二〇年が上限とされる（七一条）。

(5)　再犯の加重規定

タイ刑法では、再犯の規定について、「初犯の罪について刑の執行または免除後、五年以内に罪を犯した場合は刑の三分の一を加重する」（七二条）。また一定の罪について六ヶ月以上の禁固に処せられた者が三年以内に再び同様の罪を犯した場合には刑の二分の一を加重（七三条）、一定の罪で六ヶ月以上の禁固に二度処せられた者が五年以内に罪を犯した場合には刑を倍加する（七四条）。

日本の旧刑法では初犯から再犯までの期間の定めがなかったところ、一九〇七年刑法で、刑の執行または免除後五年以内に罪を犯した場合に累犯として、刑を倍加することとした。この条文は、一八九一年の第一次草案には盛り込まれていないが、一九〇六年草案にもりこまれている。日本の議論が参考にされたのではなかろうか。

(6)　正当防衛

日本の旧刑法では、「身体に対する罪」に、「自己ノ身體ニ暴行ヲ受クルニ因リ直チニ怒ヲ發シ暴行人ヲ殺傷シタル者ハ其罪ヲ宥恕ス」とされていた（三〇九条）が、新法では総則規定におかれ、「やむを得ずにした行為は罰しない」とされた（三六条）。

タイ刑法でも、日本の改正案を参照して、「不法な暴力に対して、自己または他人の生命、名誉、財産を守るためになした防御行為は罰しない」（五〇条）と規定された。

(7)　未遂規定

タイ刑法では、自己の意思によらず犯罪の実行を遂げなかった者は刑の三分の一が減刑される（六〇条）。自己の意思により犯罪を中止したときは、現実に実行した行為のみの責任を負う（六一条）。

日本の旧刑法では法定減軽とされていた未遂罪（障害未遂）は、一九〇七年刑法では任意的減軽とされ、中止未遂の規定が新設され、法定減軽ないし刑の免除とされた。

(8) 刑事責任年齢

一八〇五年三印法典は「七歳未満の子どもまたは七〇歳以上の者の行為は罰しない」と規定していたが、第一次編纂委員会で参照した一八六〇年インド刑法(八二条)は七歳、日本の旧刑法(七九条)は一二歳、第一次改正草案では一〇歳、第二次改正草案以降は一四歳とされていたことを参照して、「七歳未満の子どもの行為は処罰しない」と定められた(五六条)[35]。

タイの刑法では、七歳以上一四歳以下の子どもの場合は、裁判所は①訓戒を加えた上で訴追しない②保証金を課した上で、三年を超えない期間、親権者または後見人に子どもの善行を保証③一八歳になるまでの一定の期間、更生施設に送致することができる(五七条)。一四歳以上一六歳以下の子どもの場合は、裁判所は、自身の行為に対する是非弁別能力が十分に成熟しているかを判断する。未成熟と判断される場合は、五七条に準じる。成熟していると判断される場合は、二分の一の刑罰を科すかまたは更生施設へ送致することができる(五八条)。

(9) 親族相盗

親族相盗は親族間で発生した一定の犯罪について刑を減免するものである。日本の旧刑法では「祖父母父母夫妻子孫及ヒ其配偶者又ハ同居ノ兄弟姉妹互ニ」罪を犯した場合は「窃盗ヲ以テ論スルノ限ニ在ラス」(三七七条)とされ、現行刑法でも「親族間の犯罪に関する特例」として、「配偶者、直系血族又は同居の親族との間」の行為は「その刑を免除する」とされる(二四四条一項)。

タイの刑法では「財産に対する罪」の一定の犯罪が直系尊属または卑属に対してなされた場合は、刑の二分の一を減ずるが、配偶者間の行為は不処罰である(五四条)。一夫多妻制を採用していたタイの慣習を参照した条文とされるが、興味深い。

Ⅳ　おわりに

一九〇八年に公布施行されたタイ刑法典の序文には、編纂委員の名前が記され、政尾藤吉の貢献についても刻まれている。タイ刑法草案作成において政尾の果たした役割は小さくない。政尾によれば、タイの刑法は「明治三四（一九〇一）年に暹羅で作りました所の刑法修正案と称するものを土台として居る」[36]という。政尾は日本の刑法改正草案を参考にして一九〇一年案を作成したのである。これまでタイにおいて、タイの刑法の制定過程、そしてお雇い外国人の存在に目が向けられることは少なかった。これらの功績に目が向けられるようになったのは一九八〇年代に入ってからである。日本でも、タイの法典整備に日本人が関わっていたことはあまり知られていない。

一九〇八年刑法は、その後一九五六年に改正（一九五七年一月一日施行）され、現行刑法となっている。構造に大きな違いはなく、一九〇八年の制定過程における議論にその萌芽をみることができる。ここに一九〇八年刑法の制定過程を追うことの重要性がある。今後タイの近代化の過程をとおして、近代刑法の諸原則とタイの刑法理論との関係について考察を深めていきたい。

（1）一九三九年に国号が「シャム」（Siam）から「タイ王国」（The Kingdom of Thailand）と改められた。本稿では、「タイ」と呼ぶこととする。

（2）原作は、アメリカの作家マーガレット・ランドンが、家庭教師として招かれたアンナ・レオノーウェンスの二冊の自伝に基づいて書いた小説である。Margaret Landon, *Anna and the King of Siam*, published by John Day, 1944; 1st HarperPerenial Ed. 1999

（3）石井米雄『もうひとつの「王様と私」』（めこん、二〇一五年）一七～一八頁。

（4）飯島明子「王様の国の内と外——一九世紀中葉のシャムをめぐる『世界』」同上・石井・前掲註（3）九三頁。

（5）バウリング条約締結以降、一年半の間に、米国との間で修好通商条約（ハリス条約）、フランスとの間に「ド・モンティニー条約」を締結した。

（6）飯田順三『日・タイ条約関係の史的展開過程に関する研究』創価大学アジア研究所（一九九八年）六頁。

（7）政尾藤吉は一八九七年から一九一三年までタイで法律家として活躍した。政尾藤吉の生涯と功績については、香川孝三『政尾藤吉伝——法整備支援国際協力の先駆者』（信山社、二〇〇二年）が詳しい。

（8）See Kanaphon Chanhom, "*Codification in Thailand during the 19th and 20th Centuries: A study of the Causes, Process and Consequences of Drafting the Penal Code of 1908*", University of Washington (2010).

（9）香川・前掲註（7）一四三頁。

（10）Kanaphon, "*Codification in Thailand during the* 19th *and* 20th *Centuries*", p.110.

（11）Ibid., pp129-146.

（12）一八八二年から一八八八年までイギリスに留学してバリスターの資格を得た最初のタイ人。一八九三年に初代の検察局長、一八九七年に刑事裁判所所長に就任した。村嶋英治「現在タイにおける公的国家イデオロギーの形成」国際政治八四号（一九九〇年）一二四頁。

（13）Kanaphon, "*Codification in Thailand during the* 19th *and* 20th *Centuries*", p.164.

（14）日本の政府は、第一回帝国議会開会直後から、五回の刑法改正案を議会に提出している。「最初の改正案は、明治二四年一月第一回帝国議会に提出せられたが（第一次草案）、審議未了に終った。それは、法律取調委員会で、宮城浩蔵らが起草したもので、内容は依然としてフランス法系に属し旧刑法を本質的に改めるものではなかった。次の第二次草案は、明治三四年二月第一五回帝国議会に提出されたが、これは二五年以来司法省内の刑法改正審査委員会で審議作成した案を、朝野の法曹及び社会一般に発表して意見を徴したうえ、さらに法典調査会で練り上げたものであったが、これまた審議未了となった。次いで、それを若干修正した第三次草案が翌三五年の第一六回帝国議会に提出され、さらにそれを修正した第四次草案が翌々三六年の第一七回帝国議会に再度提出せられたが、いずれも不成立に終った。そして最後に、明治四〇年第二三回帝国議会に提案された第五次草案がやっと議会を通過して、現行刑法となったのである」。佐伯千仭・小林好信「刑法学史」鵜飼信成ほか編『講座日本近代法発達史第一一巻』（勁草書房、一九六七年）二二六〜二二七頁。

（15）小野清一郎が指摘するところによると、「旧刑法の自由主義的性格は、当時我が邦の社会が全面的に近代化、自由主義化の途上にあったとはいえ、かなり急進的なものであったに違いない。旧刑法の実施後間もなくその改正の議がおこったことは、その国民の正義感にも又社会防衛的必要にも十分の満足を与えなかった点にその根本原因があったのではないかと思われる。……西洋においても恰も一八八〇年（明治一三年）前後から刑法と刑法学途に対する実証科学的批判が始まり、いわゆる実証学派又は新派（近代学派）の刑法が台頭し、やがて社会防衛主義、目的主義、そうして刑事政策的立場における主観主義が強調され、その刑法の改革運動が発展するに至った。この運動は我が邦の刑法改正にも影響した。明治四〇年のいわゆる新刑法において裁判官に広い範囲の自由裁量が認められるに至った如きそれである。そうしてこの新刑法の下に牧野博士の目的主義・主観主義の刑法学が発展したのである」（小野清一郎「旧刑法とボアソナードの刑法学」『刑罰の本質について（刑事法論集第三巻）』（有斐閣、二〇〇二年（一九五五年初版））四三〇頁（注記・旧字体は新字体に、片仮名を平仮名に改めた）。

(16) 日本の旧刑法と刑法改正第一次草案については、川端博「旧刑法・刑法改正第一次草案対照表（上・下）」法律論叢五九巻五・六号、六〇巻一号（一九八七年）を参照。

(17) 佐伯・小林・前掲註（14）「刑法学史」二三七頁。

(18) 飯田順三「タイ近代刑法典および民商法典の編纂過程における日本法の影響（一）」創価法学二九巻一＝二合併号（一九九九年）二九頁。

(19) この間の経緯について、一八九八年草案を作成する前の一八九三年に、ルアン・プラヤ・クライシー（ルアン・ラタナヤティ）が刑法草案を作成しており、一九〇〇年にジャックマンがベルギーに一時帰国中、自身の刑法草案修正案を立法評議会に提出して強引に成立させてしまったことが背景にあるとみられる。香川・前掲註（7）一四八頁。

(20) Kanaphon, "*Codification in Thailand during the 19th and 20th Centuries*", pp.147-155.

(21) 飯田・前掲註（18）三〇頁。

(22) Kanaphon, "*Codification in Thailand during the 19th and 20th Centuries*", pp.183-184.

(23) 一九〇三（明治三六）年第一七回帝国議会に提出された第四次草案を指す。

(24) Kanaphon, "*Codification in Thailand during the 19th and 20th Centuries*", p.183.

(25) Ibid., p.188.

(26) Ibid., pp.155-160.

(27) ラーマ五世から七世の時代にかけて多くの要職を務め、「タイ近代歴史学の父」と称される。

(28) 刑法典は、タイ語にあわせて、英語、フランス語でも公表された。近代国家として示す意味もあったであろう。'The Penal Code for Kingdom of Siam R.S.127 (1908)', Chulalongkorn University. 2010.

(29) 一八八〇年の日本の旧刑法では、フランス刑法にならい、犯罪を重罪・軽罪・違警罪の三つに区分し、それぞれ裁判所の管轄をわけていた。

(30) この区別は一九五六年刑法でも採用され、第一段階は「一〇〇バーツ以下の罰金」、第二段階の罰則は「五〇〇バーツ以下の罰金」、第三段階の罰則は「一〇日以下の拘禁または五〇〇バーツ以下の罰金またはその併科」、第四段階の罰則は「一か月以下の拘禁または一〇〇〇バーツ以下の罰金またはその併科」とされている。

(31) タイでは伝統的に身体刑（笞刑）が存在し、廃止反対の声に一八九八年草案内に起案したとされるが、一九〇一年草案で削除されることとなった。

(32) 一九五六年刑法では、死刑、禁固、拘留、罰金、財産没収の五種類である。

(33) 草案中「刑の執行猶予」に関する部分のみ、一九〇五年第二一回帝国議会に提出され、同年法律七〇号として公布されている。

(34) 一九五六年現行刑法では、「三年以下の禁固刑の言い渡しを受けたとき、以前に禁固刑を受けたことがなく、または禁錮刑を受けた犯罪が過失又は軽犯罪の場合は、裁判所は情状により五年以下の期間条件付きでその刑の執行を猶予することができる」（五六条）とされる。

(35) タイの現行法では、刑事責任年齢は一〇歳である（七三条）。

(36) 政尾藤吉「暹羅の新刑法について」法学協会雑誌二五巻一一号（一九〇七年）一六三五頁。泉二新熊「暹羅国刑法草案」法曹記事一七巻九号（一九〇七年）九三頁。

刑法と報復の論理

大久保　哲

Ⅰ　刑法と報復

刑法は個人による報復を禁じている。ここにいう個人とは、犯罪被害者、犯罪被害者の家族や親類、犯罪被害者の遺族、関係者などである。関係者のなかには、犯罪被害者の友人や恋人など、一定の関係にある親しい者たちが含まれる。その個人が報復をなせば、それは犯罪とされる。刑事訴訟法についても、犯罪についての損害賠償を取得する目的で私人による訴追を許す国の例はあるが、刑罰権の行使に関しては、国家訴追主義が一般的である。

個人の報復に代わるものとして、というよりは、より正確にいえば、刑法自体の論理のなかで、刑法は刑罰を用意している。刑罰の論理は、個人の報復の論理とは異なったところにある。刑罰は、個人を離れて、国家的・社会的な意味を有している。報復は個人のためのものであるが、刑罰は国家・社会のためのものである。この点で、刑罰が個人のなんらかの感情を満たすことはあれ、それは刑罰本来の機能ではない。刑罰の機能として、一般予防と特別予防があるとされるが、一般予防は当該犯罪とは関係のない一般人に刑罰の威嚇をなすことにより犯罪を予防するものであり、特別予防は犯罪者個人に刑罰をくわえることにより犯罪を予防するものであり、いずれも犯罪の当事者である犯罪被害者とは関係のない機能である。

歴史的にみれば、国家の成立以前ないしは前近代的国家では、個人による報復が認められていた。我が国における仇討のように、一定の制度になっていたところもある。しかし、近代的国家の成立以降では、国家による刑罰が私人による報復にとってかわった。かといって、刑罰は報復では決してない。それは、現在の日本においても、検挙された犯罪のかなりの割合が不起訴になっていること、また、起訴されても多くの事件で刑罰の執行猶予がつき、実際に犯罪に対して刑罰がくわえられないことからも、明らかである。

しかし、はたして個人による報復から国家による刑罰への変化は、歴史的進歩だったのだろうか。個人による報復を禁じることは、はたして人倫の進歩に当たるのだろうか。個人による報復は意味のない犯罪なのだろうか。これらの疑問が本稿の出発点である。

個人による報復は、受けた被害に対する人間の当然の感情の発露にもとづく行為であると、筆者は考える。個人による報復を禁じることは、法的安定性を尊ぶことを理由に、あからさまな根底的な人間性を否定することである。穂積陳重も、「これ（＝復讐、筆者補筆）を禁止せんとするのは、自然の理に背反するものといわなければならぬ(1)」と書いている。穂積陳重によれば、復讐心は自然の理にかなう、本質的に正しいものなのである。

また、穂積陳重は書いている。「復讐は存在を害する刺激に対する反撃にして、高等生物通有の稟性に起因する自衛作用なり(2)」。つまり、復讐は高等な生物だけが共通に持つ、本質的で自然的な自己防衛作用であると述べている。

そして、穂積陳重は、復讐の本質は「生類の自保性[3]」にあると述べている。つまり、報復は、生物である人間の人間性の根底にある自然な心性にもとづくものであると述べているのである。また、ジョン・ロックも報復権について書いている。「各人は、犯罪者を処罰し、かつ自然法の執行者となる権利を有するのである[4]」。これらの主張からも、筆者の考えが裏づけられよう。

刑事法、ことに刑事訴訟法では、ともすれば、加害者である可能性がある被疑者・被告人の人権が強調され、尊重される（無罪の推定があるから、有罪判決が確定するまでは、被疑者・被告人は、単に加害者である可能性にとどまる）。国家権力と対峙する個人である被疑者・被告人の権利が強調され、尊重されるのは、本来当然である。しかし、かといって、他方で、犯罪被害者の受けた害悪・苦痛が軽んじられてはならない。犯罪被害者の受けた害悪・苦痛は、刑事法のなかで重視されるべきものである。犯罪被害者の受けた害悪・苦痛を軽減、ないしは消滅させる方途の必要がある。現行法制のなかでは、被疑者・被告人の権利は、ある程度十分に守られているが、犯罪被害者については、後に述べるように、残念ながら十分に保護や害悪・苦痛の軽減・消滅が尽くされていないといわざるをえない。

刑事法のなかで最も重要なことは、被疑者・被告人の人権を守ることと並んで、犯罪被害者の人間的尊厳を回復し守ることである。また、殺人事件では、犯罪被害者の遺族及び関係者の人間的尊厳も回復され守られなければならない。犯罪や犯罪類似的行為は、被害者及びその周辺にいる深い関係にある者の人間的尊厳を深く傷つけるものである。そのような場合、傷つけられた人間的尊厳を回復する途を探すことが重要である。本稿の基本的視座はここにある。

ここでは、報復とは個人による個人的な復讐を意味している。復讐と報復は同じような意味であるが、ここでは、復讐よりも報復の語を用いる。報復の語のほうが、より本質的で客観的な意味合いがあるからである。報復は、国家による刑罰とは異なるものとして、刑罰に対置される。報復と刑罰は決して、同種のものではなく、相対立する異種の存在である。

本稿では、個人による報復が、たとえ違法であっても、実際的に可能なものとして、論稿を進める。

Ⅱ　非暴力的被害に対する非暴力的報復

ここにおいての報復の対象となる犯罪や犯罪類似的行為の範疇には、詐欺罪、窃盗犯等の暴力を伴わない財産犯罪や、侮辱犯、名誉毀損犯など、暴力を伴わない個人の名誉に関する犯罪が含まれる。また、犯罪ではないが、犯罪類似的行為として、いじめやセクシャルハラスメント、パワーハラスメント、モラルハラスメント、その他のハラスメントなどの被害、また、さまざまな差別による被害、なかでも、ハンセン病者やその家族が受けた差別による被害や、ヘイトスピーチによる被害も含まれる。

これらの犯罪や犯罪類似的行為は、犯罪被害者が受ける被害は非暴力的なものである。暴力犯のように、犯罪被害者が身体に傷を受けたりするものではない。犯罪被害者が心のなかに被害を受けるだけである。その点では、暴力犯よりも被害は軽いようにもみえる。

しかし、犯罪被害者について、精神的に見れば、その受けた被害は、暴力的犯罪の被害とまったく異ならない。報復心も暴力的犯罪における報復心とまったく異ならない。これらの犯罪や犯罪類似的行為が個人の人間としての尊厳を著しく傷つけるという点では、軽い種類の暴力犯よりも、これらの加害行為のほうが重いといえよう。その点では、報復の必然性はあるといえよう。

これらの犯罪類似的行為は、国家が刑罰をもってのぞめば、罪刑法定主義に反することになる。なぜなら、これらの犯罪類似的行為は、共通して不定形で流動的なものであり、法制化が困難なものだからである。また、刑罰による処罰になじまないからである。報復は罪刑法定主義の外にあり、対象となる犯罪類似的行為の法定が基準となるものではない。報復では、被害者が受けた害悪・苦痛にもとづく報復心が根拠となるため、罪刑法定主義とは関係がない。報復は、いわばアウトロー的存在であり、罪刑法定主義とは無縁のものである。

では、各種の犯罪類似的行為は、どのような意味を持っているのだろうか。

いじめは、子どもが学校という集団生活のなかで生きていく上での人間的尊厳を、根底から傷つけるものである。セクシャルハラスメントは、人間の性的羞恥心という、きわめてデリケートな感情に関して、被害者の性的尊厳を根底から傷つけるものである。パワーハラスメントは、人間の社会人としての尊厳を根底から傷つけるものである。職業は生きている上で人間にとって本質的なものであるから、パワーハラスメントは、人間の根底的存在を害する、個人に対する極めて悪質な攻撃といえよう。モラルハラスメントは、家庭における各個人のあり方について、個人の尊厳を根底から傷つけるものである。

これらのいじめやハラスメントは、人間の尊厳を根底から傷つけるものであり、時として被害者が、心の状態について平衡を失い、うつ病に罹患したり、最悪の場合は自殺に至ることもある。非暴力的加害ながら、その結果は時に大きなものとなる可能性がある。非暴力的被害だからといって、決して軽視はできないのである。

また、差別のなかでもヘイトスピーチは、人種差別そのものであり、それを聞いた者の民族的自尊心を大きく傷つける。最近になって、ヘイトスピーチは注目されているが、最近のヘイトスピーチは組織的で大掛かりでしつこい点で、以前のヘイトスピーチよりも罪深い。

いずれの犯罪類似的行為も、人間の根源的な尊厳を傷つけるものである。これらの犯罪類似的行為は、ことと場合によっては、ことの悪質さにおいて、各種の暴力犯よりも罪が重いといえるかもしれない。それに応じて、報復感情も大きくなるといわなければならない。

とくにいじめについては、ことの重大性にかんがみ、既に平成二五年に成立したいじめ防止対策推進法が制定されている。しかし、いじめが原因と思われる子どもの自殺は後をたたない。自殺にまで追い込むほどのいじめは、明らかに犯罪である。残念ながら、いじめ防止対策推進法の制定後も、いじめが原因と思われる自殺が相次いでいる。

いじめ防止対策推進法は、その第一条で、子どもの教育を受ける権利と並んで、いじめが子どもの生命または身体に重大な危険を生じさせるものであることを認め、子どもの尊厳を保持することをうたっている。やはり、いじめ防止対策推進法もまた、いじめが、子どもの個人としての人間としての尊厳を害するものと認めているのである。さらに、同法は、第一四条で、いじめについて警察の介入を規定し、いじめが警察の活動の対象となる犯罪である可能性を認めている。法もまた、いじめの犯罪性を認めているのである。

自治体のなかには、いじめの被害者に対して、いじめている加害者の名前を通知する制度を作ったところもある。しかし、重要なのは、いじめをくわえている人間の名前を、いじめの被害者にではなく、いじめを受けている者の保護者、または関係者に通知することである。そうすれば、保護者、関係者がいじめの事実を知り、なんらかの対策を学校に求めたりするなどの対策ができる。それでもいじめがやまないならば、いじめをくわえた者やその保護者に対するなんらかの報復を行うことができる。いじめは報復に値する子どもへの重大な侵害であるからである。

しかしながら、非暴力的被害に対する非暴力的報復は、結局のところ、民事上の不法行為にもとづく損害賠償しか、合法的な途はないだろう。しかし、損害賠償で、犯罪被害者は満足するだろうか。お金をどれだけ受け取ったところで、傷ついた人間的尊厳は回復するだろうか。いや、お金では失われた犯罪被害者の人間的尊厳は到底回復できないであろう。

では、他の非暴力的報復はないだろうか。考えられる手段としては、同じ害をくわえる、という途がある。同じ非暴力的行為で、報復をなすことが考えられる。しかし、それで犯罪被害者の精神的慰藉が得られるだろうか。犯罪や各種の侵害による被害は、加害者への報復にもよるが、犯罪被害者のほうが心の傷は大きいのが一般的である。後にタリオ（同害報復）についてふれるが、犯罪被害者が受けた大きな心の傷を回復するには、くわえられた害悪・苦痛よりも、より大きな害悪・苦痛を加害者にくわえなければ、犯罪被害者の満足は得られないであろう。この点では、犯罪被害者が受けたのと同じ害悪・苦痛を加害者にくわえるだけでは、まだまだ足りないといえよう。犯罪被害者が受けた害悪・苦痛に増して、害悪・苦痛を加害者にくわえる必要がある。しかし精神的害悪・苦痛の量は、はかることが難しいし、受ける個人によっても害悪・苦痛の受け止め方が多様に異なるので、やはり、非暴力的報復はむずかしいといえよう。

Ⅲ　非暴力的被害に対する暴力的報復

前章で述べたような非暴力的被害に対して暴力的報復は許されるであろうか。筆者は許されると信じるものである。倫理的には問題があるかもしれない。いや、むしろ、倫理的には、許されないことであろう。しかし、この種の害悪・苦痛を受けた被害に対する報復については、個人の情念の世界では、暴力的報復しか考えられない。いわば、傷つけられた個人の人間としての尊厳を回復するための、暴力による報復である。この種の人間の尊厳を害する行為には、報復を、それも非暴力的報復よりも暴力的報復をくわえるのがふさわしい場合がある。くわえられる暴力には、それ相応の重大な意味があるのである。

非暴力的犯罪である財産犯罪に対する暴力的報復には、違和感を持つ人も多いかもしれない。しかし、いわゆる特殊詐欺などによって、老後の蓄えを奪われたお年寄りの怒りは、かなり大きなものがあろう。これらは、暴力的報復がもっともふさわしい犯罪であろう。被害の質から考えれば、暴力的報復がありうるであろう。

これに限らず、例えば万引きといえども、その被害を受けた商店主の怒りは大きなものがあろう。ことは、被害金額の多寡ではない。財産犯罪に対する刑罰では、被害金額の多寡が量刑の理由の一つになることもあるが、それは疑問である。

そもそも、財産犯においては、大事な財産を奪われることこそが犯罪被害者にとって腹立たしいのである。それゆえ、財産犯罪にも暴力的報復が考えられてよい。報復の程度は、被害金額の多寡に比例するものではない。たかが数百円の被害でも、持ち主の財産の高によっては莫大な金額かもしれない。

問題は、被害金額の多寡ではなく、その被害が犯罪被害者にとってもっている意味・重みである。それによって、暴力的報復の意味が違ってくる。

また、非暴力的犯罪類似的行為であるが、各種のハラスメントに対しても、暴力的報復が考えられるであろう。セクシャルハラスメントにより、辱しめを受けた被害者は、男女を問わず、加害者に対してなんらかの暴力的鉄槌をくわえたいものである。また、パワーハラスメントにより、職場で孤立し、結局は辞職せざるをえなくなった者も、加害者に対して、憎しみは大きく、暴力的な報復をくわえたいであろう。職業をなくしたという点では、被害も大きく、加害者に対する憎しみもすくなからざるものがある。職業は人間にとって本質的価値を有するがゆえに、パワーハラスメントは許しがたいのである。モラルハラスメントも、ことが家庭内のことがらであるだけに、憎しみよりも恐怖や頼りなさが先立つであろうが、被害者は、やはり家庭内の者に対してとはいえ、なんらかの暴力的報復をなしたいであろう。

各種の差別も、報復の対象となりうる。男女差別はその最たるものであろう。このほかにも、部落差別や民族による差別、性的同一性障害による差別、職業による差別、ハンセン病による差別など、差別の理由はさまざまある。

いずれの差別にしても、差別された者の怒りは大きい。時には報復を加えたいであろう。差別のなかでも、ヘイトスピーチの被害者は、いわば自己の民族的アイデンティティーを否定されたもので、その心中の怒りは、かなり大きいであろう。受けた苦痛や怒りにかんがみれば、ヘイトスピーチをやめさせればすむ問題ではない。やはり、暴力的報復をくわえたくなるであろう。

このように、各種のハラスメントや差別やヘイトスピーチなども、暴力的報復がふさわしい場合がある。しかし、いじめによる自殺への報復は、生命がなくされており、遺族の報復感情は大きいものがあろうが、かといって、自殺であることを考慮して、生命にまでいたる報復は行き過ぎであろう。これは、他のハラスメントによる自殺にも共通のものであろう。結果は自殺という大きなものであるが、かといって、相手の生命を奪うことは報復としていきすぎであろう。相手の生命を奪う寸前で報復を止めておくべきであろう。報復には、被害と報復の均衡性というものは存在しないが、やはり、過度の報復というものはありうるし、それは止められるべきである。

Ⅳ　暴力的被害に対する非暴力的報復

この範疇には、暴行罪や傷害罪、強姦罪や殺人犯などの身体に対する暴力的犯罪やドメスティックバイオレンスなどを含む犯罪類似的行為に対する報復が含まれる。いずれも犯罪被害者の身体のみならず、その人間的尊厳を深く傷つける行為であることは、他の犯罪的行為や犯罪類似的行為となんら変わりはない。

では、この種の暴力的被害に対する非暴力的報復は、どのようなものが考えられるだろうか。

ここでも、Ⅱで考えたように、不法行為にもとづく民事上の損害賠償がまず考えられるだろう。しかし、Ⅱと同じように、犯罪被害者の受けた苦痛は、お金で解決できるような苦痛ではない。Ⅱと同じように、犯罪被害者の精神的・肉体的苦痛は、その人間的尊厳を傷つけられたことに基づくものである。

ここでも、Ⅱと同じように、非暴力的報復をなすには、くわえられた害悪・苦痛と同じような精神的害悪・苦痛を与えることが考えられる。しかし、ことが暴力的被害であるだけに、非暴力的報復は、考えにくい。例えば、加害者をその面前において思い切り罵倒したところで、犯罪被害者の満足は到底得られないであろう。暴力的加害者にどのような精神的害悪・苦痛がくわえられるか、不分明である。暴力的加害者に対する精神的報復は、その意味では効果がないといえよう。

では、現行法制のなかで、犯罪被害者はどのようなことができるか。現行法制のなかで、犯罪被害者は非暴力的な行為を行う者として、どのように位置づけられているだろうか。

犯罪被害者が関わることができるのは、刑事訴訟のなかにおいてである。しかも、それはきわめて限られているのが現状である。広い意味での刑事手続においては、捜査のなかでは被害を受けた証人という形で関与できるが、行刑や保護手続のなかで、犯罪被害者が関与する途はない。刑事訴訟のなかというのが、犯罪被害者が関わる場所である。

刑事訴訟法は、第二編第三章第三節において、犯罪被害者の刑事手続への参加を認めている。その内容は報復とは決していえないが、犯罪被害者がなんらかの形で刑事手続に参加するのは、法制度として評価されてよい。

刑事訴訟法第三一六条の三四によれば、犯罪被害者は公判期日に出席することができる。しかし、自分の事件の公判に出席できるのは当然といえば当然すぎることであろう。他のことではない。自分が受けた被害が裁判の対象になっているのである。無罪の推定があるとはいえ、自分に被害をくわえたかもしれない被告人の裁判に出席できるのは、当然すぎるほど当然である。

刑事訴訟法第三一六条の三五によれば、犯罪被害者は検察官の権限行使について、意見を述べることができる。

検察官が必ずしも犯罪被害者の満足するような権限行使を行わない場合に、犯罪被害者が意見を述べることが想定されているのであるが、これは隔靴掻痒の感がある。これは、犯罪被害者が直接的になんらかの権限行使を行わないように、犯罪被害者を国家の刑事手続のなかにとどめておく規定であるといえよう。その意味では、犯罪被害者にとっては、自己の被害に対する対抗措置をとる上で、桎梏となりうる規定である。

刑事訴訟法第三一六条の三六によれば、犯罪被害者は、情状に関する事項について証人を尋問することができる。この情状に関する証人尋問は、法文上は事実認定の途中でもできるように読める。しかし、ことの性格上、実務では、事実認定が終わり、情状の認定の際に、証人を尋問し意見を述べることが認められているようである。現実的な慣行といえようが、あまり意味はないかもしれない。事実認定については、犯罪被害者は証人を尋問することはできないが、犯罪被害者にくわえられた害悪・苦痛の悪質さの情状を明らかにするための証人尋問である。被告人以外の証人に対しては、証人尋問は一定の成果を得るだろう。しかし、証人のなかでも重要な、まだ有罪とは決まっていない被告人を尋問することに意味はあるのだろうか。それとも異常に高い日本の有罪率を背景にした方策であろうか。つまり、被告人は有罪とほぼ決まっているから、証人尋問が許されるのであろうか。また、被告人には包括的黙秘権があるので、はたして現実的にどれほどの効果があるのだろうか、疑問である。

刑事訴訟法第三一六条の三八によれば、犯罪被害者は、検察官の意見陳述の後で、意見を陳述することができる。被告人には最終陳述権が認められているため、犯罪被害者が刑事訴訟のなかで意見を陳述しようとすれば、検察官の論告求刑の後しかないことになる。それゆえ、このような時間的規定になっている。このときに、犯罪被害者は、自分の思いのたけを被告人にぶつけられるようになっている。しかし、いかに事実認定が終わっているとはいえ、被告人はまだ有罪判決を受けていない。いわば中途半端な存在に対して犯罪被害者が意見を言うことになってしまう。これでは、被告人に無視されたりして、何の効果もないことにもなり、はたしてどういう意味があるのか、疑問である。単に、犯罪被害者の恨みつらみを被告人にぶつけるものであろうか。

犯罪被害者の刑事手続への参加として認められている権利・権限は以上のもののみである。たかがこの程度の犯罪被害者の権利・権限が平成一九年の刑事訴訟法の改正を待つまでなかったことは、それまで、いかに犯罪被害者の地位が刑事手続のなかで軽んじられてきたかが明らかである。これくらいの犯罪被害者の権利・権限は、いわば当然過ぎるほど当然である。むしろ、まだまだ不十分であるといえよう。

制度としては、報復が可能になるのは、最低でも有罪判決を受けているべきであろう。しかし、有罪判決を受ければ収監され、報復が不可能になる。もしくは、報復が可能になるのは、有罪判決を待たずとも、被害者が、加害者が誰であるか確信を持っている場合といえようか。

もっとも刑法が認めない報復であれば、有罪判決を受けているか無罪判決を受けているかは、犯罪被害者には関係ないともいえよう。報復は、通常の場合、犯罪被害者にとって報復すべき相手が確実に分かっている。それゆえ、報復には、面倒な刑事手続など必要ないともいえる。

刑事手続は国家によるものである。再度強調するが、報復はすぐれて個人的なものである。それゆえ、報復は、国家による刑事手続を必要としないともいえよう。刑事訴訟法における犯罪被害者の手続参加は、いわば、国家が犯罪被害者を既存の法制のなかに無理やりすえつけて、報復を封じるための方策と理解できようか。不十分なすえつけであり、法制度上まだまだ犯罪被害者の権利・権限の拡張の余地があるといえよう。

また、刑事訴訟法で当事者主義ということがいわれるが、裁判で実際に対向するのは、検察官と被告人である。国家訴追主義のもとでは、検察官が当事者として、訴追の追行の主体となる。

しかし、考えてみればおかしなことである。犯罪の当事者といえば、加害者と被害者である。加害者の可能性のある者は被告人となり、訴訟の当事者となるが、もう一方の当事者である被害者は、訴訟の当事者とはならない。

当事者主義をいうのであれば、制度として国家訴追主義が必要ならば、被害者が検察官と協同して、訴追と被告人の責任追及ができるようにするべきである。

Ⅴ　暴力的被害に対する暴力的報復

村上春樹のベストセラー小説『1Q84』には、ドメスティックバイオレンスにより亡くなった妻のための報復をくわえるために、加害者である夫の生命を奪うことが描写されている。これは、生命を奪う女性の主人公を雇った婦人が夫の生命を奪うべきかどうかを判断して、個人的な報復を行うものとして描かれている。この小説が多くの読者の共感を呼ぶのも、人々の心のなかに、ドメスティックバイオレンスに対しては、国家による干渉などではなく、暴力的な個人的報復がふさわしいとの思いがあるからであろう。

暴力的被害に対する暴力的報復、とくに殺人事件の犯罪被害者の遺族や関係者による報復に関しては、筆者は既に意見を表明し、具体的な提案をなしている。(5)

その概要は、報復権を明確に権利として認めること、したがって報復は正当な権利に基づく刑法第三五条の正当行為であり、違法性の段階で阻却されるべきこと、さらには、裁判所の監督のもとで、報復を望む者がいれば、報復権者を認め、国営の報復場で、犯罪被害者の遺族及び関係者が報復できるよう方策を立てることである。

これらの主張と提言は今も変わらない。暴力的被害に対しては、暴力的報復をもってするのが最もふさわしいと、筆者は信じる。

ここで問題になるのが、「目には目を、歯には歯を」の格言で知られるタリオ（同害報復）の原理である。タリオの原理は、峻烈な報復を許すように一般には考えられている。しかし、これを歴史的に見れば、つい過度になりがちな報復を最小限度の同害にとどめておくための原理であるといえよう。
一般に、犯罪による被害を受けた者は、自分が受けた害悪・苦痛よりも、より厳しい害悪・苦痛を加害者にくわえることを求めがちである。それが人間の本性といえばそうである。それを食い止めて、最小限度の同害にとどめるのが、タリオの原理である。

よって、報復の論理にとっては、時として、タリオの原理が相克となる場合もある。犯罪被害者が受けた精神的屈辱と人間の尊厳への傷は、だいたいくわえられた暴力よりも重いのが通常である。そこで、タリオの原理を越えて、同害を越える害悪・苦痛をもって報復とするのがふさわしい場合もあることを認めなければならない。報復においては、タリオの原理さえ、桎梏となる場合があることを認めなければならない。

これらは、刑罰論としてみれば、極端な応報刑論のように思えるかもしれない。しかし、それは違う。応報刑は、あくまでも国家による刑罰である。ここでいう報復は、個人による報復である。その意味で両者はまったく違うものである。

もちろん、極端な応報刑と報復は似ていないこともない。どちらも、加害者がなした行為に対する報いである。そして、応報と報復は、加害者がなした行為に向けられる直接的非難である。極端な応報刑と報復は、加害者である相手側にくわえるその害悪が重い点でも似ている。

しかし、極端な応報刑と報復が異なるのは、応報刑は、どのように峻烈なものであれ、国家によるものである点である。応報刑を科すことで、犯罪被害者は一定の満足を得ることができるが、完全な心からの満足を得ることはないのが通常である。

これに対して、報復は個人的なものである。犯罪被害者が、自分の手で加害者を苦しめる点に、重要な意味がある。自分の手で報復をなすという点が、最も重要である。報復は、国家権力を背景においていないから、純然たる個人的な営為である。応報刑は国家権力をバックとして完全に目的を成就することが常にできるが、個人的営為である報復は常に充然たる結果をもたらすとはいえない。個人的報復は時には失敗することもある。犯罪被害者及びその遺族、関係者が常に加害者に打ち勝つとは限らないのである。場合によっては、犯罪被害者及びその遺族及び関係者が、加害者によって再度打ち返されてしまうこともあるのである。

この意味で、報復は確実な結果をもたらすものではない。報復は、結果の分からない不確定のものである。それでも、犯罪被害者やその遺族及び関係者は、報復を望む場合があるであろう。報復を支えているのは、自分の手による報復に対する個人の執念である。

また、報復は野蛮だという見解もあるかもしれない。報復を野蛮で倫理的に劣ったものとする見方は、犯罪や犯罪類似的行為による被害を受けたことのない、いわば安全地帯の無事者の綺麗事である。自分で被害を受けてみれば、身震いするほどの憎悪と報復心を感じるであろう。それが倫理的に劣等だとか、野蛮だというのは、人間性の本質を見ない者の浅薄な考えである。

野蛮といえば、刑罰も同様に野蛮なものであろう。とくに死刑は野蛮の極みである。死刑が憲法第三六条で禁じている残虐な刑罰にあたらないと、最高裁判所が言うのは、笑止千万である。

報復といえども、刑罰といえども、野蛮という意味では野蛮である。双方とも、同じようなものである。相違は、刑罰のようにシステマティックで管理されているか、報復のように野放しで恣意的なものであるかである。

また、穂積陳重は、次のように書いている。「復讐は種族的存在を害する他の攻撃に対する反撃であるが、単に本能的に急迫せる危害を撃退するに止らず、過去の迫害に対してもこれを反撃し、已に苦痛を与えたる者に同様の苦痛を与えて、自己の憤怒を慰藉し、また他の鑑戒ともなって、種族相助け、相合し、相戒めて、自保自衛するの方便となったものである。即ち過去の迫害に対しては慰藉となり、報復となり、将来の迫害に対しては鑑戒となり、防衛となったものである」[6]。

そして、穂積は、この復讐を、人類にとって「基本的美徳」[7]であるとまで言っている。穂積においては、歴史のある段階においては、報復は美徳であり、種族の存在に必要欠くべからざるものだったのである。それが歴史のある段階にとどまらず、現在も種族ではなく個人にとって必要不可欠のものであるというのが、本稿の立場である。

報復の原動力は、犯罪加害者に対する被害者の激しい憎悪である。加害者に対する犯罪被害者の憎悪は、極めて自然な人間的感情であり、それを否定するのは、人間性の真実を否定することである。時として、犯罪の被害による恐怖心しか犯罪被害者に残らない場合もある。しかし、そういう場合でも、犯罪被害者の安全が十分に守られれば、その恐怖心は容易に憎悪に転換することも多い。

憎悪こそが、報復の根本的動機である。憎悪と刑罰は、論理的に合致しない。刑罰は、国家的要請からのものであり、個人の憎悪とは相容れないものだからである。刑罰は個人の憎悪を否定することから始まる。しかし、それではたしていいのだろうか。犯罪被害者が加害者に対する憎悪を晴らすシステムは必要ではないのだろうか。必要であるというのが、本稿の立場である。

ことに、殺人事件の犯罪被害者の遺族及び関係者の憎悪は激しいものがある。最も報復を必要とするのも、犯罪被害者の遺族及び関係者であろう。こういう人たちの憎悪は並大抵のものではない。国家の刑事手続のシステムのなかで発散する場がないことは、残念としかいいようがない。国家のシステムのなかになければ、その外に作るしかない。どのようなシステムを作るのかは、犯罪被害者やその周辺の関係者の精神的満足を中心に考えられなければならない。

これらの憎悪、とくに殺人の犯罪被害者の遺族の憎しみをへらすものとして、修復的司法、ないしは回復的司法ということがいわれる。殺人の加害者と犯罪被害者の遺族が、手紙や面会を通じてふれあうことで、遺族の憎しみがへり、ついには加害者の寛恕にいたることをめざす試みである。これはとてもいいことだと思われる。ふれあいは、殺人事件の遺族に限らず、通常犯罪における加害者と犯罪被害者が広くふれあうことで、犯罪被害者の加害者に対する憎悪はへるであろう。もっと大胆に進めていいものであろう。

しかし、問題は、いかに加害者とふれあおうと、寛恕の域にいたらず、かえって憎悪をつのらせるだけの遺族や犯罪被害者が残ることである。いかに深くふれあおうと、決して加害者を許せない人たちがいるものである。人間は誰もが天使になれるわけではない。

問題は、この憎しみを抱えたままの遺族や犯罪被害者になんらかの救いの手をさしのべることである。やはり、なんらかのシステムは必要である。

これらのシステムを通した報復が、なんらかの既存の範疇に入ることはないであろうか。

まず、報復が違法性のレベルで論じられることはないであろう。刑法は報復を認めていないのだから、報復は刑法第三五条の正当行為にはあてはまらない。

では責任のレベルではどうだろうか。つまり、期待可能性のレベルで報復を論じることは考えられないだろうか。報復をなすことをやめることが期待できないとすれば、期待可能性のレベルで、報復は認められることになる。しかし、実際問題として、報復をやめないことが期待できない場合は、まずないであろうから、期待可能性のレベルで阻却されることは、まずありえないであろう。

さらには、報復が裁判官の裁量による刑法第六六条と第六七条の酌量減軽により、結果的に認められることも考えられる。しかし、これでは、国家の温情により報復が認められたものとしかいえない。はたして、国家がこのような温情を示すのが、法制度上許されるのか、疑わしい。国家が報復を認めないのであれば、このような酌量減軽は、その論理からいって、許すべからざる裁判所の越権行為といわざるをえない。

やはり、報復を根底的に正当化するシステムが必要であろう。それがどのようなシステムであるかは、殺人事件の犯罪被害者の遺族及び関係者について、筆者は一部書いたことがある。(8)

その概要はといえば、報復は正当化され、公けのものとなる。報復を望む遺族または関係者がいれば、裁判所の相応の手続を経て、報復権者を選任する。報復権者は、権利の象徴であり、権利を実現するために、サバイバルナイフを一振り与えられ、その使い方を国の機関から教わる。十分な時間と手間をかけた上で、閉鎖された空間で、徒手空拳の加害者と戦う。閉ざされた国立報復場は、何キロ四方かのジャングルである。双方の体に、GPSと生命発信機を装着し、別々の入り口から入れられ、どこで出会い争ってもよい。どのように争うかは、偶然と、報復者と被報復者の知力・体力によるというものである。

しかし、報復を根底的に正当化するシステムについては、筆者はまだ考えを得ていない。あげて今後の課題としたい。

＊ 内田博文先生には、公私にわたってたいへんお世話になった。いつも滋味あふれるやさしい笑顔で接していただいた。時には学問の厳しさ、人として生きる厳しさも教えていただいた。その古稀の記念に、このような論文を奉呈するのは少々はばかられるが、編集委員の方々が統一的なテーマとして設定されたのは、「歴史的に（発見）継承されてきた価値」というものである。筆者は、報復＝復讐という古くて新しいテーマを選んだ。本文で展開した論理は、大げさに言えば筆者が半生をかけて到達した論理である。尊敬する内田博文先生の古稀をお祝いするのにふさわしいと信ずる次第である。

（1） 穂積陳重『復讐と法律』（岩波書店、一九八二年）七四頁。

（2）穂積・前掲註（1）八三頁。
（3）穂積・前掲註（1）八四頁。
（4）ジョン・ロック（鵜飼信成訳）『市民政府論』（岩波書店、一九六八年）一四～一五頁。
（5）大久保哲「報復権再考」川端博・椎橋隆幸・甲斐克則編『立石二六先生古稀祝賀論文集』（成文堂、二〇一〇年）、大久保哲「報復権再論」新潟大学法政理論四五巻四号（二〇一三年）。
（6）穂積・前掲註（1）三七～三八頁。
（7）穂積・前掲註（1）三八頁。
（8）大久保・前掲註（5）「報復権再論」一二二頁以下参照。

内田博文刑事法学についての一試論

岡本洋一

Ⅰ　はじめに

本稿は、内田博文先生（以下、「先生」）がめでたく古稀を迎えるにあたり、先生の（刑事）立法、刑事実務、（刑事）法理論、ハンセン病強制隔離問題に及ぶ考察（以下、「内田刑事法学」）を、筆者が理解する基本的視座から俯瞰し、その特徴を明らかにしようとする試みである。(1)

Ⅱ　分析と考察

1　内田刑事法学における基本的視座――歴史における客観的法則性の探求

(1)　筆者の分析によれば、先生は、刑事法（学）に、時代と社会に制約された担い手による自由と人権という普遍的価値の実現を目指されてきた。先生にとって、その価値を発見・継承すべき歴史とは、できごとの羅列ではなく、客観的法則を認識すべきものであり、それは現代につづくものである。(2)

(2)　先生は、このような視座を多くの先人から学ばれた。その一人が平野義太郎である。すなわち、そのアジア・太平洋戦争後前（以下、戦前）の（刑事）法学に対する「無史観」批判であり、社会・時代の歴史的発展における法則性を無視・等閑視し、抽象概念の発展に終始する理論への批判である。(3)　このような視座から先生は、戦時体制、それに奉仕した刑事立法と刑事法学への分析・批判もする。(4)

以下、本稿では、このような内田刑事法学の成り立ちを素描したい。

2　内田刑事法学における近代刑法史研究――啓蒙思想から学ばれたこと

(1)　先生は、かつてフランス革命期『刑事立法のプラン』を執筆したジャン・ポール・マラーの刑法理論を考察された。そこでは、マラーを、封建的土地所有制を正当化する地主的（刑）法思想を批判し、革命後の近代土地所有制と共和国的民主主義による新たな（刑）法思想を唱えた者と位置づける。マラーは抵抗権を留保しつつ、あるべき法律に社会全体の福祉の反映を求め、刑法の犯「罪」に客観的な外部的犯罪を、そして「刑」罰に近代資本主義の等価交換に基づく罪刑均衡、さらに死刑廃止を求めた。(5)

ここにはすでに内田刑事法学の基本的視座、つまり、刑法の担い手とその思想を反映した刑事法における犯罪と刑罰のあり方を確認することができる。

(2) その後、先生は、一八世紀イギリスの思想家ベンサムの刑事法理論を考察される。(6) 先生は、ベンサムを、フランス革命の歴史的意義を受容しつつ、イギリスの(刑事)立法ないし議会制度の合理的な批判者・改革者として位置づける。ベンサムは、コモン・ローの背後にある少数地主の利益を批判し、立法改革の担い手を、啓蒙君主(上からの改革)から市民(下からの改革)とする。そして法に最大多数の最大幸福の実現という功利原理を求め、法による自由と法からの自由もふくむ安全を第一原理とする。そこから罪刑法定原則、罪刑均衡、行為原則そして責任原理に基づく刑法の再構成を唱える。(7)

ベンサムの刑罰論は、犯罪者が受ける主観的な苦痛と、刑罰で除去すべき社会的・客観的な害悪とを刑罰類型と費用、受刑者の性格から比較衡量し、賠償、みせしめ、矯正といった刑罰の目的、効果などから吟味する。刑罰からは鞭打ち、みせしめ刑を廃止し、死刑の単純化、改善目的の労働刑を唱える。また罪刑法定原則から法に告知の機会や簡潔明瞭さを求め、刑罰で除去すべき害悪である犯罪も、行為原理から特定個人など第一次的な害悪とし、二次的な不特定多数への害悪や三次的な社会的不安から区別する。リーガルモラリズムも除外し、国家に対する罪を個人に対する罪に還元しようとする。行為者の意図も責任原理から行為の範囲で考慮する。(8)

先生は、これらベンサム刑事法理論の現代的意義を、法の目的である最大多数の最大幸福に犯罪者の幸福もふくめ、多数を根拠とした立法による個人の自由・人権の制限に原理上一定の歯止めを設けたこととされる。そこに刑罰の内在的制約として社会的幸福と共にある個人の自由と人格の尊厳を見て取る。(9)

(3) また先生は、古典・ベッカリーア『犯罪と刑罰』と、それを翻訳・普及させた風早八十二からも多くを学ばれた。同書は、啓蒙思想から旧き封建的刑事司法を批判し、新たな刑事司法を構想する。その批判は、拷問などの苛酷な刑事手続や刑罰、瀆神罪や不敬罪などの宗教・封建的犯罪にも及ぶ。風早は、ベッカリーアを新興第三階級における刑罰改革運動の理論的指導者とし、その歴史的意義を社会観念としての宗教／政治／社会道徳の峻別、教会による宗教上の正義と国家・刑事司法による政治上の正義との峻別にみる。そして後者に、個人の自由を最大限に留保した社会契約論に基づく、人民の幸福をめざす啓蒙専制君主制を想定する。ベッカリーアは、刑罰の合理化・人道化、死刑廃止、刑事裁判の迅速化そして犯罪の社会侵害性を求め、教育・社会もふくめた総合的な（刑事）立法政策も唱えた。このような主張は、当時の猛烈な非難にもかかわらず、世界に普及・浸透した。風早は、そこに歴史の客観的な必然性、社会・経済諸関係から第三階級の勃興とその代表としてのベッカリーアという新たな理論の担い手をみる。[10]ここから先生は、時代・社会の分析、社会と時代に制約された新たな担い手そしてその理論への分析を学ばれたのであろう。

(4)　先生はさらに、外国の近代刑法史研究を受容する側の考察に向かう。たとえば、近代日本のベンサム研究の歴史的意義を、先生は、戦前では、明治初期での自由民権運動、大正デモクラシーでの国家主義批判、マルクス主義法学での官僚法学批判とし、戦後では、機能主義的刑法論への示唆とされる。[11]とはいえ、先生は、これら受容側の近代日本（刑事）法学において前提とすべき近代社会や近代国家の分析の欠如を指摘・批判される。[12]

先生は、これら外国の近代刑法史研究から得た視座——歴史の普遍的法則と個人を尊重する功利原理——から、近代日本の時代・社会的な分析、（刑事）立法（政策）、実務そして理論のあり方を分析・批判されてきた。[13]

3　内田刑事法学における近代日本の刑事法（学）への考察・批判

先生は、上記の基本的視座から、たとえば、牧野英一、平野龍一、藤木英雄そして前田雅英たち著名な近代日本の刑事法研究者たちを吟味・批判する。

(1) 先生によれば、牧野刑法学が主張したのは、一九世紀初めのドイツ・フランスの近代刑法と理論における世界的発展の必然性である。牧野が批判し、克服の対象としたのは、「罪刑法定主義」に代表される法治国思想、旧刑法そして旧派刑法学であり、牧野が提唱したのは、自由法論に代表される文化国思想、現行刑法そして新派刑法学である。その歴史的な意義を、先生は、第一次世界大戦後の日本の社会労働問題への同情的立場による刑法の人道化・社会政策化・国際化とされる。他方で、その問題を二重の分析の欠如とされる。すなわち、牧野刑法学が唱える新派刑法学のドイツでの歴史的・社会的性格の分析の欠如と、それを普及しようとする近代日本の後進性・特殊性への分析の欠如である。この欠如が、結果として当時の刑事立法(政策)を正当化したとする。[14]

(2) 先生の分析を敷衍すれば、牧野刑法学は、現在に続く戦後日本の刑事法学の基本的な流れと位置づけることができる。たしかに、占領前期の上からの近代化、日本国憲法成立といった時代状況で瀧川幸辰などの罪刑法定原則の歴史的研究も存在した。とはいえ、先生は、牧野、小野清一郎そして木村亀二たちが、憲法体制の転換や刑法の一部改正の歴史的意義よりも、自身の戦前の理論との連続性を強調したことを指摘される。占領終了後も刑法「改正」準備草案などの動きに対しての平野義太郎たちの歴史的研究も指摘される。とはいえ、團藤重光・大塚仁のような歴史分析の欠如した刑法理論の旧派と新派との「止揚」を指摘される。その欠如とは、ドイツにおける前期/後期旧派から新派への進展とは真逆の、日本における牧野刑法学のような新派から瀧川・小野刑法学のような旧派への進展についての分析の欠如である。[15]

(3) 以上のように、戦後日本の刑事法学は、戦前の刑事司法・理論に対して日本国憲法の歴史的意義とその価値に基づく根本的な批判をしないまま、一九六〇年代の新たな転換期を経て、現在に至ることとなる。

それは、刑法全面「改正」のような戦前からの政治的な刑事立法から、迷惑防止条例など都市化で動揺した伝統規範を補完する新たな刑事立法への転換であった。これら法令の目的は、たとえば、公害、買占め・消費者保護、ハイジャック、交通事故、非行そして薬物蔓延の各防止にあった。先生の詳細な分析をまとめると、以下の五点となる。すなわち、①これら法令の正当化根拠は、動揺する市民生活の安全確保であり、具体的被害の発生前に包括的かつ詳細に規制する。その専門性から立法場面では、②規制対象などが政令など行政法規に委任され、議会審議を形骸化させる。法令の包括性・専門性が、③法適用の場面では——道交法の反則金制度での警察官のように——、選択的・恩恵的な裁量判断に流れ、④市民の遵法意識を弛緩させ、市民の自由・権利の制限への配慮も乏しいため、必然的に、⑤対処療法となり、交通事故や薬物蔓延のように、その抑止効果も限定的となる、と。[16]

これら高度経済成長とその政策に従属・奉仕する刑事立法は、近代日本の刑事立法（政策）全体から俯瞰すれば、自由・権利の尊重よりも各時代の経済・社会秩序ないし政策を優先させるという意味で、治安維持法（一九二五（大正一四）年・法律四六号）に代表される戦前の天皇制維持のための法体系とその基本的発想を同じくする。[17]

（4）　上記転換期の刑事法学として先生が注目し、批判されるのが平野龍一の刑事法学である。[18] それを、経験科学の立場から形而上学的な刑事法の正当化を批判し、刑事法の目的を、個人の生命・身体・自由そして財産を主とする市民的安全の要求とし、刑罰・処遇論から犯罪論へと展開したもの、とする。[19]

さらに、先生によれば、平野刑事法学は、刑事法を社会統制のための価値中立的な手段とし、その正当性を社会構成員の「市民的安全の要求」への「同意」と手段の「機能」としての「有効性」に求める。その理論の根底にある経験科学による脱形而上学的な性格が、結果として人権や自由という普遍的（形而上学的）価値を相対化させると批判し、その典型を死刑制度への沈黙にみる。先生の批判は、平野理論が批判した刑事法の形而上学的な正当化をめざす團藤重光の死刑廃止論にも及ぶ。先生は、それが「法理」と呼べる普遍性を持たず、その意味で平野より危険な理由を、日本とドイツの歴史への反省の有無と程度のちがい、その形而上学的価値に人権など憲法上の基本原理が含まれていないこと、さらに理論の担い手を民衆でなく、職業裁判官に置くことにみる。[20]

(5) つぎに先生が分析・批判の対象とされるのが、一九六〇年代から学界に大きな影響を与えた藤木英雄の刑事法学である。先生は、その刑事法学を、転換期に対応した新たな刑事（立法）政策、犯罪論ないし刑罰論とし、その刑法の任務・機能を、社会的弱者をふくめた共同生活の安全と平穏という社会倫理秩序の維持とする。そして藤木刑事法学を、風俗犯など被害者なき犯罪、非行、経済犯罪、公害、交通事故そして医療過誤など経済・社会への信頼を動揺させる逸脱行為への刑事法の積極的介入を正当化し、現体制への信頼を回復、維持するものと分析される。このような事前介入の重視は、行政警察活動をなす現場警察官の重視となる。また処罰の判断基準である社会相当性を、国民一般の健全な正義観念という処罰感情・要求に求め、裁判所に広い裁量を認める。応報と社会教育作用を重視する刑罰論は死刑を維持し、量刑を厳格化する。先生は、このような藤木刑事法学に一定の評価は下しつつも、その問題を指摘される。それは、刑事（立法／行政）政策に従属する犯罪論であり、憲法上の人権よりも日常生活の支配・管理の有効性や現体制の維持を優先させる傾向である。そこに先生は、藤木刑事法学における近代日本の社会的・歴史的背景の分析の欠如を指摘し、その担い手もエリート専門家のみで、「国民」を規制対象としてのみ想定するのでは、と分析される[21]。

(6) 次に先生が分析・批判されるのが前田雅英の刑法学である。それは、上記犯罪の実質を法益侵害とする結果無価値論（平野刑法学）と、同じく社会倫理規範違反とする行為無価値論（藤木刑法学）とを刑事実務の健全性という認識の下で止揚・統合するものとされる。すなわち、それは、人権・自由の価値を相対化させる孤立化した「国民」の規範意識・処罰要求から刑法を正当化し、その効率化・機能化をめざすものとされる。その甘い現状認識は、歴史分析の甘さに由来するとされる[22]。

ここから先生は、犯罪の実質をめぐる刑法理論の結果無価値論と行為無価値論の争いも、それらが批判／正当化する内実——とくに戦時体制とそれを支える刑事法——を吟味しなければ、「コップの中の争い」にすぎないとされる[23]。その際の視点は、歴史の教訓から学び、自由・人権という普遍的価値から当該理論の時代的・社会的な意義を明らかにすることとなる。先生によれば、たとえばそれは、理念の担い手と罪刑法定原則への分析である。すなわち、司法官憲による「国家権力自身の合理的自己抑制」か、それとも労働者・農民という少数者たる「市民による拘制」か、である[24]。

(7) 先生は、一九九〇年代の刑事（立法）政策の特徴を、「市民的治安主義」とし、「市民的安全」擁護を理由として国家刑罰権を日常生活に浸透させ、「市民的秩序」の実力的貫徹をめざす動きと分析される[25]。おそらくここで言う「市民」とは、上記罪刑法定原則の担い手とされる「市民」と異なり、世論の多数を形成する者たちを意味するのであろう——厳密に言えば、他者への寛容など「市民性」を持たない「疑似的市民」とでも呼ぶべきであろう。また、九〇年代からの刑事立法ラッシュを別の側面から正当化するのが、片面的な「国際化」である。それは先生の分析によれば、国際条約などを組織犯罪対策のような犯罪化・重罰化の正当化根拠とする場面にのみ強調し、死刑廃止のような人権が問題となる場面では、国内の多数の世論を理由にそれを拒否する選択的な主張である。片面的な国際化も、市民的治安主義も、先生が指摘される戦前からの「日本型刑事司法」を正当化するものと言える。ここでいう日本型刑事司法とは、立法段階における包括的な犯罪化・重罰化、適用段階での裁判所による有罪方向への広い解釈など、広い裁量を与えられた司法官憲の刑事手続の各段階における恩恵的な裁量判断を意味する。それは上記(3)の特別刑法の特徴——自由・人権より時代ごとの政治・経済を優先すること——でもある[26]。

4 内田刑事法学における具体的展開——最大多数の最大幸福における少数者

以上、1ないし3の考察を経て、法の目的であるべき最大多数の最大幸福に包摂されるべき少数者という視座から、先生は、刑罰・処遇または死刑制度、少年法、被害者等そして犯罪報道などを具体的に分析・批判されてきた。

(1)　先生は、かつてベンサム研究での残された課題を、最も強力な国家権力作用である刑罰権を人権の立場から再構成することとしていた。ベンサムたち啓蒙思想家は、人道的かつ科学的な監獄改革を唱えており、法の目的たる最大多数の最大幸福に受刑者たち少数の幸福もふくめていたからである。[27]

先生は、この視座から、マスコミ、検察官僚を中心とした現在の矯正・更生とそれを正当化する理論を「非当事者による非当事者の非当事者のための刑罰論」と批判する。そして「当事者」である受刑者の多くが高齢者の万引き（窃盗罪）であり、社会復帰が困難であること、マスコミ報道のイメージと異なり、刑務所が高齢受刑者にとって安住の地、福祉施設と化していること、それは刑務所外の福祉政策の貧しさを意味しており、国際的潮流である施設外（社会）処遇という理念を困難としていることを指摘される。以上の現状認識から、あるべき刑罰制度を、日本国憲法に基づく市民的公共性の担い手を育成するものとし、受刑者の権利拡充と、その担い手たる刑務官の人的支援の充実を導く。[28]

上記の視点から先生は、生活支援という側面での更生保護と福祉政策との連携の重要性を説かれる。そこで批判されるのは、戦前からの近代日本の更生保護と福祉政策における温情・恩恵に基づく保護主義であり、その結果としての元受刑者・有罪宣告者への社会的差別――先生は、差別を待遇の不均衡と合理的配慮の不提供と定義される（なお、障害者基本法（平成二五（二〇一三）年・法律第六五号）四条二項）――である。このような傾向が、昨今のマスコミ報道、すべてを個人の責に帰する自己責任論から強化され、市民的治安主義との結びつきも指摘される。先生は、そこに発想の転換を求める。すなわち、旧来の恩恵的な保護主義から、憲法や国際条約に基づく人権論への転換であり、受刑者または障碍（害）者個人・医学モデルから社会モデルへの転換である。たとえば、捜査段階の手話通訳、全面可視化または弁護人の立会いなど、処遇までの各段階での支援であり、その理解・普及のための実務家への研修である。[29]

(2)　先生は、このように法の目的を、社会の圧倒的少数である被疑者ないし受刑者の幸福もふくめた最大多数の最大幸福とされる。これはベンサムから学ばれた視座であり、多数の世論でも人権侵害は正当化されないという国連人権委員会の日本政府への勧告（一九九八年）と同じ趣旨のものである。そこで問題とされるのが、死刑、在日外国人、被差別部落そして女性などである。(30)

しかし、たとえば日本では、官僚、政治家、さらに一部の刑事法学者もまた多数の世論を理由として死刑制度の存続を支持する。(31)

先生は死刑制度が昨今、遺族感情または体感治安を新たな正当化理由とし、とくに被害者等参加制度が始まった二〇〇〇年代から死刑判決、執行数ともに激増したことを指摘される。また少年事件の死刑判決では、光市事件最高裁判決から裁判所の積極姿勢が目立ち、少年特有の事情、事件と向き合う時間や矯正可能など本来考慮すべき事項が考慮されないことを批判される。(32)

(3)　ここで先生が問題とされたのは、「少年」への「死刑」という刑事司法における二重の意味での少数者である。そこで先生は、裁判所という司法の存在理由として特に考慮されるべき人権・自由という民主主義の「質」を指摘し、専門家の果たすべき役割を強調される。また二〇〇〇年代からの度重なる少年法「改正」も推進／反対両者に共通する認識として、戦後日本社会の規範意識ないし家族意識の変化があり、そこに新たな「国民」統合を模索される。とはいえ、先生は、近代日本の「国民」概念が、欧米とは異なり、徴兵制のように国家に忠誠を誓う人的資源の拠出・確保のために利用された時代的・歴史的性格も指摘される。そこから先生は、前田刑法学のように刑罰で「国民」の規範意識を確認・強化する、「上から」の権威的な統合ではなく、児童の権利など「下から」の人権的な統合を提案される。(33)

(4)　また先生は、市民的治安主義の背景とされる犯罪被害者等による処罰要求の内実を分析し、それがマスコミの煽情的な犯罪報道とは対照的に、被害者等への法・福祉そして教育による人権的配慮ないし援助の欠如から疎外へといった負の連鎖があると分析される(34)。

先生によれば、そもそも犯罪報道における「第三者・客観的な見方」は、マスコミ・捜査機関による「神話」にすぎず、現実の被害者、加害者とされる被疑者・被告人とは異なる擬似的なものとされる。また被害者学の問題も指摘される。修復的司法論を、加害者に被害者・家族等の痛みを直視させ、反省を促し、加害者の真摯な反省に接した被害者などの痛みを軽減しようとするものとされる。しかし、その問題は、刑罰や保護処分という強制を伴う手続において謝罪などが加害側の任意性に大きく依存し、犯罪被害などを被害者・家族等に語らせるのは重い負担とされる。そこでは被害者・家族／加害者という事件の直接的・第一次被害に関心が集中されすぎており、精神的・物質的な支援が抜けやすいと指摘される。ここにはベンサム研究の最大多数の最大幸福に、被疑者・被告人はもちろん、被害者、その家族という少数者もふくめる視座があり、民主主義の――多数／少数という――「量」ではなく、――自由と人権という――「質」を求め、そこに多数の世論に依存しない普遍的な価値を説く研究者・教育者としての専門家の役割を求める(35)。

また、憲法的価値から見たマスコミ犯罪報道の「過剰」と「不足」も批判される。すなわち、煽情的な報道という意味での「過剰」と、憲法二一条で保障される報道の自由と刑法での配慮（刑法二三〇条の二第二項）への理解「不足」である。捜査実務への監視と批判といった視点も薄く、むしろ、捜査機関との人的信頼関係による非公式な情報提供、報道の権利とプライバシーの権利調整も警察の裁量に依存することなどを指摘される(36)。

5　内田刑事法学における一つの集大成――ハンセン病強制隔離の分析・批判

(1)　以上、1ないし4の流れからいえば、先生のハンセン病強制隔離への分析と批判は、内田刑事法学の一つの集大成と言えるものである。そこでは多数の世論による人権侵害に対して、科学性、少数者の自由・権利の擁護そして、これらの意味での民主主義の質を求める専門家の社会的役割が論じられてきた。

(2) 近代日本の国策としてのハンセン病強制隔離政策は、一九〇七（明治四〇）年・法律第一一号で定められた。[37] 先生の分析によれば、これは国際的な趨勢と真逆の道を進んできた。それは上記3(7)で見た近年の片面的な国際化とその方向を同じくするものである。すなわち、国際的には、一八九七年第一回らい国際会議から徐々に科学、治療そして患者の人権保障の見地から、強制隔離からの脱却が進められてきた。他方、日本では、内務省を中心に治療目的でなく、「文明国」の体面、恩恵・慈悲の対象、さらに優生思想から上記癩予防法改正から隔離政策が強化（一九三一（昭和一六）年・法律第五八号）され、日本国憲法施行後も、らい予防法（一九五三（昭和二八）年・法律第二一四号）一九九六（平成八）年・法律第二八号で廃止）まで続いた。[38] その多くが強制入所であり、教育・就業そして婚姻の機会もない「療養」と呼べないものであり、外出制限や懲戒の下、四〇年以上も自由が奪われた。強制の断種・堕胎などもあり、家族をふくめ自殺もあり、退所後の生活も困窮を極めた。[39]

(3) 以上の強制隔離政策のなか、一九五一年熊本県菊池市で起きたのがハンセン病患者による殺人事件・菊池事件であり、出張法廷で一度も通常の裁判を受けずに死刑判決が下され、死刑も執行された。[40]

この出張法廷は、裁判所法六九条二項に基づくものであった。とはいえ、同項は、憲法の裁判を受ける権利（憲法三二、三七条）を考えれば、火災など自然災害に限るべきであった。しかし現実には一九四七年から一九七二年まで計九四件がハンセン病を理由に設置され、それを熊本出身の刑事法研究者・平野龍一は「癩患者のために、療養所で開く場合」と例示した。[41] 憲法上の権利を剥奪し、差別・偏見を助長する法制度は、戦前からの官民一体の善意と同情に基づく社会浄化をめざす無らい県運動に支えられ、多くの差別を生みだした。[42]

本来社会の木鐸であるべきマスコミや（刑事法）研究者も、上記平野や牧野英一のように、官民一体の国策として

のハンセン病強制隔離政策を国際的動向ないし憲法といった普遍的価値から批判できず、結果としてこれを許した。(43)

Ⅲ　おわりに——民主主義の「質」、歴史の検証そして専門家の役割について

(1)　本稿で筆者は、内田刑事法学を、筆者の考える基本的視座——時代と社会に制約されつつ、それを超えた普遍的・客観的な法則を具現化しようとする担い手——から俯瞰・分析し、その特徴を明らかにしようとした。内田刑事法学の特徴は、(刑事)立法(政策)、裁判実務そして理論における多数の世論と国家権力による人権侵害——それは国家刑罰権から、その極である戦争も含まれる——の歴史への真摯な反省と、少数の自由と人権をふくむ文明ないし普遍的価値の普及・浸透にある。いにしえより、普遍的なもの、必然的なものを発見・考察し、そして受け継ぐことを「学」と呼ぶならば、内田刑事法学もまたそれに連なるものと言える。(44)

さらに先生は、犯罪と刑罰を定める刑事法を正当化できる民主主義に、単なる多数の集合という意味の「量」ではなく、社会で共に生きる少数者の自由・権利をふくめた「質」を求める。(45)その「質」を担保する自由と権利の価値を、国家権力による人権侵害の歴史から学び、広めるため、その一翼を担う専門家に高い能力・見識そして倫理を求める。(46)このような民主主義の「質」を求める思想も、また長い歴史をもつものである。(47)

(2)　また内田刑事法学は、ベンサムやベッカリーアの啓蒙思想を受け継ぐものとも言える。それは、自由や人権という普遍的価値である——啓蒙(Aufklärung)の——「光」を、(刑事)立法政策、刑事実務そして理論における人権侵害(の正当化)という「闇」に当てることを意味する。そして近代日本の刑事法学が、理論の果たすべき時代的・社会的な意味を「コップ」という「概念」に捨象し、「止揚」(棚上げ/破棄 aufheben)することを批判されてきた。その典型が、戦前からの刑事法(学)であり、戦後のハンセン病強制隔離である。これら非合理・非科学かつ非人道

的な人権侵害とその正当化理論を分析・批判し、日本国憲法と戦後民主主義にふさわしい理性・科学そして人道的な刑事法（学）をめざす。これが内田刑事法学の特徴と言うことができる。

（3）以上、本稿は、内田刑事法学を、限られた字数や能力の下、筆者の考える視座から俯瞰し、特徴づけようとした。[48] 内田刑事法学により「光」が当てられた日本の（刑事）立法・政策そして理論に、見えたもの、見えなかったものとは何か。それらを吟味し、受け継ぐのもまた筆者をふくめた内田刑事法学に学ぶ者への課題となろう。[49]

改めて、内田博文先生の古稀を祝し、本稿を献じるものである。

（1）国立情報学研究所（ＮＩＩ）検索システム（http://ci.nii.ac.jp/）（http://ci.nii.ac.jp/books/）によれば二〇一六年二月二九日現在、先生の論文は一〇〇本以上、単著共著併せて二五冊以上あるが、「内田（博文）刑（事）法学」といった論題はない。その概略は先生に直接師事された編集諸氏の「はしがき」森尾亮・森川恭剛・岡田行雄編『人間回復の刑事法学』（日本評論社、二〇一〇年）ⅰ～ⅳ頁を参照。

（2）内田博文（以下、「内田」）「戦後のわが国における近代刑法史研究（一）」神戸学院法学八巻四号（一九七八年）六五～六六頁。同（二）～（十）は、同九巻二・三号（一九七八年）八三頁、同九巻四号（一九七九年）一四五頁、同一〇巻三号（一九七九年）一頁、同一二巻三号（一九八一年）三五頁、同一四巻三号（一九八三年）一二五頁、同巻四号（一九八四年）一頁、同一五巻一号（一九八四年）四一頁、同一七巻二号（一九八六年）一頁、同巻四号（一九八七年）九三頁（以下、「近代刑法史研究」）、近代刑法史研究（九）（十）は後に同『刑法学における歴史研究の意義と方法』（九州大学出版会、一九九七年、以下、『歴史研究の意義と方法』）一一三頁以下に所収。

（3）平野義太郎「史観と法律史の方法」（一九二五年）、後に長谷川正安・藤田勇編『文献研究マルクス主義法学――戦前』（日本評論社、一九七二年）一七～二三頁。これを引用するのは内田・前掲注（2）近代刑法史研究（一）八六頁註一一、同「刑法の弁証法的解釈について」内田・鯰越溢弘編著『市民社会と刑事法の交錯――横山晃一郎先生追悼論文集』（成文堂、一九九七年）六と七頁註一七、後に内田・前掲註（2）『歴史研究の意義と方法』二〇頁。同書ｖ「はしがき」で先生は、歴史研究を学んだ先人として、佐伯千仭、風早八十二、櫻木澄和そして横山晃一郎の各氏を挙げる。

（4）内田『日本刑法学のあゆみと課題』（日本評論社、二〇〇八年、以下『あゆみと課題』）二一～二七頁、同二二頁註一一などで引用される佐伯千仭・小林好信「刑法学史（全史）」鵜飼信成ほか編『講座　日本近代法発達史一一』（勁草書房、一九六七年）二〇七頁。内田『刑法と戦争――戦時治安体制のつくり方』（みすず書房、二〇一五年）。

（5）内田「マラーと刑法」愛媛法学会雑誌一巻一号（一九七四年）七～五九頁、同四一と同註二で引用されている平野義太郎「マラーの刑事立法のプランについて」法律時報三二巻八号（一九六〇年）二六九頁。

（6）内田「ベンサム刑法理論について（一）～（三・完）」刑法雑誌二六巻一号（一九八四年）一八頁、同三・四号（一九八五年）四七一頁、同二七巻二号（一九八六年）三一五頁（以下、「ベンサム（一）～（三）」と略）、後に同・前掲註（2）『歴史研究の意義と方法』三七九頁以下に所収。

（7）ベンサム・前掲註（6）（一）二五～二八、三一～五三頁、ベンサム（三）三八七～三九二頁。

（8）ベンサム・前掲註（6）（二）四七五～四八五、四八七～五〇三頁、同（三）三二六、三五一～三五六、三八七～三八八頁。日本における社会・国家に対する罪の個人犯罪への還元論への考察として、内田「「超個人的法益」に対する罪の一考察」西原春夫先生古稀祝賀論文集編集委員会編『西原春夫先生古稀祝賀論文集第一巻』（成文堂、一九九八年）三〇一頁以下。

（9）ベンサム・前掲註（6）（三）三九一～三九二頁、内田「フランス革命とイギリス刑事法改革の試み――刑罰改革の論理を通じて」澤登佳人ほか編著『柏木千秋先生喜寿記念論文集』（立花書房、一九九一年）七一～七三頁。

（10）風早八十二「ベッカリーアの刑罰制度批判の歴史的意義（上）（中）（下・完）」法学新報三九巻五号三七頁、同巻七号九〇頁、同八号七九頁（すべて一九二九年）、ベッカリーア（風早八十二訳）『犯罪と刑罰――封建的刑罰制度の批判』（刀江書房、一九二九年）三一一頁以下、長谷川ほか・前掲註（3）『文献研究マルクス主義法学――戦前』一〇七頁以下。この論文を引用するのは、内田・前掲註（2）近代刑法史研究（一）七七頁、八八頁註一九、同「『犯罪と刑罰』の意義」東京刑事法研究会『啓蒙思想と刑事法――風早八十二先生追悼論文集』（勁草書房、一九九五年）三三一～三三五頁、後に同・前掲註（2）『歴史研究の意義と方法』三五七～三六三頁。ベッカリーアを啓蒙思想家そして行政官として考察するのが、黒須純一郎『チェーザレ・ベッカリーア研究――『犯罪と刑罰』・『公共経済学』と啓蒙の実践』（御茶の水書房、二〇一三年）。

（11）内田「わが国における「ベンサム刑法理論」研究――「ベンサム刑法理論」研究のための一の前提作業」鈴木茂嗣編著『平場安治博士還暦祝賀　現代の刑事法学（上）』（有斐閣、一九七七年）五〇七～五一一頁。

（12）内田・前掲註（9）「フランス革命とイギリス刑事法改革の試み」五一～五四頁。なお、日本社会の閉鎖性ゆえに、本来の意味文脈から断絶した外来文化の安易な受容について、小坂井敏晶『増補　民族という虚構』（ちくま学芸文庫、二〇一一年）二五五～二五九頁。

(13) 内田・前掲註（4）『あゆみと課題』の目次。

(14) 内田・前掲註（2）近代刑法史研究（一）七二～七六頁、同・前掲註（3）「刑法の弁証法的解釈について」一～三頁。同・前掲註（2）『歴史研究の意義と方法』一五～二一頁。同・前掲註（4）『あゆみと課題』一四一頁、同註一三七で引用される風早八十二「牧野法学への総批判（試論）（二一・完）」八一頁、同註一三八で引用される風早「牧野法学への総批判（試論）四」法律時報四九巻一三号（一九七七年）一一四頁。

(15) 内田・前掲註（2）近代刑法史研究（二）八三～一一五、一二七頁註九四、同（三）一四五～一四六、一九〇～二二八頁。同・前掲註（4）『あゆみと課題』一四八～一五一頁。

(16) 内田・前掲註（2）近代刑法史研究（四）一～七頁、同（九）二頁以下、同（十）九三頁以下、とくに二一四～二二四頁。

(17) 内田・前掲註（4）『あゆみと課題』二一～四〇、四七～四八頁。治安維持法の審議・運用における法曹出身の官僚、議員そして法曹を考察されるのが、同「治安維持法の成立と改正について（一）～（四・完）」神戸学院法学四四巻一号一頁、同二号一頁（ともに二〇一四年）一頁、同三・四号五五一頁（二〇一五年）、同四五巻一号一頁（二〇一六年）。これに示唆を得て近代日本での団体・結社への刑事規制についての国会審議を考察したのが、岡本洋一「明治後期・帝国議会における団体・結社に対する刑事立法の審議について（その一）」熊本法学第一三四号（二〇一五年）一頁以下。

(18) 平野龍一「現代における刑法の機能」初出一九六五年、後に『刑法の基礎』（有斐閣、一九六六年）九三頁以下、ほか、平野『刑事訴訟法』（有斐閣、一九五八年）、平野『刑法　総論Ⅰ Ⅱ』（有斐閣、一九七二年、七五年）。また、『ジュリスト　特集　平野龍一先生の人と業績』一二八一号（二〇〇四年）各論考。

(19) 内田・前掲註（2）近代刑法史研究（四）一九～四八頁。

(20) 内田・前掲註（4）『あゆみと課題』一〇～一一、一六〇～一七一、二〇六～二一二頁、内田「団藤刑事法学と死刑廃止論について」秋山賢三ほか編著『庭山先生古稀記念論文集　民衆司法と刑事法学』（現代人文社、一九九九年）三八七～四〇二頁。なお、高山加奈子「團藤先生の死刑廃止論」刑事法ジャーナル三四号（二〇一二年）五八～六三頁。團藤重光『実践の法理と法理の実践』（有斐閣、一九八六年）一五八～一五九頁に裁判批判など民衆運動への冷ややかさが表われている。團藤と対照的に、松本三之介ほか編『家永三郎集第八巻　裁判批判・教科書検定論』（原文一九五九年、岩波書店、一九九八年）四三頁以下は、裁判批判の憲法上の必要性・正当性を説く。両者のちがいは、先生が指摘されるとおり、戦争を近代日本の結末と見るか否か、憲法の意義をどう理解するかのちがいであろう。

(21) 内田「藤木刑法学について」斉藤誠二ほか編『変動期の刑事法学――森下忠先生古稀祝賀（下）』（成文堂、一九九五年）八九～一一九頁、後に同・前掲註（2）『歴史研究の意義と方法』七九頁以下。同・前掲註（2）近代刑法史研究（六）一二八～一三九頁、同「現代刑法理論の現状と課題――「現代型犯罪」を中心として」法の科学一三号（一九八五年）二三、二六～三六頁、同・前掲註（4）『あゆみと課題』一八二～一九二頁。先生が分析対象としたのは、藤木英雄「現代的犯罪と刑事政策」『犯罪と非行』二〇号（一九七四年）一三七頁、藤木『新しい刑法学　刑法の現代的課題』（有斐閣、一九七四年）など。なお、藤木英雄教授追悼文集刊行会編著『藤木英雄　人と学問』（弘文堂、一九七九年）。

(22) 内田「刑法学における歴史研究の意義と方法」中山研一先生古稀祝賀論文集編集委員会編『中山研一先生古稀祝賀論文集第四巻刑法の諸相』（成文堂、一九九七年）二九一～二九五頁、後に同・前掲註（2）『歴史研究の意義と方法』二～六頁。同・前掲註（4）『あゆみと課題』一〇～一三頁。先生が分析対象とされたのは、前田雅英『刑法総論講義〔第二版〕』（東京大学出版会、一九九四年）、現在は第六版、二〇一五年。

(23) 内田・前掲註（4）『あゆみと課題』一〇七～一〇八、一七八～一八一頁。

(24) 内田・前掲註（21）「現代刑法理論の現状と課題」三七～四〇頁、同・前掲註（4）『あゆみと課題』一二～一五、一二五頁、一三五～一三七、同一三頁註三三、一二五頁とその註七一に引用の横山晃一郎「刑事法解釈論批判――罪刑法定主義と刑法の解釈」天野和夫ほか編著『マルクス主義法学講座　第Ⅶ巻現代法学批判』（一九七七年、日本評論社）一三二頁以下、同・前掲註（4）『あゆみと課題』一三頁註三二、一四頁註三五で引用の横山晃一郎「刑訴講義あ・ら・かると二」法学セミナー一九八八年七月号一〇〇頁、さらに同じく横山「一」法学セミナー同年六月号七五頁、横山「三」八三頁、なお、同八五頁註三〇に平野義太郎・前掲註（3）の引用がある。内田・前掲註（4）『あゆみと課題』一三七頁註一二〇に引用の風早八十二「牧野法学の総批判（試論）八」法律時報五〇巻九号（一九七八年）八一頁以下。さらに、風早・前掲註（14）「牧野法学の総批判（試論）一二・完」八三頁。内田・前掲註（2）近代刑法史研究（七）一二～一三頁。同「現在刑法総論を学習する意味と意義（特集　刑法総論がわかる）」法学セミナー一九九七年七月号四〇頁、同号四二頁の同「罪刑法定主義」。

(25) 内田・前掲註（4）『あゆみと課題』六～七頁、同「市民的治安主義」の拡大」法の科学二九号（二〇〇〇年）九五頁。同・前掲註（2）近代刑法史研究（四）七頁註二も参照、小田中聰樹「民主主義的刑事法学の基本的課題と方法――「現代的」治安法との対抗状

況を中心に」井戸田侃ほか編著『竹澤哲夫先生古稀祝賀記念論文集　誤判の防止と救済』（現代人文社、一九九八年）一七一八、二一九〜二三三、三五頁註一七、三四頁註五。

(26) 内田「刑事法の「国際化」について」刑法雑誌三七巻一号（一九九七年）一一〜一二頁、同・前掲註（4）『あゆみと課題』五〜六、四六〜四七、二四三〜二四八頁。日本型刑事司法を補完する裁判員裁判を分析されるのが、同「裁判員制度の「見直し」について」浅田和茂ほか編著『自由と安全の刑事法学――生田勝義先生古稀祝賀論文集』（法律文化社、二〇一四年）四三七頁。裁判所の有罪方向への解釈を批判するのが、同「刑法における因果関係の証明」井戸田侃他編著『竹澤哲夫先生古稀祝賀論文集――誤判の防止と救済』（現代人文社、一九九八年）二三九頁以下。刑事訴訟法の膨大な裁判例を歴代最高裁長官ごと、各審級、刑事手続の各段階に分類し、分析するのが、同『刑事判例の史的展開』（法律文化社、二〇一三年）。

(27) ベンサム・前掲註（6）（一）五二頁。内田・前掲註（4）『あゆみと課題』一七〜一八頁。

(28) 内田「刑罰論の現状と課題」神戸学院法学四一巻三・四号（二〇一二年）一頁以下、同「刑法学は、なぜ、刑務所を語らなくなったか」犯罪社会学研究三七号（二〇一二年）二四頁以下。

(29) 内田「社会モデルと更生保護」神戸学院法学四三巻三号（二〇一四年）一頁以下。同『更生保護の展開と課題』（法律文化社、二〇一五年）も同じ問題意識から、近代日本の更生保護の歴史を少年、治安維持法違反などの政治犯の処遇を中心に考察される。

(30) 内田『求められる人権救済法制の論点』（解放出版、二〇〇六年）一〜二、一二頁。同・前掲註（4）『あゆみと課題』一一〇〜一一六、二六三頁。

(31) 榊清隆（検察官）「死刑制度に関する内閣府の世論調査について」判例タイムズ一四一六号（二〇一五年）二七頁。旧内務省出身で法務大臣時に死刑を執行した後藤田正晴（御厨貴監修）『情と理　上』（講談社、一九九八年）二六八頁。前田・前掲註（22）『刑法総論講義〔第六版〕』四一四頁も「国民の規範意識」に基づく刑罰論から死刑廃止論を「理念的な議論」とし、性急な議論を「危険」とする。対して英国大使ティム・フィッチンズは「死刑制度に関する真剣な議論に向けて」自由と正義二〇一五年八月号八頁で、英国の死刑廃止が七割超の世論の反対にもかかわらず議会主導でなされたことを紹介する。ほか、松宮孝明「生命刑（死刑）――国境を越えて見てみれば」法律時報八七巻七号（二〇一五年）八、一四〜一五頁。

(32) 最判平成一八・六・二〇判例時報一九四一号（二〇〇六年）三八頁、内田「死刑について」戒能通厚ほか編著『日本社会と法律学――歴史、現状、展望――渡辺洋三先生追悼論集』（日本評論社、二〇〇九年）五二一頁以下。

(33) 内田「刑事法と『国民』概念」『転換期の刑事法学――井戸田侃先生古稀祝賀記念論文集』（現代人文社、一九九九年）六五一〜

六五八頁。なお、先生が、近代日本における上からの「国民概念」の歴史的性格を分析・批判しつつ、下からの「国民」統合をめざすかのような方向を示すことが――下からのファシズムとの関係で――妥当かどうか、疑問がない訳でもない。なお、同「少年法の一部改正について」神戸学院法学四三巻四号（二〇一四年）一頁以下は、二〇〇〇年代の少年法「改正」の前提たるべき統計などの科学的検証の不存在と、それゆえの一時的な社会感情・世論に従属する刑事法学者と国会審議を批判する。

(34) たとえば、一九九五年の米国兵士による沖縄少女強姦事件のマスコミの煽情的な犯罪報道と、被害者支援との非対称を指摘されたのが、内田「事件の概要と論点（五〇〇号記念特集・第三弾　これからの刑事法をどうする）――（沖縄少女暴行事件）」法学セミナー一九九六年一二月号二八頁、性暴力犯罪への一般論として同三〇頁以下の「強姦罪はどうあるべきか　沖縄少女暴行事件」。

(35) 内田「刑事政策とＮＰＯ」法の科学三三号（二〇〇三年）七四〜八〇頁。

(36) 内田「「犯罪」報道による人権侵害の現状と対策」刑法雑誌四〇巻三号（二〇〇一年）二五二頁以下。なお、差別的言動などへの考察として、同「差別事件の刑事裁判について――現行法は差別事件に対応できているか」ヒューマンライツ二一三号（二〇〇五年）一〇頁、同「差別禁止法と日本国憲法」部落解放六七八号（二〇一三年）八四頁、同「差別禁止法を求めて（第六回）差別禁止法と表現の自由の観点から」ヒューマンライツ三〇六号（二〇一三年）三四頁、同「刑事法および憲法と差別事件（特集　ヘイトスピーチ／ヘイトクライム・民族差別被害の防止と救済）」法学セミナー二〇一五年七月号四四頁。

(37) 熊本地判平一三・五・一一判例時報一七四八号（二〇〇一年）三〇頁㈱ＴＫＣ判例データベースLEX/DB28061048の第四章第二節第一、先生も参加された財団法人日弁連法務研究財団・ハンセン病問題に関する検証会議『厚生労働省ハンセン病問題に関する検証会議最終報告書』二〇〇五年（以下、『最終報告書』）(http://www.mhlw.go.jp/topics/bukyoku/kenkou/hansen/kanren/4.html) 五三頁の第二「第三　強制隔離政策の開始と療養所の実態」、八八二頁の検証会議名簿（二〇一六年二月二九日確認）。さらに『ハンセン病をどう教えるか』編集委員会編『ハンセン病をどう教えるか』（解放出版社、二〇〇三年）。

(38) 財団法人日弁連法務研究財団・前掲註（37）『最終報告書』六〇七頁以下の「第十五　国際会議の流れから乖離した日本のハンセン病政策」、内田『ハンセン病検証会議の記録　検証文化の定着を求めて』（明石書店、二〇〇六年）一七三〜二一三頁。

(39) 熊本地判・前掲註（37）第四章第二節、内田・前掲註（38）『ハンセン病検証会議の記録』一六二〜一六三、二一九頁、『ハンセン病問題に関する検証会議　最終報告（別冊）』（財団法人日弁連法務研究財団、二〇〇五年）六、二六、六八、八二、九九、一一三、一二〇、一二三、一三〇頁、同『付録資料』二頁以下の表三二、表三四、表三七、表三九、表四二、表四五、表四九。

(40) 財団法人日弁連法務研究財団・前掲註（37）『最終報告書』一三一〜一四三頁。内田「菊池事件と憲法的再審について」神戸学院法学四三巻一号（二〇一三年）一頁以下は、菊池事件のような刑訴法四三五条が想定しない憲法上の手続（三一、三二および三七条）違反を理由とした再審の可能性を模索する。なお、熊本地方裁判所事務局総務課編著『熊本地裁九十史』（非売品、一九七六年）三〇頁の年表に一九五三（昭和二八）年八月二九日の出張法廷の菊池事件第一審判決の記載はない。

(41) 平野龍一・前掲註(18)『刑事訴訟法』一五六頁。内田「全患協運動と日本国憲法」廣瀬清吾ほか編著『小田中聰樹先生古稀祝賀記念論文集(下)』(日本評論社、二〇〇五年)四三三～四三五頁、財団法人日弁連法務研究財団・前掲註(37)『最終報告書』三一一～三一七頁、『ハンセン病検証会議の記録』前掲註(38)四四三～四四六頁、内田「特別法廷の違憲性とハンセン病差別・偏見」法と民主主義四九九号（二〇一五年）三～六、一〇頁註五。

(42) 熊本地判・前掲註(37)第四の第二節第一の「一〇　無らい県運動」、第四の「二一　無らい県運動以降の戦前の差別・偏見について」と「五1　竜田寮児童通学拒否事件」、『ハンセン病検証会議の記録』前掲註(38)四九一～四九七頁、財団法人日弁連法務研究財団・前掲註(37)『最終報告書』一七一頁以下、内田「刑事政策とNPO」前掲註(35)八三～八五頁、内田「『無らい県』運動と教育：龍田寮児通学問題を中心として」神戸学院法学四三巻二号（二〇一三年）二五一頁、無らい県運動研究会（共同代表＝内田・徳田靖之編著）『ハンセン病絶対隔離政策と日本社会――無らい県運動の研究』（六花出版、二〇一四年）。

(43) 内田・前掲註(41)「全患協運動と日本国憲法」四二四～四二五頁、同・前掲註(38)『ハンセン病検証会議の記録』三七九～四四六頁、同「牧野刑法学における社会政策と治安政策の結合について」三井誠ほか編著『鈴木茂嗣先生古稀祝賀論集(上)』(成文堂、二〇〇七年)二六～三六頁、財団法人日弁連法務研究財団・前掲註(37)『最終報告書』三〇三頁以下第十二の第一、ほか、内田「ハンセン国賠訴訟と日本国憲法」九州法学会会報（二〇〇〇年）四三頁、同「世界の潮　ハンセン病訴訟　原告勝訴の意義」世界六九〇号（二〇〇一年）二一頁、同「人間回復　ハンセン病訴訟　真の解決のために――熊本地裁判決から一年」世界七〇四号（二〇〇二年）一八九頁、同「被害回復と再発防止のために――ハンセン病問題検証会議最終報告書と今後の課題」部落解放五五〇号（二〇〇五年）八六頁、同「人間の尊厳を取り戻すために――ハンセン病問題検証会議最終報告書にかかわって」部落解放五六〇号（二〇〇六年）七五頁、同「ハンセン病問題検証会議　最終報告書」部落解放五六七号（二〇〇六年）二六頁。なお、本稿脱稿後二〇一六年四月二五日、最高裁は、出張（特別）法廷について「遅くとも一九六〇年以降は、差別的な取り扱いが強く疑われ、裁判所法に違反していた」とし、「誤った運用が患者に対する偏見、差別を助長し、人格と尊厳を傷つけたことを深く反省し、お詫び申し上げる」と謝罪した（同日毎日新聞）。なお、似た問題として精神疾患々者の身体拘束、乏しい福祉医療と偏見を助長する政策を批判するのが、同「精神科病院への「強制入院」は合憲か？――精神保健福祉法と心神喪失等医療観察法を検証する」部落解放六一五号（二〇〇九年）八二頁、同「医療観察法の廃止について」石塚伸一ほか編『足立昌勝先生古稀記念論文集――近代刑法の現代的論点』（社会評論社、二〇一三年）五四頁以下。

(44) アリストテレス（高田三郎訳）『ニコマコス倫理学（上）』（岩波書店、二〇〇九年）二九四頁。

(45) 内田・前掲註（20）「団藤刑事法学と死刑廃止論について」四〇一～四〇二頁、同・前掲註（4）『あゆみと課題』八～九、二一四～二一五頁。

(46) 内田・佐々木光明『〈市民〉と刑事法』（日本評論社、二〇〇六年）一〇頁、前掲註（37）『最終報告書』「はじめに」。なお、刑事裁判ないし国家刑罰権の正当化を揺るがす誤判・冤罪への検証として、内田『自白調書の信用性』（法律文化社、二〇一四年）i～iii、二頁以下。ほか、八尋光秀・鴨志田祐美との共著『転落自白』（日本評論社、二〇一二年）。他の分野でも検証は提唱される。たとえば、政策検証という観点から政府保有情報の公開を求め、秘密法制を批判するのが、太田昌克「民主的な対話阻む悪法――破壊される「歴史紡ぐ作業」」海渡雄一ほか編著『秘密保護法　何が問題か――検証と批判』（岩波書店、二〇一四年）一〇八頁以下。韓国軍による住民虐殺の検証を求めるのが、李在承「韓国における過去清算の最近の動向」本田稔・朴智編著『刑法における歴史認識と過去清算』（文理閣、二〇一四年）二八、二九頁註三、三六頁。

(47) ハンス・ケルゼン（長尾龍一・植田俊太郎訳）『民主主義の本質と価値――他一篇』（原文一九二〇年、邦訳は岩波書店、二〇一五年）一五～一九、二九頁。芦部信喜（高橋和之補訂）『憲法（第六版）』（岩波書店、二〇一五年）一七、三六～三七、二八七頁。

(48) 一つの模範は、内在的論理の把握とその外在（時代・社会）的批判をなす風早八十二「牧野法学への総批判（試論）（一～二一完）」法律時報四九巻八号七三頁ないし風早・前掲註（14）（一九七七～一九七九年）や家永三郎「美濃部達吉の思想史的研究」松本三之介ほか編『家永三郎集第六巻思想家編二』（岩波書店、一九九八年）七頁以下。

(49) たとえば、先生の近代刑法史研究は、上記Ⅱ2のように、外国の理論史を中心に始められた。このことは、内田刑事法学による立法、国家ないし社会への分析における何らかの限界を意味するのか、もしそこに付け加えるべきものがあるとすれば何かである。

人種差別表現と法の下の平等

金　尚均

Ⅰ　問題の所在

1　友達同士のある会話で、以下のような話題がありました

A　「○○人を殺せ」、「ろくでなしの○○人を日本から叩き出せ。なめとったらあかんぞ。叩き出せ」、「約束というものは人間同士がするものなんですよ。人間と○○人では約束は成立しません」、「こいつら密入国の子孫」、「日本に住ましてやってんねや、な。法律守れ」、「端のほう歩いとったらええんや、初めから」等の怒声を拡声器を使って次々と間断なく浴びせかける。これってホントにひどいよね。聞くに堪えないよ。

B　ホントにそう思うよ。

A　聞いていて気分が悪くなる。ホントに不快だよ。同じ××人として恥ずかしい。

B　このような表現は法律で規制すべきだよ。

A　えっ!!　そうなの？　法律で規制してもいいの？

B　規制しなければ、標的となっている人たちを守ることができないじゃないか？

A　気持ちはわからないでもないけど、それはおかしいよ。それに、そんなことするのって、一部の人たちだけだよ。多くの人たちは反対だよ。

B　どうして？　何かおかしい？　攻撃されている人たちを守ることが大事でしょ？

A　標的となっている集団（＝一定の属性によって特徴づけられる集団）の人たちを守ることって、一定の内容の表現を禁止することでしょ。これって、何らかの法益を侵害するからではなくて、一定の集団の人たちを特別に保護するために法的規制するということになるんじゃないの？　それって、不平等じゃない？　特定の集団だけが保護され、その集団に向けた表現は規制される。それって、特権を与えると同時に、それこそ不平等を生むよ。

そして差別表現を規制することは、一定の内容の表現を禁止することだよ。これって、一定の思想・信条の禁止のことじゃないの？　これこそが「差別」と言うんじゃないの？　その意味では、表現の自由は、法の下の平等の実質化とも言えるよ。

B　考えてもみてよ。なぜ、集団に向けた侮辱表現、暴力や社会からの排除の扇動表現が行われるの？　誰が誰を攻撃するためにそんな表現をするの？

社会には、多数派であることを頼みにして、もっと言うと、これを力にして、少数派の人たちを「異質」な人々として見なして攻撃をすることがあるんだ。社会のパートナーとは見ないんだ。

A　でも、どんな集団に属していようと、属性をもっていようと、個人として尊重すればいいんじゃないの。その人がしたことを公正に評価すればいいんだよ。憲法一三条で「すべて国民は、個人として尊重される。」と書いてあるじゃないの。

B　その通りだよ。しかし、集団に向けて攻撃が行われる場合には、個人として評価されることはなく、集団に属していることをもって評価されることになるんだよ。一人の個人がどんなことをしてきたのか、どんな能力があるのかは関係なくなってしまう。どうして憲法一三条の直ぐ後ろに、憲法一四条で「すべて国民は、法の下に平等であつて、人種、信条、性別、社会的身分又は門地により、政治的、経済的又は社会的関係において、差別されない。」と、法の下の平等を規定したのだろう?

A　でもぼくは、そんな集団に属していない（属性をもっていない）からなんかピンと来ないなぁ。

B　そのことが重要だよ。

A　どうして?

B　例えば、外国人の人たちに対するヘイト・スピーチの問題でいうと、ぼくたちが日本国籍をもって日本に住んでいる限り、絶対にその標的にはならないからだよ。これに対して、攻撃の標的となっている集団の人たちにとっては堪ったものじゃないよ。暴力の危険にさらされ、社会から排除されようとしているのだから。それは単に「不快」だけに止まらないよ。攻撃される可能性が一方的なんだよ。

A　もしかして、憲法一四条に書いてある「差別」って、自分たちとは「違う」、「異質」と見なした集団を「劣等」な人たちと見なして、貶めること?　この状態が継続すること?

B　そうなんだよ。もちろん表現の自由は民主主義のために不可欠だよ。表現の自由が保障されなければ民主政は絵に描いた餅になってしまう。しかし忘れてはいけないことは、差別を助長・扇動する表現は、一定の集団の人々を排除する、社会の対等で平等な構成員とは見ないわけだから、民主主義を否定することになるんだ。

ぼくたちの社会をも危険にさらすんだ。

A　これって自己矛盾っていうことなの？　民主主義制度を実現するために表現の自由が不可欠なのに、表現の自由の行使によって民主主義を否定してしまうってことなの？

B　そのために、平等と民主主義、そして何よりも人間としての尊厳を守るために差別表現に対する規制について議論する必要があるんだよ。

A　でも、やっぱり表現の自由があるから規制することは慎重であるべきだよ。

B　表現の自由は、もちろんすごく大事な権利だよ。でもそこで思考停止しないで。表現の自由という概念が思考停止のための装置になってしまってはダメだよ。その前に、ヘイト・スピーチによって何が侵害されているのかを明らかにする必要があるよ。その次に、表現の自由の権利とどのような権利を比較考量すべきかを考える必要があるね。

2　いわゆるヘイト・スピーチと呼ばれる、一定の属性によって特徴づけられる集団に対する表現行為による攻撃は、[1]非常に問題視すべき行為であるが、その定義や法令の規定[2]に曖昧さがつきまとうこと、取締機関に表現内容の合法・違法の解釈を委ねることになる、また濫用の危険性があるから、法的規制には慎重であるべきだとの見解がある。このような懸念から、法的規制、とりわけ刑事規制すべきかについては日本では疑念が強い。

制裁としての刑罰は、その効果が法的制裁の中で最も法益侵害性が強いため、その適用は補充的でなければならない。他の有効な規制方法並び制裁手段があれば刑罰は用いるべきではない。このことは、逆に、社会侵害性の強い行為に対しては刑罰を用いることを許容することを意味する。行為の社会侵害性の強度と刑罰の法益侵害性の強度とは、本来、比例関係に立つべきである。前者が強くないのに重罰を科すことは比例性原則に反しており、しかも治安志向的である。これに対して前者が強いのに対して軽い刑罰しか科さないか、ないし法的規制がそもそもない場合には、法益保護が十全でないことを示す。上記の見解では、ヘイト・スピーチが看過できないことと法的規制に慎重でなければならないことを結ぶキーポイントにして定義や法令の規定の曖昧さが問題視される。これに対して、見過ごしてはいけないことは、ヘイト・スピーチが社会的に問題視されているというからには何らかの利益が侵害されているということである。かつてから差別落書きなどの差別表現という言葉は知られている。それとは異なってヘイト・スピーチという言葉が社会で問題視されていることに照らすと、ヘイト・スピーチという英語を用いて表現せざるを得ない事態があるはずである。その事態とは何か、またいかなる害悪と被害を生じさせるのかを知るためには、行為、行為態様、被害客体とその範囲・規模、被害法益が何であるかを検証しなければいけないはずである。(3) それにもかかわらず、どのような法益が侵害又は危険にさらされているのかについては明らかにされていない。浦部は、「『言論の自由』の観点から法規制に慎重な意見を抱く国民も、その『人権感覚』はやはり健全なものだといえる。公権力による『人権侵害』のほうをより警戒しているという意味では、むしろ、こちらのほうが『王道』を行くものだといえるかもしれない。法律家・憲法学者に、どちらかといえば慎重派のほうが多いのは、その故である。だが、ここで留意されなければならない点は、いわゆる『ヘイト・スピーチ』それ自体が『言論の自由』として保護されるべきものであるわけではない、ということである。『〇〇人を叩き出せ！』とか『ぶっ殺せ！』などと叫んで集団で練り歩くような行為が『自由』に許されてよいわけがない。だから、そういう行為を規制することには憲法上なんの問題もない。それどころか、その攻撃対象とされた人々の人権擁護のために、規制すべきである。だから、『ヘイト・スピーチ』に対する法規制に慎重な意見が、『ヘイト・スピーチ』それ自体も『言論の自由』として保護されるべきところがあるという趣旨で言われているのだとしたら、それは人権論として正当なものとはいえない(4)」、と述べる。浦部は、ヘイト・スピーチに反対する根拠として攻撃対象とされた人々の人権擁護のためというが、果たして、ヘイト・スピーチという表現行為が誰の何を攻撃し、いかなる権利を侵害するのであろうか。この問題の追及により一定の権利・利益との関連とその侵害を発見できたとしても、当該侵害権利・利益よりも表現の自由という憲法上の権利の方が優越するかもしれない。また、そもそも当該権利の侵害又は危険がなければ、これまた同じである。それゆえ、立法の場面であれ、違法性解釈の場面であれ、両方またはいずれかの段階で、表現の自由という権利との比較衡量が不可避である。あらためて、問うべきは、それではヘイト・スピーチによって何が侵害されるのであろうか、逆に言うと、何が保護すべき利益なのであろうかということである。

Ⅱ　法の下の平等の意義

1　憲法一三条は、「個人の尊重」を規定している。明治憲法では「家」制度を重視して、個人を重んじるのではなく、集団のために個人が生きることを重視した。これとはかわって、現行の日本国憲法はその価値観を転換した。日本国憲法は、個人主義を「人間社会における価値の根元が個人にあるとし、何にも優って個人を尊重しようとする原理」として根本に据えている。(5) ここでは、何よりもまず人を個人として尊重することを強調する。これはどういうことなのであろうか。その意味は、——家柄、親の職業などの威光、性別に関係なく——誰々「家」の出身だからよいとか、悪いとかではなく、具体的な特定の個人の人柄や人格、彼の能力そして業績（成し遂げたこと）に基づいて、個別具体的に「公正」に評価しようということではなかろうか。このように憲法一三条は、個人は、自己の能力を存分に発揮して自分の将来を切り開くことを推奨しているといってよい。

2　以上のような個人主義のもとで個人を理解する際に、各個人の差異を尊重することも重要と考えられる。なぜなら、個人である人は、顔から始まって、みんなそれぞれ性別や民族も違えば、生まれてきた親も出自も異なるからである。その意味で各個人は「同じ」ではないということは当たり前のことである。それゆえ、本来、個人は多様である。みんなそれぞれに差異がある。一方の者にとっての差異は、他方の者にとっても差異なのである。それゆえ、差異は等価である。しかし、実際にはそれが当然のこととして了解されていない場合がある。それどころか、反対に、この「違い」を理由にして、自分たちとは違う人たちを、「能力が低い」、「バカだ」と、理由もなく攻撃することがある。それは、いやがらせのためにあだ名で呼ぶことなどから始まって、ひどいところでは、就職の際に不当に扱うことなどがある。そうして、一定の人々・人的集団を世の中から排除してきた。つまり、権利の享受や社会参加の機会を奪ってきた。しかしどれも個人の能力には関係しない。しかも自分ではどうすることもできない性別や出自や民族等の属性を理由に排除する場合、同じ境遇の人々が排除の対象となるということから、同じ不当な経験をする可能性のある人たちがたくさんいることになる。

憲法一四条は、法の下の平等を保障している。憲法一四条は各人が対等でしかも平等でなければいけないと定めている。しかし、その前に、憲法一三条で全ての人を個人として尊重すると憲法が宣言しているのだから、何もわざわざ、憲法一四条で平等のことをわざわざ言わなくてもいいのではなかろうか。公正であること、公正に個人を評価をすることを憲法が保障していれば十分なのではなかろうか。それなのになぜ憲法一四条は憲法に規定されているのであろうか。憲法一四条はなんと書いてあるのだろうか。「すべて国民は、法の下に平等であつて、人種、信条、性別、社会的身分又は門地により、政治的、経済的又は社会的関係において、差別されない」。列挙されている人種、信条、性別、社会的身分又は門地など、これらはどれも個人のことではない。もっと正確に言うと、性別、民族や家など、個人が生まれると同時に属する集団のことである。これを属性と言う。私たちの社会において、女性差別、部落差別、民族差別など、人が、自分の能力とは関係なく、一定の属性によって特徴づけられる集団の構成員として、「十把一絡げ」に評価され、（不当に）差別扱いされてきた人々がいることを知っている。個人として、その能力や業績にしたがって「公正」に正当な評価を受けることなく、ある集団に属していることを理由に不当な扱いを受ける。性別、民族や家などの属性だけで偏見にもとづいて人を判断してはいけない。このことを憲法一四条は禁止している。なぜなら、差別が行われ、それが深刻になると、差別された人々たちは、社会から排除され、人としてそして社会の構成員として、他の人々と対等な立場で生きることを困難にさせる。そうなってしまうと、差別された人たちは社会に参加することができなくなる。ここで差別について、不当な扱いをする「動機」の側面もさることながら、その「効果」の側面に着目すべきである。

3　これに対して、奥平は、「ある基本権がその取扱いにおいて『差別的』であるばあいには、そのことは、当該基本権の剥奪もしくは侵害にあたると構成することができるのではあるまいか、いや、そう構成すべきではあるまいか」[6]と主張した。人権における差別問題は、「法の下の平等」という一般的レベルにおいてではなくて、当該人権に対する制限・禁止の許容性の問題、つまりそこで問われている人権の問題とすべきであり[7]、「基本的人権」の世界には憲法一四条が入り込んで何かをする余地はないと述べる[8]。例えば、生存権という具体的・個別的な基本的人権に関わって不当な取り扱いが行われた場合に法の下の平等が問題になるように見えるが、ここでは法の下の平等の侵害が本質ではなく、生存権の侵害を法的に糾明することがより本質的であり、法の下の平等を論点化する必要はないとされる。なるほど、法の下の平等とは、それ独自の侵害が問題になることはなく、他の基本的人権の保護又は侵害との関係において、属性を理由に権利の享受又はその行使を不当に妨げられる場合にはじめて法の下の平等が問題になる。このことから、法の下の平等は必ずしも主題的論点となりえないというのである。別の言い方をすると、諸権利の享受又はその侵害を問う際、法の下の平等の侵害を問う必要は必ずしもないというのである。しかし、ほんとうにそうなのであれば、なぜ法の下の平等を憲法の人権カタログの中に置いたのであろうか。やはり一定の意味があるからではなかろうか。穿った見方をすれば、法の下の平等を問題とせずとも、万人の基本的人権は十全に保障されるのであろうか。人権の帰属主体が個人であることを理由に基本的人権の保障とその侵害の問題をも個人の問題として処理することで十全に保障されるのであろうか。全ての人権問題を個人の問題に還元することで解決するのであろうか。あらためて、なぜ、日本の憲法一四条は、「人種、信条、性別、社会的身分又は門地により」と具体的かつ個別的に規定したのであろうか。

ナチス政権下のドイツで、一九三五年にニュルンベルク法が制定された。これは、「帝国市民法」と「ドイツ人の血と名誉を守るための法律」の総称であるが、前者により、国籍所有者（Staatsangehörige）と帝国市民（Reichsbürger）が区別された。帝国市民とは、「ドイツ人あるいはこれと同種の血を持つ国籍所有者」のみとされ、ユダヤ人の人々を排除した。同法二条三項により「帝国市民」のみが政治的権利を享受できるとした。また、後者により、ユダヤ人とドイツ人の血または同族の血を引くドイツ国民との結婚を禁止する。これらの立法は、ユダヤ人という一定の属性によって特徴づけられる集団をターゲットにして、彼らと〈正統〉ドイツ人を区別することを意図している。この区別により、ユダヤ人という属性をもつ人々は社会のありとあらゆる場面から排除されるようになる。これらの法律によって、ユダヤ人の人々は〈二等人間〉に格下げされ、同等の市民ではなくなることでドイツ国民共同体から閉め出された。[9] このようなプロセスが深化することで、ユダヤ人の権利主体としての地位の剥奪と社会的孤立・排除が強化され、最終的に完璧なものとなった。[10] ここにおいて属性を標的にした排除としての平等の侵害としての差別を見て取ることができる。こうしてみると、平等の侵害としての差別が属性を理由にそれによって特徴づけられる集団に対して行われることからすれば、被攻撃集団の市民的地位の格下げと社会的排除は平等の侵害そのものの独自の意義といえる。これは、攻撃されている属性を持つ全ての人々が権利・利益の享受主体であることを否定されることから、集団的経験ということができる。ここでは、集団の構成員の個人性は否定されているわけであるが、平等侵害としての一定の属性によって特徴づけられる集団に対する攻撃が行われる認識的前提として、既に、個人主義の基礎である「個人の尊重」は否定されている。法の下の平等の侵害とは、属性を理由にした集団への攻撃によって、社会における一定の集団とその構成員の対等な地位の否定と、属性を理由とする十把一絡げの否定的評価による個人性の否定に独自性を見いだすことができる。まとめると、一定の権利主体としての地位の集団的排除である。

4　日本では、特定個人に対する名誉を毀損する表現行為について刑事（刑法二三〇条及び二三一条）並び民事規制（民法七〇九条）がある。特定個人（法人を含む）を攻撃客体として、その社会的評価を低下させることを処罰根拠としている。これに対して、一定の属性によって特徴づけられる集団に対する表現行為による攻撃は、現行法上、法的規制はされていない。法的規制がないということは、表現の自由という憲法二一条が保障する基本的人権の行使であるからなのであろうか、それともそれは何らの害悪や被害も生じさせていないからであろうか。つまり、特定個人の被害がない以上、いわば、何らの害悪や被害もないと考えられる可能性がある。しかし、法の下の平等の意義とその侵害の本質からして、誰に対しても、また何らの害悪や被害もないということは妥当であろうか。民事であるが、つぎのような判例がある。「もっとも、例えば、一定の集団に属する者の全体に対する人種差別発言が行われた場合に、個人に具体的な損害が生じていないにもかかわらず、人種差別行為がされたというだけで、裁判所が、当該行為を民法七〇九条の不法行為に該当するものと解釈し、行為者に対し、一定の集団に属する者への賠償金の支払を命じるようなことは、不法行為に関する民法の解釈を逸脱しているといわざるを得ず、新たな立法なしに行うことはできないものと解される」(11)、と。本判例は、一定の集団に対する人種差別発言によって具体的個人に損害が生じた場合には現行法上の救済の可能性があるとしているが、一定の集団そのものに対する人種差別発言は現行法上の規定の規制の構成要件に該当しない。そこで、人種差別表現の保護法益に関連して、とりわけ憲法一四条に規定された差別事由に着目して、法の下の平等の意義について確認することを通じて、ヘイト・スピーチの法的規制の妥当性を検討することを課題とする。

Ⅲ　ヘイト・スピーチとの関係における法の下の平等

1　ドゥウォーキンは、「例えば、人種差別的発言は、その標的となった人種的少数者を『沈黙させる』と言われる。この過大な一般化にどのくらいの力があるのかは経験的に定かでない。つまり、そのような言葉がどれほどの影響力を誰に対して持つのかは、不明確なのである。しかしいずれにしても、心理的であっても傷を負わせる政治的意見が自由に流通してかまわないとすることによって市民的平等が侵害されると想定するとしたら、市民的平等や、さらには参画という民主主義の捉え方一般についての深刻な誤解であろう[12]」、「市民的平等は個人の権利の問題であって、この権利の――例えば、民主主義的言説を改善するであろうということを根拠にして人種差別主義者を検閲することによる――侵害は、どのように合計を計算しても正当化することはできない[13]」としてヘイト・スピーチ規制に消極的態度を示す。ドゥウォーキンは市民的平等を個人の権利として捉えることはよいとして、このように述べる前提的認識としてドゥウォーキンは、「現代民主主義国家において検閲が求められるのは、公職者が人民を秘密に近づけまいとするからではなく、多数派市民が軽蔑する意見を抱いている他者を沈黙させようとする欲求から生じることが多い。これは、例えば、ネオナチが行進したり人種差別主義者が白いシーツをかぶってパレードしたりするのを阻止する法律を望んでいる集団の欲求である。しかしそのような法律は民主主義を損なうものである。なぜなら考えが危険だとか有害だと見なす場合にはいつでも仲間の市民に言論の権利を拒む権力が多数派市民にあるとしたら、その場合その仲間の市民は、権力に向けた論戦において平等な存在ではなくなるからである。われわれはこれらの法律の制定過程において、法律に拘束されると我々が主張する全ての市民に平等な声を許容しなければならない。たとえ、彼らの抱く信条を我々が嫌悪するのが正当である場合でもそうである。さもないと、法律をその者に課すという我々の権利が危うくなるのである。言論の自由はこの原理を強化し、それによって市民的平等を守るのである」[14]として、(ヘイト・スピーチに反対する)マジョリティ対(ヘイト・スピーチをする)マイノリティの関係で問題を解釈しようとしている。平等とそれが侵害されている状態としての差別の問題を考える際に、不当な取扱い又は排除の客体とされるのは純粋に特定の個人(だけ)なのであろうか。言い方を変えると個人に限定されるのであろうか。限定されると考えるならば、ここでは、差別する側のマジョリティ対個人という関係において理解すべきなのであろうか。また逆の問題として、差別表現を規制する場合に、規制を求めるマジョリティ対(差別表現をする)個人という関係で理解してよいのであろうか。

2　規制立法を議会で制定するためには何よりもまず多数は市民とこれに支持された議員に対する働きかけが必要である。その意味で多数は市民の力によって立法化される。けれどもこれは立法プロセスの問題を一般的に論じているのであって、ヘイト・スピーチが社会におけるどのような力関係のもとで行われるのかを明らかにしていない。まずここで押さえるべきことは、社会におけるマイノリティがマジョリティによって社会的に偏見にさらされ、攻撃と排除の対象にされてきたという歴史的経験である。マイノリティに対する社会的排除や暴力行為というものが突発的に始まるようなものではなく、まずは、端緒としての悪意なき先入観が社会に浸透していることが土壌となって、偏見に基づく具体的なヘイト・スピーチが行われるようになり、さらにこうした行為の数が増える中で制度的な差別、そしてついには暴力行為が発生し、当初は散発的なものが徐々に社会全体に蔓延するところまで発展していく。この文脈では、ヘイト・スピーチは、将来における暴力と社会的排除を呼び起こすことである。平等とそれが侵害されている状態としての差別の問題を考える際に、不当な取扱い又は排除の客体とされるのは純粋に特定の個人（だけ）なのであろうか。言い方を変えると個人に限定されるのであろうか。限定されると考えるならば、ここでは、差別する側のマジョリティ対個人という関係において理解すべきなのであろうか。また逆の問題として、差別表現を規制する場合に、規制を求めるマジョリティ対（差別表現をする）個人という関係で理解してよいのであろうか。

家坂は、差別としての人種問題が成り立つ条件として、第一に、社会の中でグループ間の不均等な配分という社会的不平等の関係が存在し、優勢なグループに対して劣勢なグループのメンバーが個人としてではなく、まさにグループとして人間の権利を制限され、人間の尊厳が認められないような、抑圧の状況があること、第二に、変更不可能とされる外的特徴もしくは文化的特徴によっていわば生得的にその従属性を強制され、社会的移動性を封じられ、分の悪い役割を押しつけられること、そして第三に、これら抑圧と差別の状況の中からそれらを合理化し正当化するイデオロギーないし風説が生まれ、逆にこれらの風説やイデオロギーによって抑圧と差別の状況が支えられ維持されるという状況があること、等の条件を挙げる。(15) ヘイト・スピーチが発せられる社会の基礎的土壌として、社会的不平等が存在し、優勢な立場にある人々が弱い立場にある人々の属性を利用してグループ化することに始まる。ドゥウォーキンは、ヘイト・スピーチをする人々を少数派と見なすが、それは彼のような思想ないし動機とこれに基づく表現行為をする者が少数派に属するというだけで、(16) 例えば、国籍、民族又は性別などの属性に基づく彼の社会的地位や権利の享有状況で見ると優勢なグループに属する。その意味でまさに彼はマジョリティである。その上、マジョリティに属していることが劣勢なグループとの関係では権力となりうる又は権力であると錯覚させる。

自己が「正統な」権力の側に属することを背景にして、社会において一定の権利保障されている者が、保障されていない人々に対して劣等視することがあり得る。このグループ化を通じて又は利用して、優勢なグループが劣勢なグループのメンバーを個人としてではなく、まさにグループとして見る。なぜ、グループ化するかといえば、劣勢の象徴として属性を用いて、自己の人種差別を正当化し、同時に、これに属する人々の人格や業績を否定することが可能になるからである。そうすると、ヘイト・スピーチをする人々はマジョリティであり、しかもマジョリティであることを頼みとして又は根拠にして、マイノリティに対して攻撃を加える。場合によっては、マジョリティに属する人々によるヘイト・スピーチに対して、これを黙認・沈黙するサイレントマジョリティが存在するわけである。このような社会認識が既に構築されていることで、マイノリティを「異質」視し、諸権利の享受主体ではなく、社会からの排除の客体とされることを許容ないし黙認する社会環境の中で、ヘイト・スピーチが行われることを忘れてはならない。例えば、属性との関係で社会的地位に関して優勢に属するグループに属するが、人種差別的思想を有しており、この点で思想的には少数派である者が、劣勢にあるグループに対して誹謗中傷することと、社会的地位に関して優勢に属するグループに属する者が、優勢にあるグループに対して誹謗中傷することとは、(蔑みの蓄積による社会的地位の格下げをも意味する) 排外的な効果に着目した場合に、両方とも悪口ということで同じだと評価することができるであろうか。

ウォルドロンは、ヘイト・スピーチを規制する法律は、「公共の秩序を守るために制定されている。しかし単に暴力をあらかじめ防ぐことによってだけではない。市民として、あるいは社会の正規の成員としての各人の地位、尊厳、そして評判の基本的な要素に関する共通の理解を、攻撃から、それもとりわけ、特定の社会集団の特徴に基づく攻撃から擁護することによって、公共の秩序を守るために制定されているのである」[17]、と述べるが、ここでは、法的規制の根拠として、単に粗暴犯に対する処罰の早期化ではなく、社会における地位の保障、つまり不当な格下げを防ぐことに着目することができる。デモや街宣などで、マジョリティであることを社会的背景にしてマイノリティに対して誹謗中傷が行われるとき、――社会的な力関係を頼みにして行われることから――それは、単に悪口や批判に止まらず、明らかに(暴)力の表出であり、社会一般を扇動し、そして標的となった集団に攻撃が向けられる。属性に基づき社会的な力関係の優劣があるような社会では、劣勢にあるグループへのヘイト・スピーチは差別を正当化する効果をもつことが明らかになる。差別の正当化とは、劣勢にあるグループに対して、社会的に劣勢にあること自体ですでに、その集団の構成員を、その知的、精神的、身体的能力などにおいて「劣っている」と評価し、「低い」地位にあること、不十分な権利状態にあることを当然とすることである。(18)

3　平等の問題は、マジョリティ対マイノリティとしての個人の問題と見るのも間違いであるし、人種差別としてのヘイト・スピーチをする人々を個人としてヘイト・スピーチが行われうるような既に構築された社会の差別構造、すなわちヘイト・スピーチをする人々こそが社会のマジョリティに属しており、自己の属性がマジョリティであること(だけ)を根拠に、自分たちとは異なるマイノリティを攻撃する。ここで明らかなのは、ある社会におけるマジョリティとして位置づけられる属性をもつ人は、属性自体を自分では存否ないし変更を自在にできないことからして、自己の業績に関連のない優越感、つまりマジョリティに属していることを精神的支えにすることではじめて、マジョリティに属さない人々を「異質」として捉えて、攻撃を加えて排除しようとする。それゆえ、平等の問題は、マジョリティ対マイノリティである個人という多数対一の関係で捉えるべきではない。平等の問題は、一定の属性によって特徴づけられる集団に対して、その属性を否定的に捉えて、これを理由にして、不当な取扱い又は排除をするところに根本的な特徴がある。

Ⅳ 小括

1 日本社会はヘイト・スピーチを許容する社会なのか、と問われれば、多くの人々は否定するであろう。なぜなら、ヘイト・スピーチが人を傷つけるからである。ウォルドロンが言うには、ヘイト・スピーチである出版物を許容する社会は、許容しない社会とはかなり異なって見えるだろう。そのような出版物を許容する社会の板壁や街頭の柱は、マイノリティの成員についての、彼らを動物や人間以下のものとして特徴づけるような描写で飾り立てられているだろう。こうした人種的マイノリティの成員は犯罪者、変質者、又はテロリストであると宣言するポスターが貼られているだろう。[19] ここで問うべきは、たしかに日本社会はヘイト・スピーチを許容する社会ではないように見える又は思えるけれども、しかし、これに対する何らの法的規制もない。ヘイト・スピーチが社会問題化している。それなのにヘイト・スピーチが公に行われた場合に、法的理解としては、これを許容する。つまり、これを止めることはなく、野放しするおそれがある。ここで問題は、一人一人の個人の認識とは別に、社会は、標的となった集団への攻撃が公然と許容されることを見届けることになる。つまり、ヘイト・スピーチを傍観し、サイレントマジョリティと化すことになる。ヘイト・スピーチは、マイノリティだけが被る特有な攻撃であり、マイノリティだけが不当に生存権の危機にさらされる状態が継続され続け、これに対する法的保護のない状態、つまり生存権が保護されない状態が法的保護の平等を侵害されている状態で生きることを強いられる。ここで明らかになることは、法の下の平等は一般的な人権規定ではなく、市民としての地位の格下げと自尊の侵害の中にその侵害を見てとることができる。諸権利の問題が全て個人の問題としてのみ論じ尽くせるのであれば、法の下の平等を問題にする必要はない。法の下の平等原理が一般的人権規定であり、個別的人権規定ではないとするのは、個人にのみ収斂した理解であり、人権侵害の実態が集団を排除するためのものである場合、人間の尊厳など個別的権利について法の下の平等の侵害が問題になると理解することができる。

2　他方で、人又は人的集団がその属性（Gruppenzugehörigkeit）を理由に人間（menschliches Leben）としての同権性ないし同価値性（Gleichberechtigung bzw. Gleichwertigkeit）が否定されることは人間であることを否定されることである。ここで、「同じ」であること、つまり同じ人間であることを否定される。それにより、ホロコーストや関東大震災時の朝鮮人に対する虐殺にまで至る、人間であることを否定された集団に対する非人間的措置が正当化される。なぜなら、人間でないことが諸権利の享受主体ではなくなることであり、人間として扱うことが不要であると認識化させるからである。その際、人間であることの否定が人間の尊厳の問題であるのに対して、基本的人権の享有主体であることの否定は、法の下の平等の否定として細分化すべきである。ヘイト・スピーチを受け、差別される集団は、人間の尊厳否定的な動機に基づいて、不当な法令により権利の享受から排除され、また本来、権利を享受できるのに不当に取り扱われることで阻止される。この段階では、法の下の平等が侵害されていると考えた方がより正確ではなかろうか。法の下の平等が侵害されている状態としての差別が継続し、常態化することで人間の尊厳が侵害される事態が生じる。ここで亀本は、日本国憲法に人間の尊厳原理が規定されていないこととの関係で、これに替わる原理として、人間の人間としての平等、法の下の平等、両性の平等、個人の自由を提示する[20]。法の下の平等とは区別される「人間の人間としての平等」原理は注目に値する。この原理が日本国憲法の中で読み取ることができればそれに越したことはない。しかも両原理が区別されて示されている以上、両者は異なる規定において保障されていると解されているのであろう。逆に、そうでなければ、両者を別々に示す必要もない。法の下の平等の侵害が二級市民という地位の格下げであり、人間の尊厳の侵害が人間であることの否定であることからすると、

「人間の人間としての平等」原理は、その否定が人間としての同朋の否定を意味する。と、理解するならば、この原理は人間の尊厳と同義ではなかろうか。しかし、憲法一四条では「平等」の否定は「差別」である。これに対して人間の尊厳の否定は、人間としての「承認の否定」であり、差別ないしそれを超えている。人間の人間としての平等原理が人間の尊厳原理に替わり得るのかは検討が必要である。

3　さて、法の下の平等の侵害と人間の尊厳の侵害の関連に着目すると、両者は連続の関係にある。また、人間の尊厳の否定は、法の下の平等の侵害の動機であり、そしてそれの帰結である。

最後に、ヘイト・スピーチ規制は、ボトムアップを目的とするアファーマティブアクションとは異なる。マイノリティが主として攻撃客体となる行為を規制することで、人間でありかつ対等な社会構成員として生きることを保障する。これにより、マイノリティであることだけを理由に不当に攻撃する行為を禁止することで、法の下の平等と人間の尊厳の保護を目的とする。

（1）ヘイト・スピーチとは、人種差別撤廃条約の趣旨に反して、公然と、（特定・不特定を問わず）多数人に認識させるのに可能な態様又は方法で、（特定・不特定を問わず）多数の人々を扇動する目的をもって、人種、民族、出自、性別、性的指向等によって特徴づけられる集団に対して、又はこれに属することを理由に個人に対して、攻撃的若しくは脅迫的若しくは侮辱的又は反復的な態様で、集団に対する誹謗若しくは中傷すること又は社会的排除若しくは暴力を扇動すること、と定義する。

（2）法令の構成要件の文言の曖昧さのことをいう。

（3）師岡によれば、「言論を萎縮させるという懸念については、ヘイトスピーチをより厳格に定義したり、何がヘイトスピーチにあたるかを具体的に例示するガイドラインを策定したりと工夫」（師岡康子「（私の視点）人種差別撤廃法案――今国会での成立をはかれ」朝日新聞二〇一五年八月二九日）すれば対応可能であるとする。

（4）浦部法穂「第六回「ヘイト・スピーチ」も「言論の自由」？」『浦部法穂の『大人のための憲法理論入門』』http://www.jicl.jp/urabe/

otona/20150305.html.

（5）宮沢俊義『日本国憲法』（日本評論社、一九五五年）一九八頁。

（6）奥平康弘「『基本的人権』における『差別』と『基本的人権』の『制限』」名古屋大法政論集一〇九号（一九八六年）二五五頁。

（7）奥平・前掲註（6）二五六頁。

（8）奥平・前掲註（6）二六二頁。

（9）ヴォルフガング・イェーガー編（中尾光延監訳）『ドイツの歴史』（明石書店、二〇〇六年）三一四頁。

（10）ヴォルフガング・前掲註（9）三一五頁。

（11）京都地判平二五年一〇月七日判時二二〇八号七四頁。

（12）ロナルド・ドゥウォーキン（小林公ほか訳）『平等とは何か』（木鐸社、二〇〇二年）四八一頁。

（13）ロナルド・前掲註（12）四八三頁。

（14）ロナルド・前掲註（12）四八一頁。

（15）家坂和之『新版　日本人の人種観』（弘文堂、一九八六年）二一〇頁以下。

（16）ヘイト・スピーチをする者の思想や動機が社会において顕在化して、多数派を明示的に形成するようであれば、当該社会では標的となった集団に対する攻撃は当然視・正当視される事態になっているだろう。

（17）ジェレミー・ウォルドロン（谷澤正嗣・川岸令和訳）『ヘイト・スピーチという危害』（みすず書房、二〇一五年）三六頁。

（18）片山は言う、「怖いのは、みんないつの間にか、飛び交うインチキな言葉に慣れっこになり、状況に流されて、『しょうがない』と現実をどんどん肯定しはじめることです。そうなると少数意見は排除され、世の中は一色に染まっていく」、と（片山杜秀「虚と実」朝日新聞二〇一五年九月一五日朝刊）。ヘイト・スピーチが繰り返され、排外的風潮が蔓延することで、標的となった集団に対する排除が「しょうがない」と認識され、少数者が排除されていき、「異なる」人々はいなくなる。

（19）ジェレミー・前掲註（17）七七頁以下。

（20）亀本洋「ヨンパルト先生から学んだこと」法の理論二八号（二〇〇九年）二二八頁。

ヘイトスピーチ刑事規制法の保護法益

楠本　孝

Ⅰ　はじめに

ヘイトスピーチの刑事規制の可能性について考えるときに、差別的表現や憎悪表現は多種多様であり、特に刑罰をもって禁圧しなければならないヘイトスピーチとはいかなるものであるかを確定することが議論の出発点であろう。

刑罰は、法の実効性を担保する最後の手段（ultima ratio）であり、他の手段によって問題が解決できるなら、刑罰の使用は差し控えるべきであるという刑事法の原則からすれば、教育や民事上の制裁によって有効に規制できる差別表現や憎悪表現については、刑罰を用いる必要はないということになろう。

この点でまず踏まえておく必要があるのは、ヘイトスピーチの刑事規制は、差別の解消そのものを目的とするものではない、ということである。平川宗信は、「差別問題に関して差別行為の法規制が果たしうる役割は限られており、特に謙抑的であることが要求される刑事法の役割は、より限定的なものといわなければならない」[1]としている。確かに、刑法の補充性、断片性からみて、差別問題を解決することは刑法の社会的役割の範囲を超えることである。

しかしだからといって、ヘイトスピーチ規制法は、職場や大学など限定された場でのみならず、社会全体からそのような言論を封殺しようとするものであり、それでは、かえって差別感情が心の奥底に封じ込められるだけであり、言葉を失った差別感情だけが潜在化し、是正の機会を失ってしまうことになる。差別を生み出す根源的な要因に対応するためには、法的規制を課すという方法を探るよりも、むしろ、教育や芸術などによって他者の痛みや苦しみを共感する能力を養うという方法を模索する方が有益なのではないか[2]、といった議論に与することはできない。ヘイトスピーチ規制は、職場や大学に限定されるものではないが、かといって「社会全体」に規制を及ぼすことを狙いとするものではない。公的な空間でのヘイトスピーチを規制すれば足り、プライベイトな空間で他者への憎悪を叫ぶことまで禁じようとするものではない。また、ヘイトスピーチ規制は、誰かが差別感情を持つこと自体を禁じようとするものでもない。「差別感情が心の奥底に封じ込まれれば」それで規制の目的は達成されるのであり、その差別感情をなんらかの方法で克服するか、一生の間差別感情を腹に溜めたまま生きるかは、その人個人の問題であって、ヘイトスピーチ規制法の目的とは何の関係もない。思想は処罰できないというのも刑法の大原則である。ヘイトスピーチ規制の目的は、他の犯罪行為の刑事規制と同じように、ヘイトスピーチによって現実に被害を受けている人々が存在しており、この現実の被害から被害者を保護することである。もちろん、心の奥底の差別感情を克服するために、教育や芸術を奨励することに何の異論もないが。

差別表現や憎悪表現が特定の個人や団体に向けられている場合には、民事上の制裁が有効である。京都朝鮮学校襲撃事件では、人種差別的な発言が民法七〇九条にいう「他人の権利又は法律上保護される利益を侵害した」という要件を満たすと解すべきであり、これによって生じた損害を加害者に賠償させることを通じて、人種差別を撤廃すべきものとする人種差別撤廃条約の趣旨を私人間においても実現すべきものとされただけでなく、この人種差別撤廃条約の趣旨は、当該行為の悪質性を基礎づけることになり、理不尽、不条理な不法行為による被害感情、精神的苦痛などの無形損害の大きさという観点から当然に考慮されるべきとして、多額の損害賠償が認められている。(3)それに加えて、被害の再発を防ぐために、一定の地域に限定したものであるが、将来の同様の行為の差し止め請求も認められている。

しかし、民事上の制裁は、特定性を要件とせざるを得ない。京都朝鮮学校襲撃事件でも、裁判所は、一定の集団に属する者の全体に対する人種差別発言が行われた場合に、個人に具体的な損害が生じていないにもかかわらず、人種差別行為がされたというだけで、当該行為を民法七〇九条の不法行為に該当するとし、行為者に対し、一定の集団に属する者への賠償金の支払いを命じるようなことは、不法行為に関する民法の解釈を逸脱していると明言している。(4)つまり、特定の個人や団体に向けられていない差別表現や憎悪表現に対しては、民事上の制裁も機能しない。

結局、ヘイトスピーチ規制法を制定して刑罰をもって禁圧することが正当化される差別表現や憎悪表現は、特定の個人や団体に向けられていないが、集団の成員すべてに対してその集団のなんらかの属性的特徴を指して向けられている場合で、かつ、その集団の成員に現実の被害が発生しており、その被害から成員を保護するために刑罰による制裁が必要とされる場合、ということになろう。それでは、刑罰をもって禁圧しなければならないヘイトスピーチによる集団成員への現実の被害とは何か。裏を返せば、ヘイトスピーチ刑事規制法の保護法益とは何か。これを検討するのが本稿の課題である。

Ⅱ 社会法益と理解する立場

1 公共の平穏

アメリカ合衆国憲法の修正一条をめぐる議論を模範とする憲法学においては、ヘイトスピーチのもたらす害悪をめぐる議論を、ヘイトスピーチが他者の何らかの権利・利益を侵害すると論じるアプローチと、ヘイトスピーチが抽象的な社会的利益を侵害すると論じるアプローチとに大別した上で、ヘイトスピーチ規制は、基本的に、その表現の根底にある思想ないし価値観を理由に規制を課す、いわゆる「観点」規制であり、こうした規制は、単なる抽象的な社会的利益を根拠に正当化されえないとするのが一般である。(5)

確かに、内容が不正であるからとか、不道徳であるからという理由で表現を規制することは許されないだろう。しかし、ヘイトスピーチ規制法を有する諸国の立法例では、「公共の平穏」を保護法益とするものなど、むしろ社会的利益の保護を処罰根拠とするものが多いことに留意しなければならない。

(1) イギリス公共秩序法(6)

イギリスにおいて差別的言論を規制した最初の制定法は、一九三六年公共秩序法（Public Order Act 1936）である。これは、第二次世界大戦前に欧州各地で勢力を増していた反ユダヤ主義とファシズムを背景として、ファシストのデモと闘うことを目的としていた。その中核である第五条は、「公共の場又は公共集会において、秩序紊乱を惹き起こす意図を伴う、又は秩序紊乱を生じさせる可能性の高い、脅迫的な、口汚い又は侮辱的な言葉又は行為を用いた者は、有罪とされる」と規定していた。「秩序紊乱を惹き起こす意図」又は「秩序紊乱を生じさせる可能性が高い」ことのいずれかが証明されれば犯罪が成立するとされていたのである。

次いで、イギリスにおいて初めて人種的憎悪の煽動を刑事犯罪としたのは、一九六五年人種関係法（Race Relation Act 1965）である。その中核である第六条第一項は次のように規定していた。

何人も、肌の色、人種又は民族的若しくは国民的起源によって区別される、グレート・ブリテンにおける公衆の一部に対して憎悪を煽動する意図をもって

(a)脅迫的な、口汚い若しくは侮辱的な文書を公表若しくは配布し、又は、

(b)公共の場所若しくは公共集会において、脅迫的な、口汚い若しくは侮辱的な言葉を用い、

かつ、それにより当該文書又は言葉が、肌の色、人種又は民族的若しくは国民的起源に基づいて、当該公衆の一部に対して憎悪を煽動する可能性が高い場合には、本条により有罪とされる。

この人種的憎悪煽動罪の可罰性の基礎も、マイノリティの人格権侵害、平等権侵害にではなく、あくまで「公共秩序の維持」に置かれていた。(7) このことは、一九七六年人種関係法以降、憎悪煽動に関する規定が公共秩序法の中に置かれることになったことによって、一層鮮明になった。(8)

(2)　ドイツ民衆煽動罪

ドイツ刑法一三〇条一項は次のように規定されている。

公共の平穏を害するのに適した方法で、

一　国籍、人種、宗教、若しくは民族性によって特定される集団、住民の一部、又は上記の集団若しくは住民の一部に属することを理由に個人に対して、憎悪を挑発し、又はこれに対する暴力的措置若しくは恣意的措置を煽動した者、

二　上記の集団、住民の一部、又は上記の集団に属することを理由に個人を、誹毀し、悪意で軽蔑し、又は不実の誹謗をすることによって他人の人間の尊厳を攻撃した者は、

三月以上五年以下の自由刑に処す。

この民衆煽動罪の保護法益は「公共の平穏」と解されている。「公共の平穏を害するのに適した方法で」あれば足り、公共の平穏が現実に危殆化されたことの認定を要しない。[9] 第二号に規定されている「人間の尊厳への攻撃」は、単に犯罪の成立範囲を特に粗暴な誹謗（besonders massive Schmähungen）に限定するための付加的要件（zusätzliches Merkmal）に過ぎないと解されている。[10]

ここでの「公共の平穏」は「公共の安全」より広い概念で、純粋な安全欲求の充足に制限されない、より包括的な意味で理解されていることに注意を要する。特定の住民グループが分離され、その構成員が一括して倫理的、人格的、あるいは社会的な尊重価値を否認されるような扱いを受けたときも平穏は害されるとされている。[11] それ故、「公共の平穏」は、イギリス法の「秩序紊乱」ないし「公共秩序の維持」ほど、被害者の存在を等閑視した概念ではない。その意味で、「公共の平穏」は、ウォルドロンの言う「安心」の概念と共通性がある。「各人は、各々の集団の各々の成員は、他人による敵意、暴力、差別、あるいは排除に直面する必要はないという安心（assurance）とともに、彼又は彼女の暮らしを営むことができるべきである。この安心は、それが効果的にもたらされるときは、ほとんど気づかれない。それは、人々が呼吸する空気のきれいさや、泉から飲む水の水質のように、誰もが当てにできる物事である。私たち全員が住んでいる空間におけるこの安全さの感覚は、ひとつの公共財である[12]」。

しかし、ドイツ民衆煽動罪の「公共の平穏」とウォルドロンの「安心」とは、被害者の存在との関係において、やはり決定的な違いがある。ウォルドロンは、「普通の人々の尊厳がそれでもって支えられる、社会的に供給される安心という公共財」と表現し、普通の人々の尊厳を保護するための公共財として社会的な安心が保護されなければならないとされているのに対し、ドイツ民衆煽動罪では、保護されるべきは第一次的に「公共の平穏」であって、それを保護するための刑罰権の限界を画するために「人間の尊厳への攻撃」という概念が援用されているにすぎない。このように考えると、ヘイトスピーチの保護法益を「公共の平穏」とすることは、ヘイトスピーチが既存の権力関係を利用して行われる権力行為であり、標的にされた集団の構成員への直接の危害をともなう表現＝行為だ[13]というヘイトスピーチの本質を曖昧にするおそれがある。

他方で、「安心」も独立した法益とはなりえない。それは、個人の尊厳が保障されることによる反射的効果と考えるべきである。確かに、安心の保障を求めることは、差別の解消を求めることとは異なる。安心の保障は、差別感情が存在してもそれが公の場に掲示されることを防止することで達成されるからである。しかし、「安心」を直接の保護法益とすると、ヘイトスピーチ刑事規制の対象は網羅的たらざるをえず、街の片隅に印された落書きのようなものも規制の対象とせざるを得なくなる。[14]ウォルドロンは、「安心」の保護と「環境」の保護との類似性に言及しているが、「安心」の刑事的保障は、やはり法益保護の極端な早期化といわざるを得ない。

2 集団のアイデンティティ

ヘイトスピーチ規制擁護論は、その論証の過程で「集団のアイデンティティ」について語るときがあるが、それは規制の正当化根拠を集団そのものの尊厳や、集団をまとめる文化的又は社会的構造の尊厳に求める趣旨ではない。けれども、人種や民族などの、それへの帰属が成員の意思と無関係に決められている集団については、人がその集団の成員であるということは、その集団に共有されている特徴がその人の属性になることを避けることができない。ヘイトスピーチは、このことを利用して、集団を定義づける特徴を攻撃することによって、集団の成員のアイデンティティを傷つけようとするものである。ヘイトスピーチの規制に反対する論者もこのことをよく知っているはずなのに、規制擁護論を批判するために敢えて「集団のアイデンティティ」を持ち出す。

齊藤愛によれば、ある民族の「集団のアイデンティティ」は、生物学的概念ではなく社会的に形成される概念である。それは、政治的・社会的な論争を通じて形成され、かつ絶えず修正され、変化し続けていくものであり、国家によって固定されるべきものではない。そのようの意味で、「集団のアイデンティティ」の形成・修正の過程に国家が干渉することは避けられるべきであるという。[15] しかし、ヘイトスピーチ規制が求めているのは、集団のアイデンティティの国家による固定化となるような積極的な規制ではなく、その集団を殲滅すべきだというような、当該集団との共生を拒み、排除しようとする言論の抑制という消極的なものにすぎない。その意味で、国家は最低限の論争のルールの遵守を表現者に求めるものにすぎないのである。

阪口正二郎によれば、ヘイトスピーチ規制の要求は、歴史的に抑圧されてきた集団という要素を組み込んだものである以上、異質な集団の間での多元性を確保しようとする多元主義の議論に親和的になる。したがって差別的表現の規制の要求は、表現の自由の伝統に対する挑戦という次元では済まず、自由の伝統の根幹にある個人主義に対する挑戦を示すものであるという。[16] しかし、ヘイトスピーチ規制は、「個人が自己の選択に基づいて絶えず集団を形成したり、集団から離脱できる」ような集団を問題にしているのではないし、集団それ自体の価値の保護を求めるものでもない。ヘイトスピーチ規制が求めているのは、自己の意思ではどうしようもなく決定されている集団の特徴を媒介にして個々の成員の尊厳に攻撃が加えられることを防止することである。ヘイトスピーチ規制法はむしろ、個人主義が成立するための基礎的条件を確保しようとするものである。

3　平等への権利

ヘイトスピーチ規制法の保護法益を平等への権利（right to equality）とすることも考えられる。これは、ヘイトスピーチは差別を助長するものであるから刑罰をもって禁圧すべきであるとするものと、被害者の平等な社会参加の権利を侵害するから規制すべきとするものに分けることができる。

(1) 差別の助長の防止

師岡康子は、ヘイトスピーチが、マイノリティへの差別構造の一部であるとともに、偏見をステレオタイプ化し、差別を当然のものとして社会に蔓延させて差別構造を強化する害悪をもたらすことを規制の根拠とする。[17]

これに対しては、たとえそれが差別構造を強化するものであろうとも、いかなる者も「自分の思想・価値観を表現し外的環境に働きかける機会を得る権利」としての表現の自由権をもつとの反論がなされている。たとえそれがマイノリティ集団の中にいる個人や家族に対しては、彼らの社会的立場に対する屈辱的な攻撃となったとしても、「個の尊重」ために、「表現者のなんらかの人生観・世界観・思想・価値観など表現者のアイデンティティにかかわる内心的部分を表明する」自由は保障されなければならないというのである。[18]

しかし、ヘイトスピーチ規制は、人種差別主義者が彼らの内心の思想を吐露すること自体を禁圧しようとするものではない。その意味で、ヘイトスピーチ規制法は、人種差別的表現のすべてを規制するものではない。ヘイトスピーチ規制法の多くは、公共の平穏を害するのに適したものであったり、人間の尊厳を侵害するような粗暴さをもった差別表現を対象としており、「節度ある穏当な（decent and moderate）」作法を維持しているものは規制の対象としていない。自分の価値観を表現し外的環境に働きかける権利も、他者の「個の尊重」ために一定の「礼節（civility）」を保つことが求められると言っているに過ぎないのである。[19]

(2) 平等な社会参加の権利

金尚均は、ヘイトスピーチ規制の保護法益について次のように述べている。「ヘイトスピーチは、単に『公共の平穏』を害するから処罰されると解するべきではない。それは、一般的に社会におけるマジョリティからマイノリティに対して向けられる。民主主義は、すべての社会の構成員が自分の存在する社会における様々な決定に参加することができるというのが基本である。しかし、ヘイトスピーチは、人びとの民族や属性に向けられることによって、その民族に属する人たちあるいは属性を有する人びとを蔑むことになる。それが意味するところは、彼らを同じ社会の民主制を構築する構成員とは認めないということにあり、それにより、民主制にとって不可欠な社会参加の平等な機会を阻害することになる。ヘイトスピーチの有害性は、主として、社会のマイノリティに属する人々の社会参加の機会を阻害するところにあり、それゆえ、ヘイトスピーチを規制する際の保護法益は、社会参加の機会であり、それは社会的法益に属すると再構成すべきである[20]」。ここでは、「マイノリティの社会参加の平等な機会」が保護法益とされている。

金は、平等な社会参加の権利を、民主制の維持にとって不可欠な権利として位置付けることで、これを社会的法益と構成しているのであるが、平等な社会参加の権利は、もっと広く、人間が他の人間との偏見のない相互行為を通じて自分の能力を自由に発展させていく機会がすべての社会構成員に平等に保障される権利として捉えるべきであろう。それは「人格権的利益」のひとつとして、個人的法益と位置付けられるべきものである。

Ⅲ　個人法益と理解する立場

ヘイトスピーチが引き起こす害悪は多様であり、その中には社会的法益に対する害悪もあり、ヘイトスピーチ刑事規制法の保護法益を社会的法益として構成することにも頷ける面がある。しかし、ヘイトスピーチを刑事罰をもってでも禁圧しなければならない根拠は、やはり、それが標的とされた集団の個々の構成員に深刻な危害を加えることに求めなければならない。棟居快行は、「差別的表現が名誉権そのものとイコールではないが、類似の人格的利益を侵害することを、差別的表現規制の根拠とすべきであろう。その人格権的利益とは、個人が消し去れない属性（人種、信条、性別、社会的身分、門地）において、むしろプライドをもって自分を自分として確立し、アイデンティティを保持しうるということにおける利益である」と述べている。[21] 以下では、ヘイトスピーチ規制の根拠とすべき人格権的利益とは何かについて検討する。

1　名誉感情

内野正幸は、かつて、集団侮辱罪として、「日本国内に在住している、身分的出身、人種又は民族によって識別される少数者集団をことさらに侮辱する意図をもって、その集団を侮辱した者は、……の刑に処す」という立法提案をしたことがある。[22]

内野は、侮辱罪の保護法益を名誉感情と捉え、ある表現行為を集団侮辱罪として処罰するための根拠を、被差別集団のなかのある者の名誉感情が害される実際的な危険が生じたことに求めた。集団的特徴を掲げて集団そのものを侮辱する表現が、その集団の個々の構成員に対する侮辱と言えるのはどのような場合か。内野によれば、ある表現行為を集団侮辱罪として処罰するための要件として、被差別集団のなかのある者の名誉感情が害される実際的な危険が生じたこと、つまりその表現が被害者に伝わったことが必要であり、名誉感情は個人ごとに存在する主観的なものであるから、差別的表現は、それにより自分の名誉感情が傷つけられたと感じる、いわば差別に敏感な者との関係でのみ侮辱として位置づけられることになるが、不特定かつ多数の人々の集合体に向けられた差別的表現の場合、その中に名誉感情を害せられる被害者が少なからず含まれているはずであるから、これを侮辱罪の延長線上に位置する犯罪として捉えることに支障はないとしたのだった。[23]

しかし、名誉感情はヘイトスピーチ刑事規制法の保護法益としては十分ではない。在日朝鮮人というような大規模な集団の中のある者の名誉感情が傷つけられたというだけで刑事罰を科すことは、やはり妥当でない。名誉感情は単なる侮辱によっても侵害される。名誉感情を保護法益とすれば、ヘイトスピーチは単に不快な表現だと受け取られかねない。しかし、ヘイトスピーチは聞き手を不快にするのではなく、聞き手に深刻な恐怖を抱かせるものである。アメリカにおける批判的人種理論の代表的論者であるマツダは、ヘイトスピーチが「芯からの恐怖と動悸、呼吸困難、悪夢、ＰＴＳＤ、過度の精神緊張（高血圧）、精神疾患、自死にまで至る精神的な症状と感情的な苦痛」をもたらすと指摘している。[24] さらに、鄭暎惠によれば、植民地支配された経験、戦争体験、ヘイトスピーチ、性暴力……と心的外傷が累積するほどＰＴＳＤの発症率は高くなり、症状は複雑化する。しかも、子ども期（早期）からのトラウマほど複雑化しやすく、その体験時期が早ければ早いほど、ダメージは複雑化しやすい。さらには、本人自身の体験のみならず、親世代や祖父母世代の経験を聞くことによる二次受傷もある。つまり、害悪の世代間伝達もあり、それは「過覚醒型不眠」「身体の痛み」といった身体症状として現れることも珍しくない。[25] このように、ヘイトスピーチは、「表現」であると同時にそれを被る心身を深く傷つける危害の「行為」でもあり、ヘイトスピーチに晒される人々は、その場で一時的な苦痛や辱めを被るだけではなく、しばしばＰＴＳＤをともなうような癒しがたい傷を被る場合があることを承認するなら、そこで問題なっているのは名誉感情の侵害などではなく、人格の中核領域への攻撃というべきものであろう。

加えて、名誉感情を保護法益としたのでは、ヘイトスピーチがもたらす危害のもう一つの重要な側面である、ヘイトスピーチの標的とされた人々の社会の平等な構成員たる地位が脅かされるということを等閑に付すことになる。ヘイトスピーチによって、社会の中で本来誰にでも保障されるべき社会的地位が脅かされるとすれば、社会内存在としての人間の尊厳が攻撃されているのである。

2　人間の尊厳

(1)　平川宗信の「人間の尊厳」概念

平川宗信は、日本国憲法下での侮辱罪の再構成という観点から、侮辱罪の保護法益を「人間の尊厳」と理解することを提唱している。平川によれば、すべて人間は、個々の人格に応じた価値をもつ以前に、人間としての共通の価値すなわち人間の尊厳をもっている。人間の尊厳は、人によって異なる個別的名誉以前の、万人に等しく認められる普遍的名誉として、事実上現実に保持している名誉として、事実的名誉の一つというべきである。侮辱罪は、その「人間の尊厳が認められている状態」を「人間を人間として認めない表現」によって侵害することである。(26) その上で、平川は、集団に対する差別的名誉毀損・侮辱を、集団構成員の人間の尊厳の否定に還元して捉え、立法論としては、これらの行為を、集団に対する侮辱を通じて間接的に集団構成員の人間の尊厳を侵害するものとして、侮辱罪の延長線上で犯罪化することが可能であるという。(27)

平川の所説の根本の問題は、やはり「人間の尊厳」という概念をどのように把握するかである。平川によれば、人間の尊厳は基礎的、根源的なものであるが、ただそれだけでは刑事罰による保護の必要性は小さいものとみなされている。人間の尊厳から派生した生命、身体、自由、名誉のような特殊な生活利益になってはじめて重要な価値とみなされ、刑事罰による保護が必要なものとみなされる。同じように表現を手段とした犯罪でも、侮辱は人間の尊厳を攻撃したに過ぎないから軽く、名誉毀損はその上に外部的名誉の毀損も上乗せされているから重いのだとされる。(28)

しかし、平川の集団侮辱罪の構想は、立法論としつつも、現行法の解釈論の枠組みを前提としており、人間の尊厳概念もその枠組みの中で矮小化されていると言わざるを得ない。本来は、人間の尊厳の重要性に比べれば、人の外部的名誉など取るに足りないものであろう。単なる名誉毀損つまり人の外部的評価の毀損は、ただその人物の上っ面だけを中傷したものに過ぎないともいえるのに対し、人間の尊厳への攻撃は、その人のアイデンティティそのものを破壊するほどに人格の深い部分にまで及ぶものと理解すべきものである。社会的名誉説では、人格とは人が主体的に作り上げてゆくものであって、人格に対する評価の基礎となる事実は、その人の責任において変更することのできる事実でなければならないとされる。[29] しかし、人格はその人が主体的に作り上げたものだけで形成されるものではなく、本人にはどうしようもなく決定されているものも同時に抱え込んでいる。名誉ではなく、人間の尊厳を保護法益とみなす考え方の長所は、この本人にはどうしようもなく決定されている人格の部分に重きを置いて人格を把握しようとするところにある。人間の尊厳は人格の中核領域であり、本人にはどうしようもないものであるからこそ、すべての人に平等に保障されなければならないのである。

⑵　ジェレミー・ウォルドロンの「人間の尊厳」概念

ジェレミー・ウォルドロンがヘイトスピーチ規制の正当化根拠とするのは、人びとの尊厳と尊厳が依拠する社会的安心とを保護することである。このうち安心を保護法益とすることへの疑問については既に述べたので、ここでは、ウォルドロンの「尊厳（dignity）」概念だけを取り上げる。

ウォルドロンは、まず哲学的意味での尊厳と法的意味での尊厳を区別する。哲学的には、とりわけカント的な構想では、尊厳（Würde）は人格に内在的で、測定不可能な価値とみなされる。これに対して、法的には、尊厳は人々が暮らす共同体の中でしっかりとした立場をもつ社会の普通の成員としての人の地位の問題であり、そしてその地位にふさわしい承認と取り扱いに対する要求を生み出す。この社会的および法律的な地位としての尊厳は、社会と法律によって確立され、支持され、維持され、守られなければならない。とりわけ、ある任意の集団のすべてまたはほとんどの成員が、彼らの人種や、何かその他の属性的な特徴のゆえに、しっかりした立場をもつ社会の成員として取り扱われるのに値しないと主張するような、集団に向けられた攻撃からの保護を必要としている。[30]

このように、尊厳を共同体の中での平等者としての地位と理解するウォルドロンの所説は、ドイツの裁判所が民衆煽動罪における人間の尊厳について採用している解釈と通底している。後述するように、ドイツの判例によれば、人間の尊厳に対する攻撃があると言えるのは、その攻撃が人間の人格の中核に向けられており、その結果として彼が平等原則を無視されて、価値の低い存在とみなされ、共同体内での生存権が否定されている場合である。「共同体内での普通の成員としての地位」と「共同体内での平等な生存権」は、ほぼ同義と見てよいであろう。

ウォルドロンの「尊厳」概念に関して特筆すべきは、尊厳をある人の社会の中での地位という客観的あるいは社会的側面において把握し、その人の傷つき、恐怖、怒りを含む感情という主観的側面を捨象して理解していることである。「自分の尊厳に対する攻撃は、痛みに満ちた、力を奪うようなものとして感じられるであろう。さらに、他人の尊厳をこのようなやり方で攻撃するものが、一定の心的効果を与えようと望んでいることは——マイノリティの成員の間に、自分たちは信頼されていない、通常のシティズンシップに値するものとみなされていないという悲痛な感覚、差別的で恥辱を与える排除と侮辱に対して自分たちはいつも脆弱なのだという感覚を培養しようと望んでいることは疑いの余地がない。そうした感情は、当然のこととして、尊厳に対する攻撃にともなうだろう。けれども、そうした感情は問題の根源ではない[31]」。「ある人の地位に対する攻撃は、それが同時に痛みや苦しみと結びついていようといまいと（普通は結びつくであろうが）、彼又は彼女の尊厳を傷つけるのである[32]」。

このことは、おそらくウォルドロンが、ヘイトスピーチ規制を専ら「集団に対する文書名誉毀損（group libel）」を念頭に置いて立論していることと関係しているだろう。ウォルドロンによれば、ヘイトスピーチを規制し抑制しようとする試みを引き出すような種類の、脆弱なマイノリティに対する攻撃は、口に出された言葉であるよりもむしろ、印刷されたもの、公刊されたもの、掲示されたもの、インターネットに書き込まれたものである。その表現は、私たちの生活が、そして脆弱なマイノリティの成員の生活が、その中で送られる他はない、目に見える環境の永久的ないし半ば永久的な一部となる。そして、この目に見える、公然とした、そして半ば永久的な告示による社会環境の醜悪化を通じて個人と集団に及ぼされる危害こそ、ヘイトスピーチ規制をめぐる議論が焦点を合わせるべきところなのである。(33)

確かに、文書化されたヘイトスピーチの危害の半減期は、口頭によるそれよりも長いと言えるだろう。尊厳が依拠する社会的安心の保障に重きを置くウォルドロンにとって、このことは重要である。放射能に汚染された環境で日常生活を維持し、子どもを育てることができないように、マイノリティはヘイトスピーチに汚染された環境で、日常生活を送り、子どもを育てることはできない。ヘイトスピーチ規制の対象を文書化されたものに限定しようとすることにも理由がある。しかし、ヘイトデモが日常的にあるいは定期的に反復されている我が国においては、口頭によるヘイトスピーチがその標的にされた人々の心理に与える危害も重大である。口頭のヘイトスピーチも人々の心に刻み込まれて半永久的に残る。それは脆弱な集団の成員の心理に蓄積されてトラウマとなり、世代を超えて伝達される。その意味では、口頭によるヘイトスピーチの危害の半減期も十分に長い。この事実を前提とすれば、主観的側面を捨象して人間の尊厳への攻撃を定義することはできないように思われる。

(3) ドイツ刑法の「人間の尊厳」概念

前述のように、ドイツ刑法一三〇条一項二号の「人間の尊厳」は、保護法益とはみなされていないものの、実質的に犯罪成立の範囲を画する重要な概念となっている。集団を標的とする「特に粗暴な」誹謗が、単なる侮辱ではなく、重罪を構成する場合とはいかなる場合であるか、それを決するのが「人間の尊厳への攻撃」という概念である。判例及び通説によれば、「人間の尊厳に対する攻撃があると言えるのは、その攻撃が単に個人の人格権（例えば名誉）に向けられているだけでなく、その人間の人格の中核に向けられており、その結果として彼が平等原則を無視されて、価値の低い存在とみなされ、共同体内での生存権が否定されている場合だけ」である。(34)

第一に、人間の尊厳に対する攻撃があると言えるためには、「その攻撃が単に個人の人格権（名誉）に向けられているだけでなく、その人間の人格の中核に向けられていなければならない」。「人格」は、人が主体的に作り上げていく部分と、その人自身にとってもどうしようもなく決定されている部分とから成っている。個人の人格権（名誉）として把握されるのは、前者の、人が主体的に作り上げてゆくものとしての人格であって、その人の責任において変更することができ、人格に対する社会的評価の基礎となる事実である。このような意味での人格について、人は社会的尊重要求（Geltungsanspruch）を有しており、これを侵害するのが侮辱である。これに対して、人間の尊厳への攻撃とは、後者の、その人自身によってもどうしようもなく決定されている人格の中核部分も含めた人間存在（Menschentum）そのものを否定し又は相対化しようとするものである。人間の尊厳は、あくまでも人間それ自体に固有のものとして内在しているものであって、個人の業績（個々の行為）を基準にして割り当てられるといったものではない。

しかし、表面上は事実（行為）に関する主張の形態をとりつつ、攻撃の矛先は、人間の尊厳に向けられていることがあることに注意すべきである。難民申請者を、ドイツにエイズを持ち込み、子どもに麻薬を密売し、さらに間抜けなドイツ人をからかう寄食者として表現した詩を公然と掲げたり、他人にコピーを提供した行為について、バイエルン上級裁判所は、詩が、エイズを感染させ、子どもに麻薬取引を唆し、特にひどい態様で寄生生活をしている者として難民申請者を描き、それによって彼らが道徳的に「人間存在の最低の段階」にすら至っていないというメッセージを発しているのであるから、人間の尊厳の侵害に当たるとした。(35) これに対して、オットーは、詩は「偽装難民」の行為態様に言及しているにすぎず、人間の尊厳は個人の行為態様に基づくものではないから、詩は人間の尊厳を攻撃したものとは言えないと批判した。(36) この批判は、人間の尊厳が個人の行為態様によって減殺されるものでないことを強調している点では正当であるが、「偽装難民」のそうした行為態様を列挙することによって、この詩が全体としてどのようなメッセージを発しようとしているかを考慮していない点で妥当とは言えない。この詩は、特定の個人に対して犯罪的寄食者だと言っているのではなく、難民申請者を一括して犯罪的寄食者として描いているのである。そこでは行為態様が列挙されているが、問題にされているのは難民申請者という人々が置かれている法的地位そのものである。そこでは行為態様が列挙されているが、問題にされているのは難民申請者という人々が置かれている法的地位そのものである。そして、迫害と苦難のためにこれ以外に選択の余地のなかった社会的地位を標的として攻撃することは、単なる名誉の侵害に止まらず、人格の核心領域への攻撃に当たるというべきであろう。

第二に、攻撃が人格の中核領域に向けられた結果として、「平等原則を無視されて、価値の低い存在とみなされ、共同体内での生存権が否定され」たことが必要である。前記の詩について、フランクフルト上級裁判所は、連邦通常裁判所の判例を正当なものとして引用しつつ、「難民申請者は、確かに一般的に寄生者、麻薬密売人および詐欺師として悪意で軽蔑されてはいるが、それ以上にその生存権が否定されてはいない。その限りで、この怪文書のコンテクストから導き出される攻撃は、難民申請者の滞留権ないし在留権に向けられているにすぎず、その生存権にまで向けられているわけではない。単なる外国人の滞留権の否定は、いまだ人間の尊厳への攻撃を示すものではない」という理由で、人間の尊厳を攻撃したものとは言えないと判断した。[37]

これに対して、先の事件の第二次上告審に当たるバイエルン上級裁判所の判決は、フランクフルト上級裁判所の判決を批判し、詩は人間の尊厳への攻撃に当たると認定した。[38] それによれば、「フランクフルト上級裁判所の判決は、自ら正当なものと提示した連邦通常裁判所の判例から、無意識のうちに逸脱している。人間の尊厳が侵害されたと言えるのは、『共同体内での生存権』が否定された場合であるという最初に正しく引用した定義から、最終的に『共同体内での』という捕捉文を抜かしてしまった。その結果、フランクフルト上級裁判所は、人間の尊厳に対する侵害を、生物学的生存権への攻撃に限定することになった。しかし、通説および連邦通常裁判所の判例は、生物学的な生存権の否定まで求めているわけではなく、『国家共同体内における同じ価値をもった人格としての削減されない生存権』すなわち社会的生存権の否定を要件としているにすぎない。そして、難民申請者を、エイズ患者、麻薬密売人、詐欺師、さらに間抜けなドイツ人をからかう寄食者として描き出した詩は、難民申請者の生物学的な生存権まで否定するものではないにしろ、その社会的生存権を否定するものとして、『人間の尊厳を攻撃した』ものとみなされる」。

人間の尊厳への攻撃があったと言えるための要件として、生物学的な生存権の否定までは必要ではなく、社会的生存権の否定で足りるということは、今日通説となっている。しかし、社会的生存権の否定とはどういう意味だろうか？ バイエルン上級裁判所は、難民申請者を、エイズ患者、麻薬密売人、詐欺師、さらに間抜けなドイツ人をからかう寄食者として描き出すことは、彼らの社会的生存権を否定するものだと言うが、何故そういえるのか？オットーは、先の評釈の中で、他者との率直で偏見のない交際が深刻に制限される場合も人間の尊厳に対する攻撃だと言えるのではないかと主張しているが、通説は、それだけでは単に当事者の社会的尊重要求が侵害されただけで、人間の尊厳に対する攻撃というには十分ではないという[39]。何故なら、その中には、「特に粗暴な」誹謗といえる付加的な制限が何も存在しないからである。人間の尊厳に対する攻撃と言えるためには、被害者の人間存在を否定したり相対化している、言い換えれば被害者を人格をもたない者（Unperson）とするかそれに近いものに押し遣っているが故に非人間的といえる行為の存在が不可欠である。前記の詩は限界事例だが、難民申請者が他者と率直で偏見のない交際をする可能性を深刻に制限するものにとどまらず、彼らに対する憎悪を挑発し、ドイツから排除することを企図していることは明らかであるから、人間の尊厳への攻撃を認定することができた事案であったと思われる。

(4)　スイス刑法における「人間の尊厳」概念

スイス刑法の人種差別に関する規定は、人間の尊厳を保護法益とする規定として特筆すべきものである。

スイス刑法二六一条bis

一　公然と、個人又は人の集団に対して、人種、民族又は宗教のゆえに、憎悪又は差別を呼び起こした者、

二　公然と、人種、民族又は宗教の構成員を計画的に（systematisch）価値を引き下げ又は誹謗することに向けられたイデオロギーを流布させた者、

三　同じ目的をもって、プロパガンダ活動を組織し、支援し又はこれに関与した者、

四　公然と、言葉、文書、図像、身振り、暴力行為（Tätlichkeiten）又はその他の方法で、個人又は人の集団を、その人種、民族又は宗教のゆえに、人間の尊厳に反する方法で、価値を引き下げ若しくは差別し、又はこのような理由で、民族謀殺若しくはその他の人道に対する罪を、事実でないと否定し、はなはだしく矮小化し、若しくは正当化した者、

五　大衆のためのものと予定され、その者によって提供されている仕事（Leistung）を、個人又は人の集団に対して、その人種、民族又は宗教のゆえに拒否した者は、

三年以下の自由刑又は罰金に処する。

スイス刑法の第一二章は「公共の平穏に対する重罪および軽罪」というタイトルが付されていて、「公共の平穏」を保護法益とする罪が規定されているのであるが、その中にある二六一条bisの法益は、「人種、民族又は宗教の一員としての人間の尊厳」であり、「公共の平穏」は間接的に又は付加的なものとされる。(40) ドイツ刑法一三〇条の保護法益の理解とちょうど逆の関係になっている。連邦裁判所の原理的判決(41)が出されるまでは、二六一条bisが第一次的に保護しているのは公共の平穏なのか人間の尊厳なのかは異論の余地のあるものであったが、(42) 今日では、人間の尊厳を保護法益とするのが判例・通説である。(43)

ただし、このことは、近時の連邦裁判所の判例によれば、二六一条bis第四項後段（民族謀殺の事実を否定すること）

には妥当しない。民族謀殺やその他の人道に対する罪の事実を否定した場合には、「もっぱら、公共の平穏という一般的法益が直接に保護されており、個人的法益は、間接的にのみ保護される」[44]とされ、しかも、このことは、迫害されている人種、民族又は宗教に属する人々が、事実の否定によって心理的に侵害され、かつこの侵害が具体的な個別事例で重みをもっている場合でさえ、妥当するとされている。しかし、有力な学説はこの連邦裁判所の見解を次のように批判する。すなわち、民族謀殺その他の人道に対する罪の事実を否定することは、当事者集団の構成員の人間の尊厳を侵害することになる。何故なら、謀殺の事実を否定することは、被害者やその子孫の人間の尊厳を侵害することなしには行い得ないからである[45]。公共の平穏の危殆化は、「個人の人間の尊厳が攻撃されている場合」にのみ考えられる。「平穏保護の正統性は、むしろ必然的に個人の保護から導き出される」。それ故、公共の平穏は、人間の尊厳の反射であり、その逆ではない。

通説によれば、一項から五項に規定されている諸行為の共通の前提は、人間の尊厳である。これによって、二六一条bisは侵害犯（Verletzungsdelikt）に分類されることになる[46]。

人間の尊厳が侵害されたと言えるのは、個人又は人の集団について、彼らの集団帰属性に基づいて、人間存在としての同権性ないし同価値性（Gleichberechtigung bzw. Gleichwertigkeit）が否定されたときである。このことは以下のような場合に生じ得る。

第一に、個人又は人の集団について、人間たる資質（Menschqualität）又は生存権（Existenzberechtigung）が直接に否定されたとき、

第二に、個人又は人の集団について、人種差別撤廃条約の意味での人権の制限された形での享有のみがふさわしいとされ、又は彼らがこれらの権利を行使することを妨げられたとき（制限された権利性（Minderberechtigung））。ここでは、人種差別撤廃条約第五条が、人権として、自由権や政治的権利と並んで、特に経済的、社会的及び文化的

権利、並びに「輸送機関、ホテル、飲食店、喫茶店、劇場、公園等一般公衆の使用を目的とするあらゆる場所又はサービスを利用する権利」を挙げていることが念頭に置かれている。人種差別撤廃条約上の人権は、市民と国家との関係でも、市民間においても妥当する（二条d号、四条及び五条、特にe号及びf号）。この制限された権利性は、当該個人の原則的な（重大な）劣等性（Minderwertigkeit）を含意している。

第三に、個人または人の集団の「人間としての」原則的な劣等性が表現されており、「それによって人間としての本質的に同権的かつ同価値的な地位がそもそも疑問視されているとき」（重大な劣等性（qualifizierte Minderwertigkeit）又は「低価値性（Unterwertigkeit）」）。主張されている劣等性が、当該個人には制限された人権の享有だけがふさわしいということを含意している場合は、常にこれに当てはまる。

このように、スイス刑法二六一条の人間の尊厳概念も、究極において「人間としての同権的・同価値的地位」を意味しており、ウォルドロンの「共同体内での普通の成員としての地位」とほぼ同義と見て差支えなかろう。

Ⅳ むすび

以上みてきたことから、ヘイトスピーチ刑事規制の保護法益としては、やはり人間の尊厳とするのが妥当であろう。もちろん、人間の尊厳概念は多義的で、曖昧な部分が残る。しかし、人間の尊厳概念の主唱者であるウォルドロンの所説と、ドイツ刑法一三〇条、スイス刑法二六一条bisの人間の尊厳概念について採用されている解釈には通底するものがある。それは、人間の尊厳概念を客観的に「共同体内での普通の成員としての（あるいは同権的・同価値的）地位」として把握することである。

しかし、この客観的側面に加えて、ヘイトスピーチの標的とされた人々が被る心的外傷という主観的側面を人間の尊厳に対する攻撃があったことを示すメルクマールとみなすか否かについては、認識に違いがあるように思われる。ウォルドロンは主観的側面を尊厳概念から捨象すべきことを明言しているが、ドイツやスイスの法制が、「特に粗暴な誹謗」や「心理的な侵害が具体的な個別事例で重みをもっている」ことが問題とされていることからみて、人間の尊厳概念の解釈に際して主観的要素をまったく捨象しているとは思われない。ヘイトスピーチに対抗するために、教育や芸術の効果に待つのではなく、刑事罰による禁圧を必要とする根拠の一つは、放置すれば、被害者にしばしばPTSDを伴うような癒しがたい心的外傷を与え、子ども期からそれが繰り返されればトラウマが蓄積され複雑化する危険性が高まるからである。ヘイトスピーチ規制法の保護法益としての人間の尊厳概念は、「共同体内での普通の成員としての（あるいは同権的・同価値的）地位」という客観的側面に加えて、それが粗暴な表現によって否定される体験に伴う心的外傷から保護される権利という主観的側面を捨象してこれを把握することはできないように思われる。

（1）平川宗信『刑法各論』（有斐閣、一九九五年）二六五〜二七一頁。
（2）齊藤愛「表現の自由の現況――ヘイトスピーチを素材として」論及ジュリスト一三号（二〇一五年春）五六頁。
（3）大阪高裁平成二六年七月八日判決判例時報二二三二号三四頁。
（4）京都地裁平成二五年一〇月七日判決判例時報二二〇八号七四頁。
（5）齊藤・前掲註（2）五八頁。
（6）奈須祐治「イギリスにおけるヘイト・スピーチ規制法の歴史と現状」西南学院大学法学論集四八巻一号（二〇一五年）八〇頁以下。
（7）師岡康子「イギリスにおける人種主義的ヘイト・スピーチ規制法」神奈川大学法学研究所研究年報三〇号（二〇一二年）二七頁。
（8）奈須・前掲註（6）八六頁。
（9）Schönke-Schröder-Sternberg-Lieben, Strafgesetzbuch, 29. Auflage, § 130 Rdn11. このような犯罪は、抽象的―具体的危険犯（abstract-konkrete Gefährdungsdelikte）と呼ばれ、具体的な行為の一般的危険性（generelle Gefährlichkeit）の発生を要件とするが、

抽象的危険犯においては既に立法者が一定の行為態様を一般的・類型的に危険とみなしているのに対し、抽象的―具体的危険犯では危険性の判断が裁判官に委ねられている点で両者は区別される（謝煜偉『抽象的危険犯の新展開』（弘文堂、二〇一二年）七〇頁以下）。

（10） Schönke-Schröder-Sternberg-Lieben, a.a. O., Rdn. 6.

（11） ibid. Rdn. 10.

（12） Jeremy Waldron, *The Harm in Hate Speech*, Harvard University Press, 2012, at4.［ジェレミー・ウォルドロン（谷澤正嗣、川岸令和訳）『ヘイト・スピーチという危害』（みすず書房、二〇一五年）五頁］。

（13） 齋藤純一は、表現／行為二分論を批判して次のように述べている。「人種差別、性差別、障害者差別など既存の権力関係を利用して行われる侮辱や否認の振る舞いがこの間あらためて『憎悪表現』ないし『憎悪発話』と呼び直されてきたのは、そうした『表現』が同時にそれを被る心身を深く傷つける危害の『行為』でもあるということに人々の注意を喚起するためである。憎悪表現に晒される人々は、その場で一時的な苦痛や辱めを被るだけではなく、しばしばPTSDをともなうような癒しがたい傷を被る場合があることを数々の告発や報告が実際に伝えている……。『表現』と『行為』を峻別し、眼に見える危害をともなわない『表現』については極力寛容でなければならないとするこれまでの法学的思考の伝統に棹さすかぎり、『表現』そのものが他者の心身に回復不可能な傷を負わせる……『発話内行為（illocutionary act）』であるというパースペクティヴを得ることはできない」（齋藤純一「現れの消去――憎悪表現とフィルタリング」藤野寛・齋藤純一編『表現のリミット』（ナカニシヤ出版、二〇〇五年）七頁）。

（14） ウォルドロンは「何百万という行為のささやかな影響力――そのひとつひとつはそれだけ取り出せば明らかにとるに足らない――が、大規模な有害な効果を作り出すことがありうる」とし、こうした効果を防ぐための規制は、規模の大きさと、ゆっくりとした因果の速度を念頭におきながらも、個々の行為を狙いにせざるを得ないという（Waldron,The Harm in Hate Speech, at 97.［ウォルドロン『ヘイトスピーチという危害』一一五頁］）。

（15） 齊藤・前掲註（2）六一頁。

（16） 阪口正二郎「差別的表現規制が迫る『選択』――合衆国における議論を読む」法と民主主義二八九号（一九九四年七月）四二頁。

（17） 師岡康子「国際人権基準から見たヘイト・スピーチ規制問題」世界八四八号（二〇一三年一〇月号）二一二頁。

（18） 齊藤・前掲註（2）六二頁。同「表現の自由――核心はあるのか」長谷部恭男編『人権の射程』（法律文化社、二〇一〇年）一六五頁以下。

(19) Waldron, The Harm in Hate Speech, at199.［ウォルドロン『ヘイトスピーチという危害』二三六頁］。
(20) 金尚均「ヘイトクライムと人権――いまそこにある民族差別」石埼学・遠藤比呂通『沈黙する人権』（法律文化社、二〇一二年）一九四頁。
(21) 棟居快行「差別的表現」高橋和之・大石真編『憲法の争点〔第三版〕』（有斐閣、一九九九年）一〇四頁。
(22) 内野正幸『差別的表現』（有斐閣、一九九〇年）一六八頁。
(23) 同上、一五九頁。
(24) Mari J Matsuda, *Public Pesponse to Racist Speech: Considering the Victim's Story,* in: Matsuda, Lawrence III, Delgado, and Crenshaw (eds), Words That Wound, Westview Press, 1993, at24.
(25) 鄭暎惠「ヘイトスピーチ被害の非対称性」法学セミナー七二六号（二〇一五年七月）一四頁以下。
(26) 平川宗信「差別表現と『個人の尊重』」部落解放研究所編『憲法と部落問題』（解放出版社、一九八六年）二六七頁及び二八〇頁。
(27) 平川・前掲註（26）二七〇頁以下。
(28) 平川・前掲註（26）二七八頁以下。
(29) 山口厚『問題探究刑法各論』（有斐閣、一九九九年）七九頁。
(30) Waldron, The Harm in Hate Speech, at60.［ウォルドロン『ヘイトスピーチという危害』七〇頁以下］。
(31) ibid.at106-107. 邦訳、一二六頁。
(32) ibid.109. 邦訳一二九頁。
(33) ibid.at37-39. 邦訳、四四頁以下。
(34) BGHSt 16, 49(56)=NJW 1961, 1364. Schönke-Schröder-Sternberg-Lieben, a.a.O., Rdn.6.
(35) BayObLG, JR 1994, 472.
(36) Harro Otto, JR 1994, 472.
(37) OLG Frankfurt, NJW 1995, 143.
(38) BayObLG, NJW 1995, 145.
(39) Schönke-Schröder-Sternberg-Lieben, a.a.O., Rdn.6.
(40) BGE 133 IV 308, 311 E.8.2; 130 IV 111, 118 E.5.1; 123 IV 202, 206 E.3a.

（41） BGE 123 IV 202, 206 E.3a.
（42） 論争についての詳細は，Kunz, ZStrR 1998, 223-233.
（43） Niggli-Wiprächttiger-Mettler, Strafrecht II, 3. Auflage, 2013, Art. 261^{bis}Rdn. 8, 9; Donatsch, StGB Kommentar, 19.Auflage, 2013, Art. 261^{bis}Rdn. 2.
（44） BGE 129 IV 104 E.3.4.3.
（45） この点についての詳細はNiggli-Wiprächttiger-Mettler, a.a.O., Rdn. 61.
（46） ibid. Rdn. 9, 10.

ヘイトスピーチ規制における運用上の諸問題

櫻庭　総

Ⅰ　はじめに

近年、ヘイトスピーチ規制に関する議論が活性化している。以前は規制消極論が圧倒的であったが、現在は、一部の突出した事案に限定すれば、刑事規制は可能であるとの見解も多く見られるようになった。しかし、規制積極論の多くは原理的な規制可能性の検討にとどまっており、その運用上の問題に触れたものは少ないように思われる。そこで本稿では、ヘイトスピーチを処罰する実体法規定が整備された場合に生じうる運用上の論点を整理し、若干の検討を加えたい。

Ⅱ　ヘイトスピーチの害悪と被害

ヘイトスピーチのとらえ方は論者によってさまざまである。ここでは後の検討のための準備作業として、二つのことを確認したい。一つは、ヘイトスピーチの害悪をどのように捉えるべきであるかであり、もう一つは、ヘイトスピーチの害悪と被害の異同についてである。

1　ヘイトスピーチの害悪

ヘイトスピーチの害悪論は、刑法学では保護法益の問題として展開される。そこでは、ヘイトスピーチの個人的法益侵害に着目する見解と、社会的法益侵害に着目する見解とに分けることができる。

(1)　個人的法益

ヘイトスピーチを名誉毀損ないし侮辱として構成する見解は、その保護法益を「個人の名誉感情」などに求める。(1)現行刑法の名誉毀損罪・侮辱罪の客体は特定の個人ないし団体であるため、不特定多数の集団に向けられたヘイトスピーチまで処罰可能とする集団侮辱罪の新設が提言されるが、あくまでその被害は集団に属する個々人の名誉感情であるとされる。(2)米国における批判的人種理論の主張のなかには、ヘイトスピーチの害悪をＰＴＳＤの発症など生理的機能の侵害に置くものも存在する。(3)

これらは、どちらかといえば従来の犯罪類型の延長線上にヘイトスピーチの害悪を捉えようとする見解といえる。ヘイトスピーチの害悪を従来の法益論に落とし込むことで、その規制の正当化を図りやすいという利点がある。しかしながら、問題点も指摘される。「感情」を法益とすることには、法益としての要保護性および処罰範囲の不明確性といった点から批判が加えられる。[4] 暴行（物理力）によらない傷害として構成する場合でも、判例によれば、精神的ストレス自体は傷害に該当しない（最決平成一七年三月二九日刑集五九巻二号五四頁）。

つまり、個人的法益として構成する場合、当該行為の表現方法としての過激さないし攻撃性に焦点があてられるが、それは必ずしもヘイトスピーチ特有の害悪ではないのである。したがって、一方では、ヘイトスピーチ以外でも感情を害される表現はありうるため、集団侮辱罪では処罰範囲の過度な拡張が懸念され、他方では、ＰＴＳＤや慢性頭痛症といった、一般的な傷害と同視しうる程度の侵害が要求されるため、傷害罪ではヘイトスピーチのほとんどが該当しないという問題が生じうる。[5]

(2) 社会的法益

ドイツにおけるヘイトスピーチ規制法としては刑法一三〇条の民衆扇動罪がよく知られている。その保護法益は「公共の平穏」とされ、同罪が一九六〇年に新設された際にも、これが人の名誉を保護する侮辱罪とは罪質を異にする規定であることが理由書に示されている。[6] 一方、米国における批判的人種理論の主張に目を向けると、ヘイトスピーチのような劣等感を植え付ける表現の蔓延が、人種差別的な社会を維持し、またはその構築に寄与するとして、当該表現の個人に対する直接的被害を超えた社会構造それ自体への害悪に着目する視点も見受けられる。[7] 日本でも、人に格差をつけ、「二級市民」「人間以下」として蔑むところにヘイトスピーチの本質があるとし、それは公共に対して偏見と蔑視を醸成する可能性が高いものであり、民主主義にとって不可欠な社会への参加を阻害する社会侵害行為であると解する見解もある。[8]

これらの見解は、単なる表現方法に付随する害悪ではなく、ヘイトスピーチに特有の害悪に焦点をあてるものといえる。したがって、ヘイトスピーチの侵害法益を社会的法益と理解することが、その害悪の認識としてはより適切であると考えられる。しかしながら、社会的法益として捉える場合も問題がないわけではない。一つには、公共の平穏や平等な社会参加の機会といった抽象度の高い法益を設定する場合、その侵害ないし危殆化の判断が実務上、困難である。もう一つには、ヘイトスピーチの害悪を構造的な側面に見るのが正しいとしても、それを刑事裁判で是正することには限界がある。つまり、たとえ一定のヘイトスピーチを犯罪化したとしても、刑事裁判では行為者の個人責任のみが問題となるため、社会構造について言及されることはほとんど期待できない[9]。

ヘイトスピーチの刑事規制を検討する場合、後者の問題とは必ずしも二律背反関係にはなく、一定の悪質性の高いヘイトスピーチを刑事規制の対象としつつ、行政的施策などによる社会構造や社会意識の変革を同時並行的に取り組んでいくことは可能である。しかし、前者の処罰範囲の不明確性に関する問題は、刑事規制を検討する以上、避けて通ることはできない。

2　ヘイトスピーチの被害

(1)　語られる多様な被害

近年、在日朝鮮人に対するヘイトスピーチ問題がメディアで取り上げられるようになり、その被害にもようやく注目が集まるようになってきている[10]。そこで語られる被害はさまざまであるが、なかでも「警察が止めようとしなかった」という指摘が少なくないように思われる。そこから、捜査機関の活動を積極化させるためにヘイトスピーチの刑事規制が必要であるとの主張も見受けられる。つまり、公然とヘイトスピーチが行われているにもかかわらず、警察はただ見守るばかりで、制止させることができない。延々とヘイトスピーチの垂れ流しを一方的に甘受させられている。たしかに、ヘイトスピーチ規制が制定されたからといって、直ちに差別がなくなるわけではないし、行為者が反省することも必ずしも期待できないかもしれない。しかし、少なくとも一部の突出した公然たるヘイトスピーチを即座に止めさせるために、応急的な抑止でしかなくとも、刑事規制は必要である。このような主張である。

ここには眼前でヘイトスピーチが繰り広げられているのを甘受することしかできない、当事者の切実な思いが語られている。ただし、注意すべきは、論理の問題として捉えれば、そこで問題とされる直接的な害悪、被害はもっぱらヘイトスピーチ行為に求められているということである。よって、当事者の心情は別にして、それを抑止すべき警察活動に積極的な根拠を付与するものとして、ヘイトスピーチ規制法が位置づけられている。

(2) 「害悪」と「被害」の相違

このような考え方は、一見して首肯できる側面があるようにも思われるが、いくつか検討すべき点がある。まず、公然と行われているヘイトスピーチの応急的な抑止のみを問題とするのであれば、それは新たな刑罰法規の創設によらずとも実現できる可能性がある。たとえば、ヘイトスピーチを行うことを目的とする公共施設の利用を地方自治体が制限する方法がありうる。[11] 海外では、人種差別団体規制という方法でヘイトスピーチの抑止に取り組む国も存在する。[12] もっとも、これらの方法は、日本国憲法の保障する集会の自由および団体結社の自由との関係から慎重な検討が必要であり、本稿では扱わない。

次に、たとえ新たな刑罰法規を創設した場合でも、それが立法時の目的どおりには運用されない可能性がある。仮に実体法規定が整備されたとしても、当初想定されていたヘイトスピーチに対して捜査機関が適用せず、または当初想定されていなかった表現に対して適用することがあっては本末転倒である。本稿ではこちらの問題を検討する。日本においてヘイトスピーチ規制の運用上の問題はこれまであまり検討の対象とはなってこなかったように思われるため、論点整理も含めた概観的な検討を行う。本稿はまた、従来の「害悪」論では法学的な説明枠組みの提供が難しく、それゆえに対応する適切な救済手続の検討が進展していない多様な「被害」のうち、とりわけ捜査機関の差別的・捜査に関するそれを検討する試みでもある。

Ⅲ　ヘイトスピーチ規制における運用上の問題

1　現行法での対応とその限界

運用上の問題を大きく分けると、一方で、①検挙・起訴すべき事案が適切に検挙・起訴されない場合が考えられ、他方で、②検挙・起訴すべきでない事案が検挙・起訴される場合が考えられる。以下では、これらの問題が生じた場合に現行法で対応しうる措置を検討する。

もちろん、濫用の危険を避けるためには、処罰規定を新設する際に実体法上の要件、解釈を明確化する努力がなされるべきである。しかし、とりわけマイノリティが被害者となる事案については、現行法で対応可能なものでさえ、捜査機関による消極的な対応が指摘されていることもあり、手続法上の問題を検討しておくことは不可欠である。

(1)　検挙・起訴すべき事案が適切に検挙・起訴されない可能性について

まず、検挙すべき事案が発生しても、捜査機関が適切な捜査を行わない場合について検討する。街頭で過激なヘイトスピーチデモが行われている際に、現場で警備に当たっている警察官が制止せずに傍観している、ときにはデモ集団を守っているようにさえみえるといった指摘が、人種差別撤廃委員会日本政府報告審査の場でも委員からなされている。[13]もっとも、その理由としては、当該デモが警察署への申請に基づく合法的なものであり、ヘイトスピーチそれ自体を規制する法律も存在しないことが考えられよう。

しかしながら、単に根拠規定を欠くために捜査機関の活動が消極的であるとは、必ずしも言い切れないように思われる。京都朝鮮学校襲撃事件は、当該行為を人種差別行為と認定し、きわめて高額の損害賠償を認めた民事判決で知られているが、[14] 刑事裁判でも侮辱罪、威力業務妨害罪および器物損壊罪で有罪が確定している。[15] つまり現行刑法規定でも対処可能な事案であった。被告人らの行為は警察官の目前で行われたが、当時の状況について、「名誉毀損については表現内容に関わることから現行犯逮捕することは一定困難かもしれないが、後二者については現行犯逮捕できたはずである。この不作為がどれほどの精神的、物理的、経済的被害を生じさせたことであろうか」と指摘するものもある。[16] したがって、たとえ新たな処罰規定が創設されたとしても、現場に居合わせた警察官が積極的な捜査活動を行わない可能性について検討する必要がある。

このような事態に対して現行法下で考え得る対応手段としては、告訴ないし告発がある。しかし、前述の京都朝鮮学校襲撃事件では、刑事告訴が防御にならなかったこと、告訴から捜査開始まで時間が経過したこと、捜査機関が「相打ち」を狙っているとすれば告訴が諸刃の剣になることなど、司法への不信を抱いているマイノリティにとって様々な問題のあることが指摘されている。[17] また、暴力を伴うヘイトクライムに関するものであるが、ドイツ連邦政府外国人問題担当官『ドイツにおける外国人の状況に関する第五次報告（二〇〇二年八月）』によれば、暴力を受けた被害者の約五分の一が告訴をしなかったとされ、いくつかの被害者相談所の情報によれば、告訴のなされない暴力行為の割合はさらに高いともいわれる。そして、告訴をしなかった原因としては、滞在権の不安定さ、難民手続の結果への不安、警察および官庁自体が抑圧的で差別的であるという認識、自身の社会低地位および以前に体験した社会的排除に関する否定的な自己評価ならびに被害者化への不安があげられている。[18] マイノリティが被害者となる犯罪の場合、警察の不作為への対応手段が告訴だけでは不十分であるように思われる。

起訴段階では、事件の送致を受けた検察が不起訴処分とする場合も考えられる。起訴便宜主義のもと、起訴・不起訴の判断に関して検察は広範な裁量を有しているが、その裁量を逸脱する不当な不起訴処分の疑いがある場合が問題である。

これに対しては、現行の検察審査会制度による審査が考えられよう。たしかに、検察審査会は不当不起訴を控制するための制度であり、一定の効果は期待しうる。しかし、ここでも被害者がマイノリティであることに注意を払う必要がある。検察審査会の構成員は一般市民から成るが、それは検察による不当不起訴に対して市民的常識からの判断がチェック機能を果たすものとして期待されるからである。ところが、マイノリティが被害者になる犯罪や、ヘイトスピーチといった差別問題に関わる犯罪について、一般市民のほうが検察よりも理解があるとは必ずしも言えないように思われる。米国で差別的起訴が問題となるときも、大陪審制度が少なくとも現状では有効とは評価されていないという[19]。マイノリティが被害者となるヘイトスピーチ問題については、検察審査会に多くを期待しすぎることは慎むべきだろう。

(2) 検挙・起訴すべきでない事案が検挙・起訴される可能性

ヘイトスピーチに対する何らかの刑罰法規を創設したものの、それが本来の立法趣旨とは異なる行為に適用される可能性も検討しておかねばならない。二〇一四年八月に自民党の「ヘイトスピーチ対策等に関する検討プロジェクトチーム」の初会合が開かれたが、そこでは国会周辺で行われている街宣活動についても議論がなされ、「反原発のデモなどは規制の対象にならないのか」との意見も出されたという[20]。ヘイトスピーチ街宣に対抗して行われる、いわゆるカウンターデモに対して規定が適用される可能性も考えられる。諸外国に目を向けても、イギリスでは、ヘイトスピーチ規制が、政府やマジョリティ社会を批判する非白人活動家の政治的表現行為に適用されたケースがあり、トルコでは、民族的マイノリティに属するクルド人女性弁護士が軍によるクルド人女性への蹂躙を批判した発言をしたところ、刑法二一六条一項の「人種的憎悪の扇動を禁止する条項」が適用された例があるなど、濫用の危険性は国際的にも共通のものであるとされる[21]。

このような危険に対しては、逮捕・勾留、捜索・差押えといった強制捜査は令状主義に基づく司法審査に服するために解消されうるとの考えもあろう。しかしながら、現状での令状請求棄却率の圧倒的な低さ等から、それが必ずしも有効に働くとは限らないように思われる。

起訴段階についてはさらに問題がある。不当不起訴については、検察審査会制度による審査の途が開かれているが、不当起訴については、現行法下ではそれを控制する制度的な仕組みは存在しない。公訴権濫用論についても、チッソ川本事件最高裁決定[22]による、「検察官の裁量権の逸脱が公訴の提起を無効ならしめる場合のありうることを否定することはできないが、それはたとえば公訴の提起自体が職務犯罪を構成するような極限的な場合に限られる」との判示を契機として、「理論は肯定されたが、適用対象はきわめて限定され、実際上、公訴権濫用論の機能は閉塞した」などと評される。[23]

ヘイトスピーチ規制は、その性質上、運用次第では表現の自由を脅かしうるものであるため、濫用の危険性に対しては更なる防止策が検討されなければならないだろう。

2　ありうる改善策とその課題

(1)　検挙・起訴すべき事案が適切に検挙・起訴されない可能性について

捜査機関による不当な消極的捜査を抑止するためには、どのような改善策が考えうるだろうか。ヘイトスピーチと同様に、被害の多くが社会的弱者であり、社会的に認知されにくい、あるいは正しく理解されにくい行為としては、家庭内暴力の問題をあげることができる。とりわけＤＶ防止法制定以前、傷害罪など現行刑法規定に明らかに該当するような場合でさえ、一一〇番しても警察官が来ない、来ても、夫が「夫婦のことですから」というと帰ってしまうなどの消極的な対応がなされたことが問題視された。[24]その背後に警察介入の消極主義が内在してきたジェンダー・バイアスの存在を指摘する見解もある。[25]

このためDV防止法では第八条で「警察官は、通報等により配偶者からの暴力が行われていると認めるときは、警察法、警察官職務執行法その他の法令の定めるところにより、暴力の制止、被害者の保護その他の配偶者からの暴力による被害の発生を防止するために必要な措置を講ずるよう努めなければならない」との訓示規定が置かれた。ただし、「措置を講じなければならない」とせず「措置を講ずるよう努めなければならない」としたのは、配偶者からの暴力の問題がデリケートな問題であるとともに、個別事案ごとに適切な判断をしなければならないため、現場の警察官の裁量を縛らないようにすることが妥当と考えられたからだとされる。(26) したがって、こうした規定に基づく通達などを通じて、告訴・告発等を積極的に受理する方針に転換することは期待しうるが、警察自体の体制に変化をもたらすものではない。

捜査機関の認識を変化させるためには、教育・研修に期待することもできる。人種差別撤廃委員会一般的勧告三五では、人種主義的ヘイトスピーチによる被害に注意を喚起するための教育政策の対象として、「警察および公共の秩序を預かるその他の機関、および裁判官を含む司法関係者」があげられている（パラ三六）。このような組織内部からの改革が重要であるのはもちろんだが、生じうる危険性については外部的な抑制装置の存在がなお必要であるとの考えもありえよう。

起訴段階の問題については、不当不起訴に対する検察審査会による審査が——少なくともヘイトスピーチが問題となる事案では——必ずしも十分に働かない可能性があるのだとすれば、それとは異なる、ヘイトスピーチないしマイノリティが被害者となる事案に特化した専門の審査機関の設置を考えてもよい。しかし、従来にない制度であり、かつ、日本の刑事司法の特徴の一つをなす検察官の起訴裁量に踏み込む方向での制度の創設となれば、その実現にはきわめて高いハードルが課せられるであろう。

(2) 検挙・起訴すべきでない事案が検挙・起訴される可能性

この問題については、そもそもヘイトスピーチ規制に限らず、現行法において有効なコントロール手段が制度としては整備されていないため、さらに困難が生じる。そのため、以下では差別的捜査・起訴に関する判例を概観し、まずは解釈論として展開できるところがないか検討し(Ⅳ)、仮にそれが難しいようであれば、立法論ないし制度論としては展開できないかを模索したい(Ⅴ)。

Ⅳ 差別的捜査・起訴の問題

1 差別的捜査と平等原則

(1) 赤碕町長選挙違反事件

差別的捜査・起訴が問題となった事案としては、赤碕町長選挙違反事件[27]が有名である。被告人は、鳥取県の赤碕町長選挙に立候補して当選したAの選挙運動者で、後に反対派に転じ、右選挙後に、「Aの選挙運動者であった当時にAらから現金の供与を受けた」などの事実を申告して警察に自首し、そのため、公職選挙法違反の罪で、Aの家族ら他の運動者と共に略式起訴され、罰金などの略式命令を受けた。しかし、被告人は、本件公職選挙法違反の首謀者たるA、助役および郵便局長が起訴されていないのは不当であるとして正式裁判を請求したところ、第一審は、警察官および検察官において、ある特定人のみを対象とし、不当な差別的意図で捜査および起訴をしたという事実が認められないとして、ほぼ公訴事実に沿う内容を認定し有罪を言い渡した。

被告人の控訴を受け、控訴審は、八橋警察署が、供与・饗応の実行行為者との共謀により被告人と対向的な共犯関係に立つ疑いの強いAを、なんら合理的な理由がないのに捜査上不当に有利に取り扱っており、被告人に対する警察の捜査は、Ａに対するそれと比較して不当に不利益なものであったから憲法一四条に違反するとし、このような差別的捜査に基づいて対向的共犯の一方のみが起訴され他方が刑事訴追を免れている場合には、被告人に対する控訴提起を含む検察段階措置に不当な差別や裁量権の逸脱がなくても、右公訴提起は憲法三一条に違反するので、刑訴訟三三八条四号を準用ないし類推適用すべきとして、第一審判決を破棄し、公訴棄却の判決をした。これに対して検察官が上告した。

最高裁は次のように判示し、原判決を破棄した。「被告人自身に対する警察の捜査が刑訴法にのっとり適正に行われており、被告人が、その思想、信条、社会的身分又は門地などを理由に一般の場合に比べ捜査上不当に不利益に取り扱われたものでないときは、かりに、原判決の認定するように、当該被疑事実につき被告人と対向的な共犯関係に立つ疑いのある者の一部が、警察段階の捜査において不当に有利な取扱いを受け、事実上刑事訴追を免れるという事実があったとしても（もっとも、本件において、八橋警察署が、原判決認定のように、Ａを不当に有利に取り扱う意図のもとに偏頗な捜査をしたとまで断定できるかどうかについては、証拠上疑問なしとしない）、そのために、被告人自身に対する捜査手続が憲法一四条に違反することになるものでないことは、当裁判所の判例（引用判例省略）の趣旨に徴して明らかである」。

⑵　本判決における差別的捜査の基準

ある法律が、特定の者に対して合理的な理由なく有利又は不利な取扱いを定めている場合、その法律が憲法一四条の要請する平等原則に違反し無効になることは当然として、では、法律の内容自体ではなく、単にその執行面に不平等がある場合は、如何に考えるべきであろうか。これに関して、赤碕町長選挙違反最高裁判決は、「被告人が、その思想、信条、社会的身分又は門地などを理由に一般の場合に比べ捜査上不当に不利益に取り扱われたものでないときは」憲法一四条に違反しないとしていることから、その反対解釈として、被告人に対してそのような捜査上の不利益取扱いがなされれば場合は、憲法一四条違反となりうることを判示していると解して差し支えないであろう。[28]このことはまず確認されてよい。

問題は、そこでいう不平等捜査を如何に解するかである。控訴審判決は、「社会的身分の高いA……について、他の者に比してことさら有利に取り扱う意図のもとに偏頗な捜査を行ったものと言わざるを得ない」としたうえで、「Aに対する捜査が適正に行われたとしても、被告人が起訴されることを免れなかったことは明らかであるけれども、憲法一四条……の趣旨に照らせば、被告人が他の者より不利益に差別された場合と、本件のように被告人よりも他の者が利益に扱われた場合とでは、被告人が差別された点において選ぶところがなく、右両場合とも差別されたこと自体をもつて被告人が不利益を蒙ったものと言わなければならない」と判示し、被告人に対する捜査が平等原則に反するとした。

このように、控訴審判決は、被告人と対向的な共犯関係に立つ疑いのある者に対する取扱いとの比較から、差別的捜査を認定したのに対して、最高裁判決は、比較の対象として「一般の場合」を設定したうえで、本件についてたとえAに対する不当に有利な取扱いがあったとしても、一般の場合に比べ被告人が不当に不利益に取り扱われたとは認められないとしている。

最高裁が比較の対象として「一般の場合」を設定した理由につき、調査官解説は次のように説明する。すなわち、控訴審判決のような見解をとると、「共犯者中の一部の者に対し、警察が不当に有利な取扱いをして訴追を免れさせた以上、検察官は、その余の共犯者のすべてについて公訴提起の権能を喪失することとなり、同様の罪を犯して正当に公訴を提起されている多くの一般の犯罪者との比較においては、かえって処分の不均衡を拡大することになってしまう」との考慮があったのではないかとされる。[29]ただし、この考慮に対しては、共犯関係者のごく少数に対してのみ利益な取扱いがなされた事案に妥当するかぎりであるが、それ以外の場合に対する考察や配慮が一切為されていないことから、むしろ背景にあるのは「訴追し処罰すべき者を捜査手続の違法性を理由に刑事手続から解放することへの躊いそのもの」ではないかと疑問を呈する見解がある。(30)

この問題を置くとしても、「一般の場合に比べて捜査上不当に不利益に扱われ」た場合がどのような事態を指すのかは必ずしも明確ではない。「一般の場合」の意味するところが、「一般の犯罪者」であるとすればあまりにも漠然とし曖昧としていて比較の対象として使い物にならないので、事柄の性質上、「同種事件の犯罪者一般」と解すべきとの指摘や、(31)「同種の事犯」や「同犯情の事件」ということでも広く、「たとえば、一定地域の同種同犯情の者とか多数共犯者において、警察が被疑者以外のすべての者に対して捜査上不当に有利な扱いをしたといったケースに当てはめることにより、はじめて判示の適用場面があらわれる」とする見解がある。(32) 一方で、もともと従来の判例は、具体的事件における共犯者等の間の捜査や訴追の強度の差異は、それだけでは憲法一四条違反とはならないとしつつ、思想、信条、社会的身分の有無等によって一般的、範疇的に差別した捜査や公訴提起がなされた場合は、不平等捜査ないし訴追に当たり得ると解していたのであって、その判断基準がより明らかにされたにすぎないとみる見解もある。(33)

公訴提起との関係については、控訴審判決は、「憲法一四条違反の差別捜査に基づいて、差別された一方だけに対して公訴提起した場合にも同法三一条の適正手続条項に違反する」として公訴棄却を言い渡した一方、最高裁判決ではそもそも本件の差別的捜査が認められなかったため、公訴提起に及ぼす影響については明示されていない。(34)

2　差別的捜査の認定

(1)　要件の精緻化の可能性

結局のところ、判例によれば、思想、信条、社会的身分または門地などを理由として、一般の場合に比べて不利益な捜査がおこなわれた場合、憲法一四条に違反することは理論上認められるといってよいものの、その具体的要件はなお不明確である。では、前述の指摘のように、「一般の場合」を「同種の事犯」といったように精緻化することで、要件を具体化することは可能だろうか。

これに関しては、米国における差別的(選別的)起訴の問題が参考になる。黒川亨子によれば、米国の状況はおおよそ次のようにまとめられる。ベリッオス判決やウェイト判決を通じて、差別的起訴の主張には、①客観的要件および②主観的要件が必要であることが明らかとなった。すなわち、①自分と「同様の立場の者」が起訴されていないのに、自分は根拠のない区別のような不当な基準に基づいて起訴されたこと(差別的結果:客観的要件)、および②そのような事態が検察官の故意によるものであること(差別的意図:主観的要件)を立証する必要がある。ただし、問題はその立証にある。主観的要件の立証は、被告人にとってきわめて重い負担であり、とりわけ人種差別の領域については無意識の人種差別こそ問題にしなければならない[35]、といった批判が加えられたが、連邦最高裁は一貫して主観的意図の立証を要求している。これに対して検察官の起訴方針に関する文書の証拠開示を求める主張で対抗することもみられたが、アームストロング判決は証拠開示に高いハードルを設定したため、その途も事実上閉ざされている。客観的要件の立証にも困難が伴う。オルビス判決では、「同様の立場」と認められるのは、「二者の状況に、彼らに関して異なる起訴決定を正当化するかもしれないような、区別できる正当な起訴要因が存在しない場合である」とされるが、その判断に際して、さまざまな要因を考慮に入れることを認めたため、たとえば実際には人種による区分に従って起訴決定がなされたとしても、検察官は別の理由(たとえば白人の被疑者は進んで捜査協力をした)を持ち出すことで、本当の理由を隠すことが可能となってしまう、そのような危険がある。「根拠のない区別」の立証についても、人種や性による区別は、基本的に違憲の疑いが強い区分として厳格審査基準が採用されるが、人種といった根拠が、起訴決定において唯一もしくは主要な要因でなければならないのか、多数の根拠のうちのほんのひとつであればよいのか、については明らかでない。したがって、客観的要件の立証も容易ではなく、証拠開示にもかなり厳格な要件が課されていることもあり、被告人は、弁護人の協力の下、自らこれらのデータを収集する必要が生じる。その結果、多くの裁判所は、差別的結果の立証に成功していないとされる(36)。

(2) 立証の問題

以上のような米国の状況に鑑みると、赤碕町長選挙違反事件最高裁判決で示された「その思想、信条、社会的身分又は門地などを理由に」の箇所については「根拠のない区別」の議論が、「一般の場合」の箇所については「同様の立場の者」の議論が参考になりうるかもしれない。しかし、「根拠のない区別」に関して、人種や性による区別は厳格審査に付されるという論理は、そもそも米国の判例法理における厳格審査、中間審査、合理性審査基準の区別が前提となるため、これを採用しない日本の判例にそのままスライドさせることはできないという問題がある。また、たとえ「一般の場合」の要件を精緻化することができたとしても、広範な証拠開示や、検察官への立証責任の転換などが認められなければ、その要件を立証するために必要なデータ収集能力が限られている被告人および弁護人にとって、差別的捜査・起訴の主張はきわめて困難であるように思われる(37)。

V 捜査機関による差別被害とその制度的抑制の可能性

1 立法論としての差別的捜査・起訴控制

(1) 現状の問題

これまで検討した判例における差別的捜査の枠組みから、マイノリティに対するヘイトスピーチ規制法の濫用的適用という問題を考えると、その捜査活動が「一般の場合」に比べて不当に不利益な取扱いであると認められなければ、憲法一四条違反であるとはみなされない。ただし、「一般の場合」が余りに漠然としているため、控訴審判決のように比較の対象を何らかのかたちで絞り込むことは検討されてよい。

しかしながら、そのように要件を限定して精緻化できたとしても、たとえば同じ場所においてヘイトスピーチデモとそれに対するカウンターデモが行われ、そのうちカウンターデモに属する行為者のみが捜査対象となるような事案に適用の幅が限定されることになるであろう。しかも、同種の事案についてもその態様等の差から捜査・起訴方針に裁量が生じること自体は否定できないため[38]、それが憲法一四条一項後段に例示列挙された事由に基づく不利益取扱いであることを客観的状況から立証するのは困難を極めることが予想される。被告人は、比較対象として大量のデータを提出する等の必要に迫られよう[39]。捜査機関の差別的意図を立証することは、現在の裁判実務では、さらに困難である[40]。加えて、ヘイトスピーチ規制があるにもかかわらず、それに該当する行為に対して捜査・起訴がなされない場合については、そもそも訴訟の対象となりえないため、判例の枠組みを用いることはもとより不可能である。

したがって、判例の示した差別的捜査の枠組みを解釈論において精緻化する余地は残されているといえるが、仮に要件を具体化できたとしても、現行法下では、その立証の困難性などから、いずれにせよ、ヘイトスピーチ規制における運用上の問題を解決しうるものとするのは難しいように思われる。

(2) 差別的捜査・起訴控制の理論的課題

そこで、立法論になるが、これらの被告人の立証上の負担の問題を解消するため、差別的捜査・起訴の判断に必要な専門的知識やデータを備えた機関による審査制度を検討することはできないだろうか。制度設計次第ではあるが、そこに前述した捜査・起訴がなされない場合をも審査に服させることも考えうる。

しかし、新たな制度を創設するとなれば、詰めなければならない論点は多岐にわたる。本稿でその全てを検討することはもとより不可能であるが、少なくとも、①立法事実および②現行法体系との整合性の二つが越えるべき最初のハードルではないかと思われる。

差別的捜査が憲法一四条に違反すること自体は判例の認めるところであり、人種差別撤廃条約五条(a)も裁判所等の前での平等な取扱いについての権利を規定している。[41] 問題はこれに該当しうる立法事実の存在である。近年、ヘイトスピーチ規制が論議されるなかで、議論の前提として被害実態調査から出発すべきであるとの指摘が多く見受けられる。これに加え、差別的捜査・起訴に関する実態調査も行うことは無駄ではないだろう。もっとも、調査にあたっては、なお不明確なそこでの差別的捜査の概念を如何に設定するかという問題は残る。

2　現行法体系との整合性

(1)　専属告発制度

立法事実の存在が示されたとしても、新たな制度と現行法体系との整合性が問題となる。これまでも、とりわけ検察官の広範な訴追裁量に対しては、予備審問、大陪審、特別大陪審の採用等の構想が提起されてきたが、[42] 実現したものとしては、検察審査会の議決に拘束力を持たせる改正がなされたにすぎない。大陪審の採用などは現行法体系との整合性が厳しく問われざるを得ないだろう。[43] しかしながら、特定の犯罪を対象とするものであれば、検察官の訴追裁量を控制するものは、現行法下でも存在する。その一例としては、独占禁止法の規定する公正取引委員会の専属告発制度があげられる。

公取委における独禁法違反事件の処理手続きには、行政処分と刑事処分が想定されている。行政処分については、排除措置などがあり、これは裁判に準じる手続きである審査・審判手続きによるべきものとされ、準司法的権限を有するとされる[44]（ただし、平成二五年の独禁法改正で公取委の審判制度が廃止された）。

一方、公取委は、犯則事件（独禁法第八九条から第九一条までの罪）を調査するために必要があるときは、裁判官の発する許可状により、臨検、捜索または差押えを行う犯則調査権限を有している。これに関わって、独占禁止法は、その第九六条に「第八九条から第九一条までの罪は、公正取引委員会の告発を待って、これを論ずる」と専属告発規定を置いている。つまり、公取委の告発がなければ検察が公訴提起することはできないのである。一方、同七四条では「公正取引委員会は、第一二章に規定する手続による調査により犯則の心証を得たときは、検事総長に告発しなければならない」と規定するが、「しなければならない」との文言については、訓示規定と解されており、公取委に厳格な告発義務を課したものとはされておらず、現に公取委による告発事例も多くはない。(45) なお、告発にあたっては検察当局との告発問題協議会において慎重な検討が行われるとされる。(46)

(2) 社会的法益と判断の専門性

公取委にこのような専属告発が認められている理由は、その職務の専門性に由来するところが大きい。すなわち、「公取委は、内閣総理大臣の所属に属する行政庁ではあるが、職権行使の独立性を持った行政委員会であり、その職務の専門性を特色とし、独禁法違反行為の行政上の排除の手続においても準司法的手続が採られている。こうした点に鑑みて、独禁法違反の主要な犯罪に係る違反行為については、これらに刑罰権の発動を促すか否かの判断を、公取委自身に委ねたのである」とされる。(47)

この職務の専門性に関して、刑法の法益論から説明する見解がある。それによれば、独禁法の規定する不当な取引制限の罪の法益を競争制度の機能といった社会的法益と考える立場からは、専属告発制度にそれなりの合理的根拠が見いだせるという。なぜなら、「この立場では、市場成果についての諸指標、あるいは市場構造、市場行動、市場成果に関する一定の経験則に基づき、競争制度の機能の侵害ないし侵害の危険という結果を発生させたか否かを判断する必要がある」ため、「この判断は、検察官よりは、むしろ公正取引委員会がより適切に行いうる性格のもの」であるからだとされる。[48] この点を社会的法益の特性からさらに次のように説明される。すなわち、それは「具体的に手で触れることができるような法益ではないから、その侵害の有無の判断には困難が伴うという批判には、理由があるだろう。その点の解明が求められている。しかしまた、そのような困難が伴うからこそ、……この罪の違法性の核心的部分の判断を、専属告発の制度を用いて競争制度の番人として専門的知見を有している公取委の判断に委ねる制度が採用されていると理解することが可能となる[49]」。

前述したように、ヘイトスピーチの侵害法益に関しては、社会的法益と捉えるべきであるとする見解が有力であるが、その侵害ないし危殆化の判断が困難であるという問題があった。とすれば、仮にそのような行為の処罰規定が新設される場合には、専門性を備え職務行使の独立性をもった行政委員会のような何らかの機関にその刑罰権発動の是非に関する判断を委ねることは、現行法制度の考えからしても相応しいとみることができよう。

(3) 残された課題

とはいえ、このように考えることができたとしても、なお検討すべき課題は残る。理論的には、専属告発制度を付与されるほどの専門性（公取委でいえば、一般人や捜査機関では判断しえないほどの自由な競争経済秩序に関する知見）を、ヘイトスピーチ問題について当該機関が有するといえるかが問題となる。これについては、ヘイトスピーチの特性を、一般に理解されにくい歴史性、非対称性といった視点から説き起こすものも見受けられるようになってきたので[50]、こうした知見を参照することが考えられよう。

こうした理論的な正当化以外にも、具体的に詰めるべき論点は多い。当該機関の組織上の位置づけを公取委のように内閣とするか、法務省とするかといった問題にはじまり、人員、人選の方法、調査権限の有無および程度など多岐にわたる。なお、差別事案の救済についてパリ原則に基づく国内人権機関の創設をもって実現すべきであるとの主張もなされているところであり[51]、その場合、パリ原則が要請する機関の独立性がより厳格に求められることになろう。

Ⅵ　おわりに

ヘイトスピーチの害悪を法的に規制し、その被害を救済するうえで、その害悪および被害が何かを明らかにすることはもちろん、それによく対応しうる法政策を検討する必要がある。本稿では、ヘイトスピーチ規制を運用するうえで生じうる手続上の論点を整理したうえで、とりわけ、差別的捜査・起訴を控制するための専門機関による専属告発制度の理論的可能性を検討した。その前提として、捜査機関の運用上の問題を、単に裁量上のものとするのではなく、それが場合によっては一つの差別被害と位置づけるべきことを論じた。そして、これにより、ヘイトスピーチ規制の保護法益を社会的法益と解することの難点によく応えうるものとなりうることを指摘した。もっとも、本稿は序論的な検討にとどまり、具体的な制度の在り方については今後の課題としたい。

内田博文は、ハンセン病隔離政策がもたらした被害実態調査に加わって被害観が一変したという。そして、現在進行形の被害にも留意せねばならないこと、被害者にとって被害を語ることがいかに困難であるかを知ること、被害感情のない被害が存在すること、被害調査と差別・偏見の打破は車の両輪であること、そして、「同情」論ではなく、「人間（人権）回復」という視点に立った被害実態調査とは何かを問うことの重要性を指摘している。(52) ヘイトスピーチについても、現行法制度で回復困難な被害を切り捨てることなく、多様な被害に対応しうる新たな法制度の可能性を探る試みが必要であろう。

＊　本研究はＪＳＰＳ科研費（課題番号１５Ｋ１６９４３）の助成を受けたものである。

（1）内野正幸『差別的表現』（有斐閣、一九九〇年）一六八頁。
（2）内野・前掲註（1）一五七頁以下。なお、集団侮辱罪の保護法益を「人間の尊厳」として構成すべきとするのは、楠本孝「集団侮辱罪と民衆扇動罪」龍谷大学矯正・保護総合センター研究年報二号（二〇一二年）三八頁以下参照。
（3）批判的人種理論の主張については、奈須祐治「ヘイト・スピーチの害悪と規制の可能性（一）」関西大学法学論集五三巻六号（二〇〇四年）五七頁以下を参照。
（4）髙山佳奈子「『感情』法益の問題性」髙山佳奈子・島田聡一郎編『山口厚先生献呈論文集』（成文堂、二〇一四年）一頁以下、梅崎信哉『刑法における因果律と侵害原理』（成文堂、二〇〇一年）三一二頁以下。
（5）現行刑法規定におけるヘイトスピーチ規制の限界については、櫻庭総「現在の刑事司法とヘイトスピーチ」法学セミナー二〇一六年五月号掲載予定を参照されたい。
（6）民衆扇動罪の制定過程については、櫻庭『ドイツにおける民衆扇動罪と過去の克服』（福村出版、二〇一二年）参照。
（7）奈須・前掲註（3）五七頁以下参照。
（8）金尚均「ヘイト・スピーチに対する処罰の可能性」金編『ヘイト・スピーチの法的研究』（法律文化社、二〇一四年）一七五頁。
（9）詳細については、櫻庭総「名誉に対する罪によるヘイト・スピーチ規制の可能性」金尚均編『ヘイト・スピーチの法的研究』（法律文化社、二〇一四年）一二八頁以下参照。
（10）たとえば、「特集　ヘイトスピーチ／ヘイトクライム――民族差別被害の防止と救済」法学セミナー七二六号（二〇一五年）一一頁以下の各論攷など参照。
（11）東京弁護士会作成のパンフレット『地方公共団体とヘイトスピーチ』参照。一方、利用制限に否定的なものとしては、大阪市人権施策推進審議会「ヘイトスピーチに対する大阪市としてとるべき方針について（答申）」九頁。
（12）エリック・ブライシュ（明戸隆浩ほか訳）『ヘイトスピーチ』（明石書店、二〇一四年）一五〇頁以下参照。
（13）反差別国際運動日本委員会編集『レイシズム　ヘイト・スピーチと闘う――二〇一四年人種差別撤廃委員会の日本審査とＮＧＯの取り組み』（解放出版社、二〇一五年）一五九頁。
（14）民事事件判決については、前田朗『ヘイト・スピーチ研究序説』（三一書房、二〇一五年）四八頁以下、梶原健佑「判批」山口経済学雑誌六二巻四号（二〇一三年）三三一頁以下など参照。
（15）刑事事件判決については、金尚均「判批」新・判例解説Watch10号（二〇一二年）一四一頁、前田・前掲註（14）三六頁以下など参照。

(16) 金尚均「ヘイトスピーチとヘイトクライムの法的議論」法学セミナー七二六号（二〇一五年）三五頁。

(17) 中村一成『ルポ京都朝鮮学校襲撃事件』（岩波書店、二〇一四年）九三頁以下、一五三頁以下。

(18) 5. Bericht über die Lage der Ausländer in der Bundesrepublik Deutschland, Augst 2002. S. 268.

(19) 小山雅亀「不当な訴追裁量をコントロールするための手段」法と民主主義二四八号（一九九〇年）一一頁。

(20) 朝日新聞二〇一四年八月二九日朝刊。

(21) 師岡康子『ヘイトスピーチとは何か』（岩波書店、二〇一三年）一〇一頁および一六四頁。ただし、「濫用の危険性があるからという理由で、現実の切迫した法益侵害を放置し規制しないのは極論であろう」（同一六五頁）との指摘も看過してはならない。

(22) 最判昭和五五年一二月一七日刑集三四巻七号六七二頁。

(23) 三井誠『刑事手続法Ⅱ』（有斐閣、二〇〇三年）八九頁。

(24) 戒能民江編著『ドメスティック・バイオレンス防止法』（尚学社、二〇〇一年）八五頁。

(25) 中里見博「『市民の安全』とジェンダー——DVへの警察介入をめぐって」森英樹編『現代憲法における安全』（日本評論社、二〇〇年）二二一頁以下。ただし、DVの構造性と特質を深刻に受けとめるからこそ、刑事司法は近代刑事原則の理念を厳格に遵守すべきことが求められるように思われる。櫻庭「ファミリー・バイオレンスにおける刑事法の役割と限界」石塚伸一ほか編著『近代刑法の現代的論点——足立昌勝先生古稀記念論文集』（社会評論社、二〇一四年）三三〇頁以下参照。

(26) 南野知恵子ほか監修『詳解DV防止法』（ぎょうせい、二〇〇八年）一一二頁。

(27) 最高裁大二小法廷判決昭和五六年六月二六日（刑集三五巻四号四二六頁）。本判決の評釈については、小田中聰樹「公訴抑制の理論と展望」法学セミナー三二三号（一九八二年）二頁以下、鯰越溢弘「判批」法学セミナー三二四号（一九八二年）一五四頁、岡部泰昌「違法捜査に基づく公訴提起の効力（上）（下）」判例時報一〇一八号（一九八一年）三頁以下、一〇一九号三頁以下、宇都宮純一「判批」法学四九巻二号（一九八五年）三四八頁以下、三井誠「判批」警察研究六一巻七号（一九九〇年）五〇頁以下など参照。

(28) 三井・前掲註（23）五四頁、鯰越・前掲註（27）一五四頁、指宿信『刑事手続打切り論の展開——ポスト公訴権濫用論のゆくえ』（日本評論社、二〇一〇年）二〇頁。

(29) 木谷明「解説」法曹時報三四巻一〇号（一九八二年）二一六六頁。

(30) 小田中・前掲註（27）一四頁。

(31) 小田中・前掲註(27)一三頁。ただし、このように解したとしても「事件の態様や情状の多様性を考えれば、それが比較の対象となしうるほどに客観的でしかも具体的なものとして実務に存在しているかは疑わしい」（同一四頁）とする。

(32) 三井・前掲註(23)五五頁。

(33) 的場純男「複数犯罪の一部犯罪のみの捜査」河上和雄編『刑事裁判実務大系　第一一巻犯罪捜査』（青林書院、一九九一年）六二九頁。

(34) 最高裁判決では、なお書きで、「なお、原判決によると、本件公訴提起を含む検察段階の措置には、被告人に対する不当な差別や裁量権の逸脱等はなかつたというのであるから、これと対向的な共犯関係に立つ疑いのある者の一部が、警察段階の捜査において前記のような不当に有利な取扱いを受けたことがあつたとしても、被告人に対する公訴提起の効力が否定されるべきいわれはない」と判示している。そもそも被告人自身に対する捜査手続きに憲法一四条違反を認めないのであるから、この「なお書き」部分は不要のはずである。調査官解説は、自判のための理由として必要であったとするが（木谷・前掲註(29)二一七〇頁）、少なくとも、違法捜査に基づく公訴提起無効論を一成否定する趣旨でないことだけは確かであろう（三井・前掲註(23)五七頁）。

(35) なお、ヘイトスピーチにおける「無自覚性」の問題については、桧垣伸次「ヘイト・スピーチ規制と批判的人種理論」同志社法学六一巻七号（二〇一〇年）二五〇頁以下参照。

(36) 黒川亨子「差別的起訴の研究（一）〜（三）」大阪市立大学法学雑誌五四巻三号（二〇〇八年）一二九五頁以下、同四号一五七四頁以下、同五五巻一号三〇六頁以下。

(37) なお、米国におけるヘイトクライムの捜査についても、捜査機関の裁量に関する諸問題が指摘されている。Jeannie Bell, Policing Hatred. New York University Press. 2002.

(38) 最判昭和三三年三月五日刑集一二巻三号三八四頁および最判昭和二六年九月一四日刑集五巻一〇号一九三三頁参照。

(39) 米国において差別的起訴の訴えが認められ公訴棄却された事案において、被告人は売春で女性のみを起訴することは平等保護条項違反であると訴えたが、その際、所轄警察によって①売春で逮捕されたのは、女性三六名に対し、男性一名、②売春目的の客引きで逮捕されたのは、女性二三名に対し、男性二名、③夜間徘徊したとして逮捕されたのは、女性一〇四名に対し、男性二名であったことを示す、約一年間にわたるリストを提出したとされる。黒川・前掲註(36)「差別的起訴の研究（二）」一五九五頁。

(40) 主観的意図については、赤碕町長選挙違反事件最高裁判決では、常にそれが要請されるかどうかについては明らかにされていない。にもかかわらず、以後の裁判例でも、公訴権の濫用がないとの判旨において、捜査官、訴追官に不当な差別的意図がないことなどを理由に挙げているものが少なくないとされる。指宿・前掲註（28）六頁。

(41) なお、これに関して、障害者差別の分野についてではあるが、障害者政策委員会差別禁止部会「『障害を理由とする差別の禁止に関する法制』についての差別禁止部会の意見」の以下の指摘が参考になる。障害者権利条約一三条一項にいう「手続上の配慮」は、合理的配慮が司法分野に特化された概念であり、その背景には、合理的配慮の例外を示す「均衡を失した又は過度の負担を課さないもの」に該当する場合であっても、適正な手続が求められる司法分野においては、かような抗弁については原則として認めるべきでないという判断があったからだとされる（同七二頁）。内田博文『更生保護の展開と課題』（法律文化社、二〇一五年）四五九頁以下も参照。

(42) 小山・前掲註（19）一二頁参照。

(43) ただし、内田博文編『歴史に学ぶ刑事訴訟法』（法律文化社、二〇一三年）四四頁以下（内田執筆）参照。

(44) 丹宗暁信・岸井大太郎編著『独占禁止手続法』（有斐閣、二〇〇二年）三二頁（岸井大太郎執筆）。

(45) 菊池元一ほか著『続コンメンタール独占禁止法』（勁草書房、一九九五年）三一一頁（佐藤一雄執筆）。

(46) 志田至郎・前掲註（44）三三〇頁。

(47) 佐藤一雄・前掲註（45）三一〇頁。

(48) 京藤哲久「独占禁止法違反と刑事責任」経済法学会編『独占禁止法講座Ⅶ』（商事法務研究会、一九八九）一二二頁。

(49) 京藤哲久・前掲註（44）三一五頁。

(50) 特集「ヘイト・スピーチ／クライム」法学セミナー七二六号（二〇一五年）の各論考など参照。

(51) 山崎公士『国内人権機関の意義と役割』（三省堂、二〇一二年）など参照。

(52) 内田博文『ハンセン病検証会議の記録――検証文化の定着を求めて』（明石書店、二〇〇六年）三三一頁以下。

ヘイト・スピーチ法研究の探訪

前田　朗

Ⅰ　はじめに

筆者は従来のヘイト・クライム／ヘイト・スピーチ法に関する論考をまとめて、『ヘイト・スピーチ法研究序説』を公刊した。[(1)]

同書では、「表現の自由を守るためにヘイト・スピーチを刑事規制する。それが日本国憲法の基本精神に従った正当な解釈である。国際人権法もヘイト・スピーチ規制を要請している。ヘイト・スピーチ処罰は国際社会の常識である」という結論を提示するために、その前提となる基礎情報を紹介することを主要な課題とした。

筆者自身の青写真からすれば未だ一部分の検討しか行えていないが、偶然得られた個別の情報や、断片的な情報をご都合主義的に並べる従来の研究とは一線を画す必要性を明らかにできたと考える。出発点に立ったことがないのに大上段に結論を振りかざす法学研究を終わらせることが最大の課題であった。

とはいえ、ヘイト・スピーチ法に関する基礎知識の紹介に限っても、まだまだ不十分な点が多々ある。まして、法理論研究としては、ようやく出発点に立ったばかりである。

なお、ヘイトという基本要素が共通しているので、ヘイト・クライムとしてのヘイト・スピーチという理解のもとに、ヘイト・クライム／ヘイト・スピーチという表現を用いている。両者の区別と連関を明らかにすることも課題の一つである。

Ⅱ　ヘイト・スピーチ法研究の状況

憲法学や刑法学において、従来からの差別表現に関する研究に加えて、近年の事態を踏まえたヘイト・スピーチ法研究が増えてきたことは歓迎すべきことである。(2) 筆者もこれらの研究に学びながら次の一歩を進めたい。すでに金尚均、(3) 塚田啓之、(4) 尾崎一郎(5)の研究に応答した。本稿では成嶋隆の研究に学ぶことにする。(6)

1　成嶋隆の見解

成嶋は、まずフランスの状況として、反ユダヤ主義の動向とこれへの法的対応を紹介し、フォリソン事件に見るようにヘイト・スピーチ刑事規制には矛盾が露見していることを示す。続いてカナダの状況として、刑法的対応の状況と人権法的対応の状況を紹介し、近時、人権法の一部改正によりインターネット上のヘイト・スピーチ対策条項が削除されたことをもって、ヘイト・スピーチの法的規制の矛盾が表面化したと言う。その上で、フランス及びカナダの事案が国際自由権規約委員会の個人通報制度を使って論議された件を紹介する。

さらに成嶋は、日本における議論状況を検討するために、ヘイト・スピーチという用語の意味・定義を検討し、人種差別撤廃条約第四条に従ってヘイト・スピーチの行為類型を提示し、その上で法規制をめぐる問題点として、①立法事実、②保護法益、③「対抗言論」、④「象徴的・教育的機能」、⑤「逆効果」、⑥「委縮効果」、⑦在日コリアン差別の特異性、の七点を吟味する。

以下、筆者の関心に従って若干のコメントをしておこう。

2　ヘイト・スピーチの比較法研究

成嶋はフランスとカナダの状況を紹介する。従来、憲法学では主にアメリカ、刑法学では主にドイツの法研究が多くなされてきたのに対して、比較の射程を広げる意味で有益である。(7) 成嶋はフランス法におけるヘイト・スピーチ規制について、一九七二年の人種差別規制法、一九九〇年のゲソ法、一九九一年以後のフォリソン事件を紹介するが、その後の状況に言及がない。成嶋が言う通りに、フランスにおいてヘイト・スピーチの刑事規制に矛盾があることが顕在化してきたのであれば、その後にヘイト・スピーチ規制が廃止又は緩和されたのであろうか。あるいは、他の方策が採用されたのであろうか。

フランス政府が人種差別撤廃委員会に提出した二〇一〇年報告書によると、二〇〇五年三月二五日の法律二〇〇五―二八四号によって刑法が改正され、公然性のない中傷、侮辱、差別的性質の教唆を犯罪化したという。(8) 二〇〇四年三月九日の法律によって、一八八一年七月二九日の法律に第六五―三条が挿入され、「アウシュヴィッツの嘘」処罰規定の時効が延長された。二〇〇八年一一月、フランス政府は「人種主義と外国人嫌悪」に関する枠組み決定を採択し、国際刑事裁判所の最終判決で確定した犯罪を否定し、まったく取るに足りないものとすることに刑罰を課すこととし、今後、国内法を改正するとしている。そして刑事法の適用事例も紹介されている。

フランス政府の二〇一三年報告書によると、(9)表現の自由の制約については、二〇〇九年六月一〇日及び二〇一二年二月二八日憲法裁判所の二つの決定が指摘したように、必要性、適切性、目的に照らした均衡性が求められるという。ここでは一七八九年の人および市民の権利宣言第一一条が引用される。さらに報告書は、インターネットを用いて行われる人種主義犯罪との闘いについて報告している。二〇〇四年の法律は、インターネット上に差別的内容が投稿された場合に調査を担当するプラットホームを設置したという。プレスの自由法二〇〇七年改正によって、オンラインで差別や憎悪の煽動がなされた場合、検察官や利害関係者の申し立てによって、裁判官がサービス規制を命令することを可能にしたという。

こうした情報の詳細について専門的知見を知りたい。フランス政府報告書によれば、ヘイト・スピーチ対策が強化されてきた。成嶋はなぜ現在のフランスの状況を紹介しないのだろうか。

なお、憲法学の論文には、ヘイト・スピーチ規制についてアメリカ型と西欧型があるという根拠のない臆説が散見される。成嶋も同様の理解に立っているように見えるが、誤解であろうか。(10)

3　刑法と人権法

成嶋がカナダにおける刑法と人権法の関係に着目している点は重要である。ヘイト・スピーチ対策が刑事法一辺倒でよいはずがなく、さまざまな法と政策を駆使して差別とヘイトに対処する必要がある。(11)(12)その一例としてカナダの手法が参考になるだろう。カナダでは人権法の一部改正により、ヘイト・スピーチ対策に一定の変更が加えられたが、その後の動向が注目される。

人権諸条約に基づく人権委員会等から繰り返し指摘されてきたように、日本には国内人権機関がない。基本法としての人権法や人種差別禁止法もない。各国の人権法、国内人権委員会法、人種差別禁止法など関連法の調査は重要である。

4　ヘイト・スピーチの定義

筆者は「人種差別禁止法」の一部をなす刑事法として「ヘイト・クライム法」を位置づけ、ヘイト・クライムの類型として、①差別的動機に由来する暴力行為、②差別的発言を伴う暴力行為、③暴力行為を伴わない差別発言（ヘイト・スピーチ）の三つを挙げた。これに対して、成嶋は「ヘイト・スピーチをその内に含む広範な概念としてヘイト・クライムを定義づけているが、その点で、やや内包・外延が不明確な定義といえる」と論評する。内包・外延が不明確との指摘は当たっているが、問題関心が違う。成嶋は、岩田太の定義を援用しているが、アメリカのヘイト・クライム立法を前提としているだけであり、ヘイト・クライムとヘイト・スピーチの法的関係が明確に規定されていない。また、ヘイト・クライム法の定義であって、ヘイト・クライムの定義とは言えないし、ましてヘイト・スピーチの定義とは言えないだろう。結局のところ、内包も外延もないのではないだろうか。

欧米におけるヘイト・クライム／ヘイト・スピーチについて少し研究すれば、「インターネット上のヘイト・クライム」、「オンライン上のヘイト・クライム」について多数の著書・論文が出ていることに気づく。これがヘイト・スピーチを意味することはすぐにわかることだろう。それともインターネット上で暴力犯罪が実行されることを想定しているのだろうか。

定義が不明確なことは、成嶋が二〇〇九年一二月の京都朝鮮学校事件をヘイト・スピーチ事案だと何度も繰り返していることに顕著である。京都朝鮮学校事件は威力業務妨害罪、器物損壊罪、侮辱罪で有罪が確定した事件である。これをなぜ成嶋はヘイト・スピーチと呼ぶのだろうか。筆者は「ヘイト・クライムとしてのヘイト・スピーチ」や「ヘイト・クライム／ヘイト・スピーチ」と理解している。この立場なら京都朝鮮学校事件をヘイト・スピーチと呼んでも矛盾はない。

このことは成嶋が重視する行為類型論にも当てはまる。成嶋論文は前半でフランス法とカナダ法を詳細に紹介しているが、類型論になったとたんフランス法やカナダ法ではなく、人種差別撤廃条約第四条を根拠にして類型化を試みる。成嶋の類型化それ自体に異論はないが、条約第四条はヘイト・スピーチという言葉を用いていない。条約第四条には暴力行為やヘイト団体結成やヘイト団体参加も含まれている。このすべてがヘイト・スピーチなのだろうか。それとも、一部だけを取り出してヘイト・スピーチとするのであろうか。成嶋は後者の立場のようだが、それは論理必然的に説明できるのだろうか。また、条約第四条に列挙された類型以外にヘイト・スピーチはないのだろうか。(13)

5 対抗措置

「対抗言論」に関連して、成嶋は「思想の自由市場論」を採用したうえで、ヘイト・スピーチへの「対抗措置は〈市民社会レベルの対抗言論〉でしかあり得ない」と述べ、(14)刑事規制を否定する。

しかし、「思想の自由市場論」には多大な疑問がある。そもそも「思想の自由市場論」は一度も検証されたことのない仮説に過ぎない。社会科学的根拠は全くなく、言葉遊びと呼んだ方が正しい。日本国憲法が「思想の自由市場論」を採用していると論証されたこともない。

日本国憲法との関係が定かでない仮説を根拠も示さずに大前提とするのが憲法学の流行である。内容中立論しかり、観点規制論しかり。粗雑な仮説を振り回す前に、日本国憲法における表現の自由や民主主義についてより正確な理解を深める必要があるだろう。

また、「処罰ではなく対抗言論を」とか、「処罰ではなく教育を」といった議論は俗耳に入りやすいが、何も述べていないに等しい(15)。ヘイト・スピーチ対策として対抗言論が重要なことは自明のことであり、現に私たちは対抗言論に取り組んできた。ヘイトの現場でもメディアでも、さまざまな場で対抗言論を組織し、実践してきた。しかし、対抗言論と刑事規制は二者択一ではない。いかなる対抗言論をいかにして構築するのかの実践的提言抜きに、刑事規制を否定するためだけに対抗言論を持ち出すべきではない。

6 政府による差別

「在日コリアン差別問題の特異性」において、成嶋が、現在のヘイト・スピーチの内容は「かつて朝鮮学校に対して日本政府が投げつけていた言辞と驚くほど似通っている。この点で、在日コリアンをターゲットとするヘイト・スピーチは、いわば政府見解の、〈受け売り〉ないし〈代弁〉という面もなくはない。当然に、この種の言論は、基本的には政府による〈暗黙の承認〉を得ている。言い換えれば、政府による〈お墨付き〉を与えられている」と述べているのは重要な指摘である。

運動圏では当初から指摘されてきたことだが、憲法学者によって黙過されてきた事実を成嶋は明示的に確認する。ここから、ヘイト・スピーチ対策のためには、日本政府も日本社会も大きな歴史的責任を負っていることを指摘できるだろう。人種差別撤廃条約第二条や第七条に照らしても、差別とヘイトを撤廃するのは日本政府と日本社会の責務である。

もっとも、成嶋は右の認識を「犯罪として処罰することが、根本的な解決になるのかという疑問を提起する」と、ヘイト・スピーチ刑事規制の否定に転用する。しかし、なぜ突如として「根本的な解決」の有無・可否が基準とされるのか不明である。ヘイト・スピーチ規制論の中に「根本的な解決」となると主張している論者が果たしているだろうか。ヘイト・スピーチ規制をしている一二〇カ国以上の諸国において法規制が「根本的な解決」になると主張している国があるだろうか。人種差別撤廃条約の立場、及び人種差別撤廃委員会は、条約第四条の適用が「根本的な解決」だなどと主張しているだろうか。

「根本的な解決」にならないとしてヘイト・スピーチ刑事規制を否定し、〈市民社会レベルの対抗言論〉を提案するのであれば、成嶋には、〈市民社会レベルの対抗言論〉が「根本的な解決」になると証明する責任があるのではないだろうか。筆者は寡聞にして、〈市民社会レベルの対抗言論〉が「根本的な解決」になった国を知らない。そのような実例を、成嶋はなぜ紹介しないのだろうか。

Ⅲ　人種差別撤廃委員会第八四会期の情報

ヘイト・スピーチとヘイト・スピーチ法をめぐる議論は緒に着いたばかりである。議論のための基礎情報が極めて限られていた。現在でも十分な情報を持たないまま、華々しく結論だけを提示する憲法学が目立つ。

諸外国の立法例について、筆者は前著で一二〇カ国を超える諸国のヘイト・スピーチ法情報を紹介した。その作業は今後も長期的につづける必要がある。以下では人種差別撤廃委員会第八四会期（二〇一四年二月三日〜二一日）に提出された各国政府の報告書を基にヘイト・スピーチ関連情報を紹介する。(16)

1　ベルギー

ベルギー政府報告書によると、二〇〇三年、憎悪、差別、暴力の煽動に関する規定が修正され、犯罪に関する加重事由として卑劣な動機が加えられた。(17)二〇〇七年五月一〇日の法改正により、条約に従って、ジェンダー差別や一般的な差別禁止とは異なる特別規定が導入された。第二一条は、人種的優越性や人種憎悪に基づく思想の流布を処罰する。この犯罪の成立には特別の意図が必要であり、一月以上一年以下及び／又は五〇以上一〇〇ユーロ以下の罰金である。フラームス・ベラングは本条が表現の自由違反であると申立てたが、憲法裁判所は却下した。第二二条は、人種差別や隔離を表明する団体・組織に属する者を処罰する。第二四条は、家屋、ホテル、ケータリングなどの商品・サービスや雇用における人種差別に関する民事不法行為に刑罰を付加した。

二〇一一年三月九日、ネオナチ組織として知られる「血と名誉のフランドル」の三人のメンバーがヴュルネ刑事裁判所で、三月の刑事施設収容（うち二人については執行猶予付）を言渡された。

二〇一二年二月一〇日、急進的イスラム運動の「シャリア4ベルギー」のスポークスマンは、非ムスリムに対する憎悪と暴力の煽動で訴追され、アントワープ刑事裁判所で、二年以下の刑事施設収容及び五五〇ユーロの罰金を言渡された。同年三月三〇日、量刑がやや軽くなったが、有罪が確定した。この団体は欧州にシャリア法を確立しようとし、これまでも同様の活動をして訴追されてきた。非民主的団体の禁止に関する法律案が議会で審議中である。

自由を脅かす政党として懸案事項となってきた「フラームス・ベラング」に関して、国家がフラームス・ベラングに政党助成しないという提案が二〇〇六年五月一七日に議会に提出された。フラームス・ベラングは基本権に対する敵意を表明してきたことで批判されてきた。

フラームス・ベラングの提訴により、憲法裁判所は、助成金否定根拠条項と表現の自由や結社の自由との両立性について予備審査を行った。憲法裁判所は、助成金否定根拠条項は、そこで用いられている「敵意」概念を明らかにして、現行法に違反する煽動を意味するものとだけ理解されるならば、表現の自由や結社の自由に反すると判断されることはないとした。ある意見がまぎれもなく民主主義の主要原則の一つを侵害することを人に煽動するものであるか否かの問題は、その内容と文脈に従って判断される。

議会は、表明された思想が過激で物議を醸すもの、社会の一部の間に敵意をかきたて不寛容の風潮を促進するもの、と定義した。その思想が不安を呼び起こすとか、攻撃的であるだけでは、現行法を侵害することを煽動したと判断されない。それゆえフラームス・ベラングは政党助成を受け続けている。(18)

2　ホンデュラス

二〇〇二年に条約に加入したホンデュラス政府の初めての報告書によると、憲法第六〇条は平等の権利と差別からの保護を定め、「性別、人種、階級その他の人間の尊厳を損なう理由によるすべての形態の差別は処罰される」となっている。(19) 二〇一〇年八月一七日、最高裁判所憲法部は平等原則について、すべての者が法の下に平等の取り扱いを受けること、特別の事情の下で異なる取り扱いがなされることを妨げないことを確認した。憲法第六一条は、いかなる差別もなしに安全、自由、平等、所有権を保障されるとしている。

刑法第三二一条は差別犯罪を次のように定める。「性別、人種、年齢、階級、宗教、政党、政治的姿勢、障害、その他の人間の尊厳を損なう理由に基づいて他人を差別した者は、三年以上五年以下の刑事施設収容および三万以上五万レンピラ以下の罰金に処す。実行者が外国人の場合、判決執行後に国外追放することができる」。

この定義は条約第一条の人種差別の定義に合致していない。条約の定義に合致させるために、刑法第三二一条の改正案が国会に提出されている。「性別、ジェンダー、年齢、性的志向、ジェンダー・アイデンティティ、政治的意見、市民的地位、先住民やアフリカ系ホンデュラス人の一員であること、言語、国籍、宗教、家族的背景、財産状態、社会状態、異なった能力や障害、健康状態、身体的外見、その他の人間の尊厳を損なう理由に基づいて、個人又は集団の権利の行使を、恣意的又は違法に、妨げ、制限し、減少させ、妨害し、または無効にした者は、三年以上五年以下の刑事施設収容および三万以上五万レンピラ以下の罰金に処す」。「実行行為に暴力が伴った場合、刑罰は三分の一加重される。公務員や公的従業員が職務中に行った場合、累犯の場合、当該公務員や公的従業員の刑事施設収容期間を二倍とする。実行者が外国人の場合、判決執行後に国外追放することができる」。

刑法第三一九条はジェノサイドの罪を定める。ジェノサイドの煽動及び共謀も処罰される。ジェノサイドの直接煽動は八年以上一二年以下の刑事施設収容、間接煽動は五年以上八年以下の刑事施設収容である。

司法人権省は、刑法第一一七条の殺人罪について、憎悪動機があった場合は刑罰加重事由とするという改正案を国会に提出している。

労働法、子ども青年法、民事訴訟法、公選法、基礎教育法、文化遺産保護法などにも差別禁止規定がある。[20]

3 カザフスタン

カザフスタン政府報告書によると、刑法は人種的不寛容に動機のある犯罪の責任を定めている。[21]

刑法第五四条によると、国民的人種的又は宗教的憎悪又は敵意に動機のある犯罪の実行は刑罰加重事由とされる。

刑法第一四一条は、市民の平等権侵害を犯罪としている。市民の平等権侵害は、出身、社会的、公的、財産的地位、性別、人種、国籍、言語、宗教的見解、意見、居住地、任意団体の構成員であること、その他の事情に基づいて、個人の権利及び自由を直接又は間接に制限することである。

刑法第一六四条第一項は、社会的、国民的、民族的、人種的、又は宗教的敵意の煽動に当たる行為を列挙している。社会的、国民的、民族的、人種的又は宗教的敵意又は不和を煽動する行為、市民の国民的名誉、尊厳、宗教感情に対する侮辱、市民の排除、優越性又は劣等性の助長が、公然と又はマスメディアを通じて、又は文書その他の情報の流布によって、行われた場合である。

刑法第一六〇条は、ジェノサイドの処罰を定めている。

刑法第三三七条二項は、人種的、国民的、民族的、社会的、階級に基づいた、又は宗教的不寛容又は排除を主張し、実行する任意団体の設立又は指導者になることを犯罪としている。

二〇〇九年～一二年前半期に刑法第一六四条の国民的不和の煽動は二〇件であった。二〇〇九年が七件、一〇年が八件、一一年が一件、一二年が四件であった。二〇件のうち、裁判で実体審理になったのが一二件、執行猶予が二件、中断が一件、強制医療措置処分が一件、係争中が四件である。

二〇〇九年三月二二日、ある男性が携帯電話で「カザフ人よ、ロシア人を叩き出せ」と書いて、テレビ局のSMSに送付し、そのメッセージが一時間放映された。テミルタウ裁判所は、被告人を刑法第一六四条違反の罪で有罪とし、三〇ヶ月賃金相当の罰金とした。

二〇一〇年一月、三人の女性がウイグル民族団体の名前で行動し、アルマティ市の複合住宅の壁にカザフ人の代表の名誉と尊厳を侵害する言語をスプレーで書いた。二〇一〇年四月二四日、アルマティのメデオ裁判所は、三人を刑法第一六四条二項違反とし、二年の刑事施設収容を言渡した。(22)

4　ルクセンブルク

ルクセンブルク政府報告書には、条約第四条について次の僅かな記述しかない。(23)(24)「犯罪の人種的動機はルクセンブルクでは刑罰加重事由としていない。というのも、ルクセンブルク刑法はそもそも刑罰加重事由を認めていない」。前回報告書を一瞥しておこう。(25) 政府が人種差別撤廃委員会に提出した前回（二〇〇四年）の報告書によると、刑法第四五七―一条は、口頭、文書又はその他オーディオビジュアル・メディアを通じてなされた、憎悪又は人種主義暴力の煽動を処罰する。同様に、自然人、法人、集団又はコミュニティに対する憎悪又は人種主義暴力を煽動することを計画した文書をルクセンブルク及び国外において、製造、所持、送付及び流布することを処罰する。刑事制裁は八日以上二年以下の刑事施設収容、及び／又は二五一以上二五〇〇〇ユーロ以下の罰金である。

結社の自由は憲法第二六条において保障される。ルクセンブルクは条約第四条の要請するように人種主義団体を特に禁止していない。しかし、一九二八年の非営利団体・基金法第一八条は、公共法秩序を乱す活動を行った結社を解散させる可能性を規定している。解散手続きは検察官又は第三者の申し立てにより民事訴訟を通じて行われる。刑法第四五七－一条は、差別、憎悪、人種主義暴力を煽動することを目的とし、又はその活動を行った団体に属するすべての者を処罰する。それゆえ、諸個人も直接刑事責任を問われる。刑事制裁は、八日以上二年以下の刑事施設収容、及び／又は二五一以上二五〇〇〇ユーロ以下の罰金である。

刑法第四五六条は、公の当局に雇用された者、公的サービスの職務を担う者が違法な差別を行った場合、自然人に対するものであれ、法人、集団、コミュニティに対してであれ、特に厳しい刑罰を科すとしている。一月以上三年以下の刑事施設収容、及び／又は二五一以上二五〇〇〇ユーロ以下の罰金である。

5　モンテネグロ

モンテネグロ政府報告書によると、刑法第一五章「市民の自由と権利に対する犯罪」において差別に対処している[26]。刑法一五八条は、マイノリティが自己の言語を用いることを当局が妨げて市民の権利を否定・制限した場合、平等侵害の特別形態として、罰金又は一年以下の刑事施設収容としている。刑法一六〇条は、国民の文化的表現の侵害を犯罪とし、罰金又は一年以下の刑事施設収容としている。公務員が公務中に犯した場合は三年以下の刑事施設収容である。刑法一六一条は宗教に関する信仰や活動の自由を侵害する犯罪を罰金又は二年以下の刑事施設収容としている。刑法一九九条は名誉・評判に対する罪であり、国民、国民的民族的集団に対する嘲笑は罰金三〇〇〇以上一万以下のユーロとしている。

刑法三七〇条は、人種、皮膚の色、宗教、出身、国民的民族的所属に基づいて定義される集団又は集団構成員に対して、公然と、暴力又は憎悪を招くことによる、国民的、人種的又は宗教的憎悪を惹起する犯罪を定め、六月以上五年以下の刑事施設収容としている。

上記の集団又は集団構成員に対して暴力又は憎悪を惹起する方法で、人種、皮膚の色、宗教、出身、国民的民族的所属に基づいて行われたジェノサイド、人道に対する罪、戦争犯罪であって、モンテネグロ法廷又は国際刑事法廷によって有罪が確定した事例を、公然と容認し、事実を否認し、重大性を矮小化した者にも同じ刑罰が科される。「アウシュヴィッツの嘘」犯罪規定である。[27] 当該犯罪が強制、不法処遇、危険化、国民的、民族的又は宗教的シンボルへの嘲笑の表明、記念碑への冒涜によって行われた場合、一年以上八年以下の刑事施設収容とされる。刑法三五章には、ジェノサイド、人道に対する罪の犯罪規定とともに、ジェノサイド実行の煽動の罪が規定されている。

公共の平穏と秩序法一七条は、公共の場において口頭、文書、サインその他により、市民の人種、民族、宗教的感情や公共道徳を侵害した者を、最低賃金の三倍以上二〇倍以下の罰金、又は六〇日以下の拘留としている。

二〇〇八～一〇年、警察庁のデータによると、国民感情の侵害事件は二一件記録され、全刑事事件の〇・三二％である。公共の平穏と秩序侵害事件は記録されていない。

スポーツイベント暴力犯罪予防法第四条一項は、物理的紛争、民族的人種的宗教的その他の憎悪又は不寛容を呼びかけたり、助長する内容のスローガンを叫んだり、歌をうたうことは違法行為としており、スポーツイベント参加禁止等の命令をすることができる。

二〇〇九年一月から一一年五月までに、次の手続きが取られた。

プリェヴリャ地裁は二〇一〇年一〇月一三日、刑法一五九条の平等侵害事件につき、無罪判決を出したが、終結していない。

ポドゴリツァ高裁は、刑法三七〇条の国民的、人種的、宗教的憎悪事件を三件扱った。一件は有罪で七か月の刑事施設収容、一件は有罪で四か月の刑事施設収容、一件は係属中である。

ポドゴリツァ高裁は二〇一一年六月、「イーグル飛行」作戦に参加した特別班メンバーの無罪判決を是認した。ポドゴリツァ高裁は二〇一〇年五月、元ユーゴスラヴィア国民軍の六人のメンバーに、モリニ収容所おける捕虜に対する戦争犯罪で有罪としたが、控訴審で破棄され、審理は係属中である。

ビェロ・ポリェ高裁は二〇一〇年一二月三一日、一九九〇年代初頭のブコヴィツァにおける文民に対する戦争犯罪について七人の被告人に無罪を言渡した。(28)

6　ポーランド

ポーランド政府報告書によると、最近改正された刑法二五六条二項は、公然とファシズムその他の全体主義国家体制をプロパガンダし、国民的、民族的、人種的、宗教的差異、又は宗教的信念を持たないことによる差異に動機を持つ憎悪を煽動する内容の、印刷物、記録、その他の物を頒布する目的を持って、製造、記録、販売、所有、提示、輸出入又は運搬する行為に対する刑罰を科している。(29) 罰金、又は二年以下の自由制限、又は二年以下の刑事施設収容である。同条四項により、当該物品は裁判所の命令により没収される。本条項は映画、レコード、ガジェットなどインターネットを通じて憎悪を煽動する場合にも適用される。ただし、美術、教育、学術目的の場合は禁止されていない。

二〇一〇年九月八日、刑法一一九条改正が発効した。一一九条は、差別的動機に基づいて人の集団又は特定個人に対して、物理的暴力や違法な脅迫を行った者に対する刑罰を定めている。改正前の旧一一九条二項は、暴力や脅迫の公然煽動を扱っていたが、これは新たに一二六条ａになった。刑法一一八条ａは、政治的、人種的、国民的、民族的、文化的、宗教的理由、又は世界観やジェンダーが異なるという理由による人の集団に対する迫害を犯罪としている。一二六条aは、ジェノサイドを行うことを公然煽動する犯罪である。一二六条bは、適切な統制をするべき義務のある者が義務を履行せずに、ジェノサイドや人道に対する罪を許した場合の刑事責任に言及している。刑法五三条二項により、裁判所は有罪判決に際して犯罪に人種主義的動機があったことを考慮に入れることになっている。刑法一一九条一項や二五七条では個別の犯罪成立要件に加えて量刑事情として明示されている。

二〇一〇年、検事局が扱ったヘイト・クライムは全国で一六三件であり、うち三〇件は訴追に至り、七二件は却下、五四件は予審審問に入らず、六件は保留である。却下された事案の多くは被疑者不詳（三八件）、該当条文なし（一三件）である。公然侮辱の事案の多くはオンライン、壁の落書きである。検察官は、他の犯罪類型と異なり、法律上の成立要件及び被疑者の特定に苦労している。

二〇一一年前半、一〇九件の手続きが終了した。うち一一件は訴追に至り、五三件は却下、三六件は予審審問に入らなかった。被疑者不詳（二九件）、該当条文なし（一二件）、証拠不十分（一〇件）である。

ヘイト・クライム事案は、オンライン上で行われたものが四二件（二〇一〇年）、四五件（二〇一一年前半）、壁の落書き等が一七件（一〇年）、一六件（一一年前半）、スタジアムにおけるフットボール・ファンによるものが六件（一〇年）、五件（一一年前半）、著書や音楽活動によるものが三件（一〇年）、四件（一一年前半）である。

グダンスク検事局は、二〇一〇年九月一六日に、ファシズムのプロパガンダをする音楽CD及びナチスのシンボルのTシャツを販売するオンラインを開設した被疑者を起訴した。

ファシズムを正当化する事案は、二〇一〇年、三七件が予備審問にかけられ、うち六件が訴追に至り、一九件が棄却であった。反ユダヤ主義の事案も多く、四二件（一〇年）、二七件（一一年前半）、ロマ共同体に対するものが一四件（一〇年）、八件（一一年前半）である。

ワルシャワ検事局は、バス停留所に「われらの大陸の安全を守れ。白いヨーロッパだ。イスラムにノー」というリーフレットを置いた事案で三人を起訴した。

フットボール試合の事案では、他人に対する侮辱を叫んだ実行者の特定が困難である。実行者が特定されても、叫んだ言葉が民族集団に対するものではなく、相手方フットボール・クラブのサポーターに対するものとされがちである。スローガンをバナーに書いた事案では特定性が高い。ルゼソウ検事局は、バナーに「鉤鼻の連中に死を」という言葉とユダヤ人の風刺画を描いた被疑者を起訴した[30]。

7 スイス

スイス政府報告書によると、人種差別撤廃条約第四条(a)に関して、人種的に動機づけられた行為は、刑法二六一条及び軍刑法一七一条(c)により犯罪とされている[31]。連邦・反レイシズム委員会が、この刑罰規定の適用を監視している。刑法二六一条については、一九九五年以後の裁判所判決をインターネット上に公開している。

警察犯罪統計は全カントンと都市を対象とし、二〇一〇年以後、公開されている。警察統計によると刑法二六一条事案は、二〇〇九年には二三〇件の申立てがあり、捜査を行い、一五九件が立件された。三〇件の有罪判決が言い渡され、執行された。二〇一〇年には、二〇四件が申し立てられ、一五六件が立件された。二〇一一年には、一八二件が申立てられ一二八件が立件された。二〇一〇年以後の有罪判決数はまだ報告がない。申立のほとんどが文書や口頭での人種主義発言である。電磁的方法での人種主義見解の流布も多い。連邦・反レイシズム委員会は、人種主義に関する文書システムを作り、二〇〇八年以来人種主義事件を報告している。事件の多くは、皮膚の色に関係する事案と、ムスリムに関係する事案である。反レイシズム財団、スイス連邦ユダヤ人コミュニティなども統計を発表している。

人種差別撤廃条約第四条(b)に関して、二〇〇五年、連邦委員会は、暴力と人種差別を説く過激運動を助長するシンボルを公然と使うことを処罰する法案を議会に提出した。しかし、法案審議に際して、処罰される行為と処罰されない行為の間の区別が不明確であること、人種主義のシンボルの定義が不明確であることに議論が集まり、議会は法案採択を控えた。人種主義シンボルが人種、民族、宗教に対して侮辱する目的などで使われた場合は処罰できる。二〇〇七年、スイス民主党は表現の自由を唱えて、刑法二六一条を廃止または弱体化させる法案を提出するための国民投票運動を行い、期日（二〇〇九年二月七日）までに八万の署名を集めたが、必要な一〇万に届かなかった。他方、議会は二〇一二年、人種差別と闘う法案の採択を否決した。

スイスは、人種差別撤廃条約第四条の適用を留保しているため、前回審査の結果、人種差別撤廃委員会は留保の撤回を勧告した[32]。スイス政府は二〇一二年の人権理事会普遍的定期審査の際に、キューバ政府から同様の勧告を受けて、政府見解を表明した。スイス政府は、現行刑法二六一条が個人も団体も対象としていると説明している。不法な目的を有する団体については民法第七八条に従って、裁判官が解散を命じることができる。スイス政府の留保は、個人が人種差別団体に単に参加するだけなら処罰しないという範囲の留保である。スイス政府は表現の自由や結社の自由に照らして、スイス憲法第二三条に照らして、この留保が正当であると考えるという[33]。

8　ウズベキスタン

ウズベキスタン政府報告書によると、憲法第五七条は「戦争や、社会的民族的人種的宗教的対立を唱道すること、人民の健康道徳を低下させること、民族的宗教的基準で議会内党派や政党を結成することで、憲法体制を実力で変更させようとする政党や結社を禁止している」。一九九六年の政党法、一九九九年のNGO－NPO法、一九九八年の良心の自由と宗教団体法も同様の趣旨を盛り込んでいる[34]。

二〇〇七年のマスメディア法改正は、戦争、暴力やテロ、宗教的過激主義、分離主義や原理主義のためのプロパガンダ、又は国民的人種的民族的宗教的敵対を煽動する情報の流通を行ってはならないとしている。

刑法一五六条「民族的人種的宗教的憎悪の煽動」は、国民的出身、人種、民族的背景又は宗教に基づいて人の集団に向けられた敵意、不寛容、不調和を煽動し、直接又は間接に権利を制限し、国民的出身、人種、民族的背景又は宗教に基づいて直接又は間接の特権を拡大しようとして、民族共同体の名誉と尊厳を攻撃し、支持者の感情を煽動することを、五年以下の自由剥奪としている。

刑法一四一条のもとで、性別、人種、民族集団、言語、宗教、社会的背景、信仰、個人の地位又は社会的地位に基づいて市民の権利を侵害、制限し、特権を付与することは、最低賃金の五〇倍の罰金とする。

刑法九七条二項は、故意の殺人が民族的又は人種的敵意を動機とした場合、一五年以上二五年以下、又は終身自由剥奪刑とする。傷害罪についても刑罰加重事由としている。

二〇一〇年、一一年、一二年前期に、労働社会保護省は人種差別事案の申立てを受け取っていない。

司法統計では、二〇一〇年、刑法一五六条の「民族的人種的宗教的憎悪の煽動」で有罪判決の言渡しを受けたのは、刑事裁判の〇・一二％、一一年は〇・一％、一二年前期は〇・〇八％である。

人権コミッショナー（オンブズマン）が市民の権利侵害の申立てを受け付ける。ウズベク市民、在住外国人、無国籍者も申立てできる。良心の自由に関して、オンブズマンは一〇年に、宗教的理由で拘禁、訴追、有罪判決を受けたという二八八件の申立てを受けた。一一年にこの申立ては減少したが、オンブズマンは良心の自由と宗教団体法が適切に適用されていないと見ている。

検察統計によると、一一年と一二年前期、刑法一五六条について、過激宗教団体のゆえに二〇名について捜査が行われた。刑法一四一条の事案はない。

ＮＧＯの主張によると、権利侵害の申立ては、労組連合では八九％が女性、一一・〇二％が青年、九・七％が障害者からであった。[35]

Ⅳ　おわりに

以上、本稿ではヘイト・スピーチ法研究が急速に増加している現状に鑑み、その一つである成嶋隆論文に学ぶとともに、比較法的知見を得るために人種差別撤廃委員会第八四会期に提出された情報を紹介した。ヘイト・スピーチ法の状況のごく一部を示すにすぎず、系統的でない上、歴史的経過を明らかにすることもできていないが、従来の研究に追加して積み上げていくことによって、ヘイト・スピーチ法について議論するための出発点を再確認することができるであろう。

ヘイト・クライム／ヘイト・スピーチ研究の課題は数多く、実に幅広い研究領域に及ぶが、筆者の当面の研究課題に即して若干の確認をしておきたい。

第一に、ヘイト・クライム／ヘイト・スピーチの定義について、関連する用語の全体を踏まえ、かつ国際人権法の水準を踏まえた定義の再整理を行う必要がある。この点は、ラバト行動計画や人種差別撤廃委員会一般的勧告三五が手がかりとなるが、条約第四条のみならず、条約第一条や第二条の解釈も踏まえた上で再検討することになる。

第二に、ヘイト・クライム／ヘイト・スピーチの被害に関連して、日本では被害認識が非常に弱い。被害当事者はもとより、カウンター行動に加わっている市民は厳しい被害を肌で感じているが、憲法学の中には「言論は被害を生まない」と強弁する論者もいる。

この点は保護法益の理解にかかわるが、ヘイト動機による犯罪の諸類型に即した議論がなされる必要があり、その中でヘイト・スピーチの保護法益をいかに理解するかが問われる。とりわけ、人間の尊厳概念を歴史的に再検証し、憲法における人間の尊厳、国際人権法における人間の尊厳をあらためて解明する必要がある。[36]

第三に、成嶋が行為類型論を展開しているように、ヘイト・スピーチには多様な行為類型が含まれる。単一の行為類型を前提にした議論は混乱を招くだけである。この点も、国際人権法や比較法的知見も踏まえて、ヘイト・スピーチの行為類型を解明する必要がある。

第四に、日本で喫緊の現実的課題となっているケースの一つは、ヘイト団体によるヘイト集会目的での地方自治体所管の公共施設利用問題である。[37] 筆者は門真市の事案等にかかわった。そこでは租税法律主義（憲法八三条、八四条）、地方自治の本旨（憲法九二条）、人種差別撤廃条約第二条が検討されるべきであるのに、憲法学はこれらを無視して憲法二一条に限定した議論をしてきた。議論の筋を匡すことから始めなければならない。

その他検討すべき課題は多いが、順次取り組んでいきたい。

（1）前田朗『ヘイト・スピーチ法研究序説』（三一書房、二〇一五年）。同書では第一章「ヘイト・クライムの現在」において、近年におけるヘイト・クライム／ヘイト・スピーチ事件を検討し、第二章「先行研究と本書の構成」において、レイシズム研究、憲法学、刑法学の研究動向に学んだ。また、用語の定義自体が必ずしも共通の理解を得られていないので、第三章「ヘイト・クライムの定義」において、主にアメリカ社会学における研究を中心に紹介し、第四章「被害者・被害研究のために」では誰が被害者とされやすく、どのような被害が生じるかを確認した。その上で第五章「ヘイト・スピーチの類型論」において、ヘイト・スピーチが単一の行為ではないことから、作業仮説として類型論を提示した。そして、Ⅲ部「ヘイト・スピーチの法的構成」の第六章「国際人権法における差別禁止」において、差別禁止の必要性と当然性を示し、第七章「ヘイト・スピーチの国際人権法」において、ヘイト・スピーチの刑事規制を要請する国際人権法の考え方を紹介した。次に第八章「ヘイト・スピーチ法の制定状況」において、国際社会におけるヘイト・スピーチ刑事規制の具体的状況として、一〇〇カ国を超える法律制定状況を紹介し、第九章「ヘイト・スピーチ法の適用状況」においては、判決や統計など適用状況を紹介した。第一〇章「ヘイト・スピーチ法の類型論」では、これらの紹介をもとに、世界のヘイト・スピーチ法の動向を整理し、最後に、第一一章「ヘイト・スピーチの憲法論」において、憲法論に立ち入って検討し今後の法的議論の手掛かりとすることを目指した。

(2) 内田博文「両立する日本国憲法の『表現の自由』と差別禁止法」ヒューマンライツ三一〇号（二〇一四年）、同「刑事法および憲法と差別事件」法学セミナー七二六号（二〇一五年）。

(3) 金尚均編『ヘイト・スピーチの法的研究』（法律文化社、二〇一四年）。同書の書評として、前田朗「ヘイト・スピーチ規制の可能性を論じる――七人の執筆者による本邦初の法律専門研究書」図書新聞三二〇〇号（二〇一五年）。さらに、金尚均「ヘイトスピーチとヘイトクライムの法的議論」法学セミナー七二六号（二〇一五年）。

(4) 塚田啓之「表現の自由とヘイト・スピーチ」人権と部落問題八六七号（二〇一五年）。塚田見解について、前田朗「ヘイト・スピーチの憲法論を考える――マイノリティの表現の自由の優越的地位」情況（第四期）二〇一五年六月号。

(5) 尾崎一郎の見解は「月曜討論／ヘイトスピーチ規制法は必要か」北海道新聞二〇一五年九月七日参照。尾崎見解について、前田朗「ヘイト・スピーチをめぐる紙上討論から」部落解放七一九号（二〇一五年）。

(6) 成嶋隆「ヘイト・スピーチ再訪」獨協法学九二号（二〇一三年）、九三号（二〇一四年）。

(7) フランスについて、光信一宏「フランスにおける人種差別的表現の法規制（未完）」愛媛法学会雑誌四〇巻一・二号、三・四号（二〇一四年）、四二巻一号（二〇一五年）。カナダについて、小谷順子「カナダにおけるヘイトスピーチ（憎悪表現）規制――国内人権機関の役割」国際人権法学会報二四号（二〇一三年）、同「憎悪表現（ヘイト・スピーチ）の規制の合憲性をめぐる議論」SYNODOS、二〇一三年五月二三日（オンライン）。なお、二〇一五年に発生した二度のテロ事件によってフランスの状況は混迷している。今後の動向は重要な研究テーマである。

(8) CERD/C/FRA/17-19. 22 July 2010.

(9) CERD/C/FRA/20-21. 23 October 2013.

(10) ヘイト・スピーチ法の世界的動向の一端について、前田・前掲註（1）『ヘイト・スピーチ法研究序説』第八章参照。そこでは欧州、アフリカ、アジア太平洋、アメリカ州の一二〇か国以上の情報を紹介した。本稿Ⅲもそのフォローアップである。

(11) 前田朗「北欧における反差別教育・文化政策」解放新聞東京版八六三号、同「西欧における反差別教育・文化政策」解放新聞東京版八六四号、同「南欧における反差別教育・文化政策」解放新聞東京版八六五号、同「東欧における反差別教育・文化政策」解放新聞東京版八六六号（以上二〇一五年）。

(12) 前田朗「スウェーデンにおける反差別法・政策」部落解放七一三号（二〇一五年）、同「スイスにおける反差別法・政策」部落解放七一八号（二〇一五年）参照。

(13) 筆者は前著で、ヘイト・スピーチの行為類型とヘイト・スピーチ法の類型についてスケッチしたが、それらが理論的に不十分なことは自覚している。成嶋の行為類型論や、その他の諸研究を参考にしながら、さらに考えたい。

(14) 「思想の自由市場」論批判については、前田・前掲註（4）「ヘイト・スピーチの憲法論を考える」参照。

(15) 前田朗「ヘイト・スピーチと闘うために――二者択一思考を止めて、総合的対策を」子どもと教科書全国ネットニュース一〇〇号（二〇一五年）。第一に、具体的方法を示さずに対抗言論を強調する論者が多い。対抗言論を実践してきた者として、その内容は到底理解できないと言うしかない。第二に、ヘイト・スピーチ対策は総合的政策を必要としている。刑事規制だけではなく、民事規制、行政指導、啓蒙・啓発、教育などを総動員して人種差別とヘイトに対処するのが人種差別撤廃条約の立場である。「あれかこれか」の思考は百害あって一利なしというべきであろう。

(16) 前著では人種差別撤廃委員会第七〇会期～第八二会期の情報を紹介した。第八三会期の情報について、前田朗「ヘイト・スピーチのグローバル化と日本」社会評論一八四号（二〇一六年）。なお、以下の紹介に当たって地名等の固有名詞の現地読み（発音）を確認していない。

(17) CERD/C/BEL/16-19. 27 May 2013.

(18) 人種差別撤廃委員会はベルギーに次のように勧告した（CERD/C/BEL/CO/16-19. 14 March 2014）。人種差別を促進・煽動する団体に属するメンバーを処罰するというベルギーの方針を考慮するが、委員会は、人種差別を促進・煽動する団体を違法とする法律を制定していないことに関心を有する。委員会の一般的勧告七号、一五号、三五号を想起し、委員会は、前回勧告と同様に、条約第四条のすべての側面を履行する法律を制定し、人種差別を促進・煽動する団体を違法とするよう勧告する。ベルギーが反ユダヤ主義やイスラモフォビアに対処する措置を取ってきたことを考慮するが、イスラモフォビアと反ユダヤ主義が増加していることに関心を有する。委員会は、反ユダヤ主義やイスラモフォビアと闘う措置を強化し、反差別キャンペーンを実施し、実行者を捜査・訴追・処罰し、それらの原因を調査するよう勧告する。

(19) CERD/C/HND/1-5. 13 May 2013.

(20) 人種差別撤廃委員会はホンデュラスに次のような勧告をした（CERD/C/HND/CO/1-5. 13 March 2014）。憲法及び刑法における人種差別の定義が、条約第一条が提示している定義の全要素を含んでいない。現行の人種差別の定義を、条約第一条の定義に合致させるよう勧告する。刑法第三二一条及び第三二一条Ａが、条約第四条が提示している事案全体をカバーしていないことに留意する。委員会の一般的勧告第一五及び第三五を考慮して、人種差別犯罪を条約第四条に含まれる定義に合致させるよう勧告する。

(21) CERD/C/KAZ/6-7. 5 August 2013.

(22) 人種差別撤廃委員会はカザフスタンに次のように勧告した（CERD/C/KAZ/CO/6-7. 14 March 2014）。国民的、民族的又は宗教的敵意の煽動に法律を適用した事例が報告されているが、特にメディアやインターネットにおけるヘイト・スピーチ事案と闘うための措置に関する情報がないことに関心を表明する。市民でない者に対する差別に関する一般的勧告三〇号及び人種主義ヘイト・スピーチと闘う一般的勧告三五号を想起して、効果的に捜査し、適切な場合には訴追、処罰すること、メディアやインターネットにおけるヘイト・スピーチと闘う適切な措置を講じるよう勧告する。寛容、文化間対話、多様性の尊重を促進し、ジャーナリストや公務員の役割に焦点を当てるよう勧告する。／刑法第一六四条及び第三三七条が人種差別撤廃条約第四条の要請に十分合致していないことに留意する。一般的勧告第三五号に注意を喚起し、人種、皮膚の色、民族的出身による人の集団に対する暴力の煽動を禁止すること、人種的憎悪を促進・煽動する団体及び宣伝活動を違法であると宣伝し、条約第四条に従って差別団体への参加を禁止・処罰することを勧告する。委員会は、刑法第一六四条の規定が過度に広範であり、表現の自由、特にマイノリティ共同体構成員の表現の自由に不必要な干渉をすることになることに関心を有する。委員会は、犯罪の定義を明確にし、表現の自由、特にマイノリティ共同体構成員の表現の自由に不必要な干渉をする内容にすることを勧告する。

(23) CERD/C/LUX/14-17. 29 May 2013.

(24) 人種差別撤廃委員会はルクセンブルク政府に次のような勧告をした（CERD/C/LUX/CO/14-19. 13 March 2014）。刑法が人種的動機を刑罰加重事由としていない事実に関心を有する。委員会は、人種的動機を刑罰加重事由とするべきという勧告を強調する。ルクセンブルクでは人種差別を煽動する団体をアプリオリに禁止することができ、裁判所の判決によって処罰し、解散させることができるという説明に留意する。刑法が法人を処罰し、それには人種差別を煽動する団体が含まれる、という説明に留意する。しかし遺憾なことに、人種差別を煽動する団体を特別に禁止し、違法とする法律を採用していない。委員会の一般的勧告第一五号及び第三五号を想起し、委員会はルクセンブルクが条約第四条のすべての要素を法律に導入するよう勧告する。人種憎悪を煽動する団体を禁止し、解散させた司法手続きに関する情報を提出するよう要請する。

(25) CERD/C/449/Add.1. 15 May 2004.

(26) CERD/C/MNE/2-3. 12 July 2013.

（27）「アウシュヴィッツの嘘」犯罪処罰規定はドイツ、フランス、スイス、スペイン、ポルトガル、スロヴァキア、マケドニア、ルーマニア、アルバニア、イスラエルの例が知られる。

（28）人種差別撤廃委員会はモンテネグロ政府に次のような勧告をした（CERD/C/MNE/CO/2-3. 13 March 2014）。人種差別を助長、煽動する団体を違法とする法律がないことに留意し、これらの団体を違法と宣言するよう法改正をするよう勧告した。人種的国民的民族的動機が量刑事情とされていないので、刑罰加重事由とするよう勧告する。人種差別禁止法の適用事例がわずかしかないので、一般的勧告三一を想起して、オンブズマンその他に、人種差別や人種憎悪煽動事件をいかに報告・申立てできるかについて啓蒙キャンペーンを行うこと。人種的動機による犯罪を確認・制裁するために裁判官、検察官、弁護士に研修を強化すること。人種差別や人種憎悪の煽動や人種的動機のヘイト・クライムがその重大性にふさわしく訴追されるようにすること。

（29）CERD/C/POL/20-21. 6 August 2013.

（30）人種差別撤廃委員会はポーランド政府に次のような勧告をした（CERD/C/POL/CO/20-21. 19 March 2014）。刑法第五三条二項は刑罰を科す場合に実行者の動機を考慮するよう求めているが、犯罪の人種的動機を刑罰加重事由と明示していない。刑法を改正して、犯罪の人種的動機を刑罰加重事由にするよう勧告する。スポーツ分野における人種主義とヘイト・スピーチに関心を有する。インターネット上のヘイト・スピーチが広範に見られる。二〇〇九年にブルツェクの裁判所が禁止命令を出したにもかかわらず、ファシズム体制を助長する四つの極右団体が活動を続けているという情報がある。二〇一〇年にヴロクワ裁判所が人種差別を助長するウェブサイトを作ったとして有罪判決を出したにもかかわらず、当該ウェブサイトが維持されている。スポーツ分野における人種主義と闘うために、人種主義行為をするサポーターのクラブに罰金を科すこと。人種差別撤廃条約第四条に従った措置を講じ、インターネット上のヘイト・スピーチに取り組むこと。人種憎悪を助長するウェブサイトに対する措置を講じること。人種差別を煽動する政党や団体を違法と宣言すること。

（31）CERD/C/CHE/7-9.14 May 2013.

（32）スイスの前回報告書については、前田『ヘイト・スピーチ法研究序説』第八章第五節で、二〇〇七年のCERD/C/CHE/6. 16 April 2007.を紹介した。ただ、そこでは関連条文の内容が紹介されていなかった。二〇〇七年報告では判決内容が紹介されていたが、二〇一三年報告には判決内容の紹介がない。なお、スイスの反差別法について、前田・前掲註（12）「スイスにおける反差別法・政策」参照。

（33）人種差別撤廃委員会はスイス政府に対して次のように勧告した（CERD/C/CHE/CO/7-9. 13 March 2014）。スイス市場への外国人の参入を規制する法律との関係で条約第二条一項(a)の適用を留保し、意見の自由及び結社の自由を理由に第四条の適用を留保していることについて、前回と同じ勧告をする。留保を維持するのであれば、なぜ留保が必要なのか、より詳細な理由を次回報告の際に説明するよう勧告する。右翼ポピュリズム政党やメディアの一部にアフリカ出身者、南東欧州出身者、ムスリム、ロマ、難民認定請求者及び移住者に対する人種主義的ステレオタイプが広まっている。人種主義や排外主義的内容の政治ポスターが見られる。市民でない者に対する排外主義的な国民投票運動が行われ、「外国人犯罪の根絶」、「大量の移住者に反対」を掲げる国民投票運動も行われた。委員会は、公共領域や政治領域において、烙印、一般化、ステレオタイプ、偏見をもったメッセージが広がっていることに、系統的に意識喚起をすることを勧告する。民族集団のメディア表象が尊重、公平性、ステレオタイプの予防の原則に基づいて行われるよう勧告する。法律家が意見表現の自由に関する規範と人種主義ヘイト・スピーチに反対する規範について学べるようにすることを勧告する。

(34) CERD/C/UZB/8-9. 13 May 2013.

(35) 人種差別撤廃委員会はウズベキスタン政府に次のように勧告した(CERD/C/UZB/CO/8-9. 14 March 2014)。ウズベキスタンには条約第四条の要請を満たした法律がない。第四条(a)の事案を犯罪とする規定もないし、政党法等の法律は条約第四条の一部しかカバーしていない。人種差別動機による刑罰加重が重大犯罪に限られている。委員会の一般的勧告一五(一九九三)と三五(二〇一三)を想起し、委員会は、条約第四条の規定に従って、人種的優越性や憎悪に基づく思想の流布、人種その他の皮膚の色、民族的出身の異なる集団に対する暴力行為、その煽動を犯罪とすること、人種差別を助長し、煽動する団体結成、及びその宣伝活動を禁止し、処罰するよう勧告した。

(36) 前田朗「朝鮮人に対するヘイト・スピーチ」部落解放七一五・七一六号(二〇一五年)、同「部落差別とヘイト・スピーチ」部落解放七二四・七二五号(二〇一六年)。

(37) 前田朗「差別団体に公共施設を利用させてよいか」統一評論五八五・五八六号(二〇一四年)、同「ヘイト団体の公共施設利用について」部落解放七二一号(二〇一六年)。地方自治体の対応について、同「大阪市ヘイト・スピーチ条例の意義」部落解放七二三号(二〇一六年)、人種差別撤廃施策推進法案について、同「人種差別撤廃施策推進法案について」人権と生活四一号(二〇一五年)参照。

パターナリズムに粉飾された社会防衛と医療福祉動員体制の問題点

池原毅和

Ⅰ　はじめに

二〇〇三年に心神喪失等の状態で重大な他害行為を行った者の医療及び観察等に関する法律（以下「心神喪失者等医療観察法」という）が成立し、二〇〇五年から同法が施行されている。同法は殺人、傷害（傷害致死を含む）、放火、強盗、強姦、強制わいせつ及びこれらの罪の未遂の罪のいずれかの行為を対象行為と定め（同法二条一項）、①公訴を提起しない処分において心神喪失または心神耗弱の状態で（刑法三九条）対象行為を行ったことが認められた者（同法二条二項一号）、②対象行為について心神喪失により無罪の確定判決を受けた者、心神耗弱により刑を減軽する旨の確定判決（懲役または禁錮の刑を言い渡し執行猶予の言渡しをしない裁判であって、執行すべき刑期があるものを除く）を受けた者（同法二条二項二号）を対象者と定めて、これらの者について、検察官が地方裁判所に処遇審判を申し立てることで審判手続が開始される（同法三三条）。審判は裁判官と精神保健審判員[1]の合議体（同法一一条）によって行われ、対象者はその決定に基づき（同法四二条一項、五一条一項二号、六一条一項一号）、厚生労働大臣が指定した医療機関（指定入院医療機関及び指定通院医療機関、同法二条三項ないし五項）において医療を受ける（同法四三条一項・二項）ことになる。同法は対象者に対する処遇の要否及び内容についての意見を聴くために精神保健福祉士等を精神保健参与員[2]として関与させるものとしている（同法三六条）。また、精神保健福祉士等は保護観察所にも社会復帰調整官[3]として配置されることとされ（同法二〇条一項）、社会復帰調整官は保護観察所における精神保健観察[4]を実施することを主な任務としている（同法一九条、二〇条二項）。

心神喪失者等医療観察法は刑事司法と対比すると、精神科医が裁判官と同等の判断者となること、精神保健福祉士が判断者に参与者として関与すること、収容施設は厚生労働大臣が指定する医療機関になること、また、社会内での処遇については社会復帰調整官（精神保健福祉士等）が精神保健観察を担い、厚生労働大臣が指定する医療機関がその医療を担当することなど医療・福祉と刑事司法の協働あるいは分業が際立った特色になっている。対象者は重大な他害行為（犯罪行為）を行ったうえ、精神障害があるという二重のハンディを負った社会復帰に困難を有する者とされ、そうした者の社会復帰を促進するために本法に基づく医療を行うことが本人にとって利益になるとしてその正当性が説明されている。[5]

また、同法の処遇を決定する基本要件である「対象行為を行った際の精神障害を改善し、これに伴って同様の行為を行うことなく、社会に復帰することを促進するため、この法律による医療を受けさせる必要がある」こと（四二条一項、五一条一項、五六条一項、六一条一項等）は、疾病性、治療可能性、社会復帰要因の三点から分析されるべきものとされ、社会復帰要因とは「本法による医療を受けさせなければ、その精神障害のために社会復帰の妨げとなる同様の行為を行う具体的・現実的な可能性があること」とされている。[6]同法は将来において対象行為（同様の犯罪行為）を繰り返す可能性を同法に基づく刑事司法と医療・福祉の連携体制によって防止することを目指している。[7]

心神喪失者等医療観察法は、従来の刑事法の責任主義のもとでは自由剥奪の処分をなしえなかった者に対して、再犯化を防止するために責任主義の限界を超えて自由の剥奪と制限を伴う処分への道を開き、しかも、その処分の決定者としても引き受け手としても医療福祉関係者を刑事司法に取り込む体制を作る最初の法律となった。

同法を正当化する論理は、対象者の社会復帰を促進することであり、同様の行為を行う危険性があるような者を社会は受け入れるはずがないので、その危険性をなくすこと、すなわち、その危険性の要因になっているとされる精神障害を改善させることは本人に利益であり、そのために自由の剥奪や制限が伴うとしても、社会復帰を果たせることに照らせば、その程度のことは甘受すべきであるという論理である。社会の利益と個人の利益を対置して、社会の利益のために個人の自由を犠牲にすると考えるのではなく、個人が自分のために自分の自由の制約を甘受するという考え方である。[8]

心神喪失者等医療観察法の対象とされる者は年間四〇〇人に満たない程度であるので、[9]量的な観点からは刑事司法及び精神保健福祉の全体に影響するようなことはないようにも思われる。しかし、今世紀が始まってまもなく、同法が提示した強制的介入の正当化論とその手法及びそのためのシステムは、その後現在も進行している精神保健福祉及び刑事司法への方向転換の結節点になっている。以下では心神喪失者等医療観察法にこれらがどのように現れ、どのような問題をもたらしたかを明らかにし、それが、精神保健福祉領域にどのように影響しているかを見ていくことにする。

Ⅱ　心神喪失者等医療観察法

1　パターナリズムに粉飾したポリスパワーと障害・犯罪原因の個人化・非社会・医療化

社会復帰を阻害する要因である精神障害を改善させるために自由の剥奪または制限を伴う医療を受けさせることは本人の利益であるという説明は一見すると合理性があるようにも見える。社会復帰できることは本人にとって利益であるのに、本人の中にそれを阻害する要因（同様の行為を繰り返す原因になる精神障害）があるのであれば、その要因を改善することは何よりも本人のためであり、社会のためというわけではない。確かに社会は結果として安全になるという利益を得るかもしれないが、それは結果として得られるものにすぎず、社会の安全のために精神障害を改善させているわけではない。従って、心神喪失者等医療観察法は社会防衛や治安のための法律ではなく、むしろ、不幸な精神障害者の医療のための法律であるという説明である。

しかし、この正当化論は、改善されるべき対象を社会ではなく個人に措定している点に根本的な誤りがある。心神喪失者等医療観察法が用いる社会復帰という用語もリハビリテーションの世界では死語になりつつある旧来型のリハビリテーションモデルに基づく用語である。旧来の社会復帰では、犯罪や障害などのために社会に適応できなくなり、社会から脱落してしまった者を再び社会に戻していくことを目指し、そうした者の再社会適応化（リハビリテーション）のための働きかけをするのが社会復帰とされていた。社会は変えることはできず変える必要もない所与の存在であるから、その社会に適応できるように個人を変えていくというアプローチである。

これに対して、障害者福祉の分野で二〇世紀後半から現れてきたノーマライゼーションの思想は、障害のある人などの社会の少数派に属する人たちが社会から脱落するのは、社会が多様な人間のあり方を無視して、多数派にのみ適合した社会を作っているためであり、社会が人間の多様性に寛容で適合的な社会であれば、少数派に属する人たちが社会から脱落することはなく、その人たちが多数派の作る社会に適合するように自己を改造する必要もないはずであると訴えている。旧来のリハビリテーションによる社会復帰が、障害のある人を障害のない人たちの社会に適合できるように訓練し改造することであったのに対して、ノーマライゼーションに基づくリハビリテーションは、むしろ、社会を人間の多様性に寛大で適合性の高い社会に変えていく戦略を求めている。(10)

二〇〇六年に国際連合が採択し、二〇一四年に日本も批准した障害者の権利に関する条約（以下「障害者権利条約」という）は、障害が発展的な概念であるとして定義を確定しなかったが、「障害者には、長期的な身体的、精神的、知的又は感覚的な機能障害であって、様々な障壁との相互作用により他の者との平等を基礎として社会に完全かつ効果的に参加することを妨げ得るものを有する者を含む」（同条約一条）として、障害の原因を医学的に同定される機能障害とする旧来の医学モデルから、社会参加を阻害する社会の障壁に原因があるとする社会モデルへのパラダイム転換を図っている。(11) これを受けて障害者基本法も障害者の定義を「身体障害、知的障害、精神障害（発達障害を含む）その他の心身の機能の障害（以下「障害」と総称する）がある者であって、障害及び社会的障壁により継続的に日常生活又は社会生活に相当な制限を受ける状態にあるもの」と改めた（同法二条一号）。社会モデルによれば障害のある人が社会に参加できないのは、機能障害があるからではなく、社会の側が障害のある人を排除する社会的障壁を作っているからである。その障壁は人間の多様性を無視し、多数派だけに便宜な社会を作ることから生じるものである。それゆえ、障害のある人には社会に対して偏頗で不公正な社会的障壁を除去し、平等に社会参加ができるように求める権利が認められる。障害者権利条約はこうした観点から障害のある人の権利を定めている。二〇一三年に成立した障害を理由とする差別の解消の推進に関する法律も行政機関等及び事業者に対して、障害者差別の禁止と社会的障壁除去のための合理的配慮の義務を定めている（同法七条、八条）。

ノーマライゼーションから障害者権利条約に至る障害と社会との関係に関する知見と規範的要請に基づいて犯罪行為を行った精神障害者について考えるならば、犯罪行為においても精神障害においても、何よりもまず社会的要因に焦点を当てなければならない。[12] しかし、心神喪失者等医療観察法は社会復帰を阻害する要因は対象者個人の内なる精神障害にあると想定し、これを強制的に改善させることで社会復帰を果たさせようとし、社会的要因の改善はまったく考えていない。

先の正当化論は、社会の側にも原因があるのに、社会はその問題を改めようとせず、もっぱら対象者に社会に適合していくことを強いるものであり、多数派が形成してきた既存社会を温存し、人間の多様性を省みない頑迷で保守的な対応を前提にしているものである。その論理は、結局、旧来からの社会を維持するために、その社会から逸脱した者を既存社会に適合するように改造するということであり、社会防衛を社会復帰という用語に置き換えたものにすぎない。

心神喪失者等医療観察法制度の制度枠組みは、犯罪原因が同様の犯罪行為を行うおそれを内包した個人の精神障害にあるとして、問題を個人化、非社会化することで障害及び犯罪原因の社会的側面を隠蔽して、社会自体を改善する責任を見失わせる。対象者は社会から排除される原因になる不幸な精神障害を持った憐れまれるべき存在であり、この不幸の原因となっている精神障害を改善するために医療を強制すべきだとされる。同法は「手厚い医療」の付与を最大の売りとして、[13] 問題を医療化することで対象者に対しては刑罰によっても課しえない自由の剥奪と制限を行うと同時に、社会側の問題の改善の道は閉ざす効果を発揮している。

精神保健福祉士などの福祉関係者も同制度下で動員されるが、同法は医療を主とし、福祉を制度上位置付けていない。同法は、入院によらない医療のもとで特に必要になる住居、日中生活の場、所得の確保、就労などの福祉サービスの利用には明文上の関心を示していない。心神喪失者等医療観察法の下では福祉も医学的に同定された同様の犯罪行為を行うおそれを内包した「精神障害を改善」させることに奉仕すべきものと位置づけられるため、同法の想定する福祉には社会の側に責任を問い、社会の側に改善を求める視点は与えられていない。

2　強制への依存

心神喪失者等医療観察法が定める入院による医療は強制入院のみであり、退院直前の社会復帰期の状態にあっても自発的入院に切り替える余地を認めていない。また、入院処遇決定を受けた者は、「厚生労働大臣が定める指定入院医療機関において、入院による医療を受けなければならない」（同法四三条一項）と定められている。入院によらない医療においても、その決定を受けた者は、「厚生労働大臣が定める指定通院医療機関による入院によらない医療を受けなければならない」（同条二項）と定められ、精神保健観察に付され（同法一〇六条一項）て、指導その他の措置を受ける（同条二項）とともに遵守事項の遵守義務を課される（一〇七条）。そして、対象者がこれらに違反すると再入院の申立てをされることになる（同法五九条二項）。このように心神喪失者等医療観察法の処遇は精神障害の改善については対象者の自己決定権を全面的に封殺している。

もっとも、入院医療ガイドラインでは、入院処遇中の治療については原則として対象者の同意に基づいて医療を行うものとし、同意が得られない時には新病棟倫理会議の決議を得て治療を行うとしており[14]、指定入院医療機関内では原則として対象者の同意に基づく医療が行われているように見える。また、通院処遇中の対象者は自ら通院しているのであるから、そこで行われている治療は強制的な医療ということはできないと見ることもできる。しかし、これらはいずれも上記の心神喪失者等医療観察法の強制的な枠組みの中で行われていることである。

入院処遇決定を受けた対象者は退院時期が遠のくことを覚悟しない限り、治療者の提案する治療に同意しないという選択をすることはできない。指定入院医療機関内での治療同意は自由との引き換えのもとで行われるもので自由意志に基づく同意ではない[15]。通院処遇中の者については、入院中の者よりは強制的な枠組みは強くないが、再入院という自由剥奪の可能性が常に間接強制の効果を果たしており、再度の自由剥奪の危険性を覚悟しない限り治療同意をしないことは困難である。

こうした枠組みの中にいる治療者は、極めて容易に患者から治療同意を得ることができ、治療者の思いのままの治療を容易に進めることができる。時間をかけて患者に説明して理解を求めたり、使用する薬の種類や量などについて患者と協議しながらコンセンサスを得ていくインフォームド・コンセントと治療同盟[16]を形成をしていく努力は必要とされない。心神喪失者等医療観察法の徹底した強制的枠組みは、治療者に暗黙の強制力依存を生じさせ、治療技術の向上と人間的な対話の努力の低下を招来する。対象者は圧倒的な権力に組み敷かれ、自己を主張し主体的に生きる意欲をそぎ落とされることになる。

3 責任分散システム

心神喪失者等医療観察法の特色の一つは行われる医療に関する判断が制度化（システム化）されている点である。判断を一定のシステムの下で行うことは判断の均質性と安定性に資することにはなり、法的には恣意的判断を防止する効果をある程度期待できる面がある。しかし、システムのもとで行われる判断は、責任の帰属（誰が責任を負うのか）と判断内容の人道性及び個別性を損ないやすい。また、判断の対象とされる者（対象者）がシステム下での判断を覆しうる実効性のある権利擁護を受けていなければ、システム下での判断は専断的判断になってしまう[17]。

心神喪失者等医療観察法では大枠のシステムとしては、同法による医療（入院による医療または入院によらない医療）の要否を決定するのは処遇事件（同法三三条一項、四九条一項・二項、五〇条、五四条一項・二項、五五条、五九条一項・二項）を審理する裁判所である。指定入院医療機関は、その組織の管理者に入院継続または退院の申立て権限が与えられているが（同法四九条）、患者を診ている医療者はもとより入院を引き受けている医療機関も患者の入退院についての決定権限を持たない。指定通院医療機関及びその医療者には自ら行っている医療を継続すべきかどうかを決定する権限も申立を行う権限もなく、処遇終了あるいは再入院の申立て権限は保護観察所の長にあり（五四条、五九条一項・二項）、その決定は処遇裁判所の判断に委ねられている。

このシステムの下で指定入院医療機関の医療者は患者の自由を剥奪していることについての責任を回避できる。入院を決定したのは裁判所であり、退院させてくれないのも裁判所だからである。しかし、入退院の基本要件である疾病性及び治療反応性、社会復帰（阻害）要因は、治療を担当している医療者の診たてが審判のほぼ決定的な要素になる。自由剥奪の実質的な決定は医療者が行っているが、医療者は責任を負わないというのがこの構造の「利点」であり、裁判所も原則として法的責任を問われるような機関ではない。(18)

しかも、この法律による医療の内容は裁判所が決めるものではなく、厚生労働大臣が定めて（同法八一条）、指定医療機関に担当させ（同法八二条）、入院または入院によらない医療の決定を受けた者は、指定医療機関による医療を受けなければならないと法定されている（同法四三条一項・二項）。処遇決定を受けた患者（対象者）に対して行われる個々の医的侵襲行為が処遇決定の際に検討されることはないので、それらが許されることが処遇裁判所の決定に包括的に含まれているとは解しえない。また、仮に処遇裁判所の決定に対象者に対する指定医療機関における医療を受ける包括的な義務づけが含まれるとするなら、同法四三条一項及び二項は不要となるので、同法は処遇決定には個々の医療行為を行うことの判断及び決定を含めることを予定していないと解さなければならない。一方、同法八一条に基づく厚生労働大臣の権限も提供されるべき医療の内容を概括的に定めるものであり、個別の患者に対する個別の医的侵襲行為の決定権限を定めるものではない。確かに処遇決定を受けた対象者は同法四三条一項・二項に基づいて指定医療機関において入院または入院によらない医療を受けなければならないと定められているが、その義務が同医療機関におけるあらゆる医的侵襲行為について、患者の包括的な受忍義務を定めたものと解することはできないうえ、[19]同条項の義務に対応して行うべき医的侵襲行為を誰がどのようにして決定するのかについて同法は沈黙している。従って、心神喪失者等医療観察法の処遇対象者の治療同意のあり方については明文では特別な定めはないということになり、結局、他の医療機関を受診する通常の患者と同様であると解することが相当だと考えられる。しかし、「入院処遇ガイドライン」では、「指定通院医療機関で行われる医療行為について治療者は十分な説明を行い、入院対象者の理解による同意を得られるように努める必要がある」としたうえで、非自発的治療を開始する場合は、①治療者が入院対象者との間で代替的治療行為の可能性について相談する、②多職種チーム[20]によって入院対象者の治療意欲を引き出す取り組みを行う、③事前に新病棟倫理委員会[21]の決議を得るという手順を踏むこと、緊急の場合は事後に新病棟倫理委員会に報告しその評価を受けることで不同意治療を認めている。[22]同ガイドラインは同法四三条一項・二項の規定に基づいて患者のインフォームド・コンセントの権利が剥奪されているように読んでおり、ガイドラインが定める「インフォームド・コンセント」は対象者の社会復帰のための政策的便宜としてしか位置づけられていない点に問題がある。しかし、これと並んで心神喪失者等医療観察法の条項及び入院ガイドラインの定めを前提にすると、個別の医的侵襲行為の決定者と責任の帰属は極めて曖昧なものになっている。しかも、同法のシステム下におかれた患者である対象者は個々の医的侵襲行為に対して対抗するに足りる権利擁護をえることもできず、専断的医療のもとにおかれることになっている。[23]

心神喪失者等医療観察法のシステムは、重層的な官僚システムの下に対象者を置くことによって対象者の意向や不服は容易にはシステムの動きに反映されないようにする一方で、対象者の自由と自己決定権の剥奪・制限、さらには、心身がそのままの状態で尊重される権利（インテグリティーの保障）[24]という人間の尊厳にかかわる決定について、誰も心を痛めることなく、また、呵責を感じることもなく決定することができる構造を提供することに成功した。[25]

パターナリズムで粉飾したポリスパワーに基づく介入の大義は、さらにこのシステムの関係者に対象者の尊厳を損なう行為でも安んじてむしろ積極的に行うことを可能にしている。

Ⅲ　精神医療福祉法

1　強制力への依存

(1)　強制入院手続要件（精神保健指定医診察）の緩和（二〇〇六年改正）

精神保健福祉法は患者の人権確保に関する第一次的な役割を精神保健指定医（以下「指定医」という）に期待してきた。もっとも、指定医制度が導入された一九八七年から現在まで約三〇年の歳月において、大量の患者が長期にわたり入院し、社会的入院者が大量に存在し、OECD諸国に比べて強制入院率が四倍に及ぶという日本の精神科病院の入院医療の問題が依然としてほとんど改善していない状態を顧みると、指定医制度が入院患者の人権擁護に十分に実効性のある制度であったとは認めえないであろう。それにもかかわらず、精神保健福祉法は二〇〇六年改正において、その指定医の専門性をさらに緩和する特定医師制度を導入した。特定医師の資格は指定医とは異なり法律ではなく厚生労働省令（精神保健福祉法施行規則）で定められている。[26] 二〇〇六年改正で特定医師制度を導入したのは、緊急時の入院に指定医制度の縛りを緩めて円滑に入院が行えるようにすることであった。同改正法では、特定医師は、任意入院者に対する退院制限（同法二一条四項）、緊急やむを得ない場合の医療保護入院（同法三三条四項）、緊急やむを得ない場合の応急入院（同法三三条の七第二項）[27]について指定医に代わりうるとされ、一方、上記各条項の特定医師の権限行使は特定病院[28]の場合に限定することで野放図な強制入院の拡散を避けようとしている。

しかし、特定医師が指定医に代わりうる要件である「緊急その他やむを得ない理由があるとき」とは「専ら夜間の場合であって、患者を直ちに診察する必要があるにもかかわらず、精神保健指定医が不在であるなど、速やかな診察が困難な状況である必要がある」と説明されている。[29] この説明は患者の人権よりも病院側が常時指定医を配置できない事情を汲んで便宜を図ったもので、二〇〇六年改正の政策意図が強制入院の間口を広げるものであったことを窺い知ることができる。

(2) 強制入院手続要件（保護者の同意）の緩和（二〇一四年改正）

精神保健福祉法の二〇一四年改正においては医療保護入院に改正が加えられた。同年の改正では保護者制度が廃止され、[30] 医療保護入院に関する保護者の同意が家族等の同意に改正された。[31] 家族等とは「当該精神障害者の配偶者、親権を行う者、扶養義務者及び後見人又は保佐人」（同法三三条二項）とされるので、旧保護者の被選出母体と同様である。[32] この改正によって①家庭裁判所の保護者選任の審判は不要となり、②家族等うちの一名の入院同意で足りるので、入院に反対する意見が多数でも同意として足りることになり、③家族等の同意は医療保護入院の存続要件ではなく、開始要件とする行政解釈が示され、[33] 医療保護入院の要件は緩和された。この改正について厚生労働省は「適切な入院医療へのアクセスを確保しつつ、医療保護入院における精神障害者の家族等に対する十分な説明とその合意の確保、精神障害者の権利擁護等を図るものである」[34] と説明しているが、改正の方向性が医療保護入院のハードルを下げることにあったことは明らかである。

この改正にあたって、家族等の同意ではなく、むしろ、指定医二名による診察を要件とすべきであるという意見も出されていた。法が保護者の同意を要件に加えていたのは、保護者が医療保護入院を不適当であると考える場合には同意をしないことによって不当な強制入院を防止することができると考えたからであった。しかし、法運用の実態としては、保護者は父母等の同居の家族である場合が多く、同居の家族は精神障害のある本人を支え切れなくなって入院の相談のために受診するということがむしろ普通であるから、そのような状況で保護者である家族があえて入院に反対して同意しないということはほとんど想定できない。従って、従来から保護者の同意要件によって精神障害者の権利擁護が果たされるという実態はなかったと言ってよい。しかし、それでも制度上は扶養義務者が保護者になる場合は家庭裁判所の審判が介在するという点では、[35]形式上ではあったが司法が間接的に医療保護入院に関与するという側面がないではなかった。しかし、この保護者の同意を家族の同意に変えることは、司法の間接的関与も除外し、さらに権利擁護の機能を低下させることになるので意味がないうえに、医療保護入院における家族等の同意は、入院に拒否的な本人と同意した家族との間に深刻な対立関係を生じさせる危険性があるので、むしろ要件とすべきでないと考えられる。医療保護入院の必要性を厳密に判定しようとするなら、複数の指定医が判定することが合理的であるから、保護者の同意要件を廃止して二名の指定医によって入院の必要性が肯定されることに変えるというのが正当な改正の方向性であった。しかし、改正法は医療保護入院の要件を厳格化する方向ではなく、緩和する方向での改正を進め、指定医一名の診断と家族等の同意をもって足りることとしたのである。

(3)　強制入院政策の指向性

厚生労働省の通知（「医療保護入院者の退院促進に関する措置について」[36]）は、「医療保護入院者の退院促進に関する措置は、医療保護入院が本人の同意を得ることなく行われる入院であることを踏まえ、本人の人権擁護の観点から可能な限り早期治療・早期退院ができるよう講じるものである」としている。このように医療保護入院の改正は、強制的介入を早期に行い、そのかわりできるだけ早期に退院するようにするという政策指向に基づくものである。そこには強制入院に至るような危機的状態に至る前の支援を充実させるという観点はなく、また、対象となる者の自由と自己決定権、インテグリティーの保障を前提とした人間的な対話に基づく意思決定の支援を行うよりも簡捷に入院に結びつけることが目指されている。

障害者権利条約一二条の法的能力の平等性の保障は、治療同意能力の欠如を理由とした非自発的医療を否定しており、同条約二五条は「他の者と同一の質の医療」の内容として「事情を知らされた上での自由な同意を基礎とした医療」を例示している。また、同条が保障する「障害に基づく差別なしに到達可能な最高水準の健康を享受する権利」には知的や精神の障害のある人に対して最高水準のコミュニケーション技術を駆使してインフォームド・コンセントを尽くして自発的な医療を行うことが含まれると解されている。(37) 障害者権利委員会は、「強制治療には効果がないことを示す実証的証拠があり、また、強制治療の結果として深刻な苦痛とトラウマを経験した精神医療システム利用者の意見があるにもかかわらず、強制治療はいまだに世界各地の精神保健法に見られる条約違反の法政策である。それゆえ締約国は、強制治療を容認し、または、これを行う政策と法規定を廃止しなければならない」と述べている。(38)

強制力への依存は、対象者の人権保障の点でも治療効果の点でも問題があり、国際的には少なくとも強制医療を極小化していくことは最低限度の合意事項であるが、(39) 日本の強制入院政策の指向性は、国際人権条約とその委員会の指摘する方向性に逆行している。

早期治療の手法として特定医制度を導入して医療保護入院等の間口を広げ、指定医一名による診察要件はそのままにして保護者の同意を家族等の同意に拡張することによって強制入院の要件を緩和する政策は、患者との対話によってその理解を得ながら診療を進めていくよりも簡捷に強制力に基づく治療を成立させることへの依存性を高めることになる。しかし、簡捷な強制医療の開始は、患者にとっては暴力的でその尊厳と人格を踏みにじる行為と感じられ、精神医療に対する不信や反発を内包させる要因になる。強制力への依存は対象とされる者の人権を損なうだけでなく、反治療的作用を生じさせることにもなる。

2　責任の分散化

医療保護入院の改正において保護者の同意に代えて家族等の同意を残したことのいま一つの意義は責任の分散化にある。法改正のための検討を進めていた「新たな地域精神保健医療体制の構築に向けた検討チーム」の意見では早期介入を図り保護者同意の問題点を解消するという政策目的から家族等の同意を要件とせず指定医一名の診断に基づく医療保護入院に改正するものとされていたが、改正法があえて家族等の同意を要件として加えたのは、自由剥奪を実質的に決定することについての責任を分散させ、指定医の重責感を軽減することが一つの動機にあったとみられる。一般医療でも家族等にインフォームド・コンセントが行われていることなどと平仄をあわせるなどの説明もあるが、一般医療ではその手続は法文化されていないうえに、家族等の同意が患者本人の同意に代わりうるものであるかについて法的な共通認識が形成されているとは言えない。こうした中で医療保護入院の要件にあえて家族等の同意を加えたことは、別個の政策的動機があると考えられる。また、仮に明示的に責任分散を目指していなかったとしても、同要件はその効果を果たすことになる。

自由剥奪等に関する責任分散システムが効果を果たした例としていわゆる行動制限最小化委員会の役割が興味深い。二〇〇四年にいわゆる行動制限最小化委員会が設置されるようになった時期から隔離拘束の数がむしろ逐年増加した(40)。

Ⅳ　おわりに

今世紀に日本で進行している安全安心のための前倒しされた強制力への依存は、医療福祉制度をシステムに取り込み、理念としては社会防衛をパターナリズムで粉飾し、システムとしては責任を分散化させることで、対象となる人の尊厳と人生利益を蹂躙する体制を構築した。この方向性を障害者権利条約をはじめとした国際人権規範の要請からどのようにして軌道修正していけるかが今後の課題となるだろう。

（1） 精神保健判定医は、精神保健審判員の職務を行うのに必要な学識経験を有する医師として厚生労働大臣が名簿を最高裁判所に送付し、最高裁判所規則で定めるところにより地方裁判所が毎年あらかじめ選任したものの中から、処遇事件ごとに地方裁判所が任命するものとされている（同法六条）。

（2） 精神保健参与員は、精神保健福祉士その他の精神障害者の保健及び福祉に関する専門的知識及び技術を有する者について、厚生労働大臣が各地方裁判所ごとに名簿を作成して当該地方裁判所に送付し、地方裁判所が毎年あらかじめ選任したものの中から、処遇事件ごとに裁判所が指定する（同法一五条）。

（3） 社会復帰調整官は、精神保健福祉士その他の精神障害者の保健及び福祉に関する専門的知識を有する者として政令で定められている（同法二〇条三項）。

（4） 入院によらない医療（いわゆる通院医療）の決定（同法四二条一項二号、五一条一項二号）を受けた者に実施されるものであり、必要な医療を受けているか否かを観察し、継続的な医療を受けさせるために必要な指導、その他の措置を講ずるものとしている（同法一〇六条）。精神保健観察下の対象者は、居住地の届け出、一定の住居での居住、保護観察所長からの出頭・面接への応諾が遵守事項とされている（同法一〇七条）。精神保健観察下の対象者が、通院医療をうける義務（同法四三条二項、五一条三項に準用する場合を含む）に違反した場合、または、上記の遵守事項を守らず、そのため継続的な医療を確保できないと認める場合には、保護観察所長は再入院の申立てをしなければならない（同法五九条二項）とされている。同条項は「対象行為を行った際の精神障害を改善し、これに伴って同様の行為を行うことなく、社会に復帰することを促進するために入院をさせてこの法律による医療を受けさせる必要があると認めるに至った場合」（同法五九条一項）とは別個の申立て理由として規定されているので、通院医療受忍または遵守事項の不遵守のペナルティーないし間接強制の機能を担っている。

（5） 最高裁判所事務総局「『心神喪失等の状態で重大な他害行為を行った者の医療及び観察等に関する法律』及び『心神喪失等の状態で重大な他害行為を行った者の医療及び観察等に関する法律による審判の手続等に関する規則』の解説」刑事裁判資料二八四号（二〇〇五年三月）一六頁は、「心神喪失等の状態で重大な他害行為を行った者は、精神障害を有していることに加えて重大な他害行為を犯したという、いわば二重のハンディキャップを背負っている者であるところ、このような者が有する精神障害は、一般に手厚い専門的な医療の必要性が高いと考えられ、また、仮にそのような精神障害が改善されないまま再びそのために重大な他害行為が行われることとなれば、そのような事実が本人の社会復帰の大きな障害になることは明らかであるので、そのような事態にならないよう、必要な医療を確保することが、本人の円満な社会復帰のために極めて重要であると考えられる。」としている。

（6）最高裁判所事務総局・前掲註（5）一六九頁以下。

（7）同法一条は、同法による「継続的かつ適切な医療並びにその確保のために必要な観察及び指導を行うことによって、その病状の改善及びこれに伴う同様の行為の再発の防止を図り、もってその社会復帰を促進することを目的とする。」としている。

（8）内田博文教授は、心神喪失者等医療観察法などにみられる日本型保安処分の特徴として「施設内での保安処分と保護観察を利用した社会内での保安処分を二本柱とする」点を指摘され、「社会自体を『保安処分』の担い手とするため」に「家族の活用に加えて、『医療（団体）』や『福祉（団体）』なども動員されることになる。司法と福祉の連携も強調される」、「保護（パレンス・パトリエ）と再犯防止（ポリス・パワー）は一体不可分だともされている。」と指摘されている（内田博文『刑法と戦争――戦時治安法制のつくり方』（みすず書房、二〇一五年）一〇一～一〇二頁）。

（9）犯罪白書によると、検察官による申立件数は平成一九年に四四四件となりピークを示し、その後は減少して、近年はおおむね三五〇件内外の申立件数を推移している。

（10）国際障害者年行動計画（一九八〇年）では、「ある社会がその構成員のいくらかの人々を締め出すような場合、その社会は弱くてもろい社会なのである」という有名な定式として示されている。

（11）川島聡・東俊裕「障害者の権利条約の成立」長瀬修・東俊裕・川島聡編著『障害者の権利条約と日本――概要と展望』（生活書院、二〇一二年）二一～二六頁、川島聡「障害者権利条約の基礎」松井亮輔・川島聡編著『概説　障害者権利条約』（法律文化社、二〇一〇年）一～一五頁。

（12）障害の社会モデルは、障害の人権モデルと重なり合う（同上書二二頁）。障害の人権モデルについて、国際障害法の代表的な研究者であるジェラルド・クインとテレジア・デゲナーは「人間の固有の尊厳に焦点を合わせる。次いで、必要な場合にのみ、個人の医学的特徴に焦点を合わせる。人権モデルは個人に影響を及ぼすあらゆる決定において、個人を中心的な位置に据える。人権モデルにおいて最も重要なのは、それが主要な『問題』を個人の外側、すなわち社会に位置づけていることである。このモデルにおいて障害の問題は、障害が表している差異に対する国家及び市民社会の責任の欠如から生じるものとされる。したがって、国家は、あらゆる人々の尊厳及び平等権の完全な尊重を確保するため、社会に作られた障壁に取り組む責任を負う」と説明している（同上書一七頁）。原典はGerard Quinn and Theresia Degener, *Human Rights and Disability*; The Current Use and Future Potential of United Nations Human Rights Instruments in the Context of Disability (OHCHR 2002), note 9 Chap.1 p.10.

（13）法務省は以下のように説明している。「本制度は、対象となる人の社会復帰を促進することを目的としています。精神の障害のために重大な他害行為が行われることは、被害者に深刻な被害を生ずることはもとより、その病状のために加害者となるということからも極めて不幸な事態です。……（中略）……国の責任において手厚い専門的な医療を統一的に行い」、「地域において継続的な医療を確保するための仕組みを設けることなどが盛り込まれました。」法務省、「医療観察制度Q＆A」、http://www.moj.go.jp/hogo1/soumu/hogo_hogo11-01.html（二〇一六年三月一三日、最終閲覧）。

（14）「治療行為に同意が得られない場合の対応」『入院処遇ガイドライン』V－1、http://www.ncnp.go.jp/nimh/shihou/inpatient_shogu_guideline2012.pdf（二〇一六年二月二八日、最終閲覧）では、治療の基本的な考え方として「本法による審判により入院決定を受けた対象者は入院による治療を受けなければならない（第四三条第一項）ものであるが、入院対象者の社会復帰を目的とする医療を円滑に進めるためには、指定入院医療機関で行われる医療行為について治療者は十分な説明を行い、入院対象者の理解による同意を得られるように努める必要がある。」としたうえで、「同意によらない治療を開始する場合の対応」を定めている。

（15）精神障害者の保護及びメンタルヘルスケア改善のための原則（一九九一年国連総会採択）の原則一一－二は、「インフォームド・コンセントとは、患者の理解しうる方法と言語によって、以下の情報を、十分に、かつ、患者に理解できるように伝達した後、患者の自由意志により、脅迫又は不当な誘導なしに得られた同意をいう。」と定めている。治療に同意しなければ強制入院が長引くという関係の下での同意は、「脅迫又は不当な誘導なしに得られた」自由意志による同意とは言えない。引用はhttp://www.kansatuhou.net/10_shiryoshu/04_02UNmental_gensoku.html#gensoku11（二〇一六年二月二八日、最終閲覧）。

（16）治療同盟（Therapeutic Alliance）とは、「治療者と患者との間で築かれる信頼関係・協力関係のことであり、治療機序や技法の違いにかかわらず、すべての心理療法に共通する要素として、治療効果に大きく貢献するものである。治療同盟は心理療法ばかりでなく、薬物療法においても治療効果に重大な影響を及ぼすことが知られている。」上島国利・上別府圭子・平島奈津子編「知っておきたい精神医学の基礎知識」（誠信書房、二〇〇七年）三一七頁。

（17）心神喪失者等医療観察法は弁護士による付添人制度を定めている。しかし、国費による必要的付添人は対象行為について検察官の申立によって始まる当初審判及びその抗告審、再抗告審の手続のみである（同法三五条）。しかも、対象者及び付添人には適正手続（憲法三一条）のもとで認められるべき防御権は認められておらず、医療的な観点からの批判的、防御的な補助を得る権利も確保されていない。

(18) 平成二四年二月二〇日広島高裁判決は裁判官の職務行為が国家賠償責任を問われる場合について、成年後見人の選任監督などの行政作用に類する場合は「家事審判官の成年後見人の選任や後見監督が被害を受けた被後見人との関係で国家賠償法一条一項の適用上違法となるのは、具体的事情の下において、家事審判官に与えられた権限が逸脱されて著しく合理性を欠くと認められる場合に限られるというべきである。そうすると、家事審判官の成年後見人の選任やその後見監督に何らかの不備があったというだけでは足りず、家事審判官が、その選任の際に、成年後見人が被後見人の財産を横領することを認識していたか、又は成年後見人が被後見人の財産を横領することを容易に認識し得たにもかかわらず、その者を成年後見人に選任したとか、成年後見人が横領行為を行っていることを認識していたか、横領行為を行っていることを容易に認識し得たにもかかわらず、更なる被害の発生を防止しなかった場合などに限られるというべきである」とし、傍論として争訴事件の場合は「裁判官の職務行為に国家賠償法一条一項の違法が認められるためには、当該裁判官が違法又は不当な目的をもって裁判をしたなどその付与された権限の趣旨に明らかに背いてこれを行使したものと認められるような『特別の事情』が必要である」と判示して、いずれにしても国家賠償責任を問われるのは極めて限定された場合に限られている。

(19) 治療同意能力の欠如や行われる医療の有効性と安全性の高さなど詳細な要件のもとで自己決定権の制限が認められる余地があるとしても、通院医療の場合まで含めて包括的に医療受忍義務を負わせることは許されない。従って、同条項は個別の医的侵襲行為に対して患者の受忍義務を定めたものと解することはできず、対象者が自由に医療機関を選択できないこと（指定医療機関の医療に限定されること）を定めたものと解すべきである。池原毅和『精神障害法』（三省堂、二〇一〇年）七二頁以下。

(20) 「多職種チーム」とは、新病棟内の医師、看護師、臨床心理技術者、作業療法士、精神保健福祉士により構成されるチームである。

(21) 「新病棟倫理員会」は、指定入院医療機関の管理者が主催し、精神医学の専門の外部委員一名以上を招聘して開催される。

(22) 「入院処遇ガイドライン」Ⅴその他の留意事項、一治療行為に同意が得られない場合の対応、なお、電気痙攣療法及びデポ剤については新病棟倫理員会の全会一致の決議が必要と定められている。

(23) 指定入院医療機関に入院させられている者は、処遇改善請求ができるが（同法九五条）、「処遇」には個別の医療行為の当否は審査対象に適さないとされている（最高裁判所事務総局・前掲註（5）解説三二三～三二四頁）。また、厚生労働大臣が行っている医療についてその諮問機関である社会保障審議会（厚生労働省設置法七条）は、審査機関の独立公平な第三者性を満たさず、権利擁護機関としての資格を欠いている。

(24) 障害者権利条約一七条が特に障害のある者の権利として、その心身がそのままの状態で尊重される権利を保障したのは、人間の心身領域というもっとも個人的な領域の不可侵性を保障することなしには自己決定権の保障は画餅に帰することになることと同時に、非障害者の文化的規範である身体規範と精神規範のもとで、障害のある者の心身は人間として望ましくない状態とみなされ、改善効果や治療効果が不確実で苦痛と屈辱を伴う侵襲の対象にされてきた歴史的社会的経験に基づくものである（池原・前掲註(19)一二一頁以下）。日本精神神経学会が精神外科（ロボトミー）手術を否定する決議をしたのはわずか四〇年ほど前の一九七五年のことである。その被害者数の実態把握も被害者に対する賠償はもとより謝罪も行われないままで済ませている日本の精神医療においてインテグリティーの不可侵性の保障はとりわけ重要な意義がある。現在主流の薬物療法も脳内神経伝達の異常が精神症状の原因であるとする仮説を前提にして短期的な治験により「効果」（科学的にではなく非障害者文化の常識では望ましくない状態が軽減されること）が認められたとされた薬剤を使用する治療技術である。薬物療法の技術構造も、その仮説性、効果測定の前提にある価値観、効果測定の短期性（薬物療法の長期予後には疑問が多い）においてロボトミー手術と同一の技術的問題を内包している。

(25) ノーマライゼーションの理論家であるW. Wolfensbergerは、ギロチンを官僚制の好例として挙げている。ギロチンに関わる執行人は頸木をセットする者や、足を抑える者、ロープを保持する者などにそれぞれの職分が分かれており、これらが協働することで一人の人間が斬首されるが、一人一人の行為は、個別化された行為それ自体としては首を切り落とす行為とは縁のない足を抑えたりロープを持ったりする日常的にもある行為だけなので、執行人は斬首の生々しさを感じることを回避できる。Wolfensbergerは官僚システムの本質は非人間的なことを呵責なく行うことを可能にするところにあるとする。ナチスのホロコーストのガス室や日本の死刑執行も同様であり、さしたる抵抗も予想されない一人の死刑囚の死刑執行に多くの刑務官が分業的にかかわるシステムそれ自体が行われる事柄の非人間性と残虐性を物語っている。

(26) 指定医と特定医師を対比すると左記のとおりである。指定医の研修では精神保健福祉法と患者の人権擁護に関する研修科目が含まれているが、特定医師には研修がなく、また、資格基準はあるがそれを公的に確認し指定を行う行為がない。

	指定医（法一八条ないし一九条の二）	特定医師（規則五条の三）
指定	厚生労働大臣の指定	なし
診断治療経験	五年以上	四年以上

精神科診断治療経験	三年以上	二年以上
厚生労働大臣が定める精神障害につき、同大臣が定める程度の診断治療の経験	要す	不要、但し、精神障害の診断治療に従事する医師として著しく不適当と認められる者ではないこと
既定の研修・定期研修	要す	不要
資格取消	あり	なし

(27) 特定医師が行う場合はいずれも一二時間までが強制力行使の時間的限界とされている。

(28) 厚生労働省令（精神保健福祉法規則）五条の二。

(29) 精神保健福祉研究会監修『三訂精神保健福祉法詳解』（中央法規、二〇〇七年）二三六頁。

(30) もっとも心神喪失者等医療観察法には保護者制度が残されている（同法第五節）。

(31) 厚生労働省障害保健福祉部が実施した「新たな地域精神保健医療体制の構築に向けた検討チーム」の医療保護入院改正に向けた意見（平成二四年六月二八日開催第二八回検討会）では、指定医一名の診断に基づく強制入院として、保護者あるいは家族等の同意は要件として加えない案が発表されていた。可決された改正法には家族等の同意が加えられているが、指定医二名を要件とし家族等の同意は要件としないなどの批判的意見も少なからずあった。このため衆参両院において「非自発的入院の減少を図るため、『家族等いずれかの同意』要件も含め、国及び地方自治体の責任、精神保健指定医の判断等、幅広い観点から、速やかに検討を加えること。」（第一八三回国会）との付帯決議がなされている。

(32) 改正前精神保健福祉法二〇条一項が改正法三三条一項に相当する。

(33) 障精発〇一二四第一号平成二六年一月二四日厚生労働省社会・援護局障害保健福祉部精神障害保健課長通知「医療保護入院における家族等の同意に関する運用について」は、入院の諾否について家族等の間に意見の不一致があることを病院の管理者が把握した時は、「意見調整が図られることが望ましい」、後見人または保佐人が反対している時は「その意見は十分に配慮されるべき」、親権者については「原則として父母双方の同意を要」し、親権者の判断は「特段の事情があると認める場合を除き、尊重されるべき」などとある程度の慎重さを求めているが、入院に同意する者があればその者の意見のみで入院は適法になることが前提になっている。また、同意を撤回した場合についても、「入院医療の必要性や手続の適法性等について説明することが望まれる」としたうえで、それでも了解を得られなければ、退院請求を行うことができることを教示するとして、同意の撤回によって医療保護入院の要件が失われるものではないことを前提とした通知を発している。

(34) 上記通知。

(35) 後見人、保佐人、親権者、配偶者の場合は審判を要しないが、精神障害のある人で後見人等が付されている者の数はそれほど多くはなく、また、成人に達している場合が多いので親が親権者である場合は多くはなく、婚姻している者も多くはないので、多くの場合は扶養義務者から保護者が選ばれていた。

(36) 障発〇一二四第二号平成二六年一月二四日厚生労働省社会・援護局障害保健福祉部長通知。

(37) 障害者権利条約一二条に関する一般的意見（CRPD/C/GC/1）para.41は、「到達可能な最高水準の健康を享受する権利（二五条）には、十分な説明に基づく自由な同意に基づいた医療の権利が含まれる。締約国は、すべての保健医療専門家（精神科の専門家を含む。）に対し、いかなる治療についても、十分な説明に基づく自由な同意を、障害のある人から事前に得ることを義務付ける義務を有する。他の者との平等を基礎とした法的能力の権利と併せて、締約国は、代理意思決定者が障害のある人の代わりに同意することを認めない義務を有する。すべての保健医療職員は、障害のある人が直接参加する適切な協議を確保しなければならない。また、アシスタントや支援者が、障害のある人の代理となったり、その決定に不当な影響を与えたりすることが決してないよう、全力を尽くさなければならない。」としている（邦訳は日本障害者リハビリテーション協会に依拠した。なお、同邦訳ではパラグラフ三七となっているが、原文はパラグラフ四一である。邦訳についてhttp://www.dinf.ne.jp/doc/japanese/rights/rightafter/crpd_gc1_2014_article12.html、原文についてhttps://documents-dds-ny.un.org/doc/UNDOC/GEN/G14/031/20/PDF/G1403120.pdf?OpenElement、最終閲覧二〇一六年三月一七日）。

(38) 上記一般的意見para.42 邦訳は筆者による。

(39) 自由権規約委員会は第六回日本定期報告書審査（二〇一四年七月）において強制入院を取り上げ（para.17）、「委員会は、多数の精神障害者が極めて緩やかな要件の下で強制入院を余儀なくされ、かつ、自らの権利侵害に対して異議申立てをする効果的な救済手段を利用できないこと、また、代替サービスの欠如により入院が不要に長期化していると報告されていることに懸念を有する（七条及び九条）」としたうえで、日本政府に対して「(a)精神障害者に対して、地域に基盤のあるサービスまたは代替のサービスを増やすこと、(b)強制入院は、最後の手段としてのみ課せられ、かつ、必要最小限の期間に限って、本人を危害から守りまたは他者を害することを防止する目的にとって必要かつ均衡が取れる時にのみ行われることを確保すること」などの行動をとるべきであると勧告している。

(40) 二〇〇四年には隔離拘束者数は一日当たり約一三〇〇〇人であったが、二〇一二年には一九五〇〇人にまで増加している（厚生労働省六三〇患者調査による）。

刑事法における障害者差別——てんかんの事例を契機に

内山真由美

Ⅰ　はじめに

二〇一三年に、「自動車の運転により人を死傷させる行為等の処罰に関する法律」（以下、「自動車運転死傷行為処罰法」とする）が制定され、病気の影響による死傷事故に対する厳罰化が進んだ。自動車運転死傷行為処罰法により、「特定の病気の症状による運転への影響」も危険運転の一態様とされ、てんかん症状による死亡事故は、最高刑が懲役一五年の危険運転致死罪が適用されることとなる（三条二項）。本稿は、道路交通法の改正及び自動車運転死傷行為処罰法によるてんかん患者に対する厳罰化の問題を検討する。

Ⅱ　自動車運転死傷行為処罰法制定の背景

1　交通事故発生件数・死者数・負傷者数

自動車を取り巻く現状は、次のとおりである。二〇一五年末現在の運転免許保有者数は約八二一五万人であり、運転免許の取得可能な一六歳以上の人口に占める運転免許保有者数の割合は七四・八％に上る。(1) 二〇一五年中の交通事故発生件数は五三万六八九九件で、これによる死者数は四一一七人、負傷者数は六六万六〇二三人（死傷者数は六七万一四〇人）。二〇一五年の交通事故による死者数は、ピーク時（一九七〇年の一万六七六五人）の四分の一以下であり、交通事故発生件数及び負傷者数は一一年連続で減少した。(2)

2　自動車事故に対する厳罰化――危険運転致死傷罪の動向

近年、最高刑を懲役二〇年とする危険運転致死傷罪（刑法旧二〇八条の二）の創設をはじめとする自動車事故に対する厳罰化は顕著だが、危険運転致死傷罪の要件を立証することが困難な事例が相次ぎ、最高刑が懲役七年の自動車運転過失致死傷罪が適用されることが多くなっていた。こうした中、二〇一一年から二〇一二年にかけて発生した四つの交通事故を契機に「悪質運転による死傷事故に対しては別の厳罰が必要ではないだろうか」との視点から、新たな立法が模索されていく。

3　二〇一一年から二〇一二年における「悪質運転による死傷事故」の発生

(1)　鹿沼児童六人クレーン車死亡事故

二〇一一年四月一八日、栃木県鹿沼市において、クレーン車の運転者が運転中に発作に陥って通学中の児童六名を死亡させた。報道の関心を引いたのは、運転者が意識障害を伴う発作を起こす持病を有していながらその持病を申告せずに運転免許証を更新して今回の事故を起こしたという点であった。

(2)　名古屋市で発生した事故

二〇一一年一〇月三〇日、愛知県名古屋市において、ブラジル国籍の運転者が赤色信号に従って停止している自動車に衝突した後、さらに、横断歩道が設けられた交差点の存在に気づかないままに交差点に進行し、自転車で横断歩道を渡ろうとしていた大学生を撥ねて死亡させた。報道では、運転者の無免許、飲酒ひき逃げ、自転車の被害者をはねるときに一方通行を逆走していたという点が強く非難された。

(3)　京都府亀岡市で発生した事故

二〇一二年四月二三日、京都府亀岡市において、連日夜遊びしていた少年が寝不足で居眠り運転をしてしまい、路側帯の内側を歩行していた集団登校中の小学生ら一〇人に自動車を衝突させるなどして三人を死亡させ、七人に傷害を負わせた。事故は無免許の居眠り運転の末に起きたものであった。

(4)　関越自動車道で発生した事故

二〇一二年四月二九日、群馬県内の関越自動車道で高速ツアーバスの運転手が睡眠不足と過労で居眠り運転をしてしまい、バスを道路脇の壁に衝突させて、乗客七人を死亡させ、乗客乗員三八人に傷害を負わせた。

(5)　それぞれの事故に対する刑事責任のゆくえ

鹿沼市クレーン車事故について、被告人は自動車運転過失致死罪で起訴され、一審で懲役七年の判決が言渡された（確定）[3]。名古屋市で発生した事故について、被告人は自動車運転過失致死傷罪、道路交通法違反、道路運送車両法違反、自動車損害賠償保障法違反により起訴され、一審で懲役七年の判決が言渡された（確定）[4]。京都府亀岡市で発生した事故について、被告人は道路交通法違反及び自動車運転過失致死傷により起訴された。検察官及び被告人がそれぞれ懲役五年以上八年以下の不定期刑を言渡した第一審判決[5]に対して控訴したところ、大阪高裁は原判決を破棄し、懲役五年以上九年以下の不定期刑を言渡した（確定）[6]。関越自動車道で発生した事故について、被告人は自動車運転過失致死傷、道路運送法違反、電磁的公正証書原本不実記録、同供用で起訴され、懲役九年六月及び罰金四〇〇万円の判決が言渡された（確定）[7]。

いずれの事案においても危険運転致死傷罪の適用が見送られたことから、持病の不申告、無免許、飲酒ひき逃げ、交通規則の不遵守、居眠り運転、過労運転の問題について、被害者遺族の会から警察庁及び法務省に対して陳情がなされた。「鹿沼児童六人クレーン車死亡事故遺族の会」は、てんかんを申告せず運転免許を取得した者による死傷事故に危険運転致死傷罪が適用されるよう刑法改正を求める一七万人の署名を法務大臣に提出した。

Ⅲ　てんかんと道路交通法

1　てんかんと運転免許

(1)　道路交通法及び道路交通法施行令

てんかんは、道路交通法上、免許の拒否又は保留の事由となる病気とされている。

道路交通法九〇条は、「公安委員会は、運転免許試験に合格した者（……）に対し、免許を与えなければならない。ただし、次の各号のいずれかに該当する者については、政令で定める基準に従い、免許（……）を与えず、又は六月を超えない範囲内において免許を保留することができる」とし、その一項一号に「次に掲げる病気にかかつている者」として、「イ　幻覚の症状を伴う精神病であつて政令で定めるもの」、「ロ　発作により意識障害又は運動障害をもたらす病気であつて政令で定めるもの」、「ハ　イ又はロに掲げるもののほか、自動車等の安全な運転に支障を及ぼすおそれがある病気として政令で定めるもの」と規定する。

イの政令で定める精神病は、「統合失調症（自動車等の安全な運転に必要な認知、予測、判断又は操作のいずれかに係る能力を欠くこととなるおそれがある症状を呈しないものを除く）」（道路交通法施行令三三条の二の三第一項）である。

ロの政令で定める病気は、「てんかん（発作が再発するおそれがないもの、発作が再発しても意識障害及び運動障害がもたらされないもの並びに発作が睡眠中に限り再発するものを除く）」（同三三条の二の三第二項一号）、「再発性の失神（脳全体の虚血により一過性の意識障害をもたらす病気であつて、発作が再発するおそれがあるものをいう）」（同三三条の二の三第二項二号）、「無自覚性の低血糖症（人為的に血糖を調節することができるものを除く）」（同三三条の二の三第二項三号）である。

ハの政令で定める病気は、「そううつ病（そう病及びうつ病を含み、自動車等の安全な運転に必要な認知、予測、判断又は操作のいずれかに係る能力を欠くこととなるおそれがある症状を呈しないものを除く）」（同三三条の二の三第三項一号）、「重度の眠気の症状を呈する睡眠障害」（同三三条の二の三第三項二号）、「前二号に掲げるもののほか、自動車等の安全な運転に必要な認知、予測、判断又は操作のいずれかに係る能力を欠くこととなるおそれがある症状を呈する病気」（同三三条の二の三第三項三号）である。

このように、てんかんは「発作により意識障害又は運動障害をもたらす病気」の一つに含まれるが、「発作が再発するおそれがないもの、発作が再発しても意識障害及び運動障害がもたらされないもの並びに発作が睡眠中に限り再発するもの」は除かれる。道路交通法制定当時一九六五年は精神病、てんかん等は病名により免許を与えないこととされていたが、一九九九年の障害者施策推進本部決定「障害者に係る欠格条項の見直しについて」を受けて変更された。すなわち、二〇〇一年の道路交通法改正において、特定の病気・障害等は運転免許の絶対的欠格事由から相対的欠格事由に改められた。それは、障害者基本法の「障害者の自立とあらゆる社会活動への参加」という理念を実行するためであった。

(2) 警察庁通達

免許の可否は、判断基準に応じて個別に判断されている。警察庁通達により、一定の病気に係る免許の可否等の運用基準が設定されている。(8) てんかんに係る免許の可否等の運用基準では、運転免許の取得が認められる場合と、運転免許の保留・停止となる場合、運転免許の拒否・取消しとなる場合とが次のように整理される。

まず、運転免許の取得が認められる場合には、「発作が再発するおそれがないもの」、「発作が再発しても意識障害及び運動障害がもたらされないもの」、「発作が睡眠中に限り再発するもの」に分かれる。

一つめの「発作が再発するおそれがないもの」とは、発作が過去五年間起こったことがなく、医師が「今後、発作が起こるおそれがない」旨の診断を行った場合、または発作が過去二年間起こったことがなく、医師が「今後、X年程度であれば発作が起こるおそれがない」旨の診断を行った場合とがある。一定期間（X年）後に臨時適性検査が行われる。

二つめの「発作が再発しても意識障害及び運動障害がもたらされないもの」とは、医師が一年間の経過観察の後「発作が意識障害及び運動障害を伴わない単純部分発作に限られ、今後、症状の悪化のおそれがない」旨の診断を行った場合である。

三つめの「発作が睡眠中に限り再発するもの」とは、医師が二年間の経過観察の後「発作が睡眠中に限って起こり、今度、症状の悪化のおそれがない」旨の診断を行った場合である。

次に、運転免許の保留・停止となるのは、医師が「六月以内に『発作が再発するおそれがないもの』『発作が再発しても意識障害及び運動障害がもたらされないもの』『発作が睡眠中に限り再発するもの』のいずれかに該当すると診断できることが見込まれる」旨の診断を行った場合である（医師の診断を踏まえて、六月より短期間の保留・停止期間で足りると認められる場合は当該期間）。

保留・停止期間中に、適性検査の受検又は診断書の提出の命令を発出し、症状の回復の程度を踏まえて免許の可否が改めて判断される。これらのいずれにも該当しない場合は、運転免許の拒否・取消しとなる。

(3)　一定の病気等がある場合の運転免許証の取得、更新の手続

鹿沼児童六人クレーン車死亡事故は、運転者が意識障害を伴う発作を起こす持病がありながら、持病を申告せず運転免許証を更新していたことから起きた。一定の病気等がある場合の運転免許証の取得、更新の手続は次のとおりである。

公安委員会は、都道府県警察の運転適正相談窓口への相談、免許申請時・免許証更新申請時における病状の申告、交通取締り、交通事故の捜査により、一定の病気等に該当する疑いのある者を把握する。その後、主治医の診断書において、あるいは臨時適性検査において、一定の病気等にかかっており、実際に自動車等の安全な運転に支障を及ぼすおそれがあるとの検査結果が出ると、本人に聴聞・弁明の機会が与えられた後に、運転免許の拒否又は取消しの処分がなされる。

免許申請時・免許証更新申請時における病状の申告は次のようになされる。運転免許の取得、更新をしようとする際に提出する申請書の様式の中に、「病気を原因として、又は原因は明らかではないが、意識を失ったことがある方」、「病気を原因として発作的に身体の全部又は一部のけいれん又は麻痺を起こしたことがある方」、「病気を理由として、医師から、免許の取得又は運転を控えるよう助言を受けている方」等の項目が設けられている。

このように、交通取締りや交通事故の捜査でなければ、都道府県警察の運転適正相談窓口への相談や運転免許証

を取得、更新しようとする者の申告によって手続は開始されるため、その場合、本人が病気を申告しなければ上記の手続は開始されない。したがって、鹿沼市クレーン車事故の運転者のように、病気を申告せず運転免許証を取得、更新することは可能である。これに対して、鹿沼児童六人クレーン車死亡事故被害者遺族から自己申告の限界が指摘され、次に見る警察庁「一定の病気等に係る運転免許制度の在り方に関する有識者検討会」においても議論がなされた。

2 道路交通法の改正による運転免許の取得・更新の際の手続の変更

(1) 警察庁「一定の病気等に係る運転免許制度の在り方に関する有識者検討会」

上記のとおり、改正前の道路交通法では病気を申告せず運転免許の取得・更新が可能であったところ、警察庁は、鹿沼児童六人クレーン車死亡事故を受けて、適正な申告を促すための取り組み及び不自然な供述をする者に対する捜査の徹底等の取り組みを始めた。

適正な申告を促すための取り組みとして、都道府県警察に対して、運転適性相談の確実な実施と申告欄による正確な申告を促すための工夫等を指示した。また、日本てんかん協会、日本てんかん学会、日本医師会に「免許を取得する前に、必要に応じて、警察に相談すること」、「免許の申請時又は更新申請時に、病状等を正確に申告すること」、「自動車等の運転に支障がある場合には、運転を控えること」という事項を会員・患者に周知するよう依頼した。

不自然な供述をする者に対する捜査の徹底等について、都道府県警察に対して、交通事故時に供述が不自然である場合には、事故の背景に一定の病気がある可能性を念頭に通院歴等の捜査を徹底することが指示された(9)。

警察庁は、以上の取り組みとともに、「一定の病気等に係る運転免許制度の在り方に関する有識者検討会」を設置した。理由は、「鹿沼児童六人クレーン車事故遺族の会」による改正の要望書、署名などにある。有識者検討会設立趣旨書に次のように説明されている。鹿沼市クレーン車事故に言及して、「このような事故の発生を抑止するためには、公安委員会がこれらの症状を有する者を的確に把握するとともに、病状に応じた適切な対応をとることが必要不可欠である」ことから、「一定の症状を有する者が運転免許申請等を行うに当たり、公安委員会が的確にこれらの症状を有する者を把握する方策……について提言を行うことを目的として開催するものである[10]」。

二〇一二年一〇月二五日、同検討会の提言が取りまとめられた。提言は、一定の症状を有する者を適格に把握するための方策として、運転に支障を及ぼす症状について故意に虚偽の申告をした者に対する罰則の整備が必要であるとした。そして、模索された自己申告以外の把握方法については、自動車等の安全な運転に支障を及ぼすおそれが認められる患者について、医師がその判断により任意に届け出る仕組みが必要であるとした。

(2)　道路交通法の改正内容

検討会の提言を受けて、二〇一三年六月七日、道路交通法は改正された。主な改正内容は、(a)悪質・危険運転者への対策、(b)自転車利用者への対策、(c)運転に支障を及ぼす運転者への対策である。

(a)　悪質・危険運転者への対策

改正により悪質・危険運転者への対策が講じられたが、その背景には、先に取り上げた愛知県名古屋市の事故と京都府亀岡市の事故がある。二〇一二年七月二〇日、京都亀岡被害者遺族及び名古屋被害者遺族から、「無免許運転及び幇助、教唆の厳罰化を行い、無免許運転をしない、させないよう法改正を強く嘆願」する旨の要望書が国家公安委員会委員長に対して提出された。改正内容は、次のとおりである。

①無免許運転等に対する罰則の引き上げ

無免許運転（六四条一項）について、罰則を「一年以下の懲役又は三〇万円以下の罰金」から「三年以下の懲役又は五〇万円以下の罰金」に引き上げた（一一七条の二の二第一号）。また、道路交通法施行令が改正され、無免許運転の違反点数が一九点から二五点に強化された。これにより、処分前歴がない場合、違反点数一九点では免許を取得できない欠格期間の基準は一年間だが、二五点では二年間となる。

②無免許運転幇助行為に対する罰則規定の整備

加えて、無免許運転を行うおそれがある者に対し、自動車等を提供（六四条二項）すると、三年以下の懲役又は五〇万円以下の罰金が科され（一一七条の二の二第二号）、自動車等の運転者が免許を受けていないことを知りながら、その運転者に自動車等を運転して自己を運送することを要求・依頼して同乗（六四条三項）すると、二年以下の懲役又は三〇万円以下の罰金（一一七条の三の二第一号）が科されるように整備された。

(b)　自転車利用者への対策

自転車利用者への対策が新たに導入されたのは、「歩行者にとって、自転車の脅威が大きなものとなっている」[11]からである。

すなわち、自転車の交通ルールの徹底方策に関する懇談会の提言が指摘するように、「自転車が関連する交通事故（以下「自転車事故」という）は、近年、交通事故全体の件数が減少傾向にある中で同じく減少傾向にあるものの、全交通事故の二割を占め、その占める割合が増加傾向にある。また、相手当事者別に自転車事故件数を見てみると、自転車対自動車や自転車対二輪車の事故件数が減少傾向にあるものの、自転車対歩行者の交通事故件数は、一〇年前の約一・五倍に増加している[12]」。

また、「見た目がかっこいい」という理由からファッション感覚で、ブレーキのない競技用自転車（ピストバイク）を公道で走らせる者が見られるようになり、道路交通法違反（制動装置不良）で赤切符を切られる者が増加した[13]。

二〇一〇年二月に東京都で死亡事故が、二〇一一年七月に熊本県で重傷事故が起き、ピストバイクに対する警察の取締りは強化された[14]。

自転車は車両であり（道路交通法二条一項八号・一一号）、歩行者に甚大な被害を及ぼしうる乗り物である。自転車対歩行者の交通事故件数は、二〇〇一年の一八〇七件から二〇一一年の二八〇一件と「一〇年前の約一・五倍に増加して」おり、たしかに「歩行者にとって、自転車の脅威が大きなものとなっている」。なお、二〇一五年における自転車対歩行者の交通事故件数は二五〇六件である[15]。

自転車は対自動車の関係では被害者になる。自転車による対自動車事故件数は、二〇〇四年で一五万六五五八件あり、二〇一一年で一二万一〇〇四件である[16]。なお、自転車による対自動車事故件数は、二〇一四年から一〇万人を切り、二〇一五年においては八万三五六二件と、一〇年前と比べると大幅に減少している[17]。とはいえ、いまだ膨大な数の自転車利用者が交通事故の被害を受けていることに変わりない。とすれば、自転車から交通弱者である歩行者を守る対策とともに、自動車から交通弱者である自転車を守る対策も十分になされるべきである。現在は、交通ルールについて学校で教育したり、自転車保険に加入したりするなど、安全に自転車に乗るための対策がなされつつある。事故の防止には、自転車専用道の整備も求められる。改正内容は、次のとおりである。

①自転車の運転による交通の危険を防止するための講習に関する規定の整備

公安委員会は、自転車の運転による交通の危険を防止するための講習を行うものとすることとした（一〇八条の二第一項一四号）。悪質な違反を反復する自転車利用者には、三月を超えない範囲内で期間を定めて、講習の受講を命じることができるとした（一〇八条の三の四）。命令に違反すると五万円以下の罰金が科される（一二〇条一項一七号）。

②自転車の検査等に関する規定の整備

警察官は、ピストバイクなどブレーキを備えていないため交通の危険を生じさせるおそれがある自転車と認められる自転車が走行している場合、その場で停止させて検査することができるようになった（六三条の一〇第一項）。

警察官は、自転車の運転者に対して、その場でブレーキの整備などの応急措置をとることを命じたり、応急措置では整備できない自転車については運転の中止を命じたりできるようになった（同条第二項）。警察官の停止に従わない、検査を拒否する、妨げる、命令に従わない場合は、五万円以下の罰金が科せられる（一二〇条第一項八号の三、八号の四）。

③路側帯の運行に関する規定の整備

改正前は自転車等の軽車両が走行できる路側帯では双方向の通行が可能であったが、改正後自転車が通行できる路側帯は左側に限られることになった（一七条の二第一項）。

(c)　運転に支障を及ぼす運転者への対策

この対策が導入されるきっかけとなったのは、既述の鹿沼児童六人クレーン車死亡事故である。二〇一二年四月九日、遺族の会から国家公安委員会委員長に対し、「てんかん自己申告の運転免許制度の問題に対し、確実に不正取得が出来ない運転免許交付制度の構築を要望」する旨の要望書が提出された。改正内容は、次のとおりである。

①免許を受けようとする者等に対する質問等に関する規定の整備

公安委員会は、免許を受けようとする者又は免許証の更新を受けようとする者に対し、自動車等の安全な運転に支障を及ぼすおそれがある病気として政令で定めるもの等に該当するかどうかの判断に必要な質問をするため、一定の様式の質問票を交付することができる（八九条二項、一〇一条四項、一〇一条の二第二項）。当該質問票の交付を受けた者は、必要な事項を記載した当該質問票を公安委員会に提出しなければならない（八九条一項、一〇一条一項及び一〇一条の二第一項）。公安委員会は、免許を受けた者等が一定の病気等に該当するかどうかを調査するため必要があると認めるときは、その者に対し、必要な報告を求めることができる（一〇一条の五及び一〇七条の三の二）。質問票に虚偽の記載をして提出したり、公安委員会の求めがあった場合に虚偽の報告をした者は、一年以下の懲役又は三〇万円以下の罰金に処せられる（一一七条の四第二項）。

②一定の病気等に該当するものを診察した医師による診察結果の届出に関する規定の整備

医師は、その診察を受けた者が一定の病気等に該当すると認めた場合において、その者が免許を受けた者等であることを知ったときは、当該診察の結果を公安委員会に届け出ることができる（一〇一条の六第一項）。

③その他

一定の病気等に該当する疑いがある者に対する免許の効力の停止に関する規定、一定の病気に該当すること等を理由として免許を取り消された場合における再取得した免許に係る免許証の有効期間に関する規定、一定の病気に該当すること等を理由として免許を取り消された場合における免許の再取得に係る運転免許試験の一部免除に関する規定が整備された。

Ⅳ　てんかんと自動車運転死傷行為処罰法

1　法制審議会「刑事法（自動車運転に係る死傷事犯関係）部会」

警察庁の有識者検討会において、一定の病気等に係る運転免許制度の在り方について検討が進められるのと平行して、法制審議会の「刑事法（自動車運転に係る死傷事犯関係）部会」において、自動車運転による死傷事犯の罰則の整備について議論がなされた。

罰則整備の必要性は次のように説かれる。「近時、自動車運転による交通死傷事犯数及びその死傷者数は減少傾向にあるとはいえ、依然として無免許運転や飲酒運転など、悪質、危険な運転行為による交通死傷事犯が少なからず発生しているところであります。そして、危険運転致死傷罪が適用されず、自動車運転過失致死傷罪が適用された事件などを契機として、危険運転致死傷罪及び自動車運転過失致死傷罪の構成要件や法定刑が国民の意識に合致していないとして、罰則の整備を求める御意見が見られるようになりました。こうした自動車運転による死傷事犯の実情や御意見に鑑み、事案の実態に即した対処をするための罰則整備を行う必要があると考え、今回の諮問に及んだものでございます(18)」。

二〇一三年一一月二〇日、第一八五回国会において、「自動車運転死傷行為処罰法」が成立した。同法は、一一月二七日に公布され、二〇一四年五月二〇日に施行された。これにより、刑法二〇八条の二の危険運転致死傷罪及び二一一条二項の自動車運転過失致死傷罪は、刑法典から削除された。

2　新法の内容

危険運転致死傷罪（上限懲役二〇年）及び自動車運転過失致死傷罪（同懲役七年）は、自動車運転死傷行為処罰法に移された。

二条六号に「通行禁止道路を進行し、かつ、重大な交通の危険を生じさせる速度で自動車を運転する行為」が加えられた（これにより、歩行者天国での暴走や、一方通行道路や高速道路での逆走行為が危険運転致死傷罪の対象となる）。

危険運転致死傷罪として新設された三条で、一項は、「アルコール又は薬物の影響により、その走行中に正常な運転に支障が生じるおそれがある状態で、自動車を運転し、よって、そのアルコール又は薬物の影響により正常な運転が困難な状態に陥り、人を負傷させた者は一二年以下の懲役に処し、人を死亡させた者は一五年以下の懲役に処する」と規定する。アルコール又は薬物の影響により、自動車の正常な運転に死傷が生じる恐れがある状態で起こした事故に同罪を適用しやすくした。また、二項によって、病気等の影響により、自動車の正常な運転に死傷が生じる恐れがある状態で起こした事故について同罪の適用が可能となった。第三条第二項の「自動車の運転に支障を及ぼすおそれがある病気」は、「自動車の運転により人を死傷させる行為等の処罰に関する法律施行令」（平成二六年政令第一六六号）三条各号において定められた。

四条に飲酒などを隠すために事故後に逃走する行為を処罰する「アルコール等影響発覚免脱罪」（同懲役一二年）が設けられ、六条で無免許運転による加重がなされた。

V 検　討

以下では、自動車事故を防止するために新たに導入されたてんかん患者に対する厳罰化についてその問題を検討する。

1 てんかんは一般に正しく知られているか？

てんかんとは、脳の神経細胞が過剰に興奮するために起こる慢性の脳疾患であり、反復して起こる発作という特徴を持つ。てんかんの患者数は、うつ病の患者数に近く、実はてんかんはさほど珍しい疾患ではない。日本てんかん協会によると、てんかんのある人は一〇〇人に一人、日本では約一〇〇万人の患者がいるといわれている。てんかんは不治の病ではない。治療は主に抗てんかん薬の服用によって行われる。現在の医療では適切な治療を続けることにより発作を約七～八割抑えることができる。(19)

このように、多くの患者は落ちついた生活を送ることができている。このことは社会で知られているだろうか。日本てんかん協会が一九九八年に行ったてんかんに対する市民の意識調査では、「どんな病気だと思うか」という質問に正しく「脳神経の病気」と答えた人は回答者の約半数に過ぎない。(20)「てんかんについて学んだことはありますか」という質問については、約七割の人が「学んだことがない」と答えている。[21] 仕事上てんかんと関わる機会の多い専門職の人（教諭・保健師・医師・ケースワーカーや障害者相談員など）ですら「（現在の仕事につく前に）学んだことがない」が五割を超えていた。[22]

「てんかんの発作の特徴は？」という質問に、八七％の人が転倒する全身けいれんと答えている。全身けいれんは実際には二三％しかなく、最も多いのは、意識を消失して動作が停止するといった症状を呈する複雑部分発作である。[23] また、「発作の時にどんな対処をすればよいか」という質問に、約六割の人が「口にものをくわえさせる」を選択した。[24] ところが、これは口の中を傷つけたり、気道をふさいで窒息してしまったりする恐れがある間違った方法である。

このように、てんかんに関する正しい知識は一般に普及しているとはいえない。てんかんのある人は「いつ倒れるかわからないから危険」と誤解され、患者を「よくわからなくて、怖いから取締りの対象にしてしまう」というのは、国が精神障害者に対して行ってきた政策と類似している。[25]

2 てんかんに起因する交通事故は多発していない

有識者検討会において警察庁から提出された資料[26]を参考にすると、てんかんに起因する交通事故が特に多く発生しているとはいえない。

二〇一一年の交通事故発生件数六九万一九三七件のうち、運転者の発作・急病によるものは二五四件に過ぎない。うち、てんかん七三件、心臓マヒ二二件、脳血管障害五八件、その他一〇一件である。一九九〇年から二〇一一年までの二二年間の平均について見ても、交通事故発生件数八〇万五〇三五件のうち、運転者の発作・急病によるものは二八六件に過ぎない。うち、てんかん五七件、心臓マヒ一四件、脳血管障害五五件、その他一六〇件である。

二〇一一年の死亡事故発生件数四四八一件のうち、運転者の発作・急病によるものは一九件である。うち、てんかん五件、心臓マヒ二件、脳血管障害二件、その他一〇件である。一九九〇年から二〇一一年までの二二年間の平均について見ても、死亡事故発生件数八〇〇四件のうち、運転者の発作・急病によるものは一四件である。うち、てんかん三件、心臓マヒ二件、脳血管障害一件、その他八件である。(27)

3　報道のあり方

事件・事故の捜査段階における病名の公表が、新たな立法へと駆り立て、差別と偏見を助長することがある。精神障害者に関わるのは、二〇〇一年に起きた大阪教育大付属池田小学校で八人の児童が殺害され、一五人が重軽傷を負った事件である。この事件を受けて二〇〇三年七月に制定された「心神喪失等の状態で重大な他害行為を行った者の医療及び観察等に関する法律」（以下、「医療観察法」とする。施行は二〇〇五年七月）によって、心神喪失・心神耗弱と認められて不起訴処分・起訴猶予処分となった者、あるいは、心神喪失により無罪の裁判が確定した者、心神耗弱により刑を減軽する旨の裁判が確定し実刑を免れた者は、同法に基づいて「入院による医療」、「入院によらない医療（いわゆる通院医療）」、「精神保健観察」を受けることとなった。

池田小事件が「医療観察法」制定の契機となったのは、事件後の報道で加害者が以前に傷害事件を起こして処分保留のまま精神科に強制入院し、約四〇日後に退院していたことが発覚したためである。捜査段階における精神科通院歴の報道が、精神障害者に対する新たな立法を創り出したと見ても過言ではなかろう。なお、大阪地裁は加害者の犯行時の責任能力は認められると判断し、加害者は二〇〇三年八月二八日に有罪判決（死刑）が言渡された。二〇〇四年九月一四日、死刑は異例の速さで執行された。

鹿沼市クレーン車事故において、てんかんの病名が公表され、自動車運転死傷行為処罰法の制定とつながった。

てんかん協会の調査は、自動車運転死傷行為処罰法の施行によって、てんかん患者の約六割が差別や偏見が強まったと感じていると報告している[28]。

二〇一五年八月一六日に池袋で起きた自動車事故について、警視庁はマスコミに対し、同月一八日に、自動車運転死傷行為処罰法の過失運転致死傷罪の疑いで逮捕された被疑者にてんかんの持病があり、治療中だったことを伝えた[29]。当事者団体である「公益社団法人　日本てんかん協会」は、警視庁に対して、今回病名を公表した意図について回答を求めるとともに、「事故・事件の原因と病気やその症状に明らかな因果関係が証明されない段階で、てんかんなどの病名を安易に公表しないでください」と要望した[30]。報道のあり方が問われる。

4　専門医の不足

被害者遺族の陳情において医師への通報の義務付けが提案され、有識者検討会においてその検討がなされた。提言は「当該義務を課すことにより、病気の治療における医師と患者の信頼関係が損なわれ、ひいては運転免許を失うことをおそれる患者が治療から遠ざかり潜在化するおそれがある[31]」として任意の届出が望ましいとした。道路交通法の改正によって、医師の任意の届出が整備された。

届出の有無を超えて本来求められるのは、医師が患者に対して、発作が出ると運転に危険が生じることを丁寧に説き、患者自身が「運転を控えよう」と思えるようになることである。ところが、成人を診療するてんかん専門医は不足しており、そもそも患者には「運転を控えよう」と思う契機すら与えられていないのではないだろうか。日本で一年間に発症するてんかん患者数は約一〇万人と推定され、このうち一五歳以上の発症例は少なくとも八五％を占めるが、日本てんかん学会のてんかん専門医は五四七名のうち成人科（精神科、脳神経外科、神経内科）の医師は二四一名に過ぎない。患者は適切な治療に結びついていないのではないか、懸念される[32]。

道路交通法の改正において取り入れられたのは、虚偽申告に対する罰則と医師の任意の届出だけではない。同時に救済措置も導入された。一定の病気を理由に運転免許を取り消された者が、病状等の回復により再び免許を取得する際は、取消しの日から三年以内であれば、学科及び技能試験が免除されるという救済措置の整備である（九二条の二、九七条の二）。免許取消しとなった場合の再取得にかかる負担を軽減することができる。こうした申告を後押しする措置こそさらに検討されるべきである。

5　虚偽申告に対する罰則の問題

(1)　罰則規定の感銘力（抑止力）に関する検証の必要性

道路交通法の改正によって、症状を申告しなかった者に対する罰則が設けられたが、それは罰則による抑止力を頼りにしている。提言において「申告が虚偽であるかどうかは交通事故の発生後に明らかになることが多いことから、その実効性に疑問があるとの意見も出されたが、罰則規定の感銘力（抑止力）によって、虚偽申告に一定の抑止効果が期待できることからすれば、罰則を整備する必要性は認められる」とされるところである[33]。しかし、罰則による抑止にどれほどの効果があるのだろうか。福岡市での三児死亡事故を受けて全国で飲酒運転撲滅の機運が高まり、飲酒運転への厳罰化が進んだ。ところが、事故から九年経った二〇一五年、その発信地である福岡県では飲酒運転が増加に転じている。検証が必要である。

(2)　障害者権利条約上の問題

「この罪は、病気に対する偏見や差別を助長するものではないのですか」という質問に対して、法務省は「政令で定める病気が一般的に危険であるとか、その病気にかかっている方が悪質であったり危険であるとするものではないのは当然です[34]」という。しかし、歴史はどうであったか。法はハンセン病患者への隔離収容政策において、病気と差別を結びつけた。

道路交通法の改正で病状の申告が義務づけられ、一年間で申告者は改正前と比べて約六倍となった。病気別ではてんかんが最多である。虚偽申告の疑いで逮捕、「書類送検」されたのは八人でそのうちの七人がてんかん患者であった。[35]

てんかん患者はなぜ病状を申告しないのか。それは、てんかん患者に対する差別・偏見が根強いからである。ここでは、病気の不申告を罰するということを、わが国が二〇一四年一月二〇日に批准した「障害者の権利に関する条約」(以下、「障害者権利条約」とする)(Convention on the Rights of Persons with Disabilities)から検討したい。

障害者権利条約は、個人の特徴と社会のあり方との相互作用で不利益が生じるという「障害の社会モデル」を採用する。障害者権利条約は、その前文(e)において、「障害が発展する概念であることを認め、また、障害が、機能障害を有する者とこれらの者に対する態度及び環境による障壁との間の相互作用であって、これらの者が他の者との平等を基礎として社会に完全かつ効果的に参加することを妨げるものによって生ずることを認め[36]」る。

それでは、病気の不申告を罰することは「障害の社会モデル」の観点からどのように評価されるだろうか。てんかん患者は、「他の者との平等を基礎として社会に完全かつ効果的に参加することを妨げ」られている。「就職活動の際、(てんかん患者であるという)事実を告げると、『てんかん患者は雇えない』と人事担当者に言われ、受けた全ての会社に落ちた[37]」。社会において、てんかん患者に対する差別と偏見は根強い。

発作を申告して運転免許を取得できないと就職は困難である。「就職先を探しにハローワークに行くと、紹介される仕事は『要免許』の求人ばかり。数少ない『免許不要』の求人も、面接では必ずと言っていいほど免許の有無を聞かれた。『持っていない』と答えると、『免許なしでどう生活しているのか』と担当者に不思議そうに言われた。自宅から歩いて約一〇分の会社を受けた際も、なぜか車が必要だと言われ門前払いをされる事もあったという[38]」。

こういう事態があるために、運転免許を取得しているのである。

公共交通機関が十分に発達していない地方では自動車を運転できないことは死活問題である。したがって、症状によって正常な運転ができず、免許の取得・更新ができない者に対する公共交通機関の運賃の割引など移動の支援は必要不可欠である。てんかん患者に支援は行き届いているだろうか。行政区分上てんかんは精神疾患に位置づけられるが、精神障害者について移動の支援は徹底されていない(39)。

てんかん患者は以上のような事態に直面している。障害者権利条約が求めることは、このような社会的な障壁を取り除くことである。社会的障壁をそのままに、病気の不申告を罰するという不利益をてんかん患者に強いることは、障害者権利条約に反する。

Ⅵ　おわりに

持病による事故を防止する策として、てんかん患者に対する厳罰化は正しい選択なのだろうか。ハンセン病患者に対する、また、精神疾患患者に対する歴史にかんがみると、法は差別と偏見に加担することがある。改正道路交通法と自動車運転死傷行為処罰法は、差別と偏見から切り離される法といえるだろうか。先に述べたとおり、てんかん患者や保護者らは、厳罰化後「差別や偏見が強まった」と約六割が答え、そのうち三四％が「解雇されたり心ない言葉をかけられた」りしたと答えており、法は、いままた過ちを犯している。

厚生労働科学研究委託費障害者対策総合研究事業（精神障害分野）は、「わが国の地域のてんかん医療は、複数の専門診療科が関わり、相互の連携が取りにくい諸外国とは異なる特殊な状況にある。また、行政の側も、担当部署が明確でなく、これまで国及び自治体の保健医療施策の対象から抜け落ちていた経験があるなど、わが国のてんかかん医療は、その普及啓発活動、診療体制、及び医学教育に関わる様々な根本的な問題を抱えている[40]」と指摘する。てんかん患者に対する今回の厳罰化は、ここでいわれる「根本的な問題を抱えたまま」に進められたものである。

また、同研究事業は、「昨今のてんかん患者が起こした不幸な自動車運転事故に端を発し、患者に厳しい法改正が行われたことは記憶に新しいが、刑法上の施策は先行したものの、医療や障害者福祉の観点からの対策は出遅れている。病気に起因する運転事故を防ぐには、適切な医療の提供が不可欠であることには論を俟たない。また運転を止めざるを得ない患者への就労や生活の支援などの患者のニーズをくみ取る施策は、真の問題解決をめざすには欠かせない努力であり、近々施行される障害者差別解消法の趣旨にも沿うものと思われる[41]」と述べる。ここにいう「真の問題解決」をこそ、法は第一に目指すべきである。

正しい診断、適切な治療が受けられる医療体制を整えること、そして、てんかん患者と保護者らが求める「病気を正しく理解してくれる社会」、「運転不可でも就職で不利にならない保障[42]」を果たすこと。患者の治療や生活の保障を整えてはじめて、持病による事故をなくすために必要な刑事法を検討することができる。

（1）内閣府「平成二七年度交通事故の状況及び交通安全施策の現況／第一編／第一部／第二章／第三節／一」『平成二八年版交通安全白書』。
（2）内閣府・前掲註（1）「／第一編／第一部／第一章／第二節」。
（3）宇都宮地判平成二三年一二月一九日・公刊物未登載LEX/DB25480381。
（4）名古屋地判決平成二四年三月一二日・公刊物未登載LEX/DB25480821。
（5）京都地判平成二五年二月一九日・公刊物未登載LEX/DB25502068。
（6）大阪高判平成二五年九月三〇日・公刊物未登載LEX/DB25502069。
（7）前橋地判平成二六年三月二五日・裁判所ウェブサイト。
（8）通達警察庁「運転免許の欠格条項の見直し等に関する運用上の留意事項等について」別添「一定の病気に係る免許の可否等の運

用基準」丁運発第四九号（平成一四年五月一六日）。

（9）以上、警察庁「一定の病気等に係る運転免許制度の在り方に関する有識者検討会」第一回資料四。

（10）警察庁・前掲註（9）「設立趣意書」。

（11）警察庁「自転車の交通ルールの徹底方策に関する懇談会」趣旨書。

（12）警察庁・前掲註（11）「自転車の交通ルールの徹底方策に関する提言」。

（13）ピストバイクは、道路交通法違反（「制動装置不良自転車」道路交通法六三条の九第一項）で五万円以下の罰金（一二〇条一項八の二号）の対象となる。

（14）ブレーキの整備不良による警視庁の摘発件数は、二〇〇九年は二件だったが、一〇年は六六一件に急増した。一一年は八月末までに、前年同期より二三八件多い六一四件が摘発されて、自転車の交通違反全体の五二％を占めた（読売新聞二〇一一年一〇月一日夕刊）。

（15）警察庁「自転車関連事故の状況」（http://www.npa.go.jp/koutsuu/kikaku/bicycle/pdf/2_shosai.pdf）。

（16）警察庁・前掲註（12）。

（17）警察庁・前掲註（15）。

（18）法制審議会　刑事法（自動車運転に係る死傷事犯関係）部会　第一回会議（二〇一三年一〇月四日開催）議事録における事務当局の発言。

（19）以上、日本てんかん協会『百万人の仲間――わかってくださいてんかんを』（社団法人日本てんかん協会・二〇〇〇年）六頁。なお、薬が効かない難治性のてんかん患者は、外科手術により根治や症状の緩和が可能である。だが、「わが国のてんかん外科の手術件数は、全体でも年間五〇〇症例前後と人口比では諸外国の半分以下で推移しており、外科治療を必要とする患者が専門医療に結びついていない状況がある。」（厚生労働科学研究委託費（障害者対策総合研究事業）委託業務成果報告（総括）「てんかんに対する総合的な医療の提供体制整備に関する研究　てんかん医療アクションプラン二〇一五」ⅡＣ）２）。

（20）日本てんかん協会・前掲註（19）三頁。

（21）日本てんかん協会・前掲註（19）四頁。

（22）日本てんかん協会・前掲註（19）五頁。

（23）警察庁・前掲註（9）第一回における日本てんかん協会配布資料七頁。

(24) 日本てんかん協会・前掲註(19)九頁。
(25) 精神障害者について、内山真由美「精神科医療・福祉政策の改革と医療観察法」九大法学九七号(二〇〇八年)一～六七頁、同「刑事法学と精神保健医療福祉」法と民主主義四五三号(二〇一〇年)六〇～六三頁、同「医療観察法と精神医療」内田博文・佐々木光明編『「市民」と刑事法――わたしとあなたのための生きた刑事法入門〔第四版〕』(日本評論社、二〇一六年)二〇六～二一六頁、同「医療観察法施行五年の見直しの問題」石塚伸一ほか『近代刑法の現代的論点　足立昌勝先生古稀記念論文集』(社会評論社、二〇一四年)七四～八六頁を参照。
(26) 警察庁・前掲註(9)第一回における警察庁提供資料九。
(27) 警察庁・前掲註(26)。
(28) 読売新聞平成二七年二月一八日夕刊。
(29) 西日本新聞平成二七年八月一九日参照。
(30) 日本てんかん協会「事故・事件捜査における病名の公表に関する質問と要望」(http://www.jea-net.jp/news/index.html)。
(31) 警察庁・前掲註(9)「一定の病気等に係る運転免許制度の在り方に関する提言」一三頁。
(32) 厚生労働科学研究委託費(障害者対策総合研究事業)委託業務成果報告(総括)・前掲註(19)ⅡB)3。
(33) 警察庁・前掲註(31)九～一〇頁。
(34) 法務省・自動車の運転により人を死傷させる行為等の処罰に関する法律に関するQ&A。
(35) 以上、朝日新聞二〇一五年七月一六日夕刊。
(36) 日本語訳は政府公定訳によった。
(37) 朝日新聞二〇一三年四月二六日。
(38) 朝日新聞・前掲註(37)。
(39) 路線バス事業者による障害者割引の実施状況について、福岡には一三の事業者があり、そのすべてが身体障害者・知的障害者割引を実施しているが、精神障害者割引を実施している事業者は一つだけである。
(40) 厚生労働科学研究委託費(障害者対策総合研究事業)委託業務成果報告(総括)・前掲註(19)研究要旨。「てんかんを専門とする神経内科医の割合が少なく、発作症状や脳派所見などに関する教育は、現時点では十分と言えない」、「脳神経外科医師は日常でてんかん(主に症候性てんかん)を診療する機会は多いが、現状では、脳神経外科専門医教育プログラムでてんかんの基礎知識が扱われる機会は少ない」、「精神科の専門医教育プログラムにおいて、てんかんは必修ではなく、てんかんに関する教育を受けない精神科医師が大多数を占める」（厚生労働科学研究委託費（障害者対策総合研究事業）委託業務成果報告（総括）・前掲註（19）ⅢC）D）E）より）。

（41）厚生労働科学研究委託費（障害者対策総合研究事業）委託業務成果報告（総括）・前掲註（19）おわりに。

（42）読売新聞・前掲註（28）。

ハンセン病隔離政策と医の倫理

徳田靖之

Ⅰ 緒　言

二〇〇一年五月一一日、熊本地方裁判所は、八九年間に及んだわが国のハンセン病隔離政策とその法的根拠となった「らい予防法」を憲法違反と断罪し、原告全面勝訴の判決を言渡した。

裁判の過程では、「療養所」内で行われた人権蹂躙の数々が白日の下に晒された。中でも断種・堕胎等の「優生手術」と強制労働のすさまじさは、それが政府公認の下で「医療施設」の内部において、「医療従事者」の手によってなされたという意味において、稀有な蛮行であったといって過言ではないように思われる。

そのうえで、何よりも深刻なことは、そうした「医療従事者」の多くが、実は、難病に罹患したこと自体による苦難と社会の差別や偏見とに苦しむ患者たちのために、その一生を捧げようと決意してハンセン病治療に「献身」した「救らい者」たちであったということである。

「救らい者」が何故に加害者と堕したのか、という問いは、医の倫理の根幹にかかわる問題であるにもかかわらず、今日に至るまで解明されておらず、むしろタブー視されているようにさえ思われる。

私は、医学には全くの門外漢にすぎないが、ハンセン病国賠訴訟の弁護団の一員として、訴訟の一部始終を見届けてきた。

本稿は、その過程で私なりにこの問題の解明を試みた仮説にすぎない。

Ⅱ　私の立場

本論に入る前に、私の立場を説明させていただきたい。私は一九四四年生まれ。四七年間に及ぶ弁護士生活でこれと言った業績もない、田舎弁護士である。

その私がハンセン病国賠訴訟に参加するに至った直接の契機は、ある手紙を読んだことにある。

その手紙は、一九九五年九月に、九州弁護士会連合会に届けられた。差出人は、国立ハンセン病療養所星塚敬愛園に六〇年を超えて収容され続けていた　作家故島比呂志氏である。手紙には「らい予防法のような世界に例のない悪法をかくも長きにわたって存続させたことについて、人権に最も深いかかわりがあるはずの弁護士会は沈黙を続けたままだが、果たしてそれでいいのか」と書かれてあり、更に、氏は沈黙は支持であり、支持は加担であると弁護士会を告発していた。

この手紙を読んだ時の衝撃を私は生涯忘れることはない。

私は幼い頃から聖書を通じて「ハンセン病」のことを知っていた。北条民雄の「いのちの初夜」を読み、映画「砂の器」に涙を流してもきた。私は、「らい予防法」が悪法であることを十二分に知っていたのだった。

しかし、私は何一つとして行動したことがなかった。なまじ、弁護士の使命を「社会正義の実現と基本的人権の擁護」であると誇らしく語ってきていただけに、その自らのあまりに長きにわたる不作為の罪深さを思い知らされたのだった。

その意味で、私の訴訟への参加は、自らの犯した誤ちに対する贖罪としてのものだった。

このような個人的事情を前置きするのは、自らも深刻な誤ちを犯してきたことを告白することなしには、「救らい者」を批判することは許されないとの思いからである。

Ⅲ　日本型ハンセン病隔離政策の基本的特徴

ハンセン病に対する隔離政策は、日本に固有のものではない。有名なアメリカのモロカイ島やカービル療養所をはじめ、諸外国にその例をみることができる。

しかしながら、日本において八九年間にわたって行われた隔離政策には、他国に例をみない次のような特徴があった。

第一は、すべてのハンセン病患者を把握して収容するための「無らい県運動」の組織である。

戦前の一九三〇年代及び戦後の一九五〇年代に二度にわたって展開された官民一体となっての「無らい県運動」は、一人たりとも未収容のハンセン病患者の存在を許さないというものであり、その目的達成のための「患者」あぶり出しの役割を民衆に担わせるものであった。

このため、国民が「患者」発見の通報者となり、「患者」やその家族を追い立てる役割を担った（今なお続くハンセン病に対する偏見や排外意識は、この「無らい県運動」に根ざすところが大きい）。

第二は、断種・堕胎の強制である。

療養所内では結婚を認めたが、その条件として、男性はワゼクトミー（断種手術）を受けることが強制された。

一九九六年における九州弁護士会連合会の調査では、入所者の四〇％が断種手術を受けていた。このことは、残りの六〇％の大半は、結婚を断念したということであり、そのことは、隔離下においては、生涯性行為自体を断念することを意味するということでもあった。

一方で、子を生むことは絶対禁忌とされ（ただし、奄美和光園には例外がある）、戦前は非合法下に、戦後は何と優生保護法に基づいて中絶させられた。厚生労働省に残された公式統計では、中絶件数は、三〇〇〇件を超えている。もちろん、妊娠八月以降で「発見」、掻爬されて生まれ出た後に「殺害」された嬰児の数は、闇に葬られたままである（裁判の過程で数名の女性原告が重い口を開いてその旨を証言している）。

そのうえで、これほどの苛酷な条件下で許された結婚なるものは、昭和三〇年代半ばまで、一二畳半に四組八人の夫婦が同居するというものであった。

夜敷かれた四枚の布団と布団の間には、仕切りすらなかったという。「自分が人間であることを意識する限り、どうしても契れなかった」と絞り出すように語った男性原告の声は今も私の耳を離れない。

およそ人間が人間になしうる所業ではないと思わずにはいられなかったのである。

第三は、労働の強制である。

ハンセン病は、末梢神経が冒される。重労働や火気を扱う仕事は厳禁であるはずである。しかし、日本では、限られた予算の中で、職員は主として監視要員とし、療養所内のすべての作業を患者に行わせた。

その結果として、多くの入所者が、手足の指を失うに至り、症状の重篤化を来たしている。治療のために入所したはずが、入所したが故に後遺症の重篤化をもたらし、退所が一層困難になるという背理が横行したのである。

以上、極めて乱暴に概観しただけでも、療養所内で行われた隔離政策の実態の凄まじさは明らかという外はない。

しかし、その実態を暴くことが拙稿の目的ではない。

「救らい」の思想と、その実践過程における実態との隔絶を先ず明らかにしておきたかったのである。

Ⅳ 「救らい者」としての光田健輔

1 光田健輔は、一八九八年東京養育院で初めてハンセン病患者に接して以来、一九五六年長島愛生園園長を退官するまで六〇年間にわたってハンセン病治療に従事し、「救らいの父」と呼ばれる。

その故に文化勲章を授与され、勲一等にも叙されている。

しかしながら、光田ほどその評価が峻別される人物もいないのではあるまいか。

らい予防法の廃止に尽力した大谷藤郎厚生省元医務局長は、光田を「日本のらい事業の良くも悪くもその殆どが光田健輔氏の主張と行動に負うており、まことに巨人というにふさわしい生涯であった」と述べる一方で、今その功罪が問われていると指摘する。(1)

一方で、「救らいの父」と崇められ、他方で冷酷な隔離主義者として酷評されるというこの評価の二面性は、今なお解消されていない。

一九五二年の国会での証言をはじめとする光田のハンセン病観の誤りやその思想的な本質についての歴史的評価は既に明らかである。

大谷元局長が「結局のところ、弱者という立場におかれた人々を社会的に抹殺してしまうという危険な思想であった」と指摘されるとおりである。

しかし、それでも光田に対する評価や敬意は消えることはない。

例えば、一九九五年四月二二日になされた日本らい学会（当時）のらい予防法についての反省声明（いわゆる自己批判）である。

その声明では「日本らい学会が、これまでに現行法の廃止を積極的に主導せず、ハンセン病対策の誤りも是正できなかったのは、学会の中枢を療養所の関係会員が占めて、学会の動向を左右していたからでもあり、長期にわたって現行法の存在を黙認したことを深く反省する」との自己批判がなされたが、その末尾には「終わりに、救らいの旗印を掲げて隔離を最善と信じ、そこに生涯を賭けた人の思いまでを、私たちには踏みにじる権利がない」との論及がなされている。

隔離政策による被害について「これほどの無惨さを黙視したことに対し、日本らい学会には厳しい反省が求められる」とまで自ら懺悔しておきながら、その政策を推進した「救らい者」に対して、ここまでの配慮を示すという、この学会声明ほど光田らに対する根強い「敬意」の存在を示すものはない。

その「敬意」は、光田という人物の「人間的な魅力」や「信念」を貫いたその生き方に由来すると説明されている。(2)

2　こうした評価の二面性は、両極端でありながら、奇妙に共存している点にその特徴がある。一方は、生涯をハンセン病治療に捧げた努力は評価するが、その思想や行動は、ファシズム的な絶対隔離主義であり、厳しく批判されるべきだといい、他方は、大きな誤ちを犯したかもしれないが、その人間としての魅力や生き方は高く評価されるべきだというにすぎないからである。

しかしながら、このよう形で、その人間性と思想や行動を分離し、どちらに比重を置いて語るかによって評価が両極化するという次元で「救らい者」やその思想を分析しようとする限り、この両極端の評価はいつまでも平行線を辿り続ける外はない。

その意味で、従来の光田評価には、「救らい」を掲げながら、何故に非道とも言うべき人権蹂躙を犯すに至ったのかを分析する視点が欠けていたのではあるまいか。

私は、特に、その「救らい思想」の誤ちをパターナリズムとして分析することの重要性を痛感している。

V　救らい思想の系譜と光田イズムの形成

1　日本における救らい思想の起源は定かではないが、潮流として姿を現したのは、一九世紀末（明治三〇年頃）である。その主流をなしたのは、欧米のキリスト教系宣教師たちである。

例えば、一八八九年には、フランス人神父ジャーメイン・テストウィドによって静岡に神山復生病院が作られ、一八九四年にはアメリカ人宣教師ケート・ヤングマンによって東京目黒に慰廃院が設立され、ハンセン病患者に対する保護・治療が始まっている。イギリス人宣教師ハンナ・リデルが熊本に回春病院を開いたのは一八九一年である。

こうした宣教師たちをつき動かしたのは、聖書にしばしば登場するが、欧米では既に克服されたはずのハンセン病患者が日本国内に多数「放浪」あるいは、「仮寓」する姿であったとされている。その活動は、患者に対する深い同情に根ざしたものではあったが、同時に布教の対象でもあり、自らの信仰心の「検証」という意味でも、文字通り宗教活動の一環としてなされたものである。

重要なことは、その宗教活動の中では、患者はあくまでも救われる者として固定され、救う者との間に歴然たる格差が形成されたということである。

難病に罹患し、世間から嫌忌され激しい差別を受けている患者を救う存在としての「救らい者」は、同じ信仰に結ばれているとはいえ、救われる者からすれば、崇められるべき天上人として認識せざるをえなかったはずだからである。（この点について、牧師として、多磨全生園に働いた荒井英子氏は、その名著『ハンセン病とキリスト教』（岩波書店、一九九六年）の中で、「そもそも『救らい』という言葉には、『救う者』と『救われる者』、『与える者』と『与えられる者』といった、上下・貴践・浄不浄関係が発想の前提としてある」と喝破されている）。

日本におけるハンセン病隔離政策は、このような宗教者による救らい活動に触発されて開始されたものであり、光田らの「救らい思想」（以下、光田イズムという）の形成には、日本における「救らい思想」の出発点における宗教的な性格が色濃く反映している。

2　光田健輔は、一八七六年山口県中ノ関に生まれた。「独学で医学を学んだ」後、私立済生学舎に入学、一八九六年開業医試験に合格した後、東京大学医学部選科で二年間病理学を専攻した。

この選科時代に助手としてハンセン病患者の献体の解剖にあたったのがハンセン病との出会いだったとされている。

卒業後、東京市養育院の雇員となったのが、一八九八年七月であるから、日本各地で宣教師たちが救らい事業を本格的に展開しはじめていたまさにその時期である。

当時誰もが嫌忌していたハンセン病治療に、光田が没入していくことになった経過については、光田の自伝的著述を含めて美談めいたエピソードが多く、正確なところは判然としない。

確かなことは、病理学的な関心が最初のきっかけだったということである。

一八九九年「東京医学会雑誌」に発表された光田の最初の論文は、らい菌と結核菌が同一のリンパ節に共存することを染色実験によって確認した病理学論文であり、以後彼は有名な「光田反応」の発見をはじめ、ハンセン病についての病理学的論文を多数発表している。生涯に三〇〇〇体のハンセン病患者の病理解剖を行ったとされている光田は、ハンセン病の病理学的研究では、世界的な権威の一人だったのであり、そのことが、後に世界的な学会の動向やWHOの勧告等を軽視する唯我独尊的な姿勢をもたらし、又臨床的、疫学的な研究結果を無視して、らい菌の強力な感染力を誇張する態度にもつながった。

3　光田がハンセン病隔離政策の必要性を最初に説いたのは、一九〇二年の「癩病隔離必要論」である。当時、光田は二六才であった。

その論旨は、ハンセン病をペストやコレラと同視すべきというものであり、らい菌による「伝染病」であることを強調するあまり、当時最も恐れられていたペストやコレラを利用したというべきもので、医学的な論拠は示されていない。こうした論調は、既に一八九八年に、伝染病研究所の村田昇清が「日本医事週報」に公表した隔離必要論と同旨であり、特に目新しいものではない。

光田が、一躍注目されるに至ったのは、「孤島隔離論」の提唱以来である。

一九〇七年に成立したわが国最初のハンセン病隔離法である「癩予防ニ関スル件」を受けて設立された第一区連合府県立全生病院に、設立と同時に医長として赴任した光田は、その後一九一四年に院長に就任すると、「孤島隔離論」を執拗に展開しはじめる。

一九一五年に内務省に提出した「癩予防ニ関スル意見」では、ハワイのモロカイ島と同様の隔離施設を日本でも作るべきだと主張した。絶海の孤島に、大療養所を作るというその構想は、一九一六年に内務省保健衛生調査会第四部会で採用され、光田はその候補地を西表島に定めて自ら現地調査を行った。同構想は、島民の猛烈な反対で挫折するが、後に長島愛生園の開設に結実する。

光田は、その構想の真髄を「島に移すというと残酷に聞こえるが、患者はあちこちで苦しめられるよりも、一つの楽天地に入ることを希望している。島に一つの立派な村落ができ、宗教的慰安や娯楽ができれば、そこは一つの楽天地である。逃走できない絶海の孤島にそういう設備を作れば、そこで一生を終えるという考えを持つようになる」と語っている。

ここには、後にわが国のハンセン病隔離政策とその遂行に従事したすべての人々を「拘束」するに至った光田イズムの核心が率直に明らかにされている。

第一は、社会内で苦しめられるよりも、社会から隔離された施設での生活の方が患者にとって幸せだという考え方である。

第二は、「逃走できない」状況に閉じ込め、宗教的慰安と娯楽とを与えることで患者にその地を楽天地であると受け入れさせることができるという考え方である。

当初は、ノルウェー方式と呼ばれる緩やかな隔離方法を主張していた光田が、このような苛酷なまでの孤島での隔離を主張するに至った背景は、療養所からの逃走者が絶えなかったという事情である。

宗教系の私立療養所では、入所者が固い信仰心で結ばれ逃走者は殆どいなかった。一方で、公立療養所では、瀬戸内海の小島に設置された大島青松園を除いて逃走者が後を絶たなかった。療養所長としての光田は、この逃走防止に全力を注ぐことを余儀なくされたのである。

その対策として、光田が提唱したのが「孤島隔離論」である。

光田はそのうえで、入所者に対する所長の懲戒検束権の付与を提唱して実現させ、更には、断種（ワゼクトミー）を条件とする入所者結婚制を導入した。

これらは、いずれも入所者の逃走を防止し、定住を促すためのいわゆる「アメとムチの政策」である。

光田は、男女患者の厳格な分離収容を主張するハンナ・リデルを批判して、「男女相まって一個の人格を成し、そこで小部落を作り、病める夫を妻が世話し、病弱な婦人を亭主が世話する」ことの重要性を指摘して、後の「大家族主義」に通じる考え方を披瀝しているが、その発想は、定住の促進という現実的功利主義的な動機によるものである。

4　こうした経過から明らかなとおり、光田は、病理学的関心から出発し、療養所長としての入所者管理の効率的遂行という目的意識から、その孤島隔離必要論や隔離政策論を展開していったのであり、光田イズムの形成過程においては、決して「救らい」といった旗印が鮮明にされていた訳ではない。

この時代における光田は、リデルらに代表される「救らい者」とその運営にかかるキリスト教系の私立療養所を絶えず意識しながら、これを凌駕していくことを企図していたものと思われる。

その意味で、光田の関心は、私立療養所を「支配」する「信仰」に代わる権威を求めていたのかもしれない。

療養所を「楽天地」にするといった発想も、懲戒権と結婚承認という両刀によって入所者を全面的に従わせようとした運営方針もそうした意識の産物だったように思われるからである。

Ⅵ　光田イズムの本質とその特徴

1　光田が推進した日本型隔離政策の、世界に例のない特異性は、優性政策と強制労働にある。

光田が、このような施策を本格的に推進しはじめるのは、一九三〇年一一月に開設された最初の国立療養所長島愛生園の園長に就任して以後である。光田は、自らが掲げた「楽天地」としてのハンセン病療養所建設を愛生園に実現すべき責務を自ら負ったが故に、苛烈なまでに自らの施策を貫徹しようとした。

本稿の目的は、その施策の非人道性を暴くことにある訳ではない。この点は既に多くの論者によって余すところなく論じ尽くされている。

問題は、現代の私たちの目からは、あまりにも明白な非人道的施策を光田がどのような論理で推進したのかという点の解明にある。

その論理にこそ、「救らい者」としての光田の本質が露呈されているはずだからである。

2　光田は、断種・堕胎等の優性施策の必要性を様々な視点から論じているが、要約すれば、次の三点ということになるように思われる。

第一は、母体の病勢悪化の懸念である。

妊娠・分娩によって、女性患者の病勢が一層悪化するということが強調された。

第二は、生まれてくる児への悪影響である。

胎児感染の危険があり、将来発病する可能性が大きいとか、「病的精子」によって生まれてくる子は虚弱児となる可能性が大きいといった優性思想的な理由付けの外に、仮に健康な子が生まれても養育する環境がないということが強調された。

第三は、ハンセン病患者に連なる血統を根絶するという理由である。光田の特徴は、その理由付けを徹底的に使い分けた点にある。第一、第二の理由は、入所者に対する語りかけとして使用され、第三の理由は、対外的とりわけ国会や政府に対する表明として使用された。この第三の理由こそが光田の本音であり、現に、一九五一年一一月の国会証言（正確には参考人意見陳述）においては「らい家族のステルザチョン（優性手術）の必要性」が力説されている。

しかし、「救らい者」としての光田の真骨頂は、その本音を秘し、あくまでも入所者に対しては、患者のためであり、生まれてくる子のためであると説き続けた点にある。

光田は、その説得過程において結婚（男女同居）の承認を前面に押し立てた。その態度は、生涯を閉じ込められた入所者には、男女別居を厳格に貫徹するリデルらと対比して、「人間愛によって、救おうとする」「慈父のような」態度と映ったのである。

生涯を療養所で暮らすことを余儀なくされるという絶対条件の下では、結婚による夫婦同居を認めてもらいたいという思いの切実さは想像を絶するものがある。

こうした結婚への切実な思いを言わば質にとるような形で、母体への悪影響や生まれてくる子への懸念を語るという手法について、光田は、その回顧録の中で次のように語っている。

「患者を集めまして、夫婦になるということはよいけれども、子どもが生まれるというのは、母体を重態に陥れ、子どもに一生暗い影を持たすに至ることは気の毒ではないか。何とか方法があれば、子どもが生まれないようにした方がよいという打明け話をした」というのである。

こうした説得を受けた入所者の手記には、「もし産まれても、その子に対する責任がもてるのかと考えれば考えるほど手術を拒否する理由がなくなってくるのを感じる」と述べられている。

ここには、断種等により子孫を残せなくなるという苛酷な選択を、あくまでも母体や子への懸念という形で迫り、納得させていくという光田の手法の特徴が如実に示されている（分娩・妊娠が女性患者にどのような影響があるかについては、当時においても急性期を除いては、否定的であり、出産時の感染についても医学的には否定的で、早期に母子分離を図れば足りるというのが定説であったとされているが、光田は、医学論争においても、あくまで可能性を指摘して譲ることはなかった）。

苛酷な人権蹂躙を受けた側がなお、光田をして「救らいの父」と讃える背景事情の一つとして、このような形で展開される「あくまでも、あなたたちのことを思ってのことだ」という論理があったと言うべきであろう。その論理を光田自身が正しいと確信していたかどうかについて、私には、判断しうる資料が欠けているが、少なからぬ入所者には、光田が心底そう確信して説き続けているものと受け止められたように思われる。

3　一方で、光田らが推進した「患者作業」と呼ばれる労働の強制については、複雑な背景事情がある。

一九三一年に法改正がなされ、一般に「旧らい予防法」と呼ばれる絶対隔離政策の法制化がなされたものの、長島愛生園に割かれた国家予算は余りにも貧弱であり、医師・看護師の人員不足はもとより、一般職員の配置は極めて少数に限られていた。

こうした事情は、療養所運営に重大な支障を来たすこととなる。

このため、炊事、洗濯、清掃等はもとより、療養所内の土木、建築工事、農耕、治療や薬局の補助、更には障がいの重い患者の介護から重篤者の付添い看護、死亡者の清拭、火葬、納骨に至るまでの作業の担い手が欠如するという事態となったからである。

こうした事態を打開するために光田らが採用したのが、入所者を労働力として利用する「患者作業」である。

既に全生病院時代から、「患者作業」を推進していた光田は、長島愛生園の開設にあたって、「長島開拓団」と呼ばれた八一名の全生病院入所者とともに長島に乗り込み、ここでその「大家族主義」を全面展開するに至る。そのキャッチフレーズは、「同病相愛」「相互扶助」である。

これが基本的には、「患者作業」を強制した。

光田の説く「大家族主義」について、愛生園の事務官であった四谷義行は、次のように語っている。

「愛生園は、先づ家族主義を標榜する。職員と患者を以て家族の構成員とみなし、園長を推して家長と仰ぐ。愛生園では、職員も患者も斉しく愛生園の家族の一員であるから、そこには、必然的に「治者」と「被治者」なる観念を生まない、お互いが親であり、子であり、兄弟であり、姉妹であるから、園内の平和は愛に従って保障せられ、従って法の威力を用いるの要を認めない（一九三二年）」（歴史学者である藤野豊氏は、大著『「いのち」の近代史』（かもがわ出版、二〇〇一年）において、この大家族主義を「天皇制国家の支配の論理であった家族国家観が見事なまでに凝縮されている」と解析する）。

こうした大家族主義に基づいて、「同病相愛」「相互扶助」の名の下に、従わない者は、園内のあらゆるつながりから排除されていくという恐ろしい強制力となって「患者作業」は強要されていった。

しかも、この患者作業には、一日六銭ないし一〇銭といった作業賃（当時の一般社会の一〇分の一）が支払われる仕組みが作られていたから、収入もない入所者にとっては、抗え難い「魔力」をもっていたのである。

こうした「患者作業」こそが、ハンセン病により抹消神経の麻痺した入所者から、その指趾を奪うに至った元兇であり、「療養」のために入所したはずであるのに、社会復帰しえない障がいを負わされるという背理を生み出した根本であることを考えると、その推進に使用された「大家族主義」なるイデオロギーの罪深さに改めて立ち竦む思いを禁じえない。

しかし、推進者である光田には、微塵も逡巡は認められない。光田の「愛生園日記」には、全生病院時代に、全盲の視力障がい者に洗濯の「患者作業」を課したことについて、「用意ができると係の看護士が『洗濯はじめ―』と号令をかける。すると患者は一斉に草津節で音頭をとりながら、股になった洗濯棒で樽の中をこねまわす。『洗濯終わり―』で休憩となる。盲人にとっては大へん楽しい共同作業のようであった」と述懐されている。

4　こうして検討してみると、光田イズムの特徴は、苛酷ともいうべき施策を推進するにあたって、

①入所者にとっての「楽天地」建設という大目標を掲げながら、

②受け入れざるをえない環境を前提とし、あるいは自ら作り上げたうえで、

③大家族主義の名の下に、「同病相愛」「相互扶助」「母体や生れ出る子の幸せのため」といった「大義名分」によって、納得させていくという手法を用いた

という点にあることが明らかである。

Ⅶ　救らい思想の具現者としての小川正子と神谷美恵子

1　「救らい者」としての光田の名を世に知らしめたのは、光田自身の言動や生き方自体もさることながら、光田を師と仰ぎ、その思想の体現者となった小川正子と神谷美恵子の存在である。その意味で、光田イズムを解明するにあたっては、この両者について言及することを避けることができない。

2　ベストセラー『小島の春』で知られる小川正子は、一九〇二年山梨県に生れた。一九二四年に東京女子医学専門学校（現東京女子医大）に入学し、その在学中に全生病院を訪ねて生涯の師光田と出合った。小川の手記「石打たれる人々」には、その出会いが次のように語られている。

「初めてみた癩院でしたけれど、私には、すこしも人の言うほどいやできたなくもなく、ただその中でこんなにも熱心にすべてをささげてつくされている光田先生のお姿だけが、私には、尊く気高く印象づけられました。」

その後一九三二年押しかける形で、長島愛生園に医師として働き始めた小川は、一九三四年秋から一九三七年夏にかけて、四国各地や瀬戸内海の島々をめぐって患者の収容隔離に奔走した。その経過をまとめたのが『小島の春』(長崎書房、一九三八年刊)である。

その『小島の春』の巻頭には、光田の写真が載せられ、「四〇年の間癩者の慈父としてその貴き生涯を献げつくさせ給へる我が師光田先生にこの手記を献ぐ」と記されている。彼女が如何に光田に心酔していたのか、その思いがこの一文には溢れている。

国全体が軍国主義化していく最中にあって、若い女性医師が、悲惨なハンセン病患者を救い出すために献身的に尽くすという『小島の春』の世界は、国民の圧倒的な支持を受け、一大ブームを巻き起こし、映画化されるに至った。そのヒロイズムを鮮明にするために、「救い出される」患者の姿はまさに悲惨極まりないものとして描かれることになったのは必然であり、それは、小川の意図如何とはかかわりなく、「救う者」と「救われる者」の立場を一層決定的にすることとなった。

まさしく「迷える羊を求むる牧羊者」(長崎次郎)「救らいの天使」「聖医」として絶賛されたのであり、その小川の「献身」が収容隔離された患者の側に何をもたらしたのかは一顧だにされなかったのである。(3)

療養所医官としての小川の実像は、必ずしも明らかではない。「外見は男性的で、何時でも私たちと話されるときは、ご自分のことを『おれ、おれ』と仰言っておられた」との看護師の証言もあるが、小川のもう一人の師である林文雄は、「学問より今患者が苦しんでいるじゃないか。それを放ったらかして置けるかという訳で療養所の中で一番よく働く。だから「患者は」本当の姉さんやお母さんのように思っている」と評している。

女医として、「慈母の愛と姉妹の親しみ」を求められ、それを懸命に果さんとした姿が愛生園における小川であったということである。

こうした小川の存在は、すべてのハンセン病患者を祖国浄化のために強制隔離するという国策の遂行にあたって、絶大な威力を発揮した。

国策遂行のために、官民一体となって推進された「無らい県運動」は、小川の存在なくしては成功しえなかったと言って過言ではない。

その小川が生涯の師として崇めたのが光田であり、小川の存在によって「救らい者」としての光田の名声が確立したのである。

小川に認められるのは、救う側にいる自分にとって正しいことは、救われる側にとっても幸福であるという思い込みである。(4) その思い込みは、師である光田に通じるものであるが、その純粋さにおいて光田をはるかに凌ぎ、光田の本質ともいえる功利主義的発想を補い、糊塗する役割を果したということができるのではあるまいか。

無教会派のキリスト者であった小川は、四一才で逝ったが、その四ケ月前に次のような短歌を残している。

どんぞこの痛苦のひまにさし入れる光をこそは神と言ふべき

（なお、小川正子については、前掲の荒井英子『ハンセン病とキリスト教』と藤野豊『「いのち」の近代史』を是非とも参照されたい）。

3　生きがい論で知られる神谷美恵子は、精神科医として戦後長島愛生園に働き、『極限のひと――病める人とともに』（ルガール社、一九七三年）、「らいと私」『人間をみつめて（神谷美恵子著作集二）』（みすず書房、一九八〇年）をはじめ、ハンセン病患者についての数々の著作を公にしている。

神谷もまた、東京女子医学専門学校卒業の前年一九四三年に長島愛生園に一二日間滞在し、光田健輔に出会う。

「光田先生の超脱的な風格に限りなく魅かれた」と述懐する彼女は、光田について、次のように述べている。長文になるが、神谷の光田観を理解するうえで欠かせない記述であるので、全文引用することとする。

「戦後、サルファ剤でらいが治るようになってみると、患者さんを強制的に隔離収容するという政策がにわかに非人道的なものにみえてきた。光田先生が主張された方針が、園内からも外国からも非難されるようになった。

いったい、人間のだれが、時代的・社会的背景からくる制約を免れうるであろうか。何をするにあたっても、それは初めから覚悟しておくべきなのであろう。

私はむしろ、歴史的制約の中であれだけの仕事をされ、あれだけのすぐれた弟子たちを育てた光田先生という巨大な存在におどろく。あらゆる面に超人的な努力を傾けた先生は、知恵と慈悲とを一身に結晶させたような人物であった。先生との出会いは、生涯消えることのない刻印を、多くの人にきざみつけたのだと思う(5)」

神谷も小川と同じく光田を人生の師と仰いだ。神谷によって「救らい者」としての光田の評価は、著しい復権を果たしたといってもよい。

その神谷は、小川とは異なり、収容隔離に手を染めたことはなく、戦後特効薬プロミン普及後の愛生園で、精神科医として、入所者の治療にあたるとともに精神医学的分析を行ったにすぎない。したがって、神谷を「救らい思想」の具現者と把えることには異論があるかも知れない。

しかしながら、紛れもなく神谷は「救らい者」である。

「救らい者」としての神谷の特徴は、その詩「らいの人に」の中に見事にまでに描き出されている。

あなたは　だまっている

かすかに　ほほえんでいる
ああ　しかし　その沈黙は　ほほえみは
長い戦いの後に　かちとられたものだ

運命とすれすれに　生きているあなたよ
のがれようとて放さぬ　その鉄の手に
朝も昼もつかまえられて
十年、二十年と生きてきた　あなたよ
なぜ私たちでなくてあなたが？
あなたは　代って下さったのだ
代って人として　あらゆるものを奪われ
地獄の責苦を悩みぬいて下さったのだ

ゆるしてください　らいの人よ
浅く、かろく、生の海の面に浮びただよい
そこはかとなく　神だの　霊魂だのと
きこえよいことばをあやつる私たちを

この詩に示される「受容の深さ」こそ「救らい者」としての神谷の真髄である。

神谷には、「救う」側という意識がない。逆に「ゆるしてください」と許しを乞い、「あなたは代って下さったのだ」と謝す。

極限状況の下で、かすかにほほえみすら浮かべて黙々と生き続ける姿に深い敬意を表わす彼女の態度には、光田や小川にみられる「救う」意識が全くみられない。

しかし、この詩には、神谷にとっての「好ましい患者像」が象徴的に語られている。苛酷な究極ともいうべき状況の下で、その運命を受け入れ、ひたすら、控え目に、生き続ける姿である。

その故に神谷は、その運命に抗して、状況を変革しようとする入所者に対しては、一転して、距離感否違和感を示しさえする。

例えば、神谷は、論文「日本におけるらい患者の精神症状」において、次のように論じる。

「過去において強制的に隔離されたという意識は、患者の多くの者の中に、社会及び政府当局に対する深い恨みの一念を植えつけたようにみえる。これに対する代償として終生、医療と生活保護をうける権利があるとの主張が、ここから生れている。この特権意識は、時折強い個人攻撃性や特定の要求を主張するための集団的デモの形であらわれた」。

「代って下さったのだ」と許しを乞う一方で、全患協（入所者の自治会）による人間の尊厳を求める運動に対しては、その要求を恨みに根ざす特権意識と把えて嫌悪するという神谷の二面性は、その師光田の「患者」観そのものである。

光田は、入所者に対して「慈父の如き態度」で接する一方で、長島事件（一九三六年愛生園で起った。入所者の待遇改善と自治とを求めて行われた患者作業ボイコット闘争）に対しては、「少数不逞の徒のわがままから起った事件」であるとして、徹底的な弾圧を加えている。(6)

光田は、プロミン開発後の一九五三年における新「らい予防法」の制定に決定的な役割を果したが、その主要な動機が「民主主義を誤解している不心得な分子が院内の治安を乱す」ことを防止するためであったことは、光田自身が率直に語っているところである。

その意味で、神谷は、光田の「救らい思想」の清冽な具現者であったということができる。

こうした「望ましい患者像」の押しつけこそが、神谷の思惑を超えて、戦後民主主義日本において五〇年余にわたって「らい予防法」を存続せしめたことにつながったことを私たちに肝に銘じておく必要がある。

Ⅷ　光田イズムに抗した太田正雄と小笠原登

1　光田イズムの本質を理解するには、光田と同時代に生き、光田イズムを批判し続けた医学者の側の論理と生きる姿勢を明らかにする必要がある。

そのことは、神谷らが強調する「時代制約論」への反論ともなる。

反光田イズムの双璧は、東北帝国大学医学部教授から東京帝国大学伝染病研究所教授へと転じた太田正雄（詩人として著名な木下杢太郎その人である）と京都帝国大学医学部講師として、ハンセン病外来治療に献身した小笠原登である。

2　太田正雄は、一八八五年八月、静岡県湯川村に生れた。光田より九才年下である。東京帝国大学医科大学在学中に詩作を始め、耽美派の集まり「パンの会」を主宰し、木下杢太郎のペンネームで「昴」同人として名声を得た太田は、医師としては、土肥慶蔵門下として皮膚科学を専攻し、一九一六年満州医科大学教授として赴任した。

その後、愛知医科大学を経て、一九二六年東北帝国大学教授となり、皮膚病梅毒学講座を担当、一九三七年東京帝国大学皮膚科教授、伝染病研究所所員に転じ、日本皮膚科学会会頭、日本癩学会会長等を歴任した後、戦後間もなく一九四五年一〇月死亡した。

太田が師事した土肥慶蔵は、わが国において、ハンセン病を学問的に研究した最初の医学者であり、第一回国際らい会議（一八九七年）にも参加している。太田のハンセン病との出会いは、土肥の影響によるものであり、その指示によって、衛生学教室の研究生として細菌学を学んだ太田は、らい菌培養に学問的な魅力を感じるところとなる。同じくハンセン病に関心を示しながら、病理学的な興味が契機となった光田と細菌学的な研究から出発した太田との出発点における相違は、その後の両者のハンセン病に対する医学者としての基本姿勢を著しく対照的なものにする。

ハンセン病に関する太田の最初の論文は、一九一六年に公表された「癩菌ノ人工培養ニ就テ」である。太田が、らい菌培養の研究を本格的に開始したのは、東北帝国大学医学部教授となった後の一九二九年頃からであり、らい菌の培養と動物接種実験のための資料を求めて、全生病院や北部保養院（現松丘保養園）を訪問し、入所者から得た結節をモルモット等に接種する実験を重ねていた。

こうした太田の細菌学的な関心に大きな転機をもたらしたのが、一九三〇年一二月バンコクで開催された国際連盟らい委員会への参加である。

同委員会は、ハンセン病対策の重点を隔離から治療へと転換した極めて重要な国際会議（その見解は、翌一九三一年「癩公衆衛生の原理」として刊行されている）であるが、太田は会議での結論を「隔離は、らい予防のために必要事であるが、その唯一の法とみなすに足らぬ。その欠点をば他の法を以って緩和せねばならぬ。而して、唯伝染の危険ある者に対してのみ行うべきである」と要約したうえで、この結論を支持し、わが国においては、伝染の危険あるものは隔離し、その危険の少ないもの又はないとみなされるものは外来治療を施すことになっていると報告している（一九三一年三月第四回日本癩学会総会特別講演）。

この時期、光田は開設されたばかりの長島愛生園の園長として、すべてのハンセン病患者を強制的に隔離収容する政策を本格的に推進していた。

既にわが国では、一九二四年頃からすべてのハンセン病患者を強制隔離する方策が事実上採用され、一九三一年四月一日には「旧らい予防法」が制定されているから、太田の報告にみる日本のハンセン病対策の現状認識は、京大、東北大等で実施されていたハンセン病の外来治療を過大評価するものと指摘せざるをえないが、世界のハンセン病対策の動向を肌に感じてこれを支持する太田と絶対隔離へと独走する光田とは、既に超えがたい溝に隔てられていた。

そのうえで、世界のハンセン病対策の動向を伝える太田の貴重な報告は、国策に反するものとして、軽視され、学会誌「レプラ」には雑報として掲載されたのみであった。

その後の太田の変身について、多磨全生園の名誉園長である成田稔氏は、その著『ユマニテの人――木下杢太郎とハンセン病』（日本医事新報社、二〇〇四年）において、「国際連盟癩委員会に参加した太田は、たぶんこのときハンセン病の疫学的調査の必要を痛感し、また隔離が唯一の方法ではないという認識にはじまり、唯一の解決策は化学療法以外にはないと悟って、その治療効果を判定するための、らい菌の動物接種実験にすべてを賭けた」のだと指摘している。

事実、太田は「宮城県下に於ける癩の疫学的研究」（一九三三年）、「鼠癩及び人癩の家鶏接種試験」（一九三七年）、「癩の動物実験に就いて」（一九三九年）、「綜説現代の癩問題」（一九四一年）をはじめとする夥しい数のハンセン病関係論文を発表するに至っている。

太田は、「宮城県下に於ける癩の疫学的研究」に基づいて、「癩に対してもその正攻法は病者からその病源を無くしてやることである。既に癩を治癒疾患にしてやることである。伝染病の正攻法はこれを化学的療法に求めなければならぬ」と説いた。「ハンセン病患者の犠牲（隔離）によって根絶を計るのは問題であり、そのために生活の自由が失われ、親愛なる家庭から永訣し、家庭は、しばしば生活の支持者を失うばかりか、『癩』を出したという刻印を捺されることになる」[7]と論述する太田には、隔離される側の痛みという視点が提示されている。

こうした研究や論文の公表等において、太田が絶えず意識していたのは光田の存在である。太田は、名指しで光田を批判することはなかったが、その強制隔離主義を人権侵害であると認識し、それを克服する道を化学療法に求め、自らその研究に生涯を捧げた。その意味では、医学に生きる者としての生き方を通して光田を批判し続けたということになるのではないかと思われる。

その太田が光田について直接言及した記録が二つ残っている。

一つは、一九三三年第六回日本らい学会総会に際して開かれた日本ＭＴＬ（賀川豊彦が主宰した日本キリスト教救癩教会）主催の座談会である。

ここで太田は、「学会で言う機会がなかったので、ここで申し上げる」と前置きしたうえで、「光田氏から話をきくと、らいは治らぬものという印象を受ける。万国のらい会議でもそのような印象を与える人は、ウィルソンだけに見受けた。実際にそんな人は少ない。どうも光田氏から話を聞いている人達は、治らぬという確信がある様だ。ゼグレゲーション（隔離）だけが絶対の道ではない。ゼグレゲーションをする質のものとせぬ者との二つに分けねばならぬ。健康な人、栄養のよい人には仲々うつらない。十数年雑居している様な場合でも絶対に伝染せぬと自分は信じている。薬に対する懐疑論はよいものではない」旨述べている（日本ＭＴＬ会報、一九三三年）。

台頭する軍国主義を背景に、光田が主導する絶対隔離政策が既に確立していた一九三三年のこの時期に、太田は、相対隔離を主張し、薬によるハンセン病克服への期待を明らかにした。あえて光田を名指しにしたことに太田の思いの深さが現れている。

もう一つの記録は、映画「小島の春」に対する感想である。

全国民を感動の渦に巻き込んでの絶賛の嵐の中で、太田は、

「この動画は徹頭徹尾あきらめの動画である。……観る者はただあきらめの底に澎湃する熱情と詩魂との故に心をうたれるのである。癩は不治の病であろうか。それは実際今まではそうであった。然し、今までは此の病を医療によって治療せしむべき十分の努力が尽くされていたとは言えないのである。殊に我国に於いては、殆ど其方向に考慮が費されていなかったと言ってよい。そして早くも不治、不可治とあきらめてしまっている。したがって、患者の間にも、それを看護する医師の間にも、之を管理する有司の間にも感傷主義が溢れ漲っているのである。……『小島の春』及びその動画は、この感傷主義が世に貺った最上の芸術である。……癩根絶の最上策はその科学的治療にある。そしてそのことは不可能ではない。小島の春をして早くこの感傷主義の最終の記念作品たらしめなければならない」

と述べ、更に

「なぜその病人は、ほかの病気をわづらふ人のやうに、自分の家で、親、兄弟、妻子の看護を受けて病を養うことが出来ないのであろうか。強力なる権威がそれを不可能だと判断するからである」（日本医事新報（一九四一年）九三五号）

と光田を批判している。

成田氏は、こうした太田の「小島の春」批判について、「社会防衛を口実に、患者に犠牲を強いる光田らを患者の立場から批判してきた太田は、自らの無力に悲しみながら、国内の療養所を無視することで、光田らの強大な権威と当時の内務省や厚生省の権力とに対し、たぶん精一杯の反発を示したかったのだろう」と述べる。(8)

しかし、太田には、挫折感はない。医師としての信念と医学の可能性に対する不屈とも言うべき確信が溢れてい

る。

太田が一九三七年に東北帝国大学を去るに際して、周囲はこぞって猛烈に反対した。太田は、その反対に対して、「僕は伝染病研究所の設備でらい研究をやりたい」と説得したと伝えられている。執念としか言いようのない、太田の熱意に周囲は沈黙する外はなかった。その太田に与えられた研究室とは「動物小屋の一角」の「廃墟の如き」一室だったという(9)。その一室で太田は、「病躯に鞭打って」化学療法の開発を夢見つつ、動物実験を続けたのだ。

ハンセン病の特効薬プロミンが日本でも開発されたのは、一九四七年である。太田は、その事実を知ることなく、一九四五年に六〇才で没した。

太田が生きて、その事実に触れていたならば、光田を公然と批判し、隔離政策廃絶のための行動を開始したであろうことは想像に難くない。

そして、それは、戦後のハンセン病隔離政策に一大転換をもたらしたに違いない。

3　小笠原登は、一八八八年七月愛知県目寺村の真宗大谷派圓宗寺に生れた。太田より三才年下である。

祖父啓實は、同寺の僧呂にして、漢方医であり、「漢方医術を行い、癩病、淋病、梅毒、黒内症の治療を得意としていた」と小笠原自身が晩年の著「漢方医学の再認識」に記述している。その経験から、ハンセン病が簡単に感染するものではないという考えを抱いていたとされており、小笠原には、その祖父の医療実践と信念が承継されている。

中学卒業後結核を患い、三年間の療養を経て一九一一年京都帝国大学医学科に入学した小笠原は、卒業後薬物学教室に副手として勤務した後、一九二五年一二月、医学部付属病院の皮膚科泌尿器科教室に転じ、翌一九二六年一月から皮膚科第五診察室でハンセン病治療を開始した。同診察室は、一九三八年八月に、ハンセン病のみの診察及び研究にあたる皮膚科特別研究室の新設へと発展し、講師として小笠原はその主任となった。

反光田イズムの実践者としての小笠原の名を一躍有名にしたのは、一九三一年「診断と治療」誌上に掲載された小笠原の「癩に関する三つの迷信」である。

三つの迷信とは、ハンセン病を不治の病とする迷信、遺伝病とする迷信、強烈な伝染病とする迷信である。

小笠原は、ハンセン病は自然治癒も多く、大風子油での治癒例もあることを指摘して、結核と比べて治りやすい病気であると主張し、治癒と後遺症との関係について、明確にすべきことを説いた。

治癒して後遺症を残すにすぎないものを不治ととらえることの医学的な誤りを指摘したのである。

そのうえで小笠原は、ハンセン病が「わが国では古き時代からの病気である」にもかかわらず、「千有余年間何ら予防施設を施すことなく放置された」が蔓延しなかった歴史的事実をあげて、ハンセン病の伝染力は微弱なものに過ぎないと主張した。

このような小笠原の見解は、祖父の医療実践から学んだ知識が、京都大学での外来治療の経験によって裏付けられたものであり、現在の目から見ても完全に正しいものと言うことができる。

しかし、一九三一年には、こうした見解は、国策と真向うから対立するものであった。同年「旧らい予防法」が制定され、不治の強烈な伝染病であるとして、ハンセン病患者のすべてを強制的に終生隔離することが合法化された。その国策の前提を迷信であると切って捨てた小笠原の見解は、厳しい批判にさらされることとなる。ただ、この時期には、学界内にも少数ながら太田らの見解も存在した。太田が第四回日本癩学会総会で、国際連盟らい委員会についての特別報告を行ったのは、同じ一九三一年三月である。

同じく光田ら療養所学派の批判を受けながら、太田が以後、疫学調査と化学療法確立のための動物接種実験へと没頭していったのとは対照的に、小笠原は、自らの学説自体の深化に全力を傾けるとともに、光田らの隔離主義を鋭く批判するに至った。

一九三三年には「佝僂病性体質説」を公表して、幼少時に動物性食品の接種不足からビタミンD不足となって感染に弱い体質となった者に結核やハンセン病等の慢性感染症が発症すると説き、ハンセン病の予防策は、ハンセン病に対する「感受性破壊の方策の方が隔離より適切であり、その目的のためには国民の栄養状態特に農民のそれを改善することが急務」と主張した。(10)

続いて、一九三四年「治療学雑誌」四巻五号に「癩病絶滅の運動について」を公表した小笠原は、患者を隔離することの障害や矛盾を指摘し、隔離政策によって、かえって治療が抑圧されていると批判し、更に一九三八年には「癩患者の断種問題」を公表して、断種の不合理と無意味さを指摘した。

小笠原は、同論文において、「癩患者断種の要不要は、癩患者が産んだ子の発症率の大小に関係する。私が調査した五一三名の患者中、患者を父母に持ったものは二一名四・一％に止まる。又私が扱った患者を母として生まれた子にして罹病したものに一人も遭遇して居らぬのである」とデータを挙げたうえで「栄養の改善及びその他の積極的な衛生施策を以て国民の体力を増進せしめるならば、恐らく癩は絶滅するであろう。退却的な断種法を行うことは全く無用であると言っても過言ではない」と言い切った。まさに正面からの光田イズム批判である。

そして、その学説の集大成とも言うべき「癩と体質」が発表されたのが、一九三九年「医事公論」誌上である。

小笠原は、ハンセン病の発病を感染源としてのらい菌の「輸入」と宿主としての人体の体質との相互関係と理解することの重要性を改めて強調し、体質は遺伝的素因と環境因子によって決まるから、素質の遺伝は認められなければならないが、そのハンセン病にかかりやすい体質は、環境の変化によって消滅すると断言した。小笠原学説の正統な継承者として、京大病院でのハンセン病外来治療を守り続け、今もインドネシアランガー大学でハンセン病治療と研究に献身する和泉眞藏氏は、「小笠原の本当の先見性は、この体質が環境の変化により消滅することを今から六〇年も前に見抜いていたことである」と指摘する。

小笠原は、その論文を「癩患者が多きことは、それ自体何の恥辱でもないのであるが、癩患者を多からしめるが如き文化程度の低いことが国家、社会の恥辱になるのである。我ら国民は本末を誤ってはならぬ」と結んでいる。

こうして展開された小笠原の光田イズム批判には、太田とは異なる次の二つの特徴があった。

第一は、批判が医学的論争を超えて、療養所内における断種や無らい県運動にまで及んだということである。

第二は、その光田イズム批判が、京大病院における外来治療という実践を伴っていたということである。

したがって、小笠原の存在は、光田らには脅威と感じられ、その憎悪を一身に受けることとなった。

そして迎えたのが、一九四一年一一月一五日、第一五回日本癩学会総会である。総会は、「その罪万死に値する」として小笠原を糾弾する場となり、これを受けてマスコミは、小笠原を「恐ろしい伝染病」の撲滅に献身する光田にたてつく「偏屈医師」が学会でその誤ちを批判されたとしてセンセーショナルに報道した。その結果、太平洋戦争の開戦の前夜に、小笠原は学会からも、社会的にも葬り去られたのである（同総会には、太田も参加しているが、その日記には、何らのコメントも残されていない）。

その後の小笠原の足跡には、挫折感が漂う。誹謗中傷が彼を苦しめ、協力者は得られず、「患者への奉仕をすればするほど職員に負担がかかり、病気で倒れる者が続出した」(11)という状況のなかで、一九四八年一二月京都大学を退官し、国立豊橋病院の皮膚科泌尿器科医長として勤務する。同病院在職中も、京都大学時代からのハンセン病外来患者の治療にあたったとされるが、表立った言動は残されていない。

一九四七年には、国内でのプロミン治験が開始され、一九五三年には、「らい予防法」制定をめぐる療養所入所者の大闘争が展開されるが、小笠原は沈黙したままである。

そして、一九五七年九月、請われて国立ハンセン病療養所奄美和光園に赴任し、一九六六年一〇月まで九年間勤務した後、病を得て退職、一九七〇年一二月急性肺炎で死去した。享年八二才である。

隔離に反対し続けた小笠原が、その隔離施設たる療養所にどのような思いで赴任したのかについて、その真相は明らかではない。

奄美での小笠原は、『漢方医学の再認識』、『漢方医学に於ける癩の研究』の二冊の著書を残すなど漢方医学に傾倒したと伝えられ、中央画壇の権威主義に背を向け、奄美に移り住んだ孤高の画家田中一村との交友で知られている。

その生活態度は、飄々として、光田に抗した面影は感じられなかったと語る入所者も少なくない。

私には、小笠原が和光園に世俗を離れた安住の地を見出し、患者に寄り添いながら仏教的な悟りに限りなく近接した境地での日々をすごしたのではないかと思われる(12)。

4 同じく光田イズムに抗しながら、医学者として治療法の開発にハンセン病根絶の夢を描いた太田と外来治療を実践した小笠原との相違は、患者やその家族の苦悩との距離にある。

自らも三年間に及ぶ患者としての療養経験を有する小笠原には、患者にとっての医療という視点が既に備わっていたと思われるが、それ以上に、吹き荒れる強制隔離政策の嵐の中で、夜間あるいは早朝に隠れるようにして外来を訪れる患者たちの苦悩の訴えに接し続けてきたことこそが、小笠原をして、軍国主義の最中に光田の権威に正面から立ち向かう気概を与えたに違いない。

Ⅸ　犀川一夫の軌跡

1 太田正雄と小笠原登がついに果たせなかった光田イズムの克服を医師として実現したのは、光田の愛弟子犀川一夫である。

二〇〇七年七月、八七才でその生涯を閉じる直前まで、月に一度沖縄での外来治療に従事した犀川一夫は、「らい予防法」違憲国賠訴訟の原告側証人として熊本地方裁判所の法廷に立ち、国の隔離政策の誤ちを指弾して、原告らを歴史的な勝訴に導く立役者となった。

この時犀川は八二才だった。

ハンセン病隔離政策と医の倫理というテーマを論じるとすれば、「ハンセン病治療ひとすじ」に生きた犀川一夫の波乱万丈の歩みを検証することが不可欠である。

2　犀川一夫は、一九一八年東京代々木に生れた。太田、小笠原に遅れること三〇年、この時代背景の差が、光田イズムの克服に大きな条件として役割を果たすことになる。

一九三八年東京慈恵医科大学に入学した犀川は、映画研究会を作り、美術、映画、演劇に興味を示す一方で、聖書研究会に所属して聖書に親しんだ。

清冽なキリスト者である犀川は、幼少時から日曜学会でキリスト教に接し、聖書研究会を経て、一九三九年田園調布教会で受洗している。

同聖書研究会は、その平和主義の故に解散させられたが、その弾圧がかえって「時代に惑わされない信仰を貫こうとの祈りの進化をもたらした」と犀川を述懐している。(13)

犀川がハンセン病医療への関心を抱くに至ったのは、その学生時代における賀川豊彦との出会いである。

賀川は、キリスト教伝道者として国際的に著名であり、日本救らい協会の理事長でもあった。犀川が参加したキリスト教青年会同盟主宰の夏期学校で講演した賀川は、「キリスト者医師は、治らない病気、結核とからいを病む人たちのために献身してほしい。医師は肉体の病を癒すだけでなく、病む人たちの心の痛みを除かねばならない」と熱弁をふるった。

まさに「救らい思想」を鼓舞したのである。

感動した犀川は、静岡県御殿場の神山復生病院を訪問し、院長である岩下壮一神父に接して、その生き方と「患者との美しい人間関係」に強烈な印象を受け、医師としての生きる方向を定めるに至る。

「救らい者」としての犀川一夫の誕生である。

3　一九四二年三月、太平洋戦争の最中に、犀川は長島愛生園を訪ね、光田と初めて出会う。後に犀川は、光田を訪ねた理由を、「ハンセン病医療に生涯をかけておられ、病者から慈父のように慕われていたから」と話している。

この時犀川は、光田から病理学の手ほどきを受け、顕微鏡下にハンセン病の病変を追う数日間をすごし、大学卒業後、愛生園に医師として勤務することを心に誓うに至った。

犀川は、その決意を「ハンセン病を病む人たちに接して知ったことは、肉体の痛みと心の苦渋に耐えながら、生かされている自分の生命を真摯に生きる人間の姿であった。そして、その人たちの肉体の痛みと心の苦悩とを、生涯かけて看取ることが私の歩むべき医療への道のように思われてきた」と語っている。[14]

犀川が、愛生園に医師として勤務したのは、一九四四年の春である。しかし間もなく応召され、中支派遣軍南京総司令部軍医部に属し、敗戦を迎えた。

復員して愛生園に復帰したのは、一九四六年七月である。

そして、その年の暮、犀川に一大転機が訪れる。新薬プロミンとの出会いである。

光田は、一九四六年暮、当時愛生園で一番若い医師であった犀川と横田篤三を園長室に呼び、GHQのサムス大佐から入手したアメリカのファヂェット博士の「プロミン」に関する論文の翻訳を命じるとともに、東京大学薬学部石館守三教授の合成した日本製プロミンを手渡して、その効果を追試するよう指示したのである。

犀川は間もなく愛生園に新設された「科学療法科」の担当専任官となり、プロミンによる治療を開始した。

太田正雄が渇望してやまなかったハンセン病に対する科学療法は、二八才の若き「救らい」の医師犀川一夫に委ねられたのだった。

熊本地方裁判所において犀川は、そのプロミンを入所者に投与した効果について、「大体三週間もしますと鼻粘膜の病巣が吸収され、更に三週間で、結節が自壊して形成されていた潰瘍が治癒し、三ケ月もすると皮膚の表在性の病巣がどんどん吸収されていくという顕著な治療効果が現れました」と証言している。

こうしてプロミンの治療効果を確信した犀川は、光田の指示を受け、各地の在宅患者の収容に全力を注ぐことになる。

犀川は、その状況を熊本地裁において、「私は個人的にも、あるいは園長の指示もありまして、関西地方の各地を回りまして、患者さんの家を訪ね、今はハンセン病が治る時代なので是非施設に入って、そして治療を受けてほしいということを説いて回りました。あるときは、お蔵の片隅にさびしく住んでいる患者さんもありますし、あるときは、納屋の中にこもられている患者さんがありますし、あるところでは離れにひそかに住んでいる重症の患者さんがありましたが、そういう患者さんの前に行きまして、そして入所して治療をしてほしいと説いて回りました」と証言し、「ハンセン病はよくなるんだから、よくなったら帰ってこられるんだから、ということで入所を勧めました」と述懐する。

小川正子の「小島の春」の世界が、「プロミン」の登場によって再現されたのである。

その犀川の行脚は、「療養所には入りたくない、あそこに行ったら殺される」、「あそこに行ったら、家族と別れて生涯あそこで暮らさなければならない」と抵抗し、「そんなに私のことを思ってくれるというのなら、ここで毒を盛ってくれ」と哀願する患者を何とか救い出したいという願いを込めて、誠心誠意説得するという過程の積み重ねだった。

こうした犀川の説得は、苛酷な強制隔離政策の渦中にあって、収容の網の目を逃れて、社会の片隅に息を殺して隠れ住んでいた多くの患者を療養所へと収容することになった。しかし、プロミンの治療効果を確信する犀川には、それが当の患者のためであるとの思いに全く不安はなかった。

この時期の犀川は、まさに大園長光田の愛弟子として、職員からも入所者からも絶大な信頼を得ていたのだった。

4　その犀川に、やがて苦悩と煩悶の日々が訪れる。

その最初の契機は、一九五一年一一月の光田ら三園長の「国会証言」である。

光田は、治る時代を迎えたはずのハンセン病対策について、強制隔離の一層の強化を求め、更には、家族の断種の必要性までを訴えたのである。

光田は、プロミンの効果について、一定の評価をしつつも、それが一時的な軽快であるのか根治であるかの判定には、一〇年の経過を見る必要があるとの見解を固持し、犀川との共同論文「プロミン並びに類似化合物による癩治療の共同研究」(レプラ誌、一九五一年)においても、末尾にその旨を付加することを犀川に要求していた。

戸惑いを感じつつも、かつての「大風子油」による治療の苦い経験の故とこれを受け入れた犀川ではあったが、そのことが、隔離政策を更に継続させる理由になるとは到底思えなかった。犀川は、師光田の真意を理解できず、当惑したのだった。

やがて、光田らの意見に従って「らい予防法」案が国会に提出され、療養所入所者の自治組織(全患協)の文字通り命をかけての反対闘争が展開されるに至ると犀川の戸惑いは疑問へと変わっていく。

愛生園では、園長光田の国会での証言を糾弾する入所者の運動が激烈で、「連日のように徹夜の交渉が園当局と患者自治会との間で行われる一方、入所者有志のハンストやむしろ旗を立ててのデモ行進が行われ、同じ島内に住む職員子女に少なからず不安を与え、一部不穏な行動もあって、機動隊が導入され、それを知ってさらに入園者の反発は強くなるといった状況が続いた」[15]。

こうした入所者の運動を嫌悪し、機動隊の導入を辞さなかった光田とは対照的に、犀川は「こうした入所者の激しい抗議、反発を見るにつけ、私は戦後プロミンの出現により、身も心も癒され人間性を回復した病者の、人間としての主張を聞く思いがしていた」という[16]。自らを慕い、あるいは自らの方針に従順な患者には慈父として接するが、歯向かう者には弾圧者として対峙する光田イズムの本質に、犀川は違和感を感じはじめたのだ。

その犀川の疑問を決定的にすることになったのが、一九五三年一一月、インドのラクノーで開かれた国際らい会議への出席だった。

会議で、日本におけるプロミン投与の実績を報告した犀川は、世界が既に経口薬ダプソンを用いての在宅治療の時代に入り、急速に普及していることを肌で知るところとなった。

会議後インド各地での視察を経て、在宅治療こそハンセン病対策の原則だということに確信を深めた犀川は、帰国後光田にその旨を進言するが、光田は積極的な反応を示さなかった。犀川は、諦めることなく、その報告を日本らい学会の機関紙である「レプラ」、愛生園の機関紙雑誌「愛生」に投稿したうえで、厚生省にも口頭報告を行った。しかし、どこからも反応は全く起こらなかった。

犀川の疑問は、やがて苦悩へと転化する。

療養所では、プロミン登場後も依然として断種が行われており、外科医としての犀川は、不本意ながら、その手術に手を染めることになる。

夫婦舎への入居を求めて入所者の側から切望されるという状況は、キリスト者犀川には耐え難かったに違いない。やがて、その苦悩は頂点に達した。プロミン治療の必要性を訴え、治癒すれば帰れると自ら説得して、各地から療養所へと「収容」するに至った患者たちが、治癒しても帰れないという事態に直面させられたのだ。

その苦悩を犀川は、熊本地方裁判所の法廷で、「私は患者さんのために治るんだからと言って勧めて療養所に入ってもらったんですけど、結局治っても帰れない、一体私は何のために患者さんに療養所に入ることを勧めたのか。私はハンセン病の医者として一体何をしているのだろうか。人間を、生涯を隔離の社会に閉じ込めてしまうために、私は一生懸命働いたんじゃないか。何故あのときにもっと早く内服薬プロミゾールを彼女に届けなかったのか、非常に慚愧に耐えないのです」と涙ながらに証言した。

患者のために、何とかして治したいと願う医師の善意が、結果として、患者を生涯閉じ込めてしまうことになるという背理は、犀川の心を苛んだ。

苦悩の渦中で犀川が下した結論は、その元兇としての隔離政策の廃絶だった。

5 犀川は、直ちに行動を開始した。一九五五年の冬、光田園長に岡山市内での外来診療所の開設を進言したのだ。しかし、光田は何ら返答をしない。思い余った犀川は、厚生省に外来在宅診療の開設を直訴した。しかし、上京した犀川に対する厚生省の担当者の回答は、銀座での接待だった。

絶望した犀川が選んだ道は、海外にハンセン病在宅診療を求めることだった。国内にとどまる限り、隔離政策に手を貸し続けることになると語った犀川は、一九六〇年四月、愛生園を退官、台湾らい救済協会の医務部長として台湾に赴任し、外来治療に従事することになる。

二才と四才という幼な子二人を伴い、給与が四分の一に減少するという苛酷な選択だった。

愛生園の入所者は、八〇〇名もの署名を添えて、留任を犀川に嘆願した。その懸命の要請を断腸の思いで断ち切っての転進だった。

以後の犀川は、WHO西太平洋地区らい専門官等として、ハンセン病の開放治療に献身して、その生涯を閉じるに至っている。

6　こうした犀川の光田イズムの脱却の過程で、注目すべきは、次の三点にあると思われる。

第一は、患者のため、患者を救うためにとの医師の熱意あるいは善意が、患者の人権、人間性を蹂躙することになりうるという背理の提示である。

犀川は、ハンセン病医療における救らい思想のパターナリズムをいち早く告発したということができる。

第二は、隔離政策という根本を改めない限り、小手先の改善策をいくら重ねたところで、結局は、隔離政策に加担するという結果にしかならないということを、自らの生き方を通して明らかにしたということである。

そして第三は、隔離政策に抗して闘う患者の姿に、人間性の回復をみ、その訴えを人間の主張として聞く姿勢の重要性である。

救われる対象としてではなく、権利の行使主体としての患者の医療への参加という視点と言い換えてもよい。

光田の愛弟子であり、その師の人間性に傾倒していたが故に、犀川の光田イズム克服の道は、苦悩に満ちた曲折と飛躍とを余儀なくされたが、犀川こそは、光田イズムを克服した最初の医師として歴史にその名を刻まれるべきである。

X　戦後における隔離政策の継続と医の倫理

1　わが国のハンセン病隔離政策は、一九〇七（明治四〇）年「癩予防ニ関スル件」の制定に始まり、一九九六（平成八）年三月末日の「らい予防法」の廃止まで継続された。

光田健輔が、長島愛生園長を辞したのが、一九五六（昭和三一年）であるから、その引退後も四〇年間にわたって、隔離政策が続けられたということになる。

プロミンをはじめとする特効薬の開発が進み、多剤併用療法の確立によって、医学的には完全にコントロールできるようになった時代に、国際社会の動向に完全に背を向けてまで隔離政策が継続された背景や原因が一体どこにあるのか、その問いは未だ十分に解明されたとは言い難い。

「ハンセン病隔離政策と医の倫理」を論じるとすれば、この時期の隔離政策を推進した医師らを支えた考え方とその問題点を解明することが不可欠となる。

なかでも、一九七二（昭和四七）年国立療養所課長に就任して以来、一九八三（昭和五八）年医務局長を最後に退官するまでわが国のハンセン病政策をリードし続けた大谷藤郎元国際医療福祉大学長の思想と行動を分析することは、特別の意義を有するものと考える。

2　大谷藤郎は、一九二三（大正一二）年滋賀県に生まれた。

京都大学医学部在学中の一九四三（昭和一八）年、皮膚科特別病室で小笠原登と出会った大谷は、その印象を「いつも太い数珠を手にした浄土真宗僧侶としての柔和な物腰、人懐こさ、思いやり、和漢洋の学才に通じ、そこから滲み出てくる知識人としての深い教養に魅了された[17]」と語る。

小笠原の自宅で起居をともにしたという大谷は、「ハンセン病は恐るべき伝染病ではなく、ハンセン病発病は、細菌の側よりもむしろその人の感受性、つまり体質に鍵がある」との小笠原学説の真髄を直接手ほどきされた。しかし、当時大学生だった大谷にとっては、その学説の正しさよりも「戦時下の暗い診察室の裸電球の下で、黒い詰襟服に白いシュルテを羽織ってスックと仁王立ちしたまま、患者さんである農婦の泣き声にいつまでも憮然として対しておられた[18]」という小笠原の人柄、医師としての基本姿勢の魅力に引きつけられたというのが本当のところだったと思われる。

3　大学卒業後、大谷は、滋賀県、京都府に勤務した後、光田退官の三年後である一九五九（昭和三四）年に厚生省に入省する。

大谷によれば、京都府庁では、結核、ハンセン病等の慢性疾患を担当する係長として、未収容のハンセン病患者の療養所への収容に関与したことがあるとのことであるが、厚生省への入省の動機が小笠原学説を生かしてハンセン病問題に取り組むことであったとは思えない。大谷自身も入省直後の自らの行動について、「時々、厚生省内の医師に向かって小笠原登先生のらい非伝説論を話してみたが、誰からも相手にされなかった[19]」と語っている程度である。

その大谷を師である小笠原登とハンセン病問題へと回帰させる契機となったのは、一九七〇（昭和三五）年の小笠原登の逝去である。

京都大学医学部が編纂した追悼文献抄録に「小笠原登先生像」を寄稿した大谷は、自らの二〇年に及ぶ空白に臍を噛む思いを抱くに至る。

大谷が厚生省国立療養所課長に就任するのは、その二年後である。国立療養所課は、一三の国立ハンセン病療養所の管理運営を掌る。直接に国のハンセン病政策を推進する責任あるポストに就いたのだ。

「私の心中には、熱く込み上げてくるものがあった[20]」に違いない。

大谷は、当然のことながら、ハンセン病隔離政策の誤りを確信し、「らい予防法」が医学的根拠を失っていることを熟知していた。

軍国主義の渦中にあって、国策であったハンセン病隔離政策を断罪した小笠原登の弟子であれば、出会いから三〇年を経た一九七二年の時代において、隔離政策の廃絶と「らい予防法」の廃止に向けて行動することは、あまりに当然すぎる事柄であったはずである。

しかし、悩みぬいた末に大谷は「らい予防法」廃止を掲げることをしなかった。

大谷はいう。「今もし、担当課長である私がらい予防法廃止を言い出せば、建物も設備も運営費も現在の劣悪な状況から改善していく根拠を失うことにならないか？　当時国立らい療養所は医療も食・住も、まだまだ低い水準にあった。外来中心の診療体系などただちに構築できるだろうか。社会へ復帰される患者さんの経済生活を国が保障できる予算を確保できるだろうか。私は迷った。何よりも患者さん自身がらい予防法をそのままにして、まず療養所内の処遇を改善することを望んでいる人の方が多かった」[21]。

こうして大谷は、「予防法廃止は、短期的には成功の可能性がうすく、実利がうすい」と判断し、らい予防法には手をつけずに、「実利の多い事実上の部分開放化を進める道」を選択した。

これが「処遇改善論」あるいは「運用による事実上の開放策」と呼ばれる大谷路線である。

4　大谷は、療養所の処遇改善に向けて全身全霊を打ち込んだ。「私は死に物狂いで大蔵省と折衝し、食、住、医療、福祉にかかわる国立らい療養所予算の獲得に奔走した」[22]との述懐は決して誇張ではない。

その根拠に、多くの療養所入所者とりわけ入所者の自治会活動の担い手となった活動家たちは、大谷の誠意ある対応を高く評価した。

しかしながら、「らい予防法」により隔離されていることを理由として、その処遇の改善のために特別な予算配分を求めるというその手法は、大谷の意図とはかかわりなく、「らい予防法」の永続化を前提とするものだった。しかも、その「処遇改善」や「部分的開放」は、あくまでも「らい予防法」による入所を前提としていたが故に、退所（社会復帰）者には、全く妥当しなかった。

大谷の課長就任以来、療養所への予算配分は飛躍的に増大し、入所者の生活環境は改善され、入所者給与金制度の実現をみるまでに至ったが、一方で、これらの制度は退所者には一切及ばないから、退所してしまえば、生活保護制度の利用以外に何一つとして生活の補償はない。

つまり、処遇が改善されればされる程、社会復帰したいとは思わなくなるという結果をもたらした。

大谷路線が「新しい隔離政策」と批判される所以である。

こうして、小笠原登の弟子である大谷の熱意が「らい予防法」の存続と、形を変えた「隔離政策」の継続をもたらすという皮肉な結果が現出したのだ。

犀川一夫が、隔離政策の枠内にある限り、医師の善意も隔離への加担にしかなりえないと悩みぬいた末に、隔離政策の渦中の日本を脱出するに至ったその渦に、大谷もまた巻き込まれたのである。

5　大谷は、一九八三年に医務局長を最後に厚生省を退官した後、財団法人藤楓協会理事となり、一九八九年には理事長に就任した。

その直後に病を得た大谷は、自らに残された課題として、「らい予防法」の廃止を意識することとなる。

その契機について大谷自身は多くは語らないが、日本における精神障がい者に対する隔離治療が国際的批判を浴びた宇都宮病院事件（一九八四年）が転機であったことを示唆している。

患者の人権、患者の開放という視点の欠如を痛感するに至ったというのだ。

大谷は、一九九三年四月に刊行した『現代のスティグマ』において、その悔悟を次のような厳しい言葉で吐露している。

「今まで自分が占めていた役所でのポストの意味をふり返るにつけ、変人、奇人、非常識と役所の中から罵倒されようとも、ハンセン病差別の基本である予防法改正問題に身を挺して取り組むべきであったと悔やまれた」

「実体を改善していけば、それはそれで前進になるのではないかと考えて努力し、自らを慰めてきたのは、やはり姑息的で小役人的モノの考え方にとらわれていたとしか言いようがなかったと今も悔やまれる。勇気もなく、力もなかったということであろう」[23]。

大谷が自ら「挫折感」とまで表現する、この悔悟の厳しさには、言葉を失う外はない。その悔悟は後に、「らい予防法」の廃止を主導し、更にはハンセン病国家賠償訴訟の法廷において、国の隔離政策の誤ちを告発し、原告らの勝訴を導く歴史的な証言に結実した。

しかし、果たして問われるべきは、勇気や力の問題であろうか。大谷の「患者」を思う心の深さに欠けていたのは、大谷自らが語るとおり「患者」の人権という視点とその制度化ではなかったかと思われてならない。

「らい予防法」が存在し、「元」患者は終生隔離されるべきという基本構想が存在している以上、その隔離という枠を撤廃しない限り、隔離されるべき存在というスティグマからの脱却はありえず、その枠内における生活条件の改善でことたれりとする考え方は、むしろ、人間の尊厳を犯し続けることになりかねないということだ。大谷藤郎の悔悟が、私たちに問いかけるのは、「医の倫理」は、患者の人権の確立とりわけ人間としての尊厳の確保にこそ根ざすべきだということである。

Ⅺ　おわりに

非才を顧みず、田舎の一法律実務家の分際で、専門外の事柄に言及しすぎたことを恥じながら、最後に、私たち弁護士における「救済思想」の問題に触れておきたい。

「社会正義の実現と基本的人権の擁護」を使命とする弁護士は、人権侵害事案において、被害者の「救済」を標榜し続け、そのことに疑問を呈することもなかった。

しかし、ハンセン病隔離政策における「救らい」思想の問題は、私たちに対しても、深刻な問題を突きつけている。「救済」という発想は、救う者が主人公であり、被害者は救われる対象でしかない。しかしながら、弁護士や裁判官が主人公である限り、裁判は人権を蹂躙された被害者の人間解放の場や人権回復の場とはなりえない。

私たちもまた、パターナリズムの権化として存在し続けてきたのだ。「被害救済」としての裁判ではなく、当事者が主人公として「被害回復」を図る場としての裁判のあり方を模索し、構築していく努力を私たちは今厳しく求められている。

そのことを肝に銘じながら、拙稿を閉じさせていただくこととする。

（1）大谷藤郎『らい予防法廃止の歴史』（頸草書房、一九九六年）八二頁。
（2）犀川一夫『ハンセン病医療ひとすじ』（岩波書店、一九九六年）一二七頁。
（3）荒井英子『ハンセン病とキリスト教』（岩波書店、一九九六年）八五頁。
（4）荒井・前掲註（3）六九頁。
（5）神谷美恵子『人間をみつめて（神谷美恵子著作集二）』（みすず書房、一九八〇年）。
（6）この事件は、一般に、長島事件と呼ばれているが、光田らを支えた日本ＭＴＬの理事塚田喜太郎は、「長島の患者諸君に告ぐ」と題して、以下のように述べている。
「人間の欲というものは、限り知らぬものであります。足る事を知らぬ者ほど、世にも哀れな人間は無いのであります……井の中の蛙大海を知らずとか……蛙は蛙らしく、井の中を泳いで居ればよいのであります。生意気にも、大海に出よう等と考えることは、身の破滅であります……身の程を知らぬということ程、お互いに困ったことはないのであります……国家の保護を受け、社会の同情の許に、わずかに生を保ちながら人並の言い分を主張する等は、笑止千万であり、不都合そのものであると信じます」（荒井・前掲註（3）一〇三頁）。

こうした考え方には、当時の「救らい思想」の本質が端的に表明されている。
(7) 成田稔『ユマニテの人――木下杢太郎とハンセン病』(日本医事新報社、二〇〇四年)九二頁。
(8) 成田・前掲註(7)一八九頁。
(9) 成田・前掲註(7)一六三頁。
(10) 和泉眞藏「小笠原登の医療思想」玉光順正ほか企画・取材・編集『小笠原登(真宗ブックレット№一〇)』所収。
(11) 和泉・前掲註(10)。
(12) 小笠原登に関しては、藤野豊『孤高のハンセン病医師――小笠原登日記を読む』(六花出版、二〇一六年)を是非参照されたい。
藤野によれば、和光園での小笠原は、「漢方医学に傾倒して徹底した食事療法を入所者に求めて困惑させたとされており、医師としてより、僧侶として信頼を得ていた」と評されている(同書一九八頁)。
(13) 犀川一夫『門は開かれて』(みすず書房、一九八九年)二三頁。
(14) 犀川一夫・前掲註(13)『門は開かれて』三四頁。
(15) 犀川・前掲註(2)『ハンセン病治療ひとすじ』一八六頁。
(16) 犀川・前掲註(2)『ハンセン病治療ひとすじ』一八七頁。
(17) 大谷藤郎『現代のスティグマ』(勁草書房、一九九三年)八七頁。
(18) 大谷・前掲註(17)『現在のスティグマ』八七頁。
(19) 大谷・前掲註(1)『らい予防法廃止の歴史』二五〇頁。
(20) 大谷・前掲註(1)『らい予防法廃止の歴史』二五一頁。
(21) 大谷・前掲註(1)『らい予防法廃止の歴史』二五二頁。
(22) 大谷・前掲註(1)『らい予防法廃止の歴史』二五四頁。
(23) 大谷・前掲註(1)『らい予防法廃止の歴史』二四頁。

内田博文先生　略歴・主要著作目録

略歴

一九四六年九月　大阪府に生まれる

学歴

一九六五年四月　京都大学法学部入学
一九六九年三月　同卒業
一九六九年四月　京都大学大学院法学研究科修士課程（民刑事法専攻）入学
一九七一年三月　同修了

職歴

一九七一年四月　愛媛大学法文学部助手
　　　　　九月　（仏）ストラスブール大学大学院（至一九七二年七月）
一九七三年四月　愛媛大学法文学部講師
一九七五年三月　同退職
　　　　　四月　神戸学院大学法学部講師
一九七六年四月　同助教授
一九八五年四月　同教授

一九八八年三月　同退職
　　　　四月　九州大学法学部教授
一九九一年五月　日本刑法学会理事（至二〇〇三年四月）
一九九三年五月　民主主義科学者協会法律部会理事（至二〇〇二年五月）
一九九五年四月　九州大学学長補佐（至一九九六年三月）
二〇〇〇年四月　九州大学大学院法学研究院教授（組織変換に伴う）
　　　　　　　　国立大学協会第八常置委員会委員（至二〇〇二年三月）
二〇〇〇年七月　九州大学大学院法学研究院長（兼法学府長・法学部長）（至二〇〇一年六月）
　　　　　　　　国立大学協会設置形態検討特別委員会専門委員（至二〇〇二年三月）
　　　　　　　　国立大学等の独立行政法人化に関する調査検討会議委員（至二〇〇二年三月）
二〇〇三年一〇月　ハンセン病問題検証会議副座長（至二〇〇五年三月）
二〇〇六年四月　ハンセン病問題検証会議の提言に基づく再発防止検討会座長代理（至現在）
二〇一〇年三月　九州大学大学院法学研究院退職
　　　　四月　神戸学院大学法科大学院教授
　　　　五月　福岡県人権擁護委員連合会会長（至現在）
　　　　六月　九州人権擁護委員連合会会長（至現在）
　　　　七月　全国人権擁護委員連合会副会長（至二〇一二年六月）
二〇一一年一月　熊本県無らい県運動検証委員会委員長（至二〇一四年三月）
　　　　四月　福岡県人権施策推進懇話会委員（至現在）
二〇一二年四月　熊本県ハンセン病問題啓発推進委員会委員長（至現在）
　　　　　　　　福岡市教育委員会人権教育推進計画点検・検証委員会委員長（至現在）
　　　　七月　全国人権擁護委員連合会会長（至現在）
二〇一三年四月　福岡市精神医療審査会会長（至現在）

二〇一五年四月　神戸学院大学法学部教授（神戸学院大学法科大学院の廃止に伴う移籍）
男女共同参画推進連携会議委員（至現在）
二〇一六年七月　「法と民主主義」四九九号の特集「特集ハンセン病「特別法廷」と司法の責任——遅すぎた最高裁の検証」で日本民主主義法律家協会「法と民主主義賞」を共同受賞

主要著作目録

〔単行本〕

一九八三年

『現代刑法学原論（総論）』（三省堂、共編著）

一九八七年

『現代刑法学原論（総論）〔改訂版〕』（三省堂、共編著）
『刑法各論講義』（有斐閣、共著）

一九九六年

『刑法各論講義〔第二版〕』（有斐閣、共著）
『現代刑法学原論（総論）〔第三版〕』（三省堂、共編著）
『現代刑法入門』（有斐閣、共著）

一九九七年

『市民社会と刑事法の交錯（横山晃一郎先生追悼論文集）』（成文堂、共編著）
『刑法学における歴史研究の意義と方法』（九州大学出版会）

二〇〇三年

『刑法各論講義〔第三版〕』（有斐閣、共著）

二〇〇四年

『現代刑法入門〔第二版〕』（有斐閣、共著）

二〇〇六年

『刑法各論講義〔第三版改訂版〕』（有斐閣、共著）

『「市民」と刑事法』（日本評論社、共編著）

『ハンセン病検証会議の記録――検証文化の定着を求めて』（明石書店）

『求められる人権救済法制の論点』（解放出版社）

二〇〇八年

『現代刑法入門〔第二版補訂版〕』（有斐閣、共著）

『「市民」と刑事法〔第二版〕』（日本評論社、共編著）

『日本刑法学のあゆみと課題』（日本評論社）

二〇一〇年

『刑法各論講義〔第四版〕』（有斐閣、共著）

二〇一二年

『現代刑法入門〔第三版〕』（有斐閣、共著）

『「市民」と刑事法〔第三版〕』（日本評論社、共編著）

『冤罪・福岡事件――届かなかった死刑囚の無実の叫び』（現代人文社、編著）

『転落自白――「日本型えん罪」は、なぜうまれるのか』（日本評論社、共編著）

二〇一三年

『刑事判例の史的展開』（法律文化社）

『歴史に学ぶ刑事訴訟法』（法律文化社、編著）

二〇一四年

『現代刑法入門〔第三版補訂版〕』（有斐閣、共著）

『自白調書の信用性』（法律文化社）

二〇一五年

『更生保護の展開と課題』（法律文化社）

『刑法と戦争』（みすず書房）

二〇一六年

『「市民」と刑事法〔第四版〕』（日本評論社、共編著）

『治安維持法の教訓――権利運動の制限と憲法改正』（みすず書房）

〔論文、判例注釈等〕

一九七三年

「フランス革命と刑法――フランス一七九一年刑法典について」愛媛法学六号

一九七四年

「マラーと刑法」愛媛法学会雑誌一巻一号

一九七五年

「フランスの刑事再審制度」ジュリスト六〇一号

一九七六年

「再審請求に対する審判手続――松山事件（仙台高決昭和四八・九・一八判時七二一号一〇四頁）」『別冊ジュリスト五一号・刑事訴訟法判例百選〔第三版〕』（有斐閣）

一九七七年

「わが国における『ベンサム刑法理論』研究――『ベンサム刑法理論』のための一前提」『現代の刑事法学〔平場安治博士還暦祝賀〕』上巻（有斐閣）

「フランスの刑事鑑定制度」庭山英雄ほか編『刑事鑑定の理論と実務――情状鑑定の科学化をめざして』（成文堂）

「名誉と刑法」中山研一編『現代刑法入門』（成文堂）

一九七八年

「戦後のわが国における近代刑法史研究（一）」神戸学院法学八巻四号
「犯罪者処遇の意義と動向――科学的・人道的な処遇の実現をめざして」森下忠ほか編『刑事政策を学ぶ』（有斐閣）
「戦後のわが国における近代刑法史研究（二）」神戸学院法学九巻二・三号

一九七九年

「戦後のわが国における近代刑法史研究（三）」神戸学院法学九巻四号
「戦後のわが国における近代刑法史研究（四）」神戸学院法学一〇巻三号

一九八一年

「性と刑法」黒橋条一ほか編『性の科学と人間性』（晃洋書房）
「戦後のわが国における近代刑法史研究（五）」神戸学院法学一二巻三号
「比較再審法（一）フランス、（二）ベルギー」鴨良弼編『刑事再審の研究』（成文堂）
「証拠調べ手続」、「公判の分離・併合・更新」、「最終弁論」、「簡易手続」田宮裕編『ホーンブック刑事訴訟法』（北樹出版）
「大学の自治と警察権」、「盗聴器の使用とプライバシー」山下末人編『法学――実例による法学入門』（法律文化社）
「訴訟条件と訴因（一）――親告罪の告訴（最決昭和二九・九・八刑集八巻九号一四七一頁）」『別冊ジュリスト七四号・刑事訴訟法判例百選〔第四版〕』（有斐閣）

一九八二年

「フランスの犯罪捜査」法律時報五四巻九号
「別件逮捕と余罪の取調べ――神戸みなとまつり事件（神戸地判昭和五六・三・一〇判時一〇一六号一三八頁）」『昭和五六年度重要判例解説』ジュリスト七六八号（有斐閣）

一九八三年

「徳島ラジオ商殺し事件再審開始確定をめぐって」ジュリスト七九〇号（有斐閣）
「戦後のわが国における近代刑法史研究（六）」神戸学院法学一四巻三号
「不法入国と黙秘権（最判昭和五七・三・三〇刑集三六巻三号四七八頁）」『昭和五七年度重要判例解説』ジュリスト七九二号（有

斐閣）

一九八四年

「戦後のわが国における近代刑法史研究（七）」神戸学院法学一四巻四号
「ベンサム刑法理論について（一）」刑法雑誌二六巻一号
「戦後のわが国における近代刑法史研究（八）」神戸学院法学一五巻一号

一九八五年

「証人適格」高田卓爾・田宮裕編『演習刑事訴訟法』（青林書院新社）
「ベンサム刑法理論について（二）」刑法雑誌二六巻三・四号
「現代刑法理論の状況と課題――『現代型犯罪』を中心として」法の科学一三号
「熊倉刑法学が問いかけたもの――『労働刑法』研究を中心として」法の科学一三号
「徳島ラジオ商殺し事件無罪判決（徳島地判昭和六〇・七・九判時一一五七号三頁）」法学教室六三号

一九八六年

「ベンサム刑法理論について（三・完）」刑法雑誌二七巻二号
「戦後のわが国における近代刑法史研究（九）」神戸学院法学一七巻二号
「警察犬による臭気選別（広島高判昭和五六・七・一〇判タ四五〇号一五七頁）」『別冊ジュリスト八九号・刑事訴訟法判例百選〔第五版〕』（有斐閣）

一九八七年

「戦後のわが国における近代刑法史研究（一〇）」神戸学院法学一七巻四号

一九八八年

「エイズ報道と人権」『人権と報道を考える（法学セミナー増刊総合特集シリーズ三九）』（日本評論社）

一九八九年

「刑法はなんのためにある」法学セミナー三四巻六号

一九九一年

「フランス革命とイギリス刑事法改革の試み――刑罰改革の論理を中心として」『近代刑事法の理念と現実――フランス革命二百年を機に（柏木千秋先生喜寿記念論文集）』（立花書房）

「安楽死（名古屋高判昭和三七・一二・二二判時三二四号一一頁）」『別冊ジュリスト一一一号・刑法判例百選Ｉ総論〔第三版〕』（有斐閣）

「食品衛生法五条一項にいう『へい死した獣禽』に当たるとされた事例（最判平成二・五・一一刑集四四巻四号三六三頁）」『平成二年度重要判例解説』ジュリスト九八〇号

一九九二年

「暴行の意義（最決昭和三九・一・二八刑集一八巻一号三一頁）」『別冊ジュリスト一一七号・刑法判例百選Ⅱ総論〔第三版〕』

一九九五年

「子どもの権利の保障・定着をめざして――弁護士及び弁護士会に望むこと」自由と正義四六巻一号

「『犯罪と刑罰』の意義」『啓蒙思想と刑事法（風早八十二先生追悼論文集）』（勁草書房）

「侵略戦争の答責の意味」寿岳章子・祖父江孝男編『無答責と答責――戦後五〇年の日韓関係』（御茶の水書房）

「証人の尋問」井戸田侃光藤景皎編『司法試験シリーズ刑事訴訟二〔第三版〕（別冊法学ゼミナー）』（日本評論社）

「藤木刑法学について」『変動期の刑事法学（森下忠先生古稀祝賀）』上巻（成文堂）

一九九六年

「事件の概要と論点（沖縄少女暴行事件）」法学セミナー五〇二号

「強姦罪はどうあるべきか（沖縄少女暴行事件）」法学セミナー五〇二号

一九九七年

「現在刑法総論を学習する意味と意義」法学セミナー五一一号

「罪刑法定主義」法学セミナー五一一号

「刑事法の『国際化』について」刑法雑誌三七巻一号

「刑法学における歴史研究の意義と方法」『刑法の諸相（中山研一先生古稀祝賀論文集）』第四巻（成文堂）

「刑法の弁証法的解釈について」『市民社会と刑事法の交錯（横山晃一郎先生追悼論文集）』（成文堂）
「安楽死（横浜地判平成七・三・二八判時一五三〇号二八頁）」『別冊ジュリスト一四二号・刑法判例百選Ⅰ総論〔第四版〕』
「暴行の意義（最決昭和三九・一・二八刑集一八巻一号三一頁）」『別冊ジュリスト一四三号・刑法判例百選Ⅱ総論〔第四版〕』
「フランスの刑事鑑定制度」『刑事鑑定の理論と実務——情状鑑定の科学化をめざして』（成文堂）

一九九八年

「『超個人的法益』に対する罪の一考察」『西原春夫先生古稀祝賀論文集』第三巻（成文堂）
「刑法における因果関係の証明」『誤判の防止と救済（竹澤哲夫先生古稀祝賀記念論文集）』（現代人文社）
「信用組合の乱脈経営と経済犯罪」法学セミナー五二四号

一九九九年

「団藤刑事法学と死刑廃止論」『民衆司法と刑事法学（庭山英雄先生古稀祝賀記念論文集）』（現代人文社）
「刑事法と『国民』概念」『転換期の刑事法学（井戸田侃先生古稀祝賀論文集）』（現代人文社）
「企業、役職員の刑事責任について」沢野直紀・高田桂一・森淳二朗編『企業ビジネスと法的責任』（法律文化社）

二〇〇〇年

「窃盗罪の保護法益」現代刑事法二巻四号
「市民性と専門性」特定非営利活動法人患者の権利オンブズマン編『患者の権利オンブズマン』（明石書店）
「『市民的治安主義』の拡大」法の科学二九号
「刑事法学教育方法論に関する一考察」『刑事・少年司法の再生（梶田英雄判事・守屋克彦判事退官記念論文集）』（現代人文社）
「危険の概念」西田典之・山口厚編『ジュリスト増刊・刑法の争点〔第三版〕』（有斐閣）

二〇〇一年

「司法・矯正と医療・福祉等の交錯——薬物自己使用少年の処遇に関し」精神神経学雑誌一〇三巻三号
「薬物自己使用事犯の法的検討」『厚生科学研究補助金　薬物依存・中毒者のアフターケアに関する研究』（共著）
「『犯罪』報道による人権侵害の現状と対策」刑法雑誌第四〇巻三号
「ハンセン病訴訟——原告勝訴の意義」世界六九〇号

「総論・ハンセン病国賠訴訟と専門家の責任」法学セミナー五六〇号（共著）
「精神的機能障害と傷害罪の成否（福岡高判平成一二・五・九判時一七二八号一五九頁）」『平成一二年度重要判例解説』ジュリスト一二〇二号

二〇〇二年

「ハンセン病訴訟　真の解決のために――熊本地裁判決から一年」世界七〇四号
「ハンセン病訴訟の意義と課題」沖浦和光、徳永進編『ハンセン病――排除・差別・隔離の歴史〔第三刷〕』（岩波書店）

二〇〇三年

「危険運転致死傷罪と結果的加重犯」現代刑事法五巻四号
「刑事政策とNPO」シンポジウム・共同と連帯――二一世紀における民主主義法学の射程、法の科学三三号
「刑事立法過程の研究について」『刑事実体法と裁判手続（法学博士井上正治先生追悼論集）』（九州大学出版会）
「療養所における福祉と治安」ハンセン病をどう教えるか編集委員会編『ハンセン病をどう教えるか』（解放出版社）
「法律の不知（最判昭和三二・一〇・一八刑集一一巻一〇号二六六三頁）」『別冊ジュリスト一六六号・刑法判例百選Ⅰ総論〔第五版〕』

二〇〇四年

「死者の占有（最判昭和四一・四・八刑集二〇巻四号二〇七頁）」『別冊ジュリスト一六七号・刑法判例百選Ⅱ各論〔第五版〕』
「故意と錯誤」現代刑事法六巻一〇号

二〇〇五年

「被害回復と再発防止のために――ハンセン病問題検証会議最終報告書と今後の課題」部落解放五五〇号
「検証の結果は誰のもの」人権と部落問題七三六号
「道路交通政策の展開と危険運転致死傷罪」、「危険運転致死傷罪の解釈」交通法科学研究会編『危険運転致死傷罪の総合的研究』（日本評論社）
「差別事件の刑事裁判について――現行法は差別事件に対応できているか」ヒューマンライツ二一三号
「全患協運動と日本国憲法」『民主主義法学・刑事法学の展望（小田中聰樹先生古稀記念論文集）』下巻（日本評論社）

「最終報告書・被害実態調査報告・胎児等標本調査報告」『最終報告書』『被害実態調査報告書』『胎児等標本調査報告書』ハンセン病問題に関する検証会議（共著）

「ハンセン病問題の『善意』と『同情』」福祉新聞二三四八号

「暴行を受けて逃走した被害者が高速道路に進入し轢過され死亡した事案につき暴行と死亡との間に因果関係があると認められた事例について（最二決平成一五・七・一六刑集五七巻七号九五〇頁）」判例時報一九〇〇号（判例評論五六〇号）

二〇〇六年

「差別糾弾闘争の法的根拠」についての一考察」部落解放研究一六八号

「鳥取県人権侵害救済推進及び手続に関する条例――批判に対する多角的検討」ヒューマンライツ二一五号

「はじめに――市民が刑事法を学ぶ意義」内田博文・佐々木光明編著『「市民」と刑事法』（日本評論社）

「ハンセン病強制隔離政策の検証」学術の動向一一巻八号

「人権擁護法制における主な論点」部落解放研究一七三号

二〇〇七年

「地域健康危機管理事業と人権保障」『厚生科学研究報告書　平成一九年度地域健康危機管理研究事業――地域の健康危機管理を担う保険所職員等の資質向上に関する研究』

「牧野刑法学における社会政策と治安政策の接合について」『鈴木茂嗣先生古稀祝賀論文集』上巻（成文堂）

「ハンセン病と日本国憲法」大谷藤郎・牧野正道ほか編『総説現代ハンセン病医学』（東海大学出版会）

二〇〇八年

「鳥取県人権侵害救済推進及び手続に関する条例の見直しに関する意見について」ヒューマンライツ二三九号

「差別防止に占める刑事法の役割」内田博文・佐々木光明編著『「市民」と刑事法（第二版）』（日本評論社）

「刑法入門（入門解説）」法学セミナー六四〇号

「はじめに――私たちにとって刑法の基本原則とは」法学セミナー六四二号

「療養所の将来構想について」福岡県人権研究所『リベラシオン』一三〇号

「ハンセン病問題の検証と社会福祉分野における課題」鉄道弘済会社会福祉部『社会福祉研究』一〇三号

「違憲判決との溝を解消――ハンセン病問題基本法の全体像とその評価（特集　ハンセン病基本問題基本法の全体像とその評価）」部落解放六〇六号

「健康危機管理における強制と人権」岩﨑恵美子監修・佐藤元編集『新型インフルエンザ――健康危機管理の理論と実際』（東海大学出版会）

「無銭飲食・宿泊（最決昭和三〇・七・七刑集九巻九号一八五六頁）」『別冊ジュリスト一九〇号・刑法判例百選Ⅱ各論〔第六版〕』

「裁判員制度の実施を前に――刑事裁判を取り巻く社会情勢の変化を踏まえて」青年法律家協会『青年法律家』号外

二〇〇九年

「再発防止検討会報告書」『ハンセン病問題に関する検証会議の提言に基づく再発防止検討会報告書』（共著）

「死刑について」『日本社会と法律学――歴史、現状、展望（渡辺洋三先生追悼論集）』（日本評論社）

「精神科病院への「強制入院」は合憲か？――精神保健福祉法と心神喪失者医療観察法を検証する」部落解放六一五号

「患者の権利擁護を中心とする医療の基本法の法制化を――ハンセン病問題に関する検証会議の提言に基づく再発防止検討会報告書が提起したもの」部落解放六二一号

「医療『構造改革』と患者の権利」患者の権利オンブズマン編『「医療制度改革」と患者の権利――いのちの格差社会』（明石書店）

二〇一〇年

「精神科医療と患者の権利――イギリスからみたポスト医療観察法」精神医療第四次五九号（共著）

「精神保健福祉法・強制医療の批判的考察」情況第三期一一巻六号

二〇一一年

「自白調書の信用性について（一）」神戸学院法学四一巻一号

「自白調書の信用性について（二）」神戸学院法学四一巻二号

「責任能力概念の再構成について」『人権の刑事法学（村井敏邦先生古稀記念論文集）』（日本評論社）

二〇一二年

「刑法学は、なぜ、刑務所を語らなくなったか」犯罪社会学研究三七号

「刑罰論の現状と課題」神戸学院法学四一巻三・四号

「自白調書の信用性について（三）」神戸学院法学四二巻一号

二〇一三年

「裁判員裁判と事実認定――山口地裁平成二四年七月二五日判決の検討」『改革期の刑事法理論（福井厚先生古稀祝賀論文集）』（法律文化社）
「菊池事件と憲法的再審について」神戸学院法学四三巻一号
「差別禁止法と日本国憲法」部落解放六七八号
「人権について――真の『救済』を目指して」人権のひろば一六巻四号
「差別禁止法と表現の自由の観点から」ヒューマンライツ三〇六号
「『無らい県』運動と教育――龍田寮児童通学問題を中心として」神戸学院法学四三巻二号
「（一）前科証拠を被告人と犯人の同一性の証明に用いる場合の証拠能力、（二）前科証拠を被告人と犯人の同一性の証明に用いることが許されないとされた事例（最二判平成二四・九・七刑集六六巻九号九〇七頁）」判例時報二一九六号（判例評論六五七号）

二〇一四年

「両立する憲法の『表現の自由』と差別禁止法――日本国憲法と差別の法規制を考える」ヒューマンライツ三一〇号
「社会モデルと更生保護」神戸学院法学四三巻三号
「差別禁止法の動向と研究会発足について」部落解放研究二〇〇号
「医療・福祉と刑事政策」日本精神神経診療所協会『日精診ジャーナル』四〇巻四号
「まえがき」、「強制隔離政策と人権」、「戦後の無らい県運動について」、「ハンセン病患者・家族の生存権と社会政策」、「無らい県運動と教育――竜田寮事件を中心として」無らい県運動研究会編『ハンセン病絶対隔離政策と日本社会――無らい県運動の研究』（六花出版）
「医療観察法の廃止について」『近代刑法の現代的論点（足立昌勝先生古稀記念論文集）』（社会評論社）
「裁判員制度の『見直し』について」『自由と安全の刑事法学（生田勝義先生古稀祝賀論文集）』（法律文化社）
「熊本県『無らい県運動』検証委員会報告」『熊本県「無らい県運動」検証委員会報告書』（共著）

「少年法の一部改正について」神戸学院法学四三巻四号
「事実の錯誤と法律の錯誤(二)(大判大正一四・六・九刑集四巻三七八頁)」『別冊ジュリスト二二〇号・刑法判例百選Ⅰ総論〔第七版〕』
「治安維持法の成立と改正について(一)」神戸学院法学四四巻一号
「治安維持法の成立と改正について(二)」神戸学院法学四四巻二号

二〇一五年

「刑事法および憲法と差別事件(特集 ヘイトスピーチ/ヘイトクライム——民族差別被害の防止と救済)」法学セミナー二〇一五年七月号
「特別法廷の違憲性とハンセン病差別・偏見(特集 ハンセン病「特別法廷」と司法の責任——遅すぎた最高裁の検証)」法と民主主義二〇一五年五月号
「治安維持法の成立と改正について(三)」神戸学院法学四四巻三・四号
「治安維持法の成立と改正について(四・完)」神戸学院法学四五巻一号

二〇一六年

「ヘイトスピーチ禁止条例の法的論点」地方自治研修二〇一六年二月号
「ハンセン病「特別法廷」の法的問題と司法の責任」神戸学院法学四五巻四号
「私たちにとってハンセン病問題とは」『差別禁止法の制定を求める当事者の声①ハンセン病問題の今』一般社団法人部落解放人権研究所
「検証の意義の理解が十分ではない——ハンセン病「特別法廷」最高裁調査報告書について」部落解放二〇一六年七月号
「差別を禁止することの意味——国際的な人状況から」福岡人権研究所『リベラシオン』一六二号
『(冊子)再犯防止を掲げる刑事政策と医療観察法』心神喪失者医療観察法をなくす会=国立武蔵病院(精神)強制・隔離入院施設問題を考える会=認定NPO大阪精神医療人権センター=心神喪失者等医療観察法(予防拘禁法)を許すな!ネットワーク編

〔翻訳・資料等〕

一九七〇年

Weber, Helmuth von「行為概念の研究に就いての所見」『カールエンギッシュ記念論文集の紹介（六）』法学論叢八七巻六号

一九七一年

「フランス一七九一年刑法典（翻訳資料）」立命館法学九六号（共訳）

一九七二年

A・ネルソン『フランツ・フォン・リストとスウェーデン刑法学』立命館法学九九・一〇〇号（紹介）

一九七六年

「決定論と自由意思」神戸学院法学七巻二号（紹介）

一九七七年

Everett, C. W.「ベンサム「『法律学領域論』の分析」神戸学院法学七巻三・四号（紹介）

「ベンサム理論について（二）」神戸学院法学八巻一号

一九八〇年

フィリッポ・グラマティカ『社会防衛原理』（成文堂、共訳）

一九九二年

ゲルハルト・ダイムリンク編「チェーザレ・ベッカリーア／ヨーロッパにおける近代刑事司法の始祖」（一）法政研究五八巻二号（共著）

〔学会報告・講演等〕

一九九一年

「新しい行刑の在り方をめぐって」九州法学会行刑シンポジウム、法政研究五八巻二号（共著）

一九九五年

「生と刑法」日本刑法学会第七一回大会ワークショップ、刑法雑誌三四巻一号

一九九六年

「刑法における歴史研究の意義と方法」日本刑法学会第七三回大会ワークショップ、刑法雑誌三五巻三号

一九九七年

「刑法における歴史研究の意義と方法」日本刑法学会第七四回大会ワークショップ、刑法雑誌三六巻三号

二〇〇〇年

「Ⅳ まとめ（第一回法曹養成の将来と大学・大学院教育――大学教育と法律実務家養成 九州大学大学院法学研究科）」法政研究六六巻四号

二〇〇一年

「刑事立法過程の研究」日本刑法学会第七八回大会ワークショップ、刑法雑誌四〇巻三号

二〇〇二年

「講演・報告記録編 第三回大学評価セミナー（平成一二年四月実施）事例報告（一）評価委員の立場から／大学評価における評価の視点」大学評価研究二号

「触法精神障害者の処遇と精神医療の改善・総括コメント／真の被害者対策を」福岡県弁護士会精神保健委員会編『触法精神障害者の処遇と精神医療の改善』（明石書店）

二〇〇四年

「（記念講演）医事法におけるパラダイムの転換――国策に奉仕する医療から国民の命を守る医療へ」『「患者の権利宣言」二五周年記念集会

「基調講演」日弁連他主催シンポジウム「ハンセン病に対する偏見・差別の根絶を求めて」

二〇〇六年

「『鳥取県人権救済条例』と『人権救済法』」シンポジウム・どう考える鳥取県人権救済条例の課題、ヒューマンライツ二一二号（共著）

「人間の尊厳を取り戻すために――ハンセン病問題検証会議最終報告書にかかわって」全体講演（部落解放・人権入門二〇〇六――第三六回部落解放・人権夏期講座報告書）」部落解放五六〇号

「改めて予防拘禁法を問う」差別と拘禁の医療観察法の廃止を！一一・一九全国集会
「（報告）市民的治安について」日本法社会学会二〇〇六年度学術大会「ミニシンポジウム⑥：市民法学・市民法論の現在」

二〇〇七年

「ハンセン病問題から学ぶ」『講演録・ハンセン病問題から学ぶ』京都府人権啓発推進室
「人権侵害救済法を求める」シンポジウム・差別の現状と人権救済法制度の確立（部落解放研究第四〇回全国集会報告書）部落解放五七八号（共著）
「基調講演」見えた！裁判員制度の崩壊一一・一三東京集会（弁護士会館）

二〇〇八年

「パネル　今、なぜハンセン病問題基本法か――〝療養所の社会化〟の意義を考えよう（特集　ハンセン病市民学会第四回交流集会の記録）」ハンセン病市民学会年報二〇〇八（共著）
「裁判員制度の実施を前に――刑事裁判を取り巻く社会情勢の変化を踏まえて」青年法律化協会弁学合同部会編『青年法律家』号外

二〇〇九年

「隔離の百年を問う」東京集会・シンポジウム、全療協ニュース九四八号（共著）
「（講演）刑事司法制度改革と裁判員制度について」裁判員制度に待った！五月実施の延期を求めよう（全道集会）

二〇一〇年

「総括座談　島の当事者の声を聴いて（特集　ハンセン病市民学会第六回交流集会の記録）」ハンセン病市民学会年報二〇一〇（共著）

二〇一一年

「基調講演（二）法務省主催・ハンセン病に関する「親と子のシンポジウム」

二〇一二年

「（講演）人権尊重の視点に立った行政運営について」全国人権同和行政促進協議会
「（講演）刑法から見た死刑」死刑廃止・タンポポの会

二〇一三年

「(講演)何故検察官に再審請求を求めるのか」菊池事件の再審を進める会

「(講演)安保関連法案は危険」福岡市市民救援会総会

「菊池事件の再審請求の必要性とその課題」岡山県弁護士会ハンセン病被害者サポートセンター設立一〇周年記念講演会「機能しなかった司法——差別・偏見が起こした『菊池事件』」

二〇一四年

「(講演)医療・福祉と刑事政策」第六回司法精神医学講演会

「(講演)人権論の課題」アムネスティ大阪集会

二〇一五年

「(講演)再犯防止を掲げる刑事政策総体の中での医療観察法」医療観察法をなくす会全国集会

基調講演二」九州弁護士会連合会主催シンポジウム「ハンセン病「特別法廷」と司法の責任」

「(基調講演)ハンセン病——「特別法廷」シンポジウム　熊本・菊池恵楓園」菊池事件の再審を進める会

「(講演)差別を規制することの意味」福岡県人権研究所

「(講演)差別に実態と差別禁止法の必要性」部落解放研究第四九回全国集会

二〇一六年

「(講演)戦争と治安法」改憲・治安立法・裁判員制度に反対する五・一七集会(弁護士会館)

「基調講演」日本弁護士連合会主催シンポジウム「隔離法廷と法曹の責任——ハンセン病療養所入所者に対する『特別法廷』を考える」

〔書評その他〕

一九九二年

「宮崎繁樹・五十嵐二葉・福田雅章編著『国際人権基準による刑事手続ハンドブック』」法律時報六四巻五号

一九九四年

「中村泰次ほか著『刑事裁判と知る権利』――『知る権利』の保障を裁判制度上に具体化するために」法学セミナー四七三号

一九九八年

「夢」人権擁護協力会『人権のひろば』一巻一号

一九九九年

「（基調発言）市民性と専門性」患者の権利オンブズマン創立記のつどい記念第二部「記念フォーラム」

「市民性と専門性　オンブズマン会議議長　九州大学法学研究科教授　内田博文」患者の権利オンブズマンNEWS LETTER 別冊（一〇日二〇日）

二〇〇〇年

「国会委員会参考人意見陳述」（参議院会議録第一四七回国会文教・科学委員会第八号平成一二年三月二三日）

「資料　法科大学院構想と法曹養成教育の再構築（大学教育と法律実務家養成）（九州大学大学院法学研究科司法改革問題検討ワーキンググループ）」法政研究六六巻四号（共著）

二〇〇二年

「新しい『国立大学法人』像について」国立大学等の独立行政法人会に関する調査検討会議編『新しい「国立大学法人」像について』（共著）

二〇〇三年

「『宿泊拒否』が投げかけたもの（ハンセン病シンポジウム　in福岡）」読売新聞二〇〇三年一二月二七日朝刊（西部本社版）（共著）

「患者学　患者の痛みと自己決定権　「賢い患者」を生み出すには自己決定の「場」の整備が必要」フェイス　スリー二〇〇三年五月号

二〇〇四年

「検証会議　副座長・内田博文九州大教授に聞く」毎日新聞二〇〇四年八月二〇日朝刊

二〇〇五年

「検証会議　副座長・内田博文九州大教授に聞く／私たちも加害者」毎日新聞二〇〇五年三月二日朝刊

「差別から脱却へ道は／ハンセン病検証会議が最終報告」朝日新聞二〇〇五年三月三日朝刊（共著）
「ハンセン病国家賠償とメディア」聖教新聞二〇〇五年八月二三日朝刊
「私の視点　ハンセン病提言実現のための検証会議を」朝日新聞二〇〇五年一〇月六日朝刊

二〇〇六年

「ハンセン病問題検証会議最終報告書（人権キーワード二〇〇六　三月）」部落解放五六七号
「内田博文さんインタビュー」畑谷史代著『差別とハンセン病』（平凡社新書）
「ハンセン病問題から学ぶ」日本郵政公社近畿支社人権啓発室『みちしるべ』

二〇〇八年

「裁判員制度について」週間金曜日六八六号・六八七号（共著）
「ハンセン病問題基本法について」全療協ニュース九三四号
「争点論考　法科大学院の課題は」西日本新聞二〇〇八年七月一一日朝刊（共著）
「捜査手法問う判決相次ぐ　自白偏重なぜ続く　初動体制の習熟不足　九州大学法学研究院教授　内田博文氏」朝日新聞二〇〇八年五月一八日朝刊

二〇〇九年

「ハンセン病患者は、どうして何十年も隔離されてきたのですか？」、「伝染病に罹患した人はどのような制約を受けますか？」『Q＆A医療・福祉と患者の権利〔第二版〕』（明石書店）
「争点論考　医療観察法の現状と改善」西日本新聞二〇〇九年三月六日朝刊（共著）
「新型インフル／ハンセン病の教訓どこへ／患者排除した『予防』／検証会議副座長務めた九大・内田教授に聞く」西日本新聞二〇〇九年六月五日朝刊
「隔離の百年を問う」東京集会・シンポジウム、全療協ニュース九四八号
「社会との共生をめざして――ハンセン病の現在と未来」神戸新聞二〇〇九年一二月五日朝刊

二〇一〇年

「ハンセン病」人権年鑑二〇一〇年（部落解放人権研究所編）

「（書評）刑法の歴史通貫的な道具的性格を解明し、戦時刑法化を批判　宮本弘典著『国家刑罰権正当化戦略の歴史と地平』」図書新聞二〇一〇年四月一〇日

二〇一一年

「ハンセン病」人権年鑑二〇一一年（部落解放人権研究所編）
「困ったときの相談相手　人権擁護委員　権限や予算の壁　能力を生かせる環境整備を」東京新聞二〇一一年二月二七日
「争点論考　医療観察法の現状と課題　制度は破綻、廃止求む」西日本新聞二〇〇九年三月六日朝刊
「療養所「共生」の象徴に　ハンセン病強制隔離　違憲判決一〇年　元「検証会議」副座長内田博文氏に聞く」西日本新聞二〇一一年五月一一日朝刊

二〇一二年

「下関の女児殺害――懲役三〇年判決　神戸学院大法科大学院・内田博文教授の話」毎日新聞二〇一二年七月二六日（山口版）朝刊
「ハンセン病」人権年鑑二〇一二年（部落解放人権研究所編）

二〇一三年

「五里霧中」法と民主主義四八一号
「人権について」人権擁護協力会『人権のひろば』二〇一三年七月号
「ハンセン病」人権年鑑二〇一三年（部落解放人権研究所編）
「無らい県運動の検証報告書を蒲島郁夫知事に提出する検証委員会の内田博文委員長　住民巻き込み差別増幅解消へ継続取り組み要請」熊本日日新聞二〇一四年七月二一日朝刊

二〇一五年

「患者の子への差別　国賠償責任認める判決　国のハンセン病問題検証会議で副座長を務めた内田博文・神戸学院大教授（刑事法）の話」毎日新聞二〇一五年九月九日朝刊
「（巻頭言）歴史に学ぶ」ハンセン病市民学会ニュース二〇一五年三月一日号

二〇一六年

「法整備に期待　国のハンセン病問題検証会議で副座長を務めた内田博文・神戸学院大教授（刑事法）の話」毎日新聞二〇一六年二月一六日大阪朝刊

「（書評）杉田敦（政治学者・法政大学教授）　内田博文著『刑法と戦争――戦時治安法制のつくり方』」朝日新聞二〇一六年二月二一日朝刊

「編集委員インタビュー　根強い偏見、家族とも断絶　神戸学院大学教授内田博文さんに聞く」神戸新聞二月二一日朝刊

「ハンセン病に詳しい神戸学院大の内田博文教授の話」産経新聞二〇一六年三月三一日

「国のハンセン病問題検証会議で副座長を務めた内田博文・九州大学名誉教授（刑事法）話　『公開原則』結論　本質理解せず」読売新聞四月二六日朝刊

「元ハンセン病問題検証会議副座長・内田博文さん　検証文化根付かせよ」読売新聞二〇一六年四月二六日朝刊

「検証が不十分　ハンセン病問題に詳しい内田博文神戸学院大学教授」神戸新聞二〇一六年四月二六日朝刊

「（憲法を考える）あの隔離から――平沢保治・内田博文・樹木希林」朝日新聞二〇一六年六月一〇日朝刊

「（視点・論点）ハンセン病　差別・偏見との闘い」（NHK総合二〇一六年五月一〇日早朝四時二〇分～四時三〇分）

「（司法をめぐる動き）ハンセン病「特別法廷」最高裁調査報告書について」『法と民主主義』二〇一六年六月号

執筆者紹介

森川《もりかわ》 恭剛《やすたか》　琉球大学教授
伊東《いとう》 研祐《けんすけ》　慶應義塾大学教授
金澤《かなざわ》 真理《まり》　大阪市立大学教授
松宮《まつみや》 孝明《たかあき》　立命館大学教授
宗岡《むねおか》 嗣郎《しろう》　久留米大学教授
本田《ほんだ》 稔《みのる》　立命館大学教授
福永《ふくなが》 俊輔《しゅんすけ》　西南学院大学准教授
鈴木《すずき》 博康《ひろやす》　九州国際大学教授
雨宮《あまみや》 敬博《たかひろ》　宮崎産業経営大学准教授
宮本《みやもと》 弘典《ひろのり》　関東学院大学教授
村田《むらた》 和宏《かずひろ》　立正大学准教授
*森尾《もりお》 亮《あきら》　久留米大学教授
五十嵐《いがらし》 二葉《ふたば》　弁護士

春日《かすが》 勉《つとむ》　神戸学院大学教授
葛野《くずの》 尋之《ひろゆき》　一橋大学教授
田淵《たぶち》 浩二《こうじ》　九州大学教授
渕野《ふちの》 貴生《たかお》　立命館大学教授
松本《まつもと》 英俊《ひでとし》　駒澤大学教授
吉弘《よしひろ》 光男《みつお》　久留米大学教授
古賀《こが》 康紀《やすのり》　弁護士
八尋《やひろ》 光秀《みつひで》　弁護士
岡田《おかだ》 行雄《ゆきお》　熊本大学教授
*佐々木《ささき》 光明《みつあき》　神戸学院大学教授
武内《たけうち》 謙治《けんじ》　九州大学教授
大場《おおば》 史朗《しろう》　大阪経済法科大学准教授
大薮《おおやぶ》 志保子《しほこ》　久留米大学准教授

森久《もりひさ》 智江《ちえ》　立命館大学准教授
*石塚《いしづか》 伸一《しんいち》　龍谷大学教授
上田《うえだ》 寛《かん》　立命館大学名誉教授
平井《ひらい》 佐和子《さわこ》　西南学院大学准教授
大久保《おおくぼ》 哲《さとし》　宮崎産業経営大学教授
岡本《おかもと》 洋一《よういち》　熊本大学准教授
金《きむ》 尚均《さんぎゅん》　龍谷大学教授
楠本《くすもと》 孝《たかし》　三重短期大学教授
櫻庭《さくらば》 総《おさむ》　山口大学准教授
前田《まえだ》 朗《あきら》　東京造形大学教授
池原《いけはら》 毅和《よしかず》　弁護士
内山《うちやま》 真由美《まゆみ》　佐賀大学准教授
*徳田《とくだ》 靖之《やすゆき》　弁護士

Horitsu Bunka Sha

刑事法と歴史的価値とその交錯
――内田博文先生古稀祝賀論文集

2016年11月20日　初版第1刷発行

編集委員　徳田靖之・石塚伸一
　　　　　佐々木光明・森尾　亮

発行者　田靡純子

発行所　株式会社 法律文化社

〒603-8053
京都市北区上賀茂岩ヶ垣内町71
電話 075(791)7131 FAX 075(721)8400
http://www.hou-bun.com/

＊乱丁など不良本がありましたら，ご連絡ください。
　お取り替えいたします。

印刷：中村印刷㈱／製本：㈱藤沢製本
装幀：谷本天志

ISBN978-4-589-03796-1

内田博文著
更生保護の展開と課題
A5判・四八八頁・一二〇〇〇円

「再犯防止」という観点から、戦前と戦後の連続性の存在という認識のもと、日本の更生保護制度の展開を歴史的に検証する。刑事司法と福祉の連携が模索されるなか、更生保護の今後の方向性を考えるうえで必読必携の文献。

内田博文著
刑事判例の史的展開
A5判・八〇八頁・一七〇〇〇円

戦後の刑事判例を一七名の最高裁判所の長官ごとに区分し、歴史的に分析。どのような時代に、どのような判例が出されているのかという背景事情を含めて、動態的に捉え、従来の判例理論がもつ矛盾や限界をみきわめる。

内田博文著
自白調書の信用性
A5判・二二八頁・四八〇〇円

氷見事件・宇都宮事件・宇和島事件における自白調書の綿密な分析をもとに、判例における自白の任意性および信用性の判断枠組みを検討。裁判所、裁判官の「無謬性の神話」から脱却し、誤判を防止するための方策を提唱。

内田博文編
歴史に学ぶ刑事訴訟法
A5判・三〇二頁・二八〇〇円

判例のもつ問題・射程・意義を歴史的、憲法理念的視点から検証することで、あるべき法解釈にむけての課題を提示。既存の理論を批判的に考察することで、新たな課題を発見・分析・解決する思考法を涵養する。

浅田和茂・上田 寛・松宮孝明・本田 稔・金 尚均編集委員
自由と安全の刑事法学
―生田勝義先生古稀祝賀論文集―
A5判・七五六頁・一七〇〇〇円

「自由」と「安全」をキーワードに、刑事法分野における基礎理論、解釈論を展開した意欲的な論文集。「自由と安全と刑法」、「現代社会と刑法解釈」、「人権保障と刑事手続」、「人間の尊厳と刑事政策」の4部から構成。

法律文化社